국어

김미정
김명찬
이지영
이하은
공편저

2순정

2차 수업실연
순식간에
정복하기

미래가치

PREFACE
머리말

책을 개정하며

'2차 수업실연 순식간에 정복하기'가 2022 교육과정 개정판으로 돌아왔습니다. 2026년부터 도입될 중2, 고등 선택 교과서를 반영하여(중3은 2027년도 반영) 2022 개정 교육과정 문제 및 문제 풀이로 새롭게 개정되었습니다. 2015 개정 교육과정에 없던 새로 신설된 성취기준에 따른 문제를 추가하였습니다. 이와 더불어 올해 출제되었던 2025학년도 기출문제를 복기하였습니다. 새롭게 개정된 이 책이 여러분들의 소중한 시간을 효율적으로 사용하는데 도움이 되었으면 하는 바람입니다.

책을 펴내며

2차 수업실연을 준비하며 대부분의 수험생들이 답답함과 막막함을 느낍니다. 임용 1차 시험이 끝나고 나면 불안한 마음으로 2차 준비를 위한 스터디를 꾸리지만 이때는 1차 합격 여부를 알지 못하는 상태이고, 1차 시험을 준비하면서 피로도가 높아진 상태이기 때문에 스터디에 완전히 몰입하기가 힘든 것이 사실입니다. 1차에 붙고 난 뒤 2차 수업실연까지는 약 3주간의 시간이 주어지는데, 모든 성취 기준을 공부하고 예상 문제를 만들며 수업실연 연습까지 한다는 것이 버거울 수밖에 없습니다.

저희가 수험생일 때도 같은 고민을 했습니다. 스터디 준비를 할 시간도 빠듯한데 시간을 내어 교과서를 분석하고 예상 문제도 만들어야 했습니다. 실연 경험이 없는 상태에서 실제 실연 현장과 비슷하게 만들고 예상 답안을 생각하기란 정말 어려웠습니다. 성취 기준별 동기유발 방법들과 교과서 활동들을 정리하라는 조언은 많이 들었지만 스터디로 분량을 나누더라도 많은 양이었습니다. 교과서를 분석해 다 정리하자니 시간이 부족하고, 그렇다고 지도서를 보지 않고 실연 준비를 하자니 불안한 마음이 컸습니다. 이러한 험난한 준비 과정을 겪으며 수업실연 예상 문제나 실연에 대한 조언을 담은 책이 있었으면 좋겠다는 생각을 하게 되었고, 그때의 고민들을 담아 이 책을 출판하게 되었습니다.

이 책은 수험생 때 가장 궁금했던 점들을 위주로 만들었습니다. 책의 큰 구성은 수업실연 전반에 대한 정보, 역대 기출 모음(2013학년도~), 중·고등학교 성취 기준별 실전 문제, 추가·보충 문제로 이루어져 있습니다.

'수업실연은 어떻게 해야 할까?' 부분은 기본적인 2차 시험 정보와 준비과정 및 수업실연에서의 꿀팁, 책 활용법을 담았습니다.
처음 2차 수업실연을 준비하시는 분들께 특히 도움이 될 것입니다. 변경된 부분이 있을 수 있으니 시험을 보시기 전 각 교육청 홈페이지에서 시험 규정을 반드시 확인하시기를 바랍니다.

준비 과정에서의 꿀팁에서는 1차 합격자 발표 전, 발표 후, 시험 당일로 나눠 각 단계별 꿀팁을 담았습니다. **'지도안 작성 – 구상 – 실연'** 꿀팁은 사람마다 방식이 다르기 때문에 이 책을 쓴 선생님들의 실연 방법을 골고루 담으려고 노력했습니다. 편한 대로 활용하시면 좋을 것 같습니다. 또한 이 책의 경우 수업실연 방법에 초점을 맞춘 책이기 때문에, 경기 지역의 수업 나눔 및 집단 토의와 관련된 부분은 다루지 않고 있습니다. 다만, 경기 지역 또한 수업실연이 큰 비중을 차지하는 만큼 이 책이 많은 도움이 되실 거라고 생각합니다. 책 사용 설명서에서는 수업실연을 준비하면서 이 책을 어떤 방법으로 활용하면 좋을지 소개하려고 합니다.

기출 문제는 2013학년도부터 가장 최근에 출제되었던 2025학년도 문제까지 모두 담았습니다. 2차 수업실연 문제 및 정답은 공개되지 않으므로 실제 시험을 치고 나온 수험생들의 기억을 최대한 참고하여 실제 기출 문제와 유사하게 구성했습니다. 그동안의 출제 경향을 바탕으로 2026학년도 출제 문제를 예상하는 데 도움이 되기를 바랍니다.

중·고등학교 성취 기준 실전 문제는 2026년부터 도입될 2022개정 교육과정 중 시중에 출판된 교과서 내용을 반영하여 문제를 만들었습니다. 각 성취 기준에 해당하는 시중 교과서를 참고하여 활동을 만들고 예상 답안을 구상하였는데, 교과서의 단원의 구성 및 흐름을 유사하게 담아내려고 노력했습니다. 대부분의 성취 기준을 정리하였으나 실연 준비 기간을 고려하여, 그동안 출제가 되지 않았던 '문법' 영역 및 상대적으로 중요도가 낮은 성취 기준은 생략하였습니다.

이 책이 2차 수업실연에 대한 정답이라고 할 수는 없지만, 2차 수업실연을 준비하는 방향은 제시해줄 수 있다고 생각합니다. 저희 또한 수험생 때 수업실연 준비를 하는 과정에서 같은 막막함을 느꼈고, 많이 좌절했습니다. 스터디가 끝나고 집에 돌아와 했던 내용을 정리할 때면 울적한 기분이 들었습니다. 남은 시간은 짧은데 다른 사람들은 유창한 것 같고 나는 늘 제자리인 것 같은 기분에 종종 사로잡혔습니다. 사실 다른 사람들도 여러분들을 보면서 자신의 부족한 점을 채찍질하고 있을지도 모릅니다. 스터디원의 장점은 배우되, 여러분들 각자에게도 자신만의 장점이 있다는 점을 잊지 않으셨으면 합니다. 짧은 시간이지만 꾸준히 연습하다 보면 분명 도약하는 순간이 올 것이라고 생각합니다. 1차 시험을 준비하시느라 정말 고생 많으셨습니다. 꼭 합격하시기를 바랍니다.

공동 저자 일동

CONTENTS 차례

PART 01 수업실연은 어떻게 해야 할까?

01 지역별 시험 과목(배점) 및 시간 ·· 12
02 준비 과정에서의 꿀팁! ·· 14
03 지도안 작성 - 구상 - 실연 꿀팁 ·· 17
04 책 사용 설명서 ·· 21

PART 02 2차 수업실연 기출문제

- 2025학년도 국어과 교수·학습 실연 시험 문제지 및 지도안 예상 답안 ············ 29
- 2024학년도 국어과 교수·학습 실연 시험 문제지 및 지도안 예상 답안 ············ 34
- 2023학년도 국어과 교수·학습 실연 시험 문제지 및 지도안 예상 답안 ············ 40
- 2022학년도 국어과 교수·학습 실연 시험 문제지 및 지도안 예상 답안 ············ 45
- 2021학년도 국어과 교수·학습 실연 시험 문제지 및 지도안 예상 답안 ············ 50
- 2020학년도 국어과 교수·학습 실연 시험 문제지 및 지도안 예상 답안 ············ 56
- 2019학년도 국어과 교수·학습 실연 시험 문제지 및 지도안 예상 답안 ············ 61
- 2018학년도 국어과 교수·학습 실연 시험 문제지 및 지도안 예상 답안 ············ 67
- 2017학년도 국어과 교수·학습 실연 시험 문제지 및 지도안 예상 답안 ············ 72
- 2016학년도 국어과 교수·학습 실연 시험 문제지 및 지도안 예상 답안 ············ 77
- 2015학년도 국어과 교수·학습 실연 시험 문제지 및 지도안 예상 답안 ············ 82
- 2014학년도 국어과 교수·학습 실연 시험 문제지 및 지도안 예상 답안 ············ 87
- 2013학년도 국어과 교수·학습 실연 시험 문제지 및 지도안 예상 답안 ············ 92

PART 03 성취 기준 실전문제

01 중등 듣기·말하기(제1회~제11회)

제 1 회 [9국01-01] 화자의 의도와 관점을 추론하며 듣는다. ·················· 101
제 2 회 [9국01-02] 설득 전략을 비판적으로 분석하며 듣는다. ················ 108
제 3 회 [9국01-03] 담화 공동체에 따른 듣기·말하기 방식의 다양성을 고려하여 듣고 말한다. ·· 114
제 4 회 [9국01-04] 상대의 말을 경청하고 상대의 감정과 입장에 공감하는 반응을 보이며 대화한다. ·· 122
제 5 회 [9국01-05] 면담의 다양한 목적과 상대를 고려하여 질문을 점검하고 효과적으로 면담한다. ·· 129
제 6 회 [9국01-06] 다양한 자료를 재구성하여 내용을 체계적으로 조직하고 청중이 이해하기 쉽게 발표한다. ·· 135
제 7 회 [9국01-07] 토의에서 다양한 의견을 교환하여 대안을 마련하고 문제를 해결한다. ·· 142
제 8 회 [9국01-08] 토론에서 반론을 고려하여 타당한 논증을 구성하고 논리적으로 반박한다. ·· 151
제 9 회 [9국01-09] 서로의 감정이나 바라는 바를 진솔하게 표현하면서 갈등을 조정한다. ·· 157

제10회 [9국01-10] 언어폭력의 문제점을 성찰하고, 서로를 존중하는 표현을 사용하여 말한다. ······ 163
제11회 [9국01-11] 듣기·말하기 과정을 점검하고 듣기·말하기의 어려움을 효과적으로 조정한다. ······ 170

02 고등 공통국어 듣기·말하기(제12회~제15회)

제12회 [10공국1-01-01] 대화의 원리를 고려하여 대화하고 자신의 듣기·말하기 과정과 공동체의 담화 관습을 성찰한다. ······ 177
제13회 [10공국1-01-02] 논제의 필수 쟁점별로 논증을 구성하고 논증이 타당한지 평가하며 토론한다. ······ 185
제14회 [10공국2-01-01] 청중의 관심과 요구에 맞게 내용을 구성하여 발표하고 청중의 질문에 효과적으로 답변한다. ······ 193
제15회 [10공국2-01-02] 쟁점과 이해관계를 고려하여 문제를 해결할 수 있는 대안을 탐색하며 협상한다. ······ 200

03 고등 화법(제16회~제19회)

제16회 [12화언01-12] 주장, 이유, 근거를 비판적으로 검토하여 논증의 타당성, 신뢰성, 공정성에 대해 반대 신문하며 토론한다. ······ 208
제17회 [12화언01-10] 화자의 공신력을 이해하고 효과적인 설득 전략을 활용하여 연설한다. ······ 215
제18회 [12화언01-11] 토의에서 주제와 관련된 다양한 자료를 통해 공동체의 문제를 분석하고 합리적으로 해결한다. ······ 222
제19회 [12화언01-09] 정제된 언어적 표현 전략 및 적절한 준언어적·비언어적 표현 전략을 활용하여 발표한다. ······ 231

04 중등 읽기(제20회~제26회)

제20회 [9국02-01] 읽기는 사회·문화적 맥락에서 의미를 구성하는 과정임을 이해하며 사회적 독서에 참여하고 사회적 독서 문화 형성에 기여한다. ······ 239
제21회 [9국02-02] 읽기 목적과 글의 구조를 고려하며 글을 효과적으로 요약한다. ······ 245
제22회 [9국02-03] 독자의 배경지식과 글에 나타난 정보 등을 활용하여 글에 드러나지 않은 의도나 관점을 추론하며 읽는다. ······ 252
제23회 [9국02-04] 복합양식으로 구성된 글이나 자료의 내용 타당성과 신뢰성, 표현 방법의 적절성을 평가하며 읽는다. ······ 260
제24회 [9국02-05] 글에 사용된 다양한 설명 방법과 논증 방법을 파악하고, 그 타당성을 평가하며 읽는다. ······ 267
제25회 [9국02-06] 동일한 화제를 다룬 여러 글이나 자료를 주제 통합적으로 읽는다. ······ 274
제26회 [9국02-08] 자신의 독서 상황과 수준에 맞는 글을 선정하고 읽기 과정을 점검·조정하며 읽는다. ······ 280

CONTENTS 차례

05 고등 공통국어 읽기(제27회~제29회)

제27회 [10공국1-02-01] 다양한 글이나 자료를 읽으며 논증의 타당성을 평가하고 자신의 관점을 바탕으로 논증을 재구성한다. ··············· 288

제28회 [10공국2-02-01] 복합양식으로 구성된 글이나 자료에 내재된 필자의 관점이나 의도, 표현 방법을 평가하며 읽는다. ··············· 295

제29회 [10공국2-02-02] 동일한 화제의 글이나 자료라도 서로 다른 관점과 형식으로 표현됨을 이해하며 읽기 목적을 고려하여 글이나 자료를 주제 통합적으로 읽는다. ··············· 302

06 고등 독서(제30회~제33회)

제30회 [12독작01-03] 글에 드러난 정보를 바탕으로 글의 내용을 파악하고 글에 드러나지 않은 정보를 추론하며 읽는다. ··············· 312

제31회 [12독작01-04] 글의 내용이나 관점, 표현 방법, 필자의 의도나 사회·문화적 이념을 평가하며 읽는다. ··············· 319

제32회 [12독작01-12] 정서 표현과 자기 성찰의 글을 읽고 자신의 정서를 진솔하게 표현하거나 자신의 삶을 성찰하는 글을 쓴다. ··············· 326

제33회 [12독작01-13] 다양한 글을 주제 통합적으로 읽고 학습의 목적과 교과의 특성을 고려하여 학습을 위한 글을 쓴다. ··············· 334

07 중등 쓰기(제34회~제40회)

제34회 [9국03-01] 대상의 특성에 적합한 설명 방법을 활용하여 글을 쓴다. ··············· 344

제35회 [9국03-02] 복수의 자료를 활용하여 다양한 형식으로 정보를 전달하는 글을 쓴다. ··············· 351

제36회 [9국03-03] 주장을 뒷받침할 수 있는 타당한 근거를 들고 적절한 표현을 사용하여 주장하는 글을 쓴다. ··············· 358

제37회 [9국03-05] 자신의 삶과 경험을 바탕으로 정서를 진솔하게 표현하는 글을 쓴다. ··············· 364

제38회 [9국03-06] 다양한 표현을 활용하여 자신의 생각과 느낌이 드러나는 글을 쓰고 독자와 공유한다. ··············· 371

제39회 [9국03-07] 복합양식 자료를 활용하여 내용을 생성하고 글의 유형을 고려하여 내용을 조직하며 글을 쓴다. ··············· 377

제40회 [9국03-08] 쓰기 과정과 전략을 점검·조정하며 글을 쓰고, 독자를 고려하여 글을 고쳐 쓴다. ··············· 384

08 고등 공통국어 쓰기(제41회~제44회)

제41회 [10공국1-03-01] 내용 전개의 일반적 원리를 고려하여 사회적 쟁점에 대한 자신의 견해를 정교하게 표현하는 글을 쓴다. ·········· 393

제42회 [10공국1-03-02] 다양한 언어 공동체의 특성을 고려하며 필자의 개성이 드러나는 글을 쓴다. ·········· 401

제43회 [10공국2-03-02] 논증 요소에 따른 분석을 바탕으로 효과적으로 내용을 조직하여 논증하는 글을 쓴다. ·········· 408

제44회 [10공국2-03-03] 신뢰할 수 있는 정보를 종합하여 복합양식 자료가 포함된 공동 보고서를 쓴다. ·········· 415

09 고등 작문(제45회~제48회)

제45회 [12독작01-10] 글이나 자료에서 가치 있는 정보를 수집하고 효과적으로 조직하면서 정보를 전달하는 글을 쓴다. ·········· 424

제46회 [12독작01-11] 글이나 자료에서 타당한 근거를 수집하고 효과적인 설득 전략을 활용하여 논증하는 글을 쓴다. ·········· 432

제47회 [12독작01-08] 사회적·역사적 현상이나 쟁점 등을 다룬 사회·문화 분야의 글을 읽고 사회·문화적 사건이나 역사적 인물에 대한 관점을 담은 글을 쓴다. ·········· 439

제48회 [12독작01-05] 글을 읽으며 다양한 내용 조직 방법과 표현 전략을 찾고 이를 글쓰기에 활용한다. ·········· 446

10 중등 문학(제49회~제55회)

제49회 [9국05-01] 운율, 비유, 상징의 특성과 효과에 유의하며 작품을 감상하고 창작한다. ·········· 455

제50회 [9국05-02] 갈등의 진행과 해결 과정을 파악하며 작품을 감상한다. ·········· 463

제51회 [9국05-03] 인간의 성장을 다룬 작품을 읽으며 문학의 가치를 내면화한다. ·········· 470

제52회 [9국05-04] 보는 이나 말하는 이의 특성과 효과를 파악하며 작품을 감상한다. ·········· 476

제53회 [9국05-05] 작품에 반영된 사회·문화적 상황을 이해하며 작품을 감상한다. ·········· 485

제54회 [9국05-06] 자신의 경험을 개성적인 발상과 표현으로 형상화한다. ·········· 491

제55회 [9국05-08] 근거를 바탕으로 작품을 해석하고, 다른 해석들과 비교하여 자신의 해석을 평가한다. ·········· 500

CONTENTS 차례

11 고등 공통국어 문학(제56회~제62회)

제56회 [10공국1-05-01] 문학 소통의 특성을 고려하며 문학 소통에 참여한다. 508
제57회 [10공국1-05-02] 갈래에 따른 형상화 방법의 특성을 고려하며 작품을 수용한다.(서정) 515
제58회 [10공국1-05-02] 갈래에 따른 형상화 방법의 특성을 고려하며 작품을 수용한다.(서사) 522
제59회 [10공국1-05-03] 작품 구성 요소의 유기적 관계와 맥락에 유의하여 작품을 수용하고 생산한다. 529
제60회 [10공국2-05-01] 한국 문학사의 흐름을 고려하여 작품을 수용한다.(고전시가) ‥ 538
제61회 [10공국2-05-01] 한국 문학사의 흐름을 고려하여 작품을 수용한다.(서사) 547
제62회 [10공국2-05-02] 주체적인 관점에서 작품을 해석하고 평가하며 문학을 생활화하는 태도를 지닌다. 554

12 고등 문학(제63회~제69회)

제63회 [12문학01-02] 문학의 여러 갈래들의 특성과 문학의 맥락에 대해 이해한다. 562
제64회 [12문학01-03] 주요 작품을 중심으로 한국 문학의 범위와 갈래, 변화 양상을 탐구한다. 570
제65회 [12문학01-03] 주요 작품을 중심으로 한국 문학의 범위와 갈래, 변화 양상을 탐구한다. 578
제66회 [12문학01-04] 한국 문학에 반영된 시대 상황을 이해하고 문학과 역사의 상호 영향 관계를 탐구한다. 585
제67회 [12문학01-07] 작품을 공감적, 비판적, 창의적으로 감상하며, 다양한 방식으로 작품에 대해 비평한다. 592
제68회 [12문학01-08] 작품을 읽고 새로운 시각으로 재구성하거나 주체적인 관점에서 작품을 창작한다. 599
제69회 [12문학01-09] 다양한 매체로 구현된 작품의 창의적 표현 방법과 심미적 가치를 문학적 관점에서 수용하고 소통한다. 606

13 매체 중·고등(제70회~제73회)

제70회 [9국06-01] 대중 매체와 개인 인터넷 방송의 특성과 영향력을 비교한다. 614
제71회 [9국06-02] 소통 맥락과 수용자 참여 양상을 고려하여 상호 작용적 매체를 분석한다. 623
제72회 [10공국1-06-01] 사회적 의제를 다룬 매체 자료를 비판적으로 분석한다. 630
제73회 [10공국2-06-01] 매체 비평 자료를 비판적으로 수용하고 자신의 관점을 담아 매체 비평 자료를 제작한다. 639

PART 04 심화문제

회차	코드	내용	쪽
제 1 회	[9국01-11]	매체 자료의 효과를 판단하며 듣는다.	648
제 2 회	[10국02-04]	읽기 목적을 고려하여 자신의 읽기 방법을 점검하고 조정하며 읽는다.	654
제 3 회	[10국03-01]	쓰기는 의미를 구성하여 소통하는 사회적 상호 작용임을 이해하고 글을 쓴다.	659
제 4 회	[9국05-01]	문학은 심미적 체험을 바탕으로 한 다양한 소통 활동임을 알고 문학 활동을 한다.	664
제 5 회	[9국05-06]	과거의 삶이 반영된 작품을 오늘날의 삶에 비추어 감상한다.	669
제 6 회	[9국05-08]	재구성된 작품을 원작과 비교하고, 변화 양상을 파악하며 감상한다.	674
제 7 회	[10국01-05]	의사소통 과정을 점검하고 조정하며 듣고 말한다.	
	[10국02-03]	삶의 문제에 대한 해결 방안이나 필자의 생각에 대한 대안을 찾으며 읽는다.	680
제 8 회	[9국01-04]	토의에서 의견을 교환하여 합리적으로 문제를 해결한다.	
	[10국01-04]	협상에서 서로 만족할 만한 대안을 탐색하여 의사 결정을 한다.	686
제 9 회	[12화작02-06]	청자의 특성에 맞게 내용을 구성하여 발표한다.	
	[9국01-08]	핵심 정보가 잘 드러나도록 내용을 구성하여 발표한다.	690
제10회	[12화작02-07]	화자의 공신력을 이해하고 적절한 설득 전략을 사용하여 연설한다.	695
제11회	[9국02-04]	글에 사용된 다양한 설명 방법을 파악하며 읽는다.	
	[9국03-02]	대상의 특성에 맞는 설명 방법을 사용하여 글을 쓴다.	699
제12회	[9국02-03]	읽기 목적이나 글의 특성을 고려하여 글 내용을 요약한다.	
	[9국04-08]	한글의 창제 원리를 이해한다.	705
제13회	[10국02-04]	읽기 목적을 고려하여 자신의 읽기 방법을 점검하고 조정하며 읽는다.	709
제14회	[12독서02-03]	글에 드러난 관점이나 내용, 글에 쓰인 표현 방법, 필자의 숨겨진 의도나 사회·문화적 이념을 비판하며 읽는다.	
	[9국03-04]	주장하는 내용에 맞게 타당한 근거를 들어 글을 쓴다.	715
제15회	[12독서02-01]	글에 드러난 정보를 바탕으로 중심 내용, 주제, 글의 구조와 전개 방식 등 사실적 내용을 파악하며 읽는다.	
	[12독서02-02]	글에 드러나지 않은 정보를 예측하여 필자의 의도나 글의 목적, 숨겨진 주제, 생략된 내용을 추론하며 읽는다.	721
제16회	[12독서02-05]	글에서 자신과 사회의 문제를 해결하는 방법이나 필자의 생각에 대한 대안을 찾으며 창의적으로 읽는다.	726
제17회	[10국03-02]	주제, 독자에 대한 분석을 바탕으로 타당한 근거를 들어 설득하는 글을 쓴다.	731
제18회	[12문학02-02]	작품을 작가, 사회 문화적 배경, 상호 텍스트성 등 다양한 맥락에서 이해하고 감상한다.	736
제19회	[12문학02-05]	작품을 읽고 다양한 시각에서 재구성하거나 주체적인 관점에서 창작한다.	740
제20회	[12언매03-02]	다양한 관점과 가치를 고려하여 매체 자료를 수용한다.	
	[12언매03-06]	매체를 바탕으로 하여 형성되는 문화에 대해 비판적으로 이해하고 주체적으로 향유한다.	745

국어

2차 수업실연 순식간에 정복하기

PART

01
수업실연은
어떻게 해야 할까?

1. 지역별 시험 과목(배점) 및 시간
2. 준비 과정에서의 꿀팁!
3. 지도안 작성 – 구상 – 실연 꿀팁
4. 책 사용 설명서

국어 2차 수업실연 순식간에 정복하기

01 | 지역별 시험 과목(배점) 및 시간

2차 수업실연 시험 문제는 평가원에서 출제한 문제를 동일하게 사용하지만, 시험 방식은 16개 시·도교육청마다 다릅니다. 지도안을 평가하는 지역과 평가하지 않는 지역으로 크게 나눌 수 있고, 그 안에서도 배점이나 답안 구상 및 실연 평가 시간이 상이한 데다 특정 지역은 독자적인 평가 방식을 사용하고 있기도 합니다. 아래는 이를 간략히 정리한 표로, 각 시·도교육청 홈페이지 시험 안내란에서 자세한 정보를 확인할 수 있습니다.

*2024년 기준

구분	지역	시험 과목	시험 시간
지도안 작성	서울 대전 경북 부산 울산 경남	교수·학습 지도안 작성(15점) 수업실연(45점)	지도안 작성(60분) 답안구상(20분) 실연평가(20분)
지도안 미작성	인천 세종 충남 전남 제주	수업실연(50점)	답안구상(20분), 실연평가(20분)
	광주 전북	수업실연(60점)	답안구상(20분), 실연평가(20분)
	대구	수업실연(40점)	답안구상(25분), 실연평가(25분)
	강원	수업실연(45점)	답안구상(15분), 실연평가(15분)
수업나눔 및 기타	경기	수업실연(30점) 수업나눔(30점)	답안구상(25분), 실연평가(15분) 수업나눔평가(10분)
	충북	수업실연(50점)	답안구상(20분), 실연평가(20분)

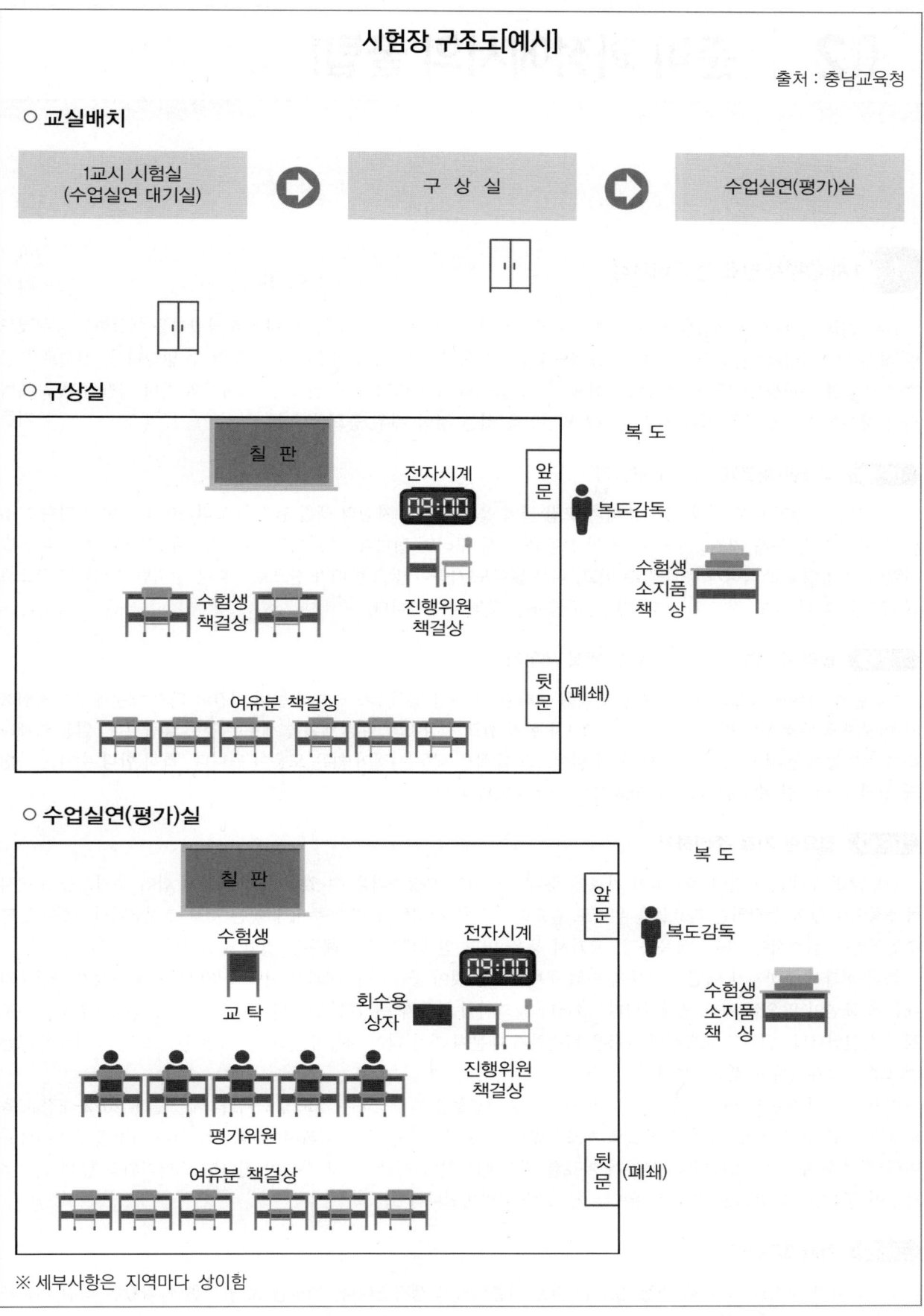

국어 2차 수업실연 순식간에 정복하기

02 | 준비 과정에서의 꿀팁!

1 1차 합격자 발표 전 준비과정

1차 시험이 끝나면 가채점을 하며 합격 여부에 대한 불안감이 증폭됩니다. 이 시기에 불합격을 예상하고 아무것도 안 하게 되기 쉽습니다. 그러나 답안이 공개되지 않았으므로 실제 합격 여부는 아무도 알 수 없습니다. 실제로 불합격을 예상한 수험생 중 1차에 합격한 수험생들도 많습니다. 1차 합격을 한 뒤에는 2차까지의 준비 시간이 매우 촉박하기 때문에 1차 합격을 기다리는 시기에 워밍업을 하는 것이 매우 중요합니다.

TIP ❶ 최대한 빠르게 스터디 구하기

1차 직후 2~3일 내에 가장 많은 스터디 모집 글이 올라옵니다. 자신의 생활 환경을 고려하여 적합한 스터디 모집 글에 댓글 등을 통해 지원을 하거나 직접 모집을 해서 꾸리면 됩니다. 스터디원의 수가 너무 적어도 중간에 돌발 상황이 생길 경우 스터디가 붕괴될 수 있고, 너무 많아도 사공이 많으면 배가 산으로 간다는 말처럼 스터디가 산으로 갈 수 있습니다. 4명 정도로 스터디원을 구성하는 것을 추천합니다.

TIP ❷ 합격 수기를 보며 구체적인 계획 세우기

1차 합격 여부가 발표되기 전이지만 합격을 한다면 이 시기 역시 2차 시험의 준비 기간이 되기 때문에 2차 시험까지 어떻게 공부할 것인지 큰 그림을 그리고 1차 합격 발표 전까지의 세부 계획을 세우는 것이 좋습니다. 임용 카페나 주변 지인들을 통해 합격 수기를 여러 개 읽어보고 계획을 세우는 것이 많은 도움이 됩니다. 특히 합격 수기는 자신의 상황과 비슷한 수기를 위주로 고르시는 것을 추천합니다.

TIP ❸ 필요한 자료 준비하기

1차 발표 후에는 시간이 촉박하여 자료를 준비하는 것도 부담스러울 수 있습니다. 따라서 합격 수기들을 보면서 공통적으로 많이 등장하는 자료들을 위주로 필요한 자료를 선택하여 미리 준비해 놓는 것을 추천합니다. 예를 들면 수업실연을 위해서는 기출, 교육과정, 교과서 등을 미리 인쇄해서 정리해두는 것이 좋습니다.

특히 교과서 구하기가 어렵기 때문에 미리 구비해두는 것이 좋습니다. 교과서 선택에 있어서도 교과서가 다양하기 때문에 고민이 많으실 거라 생각합니다. 그러나 교과서의 종류가 굉장히 많아 다 봐야겠다고 생각하면 부담스러운 것이 사실입니다. 대체로 교과서의 흐름은 비슷하기 때문에 가장 많이 사용하는 교과서 1~2권 정도를 자세하게 보는 것으로도 충분하다고 생각합니다.

이때 시간적 여유가 되신다면 자신의 필요에 맞게 자료들을 재구성하는 것도 좋습니다. 예를 들면 2022 개정 교육과정과 2015 개정 교육과정을 영역별로 재조직해서 보기 쉽게 만들거나, 교과서에 나온 각 성취 기준별 동기유발을 미리 정리해 놓을 수 있습니다. 혼자서 자료를 정리하는 것이 시간적으로 부담이 된다면 스터디원과 함께 분량을 나누어 공부할 때 참고할 자료를 만드는 것도 좋은 방법입니다.

TIP ❹ 기출 훑어보기

2차 준비의 방향을 잡는 데 가장 중요한 것은 기출이라고 생각합니다. 기출을 보면 기존에 나왔던 성취 기준을 바탕으로 앞으로 어떤 것들이 나올지 예측해볼 수도 있고, 어떤 유형으로 출제되는지 파악할 수 있습니다. 여러 개의 기출 복기 자료들을 보며 스터디원들과 실제처럼 연습해 보시기 바랍니다.

TIP ❺ 체력 비축하기

1차 발표 전도 물론 중요하지만 본 게임은 1차 발표 후라고 생각합니다. 그때를 위해서 적당한 에너지 비축도 필요합니다. 스터디 후에는 휴식도 취하고 맛있는 것도 먹으며 스트레스를 푸시기 바랍니다. 불안하시다면 교직 및 수업과 관련된 다양한 서적이나 시책 등을 읽거나 교육 관련 다큐멘터리 등을 보시는 것을 추천드립니다.

2 1차 발표 후 준비 과정

2차 시험은 지식을 시험하는 것이 아닌 교사로서의 인성과 수업적 자질을 평가하는 것입니다. 따라서 1차 합격을 하였다면 어느 정도 자신의 지식을 믿으셔도 좋습니다. 따라서 이 시기에는 많은 지식을 습득하기보다 자신만의 수업실연 및 면접의 스타일을 찾고 반복적으로 연습하여 익숙하게 만드는 것이 중요합니다. 수업실연을 시작할 때의 멘트부터 문을 닫고 나가는 것까지 시뮬레이션을 통해 떨리는 시험장에서 자동화할 수 있도록 연습하시기 바랍니다.

TIP ❶ 스터디 재구성하기

발표 전 꾸렸던 스터디원들과 잘 맞고 전원 합격하는 것이 가장 좋겠지만 그렇지 않을 확률이 더 높습니다. 따라서 1차 합격 발표 직후 빠르게 스터디를 조직해야 합니다. 가끔 '혼자 해도 되지 않을까?'라고 생각하시는 분도 있지만 교육경력이 많지 않은 이상 스터디는 반드시 꼭 필요하다고 생각합니다.

TIP ❷ 준비 계획 세우기

뻔한 얘기겠지만 스터디원들과 일정표를 만들었다면 그것을 지키는 것이 매우 중요합니다. 원활한 스터디 운영을 위해 규칙을 만드는 것도 추천드립니다. 스터디는 가능하다면 자주 만나는 것이 좋다고 생각합니다. 수업실연과 면접이라는 것이 사람들 앞에서 말을 하는 것이기 때문에 실제상황처럼 연습하는 경험이 많으면 많을수록 좋기 때문입니다. 그리고 계획을 세울 때에는 감을 잃지 않도록 하루에 실연과 면접을 모두 연습할 수 있게 짜는 것이 좋습니다.

TIP ❸ 현장감 있는 연습하기

스터디의 장점은 현장감 있는 연습을 진행할 수 있다는 것입니다. 특히 시간 제한을 두는 것이 중요합니다. 지역별로 다르긴 하지만 예를 들어 20분의 수업실연을 한다면 20분에 꽉 맞춰서 연습하기보다는 약간의 여유 시간을 넣어 19분 30초 정도로 두고 연습을 하실 것을 추천드립니다. 그리고 학습 단계별로 대략적인 시간을 계획해 두는 것이 좋습니다. 예를 들면 '4분(학습 목표 제시 및 동기유발) - 8분(전개1) - 8분(전개2)', '7분(전개1) - 7분(전개2) - 6분(전개3)' 이렇게 시간을 계획해두면 수업실연 시 수업의 속도를 조절할 수 있습니다.

또한 실연 연습을 하며 실연 모습을 반드시 영상으로 찍어 두시기를 바랍니다. 물론 자신의 수업실연 영상을 스스로 본다는 것이 굉장히 낯설고 부끄러운 경험이긴 하지만 영상을 보면 인지하지 못했던 자신의 표정, 말투 등 태도를 확인해볼 수 있고 더 나은 방향으로 개선할 수 있게 됩니다.

TIP ❹ 다양한 방면으로 도움 받기

스터디 안에서 어느 정도 익숙해졌다면 다양한 도움을 받을 수 있도록 문을 두드려 보세요. 대개 많은 사범대학에서 1차 시험 후 졸업한 현직 교사들을 초빙해 수업실연을 봐주기도 하고 관련된 특강을 열기도 합니다. 2차의 경우 특히 정보가 중요하기 때문에 최대한 이런 것들을 활용하시기 바랍니다. 이후에는 스터디원 각자가 다른 곳에서 얻어온 정보들을 나누면서 스터디의 장점을 극대화해보시기 바랍니다.

TIP ❺ 혼자만의 정리 시간을 가지기

　스터디가 끝나면 보통 기진맥진하게 되어 아무것도 하기 싫어집니다. 그러나 인간은 망각의 동물이기 때문에 아무리 주옥같은 피드백을 들어도 내 것으로 만들지 않으면 시험장에서 똑같은 실수를 저지르게 됩니다. 따라서 잠깐이라도 좋으니 스터디 후에는 피드백 받은 내용이나 다른 스터디원에게서 배우고 싶은 것들을 정리해두는 것이 좋습니다. 정리한 내용은 2차 시험 전날이나 시험장에 가져가 마지막까지 참고할 유용한 팁이 됩니다.

TIP ❻ 자신만의 시나리오 만들기

　처음 수업실연을 할 때에는 무슨 말을 하며 수업을 시작해야 할지 혼란이 오게 됩니다. 이때 자신만의 수업 시나리오를 만드는 것이 중요합니다. 동기유발을 할 때, 학습 목표를 확인할 때, 활동에서 다른 활동으로 넘어갈 때 각각 어떤 말을 할지를 미리 구성해 놓는 것입니다. 수업 시나리오를 만드는 것이 어렵다면 합격 수기에 합격자들이 작성한 실연 복기 내용을 읽어보면서 좋은 내용을 참고하는 것도 좋습니다. 수업 시나리오는 최대한 많이 반복하며 상황에 맞게 유연하게 적용할 수 있도록 입에 익혀두어야 합니다.

3 시험 당일

TIP ❶ 단정한 메이크업과 복장 준비하기

　2차 시험 날이 다가올수록 시험 날의 메이크업이나 복장에 대해서도 걱정이 되기 시작합니다. 결론은 단정한 메이크업과 복장이면 된다는 것입니다. '단정한'이라는 말이 추상적으로 들릴 수도 있겠지만, 사실 화장과 복장에 대해서는 합격자 모두 다릅니다. 전문가에게 메이크업을 받았다는 합격자도 있고, 거의 하지 않았다는 합격자도 있습니다. 복장 역시 전형적인 면접 복장(검정 치마, 흰색 블라우스)으로 입고 갔다는 합격자도 있고, 그보다는 편안하게 입고 갔다는 합격자도 있습니다. 따라서 화장과 복장은 TPO에 너무 벗어나지 않게 단정하고 깔끔하게만 준비하면 되겠습니다.

※ TPO : 옷을 경우에 맞게 입는 것. 시간(Time), 장소(Place), 상황(Occasion)을 고려하라는 의미

TIP ❷ 대기 시간 활용법 및 긴장 풀기

　실연 번호를 뽑고 나서 대기하는 시간에는 머릿속으로 실연하는 모습을 이미지 트레이닝 해야 합니다. 수업의 처음부터 끝까지 어떤 말을 할지 쭉 머릿속으로 떠올려보는 것이 좋습니다. 특히 주어졌던 수험생 작성 조건을 다시 한번 떠올리며 조건에 맞는 수업 내용을 숙지해야 합니다.

　또한, 시험 당일에 대기실 안에서는 대화를 할 수 없기 때문에 입이 많이 굳어 있습니다. 막상 시험장에 들어가서 실연을 하려고 하면 목소리가 잠기거나 입이 풀리지 않아 부자연스럽다고 느껴질 수 있습니다. 시험 시작 전 집에서 출발하기 전에 실연 시나리오를 큰 소리로 연습을 해보거나, 실연 장소로 이동하며 실연 시나리오를 되뇌어 보는 것도 좋은 방법입니다. 대기실 안에서는 물로 목을 축이며 목의 긴장을 풀어줍니다. 대기실에 앉아 있는 시간 동안 초조하고 긴장이 된다면 화장실에 가서 간단하게 스트레칭을 하며 몸의 긴장을 풀어주는 것이 좋습니다.

국어 2차 수업실연 순식간에 정복하기

03 지도안 작성 – 구상 – 실연 꿀팁

수업 실연 진행 절차

출처 : 서울시 교육청

| 대기실
(30명 이내) | | 구상실
(2명)
20분 | | 평가실 ①
(1명)
20분 | 평가실 ②
(2명)
20분 |

1 지도안 작성 단계

지도안 작성 시 참고하기
(실연장 상황에 따라 다를 수 있습니다.)

- 지도안을 작성하는 시간에 수험생에게는 문제지, 초안 작성지, 답안지가 주어집니다.
- 답안은 지워지지 않거나 번지지 않는 동일한 종류의 검은색 필기구를 사용하여 작성해야 합니다.
- 답안 작성을 할 때, 가로선을 그어 답안란의 줄을 추가할 수 있습니다(단, 가로선은 응시자 작성란 내에서만 사용 가능).
- 답안을 수정할 때에는 반드시 두 줄(=)을 긋고 수정할 내용을 작성해야 합니다.
- 수험생 작성 용지에 생각보다 쓸 공간이 협소합니다.
- 문제지, 초안 작성 용지, 답안지는 작성 시간이 끝나면 모두 제출해야 합니다.

TIP ① 생각을 충분히 한 후 작성하기!

지도안을 작성할 때 '문지지', '초안 작성지', '답안지'가 주어집니다. '답안지(지도안)'는 60분의 시간이 지나면 제출해야 하는데, 검정색 볼펜으로 작성해야 하고 틀리면 두 줄을 긋고 작성해야 합니다. 바로 작성하면 실수가 발생할 수 있고, 두 줄을 많이 긋게 되면 답안지가 지저분해 보일 수 있습니다. 따라서 바로 답안지에 작성하기보다 학습 목표와 조건 등을 생각하면서 전체적인 수업의 흐름을 머릿속으로 먼저 그려보는 것을 추천합니다. 그 뒤 초안 작성지를 활용하여 간단하게 조건에 대해 어떤 활동을 구현할 건지 생각을 한 뒤, 답안을 작성하시기 바랍니다.

TIP ② 수업의 모든 것을 담으려고 하지 말 것. 조건에 충실하게!

가장 중요한 것은 조건을 충족하여 작성하는 것입니다. 조건 외의 것들을 화려하게 적는다고 하더라도 조건에 대한 답이 없으면 감점이 되므로 무조건 조건에 충실하게 작성해야 합니다. 또한 작성할 수 있는 칸이 생각보다 크지 않으며, 너무 많은 것들을 작성하면 나중에 수업실연 시 빼먹게 되는 내용들이 발생할 수 있으므로 조건을 중심으로 작성하시기 바랍니다.

TIP ❸ 기호 및 어미는 통일되게!

  2차 수업실연 스터디를 통해 자신만의 지도안 작성 패턴을 만들어 놓는 것이 중요합니다. 가령 어미를 '~한다.'라고 할 것인지, '~하기'로 할 것인지 정하거나, 기호를 '•'으로 할 것인지 '-'으로 할 것인지 등 자신만의 형식적인 틀을 정해 통일성 있게 작성하는 것을 추천합니다.

> 예) • 큰 활동 : • 사용, '~하기'를 어미로 하기
> • 세부 활동 : - 사용, '~한다.'를 어미로 하기
> • 대화 : - "대화"의 형식으로 쓰기

TIP ❹ 교사의 활동과 학습자의 활동이 대응되게!

  지도안을 작성한다면 보통 '교사 활동 부분'과 '학습자 활동 부분'으로 이분화되어 있으므로 양쪽이 대응되게 작성하는 것이 좋습니다.

TIP ❺ 수업의 흐름이 그려지게 작성하기!

  지도안 평가 시 가장 중요한 것은 지도안만 보더라도 수업이 머릿속에 그려질 수 있어야 한다는 것입니다. 예를 들어 '학습 목표의 의의를 생각한다.'보다는 '학습 목표를 듣고 메모한다.'처럼 학습자의 행동으로 드러낼 수 있는 서술어를 많이 사용하여 선명한 수업이 그려질 수 있게 작성하는 것이 중요합니다.

TIP ❻ 조건에 있는 명칭은 잘 보이도록 용어 그대로 활용하기!

  답안지를 작성할 때 중요한 것은 조건을 충족하고 있다는 것을 보여주는 것입니다. 그러므로 답안지 작성시 '지도안 작성 조건'에 사용되는 키워드들을 활용하여 작성하면 좋습니다. 예를 들어 '학생의 구체적인 경험을 이끌어 내는 발문을 제시할 것'이라는 지도안 작성 조건이 제시되었다면, 답안지에는 '~와 관련되는 학생의 경험을 발문한다. / ~와 관련되는 경험을 떠올리고 대답한다.'처럼 작성하는 것입니다.

TIP ❼ 대기 시간에는 끊임없이 복기하기!

  60분의 시간이 흐르고 나면 작성한 답안지를 가져가기 때문에 뽑은 순서가 되기까지는 기다림의 연속입니다. 어차피 실연 단계에서는 최대한 답지를 보지 않고 자연스러운 수업 현장의 모습을 보여주어야 하므로 대기 시간을 잘 활용하여 답안지 내용을 복기하고, 다양한 수업실연 조건들을 예측하면서 연습하시기 바랍니다.

2 지도안 구상 단계

  구상실에 들어가면 새로운 수업 조건과 내가 제출했던 지도안 복사본을 줍니다. 이와 더불어 구상실에서 사용할 개인별 볼펜(검정색 모나미 펜)을 줍니다. 이때 지도안 복사본에는 메모가 가능합니다. (＊2024년 서울 실연장 기준)

  구상 단계에서는 수업 조건이 추가적으로 주어집니다. 수업 조건을 숙지한 뒤 내가 썼던 지도안을 다시 보면서 조건에 맞게 수업을 재구조화합니다. 조건의 경우 '일정량의 판서를 포함할 것', '학생과의 활발한 상호작용을 보여줄 것'과 같이 이미 지도안에 반영된 내용도 있고 '~활동을 생략할 것'과 같이 새롭게 고려해야 할 부분도 있습니다.

  지도안 크기가 크기 때문에 실제 실연을 할 때에 지도안을 넘기는 시간에 면접관이 나를 보고 있다는 생각에 심리적인 부담감이 생깁니다. 구상 시간에 지도안의 내용을 압축해서 판서 형식으로 지도안에 옮겨 적어두고 실연할 때 참고하는 것도 좋습니다. 지도안에 수업 때 부를 아이들의 이름을 적어두면 갑자기 긴장해서 생각이 안날 때 많은 도움이 될 수 있습니다.

3 실연 단계

(1) 조건에 충실하기

실연 준비를 하다 보면 남들과 다른 수업을 해야 한다는 부담이 생기게 됩니다. 참신하고 새로운 방식(조건에는 없지만 육색 사고 모자, 직소 모형 등 다양한 수업 방식을 적용하는 경우)을 적용하려고 하지 않아도 됩니다. 가장 중요한 것은 조건을 지키는 것이기 때문입니다. 수업실연의 채점 방식이 공개되지 않았지만 많은 사람을 가장 공정하게 평가하려면 문제 출제 의도에 맞게 수업을 하였는가를 살펴볼 수밖에 없을 것입니다. 참신한 수업을 하려다가 가장 기본적인 조건을 놓칠 수 있습니다. 참신한 기법을 적용하기 전에, 조건에서 요구한 내용은 다 충족하였는지, 지금 이 수업 방법이 조건에서 너무 벗어나 보이지는 않을지 고려하는 과정이 필요합니다.

(2) 시간 분배하기

모든 수험생에게 주어진 시간은 똑같습니다. 주어진 시간 내에 모든 활동을 끝낸 경우와 끝내지 못한 경우의 차이는 크다고 생각합니다. 시험에서는 동기유발, 전개1, 전개2를 다 해야 할 수도 있고, 전개1, 전개2만 해야 할 수도 있습니다. 실연 연습을 할 때 다양한 조건 상황을 가정하고 연습하는 것이 중요합니다.

사람마다 시간을 분배하는 방법은 다르겠지만, '4분(학습 목표 제시 및 동기유발) - 8분(전개1) - 8분(전개2)'과 같이 시간을 분배하여 연습하는 것도 좋은 방법입니다. 하지만 이는 기본 틀일 뿐 실연 상황에 따라 조정해야 합니다. 활동1, 2의 내용이 많으면 학습 목표를 판서하지 않고 PPT로 설명하고 넘어가는 방식으로 시간을 단축시킬 수도 있고, 활동2까지 남은 시간이 촉박할 경우 활동1에서 하려고 했던 학생 발표의 양을 조금 줄일 수도 있습니다. 판서할 때 '……'을 사용하여 생략할 수도 있습니다. 내가 준비했던 모든 것을 충분히 보여주며 20분을 채우는 것이 가장 좋겠지만, 예상치 못하게 시간이 부족한 경우에는 감점되지 않을 만한 요소들만 생략하며 시간을 맞추는 방법도 좋은 방법이 될 수 있습니다. 처음에는 제시간 안에 끝내는 것이 쉽지 않습니다. 스터디를 할 때에도 항상 타이머를 활용하여 제시간에 끝내는 연습을 꾸준히 해야 합니다.

(3) 판서 방법

※ 이 책의 예시 답안에 있는 판서 내용은 참고용으로 최대한 자세히 적은 판서 내용을 담고 있습니다. 실제로 수업실연에서 판서를 하실 때에는 실연 시간을 고려하여 본인이 할 수 있는 분량으로 적절하게 조정하시기를 바랍니다.

판서는 채점의 근거가 될 수 있기 때문에 중요합니다. 가능하면 구조화된 판서를 하는 것이 좋습니다. 일반적으로 많이 사용하는 방법은 칠판을 3등분하는 것입니다. 칠판을 3등분하여 사용하면 훨씬 더 깔끔해 보이는 인상을 줍니다.

	단원명	
〈학습 목표〉 1. 2.	활동1	활동2

아직까지 실연하는 교실은 분필을 사용하는 곳이 대부분입니다. 실연할 교실에 들어가면 분필이 색깔별로 놓여 있습니다(간혹, 색 분필이 비치되지 않은 경우도 있습니다.). 어떤 내용을 판서하느냐에 따라 자신만의 방법으로 색깔을 구분하는 것도 좋은 방법입니다. 판서할 색을 미리 정하지 않고, 잡히는 대로 쓰다 보면 다소 산만하게 보일 수 있습니다.

> 예) 기본적인 내용은 흰 분필로, 학생 발표에 추가되는 내용은 노란색으로, 핵심적인 부분은 빨간색으로 판서

판서를 할지 말지 고민이 될 때에는 조건을 기준으로 삼으면 됩니다. 면접관들도 같은 수업을 반복해서 보다 보면 말을 놓칠 때가 있을 거라고 생각합니다. 판서에는 수업의 흐름이 담겨 있어야 합니다. 활동 명과 핵심적인 내용은 판서 안에 담겨야 합니다. 만약 '학생 스스로 질문과 답을 만들 것'이라는 조건이 있다면 학생이 만든 질문과 답의 내용을 판서해주면 조건을 잘 지키고 있다는 것을 조금 더 가시적으로 보여줄 수 있습니다.

(4) 상호작용하기

상호작용하는 모습을 보여줄 때에 많이 사용하는 방법이 학생들에게 긍정적이고 구체적인 피드백을 해주는 것입니다. 실연을 하다 보면 마음이 급해져 '잘했습니다.', '좋아요.' 등의 단편적인 피드백이 나올 수 있습니다. 이보다는 학생이 잘한 점을 구체적으로 칭찬해주는 피드백을 하는 것이 좋습니다. 또한, 학생이 한 번에 완벽한 답을 얘기하는 것보다 교사의 보완 또는 동료끼리 상호 보완하는 과정을 보여주는 것이 좋습니다. 이때, 학생의 관점에서 수업 내용을 성찰해볼 필요가 있습니다. 예를 들어 중1 성취 기준이 실연 문제로 나왔을 때, 중1이 할 법한 대답을 떠올려 보는 것입니다. 학생이 어려워할 수 있는 단어는 교사가 쉬운 언어로 한번 설명해줄 수도 있고, 오답이 많이 나올 수 있는 내용인 경우 보완하거나 답에 대한 비계를 주는 피드백을 할 수도 있습니다. 또한, 학생이 질문하는 상황을 가정하여 학생의 질문을 듣고 교사가 답변을 주는 방식으로 상호작용할 수도 있습니다.

> 예) "○○학생이 이렇게 말해주었는데, 혹시 더 보완할 점은 없는지 다른 친구가 한번 말해볼까요~?", "~부분은 잘 찾아주었는데, ~~한 부분을 조금 더 고려해 보면 좋을 것 같아요."

(5) 동선, 시선, 제스처 및 간투사

✓ **동선**

연습 전 휴대폰 카메라와 삼각대를 이용하여 자신의 모습을 촬영해보는 것을 추천합니다. 수업실연을 하게 되면 긴장한 상태이기 때문에 판서를 할 때를 제외하고는 한 자리에 서서 수업을 하게 될 수 있는데, 이는 딱딱하고 부자연스러운 인상을 줄 수 있습니다. 적당한 동선 이동은 수업의 흐름을 자연스럽게 보이는 데 기여합니다. 보통 수업실연을 하다 보면 좌·우로 이동하는 모습은 많이 보이는데 앞, 뒤로 움직이는 모습을 자주 보이지 않습니다. 동기유발이나 모둠 순회와 같이 판서를 하지 않아도 되는 상황에서는 조금 앞으로 나와 실연하는 것도 당차고 자신감 있는 인상을 줄 수 있습니다.

✓ **시선**

실제 실연을 할 때 면접관을 봐야 할지, 교탁 앞에 빈 허공만 봐야 할지 많은 고민이 듭니다. 가능하면 학생 발표를 가정할 때, 교실을 3등분하여 골고루 쳐다볼 수 있도록 연습하는 것도 좋은 방법입니다. 면접관과 눈을 마주치는 것도 자신감 있는 인상을 주는 것에 도움이 됩니다.

또 연습을 하다 보면 지도안 숙지가 덜 되어 지도안에 시선을 두는 경우도 많습니다. 실제 실연에서는 머릿속으로 많은 시뮬레이션을 거치기 때문에 지도안을 숙지할 만큼의 충분한 시간이 있습니다. 스터디 연습을 할 때에도 가능한 지도안을 덜 볼 수 있도록 하고, 혹시 숙지가 안 되었다 하더라도, 너무 부담을 갖지 않았으면 합니다.

✓ **제스처 및 간투사**

적절한 제스처를 사용하면 조금 더 자연스러운 수업의 모습을 보여줄 수 있지만, 과한 제스처는 오히려 수업에 집중하는 것에 방해가 됩니다. 자신의 모습을 영상으로 촬영해서 보다 보면 특정 제스처를 반복하는 모습을 볼 수 있을 것입니다. 습관이 되지 않도록 하고, 필요한 부분에서만 자연스럽게 제스처를 할 수 있도록 연습해야 합니다.

실연 연습을 하다 보면 나도 몰랐던 습관들을 발견하게 됩니다. "아", "음", "이제", "그러니까", "그래서" 등 실연 중간에 공백을 메꾸기 위한 간투사가 자주 등장합니다. 실연하는 모습을 영상으로 촬영한 뒤 습관적으로 사용하는 간투사는 없는지 점검해야 합니다. 간투사는 보는 사람의 집중력을 흐트러뜨리기도 하고, 다소 자신감 없는 모습으로 비춰질 수 있기 때문에 의식적으로 사용하지 않기 위해 노력하는 것이 좋습니다. 실연 연습 초기에는 자신만의 수업 시나리오가 아직 잡혀 있지 않았거나 수업 내용을 충분히 숙지하지 못해 간투사가 등장하는 경우가 많습니다. 실연 연습을 자주 하다 보면 분명 좋아지는 순간이 올 것입니다. 반복적인 연습을 통해 자신만의 수업 틀을 입에 익히는 것이 좋습니다.

04 책 사용 설명서

국어 2차 수업실연 순식간에 정복하기

1 진도표

01. 중등 듣기·말하기 [11]			페이지
제1회	[9국01-01]	화자의 의도와 관점을 추론하며 듣는다.	101
제2회	[9국01-02]	설득 전략을 비판적으로 분석하며 듣는다.	108
제3회	[9국01-03]	담화 공동체에 따른 듣기·말하기 방식의 다양성을 고려하여 듣고 말한다.	114
제4회	[9국01-04]	상대의 말을 경청하고 상대의 감정과 입장에 공감하는 반응을 보이며 대화한다.	122
제5회	[9국01-05]	면담의 다양한 목적과 상대를 고려하여 질문을 점검하고 효과적으로 면담한다.	129
제6회	[9국01-06]	다양한 자료를 재구성하여 내용을 체계적으로 조직하고 청중이 이해하기 쉽게 발표한다.	135
제7회	[9국01-07]	토의에서 다양한 의견을 교환하여 대안을 마련하고 문제를 해결한다.	142
제8회	[9국01-08]	토론에서 반론을 고려하여 타당한 논증을 구성하고 논리적으로 반박한다.	151
제9회	[9국01-09]	서로의 감정이나 바라는 바를 진솔하게 표현하면서 갈등을 조정한다.	157
제10회	[9국01-10]	언어폭력의 문제점을 성찰하고, 서로를 존중하는 표현을 사용하여 말한다.	163
제11회	[9국01-11]	듣기·말하기 과정을 점검하고 듣기·말하기의 어려움을 효과적으로 조정한다.	170

02. 고등 공통국어 듣기·말하기 [4]			페이지
제12회	[10공국1-01-01]	대화의 원리를 고려하여 대화하고 자신의 듣기·말하기 과정과 공동체의 담화 관습을 성찰한다.	177
제13회	[10공국1-01-02]	논제의 필수 쟁점별로 논증을 구성하고 논증이 타당한지 평가하며 토론한다.	185
제14회	[10공국2-01-01]	청중의 관심과 요구에 맞게 내용을 구성하여 발표하고 청중의 질문에 효과적으로 답변한다.	193
제15회	[10공국2-01-02]	쟁점과 이해관계를 고려하여 문제를 해결할 수 있는 대안을 탐색하며 협상한다.	200

03. 고등 화법 [4]			페이지
제16회	[12화언01-12]	주장, 이유, 근거를 비판적으로 검토하여 논증의 타당성, 신뢰성, 공정성에 대해 반대 신문하며 토론한다.	208
제17회	[12화언01-10]	화자의 공신력을 이해하고 효과적인 설득 전략을 활용하여 연설한다.	215
제18회	[12화언01-11]	토의에서 주제와 관련된 다양한 자료를 통해 공동체의 문제를 분석하고 합리적으로 해결한다.	222
제19회	[12화언01-09]	정제된 언어적 표현 전략 및 적절한 준언어적·비언어적 표현 전략을 활용하여 발표한다.	231

	04. 중등 읽기 [7]	페이지
제20회	[9국02-01] 읽기는 사회·문화적 맥락에서 의미를 구성하는 과정임을 이해하며 사회적 독서에 참여하고 사회적 독서 문화 형성에 기여한다.	239
제21회	[9국02-02] 읽기 목적과 글의 구조를 고려하며 글을 효과적으로 요약한다.	245
제22회	[9국02-03] 독자의 배경지식과 글에 나타난 정보 등을 활용하여 글에 드러나지 않은 의도나 관점을 추론하며 읽는다.	252
제23회	[9국02-04] 복합양식으로 구성된 글이나 자료의 내용 타당성과 신뢰성, 표현 방법의 적절성을 평가하며 읽는다.	260
제24회	[9국02-05] 글에 사용된 다양한 설명 방법과 논증 방법을 파악하고, 그 타당성을 평가하며 읽는다.	267
제25회	[9국02-06] 동일한 화제를 다룬 여러 글이나 자료를 주제 통합적으로 읽는다.	274
제26회	[9국02-08] 자신의 독서 상황과 수준에 맞는 글을 선정하고 읽기 과정을 점검·조정하며 읽는다.	280

	05. 고등 공통국어 읽기 [3]	페이지
제27회	[10공국1-02-01] 다양한 글이나 자료를 읽으며 논증의 타당성을 평가하고 자신의 관점을 바탕으로 논증을 재구성한다.	288
제28회	[10공국2-02-01] 복합양식으로 구성된 글이나 자료에 내재된 필자의 관점이나 의도, 표현 방법을 평가하며 읽는다.	295
제29회	[10공국2-02-02] 동일한 화제의 글이나 자료라도 서로 다른 관점과 형식으로 표현됨을 이해하며 읽기 목적을 고려하여 글이나 자료를 주제 통합적으로 읽는다.	302

	06. 고등 독서 [4]	페이지
제30회	[12독작01-03] 글에 드러난 정보를 바탕으로 글의 내용을 파악하고 글에 드러나지 않은 정보를 추론하며 읽는다.	312
제31회	[12독작01-04] 글의 내용이나 관점, 표현 방법, 필자의 의도나 사회·문화적 이념을 평가하며 읽는다.	319
제32회	[12독작01-12] 정서 표현과 자기 성찰의 글을 읽고 자신의 정서를 진솔하게 표현하거나 자신의 삶을 성찰하는 글을 쓴다.	326
제33회	[12독작01-13] 다양한 글을 주제 통합적으로 읽고 학습의 목적과 교과의 특성을 고려하여 학습을 위한 글을 쓴다.	334

	07. 중등 쓰기 [7]	페이지
제34회	[9국03-01] 대상의 특성에 적합한 설명 방법을 활용하여 글을 쓴다.	344
제35회	[9국03-02] 복수의 자료를 활용하여 다양한 형식으로 정보를 전달하는 글을 쓴다.	351
제36회	[9국03-03] 주장을 뒷받침할 수 있는 타당한 근거를 들고 적절한 표현을 사용하여 주장하는 글을 쓴다.	358
제37회	[9국03-05] 자신의 삶과 경험을 바탕으로 정서를 진솔하게 표현하는 글을 쓴다.	364
제38회	[9국03-06] 다양한 표현을 활용하여 자신의 생각과 느낌이 드러나는 글을 쓰고 독자와 공유한다.	371
제39회	[9국03-07] 복합양식 자료를 활용하여 내용을 생성하고 글의 유형을 고려하여 내용을 조직하며 글을 쓴다.	377
제40회	[9국03-08] 쓰기 과정과 전략을 점검·조정하며 글을 쓰고, 독자를 고려하여 글을 고쳐 쓴다.	384

	08. 고등 공통국어 쓰기 [4]	페이지
제41회	[10공국1-03-01] 내용 전개의 일반적 원리를 고려하여 사회적 쟁점에 대한 자신의 견해를 정교하게 표현하는 글을 쓴다.	393
제42회	[10공국1-03-02] 다양한 언어 공동체의 특성을 고려하며 필자의 개성이 드러나는 글을 쓴다.	401
제43회	[10공국2-03-02] 논증 요소에 따른 분석을 바탕으로 효과적으로 내용을 조직하여 논증하는 글을 쓴다.	408
제44회	[10공국2-03-03] 신뢰할 수 있는 정보를 종합하여 복합양식 자료가 포함된 공동 보고서를 쓴다.	415

	09. 고등 작문 [4]	페이지
제45회	[12독작01-10] 글이나 자료에서 가치 있는 정보를 수집하고 효과적으로 조직하면서 정보를 전달하는 글을 쓴다.	424
제46회	[12독작01-11] 글이나 자료에서 타당한 근거를 수집하고 효과적인 설득 전략을 활용하여 논증하는 글을 쓴다.	432
제47회	[12독작01-08] 사회적·역사적 현상이나 쟁점 등을 다룬 사회·문화 분야의 글을 읽고 사회·문화적 사건이나 역사적 인물에 대한 관점을 담은 글을 쓴다.	439
제48회	[12독작01-05] 글을 읽으며 다양한 내용 조직 방법과 표현 전략을 찾고 이를 글쓰기에 활용한다.	446

	10. 중등 문학 [7]	페이지
제49회	[9국05-01] 운율, 비유, 상징의 특성과 효과에 유의하며 작품을 감상하고 창작한다.	455
제50회	[9국05-02] 갈등의 진행과 해결 과정을 파악하며 작품을 감상한다.	463
제51회	[9국05-03] 인간의 성장을 다룬 작품을 읽으며 문학의 가치를 내면화한다.	470
제52회	[9국05-04] 보는 이나 말하는 이의 특성과 효과를 파악하며 작품을 감상한다.	476
제53회	[9국05-05] 작품에 반영된 사회·문화적 상황을 이해하며 작품을 감상한다.	485
제54회	[9국05-06] 자신의 경험을 개성적인 발상과 표현으로 형상화한다.	491
제55회	[9국05-08] 근거를 바탕으로 작품을 해석하고, 다른 해석들과 비교하여 자신의 해석을 평가한다.	500

	11. 고등 공통국어 문학 [7]	페이지
제56회	[10공국1-05-01] 문학 소통의 특성을 고려하며 문학 소통에 참여한다.	508
제57회	[10공국1-05-02] 갈래에 따른 형상화 방법의 특성을 고려하며 작품을 수용한다.(서정)	515
제58회	[10공국1-05-02] 갈래에 따른 형상화 방법의 특성을 고려하며 작품을 수용한다.(서사)	522
제59회	[10공국1-05-03] 작품 구성 요소의 유기적 관계와 맥락에 유의하여 작품을 수용하고 생산한다.	529
제60회	[10공국2-05-01] 한국 문학사의 흐름을 고려하여 작품을 수용한다.(고전시가)	538
제61회	[10공국2-05-01] 한국 문학사의 흐름을 고려하여 작품을 수용한다.(서사)	547
제62회	[10공국2-05-02] 주체적인 관점에서 작품을 해석하고 평가하며 문학을 생활화하는 태도를 지닌다.	554

	12. 고등 문학 [7]	페이지
제63회	[12문학01-02] 문학의 여러 갈래들의 특성과 문학의 맥락에 대해 이해한다.	562
제64회	[12문학01-03] 주요 작품을 중심으로 한국 문학의 범위와 갈래, 변화 양상을 탐구한다.	570
제65회	[12문학01-03] 주요 작품을 중심으로 한국 문학의 범위와 갈래, 변화 양상을 탐구한다.	578
제66회	[12문학01-04] 한국 문학에 반영된 시대 상황을 이해하고 문학과 역사의 상호 영향 관계를 탐구한다.	585
제67회	[12문학01-07] 작품을 공감적, 비판적, 창의적으로 감상하며, 다양한 방식으로 작품에 대해 비평한다.	592
제68회	[12문학01-08] 작품을 읽고 새로운 시각으로 재구성하거나 주체적인 관점에서 작품을 창작한다.	599
제69회	[12문학01-09] 다양한 매체로 구현된 작품의 창의적 표현 방법과 심미적 가치를 문학적 관점에서 수용하고 소통한다.	606

	13. 매체 중·고등 [4]		페이지
제70회	[9국06-01]	대중 매체와 개인 인터넷 방송의 특성과 영향력을 비교한다.	614
제71회	[9국06-02]	소통 맥락과 수용자 참여 양상을 고려하여 상호 작용적 매체를 분석한다.	623
제72회	[10공국1-06-01]	사회적 의제를 다룬 매체 자료를 비판적으로 분석한다.	630
제73회	[10공국2-06-01]	매체 비평 자료를 비판적으로 수용하고 자신의 관점을 담아 매체 비평 자료를 제작한다.	639

	14. 심화문제		페이지
제1회	[9국01-11]	매체 자료의 효과를 판단하며 듣는다.	648
제2회	[10국02-04]	읽기 목적을 고려하여 자신의 읽기 방법을 점검하고 조정하며 읽는다.	654
제3회	[10국03-01]	쓰기는 의미를 구성하여 소통하는 사회적 상호 작용임을 이해하고 글을 쓴다.	659
제4회	[9국05-01]	문학은 심미적 체험을 바탕으로 한 다양한 소통 활동임을 알고 문학 활동을 한다.	664
제5회	[9국05-06]	과거의 삶이 반영된 작품을 오늘날의 삶에 비추어 감상한다.	669
제6회	[9국05-08]	재구성된 작품을 원작과 비교하고, 변화 양상을 파악하며 감상한다.	674
제7회	[10국01-05] [10국02-03]	의사소통 과정을 점검하고 조정하며 듣고 말한다. 삶의 문제에 대한 해결 방안이나 필자의 생각에 대한 대안을 찾으며 읽는다.	680
제8회	[9국01-04] [10국01-04]	토의에서 의견을 교환하여 합리적으로 문제를 해결한다. 협상에서 서로 만족할 만한 대안을 탐색하여 의사 결정을 한다.	686
제9회	[12화작02-06] [9국01-08]	청자의 특성에 맞게 내용을 구성하여 발표한다. 핵심 정보가 잘 드러나도록 내용을 구성하여 발표한다.	690
제10회	[12화작02-07]	화자의 공신력을 이해하고 적절한 설득 전략을 사용하여 연설한다.	695
제11회	[9국02-04] [9국03-02]	글에 사용된 다양한 설명 방법을 파악하며 읽는다. 대상의 특성에 맞는 설명 방법을 사용하여 글을 쓴다.	699
제12회	[9국02-03] [9국04-08]	읽기 목적이나 글의 특성을 고려하여 글 내용을 요약한다. 한글의 창제 원리를 이해한다.	705
제13회	[10국02-04]	읽기 목적을 고려하여 자신의 읽기 방법을 점검하고 조정하며 읽는다.	709
제14회	[12독서02-03] [9국03-04]	글에 드러난 관점이나 내용, 글에 쓰인 표현 방법, 필자의 숨겨진 의도나 사회·문화적 이념을 비판하며 읽는다. 주장하는 내용에 맞게 타당한 근거를 들어 글을 쓴다.	715
제15회	[12독서02-01] [12독서02-02]	글에 드러난 정보를 바탕으로 중심 내용, 주제, 글의 구조와 전개 방식 등 사실적 내용을 파악하며 읽는다. 글에 드러나지 않은 정보를 예측하여 필자의 의도나 글의 목적, 숨겨진 주제, 생략된 내용을 추론하며 읽는다.	721
제16회	[12독서02-05]	글에서 자신과 사회의 문제를 해결하는 방법이나 필자의 생각에 대한 대안을 찾으며 창의적으로 읽는다.	726
제17회	[10국03-02]	주제, 독자에 대한 분석을 바탕으로 타당한 근거를 들어 설득하는 글을 쓴다.	731
제18회	[12문학02-02]	작품을 작가, 사회 문화적 배경, 상호 텍스트성 등 다양한 맥락에서 이해하고 감상한다.	736
제19회	[12문학02-05]	작품을 읽고 다양한 시각에서 재구성하거나 주체적인 관점에서 창작한다.	740
제20회	[12언매03-02] [12언매03-06]	다양한 관점과 가치를 고려하여 매체 자료를 수용한다. 매체를 바탕으로 하여 형성되는 문화에 대해 비판적으로 이해하고 주체적으로 향유한다.	745

2 실연 조건 설정하기

실연 조건은 지역마다 실연 시간에 따른 차이가 있습니다(15분, 20분, 25분). 20분 실연을 기준으로 실연조건은 지도안 작성 조건에서 크게 벗어나지는 않되, 최근에는 학생과의 상호작용 또는 학생에게 구체적인 피드백 제공 등의 내용이 강조되고 있습니다.

> ① (실연 시간이 20분인 경우) 주어진 활동을 모두 실연하기
> ② (실연 시간이 15분인 경우) 전개 부분만 실연하기
> ③ 교사와 학생의 상호작용이 잘 드러나도록 하기
> ④ 활동에 대한 교사의 구체적인 피드백 제공하기

지역마다 실연 시간에 차이가 있기 때문에 실연 조건은 각자의 상황에 맞게 정하는 것을 추천합니다. 20분 실연의 경우 중학교는 모든 조건을 하는 것을 추천하며, 고등학교는 동기유발을 제외하거나 마지막 활동의 일정 부분을 생략하는 것을 추천합니다. 15분 실연 지역의 경우 중학교와 고등학교 모두에서 동기유발이나 활동에서 내용 설명의 일정 부분을 생략하는 것을 추천합니다.

3 나만의 수업 만들기

이 책의 실전문제와 예상답안은 여러분이 2차를 준비하며 참고하는 용도이지, 완벽한 정석은 아닙니다. 사람마다 합격한 선생님들과 얘기를 나눠보면 각기 다양한 실연 방식으로 합격하셨습니다. 이 책의 예상답안을 참고하시되, 본인이 장점이라고 생각하거나 예상답안에서 부족하다고 여기는 부분은 보충 및 보완하시어 책을 활용하시길 바랍니다.

또 위에서 판서가 중요함을 설명드렸습니다. 판서에는 최대한 수업의 흐름이 담겨 있어야 합니다. 따라서 저희는 판서 예시로 최대한 많은 내용을 담아두었으나, 실제 실연 현장에서는 시간이 촉박하기 때문에 자세히 적기 힘든 경우가 많습니다. 판서 예시처럼 모두 적는 것이 정답이 아니니, 수업의 흐름만 잘 보여줄 수 있도록 간단히 축약하여 본인의 방식대로 적는 것을 추천드립니다.

국어

2차 수업실연 **순**식간에 **정**복하기

PART

02
2차 수업실연 기출문제

- 2025학년도 국어과 교수·학습 실연 시험 문제지 및 지도안 예상 답안
- 2024학년도 국어과 교수·학습 실연 시험 문제지 및 지도안 예상 답안
- 2023학년도 국어과 교수·학습 실연 시험 문제지 및 지도안 예상 답안
- 2022학년도 국어과 교수·학습 실연 시험 문제지 및 지도안 예상 답안
- 2021학년도 국어과 교수·학습 실연 시험 문제지 및 지도안 예상 답안
- 2020학년도 국어과 교수·학습 실연 시험 문제지 및 지도안 예상 답안
- 2019학년도 국어과 교수·학습 실연 시험 문제지 및 지도안 예상 답안
- 2018학년도 국어과 교수·학습 실연 시험 문제지 및 지도안 예상 답안
- 2017학년도 국어과 교수·학습 실연 시험 문제지 및 지도안 예상 답안
- 2016학년도 국어과 교수·학습 실연 시험 문제지 및 지도안 예상 답안
- 2015학년도 국어과 교수·학습 실연 시험 문제지 및 지도안 예상 답안
- 2014학년도 국어과 교수·학습 실연 시험 문제지 및 지도안 예상 답안
- 2013학년도 국어과 교수·학습 실연 시험 문제지 및 지도안 예상 답안

<2025~2013학년도 기출 목록 정리>

학년도	성취 기준	학년	영역
2025	[10국02-03] 삶의 문제에 대한 해결 방안이나 필자의 생각에 대한 대안을 찾으며 읽는다.	고등학교 (1학년)	읽기
2024	[10공국2-01-02] 쟁점과 이해관계를 고려하여 문제를 해결할 수 있는 대안을 탐색하며 협상한다.	고등학교 (1학년)	듣기·말하기
2023	[10국05-04] 문학의 수용과 생산 활동을 통해 다양한 사회·문화적 가치를 이해하고 평가한다.	고등학교 (1학년)	문학
2022	[10국03-04] 쓰기 맥락을 고려하여 쓰기 과정을 점검·조정하며 글을 고쳐 쓴다.	고등학교 (1학년)	쓰기
2021	[10국01-03] 논제에 따라 쟁점별로 논증을 구성하여 토론에 참여한다.	고등학교 (1학년)	듣기·말하기
2020	[10국02-02] 매체에 드러난 필자의 관점이나 표현 방법의 적절성을 평가하며 읽는다.	고등학교 (1학년)	읽기
2019	[9국05-10] 인간의 성장을 다룬 작품을 읽으며 삶을 성찰하는 태도를 지닌다. (※ 중학교 성취 기준이 고등학교 학년으로 출제됨)	고등학교 (1학년)	문학
2018	[12독서01-02] 동일한 화제의 글이라도 서로 다른 관점과 형식으로 표현됨을 이해하고 다양한 글을 주제 통합적으로 읽는다.	고등학교 (1학년)	읽기
2017	[9국03-01] 쓰기는 주제, 목적, 독자, 매체 등을 고려한 문제 해결 과정임을 이해하고 글을 쓴다. (※ 중학교 성취 기준이 고등학교 학년으로 출제됨)	고등학교 (1학년)	쓰기
2016	[9국05-03] 갈등의 진행과 해결 과정에 유의하며 작품을 감상한다.	중학교 (2학년)	문학
2015	[2012-중학-문학(8)] 자신의 주체적인 관점에서 작품을 평가한다.	중학교 (1학년)	문학
2015	[10국-05-05] 주체적인 관점에서 작품을 해석하고 평가하며 문학을 생활화하는 태도를 지닌다.	고등학교 (1학년)	문학
2014	[2012-중학-듣기·말하기(3)] 인물이나 관심사를 다양한 방법으로 소개하거나 설명한다.	중학교 (1학년)	듣기·말하기
2013	[12-독서02-02] 글에 드러나지 않은 정보를 예측하여 필자의 의도나 글의 목적, 숨겨진 주제, 생략된 내용을 추론하며 읽는다.	고등학교 (2학년)	독서

2025학년도 중등학교교사신규임용후보자선정경쟁시험(2차)
국어과 교수·학습 실연 시험 문제지

관리 번호

지도안 세부 조건

1. 〈수험생 작성 조건1〉 자료 분석하기
   가. 〈자료1〉의 문제 상황과 필자의 입장을 찾아볼 것
   나. 〈자료1〉, 〈자료2〉를 활용하여 문제의 원인과 해결 방안을 찾게 할 것

2. 〈수험생 작성 조건2〉 자료에서 제시한 해결 방안 비판적으로 평가하기
   가. 〈자료3〉을 활용하여 비판적 읽기의 필요성을 설명할 것
   나. 〈자료3〉을 활용하여 비판적 읽기의 평가 기준 세 가지를 설명할 것
   다. 〈자료1〉과 〈자료2〉를 활용하여 모둠별로 필자의 해결 방법을 평가하도록 할 것

3. 〈수험생 작성 조건3〉 창의적 읽기
   가. 창의적 읽기의 방법을 안내할 것
   나. 모둠별로 글쓴이의 해결 방법에 대한 대안을 도출하도록 활동을 구상할 것
   다. 학생이 제시한 대안에 대해 교사의 피드백을 제시할 것

〈수업 실연 조건〉

- 전개1, 2만 실연할 것
- 전개2는 일정량의 판서를 포함할 것
- 교사와 학생의 활동이 분명하게 드러날 것

수업 조건

- 과목 : 국어
- 학년 : 고등학교 1학년
- 장소 : 국어 교과교실
- 시간 : 블록타임제(100분)
- 단원명 : 삶의 문제 해결을 위한 독서
- 해당 성취 기준 : 삶의 문제에 대한 해결 방안이나 필자의 생각에 대한 대안을 찾으며 읽는다.

단원명	차시	학습 내용	평가
삶의 문제 해결을 위한 독서	1 (본시)	○필자의 생각이나 주장을 비판적으로 읽을 수 있다. ○필자의 생각이나 주장의 대안을 찾을 수 있다.	
	2	○창의적 읽기 활동	

학생 수	장소	학습 형태	학습 기자재
24명 (4명씩 6모둠)	국어 교과교실	강의식, 모둠식	교사용 컴퓨터, 칠판, 빔 프로젝터, 학생용 스마트 기기

〈자료1〉

　최근 우리 사회는 청소년들의 문해력 저하라는 심각한 문제에 직면해 있습니다. 글의 맥락을 깊이 이해하고 비판적으로 사고하는 능력은 모든 학습의 기본이자, 미래 사회를 살아가는 데 필수적인 역량입니다. 그러나 점차 퇴화하는 문해력은 개인의 문제를 넘어 사회 전체의 경쟁력 저하로 이어질 수 있기에, 이 위기를 극복하기 위한 노력이 필요합니다.

　문해력 저하에는 여러 복합적인 원인이 있습니다. 우선, 스마트폰과 같은 디지털 매체의 과다 사용은 짧고 즉각적인 정보에만 익숙하게 만들어 긴 호흡의 글을 읽고 이해하는 힘을 약화시킵니다. 또한, 점수와 효율성을 우선시하는 경쟁 위주의 입시 교육은 학생들이 단편적인 문제 풀이에만 집중하게 하여 깊이 있는 사고와 글쓰기 능력을 잃게 합니다. 이와 더불어, 기초적인 어휘 교육의 부족은 글을 온전히 이해하는 데 가장 기본적인 토대마저 흔들고 있습니다.

　문해력 위기를 극복하고 교육의 본질을 회복하기 위해서는 다각적인 노력이 요구됩니다. 사회적으로는 디지털 매체 사용 시간을 제한하는 제도를 마련하여 올바른 미디어 활용 습관을 길러주어야 합니다. 교육의 측면에서는 정해진 답을 찾는 교육에서 벗어나 심도 깊은 독서 교육을 통해 학생들이 스스로 생각하고 탐구하는 힘을 기르게 해야 합니다. 이를 위해 학교와 지역 사회가 함께 노력하여 도서관의 장서를 확대하기 위한 예산을 확충하는 것도 중요한 과제입니다. 이러한 노력들이 이루어질 때 비로소 우리는 문해력 위기를 극복하고, 진정한 교육의 혁신을 이룰 수 있을 것입니다.

－ ○○ 신문 －

〈자료2〉

	1	2	3
문제의 원인			• 어휘 교육 부족
해결 방안			• 도서관 장서를 확대하기 위한 예산 확충
방안 평가			• 효용성이 낮음 도서관 장서를 확대하더라도 학생들이 도서관에 책을 보러 오지 않는다면 어휘 실력이 향상되지 않을 것이므로 문제가 해결되지 않음

〈자료3〉 교사 참고 자료

① 비판적 읽기가 필요한 이유 : 글을 읽을 때 글쓴이의 생각과 주장이 모두 적절한 것은 아니기 때문에, 글의 내용을 무비판적으로 수용하기보다 타당성과 논리성을 분석하고 평가하는 비판적 사고 과정이 필요하다. 또한 비판적 읽기는 글의 내용을 주체적으로 평가하는 과정에서 새로운 관점과 아이디어를 발견할 수 있기 때문에 창의적 읽기의 바탕이 된다.

② 비판적 읽기의 기준 : 효용성, 구체성, 실현 가능성

2025학년도 중등학교교사신규임용후보자선정경쟁시험(2차)
국어과 교수·학습 실연 지도안 [예상 답안]

국어과 본시 교수·학습 지도안					
단원명	삶의 문제 해결을 위한 독서				
학습 목표	1. 필자의 생각이나 주장을 비판적으로 읽을 수 있다. 2. 필자의 생각이나 주장의 대안을 찾을 수 있다.				
학습 단계		교수·학습 활동		자료 및 유의점	시간 (분)
도입	인사	• 인사 및 학습 분위기 조성		• 인사 및 학습 준비	
	전시 학습 확인·동기유발	• 전시 학습 확인 • 동기 유발		• 전시 학습 확인 • 동기 갖기	
	본시 학습 안내	• 학습 내용 안내		• 학습 내용 확인	
	학습 목표 제시	• 학습 목표 제시		• 학습 목표 확인	

전개 1	〈활동 1〉
	자료
	분석하기
		〈수험생 작성 내용1〉
		• (개별 활동) 〈자료1〉을 활용하여 필자가 제시한 문제 상황과 입장을 분석하도록 안내하기
		
		• 활동 내용을 발표하도록 안내하기
		
		• (개별 활동) 〈자료2〉를 활용하여 〈자료1〉에 나타난 문제의 원인과 해결 방안을 분석하도록 안내하기
		
		• 활동 내용을 발표하도록 안내하기
				• (개별 활동) 〈자료1〉을 활용하여 필자가 제시한 문제 상황과 입장 분석하기
				
				• 활동 내용을 발표하기
				  – "〈자료1〉의 문제 상황은 요즘 청소년들의 문해력 저하입니다."
				  – "〈자료1〉의 필자의 입장은 학생들에게 문해력 교육이 필요하다는 것이에요."
				
				• (개별 활동) 〈자료2〉를 활용하여 〈자료1〉에 나타난 문제의 원인과 해결 방안 분석하기
				
				• 활동 내용 발표하기
				
				| 문제의 원인 | 해결 방안 |
				|---|---|
				| 디지털 매체의 과다 사용 | 디지털 매체 사용 시간을 제한하는 제도 마련 |
				| 경쟁 위주, 성적 중심의 교육 | 심도 있는 독서 교육 |	

전개 2	〈활동 2〉 비판적 읽기	〈수험생 작성 내용2〉 • 〈자료3〉을 활용하여 비판적 읽기의 필요성 설명하기 – "어떤 책이나 글을 읽을 때, 그 내용이 항상 적절한 것은 아닙니다. 더 정확한 정보를 얻거나 더 합리적인 생각을 하기 위해서는 비판적 읽기를 할 필요성이 있습니다."		• 비판적 읽기의 필요성 인식하기	

전개 2	⟨활동 2⟩ 비판적 읽기	• ⟨자료3⟩을 활용하여 필자의 문제 해결 방안 평가 기준을 설명하기 | 기준1	효용성	해결 방안이 문제 해결에 도움이 되는가?
기준2	구체성	해결 방안이 구체적인가?
기준3	실현 가능성	해결 방안이 현실적으로 실현 가능한가? | • 모둠별로 ⟨자료2⟩를 활용하여 ⟨자료1⟩에 나타난 필자의 문제 해결 방안을 평가하도록 하는 활동 안내하기 • 활동 내용을 발표하고 공유하도록 안내하기	• 필자의 문제 해결 방안 평가 기준을 이해하기 • 모둠별로 ⟨자료2⟩를 활용하여 ⟨자료1⟩에 나타난 필자의 문제 해결 방안 평가하기 • 활동 내용을 발표하고 공유하기 | 방안1

디지털 매체 사용 시간을 제한하는 제도 마련
평가
디지털 매체 사용 시간을 제한하는 것은 개인의 자유성을 침해하는 것이며, 사람들의 반발이 클 것이므로 실현 가능성이 없다.	 	방안2

심도 있는 독서 교육
평가
심도 깊은 독서 교육이 무엇을 말하는지 구체적으로 제시되어 있지 않으므로 구체성이 없다.	
---	---	---	---
전개 3	⟨활동 3⟩ 창의적 읽기	⟨수험생 작성 내용3⟩ • 창의적 읽기의 방법 설명하기 – "창의적 읽기는 필자의 해결 방법에 대해 비판적 읽기를 한 후 부족한 점을 보완하여 새로운 대안을 도출하는 것입니다. 이를 통해서 우리 삶의 문제 해결에 기여할 수 있어요." • (모둠 활동) ⟨자료2⟩를 활용하여 평가 결과를 바탕으로 새로운 문제 해결 방법을 대안으로 도출하도록 안내하기 • 활동 결과를 학생용 스마트 기기를 활용하여 패들렛에 공유하도록 독려하기 • 교사 피드백 제공하기 – "대안2의 도서관 행사 기획하기의 구체성이 여전히 부족한 것 같아요. 문해력을 기를 수 있는 도서관 행사에는 어떤 것이 있을까요? 구체성을 보완해서 다시 대안을 제시해 볼까요?" • 활동 내용 정리하도록 하기	• 창의적 읽기의 방법을 이해하며 활동 준비하기 • (모둠 활동) ⟨자료2⟩를 활용하여 평과 결과를 바탕으로 새로운 문제 해결 방법을 대안으로 도출하기 • 활동 결과를 학생용 스마트 기기를 활용하여 패들렛에 공유하고 발표하기 • 교사의 피드백을 반영하여 활동 내용 보완하기 	대안1

디지털 문해력 교육 • 온라인의 정보들을 무비판적으로 수용하지 않고 정보의 출처와 의도를 분석하고, 복합 매체를 이해하는 능력을 길러주어야 함.	 	대안2

• 주제 연계 토론이나 글쓰기 수업 운영 • 도서관 연계 행사를 통한 독서 교육 → (수정) 독서 토론 모임 운영, 작가와의 만남 행사 등	 • 활동 내용 정리하기

정리	형성평가 및 과제 부여	• 자기 평가지로 형성 평가 안내하기 • 동료 평가지로 형성 평가 안내하기	• 자기 평가지로 형성 평가 안내하기 • 동료 평가지로 형성 평가 안내하기		
	학습 내용 정리	• 학습 내용 정리	• 학습 내용 이해		
	차시 예고	• 차시 예고	• 차시 예고 인지		

판서 예시

<활동1> 자료 분석하기

문제 상황	문제의 원인	해결 방안
청소년들의 문해력 저하	디지털 매체의 과다 사용	디지털 매체 사용 시간을 제한하는 제도 마련
	경쟁 위주, 성적 중심의 교육	심도 있는 독서 교육

<활동2> 비판적 읽기

기준1	효용성	해결 방안이 문제 해결에 도움이 되는가?
기준2	구체성	해결 방안이 구체적인가?
기준3	실현 가능성	해결 방안이 현실적으로 실현 가능한가?

방안	평가
디지털 매체 사용 시간 제한제도 마련	개인의 자유 침해 사람들의 반발 → 실현 가능성 ×
심도 있는 독서 교육	구체적인 방안이 제시되지 않음 → 구체성 ×

<활동3> 창의적 읽기

대안1
디지털 문해력 교육

대안2
- 주제 연계 토론이나 글쓰기 수업 운영 - 도서관 연계 행사를 통한 독서 교육 → (수정) 독서 토론 모임 운영, 작가와의 만남 행사 등

성취 기준

2015 교육과정	[10국02-03] 삶의 문제에 대한 해결 방안이나 필자의 생각에 대한 대안을 찾으며 읽는다. 　이 성취기준은 여러 자료에 대한 비판적 독서를 통해 독자 자신이나 사회가 안고 있는 문제들에 대한 해결의 실마리를 얻고, 필자의 관점이나 생각에 대하여 다양한 대안을 마련하며 읽는 능력을 기르기 위해 설정하였다. 독자는 독서를 통해 삶의 문제를 해결할 수 있는 실마리를 발견하거나 문제를 해결할 수 있는 직관과 깨달음을 얻는 경우가 많다. 또한 글을 읽으면서 필자의 생각이나 주장을 비판하고, 이를 보완하거나 대체할 수 있는 창의적인 방안을 발견하기도 한다. 글을 읽으면서 해결 방안이나 대안을 떠올리며 읽는 것은 비판적·창의적 읽기의 방법으로서, 적극적인 읽기 태도를 기르는 데 도움이 된다.

2024학년도 중등학교교사신규임용후보자선정경쟁시험(2차)
국어과 교수·학습 실연 시험 문제지

관리 번호 ☐

지도안 세부 조건

1. 〈수험생 작성 조건1〉 전시 학습 확인 및 동기유발하기
   가. 〈자료1〉을 활용해 협상의 개념과 절차를 설명할 것
   나. 〈자료1〉을 활용해 학생들이 협상의 유의 사항을 이끌어 내도록 할 것
   * 유의 사항 : 핵심 내용을 판서할 것

2. 〈수험생 작성 조건2〉 모둠 협상 준비하기
   가. 학생들이 〈자료2〉의 문제 상황을 분석할 수 있도록 비계를 제공할 것
   나. 학생들이 〈자료3〉을 정리하는 활동을 구상할 것
   다. 학생들이 〈자료3〉을 정리하는 활동에 대한 안내를 포함할 것
   라. 학생들에게 '상대측에 제안할 대안'의 구체적인 예시를 들어 설명할 것

3. 〈수험생 작성 조건3〉 협상 과정과 결과를 공유하고 평가하기
   가. 모둠별 협상 결과를 공유하는 활동을 구상할 것
   나. 협상 과정과 결과에 대해 자기 평가하는 활동을 구상할 것
   다. 〈자료4〉처럼 자기 평가한 학생에게 적절한 피드백을 제공할 것
   * 유의 사항 : 다른 모둠의 합의안의 적절성을 판단하며 듣도록 지도할 것

수업 조건

- 과목 : 국어
- 학년 : 고등학교 1학년
- 장소 : 국어 교과교실
- 시간 : 블록타임제(100분)
- 단원명 : 협상하기
- 해당 성취 기준 : [10공국2-01-02] 쟁점과 이해관계를 고려하여 문제를 해결할 수 있는 대안을 탐색하며 협상한다.

단원명	차시	학습 내용	평가
협상하기	1-2	○협상의 개념, 필요성, 절차를 이해할 수 있다.	
	3-4	○상대의 입장을 정리하고 대안을 모색하여 협상할 수 있다. ○협상 과정과 결과를 공유하고 평가할 수 있다.	자기 평가, 동료 평가

학생 수	장소	학습 형태	학습 기자재
24명 (4명씩 6모둠)	국어 교과교실	강의식, 개별 활동, 모둠 활동	교사용 컴퓨터, 학생 디지털 기기, 스크린

〈자료1〉

성인 여자 : (남녀 학생에게 케이크를 주면서) "나눠 먹으렴." 남자 아이 : "아침에 밥을 안 먹고 와서 배가 고픈데 나눠 먹어야 한다고요?" 여자 아이 : 제가 좋아하는 딸기도 반으로 나눠야 하나요?	남자 아이 : "나는 많이 먹을 수 있다면 다른 건 괜찮아." 여자 아이 : "나는 딸기를 먹을 수 있다면 양은 상관 없어."	남자 아이는 양을 많이 가져가고, 여자 아이는 딸기를 가져간 상황 남자 아이 : "많이 먹을 수 있어서 좋아!" 여자 아이 : "내가 좋아하는 딸기를 먹게 되어서 좋아!"

〈자료2〉

학생회는 학교에서 무인 카페를 운영하고 있는데, 교내 상담 동아리는 학교 안에 마땅히 상담할 공간이 없어서 무인 카페를 또래 상담실도 활용할 수 있게 해달라고 요청하였다. 그러나 학생회는 자신들이 내세운 공약대로 무인 카페로만 운영해야 한다고 요청을 거부하며 갈등이 발생했다. 이에 학교 관리자는 학생회 대표와 상담 동아리 대표 학생들의 협상 자리를 마련하였다.

〈자료3〉

〈협상 계획서〉

문제 상황	
우리 측 요구사항	
상대측 요구사항	
상대측에 제안할 대안	

〈자료4〉

▶ 평가자 : 홍길동
▶ 협상 자기 평가표

자기 평가	1점 (매우 아쉬움)	2점 (아쉬움)	3점 (잘함)	4점 (매우 잘함)
1. 갈등의 원인을 분석하고 문제를 해결할 수 있는 대안을 확인하였는가?				○
2. 협상 전개 상황에 따라 적절한 전략을 사용하였는가?		○		
3. 나와 상대 모두가 만족할 수 있는 합의안을 끌어냈는가?				○
4. 서로 존중하는 태도로 협상을 진행하였는가?				○

2024학년도 중등학교교사신규임용후보자선정경쟁시험(2차)
국어과 교수·학습 실연 지도안 [예상 답안]

국어과 본시 교수·학습 지도안			
단원명	갈등 해결 의사소통 / 협상		
학습 목표	1. 상대의 입장을 정리하고 대안을 모색하여 협상할 수 있다. 2. 협상 과정과 결과를 공유하고 평가할 수 있다.		
학습 단계 || 교수·학습 활동	자료 및 유의점	시간(분)

학습 단계			교수·학습 활동		자료 및 유의점	시간(분)
도입	인사		• 인사 및 학습 분위기 조성		• 인사 및 학습 준비		
	전시 학습 확인·동기유발		〈수험생 작성 내용1〉 • 학생들에게 발문하며 〈자료1〉을 활용해 협상의 개념과 절차 정리하기 - "〈자료1〉에서 두 학생은 왜 갈등하고 있나요?" - "그 갈등은 어떤 과정을 통해 해결되었나요?" - "맞아요. 그러한 과정을 협상이라고 배웠죠? 협상은 개인이나 집단 사이에서 이익이나 주장이 달라 갈등이 생길 때 문제를 해결하기 위해 서로 타협하고 조정하면서 해결 방법을 찾아가는 의사소통 방식을 말해요." - "협상의 과정은 총 세 단계로 나눠볼 수 있습니다. 어떻게 나뉘나요?" - 협상의 개념 및 절차를 판서하며 정리한다.		• 교사의 발문에 대답하며 〈자료1〉을 활용해 협상의 개념과 절차 정리하기 - "케이크를 자신이 원하는 대로 나누고 싶어서요." - "각자의 관점을 이해하고 타협하면서 모두에게 이익이 되는 방향으로 문제를 해결하였어요." - "시작, 조정, 해결, 단계로 나눌 수 있습니다." - 협상의 개념 및 절차를 정리한다.	구조화된 판서를 제시할 것	
			절차	시작	갈등의 원인 분석, 문제 해결의 가능성 확인		
				조정	문제 확인, 상대의 처지와 관점 이해, 제안이나 대안 검토		
				해결	최선의 해결책 제시, 문제 해결과 합의, 합의 이행		
			• 〈자료1〉에서 학생들이 협상 시 유의 사항을 이끌어 낼 수 있도록 발문한다. - "〈자료1〉의 협상 결과에 대한 두 학생의 반응은 어떤가요?" - "왜 모두 만족했다고 생각하나요?" - "〈자료1〉과 같이 성공적인 협상을 하기 위해서는 어떤 점을 유의해야 할까요?"		• 〈자료1〉의 해결 단계에 주목하여 협상할 때 유의할 점을 떠올리고 발표하기 - "두 학생 모두 만족하고 있어요." - "각자 가지고 싶은 걸 얻었기 때문이에요." - "두 사람 모두에게 이익이 될 수 있는 방안을 생각해 협의해요." - "각자 양보할 수 있는 부분과 양보할 수 없는 부분을 생각해보고 해결방안을 도출해요."		
	본시 학습 안내		• 학습 내용 안내		• 학습 내용 확인	스크린	
	학습 목표 제시		• 학습 목표 제시		• 학습 목표 확인	판서	

전개 1	⟨활동 1⟩ 모둠 협상 준비하기	⟨수험생 작성 내용2⟩
		• ⟨자료2⟩에 나타난 협상의 문제 상황을 분석할 수 있도록 비계 제공하기
		  – "⟨자료2⟩에서 현재 갈등하고 있는 두 집단은 누구인가요?"
		  – "학생회와 상담 동아리는 무엇 때문에 갈등하고 있나요?"
		
		• ⟨자료2⟩의 문제 상황을 고려하여 ⟨자료3⟩의 협상 계획서를 작성하는 모둠 활동 안내하기
		  – "오늘은 모둠 내에서 협상을 해볼 것이므로, 모둠 내에서 학생회 측 2명, 상담 동아리 측 2명으로 입장을 나눠보겠습니다. 같은 입장을 고른 친구와 상의하여 현재의 문제 상황을 파악하고, 우리 측 요구와 상대측 요구를 분석해 본 뒤, 서로에게 이익이 될 만한 좋은 대안을 제시하며 협상 계획서를 작성해 보세요."
		  – "상대측에 제안할 대안의 구체적인 예시를 들어볼게요. 만약, 내가 학생회 측 입장이라면 주 2회 정도는 상담 동아리에게 무인 카페를 개방하는 대신 무인 카페의 청소를 상담 동아리가 주 3회 정도 하도록 부탁해 볼 수 있을 것 같아요."
		
		• 모둠별로 작성한 협상 계획서를 발표하도록 독려하기
		
		• 활동 결과 발표 및 정리하기
			• 교사가 제공한 비계를 활용해 ⟨자료2⟩의 문제 상황 분석하기
			  – "학생회와 상담 동아리요."
			  – "학생회가 운영하는 무인 카페를 상담 동아리도 사용하고 싶어해요. 그런데, 학생회는 공약대로 무인 카페로만 사용하고 싶어해 두 집단이 갈등하고 있어요."
			
			• ⟨자료2⟩의 내용을 바탕으로 ⟨자료3⟩의 협상 계획서 작성하기
			  – 교사의 설명을 바탕으로 모둠 내에서 입장을 두 가지로 나눈다.
			  – 교사가 제시한 대안의 구체적인 예시를 참고하여 모둠별 협력하여 협상 계획서를 작성한다.
			
			• 모둠별로 작성한 협상 계획서 발표하기
			
			| 모둠 내에서 선택한 입장
				학생회 측

문제 상황	학생회가 운영하는 무인 카페를 상담 동아리가 사용하고 싶어 하는 상황
우리 측 요구	학생회 공약대로 무인 카페로만 운영해야 함
상대측 요구	무인 카페를 또래 상담실로 사용할 수 있게 해줬으면 함
상대측에 제시할 대안	평일 점심 시간에만 무인 카페를 또래 상담실로 사용하되, 학생회 축제 준비를 상담 동아리도 도와줄 것 | • 활동 내용 정리하기
전개 2	⟨활동 2⟩ 모둠 협상하기	• 모둠 협상하기 – 협상을 실시하고, 합의안 작성하기	

전개 3	<활동 3> 협상 과정과 결과를 공유하고 평가하기	<수험생 작성 내용3> • 모둠별 협상 과정 및 결과를 온라인 플랫폼에 공유하도록 안내하기 • 모둠별로 협상 과정과 결과를 발표하도록 독려하기 – "이제부터 각 모둠이 온라인 플랫폼에 올린 협상 과정과 결과를 발표해 보도록 할 거예요. 다른 모둠은 협상 결과를 들으며 다른 모둠의 합의안이 적절한지 판단해 보세요." – "1모둠의 합의안은 적절하다고 생각하나요?" • 모둠별 협상 과정 및 결과에 대해 자기 평가 활동을 안내한다. – 협상 과정 및 결과에 대한 자기 평가 기준을 제시한다. • 자기 평가 결과를 발표 독려하기 • <자료 4>와 같이 평가한 학생에게 피드백 제공하기 – "길동이는 협상 전개 과정에 따른 적절한 전략을 사용하는 것에 어려움을 겪었군요. 다음에 협상을 할 때는 상대방의 생각과 욕구를 파악하고 상대방이 중요하게 생각하는 가치를 먼저 생각해 보세요. 상대방과 나와 교환할 수 있는 게 무엇인지 고민해 대안을 제시하는 것이 좋은 전략이 될 수 있을 것 같아요."	• 모둠별로 협상 결과를 온라인 플랫폼에 업로드하여 공유하기 • 모둠별로 협상 과정 및 결과 발표하기 | 협상 과정 | 학생회 측과 상담 동아리가 제시한 대안을 모두 검토하고 각자 이익이 생기는 합의안을 도출함 | |---|---| | 협상 결과 | 학생회 측이 점심시간에 무인 카페를 개방하는 대신 상담 동아리가 무인 카페의 재고 관리를 도와주기로 함 | | 합의 여부 | ○ | – "네. 적절하다고 생각해요. 상대의 처지와 관점을 이해하고 두 집단 모두 만족할 수 있는 합의안을 이끌어냈기 때문이에요." • 모둠별 협상 과정 및 결과에 대해 자기 평가하기 – 자기 평가 기준에 맞게 자기 평가한다. • 자기 평가 결과 발표하기 – "저는 다른 기준은 모두 4점을 줬는데, 협상의 전개 과정에 따른 적절한 전략을 사용하는 것에는 2점을 줬어요. 협상에서 어떤 전략을 사용해야 하는지 모르겠어요."
정리	형성평가 및 과제 부여	• 형성평가 부여 • 수준별 과제 제시	• 형성평가 진행 • 수준별 과제 확인
	학습 내용 정리	• 학습 내용 정리	• 학습 내용 이해
	차시 예고	• 차시 예고	• 차시 예고 인지

판서 예시

전시 학습 확인 및 동기유발

협상의 개념		개인이나 집단 사이에서 이익이나 주장이 달라 갈등이 생길 때 문제를 해결하기 위해 서로 타협하고 조정하면서 해결 방법을 찾아가는 의사소통 방식
협상의 절차	시작	갈등 원인 분석, 문제 해결 가능성 확인
	조정	문제 확인, 상대의 처지와 관점 이해, 제안, 대안 검토
	해결	최선의 해결책 제시, 문제 해결과 합의, 합의 이행

<활동1> 협상 준비하기

모둠 내 선택 입장	학생회 측
문제 상황	학생회가 운영하는 무인 카페를 상담 동아리가 사용하고 싶어함
우리 측 요구	무인 카페로만 운영해야 함
상대측 요구	무인 카페를 또래 상담실로 사용할 수 있게 해줬으면 함
상대측에 제시할 대안	평일 점심 시간에만 무인 카페를 또래 상담실로 사용하되, 학생회 축제 준비를 상담 동아리도 도와줄 것

<활동3> 협상 과정과 결과 공유하고 평가하기

협상 과정	학생회 측과 상담 동아리가 제시한 대안을 모두 검토하고 각자 이익이 생기는 합의안을 도출함
협상 결과	학생회 측이 점심시간에 무인 카페를 개방하는 대신 상담 동아리가 무인 카페의 재고 관리를 도와주기로 함
합의 여부	○

성취 기준

2022 교육과정	[10공국2-01-02] 쟁점과 이해관계를 고려하여 문제를 해결할 수 있는 대안을 탐색하며 협상한다. 이 성취 기준은 협상에 대한 이해와 실행을 통해 개인 또는 집단의 갈등을 조정하여 문제를 해결하는 능력을 기르기 위해 설정하였다. 협상의 중요성과 협상이 필요한 상황 이해하기, 협상의 진행 절차 이해하기, 일련의 절차에 따라 협상 의제로 부각된 쟁점을 중심으로 의견 조정하기, 표면적으로 드러난 입장의 이면에 숨겨진 근원적인 동기를 고려하여 대안 마련하기, 상대의 의견을 존중하며 표현하기 등을 학습한다.

2023학년도 중등학교교사신규임용후보자선정경쟁시험(2차)
국어과 교수·학습 실연 시험 문제지

관리 번호

지도안 세부 조건

1. 〈수험생 작성 조건1〉 동기유발하기
   가. 〈자료1〉을 활용하여 동기유발할 것
   나. 사회·문화적 가치를 파악하고 평가하는 것의 중요성을 설명할 것
   다. 동기유발 활동을 앞으로의 활동과 연계하여 안내할 것

2. 〈수험생 작성 조건2〉 사회·문화적 가치 파악하기
   가. 〈자료3〉을 바탕으로 〈자료2〉의 사회·문화적 가치를 파악할 것
   나. 교사가 〈자료2〉의 사회·문화적 가치를 찾는 시범을 보일 것
   다. 교사와 학생 간의 질의응답을 통해 〈자료2〉의 차마설 내용에서 사회·문화적 가치를 찾을 것
   라. 〈자료3〉을 활용하여 구조화된 판서를 할 것

3. 〈수험생 작성 조건3〉 사회·문화적 가치 주체적으로 평가하기
   가. 〈자료3〉의 사회·문화적 가치를 주체적으로 평가하는 활동을 구상할 것
   나. 모둠 활동으로 할 것(단, 모둠은 이미 구성되었음)
   다. 교사와 학생, 학생과 학생의 상호작용이 활발하게 이루어지도록 할 것
   라. 활동을 구체적으로 안내하고 활동의 의의를 설명할 것
   * 유의 사항 : 발문에 대한 학생 답변은 실제적이고 구체적으로 작성할 것

수업 조건

- 과목 : 국어
- 학년 : 고등학교 1학년
- 장소 : 국어 교과교실
- 시간 : 블록타임제(100분)
- 단원명 : 문학과 삶(차마설)
- 해당 성취 기준 : [10국05-04] 문학의 수용과 생산 활동을 통해 다양한 사회·문화적 가치를 이해하고 평가한다.

단원명	차시	학습 내용	평가
문학과 삶	1-2	○문학 작품 내용 학습	개별 평가
	3-4	○문학 작품에 나타난 사회·문화적 가치를 파악할 수 있다. ○문학 작품에 나타난 사회·문화적 가치를 주체적 관점으로 평가할 수 있다.	동료 평가
	5-6	○작품에 나타난 사회·문화적 가치를 바탕으로 비평문 쓰기	개별 평가

학생 수	장소	학습 형태	학습 기자재
25명 (5명씩 5모둠)	국어 교과교실	강의식, 개별 활동, 모둠 활동	교사용 컴퓨터, 학생용 컴퓨터, 칠판, 빔 프로젝터, 스크린

〈자료1〉

너에게 묻는다

안도현

〈내용 생략〉

2026학년도 모의문제 자료(지문)
* Daum 2순정 카페에서 자료(지문)을
확인하실 수 있습니다.

〈자료2〉

　나는 집이 가난해서 말이 없기 때문에 간혹 남의 말을 빌려서 타곤 한다. 그런데 노둔하고 야윈 말을 얻었을 경우에는 일이 아무리 급해도 감히 채찍질을 대지 못한 채 금방이라도 쓰러지고 넘어질 것처럼 전전긍긍하기 일쑤요, 개천이나 도랑이라도 만나면 또 말에서 내리곤 한다. 그래서 후회하는 일이 거의 없다. 반면에 발굽이 높고 귀가 쫑긋하며 잘 달리는 준마를 얻었을 경우에는 의기양양하여 방자하게 채찍질을 갈기기도 하고 고삐를 놓기도 하면서 언덕과 골짜기를 모두 평지로 간주한 채 매우 유쾌하게 질주하곤 한다. 그러나 간혹 위험하게 말에서 떨어지는 환란을 면하지 못한다.
　아, 사람의 감정이라는 것이 어쩌면 이렇게까지 달라지고 뒤바뀔 수가 있단 말인가. 남의 물건을 빌려서 잠깐 동안 쓸 때에도 오히려 이와 같은데, 하물며 진짜로 자기가 가지고 있는 경우야 더 말해 무엇하겠는가.
　그렇긴 하지만 사람이 가지고 있는 것 가운데 남에게 빌리지 않은 것이 또 뭐가 있다고 하겠는가. 임금은 백성으로부터 힘을 빌려서 존귀하고 부유하게 되는 것이요, 신하는 임금으로부터 권세를 빌려서 총애를 받고 귀한 신분이 되는 것이다. 그리고 자식은 어버이에게서, 지어미는 지아비에게서, 비복(婢僕)은 주인에게서 각각 빌리는 것이 또한 심하고도 많은데, 대부분 자기가 본래 가지고 있는 것처럼 여기기만 할 뿐 끝내 돌이켜 보려고 하지 않는다. 이 어찌 미혹된 일이 아니겠는가.
　그러다가 혹 잠깐 사이에 그동안 빌렸던 것을 돌려주는 일이 생기게 되면, 만방(萬邦)의 임금도 독부(獨夫)가 되고 백승(百乘)의 대부(大夫)도 고신(孤臣)이 되는 법인데, 더군다나 미천한 자의 경우야 더 말해 무엇하겠는가. 맹자(孟子)가 말하기를 "오래도록 차용하고서 반환하지 않았으니, 그들이 자기 소유가 아니라는 것을 어떻게 알았겠는가"라고 하였다. 내가 이 말을 접하고서 느껴지는 바가 있기에, 차마설을 지어서 그 뜻을 부연해 보았다.

- 이곡, 「차마설」 -

〈자료3〉 학생 활동지

1. 사회·문화적 가치 찾기

차마설의 내용	작품에 나타난 사회·문화적 가치
-	
-	
-	

2. 사회·문화적 가치를 주체적인 관점으로 평가하기

2023학년도 중등학교교사신규임용후보자선정경쟁시험(2차)
국어과 교수·학습 실연 지도안 〔예상 답안〕

국어과 본시 교수·학습 지도안					
단원명	문학과 삶(차마설)				
학습 목표	1. 문학 작품에 나타난 사회·문화적 가치를 파악할 수 있다. 2. 문학 작품에 나타난 사회·문화적 가치를 주체적 관점으로 평가할 수 있다.				
학습 단계		교수·학습 활동		자료 및 유의점	시간 (분)
도입	인사	• 인사 및 학습 분위기 조성 || • 인사 및 학습 준비		
	전시 학습 확인	• 전시 학습 확인 || • 전시 학습 회상		

	동기유발	〈수험생 작성 내용1〉
		• 사회·문화적 가치의 개념 설명하기
		  – "사회·문화적 가치란 공동체 차원에서 중요하게 여기는 관념을 말해요. 환경 보호, 안전, 다문화, 양성 평등 등 우리 공동체가 중요하게 여기는 가치들을 사회·문화적 가치라고 해요."
		
		• 〈자료1〉 제시하기
		
		• 〈자료1〉을 활용하여 동기유발하기
		  – "오늘은 〈차마설〉이라는 작품에 나타난 사회·문화적 가치를 파악하고 평가해 볼 건데요. 그 전에 먼저, 여러분에게 익숙한 현대 시로 사회·문화적 가치를 파악하는 연습을 해봅시다. 〈자료1〉을 읽어 봅시다. 이 시 속에는 어떤 사회·문화적 가치가 담겨있을까요?"
		  – "여러분은 이타적인 삶이라는 사회·문화적 가치에 대해 어떻게 생각하나요?"
		
		• 사회·문화적 가치를 파악하고 평가하는 것의 중요성 설명하기
		  – "방금 여러분이 사회·문화적 가치를 파악하고 평가해 보았는데, 이와 같은 활동이 중요한 이유는 무엇일까요?"
		  – "맞아요. 작품 속에 나타난 사회·문화적 가치를 파악하면서 우리 공동체의 사회·문화적 가치에 관심을 가질 수 있고, 이를 평가하는 과정에서 작품을 주체적으로 해석하는 안목을 기를 수 있어요." || • 사회·문화적 가치의 개념 이해하기
		
		• 〈자료1〉 읽기
		
		• 교사의 발문에 대답하며 동기 갖기
		  – "이타적인 삶의 가치에 대해 말하고 있는 것 같아요."
		  – "타인에 대한 사랑과 헌신에 대해 말하고 있는 것 같아요."
		
		– "자신의 이익만을 생각하는 개인주의 사회에서 타인을 먼저 생각하는 마음은 꼭 필요하다고 생각해요."
		– "자기 자신을 챙기기도 힘든데, 남을 생각하는 것은 너무 이상적인 이야기 같아요."
		
		• 사회·문화적 가치를 파악하고 평가하는 것의 중요성 이해하기
		  – "우리 공동체가 중요하게 여기는 것이 무엇인지 알 수 있어요."
		
		– "작품을 평가하는 눈이 생겨요."		

	본시 학습 안내	• 학습 내용 안내 || • 학습 내용 확인		
	학습 목표 제시	• 학습 목표 제시 || • 학습 목표 확인		

전개 1	사회· 문화적 가치 파악하기	〈수험생 작성 내용2〉
		• 〈자료2〉 제시하기
		• 〈자료2〉에서 사회·문화적 가치를 찾는 교사시범 보이기
		  – "〈자료2〉의 첫 번째 문단에서는 노둔한 말을 탔을 때와 준마를 탔을 때의 글쓴이의 태도 변화에 대해 말하고 있어요. 이 부분에 소유물에 따라 태도가 변화하는 것을 경계해야 한다는 사회·문화적 가치를 알 수 있어요."
		• 모둠별로 〈자료2〉에 나타난 사회·문화적 가치를 찾아 〈자료3〉의 빈칸을 완성하도록 안내하기
		• 교사와 학생의 질의응답을 통해 〈자료2〉에 나타난 사회·문화적 가치 정리하기
		  – "3문단의 임금, 신하, 자식, 지어미, 비복의 이야기에서 알 수 있는 사회·문화적 가치는 무엇인가요?"
		  – "마지막 문단의 맹자의 말에서 알 수 있는 사회·문화적 가치는 무엇인가요?"
			• 〈자료2〉 읽기
			• 교사의 설명을 경청하며 〈자료2〉에서 사회·문화적 가치를 찾는 방법 이해하기
			
			• 모둠별로 〈자료2〉에서 사회·문화적 가치를 찾아 〈자료3〉의 내용 정리하기
			
			• 교사와 학생의 질의응답을 통해 〈자료2〉에 나타난 사회·문화적 가치 정리하기
			  – "임금, 신하, 자식, 지어미, 비복 등의 예를 통해 힘, 권세 등 인간이 소유한 것은 모두 남에게 빌린 것이라는 무소유라는 사회·문화적 가치를 알 수 있어요."
			  – "잘못된 소유 관념에 대해 경계해야 한다는 사회·문화적 가치를 전달하고 있는 것 같아요."		

전개 2	사회· 문화적 가치 평가하기	〈수험생 작성 내용3〉
		• 사회·문화적 가치를 평가하는 활동 안내하기
		  – "이번에는 앞서 파악한 〈차마설〉의 사회·문화적 가치를 평가해 볼 거예요. 〈차마설〉에 담긴 사회·문화적 가치가 오늘날에도 여전히 중요하다고 생각하는지, 그렇게 생각한 까닭은 무엇인지 모둠별로 평가해 봅시다."
		• 사회·문화적 가치를 평가하는 활동의 의의 설명하기
		  – "이러한 평가 활동은 어떤 의미가 있을까요?"
		  – "맞아요. 자신의 가치관에 따라 작품 속 사회·문화적 가치를 오늘날과 비교하며 주체적인 관점에서 작품을 감상하며 수용할 수 있다는 점에서 의의가 있어요."
		• 모둠별로 〈차마설〉의 사회·문화적 가치를 평가하도록 안내하기
		  – 평가 내용은 학생용 컴퓨터를 활용하여 문서 공유 플랫폼에 올리도록 안내한다.
		• 모둠별 활동 내용을 공유하도록 안내하기
		  – 학생 간의 활발한 상호작용이 이루어지도록 안내한다.
		  – "여러분이 〈차마설〉의 사회·문화적 가치에 대해 평가한 내용을 발표해 볼까요?"
			• 사회·문화적 가치를 평가하는 활동 방법 이해하기
			
			• 교사의 발문에 답하며 사회·문화적 가치를 평가하는 활동의 의의 이해하기
			  – "작품에 대한 내 생각을 고민해 볼 수 있어요."
			  – "오늘날의 모습과 비교가 가능해요."
			
			• 모둠별로 〈차마설〉의 사회·문화적 가치를 평가하기
			  – 평가 내용은 학생용 컴퓨터를 활용하여 문서 공유 플랫폼에 올린다.
			• 모둠별 활동 내용 공유하며 의견 나누기
			  – "(1모둠) 저희 모둠은 무소유라는 사회·문화적 가치에 대해 동의합니다. 물질 만능주의 사회에서 인간은 더 많은 것을 가지려는 소유욕 때문에 늘 괴로워하기 때문입니다. 우리 사회에서 무소유라는 가치는 중요하다고 생각합니다."		

전개 2	사회·문화적 가치 평가하기	– "혹시 이와 다른 의견을 공유해 줄 모둠이 있나요?" • 활동 내용을 정리하며 마무리하기	– "(2모둠) 저희 모둠은 1모둠과 조금 생각이 다릅니다. 소유를 경계해야 한다는 가치에 대해 동의하지 않습니다. 사람들이 누리는 부귀나 권세도 스스로의 능력으로 일굴 수 있는 것으로 능력으로 소유하게 된 것을 지키려는 것은 당연한 일이라고 생각합니다." • 활동 내용을 정리하며 마무리하기		
정리	형성평가 및 과제 부여	• 형성평가 부여 • 수준별 과제 제시	• 형성평가 진행 • 수준별 과제 확인		
	학습 내용 정리	• 학습 내용 정리	• 학습 내용 이해		
	차시 예고	• 차시 예고	• 차시 예고 인지		

판서 예시

〈활동1〉 사회·문화적 가치 파악하기

차마설의 내용	작품에 나타난 사회·문화적 가치
말을 탈 때의 글쓴이의 태도 변화	소유물에 따라 태도가 변화하는 것을 경계해야 함
임금, 신하, 자식, 지어미, 비복의 이야기	무소유
맹자의 말	잘못된 소유 관념을 경계해야 함

〈활동2〉 사회·문화적 가치 평가하기

모둠	평가 내용
1모둠	무소유라는 가치에 대해 공감함 ⇨ 인간은 소유욕 때문에 오히려 괴로워짐. 우리 사회에 무소유는 꼭 필요한 가치임
2모둠	소유를 경계해야 한다는 것에 비동의함 ⇨ 스스로의 능력으로 소유하게 된 것을 지키는 것은 당연함

성취 기준

2015 교육과정	[10국-05-04] 문학의 수용과 생산 활동을 통해 다양한 사회·문화적 가치를 이해하고 평가한다. 이 성취 기준은 문학의 수용과 생산 활동을 통해 공동체 차원에서 중요하게 간주되는 사회·문화적 가치에 대해 관심을 기울이고 그에 대해 주체적으로 평가할 수 있는 안목을 기르기 위해 설정하였다. 작가의 생각을 그대로 받아들이기보다는 자신의 가치관에 따라 작품의 주제를 해석하고 평가하면서 수용하고, 자신이 상상하거나 경험한 것에 사회·문화적 가치를 부여하여 자신의 관점이 잘 드러나게 작품을 생산하도록 한다.

2022학년도 중등학교교사신규임용후보자선정경쟁시험(2차)
국어과 교수·학습 실연 시험 문제지

관리 번호

지도안 세부 조건

1. <수험생 작성 조건1> 쓰기 맥락 분석하기
   가. 쓰기 맥락 4가지를 예를 들어 설명하고 쓰기 맥락의 중요성을 설명할 것
   나. <자료1>의 쓰기 맥락을 분석할 것
   다. 중요 내용을 판서할 것

2. <수험생 작성 조건2> 쓰기 맥락 재구성하기
   가. <자료1>을 활용해 쓰기 맥락 중 주제와 독자가 달라질 때 글의 내용이 어떻게 달라지는지 예를 들어 설명할 것
   나. <자료2>를 활용하고, 모둠활동을 통해 쓰기 맥락을 재구성할 것
   다. 교사와 학생 간 상호작용이 활발하게 이루어질 것

3. <수험생 작성 조건3> 설득하는 글의 내용 생성하기
   가. 쓰기 맥락에 맞게 내용을 생성할 때 고려해야 할 점을 예를 들어 설명할 것
   나. <자료2>를 활용하여 내용을 생성하는 활동을 실시할 것
   다. <자료3>을 활용하여 모둠활동 시 유의 사항을 안내할 것

수업 조건

○ 과목 : 국어
○ 학년 : 고등학교 1학년
○ 장소 : 교실
○ 시간 : 블록타임제(100분)
○ 단원명 : 설득하는 글쓰기

단원명	차시	학습 내용	평가
설득하는 글쓰기	1-2	○ 쓰기 맥락을 분석할 수 있다. ○ 주제, 독자 등의 쓰기 맥락을 재구성할 수 있다. ○ 설득하는 글의 내용을 생성할 수 있다.	동료평가

학생 수	장소	학습 형태	학습 기자재
25명	국어 교과교실	강의식, 개별 활동, 모둠활동	교사용 컴퓨터, 칠판, 빔 프로젝터, 스크린

〈자료1〉

음식점 사장님들께

　음식물 쓰레기를 줄이기 위한 실천 방안을 몇 가지 말씀드리며 사장님들을 설득하기 위하여 이 글을 쓰게 되었습니다. 현재 음식물 쓰레기 배출량이 너무 많아 수많은 폐기물들이 발생하고 있습니다. 이러한 문제를 해결하기 위해서는 첫째, 종업원 교육을 통해 배출되는 쓰레기의 양을 줄이도록 해야 합니다. 둘째, 음식점에서 소형 밥그릇을 사용하여 남는 음식이 없도록 해야 합니다. … 이와 같은 실천 방안을 지켜 음식물 쓰레기를 줄이는 것에 동참해 주셨으면 좋겠습니다. 긴 글 읽어주셔서 감사합니다.

－○○ 지역 신문－

〈자료2〉

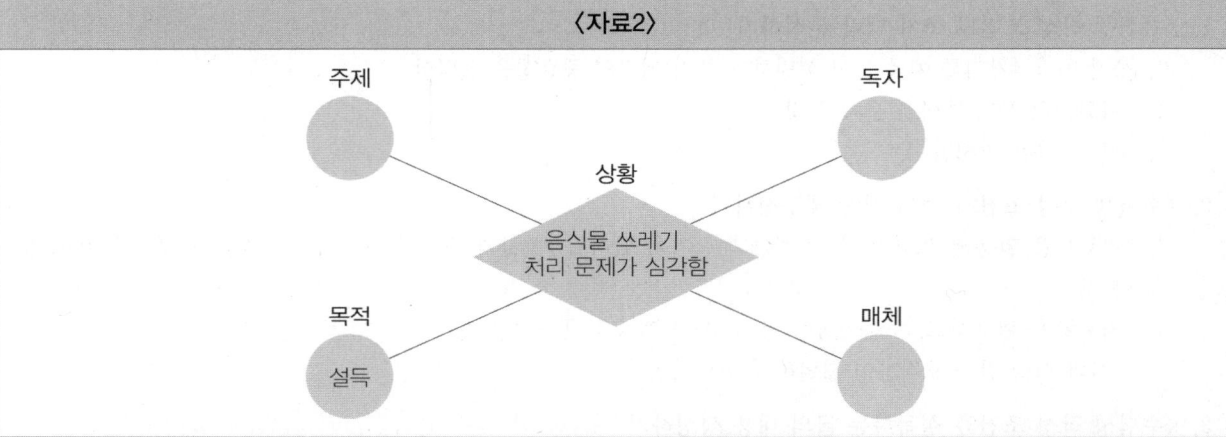

〈자료3〉

〈내용 생성하기 모둠활동 시 유의 사항〉
- 질문하고 반영하는 역할 : 필자가 아이디어를 끄집어낼 수 있도록 도우면서 필자 나름의 생각을 비추어 주는 거울로서의 역할. "좋아. 지금 말한 것은 바로 이런 의미지?" 또는 "이 글에서 네가 정말 목적으로 하는 것은 이런 거야?"와 같은 코멘트를 해 주면서 필자의 생각을 반영적으로 비추어 주는 역할을 한다.
- 문제를 발견하는 역할 : 협조자는 필자의 이야기를 주의 깊게 경청하여 여러 가지 문제점들을 발견하는 역할을 한다. 필자가 미처 고려하지 못한 다른 목표들이나, 독자들에게 나올 수 있는 부정적인 반응을 생각하게 함으로써 필자가 쓰기 과제를 새로운 방식으로 파악할 수 있게 하는 역할을 한다.
- 협력자로서의 역할 : 협조자는 필자를 도와 과제를 해석하고, 계획을 발전시키고, 대안에 대해 생각해 보고, 문제를 예측해 보고, 선택 가능성을 평가하는 역할을 한다. 이 과정에서 새로운 아이디어를 제안하거나 글의 형식이나 부분들을 조직하는 데 도움을 줄 수 있다.

2022학년도 중등학교교사신규임용후보자선정경쟁시험(2차)
국어과 교수·학습 실연 지도안 [예상 답안]

국어과 본시 교수·학습 지도안					
학습 목표	1. 쓰기 맥락을 분석할 수 있다. 2. 주제, 독자 등의 쓰기 맥락을 재구성할 수 있다. 3. 설득하는 글의 내용을 생성할 수 있다.				
학습 단계		교수·학습 활동		자료 및 유의점	시간 (분)
도입	인사	• 인사 및 학습 분위기 조성	• 인사 및 학습 준비		
	전시 학습 확인	• 전시 학습 확인	• 전시 학습 회상		
	동기유발	• 동기유발하기	• 학습 동기 갖기		
	본시 학습 안내	• 학습 내용 안내	• 학습 내용 확인		
	학습 목표 제시	• 학습 목표 제시	• 학습 목표 확인		

전개 1	쓰기 맥락 분석하기	〈수험생 작성 내용1〉
		• 교사가 준비해 온 논설문 제시하기
		• 교사가 준비한 논설문을 예로 들어 쓰기 맥락의 개념 설명하기
		
		| 독자 | 우리 지역 초등학생 |
		| 매체 | 신문 |
		| 목적 | 설득 |
		| 주제 | 올바른 젓가락질을 하자. |
		
		• 쓰기 맥락의 중요성 설명하기
		  –"만약 방금 살펴본 글에서 젓가락질에 대한 논문 자료를 인용한다면, 예상 독자인 초등학생이 논문의 내용을 이해할 수 있을까요?"
		  –"초등학생 독자를 고려한다면 어떻게 글을 쓰는 것이 좋을까요?"
		  –"이처럼 주제, 목적, 독자, 매체의 쓰기 맥락을 고려하지 않으면 쓰기 목적을 달성하기가 어려워집니다. 따라서 쓰기 맥락을 잘 분석하고 그에 맞는 글을 써 내려가는 것이 중요해요."
		
		• 〈자료1〉 함께 읽기
		• 〈자료1〉의 쓰기 맥락을 분석하도록 안내하기
		  –〈자료1〉의 주제, 목적, 독자, 매체를 파악하도록 안내한다.
			• 교사가 준비해 온 논설문 읽기
			• 교사의 설명을 경청하며 쓰기 맥락의 개념 이해하기
			
			• 쓰기 맥락의 중요성 이해하기
			  –"아니요. 이해하기 어려울 것 같아요."
			
			  –"쉬운 용어로 이해하기 쉽게 설명하는 것이 좋을 것 같아요."
			
			• 〈자료1〉 함께 읽기
			• 〈자료1〉의 쓰기 맥락 분석하기
			
			| 독자 | 음식점 사장님들 |
			| 매체 | 신문 |
			| 목적 | 설득 |
			| 주제 | 음식점의 음식물 쓰레기를 줄이자. |		

전개 2	쓰기 맥락 재구성 하기	〈수험생 작성 내용2〉 • 주제, 독자 등의 맥락에 따라 글의 내용이 바뀔 수 있음을 예를 들어 설명하기 　– "선생님이 먼저 글의 주제를 바꿔볼게요. '올바른 방법으로 음식물 쓰레기를 배출하자.'라는 주제로 글을 쓰려고 해요. 이렇게 새롭게 주제를 설정하게 되면 일반 쓰레기와 음식물 쓰레기의 분류기준 및 음식물 쓰레기 배출 방법 등의 내용으로 글을 쓸 수 있겠죠." 　– "이번엔 독자를 바꿔봅시다. 〈자료2〉의 독자가 식당에 오는 손님들이라면 글의 내용은 어떻게 달라질까요?" 　– "맞아요. 이처럼 어떻게 맥락을 구성하느냐에 따라 글의 내용은 달라질 수 있어요." • 모둠별로 〈자료2〉를 활용하여 쓰기 맥락을 재구성하는 활동 안내하기 • 쓰기 맥락을 재구성한 것을 발표하도록 안내하기	• 주제, 독자의 맥락에 따라 글의 내용이 바뀔 수 있음을 이해하기 　– "독자가 손님들이라면 손님들이 음식점에서 음식물 쓰레기를 줄일 수 있는 실천 방안에 대한 내용이 나와야 할 것 같아요." • 모둠별로 〈자료2〉를 활용하여 쓰기 맥락 재구성하기 • 모둠별로 쓰기 맥락을 재구성한 것을 발표하기 | 쓰기 맥락	재구성 내용
주제	학교 급식의 음식물 쓰레기를 줄여야 한다.
목적	설득
독자	전교생
매체	학교 SNS	
---	---	---	---
전개 3	설득하는 글의 내용 생성하기	〈수험생 작성 내용3〉 • 쓰기 맥락에 맞게 내용을 생성할 때 고려해야 할 점을 예를 들어 설명하기 ① 주제 : 주제와 관련된 내용 　– '교내 음식물 쓰레기를 줄이자'는 주제일 경우, 교내 음식물 쓰레기 발생 실태, 학생 실천 방안 등의 내용을 생성 ② 목적 : 설득이라는 목적에 맞게 내용을 생성해야 함 　– 교내 음식물 쓰레기 문제의 심각성 및 해결방안 제시 ③ 독자 : 독자의 수준, 관심사, 흥미 등을 고려해야 함 　– 독자가 교내 문제에 관심이 많은 우리 학교 학생임을 고려하여 교내 식당의 실제 사례를 제시함 ④ 매체 : 매체의 특성을 고려해야 함 　– 학교 SNS → 동영상, 사진 등 시각 자료 활용 • 〈자료3〉 함께 읽기	• 쓰기 맥락에 맞게 내용을 생성할 때 고려해야 할 점 이해하기 • 〈자료3〉 함께 읽기

전개 3	설득하는 글의 내용 생성하기	• 모둠활동 시 유의 사항을 고려하여 내용을 생성할 수 있도록 역할 부여하기 – "오늘 여러분의 역할을 질문이(질문하고 반영하는 역할), 점검이(문제를 발견하는 역할), 보완이(협력자로서의 역할), 기록이로 나눌 거예요. 질문이는 친구들에게 어떤 내용을 생성하고 싶은지 질문하고, 되물어보면서 생각을 반영적으로 비추어 주는 역할이에요. 점검이는 친구들의 대답을 듣고 문제점을 발견해 주세요. 보완이는 앞서 말한 문제점을 어떻게 보완할 새로운 대안을 제시해 주세요. 마지막으로 기록이는 친구들과의 대화 내용을 기록해 주면 됩니다."	• 모둠활동 시 유의 사항을 고려하여 역할 분배하기 – "질문이 : 쓰기 맥락 중 독자를 고려했을 때 어떤 내용을 생성하면 좋을까?" – "독자가 우리 학교 학생들이니까 수다날을 운영하여 음식물 쓰레기를 줄이는 방안을 제시하면 좋을 것 같아." – "점검이 : 그런데, 독자가 학생들인데, 학생들이 직접 수다날을 운영하기는 힘들지 않을까?" – "보완이 : 그렇다면 학생 차원에서 실제로 할 수 있는 실천 방안으로 내용을 생성해 보면 어떨까?" – "기록이 : 그럼 내가 방금 이야기한 내용을 기록할게."
	내용 생성하기	• 설득하는 글의 내용을 생성하도록 안내하기	• 설득하는 글의 내용을 생성하기
	설득하는 글쓰기	• 재구성한 쓰기 맥락을 토대로 설득하는 글을 쓰도록 안내하기 • 동료 평가 안내하기	• 재구성한 쓰기 맥락을 토대로 설득하는 글쓰기 • 동료 평가하기
정리	형성평가 및 과제 부여	• 형성평가 부여 • 수준별 과제 제시	• 형성평가 진행 • 수준별 과제 확인
	학습 내용 정리	• 학습 내용 정리	• 학습 내용 이해
	차시 예고	• 차시 예고	• 차시 예고 인지

판서 예시

단원명 : 설득하는 글쓰기

〈활동1〉 쓰기 맥락 분석하기

독자	음식점 사장님들
매체	신문
목적	설득
주제	음식점의 음식물 쓰레기를 줄이자.

〈활동2〉 쓰기 맥락 재구성하기

쓰기 맥락	재구성 내용
주제	학교 급식의 음식물 쓰레기를 줄여야 한다.
목적	설득
독자	전교생
매체	학교 SNS

〈활동3〉 설득하는 글의 내용 생성하기

1) 내용 생성 시 고려할 점

쓰기 맥락	고려할 점
주제	관련된 내용
목적	'설득'이라는 목적에 맞게 내용 생성
독자	독자의 수준, 관심사, 흥미 등을 고려
매체	매체의 특성 고려

2) 모둠활동 유의 사항
 - 질문이(질문하고 반영하는 역할)
 - 점검이(문제를 발견하는 역할)
 - 보완이(협력자로서의 역할)
 - 기록이(기록하는 역할)

성취 기준

2015 교육과정	[10국03-04] 쓰기 맥락을 고려하여 쓰기 과정을 점검·조정하며 글을 고쳐 쓴다. 　이 성취 기준은 자신의 쓰기 과정을 점검하고 조정하며 능동적으로 글을 고쳐 쓰는 능력을 기르기 위해 설정하였다. 소재가 같은 글이라도 주제, 목적, 독자, 매체에 따라 글의 내용이나 형식이 달라질 수 있음을 이해하도록 한다. 자신이 쓴 글을 읽으며 주제, 목적, 독자, 매체를 고려하여 쓰기 과정을 점검하고 조정하며, 글의 내용이나 형식을 수정하고 보완하는 방안을 찾아보도록 한다.
2012 교육과정 (2009 개정)	[중학-쓰기(1)] 주제, 목적, 독자를 고려하여 쓰기 과정을 계획하고, 점검하고 조정한다. 　쓰기는 구체적인 쓰기 상황과 맥락 안에서 주제, 목적, 독자 등을 고려하면서 이루어지는 일련의 목표 지향적인 문제 해결 과정이다. 이 성취 기준은 5~6학년군의 '쓰기의 과정을 이해하고 과정에 따라 글을 쓴다.'가 좀 더 발전되어 제시된 것으로, 계획하기, 아이디어 생성하기, 아이디어 조직하기, 초고 쓰기, 고쳐쓰기와 같은 일련의 쓰기 과정을 자기 주도적으로 계획·점검·조정할 수 있는 쓰기 능력을 함양하도록 하는 데 초점을 두어 지도한다.

2021학년도 중등학교교사신규임용후보자선정경쟁시험(2차)
국어과 교수·학습 실연 시험 문제지

관리 번호

지도안 세부 조건

※ 실제 수업 상황임을 가정하고 작성할 것(수업 지도안 중 일부는 실연에 활용할 것임)
※ 주어진 자료, 조건, 교수 학습 과정을 고려하여 작성할 것
※ 교사와 학생 간 능동적인 상호작용이 잘 드러나게 작성할 것

1. ⟨수험생 작성 조건1⟩ ⟨자료1⟩의 쟁점을 파악하는 활동을 구성할 것
   가. 쟁점이 무엇인지 설명할 것
   나. (가)와 (나)의 관련된 부분을 언급하여 ⟨자료1⟩에 나타난 쟁점 1개를 파악하는 교사의 시범을 보일 것

2. ⟨수험생 작성 조건2⟩ ⟨자료2⟩를 참고하여 토론을 준비하는 활동을 구성할 것
   가. 토론 참여자의 역할을 구체적으로 안내할 것
   나. ⟨자료2⟩를 활용하여 토론의 절차와 이에 따른 유의점을 안내할 것

3. ⟨수험생 작성 조건3⟩ 토론의 내용과 태도를 평가하고 피드백을 제시할 것
   가. 토론 평가표에 들어갈 내용과 태도 측면의 평가 기준을 각각 1개씩 적을 것
   나. ㉠에 대해 낮은 점수를 받은 학생들에게 피드백을 제공할 것

수업 조건

○ 과목 : 국어
○ 학년 : 고등학교 1학년
○ 장소 : 교실
○ 시간 : 블록타임제(100분)
○ 단원명 : 설득하는 말하기 / 토론과 사회

단원명	소단원	차시	학습 내용	평가
설득하는 말하기	토론과 사회	1-2	○설득 전략 및 논증 방법에 대해 설명할 수 있다.	자기평가
		3-4 (본시)	○토론의 쟁점을 파악하고 논증을 구성하여 토론에 참여할 수 있다. ○토론의 내용과 태도를 평가할 수 있다.	자기평가
		5-6	○협상의 절차 파악하기 ○협상의 전략 파악하기 ○협상하기	동료평가, 자기평가

학생 수	장소	학습 형태	학습 기자재
25명	국어 교과교실	강의식, 개별 활동, 모둠활동	교사용 컴퓨터, 칠판, 빔 프로젝터, 스크린

〈자료1〉

만 16세로 선거 연령을 하향해야 하는가?

(가)	(나)
피아제의 인지 발달 이론, 콜버그의 도덕성 발달 이론에 따르면 청소년의 인지 능력 및 자율성은 만 10세 초반에 이미 성인과 비슷한 수준으로 발달하게 된다. 만 16세의 청소년들은 합리적으로 의사를 결정할 수 있는 나이로 볼 수 있다. 오스트리아를 비롯한 많은 외국에서는 이미 만 16세에게 선거권이 주어지며, 핀란드에서는 만 15세부터 주민 참여권이 주어진다. 우리나라는 이미 민주적인 분위기가 형성되어 있고 시민의식 또한 높은 편이다. 그럼에도 다른 나라에 비해 선거권이 늦게 주어진다는 것은 이해하기가 어렵다. 따라서 우리나라도 다른 나라들처럼 선거연령을 만 16세로 하향해야 한다.	미국의 ○○○ 학자에 따르면 청소년기의 뇌 발달은 15세에서 20세 이후까지 이루어지고 이성적인 판단을 내리는 역할을 하는 전두엽은 뇌 중에서도 가장 늦게 발달하는 부위이다. 따라서 만 16세의 청소년들은 이성적으로 판단할 수 있는 능력이 아직 갖추어지지 않았다. 우리나라는 현재 남북 분단이라는 어려움에 처해 있고 정치적·사회적으로도 안정되지 않았다. 아직까지 우리나라는 특수한 환경에 처해 있다. 선거연령을 낮추기에는 적절한 환경이 갖추어지지 못했다.

〈자료2〉

고전적 토론

찬성 측1	찬성 측2	반대 측1	반대 측2
① 입론	③ 입론	② 입론	④ 입론
⑥ 반론	⑧ 반론	⑤ 반론	⑦ 반론

국어과 본시 교수·학습 지도안

학습 목표	1. 토론의 쟁점을 파악하고 논증을 구성하여 토론에 참여할 수 있다. 2. 토론의 내용과 태도를 평가할 수 있다.			
학습 단계		교수·학습 활동	자료 및 유의점	시간 (분)

학습 단계		교수·학습 활동		자료 및 유의점	시간 (분)
도입	인사	• 인사 및 학습 분위기 조성	• 인사 및 학습 준비		
	전시 학습 확인	• 전시 학습 확인	• 전시 학습 회상		
	동기유발	• 정책 토론 영상을 보고, 토론이 사회에 영향을 미침을 파악하도록 하기	• 정책 토론 영상을 보고, 토론이 사회에 영향을 미침을 파악하기		
	본시 학습 안내	• 학습 내용 안내	• 학습 내용 확인		
	학습 목표 제시	• 학습 목표 제시	• 학습 목표 확인		
전개 1	쟁점 파악하기	〈수험생 작성 내용1〉 • 쟁점에 대해 설명하기 - 쟁점이란 찬반 양측이 각자 찬성하는 입장과 반대하는 입장에서 서로 치열하게 맞대결하는 세부 주장임을 설명한다. • 〈자료1〉 함께 읽기 • 〈자료1〉의 논제를 파악하도록 발문하기 - "〈자료1〉의 논제가 무엇인 것 같나요?" - "맞아요. '만 16세로 선거연령을 낮춰야 한다.'가 논제였죠." • 쟁점을 찾는 방법에 대해 시범 보이기 - "〈자료1〉의 (가)에서는 '청소년이 이성적인 판단을 할 수 있다.'고 주장하고 (나)에서는 '청소년은 이성적인 판단을 할 수 없다.'고 주장하고 있으므로 첫 번째 쟁점은 '만 16세의 청소년은 이성적인 판단을 할 수 있는가?'라고 할 수 있겠네요." - "이처럼 쟁점은 (가), (나)의 의견이 대립하는 지점을 말해요. 여러분들도 선생님의 시범을 참고해 쟁점을 찾아보세요." • (개별활동) 각자 〈자료1〉에서 두 번째 쟁점을 찾아보도록 안내하기	• 교사의 설명을 경청하며 쟁점에 대해 이해하기 • 〈자료1〉 함께 읽기 • 교사의 발문에 대답하며 〈자료1〉의 논제 파악하기 - "'만 16세로 선거연령을 낮춰야 한다.'인 것 같아요." • 교사의 시범 관찰하기 - 〈자료1〉의 (가)와 (나)에서 대립되는 주장을 찾아 쟁점을 도출해내는 교사의 시범을 관찰한다. - 쟁점이란 (가), (나)의 의견이 대립하는 지점임을 이해한다. • (개별활동) 각자 〈자료1〉에서 두 번째 쟁점 찾기		

전개 1	쟁점 파악하기	• 파악한 쟁점에 대해 발표해 보도록 격려하기 • 학생의 발표 내용을 판서하며 정리하기 	쟁점1	만 16세의 청소년은 이성적인 판단이 가능한가?
쟁점2	우리나라는 선거권을 낮추기에 적절한 환경을 갖추고 있는가?		• 파악한 쟁점에 대해 발표하기 – "'우리나라는 선거권을 낮출 수 있는 적절한 환경을 갖추고 있는가?'입니다." • 교사의 판서를 보며 내용을 정리하기
		• 쟁점을 더 파악하도록 지도하기	• 쟁점을 더 파악하고 발표하기
	논증 구성하기	• 논증의 구성 요소 파악하기 • 쟁점별 논증 구성하기	• 논증의 구성 요소 파악하기 • 쟁점별 논증 구성하기
전개 2	토론 준비하기	〈수험생 작성 내용2〉 • 토론 참여자의 역할에 대해 발문하기 – "토론 참여자에는 누가 있을까요?" – "사회자는 어떤 역할을 할까요?" – "토론자는 어떤 역할을 할까요?" • 토론 참여자의 역할에 대해 설명하기 	사회자의 역할	– 토론의 배경과 논제 소개하기 – 토론자가 토론의 규칙과 순서를 잘 지키도록 유도하고 토론을 공정하게 진행하기 – 논점에서 벗어난 발언 통제하기 – 토론자의 발언 요약하여 정리하기
토론자	– 논제를 분석해 쟁점을 분명히 파악하기 – 주장을 뒷받침할 수 있는 논거를 충분히 준비하기 – 토론 규칙을 지키며 문제를 바람직한 방향으로 해결하기 위해 노력하기	 • 〈자료2〉를 참고하여 토론의 절차 및 유의점 안내하기 – 고전적 토론의 절차가 찬1-반1-찬2-반2-반1-찬1-반2-찬2의 순서로 진행됨을 설명한다. – 고전적 토론의 유의점으로 찬성 측은 현상을 변화시키는 입장이므로, 입증 책임이 있어 입론을 먼저 시작하게 됨을 안내한다. • 모둠별 논의를 통해 각자 토론 참여자 역할을 나누도록 안내하기 – 찬성1, 찬성2, 반대1, 반대2, 사회자의 역할을 각각 맡도록 안내한다.	• 토론 참여자의 역할에 대해 생각해 보기 – "사회자, 토론자가 있어요." – "전체적으로 토론을 진행하는 역할을 할 것 같아요." – "적절한 근거를 들어 토론을 해야 해요." • 토론 참여자의 역할 이해하기 • 〈자료2〉를 참고하여 토론의 절차 및 유의점 이해하기 – 고전적 토론의 절차가 찬1-반1-찬2-반2-반1-찬1-반2-찬2의 순서로 진행됨을 이해한다. – 고전적 토론의 유의점으로 찬성 측은 현상을 변화시키는 입장이므로, 입증 책임이 있어 입론을 먼저 시작하게 됨을 이해한다. • 모둠별 논의를 통해 각자 토론 참여자 역할을 나누기 – 찬성1, 찬성2, 반대1, 반대2, 사회자로 모둠 구성원 5명이 참여자의 역할을 고려하여 각자의 역할을 분담한다.
	토론하기	• 토론하기	• 토론하기

	토론 점검하기	• 토론 내용을 보고서로 작성하기		• 토론 내용을 보고서로 작성하기			
전개 3	내용과 태도 평가하기	• 토론 내용과 태도를 평가한다.					
		토론 평가표(1점부터 4점까지 체크 가능)					
		내용	– ㉠ 주장을 뒷받침하는 근거가 신뢰할 만한가?	1	2	3	4
			〈수험생 작성 부분〉 – 주장과 이를 뒷받침하는 근거가 관련이 있는가?	1	2	3	4
		태도	〈수험생 작성 부분〉 – 상대방을 존중하는 태도로 토론에 임했는가?	1	2	3	4
			– 토론의 절차와 시간을 지켰는가?	1	2	3	4
		〈수험생 작성 내용3〉 • 자기평가의 내용을 공유하도록 안내하기		• 자기평가 내용 공유하기 – 학생1이 자신의 평가 내용을 공유한다.			
				평가 기준		점수	
				내용	㉠ 주장을 뒷받침하는 근거가 신뢰할 만한가?	1	
					주장와 이를 뒷받침하는 근거가 관련이 있는가?	3	
				태도	상대방을 존중하는 태도로 토론에 임했는가?	3	
					토론의 절차와 시간을 지켰는가?	3	
		• 학생1의 평가 내용에 대해 다른 학생들과 함께 피드백하기 – "학생1은 '주장을 뒷받침하는 근거가 신뢰할 만한가?'에 낮은 점수를 줬네요. 이를 어떻게 보완하면 좋을까요?" – "좋은 보완 방법이에요. 근거의 신뢰성을 높이기 위해서 공신력 있는 기관이나 단체의 자료를 인용해서, 출처를 밝혀 제시하면 더욱 좋을 것 같아요."		• 친구의 자기평가 내용에 대해 교사와 함께 피드백하기 – "믿을 만한 곳에서 자료를 사용하여 근거로 사용해요." – "출처를 정확하게 밝히면 근거를 더 신뢰할 수 있을 것 같아요."			
정리	형성평가 및 과제 부여	• 형성평가 부여 • 수준별 과제 제시		• 형성평가 진행 • 수준별 과제 확인			
	학습 내용 정리	• 학습 내용 정리		• 학습 내용 이해			
	차시 예고	• 차시 예고		• 차시 예고 인지			

판서 예시

단원명 : 설득하는 말하기 / 토론과 사회

<활동1> 쟁점 파악하기

* 쟁점이란?
  - 찬반 양측이 각자 찬성하는 입장과 반대하는 입장에서 서로 치열하게 맞대결하는 세부 주장

* [자료1]의 쟁점 파악하기

쟁점1	만 16세의 청소년은 이성적인 판단이 가능한가?
쟁점2	우리나라는 선거권을 낮추기에 적절한 환경을 갖추고 있는가?

<활동2> 토론 준비하기

* 토론 참여자의 역할
  - 사회자의 역할, 토론자의 역할

* 고전적 토론의 절차 및 유의점

<활동3> 내용과 태도 평가하기

* 내용 및 태도 평가하기

* 자기평가 내용 피드백
  → 공신력 있는 기관이나 단체의 자료 인용, 출처 밝히기

실연 조건

1. 전개1~3에 해당하는 내용을 20분 내로 실연할 것
2. 주어진 자료를 모두 활용할 것
3. 교사와 학생 간 능동적 상호작용이 잘 드러나도록 할 것
4. 전개1에서 핵심 내용을 판서로 구조화할 것
5. 학생 수준을 고려하여 수업할 것
6. 수업 기자재는 주어진 기자재만 활용하여 수업하고 활용할 때는 언급할 것(단, 칠판은 사용 가능함)

성취 기준

2015 교육과정	[10국01-03] 논제에 따라 쟁점별로 논증을 구성하여 토론에 참여한다. 　이 성취 기준은 논제에 따라 쟁점을 선정하고 토론의 절차에 따라 논증하며 수준 높은 토론을 하는 능력을 기르기 위해 설정하였다. 쟁점이란 찬반 양측이 각자 찬성하는 입장과 반대하는 입장에서 서로 치열하게 맞대결하는 세부 주장이며, 필수 쟁점은 논제와 관련해 반드시 짚어야 할 쟁점을 말한다. 이 성취 기준의 학습에서는 정책 논제의 필수 쟁점별로 논증을 구성하여 입론 단계를 수행하는 데 중점을 두도록 한다. 정책 논제의 필수 쟁점으로는 문제의 심각성, 제시된 방안의 문제 해결 가능성 및 실행 가능성, 방안의 실행에 따른 효과 및 개선 이익 등을 들 수 있다. 찬성 측에서는 이를 입증할 수 있는 논증을 구성해야 하고, 반대 측은 찬성 측이 제기한 쟁점에 대해 반증할 수 있는 논증을 구성해야 함을 이해하도록 지도한다. 쟁점별로 논증을 구성하여 토론하기 위해서는 쟁점별 찬반 양측에서의 주장, 주장을 지지해주는 근거 자료, 근거 자료에 기반한 주장을 가능하게 해 주는 이유를 갖추어 타당함을 입증해야 한다.

교수·학습 방법

　토론 방법을 지도할 때에는 토론자는 제한된 발언 기회와 시간 내에 자신의 주장이 타당함을 입증해야 하므로 효과적으로 논증을 구성하여 주장해야 함을 이해하도록 한다.

평가 방법

　토론과 협상을 수행하는 장면을 녹화한 후 자기평가를 해 보게 함으로써 공식적 말하기 상황에 맞게 언어적, 준언어적, 비언어적 표현을 사용하고 있는지, 개선해야 할 점은 무엇인지 등 학습자가 자신의 의사소통 과정을 점검해 보도록 할 수 있다.
　토론 담화의 수행에 대한 평가에서는 동료 평가를 도입함으로써 평가자가 찬반 양측의 주장과 근거를 경청하고 비판하는 과정을 통해 논제에 대한 이해와 양측 입장에 대한 이해의 폭을 넓힐 수 있도록 한다.

2020학년도 중등학교교사신규임용후보자선정경쟁시험(2차)
국어과 교수·학습 실연 시험 문제지

관리 번호

지도안 세부 조건

1. **〈수험생 작성 조건1〉 동기유발**
   가. 〈자료2〉를 활용하여 '○○○ 선수 은메달 획득'이라는 동일한 사건에 대한 관점 차이를 인지하도록 할 것
   나. 관점의 적절성 평가가 필요한 이유 제시할 것

2. **〈수험생 작성 조건2〉 신문에 드러난 관점을 파악하고 적절성 평가하기**
   가. 〈자료1〉에서 파악한 내용을 바탕으로 할 것
   나. 〈자료3〉에 드러난 필자의 관점 파악을 돕는 교사의 설명을 제공할 것
   다. 〈자료3〉에 드러난 필자의 관점에 대한 적절성을 평가하기 위한 교사의 설명을 포함할 것

3. **〈수험생 작성 조건3〉 광고에 드러난 관점을 파악하고 적절성 평가하기**
   가. 〈자료1〉에서 파악한 내용을 바탕으로 할 것
   나. 〈자료4〉에 드러난 필자의 관점을 파악하기 위한 교사의 질문을 2개 포함할 것(단, 질문에 〈자료4〉의 표현에 관한 질문을 포함할 것)
   다. 〈자료4〉에 드러난 필자의 관점의 적절성을 평가하기 위한 질문을 포함할 것

수업 조건

○ 과목 : 국어
○ 학년 : 고등학교 1학년
○ 장소 : 국어 교과교실
○ 시간 : 블록타임제(100분)
○ 단원명 : 비판적으로 매체 자료 읽기
○ 해당 성취 기준 : 매체에 드러난 필자의 관점이나 표현 방법의 적절성을 평가하며 읽는다.

단원명	차시	학습 내용
비판적으로 매체 자료 읽기	1	○ 매체의 개념과 특성을 설명할 수 있다.
	2-3 (본시)	○ 신문에 드러난 필자의 관점을 파악하고, 적절성을 평가할 수 있다. ○ 광고에 드러난 필자의 관점을 파악하고, 적절성을 평가할 수 있다.
	4	○ 매체에 드러난 필자의 표현 방법의 적절성을 평가할 수 있다.
	5	○ 상호 평가할 수 있다.

학생 수	장소	학습 형태	학습 기자재
25명	국어 교과교실	강의식, 모둠식	교사용 컴퓨터, 칠판, 빔 프로젝터, 스크린

〈자료1〉

매체 자료에는 필자의 관점이 반영되어 있다. 우리는 매체 자료의 구성 요소를 잘 살펴보고 필자의 관점과 의도가 무엇인지 파악하며, 글을 비판적으로 읽어야 한다. 신문의 경우 표제, 기사 본문, 사진 등을 달리하여 필자의 의도를 나타내기도 하고, 광고의 경우 배경, 이미지, 문구 등을 활용하여 전달하고자 하는 바를 효과적으로 표현하기도 한다. 따라서 신문과 광고의 구성 요소에 주목하여 필자의 관점과 의도를 파악해야 한다. 또한, 필자의 관점과 표현 방법이 편견에 치우치진 않았는지 판단하며 적절성을 평가하며 읽어야 한다.

〈자료2〉

(가) ○○○ 선수 드디어 은메달!	(나) ○○○ 선수 겨우 은메달

〈자료3〉

(가) 게임 중독 질병 코드화, 게임 산업의 위기	(나) 마침내 게임 중독 질병 코드화
게임 중독을 질병으로 코드화하는 문제에 대해 게임 회사들은 난색을 표했다. 문체부 장관은 게임 중독 질병 코드화로 인해 게임 산업이 침체되고 피해될 우려가 있다고 말했다. 한편 게임 회사는 게임 중독 질병 코드화로 인해 게임 산업이 위축될 수 있다며 이에 대해 반발하는 입장이다.	의료계와 학부모들의 게임 중독 질병 코드화에 대해 긍정적인 반응을 보이고 있다. 특히 게임을 접하는 시간이 많은 성장기 자녀를 둔 학부모들은 게임 중독을 질병으로 코드화한다는 소식에 환영하는 분위기다. 의료계에서는 성장기인 아이들의 게임 중독을 제때 치료하지 못하면 고위험군으로 발전될 수 있다며, 질병 코드화를 통해 중독 증상을 사전에 치료하는 것이 가능해질 것이라고 밝혔다.
[그래프] 게임 중독의 질병 코드화로 인해 게임 산업이 위축되는 동향	[표] 게임 시작 시기와 게임 중독 위험의 상관관계

〈자료4〉

바다 생물을 위협하는 가장 가벼운 총

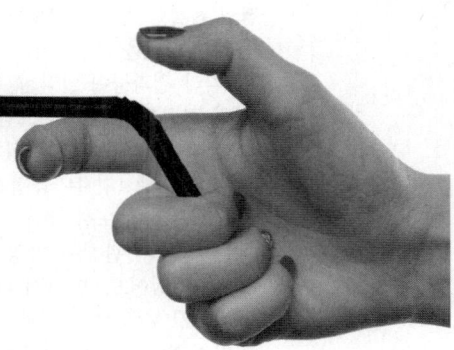

전 세계 바다에 버려지는

플라스틱 빨대 한 해 800만 톤 –

플라스틱은 재앙입니다.

2020학년도 중등학교교사신규임용후보자선정경쟁시험(2차)
국어과 교수·학습 실연 지도안 예상 답안

국어과 본시 교수·학습 지도안				
학습 목표	1. 신문에 드러난 필자의 관점을 파악하고, 적절성을 평가할 수 있다. 2. 광고에 드러난 필자의 관점을 파악하고, 적절성을 평가할 수 있다.			
학습 단계		교수·학습 활동		자료 및 유의점	시간(분)
도입	인사	• 인사 및 학습 분위기 조성	• 인사 및 학습 준비		
	전시 학습 확인	• 전시 학습 확인	• 전시 학습 회상		
	동기유발	〈수험생 작성 내용1〉 • 〈자료2〉를 제시하며 흥미 유발하기 – '○○○ 선수의 은메달 획득'이라는 같은 사건을 다룬 2가지 기사임을 설명하기 • 동일한 사건에 대한 (가), (나)의 관점 차이를 파악할 수 있도록 발문하기 – "(가), (나)의 표제에 주목해 봅시다. (가), (나)는 ○○○ 선수의 은메달 획득이라는 동일한 사건에 대해 각각 어떤 관점을 가지고 있나요?" • 관점의 적절성 평가가 필요한 이유 제시하기 – 동일한 사건을 다루더라도 만든 이의 관점에 따라 결과물이 달라질 수 있으므로 관점의 적절성 평가가 필요함을 설명한다. – "○○○ 선수의 은메달 획득이라는 같은 사건에 대해 (가)는 긍정적으로, (나)는 부정적으로 보도한 것을 통해 매체 자료에는 필자의 관점이 반영된다는 사실을 알 수 있었어요. 따라서 매체 자료를 주체적으로 수용하기 위해서는 자료를 무비판적으로 수용할 것이 아니라, 필자의 관점이 적절한지를 평가하며 읽을 필요가 있어요."	• 〈자료2〉에 주목하며 흥미 갖기 • 동일한 사건에 대한 (가), (나)의 관점 차이를 파악하기 – "(가)는 ○○○ 선수의 은메달 획득을 '드디어'라고 표현하며 긍정적으로 보는 관점을 가지고 있어요." – "(가)와 달리 (나)는 ○○○ 선수의 은메달 획득을 '겨우'라고 표현하여 선수의 실적이 기대에 못 미쳤음을 나타내는 부정적인 관점을 가지고 있어요." • 관점의 적절성 평가가 필요한 이유 이해하기		
	학습 내용 안내	• 학습 내용 안내	• 학습 내용 확인		
	학습 목표 제시	• 학습 목표 제시	• 학습 목표 확인		

		〈수험생 작성 내용2〉		
전개 1	〈활동1〉 신문에 드러난 필자의 관점을 파악하고 적절성 평가하기	• 필자의 관점 파악을 돕는 교사의 설명 제공하기 — 신문의 표제, 기사 본문, 사진 등 구성 요소를 분석하면 글쓴이의 관점을 파악할 수 있음을 설명한다. • 신문의 구성 요소를 분석하여 관점을 도출할 수 있도록 안내하기 — "신문의 표제, 기사 본문, 사진 등의 구성 요소를 분석하면 필자의 관점을 알 수 있어요. 〈자료3〉의 (가), (나)의 구성 요소를 분석한 뒤 관점을 도출해 봅시다." • 학생의 발표 유도 및 피드백하기 — "(가), (나)의 구성 요소 분석을 통해 알 수 있는 필자의 관점은 각각 무엇인가요?" • 필자의 관점에 대한 적절성을 평가할 수 있도록 설명하고 활동 안내하기 — "필자의 관점에 대한 적절성을 평가하기 위해서는 필자의 관점에 편견은 없는지를 파악해야 해요." • 학생의 발표 유도 및 피드백하기	• 필자의 관점 파악을 돕는 교사의 설명 이해하기 • 신문의 구성 요소를 분석하여 관점 도출하기 • 학생의 활동 내용 공유하기 — "(가)는 '게임 산업 위기'에 초점을 맞춘 표제와 '산업 침체'를 우려하는 기사 본문으로 보아 게임 중독 질병 코드화에 부정적인 관점임을 알 수 있어요." — "(나)는 '마침내 게임 중독 질병이 코드화' 되었다는 표제와 '의료계와 학부모들의 게임 중독 질병에 대한 긍정적인 반응'이라는 기사 본문으로 보아 게임 중독 질병 코드화에 긍정적인 입장임을 알 수 있어요." • (가), (나)의 필자의 관점에 대한 적절성을 평가하기 — 필자의 관점에 편견은 없는지 점검하며 적절성 평가하기 • 학생 발표하기 — "(가)는 게임 중독 질병 코드화를 하면 산업 침체가 된다는 것은 과장된 표현이에요. 게임 중독이 질병으로 분류되면 곧바로 산업이 침체될 것이라는 편견에 치우쳐 있어 적절하지 않아요." — "(나)의 관점은 적절하지 않아요. 게임 중독이 질병으로 분류되면 곧바로 치료가 가능해진다는 편견을 줄 수가 있어요."	
전개 2	〈활동2〉 광고에 드러난 필자의 관점을 파악하고 적절성 평가하기	〈수험생 작성 내용3〉 • 필자의 관점 파악을 돕는 설명 및 질문하기 — "광고에서 필자의 관점을 파악하려면 어떤 구성 요소를 분석해야 할까요?" — "〈자료4〉에서 플라스틱 빨대를 총처럼 쥔 사진을 사용한 이유는 무엇일까요?" — "〈자료4〉에서 '플라스틱은 재앙입니다'라는 문구를 쓴 이유는 무엇일까요?" — "사진, 문구를 통해 알 수 있는 〈자료4〉의 필자의 관점은 무엇일까요?"	• 교사의 질문에 대답하며 필자의 관점 파악하기 — "배경, 이미지, 문구 등을 분석해야 해요." — "플라스틱 빨대가 총처럼 위험하다는 걸 나타내려고 한 것 같아요." — "플라스틱은 재앙이라고 은유법을 사용하면서 독자들에게 플라스틱 사용의 위험성과 심각성을 드러내려고 한 것 같아요." — "필자는 플라스틱 사용 문제가 심각하다고 생각하며 플라스틱 사용에 대해 부정적인 관점을 가지고 있어요."	

전개 2	<활동2> 광고에 드러난 필자의 관점을 파악하고 적절성 평가하기	• 필자의 관점의 적절성을 평가할 수 있도록 질문하기 ― "앞서 나온 필자의 관점이 편견에 치우치지는 않았나요?" ― "필자의 관점은 적절하다고 할 수 있을까요?" • 학생 발표 정리 및 피드백 제공하기	• 필자의 관점의 적절성을 평가하고 발표하기 ― "플라스틱 사용이 재앙이라고 표현한 것은 조금 과장된 표현으로 마치 플라스틱 사용이 곧바로 재앙을 가져온다는 편견을 주는 것 같아요." ― "필자의 관점은 편견에 치우쳐 있으므로 적절하지 않은 것 같아요." • 교사의 피드백 경청하기	
전개 3	<활동3> 관점 평가, 상호 평가	• 관점 평가, 상호 평가		
정리	형성평가 및 과제 부여	• 형성평가 부여 • 수준별 과제 제시	• 형성평가 진행 • 수준별 과제 확인	
	학습 내용 정리	• 학습 내용 정리	• 학습 내용 이해	
	차시 예고	• 차시 예고	• 차시 예고 인지	

판서 예시

단원명 : 비판적으로 매체 자료 읽기

<자료2> ○○○ 선수의 은메달 획득
(가) : 긍정적 관점
(나) : 부정적 관점

<활동1> 기사의 관점 파악, 적절성 평가

- 신문의 구성 요소 : 표제, 본문, 기사, 사진

게임 중독 질병 코드 표기화	관점 파악	적절성 평가
(가)	부정적	적절 ×
(나)	긍정적	적절 ×

<활동2> 광고의 관점 파악, 적절성 평가

- 광고의 구성 요소 : 배경, 이미지, 문구

광고	관점 파악	적절성 평가
<자료4>	플라스틱 사용에 대해 부정적	적절 ×

성취 기준

2015 교육과정	[10국02-02] 매체에 드러난 필자의 관점이나 표현 방법의 적절성을 평가하며 읽는다.
2012 교육과정 (2009 개정)	[고등-독서(18)] 필자의 의도나 목적, 숨겨진 주제, 생략된 내용 등을 추론하며 읽는다. 　추론적 독해를 위해서는 글의 표면적 단서인 담화 표지를 활용하여 문맥을 파악해 나가면서 독자의 배경 지식과 경험을 활용한다. 광고문이나 정치 담화문, 시사평론(시평, 칼럼) 등에는 필자가 여러 가지 복합적인 상황을 고려하여 글의 의도나 목적, 주제 등을 숨겨 놓을 수 있다. 같은 사건을 다룬 신문 기사도 편집자의 의도에 따라 표제, 기사의 위치, 관련 사진이나 도표의 제시 방법 등을 달리함으로써 여론 형성에 미치는 효과가 달라진다. 추론적 독해 능력을 길러 글에 담긴 의도나 숨겨진 주제, 필자의 가치관이나 관점 등을 효과적으로 파악할 수 있도록 한다.

교수・학습 방법

　매체에 드러난 필자의 관점이나 표현 방법의 적절성 평가하기를 지도할 때에는 필자의 관점이나 의도가 무엇이며, 어떤 점에 중점을 두어 표현하였는지 등을 판단할 수 있도록 지도한다. 예컨대, 신문의 경우에는 표제나 기사 본문, 사진 등에서, 광고의 경우는 배경, 이미지, 광고 문구 등에서 필자의 특정 관점이나 의도가 드러나는데, 이를 근거로 관점이나 내용이 편견에 치우치지 않았는지 판단하는 활동을 할 수 있다.

2019학년도 중등학교교사신규임용후보자선정경쟁시험(2차)
국어과 교수·학습 실연 시험 문제지

| 관리 번호 | |

지도안 세부 조건

1. 〈수험생 작성 조건1〉 동기유발
   가. 〈자료〉를 활용하여 학생들의 학습 동기를 유발하는 활동으로 구상할 것
   나. 문학을 통한 자아 성찰의 필요성을 설명할 것

2. 〈수험생 작성 조건2〉 질문 만들고 답 찾으며 자신의 삶 성찰하기
   가. 〈자료〉를 활용하여 학생들이 작품에 대한 질문을 만들고 함께 답을 찾아보도록 할 것
   나. 작품을 읽고 자아를 성찰하는 모둠활동을 할 것
   다. 교사와 학생의 활동을 구체적으로 계획할 것

3. 〈수험생 작성 조건3〉 내면화하기
   가. 자아 성찰한 내용을 내면화하는 활동을 할 것
   나. 교사와 학생의 활동을 구체적으로 계획할 것

수업 조건

○ 과목 : 국어
○ 학년 : 고등학교 1학년
○ 장소 : 국어 교과교실
○ 시간 : 블록타임제(100분)
○ 단원명 : 문학과 삶
○ 해당 성취 기준 : 인간의 성장을 다룬 작품을 읽으며 삶을 성찰하는 태도를 지닌다.

단원명	차시	학습 내용
문학과 삶	1-2 (본시)	○ 인간의 성장을 다룬 문학 작품을 읽고 자신의 삶을 성찰할 수 있다. ○ 문학 작품을 통해 성찰한 내용을 내면화할 수 있다.

학생 수	장소	학습 형태	학습 기자재
25명	국어 교과교실	강의식, 모둠식	교사용 컴퓨터, 칠판, 빔 프로젝터, 스크린

〈자료〉
열여섯 살의 겨울
권정생
〈내용 생략〉  **2026학년도 모의문제 자료(지문)** * Daum 2순정 카페에서 자료(지문)을 확인하실 수 있습니다.

2019학년도 중등학교교사신규임용후보자선정경쟁시험(2차)
국어과 교수·학습 실연 지도안 　예상 답안

국어과 본시 교수·학습 지도안					
학습 목표	1. 인간의 성장을 다룬 문학 작품을 읽고 자신의 삶을 성찰할 수 있다. 2. 문학 작품을 통해 성찰한 내용을 내면화할 수 있다.				
학습 단계		교수·학습 활동		자료 및 유의점	시간(분)
도입	인사	• 인사 및 학습 분위기 조성		• 인사 및 학습 준비	
^	전시 학습 확인	• 전시 학습 확인		• 전시 학습 회상	
^	동기유발	〈수험생 작성 내용1〉 • 책의 제목을 활용하여 과거에 후회한 경험과 이를 통해 깨달은 점 발문하기 　- "이번 시간에 읽을 작품의 제목이 뭐죠?" 　- "열여섯 살 때를 돌이켜보았을 때 지금까지도 마음에 걸리는 일이 있는 사람?"		• 책의 제목을 활용하여 과거에 후회한 경험과 이를 통해 깨달은 점 상기하기 　- "열여섯 살의 겨울이에요." 　- "중학교 3학년 때였는데 학교 수행평가 시간에 친구와 답을 공유했었어요. 들키지는 않았지만 두고두고 양심의 가책을 받게 되어서 거짓된 행동은 하지 말자는 생각을 하게 됐어요."	
^	^	• 학생 경험과 학습 목표 연관 짓기 　- "그랬군요. 우리는 이렇게 문학 작품을 통해서 과거 나의 실수, 혹은 내가 잘했던 행동을 되돌아볼 수 있는 계기를 마련할 수 있어요. 그리고 이를 통해 내면적 성장을 이룰 수도 있고요."		• 자신의 경험과 학습 목표 연관 짓기	
^	^	• 문학 작품을 통한 자아 성찰의 필요성 제시하기 ① 작품의 인물이나 사건을 통해 자신의 삶을 돌이켜 볼 수 있음 ② 자신의 삶을 돌이켜보며 내면적 성장을 이룰 수 있음		• 문학 작품을 통한 자아 성찰의 필요성 이해하기	
^	학습 내용 안내	• 학습 내용 안내		• 학습 내용 확인	
^	학습 목표 제시	• 학습 목표 제시		• 학습 목표 확인	
전개 1	〈활동1〉 질문 만들고 답 찾으며 자신의 삶 성찰하기	〈수험생 작성 내용2〉 • 〈자료〉를 읽으며 질문을 만들고 함께 답을 찾아가기 　- "지금부터 개인별로 〈자료〉를 읽어볼게요. 자료를 읽으면서 작품과 관련한 질문을 만듭니다." 〈질문 유형〉 • 내용을 파악하기 위한 질문 • 드러나지 않은 내용 및 주제를 추론하는 질문 • 인물의 행동을 비판적으로 판단하는 질문		• 〈자료〉와 관련한 질문을 하고 답을 찾는 모둠활동을 수행 〈활동 예시〉 Q. 양심을 지키던 착한 '나'가 어쩌다 속임수를 쓰게 된 것일까? A. 일하게 된 가게 주인이 '나'에게 속임수를 강요했기 때문이다. Q. 아주머니를 살아 있는 천사라고 한 까닭은 무엇일까?	

전개 1	〈활동1〉 질문 만들고 답 찾으며 자신의 삶 성찰하기	〈교사 시범〉 Q. '나'가 무게를 속여 파는 행위를 그만두게 된 계기는 무엇일까? Q. 이 작품이 독자에게 전달하고자 하는 바는 무엇일까? 〈활동 안내〉 • 질문을 만든 후 짝과 질문을 공유하여 답을 찾는다. • 모둠을 만든 후 모둠별로 질문을 공유하여 답을 찾는다. • 학급 전체 단위로 질문을 공유하며 답을 찾는다. – 순회 지도 : 작품과 관련한 질문을 찾기 어려워하는 학생이 있다면 학생 간 상호 작용을 유도하여 돕도록 한다. • 자아를 성찰하는 질문 선정하도록 하기 – "우리가 만든 이 질문들 중에서 우리의 삶을 되돌아볼 수 있는 질문이 어떤 것이 있을까요?" – "모둠끼리 서로의 경험을 공유하고 그 경험에 대해 느낀 점까지 서로 이야기해 보도록 해요. 잘했다면 칭찬을, 부족했다면 격려와 조언을 해주는 활동이 되도록 해요."	A. 아주머니의 양심 있는 행위에 의해 양심을 속이던 '나'가 자신의 삶을 반성하게 되었기 때문이다. Q. 이 작품에서 작가가 하고자 하는 말은? A. 양심을 지키는 것이 중요하다. A. 상황에 따라 양심을 지키는 일이 어려워질 수 있다. Q. 내가 만약 '나'의 입장에 놓였다면 나는 어떻게 행동하였을까? A. 나도 비슷하게 행동하였을 것 같다. Q. 우리도 살면서 '나'와 같이 나쁜 환경에 놓여 나쁜 행동을 하게 된 경험이 있을까? 있다면 그때의 나에게 하고 싶은 말은 무엇일까? A. 초등학교 때 친구의 조언에 따라 무인 아이스크림 가게에서 아이스크림을 훔쳤던 경험이 있다. 그때의 나에게 '친구를 따르지 말고 내 친구가 도둑질을 그만두도록 조언해줘.'라고 말할 것 같다. • 자아를 성찰하는 질문 선정하기 – "'나'와 같이 나쁜 환경에 놓여 나쁜 행동을 하게 된 경험이 있을까?'라는 질문이요." 〈활동 예시〉 | 경험	예전에 나쁜 친구 무리들과 어울린 적이 있는데, 나에게 담배를 권했었어. 그때 담배를 피우기 싫었지만 친구들과 멀어질까봐 흡연을 했던 기억이 나. 지금은 그 행동을 무척 후회하고 있어.
조언	나쁜 환경에 놓이면 양심을 어기고 나쁜 행동을 하기 쉬워지는 것 같아. 그래도 지금이라도 반성하고 있다니 훌륭해. 나쁜 환경에 놓일 때는 최대한 빠르게 그 상황에서 벗어나는 노력을 해야 해.		
		• 활동 내용 발표시키기, 판서 및 피드백하기 〈피드백 예시〉 중학교 시절 흡연을 했던 경험을 이야기했구나. 분명 잘못된 행동이지만 이렇게 용기 있게 친구들에게 이야기해주고 반성하고 있는 모습이 인상적이에요. 모둠 친구들도 격려해줬다니 모둠 전체가 아주 훌륭한 활동을 했어요.	• 활동 내용 발표 및 피드백 받기 〈활동 예시〉 저는 중학교 때 친구 무리들과 어울려서 흡연을 했던 경험을 이야기했어요. 지금 그 행동을 아주 반성하고 있고, 이 이야기를 했을 때 친구들이 그 행동을 비난하지 않고 격려해주고 조언해줘서 참 좋은 시간이었어요.	
전개 2	〈활동2〉 내면화 하기	〈수험생 작성 내용3〉 • 자아 성찰한 내용을 내면화하는 작품 창작하기 – "지금부터는 나 자신의 삶을 성찰한 내용을 주제로 다양한 갈래의 작품을 창작할 거예요. 작품의 갈래는 어떤 것이든 관계없지만, 반드시 다음과 같은 내용이 포함되어야 해요." 〈작품의 내용〉 • 자아를 성찰하게 된 자신의 경험 • 경험을 통해 깨달은 점 • 깨달음을 통해 성장할 자신의 태도 및 행동	• 자신의 경험을 소재로 한 작품을 창작하여 자아 성찰한 내용을 내면화하기 〈활동 예시〉 – 과거의 실수한 경험을 바탕으로 한 단편 소설 쓰기 – 학생이 잘했던 경험을 바탕으로 한 수필 쓰기 – 나쁜 환경에 놓여 잘못된 일을 주제로 시 쓰기 – 학생의 경험을 일반화한 주제를 다룬 논설문 쓰기	

단계		교수·학습 활동			
전개 2	〈활동2〉 내면화 하기	– 순회 지도 : 소재를 찾기 어려워하는 학생의 경우 먼저 자아를 성찰할 만한 경험을 떠올려보도록 독려하며 시범을 보인다. 창작을 어려워하는 학생의 경우 다른 반의 활동 결과물을 보여주며 이를 참고해 글을 써보도록 안내한다. • 모둠별로 작품을 공유하며 동료 평가하도록 하기 〈평가 기준〉 1. 작품에서 글쓴이의 경험이 드러나는가? 2. 작품에서 경험을 통해 깨달은 점이 드러나는가? 3. 작품에서 깨달음을 통해 성장한 모습이 드러나는가? * 별 1개~5개까지 평가함 • 평가한 내용을 바탕으로 작품 수정하기 • 활동 내용 발표하도록 하기, 판서 및 피드백 하기	• 모둠별로 작품을 공유하며 동료 평가하기 〈평가 예시〉 | 항목1	☆☆☆☆☆	도둑질을 했던 경험이 잘 드러남
항목2	☆☆☆☆	경험에서 깨달음으로 이어지는 줄거리의 개연성이 약간 부족함
항목3	☆☆☆	마지막에 성장한 부분의 분량이 적어서 성장한 느낌이 나지 않음	 • 평가한 내용을 바탕으로 작품 수정하기 • 활동 내용 발표하도록 하기, 판서 및 피드백하기 〈발표 예시〉 "저는 초등학교 때 친구의 지우개를 빌린 다음에 돌려주지 않았던 경험을 바탕으로 소설을 썼어요. 친구들이 제 소설을 평가하면서 그 경험은 자세하게 썼다고 했지만 개연성과 성장한 모습 부분이 부족하다고 알려줘서 이 내용을 보완해서 작품을 수정했습니다(작품 내용 설명 생략)."		
정리	형성평가 및 과제 부여	• 형성평가 부여 • 수준별 과제 제시	• 형성평가 진행 • 수준별 과제 확인		
	학습 내용 정리	• 학습 내용 정리	• 학습 내용 이해		
	차시 예고	• 차시 예고	• 차시 예고 인지		

판서 예시

◎ **문학을 통한 자아 성찰의 필요성**
작품 → 자신의 삶 성찰 → 내면적 성장

〈활동1〉 질문과 답을 통해 자신의 삶 성찰하기

질문	대답
아주머니 = 살아있는 천사?	아주머니에 의해 '나'가 반성
'나'가 속임수를 쓴 계기?	가게 주인이 강요
작품의 주제?	양심을 지키는 것이 중요 환경 따라 양심 지키기 어려움
내가 '나'의 입장이었다면?	비슷하게 행동 / 양심 지켰을 것
환경 따라 일탈한 경험?	친구와 멀어질까 봐 따라서 흡연함
그때의 나에게 해주고 싶은 말?	반대로 친구를 설득할 것

〈활동2〉 작품 창작을 통해 내면화하기

• 필수 내용
 - 자아를 성찰하게 한 경험, 깨달은 점, 성장한 자신의 모습

• 평가 기준
 - 경험이 드러나는가?
 - 깨달은 점이 드러나는가?
 - 성장한 모습이 드러나는가?

이름	평가	이유
○○이	1. ☆☆☆☆☆ 2. ☆☆☆☆ 3. ☆☆☆	1. 자세히 씀 2. 개연성 ↓ 3. 분량 ↓

• 수정 : 개연성과 마지막 분량 부분 보완

성취 기준	
2015 교육과정	[9국05-10] 인간의 성장을 다룬 작품을 읽으며 삶을 성찰하는 태도를 지닌다.
2012 교육과정 (2009 개정)	[중학-문학(10)] 문학이 인간의 삶에 어떤 가치를 지니는지 이해한다. 　문학 작품이 인간의 삶과 관련하여 지니는 다양한 가치를 이해하도록 지도하되, 이론적인 차원의 이해에서 그치는 것이 아니라 직접 작품을 읽으면서 내면화하는 과정을 거치도록 한다. 특히 개별 작품을 해석하고 수용하는 과정에서 발견한 가치를 인간의 보편적인 삶, 그리고 자신의 삶과 관련지을 수 있도록 한다.

교수·학습 방법
성장 과정에서 겪는 어려움과 고민을 형상화한 작품을 읽고 자신과 타인의 삶을 성찰하기를 지도할 때에는, 단순히 내용을 이해하는 수준을 넘어 작품을 수용하는 과정에서 자신의 삶을 인간의 보편적인 삶과 관련지어 성찰하는 데 주안점을 둔다. 학교나 가족 또는 또래 집단을 소재로 한 영상물이나 세계 문학 작품 등을 다양하게 활용하여 학습자가 현재 가지고 있는 고민을 성찰하는 데 도움이 되는 작품을 찾아 읽도록 한다. 　학습자가 작품에 대한 질문을 만들고, 함께 답을 찾아가는 대화로 수업이 진행될 수 있도록 한다.

2018학년도 중등학교교사신규임용후보자선정경쟁시험(2차)
국어과 교수·학습 실연 시험 문제지

관리 번호 [   ]

지도안 세부 조건

1. 〈수험생 작성 조건1〉 동기유발
   가. 학생의 구체적인 경험을 이끌어 내는 발문을 제시할 것
   나. '가'의 의미와 주제 통합적 독서의 필요성을 연관 지어서 설명할 것

2. 〈수험생 작성 조건2〉 주제 통합적 독서 활동
   가. 〈자료1〉~〈자료3〉을 활용하여 주제 통합적 독서의 특징이 드러나도록 읽기 활동을 구성할 것
   나. 모둠별로 새로운 관점을 재구성하여 제시할 것

3. 〈수험생 작성 조건3〉 활동 발표에 대한 개별적 상호 평가
   가. 상호 평가의 필요성과 평가 방법을 교사의 말로 설명할 것
   나. '발표 내용' 측면, '발표 방법 및 태도' 측면에서 각각 2가지씩 제시할 것

수업 조건

- 과목 : 국어
- 학년 : 고등학교 1학년
- 장소 : 국어 교과교실
- 시간 : 블록타임제(100분)
- 단원명 : 주제 통합적 읽기
- 해당 성취 기준 : 동일한 화제의 글이라도 서로 다른 관점과 형식으로 표현됨을 이해하고 다양한 글을 주제 통합적으로 읽는다.

단원명	차시	학습 내용
주제 통합적 읽기	1	○시대의 사회·문화적 특성에 따라 글을 읽을 수 있다.
	2	○지역의 사회·문화적 특성에 따라 글을 읽을 수 있다.
	3-4 (본시)	○동일한 화제에 대한 다양한 관점의 글을 읽고 내용을 종합적으로 이해할 수 있다. ○읽은 글을 자신의 관점으로 재구성할 수 있다.

학생 수	장소	학습 형태	학습 기자재
25명	국어 교과교실	강의식, 모둠식	교사용 컴퓨터, 칠판, 빔 프로젝터, 스크린

〈자료1〉

기본적으로 남한에서 사용하는 말과 북한에서 사용하는 말 사이에는 문법적인 동질성이 있다. 먼저 모아쓰기를 하고, 글자를 쓸 때 음절 단위로 묶어서 표기하는 것 등이다. 그러나 남북 분단이 길어지면서 남한과 북한에서 사용하는 말이 조금씩 달라지고 있다. 언어 간의 괴리감이 점점 커져서 최근에 한국으로 내려온 탈북자들이 한국에서 의사소통이 되지 않는 수준에 이르렀다고 한다. 남북한이 갈라진 시간이 길어지면서 점점 언어의 차이가 발생한 것이다. 따라서 남한과 북한 사이 언어의 동질성을 회복하기 위한 노력을 기울여야 한다.

〈자료2〉

지식기반 사회, 정보화 사회에서는 한글이 영어보다 우수한 부분이 많다. 먼저 스마트폰이나 키보드를 사용할 때 한국어가 더 우수하다. 또한 한국어는 영어와 달리 소리와 기호가 일대일로 대응하여 정보처리속도가 빠르다는 장점이 있다. 이러한 한국어의 우수성을 적극적으로 활용하면, 정보화 시대를 맞아 우리나라는 선진국으로 도약할 가능성이 높아질 것이다.

〈자료3〉

국내에서 외국인에게 한국어를 강의하는 한국어학당이나 한국어 대학의 개수가 늘어나고 있다. 대표적인 한국어학당인 세종 학당에는 한국 문화와 한국어를 배우기 위해 한국을 찾은 외국인들로 가득 차 있다. 한국어에 대한 관심이 점점 많아지고 있는 세계적 추세를 반영하고 있는 것이다. 한국의 경제 수준이 선진국의 반열에 들어서고, 문화적으로도 K-Pop이 인기를 끌면서 외국인들이 한국과 한국 문화에 관심이 많아졌기 때문이다.

2018학년도 중등학교교사신규임용후보자선정경쟁시험(2차)

국어과 교수·학습 실연 지도안 예상 답안

국어과 본시 교수·학습 지도안				
학습 목표	1. 동일한 화제에 대한 다양한 관점의 글을 읽고 내용을 종합적으로 이해할 수 있다. 2. 읽은 글을 자신의 관점으로 재구성할 수 있다.			
학습 단계		교수·학습 활동		자료 및 유의점	시간(분)
도입	인사	• 인사 및 학습 분위기 조성	• 인사 및 학습 준비		
	전시 학습 확인	• 전시 학습 확인	• 전시 학습 회상		
	동기유발	〈수험생 작성 내용1〉 • 학습 목표와 관련한 학생의 경험 이끌어 내기 - "여러분들은 같은 화제를 가졌지만 화제에 대한 관점이 다른 글을 읽어본 경험이 있나요?" • 학생 경험과 주제 통합적 읽기의 필요성 연관 짓기 - "그렇게 화제가 같은 여러 글을 읽으니 어떤 점이 좋았나요?" • 주제 통합적 읽기의 장점 설명하기 ① 주제에 대해 비판적·통합적으로 이해할 수 있다. ② 글의 내용을 재구성하고 자신만의 새로운 관점을 창출할 수 있다.	• 학습 목표와 관련한 자신의 경험 상기하기 - "예전에 신문 기사 두 개를 읽었는데 같은 사건을 다루었으면서도 견해가 완전히 달라 신기했던 경험이 있어요." - "문학 작품을 읽을 때 원작을 읽은 후 원작을 재구성한 작품을 읽었는데 작품의 주제가 정반대였어요." • 자기 경험과 주제 통합적 읽기의 필요성 연관 짓기 - "한쪽 글을 읽을 때보다 다양한 입장을 이해할 수 있어서 보다 객관적으로 사건을 바라볼 수 있었어요." - "관점이 다른 글을 보면서 화제에 대한 저만의 새로운 입장이 생겼어요." • 주제 통합적 읽기의 장점 이해하기		
	학습 목표 제시	• 학습 목표 제시	• 학습 목표 확인		
	주제 통합적 읽기	• 주제 통합적 읽기의 개념 설명 • 주제 통합적 읽기의 방법 설명	• 주제 통합적 읽기의 개념 이해 • 주제 통합적 읽기의 방법 이해		
전개 1	〈활동1〉 주제 통합적 읽기 활동	• 〈자료1〉~〈자료3〉을 배부 - "선생님이 '한국어'를 주제로 세 종류의 자료를 준비했어요." 〈수험생 작성 내용2〉 • 〈자료1〉~〈자료3〉의 내용 파악하도록 안내하기 - 순회 지도	• 〈자료1〉~〈자료3〉을 수령 • 〈자료1〉~〈자료3〉의 내용 파악하기 〈활동 내용〉 〈자료1〉 • 남북한 언어 동질성 : 모아쓰기 • 남북한 언어의 동질성 회복 중요		

단계				
전개 1	⟨활동1⟩ 주제 통합적 읽기 활동		⟨자료2⟩ • 한국어는 소리와 기호가 1:1 대응 • 정보화 시대에는 한국어가 우수 ⟨자료3⟩ • 한국어의 세계화가 진행 중 • 한국 경제 발전, k-Pop의 파급력 때문	
		• ⟨자료1⟩~⟨자료3⟩의 공통점과 차이점 파악하도록 안내하기 - 순회 지도	• ⟨자료1⟩~⟨자료3⟩의 공통점과 차이점 파악하기 ⟨활동 내용⟩ • ⟨자료1⟩+⟨자료2⟩ - 공통점: 한국어의 특징이 드러난다. - 차이점: ⟨자료1⟩은 남북한 언어, ⟨자료2⟩는 정보화 시대를 다루고 있다. • ⟨자료2⟩+⟨자료3⟩ - 공통점: 현 시대 한국어의 위상이 드러난다. - 차이점: ⟨자료2⟩는 정보화 시대, ⟨자료3⟩은 한국어의 세계화를 다루고 있다.	
		• ⟨자료1⟩~⟨자료3⟩을 재구성, 통합하여 새로운 관점을 제시하도록 안내하기 - 순회 지도	• ⟨자료1⟩~⟨자료3⟩을 재구성, 통합하여 새로운 관점을 제시하기 ⟨활동 내용⟩ • ⟨자료1⟩+⟨자료2⟩ - 새로운 관점: 정보화 시대에 한국어가 가진 장점을 활용하여 남북한 언어의 동질성을 회복할 수 있다. • ⟨자료2⟩+⟨자료3⟩ - 새로운 관점: 정보화 시대에 한국어의 세계화가 진행되는 상황을 통해 한국어의 우수성을 증명할 수 있다.	
전개 2	⟨활동2⟩ 활동 발표에 대한 개별적 상호 평가	⟨수험생 작성 내용3⟩ • 모둠별 발표에 대한 상호 평가 안내하기 - 상호 평가의 필요성과 방법 설명 ⟨설명 예시⟩ • 상호 평가의 필요성 ① 학생의 직접 평가로 능동적 학습 참여 가능 ② 평가 주체의 다양화로 공정한 평가 가능 ③ 평가 자체가 하나의 학습 도구로 기능 • 상호 평가 방법 - '발표 내용', '발표 방법과 태도' 두 가지 기준을 중심으로 모둠별로 발표할 때마다 별점을 매기는 방식으로 진행	• 상호 평가 이해하기 - 상호 평가의 필요성과 방법 이해	
		• 활동 발표하도록 안내하고 판서하여 정리하기	• 모둠활동 발표하기, 상호 평가 수행하기	
		• 모둠별로 상호 평가 확인하고 피드백하도록 하기	• 모둠별로 상호 평가 확인하고 피드백하기 ⟨활동 예시⟩ "우리가 재구성한 관점이 다른 모둠들에게는 공감이 잘 안 되었나 봐. 평균 별 세 개를 받았어. 그러면 다른 모둠들이 발표한 관점이 더 타당한 부분도 있으니까 참고해서 수정하자." "우리는 발표 내용은 다 좋았는데 발표할 때 내가 목소리가 너무 작아서 잘 안 들려서 별 세 개를 받았어. 다음에는 목소리를 좀 더 크게 해서 자신감 있게 해야겠다."	

		상호 평가 기준 〈수험생 작성 내용〉		점수	
전개 2	〈활동2〉 활동 발표에 대한 개별적 상호 평가	발표 내용	• 재구성하고자 한 자료들의 내용을 종합적으로 이해하였는가?	☆☆☆☆☆	
			• 자료를 재구성하여 만들어낸 새로운 관점이 적절한가?	☆☆☆☆☆	
		발표 방법 및 태도	• 언어 표현, 성량, 표정 및 몸짓을 적절하게 활용하였는가?	☆☆☆☆☆	
			• 듣는 이를 고려하는 태도로 예의를 갖추어 발표하였는가?	☆☆☆☆☆	
정리	형성평가 및 과제 부여	• 형성평가 부여 • 수준별 과제 제시		• 형성평가 진행 • 수준별 과제 확인	
	학습 내용 정리	• 학습 내용 정리		• 학습 내용 이해	
	차시 예고	• 차시 예고		• 차시 예고 인지	

판서 예시

단원명: 주제 통합적 읽기

〈주제〉 통합적 읽기 장점

① 비판적·통합적 이해
② 글 내용 재구성
   → 새로운 관점

〈활동1〉 주제 통합적 읽기 활동

내용 파악	공통점/차이점	재구성 및 새로운 관점
〈자료1〉 ① 남북한 언어 동질성 : 모아 쓰기 ② 동질성 회복 중요	〈자료1〉, 〈자료2〉 공: 한국어 특징 차: 〈자료1〉 　= 남북한 언어 〈자료2〉 　= 정보화 시대	〈자료1〉 + 〈자료2〉 정보화 시대 한국어 장점 활용 → 남북한 언어 동질성 회복
〈자료2〉 ① 한국어 = 소리와 기호 1:1 ② 정보화 시대 한국어 우수	〈자료2〉, 〈자료3〉 공: 현 시대 한국어의 위상 차: 〈자료2〉 　= 정보화 시대 〈자료3〉 　= 한국어 세계화	〈자료2〉 + 〈자료3〉 정보화 시대 한국어 세계화 → 한국어 우수성 증명
〈자료3〉 ① 한국어의 세계화 진행 중 ∵ 경제 발전, k-Pop 파급력		

〈활동2〉 상호 평가

평가 기준
〈내용〉 - 자료 내용을 종합적으로 이해? - 새로운 관점이 적절? 〈방법 및 태도〉 - 표현·성량·표정 및 몸짓? - 청자 고려·예의?

실연 조건

가. 수험생 작성 내용 1~3을 모두 실연할 것
나. 〈자료1〉~〈자료3〉을 모두 활용할 것
다. 평가 기준은 구체적으로 설명하지 말 것

성취 기준

2015 교육과정	**[12독서01-02]** 동일한 화제의 글이라도 서로 다른 관점과 형식으로 표현됨을 이해하고 다양한 글을 주제 통합적으로 읽는다. 　이 성취 기준은 하나의 화제에 대해 다양한 관점과 형식을 보이는 독서 자료를 비판적·통합적으로 읽고 재구성하는 능력을 기르기 위해 설정하였다. 동일한 화제에 대해 서로 다른 관점을 지닌 글을 대조하면서 읽거나 비슷한 주제를 담고 있는 다양한 형식의 글을 비교하면서 읽도록 한다. 여러 가지 관점이나 형식의 글은 주제에 대한 독자의 판단 근거이자 자료가 된다. 이때 편견이나 선입견을 배제하고 객관적으로 합리적으로 판단하되, 단순히 여러 글을 비교·대조하는 수준에 머물지 않고 서로 다른 관점과 형식의 글을 비판적으로 종합하여 자신만의 주제로 재구성하는 능력을 기를 수 있도록 한다.

교수·학습 방법

　주제 통합적 읽기를 지도할 때에는 다양한 자료를 충분히 접하고 그중에서 적절한 자료를 선택하여 읽을 수 있도록 읽기 준비 과정을 미리 안내하고 지도하되, 교사도 적절한 읽기 자료를 준비하여 학습자에게 조언하거나 직접 제공함으로써 안내자나 조력자의 역할을 한다.

평가 방법

　주제 통합적 읽기를 평가할 때에는 다양한 읽기 방법을 이해하고 주어진 글이나 자신이 직접 찾은 글을 적절한 방법을 활용하여 통합적으로 읽는지를 평가하는 데 중점을 둔다.

2017학년도 중등학교교사신규임용후보자선정경쟁시험(2차)
국어과 교수·학습 실연 시험 문제지

관리 번호 [   ]

지도안 세부 조건

1. 〈수험생 작성 조건1〉 쓰기 맥락에 따라 계획하기
   가. 쓰기 계획에 대한 학생들의 경험을 점검하고, 쓰기 맥락의 이해를 돕는 활동을 계획할 것
   나. 모둠별로 〈자료1〉의 쓰기 맥락을 분석하고, 그 결과를 적절하게 피드백을 할 것

2. 〈수험생 작성 조건2〉 내용 생성하기
   가. 내용 생성 방법에 대해 학생들의 배경지식을 점검하고, 다양한 내용 생성 방법을 안내할 것
   나. 〈자료2〉를 활용하여 모둠별로 내용을 선정하도록 하고 그 결과에 대해 적절한 피드백을 할 것(단, 〈자료3〉의 쓰기 맥락을 고려할 것)

3. 〈수험생 작성 조건3〉 내용 조직하기
   가. 학생들과 상호작용을 통해 〈자료3〉을 완성하고, 적절한 내용 조직 방법의 이해를 돕는 활동을 계획할 것

수업 조건

○ 과목 : 국어
○ 학년 : 고등학교 1학년
○ 장소 : 국어 교과교실
○ 시간 : 블록타임제(100분)
○ 단원명 : 쓰기의 과정과 방법 / 쓰기의 과정
○ 해당 성취 기준 : 작문 맥락을 고려하여 글쓰기 절차에 따라 글을 쓸 수 있다.

단원명	차시	학습 내용
쓰기의 과정과 방법 / 쓰기의 과정	1-2	○ 의사소통 과정으로서의 작문의 특성을 이해할 수 있다. ○ 의미 구성 과정으로서의 작문의 특성을 이해할 수 있다.
	3-4 (본시)	○ 쓰기 맥락을 고려하여 계획할 수 있다. ○ 다양한 방법을 사용하여 쓰기 맥락에 부합하게 내용을 생성할 수 있다. ○ 적절한 방법을 사용하여 내용을 조직할 수 있다.

학생 수	장소	학습 형태	학습 기자재
25명	국어 교과교실	강의식, 모둠식	교사용 컴퓨터, 칠판, 빔 프로젝터, 스크린

〈자료1〉

요즘 청소년들은 SNS를 통해 시공간의 제약에서 벗어나 끊임없이 또래들과 시시각각 자신의 생각과 감정들을 표출하고 공유한다. 이 과정에서 다양한 청소년 문화가 창출된다. 또한 청소년기는 또래 집단에서 가장 큰 영향을 받는 시기이기 때문에 청소년들은 유행에 민감하며, 뒤처지지 않기 위해 친구들 사이에서 유행하는 상품들을 적극적으로 소비하는 경향이 있다. 그러나 유행을 뒤쫓는 듯한 무분별한 소비는 결코 바람직하지 않다. 따라서 이러한 문제점을 극복하고 청소년들의 올바른 소비문화를 형성하기 위하여 모둠별로 청소년의 소비문화의 방향에 대해 주장하는 글을 써서 교지에 싣고자 한다.

⟨자료2⟩

⑴ 요즘의 청소년들은 개성이 뚜렷하고 현실 만족주의적인 경향을 보인다. 따라서 사회적 지위 상승이나 목적 달성을 중요시하는 미래 지향적 가치관보다 현재의 행복한 생활을 추구하는 현실 중심적 가치관을 지니는 경우가 많다. 즉, 근검, 절약, 인내 등의 가치는 퇴색해 가고, 일상의 소중함과 즐거움을 추구하려는 성향이 강해지고 있다. 따라서 보수가 높더라도 3D 직종을 기피하며, 직업을 선택하는 기준으로 자율적 권한 부여 여부와 여가 조건들을 중요시한다. 청소년들의 인생관이나 직업관에 있어서도 공동체주의 혹은 사회 중심적 가치관이 약화되어 가고, 개인 중심적 가치가 점점 더 증가해 가고 있다. 인생의 목표를 '집단이나 사회에 기여하는 것'에서 찾기보다는 '자신의 인생을 즐겁고 보람 있게 사는 것'에 두는 청소년들이 점차 증가하고 있다는 것이다.

⑵ 청소년들은 또래 집단에 속하고 싶어 하는 경향이 있다. 그러한 청소년기의 특징은 과시와 모방의 소비패턴으로 나타나면서 유행에 굉장히 민감한 경우가 많다. 그러면서도 동시에 남들과는 다른 자신만의 개성을 돋보이고 싶어 한다. 즉, 누구나 매는 가방과 누구나 입는 옷을 사면서도 일정 부분은 자신의 개성과 독특함을 드러낼 수 있는 방향으로 소비를 하는 것이다.

⑶ 인간의 발달과정에서 아동기에 접어들면서부터는 가족보다 비슷한 나이의 친구들과 어울리는 시간이 많아진다. 특히 학교라는 공간은 수많은 또래들의 접촉이 이루어지고 관계가 형성되는 공간이기 때문에 학교를 다니는 청소년기에 또래 집단은 중요한 준거집단이 되고 정보교환의 중요한 통로가 된다. 따라서 청소년은 가족보다 또래 집단에 더 많은 영향을 받는다.

⑷ 청소년기의 학생들은 대부분 사회적으로 생산의 주체보다 소비의 주체인 경우가 많다. 간혹 아르바이트를 하는 경우도 있지만 성인이 아닌 청소년들은 의무교육제도 등 다양한 사회·문화적 제약으로 인해 노동을 통해 돈을 벌기보다 부모님이나 사회적 지원을 통해 필요한 돈을 충당한다. 따라서 경제적으로 청소년들은 생산자로서가 아닌 소비자로서 경제적 정체성을 가진다.

⑸ 청소년 문화는 청소년이라는 연령대의 특성상 주류·지배문화와 대립되는 의미에서 하위문화로 간주되어 왔다. 하위문화로서 청소년 문화는 주류문화이자 지배문화인 기성세대의 문화에 끊임없이 저항해왔다. 이렇게 청소년 문화는 하위문화로서 그리고 대항문화로서의 성격을 가지고 있으며, 특히 디지털 시대를 맞이하여 도전적이고 능동적으로 새로운 문화를 형성해 가고 있다.

⑹ 최근 전자상거래 시장의 확대에 따라 온라인·모바일 쇼핑 규모가 지속적으로 증가하고 있으며, 소비 연령층 또한 미성년자까지 확대되고 있다. 또한 명품처럼 특정 매장에서만 구매가 가능했던 고가의 물건에 대해서도 전자상거래 시장의 확장으로 청소년들이 접근하기 용이해지면서 고객층의 연령대가 낮아졌다고 한다. 이는 나비효과가 되어 많은 청소년들의 명품 소비를 부추기고 있다. 이처럼 우리 사회에서 청소년은 자본주의 시대의 새로운 소비 주체가 되어 소비문화를 형성하고 있다.

⟨자료3⟩

1. 서론 : 청소년 소비문화에 대한 논의의 필요성
2. 현황
    가. 또래 집단에 영향을 많이 받음
    나. 광고와 유행에 영향을 잘 받음
3. _____
    가. 또래 집단에 지나치게 의존함. 청소년은 친구들의 소비성향(유행)을 따라 소비하는 경향이 있음
    나. 광고를 보고 충동구매를 함. 매스 미디어 정보를 무분별하게 수용함
4. 문제 해결 방안
    가. _____
    나. 스스로 선택하여 소비하는 능력 함양·소비할 때 비판적 태도가 필요함
5. 결론 : 청소년들에게 바람직한 소비문화 추구 제언

2017학년도 중등학교교사신규임용후보자선정경쟁시험(2차)

국어과 교수·학습 실연 지도안 예상 답안

<table>
<tr><td colspan="4" align="center">국어과 본시 교수·학습 지도안</td></tr>
<tr><td colspan="2">학습 목표</td><td colspan="2">1. 쓰기의 맥락을 고려하여 계획할 수 있다.
2. 다양한 방법을 사용하여 쓰기 맥락에 부합하게 내용을 생성할 수 있다.
3. 적절한 방법을 사용하여 내용을 조직할 수 있다.</td></tr>
<tr><td colspan="2">학습 단계</td><td colspan="2" align="center">교수·학습 활동</td><td>자료 및 유의점</td><td>시간 (분)</td></tr>
<tr><td rowspan="5">도입</td><td>인사</td><td>• 인사 및 학습 분위기 조성</td><td>• 인사 및 학습 준비</td><td></td><td></td></tr>
<tr><td>전시 학습 확인</td><td>• 전시 학습 확인</td><td>• 전시 학습 회상</td><td></td><td></td></tr>
<tr><td>동기유발</td><td>• 과정에 따라 쓰기의 중요성에 대해 동기 유발</td><td>• 과정에 따라 쓰기의 중요성에 대해 동기 갖기</td><td></td><td></td></tr>
<tr><td>학습 내용 안내</td><td>• 학습 내용 안내</td><td>• 학습 내용 확인</td><td></td><td></td></tr>
<tr><td>학습 목표 제시</td><td>• 학습 목표 제시</td><td>• 학습 목표 확인</td><td></td><td></td></tr>
<tr><td rowspan="2">전개 1</td><td>〈활동1〉 계획하기 안내</td><td>〈수험생 작성 내용1〉
• 쓰기 계획에 대한 학생들의 경험을 점검하기
  – "쓰기 계획을 세워본 적 있나요?"
  – "있다면 어떤 것들을 계획했나요?"

• 쓰기 계획의 중요성과 쓰기 맥락에 대해 설명하기
  – 쓰기 계획의 중요성 : 계획을 세우는 일은 어떤 글을 쓸 것인가에 대해 방향을 설정하는 일이므로 매우 중요
  – 쓰기 맥락이란 글을 쓰는 과정에 영향을 미치는 여러 요소
  – 쓰기 맥락
    ① 주제 : 글의 중심 생각
    ② 목적 : 글의 방향성(설득, 정보전달, 친교 등)
    ③ 예상 독자 : 글을 읽을 독자(요구, 관심사, 수준 등)

• 모둠별로 〈자료1〉의 쓰기 맥락을 분석하도록 안내하기
  – 순회 지도를 한다.

• 모둠별로 분석한 내용을 발표하도록 하고, 피드백하기</td><td>• 쓰기 계획에 대한 자신의 경험 떠올리기
  – "아니요, 없어요.", "네 있어요."
  – "어떤 내용을 쓸지 고민했어요."

• 쓰기 계획의 중요성과 쓰기 맥락에 대해 이해하기

• 모둠별로 〈자료1〉의 쓰기 맥락을 분석하기

  – 주제 : 청소년 소비문화의 바람직한 방향
  – 목적 : 설득
  – 예상 독자 : 친구들

• 모둠별로 분석한 내용을 발표하고, 피드백 확인하기</td><td></td><td></td></tr>
<tr><td>계획하기 활동</td><td>• 모둠별로 쓰기 맥락을 고려하여 계획하기 활동을 하도록 지도하기</td><td>• 모둠별로 쓰기 맥락을 고려하여 계획하기 활동하기</td><td></td><td></td></tr>
</table>

전개 2	〈활동2〉 생성하기 안내	〈수험생 작성 내용2〉 • 내용 생성 방법에 대한 학생들의 경험 및 배경지식 점검하기 　－ "글을 쓰기 위해 내용을 마련할 때 어떻게 내용을 생성하였나요?" • 다양한 내용 생성 방법 안내하기 　－ 다양한 내용 생성 방법 　　① 자신의 배경지식 활용 : 브레인스토밍, 마인드맵·생각 그물, 자유 연상하기, 경험 적어보기 　　② 새로운 자료 찾기 : 서적, 인터넷 등 • 모둠별로 쓰기 맥락을 고려하여 〈자료2〉를 활용해서 필요한 내용을 선정하도록 안내하기 　－ 순회 지도를 한다. • 모둠별 결과에 대해 적절하게 피드백하기 　－ 모둠별로 발표해 보도록 한다. 　－ 다른 모둠이 보충할 수 있도록 한다.	• 내용 생성 방법에 대한 자신들의 경험 떠올리기 　－ "경험한 내용을 떠올렸어요.", "인터넷을 찾아봤어요." 등 • 다양한 내용 생성 방법 이해하기 • 모둠별로 쓰기 맥락을 고려하여 〈자료2〉를 활용해서 필요한 내용을 선정하기 • 모둠별 결과에 대해 피드백 확인하기 　－ 모둠별로 발표를 한다. 　－ "저희 조에서는 주제가 청소년의 바람직한 소비문화의 방향이기 때문에 이를 고려하여 현재 청소년 소비문화의 특징을 설명할 필요가 있다고 생각하므로 2번과 3번을 선정했습니다." 　－ 다른 모둠이 보충한다. 　－ "〈자료3〉을 고려하였을 때, 청소년 소비문화 논의의 필요성을 언급하기 위해 4번을 추가하는 것이 좋겠습니다."
	내용 생성하기	• 모둠별로 쓰기 맥락에 적절한 내용을 생성하는 활동을 하도록 지도하기	• 모둠별로 쓰기 맥락에 적절한 내용을 생성하기
전개 3	〈활동3〉 조직하기 안내	〈수험생 작성 내용3〉 • 내용 조직의 중요성과 조직 방법을 설명하기 　－ "내용 조직이 무엇일까요?" 　－ "내용 조직이 왜 필요할까요?" 　－ "그럼 어떻게 내용 조직을 할 수 있을까요? 내용 조직을 할 때엔 〈자료3〉처럼 개요쓰기를 할 수 있습니다. 개요쓰기란 생성한 내용을 어떤 순서로 쓸 것인지 간단하게 정리한 것을 말합니다." • 학생들과 상호작용을 통해 〈자료3〉 완성하도록 하기 　－ "생성한 내용을 〈자료3〉처럼 조직했다면 빈칸3과 4에 들어갈 말은 무엇일까요?" 　－ "왜 그렇게 생각했나요?"	• 내용 조직의 중요성과 조직 방법 이해하기 　－ "생성한 내용을 정리하는 것이에요." 　－ "논리적으로 글을 쓰기 위해 필요해요." • 교사와의 상호작용을 통해 〈자료3〉 완성하기 　－ "3번에는 '문제점'이 들어가고 4번에는 '또래 집단에 대한 지나친 의존에서 벗어나 자기주체성에 따라 소비하는 것이 필요'가 들어가요." 　－ "4번에서 문제 해결 방안이 나오니까 그 앞인 3번에서는 문제점이 나와야 하고 4번의 '나'가 3번의 '나'와 대응되는 문제 해결 방안이므로 4번의 '가'도 3번의 '가'에 대한 해결 방안이어야 합니다."

전개3	〈활동3〉 조직하기 안내	– "잘했어요. 이처럼 주장하는 글은 자신의 주장을 펼치는 글로서 상대를 설득하는 목적을 가지고 있으므로 〈자료3〉처럼 '문제-해결' 구조로 조직하여 문제 상황에 대한 합리적인 해결책을 제시하여 자신의 주장을 논리적으로 펼칠 수 있습니다."			
	내용 조직하기	• 모둠별로 적절한 방법을 사용하여 조직하는 활동을 하도록 지도하기	• 모둠별로 적절한 방법을 사용하여 조직하기		
정리	형성평가 및 과제 부여	• 형성평가 부여 • 수준별 과제 제시	• 형성평가 진행 • 수준별 과제 확인		
	학습 내용 정리	• 학습 내용 정리	• 학습 내용 이해		
	차시 예고	• 차시 예고	• 차시 예고 인지		

판서 예시

〈쓰기의 과정과 방법〉 - 쓰기의 과정 -

〈학습 목표〉　　　　1) 쓰기의 맥락 ────→　2) 내용 생성의 다양한 방법 ────→　3) 내용 조직 방법
　　　(개요쓰기)

1. 쓰기 맥락, 계획　　　• 개념 : 글쓰기에 영향을 미치는 여러 가지 요소　　• 배경지식
　　　　　　　　　　　　　　　　　　　　　　　　　　　　- 생각그물　　　　　　• 주장하는 글(설득)
2. 다양한 방법, 내용 생성　• 중요성 : 글의 방향을 정하므로 매우 중요　　　　- 자유 연상　　　　　　- '문제-해결' 구조
　　　　　　　　　　　　　　　　　　　　　　　　　　　　- 경험 적기
3. 적절한 방법, 내용 조직　• 요소 : 주제, 목적, 예상 독자　　• 새로운 정보 찾기
　　　　　　　　　　　　　　　　　　　　　　　　　　　　- 서적
　　　　　　　　　　　　　　　　　　　　　　　　　　　　- 인터넷
　　　　　　　　　　　　　　　　　　　　　　　　　　* 쓰기 맥락을 고려　　　　* 쓰기 맥락을 고려
　　　　　　　　　　　　　　　　　　　　　　　　　　　* 신뢰할 수 있는 출처

성취 기준

2015 교육과정	**[9국03-01]** 쓰기는 주제, 목적, 독자, 매체 등을 고려한 문제 해결 과정임을 이해하고 글을 쓴다. 　이 성취 기준은 쓰기가 글을 쓰는 과정에서 부딪히는 인지적인 문제를 해결하는 과정임을 이해하고 글을 쓰는 자세를 기르기 위해 설정하였다. 쓰기가 문제 해결 과정이라는 것은 글쓰기가 글을 쓰는 과정에서 부딪히는 여러 문제를 해결해 가는 과정이라는 의미이다. 필자는 글을 쓸 때 화제와 관련된 배경지식의 부족 문제, 떠올린 내용을 옮길 적절한 단어나 표현의 생성 문제, 독자의 이해를 돕기 위한 문단 배열 문제 등을 효과적으로 해결해야 한 편의 글을 완성할 수 있다. 학습자에게 글을 썼던 경험을 떠올려 보게 한 다음, 쓰기 과정에서 겪었던 문제와 그 해결 방법에 대해 생각해 보도록 함으로써 쓰기가 문제 해결의 과정임을 이해하도록 한다.
2012 교육과정 (2009 개정)	**[중등-쓰기(1)]** 주제, 목적, 독자를 고려하여 쓰기 과정을 계획하고, 점검하고 조정한다. 　쓰기는 구체적인 쓰기 상황과 맥락 안에서 주제, 목적, 독자 등을 고려하면서 이루어지는 일련의 목표 지향적인 문제 해결 과정이다. 이 성취 기준은 5~6학년군의 '쓰기의 과정을 이해하고 과정에 따라 글을 쓴다.'가 좀 더 발전되어 제시된 것으로, 계획하기, 아이디어 생성하기, 아이디어 조직하기, 초고 쓰기, 고쳐쓰기와 같은 일련의 쓰기 과정을 자기 주도적으로 계획·점검·조정할 수 있는 쓰기 능력을 함양하도록 하는 데 초점을 두어 지도한다. **[고등-쓰기(8)]** 작문 맥락에 대한 분석을 바탕으로 여러 가지 타당한 근거를 제시하여 주장하는 글을 쓴다. 　설득하는 글을 쓸 때 작문 맥락에 대한 분석을 바탕으로 적절한 근거를 제시할 필요가 있다. 작문 맥락에 따라 제시해야 할 근거가 서로 다르기 때문이다. 근거를 제시할 때에는 논리적 근거를 제시함과 동시에 객관적 자료나 사실 등을 제시할 수 있다. 그리고 타당한 근거를 선정한 다음에는 작문의 맥락에 맞게 이를 적절히 표현하는 것 또한 중요하다.

2016학년도 중등학교교사신규임용후보자선정경쟁시험(2차)
국어과 교수·학습 실연 시험 문제지

관리 번호 [   ]

지도안 세부 조건

1. 〈수험생 작성 조건1〉 동기유발
   가. 학습 목표와 관련지을 것
   나. 학생들의 경험과 관련하여 문학, 영화, 음악 등에서 구체적 예시를 활용할 것
   다. 교사의 구체적인 발문과 학생의 답변을 작성할 것

2. 〈수험생 작성 조건2〉 작품에 나타난 갈등을 찾고 갈등의 기능 파악하기
   가. 〈자료1〉을 활용하여 〈자료2〉에 나타난 갈등을 찾고, 갈등의 기능을 파악하는 활동을 제시할 것
   나. '홍길동전'에 나타난 갈등의 기능을 '홍길동전'의 사회·문화적 상황과 관련지을 것
   다. 교사의 구체적인 발문과 학생의 답변을 작성할 것

3. 〈수험생 작성 조건3〉 등장인물의 갈등 대처 방식 평가하기
   가. 작품에 나타난 갈등을 해결하기 위한 인물의 대응방식을 찾고, 등장인물의 갈등 대처 방식을 평가하는 활동 제시할 것
   나. 토의·모둠활동을 통해 다양한 대처 방식을 마련할 수 있도록 활동을 계획할 것

수업 조건

○ 과목 : 국어
○ 학년 : 중학교 2학년
○ 장소 : 국어 교과교실
○ 시간 : 블록타임제(90분)
○ 단원명 : 삶과 문학 – 홍길동전
○ 해당 성취 기준 : 갈등의 진행과 해결 과정을 파악하며 작품을 이해한다.

단원명	차시	학습 내용
삶과 문학 – 홍길동전	1	○'홍길동전' 내용 학습
	2-3 (본시)	○작품에 나타난 갈등을 찾고, 갈등의 기능을 파악할 수 있다. ○갈등에 대한 인물의 대처 방식을 평가할 수 있다.

학생 수	장소	학습 형태	학습 기자재
30명	국어 교과교실	강의식, 모둠식	교사용 컴퓨터, 칠판, 빔 프로젝터, 스크린

〈자료1〉

갈등이란 두 가지 이상의 상이한 힘이 충돌해서 작용과 반작용을 일으키는 현상이다. 갈등은 (인물의) 세계관과 가치관을 보여주고, 인물의 말과 행동을 낳으며, 사건이 재미있게 전개되도록 한다. 갈등은 인물과 환경 간에 일어날 수도 있고, 인물 상호 간에 일어날 수도 있으며 인물 내부에서 일어나기도 한다. 작품은 하나의 갈등 구조에만 의존하기도 하지만 여러 개의 갈등 유형이 복합적으로 나타나기도 한다.

〈자료2〉

길동이 점점 자라 여덟 살이 되매 총명이 다른 사람보다 뛰어나 하나를 들으면 백을 통하니 공이 더욱 사랑하고 귀히 여기나 근본이 천한 태생이라. 길동이 늘 아버지를 아버지라 부르고 형을 형이라 부르면 문득 꾸짖어 못하게 하니, 길동이 열 살이 넘도록 감히 아버지와 형을 부르지 못하고 비복(신분이 낮은 종)들이 천대하는 것을 뼈에 사무치도록 원통히 여겨 마음을 안정시키지 못하였다. 음력 구월 십오일을 당하여 밝은 달이 환하게 비치고 맑은 바람은 쓸쓸하여 사람의 외로운 마음을 부채질하는지라. 길동이 서당에서 글을 읽다가 문득 책상을 밀치고 탄식하여 이르되,

"대장부가 세상에 나서 공자와 맹자를 본받지 못할 것 같으면 차라리 병법을 외워 대장임을 나타내는 도장을 허리에 비껴 차고 동쪽, 서쪽을 정벌하여 나라에 큰 공을 세우고 이름을 만대에 빛냄이 대장부의 할 일이라. 옛 사람이 이르기를 왕후장상이 씨가 없다 하였으니 나를 두고 이르는 말인가. 가난하고 보잘 것 없는 백성도 부형을 부형이라 하는데 나만 부형을 부형이라 못하니 심장이 터질 지경이라. 어찌 통탄하고 한탄하지 않으리요."

하고 말을 마치며 뜰에 내려가 검술을 공부하였다. 마침 공이 또한 달빛을 구경하다가 길동이 배회하는 것을 보고 즉시 불러 물어 이르되

"네가 무슨 즐거움이 있어 밤이 깊도록 잠을 자지 아니하느냐?"

길동이 칼을 버리고 엎드려 절하며 이르되

"소인이 마침 달빛을 사랑함이거니와 대개 하늘이 만물을 만드심에 있어 오직 사람이 귀하오나 소인에게 이르러서는 귀함이 없사오니 어찌 사람이라 하오리까?"

공이 그 말을 짐작하나 짐짓 책망하여 이르되

"네가 지금 무슨 말을 하는고?"

길동이 두 번 절하고 이르되

"소인이 평생 서러운 것은 대감의 정기로 당당한 남자가 되었사오매 아버지 낳으시고, 어머니의 기르신 은혜가 깊으시지만 아버지를 아버지라 하지 못하고 그 형을 형이라 못하오니 어찌 사람이라 하겠습니까?"

하고 눈물을 흘려 옷을 적시거늘, 공이 다 들은 후에 비록 측은하나 만일 그 뜻을 위로하면 마음이 방자해질까 두려워 크게 꾸짖어 이르되

"재상집 천한 계집종 소생이 비단 너뿐 아니거늘 네 어찌 버릇없음이 이와 같은고? 이 다음 다신 이런 말이 있으면 눈앞에서 용납하지 못하리라."

하니 길동이 감히 한마디 말도 고하지 못하고 다만 엎드려 슬피 울 뿐이더라. 공이 명하여 물러가라 하거늘 길동이 침소로 돌아와 통곡을 그치지 아니하였다.

길동이 본래 재주와 기운이 뛰어나고 마음 씀씀이가 활달하여 마음을 진정하지 못하고 밤이면 잠을 이루지 못하다가 하루는 어머니 침소에 가 울며 고하여 말하되,

"소자 어머니로 더불어 천생 연분이 중하여 이 세상에서 어머니 아들이 되었사오니, 은혜가 끝이 없습니다. 그러나 소자의 팔자가 기박하여 천한 몸이 되었으니 품은 한이 깊습니다. 소자 자연 기운을 억제하지 못하여 어머니 슬하를 떠나려 하오니 엎드려 바라건대, 어머니는 소자를 염려 마시고 귀한 몸 보중하십시오."

그 어미 다 들은 후에 크게 놀라 가로되

"재상집 천한 태생이 너뿐이 아닌데 어찌 좁은 마음으로 어미의 간장을 태우느냐?"

길동이 대답하여 이르되,

"옛날 장충의 아들 길산은 천한 태생이로되 십팔 세에 그 어머니를 이별하고 운봉산에 들어가 도를 닦아 아름다운 이름을 후세에 길이 전하였으니 소자 그를 본받아 세상을 벗어나려 하오니 어머니는 안심하시고 뒷날을 기다리소서. 요즈음 곡산모(길동의 아버지 홍 판서의 첩)의 행색을 보니 상공의 총애를 잃을까 두려워하여 일을 도모하는 기색이 역력하옵나니, 어머니는 소자가 집 떠나는 것을 염려하지 마시고 몸 조심하십시오."

하니 그 어머니 매우 슬퍼하였다.

2016학년도 중등학교교사신규임용후보자선정경쟁시험(2차)
국어과 교수·학습 실연 지도안 [예상 답안]

국어과 본시 교수·학습 지도안			
학습 목표	1. 작품에 나타난 갈등을 찾고, 갈등의 기능을 파악할 수 있다. 2. 갈등에 대한 인물의 대처 방식을 평가할 수 있다.		
학습 단계		교수·학습 활동	자료 및 유의점	시간 (분)
도입	인사	• 인사 및 학습 분위기 조성	• 인사 및 학습 준비	
	전시 학습 확인	• 전시 학습 확인	• 전시 학습 회상	
	동기유발	〈수험생 작성 내용1〉 • 영화 '☆득이'의 영상을 통해 갈등을 이해하도록 하기 　－"영상은 어떤 상황인가요?" 　－"맞아요. 이렇게 인물들이 서로 대립하는 상황을 우리가 뭐라고 하죠?" 　－"그렇죠. 우리는 이와 비슷하게 크든 작든 갈등을 겪게 됩니다. 따라서 우리의 삶을 다루는 문학, 영화, 드라마, 음악 등에서 그러한 갈등들을 보여주곤 하죠." • 영상과 비슷한 경험을 한 적이 있는지 학생의 갈등 경험 상기시키기 　－"앞에서 본 영상과 같은 경험이 있나요?" 　－"그때 어떻게 해결했나요?" 　－"다시 돌아간다면 똑같이 할 건가요?" 　－"맞아요. 우리는 끊임없이 갈등을 겪게 됩니다. 그럴 때 중요한 건 현명한 대처를 하는 것입니다."	• 영화 '☆득이'의 영상을 통해 갈등을 이해하기 　－"완득이와 친구가 다투고 있어요." 　－"갈등 상황이요." • 영상과 비슷한 경험을 한 적이 있는지 자신의 갈등 경험을 떠올리기 　－"초등학교 때, 반 친구랑 다퉜어요." 　－"제대로 해결하지 못해서 인사도 안해요." 　－"먼저 사과를 할 거 같아요."	
	학습 내용 안내	• 학습 내용 안내	• 학습 내용 확인	
	학습 목표 제시	• 학습 목표 제시	• 학습 목표 확인	
전개 1	〈활동1〉 작품에 나타난 갈등을 찾고 갈등의 기능 파악하기	〈수험생 작성 내용2〉 • 모둠별로 〈자료1〉을 정리하며, 갈등에 대해 이해하도록 하기 • 모둠별로 〈자료1〉을 활용하여 〈자료2〉에 나타난 갈등을 찾고, 갈등의 기능을 파악하도록 하기 　－ 순회 지도를 한다.	• 모둠별로 〈자료1〉을 정리하며, 갈등에 대해 이해하기 　① 개념 : 상이한 힘의 충돌 　② 유형 : 내면, 인물 간, 인물과 환경 　③ 기능 : 세계관과 가치관, 행동과 말, 흥미로운 전개 • 모둠별로 〈자료1〉을 활용하여 〈자료2〉에 나타난 갈등을 찾고, 갈등의 기능을 파악하기	

		• 모둠별 내용을 공유하도록 하기 ① 〈자료2〉에 나타난 갈등과 기능	• 모둠별 내용을 공유하기		
전개1	〈활동1〉 작품에 나타난 갈등을 찾고 갈등의 기능 파악하기		<table><tr><th>유형</th><th>내용</th><th>기능</th></tr><tr><td>인물 내부</td><td>벼슬, 호형호제에 대한 갈망 vs 그러면 안된다는 마음</td><td>• 인물의 신분제도에 대한 가치관을 알 수 있음 • 공과의 갈등 행동의 원인이 됨</td></tr><tr><td>인물 간</td><td>길동 vs 공</td><td>• 길동과 공의 가치 관이 대립됨을 보 여줌 • 길동이 집을 나가는 행동의 원인이 됨 • 흥미로운 사건전개</td></tr><tr><td>인물과 상황</td><td>길동 vs 신분제도</td><td>• 신분제도의 모순을 드러내어 작품의 세계관을 보여줌</td></tr></table>		
		② '홍길동전'의 사회·문화적 상황과 관련 지어 가지는 갈등의 기능 - "우리가 이렇게 '홍길동전' 일부분에서 드러난 갈등을 찾아봤는데 갈등이 하나 였나요 복합적이었나요?" - "복합적인 갈등은 공통적으로 어떠한 조 선시대의 사회·문화적 상황으로 인해 발생했나요?" - "이처럼 소설은 허구적인 창작물임에도 불구하고 작품의 사회·문화적 상황과 밀접한 관련을 가져요. '홍길동전'은 조 선 사회의 신분제도를 불합리하다고 생 각하는 주인공의 등장과 그로 인한 다양 한 대내외적 갈등을 통해 작품의 세계관 을 드러내기도 합니다."	- "복합적이었어요." - "조선시대 신분제도 때문에 태어나는 순 간 신분이 정해지고, 그로 인해 엄격하게 차별받는 사회·문화적 상황이었어요."		
전개2	〈활동2〉 등장인물의 갈등 대처 방식 평가하기	〈수험생 작성 내용3〉 • (모둠활동1) 토의를 통해 작품에 나타난 인 물의 갈등 해결 방식을 파악하고 평가하도 록 하기 - 주의 사항 : 평가는 평가의 근거를 분명 하게 제시하도록 안내하기 - 순회 지도를 한다. • (모둠활동2) 앞의 활동이 모두 마무리되었 다면 모둠별로 토의하여 다양한 대처 방식 을 마련하는 활동을 할 수 있도록 안내하기 - 주의 사항 : 내가 홍길동이었다면 어떻 게 대처했을지 대처방안을 모색하고 모 둠별로 토의와 투표를 통해 가장 합리적 인 해결 방안 1가지를 최종적으로 선택 하도록 할 것 - 순회 지도를 한다.	• (모둠활동1) 토의를 통해 작품에 나타난 인 물의 갈등 해결 방식을 파악하고 평가하기 • (모둠활동2) 앞의 활동이 모두 마무리되었 다면 모둠별로 토의하여 다양한 대처 방식 을 마련하기		

전개 2	<활동2> 등장인물의 갈등 대처 방식 평가하기	• 모둠별 활동 내용을 반 전체로 공유하도록 하기	• 모둠별 활동 내용을 반 전체로 공유하도록 하기			
				조	평가 & 근거	나라면 (대처 방식)
				1조	• 아쉽다. • 인간의 기본적인 덕목인 '효'에 어긋남	어머님을 데리고 떠났을 것
				2조	• 아쉽다. • 근본적으로 해결할 수 있는 방식이 아님	인정을 받을 수 있도록 능력을 갈고 닦았을 것
				3조	• 괜찮다. • 사회적 제약 훗날을 도모하는 것이 합리적	철저한 계획을 먼저 세우고 떠날 것
정리	모둠활동 정리	• 모둠활동 정리	• 모둠활동 정리			
	형성평가 및 과제 부여	• 형성평가 부여 • 수준별 과제 제시	• 형성평가 진행 • 수준별 과제 확인			
	학습 내용 정리	• 학습 내용 정리	• 학습 내용 이해			
	차시 예고	• 차시 예고	• 차시 예고 인지			

판서 예시

<삶과 문학> - 홍길동전 -

<학습 목표>

1. 작품에 나타난 갈등을 찾고, 갈등의 기능을 파악할 수 있다.
2. 갈등에 대한 인물의 대처 방식을 평가할 수 있다.

1) '홍길동전' 갈등 & 기능

유형	내용	기능
내부	벼슬, 호형호제	인물의 가치관, 행동과 말
인물 vs 인물	길동 vs 공	인물의 가치관, 인물의 행동과 말, 사건 전개
인물 vs 상황	길동 vs 신분제도	작품의 세계관, 인물의 말과 행동

2) 사회·문화적 상황과 관련지어 가지는 갈등의 기능
   • 사회·문화적 상황(조선 신분제도) →
     갈등과 관련 → 작품의 세계관

2) 대처 방식 평가

조	평가 & 근거	나라면 (대처 방식)
1조	• 아쉽다. • 인간의 기본적인 덕목인 '효'에 어긋남	어머님을 데리고 떠났을 것
2조	• 아쉽다. • 근본적으로 해결할 수 있는 방식이 아님	인정을 받을 수 있도록 능력을 갈고 닦았을 것
3조	• 괜찮다. • 사회적 제약을 도모하는 것이 합리적	철저한 계획을 먼저 세우고 떠날 것

성취 기준

2015 교육과정	[9국05-03] 갈등의 진행과 해결 과정에 유의하며 작품을 감상한다. 갈등의 진행과 해결 과정을 지도할 때에는 작품에 드러난 갈등의 구조를 파악하여 인물의 가치관과 행동 등을 여러 각도에서 공감적·비판적으로 평가하며 인간의 보편적 갈등과 정서를 이해하도록 한다. 이를 위해 자아와 세계의 대립을 본질로 하는 서사 문학과 극 문학, 영화나 드라마 등의 자료를 두루 활용할 수 있다.
2012 교육과정 (2009 개정)	[중등-문학(2)] 갈등의 진행과 해결 과정을 파악하며 작품을 이해한다. 서사 문학과 극 문학의 중요한 특징 중 하나는 작중 인물이 자신의 목표를 이루기 위해 노력하는 과정에서 만나게 되는 여러 가지 장애물과 대결하는 과정을 형상화한다는 점이다. 갈등의 진행과 해결 과정을 파악함으로써 자아와 세계의 대립을 본질로 하는 두 갈래의 특징을 이해하고 삶의 의미를 탐색할 수 있도록 한다. 갈등을 불러일으키는 요인이 무엇이며 갈등을 해결하기 위해 등장인물은 어떻게 행동하는가에 초점을 맞추어 작품을 수용하도록 한다.

2015학년도 중등학교교사신규임용후보자선정경쟁시험(2차)
국어과 교수·학습 실연 시험 문제지

관리 번호

지도안 세부 조건

1. <수험생 작성 조건1> 동기유발
   가. 시청각 자료를 활용할 것
   나. 학생들의 흥미를 유발할 수 있는 동기유발 활동을 계획할 것

2. <수험생 작성 조건2> 근거를 들어 작품 평가하기
   가. 시의 정서를 2가지 이상 찾고 적절한 근거를 들어 작품을 평가할 것
   나. 학생들의 관련된 경험을 활용하여 적절한 근거를 들어 작품을 평가할 것

3. <수험생 작성 조건3> 평가 내용을 바탕으로 감상문 쓰기
   가. <활동2>의 결과물을 포함하여 활동할 것
   나. 개인별 활동으로 감상문을 작성할 것
   다. 완성한 감상문을 학생들끼리 공유하도록 할 것

수업 조건

- 과목 : 국어
- 학년 : 중학교 1학년
- 장소 : 국어 교과교실
- 시간 : 블록타임제(90분)
- 단원명 : 3. 스스로 읽는 즐거움 (1) 엄마 걱정
- 해당 성취 기준 : 자신의 주체적인 관점에서 작품을 평가한다.

단원명	차시	학습 내용
3. 스스로 읽는 즐거움 (1) 엄마 걱정	1	○작품을 다양한 관점에서 해석할 수 있다. ○주체적인 관점에 따라 작품 평가하기의 방법을 설명할 수 있다.
	2-3 (본시)	○주체적인 관점에서 적절한 근거를 들어 작품을 평가할 수 있다. ○작품에 대한 주체적인 평가를 바탕으로 감상문을 쓸 수 있다.

학생 수	장소	학습 형태	학습 기자재
30명	국어 교과교실	강의식, 모둠식	교사용 컴퓨터, 칠판, 빔 프로젝터, 스크린

<자료1>

독자가 자신의 주체적인 관점에서 작품을 평가할 수 있도록 한다. 이때 자신의 생각을 무조건 내세우기보다는 적절한 근거를 들면서 평가하는 활동을 강조한다. 또한 다른 사람의 생각도 존중하는 가운데 자신의 평가를 설득력 있게 표현하도록 지도한다.

― 국어과 교육과정 ―

〈자료2〉

엄마 걱정

기형도

〈내용 생략〉

2026학년도 모의문제 자료(지문)
* Daum 2순정 카페에서 자료(지문)을 확인하실 수 있습니다.

2015학년도 중등학교교사신규임용후보자선정경쟁시험(2차)
국어과 교수·학습 실연 지도안 〔예상 답안〕

국어과 본시 교수·학습 지도안					
학습 목표	1. 주체적인 관점에서 적절한 근거를 들어 작품을 평가할 수 있다. 2. 작품에 대한 주체적인 평가를 바탕으로 감상문을 쓸 수 있다.				
학습 단계		교수·학습 활동		자료 및 유의점	시간(분)
도입	인사	• 인사 및 학습 분위기 조성		• 인사 및 학습 준비	
	전시 학습 확인	• 전시 학습 확인		• 전시 학습 회상	
	동기유발	〈수험생 작성 내용1〉 • 시청각 자료 제시 및 주체적인 관점 질문하기 – ○od의 '어머님께' 뮤직비디오를 제시한다. – "노래를 어떻게 감상했나요? 공감이 되나요?" • 관점이 서로 다른 이유 질문하기 – "왜 같은 노래를 들었는데 평가가 다양할까요?" • 감상이 서로 다른 이유 설명하기 – "감상하는 개개인의 인식 수준, 경험, 가치관 등이나 작품을 해석하는 방법에 따라서 같은 작품이라도 다양한 해석이 나올 수 있어요. 이렇게 우리는 자신의 주체적인 관점에서 작품을 평가하게 됩니다."		• 시청각 자료 보고 주체적인 관점 대답하기 – "공감이 돼요. 저희 엄마도 제가 좋아하는 음식은 계속 양보해 주세요.", "공감이 안돼요. 부모가 자식을 위해 무조건 희생해야 된다고 생각하지 않아요." • 관점이 서로 다른 이유 대답하기 – "제각기 자신의 관점과 기준이 있어서요.", "살아온 삶의 경험이 달라서요." • 감상이 서로 다른 이유 이해하기 – 개인에 따라 자신의 주체적인 관점에서 작품을 평가하게 됨을 이해한다.	
	학습 내용 안내	• 학습 내용 안내		• 학습 내용 확인	
	학습 목표 제시	• 학습 목표 제시		• 학습 목표 확인	
전개 1	〈활동1〉 작품 이해하기	• 시 '엄마 걱정' 낭송하도록 안내하기 • 작품 속 화자의 상황을 파악하는 활동 안내하기		• 작품 낭송하기 • 작품 속 화자의 상황 파악하기 – 1연 : 빈방에서 혼자 시장에 간 어머니를 기다리며 훌쩍거리던 '나' – 2연 : 어른이 되어 과거를 회상하며 어린 시절에 대한 서글픔을 느끼는 '나'	
전개 2	〈활동2〉 근거를 들어 작품 평가하기	〈수험생 작성 내용2〉 • 시와 관련된 경험 질문하기 – '엄마 걱정'의 화자의 상황과 비슷한 경험이 있었는지 질문하고, 그 때의 감정이 어땠는지 질문한다.		• 시와 관련된 경험 떠올리기 – "엄마가 퇴근길에 차가 많이 막혀서 평소보다 늦게 오신 적이 있어요. 저녁에 혼자 집에 있으니 좀 무서웠어요."	

전개 2	<활동2> 근거를 들어 작품 평가하기	• 자신의 경험과 연관 지어 시의 정서 찾는 시범 보이기 — "선생님도 어린 시절 혼자 어머니를 기다릴 때, 불을 환하게 켜도 집이 너무 어둡고 무섭게 느껴졌었어요. 시의 화자도 '어둡고 무서워'라는 구절을 통해 무서움, 두려움의 정서를 나타내고 있어요." • 근거를 들어 작품 평가하는 활동 안내하기 — 자신의 경험과 연관 지어 시의 정서 찾고 평가하도록 안내한다. • 활동 발표하고 마무리하도록 안내하기	• 자신의 경험과 연관 지어 시의 정서 찾는 시범 살펴보기 — 시범을 살펴보며 자신의 경험을 근거로 작품의 정서를 찾을 수 있음을 이해한다. • 근거를 들어 작품 평가하기 — 자신의 경험과 연관 지어 시의 정서를 찾고 평가한다. |	정서	관련 경험	시 평가
1	고요히 빗소리 빈방에 혼자 엎드려 훌쩍거리던 ↓ 외로움, 슬픔	비가 오는 날 혼자 엄마를 기다릴 때 특히 더 외롭고 슬펐던 경험	공감이 되고 나만 그랬던 게 아니라는 위로를 받았다.
2	아무리 천천히 숙제를 해도 엄마 안오시네 ↓ 절망감	엄마가 늦게 오셔서 숙제를 빨리 끝내고 게임을 했던 경험	엄마가 늦게 오시면 혼자 나만의 시간을 즐길 수 있어서 공감이 잘 안 됐다. | • 활동 발표하고 마무리하기
전개 3	<활동3> 평가 내용을 바탕으로 감상문 쓰기	<수험생 작성 내용3> • 평가 내용을 바탕으로 감상문 쓰도록 안내하기 — 평가에 대한 근거를 갖추어 감상문을 쓰도록 설명한다. • 감상문 공유 및 피드백하도록 안내하기 — 감상문을 모둠별로 공유하며 좋은 점 또는 보완할 점을 피드백 하도록 한다.	• 평가 내용을 바탕으로 감상문 쓰기 — 감상에 대한 근거를 갖추어 감상문을 쓴다. 	1	'고요히 빗소리 빈방에 혼자 엎드려 훌쩍거리던'이 너무 공감이 되었다. 안 그래도 엄마를 혼자 기다릴 땐 울적해지곤 하는데 비까지 오는 날은 훨씬 외롭고 슬펐던 기억이 있다. 모두 어린 시절을 떠올리며 공감할 수 있는 좋은 시다.
---	---
2	'아무리 천천히 숙제를 해도 엄마 안오시네'가 공감이 안됐다. 오히려 나는 숙제를 빨리 끝내고 게임을 하며 나만의 시간을 즐기곤 했다. 나같이 독립적인 성격은 공감하기 어려운 시였다.	 • 감상문 공유 및 피드백하기 — 감상문에서 좋은 점 또는 보완할 점을 피드백한다. 	1	비가 내리는 날은 나도 괜히 기분이 울적해지곤 해서 이 감상문을 보고 나도 더 시를 이해하게 되었다.
---	---
2	만약 게임을 할 수 없었다면 어땠을까? 컴퓨터나 TV, 스마트폰이 없다고 생각해보면 화자의 상황에 공감이 조금은 됐을 수도 있다.	

전개3	〈활동3〉 평가 내용을 바탕으로 감상문 쓰기	– 자신과 다른 감상도 근거가 있다면 존중하며 듣는 태도를 가져야 함을 안내한다. • 활동 마무리 및 의의 강조하기 – 주체적인 관점에서 근거를 들어 작품을 평가하는 것의 의의를 강조한다. – 문학 작품을 감상하는 개개인의 인식 수준, 경험, 가치관 등에 따라 같은 작품이라도 다양한 해석이 나올 수 있다. 이 때 적절한 근거를 들어 작품을 평가해야 하며, 나와 다른 평가도 존중하는 태도를 지녀야 함을 설명한다.	– 자신과 다른 감상도 근거가 있다면 존중하며 듣는다. • 활동 마무리 및 의의 이해하기		
정리	학습 내용 정리	• 학습 내용 정리	• 학습 내용 이해		
	차시 예고	• 차시 예고	• 차시 예고 인지		

판서 예시

〈학습 목표〉

1. 주체적인 관점에서 적절한 근거를 들어 작품을 평가할 수 있다.
2. 작품에 대한 주체적인 평가를 바탕으로 감상문을 쓸 수 있다.

〈활동2〉 정서 찾고 작품 평가하기

	정서	경험	평가
학생 1	외로움 슬픔	비오는 날 엄마를 기다린 경험	공감이 됨
학생 2	절망감	숙제를 빨리 끝내고 게임한 경험	공감이 안 됨
⋮			

〈활동3〉 평가 내용을 바탕으로 감상문 쓰기

	감상문	좋은 점 또는 보완할 점
학생 1	고요히 빗소리~	감상문을 보고 이 시를 더 잘 이해하고 공감을 함
학생 2	아무리 천천히~	만약 핸드폰이나 TV, 컴퓨터가 없었다면?
⋮		

성취 기준

2015 교육과정	**[10국05-05]** 주체적인 관점에서 작품을 해석하고 평가하며 문학을 생활화하는 태도를 지닌다. 　이 성취 기준은 자신의 관점에서 작품을 주체적으로 이해하고 능동적으로 향유하는 능력을 기르기 위해 설정하였다. 작품을 수용할 때 단순히 타인의 평가를 따르거나 타당한 근거 없이 무조건 자신의 생각을 내세우기보다는 원인과 결과를 논리적으로 따져 보거나 다양한 사례와 비교하면서 작품에 반영된 가치를 주체적으로 해석하고 평가해 보도록 한다.
2012 교육과정 (2009 개정)	**[중학-문학(8)]** 자신의 주체적인 관점에서 작품을 평가한다. 　독자가 자신의 주체적인 관점에서 작품을 해석하고 평가할 수 있도록 한다. 이때 자신의 생각을 무조건 내세우기보다는 적절한 근거를 들면서 해석하고 평가하는 활동을 강조한다. 또한 다른 사람의 생각도 존중하는 가운데 자신의 해석과 평가를 설득력 있게 표현하도록 지도한다. 작품에 대한 글쓴이의 주체적인 평가가 분명하게 드러난 비평문을 활용할 수도 있으며, 평소에도 자신의 관점에서 작품을 평가하는 태도를 지니도록 지도한다.

교수・학습 방법 및 유의사항

[2015] 주체적인 관점에서 작품을 해석하고 평가하기를 지도할 때에는 작품이나 다른 사람 생각의 문제점을 지적하기보다는 다른 사람의 생각을 존중하면서 자신의 생각과 같거나 다른 점을 비교하며 평가하는 데 주안점을 둔다. 또한 자신이 해석하고 평가한 결과를 창의적으로 표현해 보도록 한다. 이를 통해 다양한 의견이나 가치를 존중하는 태도를 갖추고 자연스러운 소통의 문화를 형성해 가도록 한다.

[2012] 다양한 해석을 비교하며 작품 감상하기를 지도할 때에는 작품에 대한 해석 방법이나 독자의 인식 수준, 관심, 경험, 가치관에 따라 다양한 해석과 평가가 가능함을 이해하도록 한다. 같은 작품에 대한 여러 해석을 비교하고, 해석의 전제와 근거의 타당성을 파악하도록 하기 위해서는 해석의 근거가 분명하게 드러나 있는 비평문이나 학습자의 해석 활동의 결과물을 활용할 수 있다. 작품을 해석하기 위해서는 먼저 작품을 읽고 그 내용을 정확하게 파악해야 한다. 이를 바탕으로 하여 학습자가 주체적인 관점에서 적절한 근거를 들어 해석하고 평가했는지를 점검해 보도록 한다.

2014학년도 중등학교교사신규임용후보자선정경쟁시험(2차)
국어과 교수·학습 실연 시험 문제지

관리 번호

지도안 세부 조건

1. 〈수험생 작성 조건1〉 동기유발
   가. 전 차시 내용과 이어지게 자기를 소개하는 시범을 보일 것
   나. 자신의 의미 있는 경험을 활용할 것
   다. 다양한 자기소개 방법을 2가지 활용할 것

2. 〈수험생 작성 조건2〉 전시 학습
   가. 1번의 시범 내용을 활용하여 전시 학습 2가지를 확인하는 질문과 답변을 제시할 것

3. 〈수험생 작성 조건3〉 소개하는 말하기와 존중하며 듣기
   가. 발표하는 학생과 듣는 학생의 상호작용이 활발히 일어나도록 학습활동을 구상할 것
   나. 학습지는 발표하는 이의 내용, 방법, 태도 측면과 관련하여 작성할 것

4. 〈수험생 작성 조건4〉 정리하기
   가. 〈자료〉에 나오는 화자와 청자의 잘못된 점 2가지를 각각 쓰고 그에 따른 피드백을 제시할 것

수업 조건

○ 과목 : 국어
○ 학년 : 중학교 1학년
○ 장소 : 국어 교과교실
○ 시간 : 블록타임제(90분)
○ 단원명 : 1. 인상 깊은 소개, 존중하는 듣기

단원명	차시	학습 내용
1. 인상 깊은 소개, 존중하는 듣기	1	○말하기의 일반적인 절차에 따른 소개하기의 절차를 설명할 수 있다. ○소개하기의 다양한 방법을 설명할 수 있다.
	2-3 (본시)	○다양한 방법으로 나를 소개할 수 있다. ○화자를 존중하며 능동적으로 듣는 태도를 갖출 수 있다.

학생 수	장소	학습 형태	학습 기자재
30명	국어 교과교실	강의식, 모둠식	교사용 컴퓨터, 칠판, 빔 프로젝터, 스크린

〈자료〉

2014학년도 중등학교교사신규임용후보자선정경쟁시험(2차)
국어과 교수·학습 실연 지도안 [예상 답안]

국어과 본시 교수·학습 지도안

학습 목표	1. 다양한 자기소개 방법을 사용하여 자기를 소개할 수 있다. 2. 화자를 존중하며 능동적으로 듣는 태도를 갖출 수 있다.			
학습 단계		교수·학습 활동	자료 및 유의점	시간 (분)
도입	인사	• 인사 및 학습 분위기 조성	• 인사 및 학습 준비		
	동기유발	〈수험생 작성 내용1〉 • 전 차시 수업 내용과 이어지도록 자기소개 시범 보이기 - 공부를 열심히 했으나 성적이 많이 오르지 않아 낙담했던 경험을 제시한다. - 인생그래프와 명언 구절을 활용하여 자기소개 시범을 보인다. [인생그래프: 10대~80대 점수 변화] 헤밍웨이 명언 "과거의 자신보다 우수한 것이야말로 진정으로 고귀한 것이다."	• 전 차시 수업 내용을 떠올리며 자기소개 시범 살펴보기 - 시범을 살펴보며 전 차시 내용을 떠올리고 수업에 흥미를 지닌다.		
	전시 학습 확인	〈수험생 작성 내용2〉 • 시범에서 보여준 소개하기의 절차 질문하기 - "선생님이 어떠한 과정을 거쳐 소개하는 말하기를 했을까요?" - "맞아요. 먼저 어떤 경험을 소개할지 정했어요. 그 다음은 어떻게 발표를 준비했을까요?" - "맞아요. 선생님은 나를 한 단계 성장하게 해준 경험을 소개하려고 정했고 그 뒤에 개요를 짠 뒤, 다양한 표현 방법을 활용하여 인상적으로 자기소개를 했어요." • 소개하기의 다양한 방법 질문하기 - "그러면 어떠한 소개하기 방법을 사용했죠?" - "맞아요. 모두 저번 시간 배운 내용을 잘 기억하고 있네요."	• 소개하기의 절차 떠올리며 대답하기 - "먼저 어떤 경험을 소개할지 발표 대상을 정했을 것 같아요!" - "자세한 내용을 선정 및 조직한 뒤, 효과적으로 전달하기 위한 표현 방법을 고민했을 것 같아요." • 소개하기의 다양한 방법 대답하기 - "인생그래프를 사용해서 이해를 도왔고, 존경하는 인물의 말을 인용해서 인상 깊게 소개했어요."		
	학습 내용 안내	• 학습 내용 안내	• 학습 내용 확인		
	학습 목표 제시	• 학습 목표 제시	• 학습 목표 확인		

전개 1	〈활동1〉 의미 공유 과정 분석	• 다양한 방법을 사용하여 자기소개 준비하기 • 화자를 존중하며 듣기의 중요성 이해하기			

전개 2	〈활동2〉 소개하는 말하기와 존중하며 듣기	〈수험생 작성 내용3〉
		• 자기소개 평가를 위한 학습지 제시하기
		
		| 평가하기 (상/중/하) ||
		|---|---|
		| 내용 | - 자신의 경험이 구체적으로 잘 드러났는가?
		- 내용이 진솔하고 공감이 됐는가? |
		| 방법 | - 보조 자료를 적절히 활용했는가?
		- 다양한 자기소개 방법을 활용하여 흥미롭게 발표했는가? |
		| 태도 | - 말하기의 속도, 어조, 표정, 몸짓 등이 적절했는가?
		- 듣는 이의 반응을 점검하며 발표했는가? |
		
		• 자기소개 발표하기 활동 안내하기
		  - 발표자는 청자의 반응을 고려하며 발표하고, 듣는 학생은 발표를 경청하며 학습지를 보고 평가 및 피드백을 적도록 안내한다.
		
		• 발표 후 질문하고 소감 말하도록 안내하기
		  - 발표를 들으며 궁금했던 점을 질문하고 대답하며 상호작용하도록 유도한다.
		  - 자기소개 발표한 소감을 묻는다.
		
		• 동료평가 피드백하며 상호작용하도록 유도하기
		  - 학습지 평가 내용을 근거로 피드백을 제공하도록 안내한다.
		
		• 피드백 내용 정리하며 활동 마무리하기
			• 자기소개 평가를 위한 학습지 읽고 이해하기
			
			• 자기소개 발표하고 듣기
			  - 학습지를 보고 평가 및 피드백을 적는다.
			
			| 발표 | 내용 |
			|---|---|
			| 1 | 유년 시절 할머니가 아프셨던 경험을 통해 의사의 꿈을 꾸게 된 경험 |
			| 2 | 여러 번 이사를 다니며 다양한 친구들을 사귀게 되었고, 소극적인 성격에서 적극적인 성격으로 바뀌게 된 경험 |
			| : | (생략) |
			
			• 발표 후 질문하고 소감 말하기
			  - 궁금한 점을 구체적으로 질문한다.
			  "의사 중에서 어떤 전공을 가지고 싶어?", "가장 기억에 남는 친구는 어떤 사람이야?"
			  - 자기소개 발표한 소감을 말한다.
			  "자기소개를 하며 저 자신에 대해 더 잘 알게 된 것 같아요."
			
			• 동료평가 피드백하며 상호작용하기
			
			  - "(내용 측면) 할머니가 아프셨다는 내용에 공감이 되었고, 너의 꿈을 응원하게 되었어."
			  - "(방법 측면) 할머니가 어떤 분이신지 함께 찍은 사진을 보여주면 더 좋을 것 같아."
			  - "(태도 측면) 말하기 속도가 조금 빨라서 알아듣기 편하도록 천천히 해주면 좋겠어."
			
			• 피드백 내용 정리하며 활동 마무리하기			

정리	학습 내용 정리	〈수험생 작성 내용4〉
		• 〈자료〉에 나타난 화자의 문제점 찾도록 안내하기
		  - "발표하는 친구의 태도가 어떤가요?"
		  - "내용을 충분히 마련하였나요?"
			• 〈자료〉에 나타난 화자의 문제점 파악하기
			  - "목소리도 작고 자신감이 없어 보여요."
			  - "내용이 강아지가 죽은 내용 밖에 없어요."			

정리	학습 내용 정리	• 화자의 문제점에 대한 피드백 제공하기 - 발표자는 적당한 목소리 크기와 속도, 몸짓, 표정, 시선 처리 등이 필요하다. - 발표 전에 내용을 충분히 생성해야 한다 (경험을 통해 깨달은 것 등).	• 화자의 문제점에 대한 피드백 듣기
		• 〈자료〉에 나타난 청자의 문제점을 이끌어내는 질문하기 - "발표 내용을 집중하여 듣고 있나요?" - "발표자에게 긍정적인 태도를 보이고 있나요?"	• 〈자료〉에 나타난 청자의 문제점 대답하기 - "자기들끼리 떠들거나 자고 있어요." - "발표자를 비난하고 있어요."
		• 청자의 문제점에 대한 피드백을 제공한다. - 청자는 발표 내용을 경청하여 들어야 한다. - 발표자를 존중하고 공감하며 들어야 한다.	• 청자의 문제점에 대한 피드백을 듣는다.
		• 학습내용 정리하며 마무리하기	• 학습내용 정리하기
	형성평가 및 과제 부여	• 형성평가 부여 • 수준별 과제 제시	• 형성평가 진행 • 수준별 과제 확인
	학습 내용 정리	• 학습 내용 정리	• 학습 내용 이해
	차시 예고	• 차시 예고	• 차시 예고 인지

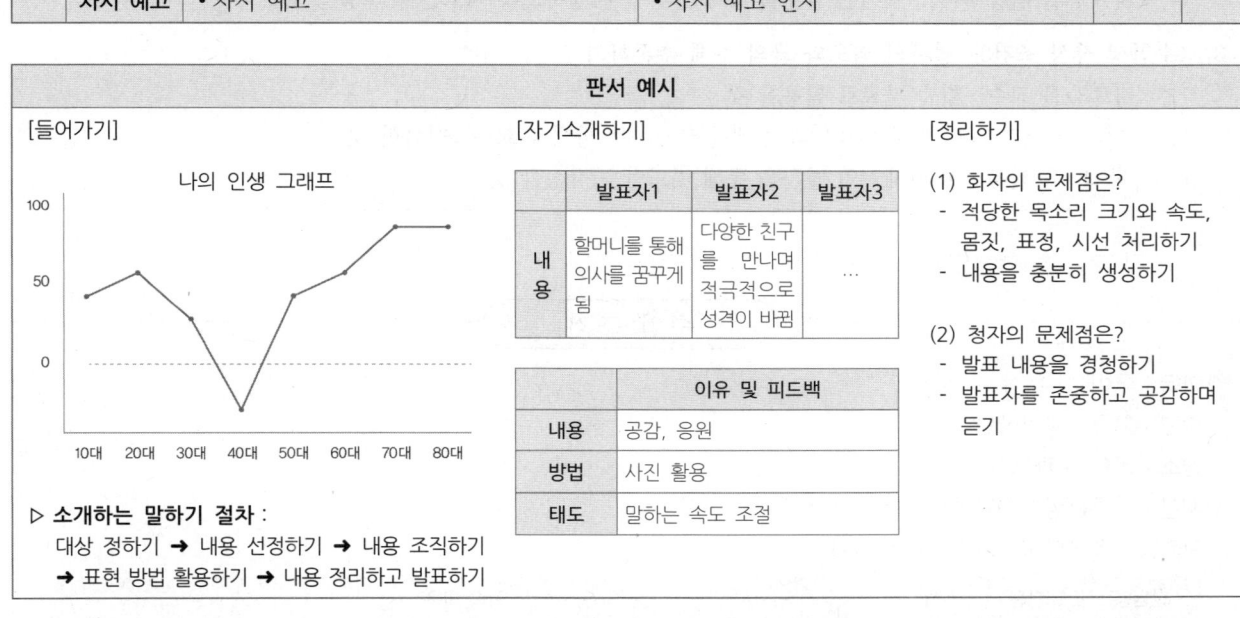

판서 예시

[들어가기]

나의 인생 그래프

▷ 소개하는 말하기 절차 :
대상 정하기 ➡ 내용 선정하기 ➡ 내용 조직하기
➡ 표현 방법 활용하기 ➡ 내용 정리하고 발표하기

[자기소개하기]

	발표자1	발표자2	발표자3
내용	할머니를 통해 의사를 꿈꾸게 됨	다양한 친구를 만나며 적극적으로 성격이 바뀜	…

	이유 및 피드백
내용	공감, 응원
방법	사진 활용
태도	말하는 속도 조절

[정리하기]

(1) 화자의 문제점은?
- 적당한 목소리 크기와 속도, 몸짓, 표정, 시선 처리하기
- 내용을 충분히 생성하기

(2) 청자의 문제점은?
- 발표 내용을 경청하기
- 발표자를 존중하고 공감하며 듣기

성취 기준

2015 교육과정	[2015][고등2] 작문 맥락을 고려하여 자기를 소개하는 글을 쓴다.
2012 교육과정 (2009 개정)	[중학-듣기·말하기(3)] 인물이나 관심사를 다양한 방법으로 소개하거나 설명한다. 좋아하는 위인, 자신이 잘 아는 인물이나 대상, 일이나 사건에 대해서 상대방이 인상 깊게 기억하도록 소개하는 것은 정보 공유와 관계 형성에 좋은 방법이다. 화자 자신의 중요한 경험이나 독서, 조사 등을 통하여 자신이 잘 알게 된 내용을 인상 깊게 해설을 붙여 소개하는 방법을 익히도록 한다. 소개하려는 사람, 물건, 취미, 책 등 다양한 대상을 소개 내용의 특성에 맞게 구성하고, 말하는 자신과의 관련성, 듣는 사람의 흥미와 이익에 관련되는 점 등을 곁들여서 말하여 듣는 사람과 정보를 공유함으로써 의사소통 목적과 관계 목적 달성에 도움이 되도록 훈련한다. 소개 대상 선정, 내용 구성, 어휘나 문장 표현, 어조, 비언어적 표현 등에도 신경을 써서 대상 인물이나 상대방의 기분이 상하지 않도록 유의하면서 설명하도록 지도한다.

교수·학습 방법 및 유의사항

자기를 소개하는 글쓰기를 지도할 때에는 단체나 동아리 가입, 진학, 취업 등 구체적인 상황을 설정하고 독자를 예상하여 맥락에 맞게 쓰도록 한다. 또한 블로그나 문집 등 소개하는 글이 소통되는 매체를 고려하여 영상, 음악, 사진 등을 적절히 활용할 수 있도록 한다.

2013학년도 중등학교교사신규임용후보자선정경쟁시험(2차)
국어과 교수·학습 실연 시험 문제지

관리 번호

지도안 세부 조건

1. **〈수험생 작성 조건1〉 동기유발하기**
   가. 〈자료1〉의 모든 내용을 활용하여 작성할 것
   나. 〈자료1〉을 활용하여 동기를 부여하되, 두 학생의 발화를 모두 활용하여 발문할 것
   다. 추론적 읽기의 개념을 구체적으로 이해할 수 있도록 설명할 것

2. **〈수험생 작성 조건2〉 글의 내적·외적 정보를 활용하여 추론하기**
   가. 〈자료2〉를 교수·학습 자료로 활용할 것
   나. 글의 내적 정보와 외적 정보를 활용하여 글의 내용을 추론적으로 읽을 수 있는 방법을 교수·학습할 것
   다. 〈자료2〉를 활용하여 구체적인 발문을 통해 연습을 시행하도록 지도안을 작성할 것

3. **〈수험생 작성 조건3〉 필자의 의도와 글의 주제 추론하기**
   가. 〈자료3〉을 교수·학습 자료로 활용할 것
   나. 글에 나타나지 않은 필자의 의도와 주제를 추론하는 방법을 교수·학습할 것
   다. 〈자료3〉을 활용하여 구체적인 발문을 통해 지도안을 작성할 것

수업 조건

○ 과목 : 국어
○ 학년 : 고등학교 2학년
○ 장소 : 국어 교과교실
○ 시간 : 블록타임제(100분)
○ 단원명 : 독서의 방법 – 추론적 읽기

단원명	소단원	차시	학습 내용
독서의 방법	추론적 읽기	1-2	사실적 읽기
		3-4	○추론적 읽기의 개념과 방법을 설명할 수 있다. ○글의 내적, 외적 정보를 활용하여 글의 내용을 추론하며 읽을 수 있다. ○글에 드러나지 않은 필자의 의도와 글의 주제를 추론하며 읽을 수 있다.
		5-6	비판적 읽기
		7-8	감상적 읽기

학생 수	장소	학습 형태	학습 기자재
30명	국어 교과교실	강의식, 개별 활동, 모둠활동	교사용 컴퓨터, 칠판, 빔 프로젝터, 스크린

〈자료1〉

숙희는 문방구에 들러 필통을 사서 미영이네 집에 갔다. 미영이네 집에는 친구들이 많이 와 있었고 친구들은 케이크를 자르며 노래를 부르고 있었다.

영철 : 숙희가 필통을 사서 모임에 갔다는 내용이네.
동수 : 숙희는 아마 생일 선물을 산 것일 거야. 그리고 미영이의 생일 축하 모임에 간 것이겠지.

〈자료2〉

○○ 신문

우리나라는 봄 신학기제를 택하고 있다. 3월에 새 학기가 시작되는 봄 신학기제를 채택하는 나라는 OECD 국가 중 한국, 일본, 호주뿐이다. 그래서 한국에서 외국으로 유학을 가거나, 외국에서 한국으로 유학을 오는 학생들의 경우 학기가 서로 맞지 않아 입학을 위해 6개월을 기다려야 하는 문제점이 있다. 인재 양성은 국가 경쟁력과 직결된다. 이러한 학기제의 차이는 국가 간의 국제 교류를 저해하고, 나아가 국가 경쟁력의 약화로 이어져 국제화 시대에 맞지 않다. 따라서 교육체제의 국제적 호환성 제고를 위해 신학기제 개편이 마땅하다.

〈자료3〉

9월 신학기제는 초·중·고교부터 대학까지 9월부터 새 학년 새 학기를 시작하는 제도를 말한다. 이러한 9월 신학기제는 이미 전 세계적인 기준으로 자리 잡았다. 미국, 유럽은 물론이고 중국까지도 9월 신학기제를 시행하고 있다. 우리나라도 9월 신학기제를 도입한다면 다른 나라와 학사일정이 일치하게 되어 국제 통용성이 높아지고, 외국의 우수한 교수진과 인재들을 국내로 유입시킬 수 있게 된다. 또한 긴 여름방학을 통해 신학기 준비와 해외 인턴십을 운영하는 등 학사 운영의 효율성 또한 높일 수 있다.

그러나 봄 신학기제에서 9월 신학기제로 학기 제도를 다시 제정하려면 기업의 채용 시기나 회계연도를 조정하는 등 한국의 교육 정책뿐만 아니라 사회, 경제적 전반적인 제도를 새로 바꾸어야 하는 어려움이 있다. 게다가 50년간 이어진 국가의 틀이 급하게 바뀌면 사회적 시간표가 달라져 국민들에게도 혼란이 가중될 수 있다. 또한 9월 신학기제를 도입하게 되면 교육과정 재편 및 학기제 개편에 필요한 돈이 무려 8조원에서 10조원에 달할 것으로 예측된다. 이러한 교육 재정에 대한 투자는 가볍게 볼 일이 아니다. 따라서 우리나라에 9월 신학기제를 도입하는 것은 신중하게 고려해야 할 문제이다.

2013학년도 중등학교교사신규임용후보자선정경쟁시험(2차)
국어과 교수·학습 실연 지도안 예상 답안

국어과 본시 교수·학습 지도안					
학습 목표	1. 추론적 읽기의 개념과 방법을 설명할 수 있다. 2. 글의 내적, 외적 정보를 활용하여 글의 내용을 추론하며 읽을 수 있다. 3. 글에 드러나지 않은 필자의 의도와 글의 주제를 추론할 수 있다.				
학습 단계		교수·학습 활동		자료 및 유의점	시간 (분)
도입	인사	• 인사 및 학습 분위기 조성		• 인사 및 학습 준비	
^	전시 학습 확인	• 전시 학습 확인		• 전시 학습 회상	
^	동기유발	• 〈자료1〉 함께 읽기 • 〈자료1〉을 추론적 읽기와 연관 지어 동기를 유발하는 발문하기 — "〈자료1〉을 볼까요? 영철이와 동수가 파악한 내용에 어떤 차이가 있나요?" — "맞아요. 동수는 영철이와 달리 글에 나타난 여러 단서들을 통해 숙희가 생일 축하 파티에 갔다는 것을 추론했어요." • 추론적 읽기의 개념을 구체적으로 설명하기 — "이처럼 추론적 읽기란 글에 드러난 여러 가지 단서와 독자의 배경지식을 활용하여 글에 드러나지 않은 내용을 미루어 짐작하여 읽는 것을 말해요."		• 〈자료1〉 함께 읽기 • 〈자료1〉을 추론적 읽기와 연관 지어 생각해 보며 동기 갖기 — "영철이는 숙희가 필통을 사고 모임에 갔다는 사실을 있는 그대로 파악했지만, 동수는 숙희가 가는 곳이 생일 축하 모임이라는 것을 추측해 냈어요." • 추론적 읽기의 개념 이해하기	
^	본시 학습 안내	• 학습 내용 안내		• 학습 내용 확인	
^	학습 목표 제시	• 학습 목표 제시		• 학습 목표 확인	
전개 1	추론적 읽기의 개념 학습하기	• 추론적 읽기의 개념 설명하기 — 추론적 읽기란 글에 명시되어 있지 않은 내용을 추론하여 읽는 방법이다. • 추론적 읽기의 방법 설명하기 — 글의 내적 정보(담화 표지, 단어, 문장)를 활용하여 추론할 수 있다. — 글의 외적 정보(배경지식, 경험)를 활용하여 추론할 수 있다.		• 추론적 읽기의 개념 이해하기 • 추론적 읽기의 방법 이해하기	

전개 1	⟨활동1⟩ 글의 내적 정보를 활용해 추론하기	• 글의 내적 정보에 대한 학생의 배경지식 확인하기 – "추론하며 읽을 때에는 어떤 내적 정보를 활용할 수 있나요?" • 교사의 발문을 통해 글의 내적 정보를 활용해 글의 내용을 추론해 보도록 안내하기 – "선생님은 네 번째 줄의 '이러한 학기제의 차이는~맞지 않다.'라는 문장에 주목해 보겠습니다. 이 문장을 통해 필자가 현재의 봄 학기제도에 대해 어떤 생각을 가지고 있는지 추론해 볼까요?" • 글의 내적 정보를 활용해 추론하며 읽도록 안내하기 – "좋아요. 이번에는 여러분들 스스로 글의 내적 정보를 통해 추론하며 읽어 보겠습니다." • 활동 내용을 공유하도록 안내하기 – "글의 어떤 내적 정보를 활용하였나요?" – "글의 내적 정보를 통해 어떤 내용을 추론하였나요?" • 활동 정리하기	• 글의 내적 정보에 대한 배경지식 점검하기 – "담화 표지, 단어, 문장 등을 활용해 볼 수 있어요." • 글의 내적 정보에 주목하여 추론하는 연습하기 – "봄 학기제도에 대해 부정적인 관점을 가지고 있는 것 같아요." – "봄 학기제를 개편하고 싶어해요." • 글의 내적 정보에 주목하여 추론하며 읽기 • 활동 내용 발표하기 – "'개편'이라는 단어에 주목해 보았어요. 현재의 신학기제를 개편해야 한다는 것은 다른 나라처럼 '9월 학기제'로 바꾸어야 함을 의미하는 것 같아요." – "글의 마지막 문장인 '따라서~마땅하다.'로 보아 글쓴이는 신학기제 개편을 하면 국제적 호환성이 높아져 국내에 유입되는 외국인 유학생의 수가 늘어날 것이라고 생각하는 것 같아요." • 활동 정리하기	
	⟨활동2⟩ 글의 외적 정보를 활용해 추론하기	• 글의 외적 정보에 대한 학생의 배경지식 확인하기 – "추론하며 읽을 때에는 어떤 외적 정보를 활용할 수 있나요?" • 글의 외적 정보를 활용하여 ⟨자료2⟩를 추론하며 읽도록 발문하기 – "이제 글의 외적 정보를 활용하여 추론을 해봅시다. 여러분은 OECD 국가에는 어떤 국가가 있는지 알고 있나요?" – "여러분의 배경지식을 활용하였을 때 'OECD 국가 중 ~ 호주뿐이다.'라는 문장에서 어떤 내용을 추론해 볼 수 있을까요?" – "좋아요. 그럼 이번에는 ⟨자료2⟩와 여러분의 경험을 연관 지어 글의 내용을 추론해 볼까요? 봄 신학기제와 관련된 여러분의 경험이 있나요?" – "그 경험을 통해 어떤 내용을 추론해 볼 수 있을까요?"	• 글의 외적 정보에 대한 배경지식 점검하기 – "자신의 배경지식과 경험 등을 활용해 볼 수 있어요." • 글의 외적 정보를 활용하여 ⟨자료2⟩를 추론하며 읽기 – "오스트리아, 벨기에, 미국 등이 있어요." – "오스트리아나 벨기에, 미국 등은 봄 신학기제를 운영하지 않는다는 것을 추론해 볼 수 있어요." – "미국에 사는 친구는 긴 여름 방학 동안 신학기 준비를 한다고 들었는데, 저는 봄방학이 애매한 시간이라 신학기를 준비하기가 어려웠던 것 같아요." – "봄 신학기제는 외국과의 교류 문제뿐만 아니라 학사 운영의 효율성에서도 문제가 있음을 추론해 볼 수 있어요."	

전개 1	〈활동3〉 필자의 의도와 글의 주제 추론하기	• 〈자료3〉 함께 읽기 • 모둠별로 글의 내적 정보와 외적 정보를 활용하여 〈자료3〉의 필자의 의도와 주제를 파악하도록 안내하기 • 학생 간 결과물을 공유하도록 안내하기 – "글의 내적 정보와 외적 정보를 모두 활용하였을 때 필자의 의도는 무엇인 것 같나요?" – "글의 내적 정보와 외적 정보를 모두 활용하였을 때 이 글의 주제는 무엇인 것 같나요?"	• 〈자료3〉 함께 읽기 • 모둠별로 글의 내적 정보와 외적 정보를 활용하여 〈자료3〉의 필자의 의도와 주제 파악하기 • 학생 간 결과물을 공유하기 – 추론한 필자의 의도를 공유한다. 	글의 내적 정보	[문장] '따라서~문제이다.'
---	---
글의 외적 정보	[배경지식] 이미 여러 차례 신학기제 개편에 대한 사회적 논의가 있었으나 받아들여지지 않음	 ↓ 	필자의 의도	신학기제 개편은 신중해야 함을 설득
---	---	 – 추론한 글의 주제를 공유한다. 	글의 내적 정보	[문장] '그러나~있다.'
---	---
글의 외적 정보	[경험] 대학 입시제도나 학사일정이 갑자기 바뀌어 혼란스러웠던 경험	 ↓ 	주제	9월 신학기제로의 개편은 부작용이 많아 신중하게 접근해야 함
---	---			
전개 2	추론 모둠활동	• 학생 발표 피드백하기	• 모둠별로 제재 글 추론하기		
정리	형성평가	• 추론적 읽기의 개념과 방법을 평가하도록 안내하기	• 추론적 읽기의 개념과 방법 평가하기		
	학습 내용 정리	• 학습 내용 정리	• 학습 내용 이해		
	차시 예고	• 차시 예고	• 차시 예고 인지		

판서 예시

<활동1> 글의 내적 정보를 활용하여 추론하기

내적 정보	추론 내용
문장 '이러한~ 맞지 않다.'	봄 학기제에 대해 부정적인 관점
단어 '개편'	9월 신학기제를 도입해야 함을 주장함
문장 '따라서~마땅하다.'	신학기제 개편으로 국내 유입 유학생이 많아질 것

<활동2> 글의 외적 정보를 활용하여 추론하기

외적 정보	추론 내용
OECD에 대한 배경지식	벨기에, 미국 등은 봄 신학기제가 아닐 것
봄 학기제에 대한 경험	봄 학기제는 학사 운영의 효율성에도 문제점이 있음

<활동3> 필자의 의도와 글의 주제 추론하기

1) 필자의 의도 추론

내적 정보	문장
외적 정보	배경지식

↓

필자의 의도	신학기제 개편은 신중해야 함을 설득

2) 글의 주제 추론

내적 정보	문장
외적 정보	경험

↓

글의 주제	9월 신학기제 개편은 부작용이 많아 신중하게 접근해야 함

성취 기준

2015 교육과정	[12독서02-02] 글에 드러나지 않은 정보를 예측하여 필자의 의도나 글의 목적, 숨겨진 주제, 생략된 내용을 추론하며 읽는다.
2012 교육과정 (2009 개정)	[고등-독서(18)] 필자의 의도나 목적, 숨겨진 주제, 생략된 내용 등을 추론하며 읽는다. 　추론적 독해를 위해서는 글의 표면적 단서인 담화 표지를 활용하여 문맥을 파악해 나가면서 독자의 배경지식과 경험을 활용한다. 광고문이나 정치 담화문, 시사평론(시평, 칼럼) 등에는 필자가 여러 가지 복합적인 상황을 고려하여 글의 의도나 목적, 주제 등을 숨겨 놓을 수 있다. 같은 사건을 다룬 신문 기사라도 편집자의 의도에 따라 표제, 기사의 위치, 관련 사진이나 도표의 제시 방법 등을 달리함으로써 여론 형성에 미치는 효과가 달라진다. 추론적 독해 능력을 길러 글에 담긴 의도나 숨겨진 주제, 필자의 가치관이나 관점 등을 효과적으로 파악할 수 있도록 한다.

국어
2차 수업실연 순식간에 정복하기

PART

03

성취 기준 실전문제

1. 중등 듣기 · 말하기(제1회~제11회)
2. 고등 공통국어 듣기 · 말하기(제12회~제15회)
3. 고등 화법(제16회~제19회)
4. 중등 읽기(제20회~제26회)
5. 고등 공통국어 읽기(제27회~제29회)
6. 고등 독서(제30회~제33회)
7. 중등 쓰기(제34회~제40회)
8. 고등 공통국어 쓰기(제41회~제44회)
9. 고등 작문(제45회~제48회)
10. 중등 문학(제49회~제55회)
11. 고등 공통국어 문학(제56회~제62회)
12. 고등 문학(제63회~제69회)
13. 매체 중 · 고등(제70회~제73회)

1. 중등 듣기·말하기

- 제 1 회 국어과 교수·학습 실연 시험 문제지 및 지도안 예상 답안
- 제 2 회 국어과 교수·학습 실연 시험 문제지 및 지도안 예상 답안
- 제 3 회 국어과 교수·학습 실연 시험 문제지 및 지도안 예상 답안
- 제 4 회 국어과 교수·학습 실연 시험 문제지 및 지도안 예상 답안
- 제 5 회 국어과 교수·학습 실연 시험 문제지 및 지도안 예상 답안
- 제 6 회 국어과 교수·학습 실연 시험 문제지 및 지도안 예상 답안
- 제 7 회 국어과 교수·학습 실연 시험 문제지 및 지도안 예상 답안
- 제 8 회 국어과 교수·학습 실연 시험 문제지 및 지도안 예상 답안
- 제 9 회 국어과 교수·학습 실연 시험 문제지 및 지도안 예상 답안
- 제10회 국어과 교수·학습 실연 시험 문제지 및 지도안 예상 답안
- 제11회 국어과 교수·학습 실연 시험 문제지 및 지도안 예상 답안

2026학년도 중등학교교사신규임용후보자선정경쟁시험(2차)
제1회 국어과 교수·학습 실연 시험 문제지

관리 번호

지도안 세부 조건

1. 〈수험생 작성 조건1〉 동기유발
   가. 교사가 추론적 듣기의 개념에 대해 설명할 것
   나. 〈자료1〉을 활용하여 동기를 유발할 것
   다. 학습 목표의 필요성을 설명할 것

2. 〈수험생 작성 조건2〉 담화의 내용 추론하며 듣기
   가. 상황 맥락의 개념을 설명하고, 〈자료2〉의 상황 맥락을 분석하도록 할 것
   나. 〈자료2〉를 추론하며 듣는 활동을 구상할 것
   다. 화자의 의도를 고려하여 〈자료2〉의 민수의 말을 재구성하게 할 것

3. 〈수험생 작성 조건3〉 연설의 내용 추론하며 듣기
   가. 〈자료3〉과 관련하여 질문을 만드는 활동을 구상할 것
   나. 교사의 구체적인 시범을 보일 것
   다. 〈자료3〉의 화자의 의도와 관점을 추론하게 할 것

수업 조건

- 과목 : 국어
- 학년 : 중학교 1학년
- 장소 : 국어 교과교실
- 시간 : 90분(블록타임제)
- 단원명 : 추론하며 듣기
- 해당 성취 기준 : 화자의 의도와 관점을 추론하며 듣는다.

단원명	차시	학습 내용
추론하며 듣기	1	○추론적 듣기의 방법과 상황 맥락에 대해 설명할 수 있다.
	2-3 (본시)	○담화의 내용을 추론하며 들을 수 있다. ○연설의 내용을 추론하며 들을 수 있다.
	4	○뉴스의 내용을 추론하며 들을 수 있다.

학생 수	장소	학습 형태	학습 기자재
24명	국어 교과교실	강의식, 개별 활동, 모둠활동	교사용 컴퓨터, 전자 칠판, 학생용 스마트 기기

※ 본 문제는 모의 평가용으로 제작되었으며, 실제 시험의 문항 유형 및 형식과 다를 수 있습니다.

〈자료1〉	
(가)	(나)
성재 : 이번에는 명란을 넣어서 만들어 봤어. 이 파스타 어때? 간이 부족하진 않아? 종원 : 괜찮아. 이렇게 먹으니 정말 맛있다.	지섭 : 지금 농구하러 갈 건데, 너도 같이 할래? 준수 : 나는 오늘까지 해야 하는 숙제가 있어서 괜찮아.

〈자료2〉

민　수 : 선생님, 교실 청소 다 했어요. 이제 집에 가도 될까요?
선생님 : (교실 바닥을 보며) 아, 그래? 그런데 민수야, 교실이 아직 좀 어지럽지 않니?
민　수 : (아무렇지 않게) 아, 네! 오늘 다들 급하게 나가서 그런가 봐요.
선생님 : (당황한 표정으로) 그렇구나. 또 청소 당번이 누구지?
민　수 : 지수랑 민영이요! 선생님. 그럼 안녕히 계세요.

〈자료3〉

지구를 지키기 위한 마지막 경고

여러분, 안녕하십니까.

저는 오늘 우리가 처한 기후 위기와 그로 인해 일어나는 끔찍한 현실에 대해 경고하기 위해 이 자리에 섰습니다. 지금 이 순간에도 지구는 빠르게 파괴되고 있습니다. 우리에게 남은 시간은 많지 않습니다.

기후 변화로 인해 우리나라의 날씨가 변하고 있다는 것을 여러분도 체감하고 있을 것입니다. 아름다운 사계절을 가지고 있던 우리나라는 최근 몇 년간 여름이 점점 더 길어지고, 폭염이 일상화되는 기후 변화를 겪고 있습니다. 여러분도 아시다시피 올해 여름, 폭염으로 인해 전국에서 사람들이 목숨을 잃는 사례까지 발생하였습니다. 우리의 봄과 가을은 사라지고 있습니다. 기후 변화로 인한 이런 참극은 더 이상 남의 일이 아닙니다.

전 세계적으로도 그 피해는 극심합니다. 유엔 환경 계획(UNEP)의 보고서에 따르면, 지금 속도로 온실가스 배출을 계속할 경우, 2100년까지 지구의 평균 기온은 산업화 이전 대비 2.5도에서 2.9도 사이로 상승할 것으로 예상됩니다. 이는 전 세계적으로 기후 재앙을 불러올 수 있는 수치입니다. 해수면 상승으로 인해 섬나라들이 물에 잠기고, 기후 난민이 폭발적으로 증가할 것입니다. 또한 극심한 가뭄과 홍수, 산불로 인해 우리의 식량 공급은 불안정해질 것입니다.

저는 오늘 이 자리를 빌려 분명하게 말씀드립니다. 우리는 지금 지구를 지키기 위한 마지막 기회에 서 있습니다. 더 이상 미루지 말아야 합니다. 이제는 행동할 때입니다.

지구를 지키기 위해서 우리가 무엇을 해야 할까요?

첫째, 탄소 배출을 급격히 줄여야 합니다. 석탄과 같은 화석연료 사용을 단계적으로 중단하고, 재생에너지를 통한 지속 가능한 전력 공급으로 전환해야 합니다. 한국도 이제 석탄발전소를 줄이고, 태양광과 풍력 에너지로 전환해야 합니다.

둘째, 지속 가능한 생활 방식을 받아들여야 합니다. 우리는 플라스틱 소비를 줄이고, 일회용 제품 사용을 최소화하며, 자원을 절약하는 방식으로 살아가야 합니다. 여러분 개개인의 작은 행동이 큰 변화를 만들어 낼 수 있습니다. 우리가 매일 사용하는 플라스틱 컵 하나, 비닐봉지 하나가 수백 년 동안 지구를 오염시킨다는 사실을 잊지 마십시오.

마지막으로, 저는 여러분 한 사람 한 사람에게 간곡히 요청드립니다. 환경 보호는 우리 모두의 책임입니다. 지구는 더 이상 우리의 무분별한 개발과 소비를 견딜 수 없습니다. 우리는 우리 아이들에게, 후손들에게 깨끗한 지구를 물려줘야 할 의무가 있습니다. 더 이상 지구 파괴를 방관하지 마십시오. 우리가 지구를 보호하지 않으면, 지구는 더 이상 우리를 보호하지 않을 것입니다.

- 환경 운동가 A씨의 연설문 -

2026학년도 중등학교교사신규임용후보자선정경쟁시험(2차)

제1회 국어과 교수·학습 실연 지도안 [예상 답안]

국어과 본시 교수·학습 지도안

학습 목표	1. 담화의 내용을 추론하며 들을 수 있다. 2. 연설의 내용을 추론하며 들을 수 있다.			
학습 단계		교수·학습 활동	자료 및 유의점	시간 (분)
도입	인사	• 인사 및 학습 분위기 조성	• 인사 및 학습 준비		
	동기유발	〈수험생 작성 내용1〉 • 추론적 듣기의 개념을 설명하며 〈자료1〉 제시하기 — "추론하며 듣기란 담화에서 겉으로 드러나지 않는 숨겨진 내용을 상황 맥락, 표현 등을 고려하여 미루어 짐작하며 듣는 것을 말해요. 선생님이 준비한 〈자료1〉의 내용을 추론하며 들어봅시다." • 〈자료1〉의 화자의 의도를 추론하도록 발문하기 — "〈자료1〉의 (가), (나)의 담화를 비교해 봅시다. (가)와 (나)의 '괜찮아'는 각각 어떤 의미인가요?" • 〈자료1〉에서 같은 말이 왜 다르게 해석되는지 파악하도록 발문하기 — "(가), (나)의 '괜찮아'는 같은 말인데 왜 의미가 다르게 해석이 되는 걸까요?" • 추론적 듣기의 필요성 설명하기 — "맞아요. 〈자료1〉에서 살펴본 것처럼 담화의 상황 맥락에 따라 같은 말이더라도 화자의 의도가 다를 수 있기 때문에, 상대의 말을 들을 때에는 화자가 사용한 표현이나 상황 맥락 등을 고려하여 추론적으로 듣는 태도가 필요해요."	• 추론적 듣기의 개념을 이해하며 〈자료1〉 음성 파일 듣기 • 〈자료1〉의 화자의 의도를 추론하기 — "(가)는 음식 맛이 좋다는 의미이고, (나)는 상대의 제안을 거절하는 의미입니다." • 〈자료1〉에서 같은 말이 왜 다르게 해석되는지 파악하기 — "(가)는 요리를 먹으며 요리의 맛에 대해 대화를 하는 상황이고, (나)는 농구를 같이 할 것이냐고 제안하는 상황이기 때문이에요." • 추론적 듣기의 필요성 이해하기		
	학습 내용 안내	• 학습 내용 안내	• 학습 내용 확인		
	학습 목표 제시	• 학습 목표 제시	• 학습 목표 확인		

전개 1	<활동1> 담화 내용 추론하며 듣기	<수험생 작성 내용2> • <자료2>의 담화 제시하기 • 추론적 듣기에 필요한 상황 맥락 설명하기 　- "오늘은 <자료2>의 상황 맥락을 분석하고 추론하며 듣기를 해볼 거예요. 먼저 상황 맥락이란 담화가 이루어지는 시간이나 장소, 말하는 사람인 화자, 듣는 사람인 청자, 전달 내용 등을 말해요. 이러한 상황 맥락을 고려해야 화자의 말에 숨겨진 내용을 추론할 수 있어요." • <자료2>의 상황 맥락을 분석하고 이를 바탕으로 화자의 발화 의도를 추론하도록 안내하기 　- "<자료2>의 화자와 청자, 시간과 장소, 대화 내용을 분석해 봅시다. 이를 바탕으로 선생님의 발화 의도를 추론해 보세요." • 활동 내용을 공유하도록 안내하기 • 화자의 발화 의도에 맞는 대화를 생각해 보도록 발문하기 　- "민수가 선생님의 발화 의도를 제대로 추론해서 들었더라면 뭐라고 답변했을까요?"	• <자료2> 듣기 • 추론적 듣기에 필요한 상황 맥락 이해하기 • <자료2>의 상황 맥락을 분석하고 이를 바탕으로 화자의 발화 의도를 추론하기 • 활동 내용을 공유하기 | 화자와 청자	선생님과 민수
시간, 장소	방과후, 교실
대화 내용	선생님과 민수가 교실의 상태에 대해 이야기하고 있음 | 　- "<자료2>의 선생님은 어지러운 교실을 보고 있으며, 민수에게 교실이 어지럽지 않냐고 묻고 있어요. 상황 맥락으로 보아 선생님의 발화 의도는 청소 당번이 청소를 깨끗하게 하지 않았다는 것을 짚어주려던 의도였던 것 같아요." • 화자의 발화 의도에 맞는 대화 제시하기 　- "'청소가 제대로 안 되어 있었나요? 죄송합니다. 내일 친구들과 다시 할게요.'와 같이 답변했을 것 같아요."
전개 2	<활동2> 연설 추론하며 듣기	<수험생 작성 내용3> • <자료3>을 추론할 수 있는 질문과 답을 만들도록 안내하고 교사의 시범 보이기 　- "<자료3>은 환경 운동가의 연설문입니다. <자료3>의 연설문을 보고 모둠별로 화자의 의도나 관점 등을 추론할 수 있는 질문과 답을 만들어 볼 거예요." 　- "선생님이 먼저 질문과 답의 예시를 보여줄게요." 	질문	화자가 '지구를 지키기 위한 마지막 기회'라는 표현을 쓴 이유는 무엇일까?
답	기후 변화 상황이 매우 위급하다는 것을 강조해 청중에게 행동을 촉구하기 위해 | • 모둠별로 만든 질문과 답을 바탕으로 <자료3>의 화자의 가치관과 의도를 파악하도록 안내하기	• 교사의 시범을 관찰한 뒤 모둠별로 <자료3>을 추론할 수 있는 질문과 답 만들기 (예시) | 질문1	화자가 '여름이 점점 더 길어지고 있다'는 표현을 쓴 이유는?
답1	기후 변화로 인해 우리 나라의 기후가 점점 더워지고 있다는 것을 강조하기 위해
질문2	화자가 '플라스틱 컵 하나, 비닐봉지 하나'와 같은 일상적 사례를 든 이유는 무엇일까?
답2	청중의 삶과 연관된 물건들을 예시로 들어 행동의 중요성을 직접적으로 느끼게 하고 공감할 수 있게 하기 위해 | • 모둠별로 <자료3>의 화자의 가치관과 의도를 파악하기

전개 2	<활동2> 연설 추론하며 듣기	• 활동 내용을 공유하도록 안내하기 – "<자료3>의 화자는 어떤 가치관을 가졌나요?" – "<자료3>의 연설문은 어떤 의도를 가지고 있나요?"	• 활동 내용 공유하기 – "화자는 미래 세대를 위한 책임감을 가지고 환경 보호를 해야 한다는 윤리적인 가치관을 가지고 있어요." – "이 연설문은 기후 변화의 심각성을 인식시키고 사람들이 즉각적인 행동을 하도록 설득하려는 의도를 가지고 있어요."		
정리	형성평가 및 과제 부여	• 형성평가 부여 • 수준별 과제 제시	• 형성평가 진행 • 수준별 과제 확인		
	학습 내용 정리	• 학습 내용 정리	• 학습 내용 이해		
	차시 예고	• 차시 예고	• 차시 예고 인지		

판서 예시

<담화 추론하며 듣기>

<자료1>의 '괜찮아'	
(가)	음식 맛이 좋다.
(나)	제안 거절의 의미

→ 상황 맥락에 따라 말의 의미가 달라짐

화자와 청자	선생님과 민수
시간, 장소	방과후, 교실
대화 내용	선생님과 민수가 교실의 상태에 대해 이야기하고 있음
발화 의도	청소 당번이 깨끗하게 청소를 하지 않음
민수의 말 재구성	다시 청소를 하겠다는 내용으로 수정

<연설 추론하며 듣기>

질문1	'여름이 점점 더 길어지고 있다'는 표현을 쓴 이유?
답1	기후 변화로 인해 우리 나라의 기후가 점점 더워지고 있다는 것을 강조하기 위해
질문2	'플라스틱 컵 하나, 비닐봉지 하나'와 같은 일상적 사례를 든 이유?
답2	청중의 삶과 연관된 물건들을 예시로 들어 행동의 중요성↑ 공감↑

↓

관점	환경을 보호해야 한다는 윤리적 가치관
의도	기후변화의 심각성을 알림 사람들의 행동 변화 설득

성취 기준

2022 교육과정	[9국01-01] 화자의 의도와 관점을 **추론**하며 듣는다. 　이 성취 기준은 담화의 맥락을 고려하여 담화에서 표면적으로 드러나지 않는 숨겨진 요소를 추론하며 들음으로써 담화의 내용을 깊이 이해하는 능력을 기르기 위해 설정하였다. 일상의 대화 상황에서 상대의 발화 의도 추론하기, 정보 전달이나 설득 등 다양한 목적의 담화에서 여러 가지 정보와 상황 맥락을 고려하여 화자의 숨겨진 의도와 관점, 가치관 추론하기 등을 학습한다.

교과서 정리

학습 내용 정리	**[담화의 상황 맥락]** 　담화의 상황 맥락은 담화가 이루어지는 구체적인 상황과 관련된 맥락으로, 말하는 사람과 듣는 사람의 관계, 담화가 이루어지는 시간과 장소, 담화의 의도나 목적 등을 포함한다. 　예 양심을 지키세요. 　(도서관) "책을 찢지 마세요."라는 뜻으로 해석됨 　(해수욕장) "쓰레기를 버리지 마세요."라는 뜻으로 해석됨 **[화자의 의도와 관점을 추론하며 듣는 방법]** 　원활한 의사소통을 하려면 담화가 이루어지는 구체적인 상황, 즉 담화의 상황 맥락을 고려해야 한다. 정보 전달이나 설득을 목적으로 한 담화에서는 상황 맥락과 함께 담화에 나타난 정보(화자가 반복해서 강조하는 내용, 화자의 목소리 크기나 속도, 표정, 몸동작) 등을 바탕으로 화자의 숨겨진 의도와 관점, 가치관을 추론해야 담화의 내용을 깊이 이해할 수 있다.

[2022] 미래엔(신) 1-1 3. 능동적인 언어생활 (1) 추론하며 듣기		제재	뉴스, 연설문
	동기유발		1. 라온이와 다감이가 "저희는 3시까지만 영업합니다."라는 말을 각각 어떻게 이해하였는지 말해 보자. 2. 라온이와 다감이가 같은 말을 들었지만 서로 다르게 이해한 까닭을 이야기해 보자.

	목표학습		[담화에서 화자의 의도를 추론하려면 무엇을 고려해야 할까?]
			1. (가)와 (나)에서 밑줄 친 말에 담긴 의도를 파악해 보자.
			  (1) (가)와 (나)의 상황 맥락을 정리해 보자.
			  (2) (가)와 (나)에서 "네가 그린 거니?"에 담긴 의도를 각각 써 보자.
			  (3) (가)와 (나)에서 같은 말에 담긴 의도가 서로 다르게 해석되는 까닭을 말해 보자.
			2. 다음 대화에서 밑줄 친 말에 담긴 의도를 파악해 보자.
			  예 정민아, 텔레비전 소리가 너무 크지 않니?
			  (1) 이 대화에서 아빠의 말에 담긴 의도를 생각해 보고, 그 까닭을 말해 보자.
			  (2) (1)을 바탕으로 하여 정민이의 대답이 적절한지 판단해 보자.
			3. 1, 2를 바탕으로 하여 담화에서 화자의 의도를 추론할 때 고려해야 할 점을 정리해 보자.
			
			[일상의 대화에서 화자의 의도를 추론해 볼까?]
			1. 다음 만화를 보면서 화자의 의도를 추론해 보고, 상황에 맞게 대화해 보자.
			  할머니 : 저기, 학생
			  학 생 : 네?
			  할머니 : ○○ 아파트에 어떻게 가는지 알아요? 내가 이 동네가 처음이라 ……
			  학 생 : 네, 알아요.
			  (1) 장면을 보고, 드라마 속 대화의 상황 맥락을 정리해 보자.
			  (2) 할머니의 밑줄 친 말(○○ 아파트에 어떻게 가는지 알아요?)에 담긴 의도를 추론해 보고, 그 까닭을 써 보자.
			  (3) 위 활동을 바탕으로 하여 자신이 드라마 속 학생이라면 어떻게 대답할지 써 보자.
			
			[뉴스에서 화자의 의도와 관점을 추론해 볼까?]
			1. 다음 뉴스를 보면서 기자의 의도와 관점을 추론해 보자.
			  (1) 이 뉴스의 주요 내용을 정리해 보자.
			  (2) 이 뉴스에서 기자가 다음의 인터뷰를 보여 준 까닭을 말해 보자.
			  (3) 다음 기자의 말에 담긴 의미를 파악해 보자.
			  (4) 이 뉴스에서 '장면 해설 서비스'에 관한 기자의 관점을 추론해 보자.
			
			[연설에서 화자의 가치관과 의도를 추론해 볼까?]
			1. 다음은 인도의 학생이 한 연설이다. 연설을 들으며 화자의 가치관과 의도를 추론해 보자.
			  (1) 이 연설을 들으며 주요 내용을 정리해 보자.
			  (2) 이 연설의 일부를 중심으로 하여 '현재'에 관한 화자의 가치관을 추론해 보자.
			  (3) 다음을 참고하여 화자가 이 연설을 한 의도를 추론해 보자.
			  (4) 이 연설을 추론하며 들은 과정을 돌아보고, 평가 기준에 따라 점검해 보자.
			2. 이 연설의 내용을 추론할 수 있는 질문을 만들어 친구들과 이야기해 보자.
			  (1) 이 연설에서 화자의 생각을 추론할 수 있는 질문을 만들어 보고, 친구들과 함께 묻고 답해 보자.
			  (2) 추론한 내용 가운데 서로 다른 부분이 있다면 무엇 때문인지 이야기해 보자.

[2022] 비상(박영민) 1-1 2. 안 보이던 것도 보이는 지혜 (2) 실마리를 따라가며 듣기	동기유발		※ 다음 상황에서 '민호'의 대답이 적절한지 살펴보고, 적절하지 않다면 그 이유를 말해 보자. – (민호가 약속 시간에 늦은 상황) "야, 지금 몇 시야?" – 민호 : 저기 시계 안 보여? 두시 사십 분이잖아.

	목표학습		[담화의 상황 맥락 이해하기]
			1. 대화 상황에 따라 발화의 의미가 어떻게 달라지는지 살펴보자.
			  ㉮ (옷 가게에서) "어디가 불편하신가요?"
			  ㉯ (병원에서) "어디가 불편하신가요?"
			  (1) ㉮와 ㉯를 보고, 대화가 이루어지는 상황을 정리해 보자.
			  (2) 앞의 (1)을 바탕으로 ㉮와 ㉯에서 "어디가 불편하신가요?"가 각각 어떤 의미로 쓰였는지 말해 보자.
			  (3) 다음 빈칸에 ㉮와 ㉯의 상황에 맞는 대답을 써 보자.

[2022]
비상(박영민) 1-1
2. 안 보이던 것도 보이는 지혜
(2) 실마리를 따라가며 듣기
	목표학습	2. 제시된 발화를 바탕으로 담화의 상황 맥락을 탐구해 보자.
		  (1) 다음에 제시된 발화는 누가, 언제, 어디에서 할 수 있는 말이며 어떤 의미를 담고 있는지 써 보자.
		            내일부터 비가 온대. 지금은 점심시간입니다. 배고프지 않니?
		  (2) 앞의 (1)에서 쓴 내용을 짝과 돌려 보고, 서로 다르게 쓴 내용이 있다면 그렇게 적은 이유를 말해 보자.
		
		[상대의 발화 의도 추론하기]
		1. 다음 대화 상황에서 '영재'가 상대의 발화 의도를 추론하는 과정을 살펴보자.
		  (1) '영재'가 '승우'의 말을 "여기에 앉아."라는 뜻이라고 추론한 근거를 써 보자.
		  (2) '영재'가 '미주'의 말을 "먹고 싶지만 한 번 사양할게."라는 뜻이라고 추론한 근거를 써 보자.
		  (3) '영재'가 '슬기'의 말을 "창문을 열어 줘."라는 뜻이라고 추론한 근거를 써 보자.
		2. 앞의 1을 바탕으로, 상대의 발화 의도를 추론하며 들을 때의 좋은 점을 발표해 보자.
		
		[강연을 듣고 화자의 의도와 관점 추론하기]
		1. 이 강연의 상황 맥락을 고려하여 화자의 의도를 추론해 보자.
		  (1) 이 강연의 상황 맥락을 정리해 보자.
		        강연을 하는 사람(화자) 강연을 듣는 사람(청자) 강연이 이루어지는 시간과 장소
		  (2) 앞의 (1)을 참고하여 다음 발화에 드러나는 화자의 의도를 추론해서 써 보자.
		2. 이 강연을 다시 듣고 다음 질문에 답해 보자.
		  - 강연의 목적은 무엇인가?
		  - 화자가 반복해서 강조하는 내용은 무엇인가?
		  - 강연의 주제는 무엇인가?
		  - 화자가 강연을 마무리하면서 청중에게 기대한 바는 무엇일까?
		3. 앞의 1과 2를 바탕으로, 이 강연에 나타나는 화자의 관점이나 가치관을 추론해 보자.

[2022]
천재(노) 1-2
2. 소통의 열쇠
(2) 추론하며 듣기
	동기유발	※ 다음 상황을 보고 물음에 답해 보자.
		  - (뉴스) 이번주 토요일에 불꽃 축제가 열립니다. 밤하늘을 수놓을 불꽃이 얼마나 아름다울지 기대가 됩니다.
		  - (뉴스를 보며) '와, 재미있겠다!' / "새롬아, 이번 주 토요일에 바빠?"
		1. 위 상황에서 새롬이가 어떤 대답을 할지 생각해 보자.
		2. 1과 같이 생각한 까닭이 무엇인지 친구들과 이야기해 보자.

	학습활동	[담화의 맥락을 고려하여 말에 담긴 의도 추론하기]
		1. 다음 대화를 보고, 상대방이 한 말의 의도를 어떻게 추론해야 하는지 생각해 보자.
		    건우 : 아, 목이 좀 따가운데……. 우혁아 오늘 바깥에 먼지가 있대.
		    우혁 : 어, 창문 닫을까, 건우야?
		  (1) 우혁이는 건우의 말에 담긴 의도가 무엇이라고 추론했는지 말해 보자.
		  (2) 우혁이가 ⓛ과 같이 추론한 근거가 무엇일지 말해 보자.
		2. 다음 대화에서 같은 말에 담긴 의도가 어떻게 다른지 비교해 보자.
		  (1) ㉮, ㉯의 대화가 이루어지는 맥락을 정리해 보자.
		  (2) (1)을 바탕으로 다음 표현에 담긴 의도를 추론해 보자.
		3. 강연의 맥락을 고려하며 듣고, 말하는 이의 의도와 관점을 추론해 보자.
		  (1) 다음 표를 완성하며 강연의 내용을 정리해 보자.
		  (2) 말하는 이가 사용한 표현을 바탕으로 말하는 이의 의도를 추론해 보자.
		  (3) 강연의 내용을 바탕으로 다음 화제에 관한 말하는 이의 관점을 추론해 보자.
		
		[연설의 의도와 가치관 추론하기]
		1. 다음 연설을 듣고 말하는 이의 의도와 가치관을 추론해 보자.
		  (1) 빈칸에 들어갈 말을 채워 넣어 연설의 내용을 요약한 공책을 완성해 보자.
		  (2) 말하는 이가 다음 일화를 소개한 의도가 무엇일지 생각해 보자.
		  (3) 연설의 내용을 근거로 삼아 말하는 이의 가치관을 정리해 보자.
		  (4) (3)의 내용을 바탕으로 말하는 이의 가치관에 관해 어떻게 생각하는지 친구들과 의견을 나누어 보자.

2026학년도 중등학교교사신규임용후보자선정경쟁시험(2차)
제2회 국어과 교수·학습 실연 시험 문제지

관리 번호

지도안 세부 조건

1. 〈수험생 작성 조건1〉 동기유발
   가. 학생 경험을 활용하여 동기유발할 것
   나. 학습 목표의 필요성에 대해 설명할 것

2. 〈수험생 작성 조건2〉 광고의 설득 전략 파악하기
   가. 〈자료1〉의 설득 전략을 분석하는 활동을 제시할 것
   나. 학생 중심 활동으로 구성할 것
   다. 교사의 시범을 포함할 것

3. 〈수험생 작성 조건3〉 연설문에 사용된 설득 전략 평가하기
   가. 〈자료2〉를 보고 설득 전략을 파악하는 활동을 제시할 것
   나. 〈자료2〉를 평가하는 기준을 학생이 만들어 보도록 할 것
   다. 학생의 활동 내용이 명시적으로 드러나도록 구성할 것

수업 조건

- 과목 : 국어
- 학년 : 중학교 3학년
- 장소 : 국어 교과교실
- 시간 : 90분(블록타임제)
- 단원명 : 설득 전략 분석하며 듣고 말하기
- 해당 성취 기준 : 설득 전략을 비판적으로 분석하며 듣는다.

단원명	차시	학습 내용
설득 전략 분석하며 듣고 말하기	1	○설득 전략의 유형에 대해 이해할 수 있다.
	2-3 (본시)	○광고의 설득 전략을 파악할 수 있다. ○연설문에 나타난 설득 전략을 파악하고 평가할 수 있다. ○설득 전략을 활용하여 연설문을 작성할 수 있다.
	4-5	○작성한 연설문을 활용하여 연설할 수 있다.

학생 수	장소	학습 형태	학습 기자재
24명	국어 교과교실	강의식, 개별 활동, 모둠활동	교사용 컴퓨터, 전자 칠판, 학생용 스마트 기기

※ 본 문제는 모의 평가용으로 제작되었으며, 실제 시험의 문항 유형 및 형식과 다를 수 있습니다.

〈자료1〉

가	나
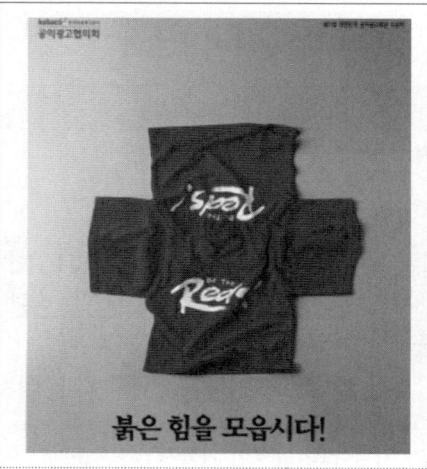 광고 문구 : 당신의 헌혈은 한 생명에 힘을 불어넣습니다. 대한민국을 건강하게! 다시 한번 붉은 힘을 모읍시다!	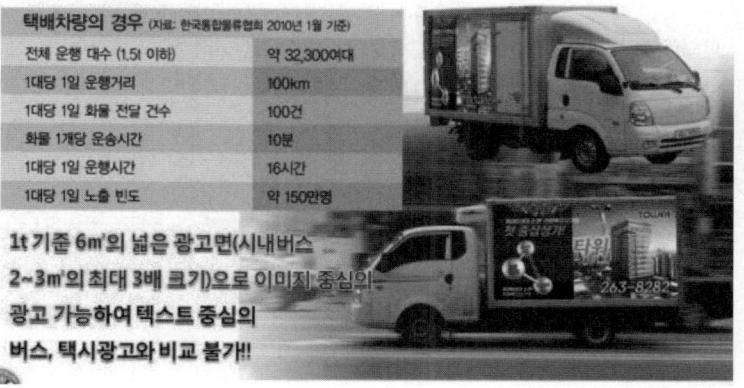

다

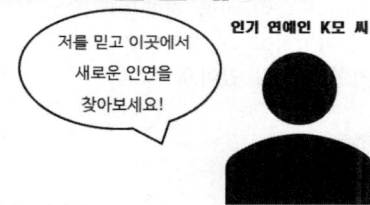

〈자료2〉

남녀 불평등을 해소하기 위해 노력하자.

　프랑스의 철학자 시몬 드 보부아르는 '여자는 태어나는 것이 아니라 여자로 만들어지는 것이다.'라고 했습니다. 이는 남녀가 처음부터 다른 것이 아니라 사회적·문화적 교육에 의해 남녀가 구별되는 것이라고 볼 수 있습니다. 남녀 불평등은 임금에서도 나타나고 있습니다. 동일한 노동을 하더라도 남자는 여자보다 언제나 많은 임금을 받습니다. 또한 남자들이 좋은 직업을 선점하고 있는 탓에, 여자들은 좋은 직업에 대한 진입 장벽을 느끼면서 구직 및 직업 활동을 하여야 합니다. 지금껏 한국의 어머니들은 '슈퍼 우먼'이라는 허울 좋은 이름 아래, 생계를 위한 노동과 양육의 이중고에 짓눌러 참된 '나'의 인생을 살지 못했습니다. 더 이상 어떤 여자라도 이러한 인생을 살지 말아야 합니다. 그러기 위해서는 우리 모두가 노력하여 성별 간의 격차를 뿌리 뽑아야 합니다!

2026학년도 중등학교교사신규임용후보자선정경쟁시험(2차)
제2회 국어과 교수·학습 실연 지도안 예상 답안

국어과 본시 교수·학습 지도안

학습 목표	1. 광고에 나타나는 설득 전략을 파악할 수 있다. 2. 설득 전략을 고려하여 연설문을 작성하고 평가할 수 있다. 3. 설득 전략을 활용하여 연설문을 작성할 수 있다.			
학습 단계		교수·학습 활동	자료 및 유의점	시간 (분)
도입	인사	• 인사 및 학습 분위기 조성	• 인사 및 학습 준비		

	동기유발	〈수험생 작성 내용1〉
		• 인상 깊었던 광고 발문하기
		  - "여러분들은 기억나는 인상 깊었던 광고가 있었나요? 있었다면 왜 그랬을까요?"
		
		• 설득 전략을 비판적으로 분석해야 하는 이유 제시하기
		  - "여러분들이 광고를 보거나 여러분을 설득하는 글을 볼 때 그릇된 내용이나 거짓 내용에 현혹될 수가 있어요. 그러지 않기 위해서, 그런 광고나 글이 어떤 전략을 사용하고 있는지 파악하고 그 전략들을 비판적으로 평가할 필요가 있어요."
			• 인상 깊었던 광고 떠올리기
			  - "비타민 광고가 기억나요. 유명한 과학자가 등장해서 믿음직스러웠어요."
			  - "다이어트 약 광고가 기억나요. 그때 광고에 나왔던 통계 결과를 믿고 샀는데 알고 보니 거짓이어서 충격을 받았어요."
			
			• 설득 전략을 비판적으로 분석해야 하는 이유 이해하기		

	학습 내용 안내	• 학습 내용 안내	• 학습 내용 확인		
	학습 목표 제시	• 학습 목표 제시	• 학습 목표 확인		

	전시 학습 내용	• 설득 전략의 유형
		  - 이성적 설득 전략 : 논리적이고 이성적인 방법으로 주장을 뒷받침하여 청자를 설득하는 것
		  - 감성적 설득 전략 : 청자의 감성에 호소하여 청자를 설득하는 것
		  - 인성적 설득 전략 : 화자의 사람 됨됨이나 성실하고 진지한 태도 등을 바탕으로 화자의 말에 신뢰를 갖게 하여 청자를 설득하는 것			

전개 1	〈활동1〉 광고의 설득 전략 파악하기	〈수험생 작성 내용2〉 • 〈자료1〉의 광고에서 활용된 설득 전략 분석하도록 안내하기 - "오늘은 어제 배웠던 설득 전략 3가지를 실제 광고에 적용해 보는 활동을 할 거예요. 활동지에 제시된 광고 3가지를 보고 어떤 설득 전략이 사용되었는지, 왜 그런지 근거까지 찾아서 적고 친구들과 이야기해봐요. 이번 활동은 짝과 함께 해봅시다."	• 〈자료1〉의 광고에서 활용된 설득 전략을 짝과 함께 분석하기 〈자료1〉 나 • 활용된 설득 전략 : 이성적 설득 전략 • 이유 : 광고 노출효과의 우수성에 대한 통계를 근거로 신뢰성을 높이고 있음 〈자료1〉 다 • 활용된 설득 전략 : 인성적 설득 전략 • 이유 : 인기 연예인의 사진을 함께 제공하여 연예인의 공신력을 통해 광고의 설득력을 높이고 있음		

전개 1	〈활동1〉 광고의 설득 전략 파악하기	<교사의 시범> • 활용된 설득 전략 : 감성적 설득 전략 • 이유 : '한 생명에 힘을 불어넣는다.'고 사람의 동정심에 호소하여 헌혈을 요청하고 있음 - 순회 지도 • 활동 내용 발표 및 피드백	• 활동 내용 발표 및 피드백

전개 2	〈활동2〉
	연설문에
	사용된
	설득 전략
	평가하기
		〈수험생 작성 내용3〉
		• 연설문의 설득 전략을 분석하고 평가하기 위한 평가 기준 선발하도록 하기
		  - "모두 모둠별로 앉았나요? 지금부터 〈자료2〉에 사용된 설득 전략을 평가해 볼 거예요. 그러기 위해서는 평가의 기준이 있어야겠죠? 설득 전략의 개념을 활용해서, 연설문에 사용된 설득 전략의 효과를 평가하기 위해 어떤 기준을 만들어야 할지 모둠별로 함께 만들어 보고, 칠판에 게시한 후에 공모를 통해서 평가 기준을 선정할 거예요."
		  - 순회 지도
		
		• 모둠별로 작성한 평가 기준을 칠판에 모두 게시하도록 하고, 투표를 통해 최다 득표한 평가 기준 선정 후 발표하도록 하기
		
		• 선정한 평가 기준을 바탕으로 〈자료2〉 분석하도록 하기
		
		• 활동 내용 발표 및 피드백
			• 연설문의 설득 전략을 분석하고 평가하기 위한 평가 기준 선정하기
			
			• 모둠별로 작성한 평가 기준을 칠판에 모두 게시하도록 하고, 투표를 통해 최다 득표한 평가 기준 선정 후 발표하기
			
			<평가 기준>
			• 글쓴이 혹은 글에서 제시된 인물의 인성이 글의 설득력을 높였는가?
			• 글이 읽는 이의 감성적인 면을 자극하여 글의 설득력을 높였는가?
			• 글의 주장과 근거가 긴밀하게 연결되어 글의 설득력을 높였는가?
			
			• 선정한 평가 기준을 바탕으로 〈자료2〉 분석하기
			
			<자료2 평가>
			• '시몬 드 보부아르'라는 프랑스 철학자의 말을 인용하여 글의 설득력을 높였다.
			• 어머니들의 비참했던 삶을 제시하여 불평등에 대한 분노와 피해자들에 대한 동정심을 자극하여 감성적으로 글의 설득력을 높였다.
			• 임금과 직업에 대한 남녀 간 불평등을 주장할 때 긴밀한 근거가 없어 설득력이 떨어졌다.
			
			• 활동 내용 발표 및 피드백

전개 3	연설문 작성하기	• 설득 전략을 활용하여 연설문을 작성하기	
정리	형성평가 및 과제 부여	• 형성평가 부여 • 수준별 과제 제시	• 형성평가 진행 • 수준별 과제 확인
	학습 내용 정리	• 학습 내용 정리	• 학습 내용 이해
	차시 예고	• 차시 예고	• 차시 예고 인지

판서 예시		
<광고의 설득 전략 파악하기>	<평가 기준 선발 결과>	<연설문 평가하기>
가 감성적 → 동정심 자극 나 이성적 → 통계 다 인성적 → 연예인의 공신력	<평가 기준> • 글쓴이 혹은 글에서 제시된 인물의 인성이 글의 설득력을 높였는가? • 글이 읽는 이의 감성적인 면을 자극하여 글의 설득력을 높였는가? • 글의 주장과 근거가 긴밀하게 연결되어 글의 설득력을 높였는가?	• 인성적(O) : 시몬 드 보부아르의 말 • 이성적(X) : 임금, 직업 불평등 주장 뒷받침하는 근거 미비 • 감성적(O) : 어머니들의 힘겨웠던 삶 → 분노, 동정심 자극

성취 기준	
2022 교육과정	[9국01-02] 설득 전략을 비판적으로 분석하며 듣는다.
성취 기준 적용 시 고려 사항	설득 전략을 비판적으로 분석하며 듣기를 지도할 때는 연설을 비롯하여 일상에서 접할 수 있는 다양한 강연, 광고 등 생활 속 담화 자료를 활용함으로써, 비판적으로 사고하고 합리적으로 의사 결정할 수 있는 능력을 갖추도록 한다.
2015 교육과정	[9국01-09] 설득 전략을 비판적으로 분석하며 듣는다. 　이 성취 기준은 화자가 어떤 목적을 가지고 말하는지, 목적을 이루기 위해 어떤 전략을 사용하는지에 대해 비판적으로 이해하며 듣는 능력을 기르기 위해 설정하였다. 화자가 청자의 신념, 태도, 행동을 변화시키려는 목적으로 말을 할 때에는 설득 전략을 사용한다. 의사소통에 사용된 이성적 설득, 감성적 설득, 인성적 설득을 이해하고, 설득 전략의 타당성을 판단하며 듣게 하는 데 중점을 둔다. 이성적 설득은 논리적이고 이성적인 방법으로 화자의 주장을 뒷받침하는 것이다. 감성적 설득은 청중의 욕망과 분노, 자긍심, 동정심 등과 같은 감정에 호소하여 청중의 마음을 움직이는 것이다. 인성적 설득은 화자의 사람 됨됨이를 바탕으로 하여 메시지에 신뢰를 갖게 하는 것이다.

교과서 정리		
학습 내용 정리	■ 설득 전략을 분석하며 듣기 　화자가 청자의 신념, 태도, 행동을 변화시키려는 목적으로 말을 할 때에는 이성적 설득, 감성적 설득, 인성적 설득과 같은 다양한 설득 전략을 사용한다. 청자는 화자의 말을 들을 때 그 말을 그대로 수용할 것이 아니라 화자가 자신의 목적을 이루기 위해 어떤 설득 전략을 사용하는지 등을 파악하여 화자의 주장이 설득력이 있는지를 비판적으로 분석하며 들어야 한다. ① 이성적 설득 전략 : 논리적이고 이성적인 방법으로 주장을 뒷받침하여 청자를 설득하는 것 ② 감성적 설득 전략 : 청자의 감성에 호소하여 청자를 설득하는 것 ③ 인성적 설득 전략 : 화자의 사람 됨됨이나 성실하고 진지한 태도 등을 바탕으로 화자의 말에 신뢰를 갖게 하여 청자를 설득하는 것	
[2015] 천재(노) 3-2 4. 세상을 보는 눈 (2) 설득 전략 분석하며 듣기	제재	학생회장 후보 연설문
	동기유발	※ 다른 사람의 말을 듣고 설득 당했던 경험을 떠올려 보자.
	학습활동	[다양한 설득 전략 이해하기] 1. 광고에 사용된 설득 전략을 살펴보자. 　1) 광고의 의도를 말해 보자. 　2) 광고의 각 부분에 사용된 설득 전략을 파악해 보자. 　3) 광고에 사용된 설득 전략 중 가장 인상적인 것을 고르고, 그 이유를 친구들과 이야기해 보자. [설득 전략의 타당성을 판단하며 비판적으로 듣기] 1. 연설에 사용된 설득 전략의 타당성을 평가해 보자. 　1) 아람이의 공약을 정리하고, 공약이 적절한지 평가해 보자. 　2) 아람이가 연설에서 사용한 설득 전략을 파악해 보자. 　3) 2)에서 사용한 설득 전략이 효과적인지 평가해 보자. 　4) 앞의 활동을 바탕으로 아람이를 학생회장으로 뽑을 것인지 친구들과 함께 이야기해 보자.

[2015]
천재(노) 3-2
4. 세상을 보는 눈
(2) 설득 전략 분석하며 듣기
	학습활동	[연설에 사용된 설득 전략 분석하기]
		1. 주장과 근거를 파악하며 연설을 들어 보자.
		   1) 주요 내용을 메모하며 연설을 들어 보자.
		   2) 1)에서 메모한 내용 중 주장과 근거를 찾아 표시해 보자.
		2. 연설에 사용된 설득 전략의 타당성을 평가해 보자.
		   1) 연설자가 사용한 설득 전략을 정리해 보자.
		   2) 연설에 사용된 설득 전략이 타당한지 판단해 보자.
		   3) 만약 내가 이 연설을 한다면 어떤 점을 보완하고 싶은지 생각해 보자.

[2015] 미래엔 3-1 4. 설득의 힘 (2) 설득 전략 분석하며 듣기	제재	힘들 때 힘을 빼면 힘이 생긴다.

	동기유발	※ 봉사 활동을 마치고 집에 돌아가던 이슬이와 하늘이가 골목길에서 쓰레기 무단 투기를 금지하는 경고문을 보게 되는데……
		   1) 두 경고문 가운데 어느 것이 더 설득력이 있는지, 그 까닭은 무엇인지 이야기해 보자.
		   2) 자신이 경고문을 붙인다면 어떤 문구를 쓸지 생각해 보자.

	학습활동	1. 이 강연의 내용을 정리하고, 말하기의 목적을 파악해 보자.
		2. 다음 설명을 참고하여 이 강연의 말하는 이가 사용한 설득 전략을 알아보자.
		   1) 이 강연의 말하는 이가 이성적 설득 전략을 사용해 자신의 주장을 뒷받침한 부분을 찾아보자.
		   2) 이 강연의 내용과 말하는 이가 사용한 감성적 설득 전략을 바르게 연결해 보자.
		   3) 이 강연에서 인성적 설득이 이루어진 부분을 파악해 보자.
		3. 2에서 알아본 설득 전략 외에 이 강연에서 설득력을 더하는 요소나 부분을 더 찾아보자.
		4. 이 강연에서 타당성이 부족하거나 고칠 만한 부분이 있는지 이야기해 보자.
		5. 이 강연이 설득력이 있는지 다음 평가 기준에 따라 점검해 보자.
		
		       | 평가 기준 | 평가 |
		       |---|---|
		       | 말하는 이가 내세우는 주장의 근거를 이성적으로 받아들일 수 있는가? | ☆☆☆ |
		       | 감성적인 면에서 말하는 이의 주장에 마음이 움직이는가? | ☆☆☆ |
		       | 말하는 이의 인성을 바탕으로 하여 그의 주장을 신뢰할 수 있는가? | ☆☆☆ |
		       | 말하는 이의 주장에 동의할 수 있는가? | ☆☆☆ |

[2015] 동아 3-1 3. 소통을 위한 언어 (2) 설득 전략과 청중 분석하기	제재	더 나은 세상을 만드는 사람이 되어야 합니다.
	동기유발	※ 다음 상황에 누구의 말이 더 설득적인지 까닭과 함께 말해 보자. 감성적으로 이야기하는 학생 / 이성적으로 이야기하는 학생

	학습활동	[설득 전략 비판적으로 분석하며 듣기]
		1. 다음을 바탕으로 화자가 연설을 할 때 고려한 청중의 관심과 요구는 무엇이었을지 생각해 보자.
		2. 이 연설의 내용과 목적을 파악해 보자.
		3. 이 연설에 사용된 설득 전략을 파악하고 그 타당성을 판단해 보자.
		   1) 이 연설에 사용된 설득 전략을 보기에서 찾고 그 효과를 생각해 보자.
		   2) 1)을 바탕으로, 이 연설에 사용된 설득 전략이 타당한지 판단해 보자.
		[청중의 관심과 요구를 고려하여 말하기]
		1. '학교 폭력 예방의 날' 행사로 다음과 같은 말하기 대회를 하려고 한다. 청중의 관심과 요구를 고려하여 말하기를 해 보자.
		   1) 말하기 대회를 준비하기 위해 청중을 분석해 보자.
		   2) 1)을 바탕으로 말하기 계획을 세워 보자.
		   3) 1)과 2)를 바탕으로 어떤 설득 전략을 사용할지 생각하고 말할 내용을 마련해 보자.
		   4) 3)을 바탕으로 개요를 작성해 보자.
		   5) 4)를 바탕으로 적절한 설득 전략을 사용하여 발표문을 써 보자.
		   6) 5)를 바탕으로 청중의 반응을 고려하며 말하기를 해 보자.
		2. 친구의 말하기를 듣고 다음 항목에 따라 평가해 보자.
		
		       | 평가 기준 | 평가 |
		       |---|---|
		       | 청중과 말하기의 목적을 고려하여 설득 전략을 사용했는가? | ☆☆☆☆☆ |
		       | 청중의 관심을 요구를 고려하여 내용을 마련했는가? | ☆☆☆☆☆ |
		       | 청중과 반응을 고려하며 말했는가? | ☆☆☆☆☆ |

2026학년도 중등학교교사신규임용후보자선정경쟁시험(2차)
제3회 국어과 교수·학습 실연 시험 문제지

관리 번호 [   ]

지도안 세부 조건

1. 〈수험생 작성 조건1〉 동기유발
    가. 학습목표와 관련된 예시를 교사가 제시할 것
    나. 학생 경험을 떠올리게 할 것
    다. 학습목표의 필요성을 설명할 것

2. 〈수험생 작성 조건2〉 언어 예절 갖추어 대화하기
    가. 〈자료1〉을 활용할 것
    나. 대화의 원리에 근거하여 상황에 따른 언어 예절을 갖추도록 대화를 수정하는 활동을 구상할 것
    다. 학생 간의 상호작용이 활발하도록 활동을 구상할 것

3. 〈수험생 작성 조건3〉 듣기·말하기 방법이 다양함을 이해하고 대화하기
    가. 〈자료2〉를 활용할 것
    나. 〈자료2〉에서 의사소통이 원활하지 않은 이유를 분석하는 활동을 구상할 것
    다. 듣기·말하기 방법의 차이를 이해하며 대화하기의 중요성을 강조할 것

수업 조건

○ 과목 : 국어
○ 학년 : 중학교 2학년
○ 장소 : 국어 교과교실
○ 시간 : 블록타임제(90분)
○ 단원명 : 언어 예절과 다양한 화법
○ 해당 성취 기준 : 담화 공동체에 따른 듣기·말하기 방식의 다양성을 고려하여 듣고 말한다.

단원명	차시	학습 내용
언어 예절과 다양한 화법	1	○ 대화의 원리를 이해하고 설명할 수 있다.
	2-3 (본시)	○ 상황과 대상에 맞게 언어 예절을 갖추어 대화할 수 있다. ○ 듣기·말하기 방법의 다양성을 존중하며 의사소통할 수 있다.

학생 수	장소	학습 형태	학습 기자재
24명	국어 교과교실	강의식, 모둠식	교사용 컴퓨터, 전자 칠판, 학생용 스마트 기기

※ 본 문제는 모의 평가용으로 제작되었으며, 실제 시험의 문항 유형 및 형식과 다를 수 있습니다.

⟨자료1⟩

(가)
나연 : 독후감 다 썼어?
성찬 : 응, 한 번 읽어볼래?
나연 : 야, 글씨가 개발새발 이게 뭐냐?
성찬 : (얼굴이 붉어지며) 내용을 봐봐.
나연 : 진짜 잘 썼다! 나도 읽고 싶어지는 걸?
성찬 : 역시, 내 글쓰기 실력은 타의 추종을 불허하지.

(나)
지훈 : 민찬아. 이것 좀 도서관에 반납해주라. 내가 떡볶이 쏠게.
민찬 : 이 책? 무슨 일이야?
지훈 : 아, 지금 말 못 해. 빨리!
민찬 : 아니, 내가 왜? 부탁하는 태도가 그게 뭐야!
지훈 : 야! 친구끼리 그것도 못 해줘?

(다)
현정 : 어제 음악방송 봤어? MCT 대박이었어!
민수 : ……
현정 : 이번 신곡이 나왔는데 힙합 풍이거든. 너 힙합 좋아하니까 한 번 들어……
민수 : 아니, 나 축구화가 필요하다고 말했는데 엄마가 안 사주신대. 진짜 짜증나!
현정 : 축구화? 갑자기 뭐야, 정말.

⟨자료2⟩

(가)
미연 : 아, 배고파. 지수야, 사거리에 새로 생긴 분식집 알아?
지수 : 어, 새로 생겼더라!
미연 : 친구가 그러는데 거기 진짜 맛있대.
지수 : 그래?
미연 : 튀김이 끝내준다고 하더라고.
지수 : 그렇구나!
미연 : (뭐야. 나랑 같이 가기 싫은 건가?) 좀 서운하다?
지수 : 뭐? 왜?

(나)
아빠 : 아들, 생일 축하한다.
아들 : 감사해요. 참, 저 내일 집에서 생파하려고 하는데 괜찮을까요?
아빠 : 생파? 파가 필요해?
아들 : 아니, 생파요. 내일 친구들이 줄 생선이 벌써 기다려져요!
아빠 : 생선? 무슨 생선을 말하는 거니?

(다)
진행자 : 네, 오늘의 요리 소개해 주세요.
요리사 : 오늘 배울 3분 요리는 <u>정구지</u> <u>찌짐</u>입니다.
진행자 : 정구지 찌짐이요?
요리사 : 네. 먼저 재료를 손질해야 하겠죠? 정구지에 흙이 남을 수도 있으니 <u>매매</u> 닦아주세요.
진행자 : 이렇게 씻으면 되나요?
요리사 : 네, 이제 반죽을 하면 됩니다. 소금을 많이 넣으면 <u>짭게</u> 되니 주의해 주세요.

※ (경상도 방언)
- 정구지 : 부추
- 찌짐 : 부침개
- 매매 : 구석구석
- 짭게 : 짜게

2026학년도 중등학교교사신규임용후보자선정경쟁시험(2차)
제3회 국어과 교수·학습 실연 지도안 〔예상 답안〕

국어과 본시 교수·학습 지도안

학습 목표	1. 상황과 대상에 맞게 언어 예절을 갖추어 대화할 수 있다. 2. 개인이나 집단에 따라 듣기와 말하기의 방법이 다양함을 이해하고 듣기·말하기 활동을 할 수 있다.		
학습 단계 || **교수·학습 활동**	**자료 및 유의점**	**시간 (분)**

학습 단계		교수·학습 활동		자료 및 유의점	시간 (분)
도입	인사	• 인사 및 학습 분위기 조성	• 인사 및 학습 준비		
	전시 학습 확인	• 전시 학습 확인하기	• 전시 학습 확인하기		

	동기유발	〈수험생 작성 내용1〉
		• 학습목표와 연관지어 예시 제시하기
		  - "여러분은 '빼다지'라는 말의 뜻을 아나요? 저는 부산 친구와 여행을 갔을 때 친구가 서랍을 '빼다지'라고 부르는 것을 보고 놀랐던 기억이 있어요."
		  - "선생님과 친구가 사용하는 언어의 차이는 무엇 때문에 발생한 것일까요?"
		
		• 학생 경험을 떠올리도록 발문하기
		  - "여러분도 선생님의 경험처럼 세대나 지역, 직업 등에 따라 대화 방법이 다르다고 생각했던 경험이 있나요?"
		
		• 학습 목표의 필요성 설명하기
		  - "이처럼 개인이나 집단에 따라 듣기, 말하기의 방법이 다양하므로, 상대방의 말하기 방식을 존중하고 담화 상황에 따라 언어를 적절히 선택해서 사용해야 바람직한 의사소통이 이루어질 수 있어요."
			• 학습 목표와 예시 연관 짓기
			
			- "선생님과 친구분이 사는 지역이 다르기 때문이에요."
			
			• 경험 떠올리기
			- "할머니께 이제부터 '갓생'을 살 거라고 말씀 드렸는데, 할머니가 무슨 말인지 잘 모르겠다고 하셔서 부지런한 인생이라고 설명해 드렸던 기억이 있어요. 세대에 따라 쓰는 말이 다르다는 것을 알았어요."
			- "학교 진로 체험으로 의사 선생님을 인터뷰했는데 일반인이 모르는 전문 용어를 많이 사용하셔서 놀랐던 경험이 있어요."
			
			• 학습 목표의 필요성 이해하기		

	학습 내용 안내	• 학습 내용 안내	• 학습 내용 확인		
	학습 목표 제시	• 학습 목표 제시	• 학습 목표 확인		
전개 1	〈활동1〉 언어 예절 갖추어 대화하기	〈수험생 작성 내용2〉 • 〈자료1〉 제시 및 활동 안내하기 - (가)~(다)에서 각각 언어 예절에 어긋난 표현을 대화의 원리에 근거하여 찾고 그 이유를 적도록 안내한다.	• 언어 예절에 어긋난 표현 찾기		

전개 1	<활동1> 언어 예절 갖추어 대화하기	• 활동 결과 발표하도록 격려하기	• 활동 결과 발표하기 |	원리	어긋난 표현	이유
---	---	---	---
(가)	공손성	- 글씨가 개발새발~ - 역시, 내 글쓰기 실력은~	- 상대방을 비방하는 표현 - 겸손하지 않은 표현
(나)	협력	- 아, 지금 말 못 해. 빨리!	- 부탁하는 이유 설명× (필요한 정보 제공×)
(다)	순서교대	- ······ - 아니 나 축구화가 필요하다고~ 안 사 주신대	- 대화에 참여하지 않고 침묵 - 대화와 관련 없는 화제			
		• (짝 활동) 대화 수정하여 역할극 활동 안내하기 - (가)~(다)의 대화가 언어 예절에 왜 어긋났는지 그 이유를 찾고, 대화를 고쳐 역할극을 하도록 안내한다. • 활동 결과 및 역할극 발표하도록 격려하기 - 수정한 내용으로 대사를 주고 받으며 역할극을 하도록 격려한다. • 언어 예절을 지켜 대화하는 것의 중요성 설명하기 - 언어 예절을 지키지 않으면 다른 사람들과의 의사소통이 원활하게 이루어지기 어렵고, 원만한 인간관계를 유지하기 어려울 수 있음을 설명한다.	• (짝 활동) 대화 수정하여 역할극하기 • 활동 결과 및 역할극 발표하기 |	(가)	수정	- 글씨까지 반듯하게 쓰면 더 좋은 독후감이 될 것 같아! - 부족한데 좋게 봐주니 고마워.
---	---	---	---
(나)	수정	- 혹시 시간 있으면 이 책 좀 도서관에 반납해줄 수 있을까? 오늘까지 반납 마감일인데 선생님이 부르셔서 바로 가야할 것 같아.
(다)	수정	- 노래 꼭 한 번 들어봐야겠다! | • 언어 예절을 지켜 대화하는 것의 중요성 이해하기			
전개 2	<활동2> 듣기·말하기 방법이 다양함을 이해하고 대화하기	<수험생 작성 내용3> • <자료2> 제시 및 활동 안내하기 - (가)~(다)에서 의사소통이 원활하지 않은 이유를 찾고 어떤 태도가 필요한지 찾도록 안내한다. • 활동 결과 발표하도록 격려하기 - 발표 내용을 개념이 분명하게 드러나는 말로 정리하여 설명한 뒤 판서한다.	• <자료2>를 활용하여 원활한 의사소통을 위한 태도 찾는 활동하기 • 활동 결과 발표하기 |		
---	---	---
(가)	이유	개인적 성향에 따른 의사소통 방법의 차이를 이해하지 못함
	태도	개개인마다 말하는 방식이 다름을 이해하고, 상대방의 듣기·말하기 방법을 배려하는 태도			

1. 중등 듣기·말하기(제1회~제11회)

전개 2	〈활동2〉 듣기· 말하기 방법이 다양함을 이해하고 대화하기	– "맞아요. (가)에서 미연이는 지수에게 새로 생긴 떡볶이 집에 같이 가자는 의도로 얘기한 건데, 지수는 그 의도를 전혀 모르고 있죠. 지수 입장에서는 직접적으로 얘기를 안 했으니 모를 수도 있어요. 개인적인 성향에 따라 의사소통 방법의 차이가 있네요."			
			(나)	이유	세대에 따라 사용하는 언어가 다름을 존중하지 못함
				태도	다른 세대에 속한 사람과 대화할 때에는 상대방이 이해할 수 있도록 배려하여 말하는 태도
			(다)	이유	지역에 따라 다르게 사용하는 방언을 공식적인 자리에서 사용함
				태도	지역 방언의 특성을 인정하고 존중하는 태도를 지니고 다만, 공적인 대화를 할 때에는 표준어를 사용하는 태도
		• 듣기·말하기 방법의 차이를 이해하며 대화하기의 중요성 강조하기 – 개인적 성향, 세대나 지역 등의 사회·문화적 특성에 따라 듣기·말하기 방법이 다양하게 나타남을 이해하고, 이를 존중하며 말하는 태도가 필요함을 설명한다.	• 듣기·말하기 방법의 차이를 이해하며 대화하기의 중요성 이해하기		
정리	형성평가 및 과제 부여	• 형성평가 부여 • 수준별 과제 제시	• 형성평가 진행 • 수준별 과제 확인		
	학습 내용 정리	• 학습 내용 정리	• 학습 내용 이해		
	차시 예고	• 차시 예고	• 차시 예고 인지		

판서 예시

〈복습 내용〉

(1) 공손성의 원리 : 공손하지 않은 표현은 최소화하고 공손한 표현은 최대화

(2) 협력의 원리 : 대화의 목적과 방향에 맞게 상호 협력하여 대화

(3) 순서 교대의 원리 : 의사소통 상황에 맞게 끊임없이 청자와 화자의 역할이 순환

1) 언어 예절을 갖추어 대화하기

	원리	어긋난 표현	이유
(가)	공손성	– 글씨가 개발새발~ – 역시, 내 글쓰기 실력은~	– 상대방을 비방 – 겸손 ×
(나)	협력	– 아, 지금 말 못 해.	– 부탁하는 이유 설명 × (필요한 정보 제공 ×)
(다)	순서 교대	– …… – 아니 나 축구화가 필요하다고~ 안 사주신대	– 대화에 참여하지 않고 침묵 – 대화와 관련 없는 화제

2) 듣기·말하기 방법이 다양함을 이해하고 대화하기

(가)	개인적 성향에 따른 의사소통 방법의 차이 → 상대방의 듣기·말하기 방법을 존중
(나)	세대에 따라 사용하는 언어가 다름 → 다른 세대도 이해할 수 있도록 배려
(다)	지역에 따라 다르게 사용하는 방언 → 공적인 대화 상황에서는 표준어 사용

성취 기준	
2022 교육과정	**[9국01-03] 담화 공동체**에 따른 듣기·말하기 방식의 **다양성**을 고려하여 듣고 말한다. 　　이 성취 기준은 개인이 속해 있는 담화 공동체의 듣기·말하기 방식이 가진 다양성을 고려하여 구어 의사소통에 참여함으로써 사회·문화적 맥락에 맞는 의사소통 능력을 기르기 위해 설정하였다. 듣기·말하기 방식에 영향을 미치는 요인으로 세대, 성, 직업, 지역, 공동체의 관심사나 이해관계, 공동체의 언어문화와 관습 등이 있음을 이해하기, 개인이 속한 집단이나 공동체에 따라 듣기·말하기 방식이 다양할 수 있음을 이해하기, 듣기·말하기 방식의 다양성에 대한 존중이 긍정적인 관계 형성과 유지에 기여함을 이해하기, 서로 다른 듣기·말하기 방식을 이해하고 존중하는 태도 형성하기, 자신의 듣기·말하기 방식이 상황 맥락이나 자신이 속한 공동체에 적절한지를 지속적으로 점검하여 개선하기 등을 학습한다.
성취 기준 적용 시 고려 사항	구어 의사소통을 효과적으로 수행하는 데 필요한 능력과 태도를 바탕으로, 교과 학습을 효과적으로 수행하고, 원만한 대인 관계를 형성·유지하며, **사회적 소통**에 적극적으로 참여할 수 있는 능력을 갖출 수 있도록 한다. 일상의 친숙한 주제를 포함하여 지역사회 공동체와 관련된 주제를 다루는 상황, 사적이고 비격식적 담화를 포함하여 공적이고 격식적인 담화 상황에 필요한 듣기·말하기 과정과 전략, 태도를 학습하고, 자신의 **듣기·말하기 과정을 지속적으로 점검하고 조정**하는 상위 인지 활동도 수행하도록 한다.
2015 교육과정	**[10국01-01]** 개인이나 집단에 따라 듣기와 말하기의 방법이 다양함을 이해하고 듣기·말하기 활동을 한다. **[10국01-02]** 상황과 대상에 맞게 언어 예절을 갖추어 대화한다.

교과서 정리			
학습 내용 정리	[듣기·말하기 방법의 다양성] (1) **개인에 따라** : 개인의 성격, 직업, 경험과 지식, 기호, 자기 노출 방식 등에 따라 다양하게 나타난다. (2) **집단에 따라** : 세대, 성별, 지역과 같은 사회·문화적 특성에 따라 다양하게 나타난다.(지역방언, 사회방언) [대화의 원리] (1) **공손성의 원리** : 공손하지 않은 표현은 최소화하고 공손한 표현은 최대화해야 한다. 　• 상대에게 부담이 되는 표현은 줄이고, 이익이 되는 표현은 늘린다.(요령의 격률) 　• 자신에게 혜택을 주는 표현은 줄이고, 부담을 주는 표현은 늘린다.(관용의 격률) 　• 상대를 비방하는 표현은 줄이고 칭찬하는 표현은 늘린다.(찬동의 격률) 　• 자신을 칭찬하는 표현은 줄이고 겸손하게 표현한다.(겸양의 격률) 　• 자신과 상대방의 의견에서 다른 점은 줄이고 공통점은 늘린다.(동의의 격률) (2) **협력의 원리** : 대화에 참여하는 사람은 대화의 목적과 방향에 맞게 상호 협력해야 한다. 　• 대화에서 필요한 만큼만 정보를 제공한다.(양의 격률) 　• 진실이라고 생각하는 정보를 제공한다.(질의 격률) 　• 대화의 맥락에 맞는 정보를 제공한다.(관련성의 격률) 　• 모호한 표현이나 중의적 표현을 피하고 명료하게 표현한다.(태도의 격률) (3) **순서 교대의 원리** : 화자와 청자의 역할은 고정된 것이 아니라 상황에 맞게 끊임없이 순환되어야 한다. 　• 대화를 독점하거나 일방적으로 주도하지 않았는가? 　• 대화에 적극적으로 참여하지 않고 침묵하고 있지 않았는가? 　• 상대가 말할 때 함부로 끼어들거나 다른 사람의 차례를 빼앗지 않았는가? 　• 대화의 화제와 관련이 없는 화제를 꺼내어 대화의 흐름을 방해하지 않았는가?		
미래엔 고등국어 5. 바른 언어생활 (3) 의사소통과 언어 예절	제재	—	
	동기유발	—	
	학습활동1	[화법의 다양성 이해하기] 1. 다음 상황에서 자신이라면 어떻게 말할지 써 보고, 친구들과 비교해 보자. 2. 다음 대화와 드라마 내용을 보고, 집단에 따라 듣기·말하기 방법이 다양함을 이해해 보자. 　(1) (가)의 강산이와 윤서가 나눈 대화에 나타난 말하기 방식의 특징을 살펴보자. 	대화에 나타난 표현	→	특징 | |---|---|---| 	• 헉 • 문풀, 생축, 문상, 절친, 생파		• 빠른 전달이 가능한 간결하고 압축적인 줄임말, 신조어 등 감탄사를 많이 사용한다. • 명사형으로 끝맺은 문장 등 간결한 표현을 주로 사용한다. | 　(2) 강산이와 선생님이 나눈 대화는 (1)과 어떻게 다른지 이야기해 보자. 　(3) 평소 다른 세대와 대화할 때 자신의 태도를 떠올리며 자신의 언어생활을 성찰해 보자. 　(4) (나)에서 나정이와 칠봉이가 생각한 '맞나'의 의미를 정리해 보고, 이처럼 '맞나'의 의미가 다른 까닭을 말해 보자.		

미래엔 고등국어 5. 바른 언어생활 (3) 의사소통과 언어 예절	학습활동1	(5) <보기>처럼 지역마다 어휘나 표현이 서로 다른 사례를 찾아보고, 원활한 의사소통을 위해 필요한 태도를 생각해 보자. (6) 일상생활에서 지역 방언을 효과적으로 사용하는 사례를 찾아보고, 다양한 지역 방언을 존중하는 것이 필요한 이유를 생각해 보자. 3. 다음 글을 읽고, 성별에 따른 듣기·말하기 방법이 어떻게 다른지 정리해 보자. 그리고 자신은 이러한 내용을 어떻게 생각하는지 이야기해 보자. 4. 다양한 개인적 성향과 서로 다른 사회·문화적 특성을 가진 사람들이 원활하게 의사소통하려면 어떤 태도가 필요한지 이야기해 보자.

	학습활동2	※ 상황에 따른 언어 예절 이해하기
		1. 다음 드라마 영상을 보고, 사과하는 상황에서의 언어 예절을 알아보자.
		  (1) 덕선이가 울며 뛰쳐나간 까닭을 말해 보자.
		  (2) 다음 내용을 바탕으로 하여 아빠가 공손성의 원리를 잘 지켜 말하고 있는지 이야기해 보자.
		2. 다음 만화를 보고, 부탁하는 상황에서의 언어 예절을 알아보자.
		  (1) 다음 내용을 바탕으로 하여 민규의 말을 협력의 원리에 맞게 고쳐 보자.
		  (2) 상대방에게 부탁하는 상황에 맞는 언어 예절을 고려하여 대화를 재구성해 보자.
		3. 다양한 상황에서 대화의 원리가 잘 지켜지고 있는지 살펴보자.
		  (1) (가)와 (나)에서 어떤 공손성의 원리를 지키지 않았는지 찾고, 바르게 고쳐 보자.
		
				지키지 않은 공손성의 원리	고친 표현

(가)	상대방을 비방하는 표현은 줄이고 칭찬하는 표현은 늘린다.	
(나)	자신을 칭찬하는 표현은 줄이고 겸손하게 표현한다.	| (2) (가)와 (나)의 문제점을 파악하고, 원활한 의사소통을 위해 필요한 협력의 원리가 무엇인지 생각해 보자. |	문제점	필요한 협력의 원리
(가)		대화에서 필요한 만큼만 정보를 제공한다.
(나)		모호한 표현이나 중의적인 표현을 피하고 명료하게 표현한다. | (3) 다음은 대화의 원리 가운데 순서 교대의 원리를 설명한 글이다. 친구와 주제를 정해 대화한 후, 순서 교대의 원리를 잘 지켰는지 점검해 보자. | 평가 항목	예	아니요
대화를 독점하거나 일방적으로 주도하지 않았는가?		
대화에 적극적으로 참여하지 않고 침묵하고 있지 않았는가?		
상대가 말할 때 함부로 끼어들거나 다른 사람의 차례를 빼앗지 않았는가?		
대화의 화제와 관련이 없는 화제를 꺼내어 대화의 흐름을 방해하지 않았는가?			

	적용학습	※ 마음을 나누는 대화하기
		1. 다음 자료를 참고하여 지역 방언을 활용한 홍보 문구를 만들어 보자.
		  (1) 모둠별로 홍보 지역을 선정하고, 선정한 지역의 방언 자료를 조사해 보자.
		  (2) 모둠원의 의견을 모아 지역 방언을 활용한 홍보 문구를 만들어 보자.
		  (3) 모둠별로 만든 홍보 문구와 문구의 의미를 발표하고 평가해 보자.
		  (4) (1)~(3)을 바탕으로 하여 지역 방언의 가치를 생각해 보자.
		2. 다음 상황에 적합한 말을 언어 예절에 맞게 표현해 보자.
		  (1) 다음 상황 중 하나를 골라 짝과 함께 상황극을 해 보자.
		    • 약속 시각을 지키지 못해 형에게 사과하는 상황
		    • 발표 수업을 위해 선생님께 사전을 빌려 달라고 부탁하는 상황
		    • 아픈 친구에게 병문안을 가서 위로하는 상황
		  (2) 짝과 나눈 대화 내용을 평가해 보자.
		
		| 평가 기준
			평가		

---	---	---	---
상대의 듣기·말하기 방식을 이해하고 존중하며 대화하였는가?	상	중	하
대화의 원리를 지키면서 대화하였는가?	상	중	하
상황에 맞는 언어 예절을 지키면서 대화하였는가?	상	중	하	

	제재	―
	동기유발	※ 강원도 방언으로 옮겨 쓴 다음 시를 낭송해 보고, 어떤 느낌이 드는지 말해 보자.

비상
고등국어
5. 마음과 마음을
잇는 언어의 끈
(2) 언어 예절을
갖추어
대화하기
	학습활동1	※ 듣기·말하기 방법의 다양성
		[개인에 따른 듣기·말하기 방법]
		1. 다음 일기를 바탕으로 개인에 따른 듣기·말하기 방법의 차이를 이해해 보자.
		   (1) '나'와 '경수'의 듣기·말하기 방법이 어떻게 다른지 비교해 보고, 이것이 어떤 결과로 이어졌는지 써 보자.
		   (2) 사람마다 듣기·말하기 방법에 차이가 나는 이유를 말해 보자.
		2. 평소 자신의 듣기·말하기 방법은 어떠한지 생각해 보고, 자신과 다른 성향의 사람과 대화할 때에는 어떻게 듣고 말해야 할지 이야기해 보자.
		
		[집단에 따른 듣기·말하기 방법 ① : 지역 방언]
		1. 다음 활동을 바탕으로 표준어와 지역 방언을 사용하는 상황과 둘의 관계를 알아보자.
		   (1) ㉮와 ㉯의 상황을 고려하여 같은 인물이 ㉮에서는 표준어를, ㉯에서는 지역 방언을 사용한 이유가 무엇일지 정리해 보자.
		   (2) ㉮와 같은 상황에서 지역 방언을 사용한다면 시청자가 어떤 반응을 보일지 추측해 보자.
		   (3) 표준어와 지역 방언을 각각 어느 경우에 사용하는 것이 효과적인지 찾아보고, 이를 바탕으로 둘의 관계를 말해 보자.
		2. 다음 소설의 밑줄 친 부분을 표준어로 바꾸어 보고, 표현 효과가 어떻게 달라지는지 비교해 보자.
		3. 다음 대화 상황을 바탕으로 지역 방언의 다양성을 고려한 바람직한 의사소통 방법을 알아보자.
		   (1) 위 대화 상황에서 '남자'가 '여자'의 말을 이해하지 못한 이유를 적어 보자.
		   (2) 위 대화 상황처럼 자신과 다른 지역의 사람을 만났을 때, 원활한 의사소통을 위해 고려해야 할 점은 무엇인지 말해 보자.
		
		[집단에 따른 듣기·말하기 방법 ② : 사회 방언]
		1. 다음 대화를 바탕으로 세대에 따른 듣기·말하기 방법의 특징을 알아보자.
		   (1) ㉮와 ㉯의 대화를 바탕으로 노년 세대와 청소년 세대의 듣기·말하기 방법의 특징을 정리해 보자.
		   (2) 세대에 따른 사회 방언을 사용했을 때 어떤 장단점이 있을지 말해 보자.
		2. 다음 대화를 바탕으로 성별에 따른 듣기·말하기 방법의 특징을 알아보자.
		   (1) 위 대화에서 '인물 1'과 '인물 2'의 성별을 추측해 보고, 왜 그렇게 생각했는지 말해 보자.
		   (2) 위 대화에 쓰인 표현이나 어휘를 바탕으로 성별에 따른 듣기·말하기 방법의 특징을 정리해 보자.
		   (3) 성별에 따라 듣기·말하기 방법에 차이가 생기는 원인이 무엇일지 이야기해 보자.
		3. 다음 대화를 바탕으로 직업에 따른 듣기·말하기 방법의 특징을 알아보자.
		   (1) ㉮와 ㉯에서 직업적 특성이 반영된 말을 찾아보고, 집단 안에서 전문 용어를 사용하여 얻을 수 있는 효과를 써 보자.
		   (2) ㉯에서 '전공의'의 말을 '보호자'가 잘 이해하지 못하는 이유를 쓰고, '보호자'가 이해하기 쉽도록 그 말을 고쳐 써 보자.

	학습활동2	※ 언어 예절을 갖추어 대화하기 1. 「언어 예절을 갖추어 대화하기」를 읽고, 언어 예절을 갖추어 말하는 방법을 알아보자. (1) 다음의 대화 상황에서 언어 예절에 맞게 대화하는 방법을 정리해 보자. | 상황	대화 방법
---	---
부탁	자기 처지를 설명하고 상대방의 입장을 배려하여 상대방이 부담을 덜 수 있게 말함
건의	상대방을 존중하는 태도로 차분하게 말하면서 상대방의 부담을 덜어 줌
거절	상대방이 부담을 덜 수 있도록 거절의 구체적인 이유를 제시하며 완곡하고 정중하게 말함

사과	진심 어린 사과의 뜻이 전달될 수 있도록 상대방의 기분을 살피면서 정중하고 공손하게 말함	
		
		   (2) 다른 사람과 대화할 때 언어 예절을 지켜야 하는 이유를 말해 보자.
		2. <보기>의 설명을 바탕으로 '엄마'와 '서준'의 대화가 적절한지 살펴보자.
		   (1) 위 대화에서 대화의 원리가 잘 지켜진 부분과 지켜지지 않은 부분을 찾아보고, 그렇게 생각한 이유를 말해 보자.
		   (2) 앞의 활동 (1)에서 찾은, 대화의 원리가 지켜지지 않은 부분을 바르게 고쳐 보자.
		3. 다음 상황에서 언어 예절에 어긋나는 표현을 찾아 바르게 고쳐 보자.
		4. 다음 상황에 맞게 언어 예절을 갖추어 말해 보자.

2026학년도 중등학교교사신규임용후보자선정경쟁시험(2차)
제4회 국어과 교수·학습 실연 시험 문제지

관리 번호

지도안 세부 조건

1. **〈수험생 작성 조건1〉 동기유발**
   가. 시청각 매체 자료를 활용할 것
   나. 학생들의 경험을 떠올려보게 할 것
   다. 공감적 듣기의 필요성을 언급할 것

2. **〈수험생 작성 조건2〉 공감하며 대화하는 방법 파악하기**
   가. 〈자료1〉을 활용할 것
   나. 비언어적 표현을 찾고 비언어적 표현이 주는 효과를 파악해 보도록 할 것
   다. 언어적 표현을 중심으로 공감하며 대화하기 위해 사용한 방법을 파악해 보도록 할 것

3. **〈수험생 작성 조건3〉 상대방에게 공감하며 반응하는 대화하기**
   가. 〈자료2〉를 활용해 구체적인 활동을 계획하고 안내할 것(단, 활동 결과는 지도안 및 시연에서 생략할 것)
   나. 공감적 듣기가 잘 이루어졌는지 평가하는 기준을 2가지 이상 제시할 것
   다. 활동 내용을 바탕으로 상호 평가가 이루어지게 할 것

수업 조건

- 과목 : 국어
- 학년 : 중학교 2학년
- 장소 : 국어 교과교실
- 시간 : 블록타임제(90분)
- 단원명 : 공감하며 대화하기
- 해당 성취 기준 : 상대의 말을 경청하고 상대의 감정과 입장에 공감하는 반응을 보이며 대화한다.

단원명	차시	학습 내용
공감하며 대화하기	1	○공감하며 대화하며 듣는 태도를 이해할 수 있다. ○공감하며 대화하는 방법(언어적, 비언어적 표현)을 이해할 수 있다.
	2-3 (본시)	○공감하며 대화하는 방법(언어적, 비언어적 표현)을 파악할 수 있다. ○상대방에게 공감하며 적극적으로 반응할 수 있다.

학생 수	장소	학습 형태	학습 기자재
24명	국어 교과교실	강의식, 짝 활동, 모둠활동	교사용 컴퓨터, 전자 칠판, 학생용 스마트 기기

※ 본 문제는 모의 평가용으로 제작되었으며, 실제 시험의 문항 유형 및 형식과 다를 수 있습니다.

〈자료1〉

서현 : 경표야, 나 오늘 너무 속상한 일이 있었어.
경표 : 어쩐지 오늘 기분이 안 좋아 보였어. 무슨 고민 있어?
서현 : 사실은 언니랑 조금 다퉜어.
경표 : (부드럽게 눈을 맞추며) 언니랑 다퉈서 고민이구나. 좀 더 자세히 이야기해 줄 수 있어?
서현 : 내가 성적이 많이 떨어져서 속상해하고 있었거든. 언니가 위로해줄 거라고 생각했는데, 이번에 공부를 많이 안 한 것 같긴 하다고 오히려 놀리지 뭐야. 그래서 나도 언니에게 조금 상처 주는 말을 한 것 같아.
경표 : (고개를 끄덕이며) 그랬구나. 언니가 네 마음을 알아주지 못해서 속상하겠네. 그렇지만 상처 주는 말을 한 것은 후회되겠다.
서현 : 응. 많이 후회돼. 사과를 하고 싶은데 어떻게 하면 좋을까?
경표 : 많이 답답하겠다. 어쩌면 언니도 너와 비슷한 고민을 하고 있을지도 몰라. 언니에게 네 마음을 이야기해보면 어떨까? 솔직한 게 약이라는 말도 있잖아. 한번 용기를 내보는 게 어때?
서현 : 응. 용기를 내봐야겠다. 고마워.

〈자료2〉

상황1	상황2	상황3	상황4
"핸드폰이 갑자기 고장 났어. 산지 얼마 안 된 핸드폰인데……."	"실수를 해서 체육 수행평가를 망쳤어. 정말 열심히 연습했는데……."	"오늘 기분이 되게 좋아 보인다. 무슨 일 있었어?"	상황 직접 만들기

2026학년도 중등학교교사신규임용후보자선정경쟁시험(2차)

제4회 국어과 교수·학습 실연 지도안 예상 답안

국어과 본시 교수·학습 지도안					
학습 목표	1. 상대방의 감정에 공감하는 대화 방법을 파악할 수 있다. 2. 상대방의 감정에 공감하며 적절하게 반응하는 대화를 나눌 수 있다.				
학습 단계		교수·학습 활동		자료 및 유의점	시간 (분)
도 입	인사	• 인사 및 학습 분위기 조성	• 인사 및 학습 준비		
^	전시 학습 확인	• 전시 학습 확인	• 전시 학습 회상		

^	동기유발	〈수험생 작성 내용1〉
		• ○○콘서트 〈대화가 필요해〉의 한 장면을 제시하기
		
		• 공감적 듣기와 관련하여 학생 경험을 이끌어 내는 발문 하기
		  – "여러분들도 방금 본 영상처럼 상대가 내 마음에 공감해 주지 않아 속상했던 경험이 있나요?"
		
		• 공감적 듣기의 필요성 느끼게 하기
		  – "만약 영상 속 아버지가 아들에게 공감하며 대화를 했다면 대화가 원활했을까요?"
		
		• 공감적 듣기의 필요성 설명하기
		  – "영상 속 상황처럼 여러분들도 상대가 나의 말에 공감해 주지 않아 속상했던 적이 있을 거예요. 공감적 듣기를 하면 상대의 감정을 깊이 이해할 수 있고, 상대와 협력적으로 의사소통할 수 있어요."
			• ○○콘서트 〈대화가 필요해〉의 한 장면을 시청하기
			
			• 공감적 듣기와 관련된 학생 경험 떠올려 보기
			  – "네. 새로 산 옷이 마음에 들지 않아 기분이 좋지 않았는데, 친구가 공감해 주지 않아 속상했어요."
			
			• 공감적 듣기의 필요성 느끼기
			  – "네. 아버지가 아들의 고민에 공감해 주었다면 원활하게 대화가 이루어졌을 것 같아요."
			
			• 공감적 듣기의 필요성 이해하기		

^	학습 내용 안내	• 학습 내용 안내	• 학습 내용 확인		
^	학습 목표 제시	• 학습 목표 제시	• 학습 목표 확인		

전
개
1
	〈활동1〉
	공감하며
	대화하는
	방법 익히기
		〈수험생 작성 내용2〉
		• 〈자료1〉의 대화 상황 함께 읽기
		
		• (모둠활동) 〈자료1〉에서 비언어적 표현을 찾고 비언어적 표현의 효과를 파악해 보도록 안내하기
		  – "〈자료1〉의 대화가 잘 이루어졌다고 생각하나요?"
			• 〈자료1〉의 대화 상황 함께 읽기
			
			• (모둠활동) 〈자료1〉에서 비언어적 표현을 찾고 비언어적 표현의 효과를 파악하기
			  – "네. 경표가 서현이의 말에 잘 공감해주어 대화가 잘 이루어진 것 같아요."		

단계		교수·학습 활동		
		교사	학생	
전개 1	〈활동1〉 공감하며 대화하는 방법 익히기	– "맞아요. 경표는 상대에게 공감해주기 위해 다양한 비언어적 표현을 사용하고 있는데요. 어떠한 방법을 사용하고 있는지, 그 방법이 어떠한 역할을 하는지 찾아보세요." • 활동 내용 발표 유도 및 피드백하기	• 활동 내용 발표하기 | 비언어적 표현		효과
---	---	---
몸짓	고개를 끄덕임	상대의 감정을 이해하고 있음을 표현함
시선	부드럽게 눈을 맞춤	상대의 말에 집중하고 있음을 드러냄		
		• (모둠활동)〈자료1〉의 언어적 표현을 중심으로 공감하며 대화하기 위해 사용한 방법을 파악해 보도록 안내하기 • 활동 내용 발표 유도 및 피드백하기	• (모둠활동)〈자료1〉의 언어적 표현을 중심으로 공감하며 대화하기 위해 사용한 방법을 파악하기 • 활동 내용 발표하기 | 경표의 말	공감적 듣기의 방법
---	---
– 무슨 고민 있어? – 좀 더 자세히 이야기해 줄 수 있어?	적절히 질문하기
– 언니랑 다퉈서 고민이구나. – 언니가 네 마음을 알아주지 못해서 속상하겠네. 그렇지만 상처 주는 말을 한 것은 후회되겠다.	상대의 말 반복, 정리하기		
전개 2	〈활동2〉 상대방에게 공감하며 반응하는 대화하기	〈수험생 작성 내용3〉 • 〈자료2〉의 상황 중 하나를 골라 짝과 공감하며 대화하도록 안내하기 〈활동 안내〉 1. 상황 중 하나를 골라 짝과 대화할 것 2. 적절한 비언어적 표현과 언어적 표현을 사용하여 공감하며 반응하는 대화를 할 것 • 공감하며 반응하는 대화하기의 평가 기준 제시하기 〈평가 기준〉 1. 적절한 몸짓이나 표정으로 상대의 말에 집중하고 있음을 보여주었는가? 2. 상대의 말을 요약, 정리하여 말해주었는가? 3. 상대방의 상황과 처지를 이해하며 공감을 표현하였는가? • 평가 기준에 맞게 짝과 함께 상호 평가하도록 안내하기	• 〈자료2〉의 상황 중 하나를 골라 짝과 공감하며 대화하기 • 평가 기준 숙지하기 • 평가 기준에 맞게 짝과 함께 상호 평가하도록 안내하기	

전개 2	<활동2> 상대방에게 공감하며 반응하는 대화하기	• 평가한 내용 발표 유도 및 피드백하기	• 평가한 내용 발표하기 – "○○이가 고개를 끄덕이고 저에게 집중하는 몸짓을 보여주어 편안하게 이야기할 수 있었어요. 그런데, 언어적으로는 반응해주지 않아 섭섭했어요. 저의 말을 요약, 정리해주거나 공감을 표현하는 말을 해주었으면 더 좋았을 것 같아요."		
		• 공감적 대화를 하며 느낀 점과 소감을 발표할 수 있도록 발문하기 – "공감적 대화를 직접 해보니 어땠나요?"	• 공감적 대화를 하며 느낀 점과 소감 발표하기 – "정말 제 마음을 친구가 알아주는 것 같아 속이 후련해지고 마음이 따뜻해졌어요." – "대화가 너무 즐겁다고 느껴졌어요."		
		• 활동을 정리하며 공감적 듣기의 필요성 강조하기	• 활동을 정리하며 공감적 듣기의 필요성 인식하기		
정리	형성평가 및 과제 부여	• 형성평가 부여 • 수준별 과제 제시	• 형성평가 진행 • 수준별 과제 확인		
	학습 내용 정리	• 학습 내용 정리	• 학습 내용 이해		
	차시 예고	• 차시 예고	• 차시 예고 인지		

판서 예시

단원명 : 공감하며 대화하기

<학습 목표>

1. 상대방의 감정에 공감하는 대화 방법을 파악할 수 있다.
2. 상대방의 감정에 공감하며 적절하게 반응하는 대화를 나눌 수 있다.

<활동1> 공감하며 대화하는 방법 익히기

몸짓·시선	역할
고개를 끄덕임	감정을 이해하고 있음을 나타냄
부드럽게 눈을 맞춤	상대의 말에 집중하고 있음을 나타냄

경표의 말	공감적 듣기의 방법
- 무슨 고민 있어? - 좀 더 자세히 이야기해 줄 수 있어?	적절히 질문하기
- 언니랑 다퉈서 고민이구나. - 언니가 네 마음을 알아주지 못해서 속상하겠네. 그렇지만 상처주는 말을 한 것은 후회되겠다.	상대의 말 반복, 정리하기

<활동2> 공감하며 대화하기, 평가하기

〈활동 안내〉
1. 상황 중 하나 선택
2. 비언어적 표현, 언어적 표현을 사용하여 공감하며 대화할 것

〈평가 기준〉
1. 적절한 몸짓이나 표정을 하였는가?
2. 상대의 말을 요약, 정리하였는가?
3. 상대방의 상황, 처지를 이해하며 공감을 표현하였는가?

성취 기준

2022 교육과정	[9국01-04] 상대의 말을 경청하고 상대의 감정과 입장에 공감하는 반응을 보이며 대화한다.
성취 기준 적용 시 고려 사항	■ **공감적 대화하기**를 지도할 때는 공감적 대화가 원만한 대인 관계를 형성하고 유지하는 데 필요할 뿐만 아니라, 듣기·말하기 활동에 협력적으로 참여하는 토대가 된다는 점을 안내한다. 나아가 다양한 사회·문화적 배경을 가진 상대의 상황과 처지에서 문제를 바라보고 상대의 생각과 감정을 보다 깊이 이해하기 위해 노력하는 포용적 태도를 함양할 수 있도록 한다. ■ 듣기·말하기 태도의 내면화를 위해서 학습자 스스로 듣기·말하기 활동의 **다양성**을 존중하고 있는지, 상대를 존중하는 표현을 사용하고 **공감적 대화**를 실천하고 있는지 등을 지속적으로 점검하는 성찰 일지 작성하기 활동을 활용할 수 있다. 성찰 전·후에 어떤 차이가 있었는지, 또 어떤 점을 개선해 나갈 것인지도 생각해 보도록 한다.

2015 교육과정	[9국01-02] 상대의 감정에 공감하며 적절하게 반응하는 대화를 나눈다. 　이 성취 기준은 대화 과정에서 상대방의 상황과 처지를 이해하며 듣고, 상대방에게 공감을 표시할 수 있는 내용을 선정하여 표현하는 능력을 기르기 위해 설정하였다. 공감적 듣기는 상대방의 감정을 깊이 있게 이해하고 상대방의 관점에서 문제를 바라보며 협력적으로 소통하기 위한 듣기이다. 여기에는 상대방의 눈을 맞추며 지속적으로 관심을 표현하는 소극적 들어주기와 대화 상대의 말을 요약·정리해 주며 반응하는 적극적 들어주기가 있는데, 이 성취 기준에는 적극적인 공감적 듣기의 방법을 익히는 데 중점을 둔다.

교과서 정리		
학습 내용 정리	■ 경청하고 **공감하며 대화하기** 　- 개념 : 상대의 말에 귀를 기울여 주의깊게 들으며, 감정을 깊이 있게 이해하고 상대방의 관점에서 문제를 바라보며 협력적으로 소통하는 대화 ■ **필요한 자세** 　- 상대방의 상황과 처지에 공감하는 자세 　- 상황을 살피고, 상대의 입장과 처지를 이해하면서 상대의 공감을 이끌어 낼 수 있는 내용을 선정하여 적절하게 표현하는 소통능력 　- 상대를 존중하며 상대의 반응에 적극적으로 대응하는 자세 ■ **경청하고 공감하는 대화 방법** 　- 상대와 눈을 맞추고 지속적으로 관심을 표현하며 대화함 　- 고개를 끄덕이거나 상대의 말에 적절한 표정을 지음 　- 간단한 말로 맞장구를 침 　- 상대의 상황과 처지를 이해하며 대화함 　- 상대에게 적절하게 질문을 하고 격려하기 　- 상대의 말을 요약·정리하고 상대의 말에 적극적으로 반응하며 대화함 　- 상대가 한 말의 의도를 파악하여 다시 말하기 ■ **경청하고 공감하는 대화의 효과** 　- 상대의 상황과 입장에서 문제를 바라볼 수 있음 　- 상대의 생각과 감정을 좀 더 깊이 이해하고 포용하는 태도를 기를 수 있음 　- 자신의 생각과 감정을 정리하고, 문제를 객관적인 관점에서 바라볼 수 있음 　- 듣기·말하기 활동에 협력적으로 참여하면서 문제 해결의 실마리를 찾을 수 있음 　- 원만한 인간관계를 형성하고 유지할 수 있음	
[2022] 천재(노미숙) 2-1 2. 소통으로 여는 세상 (1) 공감하고 존중하며 대화하기	제재	—
^	동기유발	• 다음 상황을 물음에 답해 보자. 1) 우주가 어떤 고민을 하고 있는지 말해 보자. 2) 보미가 우주에게 어떤 조언을 하면 좋을지 친구들과 이야기해 보자.
^	활동	[경청하고 공감하는 대화 방법 이해하기] 1. 다음 상황을 보고 경청하고 공감하는 대화 방법을 이해해 보자. 　(1) 대화에 드러난 미나의 상황을 정리해 보자. 　(2) 대화에서 인우의 반응이 경청하고 공감하는 대화 방법 가운데 어떤 것들에 해당하는지 바르게 연결해 보자. 　(3) 경청하고 공감하는 대화가 미나와 인우에게 어떻게 도움이 되었는지 이야기해 보자. 2. 다음 상황에서 경청하고 공감하는 대화 방법을 활용하여 인우의 말에 적절하게 반응해 보자.
[2022] 비상(박영민) 2-1 1. 세상을 향한 시선과 목소리 (2) 경청하고 공감하며 대화하기	제재	• 가만히 들어주겠어(코리 도어펠드)
^	동기유발	• '민호'의 말에 대한 '로이'와 '영우'의 대답 중, 누구의 대답이 더 적절한지 고르고 그 이유를 말해 보자.
^	활동1	[경청의 필요성과 방법 이해하기] 1. 다음 글을 읽고 경청이 필요한 이유를 알아보자. 　(1) 이 글에서 다른 동물들과 '토끼'의 대화 방식이 어떻게 다른지 파악해 보고, 그에 따른 '테일러'의 반응을 정리해 보자. 　(2) 앞의 (1)을 바탕으로, '토끼'와 같은 듣기 태도가 필요한 이유를 말해 보자.

	활동1	2. 경청이 필요한 다음 상황을 살펴보며, 경청하는 방법에 대해 알아보자.
		  (1) '승우'와 '수호'의 대화에서 오해가 생긴 이유를 찾고, 원활한 대화를 위해 '승우'가 어떤 자세와 시선을 갖추어야 할지 써 보자.
		  (2) '미래'의 말에 '승우'가 잘못된 대답을 한 이유를 찾고, 대화가 원활하게 이루어지도록 '승우'의 첫 번째 말을 적절하게 바꾸어 써 보자.
		  (3) '슬기'가 말을 다 마치지 못한 이유를 찾고, '슬기'가 하려던 말을 끝까지 할 수 있도록 '승우'의 첫 번째 말을 적절하게 바꾸어 써 보자.
		3. 다음 대화를 참고하여, 상대의 말을 경청하며 좋은 점을 써 보자.

[2022]
비상(박영민) 2-1
1. 세상을 향한 시선과 목소리
(2) 경청하고 공감하며 대화하기
	활동2	[공감하며 대화하는 방법 파악하기]
		1. 상대의 감정과 입장에 공감하며 대화하는 방법을 알아보자.
		  (1) '민서'의 감정과 입장이 어떠한지 파악해 보자.
		  (2) 다음은 '민서'의 말을 들은 친구들의 반응이다. 각 친구들이 공감하며 대화하기 위해 사용한 방법을 〈보기〉에서 찾아 빈칸을 채워 보자.
		  (3) 앞의 (2)를 참고하여, '민서'에게 공감하는 말을 적어 보자.
		  (4) 앞의 (2)와 (3)의 말을 들은 '민서'가 어떤 대답을 할지 추측해 보자.
		2. 가치관이 다른 상대의 생각과 감정에 공감하며 대화하는 방법을 살펴보자.
		  (1) 다음 대화 상황에서 '할머니'가 '경호'에게 기대한 반응이 무엇이었을지, '경호'와 대화를 나눈 후에 '할머니'의 기분이 어떠할지 추측해 보자.
		  (2) 다음 대화를 참고하여 '경호'가 '할머니'와 공감하며 대화하기 위해 필요한 자세를 모두 고르고, '할머니'의 말 뒤에 이러질 '경호'의 적절한 대답을 써 보자.

	활동3	[경청하고 공감하며 대화하기]
		1. 자신의 경험을 바탕으로, 짝과 함께 경청하고 공감하는 대화를 해 보자.
		  (1) 자신의 경험 중 상대의 경청과 공감이 필요했던 경험을 떠올려 보고, 다음 항목에 따라 구체적으로 정리해 보자.
		  (2) 다음을 참고하여, 앞의 (1)에서 정리한 내용으로 짝과 대화를 할 때 지켜야 할 규칙을 정해 보자.
		  (3) 앞의 (1)과 (2)를 바탕으로 짝과 함께 경청하고 공감하는 대화를 해 보자.
		2. 앞의 1에서 자신이 경청하고 공감하는 대화를 하였는지 다음 기준에 따라 평가해 보자.
		3. 짝과 경청하고 공감하는 대화를 하고 난 후에 어떤 기분이 들었는지 써 보자.
		4. 앞의 3을 바탕으로, 경청하고 공감하는 대화를 하면 어떤 점이 좋은지 말해 보자.

[2022] 미래엔 2-2 1. 삶을 읽고 마음을 나누며 (2) 마음을 잇는 대화	제재	—
	동기유발	• 상대방과 원활하게 대화하려면 어떻게 해야 할까? 상황 : 수업 시간에 준비물을 가져오지 않아서 곤란한 상황을 겪은 다운이가 아름이에게 고민을 이야기하는데······. 1) 다운이의 말을 들은 아름이가 생각한 두 가지 대답의 차이를 말해 보자. 2) 아름이의 대답을 들은 다운이의 반응을 참고하여 상대방과 원활하게 대화하는 데 필요한 자세를 생각해 보자.

	활동	1. 다음 대화를 참고하여 상대방의 감정과 입장에 공감하며 대화하는 방법을 알아보자.
		  (1) '가'와 '나'의 대화에 나타난 문제점을 파악해 보자.
		  (2) 다음 장면에서 현석이가 민수의 말에 공감하며 대화하려고 활용한 대화 방법을 정리해 보자.
		  (3) 다음 공감이의 말을 참고하여 민수에게 공감하며 대화해 보자.

2026학년도 중등학교교사신규임용후보자선정경쟁시험(2차)
제5회 국어과 교수·학습 실연 시험 문제지

관리 번호

지도안 세부 조건

1. 〈수험생 작성 조건1〉 동기유발
   가. 학생들과 상호작용을 통해 진로와 관련하여 면담하고 싶은 대상을 이끌어 낼 것
   나. 학습 목표와 관련하여 목적에 맞지 않은 질문의 예를 만들어 발문하고 잘못된 이유를 찾도록 할 것

2. 〈수험생 작성 조건2〉 면담 목적에 맞는 적절한 질문 파악하기
   가. 〈자료1〉을 활용하여 면담 대상과 면담 목적 찾도록 할 것
   나. 〈자료2〉를 활용하여 모둠별로 면담 목적에 맞지 않은 질문을 찾고 그 이유를 설명하도록 할 것

3. 〈수험생 작성 조건3〉 면담의 목적과 대상을 설정하고 질문 만들기
   가. 모둠별로 자신들의 진로와 관련하여 면담하고 싶은 대상과 면담의 목적을 설정하도록 할 것
   나. 면담 목적에 맞는 질문을 만들고 그 결과에 대해 상호작용하도록 할 것

수업 조건

- 과목 : 국어
- 학년 : 중학교 1학년
- 장소 : 국어 교과교실
- 시간 : 블록타임제(90분)
- 단원명 : 면담하기
- 해당 성취 기준 : 면담의 다양한 목적과 상대를 고려하여 질문을 점검하고 효과적으로 면담한다.

단원명	차시	학습 내용
면담하기	1	○면담의 개념과 중요성을 알 수 있다. ○면담의 절차에 대해 알 수 있다.
	2-3 (본시)	○면담 목적에 맞는 적절한 질문을 파악할 수 있다. ○면담의 목적과 대상을 설정하고 목적에 맞는 질문을 만들 수 있다.
	4-5	○면담 상황을 고려하여 실제 면담을 할 수 있다. ○면담 내용을 면담의 목적에 맞게 정리할 수 있다.

학생 수	장소	학습 형태	학습 기자재
24명	국어 교과교실	강의식, 모둠식	교사용 컴퓨터, 전자 칠판, 학생용 스마트 기기

※ 본 문제는 모의 평가용으로 제작되었으며, 실제 시험의 문항 유형 및 형식과 다를 수 있습니다.

〈자료1〉

A학생 : 학교 '진로 소식지(11월호)'에 실을 이달의 직업은 무엇으로 할까?
B학생 : 코로나와 관련해서 애써주시는 의료진 분들로 하면 어떨까?
A학생 : 좋은 생각이다. 코로나 때문에 온 나라가 다 힘들었잖아. 학교에 제대로 못 나왔던 학생들도 그렇고.
B학생 : 아, 그런데 지금 상황이 상황이니만큼 코로나와 관련된 의료진 분들은 안전상 섭외가 어렵지 않을까? 바쁘실 거 같기도 하고.
A학생 : 그렇긴 하네. 음…… 그럼 소방관은 어떨까? 소방관들의 훈훈한 일화들을 기사로 많이 접해서 좀 알아보고 싶어.
B학생 : 좋다. 그럼 소방관이라는 직업을 잘 알려주실 분은 누가 있을까?
A학생 : 우리 학교 옆에 있는 소방서에 가서 한번 여쭤보자.
B학생 : 그래! 일단 소방관에 대해 정보를 좀 찾아봐야겠어. 내가 정보를 찾아볼 테니까 학교 끝나고 가는 길에 들러서 여쭤봐줘.
A학생 : 알겠어.

〈자료2〉

질문1. 현재 소방관님께서 맡고 계신 일은 무엇인가요?
질문2. 어떻게 소방관이 되셨나요?
질문3. 왜 소방관을 하기로 결심하셨나요?
질문4. 소방관을 하기 위해 꼭 필요한 능력은 무엇인가요?
질문5. 소방관님의 취미는 무엇인가요?
질문6. 가장 기억에 남는 사건은 어떤 것이었나요?
질문7. 일하면서 가장 힘들 때는 언제인가요?
질문8. 중학교는 어디 나오셨나요?

2026학년도 중등학교교사신규임용후보자선정경쟁시험(2차)

제5회 국어과 교수·학습 실연 지도안 〔예상 답안〕

국어과 본시 교수·학습 지도안				
학습 목표		1. 면담 목적에 맞는 적절한 질문을 파악할 수 있다. 2. 자신이 면담하고 싶은 목적과 대상을 설정하고 목적에 맞는 질문을 만들 수 있다.		
학습 단계		교수·학습 활동		자료 및 유의점	시간 (분)
도입	인사	• 인사 및 학습 분위기 조성	• 인사 및 학습 준비		
	전시 학습 확인	• 전시 학습 확인	• 전시 학습 회상		

	동기유발	〈수험생 작성 내용1〉
		• 학생들과 상호작용하며 진로 이끌어 내기
		  – "여러분들은 10~15년 뒤에 어떤 일을 하면서 살고 싶나요?"
		
		• 학생들의 진로와 관련하여 면담하고 싶은 대상 떠오르게 하기
		  – "그렇다면 혹시 자신의 꿈과 관련한 롤 모델이 있나요?"
		
		• 학습 목표와 관련하여 목적에 맞지 않은 질문을 던지고 잘못된 이유를 찾도록 하기
		  – "좋아요. 예를 들어 배우라는 직업을 알기 위해 박○검 배우에게 인터뷰를 한다고 가정해 봅시다. 그때, '사귀는 사람 있나요?'와 같은 질문을 한다면 박○검 씨는 기분이 어떨까요?"
		  – "왜 기분이 나쁠까요?"
		
		  – "맞아요. 이처럼 우리가 자신의 인터뷰 목적에 맞게 면담 질문을 만드는 것이 매우 중요하답니다."
			• 교사와 상호작용하며 진로 생각해 보기
			  – "배우요.", "선생님이요.", "의사요.",
			    "유튜버요.", "소방관이요."
			
			• 진로와 관련하여 면담하고 싶은 대상 떠올려 보기
			  – "박○검이요.", "담임 선생님이요."
			
			• 학습 목표와 관련하여 목적에 맞지 않은 질문을 듣고 잘못된 이유 생각해 보기
			  – "기분이 나빠요."
			
			  – "배우라는 직업에 대해 묻기로 한 인터뷰인데 사생활을 물어봐서요."		

	학습 내용 안내	• 학습 내용 안내	• 학습 내용 확인		
	학습 목표 제시	• 학습 목표 제시	• 학습 목표 확인		

전개 1	〈활동1〉
	면담
	목적에
	맞는
	적절한
	질문
	파악하기
		〈수험생 작성 내용2〉
		• 〈자료1〉을 읽고, 면담 대상과 면담 목적을 찾도록 하기
		  – "〈자료1〉을 읽어보았나요? 먼저 학생들이 면담하고자 하는 대상은 누구였나요?"
		  – "네, 맞아요. 그렇다면 소방관을 면담하려고 하는 면담 목적은 무엇인가요?"
			• 〈자료1〉을 읽고, 면담 대상과 면담 목적을 찾도록 하기
			  – "소방관이요."
			
			  – "소방관이라는 직업에 대해 알고 싶기 때문이에요."		

전개 1	<활동1> 면담 목적에 맞는 적절한 질문 파악하기	• <자료2>를 활용하여 모둠별로 면담 목적에 맞지 않은 질문을 찾도록 하기
		  - 순회 지도를 한다.
		
		• 모둠별 활동에 대해 공유하고 상호 피드백 하도록 하기
		  - "<자료2>에서 잘못된 질문은 무엇이 있었나요?"
		  - "추가적으로 잘못된 문제는 없었나요?"
		  - "질문 5번과 8번은 무엇이 잘못되었나요?"
			• <자료2>를 활용하여 모둠별로 면담 목적에 맞지 않은 질문을 찾기
			
			• 모둠별 활동에 대해 공유하고 피드백하기
			  - "질문 5번이 잘못되었어요."
			  - "질문 8번이 잘못되었어요."
			  - "면담의 목적은 소방관의 직업에 대해서 아는 것인데 5번, 8번 질문은 이러한 목적과 관련이 없는 질문이기 때문이에요."	

전개 2	<활동2> 면담의 목적과 대상을 설정하고 질문 만들기	<수험생 작성 내용3>
		• 모둠별로 면담하고 싶은 대상과 면담의 목적을 설정하도록 하기
		  - 순회 지도를 한다.
		
		• 모둠별로 목적에 맞는 질문을 만들도록 하기
		  - 순회 지도를 한다.
		
		• 모둠별로 면담 목적과 면담 대상, 질문을 발표하고 나머지 모둠은 발표를 듣고 피드백하도록 하기
		  - "모둠별로 정한 면담의 목적과 면담 대상, 대표 질문 1가지씩 발표해 볼까요?"
		
		  - "다른 조에서 피드백해 줄 내용 있을까요?"
		
		• 면담의 목적과 대상에 맞는 질문 만들기의 중요성 강조하기
			• 모둠별로 면담하고 싶은 대상과 면담의 목적을 설정하기
			
			| 조
				면담 목적과 대상

---	---
A조	• 면담 목적 : '교사'란 직업에 대해 알기 위해 • 면담 대상 : 담임 선생님
B조	• 면담 목적 : 댄서라는 직업에 대해 알기 위해 • 면담 대상 : 집 근처 댄스학원 댄서	 • 모둠별로 목적에 맞는 질문 만들기 	조	질문
---	---
A조	1) 선생님이 왜 하고 싶으셨나요? 2) 다시 태어나도 선생님이 하고 싶으신가요?

B조	1) 춤을 원래부터 잘 추셨나요?
	2) 춤을 언제부터 배우셨나요?
		
		• 모둠별로 면담 목적과 면담 대상, 질문을 발표하고 나머지 모둠은 발표를 듣고 피드백하기
		  - "저희 조 면담의 목적은 '교사'란 직업에 대해 알기 위함이고, 면담 대상은 '담임 선생님'입니다. 대표 질문은 '선생님이 왜 하고 싶으셨는지'입니다."
		  - "교사가 되기 위해 어떤 자질이 필요한지 여쭤보는 것도 좋을 것 같아요."
		
		• 면담의 목적과 대상에 맞는 질문 만들기의 중요성 확인하기	

정리	형성평가 및 과제 부여	• 형성평가 부여 • 수준별 과제 제시	• 형성평가 진행 • 수준별 과제 확인	
	학습 내용 정리	• 학습 내용 정리	• 학습 내용 이해	
	차시 예고	• 차시 예고	• 차시 예고 인지	

판서 예시

<면담하기>

<학습 목표>
1. 면담 목적에 맞는 질문을 파악할 수 있다.
2. 면담의 목적과 대상을 설정하고 목적에 맞는 질문을 만들 수 있다.

<활동1> 면담 목적에 맞는 질문 파악하기

면담 목적	소방관이라는 직업에 대해 알기 위해
면담 대상	소방관

- 잘못된 질문 : 5번, 8번
- 이유 : 목적에 어긋난 질문이기 때문에

<활동2> 실제 면담 준비하기

A조	- 면담 목적 : 교사의 직업에 대해 알기 위해 - 면담 대상 : 담임 선생님 - 대표 질문 : 선생님이 왜 하고 싶으셨나요? + 교사가 되기 위해 필요한 자질
B조	- 면담 목적 : 댄서라는 직업에 대해 알기 위해 - 면담 대상 : 집 근처 댄스학원 댄서 - 대표 질문 : 춤을 원래부터 잘 추셨나요?

성취 기준

2022 교육과정	**[9국01-05]** 면담의 다양한 목적과 상대를 고려하여 질문을 점검하고 효과적으로 면담한다. 　이 성취 기준은 효과적으로 면담을 수행함으로써 목적과 상대를 고려하는 의사소통 능력을 기르기 위해 설정하였다. 말하기나 글쓰기를 위한 자료 수집, 의사 결정, 상담, 선발 등 다양한 면담 목적과 상대를 고려하여 질문 마련하기, 구조화 면담 또는 반구조화 면담 등 면담 유형에 적절한 면담 수행 계획 세우기, 면담 대상자의 입장이나 반응 등에 따라 면담 질문의 내용이나 순서, 진행 방법 등을 조정하여 면담하기, 면담 중에 추가 질문하기, 면담 후 면담 계획이나 목적에 따라 면담이 원만하게 진행되었는지를 점검하기, 질문의 의도와 답변자의 의도를 고려하여 면담 내용을 정리하기 등을 학습한다.
성취 기준 적용 시 고려 사항	**면담하기**를 지도할 때는 진로연계교육 차원에서 자신의 진로와 관련된 전문가와의 면담을 통해 학습자의 진로 탐색을 지원할 수 있다. 자신의 관심 진로 분야를 결정하거나 다양한 진로를 모색하기 위한 목적으로 관련 전문가와의 면담을 준비하되, 온라인상에서의 면담도 가능하므로 면담 대상자를 다각적으로 찾아보도록 지도한다. 진로에 대한 관심 분야가 유사한 동료 학습자들과 모둠을 이루어 면담을 수행하도록 지도할 수도 있다.
2015 교육과정	**[9국01-03]** 목적에 맞게 질문을 준비하여 면담한다.

교과서 정리

학습 내용 정리		■ **면담의 개념과 목적** 면담은 특정 대상을 직접 만나서 이야기나 의견을 나누는 것을 뜻한다. 면담의 목적에는 정보 수집, 상담, 평가, 설득 등이 있는데, 면담의 목적에 따라 질문할 내용이 달라진다. ■ **면담의 과정** 1. 목적 정하기 : 면담의 목적을 구체적으로 정한다. 2. 면담 대상자 정하기와 섭외하기 : 면담 목적에 가장 적합한 면담 대상자를 정한다. 면담 대상자에게 면담 목적을 알리면서 면담을 요청하고 허락을 구한다. 3. 면담 질문 준비하기 : 면담 목적에 맞는 질문을 마련한다. 4. 면담하기 : 면담 내용을 기록하거나 녹음한다. 예의 바른 태도로 면담에 임하며 필요에 따라 보충 질문을 한다. 5. 면담 결과 정리하기 : 면담이 끝나면 기록하거나 녹음한 내용을 바탕으로 하여 면담 결과를 정리한다.
천재(노) 1-2 2. 소통으로 여는 세상 (1) 면담하기	제재	꿈을 찾는 면담하기
	동기유발	• 면담이 이루어지는 다양한 상황을 떠올려 보자. • 주변 사람 중에서 면담하고 싶은 대상을 찾고 그 이유를 말해 보자.
	학습활동	1. 서준이와 선생님의 대화를 보고 면담을 준비할 때 고려할 점을 알아보자. 　1) 서준이가 면담하려는 목적이 무엇인지 말해 보자. 　2) 서준이의 면담 목적을 고려할 때 다음 중 어떤 친구가 면담 대상으로 적절할지 이야기해 보자. 　3) 서준이가 면담을 준비할 때 고려해야 할 점을 생각해 보자. 　4) 면담 대상과 관련된 정보를 수집할 때 어떤 방법을 활용할 수 있는지 이야기해 보자. 2. 서준이가 면담 대상을 정한 뒤에 면담 질문을 마련하는 과정을 살펴보고 물음에 답해 보자. 　1) 서준이가 면담 질문을 마련하기 위해 수집한 정보를 정리해 보자.

천재(노) 1-2
2. 소통으로 여는 세상
(1) 면담하기
	학습활동	2) 서준이가 면담 질문을 마련할 때 고려한 점을 이야기해 보자.
		3) 내가 서준이라면 어떤 질문을 추가할 수 있을지 생각해 보자.
		4) 효과적인 면담을 위해 서준이가 마련한 질문을 점검해 보자.
		5) 서준이가 다음과 같은 목적으로 면담한다면 어떤 질문을 할 수 있을지 생각해 보자.
		3. 서준이의 면담 과정을 살펴보고 면담 결과를 정리해 보자.
		  1) 서준이가 면담을 원활하게 진행하기 위해 어떤 노력을 했는지 찾아보자.
		  2) 서준이가 면담을 마치고 작성한 면담 기록지를 바탕으로 면담 결과를 정리해 보자.
		  3) 서준이가 면담 결과를 정리하여 발표 계획을 세우는 과정에서 고려하고 있는 점을 이야기해 보자.

천재(박) 1-2 1. 진로 탐색을 위한 국어 활동 (2) 면담하기	제재	꿈을 찾아서
	동기유발	• 다음은 면담 상황을 나타낸 것입니다. 두 상황을 참고하여 면담이 언제 필요한지 말해 봅시다. 상황1) 이번 봄에는 새로운 작물을 심어 보고 싶어요. 해충에 강한 작물에는 무엇이 있나요? 상황2) 고양이를 기를 때 주의할 점은 무엇인가요?
	내용학습	1. 다음은 지원이가 쓴 면담 기록지입니다. 면담 내용을 생각하며 빈칸을 채워 봅시다.

	목표학습	1. 다음 활동을 통해 면담 목적에 맞게 질문을 만드는 방법을 알아봅시다.
		  1) 다음은 지원이가 면담 질문을 만들면서 기록한 내용입니다. 지원이의 면담 목적을 쓰고, 지원이가 질문을 삭제하거나 추가한 까닭이 무엇일지 생각해 봅시다.
		  2) 지원이가 학교 폭력 예방을 주제로 하여 보고서를 쓰려고 경찰관과 면담한다면 어떤 질문을 할 수 있을지 써 봅시다.
		2. 진로 탐색을 목적으로 면담하려고 합니다. 모둠을 구성해 목적에 맞게 질문을 준비하여 면담해 봅시다.
		  1) 모둠을 구성하여 각자 어떤 직업이나 분야에 관심이 있는지 이야기를 나누어 봅시다. 그리고 모둠에서 면담을 통해 알아볼 직업이나 분야를 정해 봅시다.
		  2) 모둠원끼리 의논하여 역할을 나누어 봅시다.
		  3) 면담 목적에 맞는 면담 대상자를 정하고, 그 까닭을 써 봅시다.
		  4) 면담 대상자에게 묻고 싶은 것을 자유롭게 써 봅시다. 그리고 그 내용을 모둠원들과 함께 살펴보고, 면담 목적에 맞는 것을 골라 질문으로 만들어 봅시다.
		  5) 다음을 참고하여 면담해 봅시다.
		  6) 면담 결과를 정리해 봅시다.
		  7) 모둠의 면담 활동을 평가해 봅시다.
		3. 모둠별로 면담 결과를 발표해 봅시다.
		  1) 다음을 참고하여 모둠의 면담 내용을 정리하여 발표해 봅시다.
		  2) 다른 모둠의 발표를 듣고 관심을 갖게 된 직업이나 분야가 있다면 그 까닭과 함께 써 봅시다.

비상 1-2 2. 간추리는 재미, 만나는 즐거움 (2) 질문을 준비하여 면담하기	제재	—
	동기유발	• 자신이 원하는 정보를 얻고자 할 때, 전문가를 직접 만나 물어보는 방법이 책에서 찾아보는 방법에 비해 어떤 점이 좋은지 말해 보자.

	학습활동	[면담의 다양한 목적]
		1. 다음과 같은 상황에서 어떤 목적의 면담이 필요할지 〈보기〉에서 골라 써 보자.
		  〈보기〉 설득을 위한 면담, 상담을 위한 면담, 평가를 위한 면담, 정보를 얻기 위한 면담
		2. '지민'과 '준서'의 대화를 보고, 다음 활동을 해 보자.
		  1) '가'의 '지민'과 '나'의 '준서'가 하려는 면담의 목적과 대상을 정리해 보자.
		  2) 1)을 고려하여, 다음 질문이 '지민'과 '준서' 중 누가 준비한 질문일지 써 보자.
		[면담의 절차]
		1. '정우'와 친구들의 대화를 보고, 다음 활동을 해 보자.
		  1) '정우'와 친구들이 계획한 면담의 목적과 대상을 정리해 보자.
		  2) 면담을 하기 전에 무엇을 준비해야 하는지 말해 보자.
		2. '정우'가 요리 예술사에게 보낸 전자 우편을 읽고, 다음 활동을 해 보자.
		  1) '정우'가 전자 우편을 보낸 목적이 무엇인지 써 보자.
		  2) 이 전자 우편을 참고하여, 면담을 요청할 때에 어떤 내용을 담아야 하는지 정리해 보자.
		3. '정우'가 요리 예술사에게 보낸 면담 질문지를 읽고, 다음 활동을 해 보자.
		  1) 이 면담 질문지의 질문 중 삭제해야 할 질문의 번호와 그 까닭을 써 보자.
		  2) 이 면담 질문지에 추가하고 싶은 질문을 써 보자.
		4. '정우'와 '나라'가 요리 예술사를 면담한 내용을 보고, 다음 활동을 해 보자.
		  1) 면담 내용을 질문과 답변을 중심으로 정리해 보자.
		  2) 1)을 바탕으로 '정우'와 '나라'가 면담한 내용을 목적에 맞게 정리해 보자.
		  3) 다음 중 면담할 때 유의할 점을 모두 골라 보자.

2026학년도 중등학교교사신규임용후보자선정경쟁시험(2차)
제6회 국어과 교수·학습 실연 시험 문제지

관리 번호	

지도안 세부 조건

1. 〈수험생 작성 조건1〉 동기유발
   가. 〈자료1〉 활용하여 동기를 유발하는 활동을 구상할 것
   나. 학습목표의 중요성을 언급할 것
   다. 교사와 학생의 상호작용이 드러나게 할 것

2. 〈수험생 작성 조건2〉 자료 재구성하기
   가. 〈자료2〉와 〈자료3〉을 활용하여 활동을 구상할 것
   나. 〈자료2〉에서 발표 계획을 파악하도록 할 것
   다. '2-나'를 토대로 〈자료3〉의 자료를 선별하여 재구성하도록 할 것

3. 〈수험생 작성 조건3〉 내용을 체계적으로 조직하기
   가. 〈자료3〉과 발표 계획을 참조하여 체계적으로 내용을 조직하는 활동을 구상할 것
   나. 어떤 설명 방법을 사용할지 두 개 이상 계획하는 활동을 구상할 것
   다. 청중의 이해를 도울 수 있는 발표 전략을 세울 것

수업 조건

- 과목 : 국어
- 학년 : 중학교 2학년
- 장소 : 국어 교과교실
- 시간 : 블록타임제(90분)
- 단원명 : 발표하기
- 해당 성취 기준 : 다양한 자료를 재구성하여 내용을 체계적으로 조직하고 청중이 이해하기 쉽게 발표한다.

단원명	차시	학습 내용
발표하기	1-2 (본시)	○다양한 자료를 재구성하여 발표 내용을 준비한다. ○발표 내용을 체계적으로 조직한다.
	3-4	○청중을 고려하여 청중이 이해하기 쉽게 발표한다. ○발표 과정을 점검하고 성찰한다.

학생 수	장소	학습 형태	학습 기자재
24명	국어 교과교실	강의식, 모둠식	교사용 컴퓨터, 전자 칠판, 학생용 스마트 기기

※ 본 문제는 모의 평가용으로 제작되었으며, 실제 시험의 문항 유형 및 형식과 다를 수 있습니다.

〈자료1〉

(가) 집에서 언니와 동생이 밥을 먹는 상황
미수 : 언니, 뜨거운 음식을 먹을 때 왜 안경이 뿌옇게 되는 거야?
미란 : 뜨거운 공기가 차가운 물체를 만나면 물방울이 되거든.

(나) 과학 수업에서 학습 내용을 설명하는 상황
선생님 : 뜨거운 음식을 먹을 때 안경이 뿌옇게 되는 이유와 관련된 과학적 원리를 설명해 보세요.
미 란 : 고온의 수증기가 저온의 물체가 닿아 온도가 내려가서 물로 변하는 것을 응결이라고 합니다.
선생님 : 액화와 응결이 어떻게 다르죠?

〈자료2〉

지수 : 우리 이번 동아리 발표회에서 어떤 내용을 친구들에게 발표해 볼까?
재훈 : 이번 발표회에서 친구들의 마음을 사로잡아 우리 달리기 동아리 가입을 권유해 보자. 요새 사회적으로 마라톤에 대한 관심이 뜨겁잖아. 우리가 동아리 활동으로 마라톤을 했을 때 얻을 수 있는 신체적·정서적 변화를 중심으로 마라톤의 매력과 동아리 활동 계획을 소개해 보자.
지은 : 좋아. 그동안 우리가 했던 경험들을 토대로 신뢰할 만한 정보들을 찾아 발표 내용을 마련하자.

〈자료3〉

(가) 마라토너의 발 사진	(나) 신문 기사	(다) 동아리 활동 영상
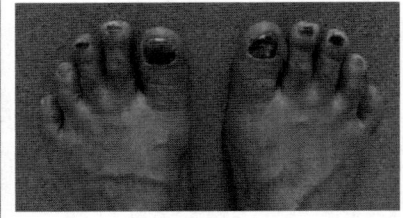	마라톤, 천리 길도 한걸음부터 처음부터 몇 십 키로미터를 뛰는 것은 불가능하다. 천천히 자세 연습을 하며 익숙해지는 것이 좋다. (중략) 많은 전문가들은 30~40분씩 일주일에 한 두 번 뛰는 것으로 시작하여 차츰 횟수와 거리를 늘려나가는 방법을 추천하고 있다 . - ○○일보, 2025년 5월 7일자 -	친구들이 한강에서 자연을 만끽하며 달리기를 하는 모습이 담겨 있는 영상
(라) 책	(마) SNS 글	(바) 의학 다큐멘터리 영상
마라톤은 뇌 건강에 다양한 긍정적 영향을 준다. 달리기를 통해 뇌 혈류가 원활히 공급되어 집중력과 기억력이 향상되고, 엔도르핀과 세로토닌 분비가 촉진되어 스트레스 완화와 우울 예방에 도움을 준다. 또한 꾸준한 훈련은 전두엽 기능을 강화해 자기조절력과 문제해결 능력을 높인다. - 김○○ 정신의학과 교수의 책 〈마라톤과 뇌〉 -	여러분 단순히 걷거나 뛴다고 해서 건강해지는 것이 아니에요. 무얼 신고 걷는지, 무얼 신고 뛰는지가 더 중요하답니다. 그래서 저는 요새 ○○브랜드의 조깅화를 착용해요. 하루 종일 착용해도 발에 무리가 전혀 가지 않고 운동 효과도 두 배나 올려준답니다. 여러분들도 착용해보셔서 이 효과를 꼭 느껴보시길 바라요. - 100만 인플루언서 신○○ SNS -	- 분량 : 1시간 - 핵심 내용 : 마라톤은 심폐 기능을 강화하고 혈액순환을 촉진해 전신 건강을 개선한다. 꾸준한 달리기는 근육과 관절을 튼튼하게 하고, 면역력을 높여 질병 예방에도 큰 도움이 된다. - EOS 〈달린다는 것〉(2025.7.31.) -

〈자료4〉

〈개요〉

도입	• 동아리 활동 영상으로 흥미 유발 • 발표 주제와 목적 소개
쟁점	• 〈수험생 작성 내용 : _____〉 　1. 〈수험생 작성 내용 : _____〉 　2. 〈수험생 작성 내용 : _____〉 • 〈수험생 작성 내용 : _____〉 　1. 교내에서의 마라톤 연습 　2. 교외에서의 마라톤 실전 연습 　3. 대회 참가 계획
입장	• 요약 정리 • 동아리 가입 독려

2026학년도 중등학교교사신규임용후보자선정경쟁시험(2차)

제6회 국어과 교수·학습 실연 지도안 예상 답안

국어과 본시 교수·학습 지도안

학습 목표	1. 다양한 자료를 재구성하여 발표 내용을 준비한다. 2. 발표 내용을 체계적으로 조직한다.		자료 및 유의점	시간 (분)
학습 단계	교수·학습 활동			
도입	인사	• 인사 및 학습 분위기 조성	• 인사 및 학습 준비		
	전시 학습 확인	• 전시 학습 확인	• 전시 학습 회상		
	동기유발	〈수험생 작성 내용1〉 • 〈자료1〉 제시하기 • 〈자료1〉과 관련하여 질문하기 - "〈자료1〉의 (가)와 (나)의 상황이 어떤가요?" - "설명하는 내용은 어떤가요?" - "설명하는 내용의 수준도 동일한가요?" - "왜 수준이 달라질까요?" - "맞아요. 같은 내용이더라도 듣는 이의 수준에 따라 설명하는 내용의 수준이 달라질 수 있어요." • 학습목표의 중요성 짚어주기 - "우리가 무언가를 남에게 이야기해 줄 때, 특히 다수 앞에서 발표를 해야 하는 상황에서 청중이 이해하기 쉽게 전달하는 것이 매우 중요합니다. 그러기 위해선 발표 전-중-후에 걸쳐 청중을 고려해야 합니다."	• 〈자료1〉 파악하기 • 〈자료1〉과 관련하여 질문에 대답하기 - "〈자료1〉의 (가)는 집에서 언니가 동생에게 설명해 주는 상황이고, (나)는 수업 시간에 수업 내용을 설명하는 상황이에요." - "동일한 내용을 설명해요." - "아뇨. 수준이 달라요." - "듣는 사람이 다르기 때문이에요." • 학습목표의 중요성 이해하기		
	학습 내용 안내	• 학습 내용 안내	• 학습 내용 확인		
	학습 목표 제시	• 학습 목표 제시	• 학습 목표 확인		
전개 1	〈활동1〉 자료 재구성하기	〈수험생 작성 내용2〉 • 〈자료2〉 제시하고 발표 계획을 파악하도록 하기 - 발표 계획에는 주제, 목적, 청중이 있음을 안내한다. • 파악한 발표 계획을 발표하도록 하기	• 〈자료2〉 읽고 발표 계획을 파악하기 • 파악한 발표 계획을 발표하도록 하기 | 목적	동아리 모집 홍보 | |---|---|
주제	마라톤의 매력과 달리기 동아리 활동 계획 소개
청중	교내 학생들			

전개 1	<활동1> 자료 재구성하기	• 발표 계획을 바탕으로 〈자료3〉의 자료 선별하도록 하기 – "〈자료3〉의 내용 중 배제해야 할 자료가 있나요?" – "어떤 자료인가요?" – "그 이유는 무엇인가요?" – "잘 찾아 주었어요. 자료를 다양하게 수집하는 것도 중요하지만 발표 계획에 어긋나는 자료는 아닌지 신뢰할 만한 자료인지도 꼭 확인해야 해요." • 〈자료3〉에서 선별한 자료의 재구성 활동을 하도록 하기 – "자료의 재구성이란 주제, 목적, 청중을 고려하여 청중이 이해하기 쉽도록 적절한 난이도의 내용, 다양한 매체의 활용 등을 의미합니다."	• 발표 계획을 바탕으로 〈자료3〉의 자료 선별하기 – "네. 있어요." – "(가)와 (마)를 빼야 해요." – "(가)의 마라토너의 발 사진은 마라톤의 매력을 느끼게 한다는 주제와 연관성이 없고, (마)의 SNS 글은 신뢰성이 떨어지며 상업적인 글이기 때문이에요." • 〈자료3〉에서 선별한 자료의 재구성 활동을 하도록 하기 – 예시) { 표: 라 / 엔도르핀, 세로토닌 등 전문적인 용어들이 나와 이해가 어려울 수 있으니 쉽게 풀어 설명한다. // 바 / 1시간 분량을 다 보여주기엔 시간이 부족하니 핵심 내용이 잘 드러나게 분량을 간추려야겠어. // 라, 바 / 마라톤을 하지 않았을 때와 했을 때 어떤 차이가 나타나는지 뚜렷이 비교할 수 있는 그래프나 표를 활용해야겠어. }		

전개 2	<활동2> 내용을 체계적으로 조직하기	• (모둠활동) '도입-전개-정리'가 잘 드러나게 체계적으로 내용을 조직하도록 하기
		– 모둠끼리 상의를 통해 발표 계획을 참고하여 개요를 채우도록 한다.
		
		• (모둠활동) 개요를 바탕으로 사용할 설명 방법에 대해 계획하도록 하기
		– 설명 방법을 안내한다.(정의, 비교대조, 인과, 분석, 분류, 구분, 인용, 예시 등)
		– 학생용 스마트 기기를 활용하여, 모둠에서 계획한 설명 방법을 학급 게시판에 공유하여 참고할 수 있도록 한다.
		
		• 이후 진행할 발표에 대해 청중의 이해를 도울 수 있는 발표 전략을 세워보도록 하기
		– "청중의 이해를 도울 수 있는 발표 전략에 어떤 것이 있을까요?"
			• (모둠활동) '도입-전개-정리'가 잘 드러나게 체계적으로 내용을 조직하기
			– 예시)
			
			{ 표: 도입 / (생략) // 전개 / – 마라톤의 매력
			  1. 마라톤을 했을 때의 신체적 변화
			  2. 마라톤을 했을 때의 정신적 변화
			– 동아리 활동 계획
			  (생략) // 정리 / (생략) }
			
			• (모둠활동) 개요를 바탕으로 사용할 설명 방법에 대해 계획하기
			– 예시)
			
				설명 방법	사용할 부분

---	---
정의	마라톤의 개념, 의학 용어에 대한 설명 풀이 부분
대조	마라톤을 했을 때와 그렇지 않았을 때의 신체적, 정신적 차이
인과	마라톤을 했을 때의 긍정적인 변화
인용	마라톤의 효과에 대한 전문가의 말	 • 이후 진행할 발표에 대해 청중의 이해를 도울 수 있는 발표 전략을 세우기 – "영상이나 사진 등 매체 자료를 같이 보여주어 이해를 도울 수 있어요."		

전개 2	⟨활동2⟩ 내용을 체계적으로 조직하기	– "맞아요. 설명만 하는 것보다 복합양식 자료를 제시하면 훨씬 청중의 이해와 흥미를 이끌어낼 수 있어요. 또 어떤 것이 있을까요?" – "그렇죠. 질문을 통해 이해 정도를 확인하고 부족한 부분을 보충 설명할 수도 있어요." – "뿐만 아니라 청중과 눈을 마주친다던지 비언어적인 제스쳐를 통해 상호작용하고 발표에 몰입을 도울 수 있어요."	– "청중이 잘 이해하고 있는지 중간에 질문을 던질 수 있어요."
정리	형성평가 및 과제 부여	• 형성평가 부여 • 수준별 과제 제시	• 형성평가 진행 • 수준별 과제 확인
	학습 내용 정리	• 학습 내용 정리	• 학습 내용 이해
	차시 예고	• 차시 예고	• 차시 예고 인지

판서 예시

1) 발표 계획 정리하기

목적	동아리 모집 홍보
주제	마라톤의 매력과 동아리 활동 내용
청중	교내 학생들

2) 자료 재구성하기
- 배제할 자료 : (가), (마)
- 재구성 내용

라	엔도르핀, 세로토닌 등 전문적인 용어들 → 쉽게 풀어 설명
바	1시간 분량은 긺 → 분량 축소
라, 바	마라톤을 하지 않았을 때와 했을 때 어떤 차이 → 그래프나 표를 활용

3) 내용을 체계적으로 조직하기

도입	(생략)

전개	- 마라톤의 매력
	  1. 마라톤을 했을 때의 신체적 변화
	  2. 마라톤을 했을 때의 정신적 변화
	- 동아리 활동 계획
	(생략)

정리	(생략)

설명 방법	사용할 부분
정의	마라톤의 개념, 의학 용어
대조	마라톤을 했을 때와 그렇지 않을 때의 신체적, 정신적 차이
인과	마라톤을 했을 때의 긍정적인 변화
인용	마라톤의 효과에 대한 전문가의 말

성취 기준

2022 교육과정	[9국01-06] 다양한 자료를 재구성하여 내용을 체계적으로 조직하고 청중이 이해하기 쉽게 **발표**한다. 　이 성취 기준은 말할 내용을 체계적으로 조직하여 청중이 이해하기 쉽게 발표하는 능력을 함양하기 위해 설정하였다. 다양한 자료를 청자가 이해하기 쉬운 방향으로 재구성하기, 발표 내용을 도입부·전개부·정리부로 나누어 체계적으로 구성하기, 발표 목적이나 대상의 특성에 적절한 설명 방법 활용하기, 청중이 이해하기 쉽게 발표하기, 발표 준비와 실행 과정을 되돌아보고 수행의 적절성 점검하기 등을 학습한다.
2015 교육과정	[9국01-08] 핵심 정보가 잘 드러나도록 내용을 구성하여 발표한다.

교과서 정리

학습 내용 정리	**[청중이 이해하기 쉽게 발표하는 방법]** • 발표 주제에 대한 청중의 흥미와 배경지식, 청중이 궁금해하는 내용을 파악하여 발표 내용에 담는다. • 발표에서 사용할 자료는 청중이 이해하기 쉽도록 재구성한다. • 발표 내용을 '도입부 - 전개부 - 정리부'로 나누어 체계적으로 구성한다. • 발표 목적이나 발표 대상의 특성에 적합한 설명 방법을 활용한다. • 발표 도중에는 청중의 반응을 확인하며 발표의 내용이나 진행 속도 등을 조정한다.

	제재	—
[2022] 천재(노미숙) 2-2 1. 세상과 만나는 시간 (2) 이해하기 쉽게 발표하기	동기유발	• 보미가 말하고 있는 두 상황이 어떻게 다른지 말해 보자. • 보미가 동일한 현상을 다르게 설명한 까닭이 무엇인지 친구들과 이야기해 보자.
	활동	[자료를 활용하여 발표하는 과정 살펴보기] 1. 다음 대화를 바탕으로 지수와 친구들이 세운 발표 계획을 정리해 보자. 2. 지수와 친구들이 자료를 수집하고 발표 내용을 마련하는 과정을 살펴보자. 　(1) 지수와 친구들이 발표 내용을 마련할 때 어떤 점을 고려하고 있는지 말해 보자. 　(2) 지수와 친구들이 (다)자료를 바꾸려는 까닭을 말해 보자. 3. 지수와 친구들이 수집한 자료를 재구성하는 과정을 살펴보자. 　(1) 지수와 친구들이 설문 조사 결과를 다음과 같이 재구성한 까닭을 말해 보자. 　(2) 2에서 지수와 친구들이 수집한 자료를 어떻게 재구성할 수 있을지 더 생각해 보자. 4. 지수와 친구들이 발표 내용을 조직하는 과정을 살펴보자. 　(1) 지수와 친구들이 발표 내용을 조직할 때 어떤 점을 고려하고 있는지 말해 보자. 　(2) 지수와 친구들이 개요를 작성한 뒤 발표 내용을 구성하면서 어떤 설명 방법을 활용하려고 하는지 적어 보자. 5. 지수의 발표를 살펴보고 발표 과정을 평가해 보자. 　(1) 발표에서 지수가 활용한 방법과 그 효과를 알맞게 연결해 보자. 　(2) 지수가 발표에서 활용한 설명 방법을 찾고, 설명 대상의 특성에 적절한 설명 방법을 활용했는지 평가해 보자. 　(3) 지수와 친구들이 발표를 준비하며 수집한 자료들이 효과적으로 재구성되었는지 이야기해 보자. 　(4) 발표가 끝난 뒤 지수와 친구들이 무엇을 점검하고 있는지 정리해 보자.
[2022] 비상(박영민) 2-1 3. 우리가 소통하는 방법 (2) 두근두근 발표	제재	—
	동기유발	• 다음 상황과 같이 여러 사람 앞에서 말하기 어려웠던 경험을 말해 보자.
	활동	[발표 준비하기] 1. '윤아'가 모둠 구성원과 나눈 대화를 바탕으로, '윤아'네 모둠이 발표를 하기 위해 계획한 내용을 정리해 보자. 2. '윤아'네 모둠이 발표를 하기 위해 수집한 자료를 살펴보고, 발표에 활용할 자료를 재구성해 보자. 　(1) '윤아'네 모둠이 수집한 자료의 내용을 정리해 보고, 발표에 활용할 자료를 선별해 보자. 　(2) 앞의 (1)을 바탕으로, 자료를 재구성하는 방법에 따라 선별한 자료를 청중이 이해하기 쉽게 재구성해 보자. 3. 앞의 2를 바탕으로 발표할 내용을 체계적으로 구성해 보자. 　(1) '윤아'네 모둠의 대화를 바탕으로, 발표 개요에 작성해야 하는 내용을 정리해 보자. 　(2) 앞의 (1)의 '윤아'네 모둠의 대화를 바탕으로, 빈칸을 채우며 발표 개요를 완성해 보자. 　(3) 다음은 '윤아'네 모둠이 발표를 하기 전에 점검한 내용이다. 제시된 질문에 답하며 발표 목적이나 대상의 특성에 적절한 설명 방법을 찾아 V 표시를 해보자. [청중이 이해하기 쉽게 발표하기] 1. 발표 하루 전에 '윤아'네 모둠이 온라인 대화방에서 나눈 대화를 보고, 말하기 불안이 생기는 이유와 말하기 불안을 완화할 수 있는 방법을 찾아 써 보자. 2. '윤아'의 발표를 바탕으로, 청중의 이해를 돕기 위해 '윤아'가 발표 중에 사용한 전략과 그 효과를 파악해 보자.
[2022] 비상(박현숙) 2-1 4. 소통하며 성장하는 우리 (2) 효과적으로 발표하기	제재	—
	동기유발	• 드라마 제작 발표회에서 청중에게 효과적으로 드라마를 소개하는 방법을 생각해 보자.
	활동	[지후가 자신의 취미 생활을 주제로 발표할 내용을 조직하고, 청중을 고려하여 발표하는 과정을 살펴보자.] 1. 발표 계획하기 　(1) 지후의 발표 계획을 정리해 보자 : 발표 목적, 발표 주제, 예상 청중, 발표 장소 2. 자료 수집 및 재구성하기 3. 내용 조직하기 4. 발표하기 5. 평가 및 점검하기 　(1) 지후가 발표에서 활용한 설명 방법을 〈보기〉에서 골라 빈칸에 써 보자. 　(2) 다음 평가 기준에 따라 지후의 발표를 평가해 보자.

2026학년도 중등학교교사신규임용후보자선정경쟁시험(2차)
제7회 국어과 교수·학습 실연 시험 문제지

관리 번호 [　　　　]

지도안 세부 조건

1. 〈수험생 작성 조건1〉 동기유발
   가. 매체 자료를 활용하여 학생 경험을 이끌어 낼 것
   나. 토의에 참여하는 태도의 중요성을 강조할 것

2. 〈수험생 작성 조건2〉 토의에 필요한 태도 이해하기
   가. 〈자료1〉을 활용하여 활동 구상할 것
   나. 토의에 필요한 태도를 내면화하는 활동을 제시할 것
   나. 학생 중심 활동으로 구상할 것

3. 〈수험생 작성 조건3〉 토의 내용 정리 및 평가하기
   가. 〈자료2〉의 토의 내용을 정리하는 활동을 제시할 것
   나. 사회자, 토의자, 청중을 포함하여 평가표를 만드는 활동을 구상할 것
   다. 토의 내용을 평가하는 활동을 구상할 것

수업 조건

- 과목 : 국어
- 학년 : 중학교 1학년
- 장소 : 국어 교과교실
- 시간 : 블록타임제(90분)
- 단원명 : 토의하기
- 해당 성취 기준 : 토의에서 다양한 의견을 교환하여 대안을 마련하고 문제를 해결한다.

단원명	차시	학습 내용
토의하기	1-2	○토의의 개념과 유형을 이해할 수 있다. ○토의 참여자의 역할을 이해할 수 있다. ○토의 절차 및 준비과정을 이해할 수 있다.
	3-4	○토의 논제를 정할 수 있다. ○각자의 역할에 맞게 토의를 준비할 수 있다.
	5-6 (본시)	○토의에 바람직한 태도로 참여할 수 있다. ○토의 내용 정리 및 평가를 할 수 있다.
	7-8	○토의 해결방안 홍보 포스터를 만들 수 있다.

학생 수	장소	학습 형태	학습 기자재
24명	국어 교과교실	강의식, 모둠식	교사용 컴퓨터, 전자 칠판, 학생용 스마트 기기

※ 본 문제는 모의 평가용으로 제작되었으며, 실제 시험의 문항 유형 및 형식과 다를 수 있습니다.

〈자료1〉

〈어떻게 휴가철 유기동물을 줄일 수 있을까?〉

수지 : 2016년 농림축산부의 통계에 따르면 7월 휴가철의 유기동물 수는 1월에 비해 2배가량이라고 해. 나도 반려견을 키우는데 휴가를 가려고 하니, 숙박업소에서 동물은 반입금지라고 해서 겨우 이모에게 맡기고 휴가를 갔던 적이 있어. 반려동물과 함께 할 수 있는 숙박업소가 많아져야 하지 않을까?

민정 : (코웃음 치며) 숙박업소에 동물을 들여놓는다고? 동물을 무서워하거나 알레르기가 있는 투숙객들은 어쩌라고?

수지 : (침착하게) 모든 숙소를 반려동물이 반입되도록 만들자는 것이 아니라 반려동물과 함께 할 수 있는 전용 숙소가 많아져야 한다는 의미였어.

민정 : 무엇보다 유기하는 사람에게 강한 처벌을 내려야 돼.

호준 : 나도 유기한 주인을 처벌해야 한다는 말에 동의해. 그러기 위해서는 주인이 누구인지를 알아내야 돼. 반려동물 등록제를 확대할 필요가 있어.

수지 : 맞아. 그리고 반려동물을 맡아주는 업체가……

민정 : (말을 끊으며) 좋은 생각이 났어! 반려동물을 맡아주는 전용 호텔을 많이 만들면 어떨까?

〈자료2〉

사회자 : 지금부터 〈어떻게 일회용품 사용을 줄일 수 있을까?〉를 주제로 토의를 시작하겠습니다. 원탁토의로 진행되며 모둠 대표로 뽑힌 토의자 4명이 순서대로 의견을 제시해주시면 됩니다. 질의응답은 토의가 끝난 뒤에 진행하도록 하겠습니다.

명 진 : 2019년도 환경부 통계에 따르면 우리나라 연간 일회용 컵 사용량이 6억 개가 넘는다고 합니다. 저 또한 카페를 가면 늘 일회용 컵을 사용해 왔는데요, 이제부터 우리 모두 일회용 컵 대신 물병을 사용하기를 제안합니다. 카페를 가더라도 일회용 컵을 사용하지 않아도 되니, 일회용품 사용을 획기적으로 줄일 수 있을 것입니다.

미 주 : (고개를 끄덕이며) 동의합니다. 만약 물병을 사용할 때 카페에서 할인을 해주거나 다른 혜택을 준다면 많은 사람들이 물병을 사용하는 데 도움이 될 거예요.

지 성 : 카페에서 플라스틱 빨대도 많이 사용하는데, (화면에 사진을 띄우며) 이 사진을 보시면 빨대가 바다 거북이의 코에 박혀 있습니다. 플라스틱은 자연적으로 분해가 되려면 500년 이상이 걸린다고 합니다. 500년 이상 분해가 되지 않으면 앞으로도 이런 비극은 더 자주 일어날 것입니다. 따라서 플라스틱 빨대 사용을 지양하고……

하 영 : (인상을 찌푸리며) 취지는 이해하지만, 빨대를 사용하지 않으면 불편한 사람들도 있습니다. 아이들은 입이 작아 빨대를 꼭 사용해야 하고요.

지 성 : (부드러운 말투로) 제 의견은 빨대를 사용하지 말자는 것이 아니라 플라스틱 빨대 대신 종이 빨대로 대체하자는 것이었어요.

미 주 : 좋은 의견이네요. 빨대가 꼭 플라스틱일 필요는 없으니 종이로 대체하면 자연 분해되어 바다 거북이와 같은 비극은 일어나지 않겠네요. 저는 비닐봉지 사용도 문제라고 생각합니다. 우리가 물건을 사면 꼭 비닐봉지를 사용하고서는 한 번 쓰고 버리는 경우가 많습니다. 그런데 사실 비닐봉지는 일회용이 아니라 다회용으로 개발되었습니다. 비닐봉지를 여러 번 재사용하면 좋지 않을까요?

명 진 : 좋은 의견이네요. 그런데 비닐봉지는 아무래도 무거운 짐을 들기에는 내구성이 약하니, 천으로 만든 장바구니를 들고 다니면 어떨까요?

미 주 : 그렇네요! 비닐봉지 대신 장바구니를 들고 다니면 일회용품을 사용을 줄이는데 도움이 될 거예요.

하 영 : 또 우리가 습관적으로 많이 사용하지만 인지하지 못하는 일회용품 중 물티슈가 있습니다. 여러분, 물티슈가 플라스틱으로 만들어진다는 사실 알고 계셨나요? 물티슈는 플라스틱으로 만들어진데다가 아주 작은 입자를 지닌 미세플라스틱이 되어 우리의 몸속에까지 침투할 가능성이 크다고 합니다. 따라서 외출할 때는 개인용 손수건을 지참하여 물티슈 사용을 줄일 필요가 있습니다.

사회자 : 네, 지금까지 4명의 의견을 잘 들었습니다. 각자 물병 사용하기, 종이 빨대 사용하기, 장바구니 사용하기, 손수건 사용하기를 제시해주었습니다. 질문이 있는 청중은 질문해 주십시오.

청중1 : 종이 빨대를 사용하자고 하셨는데, 종이 빨대를 주는 카페가 주변에 거의 없었습니다. 이 문제는 어떻게 생각하시나요?

지　성 : 네, 분명 종이 빨대를 사용하는 곳은 많지 않습니다. 그러한 경우에는 최대한 빨대 사용 자제를 부탁드리며, 우리가 계속 종이 빨대를 요구한다면 소비자의 요구에 부응하여 종이 빨대를 사용하는 곳들이 많아지리라 생각합니다.

사회자 : 네, 지금까지 〈어떻게 일회용품 사용을 줄일 수 있을까?〉를 주제로 토의를 진행했습니다. 오늘 토의한 내용은 저번 시간에 결정한대로 홍보 포스터로 만들어 교내 게시판에 게시하고, 교내 캠페인을 실시하도록 하겠습니다. 이것으로 토의를 마칩니다.

〈학급 토의록〉

1. 토의 논제 : 어떻게 일회용품 사용을 줄일 수 있을까?

2. 토의에서 제시된 의견과 근거

	의견	근거
1		
2		
3		
4		

3. 결론 : 4가지 방안을 홍보할 수 있는 교내 홍보물을 만들어 캠페인을 실시하자.

2026학년도 중등학교교사신규임용후보자선정경쟁시험(2차)

제7회 국어과 교수·학습 실연 지도안 [예상 답안]

국어과 본시 교수·학습 지도안

학습 목표	1. 토의에 바람직한 태도로 참여할 수 있다. 2. 토의에서 의견을 교환하여 합리적으로 문제를 해결할 수 있다.			
학습 단계		교수·학습 활동		자료 및 유의점	시간 (분)
도입	인사	• 인사 및 학습 분위기 조성	• 인사 및 학습 준비		
	전시 학습 확인	• 전시 학습 확인	• 전시 학습 회상		

	동기유발	〈수험생 작성 내용1〉
		• 영상 자료 제시 및 질문하기
		  - ○○도전 예능프로그램에서 서로 의견이 합의되지 않는 상황을 보여준다.
		  - "영상 속 상황의 문제점은 무엇일까요?"
		
		• 영상과 같은 경험은 없었는지 질문하기
		  - "여러분은 영상과 같은 경험이 있었나요?"
		
		• 토의에 참여하는 바람직한 태도의 중요성 강조하기
		  - 서로를 존중하는 태도로 자유롭게 의견을 주고받을 때 문제를 더 합리적으로 해결할 수 있음을 설명한다.
			• 영상 자료 시청 및 대답하기
			  - 영상을 시청하며 영상 속 상황이 의견이 합의되지 않는 상황임을 파악한다.
			  - "협력적이지 않은 태도로 서로의 의견을 비난만 해서 멤버들 간에 기분만 상했어요. 결국 해결책을 찾지 못하고 토의가 끝났어요."
			
			• 경험 떠올리고 대답하기
			  - "학급 반티를 맞추려고 했는데, 모두 의견이 달랐어요. 서로 근거를 들어 얘기하기보단 그 디자인은 별로라고 비난만 해서 결국 담임 선생님이 중재해 주셨어요."
			
			• 토의에 참여하는 바람직한 태도의 중요성 이해하기		

	학습 내용 안내	• 학습 내용 안내	• 학습 내용 확인		
	학습 목표 제시	• 학습 목표 제시	• 학습 목표 확인		
전개 1	〈활동1〉 토의에 필요한 태도 이해하기	〈수험생 작성 내용2〉 • 〈자료1〉 제시하기 및 활동 안내 - 토의 태도가 적절한 사람과 적절하지 않은 사람을 구분하고 그 이유를 찾도록 안내한다. • 토의 태도 발표하기	• 〈자료1〉에서 토의 태도 찾기 • 토의 태도 발표하기 |	적절	태도
---	---	---
수지	○	상대방을 배려하고 존중함
민정	×	- 상대방의 의견을 존중하지 않음 - 다른 사람의 의견을 끝까지 듣지 않고 끼어듦
호준	○	다른 사람의 의견을 존중하며 보완할 점을 제시함			

전개 1	〈활동1〉 토의에 필요한 태도 이해하기	• 토의 태도 내면화 활동으로 역할극 안내하기 − 태도가 적절하지 않은 사람의 말을 고쳐 쓰고, 짝끼리 역할극하는 활동을 안내한다.	• 토의 태도를 내면화하며 역할극 하기 − 태도가 적절하지 않은 민정의 말을 고쳐 쓴다. − 고쳐 쓴 대사로 짝끼리 역할극을 한다. (코웃음 치며) 숙박업소에 동물을~ → 동물을 무서워하거나 좋아하지 않는 사람들은 숙소를 같이 사용하면 불편할 수도 있을 것 같아. 어떻게 보완할 수 있을까? (말을 끊으며) 좋은 생각이 났어! → (의견을 끝까지 경청하며 듣고 난 뒤) 좋은 의견이야. 나는 반려동물 전용 호텔을 많이 만들면 휴가철 유기가 줄어들 것이라고 생각해.
		• 토의 태도 강조하기 − 상대방의 의견을 경청하고 배려하며, 예의를 지키며 참여해야 함을 강조한다.	• 토의 태도 이해하기
전개 2	〈활동2〉 토의하기	• 사회자, 토의자, 청중 역할로 나누어 토의 진행하기	• 사회자, 토의자, 청중 각자 역할에 맞게 토의 참여하기
전개 3	〈활동3〉 토의 내용 정리 및 평가하기	〈수험생 작성 내용3〉 • 토의 내용 정리 활동 안내하기 − 토의를 들으면서 메모한 것을 토대로 〈자료3〉 학급 회의록을 작성하도록 한다.	• 토의 내용 정리하기 − 토의를 들으면서 메모한 것을 토대로 〈자료3〉 학급 회의록을 작성한다. |	의견	근거
---	---	---
1	물병을 사용하자.	일회용 컵 사용을 줄임
2	종이 빨대를 사용하자.	플라스틱 빨대를 대신하고 자연분해 됨
3	장바구니를 사용하자.	비닐봉지를 대신하고 내구성이 좋음
4	개인 손수건을 사용하자.	물티슈를 대신하고, 미세플라스틱 문제를 해결함	
		• 모둠별 토의 평가 활동 안내하기 − 사회자, 토의자, 청중으로 나누어진 평가표를 작성하도록 안내한다. − 질문을 통해 각 역할에 맞는 평가 내용을 생각할 수 있도록 유도한다. − "사회자는 어떻게 토의를 진행해야 하나요? 토의자는 어떤 태도로 토의에 참여해야 할까요? 청중은 어떻게 토의 내용을 들어야 할까요?"	• 모둠별 토의 평가표 작성하기 − 사회자, 토의자, 청중으로 나누어 평가표를 작성한다. 		평가 내용
---	---
사회자	− 토의 절차에 따라 진행하였는가? − 중립적인 태도로 진행하였는가?
토의자	− 적절한 근거를 들어 의견을 제시했는가? − 다른 사람을 배려하고 존중하였는가? − 다른 사람의 의견을 경청하였는가?
청중	− 의견과 근거를 판단하며 들었는가? − 내용과 관계된 질문을 하였는가?	

전개 3	<활동3> 토의 내용 정리 및 평가하기	• 토의 평가 내용 공유하기 − 모둠별 토의 평가 내용을 발표하도록 격려한다.	• 토의 평가 내용 공유하기 <table><tr><th></th><th>평가</th></tr><tr><td>사회자</td><td>− 토의 절차에 따라 안내하고 진행함 − 중립적인 태도로 임함</td></tr><tr><td>토의자</td><td>− 하영은 다른 사람의 의견을 끝까지 경청하지 않고, 배려하지 않는 태도를 보임 − 나머지 토의자는 바람직한 태도로 임함</td></tr><tr><td>청중</td><td>− 의견과 근거가 적절한지 판단하며 들음 − 내용과 관계된 질문을 함</td></tr></table>		
		• 활동 마무리 및 정리하기 − 사회자, 토의자, 청중 각자 자신의 역할에 충실하게 토의에 참여해야 함을 강조한다.	• 활동 마무리 및 이해하기		
정리	학습 내용 정리	• 학습 내용 정리	• 학습 내용 이해		
	차시 예고	• 차시 예고	• 차시 예고 인지		

판서 예시

1) 토의에 필요한 태도 찾기

	적절	태도
수지	○	상대방을 배려하고 존중함
민정	×	- 상대방의 의견을 존중하지 않음 - 경청하지 않고 끼어듦
호준	○	다른 사람의 의견을 존중하며 보완할 점을 제시함

2) 학급 토의록 정리하기

	의견	근거
가	물병	일회용 컵 사용 줄일 수 있음
나	종이 빨대	플라스틱 빨대 사용 줄일 수 있음
다	장바구니	비닐봉지 사용 줄일 수 있음
라	개인 손수건	물티슈 사용 줄일 수 있음

3) 토의 평가하기

	평가	평가 내용
사회자	○	토의 절차에 따라 진행 중립적인 태도
토의자	×	하영 → 경청 ×, 배려·존중 ×
	○	나머지 토의자는 바람직한 태도
청중	○	- 내용과 관계된 질문 - 의견이 적절한지 판단함

성취 기준

2022 교육과정	[9국01-07] 토의에서 다양한 의견을 교환하여 대안을 마련하고 문제를 해결한다.
2015 교육과정	[9국01-04] 토의에서 의견을 교환하여 합리적으로 문제를 해결한다.
2012 교육과정 (2009 개정)	[중등-듣기·말하기(5)] 주변에서 일어나는 문제에 대해 의견을 조정하며 토의한다. 　서로의 주장과 의견이 다를 때, 갈등이나 투쟁 등으로 문제를 악화시키지 않고, 문제를 해결하기 위하여 다양한 의견을 모으고, 해결 과정을 찾아가는 과정과 방식을 터득하는 것은 아주 중요하다. 학교 안팎이나 학습 상황에서 의견과 주장 차이로 문제가 생겼을 때 토의를 통해 해결하는 경험을 갖도록 지도한다. 토의 참여자가 각자의 의견과 해결책을 발표하는 방식, 청중의 참여 여부, 논제의 성격에 따라 다양한 토의 방식을 취할 수 있다는 것을 확인하고, 실제 주변에서 일어나는 문제에 대해 다양한 주장을 듣고, 협력적 소통 과정을 통해 해결 방안을 찾도록 지도한다. 자기의 의견과 주장을 명확히 펼치는 것도 중요하지만 다른 사람의 의견과 주장을 수용적 입장에서 듣고, 자신의 의견과 차이를 인식하고 서로 토의하는 과정을 통해 바람직한 문제 해결 방식을 찾으려는 태도를 잃지 않도록 한다.

교과서 정리			
학습 내용 정리	(1) 토의의 개념 : 공동의 문제를 해결하기 위해 여러 의견이나 생각을 주고받는 협력적인 말하기 (2) 참여자의 역할		
		사회자	• 토의를 진행하며 발언 기회를 골고루 배분한다. • 토의 내용을 요약하고 정리하며, 토의 내용이 주제에서 벗어나지 않도록 한다.
		토의자	• 토의 주제와 관련하여 의견과 근거를 미리 마련한다. • 의견을 조정하고 협력하여 더 나은 해결 방법을 찾으려고 노력한다.
		청중	• 토의 내용을 파악하며 토의를 경청한다. • 토의 내용 가운데 궁금한 점을 질문한다.
	(3) 토의에 참여하는 올바른 태도 - 자신의 의견을 말할 때에는 적절한 근거를 함께 제시해야 함 - 자신의 의견만을 고집하지 않으며 상대방의 의견을 존중하고 경청해야 함 - 다양한 의견을 교환하여 대안을 마련하고 일상의 문제를 해결하는 데 초점을 두어야 함 (4) 토의의 유형 - 패널 토의 : 토의 주제에 관심이 있는 사람을 패널로 정해 토의한 후, 청중이 질의하며 참여하는 토의 - 원탁 토의 : 토의자가 둘러앉아 서로 대등한 관계에서 자유롭게 의견을 나누는 토의 - 포럼 : 토의자들이 자신의 의견을 발표한 뒤에 청중과 직접 의견을 교환하며 문제를 해결해가는 토의		
[2022] 천재 1-1(노) 4. 갈등을 넘어 (2) 문제를 해결하는 토의	토의 주제	'학교의 아기 고양이를 어떻게 도울까?'	
	동기유발	※ 다음 상황을 보고 물음에 답해 보자. 　A학생 : "교실 청소 당번은 그날 지각한 사람이 하는 거야. 알겠지?" 　B학생 : (칠판) '청소 당번을 어떻게 정할까?' "또 다른 의견이 있나요?" (1) 두 상황에서 문제를 해결하는 방식이 어떻게 다른지 말해 보자. (2) 학급에 문제가 생기면 어떤 방식으로 해결해 왔는지 친구들과 이야기해 보자.	
	학습활동	1. 다음 상황을 보고 토의의 필요성과 준비 과정에 관해 알아보자. 　(1) 학생들이 토의로 문제를 해결하려는 까닭을 말해 보자. 　(2) 위 토의에 참여하려면 무엇을 준비해야 할지 친구들과 이야기해 보자. 2. '학교의 아기 고양이를 어떻게 도울까?'라는 주제로 진행한 토의를 살펴보고 물음에 답해 보자. | 토의 주제 제시와 토의자 소개 | 토의자들의 의견 교환 | 청중의 질문과 토의자의 답 | 토의 요약과 마무리 | 　(1) 토의의 주요 내용을 정리하고, 토의에서 결정한 사항에 V 표시를 해 보자. 　(2) 토의 참여자와 그 역할을 바르게 연결해 보자. 3. 토의 내용과 토의자들의 태도를 평가해 보자. 　(1) 토의자가 자신의 의견을 뒷받침하려고 제시한 근거를 정리하고, 근거가 적절한지 점검해 보자. 　(2) 다음 토의자의 발언이 어떤 점에서 적절하지 않은지 생각해 보자. 　(3) 다음 토의자의 말과 행동을 참고하여 토의에 참여하는 바람직한 태도를 생각해 보자. 　(4) 다음 기준에 따라 토의를 평가해 보자. | 평가 기준 | 평가 | |---|---| | 토의 절차에 맞게 토의를 진행하였는가? | ☆☆☆☆☆ | | 적절한 근거를 들어 의견을 제시했는가? | ☆☆☆☆☆ | | 서로 존중하고 협력하는 태도로 토의했는가? | ☆☆☆☆☆ | | 토의의 결과가 문제를 해결하는 데 도움이 되었는가? | ☆☆☆☆☆ |	
	적용 학습	[토의로 학급의 문제 해결하기] 1. 학급에서 함께 이야기해 보고 싶은 문제를 토의 주제로 정하고, 그와 관련된 자신의 의견 두 개를 적어 보자. 2. 옆 친구와 짝을 이루어 토의하고 적절한 의견 두 개를 정해 보자. 3. 짝 토의를 끝낸 다른 두 친구와 모둠을 이루어 토의하고 모둠의 대표 의견을 정리해 보자. 　(1) 모둠을 이룬 친구들과 토의한 뒤, 적절한 의견 두 개를 정해 보자. 　(2) (1)을 바탕으로 모둠의 대표 의견 한 개를 정하고, 모둠을 대표하여 의견을 말할 모둠 대표를 뽑아 보자. 4. 모둠 대표들이 모여 최종 토의를 진행하고, 그 결과를 정리해 보자. 　(1) 모둠의 대표 의견을 모둠 대표가 발표하고, 이를 바탕으로 최종 토의를 진행해 보자. 　(2) 최종 토의에서 정한 내용을 정리해 보자. 5. 토의 활동을 평가하고, 친구들과 토의한 소감을 나누어 보자.	

	토의 주제	학교 여기저기에 아무렇게나 버려지는 쓰레기를 해결하는 방법은 무엇일까?
[2022] 미래엔 1-2(신) 1. 갈등을 넘어서 (2) 토의하기	동기유발	※ 라온이네 반 친구들이 학교 축제에서 학급 장기 자랑으로 어떤 것을 할지 이야기하고 있다. 서로의 이야기를 듣지 않고 각자 자신이 하고 싶은 것을 이야기하는 상황이 벌어지는데…… - "난 장기 자랑에서……", "내 이야기를 먼저 들어 봐! 나한테 좋은 생각이 있단 말이야.", "나 축제 때 꼭 하고 싶은 것이 있어!" 1. 라온이네 반 친구들에게 생긴 문제 상황을 파악해 보자. 2. 라온이네 반에서 생긴 문제를 어떻게 해결하였는지 말해 보자.
	내용학습	[의견을 교환하여 문제를 해결하려면 어떻게 토의해야 할까? 1. 민준이와 친구들이 무엇에 관해 토의하려고 하는지 말해 보자. 2. 민준이와 친구들이 함께 토의하려는 까닭을 생각해 보자. [토의 유형과 역할 정하기] 민준이와 친구들이 토의의 유형을 '패널 토의'로 정한 까닭을 말해 보자. 1. ㉮~㉰에서 패널 토의 참여자의 역할로 알맞은 것을 찾아 써 보자. 2. 이 토의를 통해 알 수 있는 사회자, 토의자, 청중의 역할을 바르게 연결해 보자. [의견 마련하기] 1. 토의자들이 자료를 조사한 방법을 말해 보자. 2. 의견을 마련하는 과정에서 자료를 조사하는 까닭을 생각해 보자. [토의하기] 1. 이 토의에서 토의 참여자들이 제시한 의견을 정리해 보자. 2. 토의 참여자들이 의견을 교환하여 합의한 토의 결과를 적어 보자. 3. 다음 토의자의 대화를 비교해 보고, 토의할 때 지녀야 할 바람직한 태도를 생각해 보자. 4. 이 토의에서 나온 해결 방안 외에 자신이 생각하는 적절한 해결 방안을 그 까닭과 함께 제안해 보자. 5. 토의에서 다양한 의견을 교환하여 대안을 마련하면 좋은 점을 말해 보자.
	적용학습	1. 우리 주변에서 토의를 하여 해결하고 싶은 문제를 찾아 토의 주제로 정해 보자. (1) 모둠원과 함께 해결하고 싶은 공동의 문제를 자유롭게 이야기해 보자. (2) (1)에서 이야기한 문제 가운데 토의 주제를 정하고, 그 까닭을 써 보자. 2. 토의 유형과 역할을 정하고, 의견을 마련해 보자. (1) 모둠별로 토의 유형과 토의에서 모둠원이 맡을 역할을 정해 보자. (2) 토의자들은 각자 토의에서 활용할 자료를 조사해 보고, 토의에서 자신이 제시할 의견과 근거를 정리해 보자. 3. 모둠별로 토의하고, 그 내용을 정리해 보자. 4. 모둠별로 토의 활동을 돌아보고, 평가 기준에 따라 점검해 보자. | 평가 기준 | 평가 | |---|---| | 생활 속의 문제를 토의 주제로 발전시켰는가? | ☺ ☺ ☺ | | 토의를 절차에 따라 적절하게 진행하였는가? | ☺ ☺ ☺ | | 토의 참여자의 역할에 맞게 토의에 참여하였는가? | ☺ ☺ ☺ | | 토의의 결과로 실천 가능한 해결 방안을 마련하였는가? | ☺ ☺ ☺ | | 바람직한 태도로 토의에 참여하였는가? | ☺ ☺ ☺ | 5. 토의에서 나온 해결방안을 바탕으로 하여 실천 계획서를 작성하고 실천해 보자.
[2022] 천재(정) 1-2 1. 갈등과 토의 (2) 토의하기	토의 주제	마을 축제에서 무엇을 운영할까?
	동기유발	1. 다음 만화에서처럼 문제를 해결하기 위해 친구들과 의견을 나눠 본 경험을 이야기해 봅시다. 2. 다음 문제를 해결하기 위해 어떻게 하면 좋을지 자신의 의견을 써 봅시다.
	내용학습	1. 토의의 내용을 정리해 봅시다. (1) 이 토의를 통해 해결하려는 문제는 무엇인가요? (2) 토의자들이 문제를 해결하기 위해 처음에 제시한 의견과 그 근거를 정리해 봅시다. (3) 토의자들이 주고받은 의견을 정리해 봅시다. (4) 토의자들이 의견을 교환하여 합의한 내용을 말해 봅시다.

[2022]
천재(정) 1-2
1. 갈등과 토의
(2) 토의하기
	목표학습	1. 토의한 내용을 바탕으로 하여 토의 참여자의 역할과 토의자가 지녀야 할 태도를 알아봅시다.
		  (1) <보기>에서 알맞은 말을 골라 아래의 빈칸을 채우며 토의 참여자의 역할을 알아봅시다.
		  (2) 다음 두 토의자의 발언을 비교해 보고, 토의에 참여할 때 어떠한 태도를 지녀야 하는지 말해 봅시다.

	적용학습	1. 우리 주변의 문제를 해결하기 위해 모둠별로 토의해 봅시다.
		  (1) 다음을 참고하여 토의 주제를 정해 봅시다.
		  (2) (1)에서 정한 토의 주제에 관해 생각해 보고, 자신의 의견을 근거와 함께 정리해 봅시다.
		  (3) 모둠원들과 의논하여 각자가 맡을 역할을 정하고, 자신의 역할에 맞게 토의를 준비해 봅시다.
		  (4) 모둠별로 토의하고, 그 내용을 정리해 봅시다.
		  (5) 토의를 하며 새롭게 알게 된 사실이나 느낀 점을 모둠원들과 함께 이야기해 봅시다.
		  (6) 모둠의 토의 활동을 평가해 봅시다.

2026학년도 중등학교교사신규임용후보자선정경쟁시험(2차)
제8회 국어과 교수·학습 실연 시험 문제지

관리 번호	

지도안 세부 조건

1. 〈수험생 작성 조건1〉 동기유발
   가. 〈자료1〉을 활용하여 동기를 유발할 것
   나. 학습 목표의 중요성을 강조할 것
   다. 올바른 토론 태도가 구체적으로 드러나도록 할 것

2. 〈수험생 작성 조건2〉 토론 개요서 분석하기
   가. 〈자료 2〉를 활용하여 〈자료3〉을 추론하는 활동을 구성할 것
   나. 〈자료 3〉의 ㉠~㉣을 채우는 활동을 할 것
   다. 〈자료 3〉의 오류와 실제 토론과 다르게 작성된 부분을 찾아 수정할 것

3. 〈수험생 작성 조건3〉 토론의 주장과 근거 평가하기
   가. 〈자료2〉의 주장과 근거를 비판적으로 평가하는 활동을 구성할 것
   나. '평가 기준'의 빈 부분을 채워 완성할 것

수업 조건

○ 과목 : 국어
○ 학년 : 중학교 3학년
○ 장소 : 국어 교과교실
○ 시간 : 블록타임제(90분)
○ 단원명 : 토론하기
○ 해당 성취 기준 : 토론에서 반론을 고려하여 타당한 논증을 구성하고 논리적으로 반박한다.

단원명	차시	학습 내용
토론하기	1-2	○토론의 개념·용어·절차를 이해할 수 있다.
	3-4 (본시)	○토론의 논제와 쟁점을 파악하고 분석할 수 있다. ○토론에 사용된 주장과 근거를 비판적으로 평가할 수 있다.
	5-6	○논제를 정해 직접 토론할 수 있다.

학생 수	장소	학습 형태	학습 기자재
24명	국어 교과교실	강의식, 모둠식	교사용 컴퓨터, 전자 칠판, 학생용 스마트 기기

※ 본 문제는 모의 평가용으로 제작되었으며, 실제 시험의 문항 유형 및 형식과 다를 수 있습니다.

〈자료1〉

토론을 잘하고 싶다고? 그럼 나를 따라해 봐!

일단 좀 불리하다 싶으면 삼천포로 빠지는 게 좋아. 그리고 상대방이 화를 내게끔 유도하는 것도 도움이 되지. 만약 이길 수 없겠다는 생각이 들면 인신공격을 해 봐. 물론 유식하게 들리는 말을 쏟아 내거나 상대가 억지를 쓴다고 큰 소리로 외치는 것도 토론을 잘하는 비법 가운데 하나지. 이미 승리한 것처럼 뻔뻔한 태도를 취하는 것도 잊지 말라고!

– 쇼펜하우어, 「쇼펜하우어 이기는 대화법 38」 –

〈자료2〉

[찬성]

저희는 인공지능을 면접에 활용하는 것이 바람직하다고 생각합니다. 인공지능을 활용한 면접은 인터넷에 접속하여 인공지능과 문답하는 방식으로 진행됩니다. 지원자는 시간과 공간에 구애받지 않고 면접에 참여할 수 있는 편리성이 있어 면접 기회가 확대됩니다. 또한 회사는 면접에 소요되는 인력을 줄여, 비용 절감 측면에서 경제성이 큽니다. 실제로 인공지능을 면접에 활용한 ○○회사는 전년 대비 2억 원 정도의 비용을 절감했습니다. 그리고 기존 방식의 면접에서는 면접관의 주관이 개입될 가능성이 큰 데 반해, 인공지능을 활용한 면접에서는 빅데이터를 바탕으로 한 일관된 평가 기준을 적용할 수 있습니다.

[반대]

저희는 인공지능을 면접에 활용하는 것이 바람직하다고 보지 않습니다. 먼저 인공지능을 활용한 면접은 기술적 결함이 발생할 수 있습니다. 이로 인해 면접이 원활하지 않거나 중단되어 지원자들에게 불편함을 줄 수 있고, 지원자들의 면접 기회가 상실될 수 있습니다. 또한 인공지능을 활용한 면접은 당장의 비용 절감 효과에 주목해서는 안 되고 장기적인 관점에서 보아야 합니다. 현재의 경제성만 고려하면 미래에 더 큰 경제적 가치를 창출할 인재를 놓치게 돼 결국 경제적이지 않습니다. 마지막으로 인공지능의 빅데이터는 왜곡될 가능성이 있습니다. 빅데이터는 사회에서 형성된 정보가 축적된 결과물로서 특정 대상과 사안에 치우친 것일 수 있습니다.

– 2020학년도 대학수학능력시험 국어 영역 문제 4~7번 제시문 변형 –

〈자료3〉

토론 개요서

논제	인공지능을 면접에 활용하는 것이 바람직할까?	
용어 정의	인공지능 : 인간의 학습능력과 추론능력, 지각능력, 자연어의 이해능력 등을 컴퓨터 프로그램으로 실현한 기술	
쟁점	1. 인공지능을 활용한 면접은 편리한가? 2. _____㉠_____? 3. _____㉡_____?	
입장	찬성 : 인공지능을 활용한 면접은 바람직하다.	반대 : 인공지능을 활용한 면접은 바람직하지 않다.
쟁점1	때와 장소에 얽매이지 않고 면접에 참여할 수 있다.	㉢
쟁점2	㉣	경제적 가치를 창출할 인재를 놓치게 되어 장기적으로는 경제적이지 않다.
쟁점3	면접관의 주관에 영향을 받지 않고 일관된 평가 기준을 적용할 수 있으므로 객관적이다.	빅데이터에 근거하지 않고 왜곡된 정보를 바탕으로 평가하므로 객관적이지 않다.

2026학년도 중등학교교사신규임용후보자선정경쟁시험(2차)

제8회 국어과 교수·학습 실연 지도안 예상 답안

국어과 본시 교수·학습 지도안

학습 목표	1. 토론의 논제와 쟁점을 파악하고 분석할 수 있다. 2. 토론에 사용된 주장과 근거를 비판적으로 평가할 수 있다.			
학습 단계		교수·학습 활동	자료 및 유의점	시간 (분)
도입	인사	• 인사 및 학습 분위기 조성	• 인사 및 학습 준비		
	전시 학습 확인	• 전시 학습 확인	• 전시 학습 회상		
	동기유발	〈수험생 작성 내용1〉 • 〈자료1〉로 토론 태도에 대해 생각해 보도록 안내하기 　－ "〈자료 1〉을 읽어보도록 해요. 글쓴이의 주장에 대해 어떻게 생각하나요?" 　－ "그렇다면 어떤 태도로 토론에 임하는 것이 바람직할까요?" • 학습 목표의 중요성 강조하기 　－ 의미 있는 토론을 위해서는 토론의 논제와 관련된 내용만을 다루고, 타당한 근거를 제시하여 상대방을 설득해야 함을 설명한다.	• 〈자료1〉을 읽고 토론 태도에 대해 생각해 보기 　－ "글쓴이의 주장이 적절하다고 생각하지 않아요. 저 말대로 하면 상대를 당황시켜 토론에서 이길 수 있을지는 몰라도 진정으로 상대를 설득시킬 수는 없다고 생각해요. 　－ "토론 주제와 관련된 내용만 언급해야 해요." 　－ "진정으로 설득하기 위해서는 근거를 들어서 설득해야 돼요." • 학습 목표의 중요성 이해하기		
	학습 내용 안내	• 학습 내용 안내	• 학습 내용 확인		
	학습 목표 제시	• 학습 목표 제시	• 학습 목표 확인		
전개 1	〈활동1〉 토론 개요서 분석하기	〈수험생 작성 내용2〉 • 〈자료2〉와 〈자료3〉 제시하고 활동 안내하기 　　〈모둠활동 과제〉 　　① 빈칸 ㉠~㉣ 채우기 　　② 오류가 있는 부분 찾아 수정하기 　　③ 〈자료2〉와 다른 부분 찾아 수정하기 • 〈자료3〉 빈칸 채우도록 안내하기 　－ "〈자료2〉의 내용을 바탕으로 〈자료3〉의 빈칸을 채워보도록 해요." 　－ 순회 지도	• 〈자료2〉와 〈자료3〉 읽기 • 〈자료3〉 빈칸 채우기 　－ ㉠: 인공지능을 활용한 면접은 경제적인가? 　－ ㉡: 인공지능을 활용한 면접에서의 평가는 객관적인가? 　－ ㉢: 기술적 결함으로 인한 문제가 발생하여 지원자가 오히려 불편할 수도 있다. 　－ ㉣: 면접에 소요되는 인력을 줄임으로써 얻을 수 있는 경제적 효과가 크다.		

전개 1	〈활동1〉 토론 개요서 분석하기	• 〈자료3〉에서 오류 찾도록 안내하기 − "토론 논제에 주목하여 〈자료3〉의 오류를 찾아보아요."	• 〈자료3〉에서 오류 찾기 − 토론 논제는 선언적 평서문으로 작성하여야 하므로 논제에 오류가 있다. '인공지능을 면접에 활용하는 것이 바람직하다.'로 수정하여야 한다.
		• 〈자료3〉에서 〈자료2〉와 다른 부분 찾아 수정하도록 하기 − 순회 지도	• 〈자료3〉에서 〈자료2〉와 다른 부분 찾아 수정하기 − 쟁점3에서 반대 측 주장이 〈자료2〉의 내용과 다르다. '인공지능에 사용되는 빅데이터는 왜곡될 수 있으므로 객관적이지 않다.'로 수정하여야 한다.
		• 활동 내용을 발표하도록 안내하고 피드백하기	• 활동 내용 발표하기
전개 2	〈활동2〉 토론의 주장과 근거 평가하기	〈수험생 작성 내용3〉 • 비판적 평가 기준 마련하도록 안내하기 − 지금부터 〈자료2〉의 토론 내용을 평가할 거예요. 평가를 하기 위해서는 기준이 있어야겠죠? 지금부터 선생님이 나눠준 평가지를 보고 모둠별로 평가 기준을 함께 만들어 봐요. − 순회 지도	• 안내에 따라 평가 기준 마련하기
		• 작성한 평가 기준을 공유하고 공동의 평가 기준 채택하도록 하기	• 평가 기준 공유를 통해 공동의 평가 기준 채택하기
		• 〈자료2〉를 평가하도록 안내하기	• 안내에 따라 〈자료2〉 평가하기 〈활동 내용〉 • 찬성 − 타당성 ☆☆☆☆☆ : 쟁점별로 근거가 모두 마련되어 있고 근거가 주장과 긴밀하게 연결되어 있음 − 신뢰성 ☆☆☆☆☆ : ○○회사의 예를 들어 근거의 신뢰성을 높임 − 공정성 ☆☆☆☆☆ : 어휘와 태도가 적절함 • 반대 − 타당성 ☆☆☆☆☆ : 쟁점별로 근거가 모두 마련되어 있고 근거가 주장과 긴밀하게 연결되어 있음 − 신뢰성 ☆☆☆ : 주장을 뒷받침하는 실제 사례나 통계 자료가 부족함 − 공정성 ☆☆☆☆☆ : 어휘와 태도가 적절함

	평가 기준 및 척도	점수
타당성	주장을 뒷받침하는 근거가 타당한가?	☆☆☆☆☆
신뢰성	주장을 뒷받침하는 근거가 믿을 만한가?	☆☆☆☆☆
공정성	토론에 사용된 어휘나 토론 태도가 공정한가?	☆☆☆☆☆

정리	형성평가 및 과제 부여	• 형성평가 부여 • 수준별 과제 제시	• 형성평가 진행 • 수준별 과제 확인
	학습 내용 정리	• 학습 내용 정리	• 학습 내용 이해
	차시 예고	• 차시 예고	• 차시 예고 인지

판서 예시

<토론 개요서 분석하기>			<토론의 주장과 근거 평가하기>

(1) 빈칸 채우기
  ㉠ ~ 경제적인
  ㉡ ~ 객관적인가?
  ㉢ 기술적 결함으로 인한 문제
    → 지원자가 오히려 불편
  ㉣ 면접에 소요되는 인력 감축
    → 경제적 효과 큼

(2) 오류 수정하기
  • 오류 : '~바람직할까?'
          ↓
  • 수정 : '~바람직하다.'
  ∴ 논제는 평서문으로 진술!

(3) 다른 부분 수정하기
  • 오류 : '쟁점 3'의 반대 측 내용
  • 수정 : 빅데이터는 왜곡될 수 있음 → 객관성 ×

6모둠(반대)	
타당성 ☆☆☆☆☆	주장과 근거가 긴밀
신뢰성 ☆☆☆	사례나 통계가 부족
공정성 ☆☆☆☆	어휘 및 태도가 공정

성취 기준

2022 교육과정	**[9국01-08]** 토론에서 반론을 고려하여 타당한 논증을 구성하고 논리적으로 반박한다. 　이 성취 기준은 합리적이고 민주적인 의사 결정을 위한 토론 능력을 기르기 위해 설정하였다. 토론 논제에 대한 찬성과 반대 입장별로 각 입장을 뒷받침하는 이유와 근거 마련하기, 상대방이 제기할 수 있는 반론을 고려하여 논증 구성하기, 주장·이유·근거·반론에 대한 고려 등 논증 구성 요소들이 타당한지 비판적으로 분석하여 반박하기, 논증의 논리적 전개 과정에서 논리적 허점이나 오류가 없는지 분석하여 반박하기 등을 학습한다.
성취 기준 적용 시 고려 사항	**토론하기**를 지도할 때는 반론이나 반박이 사람을 대상으로 하는 것이 아니라 상대의 논증을 대상으로 하는 것임을 안내한다. 상대를 존중하는 태도와 감정적으로 대응하지 않고 논리적으로 판단하고 대응하는 자세를 갖추도록 하여 민주시민으로서의 기초 소양을 함양하도록 한다.
2015 교육과정	**[9국01-05]** 토론에서 타당한 근거를 들어 논박한다. 　이 성취 기준은 상대방의 주장을 비판적으로 듣고 논리적으로 반박하는 토론 능력을 기르기 위해 설정하였다. 논리적으로 반박한다는 것은 상대방의 주장과 근거의 신뢰성, 타당성, 공정성 등을 비판적으로 분석하여 논리적 허점 및 오류에 대해 근거를 들어 말하는 것이다. 주장과 논박을 중심으로 한 토론의 일반적 절차에 따라 논제에 대한 자신의 입장을 논리적으로 구성하여 설득력 있게 제시하는 데 중점을 둔다.

교과서 정리

학습 내용 정리		■ **논박하기** 　토론에서 상대방의 주장과 근거를 분석하여, 상대방의 주장과 근거가 지닌 논리적 허점이나 오류에 대해 타당한 근거를 들어 조리 있게 비판하고 자신의 주장이 옳다는 것을 입증하는 말하기 ■ **상대방의 주장과 근거를 비판적으로 분석할 때의 판단 기준** 　• 신뢰성 : 인정이나 권위에 호소하지 않고, 믿을 만한 자료를 바탕으로 주장하고 있는가? 　• 타당성 : 주장이나 근거가 연관되어 있으며, 근거가 주장을 논리적으로 뒷받침하고 있는가? 　• 공정성 : 어느 한쪽의 이념이나 가치관에 치우치지 않으며, 정의롭고 공평한 주장을 펼치고 있는가?
[2015] 동아 3-2 4. 다른 생각, 　열린 마음 (2) 자신 있게 　　토론하기	제재	동물 실험에 대한 토론
	학습활동	※ 다음 학생이 토론 대회를 위해 준비할 것이 무엇인지 생각해 보자. 1. 다음은 '동물 실험을 금지해야 한다.'라는 논제로 토론한 내용이다. 토론을 듣고 제시된 활동을 해 보자. 　1) 이 토론의 논제와 핵심 용어의 개념을 정리해 보자. 　2) 이 토론의 쟁점에 따라 입론 부분의 내용을 정리해 보자. 　3) 반론 부분의 내용을 정리하고, 상대방의 주장을 논박할 때 활용한 방법을 '보기'를 참고하여 쓰시오. 　4) 다음 항목에 따라 이 토론을 평가해 보자. |	평가 항목	찬성 측	반대 측 | |---|---|---|---| | 평가 기준 | 논제에 대한 자신의 주장을 명확하게 제시하였는가? | ☆☆☆☆☆ | ☆☆☆☆☆ | | | 타당한 근거를 들어 주장을 뒷받침하였는가? | ☆☆☆☆☆ | ☆☆☆☆☆ | | | 상대방의 주장과 근거의 신뢰성, 타당성, 공정성 등을 비판적으로 분석하였는가? | ☆☆☆☆☆ | ☆☆☆☆☆ | | | 상대방 주장의 논리적 허점이나 오류에 대해 타당한 근거를 들어 반박하였는가? | ☆☆☆☆☆ | ☆☆☆☆☆ | | | 상대방을 존중하는 태도로 토론에 참여하였는가? | ☆☆☆☆☆ | ☆☆☆☆☆ |

		제재	교실에서의 에어컨 사용을 자율화해야 한다.

[2015]
비상 3-2
1. 문제를 해결하는 힘
(2) 설득의 힘을 기르는 토론
			※ 다음 학생이 주장하는 내용에 어떤 문제가 있는지 말해 보자.
			1. 이 토론의 주요 쟁점에 대한 찬성 측과 반대 측의 주장과 근거를 정리해 보자.
			2. 다음 토론자의 주장을 살펴보면서, 토론에서 타당한 근거를 들어 논박하는 방법을 알아보자.
			  1) 다음 토론자가 어떤 기준으로 상대측 주장을 비판하는지 정리해 보자.
			  2) 다음은 반대 측 토론자의 논박이다. 이 토론자의 논박이 제대로 이루어졌는지 생각해 보고, 그렇게 생각한 까닭을 말해 보자.
			3. 이 토론의 논제에 대해 자신은 어떤 입장인지 정리한 후에, 적절한 근거를 들어 상대방의 주장을 반박해 보자.

		학습활동	1. 모둠별로 함께 읽을 책을 찾아보고, 〈책 읽기 제안서〉를 작성해 보자.
			2. 〈책 읽기 제안서〉를 바꾸어 읽어 보고, 함께 읽을 책을 선정해 보자.
			3. 각자 책을 읽으면서 다음 항목에 따라 책 내용을 정리해 보자.
			4. 3에서 정리한 '동의하는 내용'과 '동의하지 않는 내용'을 바탕으로 토론할 논제를 정하고, 토론에서 어떤 역할을 맡을지 정해 보자.
			5. 각자 맡은 역할에 따라 토론을 준비해 보자.
			  1) 토론 논제의 주요 쟁점을 정리해 보고, 쟁점에 따라 자신의 주장을 정리해 보자.
			  2) 자신의 주장에 대한 근거를 찾아 정리해 보자.
			  3) 상대방의 주장을 예측해 보고, 그에 대한 반론을 마련해 보자.
			6. 준비한 내용을 바탕으로 토론을 진행해 보자.
			7. 청중은 토론을 경청하면서, 다음 기준에 따라 토론자를 평가해 보자.

[2015] 천재(노) 3-1 2. 우리가 만나는 세상 (1) 토론하기		제재	동물원, 폐지할까 유지할까

		학습활동	※ 토론에 참여해 본 경험을 이야기해 보자.
			1. 세윤이와 민재가 선생님과 나눈 대화를 바탕으로 토론을 준비하는 과정을 알아보자.
			  1) 대화를 바탕으로 토론을 준비하는 과정을 정리해 보자.
			  2) 주장을 뒷받침하는 근거는 어떻게 마련해야 하는지 생각해 보자.
			  3) 반론은 어떻게 준비해야 하는지 말해 보자.
			  4) 토론을 준비하는 과정이 필요한 이유를 생각해 보자.
			2. 세윤이와 민재가 쟁점을 설정하는 과정을 살펴보고 물음에 답해 보자.
			  1) 세윤이와 민재가 어떤 방법으로 쟁점을 설정했는지 말해 보자.
			  2) 다음 자료를 바탕으로 어떤 쟁점을 추가할 수 있을지 생각해 보자.
			3. 세윤이와 민재가 자료를 정리하며 근거를 마련하는 과정을 살펴보고 물음에 답해 보자.
			  1) 세윤이와 민재가 자료의 내용을 어떻게 정리했는지 말해 보자.
			  2) 위에서 정리한 자료를 토론에서 활용할 수 있는 방법을 이야기해 보자.
			4. 세윤이와 민재가 작성한 입론과 반론 계획을 보고 물음에 답해 보자.
			  1) 입론과 반론을 준비할 때 고려할 점을 정리해 보자.
			  2) 입론에 어떤 내용이 이어질 수 있을지 생각해 보자.
			5. '동물원을 폐지해야 한다.'라는 논제로 진행한 토론을 보고 물음에 답해 보자.
			  1) 쟁점별로 찬성 측과 반대 측의 주장과 근거를 정리해 보자.
			  2) 다음 토론 참여들의 발언에 논리적인 허점이나 오류는 없는지 말해 보자.
			  3) 토론에서 논박이 잘 이루어졌는지 평가해 보자.
			  4) 다음 기준에 따라 토론을 평가해 보자.

평가 기준	평가 항목	찬성 측	반대 측
	토론의 절차와 규칙을 잘 지켰는가?	☆☆☆☆☆	☆☆☆☆☆
	적절한 근거를 들어 주장했는가?	☆☆☆☆☆	☆☆☆☆☆
	상대측의 주장을 논리적으로 반박했는가?	☆☆☆☆☆	☆☆☆☆☆

2026학년도 중등학교교사신규임용후보자선정경쟁시험(2차)
제9회 국어과 교수·학습 실연 시험 문제지

관리 번호 [　　　]

지도안 세부 조건

1. 〈수험생 작성 조건1〉 동기유발
   가. 〈자료1〉의 문제점에 대해 발문할 것
   나. 학생들이 자신의 대화 경험을 떠올려 보도록 할 것
   다. 학습 목표의 중요성에 대해 설명할 것

2. 〈수험생 작성 조건2〉 자신의 생각이나 감정, 바라는 바를 진솔하게 표현하기
   가. 〈자료2〉의 대화에서 인물들의 입장 차이를 바탕으로 갈등의 원인을 파악하도록 할 것
   나. 〈자료2〉를 토대로 대화할 때 어떤 태도가 필요한지 생각하도록 할 것
   다. 교사가 진솔한 태도의 필요성을 언급할 것

3. 〈수험생 작성 조건3〉 갈등을 해결하는 다양한 대화 방법 모색하기
   가. 〈자료3〉에서 여러 대화를 보고 갈등을 조정하는 해결 방법 모색하도록 할 것
   나. '3-가'를 토대로 〈자료2〉의 대화를 올바르게 수정하도록 할 것
   다. 모둠 활동으로 진행할 것

수업 조건

- 과목 : 국어
- 학년 : 중학교 2학년
- 장소 : 국어 교과교실
- 시간 : 블록타임제(90분)
- 단원명 : 감정을 나누며 대화하기
- 해당 성취 기준 : 서로의 감정이나 바라는 바를 진솔하게 표현하면서 갈등을 조정할 수 있다.

단원명	차시	학습 내용
감정을 나누며 대화하기	1-2 (본시)	○ 갈등 상황에서 자신의 생각, 감정이나 바라는 바를 진솔하게 표현할 수 있다. ○ 갈등을 해결하는 다양한 대화 방법을 모색할 수 있다.

학생 수	장소	학습 형태	학습 기자재
24명	국어 교과교실	강의식, 짝 활동, 모둠활동	교사용 컴퓨터, 전자 칠판, 학생용 스마트 기기

※ 본 문제는 모의 평가용으로 제작되었으며, 실제 시험의 문항 유형 및 형식과 다를 수 있습니다.

〈자료1〉
• "야, 너는 그것도 못하냐? 잘하는 게 뭐니?" • "너 때문에 같이 지각했잖아. 왜 맨날 늦니?" • "참견하지 말고 너나 잘해."

〈자료2〉
엄마 : "너 아직도 독서실 안가고 뭐하니?" 딸 : ('오빠만 새옷 사준 걸 모를 줄 알고? 흥!') "몰라. 지금 독서실이 중요한 게 아니야." 엄마 : "야! 시끄러워. 지금 중간고사가 얼마 남았다고 이래? 공부나 해." 딸 : ('완전 차별 아니냐고 난 맨날 애물단지 취급이나 하고') "방에서 나가. 엄마랑 얘기하기 싫어." 엄마 : "하여튼 너 중간고사 못 보기만 해봐. 용돈 끊을 줄 알아."

〈자료3〉
사건에 대한 주관적인 해석을 피하고 객관적으로 전달하기
〈방법①: _____〉 민아 : 나는 네가 부탁하면 무엇이든 열심히 도와주었는데, 넌 내가 도와 달라고 하니 싫은가 보다? 넌 네 일에만 관심이 있고, 다른 사람 일에는 전혀 관심이 없는 애구나? 진수 : 무슨 근거로 내가 널 도와주기 싫어했다는 거야? 〈방법②: _____〉 현수 : (떨떠름한 목소리로) 어, 왔어? 수아 : 응, 내가 좀 늦었네, 무슨 일 있어? 표정이 안좋네? 현수 : (눈을 피하며) 아... 아니야... 〈방법③: _____〉 주아 : 넌 정말 제대로 하는 게 하나도 없구나! 네가 할 줄 아는 건 뭐야? 승리 : 열심히 하긴 했어. 실수야 실수. 주아 : 이렇게 매번 실수하기도 쉽지 않을 텐데 정말 대단하다. 대단해. 〈방법④: _____〉 세희 : 나도 이번 이어달리기 대표로 나가고 싶어. 방학 동안 진짜 열심히 했거든. 민호 : 네가 아무리 열심히 했어도 더 빠른 친구들이 많아. 그냥 응원석에서 응원해줘. 세희 : 제대로 알지도 못하면서 이렇게 사람을 무시해도 되는거야?

2026학년도 중등학교교사신규임용후보자선정경쟁시험(2차)

제9회 국어과 교수·학습 실연 지도안 [예상 답안]

국어과 본시 교수·학습 지도안				
학습 목표		1. 갈등 상황에서 자신의 생각, 감정이나 바라는 바를 진솔하게 표현할 수 있다. 2. 갈등을 해결하는 다양한 대화 방법을 모색할 수 있다.		
학습 단계		교수·학습 활동		자료 및 유의점	시간(분)
도입	인사	• 인사 및 학습 분위기 조성	• 인사 및 학습 준비		
	전시 학습 확인	• 전시 학습 확인	• 전시 학습 회상		
	동기유발	〈수험생 작성 내용1〉 • 〈자료1〉 함께 읽기 • 〈자료1〉의 문제점에 대해 발문하기 - "여러분은 〈자료1〉을 읽고 어떤 기분이 들었나요?" - "〈자료1〉의 문제점은 무엇일까요?" • 학생들의 경험에 대해 발문하기 - "여러분들도 갈등 상황에서 누군가에게 상처 주는 말을 했거나, 상처를 받았던 경험이 있나요?" • 학습 목표의 필요성에 대해 설명하기 - "이처럼 우리는 타인과 의사소통하는 과정에서 타인과 수시로 갈등을 겪습니다. 이럴 때 현명하게 해결할 수 있도록 노력해야 합니다. 오늘은 어떻게 하면 타인과 대화할 때 생기는 갈등을 해결할 수 있는지 방법과 자세를 배워보도록 합시다."	• 〈자료1〉 함께 읽기 • 〈자료1〉의 문제점에 대해 생각해 보기 - "듣기만 해도 기분이 나빠요. 짜증나요." - "상대의 감정을 전혀 배려하지 않고 있다는 문제가 있어요.", "남의 탓을 하고 있다는 문제가 있어요." • 자신의 경험 떠올리기 - "네. 친구에게 너 때문에 망쳤다고 막말을 한 적이 있어요. 지금은 후회해요.", "네. 부모님이 저에게 제대로 하는 게 없다고 했을 때 정말 상처를 받았어요." • 학습 목표의 필요성 이해하기		
	학습 내용 안내	• 학습 내용 안내	• 학습 내용 확인		
	학습 목표 제시	• 학습 목표 제시	• 학습 목표 확인		
전개1	〈활동1〉 자신의 생각이나 감정, 바라는 바를 진솔하게 표현하기	〈수험생 작성 내용2〉 • 〈자료2〉의 대화에서 인물들의 입장 차이를 파악하도록 하기	• 〈자료2〉의 대화에서 인물들의 입장 차이를 파악하기 | 엄마	딸
---	---
중간고사 시험을 앞두고 공부를 안하는 딸이 못마땅함	엄마가 오빠만 옷을 사준 것이 화가남			

전개1	<활동1> 자신의 생각이나 감정, 바라는 바를 진솔하게 표현하기	• 입장 차이를 바탕으로 갈등의 원인을 찾도록 하기 – "그렇다면 엄마와 딸의 입장을 바탕으로 둘 사이에 갈등이 발생한 이유는 무엇일까요?" • <자료2>에서 갈등을 악화시키지 않기 위해 필요한 말하기 태도가 무엇인지 생각해 보도록 할 것 • 갈등 상황에서 진솔한 태도가 중요한 이유를 설명하기 – "맞아요. 딸은 엄마에게 가진 섭섭한 이유를 솔직하게 말하지 않고 짜증만 내니까 갈등이 점점 심화되고 있죠. 이처럼 갈등이 발생했을 때는 자신의 생각과 감정을 진솔하게 표현하는 것이 중요해요. 그래야 갈등을 효과적으로 조정할 수 있습니다."	• 입장 차이를 바탕으로 갈등의 원인을 찾기 – "서로가 서로의 생각과 감정을 이해하지 못하고 있기 때문이에요." • <자료2>에서 갈등을 악화시키지 않기 위해 필요한 말하기 태도가 무엇인지 생각해 보기 – "자신의 감정과 생각에 대해 진솔하게 표현하는 태도가 필요해요." • 갈등 상황에서 진솔한 태도가 중요한 이유를 이해하기
전개2	<활동2> 갈등을 해결하는 다양한 대화 방법 모색하기	• (모둠활동) <자료3>을 읽으며 갈등을 조정할 수 있는 방법 찾도록 하기 – "방법①을 참고하여 대화를 읽고 방법②~④를 모둠원들과 상의하여 채워보도록 하세요." • (모둠활동) 위에서 찾은 방법을 적용하여 <자료2>의 대화를 고쳐보도록 하기 – "갈등을 조정할 수 있는 방법 4가지 중에 적용할 방법을 선택하고 그에 따라 갈등을 유발하는 대화 부분을 수정해 보세요." • 수정한 내용을 바탕으로 짝과 역할을 나누어 대화하도록 하기	• (모둠활동) <자료3>을 읽으며 갈등을 조정할 수 있는 방법 찾기 – 예시) | 모둠 | 방법 | |---|---| | 1 | 방법② : 자신의 감정을 진솔하게 표현하고 바라는 바를 구체적으로 요청하기 | | 2 | 방법③ : 상대의 감정을 상하게 하여 갈등을 악화시킬 수 있는 표현을 자제하기 | | 3 | 방법④ : 상대의 감정과 의견을 존중하기 | • (모둠활동) 위에서 찾은 방법을 적용하여 <자료2>의 대화를 고치기 – 예시) | 모둠 | 적용 방법 | 고친 부분 | |---|---|---| | 1 | ② | "몰라. 지금~" → "엄마 사실 오빠 새 옷 사준 걸 봤어요. 저도 옷이 갖고 싶은데 오빠만 새옷을 사주시니까 속상해요." | | 2 | ③ | "야 시끄러워~" → "딸, 기분 안좋은 일 있니? 엄마한테 솔직히 말해 줄래?" | | | | : | • 수정한 내용을 바탕으로 짝과 역할을 나누어 대화하기
정리	학습 내용 정리	• 학습 내용 정리	• 학습 내용 이해
	차시 예고	• 차시 예고	• 차시 예고 인지

판서 예시

단원명 : 감정을 나누며 대화하기

<활동1> 자신의 생각이나 감정, 바라는 바를 진솔하게 표현하기

엄마	딸
수능을 앞두고 공부를 안하는 딸이 못마땅함	엄마가 오빠만 옷을 사준 것이 화가남

→ 갈등 이유 : 서로의 감정과 생각을 이해하지 못함

<활동2> 갈등을 해결하는 다양한 대화 방법 모색하기

1) 갈등을 조정하는 방법

모둠	방법
1	방법③ : 갈등을 악화시킬 수 있는 표현을 자제
2	방법④ : 상대의 감정과 의견을 존중
3	방법② : 진솔하게 표현하고 바라는 바를 구체적으로 요청

2) 갈등을 조정하는 방법 적용하기

모둠	적용 방법	고친 부분
1	②	"몰라. 지금~" → "엄마 사실 오빠 새 옷 사준 걸 봤어요. 저도 옷이 갖고 싶은데 오빠만 새옷을 사주시니까 속상해요."
2	③	"야 시끄러워~" → "딸, 기분 안좋은 일 있니? 엄마한테 솔직히 말해줄래?"
3		:

성취 기준	
2022 교육과정	[9국01-09] 서로의 감정이나 바라는 바를 **진솔하게 표현**하면서 갈등을 조정한다. 이 성취 기준은 갈등을 조정할 수 있는 대화 방법을 배움으로써 상대방과의 관계를 원만하게 유지할 수 있는 능력을 기르기 위해 설정하였다. 자신의 생각과 감정을 진솔하게 표현하는 것이 왜 중요한지 이해하기, 자신과 상대의 생각과 감정, 욕구 등을 정확히 파악하기, 어떠한 차이로 인해 갈등이 발생하게 되었는지 분석하기, 사건에 대한 주관적 해석을 배제하고 객관적으로 전달하기, 상황이나 사건에 대한 자신의 감정과 욕구를 진솔하게 표현하기, 자신이 상대에게 바라는 것이 무엇인지 구체적으로 요청하기 방법을 활용하여 갈등 조정하기, 갈등을 악화시킬 수 있는 표현 경계하기, 상대의 의견과 감정을 존중하기 등을 학습한다.
2015 교육과정	[12화작02-02] 갈등 상황에서 자신의 생각, 감정이나 바라는 바를 진솔하게 표현한다. 이 성취 기준은 대화에서 갈등이 발생할 때 갈등을 증폭시키지 않고 처리할 수 있는 대화 방법을 배움으로써 대화 상황에서 갈등을 관리하고 상대방과의 관계를 유지하는 능력을 기르기 위해 설정하였다. 이러한 대화 방법의 예로 '나-전달법'을 들 수 있다. 이는 다른 사람을 평가하고 해석하는 대신 자신이 느끼는 감정과 경험을 표현하는 방법으로 '사건, 감정, 기대'로 메시지를 구성해 전달한다. 곧, 자신이 문제로 인식한 상대의 행동이나 상황(사건)만을 대상으로 삼아 이에 대한 자신의 감정을 솔직하게 이야기하고[감정], 그러한 감정을 반복적으로 경험하지 않기 위해 자신이 바라는 상대의 행동이나 상황[기대]을 상대가 들어줄 수 있는 수준에서 구체적으로 이야기하는 것이 '나-전달법'이다. 이와 같은 방법으로 갈등 상황에서 자신의 감정을 진솔하게 표현하며 상호 협력적으로 갈등 상황을 관리하는 경험을 쌓는 데 주안점을 둔다.

교과서 정리		
학습 내용 정리	■ 갈등을 조정하는 대화 방법 - 자신과 상대의 생각과 감정, 욕구 파악하기 - 갈등이 일어난 원인 분석하기 - 상대의 의견과 감정 존중하기 - 상황이나 사건에 관한 자신의 생각과 감정, 욕구를 진솔하게 표현하기 - 자신이 상대에게 바라는 것을 구체적으로 요청하기 - 갈등을 악화시킬 수 있는 표현 경계하기(비난, 공격) - 사건과 관련하여 주관적 해석을 배제하고 객관적으로 전달하기 ■ 갈등을 조정하는 대화 방법의 필요성 - 갈등을 합리적이고 원만하게 해결할 수 있음 - 상대와 원만한 인간관계를 형성하고 유지할 수 있음	
[2022] 천재(노) 2-1 2. 소통으로 여는 세상 (1) 공감하고 존중하며 대화하기	제재	—
	동기유발	• 다음 상황을 물음에 답해 보자. 1) 우주가 어떤 고민을 하고 있는지 말해 보자. 2) 보미가 우주에게 어떤 조언을 하면 좋을지 친구들과 이야기해 보자.

[2022] 천재(노) 2-1 2. 소통으로 여는 세상 (1) 공감하고 존중하며 대화하기		활동	[갈등을 조정하는 대화 방법 이해하기] 1. 재혁이와 동우 사이에 일어난 갈등을 살펴보고 물음에 답해 보자. 　(1) 재혁이와 동우의 생각과 감정의 차이를 파악하며 갈등이 일어난 원인을 생각해 보자. 　(2) 다음을 참고하여 ㉠~㉢이 갈등 상황에 부정적인 영향을 미친 까닭을 정리해 보자. 　　☆ 갈등 상황에 부정적인 영향을 미칠 수 있는 표현의 특징 　　　- 생각과 감정, 욕구를 진솔하게 표현하지 않고 대화를 회피함 　　　- 사건에 대해 주관적으로 해석한 내용을 전달함 　　　- 갈등을 악화시킬 수 있는 표현을 사용함 2. 재혁이와 동우가 대화로 갈등하는 과정을 살펴보고 물음에 답해 보자. 　(1) 재혁이와 동우가 갈등을 조정하려고 자신의 생각과 감정을 어떻게 표현했는지 파악해 보자. 　(2) 재혁이와 동우의 대화에서 갈등을 조정하는 데 도움이 된 말을 더 찾고, 그 말에 어떤 특징이 있는지 이야기해 보자. 　(3) 앞의 활동을 바탕으로 갈등을 조정하는 대화 방법이 필요한 까닭을 이야기해 보자.
[2022] 비상(박) 2-2 2. 서로를 잇는 이해와 소통 (2) 진솔하게 표현하며 갈등 조정하기		제재	—
		동기유발	최근에 자신이 겪은 갈등 상황을 떠올려 보고, 그 상황에서 자신은 어떤 행동과 반응을 보였는지 말해 보자.
		활동1	[서로의 입장을 파악하고 갈등을 분석하기] 다음 웹툰을 읽고, 등장인물들이 처한 입장을 바탕으로 갈등의 원인을 분석해 보자. 1. (가)에 드러난 '영훈'과 '엄마'의 생각과 감정, 기대가 무엇인지 파악해 보고, 두 사람 사이의 갈등은 어떠한 차이로 인해 발생하게 되었는지 말해 보자. 2. (나)에서 '나리'가 '영훈'에게 다음과 같이 말한 이유를 '엄마'의 말을 바탕으로 짐작해 보고, (가)에서 '영훈'이 자신의 생각과 감정을 진솔하게 표현했다면 어땠을지 말해 보자. 3. 앞의 2를 바탕으로, 갈등 상황에서 자신의 생각과 감정을 진솔하게 표현하는 것이 중요한 이유를 정리해 보자.
		활동2	[다양한 방법으로 갈등을 조정하기] 다음은 갈등을 조정하는 대화 방법에 대한 내용이다. 이를 살펴보고, 제시된 대화 방법을 활용하여 갈등을 효과적으로 저장해 보자. 　방법1: 사건에 대한 주관적 해석을 피하고 객관적으로 전달하기 　방법2: 자신의 감정과 기대를 진솔하게 표현하고, 상대에게 바라는 것을 구체적으로 요청하기 　방법3: 갈등을 악화시킬 수 있는 표현을 경계하기 　방법4: 상대의 의견과 감정을 존중하기 1. 앞에 제시된 대화 방법을 참고하여 다음 발화의 문제점을 찾고, 갈등을 조정하는 대화 방법을 활용하여 발화를 고쳐 보자. 2. 앞의 1에서 고친 발화를 자신이 들었다면 그 말에 어떻게 대답할지, (가)~(다) 중 하나를 골라 답해 보자. 3. 앞에 제시된 대화 방법을 활용했을 때, 갈등을 조정하는 것 외에 어떤 장점이 더 있을지 말해 보자.
		활동3	[역할극으로 일상 속 갈등 조정하기] 1. 역할극을 하기 위해 우리 주변에서 겪을 수 있는 갈등 상황을 설정해 보자. 2. 앞의 1을 바탕으로 짝과 역할을 나누고, 제시된 대화 방법을 활용하여 갈등을 조정할 수 있도록 대화를 구성해 보자. 3. 앞의 2에서 구성한 대화를 바탕으로 짝과 역할극을 해 보고, 다음 기준에 따라 평가해 보자. 　기준1: 각자의 감정과 기대를 진솔하게 표현하였는가? 　기준2: 서로의 생각, 감정, 기대의 차이를 고려하며 대화하였는가? 　기준3: 갈등을 조정하는 대화 방법을 활용하여 상호 협력적으로 대화하였는가? 4. 갈등을 조정하는 대화 방법을 활용하여 역할글을 해 본 뒤 느낀 점을 이야기해 보자.
[2022] 미래엔(신) 2-2 1. 삶을 읽고 마음을 나누며 (2) 마음을 잇는 대화		제재	—
		동기유발	—
		활동	2. 다음 대화를 참고하여 갈등을 조정하며 대화하는 방법을 알아보자. 　(1) 이 대화의 내용을 다음과 같이 정리해 보자. 　(2) (1)을 바탕으로 하여 현석이와 다희에게 갈등이 일어난 까닭을 말해 보자. 　(3) 다음 장면에서 갈등을 악화시키는 표현을 찾아보고, 갈등을 악화시키지 않으려면 어떤 대화 태도를 가져야 할지 생각해 보자. 　(4) 이 대화에서 현석이와 다희가 갈등을 조정하려고 활용한 대화 방법을 찾아 연결해 보자. 　(5) 위 활동을 바탕으로 하여 현석이와 다희의 갈등이 조정된 결과를 말해 보자. 3. (가)와 (나)의 밑줄 친 말을 상대방에게 공감하거나 갈등을 조정하는 대화로 바꾸어 써 보고, 짝과 역할을 나누어 대화해 보자. 4. 상대방의 감정과 입장에 공감하고, 갈등을 조정하며 대화하면 무엇이 좋은지 친구들과 이야기해 보자.

2026학년도 중등학교교사신규임용후보자선정경쟁시험(2차)
제10회 국어과 교수·학습 실연 시험 문제지

| 관리 번호 | |

지도안 세부 조건

1. **〈수험생 작성 조건1〉 동기유발**
   가. 언어폭력과 관련된 학생 경험을 이끌어 낼 것
   나. 매체 자료를 활용할 것

2. **〈수험생 작성 조건2〉 언어폭력의 문제점 인식하고 배려하며 말하기**
   가. 〈자료1〉과 〈자료2〉를 활용할 것
   나. 〈자료1〉을 활용하여 언어폭력의 문제점을 인식하도록 활동을 구상할 것
   나. 〈자료2〉를 활용하여 배려하며 말하기를 연습하는 활동을 구상할 것

3. **〈수험생 작성 조건3〉 배려하며 말하기 점검하기**
   가. 배려하며 말하기를 점검하는 체크리스트를 만드는 활동 구상할 것
   나. 학생 중심 활동으로 구상할 것
   다. 학생용 디지털 기기를 이용할 것

수업 조건

- 과목 : 국어
- 학년 : 중학교 1학년
- 장소 : 국어 교과교실
- 시간 : 45분
- 단원명 : 배려하며 말하기
- 해당 성취 기준 : 언어폭력의 문제점을 성찰하고, 서로를 존중하는 표현을 사용하여 말한다.

단원명	차시	학습 내용
배려하며 말하기	1 (본시)	○ 언어폭력의 문제점을 인식하고 상대방을 배려하며 말할 수 있다. ○ 생활 속에서 배려하며 말하기를 내면화할 수 있다.

학생 수	장소	학습 형태	학습 기자재
24명	국어 교과교실	강의식, 모둠식	교사용 컴퓨터, 전자 칠판, 학생용 스마트 기기

※ 본 문제는 모의 평가용으로 제작되었으며, 실제 시험의 문항 유형 및 형식과 다를 수 있습니다.

〈자료1〉

언어폭력이란 부정적인 언어 표현으로 상대에게 모욕감을 느끼게 하여 정신적 피해를 주는 행위를 의미한다. 언어폭력이 주는 피해는 신체적 폭력의 피해만큼이나 심각하다. 단순 불쾌감뿐 아니라 더 나아가 우울증, 자존감 저하, 삶의 욕구 하락 등 심각한 정서심리 문제로까지 이어질 수 있다. 교육부가 발표한 2025학년도 학교폭력 실태조사에 따르면 가장 많은 학교폭력 피해 유형이 언어폭력으로 나타났다. 언어폭력으로는 비속어나 욕설, 험담, 막말, 무시하거나 차별하는 말, 외모나 신체적 특징 비하 등이 있다. 이러한 언어폭력의 심각성을 인지하고 상대방의 처지를 고려하여 상대를 배려하고 존중하는 언어를 사용하도록 하는 노력이 필요하다.

〈자료2〉

[상황1]	[상황2]	[상황3]
모둠활동에서 각자 맡은 과제를 친구가 해오지 않았을 때	친구가 싫어하는 별명으로 부를 때	친구가 실수하여 축구에서 졌을 때
민수 : 너 그런 식으로 하려면 나가! 너 때문에 점수 못 받으면 네가 책임질 거야? 지연 : 뭐? 내가 어제 학원 가야 해서 못할 수도 있다고 했잖아! 그러는 넌 얼마나 잘 해왔는데?	정연 : 야, 대갈장군! 어디 가냐? 수현 : 그렇게 부르지 말랬지? 정연 : 어쩔 건데? 대갈장군, 대갈장군, 대갈장군! 수현 : 진짜 죽여 버린다!	수지 : 야, 그걸 놓치면 어떡해! 개 짜증나네! 현민 : 미안, 나도 받으려고 했는데…… 수지 : 너 때문에 다 이기고 있었는데, 졌잖아! 현민 : 미안하다고 했잖아! 나대지 마.

2026학년도 중등학교교사신규임용후보자선정경쟁시험(2차)

제10회 국어과 교수·학습 실연 지도안 [예상 답안]

국어과 본시 교수·학습 지도안

학습 목표	1. 언어폭력의 문제점을 인식하고 상대방을 배려하며 말할 수 있다. 2. 생활 속에서 올바른 언어 사용을 내면화할 수 있다.			
학습 단계		교수·학습 활동	자료 및 유의점	시간 (분)
도입	인사	• 인사 및 학습 분위기 조성	• 인사 및 학습 준비		
	전시 학습 확인	• 전시 학습 확인	• 전시 학습 회상		

	동기유발	〈수험생 작성 내용1〉
		• ○○도전〈바른말 고운말 특강〉편 제시하기
		  – "영상 속 박○수와 대화를 하면 기분이 어떨까요?"
		  – "어떻게 바꾸어 말하면 기분이 좋을까요?"
		
		• 상대를 배려하지 않은 표현을 들었던 경험 질문하기
		  – "상대를 배려하지 않은 표현을 들었던 경험이 있나요? 그때 기분이 어땠나요?"
		
		• 배려하며 말하기의 중요성 강조하기
		  – 상대방을 배려하며 말해야 대화에서 서로의 기분이 상하지 않고 원만한 관계를 유지할 수 있음을 설명한다.
			• ○○도전〈바른말 고운말 특강〉편 시청하기
			  – "계속 비난하고 공격해서 기분이 안 좋을 것 같아요."
			  – "상대방의 입장을 조금 더 배려해서 욕설이나 비하하는 말보다는 격려하는 말을 해주면 좋겠어요."
			
			• 상대를 배려하지 않은 표현을 들었던 경험 대답하기
			  – "제가 말만 하면 나대지 말라고 해요. 그 친구랑 절교하고 싶을 만큼 정말 기분이 나빴어요."
			
			• 배려하며 말하기의 중요성 이해하기		

	학습 내용 안내	• 학습 내용 안내	• 학습 내용 확인		
	학습 목표 제시	• 학습 목표 제시	• 학습 목표 확인		

전개 1	〈활동1〉 언어폭력의 문제점 인식하고 배려하며 말하기	〈수험생 작성 내용2〉
		•〈자료1〉제시하고 활동 안내하기
		  – 언어폭력의 개념과 유형, 심각성을 찾고, 언어폭력의 문제점을 인식하도록 활동을 안내한다.
		
		•〈자료2〉제시하고 활동 안내하기
		  –〈자료2〉의 상황에서 무엇이 잘못되었는지〈자료1〉에 근거하여 분석하도록 안내한다.
			•〈자료1〉분석 활동하기
			  – 개념 : 부정적인 언어 표현으로 상대에게 모욕감을 느끼게 하여 정신적 피해를 주는 행위
			  – 유형 : 비속어나 욕설, 험담, 막말, 무시하거나 차별하는 말, 외모나 신체적 특징 비하 등
			  – 심각성 : 불쾌감, 우울증, 자존감 저하, 삶의 욕구 하락 등 심각한 정서심리 문제
			
			•〈자료2〉분석 활동하기
			<table><tr><th colspan="2">잘못된 점</th></tr><tr><td>상황 1</td><td>서로의 상황을 이해하지 않고 비난함 → 막말, 무시하는 말</td></tr></table>		

전개 1	〈활동1〉 언어폭력의 문제점 인식하고 배려하며 말하기		상황 2	상대방의 기분을 배려하지 않음 → 외모 비하, 욕설	
			상황 3	상대방의 입장은 생각하지 않고 비난함 → 비속어, 막말	
		• 배려하며 말하기 역할극 안내하기 – 〈자료2〉에서 잘못된 언어 사용을 짝 활동을 통해 상대를 배려하는 대사로 고치고, 역할극을 하도록 안내한다.	• 배려하며 말하기 역할극 하기		
			대사 고쳐쓰기		
			상황 1	– 혹시 어제 무슨 일 있었어? – 어제 학원을 일찍 가서 못했어. 정말 미안해. – 그럴 수 있지. 그럼 오늘까지는 꼭 해줘.	
			상황 2	– 나 그 말을 들으면 자신감이 없어지고 하루 종일 우울해. 그렇게 부르지 말아줘. – 난 장난이었는데 그렇게 기분이 안 좋을 줄은 몰랐어. 미안해.	
			상황 3	– 공을 놓쳐서 미안해. – 아니야, 네가 최선을 다하는 거 나도 봤어. 다음에 이겨보자!	
		• 활동 정리하기 및 내용 강조하기	• 활동 정리하며 내용 이해하기		
전개 2	〈활동2〉 배려하며 말하기 내면화 하기	〈수험생 작성 내용3〉 • 배려하며 말하기에 대한 체크리스트 만들기 활동 안내하기 – 일상생활 속에서 배려하며 말하기를 실천할 수 있도록, 모둠별로 배려하는 말하기에 대한 체크리스트 만드는 활동을 안내한다.	• 배려하며 말하기에 대한 체크리스트 만들기 활동하기		
		• 활동 발표하도록 안내하기 – 학생용 스마트 기기를 이용하여 온라인 공유 플랫폼에 모둠 활동 내용을 올리도록 안내한다. – 개별적으로 활동 내용을 보고 투표를 하도록 안내한다. – 가장 많은 득표를 받은 항목을 간추려 체크리스트로 정리한다.	• 활동 발표하기		
			점검 질문		
			1. 화가 나거나 짜증이 날 때 상대에게 욕을 하나요?		
			2. 기분이 좋거나 친구와 장난을 칠 때 욕을 하나요?		
			3. 특별한 이유 없이 습관적으로 욕을 하나요?		
			4. 다른 사람을 차별하거나 혐오하는 말을 한 적이 있나요?		
			5. 다른 사람에 관한 근거 없는 소문을 퍼트린 적이 있나요?		
		• 언어 사용 성찰 활동하도록 안내하기 – 체크리스트에 근거하여 자신의 언어 사용을 성찰하고, 언어 사용 일기를 쓰도록 안내한다.	• 언어 사용 성찰 활동하기		
			언어 사용 일기		
			반성 하기	민찬이가 싫어하는 별명인 홍당무로 여러 번 부름	
			배려 하기	민찬이가 싫어하는 별명으로 부르지 않고 배려하며 말해야 함	
		• 배려하며 말하기의 실천의 중요성 강조하기 – 일상생활 속에서 배려하며 말하기 실천의 중요성을 강조한다.	• 배려하며 말하기의 필요성 이해하기 – 상대방의 입장과 기분을 배려하여 말해야 함을 이해한다.		

정리	형성평가 및 과제 부여	• 형성평가 부여 • 수준별 과제 제시	• 형성평가 진행 • 수준별 과제 확인	
	학습 내용 정리	• 학습 내용 정리	• 학습 내용 이해	
	차시 예고	• 차시 예고	• 차시 예고 인지	

판서 예시

(1) 언어폭력이란?

부정적인 언어 표현으로 상대에게 모욕감을 느끼게 하여 정신적 피해를 주는 행위

↓

비속어나 욕설, 험담, 막말, 무시하거나 차별하는 말, 외모나 신체적 특징 비하 등

(2) 배려하며 말하도록 고쳐쓰고 역할극 하기

	잘못된 점
상황 1	서로의 상황을 이해하지 않고 비난 → 먼저 양해를 구하고 상대방은 이해해 주기
상황 2	상대방의 기분을 배려하지 않고 협박성 발언 → 상대가 원치 않는 별명은 자제하기
상황 3	상대방을 비난하고 질책 → 서로 격려하기

(3) 배려하며 말하기 체크리스트

항목	평가		
1. 화가 나거나 짜증이 날 때 상대에게 욕을 하나요?	상	중	하
2. 기분이 좋거나 친구와 장난을 칠 때 욕을 하나요?	상	중	하
3. 특별한 이유 없이 습관적으로 욕을 하나요?	상	중	하
4. 다른 사람을 차별하거나 혐오하는 말을 한 적이 있나요?	상	중	하
5. 다른 사람에 관한 근거 없는 소문을 퍼트린 적이 있나요?	상	중	하

성취 기준

2022 교육과정	[9국01-10] **언어폭력**의 문제점을 성찰하고, 서로를 존중하는 표현을 사용하여 말한다.
성취 기준 적용 시 고려 사항	전형적인 구어 담화 자료 이외에 학습자들이 일상에서 접할 수 있는 다양한 매체를 활용하여 **디지털 소통 공간**에서 필요한 능력과 태도를 기르도록 지도한다. 휴대전화의 문자 메시지나 사회 관계망 서비스(SNS)에서 차별적 표현이나 폭력적인 언어를 사용하지 않았는지 스스로 성찰하고, **서로를 존중하는 표현**을 사용하도록 하여 디지털 기반의 소통 공간에서도 타인을 배려하고 공감하는 언어를 사용하도록 한다.
2015 교육과정	[9국01-12] 언어폭력의 문제점을 인식하고 상대를 배려하며 말하는 태도를 지닌다.

교과서 정리

학습 내용 정리	**[언어폭력]** 부정적인 말로 상대에게 불쾌감 또는 모욕감을 느끼게 하는 것을 뜻하며 상대의 마음에 상처를 입히고, 인간관계를 해친다. 욕설이나 험담, 차별적 표현, 비난, 인신공격 등이 이에 해당한다. **[존중하는 표현]** 상대를 무시하지 않고 중하게 여기는 마음을 담아 하는 말이다. 상대의 처지나 감정 등을 헤아려 하는 말, 상대의 생각이 자신의 생각과 달라도 타당한 점은 인정하는 말 등이 이에 해당한다. 상대를 배려하여 존중하는 태도로 말하도록 한다.		
[2022] 천재 1-1(정) 4. 성장하는 우리 (2) 존중하며 말하기	동기유발	※ 1. 다음 광고가 말하고자 하는 것은 무엇일까요? 　　(공익 광고 : 지금 쓰는 그 댓글, 마음에 못을 박습니다.) ※ 2. 다음과 같은 상황에서 자신은 어떻게 말할지 생각해 봅시다. 　　- 내가 싫어하는 별명을 친구가 부를 때 　　- 친구가 실수로 내 책상 위에 물을 쏟았을 때		
	제재	만화 '잘할 수 있어!'		
	내용학습	1. 다음은 이 만화의 내용을 정리한 것입니다. 빈칸에 알맞은 말을 써 봅시다.		

[2022] 천재 1-1(정) 4. 성장하는 우리 (2) 존중하며 말하기	학습활동	1. 다음 활동을 통해 바람직한 말하기 태도에 관해 알아 봅시다. 　(1) 만화에서 언어 폭력에 해당하는 표현과 존중하는 표현을 찾아 봅시다. 　(2) (1)에서 찾은 표현을 들은 도윤이의 심정이 각각 어떠했을지 생각해 봅시다. 　(3) (1)과 (2)의 활동을 바탕으로 하여 바람직한 말하기 태도가 무엇일지 말해 봅시다. 2. 디지털 소통 공간에서의 존중하는 표현 사용에 관해 알아봅시다. 　　┌──────────────────────────────┐ 　　│ ㉮ 배우 ○○○의 사회 관계망 서비스　　㉯ 가정 실습 모둠원 온라인 대화방 │ 　　└──────────────────────────────┘ 　(1) ㉮와 ㉯에서 문제가 되는 표현을 찾고, 왜 문제가 되는지 써 봅시다. 　(2) 디지털 소통 공간에서 폭력적인 언어나 차별적 표현을 사용한 적이 있으면 말해 봅시다. 　(3) 디지털 소통 공간에서의 존중하는 표현 사용 태도에 관해 모둠원들과 이야기해 봅시다. 3. 자신의 언어생활을 돌아보고, 상대를 존중하여 말하는 태도를 길러 봅시다. 　(1) 일주일 동안 '언어생활 일기'를 써 봅시다. 　(2) '언어생활 일기'를 쓰면서 느낀 점을 짝과 이야기해 봅시다.
[2022] 미래엔 1-2(신) 2. 우리가 만드는 세상 (2) 존중하며 말하기	동기유발	※ 라온이는 미술 시간에 모둠 활동을 하면서 친구들의 말을 듣고 생각이 많아졌다. 나리는 그런 라온이를 격려하며 칭찬해 주는데…… 1. 라온이가 자신감을 얻게 된 까닭을 말해 보자. 2. 라온이처럼 다른 사람의 말에 힘이나 용기, 자신감을 얻었던 경험을 떠올려 보자.
	제재	㉮ 김창연, 〈왜요, 그말이 어때서요?〉에서 ㉯ '중2병'이라는 말은 청소년을 차별하고 혐오하는 표현이라는 내용의 글
		언어 폭력의 위험성을 알리는 공익 광고
	학습 활동	1. 다음 글을 읽고, 다른 사람을 차별하거나 혐오하는 표현에 관해 생각해 보자. 　(1) ㉮와 ㉯를 바탕으로 하여 다음 단어가 다른 사람을 차별하거나 혐오하는 표현에 해당하는 까닭을 적고, 바꾸어 쓸 수 있는 표현을 생각해 보자. 　(2) 우리 주변에서 다른 사람을 차별하거나 혐오하는 표현을 더 찾아보자. 　(3) (2)에서 찾은 표현이 다른 사람을 차별하거나 혐오하는 표현에 해당하는 까닭을 말해 보자. [나의 언어생활은 바람직할까?] 1. 언어폭력의 문제점을 생각해 보자. 　(1) 이 광고에서 '톡'을 받은 학생은 어떤 기분이 들었을지 말해 보자. 　(2) 이 광고 속 "톡 쳤을 뿐인데"의 의미를 생각해 보자. 　(3) 위 활동을 바탕으로 하여 언어폭력의 문제점을 짝과 함께 이야기해 보자. 2. 자신의 언어생활을 성찰해 보자. 　(1) 다음 질문에 답하며 자신의 언어생활을 점검해 보자. | 점검 질문 | 점수 | | | |---|---|---|---| | 1. 화가 나거나 짜증이 날 때 상대에게 욕을 하나요? | 0 | 1 | 2 | | 2. 기분이 좋거나 친구와 장난을 칠 때 욕을 하나요? | 0 | 1 | 2 | | 3. 특별한 이유 없이 습관적으로 욕을 하나요? | 0 | 1 | 2 | | 4. 다른 사람을 차별하거나 혐오하는 말을 한 적이 있나요? | 0 | 1 | 2 | | 5. 다른 사람에 관한 근거 없는 소문을 퍼트린 적이 있나요? | 0 | 1 | 2 | 　(2) (1)의 결과를 바탕으로 하여 자신의 언어생활이 어떤 상태인지 '언어생활 신호등'에 표시해 보자. 　(3) '언어생활 신호등' 결과를 바탕으로 하여 느낀 점과 앞으로의 다짐을 말해 보자. 3. 서로를 존중하는 표현을 사용하여 말하고, 존중하며 말하기의 필요성을 생각해 보자. 　(1) ㉮~㉰의 밑줄 친 말을 상대를 존중하는 표현으로 바꾸어 써 보자. 　(2) 짝과 역할을 정해서 (1)의 대화를 존중하는 표현으로 바꾸기 전과 바꾼 후의 표현으로 대화해 보자. 　(3) 존중하는 표현으로 바꾸기 전과 바꾼 후의 표현으로 대화하였을 때 어떤 기분이 들었는지 말해 보자. 　(4) 서로를 존중하는 표현을 사용하여 말하면 무엇이 좋은지 이야기해 보자.

	동기유발	※ 말 한마디에 마음이 따뜻해졌던 기억을 떠올려 보고, 자신이 누군가에게 듣고 싶은 말이나 들려주고 싶은 말을 적어 보자.
[2022] 비상(박) 1-2 3. 갈등을 딛고 크는 우리들 (2) 존중하고 배려하고	제재	찬우의 일기

	학습활동	[자신의 언어생활 살펴보기]
		1. 다음 '찬우'의 일기를 읽고, 자신의 언어생활을 살펴보자.
		  (1) '찬우'와 친구들의 온라인 대화 내용 중에 폭력적이고 공격적인 말은 무엇인지 찾아보고, 자신이 이러한 말을 듣게 된다면 기분이 어떨지 말해 보자.
		  (2) '찬우'와 같이 주변 사람에게 상처를 주는 말을 했거나 들은 경험이 있다면 말해 보자.
		  (3) 지난 일주일 동안 자신의 언어생활은 어떠했는지 점검해 보자.
		
		[언어폭력의 문제점 파악하기]
		1. 다음 '찬우'의 일기를 읽고, 언어폭력이 미치는 영향을 생각해 보자.
		  (1) 공익 광고 영상과 책의 내용에서 알 수 있는 언어폭력의 문제점을 정리해 보자.
		  (2) 앞의 1을 바탕으로 폭력적인 말이 우리에게 어떤 영향을 미칠지 짝과 함께 말해 보자.
		
		[존중하는 표현을 사용하여 말하기]
		1. 다음 '찬우'의 일기를 읽고, 존중하는 표현을 사용하여 대화해 보자.
		  (1) ㉮~㉰에 나타난 표현을 존중하는 표현으로 바꿔서 말해 보자.
		  (2) 이 글에 제시된 표현 방법 외에도 우리가 일상생활에서 사용할 수 있는, 상대를 존중하는 표현 방법에는 무엇이 있을지 정리해 보자.
		  (3) 의사소통을 할 때, 서로 존중하는 표현을 사용하면 어떤 점이 좋은지 말해 보자.
		  (4) 다음 영상을 보고 모둠별로 다양한 매체에 나타난 차별적 표현을 찾아보자. 그리고 차별적 표현을 차별이 드러나지 않는 표현으로 바꾸어 보자.
		  (5) 하루 동안 자신의 언어 습관이 어떠했는지 스스로 점검해 보고, 언어 습관 성찰 일지를 작성해 보자.

2026학년도 중등학교교사신규임용후보자선정경쟁시험(2차)
제11회 국어과 교수·학습 실연 시험 문제지

관리 번호

지도안 세부 조건

1. 〈수험생 작성 조건1〉 동기유발
   가. 시청각 매체 자료를 활용할 것
   나. 말하기 불안과 관련하여 학생들의 경험을 이끌어 내는 구체적인 발문을 제시할 것

2. 〈수험생 작성 조건2〉 듣기·말하기 과정 점검하기
   가. 〈자료1〉과 〈자료2〉를 활용할 것
   나. 〈자료2〉를 참고하여 〈자료1〉의 듣기·말하기 과정에 따른 점검 항목을 구상하는 활동을 계획할 것
   다. 〈자료2〉를 점검 항목에 따라 평가하는 활동을 구상할 것

3. 〈수험생 작성 조건3〉 말하기 불안 점검하기
   가. 말하기 불안 체크리스트의 항목 3가지를 제시할 것
   나. 자신의 말하기 불안을 점검하는 활동을 계획할 것
   다. 짝/모둠활동을 통해 말하기 불안의 이유를 공유하도록 할 것

수업 조건

- 과목 : 국어
- 학년 : 중학교 2학년
- 장소 : 국어 교과교실
- 시간 : 블록타임제(90분)
- 단원명 : 자신 있게 말하기
- 해당 성취 기준 : 듣기·말하기 과정을 점검하고 듣기·말하기의 어려움을 효과적으로 조정한다.

단원명	차시	학습 내용
자신 있게 말하기	1-2	○청중의 관심과 요구를 파악할 수 있다. ○청중의 관심과 요구를 파악하여 말할 수 있다.
	3-4 (본시)	○자신의 듣기·말하기 과정을 점검할 수 있다. ○듣기·말하기의 어려움을 효과적으로 조정할 수 있다.

학생 수	장소	학습 형태	학습 기자재
24명	국어 교과교실	강의식, 모둠식	교사용 컴퓨터, 전자 칠판, 학생용 스마트 기기

※ 본 문제는 모의 평가용으로 제작되었으며, 실제 시험의 문항 유형 및 형식과 다를 수 있습니다.

〈자료1〉

과정	점검 기준	
듣기·말하기 전	〈수험생 작성 부분〉	상·중·하
듣기·말하기 중	〈수험생 작성 부분〉	상·중·하
듣기·말하기 후	• 자신의 듣기·말하기 과정이 적절했는지 성찰하였는가? • 듣기·말하기 과정에서 부딪힌 어려움을 분석하고, 앞으로의 듣기·말하기를 위한 개선계획을 세웠는가?	상·중·하

〈자료2〉

〈말하기 전〉

윤지의 사고 과정	
① 먼저 말하기 상황과 목적을 점검해볼까? 공약을 발표한 뒤 다른 후보자와 토론하고, 청중의 질문에 답변도 해야 해. 친구들 앞에서 나의 생각을 설득력 있게 전달하려고 노력해야겠어. ② 어떤 준비를 미리 해야 할까? 이런 공식적인 말하기를 해 본 적이 없어서 너무 떨리네. 미리 발표 원고를 작성해서 익숙해지도록 연습해야겠어.	〈○○중학교 학생회장 선거 후보자 토론회〉 일시 : 10월 19일 방과 후 4시 장소 : 학생회실 토론자 : 기호 1번 김윤지 후보, 기호 2번 이남준 후보 진행 방식 : 공약 발표, 후보자 토론, 방청객 질의응답

〈말하는 중〉

윤지의 사고 과정	장면1. 공약 발표
① 발표 원고를 준비하고 연습도 했으니 자신있게 발표할 수 있을 거야. ② 긴장하니까 원고만 보게 되고, 말도 점점 빨라지네. 연습한 대로 고개를 들어 청중을 보면서 말을 속도를 조절하도록 노력해야겠어.	사회자 : 학생회장 선거 후보자 토론회를 시작하겠습니다. 먼저 기호 1번 김윤지 후보의 공약 발표를 듣겠습니다. 김윤지 : (준비한 원고를 보며) 안녕하세요. 저는 학생회장 선거에 출마한 기호 1번 김윤지입니다. 저의 공약을 말씀드리겠습니다. (원고에 눈을 떼지 못한 채 말이 점점 빨라지며) 첫째, 학교 SNS를 개설하겠습니다. 학교 홈페이지는 회원가입 등 절차가 복잡하고 접근이 편하지 않습니다. 따라서 학생들이 많이 사용하는 SNS에 학교 계정을 개설하여 우리 학교 학생들의 온라인 소통 창구를 만들겠습니다. (고개를 들어 청중과 시선을 맞추고 천천히 말하며) 둘째, 비오는 날 우산 대여 서비스를 제공하겠습니다. 소나기가 내리는 일들이 잦은 요즘 우산 대여 서비스를 통해 미처 우산을 준비하지 못한 학우들이 비 맞는 일 없이 하교할 수 있을 것입니다.

윤지의 사고 과정	장면2. 후보자 토론
① 말하기에만 신경을 쓰다 보니 상대방이 무슨 질문을 하는지 제대로 못 들었어. 지금부터는 상대방의 말에 경청하고 집중해야겠다. 메모도 같이 해야겠어. ② 미처 준비하지 못한 부분이네. 아쉽다. 다음에는 상대방이 질문할 부분까지 준비를 해야겠어.	사회자 : 후보자 토론을 시작하겠습니다. 이남준 후보는 질문해 주세요. 이남준 : 김윤지 후보님, 공약 발표 잘 들었습니다. 그런데 SNS에 학교 계정을 만들면 외부인들도 쉽게 접근이 가능해지면서 다양한 문제가 발생할 수 있을 것 같은데 어떻게 생각하시는지 궁금합니다. 김윤지 : (잠시 머뭇거리며) 네. SNS 계정 관리는 학생회에서 할 것입니다. 이남준 : 저는 SNS 계정에 외부인들이 접근하여 발생할 문제가 우려된다는 점을 질문했습니다. 김윤지 : 아, 죄송합니다. 그러게요. 익명성 때문에 문제가 발생할 수 있겠네요. 어떻게 해야 문제가 발생하지 않을지 좀 더 고민해보겠습니다.

2026학년도 중등학교교사신규임용후보자선정경쟁시험(2차)

제11회 국어과 교수·학습 실연 지도안 예상 답안

국어과 본시 교수·학습 지도안					
학습 목표	1. 자신의 듣기·말하기 과정을 점검할 수 있다. 2. 듣기·말하기의 어려움을 효과적으로 점검할 수 있다.				
학습 단계		교수·학습 활동		자료 및 유의점	시간(분)
도입	인사	• 인사 및 학습 분위기 조성		• 인사 및 학습 준비	
	전시 학습 확인	• 전시 학습 확인		• 전시 학습 회상	

	동기유발	〈수험생 작성 내용1〉
		• 많은 사람 앞에서 말해 본 경험 상기시키기
		  – "많은 사람 앞에서 발표해 본 적 있나요?"
		  – "그때 어땠어요? 잘한 것 같았나요?"
		  – "못했다고 말한 친구들은 왜 못했다고 생각하나요?"
		  – "맞아요. 선생님도 그랬지만 많은 사람 앞에서 떨지 않고 말을 잘하는 건 굉장히 어려운 일이에요."
		
		• 영화 '킹스 스ㅇ치'를 보여주며 말하기 불안을 극복할 수 있음을 안내하기
		  – "영상은 어떤 내용이었나요?"
		
		  – "맞아요. 말하기 불안, 무대 공포는 후천적인 노력으로 충분히 극복할 수 있어요."
				• 많은 사람 앞에서 말해 본 경험 떠올리기
				  – "네 있어요."
				  – "네. 잘했어요.", "아니요. 못했어요." 등
				  – "너무 떨렸어요.", "준비한 게 하나도 기억나지 않았어요." 등
				
				• 영화 '킹스 스ㅇ치'를 보며 말하기 불안을 극복할 수 있음을 이해하기
				  – "말을 잘 못하는 주인공이 엄청난 연습을 통해 다른 사람들 앞에서 말을 잘하게 된 내용이에요."	

	학습 내용 안내	• 학습 내용 안내		• 학습 내용 확인	
	학습 목표 제시	• 학습 목표 제시		• 학습 목표 확인	

전개 1	〈활동1〉
	듣기·말하기 과정 점검하기
		〈수험생 작성 내용3〉
		• 〈자료1〉과 〈자료2〉를 읽도록 하기
		• 〈자료2〉를 참고하여 〈자료1〉에서 듣기·말하기 과정에 따른 점검 항목을 채워보도록 하기
		  – 모둠 활동으로 진행한다.
		  – 〈자료2〉의 윤지의 사고 과정과 말하기 단계를 살펴보며 점검 항목을 생각하도록 한다.
		
		• 점검 기준을 바탕으로 〈자료2〉의 듣기·말하기 과정을 점검해보도록 하기 || • 〈자료1〉과 〈자료2〉를 읽기
		• 〈자료2〉를 참고하여 〈자료1〉에서 듣기·말하기 과정에 따른 점검 항목을 채우기
		  – 예시)
		
		| 단계
			점검 기준	

---	---	---
전	• 상황과 목적, 청중을 고려해서 듣기·말하기를 준비하였는가?	상·중·하
	• 말하기 불안을 완화하는 방법을 연습하고 적용하였는가?	
중	• 준언어적, 비언어적 표현을 활용하여 자신감 있게 말했는가?	상·중·하
	• 상대방의 말을 경청하였는가?		 • 점검 기준을 바탕으로 〈자료2〉의 듣기·말하기 과정을 점검하기	

전개 1	〈활동1〉 듣기·말하기 과정 점검하기	– "먼저 듣기·말하기 전 단계에서는 어떻게 평가했나요?" – "그렇다면 듣기·말하기 중 단계는 어떻게 평가할 수 있을까요?" • 점검 내용 정리하여 제시하기 | 단계	평가	이유
---	---	---
전	상	목적, 청중 고려하여 내용을 준비함
	상	공식적인 말하기의 어려움을 알고 사전 원고 작성 및 연습을 함
중	중	시선이 부자연스럽고, 말이 빨랐음
	중	상대의 질문을 이해하지 못함		– "말하기 전 상황에서는 상황과 목적도 고려해서 말하기 계획을 세우고 있고, 공식적인 상황을 염두에 두고 말하기 불안을 대비하여 원고를 쓰겠다는 점에서 잘하고 있다고 보여요." – "시선이 부자연스러웠던 점과 말이 빨랐던 점, 그리고 상대방의 질문을 제대로 이해하지 못했기 때문에 아쉬워요. 그래도 중간에 연습한 내용을 떠올리며 점검하여 수정한 것은 잘했어요." • 점검 내용 확인하기
전개 2	〈활동2〉 말하기 불안 점검하기	〈수험생 작성 내용2〉 • '말하기 불안 온도계'의 항목 중에서 해당하는 사항에 표시하고, 총 몇 도인지 확인해 보도록 하기 • 몇 도인지 짝과 비교해 보고, 다수 앞에서 말을 할 때 불안을 느끼는 이유가 무엇인지 공유하도록 하기 • 짝 활동의 내용을 반 전체로 공유하도록 하기 – "짝과 이야기한 내용을 공유해 줄 수 있는 친구 있나요?" – "맞아요. 저마다의 다양한 이유로 우리는 말하기 불안을 겪게 돼요."	• '말하기 불안 온도계'의 항목 중에서 해당하는 사항에 표시하고, 총 몇 도인지 확인하기 • 몇 도인지 짝과 비교해 보고, 다수 앞에서 말을 할 때 불안을 느끼는 이유가 무엇인지 공유하도록 하기 • 짝 활동의 내용을 반 전체로 공유하기 – "저요. 저는 어느 정도 말하기 불안을 느끼고 있습니다. 평소 모든 일을 완벽하게 해내려는 마음이 강한 편이라 청중 앞에서 말할 때, 혹시 실수할까 걱정이 되고 그러다 보니 자연스럽게 말하는 상황을 꺼렸어요."
		〈말하기 불안 온도계〉 (1개당 5도) | ☐	내가 말할 내용에 확신이 서지 않는다.
---	---
☐	실수 없이 완벽하게 말해야 한다고 생각한다.
☐	말을 할 때 예상하지 못한 상황이 생길까 봐 걱정하는 편이다.
☐	(수험생 작성)(예시. 말할 내용을 충분히 준비하지 못했던 경우가 많다.)
☐	(수험생 작성)(예시. 청중 앞에서 말을 해 본 경험이 많지 않다.)
☐	(수험생 작성)(예시. 청중의 반응에 대한 걱정이 크다.)		
정리	형성평가 및 과제 부여	• 형성평가 부여 • 수준별 과제 제시	• 형성평가 진행 • 수준별 과제 확인
	학습 내용 정리	• 학습 내용 정리	• 학습 내용 이해
	차시 예고	• 차시 예고	• 차시 예고 인지

판서 예시				
단원명 : 자신 있게 말하기				
〈학습 목표〉	〈활동1〉 말하기·듣기 과정 점검하기		〈활동2〉 말하기 불안 점검하기	
1. 자신의 말하기·듣기 과정을 점검할 수 있다. 2. 듣기·말하기의 어려움을 효과적으로 조정할 수 있다.	단계	점검 기준	〈평가 기준〉 ① 말할 내용 확신 유무 ② 완벽한 말하기 ③ 예상치 못한 상황에 대한 걱정 ④ 준비여부 ⑤ 청중 앞에서 말하기 경험	
	전	• 상광과 목적, 청중을 고려해서 듣기·말하기를 준비하였는가? → 했음 상		
		• 말하기 불안을 완화하는 방법을 연습하고 적용하였가? → 원고 작성 및 연습함 상		
	중	• 준언어적, 비언어적 표현을 활용하여 자신감 있게 말했는가? → 시선 불안정, 말의 속도 빨라짐 중	〈결과〉	
			학생	불안 이유
		• 상대방의 말을 경청하였는가? → 질문 내용 이해 못함 중	A	완벽주의 → 실수에 대한 강박
			B	…

성취 기준	
2022 교육과정	**[9국01-11]** 듣기·말하기 과정을 **점검**하고 듣기·말하기의 어려움을 효과적으로 조정한다. 이 성취 기준은 듣기·말하기 전·중·후 과정을 점검하고 구어 의사소통 과정에서 발생하는 다양한 어려움을 효과적으로 조정하는 상위 인지 능력을 기르기 위해 설정하였다. 듣기·말하기 활동 후에 자신의 듣기·말하기 과정이 적절했는지 성찰하기, 듣기·말하기 과정에서 부딪히는 어려움 분석하기, 향후의 듣기·말하기를 효과적으로 수행하기 위해 조정해야 할 점을 찾아 개선 계획 세워보기, 말하기 불안을 느끼는 상황에서 이를 완화할 수 있는 방법을 연습하고 적용하기 등을 학습한다.
2015 교육과정	**[9국01-07]** 여러 사람 앞에서 말할 때 부딪히는 어려움에 효과적으로 대처한다. 이 성취 기준은 말하기 불안에 대처함으로써 자연스럽고 분명하게 말하는 능력과 태도를 기르기 위해 설정하였다. 많은 사람은 말하기 준비를 제대로 하지 않았거나, 공식적인 상황에 익숙하지 않거나, 상대방 혹은 말하기 과제에 대하여 과도한 부담을 느낄 때 말하기 불안을 경험한다. 말하기에 대하여 자신이 느끼는 어려움이 무엇인지 점검하고 '유창한 말하기'에 대하여 가지고 있는 잘못된 생각을 바꾸며 불안감을 완화할 수 있는 동작을 익혀 사용함으로써 말하기 불안을 완화할 수 있다. 이를 바탕으로 하여 자신의 의견을 분명하고 자신감 있게 말하도록 하는 데 중점을 둔다.

교과서 정리	
학습 내용 정리	■ **말하기 전 점검 항목** - 주제와 목적을 정할 때 말하기 상황과 청중을 고려하였는가? - 주제와 목적에 맞게 내용을 생성하였는가? - 주제와 목적에 맞게 내용을 조직하였는가? - 말하기 상황과 청중을 고려하여 표현 및 전달 방법을 계획하였는가? ■ **말하기 중 점검 항목** - 청중의 반응을 살피며 목적을 달성하기 위해 노력하였는가? - 말하기 계획을 점검하고 상황에 맞게 조정하였는가? - 의도한 바가 바르게 전달되고 있는지 확인하였는가? - 준언어·비언어적 표현을 적절하게 활용하였는가? ■ **듣기 전 점검 항목** - 듣기 목적이 무엇인지 생각하였는가? - 화자가 말할 내용을 예측하였는가? ■ **듣기 중 점검 항목** - 듣기 목적을 생각하며 들었는가? - 화자의 의도를 파악하였는가? - 내용의 타당성을 판단하였는가? - 화자를 존중하며 경청하였는가? ■ **말하기 불안이란?** 말하기 전이나 말하는 과정에서 개인이 경험하는 불안 증상 ■ **말하기 불안의 원인** - 지나치게 긴장을 많이 하거나 자신의 능력이나 태도 등에 부정적인 생각을 지닌 경우 - 말하기 경험이 적거나 말하기 상황에 친숙하지 않은 경우

학습 내용 정리		- 말하기 준비를 충분히 하지 못했거나 자신이 말할 내용에 확신이 없는 경우 - 청중이 자신의 말을 부정적으로 평가할지도 모른다고 생각하는 경우 ■ **말하기 불안 극복 방법** - 말하기 불안과 관련된 부정적인 인식을 긍정적으로 바꾸기 　① 불안감을 자연스러운 것으로 받아들이기 　② 완벽하게 말해야 한다는 지나친 강박 관념을 버리기 　③ 여러 사람 앞에서 성공적으로 말하는 모습을 상상해 보기 - 말하기를 철저하게 준비하고 사전에 충분히 연습하기 - 말하기 전에 불안증 극복 체조를 해 보기 - 말하기 도중에 불안감을 느끼면 마음속으로 스스로에게 용기를 북돋울 수 있는 말 해주기
[2022] 창비 2-1 1. 전하는 마음, 듣는 마음 (2) 점검·조정하며 듣고 말하기	제재	—
	동기유발	• 나는 듣기 상황에서 생긴 다음과 같은 어려움을 어떻게 해결하는지 말해 보자. 　(상황 : 방금 들은 내용이 잘 이해가 안될 때)
	학습활동	1. 다음은 다희가 말하기 전에 점검·조정한 내용이다. 이를 살펴보고, 제시된 활동을 해 보자. 2. 민재가 다희의 의견을 듣기 전에 점검·조정한 내용을 살펴보고, 제시된 활동을 해 보자. 　(1) 민재의 듣기 목적이 무엇인지 말해 보자. 　(2) 민재가 다희의 의견을 듣기 전에 예측한 내용을 써 보자. 3. 다희가 말하기 중에 점검·조정한 내용과 민재가 듣기 중에 점검·조정한 내용을 제시된 표에 따라 정리해 보자. 4. 다희가 말하기 후에 자신의 말하기 과정을 성찰한 내용을 살펴보고, 제시된 활동을 해 보자. 　(1) 다희가 자신의 말하기 과정을 돌아보며 보완해야겠다고 생각한 점이 무엇인지 말해 보자. 　(2) (1)번 활동을 바탕으로 다희가 보완하려는 점을 어떻게 개선할 수 있을지 친구들과 이야기해 보자. 5. 민재가 듣기 후에 자신의 듣기 과정을 성찰한 내용을 살펴보고, 각각에 해당하는 점검 항목을 [보기]에서 찾아 그 기호를 빈칸에 써 보자.
[2022] 천재(노미숙) 2-2 3. 탐구하고 성찰하는 언어생활 (2) 듣기·말하기 성찰하기	제재	—
	동기유발	• 우주가 면접에서 어떤 어려움을 겪었는지 말해 보자. • 듣기나 말하기 과정에서 어려움을 겪었던 경험이 있는지 떠올려 보고, 친구들과 이야기해 보자.
	학습활동	[듣기·말하기 과정을 점검하고 조정하는 방법 이해하기] 1. 윤서가 후보자 토론회를 준비하는 모습을 살펴보자. 　(1) 윤서가 토론회를 준비하면서 어떤 점을 점검하고 있는지 말해 보자. 　(2) 윤서가 찾은 다음 자료를 바탕으로 말하기 불안 대처 방법을 정리해 보자. 2. 윤서가 토론회 중에 듣기·말하기를 점검하고 조정하는 모습을 살펴보자. 　(1) 윤서가 토론회 전에 한 준비가 실제로 토론회를 할 때 어떤 도움이 되었는지 말해 보자. 　(2) 윤서가 토론회 중 자신의 듣기·말하기를 어떻게 점검하고 조정하고 있는지 정리해 보자. 3. 윤서가 토론회를 마친 뒤 자신의 듣기·말하기 과정을 성찰한 내용을 살펴보자. 　(1) 윤서가 토론회를 마친 뒤 자신의 듣기·말하기 과정을 성찰한 내용을 정리해 보자. 　(2) 윤서가 듣기·말하기 과정에서 부딪힌 어려움을 개선하기 위해 어떤 계획을 세우고 있는지 말해 보자. 　(3) 듣기·말하기 과정에서 부딪힐 수 있는 어려움에는 어떤 것들이 있는지 더 떠올려보고, 그 개선 방안을 친구들과 이야기해 보자.
[2022] 비상(박영민) 2-1 3. 우리가 소통하는 방법 (2) 두근두근 발표	제재	—
	동기유발	—
	학습활동	[발표 과정 돌아보기] 1. '윤아'가 발표 후 자신의 말하기 과정을 점검한 내용을 보고, 개선할 수 있는 방안을 찾아 바르게 연결해 보자. 2. '윤아'의 발표를 들은 반 친구가 자신의 듣기 과정을 점검한 내용을 살펴보고, 듣기 과정에서 더 점검할 내용이 있는지 짝과 함께 말해 보자. | 듣기 과정	점검 기준			
---	---	---	---	---
듣기 전	• 발표를 듣는 목적이 무엇인지 알고 있었는가? • 발표 주제에 관해 알고 있는 정보가 있었는가?	상	중	하
듣는 중	• 발표를 듣는 목적을 생각하며 들었는가? • 발표의 핵심 내용이 무엇인지 파악하며 들었는가? • 발표의 내용을 정확히 이해하며 들었는가?	상	중	하
들은 후	• 발표를 통해 새롭게 알게 된 사실을 정리하였는가? • 발표 주제와 관련하여 더 알고 싶은 내용을 정리하였는가?	상	중	하	

2. 고등 공통국어 듣기·말하기

- 제12회 국어과 교수·학습 실연 시험 문제지 및 지도안 예상 답안
- 제13회 국어과 교수·학습 실연 시험 문제지 및 지도안 예상 답안
- 제14회 국어과 교수·학습 실연 시험 문제지 및 지도안 예상 답안
- 제15회 국어과 교수·학습 실연 시험 문제지 및 지도안 예상 답안

2026학년도 중등학교교사신규임용후보자선정경쟁시험(2차)
제12회 국어과 교수·학습 실연 시험 문제지

관리 번호

지도안 세부 조건

1. 〈수험생 작성 조건1〉 전시학습
   가. 〈자료1〉의 영지의 말하기 방식의 문제점을 지적할 것
   나. 〈자료1〉과 연관지어 협력의 원리에 대해 구체적으로 설명할 것
   다. 말에 관한 속담 하나를 제시하고 이를 우리나라의 담화 관습과 연관지어 설명할 것

2. 〈수험생 작성 조건2〉 대화의 원리를 바탕으로 대화하기
   가. 체면 유지의 원리를 고려하여 〈자료2〉의 말하기가 적절한 이유를 판단해 보도록 할 것
   나. 학생의 실생활과 관련 있는 대화 상황을 2개 이상 제시하고 이를 활용할 수 있는 활동을 제시할 것
   다. 활동 후 동료 평가할 수 있는 기준 3개를 제시할 것(단, 평가 내용 공유는 생략할 것)

3. 〈수험생 작성 조건3〉 담화 관습 비판적으로 인식하기
   가. 〈자료3〉의 (가)를 활용하여 담화 관습을 비판적으로 인식할 필요성을 설명할 것
   나. 〈자료3〉의 (나)를 비판적으로 인식할 수 있는 활동을 제시할 것
   다. 학생의 결과물을 온라인 플랫폼을 활용하여 공유하고 소통하게 할 것

수업 조건

○ 과목 : 국어
○ 학년 : 고등학교 1학년
○ 장소 : 국어 교과교실
○ 시간 : 블록타임제(100분)
○ 단원명 : 공감하고 소통하기
○ 해당 성취 기준 : 대화의 원리를 고려하여 대화하고 자신의 듣기·말하기 과정과 공동체의 담화 관습을 성찰한다.

단원명	차시	학습 내용
공감하고 소통하기	1-2	○ 대화의 원리(공손성의 원리, 협력의 원리, 체면 유지의 원리)를 설명할 수 있다. ○ 공동체의 담화 관습에 대해 설명할 수 있다.
	3-4 (본시)	○ 대화의 원리에 따라 대화할 수 있다. ○ 과거의 담화 관습에 대해 비판적으로 인식할 수 있다.

학생 수	장소	학습 형태	학습 기자재
24명	국어 교과교실	강의식, 짝 활동, 모둠식	교사용 컴퓨터, 전자 칠판, 학생용 스마트 기기

※ 본 문제는 모의 평가용으로 제작되었으며, 실제 시험의 문항 유형 및 형식과 다를 수 있습니다.

〈자료1〉
엄마 : 영지야. 너 왜 울어? 무슨 일 있었어? 선생님께 혼났어? 영지 : 아무것도 아니야. 방에서 나가줘. 엄마 : 네가 울만한 일이면 큰일이지. 무슨 일이야? 영지 : 아무것도 아니라니까. 엄마 : 괜찮아. 엄마한테 말해봐. 영지 : 아무것도 아니야. 참견 말고 나가줘.

〈자료2〉

안녕하세요. ○○ 기업 채용 담당자입니다. 금번에 실시한 ○○ 기업 신입 사원 모집에 관심을 갖고 지원해 주셔서 진심으로 감사드립니다.
  서류 지원 과정 중 저희가 의도치 않게 불편하게 한 점은 없었는지 여러모로 마음이 쓰입니다. 귀하의 뛰어난 역량과 잠재력에도 불구하고 안타깝게도 서류 심사 과정에서 귀하의 합격 소식을 전해 드리지 못하게 되었습니다. 감히 말씀을 드리자면 귀하의 역량이 부족하다는 것은 결코 아니니 서류 발표로 너무 상심하지 않으셨으면 합니다. 더불어 저희 회사에 지원하셨던 경험이 한 사람의 사회인으로서 멋진 역할을 해 나가는 데 도움이 되기를 바랍니다.
  아울러 제출해 주신 개인 정보는 모두 폐기할 것을 약속드리며, 추후 재지원에 대한 불이익은 없을 것입니다. 비록 이번에는 좋은 만남을 이어 나갈 수 없게 되었지만 이후 더욱 성장한 모습으로 다시금 만날 수 있기를 진심으로 바랍니다.
  저희 ○○기업도 빠르게 성장하여 다음 기회에는 더욱 많은 분을 모실 수 있도록 하겠습니다. 감사합니다.

〈자료3〉

(가)	(나)
- 살색 : 우리나라 사람들의 살빛과 비슷한 색깔	- 학부형 : 학생의 아버지나 형이라는 뜻으로, 학생의 보호자를 이르던 말 - 꿀 먹은 벙어리 : 마음속에 든 생각을 말하지 못하는 사람한테 쓰이는 말

2026학년도 중등학교교사신규임용후보자선정경쟁시험(2차)

제12회 국어과 교수·학습 실연 지도안 예상 답안

국어과 본시 교수·학습 지도안

학습 목표	1. 대화의 원리에 따라 대화할 수 있다. 2. 과거의 담화 관습에 대해 비판적으로 인식할 수 있다.			
학습 단계		교수·학습 활동		자료 및 유의점	시간(분)
도입	인사	• 인사 및 학습 분위기 조성	• 인사 및 학습 준비		
	전시 학습 확인	〈수험생 작성 내용1〉 • 〈자료1〉의 영지의 대화 방식의 문제점을 파악하도록 발문하기 - "여러분, 〈자료1〉의 대화에서 영지의 대화 방식의 문제점은 무엇일까요?" - "맞아요. 영지는 엄마의 대화 요구나 목적에 맞게 협력하지 않아 협력의 원리가 지켜지지 않았어요. 대화는 서로 주고받는 것을 전제로 하기 때문에 우리가 배운 3가지 대화의 원리를 잘 지켜서 대화해야 원활한 소통이 이루어질 수 있어요." • 〈자료1〉을 활용하여 협력의 원리 설명하기 - "〈자료1〉의 영지와 엄마의 대화가 잘 이루어지려면, 협력의 원리를 고려해야 해요. 협력의 원리에는 무엇이 있었나요?" - "맞아요. 그 외에도 모호하거나 중의적인 표현을 피하고 대화의 목적이나 주제에 관련된 것을 말해야 하죠." • 속담을 예시로 들어 우리 나라의 담화 관습 설명하기 - "지난 시간엔 담화 관습에 대해서도 배웠죠? '가루는 칠수록 고와지고 말은 할수록 거칠어진다.'라는 속담을 들어 보았죠? 어떤 담화 관습을 알 수 있나요?" - "맞습니다. 우리 조상들은 말을 항상 조심해야 할 대상으로 여겼으며, 말의 신중함을 강조하는 담화 관습을 가졌습니다."	• 〈자료1〉의 영지의 대화 방식의 문제점을 파악하기 - "영지는 엄마의 질문에 대답하기를 회피하여 제대로 된 대화가 이루어지지 않았어요." • 〈자료1〉을 활용하여 협력의 원리 떠올리기 - "대화의 목적에 필요한 만큼 정보를 제공해요." - "진실을 말해요." • 우리 나라의 담화 관습 떠올리기 - "말은 할수록 거칠어진다는 것으로 보아서, 말을 신중하게 해야 한다는 담화 관습을 이야기하는 것 같아요."		
	동기유발	• 동기 유발하기	• 학습 동기 갖기		
	학습 내용 안내	• 학습 내용 안내	• 학습 내용 확인		
	학습 목표 제시	• 학습 목표 제시	• 학습 목표 확인		

전개1	⟨활동1⟩ 대화의 원리에 따라 대화하기	⟨수험생 작성 내용2⟩
		• ⟨자료2⟩의 내용이 적절한지 체면 유지의 원리에 비추어 판단하도록 활동 안내하기
		
		• 활동 내용을 공유하도록 안내하기
		  – "⟨자료2⟩는 한 기업의 지원자 탈락 안내 문입니다. 우리가 지난 시간에 배운 '체면 유지의 원리'를 적절하게 지키고 있나요?"
		  – "그렇게 생각한 이유는 무엇인가요?"
			• ⟨자료2⟩의 내용이 적절한지 체면 유지의 원리에 비추어 판단하기
			
			• 활동 내용 공유하기
			  – "네 지원자의 체면이 잘 지켜지고 있습니다."
			
			| 사용된 표현 | 체면 유지의 원리 |
			|---|---|
			| '귀하의 뛰어난 역량과 잠재력에도 불구하고' | 상대방에 대한 예의를 갖추고 존중하는 표현을 사용 |
			| '이번에는 좋은 만남을 이어 나갈 수 없게 되었지만' | 직접적 표현보다는 간접적 표현을 사용 |

		• 학생 생활과 밀접한 대화 상황 제시하기 ⟨대화 상황⟩ • 친구에게 체육복을 빌려 달라고 부탁하는 상황 • 가족 행사로 인해 친구의 제안을 거절하는 상황 • 친구의 발표 내용에 대한 평가를 하는 상황	• 학생 생활과 밀접한 대화 상황 파악하기

		• 짝 역할극 활동 안내하기
		  – 짝과 함께 대화 상황 중 하나를 골라 대화의 원리 3가지(공손성의 원리, 협력의 원리, 체면 유지의 원리)를 고려하여 역할극을 하도록 안내하기
			• 짝 역할극 활동하기
			  – 짝과 함께 대화 상황 중 하나를 골라 대화의 원리 3가지(공손성의 원리, 협력의 원리, 체면 유지의 원리)를 고려하여 역할극하기

		⟨수험생 작성 부분⟩	
		• 동료 평가 기준 제시하기 1) 대화의 목적을 달성하기 위해 협력적인 태도로 대화하였는가? ☆☆☆☆☆ 2) 예의 바른 태도로 상대를 배려하며 대화하였는가? ☆☆☆☆☆ 3) 상대방의 체면을 존중하며 대화하였는가? ☆☆☆☆☆	
		• 동료 평가를 하도록 안내하기 • 평가 내용을 공유하도록 안내하기	• 동료 평가하기 • 평가 내용 공유하기

전개2	⟨활동2⟩ 공동체의 담화 관습 비판적 인식하기	⟨수험생 작성 내용3⟩
		• ⟨자료3⟩의 (가)를 활용하여 담화 관습을 비판적으로 인식할 필요성을 생각해 보도록 발문하기
		  – "지금 우리 사회에는 다양한 피부색을 가진 사람들이 어우러져 살고 있어요. 우리가 평소 사용하는 '살색'이라는 표현을 다른 사람이 들었을 때 불편한 점은 없을까요?"
		  – "맞아요. 이처럼 익숙한 담화 관습이라도 현재의 시대 상황을 고려하여 비판적으로 인식하고 공정한 언어를 사용해야 할 필요가 있어요."
			• ⟨자료3⟩의 (가)를 활용하여 담화 관습을 비판적으로 인식할 필요성을 떠올려 보기
			
			  – "다양한 피부색의 사람들이 어우러져 살고 있는 사회에서 특정 집단의 사람들을 소외시킬 우려가 있어요."

		• 모둠별로 ⟨자료2⟩의 (나)를 비판적으로 인식하는 활동 안내하기
		  – ⟨자료2⟩(나)의 표현을 비판적으로 평가하고 공정한 표현으로 고쳐보도록 한다.
			• 모둠별로 ⟨자료2⟩의 (나)를 비판적으로 인식해 보기
			  – ⟨자료2⟩(나)의 표현을 비판적으로 평가하고 공정한 표현으로 고쳐본다.

전개 2	〈활동2〉 공동체의 담화 관습 비판적 인식하기	• 활동 내용을 온라인 플랫폼에 공유하도록 안내하기 – 가장 공감이 되는 모둠의 게시글에 '좋아요' 표시를 하고, 공감되는 이유를 댓글로 표현하도록 안내한다. • 활동 내용을 발표하도록 독려하기	• 활동 내용을 온라인 플랫폼에 공유하기 – 다른 모둠의 게시글을 훑어보며 공감이 되는 게시글에 '좋아요' 표시를 한 뒤, 댓글로 공감되는 이유를 표현한다. • 활동 내용 발표하기 – "꿀 먹은 벙어리라는 표현은 언어 장애를 가진 분들에게 상처를 주는 차별적인 표현이라고 생각해요. '꿀 먹은 사람'으로 표현해도 충분히 의미가 전달될 것 같아요." – "학부형이라는 표현은 아버지나 형을 의미하는 말이므로, 보호자가 특정 성별에 한정된 차별적인 표현이에요. 학생과 관련된 다양한 가족 유형이 있을 수 있으므로 학생 보호자와 같은 표현으로 표현해야 해요."		
		• 활동 내용 정리하기	• 활동 내용 정리하기		
정리	형성평가 및 과제 부여	• 형성평가 부여 • 수준별 과제 제시	• 형성평가 진행 • 수준별 과제 확인		
	학습 내용 정리	• 학습 내용 정리	• 학습 내용 이해		
	차시 예고	• 다음 차시 예고	• 차시 예고 인지		

판서 예시

	〈전시 학습〉		〈대화의 원리를 바탕으로 대화하기〉		〈공동체의 담화 관습 비판적으로 인식하기〉

영지가 어긴 것	협력의 원리
담화 관습	'가루는 칠수록 고와지고 말은 할수록 거칠어진다.' → 말을 신중하게 해야 함

대화 상황
– 친구에게 체육복을 빌려 달라고 부탁 – 가족 행사로 인해 친구의 제안을 거절 – 친구의 발표 내용에 대한 평가

동료평가
1) 대화의 목적을 달성하기 위해 협력적인 태도로 대화하였는가? 2) 예의 바른 태도로 상대를 배려하며 대화하였는가? 3) 상대방의 체면을 존중하며 대화하였는가?

살색	우리 사회의 특정 집단 소외
꿀먹은 벙어리	장애를 가진 사람들에게 차별적 표현 → 꿀먹은 사람
학부형	성차별적 표현 → 학생 보호자

성취 기준

2022 교육과정	[10공국1-01-01] 대화의 원리를 고려하여 대화하고 자신의 듣기·말하기 과정과 공동체의 담화 관습을 성찰한다. 　이 성취 기준은 대화의 원리를 기반으로 언행적 목적과 관계적 목적을 두루 달성할 수 있는 대화 능력을 기르고, 공동체 담화 관습을 비판적으로 성찰하고 개선하기 위한 계기를 마련하기 위해 설정하였다. 협력의 원리, 공손성의 원리, 체면 유지의 원리 등 대표적인 대화의 원리를 바탕으로 대화하기, 자신의 듣기·말하기 과정과 전략 점검하기, 담화 공동체의 과거와 현재의 담화 관습 조사하기, 담화 관습에 대해 비판적으로 인식하기, 오늘날의 시대 상황을 고려하여 담화 관습을 보다 바람직한 방향으로 개선하기 위한 방안 모색하기 등을 학습한다.

성취 기준 적용 시 고려 사항	대화의 원리, 담화 관습, 논제, 필수 쟁점 등에 대한 개념이나 절차와 규칙을 이해하는 데 머무르지 않고, 학습자가 대화 활동과 토론 활동을 실제로 수행하고, 학습한 개념과 원리를 활용해 자신의 구어 의사소통 과정을 점검하고 조정할 수 있도록 한다. 　　대화하기를 지도할 때는 학습자들이 적극적으로 참여하고 협력적으로 상호 교섭할 수 있는 적절한 상황 맥락과 사회·문화적 맥락을 설정한다. 대화 주제를 선정할 때 학습자들의 관심사와 흥미를 고려하되, 다양한 사회·문화적 배경의 학습자들이 소외되지 않도록 유의한다. 　　공동체의 담화 관습 성찰하기를 지도할 때는 고전이나 속담, 각종 매체 자료, 자신이 직접 참여한 담화의 전사 자료 등 다양한 자료를 활용하여 공동체의 담화 관습을 돌아볼 수 있도록 한다. 긍정적인 측면과 부정적인 측면을 두루 분석하여 개인의 구어 의사소통 습관 및 공동체의 담화 관습을 개선하기 위한 방안도 탐색하도록 한다.

교과서 정리		
학습 내용 정리		**[바람직하게 소통하는 방법]** - 대화 참여자들이 대화의 원리를 잘 지켜 대화해야 한다. - 공동체의 담화 관습을 이해하고 자신의 듣기·말하기 과정을 점검하며 소통해야 한다. **[대화의 원리]** 　■ **공손성의 원리** : 서로 공손하고 예의 바른 태도로 대화해야 하는 것 　　- 요령의 격률 : 상대에게 부담이 되는 표현은 줄이고 이익이 되는 표현은 늘린다. 　　- 관용의 격률 : 자신에게 혜택을 주는 표현은 줄이고 부담을 주는 표현은 늘린다. 　　- 찬동의 격률 : 상대를 비방하는 표현은 줄이고 칭찬하는 표현은 늘린다. 　　- 겸양의 격률 : 자신을 칭찬하는 표현은 줄이고 겸손하게 표현한다. 　　- 동의의 격률 : 자신과 상대의 의견에서 다른 점은 줄이고 공통점은 늘린다. 　■ **협력의 원리** : 대화의 목적과 방향에 맞게 상호 협력하여 대화해야 하는 것 　　- 양의 격률 : 대화의 목적에 필요한 만큼만 정보를 제공한다. 　　- 질의 격률 : 타당한 근거를 들어 진실한 정보를 제공한다. 　　- 관련성의 격률 : 대화의 맥락에 맞는 정보를 제공한다. 　　- 태도의 격률 : 모호하거나 중의적인 표현을 피하고 명료하게 표현한다. 　■ **체면 유지의 원리** : 대화 참여자들이 상대의 체면을 고려하여 예의를 갖추어 대화해야 하는 것 　　- 적극적 예의 전략 : 친근하게 유대감을 나타내며 상대를 존중하는 표현을 사용한다. 　　- 소극적 예의 전략 : 상대에게 강요하거나 명령하지 않고 개인적 권리를 침해한 것에 대해 "정말 죄송합니다." 등의 표현으로 유감을 표현한다. **[공동체의 담화 관습]** - 돌려 말하는 관습 : 상대의 감정을 상하게 하거나 불쾌한 느낌을 줄 수 있는 내용을 완곡하게 돌려 부드럽게 표현하는 것 - 겸손하게 말하는 관습 : 자신에 관한 칭찬을 줄이고 스스로를 낮추어 표현하는 것 - 신중하게 말하는 관습 : 말을 중요하게 여기고 상황을 고려하여 불필요한 말을 삼가는 것
[2022] 미래엔(신유식) 공통국어1 2. 따뜻한 말과 글 (1) 공감하며 소통하기	제재	- 학생 대화 - 옛이야기, 매체 자료, 속담에 나타난 담화 관습
	동기유발	※ (생각을 여는 질문) 어떻게 하면 대화를 잘 나눌 수 있을까? 이 단원에서 알고 싶은 점을 써 보자. ※ (배움을 여는 질문) 바람직하게 소통하려면 어떻게 해야 할까?
	이해활동	**[대화의 원리 관습의 이해와 성찰]** 윤희 : 내일 국어시험인데 떨린다. 넌 어때? 이현 : 그래? 내일이 국어시험이었나? 윤희 : 너무 떨리는데……. ㉮ 이현 : 한심하다. 실력 없는 애들이나 긴장하는 거라고. 윤희 : 얘들아, 우리 모둠 발표 주제를 무엇으로 정할까? ㉯ 지은 : 나는 모둠으로 하는 과제가 싫어. 배고픈데 매점이나 갈까? 준석 : 아직도 어떤 직업이 내 적성에 맞는지 잘 모르겠어. 요즘 진로 문제 때문에 너무 답답해. ㉰ 준석이 네가 평소에 진로에 관한 책을 읽지 않아서 그런 거 같은데? 책 좀 읽어라. 1. 대화의 원리를 고려하여 대화 상황에서 ㉮~㉰의 말이 적절하지 않은 까닭을 말해 보자. 2. ㉮~㉰의 말을 대화의 원리를 적용하여 올바르게 고쳐 보자. 3. 오늘 하루 동안 자신이 나눈 대화를 떠올려 보고, 대화의 원리를 잘 지켜 대화했는지 생각해 보자. **[담화 관습 이해 및 성찰하기]** 1. [자료1]~[자료3]에 나타나는 공동체의 담화 관습을 정리해 보자. 2. 공동체의 담화 관습을 이해하고, 이를 지키며 소통하면 어떤 점이 좋은지 이야기해 보자.

[2022]
미래엔(신유식)
공통국어1
2. 따뜻한 말과 글
(1) 공감하며 소통하기
	적용활동	1. ㉮~㉰에서 지켜지지 않은 대화의 원리를 찾고, 이를 올바르게 고쳐 보자.
		2. 다음 상황에 적절한 대화를 나누고, 자신의 듣기·말하기 과정과 전략을 점검해 보자.
		   (1) 다음 상황 중 하나를 골라 짝과 함께 역할을 나누어 대화하고, 대화 내용을 녹음해 보자.
		   (2) (1)에서 녹음한 내용을 들으면서 듣기·말하기 과정과 전략을 다음 항목에 따라 점검해 보자.
		   (3) (2)에서 점검한 내용을 바탕으로 하여 다시 대화를 나누어 보자.
		3. 다음 라디오 대담을 듣고, 오늘날의 관점에서 과거의 담화 관습을 비판적으로 살펴 보자.
		   (1) 우리말 연구가가 오늘날의 관점에서 비판적으로 바라보고 있는 담화 관습은 무엇인지 말해 보자.
		   (2) [보기]를 참고하여 차별적 인식이 담긴 표현을 찾아 오늘날에 맞게 고쳐 보자.
		4. 청소년의 바람직한 의사소통 문화를 조성하는 태도에 관하여 친구들과 이야기해 보자.
		   (1) 다음 대화방 내용을 참고하여 청소년의 담화 관습을 성찰하고 바람직한 개선 방향에 관하여 모둠별로 토의해 보자.
		   (2) (1)에서 토의한 내용을 바탕으로 하여 바람직한 의사소통 문화를 조성하기 위한 우리 반의 규칙을 작성해 보자.

[2022] 창비 공통국어1 2. 슬기로운 국어생활 (3) 대화 예절과 책임감 있는 국어생활	제재	학생 대화, 드라마 대본, 만화
	동기유발	―
	이해활동	[대화 예절과 책임감 있는 국어 생활의 이해] 1. 다음 대화들을 분석해 보고, 협력의 원리를 가장 잘 지킨 사람의 기호를 써 보자. 2. 다음 대화가 원활히 이루어지지 않은 까닭을 공손성의 원리를 바탕으로 설명해 보자. 3. 주어진 상황을 고려하여 체면 유지의 원리를 적용한 말을 해 보자. 4. 다음 담화의 밑줄 친 부분에서 알 수 있는 우리의 담화 관습을 말해 보자. 5. 다음 상황에서 각 대화 참여자가 똑같은 말을 다르게 받아들이는 까닭을 우리 사회의 변화와 관련지어 이야기해 보자.

	적용활동	[대화 예절과 책임감 있는 국어생활의 실제]
		1. 다음 대화에서 각 참여자가 대화의 원리를 잘 지키고 있는지 그 까닭과 함께 말해 보자.
		2. 일상생활에서 일어날 수 있는 상황을 가정하여 친구와 대화해 보고, 그 내용을 대화의 원리에 기반하여 평가해 보자.
		3. 다음 글을 읽고 우리 언어 공동체의 담화 관습을 비교하며 성찰해 보자.
		   (1) ㉮와 ㉯에 담겨 있는 담화 관습의 긍정적인 면과 부정적인 면을 말해 보자.
		   (2) 오늘날의 시대 상황을 고려하여 우리 담화 관습을 바람직한 방향으로 개선하기 위한 방안을 토의해 보자.
		4. 다음을 참고하여 언어 공동체의 다변화로 발생할 수 있는 갈등 상황을 예상해 보고, 이에 대처하는 방법을 이야기해 보자.
		5. 다양한 언어 공동체를 배려하지 않은 표현을 주변에서 찾아 바꾸어 보자.

[2022] 비상(박영민) 공통국어1 2. 품격을 높이는 언어생활 (2) 공동체와 의사 소통	제재	- 학생 대화 - 국어 교육을 위한 의사소통 이론 중 일부 - 화법 교육론 중 일부
	동기유발	※ 다음 두 단어 구름은 각각 '관습', '개성'과 관련 있는 단어들로 구성되었다. 빈칸에 들어갈 수 있는 단어를 찾아 써 보자.

	이해활동	1. 다음 대화를 살펴보고, 협력의 원리를 알아보자.
		   (1) ㉠에서 드러나는 말하기 방식의 문제점은 무엇인지 말해 보자.
		   (2) 다음 설명을 바탕으로 '동희'에게 조언할 말을 써 보자.
		   (3) 협력의 원리 중, ㉡에서 '화성'이 지키지 않은 격률과 그 의도를 말해 보자.
		2. 다음 글을 읽고, 공손성의 원리를 고려하며 대화를 구성해 보자.
		   (1) ㉮와 ㉯의 담화 상황을 고려하여 공손성의 원리에 알맞은 말을 써 보자.
		   (2) 공손성의 원리를 고려하여 다음 두 친구의 대화를 바꾸어 보자.
		3. 다음 만화를 보고, 체면 유지의 원리를 알아보자.
		   (1) 다음 설명을 참고하여 '선배'가 느꼈을 감정과 그 이유를 말해 보자.
		   (2) 체면 유지의 원리를 고려하여 후배 선수의 말을 바꾸어 보자.

[2022]
비상(박영민)
공통국어1
2. 품격을 높이는 언어 생활
(2) 공동체와 의사 소통
	이해활동	1. 다음 글과 속담에 드러나는 담화 관습을 알아 보자.
		  (1) 다음 글의 글쓴이가 '듣기'와 관련하여 조언하는 내용이 무엇인지 알아 보자.
		  (2) 다음 속담의 뜻을 찾아보고, '말하기'와 관련하여 속담이 주는 교훈을 말해 보자.
		  (3) (1)과 (2)의 활동에서 알 수 있는 담화 관습을 정리해 보자.
		2. 다음 고전 문학에 반영된 담화 관습을 알아보자.
		  (1) ㉮의 '김 선생'과 ㉯의 '부인'의 말에 담긴 의도가 무엇인지 말해 보자.
		  (2) ㉮의 '김 선생'과 ㉯의 '부인'의 말하기 방식에서 드러나는 담화 관습을 정리해 보자.
		3. 다음 두 학생의 말하기 방식을 바탕으로 과거와 현재의 담화 관습을 비교해 보자.
		  (1) 자신이 학생회장 후보로 나간다면 ㉮와 ㉯의 말하기 방식 중 어느 것을 선택할지 그 이유와 함께 말해 보자.
		  (2) ㉮와 ㉯에 나타난 담화 관습의 장·단점을 정리해 보자.
		4. 다음 자료에서 알 수 있는 오늘날 담화 관습의 특징을 생각해 보고, 이에 대한 자신의 생각을 말해 보자.

	적용활동	1. 아래 상황에서 대화의 원리를 고려하여 말하는 연습을 해 보자.
		  (1) 모둠별로 다음 상황 가운데 하나를 고르고, 역할을 나누어 대화해 보자.
		  (2) 다음 기준에 따라 (1)에서 나눈 대화 내용을 점검해 보자.
		
		      | 점검 기준 | 점검 결과 |
		      |---|---|
		      | 대화의 목적을 달성하기 위해 협력적인 태도로 대화하였는가? | ☆☆☆☆☆ |
		      | 예의 바른 태도로 상대방을 배려하며 대화하였는가? | ☆☆☆☆☆ |
		      | 상대방의 체면을 존중하며 대화하였는가? | ☆☆☆☆☆ |
		
		  (3) 점검 결과를 모둠 구성원과 공유하고 대화의 원리를 고려하지 못한 부분이 있다면 대화 내용을 바르게 고쳐 보자.

2026학년도 중등학교교사신규임용후보자선정경쟁시험(2차)
제13회 국어과 교수·학습 실연 시험 문제지

관리 번호 [　　　]

지도안 세부 조건

1. 〈수험생 작성 조건1〉 전시 학습 확인
   가. 반대 신문식 토론에 대한 설명 및 절차에 대한 내용을 제시할 것
   나. 토론 절차에서 찬성 측이 먼저 발언하는 이유를 포함할 것
   다. 발문을 통해 학생들의 대답을 이끌어낼 것

2. 〈수험생 작성 조건2〉 쟁점 파악하기, 발언 평가하기
   가. 〈자료1〉의 쟁점 3개를 파악하는 활동을 구성할 것
   나. 쟁점이 무엇인지 설명하고, 쟁점 1가지는 교사의 시범을 보일 것
   다. ㉠의 적절성을 평가하는 기준을 내용적 측면과 표현적 측면에서 각각 한 가지씩 제시하고, 평가하는 활동을 제시할 것

3. 〈수험생 작성 조건3〉 토론하기
   가. 학생들이 반대 신문식 토론을 하는 활동을 구성할 것(단, 구체적인 학생 활동 내용은 생략할 것)
   나. 〈자료2〉의 문제 상황(논제, 토론 태도, 토론 참여도)을 해결할 수 있는 방안을 중심으로 활동을 제시할 것

수업 조건

○ 과목 : 국어
○ 학년 : 고등학교 1학년
○ 장소 : 국어 교과교실
○ 시간 : 블록타임제(100분)
○ 단원명 : 토론과 논증
○ 해당 성취 기준 : 논제의 필수 쟁점별로 논증을 구성하고 논증이 타당한지 평가하며 토론한다.

단원명	차시	학습 내용
토론과 논증	1	○ 토론의 정의, 용어, 절차에 대해 이해할 수 있다. ○ 토론의 유형을 이해할 수 있다.
	2-3 (본시)	○ 논제에 따라 쟁점별로 내용을 정리할 수 있다. ○ 우리 주변에서 논제를 찾아 선정하여 토론할 수 있다.
	4	○ 토론한 내용을 점검하여 평가할 수 있다.

학생 수	장소	학습 형태	학습 기자재
24명	국어 교과교실	강의식, 모둠식	교사용 컴퓨터, 전자 칠판, 학생용 스마트 기기

※ 본 문제는 모의 평가용으로 제작되었으며, 실제 시험의 문항 유형 및 형식과 다를 수 있습니다.

<자료1>

사회자: 안녕하십니까. '미성년자 SNS 규제' 토론의 사회를 맡은 ○○○입니다. 미성년자의 SNS 사용 문제와 규제 필요성에 대해 찬성 측과 반대 측의 토론을 시작하겠습니다. 먼저 찬성 측부터 시작해 주십시오.

부 겸: 안녕하십니까. 청소년의 SNS 사용은 단순한 개인 선택의 문제가 아니라 사회가 책임지고 해결해야 할 공공의 과제입니다. 청소년은 아직 자기 조절 능력이 충분히 발달하지 않았기 때문에, 안전한 환경을 제공하는 것은 사회의 책무입니다. 따라서 최소한의 규제는 청소년 보호라는 사회적 책임을 이행하는 정당한 조치입니다. 연령 제한이나 이용 시간 제한 같은 제도적 장치는 완벽하지는 않더라도, 청소년이 유해 콘텐츠나 과도한 사용으로부터 일정 수준 보호받도록 돕는 '안전망' 역할을 할 수 있습니다. 규제를 통해 위험을 줄이고 건강한 성장 환경을 마련하는 것은 충분히 실효성 있는 대응입니다. 청소년에게 SNS는 해로운 영향이 훨씬 큽니다. 과도한 사용은 우울감과 낮은 자존감을 유발하고, 사이버불링과 유해 콘텐츠 노출은 정서적 상처를 남기며, 중독은 학업 부진과 수면 부족으로 이어집니다. 이런 피해를 줄이기 위해서라도 규제가 필요합니다.

사회자: 반대 측은 찬성 측에 대해 신문해 주십시오.

지 호: SNS가 청소년에게 해로운 영향이 훨씬 크다고 하셨지만, 오히려 SNS를 통해 위로를 얻고 긍정적인 관계를 맺는 청소년도 많습니다. 부정적 영향만을 부각하여 모든 청소년의 SNS 사용을 문제 삼는 것은 '일반화의 오류'가 아닐까요?

수 현: SNS의 순기능을 부정하진 않습니다. 하지만 일부 긍정적 사례 때문에 위험에 노출된 다수의 청소년을 외면할 순 없습니다. 자동차 사고가 모두에게 일어나지 않아도 안전벨트를 의무화하는 것처럼, 규제는 위험에 처할 가능성이 있는 청소년을 위한 최소한의 '사회적 안전벨트'입니다.

사회자: 이어서 반대 측 입장을 듣겠습니다.

준 영: 안녕하십니까. 일률적인 SNS 규제는 청소년의 표현의 자유와 정보 접근권을 과도하게 제한하는 조치입니다. 청소년도 스스로 생각하고 표현할 권리가 있는 주체로 존중받아야 합니다. 따라서 규제는 청소년의 기본권을 침해하는 부당한 통제에 불과합니다. 규제는 실질적으로 큰 효과를 거두기 어렵습니다. 청소년들은 VPN 우회나 다른 계정을 통해 얼마든지 규제를 피할 수 있습니다. 오히려 음성적 사용을 조장해 더 큰 문제를 만들 가능성이 높습니다. 실효 없는 규제보다, 올바르게 사용하는 법을 배우게 하는 것이 더 현실적인 해결책입니다. SNS는 청소년에게 긍정적인 역할도 합니다. 소속감을 형성하고 친구나 학습 정보를 공유할 수 있는 유익한 공간이 될 수 있습니다. 규제는 이러한 순기능까지 차단할 위험이 있으며, 진정한 해결책은 SNS를 건강하고 비판적으로 활용할 수 있는 역량을 키워주는 교육 강화입니다.

사회자: 찬성 측에서 반대 측에 대해 신문해 주십시오.

부 겸: ㉠ 반대 측에서는 규제의 실효성이 떨어지고 기본권을 침해하므로 교육을 강화하자고 주장하셨습니다. 그러나 교육은 즉각적인 효과를 낼 수 없다는 문제가 있습니다. 지금도 사이버불링과 유해 콘텐츠에 무방비로 노출되어 고통받고 있는 학생들이 존재합니다. 그런데도 그저 교육만으로 해결될 때까지 방치하자는 말씀이십니까?

준 영: 저희는 청소년 보호 책임을 방치하거나 회피하자는 것이 아닙니다. 강압적이고 실효성 없는 규제보다, 청소년 스스로가 디지털 환경에서 자신을 지킬 수 있는 역량을 길러주는 것이 더 근본적이고 효과적인 해결책임을 주장하는 것입니다. 사회의 책임은 무조건적인 통제가 아니라 올바른 교육과 지원에 있어야 합니다.

사회자: 다시 반대 측의 발언을 듣겠습니다.

지 호: 저희는 SNS 규제가 문제의 본질을 벗어난 미봉책임을 다시 한번 강조합니다. 찬성 측은 SNS의 부정적인 면만 부각하지만, 이는 소통과 관계 형성이라는 긍정적 가치를 무시하는 편협한 시각입니다. 청소년을 통제의 대상으로 보는 규제는 시대착오적이며, 오히려 청소년들을 디지털 음지로 내몰 수 있습니다. 진정한 해결책은 '금지'가 아닌 '교육'에 있습니다. 청소년들이 디지털 세상의 정보를 비판적으로 수용하고 건강하게 소통하는 법을 배우도록 지원하는 것이 훨씬 현명한 방법입니다.

사회자 : 마지막으로 찬성 측의 발언을 듣겠습니다.
수　현 : 반대 측은 '기본권 침해'와 '실효성 부재'를 말하지만, 이는 청소년이 마주한 심각한 위협을 외면하는 무책임한 태도입니다. 청소년의 정신 건강 파괴와 SNS 중독은 더 이상 '교육'과 '자율'에만 맡길 수 없습니다. 우리가 주장하는 규제는 완전한 금지가 아닌, 최소한의 보호 환경을 만들자는 것입니다. 이는 권리 침해가 아니라, 유해 환경으로부터 청소년을 '보호'하고 건강하게 성장할 '권리'를 지켜주는 것입니다. 불완전하더라도 최소한의 안전장치를 마련하는 것이 사회의 책임입니다. 교육과 규제가 병행될 때, 비로소 청소년들을 SNS의 그림자로부터 보호할 수 있을 것입니다.
사회자 : 네, 이상으로 모든 토론을 마치겠습니다. 참여해주신 토론자 여러분과 경청해주신 모든 분께 감사드립니다.

〈자료2〉

　수업 때 토론을 하려고 하면 항상 고질적인 문제가 발생해. 우선 학생들의 수준과 흥미에 맞는 논제를 찾기가 어렵고, 논제가 재미가 없으면 학생들의 토론에 대한 관심이 매우 떨어져. 또 학생들이 토론을 '말싸움'으로 오해하여, 명확한 근거와 논리 없이 자신의 주장만 감정적으로 내세우는 경우가 많았어. 그리고 토론에 적극적인 몇몇 학생이 발언을 주도하고, 나머지 학생들은 소극적인 태도로 참여하지 않거나 못하는 현상이 발생할 때도 많아. 이런 문제를 어떻게 해결하면 좋을까?

2026학년도 중등학교교사신규임용후보자선정경쟁시험(2차)

제13회 국어과 교수·학습 실연 지도안 예상 답안

국어과 본시 교수·학습 지도안				
학습 목표		1. 논제에 따라 쟁점별로 내용을 정리할 수 있다. 2. 우리 주변에서 논제를 찾아 선정하여 토론할 수 있다.		
학습 단계		교수·학습 활동		자료 및 유의점	시간(분)
도입	인사	• 인사 및 학습 분위기 조성	• 인사 및 학습 준비		
	전시 학습 확인	• 전시 학습 확인	• 전시 학습 회상		
	동기유발	〈수험생 작성 내용1〉 • 반대 신문식 토론의 개념 발문하기 - "우리 저번 시간에 반대 신문식 토론에 대해 배웠죠? 반대 신문식 토론이란 무엇일까요?" - "맞아요. 이 반대 신문식 토론은 어떤 절차로 진행되죠?" • 찬성 측이 먼저 발언하는 이유 발문하기 - "다들 잘 기억하고 있네요. 그럼 추가로 토론 입론 단계에서는 항상 찬성 측이 먼저 발언하게 되는데, 어째서 그렇게 규칙이 정해지게 되었을까요?" - "좋아요. 그럼 지금 복습한 내용을 바탕으로 반대 신문식 토론을 분석하고, 직접 토론도 해보도록 해요."	• 교사의 질문에 답하며 토론의 유형과 절차 복습하기 - "찬반 측 입론 사이에 논리적 허점을 공격하는 반대 신문 단계가 포함되어 있는 토론 방식이에요." - "반대 신문식 토론은 '입론 - 반대 신문 - 반론'의 단계로 진행돼요." • 찬성 측이 먼저 발언하는 이유 대답하기 - "입증의 부담 때문이에요. 찬성 측이 보통 기존의 상태를 바꾸자고 주장하기 때문에, 먼저 주장과 근거를 제시해야 할 책임이 있고 토론의 흐름이 자연스러워져요." - "네!"		
	학습 내용 안내	• 학습 내용 안내	• 학습 내용 확인		
	학습 목표 제시	• 학습 목표 제시	• 학습 목표 확인		
전개 1	〈활동1〉 쟁점 파악하기, 발언 평가하기	〈수험생 작성 내용2〉 • 쟁점의 개념 설명하기 - "쟁점이란 찬반 양측이 각자 찬성하는 입장과 반대하는 입장에서 논리적으로 부딪히는 부분을 이야기해요. 어디가 쟁점인지 파악해야 토론을 이해하기 쉽고, 또 토론이 의미있게 진행될 수 있어요."	• 쟁점의 개념 이해하기		

전개 1	〈활동1〉 쟁점별로 토론 내용 정리하기	• 〈자료1〉의 쟁점을 찾아 시범 보이기 – "〈자료1〉 입론에서 찬성 측은 안전한 환경을 제공하는 것이 사회의 책무이기 때문에 규제가 정당하다고, 반대 측은 규제가 청소년의 기본권을 침범하기 때문에 정당하지 않다고 말하고 있어요. 이를 통해 'SNS 규제는 정당한가?'라는 쟁점을 찾아낼 수 있지요."	• 교사의 시범 확인하기	
		• 〈자료1〉의 쟁점을 찾도록 안내하기	• 〈자료1〉의 쟁점 찾고 발표하기 | 쟁점	이유	
---	---	---
	찬성	반대
SNS 규제는 효과적인가?	규제는 안전망 역할을 할 수 있어 효과적	규제는 피하기 쉽고 더 큰 문제를 일으킬 수 있음
SNS는 청소년에게 이로운가?	SNS는 해로운 영향이 더욱 큼	SNS는 순기능도 갖추고 있음		
		• 〈자료1〉 반대 신문 평가하기 – "〈자료1〉의 ㉠은 토론의 반대 신문 단계에 해당해요. 다음 기준을 고려해서 이 부분이 적절한지 평가해 보고, 그 이유도 함께 찾아봐요." 	평가 기준	
---	---
내용	상대의 논리적 허점이나 한계를 지적하였는가?
표현	공격적이거나 감정적인 표현 없이 정중하게 발언하였는가?		• 〈자료1〉 반대 신문 ㉠ 평가하기 |	
---	---
내용	'교육'으로는 즉각적인 효과를 낼 수 없다고 반대 측 주장의 한계를 제시하고 있으므로 적절함
표현	"방치하자는 말씀입니까?"라는 표현은 다소 공격적이어서 부적절함		
전개 2	〈활동2〉 반대 신문식 토론하기	• 논제 선정 활동 안내하기 • 모둠별로 반대 신문식 토론 진행하기	• 논제 선정 활동 수행하기 • 모둠별로 반대 신문식 토론 수행하기	
전개 3	〈활동3〉 토론하기	〈수험생 작성 내용3〉 • 학생이 직접 논제 정하게 하기 – 학생들의 주변 환경에서 찾을 수 있는 논제 5개를 제시한다. – 논제에 대한 선호도 조사 실시 후 논제를 선정한다. – 선정된 논제와 관련된 영상 자료를 시청하게 한다. • 토론 규칙을 학생들끼리 정하게 하여 올바른 토론 태도 제시하기	• 논제를 직접 정하며 논제에 대한 흥미 갖기 – 선호도 조사에 참여한다. – 논제에 대한 흥미를 갖고 사전 지식을 형성한다. • 토론 규칙을 정하며 올바른 토론 태도 갖추기 	토론 규칙
---
① 경청 : 상대방이 말을 하고 있을 때는 발언하지 않는다.
② 요약 : 발언하기 전 상대방이 한 말을 먼저 요약한 후 발언하도록 한다.		

전개 3	〈활동3〉 토론하기	• 짝 토론 안내하기
		  - 본 토론을 하기 전 짝과 먼저 자유롭게 논제에 관하여 토론하게 한다.
		  - 찬반 입장을 바꿔서 토론하도록 한다.
		
		• 반대 신문식 모둠 토론 안내하기
		  ① 사회자, 찬성 토론자, 반대 토론자의 역할을 분담하게 하기
		  ② 토론 개요서 작성하게 하기
		  ③ 토론 진행하기
			• 짝 토론 참여하기
			  - 짝 토론을 통해 토론을 연습한다.
			  - 입장을 바꿔 토론하며 양쪽 입장을 고루 이해한다.
			
			• 반대 신문식 모둠 토론 수행하기

정리	형성평가 및 과제 부여	• 형성평가 부여 • 수준별 과제 제시	• 형성평가 진행 • 수준별 과제 확인
	학습 내용 정리	• 학습 내용 정리	• 학습 내용 이해
	차시 예고	• 다음 차시 예고	• 차시 예고 인지

판서 예시

〈전시 학습〉

	〈자료1〉
토론 유형	반대 신문식 토론
토론 절차	입론 - 반대 신문 - 반론

※ 찬성 측이 먼저 입론하는 이유 : 입증의 부담, 토론의 자연스러운 흐름

〈쟁점 파악하기〉

쟁점1	SNS 규제는 정당한가?
쟁점2	SNS 규제는 효과적인가?
쟁점3	SNS는 청소년에게 이로운가?

〈㉠ 평가하기〉

내용	상대의 논리적 허점이나 한계를 지적하였는가?
표현	정중하게 발언하였는가?

성취 기준

2022 교육과정	[10공국1-01-02] 논제의 필수 쟁점별로 논증을 구성하고 논증이 타당한지 평가하며 토론한다.
성취 기준 적용 시 고려 사항	토론하기를 지도할 때는 학습자가 참여하여 지역사회 문제 또는 국가적 문제에 대한 논제를 정해 봄으로써 공동체 문제에 대해 생각해 볼 수 있는 계기를 마련한다. 토론 과정에서는 승패에 집중하기보다 찬성 측과 반대 측의 상반된 입장과 관점을 서로 교환하고 문제의 발생 원인과 이유를 분명히 인식함으로써 상호 이해의 폭을 넓히고 문제에 대한 합리적인 해결 방안을 탐색하도록 한다.
2015 교육과정	[10국01-03] 논제에 따라 쟁점별로 논증을 구성하여 토론에 참여한다. 이 성취 기준은 논제에 따라 쟁점을 선정하고 토론의 절차에 따라 논증하며 수준 높은 토론을 하는 능력을 기르기 위해 설정하였다. 쟁점이란 찬반 양측이 각자 찬성하는 입장과 반대하는 입장에서 서로 치열하게 맞대결하는 세부 주장이며, 필수 쟁점은 논제와 관련해 반드시 짚어야 할 쟁점을 말한다. 이 성취 기준의 학습에서는 정책 논제의 필수 쟁점별로 논증을 구성하여 입론 단계를 수행하는 데 중점을 두도록 한다. 정책 논제의 필수 쟁점으로는 문제의 심각성, 제시된 방안의 문제 해결 가능성 및 실행 가능성, 방안의 실행에 따른 효과 및 개선 이익 등을 들 수 있다. 찬성 측에서는 이를 입증할 수 있는 논증을 구성해야 하고, 반대 측은 찬성 측이 제기한 쟁점에 대해 반증할 수 있는 논증을 구성해야 함을 이해하도록 지도한다. 쟁점별로 논증을 구성하여 토론하기 위해서는 쟁점별 찬반 양측에서의 주장, 주장을 지지해주는 근거 자료, 근거 자료에 기반한 주장을 가능하게 해 주는 이유를 갖추어 타당함을 입증해야 한다.

교과서 정리		
학습 내용 정리		**[토론의 발언]** ■ 입론 : 논제에 관한 자기 측의 주장을 정당화하기 위해 이유와 근거를 제시하는 말하기 ■ 반대신문 : 상대측이 준비한 주장과 근거의 논리적인 허점이나 오류를 찾아서 여러 가지를 질문하는 말하기 ■ 반론 : 상대측의 주장이 타당하지 않음을 증명하기 위해 근거의 불충분함, 부적절함 등을 지적하는 말하기 **[정책 논제와 필수 쟁점]** ■ 정책 논제 : 어떤 정책을 시행할 것인지 말 것인지를 다루는 논제 ■ 쟁점 : 찬성 측과 반대 측이 토론에서 다투고자 하는 주장 ■ 필수 쟁점 : 쟁점 중에 반드시 언급해야 할 쟁점 **[사회자와 토론자의 역할]** ■ 사회자 1) 토론의 배경과 논제를 안내한다. 2) 토론자를 심사자와 청중에게 소개한다. 3) 토론의 내용이 주제에서 벗어나지 않도록 조정한다. 4) 요약과 질문을 적절히 하여 토론이 원활하게 진행되도록 한다. 5) 토론의 결과를 정리하고 토론을 마무리한다. ■ 토론자 1) 논제를 분석하여 양측 주장의 대립 쟁점을 파악한다. 2) 이유와 근거를 충분히 준비한다. 3) 상대측이 제시할 이유와 근거를 예상하고, 그것을 반박하는 데 필요한 자료를 수집하여 정리한다. 4) 감정적인 발언은 삼가고, 침착하고 예의 있게 말한다.
[2022] 미래엔(신유식) 공통국어1 4. 민주 시민의 대화 (2) 논증하고 토론하기	제재	우리나라의 난민인정률을 높여야 한다.
^^	동기유발	※ (생각을 여는 질문) 이 단원에서 알고 싶은 점을 써 보자. ※ (배움을 여는 질문) 토론에서 논제와 쟁점, 논증이란 무엇일까?

^^	학습활동	1. 모둠별로 논제를 정하여 토론을 준비해 보자.
		  (1) 다음 논제 가운데 하나를 고르고, 각 모둠원의 역할을 말해 보자.
		  (2) 논제에 쓰인 용어를 정의하고, 문제 상황이 발생한 배경을 정리해 보자.
		  (3) 토론 논제에 따라 예상되는 필수 쟁점을 정리해 보자.
		  (4) 토론 논제에 관한 입장을 정하고, 필수 쟁점에 따라 주장, 타당한 이유와 근거를 갖추어 논증을 구성해 보자.
		  (5) (4)에서 구성한 내용을 바탕으로 하여 입론의 내용을 작성해 보자.
		2. 반대 신문식 토론의 절차에 따라 토론을 진행하면서 토론 장면을 녹화해 보자.
		3. 녹화한 토론 장면을 함께 보면서 다음 활동을 해 보자.
		  (1) 다음 항목에 따라 토론의 과정을 평가해 보자.
		
		| 구분
			평가항목	찬성 측 || 반대 측	

---	---	---	---	---	---
		찬성1	찬성2	반대1	반대2
토론 내용	토론의 쟁점을 정확하게 파악하였는가?				
^^	쟁점에 관한 주장이 명확하게 드러났는가?				
^^	이유와 근거가 주장과 긴밀하게 연결되었는가?				
^^	주장을 뒷받침하는 근거가 적절한가?				
토론 태도	상대측 논증의 허점을 논리적으로 반박하였는가?				
^^	토론의 절차와 규칙을 잘 지켰는가?				
^^	상대측을 존중하는 태도로 토론에 참여하였는가?				| (2) 토론을 진행하면서 의사소통 과정에서 개선해야 할 점이나 보완해야 할 점이 있었는지 이야기해 보자.
[2022] 창비 공통국어1 3. 세상과 만나는 말과 글 (3) 대화 예절과 책임감 있는 국어생활	제재	교실에 CCTV 설치를 의무화해야 한다.
^^	동기유발	1. 일상에서 토론이 필요한 적이 있었나요? 그것은 어떤 상황이었나요? 2. 그 토론은 잘 이루어졌나요? 잘되었다면 왜 잘되었고, 잘 안 되었다면 왜 잘 안 되었을까요? 3. 토론 과정에서 여러분의 가장 큰 장점 및 단점은 무엇이라 생각하나요?

[2022] 창비 공통국어1 3. 세상과 만나는 말과 글 (3) 대화 예절과 책임감 있는 국어생활	학습활동	1. 이 토론에서 양측이 제시한 논증을 정리하고, 그 타당성을 검증해 보자. 　(1) 필수 쟁점(문제, 해결 방안, 이익 및 효과)을 중심으로 입론에 사용된 논증을 정리해 보자. 　(2) 찬반 양측 가운데 더 타당한 논증을 한 쪽은 어디라고 생각하는지 써 보자. 2. 모둠별로 다음 단계에 따라 반대 신문식 토론의 논제를 만들어 보자. 　(1) 다음 예를 참고하여 모둠별로 공동체가 관심을 가져야 할 문제를 한 가지 정해 보자. 　　　예 동물원의 필요성, 유전자 변형 농수산물(GMO) 완전 표시제 시행, 어린이의 방송 활동 시간 규제, 미용 목적의 청소년 성형 수술 제한 　(2) (1)에서 선정한 문제로 우리 모둠에서 토론할 정책 논제를 만들어 보자. 　(3) 토론 참여자의 역할을 나누어 보자. 　(4) (2)에서 정한 논제와 관련된 용어의 개념을 정리해 보자. 3. 모둠별로 다음 단계에 따라 토론을 하기 위한 논증을 구성하고 토론의 개요를 짜 보자. 　(1) 필수 쟁점에 따라 입장을 뒷받침할 수 있는 자료를 수집하여 찬반 양측의 입론을 구성해 보자. 　(2) 각각의 입장에 따라 반대 신문식 토론을 하기 위한 입론을 작성해 보자. 　(3) 상대측이 반대 신문할 내용을 예상하여 질문 형태로 쓰고, 그 답변을 작성해 보자. 　(4) 상대측의 대표 주장을 예측해 보고, 이를 토대로 우리 측의 주장을 강화할 반론을 써 보자. 4. 모둠별로 반대 신문식 토론을 실행하고 평가해 보자. 　(1) 다음 절차에 따라 모둠별로 반대 신문식 토론을 진행하고 녹화해 보자. 　(2) 녹화한 영상을 보며 다음 항목에 따라 우리 측과 상대측의 토론 과정을 점검하고 개선점을 찾아보자.
[2022] 비상(박영민) 공통국어1 4. 세상을 밝히는 논증의 기술 (2) 토론으로 해결방안 탐색하기	제재	인공 강우를 실용화해야 한다.
	동기유발	※ 다음 사진에 나타난 문제 상황을 해결할 수 있는 방안에는 어떤 것이 있을지 친구들과 말해 보자.
	학습활동	[토론 참관하기] 1. 이 토론에서 다룬 쟁점에 따라 찬성 측과 반대 측의 논증을 정리해 보자. 　쟁점1. 문제의 심각성 　쟁점2. 해결 방안의 실행 및 문제 해결 가능성 　쟁점3. 해결 방안의 기대 효과 또는 이익 2. 만일 자신이 이 토론의 배심원이었다면 찬성 측과 반대 측 가운데 어느 쪽이 더 잘했다고 판정할 것인지 그 이유와 함께 말해 보자. [토론 수행하기] 1. 지역 사회나 국가의 문제 가운데 모둠에서 토론해 보고 싶은 논제를 고르고, 이에 대한 자신의 입장을 정해 보자. 2. 모둠별로 사회자, 찬성 측 토론자와 반대 측 토론자를 정해 보자. 3. 다음 과정에 따라 토론을 준비해 보자. 　(1) 모둠에서 정한 논제의 필수 쟁점을 파악해 보자. 　(2) 자신의 역할을 고려하여 쟁점별로 논증을 구성해 보자. 4. 준비한 내용을 바탕으로 실제 토론을 해 보자. 5. 토론을 마친 후 다음 활동을 수행해 보자. 　(1) 다음 기준에 따라 토론의 내용과 태도를 평가해 보자. 　(2) 토론을 하면서 깨닫거나 느낀 점을 말해 보자.

2026학년도 중등학교교사신규임용후보자선정경쟁시험(2차)
제14회 국어과 교수·학습 실연 시험 문제지

관리 번호	

지도안 세부 조건

1. **〈수험생 작성 조건1〉 동기유발**
   가. 학생 경험을 활용하여 청중의 중요성을 인식하게 할 것
   나. 이후 활동을 간략히 안내할 것
   다. 교사의 발문과 학생의 응답을 포함할 것

2. **〈수험생 작성 조건2〉 발표 수정하기, 발표 전략 파악하기**
   가. 〈자료1〉을 고려하여 〈자료2〉의 문제점 2가지를 찾고 이를 수정하는 활동을 제시할 것
   나. 〈자료2〉에서 청중의 관심을 유도하는 발표 전략을 3가지 찾아 제시할 것
   다. 문제점 1가지와 발표 전략 1가지는 교사의 시범으로 제시할 것
   라. 〈자료2〉에서 청중과 상호작용하는 부분을 찾고, 상호작용의 효과를 제시할 것

3. **〈수험생 작성 조건3〉 청중을 고려하여 발표하기**
   가. 앞선 활동과 연계한 '1분 말하기' 활동을 제시할 것(단, 구체적인 학생 활동 예시는 제외할 것)
   나. 발표자와 청중 간 상호작용이 일어나도록 활동을 구성할 것
   다. 학습 목표에 맞는 평가 기준 및 활동을 포함할 것

수업 조건

- 과목 : 국어
- 학년 : 고등학교 1학년
- 장소 : 국어 교과교실
- 시간 : 블록타임제(100분)
- 단원명 : 청중을 고려하여 말하기
- 해당 성취 기준 : 청중의 관심과 요구에 맞게 내용을 구성하여 발표하고 청중의 질문에 효과적으로 답변한다.

단원명	차시	학습 내용
청중을 고려하여 말하기	1-2 (본시)	○ 청중 분석의 요인과 발표 전략 이해하기 ○ 청중의 관심과 요구에 맞게 내용을 구성하여 발표하기
	3	○ 청중의 관심과 요구를 고려하여 발표 계획서 작성하기

학생 수	장소	학습 형태	학습 기자재
24명	국어 교과교실	강의식, 짝 활동, 모둠활동	교사용 컴퓨터, 전자 칠판, 학생용 스마트 기기

※ 본 문제는 모의 평가용으로 제작되었으며, 실제 시험의 문항 유형 및 형식과 다를 수 있습니다.

〈자료1〉

발표 계획서

- 발표 목적 : 인공지능이 일상생활과 미래 사회에 미치는 영향에 대해 설명하기
- 청중 분석
  ① 예상 청중의 연령 : 고등학교 1학년 학생
  ② 배경지식이나 지적 수준 : 관련 지식 수준은 높지 않음
  ③ 주제에 대한 흥미나 관심의 정도 : 인공지능의 중요성에 대해 알고 있고 인공지능을 잘 사용하고 싶어함

〈자료2〉

인공지능, 우리의 삶과 미래를 어떻게 바꾸는가

안녕하세요. 여러분. 오늘 '인공지능'이라는 주제로 여러분과 함께 이야기하게 되어 매우 기쁩니다. 혹시 여러분 중 '특이점(Singularity)'이라는 개념에 대해 들어보신 분이 있나요? 이는 인공지능이 인간의 지능을 초월하는 역사적 기점을 의미하는데, 저명한 미래학자 레이 커즈와일은 그 시점을 2045년으로 예측했습니다. 불과 20년 남짓 남은 미래인데, 과연 인공지능은 우리의 삶을 어떤 모습으로 바꾸게 될까요?

먼저, 인공지능은 이미 우리 일상 깊숙이 자리 잡고 있습니다. 여러분이 매일 사용하는 유○브의 영상 추천, 넷○○스의 드라마 제안, 네○버 웹툰의 그림체 분석 서비스 모두 인공지능 기술 덕분입니다. 특히, 생성형 AI는 우리가 과제를 하거나 창작 활동을 하는 방식까지 바꾸고 있습니다.

그렇다면 인공지능은 어떻게 이렇게 똑똑해질 수 있을까요? 인공지능은 마치 우리 뇌의 신경세포처럼 연결된 수많은 점들(노드)을 통해 학습합니다. 처음에는 오답을 내놓지만, 수많은 데이터를 보면서 정답에 가깝도록 이 연결망을 스스로 수정해 나가는 과정을 반복하죠. 마치 우리가 수많은 문제를 풀면서 점점 더 실력이 느는 것과 같습니다. 이러한 학습 과정의 핵심에는 역전파(Backpropagation) 알고리즘을 통해 오류를 효율적으로 수정하는 원리가 있으며, 이러한 원리를 기반으로 최근의 트랜스포머 모델은 자연어 처리에서 인간의 능력을 넘어서는 성능을 보여주고 있습니다.

〈인공 신경망〉

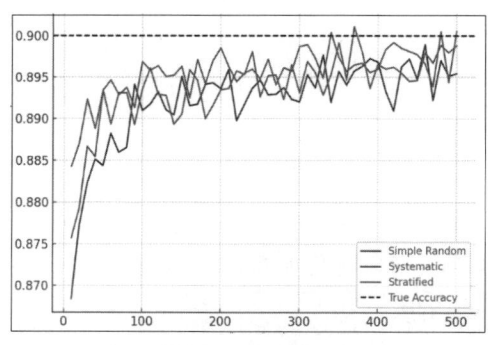

〈AI 이미지 인식 정확도 변화〉

이 그래프를 보세요. (청중이 이해하지 못하는 표정을 지음) 이 그래프가 생소하시죠? 이 그래프는 AI의 이미지 인식 정확도의 변화를 나타내는 그래프입니다. (청중이 고개를 끄덕거림) 불과 10년 만에 인공지능의 이미지 인식 정확도는 인간의 능력을 뛰어넘었습니다. 이 기술 덕분에 이제 인공지능은 엑스레이 사진을 보고 암을 찾아내거나, 복잡한 도로 상황을 파악해 자율주행차를 운전하는 등 우리 사회의 중요한 문제들을 해결하는 데 큰 도움을 주고 있습니다. 주식 시장에서도 알고리즘 트레이딩이 전체 거래의 상당 부분을 차지하고 있으며, 이는 밀리초(1/1000초) 단위로 방대한 데이터를 분석하여 인간보다 훨씬 빠른 속도로 최적의 매매 시점을 포착합니다. 이처럼 인공지능은 산업 현장의 생산성을 높이고, 우리의 삶을 더 안전하고 편리하게 만드는 긍정적인 변화를 이끌고 있습니다.

물론 인공지능의 발전에는 해결해야 할 과제들도 남아있습니다. 알고리즘의 편향성이나 '블랙박스' 문제처럼 기술적, 윤리적 쟁점들을 해결하기 위한 사회적 논의가 필요합니다. 하지만 분명한 것은, 인공지능이 미래 사회의 핵심 동력이 될 것이라는 사실입니다. 이제 우리는 인공지능을 단순히 사용하는 것을 넘어, 그 원리를 이해하고 윤리적 문제까지 함께 고민해야 합니다. 우리 모두 인공지능 시대의 주역이 되어, 더 나은 미래를 열어가는 데 적극적으로 동참합시다. 감사합니다.

2026학년도 중등학교교사신규임용후보자선정경쟁시험(2차)

제14회 국어과 교수·학습 실연 지도안 <small>예상 답안</small>

국어과 본시 교수·학습 지도안				
학습 목표	청중의 관심과 요구에 맞게 내용을 구성하여 발표하고 청중의 질문에 효과적으로 답변한다.			
학습 단계		교수·학습 활동		자료 및 유의점	시간(분)
도입	인사	• 인사 및 학습 분위기 조성	• 인사 및 학습 준비		
	전시 학습 확인	• 전시 학습 확인	• 전시 학습 회상		

	동기유발	〈수험생 작성 내용1〉
		• 청중을 그려하지 않고 발표해 어려움을 겪었던 경험 발문하기
		  – "여러분들 학교를 다니면서 한번쯤은 발표를 해본 경험이 있죠? 그때 듣는 사람을 고려하지 않고 발표를 해서 낭패를 본 경험이 있는 친구가 있을까요?"
		
		• 수업 내용 안내하기
		  – "잘 말해주었어요. 성공적인 발표를 하려면 청중의 관심이나 요구를 잘 파악하고 이에 맞춰 발표 준비를 하는 것이 중요해요. 오늘은 다른 사람의 발표 자료를 보고 청중을 분석하지 않아서 발생한 문제점을 찾아 수정해 보고, 청중의 관심을 끌 수 있는 발표 전략을 학습할 거예요. 그리고 여러분들이 직접 발표 활동을 하면서 발표를 하기도, 발표를 듣는 청중이 되기도 하면서 발표에 대해 배워보도록 해요."
			• 청중을 고려하지 않고 발표해 어려움을 겪었던 경험 공유하기
			  – "예전에 반 친구들에게 '기후 변화와 탄소 배출권'에 대해 발표한 적이 있는데, 그때 ETS나 NDC 같은 전문 용어를 너무 써서 친구들이 흥미를 잃었던 기억이 있어요."
			  – "발표 수행평가 때 제가 다리를 다쳐서 얼마나 불편하고 아픈지 발표했었는데 애들이 너무 관심이 없었어요."
			
			• 교사의 말을 들으며 수업 내용 파악하기		

	학습 내용 안내	• 학습 내용 안내	• 학습 내용 확인		
	학습 목표 제시	• 학습 목표 제시	• 학습 목표 확인		

전개1	<활동1> 청중 분석하기, 발표 전략 파악하기	<수험생 작성 내용2> • <자료1>과 <자료2>를 제시하여 읽도록 하기 　- "<자료1>은 <자료2>의 발표를 하기 전 발표자가 준비한 발표 계획서예요." • <자료1>을 참조하여 <자료2>의 문제점을 파악하게 하기 　- "<자료1>을 보면 예상 청중의 연령이 고등학교 1학년이라는 것을 알 수 있어요. <자료2>를 보면 인공지능의 긍정적인 영향을 설명할 때 고등학생은 할 수 없는 주식 시장의 알고리즘 트레이딩을 예로 들고 있기 때문에 이는 청중을 고려하지 않은 부분이에요. 학생들이 자주 사용하는 게임, 소셜미디어, 음악 추천 앱 등으로 예시를 수정하는 것이 좋겠어요." • <자료2>에서 청중의 관심을 끄는 발표 전략 파악하게 하기 　- "<자료2>에서는 '특이점'의 개념을 청중들에게 물으면서 발표를 시작하고 있어요. 질문을 통해 청중의 관심을 유도하고 있죠." • <자료2>에서 청중과 상호작용하는 부분 찾고 그 효과 파악하게 하기	• <자료1>과 <자료2> 읽기 • 교사의 시범을 확인하고 <자료1>을 참조하여 <자료2>의 문제점 파악하기 　- "<자료1>에는 청중들이 인공지능에 대한 지적 수준이 높지 않다고 분석되어 있는데, '역전파 알고리즘'이나 '트랜스포머 모델'은 지나치게 전문적인 내용이에요. 해당 내용을 쉽게 풀어서 설명하는 부분이 추가되어야 할 것 같아요." • 교사의 시범을 확인하고 <자료2>에서 청중의 관심을 끄는 발표 전략 파악하기 | 발표 전략 | |---| | 사진, 그림, 통계 등 시각 자료로 청중의 이해 도움 | | 청유형 문장으로 청중에게 인공지능 활용 유도 | • <자료2>에서 청중과 상호작용하는 부분 찾고 그 효과 파악하기 　- "발표자가 그래프를 제시했을 때 청중이 이해하지 못하는 표정을 짓자 추가 설명을 해서 이해하는 부분이에요. 이처럼 비언어적 표현을 사용해 상호작용함으로써 발표의 완성도를 더욱 높일 수 있어요."
전개2	<활동2> 청중을 고려하여 발표하기	<수험생 작성 내용3> • 모둠을 구성하고 반 학생들을 대상으로 청중 분석하게 하기 • 청중 분석 내용을 토대로 발표 주제 선정하게 하기 • 1분 말하기 기획안 작성하게 하기 　① 학생용 스마트 기기로 발표 주제에 대해 조사하면서 내용 구성하기 　② 단계별(도입 – 전개 – 정리) 전략 수립하기 • 모둠별로 1명씩 1분 동안 발표하게 하기 　① 청중은 발표 중 이해가 안 되는 부분이나 추가로 궁금한 부분을 메모하기 　② 메모한 내용을 바탕으로 발표자에게 질문하고 발표자는 성실히 답변하기	• 모둠을 구성하고 반 학생들을 대상으로 청중 분석하기 • 청중 분석 내용을 토대로 발표 주제 선정하기 • 1분 말하기 기획안 작성하기 • 모둠별로 1명씩 1분 동안 발표하기

전개2	<활동2> 청중을 고려하여 발표하기	• 1분 말하기 평가 기준을 안내하고 발표가 끝날 때마다 동료 평가 진행하기 | 평가 기준 | |---| | 청중의 특성을 고려하여 내용을 구성했는가? | | 발표 전략을 적절하게 사용하여 발표했는가? | | 청중의 질문에 적절히 답하며 청중과 원활히 상호 작용했는가? |	• 1분 말하기 평가 기준을 확인하고 동료 평가하기		
정리	학습 내용 정리	• 학습 내용 정리	• 학습 내용 이해		
	차시 예고	• 차시 예고	• 차시 예고 인지		

판서 예시
단원명: 청중을 고려하여 말하기

1) 발표 수정하기

문제점	해결 방안
청중 연령에 맞지 않는 예시	연령에 맞는 게임, SNS 등에 AI가 쓰이는 사례로 수정
청중 수준에 맞지 않는 전문 어휘	전문 어휘에 대한 보충 설명 추가

2) 발표 전략 파악하기

질문을 통해 관심 유도
사진, 그림, 통계 등 시각 자료로 이해 도움
청유형 문장으로 실천 강조

3) 청중과 상호작용

- AI 이미지 인식 그래프 소개할 때
- 비언어적 표현(표정)으로 상호작용
- 발표자가 추가 설명을 함으로써 발표의 완성도 높임

성취 기준	
2022 교육과정	[10공국2-01-01] 청중의 관심과 요구에 맞게 내용을 구성하여 발표하고 청중의 질문에 효과적으로 답변한다. 이 성취 기준은 청중과 상호 작용하는 발표 능력을 기르기 위해 설정하였다. 예상 청중의 관심사, 배경지식, 주제에 대한 태도, 지적 수준 등을 분석하기, 청중 분석 결과를 바탕으로 청중에게 적합한 내용을 선정하기, 발표 내용을 청중이 이해하기 쉽도록 요점을 중심으로 체계적으로 조직하기, 청중의 관심을 유지하기 위한 다양한 전략을 활용하여 발표하기, 청중과 질의응답할 수 있는 시간을 확보하기 위해 발표 시간 조절하기, 청중의 질문에 효과적으로 답변하며 청중과 소통하기 등을 학습한다.
성취 기준 적용 시 고려 사항	청중 분석의 요소, 협상의 절차 등에 대한 개념이나 절차를 이해하는 데 머무르지 않고, 학습자가 발표 활동과 협상 활동을 실제로 수행하고, 학습한 개념과 원리를 활용해 자신의 구어 의사소통 수행 과정을 점검하고 조정할 수 있도록 한다. 발표하기를 지도할 때는 발표 목적을 효과적으로 달성하기 위해서 청중과의 상호 작용이 적극적으로 이루어져야 한다는 점을 고려하여 청중의 역할도 강조한다. 화자의 발표 내용을 적극적으로 듣기, 발표를 들으면서 이해되지 않거나 궁금한 사항을 메모하기, 화자의 발표 내용에 대해 질문하며 소통하기 등의 활동을 통해 적극적으로 의미를 재구성하고 화자와 상호 작용할 수 있도록 한다.
2015 교육과정	[9국01-06] 청중의 관심과 요구를 고려하여 말한다.

교과서 정리	
학습 내용 정리	■ **청중의 특성** - 관심사: 발표 주제와 관련하여 특별히 좋아하거나 관심이 있는 분야는 무엇인가? - 주제에 대한 태도: 발표 주제에 대해 어떤 태도를 지니고 있는가? - 배경지식: 발표 주제에 관한 배경지식이 어느 정도인가? - 지적 수준: 발표 내용을 어느 정도 이해할 수 있는가? ■ **청중의 질문에 답변하는 방법** - 청중의 입장과 의견을 존중하며 답하기 - 질문의 요점을 파악하여 명료하게 답하기 - 질문에 답변하기 어려울 때에도 성의껏 답을 찾을 방법 알려 주기

	제재	학생의 발표 준비 과정
[2022] 천재(김수학) 공통국어2 2. 바람직한 언어생활 (3) 효과적으로 의견 전달하기	동기유발	• 이 소단원의 내용과 관련하여 자신이 알고 있거나 경험한 것에 V 표시해 보자.

	이해활동	1. 지호가 설문 조사로 파악할 수 있는 예상 청중의 특성을 모두 골라 보자.
		2. 지호가 [정보1]과 [정보2]를 제외하려는 까닭이 무엇일지 써 보자.
		3. 지호의 발표 개요를 보고, 다음 물음에 답해 보자.
		  (1) 지호가 [도입]에서 다음과 같이 계획을 세운 까닭은 무엇일지 청중 분석 결과와 관련지어 말해 보자.
		  (2) 지호가 수집한 다음 매체 자료를 어느 부분에 활용하면 좋을지 써 보자.
		4. 지호의 발표 내용을 보고, 다음 물음에 답해 보자.
		  (1) 지호가 청중의 관심을 유지하기 위하여 활용한 발표 전략을 찾아보자.
		  (2) 다음은 지호가 [전개-다]의 내용을 조직할 때 쓴 메모이다. 이를 발표와 비교해 보고, 차이가 생긴 이유가 무엇일지 생각해 보자.
		5. 민하와 지호가 질의응답하는 장면을 보고, 다음 물음에 답해 보자.
		  (1) 다음 평가 항목을 참고하여, 민하가 질문한 내용에 대한 지호의 답변이 적절했는지 평가해보자.
		  (2) 자신이 이 발표의 청자라면 지호에게 어떤 질문을 할지 생각해 보자.

	적용활동	1. 다음 과정을 따라 반 친구들을 청중으로 하여 발표해 보자.
		  (1) 다음 활동을 하며 발표 계획을 세워 보자.
		    - 발표 주제를 정한 뒤, 분석 항목에 따라 예상 청중의 특성을 분석해 보자.
		    - 청중 분석 결과를 바탕으로 하여 발표 맥락을 정리해 보자.
		  (2) 정보를 수집하고, 청중 분석 결과를 바탕으로 하여 발표 내용을 선정해 보자.
		  (3) 선정한 내용을 체계적으로 조직하여 발표 개요를 작성해 보자.
		  (4) 청중을 고려하여 발표하고 청중과 소통해 보자.
		    - 청중의 관심을 유지하기 위한 발표 전략을 세워 보자.
		    - 발표 전략을 활용하여 발표한 뒤, 청중과 질의응답하며 소통해 보자.
		  (5) 자신의 발표를 다음 평가 항목에 따라 스스로 평가해 보자.
		
			평가 기준	별점 |
				      |---|---|
				      | 청중의 특성을 고려하여 내용을 구성했는가? | ☆☆☆ |
				      | 발표 전략을 적절하게 사용하여 발표했는가? | ☆☆☆ |
				      | 발표 시간을 준수했는가? | ☆☆☆ |
				      | 청중의 질문에 적절히 답하며 청중과 원활히 상호 작용했는가? | ☆☆☆ |

[2022] 동아(최두호) 공통국어2 2. 함께 해결하는 국어 (1) 협상하기	제재	학생 발표 예시
	동기유발	• 다음은 진호가 책의 내용을 공유하기 위해 떠올린 방법이다. 책의 내용을 공유하는 방법에는 어떤 것들이 있는지 말해 보자.

	이해활동	1. 다음은 독서 동아리에 참여했던 성호가 사회 수업 시간에 진행한 발표이다. 성호가 청중과 어떻게 상호 작용하며 발표를 진행하는지 살펴 보자.
		  (1) 이 발표의 주제를 써 보자.
		  (2) 다음은 발표자가 효과적인 발표를 위해 청중을 분석한 내용이다. 이를 반영하기 위해 발표자가 사용한 발표 전략을 정리해 보자.
		  (3) 다음은 이 발표 후에 진행된 청중과의 질의 응답이다. 이를 바탕으로 발표자와 청중의 상호 작용을 분석해 보자.

	적용활동	1. 모둠을 구성하여 사회적 독서 활동에 참여해 보자.
		  (1) 모둠에서 읽을 책이나 자료를 선정해 보자.
		  (2) (1)에서 선정한 책이나 자료를 읽고, 모둠원들과 읽은 내용을 공유해 보자.
		2. 1에서 읽은 책이나 자료의 내용을 공유하는 발표문을 작성해 보자.
		  (1) 모둠별로 발표 주제를 정한 다음, 청중을 분석해 보자.
		  (2) (1)의 내용을 고려하여 발표 내용을 조직해 보자.
		  (3) 발표문을 작성해 보자.
		3. 청중과 적극적으로 상호 작용하며 발표를 진행하고 평가해 보자.
		  (1) 청중과 상호 작용하며 발표해 보자.
		  (2) 다음 항목을 고려하여 자신의 발표를 평가해 보자.

	제재	―
[2015] 동아 3-1 3. 소통을 위한 언어 (2) 설득 전략과 　　청중 분석하기	동기유발	• 말을 할 때 청중의 관심과 요구를 고려해 본 적이 있는지 질문해 보자.
	학습활동1	1. 다음을 바탕으로 화자가 연설을 할 때 고려한 청중의 관심과 요구는 무엇이었을지 생각해 보자.
	학습활동2	[청중의 관심과 요구를 고려하여 말하기] 1. '학교 폭력 예방의 날' 행사로 다음과 같은 말하기 대회를 하려고 한다. 청중의 관심과 요구를 고려하여 말하기를 해 보자. 　(1) 말하기 대회를 준비하기 위해 청중을 분석해 보자. 　(2) (1)을 바탕으로 말하기 계획을 세워 보자. 　(3) (1)과 (2)를 바탕으로 어떤 설득 전략을 사용할지 생각하고 말할 내용을 마련해 보자. 　(4) (3)을 바탕으로 개요를 작성해 보자. 　(5) (4)를 바탕으로 적절한 설득 전략을 사용하여 발표문을 써 보자. 　(6) (5)를 바탕으로 청중의 반응을 고려하며 말하기를 해 보자.

2026학년도 중등학교교사신규임용후보자선정경쟁시험(2차)
제15회 국어과 교수·학습 실연 시험 문제지

관리 번호

지도안 세부 조건

1. ⟨수험생 작성 조건1⟩ 동기유발
   가. 학생들의 경험을 활용하여 동기유발할 것
   나. 학습 목표의 중요성을 깨닫도록 동기유발할 것

2. ⟨수험생 작성 조건2⟩ 협상의 개념과 절차 이해하기
   가. 협상의 개념을 구체적인 예시를 통해 설명할 것
   나. ⟨자료1⟩을 참고하여 협상의 절차를 3단계로 나누어 파악하도록 할 것
   다. 교사와 학생 간의 활발한 상호작용이 일어나도록 할 것

3. ⟨수험생 작성 조건3⟩ 대안을 탐색하여 의사를 결정하는 과정 이해하기
   가. ⟨자료2⟩에서 '석완'과 '재민'의 최초 요구를 교사와 학생이 함께 파악할 것
   나. ⟨자료2⟩에서 '석완'과 '재민'이 조정 단계에서 제시한 조건과 협상 결과를 각각 정리해 보도록 안내할 것
   다. 위 활동을 바탕으로 협상이 잘 이루어졌는지 모둠별로 평가해 보도록 할 것

수업 조건

- 과목 : 국어
- 학년 : 고등학교 1학년
- 장소 : 국어 교과교실
- 시간 : 블록타임제(100분)
- 단원명 : 협상과 갈등 해결
- 해당 성취 기준 : 쟁점과 이해관계를 고려하여 문제를 해결할 수 있는 대안을 탐색하며 협상한다.

단원명	차시	학습 내용
협상과 갈등 해결	1-2 (본시)	○협상의 개념과 절차에 대해 설명할 수 있다. ○갈등을 해결할 수 있는 대안을 탐색하여 의사를 결정하는 과정을 설명할 수 있다.
	3-4	○모의 협상을 통해 서로에게 만족스러운 합의를 이끌어낼 수 있다.

학생 수	장소	학습 형태	학습 기자재
24명	국어 교과교실	강의식, 짝 활동, 모둠활동	교사용 컴퓨터, 전자 칠판, 학생용 스마트 기기

※ 본 문제는 모의 평가용으로 제작되었으며, 실제 시험의 문항 유형 및 형식과 다를 수 있습니다.

〈자료1〉

각자의 주장이 달라 갈등이 생겼을 때 우리는 어떻게 문제를 해결해야 할까? 갈등이 발생하였을 때 이를 합리적으로 해결하는 방법 중 하나가 협상이다. 협상이란 개인이나 집단 사이에서 이익과 주장이 달라 갈등이 생길 때, 문제를 해결하기 위해 서로 타협하고 조정하면서 해결 방법을 찾아가는 의사소통 방식을 말한다. 협상은 크게 세 가지 절차로 나눌 수 있다. 먼저, 시작 단계에서는 대립되는 두 개인이나 집단에서 발생한 갈등의 원인이 무엇인지 분석한다. 그리고 이러한 문제가 해결이 가능한지 여부를 확인한다. 조정 단계에서는 문제를 확인하고 상대의 처지와 관점을 이해하는 시간을 갖는다. 서로의 제안이나 대안을 검토하며 양측 모두에게 이익이 되는 해결 방안을 모색한다. 해결 단계에서는 최선의 해결책을 제시한다. 양쪽 모두 이러한 해결책에 합의하면 문제가 해결된다. 이후 양측은 협상에서 합의한 내용을 이행하면 된다. 이처럼 협상은 양측의 이익을 도모하고 민주적으로 문제를 해결하도록 도와주는 방법이다. 이해관계가 복잡한 현대 사회에서 문제 상황을 회피하거나 자신의 주장을 고집하기보다는 서로의 입장을 이해하고 양측 모두 만족할 수 있을 만한 해결책을 함께 모색하는 것이 보다 바람직할 것이다.

〈자료2〉

〈체육관 사용에 대한 학생회와 배드민턴 동아리의 협상 상황〉

협상 배경 : 학생회에서는 학교 축제에서 선보일 춤을 연습하기 위한 공간을 확보해야 하는 상황이다. 학생회 구성원들은 춤을 출 수 있을 만큼 공간이 널찍하고, 전신 거울이 있는 체육관을 사용하기를 원한다. 그러나 체육관은 서울시에서 개최하는 배드민턴 대회를 준비하는 배드민턴 동아리에서 사용하고 있는 상황이다. 이에 학생회장 '석완'과 배드민턴 동아리장인 '재민'이가 만나 서로 협상을 하기로 하였다.

석완 : 학생회에서는 지금 학교 축제를 준비하며 8명의 학생이 춤 연습을 해야 하는 상황이야. 너도 알다시피 학교 환경이 열악해서 춤 연습을 할 만한 공간이 체육관밖에 없어. 게다가 축제까지 기한이 3주밖에 남지 않아서 굉장히 촉박한 상황이야. 평일 방과 후에는 학생회에서 체육관을 사용하고 싶어.

재민 : 우리 배드민턴 동아리는 체육관 청소를 하는 조건으로 일 년 동안 평일 방과 후에 이 체육관을 써 왔어. 게다가 조금 있으면 서울시에서 주최하는 학생 배드민턴 대회가 있어. 우리 동아리도 이제 연습에 박차를 가해야 하는 상황이야. 우린 적어도 일주일에 3일은 모여서 연습해야 해. 우리가 사용하는 시간 외에는 체육관을 이용해도 좋아.

석완 : 배드민턴 동아리에서 주말에 연습할 수는 없을까? 우리는 3주 동안 평일 방과 후에 체육관을 사용하기를 원해. 주말에는 8명이 다 모일 수가 없어. 축제 기한이 얼마 남지 않은 데다가 연습이 많이 되지 않은 상황이라서 매일 모여야 할 것 같아.

재민 : 그건 안 돼. 우리 동아리는 현재 평일과 주말을 포함하여 일주일에 세 번씩 모이고 있어. 평일 방과 후 시간을 모두 학생회가 사용하는 것은 불공평해. 우리는 체육관을 쓰는 대가로 청소도 매일하고 있어. 너희가 연습하고 나면 체육관은 우리 담당 구역이라 또 우리가 치워야 하는 상황이야. 우리도 대회까지 한 달밖에 남지 않아서 급한 상황이야.

석완 : 일주일에 세 번은 모여야 한다는 거지? 그럼 이건 어때? 주말엔 배드민턴 동아리가 체육관을 쓰고, 평일 중 원하는 하루는 비워주도록 할게. 그리고 우리가 체육관을 쓰는 날은 꼭 우리가 깨끗하게 청소를 하도록 할게.

재민 : 좋은 제안이지만 우리도 주말보다는 평일에 모이는 게 시간 약속을 잡기가 더 편해. 원래 체육관을 쓰던 우리가 모두 양보하고 주말에 모여야 하는 건 조금 불공평한 것 같아. 대신 학교 축제에서 우리 동아리가 신입 회원을 모집한다는 홍보를 해주면 제안을 받아들일게. 홍보가 부족해서인지 모집 인원에 비해 지원한 사람의 수가 적거든.

석완 : 좋아. 너희 동아리에 대해 간단한 소개 영상을 보내주면 축제 때 동아리 홍보를 해줄게. 그럼 평일 중 4일은 우리가 사용해도 괜찮은 거지?

재민 : 좋아. 그럼 우린 평일 중 수요일에 체육관을 쓸게. 배드민턴 동아리가 수요일, 토요일, 일요일 체육관을 쓰는 거야. 남은 요일은 학생회에서 춤 연습을 해도 좋아. 딱 3주만 양보하는 거야.

석완 : 이해해줘서 고마워. 그럼 우리가 수요일을 제외한 평일에 체육관을 쓰고 청소도 잘 해놓을게.

2026학년도 중등학교교사신규임용후보자선정경쟁시험(2차)
제15회 국어과 교수·학습 실연 지도안 [예상 답안]

국어과 본시 교수·학습 지도안					
학습 목표	1. 협상의 개념과 절차에 대해 설명할 수 있다. 2. 협상을 통해 갈등을 해결할 수 있는 대안을 탐색하여 의사를 결정하는 과정을 설명할 수 있다.				
학습 단계		교수·학습 활동		자료 및 유의점	시간(분)
도입	인사	• 인사 및 학습 분위기 조성		• 인사 및 학습 준비	
	전시 학습 확인	• 전시 학습 확인		• 전시 학습 회상	
	동기유발	〈수험생 작성 내용1〉 • 학습 목표와 관련하여 학생 경험 발문하기 – "여러분은 다른 사람과 주장이나 바라는 점이 달라 곤란했던 경험이 있나요?" – "여러분은 다른 사람과 주장이나 바라는 점이 다른 경우 어떻게 문제를 해결하나요?" • 학습 목표의 중요성을 깨닫도록 발문하기 – "맞아요. 서로 이해관계가 다를 경우 우리는 대화를 통해 서로 합의를 합니다. 이처럼 협상을 통해 문제를 해결한다면 무엇이 좋을까요?" • 학습 목표의 필요성 정리하기 – "맞아요. 이처럼, 협상은 최선의 해결책을 통해 모두가 만족할 수 있다는 점에서 꼭 필요한 의사소통 방법이라고 할 수 있어요."		• 학습 목표와 관련하여 경험 떠올리기 – "학교에서 저희 반도 점심시간에 운동장을 사용하고 싶은데, 항상 축구부만 사용해서 조금 불만이었어요." – "어머니께 용돈을 올려 달라고 하고 싶은데, 어머니는 지금도 충분하다고 생각하셔서 곤란한 상황이에요." – "각자의 상황을 충분히 대화로 설명한 뒤에 합의를 해요." • 학습 목표의 중요성 깨닫기 – "양쪽 모두 이익을 볼 수 있어요." – "싸우지 않고도 문제를 해결할 수 있어요." • 학습 목표의 필요성 이해하기	
	학습 내용 안내	• 학습 내용 안내		• 학습 내용 확인	
	학습 목표 제시	• 학습 목표 제시		• 학습 목표 확인	
전개 1	〈활동1〉 협상의 개념과 절차 이해하기	〈수험생 작성 내용2〉 • 〈자료1〉 함께 읽기 • 협상과 관련된 예시 제시하기 – "서울시에서 우리 동네에 쓰레기 처리장을 설치하려 한다고 생각해 봅시다. 그러나 우리 동네 주민들은 악취 및 소음으로 인해 쓰레기 처리장이 생기는 것에 반대하는 입장입니다. 이 문제를 해결하려면 어떻게 하는 게 좋을까요?"		• 〈자료1〉 함께 읽기 • 협상과 관련된 예시 이해하기 – "대화를 해야 해요." – "양측 다 만족할 만한 해결 방안을 찾는 것이 좋겠어요."	

단계		교사 활동	학생 활동
전개 1	〈활동1〉 협상의 개념과 절차 이해하기	• 협상의 개념 제시하기 – "네. 여러분들이 이야기한 것과 비슷합니다. 협상이란 방금 본 쓰레기 처리장 문제와 같이 개인이나 집단 사이에서 이익과 주장이 달라 갈등이 생길 때, 문제를 해결하기 위해 서로 타협하고 조정하면서 해결 방법을 찾아가는 것을 말합니다." – "만약 여러분이 서울시의 입장이라면 어떻게 우리 동네 주민과 협상할 것 같은가요?" – "네. 그것도 좋은 대안이 될 수 있습니다. 이처럼 협상을 통해 양측의 문제를 합리적으로 해결할 수 있습니다." • (짝 활동) 〈자료1〉을 바탕으로 협상의 절차를 파악하도록 안내하기 – "협상의 절차는 크게 세 단계로 나눌 수 있어요. 〈자료1〉을 꼼꼼하게 읽고 협상의 절차를 세 단계로 나누고, 각 단계에서 무엇을 해야 하는지 파악해 보세요." • 파악한 내용을 공유하도록 안내하기 • 활동 정리하기	• 협상의 개념 이해하기 – "쓰레기 처리장을 만드는 조건으로 소음과 악취가 발생하지 않도록 추가 시설을 설치합니다." – "동네에 필요한 편의 시설을 추가로 지어 줍니다." • (짝 활동) 〈자료1〉을 바탕으로 협상의 절차 파악하기 • 파악한 내용을 공유하기 | 시작 | 조정 | 해결 | |---|---|---| | • 갈등의 원인 분석 • 문제 해결 가능성 확인 | • 문제 확인 • 상대의 처지와 관점 이해 • 제안 및 대안 검토 | • 최선의 해결책 제시 • 합의 및 합의 내용 이행 | • 활동 정리하기
전개 2	〈활동2〉 대안을 탐색하여 의사를 결정하는 과정 이해하기	〈수험생 작성 내용3〉 • 〈자료2〉 함께 읽기 • 학생과 함께 양측의 최초 요구 파악하기 – "두 학생은 무엇 때문에 갈등하고 있나요?" – "학생회 측인 '석완'의 최초 요구는 무엇인가요?" – "배드민턴 동아리 측인 '재민'의 최초 요구는 무엇인가요?" • (모둠활동) 조정 단계에서 양측이 제시한 대안과 협상을 통해 얻은 이익을 파악하도록 안내하기 • 파악한 내용을 공유하도록 안내하기	• 〈자료2〉 함께 읽기 • 교사와 상호작용하며 양측의 최초 요구 파악하기 – "체육관 시설 사용 문제로 인해 갈등하고 있어요." – "평일 방과 후에는 학생회가 체육관을 사용해야 한다는 것이에요." – "적어도 일주일에 3번은 배드민턴 동아리가 체육관을 사용해야 한다는 것이에요." • (모둠활동) 조정 단계에서 양측이 제시한 대안과 협상을 통해 얻은 이익을 파악하기 • 파악한 내용 공유하기 | | 석완 (학생회) | 재민 (배드민턴 동아리) | |---|---|---| | 조정 단계 제시 조건 | • 평일 방과 후는 학생회가 체육관을 사용하게 해줄 것 | • 체육관을 사용하는 날에는 학생회가 청소할 것 • 축제 때 배드민턴 동아리 홍보를 해 줄 것 |

전개 2	<활동2> 대안을 탐색하여 의사를 결정하는 과정 이해하기	• (모둠활동) <자료2>의 협상이 잘 이루어졌는지, 그 이유는 무엇인지 평가하도록 안내하기 • 파악한 내용을 공유하도록 안내하기	• (모둠활동) <자료2>의 협상이 잘 이루어졌는지 평가하기 • 파악한 내용 공유하기		
				최종 결과	- 체육관 청소 및 동아리 홍보를 해주는 대신 평일 방과 후 중 4일은 학생회가 체육관을 사용하게 됨	- 평일 시간 중 4일을 양보하는 대신 체육관 청소를 분담하고, 축제 때 배드민턴 동아리 홍보를 할 수 있게 됨

		평가 내용	이유
		잘 이루어짐	양측 모두 만족하는 해결책이었기 때문
		잘 이루어지지 않음	학생회 측에 비해 배드민턴 동아리의 요구가 많아 학생회 측이 많은 부담을 지기 때문

정리	학습 내용 정리	• 학습 내용 정리	• 학습 내용 이해
	차시 예고	• 차시 예고	• 차시 예고 인지

판서 예시

단원명: 협상과 갈등 해결

<학습 목표>

1. 협상의 개념과 절차에 대해 설명할 수 있다.
2. 협상을 통해 갈등을 해결할 수 있는 대안을 탐색하여 의사를 결정하는 과정을 설명할 수 있다.

<활동1> 협상의 개념과 절차 이해하기

* 협상? 갈등이 생길 때, 문제를 해결하기 위해 서로 타협하고 조정하면서 해결 방법을 찾아가는 의사소통 방식

* 협상의 절차

시작	조정	해결
- 갈등의 원인 분석 - 문제 해결 가능성 확인	- 문제 확인 - 상대의 처지와 관점 이해 - 제안 및 대안 검토	- 최선의 해결책 제시 - 합의 및 합의 내용 이행

<활동2> 대안을 탐색하여 의사를 결정하는 과정 이해하기

	석완 (학생회)	재민 (배드민턴 동아리)
조정 단계 제시 조건	• 평일 방과 후는 학생회가 체육관을 사용	• 체육관 사용 시 학생회가 청소 • 축제 때 배드민턴 동아리 홍보
최종 결과	체육관 청소 및 동아리 홍보를 해주는 대신 평일 중 4일은 학생회가 체육관 사용	평일 시간 중 4일을 양보, 체육관 청소 분담 및 동아리 홍보를 할 수 있게 됨

* 협상 평가하기

평가 내용	이유
잘 이루어짐	양측 모두 만족하는 해결책이었기 때문
잘 이루어지지 않음	학생회 측에 비해 배드민턴 동아리의 요구가 많아 학생회 측이 많은 부담을 지기 때문

	성취 기준
2022 교육과정	[10공국2-01-02] 쟁점과 이해관계를 고려하여 문제를 해결할 수 있는 대안을 탐색하며 협상한다. 　이 성취 기준은 협상에 대한 이해와 실행을 통해 개인 또는 집단의 갈등을 조정하여 문제를 해결하는 능력을 기르기 위해 설정하였다. 협상의 중요성과 협상이 필요한 상황 이해하기, 협상의 진행 절차 이해하기, 일련의 절차에 따라 협상 의제로 부각된 쟁점을 중심으로 의견 조정하기, 표면적으로 드러난 입장의 이면에 숨겨진 근원적인 동기를 고려하여 대안 마련하기, 상대의 의견을 존중하며 표현하기 등을 학습한다.
성취 기준 적용 시 고려 사항	• 학습자가 경험하는 실제적이고 구체적인 삶의 맥락과 연계하여 발표나 협상을 하도록 한다. 교과 학습을 위해 자료를 조사하여 발표하는 과제 상황, 학습자가 소속된 집단이나 공동체의 이해관계가 걸린 문제로 갈등하는 상황 등 학습자가 학교생활이나 일상생활에서 경험할 수 있는 담화 상황 맥락과 사회·문화적 맥락을 활용하여 학습자들이 구어 의사소통 활동에 적극적으로 참여하고 협력적으로 상호 교섭하는 기회를 가질 수 있도록 한다. • 협상하기를 지도할 때는 다양한 이해관계로 인해 갈등을 생겼을 때 회피하기보다 적극적으로 협력하여 문제를 해결하려는 태도의 중요성을 안내한다. 문제를 해결할 수 있는 다양한 대안을 탐색하는 과정에서 민주시민이 갖추어야 할 협력적 소통 역량도 함양할 수 있도록 한다.
2015 교육과정	[10국01-04] 협상에서 서로 만족할 만한 대안을 탐색하여 의사 결정을 한다.

	교과서 정리	
학습 내용 정리	■ **협상의 개념** 　- 개인이나 집단 사이에서 이익과 주장이 달라 갈등이 발생했을 때, 갈등을 해결하고 서로에게 이익이 되는 방법을 찾기 위해서 서로 타협하고 조정하면서 해결 방법을 찾아가는 의사소통 방법 ■ **협상의 시작 단계** 　- 갈등 원인 분석하기 　- 문제 해결 가능성 확인하기 ■ **협상의 조정 단계** 　- 상대의 처지와 관점 이해하기 　- 구체적인 제안이나 대안을 제시하고 상호 검토하기 ■ **협상의 해결 단계** 　- 최선의 해결책 제시하기 　- 타협과 양보를 통해 문제를 해결하고 합의 도출하기 ■ **협상 시 고려 사항** 　- 쟁점이 되는 사항을 명확히 파악하고, 양보할 수 있는 지점과 없는 지점을 분명히 정해야 한다. 　- 서로가 만족할 수 있는 협상 가능 영역을 정확히 파악해야 한다.	
[2022] 비상(박영민) 공통국어2 5. 서로 다른 시선, 함께 찾아가는 삶 (2) 협상을 통한 문제 해결	제재	가사실 사용을 위한 협상
	동기유발	※ 다음 노랫말에서 두 사람이 갈등하는 이유를 찾고, 해결 방법을 말해 보자.
	내용학습	1. 〈가사실 사용을 위한 협상〉을 읽고, 협상의 절차에 따라 협상 내용을 정리해 보자. 2. 1의 활동을 바탕으로 협상의 효과와 필요성을 알아보자. 　(1) 협상으로 양측이 얻은 이익은 무엇인지 정리해 보자. 　(2) 두 동아리가 끝까지 자기 주장만 내세웠다면 협상 결과가 어떻게 달라졌을지 예측해 보고, 협상이 필요한 이유를 써 보자. 3. 협상 참여자의 발언 중에서 적절하지 않은 내용을 수정하고, 협상에 참여하는 바람직한 태도를 말해 보자.
	적용학습	1. 협상이 필요한 문제 상황을 떠올려 보고, 모둠에서 진행할 협상 주제를 선정해 보자. 2. 갈등 상황에 따라 모둠 구성원을 두 편으로 나누고, 협상 내용을 준비해 보자. 3. 실제 협상을 진행해 보고, 양측이 합의한 결과를 정리해 보자. 4. 다음 평가 기준에 따라 협상 과정과 결과를 평가해 보자. | 평가 기준 | 별점 | |---|---| | 우리 측의 요구 사항을 정확하게 전달하였는가? | ☆☆☆☆☆ | | 상대측의 요구와 목적을 파악하며 들었는가? | ☆☆☆☆☆ | | 타당한 근거를 들어 상대방을 설득하였는가? | ☆☆☆☆☆ | | 서로에게 이익이 되는 결과를 이끌어 내었는가? | ☆☆☆☆☆ | | 상대측의 의견을 존중하는 자세로 협상에 임하였는가? | ☆☆☆☆☆ | | 사회적 소통 윤리를 준수하는 태도로 책임감 있게 듣고 말하였는가? | ☆☆☆☆☆ |

	제재	협상으로 문제 해결하기
[2022] 동아(최두호) 공통국어2 2. 함께 해결하는 국어 (1) 협상하기	동기유발	※ 다음 중고 물품 거래 상황을 보고, 자신이 구매자라면 어떤 방법으로 원하는 바를 얻을 것인지 이야기해 보자.
	내용학습	1. 두 동아리 대표 사이에서 이루어진 협상 내용을 정리해 보자. 　(1) 시작 단계에서 확인할 수 있는 두 동아리의 기본 입장을 정리해 보자. 　(2) 두 동아리 대표가 제시한 대안을 중심으로 협상의 과정을 정리해 보자. 　(3) (2)를 바탕으로 태양고 대표가 선곡 문제를 논의하는 과정에서 고려했을 달빛고 대표의 근원적 동기를 추측해 보자. 　(4) 두 동아리 대표가 의견을 조정하여 얻은 것과 양보한 것을 정리해 보자. 　(5) 두 동아리 대표가 합의한 내용을 바탕으로 ○○시에 제출할 합의안을 써 보자. 2. 두 동아리 대표의 협상 과정을 바탕으로 책임감 있는 말하기에 대해 이야기해 보자. 　(1) 공연 순서를 바꾸는 과정에서 달빛고 대표가 다음과 같은 말을 한 의도와 필요성을 생각해 보자. 　(2) 협상 과정에서 두 동아리 대표가 다음과 같이 말을 했다면 어떤 문제가 발생했을지 생각해 보자. 　(3) (1)과 (2)를 바탕으로 협상과정에서 책임감 있게 말하기 위해 필요한 태도에 대해 이야기해 보자.
	목표활동	1. 협상 절차에 따라 모둠별로 협상을 진행해 보자. 　(1) 다음과 같은 갈등이 발생할 수 있는 상황을 떠올려 보고, 모둠별로 협상을 진행할 주제를 선정해 보자. 　(2) 모둠 구성원을 양측으로 나누어 협상할 내용을 준비해 보자. 　(3) (2)에서 준비한 내용을 바탕으로 협상의 절차에 따라 협상을 진행해 보자. 2. 1에서 진행한 협상 과정을 다음 항목에 따라 평가해 보자.

3. 고등 화법

- 제16회 국어과 교수·학습 실연 시험 문제지 및 지도안 예상 답안
- 제17회 국어과 교수·학습 실연 시험 문제지 및 지도안 예상 답안
- 제18회 국어과 교수·학습 실연 시험 문제지 및 지도안 예상 답안
- 제19회 국어과 교수·학습 실연 시험 문제지 및 지도안 예상 답안

2026학년도 중등학교교사신규임용후보자선정경쟁시험(2차)
제16회 국어과 교수·학습 실연 시험 문제지

관리 번호

지도안 세부 조건

1. **〈수험생 작성 조건1〉 동기유발**
   가. 〈자료1〉을 활용할 것
   나. 광고 속 주장을 비판적으로 검토해 보도록 할 것
   다. 반대 신문의 필요성을 설명할 것

2. **〈수험생 작성 조건2〉 논증을 비판적으로 검토하기**
   가. 〈자료2〉, 〈자료3〉을 활용할 것
   나. 논증의 요소 3가지 제시하고 설명할 것
   다. 논증을 비판적으로 검토하는 평가 기준 3가지를 제시하고 평가하게 할 것

3. **〈수험생 작성 조건3〉 반대 신문 평가하기**
   가. 〈자료4〉를 활용할 것
   나. 반대 신문을 평가하는 기준 세 가지를 제시할 것

수업 조건

○ 과목 : 국어
○ 학년 : 고등학교 2학년
○ 장소 : 국어 교과교실
○ 시간 : 블록타임제(100분)
○ 단원명 : 논리로 설득하는 토론
○ 해당 성취 기준 : 주장, 이유, 근거를 비판적으로 검토하여 논증의 타당성, 신뢰성, 공정성에 대해 반대 신문하며 토론한다.

단원명	차시	학습 내용
논리로 설득하는 토론	1-2	○논증의 3요소를 설명할 수 있다. ○반대 신문의 개념과 방법을 설명할 수 있다.
	3-4 (본시)	○논증을 비판적으로 검토할 수 있다. ○상대측 논증에 대한 반대 신문 내용의 적절성을 평가할 수 있다.
	5-6	○상대측 논증의 타당성, 신뢰성, 공정성을 검증하며 반대 신문식 토론을 할 수 있다.

학생 수	장소	학습 형태	학습 기자재
24명	국어 교과교실	강의식, 모둠식	교사용 컴퓨터, 전자 칠판, 학생용 스마트 기기

※ 본 문제는 모의 평가용으로 제작되었으며, 실제 시험의 문항 유형 및 형식과 다를 수 있습니다.

<자료1>

피로 회복 음료 '활력 팡팡' 광고
"지친 당신, 이젠 안녕! '활력 팡팡' 한 병이면 피로가 사라지고 매일 아침 거뜬하게 일어날 수 있습니다! 또한, 활력 팡팡 음료는 집중력, 기억력 개선에도 효과가 있습니다. 실제로 저희 제품을 마신 사용자 99%가 '활력 팡팡'을 마시고 '삶의 질이 180도 바뀌었다.'고 응답했습니다. 지금 구매하시면 특별 할인 혜택에 사은품까지! 망설이지 마세요!"

<자료2>

논제 : 인공지능 화가의 그림을 예술 작품으로 인정할 수 있다.

[찬성 측 입론]

인공지능 화가의 그림도 예술 작품으로 인정할 수 있습니다. 예술의 가치는 그림을 만든 도구가 아니라, 작품이 사람들에게 어떤 의미와 감동을 주는지에 달려 있습니다. 2018년 뉴욕 크리스티 경매에서 인공지능이 만든 초상화 〈에드몽 드 벨라미〉가 약 43만 달러(약 4억 9천만 원)에 낙찰되었습니다. 세계적인 미술 시장에서도 인공지능 그림을 예술 작품으로 인정하고 높은 가치를 매긴 사례라고 할 수 있습니다. 또한, 인공지능 그림은 사람들에게 인기가 많고 신기합니다. 2022년 미국 콜로라도주 미술대회에서 제이슨 앨런이 인공지능 프로그램 Midjourney로 만든 그림이 디지털 아트 부문 1등을 수상했다는 것에서 알 수 있습니다. 마지막으로 인공지능 그림에도 창작자의 개성과 의도가 담기므로 예술로 인정할 수 있습니다. 그림을 그리는 과정에는 단순히 AI가 혼자 그림을 만드는 것이 아니라, 사람이 어떤 그림을 만들지 목표를 세우고, 여러 번 시도하며, 최종 결과를 고르는 과정이 포함되어 있습니다. 뉴스 기사 (The Guardian, 2023.01.16.)에 의하면 디지털 아티스트들은 AI 프로그램에 수십 개의 프롬프트를 입력해 수백 장의 이미지를 만든 뒤, 그중 하나를 선택해 수정·편집하여 완성작으로 내놓는다고 합니다. 창작자가 개입하여 개성과 의도를 드러내는 과정이 분명히 존재한다고 할 수 있습니다.

<자료3>

주장	인공지능 화가의 그림을 예술 작품으로 인정할 수 있다.
이유1	예술의 가치는 그림을 만든 도구가 아니라, 작품이 사람들에게 의미와 감동을 주는지에 달려있다.
근거1	2018년 뉴욕 크리스티 경매에서 인공지능이 만든 초상화가 약 43만 달러에 낙찰된 것은 인공지능 그림을 예술 작품으로 인정하고 높은 가치를 매긴 사례이다.
이유2	
근거2	
이유3	
근거3	

<자료4>

[반대 측이 준비한 반대 신문]

① "AI 그림이 경매에서 높은 가격에 팔린 사례가 곧 '예술로 인정받았다'는 것을 증명한다고 보십니까?"
② "The Guardian 기사를 근거로 드셨는데, 이 기사 말고도 다른 신뢰할 만한 자료가 있습니까?"
③ "AI 그림이 예술인지 아닌지에 대해 당신은 어떻게 생각하고, 사람들이 그것을 보면서 어떤 기분을 느낄지 설명해 주시겠습니까?"
④ "AI 그림이 경매나 대회에서 인정받은 사례만 말씀하셨는데, 혹시 인공지능 작품이 표절 논란이나 비판을 받은 사례도 있다고 생각하지 않으십니까?"

2026학년도 중등학교교사신규임용후보자선정경쟁시험(2차)

제16회 국어과 교수·학습 실연 지도안 예상 답안

국어과 본시 교수·학습 지도안

학습 목표	1. 논증을 비판적으로 검토할 수 있다. 2. 상대측 논증에 대한 반대 신문 내용의 적절성을 평가할 수 있다.			
학습 단계		교수·학습 활동	자료 및 유의점	시간 (분)
도입	인사	• 인사 및 학습 분위기 조성	• 인사 및 학습 준비		
	전시 학습 확인	• 전시 학습 확인	• 전시 학습 회상		

	동기유발	〈수험생 작성 내용1〉
		• 〈자료1〉을 제시하고 광고 속 주장을 비판적으로 검토해 보도록 안내하기
		  – "〈자료1〉의 광고를 보고, 문제점을 찾아 반박해 봅시다. 어떤 문제가 있나요?"
		
		• 반대 신문의 필요성을 생각해 보도록 발문하기
		  – "잘 찾아 주었어요. 방금 여러분이 광고를 비판한 것처럼 토론에서 상대측 주장의 논리적 문제를 질문을 통해 드러내는 과정을 반대 신문이라고 하죠. 반대 신문은 왜 필요할까요? 여러분이 광고를 비판했을 때의 느낀 점과 연관지어 생각해 봅시다."
		
		• 반대 신문의 필요성 설명하기
		┌─────────────────────┐
		│ **반대 신문의 필요성** │
		│ • 논제를 깊이 이해하는 데 도움을 줌 │
		│ • 토론자 간 의견 교환이 적극적으로 이루어질 수 있도록 함 │
		└─────────────────────┘
			• 〈자료1〉을 읽고 광고 속 주장을 비판적으로 검토하기
			  – "활력 팡팡 음료를 마시면 피로가 사라진다고 하였는데, 이를 뒷받침할 근거가 없어요."
			  – "사용자 99%가 삶의 질이 바뀌었다고 응답했다는 근거를 제시했는데, 설문 조사의 방법이나 출처, 표본이 불분명해 믿기 어려워요."
			
			• 반대 신문의 필요성을 생각해 보기
			  – "논제에 대해 더 잘 이해할 수 있어요."
			  – "논제에 대한 친구들의 다양한 의견을 들을 수 있어요."
			
			• 반대 신문의 필요성 인식하기		

	학습 내용 안내	• 학습 내용 안내	• 학습 내용 확인		
	학습 목표 제시	• 학습 목표 제시	• 학습 목표 확인		

| 전개 1 | <활동1> 논증을 비판적으로 검토하기 | <수험생 작성 내용2> • 논증의 3요소를 제시하고 설명하기 <table><tr><td>주장</td><td>자신의 의견을 굳게 내세우는 것</td></tr><tr><td>이유</td><td>주장과 근거의 논리적 관계를 설명하는 것</td></tr><tr><td>근거</td><td>이유의 내용이 사실임을 증명함으로써 주장과 이유를 뒷받침하는 것</td></tr></table> • <자료3>을 활용하여 <자료2>의 논증 구성을 정리하도록 안내하기 • 활동 내용을 공유하도록 독려하기 • 논증을 검토하는 평가 기준 제시하기 – "지난 시간에 논증 검토 방법에 대해 배웠는데요. 어떤 기준을 활용하여 논증을 검토하면 될까요?" 기준1: 이유가 주장을 정당화하는가? 기준2: 근거가 이유를 뒷받침하는가? 기준3: 이유가 주장과 근거의 관계를 잘 설명하는가? • (모둠 활동) 평가 기준을 활용하여 <자료2>의 논증을 비판적으로 검토하도록 안내하기 • (모둠 활동) 활동 내용을 공유하도록 독려하기 | • 교사의 발문에 대답하며 논증의 3요소 떠올리기 • <자료3>을 활용하여 <자료2>의 논증 구성 정리하기 • 활동 내용 공유하기 <table><tr><td>주장</td><td>인공지능 화가의 그림을 예술 작품으로 인정할 수 있다.</td></tr><tr><td>이유2</td><td>인공지능 그림은 사람들에게 인기가 많고 신기하다.</td></tr><tr><td>근거2</td><td>미국 콜로라도주 미술대회에서 제이슨 앨런이 인공지능으로 만든 그림이 디지털 아트 부문 1등을 수상했음</td></tr><tr><td>이유3</td><td>인공지능 그림에도 창작자의 개성과 의도가 담긴다.</td></tr><tr><td>근거3</td><td>뉴스 기사에 의하면 인공지능 그림에는 사람이 AI에 목표를 설정하고, 여러 번의 시도를 거쳐 최종 결과물을 선택하고 수정·편집하는 과정이 포함됨</td></tr></table> • 논증을 검토하는 평가 기준 떠올려 보기 – "이유가 주장을 정당화하는지 봐야 해요." – "근거가 이유를 뒷받침하는지 봐야 해요." • (모둠 활동) <자료2>의 논증을 비판적으로 검토하기 • (모둠 활동) 활동 내용 공유하기 <table><tr><td>기준</td><td>판단</td><td>그렇게 생각한 이유</td></tr><tr><td>이유가 주장을 정당화?</td><td>×</td><td>AI 그림이 인기가 많고 신기하다는 이유가 인공지능 화가의 그림도 예술 작품으로 인정할 수 있다는 주장을 정당화하지 못한다.</td></tr><tr><td>근거가 이유를 뒷받침?</td><td>○</td><td>신뢰성 있는 뉴스 기사를 근거로 하여 AI가 그림을 그리는 과정에 사람이 목표를 세우고 시도하는 과정이 포함되었음을 잘 뒷받침한다.</td></tr><tr><td>이유가 주장과 근거의 관계를 잘 설명?</td><td>○</td><td>예술의 가치가 사람들에게 의미와 감동을 주는 데에 달려 있다는 이유가 관람자가 작품에 의미와 가치를 느낀 경매 사례 근거와 잘 이어져 주장과 근거의 관계를 잘 설명해 준다.</td></tr></table> |

전개 2	<활동2> 반대 신문 평가하기	<수험생 작성 내용3> • 반대 신문 방법을 떠올려 보도록 발문하기 – "여러분 지난 시간에는 반대 신문하는 방법에 대해 배웠죠. 반대 신문을 할 때에는 어떤 점을 고려하여 논증을 반박해야 하나요?" • 반대 신문의 내용을 평가하는 기준 제시하기 	평가 기준
• 상대측 발언의 범위 내에서 질문하였는가? • 상대측 발언의 오류나 허점을 검증하는 질문을 하였는가? • 개방형 질문보다 구체적인 답변을 요구하는 질문을 하였는가? 등 | • 평가 기준에 따라 〈자료4〉의 반대 신문을 평가하도록 하기 • 활동 내용을 발표하도록 독려하기	• 반대 신문 방법을 떠올려 보기 – "논증의 신뢰성, 타당성, 공정성을 고려해야 해요." • '반대 신문의 내용을 평가하는 기준 이해하기' • 평가 기준에 따라 〈자료4〉의 반대 신문을 평가하기 • 활동 내용 공유하기 | 평가 예시	
---	---
반대 신문	평가 내용
①	주장과 근거의 연결성을 따지며 상대측 발언의 오류나 허점을 검증하는 적절한 질문임
②	근거가 가진 출처의 신뢰성을 검토하여 상대측 발언의 허점을 검증하는 적절한 질문임
③	개방형 질문으로 반대 신문에 적절하지 않음. 구체적인 답변을 요구하는 질문을 해야 함
④	상대측이 제시한 사례의 공정성을 지적해 상대측 발언의 오류를 검증하고 있으므로 적절함	
---	---	---	---
정리	형성평가 및 과제 부여	• 형성평가 부여 • 수준별 과제 제시	• 형성평가 진행 • 수준별 과제 확인
	학습 내용 정리	• 학습 내용 정리	• 학습 내용 이해
	차시 예고	• 차시 예고	• 차시 예고 인지

판서 예시

논증을 비판적으로 검토하기

주장	인공지능 화가의 그림을 예술 작품으로 인정할 수 있다.
이유2	인공지능 그림은 사람들에게 인기가 많고 신기함
근거2	미국 콜로라도주 미술대회에서 인공지능으로 만든 그림이 디지털 아트 부문 1등을 수상했음
이유3	인공지능 그림에도 창작자의 개성과 의도가 담김
근거3	(뉴스 기사) 인공지능 그림에는 사람이 AI에 목표를 설정하고, 여러 번의 시도를 거쳐 최종 결과물을 선택하고 수정·편집하는 과정이 포함됨

기준	판단	그렇게 생각한 이유
이유가 주장을 정당화?	×	이유가 주장을 정당화하지 못함
근거가 이유를 뒷받침?	○	신뢰성 있는 뉴스 기사가 이유를 잘 뒷받침함
이유가 주장과 근거의 관계를 잘 설명?	○	예술의 가치가 사람들에게 의미와 감동을 주는데에 달려 있다는 이유가 주장과 근거의 관계를 잘 설명해줌

반대 신문 평가하기

평가 예시	
반대 신문	평가 내용
①	주장과 근거의 연결성을 따지며 상대측 발언의 허점을 검증한 적절한 질문임
②	근거의 출처가 충분히 신뢰할 수 있는지 상대측 발언의 허점을 검증한 적절한 질문임
③	개방형 질문으로 반대 신문에 적절하지 않음
④	상대 측이 제시한 사례의 공정성을 잘 검토하여 허점을 검증한 적절한 질문임

성취 기준

2022 교육과정	[12화언01-12] 주장, 이유, 근거를 비판적으로 검토하여 논증의 타당성, 신뢰성, 공정성에 대해 반대 신문하며 토론한다.
2015 교육과정	[12화작02-03] 상대측 입론과 반론의 논리적 타당성에 대해 반대 신문하며 토론한다. 　이 성취 기준은 반대 신문 단계를 운영하며 토론의 수준을 심화하는 데에 초점을 맞추어 설정하였다. 반대 신문 단계는 입론 및 반론 단계에서 상대측이 발언한 내용에 대해 논리적 허점이 드러나도록 묻고 상대측의 답변을 듣는 토론의 절차로, 질문을 통해 토론의 흐름을 주도할 수 있는 중요한 과정이다. 상대측 발언을 단순히 확인하는 수준에 머물지 않고 상대측 논증의 신뢰성, 타당성, 공정성을 비판적으로 검토하는 질의응답으로 반대 신문 단계를 운영하면, 논제를 깊이 이해할 수 있고, 토론이 역동적으로 전개되고, 토론자 간 생각의 교환이 적극적으로 이루어져 논제에 대한 이해가 심화될 수 있다.
교수·학습 방법	토론 방법을 지도할 때에는 반대 신문 단계의 수행 장면이 포함된 토론 영상을 보여주며 반대 신문 단계의 특징과 수행 전략을 이해하도록 한다.

교과서 정리

학습 내용 정리	■ **논증의 구성 요소** 　- 주장 : 자신의 의견을 굳게 내세우는 것 　- 이유 : '주장'과 '근거'의 논리적 관계를 설명함으로써 '주장'과 '근거'를 뒷받침해야 함 　- 근거 : '이유'의 내용이 사실임을 증명함으로써 '주장'과 '이유'를 뒷받침해야 함 　　〔예〕 　　　- 주장 : 우리 학교에 매점을 설치해서는 안 된다. 　　　- 이유 : 학생들의 매점 이용으로 인해 급식에서 잔반의 양이 늘어날 수 있기 때문이다. 　　　- 근거 : 인근 학교 누리집에 따르면 작년에 매점을 설치한 후 급식 잔반의 양이 1.5배 증가했다고 한다. 　　　- 주장 : 물휴지 사용을 규제해야 한다. 　　　- 이유 : 물휴지가 환경에 부정적인 영향을 주기 때문이다. 　　　- 근거 : 물티슈는 분해되지 않아 재활용이 불가능하므로 매립해야 하는데, 매립 후 썩기까지 100년 이상이 소요되며, 소각할 경우에는 다이옥신 등의 유해 물질을 발생시킨다. ■ **논증 검증 방법** 　- '근거'는 출처가 인정할 만한 권위가 있는지, 객관적인 내용을 담고 있는지 확인해야 함 　- '이유'는 '주장'과 관련이 있는지, 일반적인 진리로 수용될 만한 내용인지 확인해야 함 ■ **반대 신문식 토론** : 어떤 논제를 두고 찬성 측과 반대 측이 반대 신문을 통해 상대방의 논지를 반박함으로써 승부를 가르는 토론

학습 내용 정리		■ **반대 신문식 토론의 순서** • 입론 ⇒ 반대 신문 ⇒ 반론 ⇒ 평결 ■ **반대 신문**: 상대측이 입론에서 주장한 내용에 논리적 문제가 있음을 지정된 발언 시간 내에 질문을 하며 드러내는 과정 - 반대 신문의 방법: 상대측이 발언한 내용 안에서 질문하기, 상대측의 논증을 비판적으로 검토하기, 상대측이 짧게 대답할 수 있는 질문을 제시하기 - 반대 신문의 효과 • 논제가 지닌 다양한 쟁점을 충분히 살필 수 있어 논제를 깊이 이해할 수 있게 함 • 토론자 간 의견의 교환이 적극적으로 이루어지도록 함
[2022] 천재(전은주) 화법과 언어 1. 의견을 모으는 토의 (2) 논리로 설득하는 토론	동기유발	※ 다음 광고를 보고, 문제점을 찾아 반박해 보자. - 청포도의 효능은 다들 들어보셨나요? 노화 방지, 피부 주름 개선에 큰 효능이 있습니다. - 우리 회사의 임상 실험에 따르면 뇌 피로의 회복 속도가 8.8배, 집중력은 2배, 기억력은 2.4배 증가합니다! 마지막 생방송! 지금 바로 주문하세요!
	제재	'반려동물 보유세를 도입해야 한다.'(토론)
	이해 활동	■ '반려동물 보유세를 도입해야 한다.'를 보고, 반대 신문식 토론의 논증 구성과 반대 신문 방법을 알아보자. 1. 찬성 측 토론자와 반대 측 토론자의 입론에서 이 토론의 필수 쟁점(문제의 심각성, 방안의 적절성, 효과와 이익)을 정리해 보자. 2. 찬성 측 토론자의 입론 내용을 분석해 보자. (1) 찬성 측 토론자의 발언에 나타난 논증 구성(주장 - 이유 - 근거)을 정리해 보자. (2) 다음 기준을 활용하여 (1)의 논증 구성이 적절한지 판단해 보자. 　• 이유가 주장을 정당화하는가? 　• 근거가 이유를 뒷받침하는가? 　• 이유가 주장과 근거의 관계를 잘 설명하는가? 3. 반대 측 토론자의 반대 신문 질문이 효과적이었는지 파악해 보자. (1) 반대 측 토론자가 반대 신문에서 찬성 측 논증을 검증한 기준이 무엇인지 파악하고, 검증 질문이 효과적이었는지 생각해 보자. (2) 반대 측 토론자의 두 번째 질문에 나타난 문제점이 무엇인지 말해보자. 　- "이러한 상황에서 무리하게 보유세를 시행하면 많은 문제점이 나타날 것 같은데 어떻게 생각하시나요?" 4. 반대 측 토론자의 입론을 반박하는 반대 신문 질문을 만들어 보자. (1) 반대 측 토론자의 다음 발언에서 문제가 될 만한 내용이 있는지 찾아보자. 　• 시골 마당 개가 유기견의 78%나 차지한다는 사실을 아시나요? 　• 한 조사에 따르면 올해 펫코노미 시장 규모는 4조원 이상이며 2027년에는 6조원을 넘어설 것으로 예상된다고 합니다. (2) (1)을 바탕으로 반대 측 토론자의 논증을 검증하는 반대 신문 질문을 만들어 보자. (3) (2)에서 만든 질문을 짝과 함께 확인하고 질문의 내용이 적절한지 이야기해 보자.
	수행 활동	■ **공동체의 문제를 해결하기 위한 반대 신문식 토론을 해 보자.** 1. 학급이나 학교 또는 우리 사회에서 해결해야 할 문제를 떠올려 보고, 그 문제와 관련한 토론 논제를 만들어 보자. 2. 토론에서 맡을 역할(사회자, 토론자, 배심원)을 정해 보자. 3. 토론에 필요한 자료를 조사하고, 토론 개요서를 작성해 보자. 　- 논제, 우리 측 입장, 논제의 필수 쟁점, 쟁점별 우리 측의 주장, 이유, 근거 4. 다음 사항에 유의하여 상대측의 입론에 반대 신문하며 토론해 보자. 　- 상대측 논증의 주장, 이유, 근거를 비판적으로 검토한다. 　- 상대측 발언의 타당성, 신뢰성, 공정성을 검증하는 질문을 한다. 　- 상대측이 짧게 대답할 수 있도록 질문한다. 5. 다음 평가 기준에 따라 토론의 과정과 결과를 평가해 보자. 　- 자신의 주장을 분명하게 제시하고, 이유와 근거를 통해 이를 뒷받침했는가? 　- 상대측 주장의 타당성, 신뢰성, 공정성을 적절하게 검증했는가? 　- 상대방의 반대 신문에 적절하게 답변했는가? 　- 토론 상황에 적절한 표현을 사용했는가? 　- 상대방을 존중하는 태도로 토론했는가?

2026학년도 중등학교교사신규임용후보자선정경쟁시험(2차)
제17회 국어과 교수·학습 실연 시험 문제지

| 관리 번호 | |

지도안 세부 조건

1. **〈수험생 작성 조건1〉 동기유발**
   가. 매체 자료를 활용하여 흥미와 관심을 이끌어 낼 것
   나. 발문을 통해 상호작용을 활발히 할 것
   다. 학생의 경험을 이끌어 낼 것

2. **〈수험생 작성 조건2〉 설득 전략 파악하기**
   가. 모둠활동으로 진행할 것
   나. 〈자료1〉에 밑줄 친 부분에 사용된 설득 전략을 파악하도록 할 것
   다. 〈자료2〉를 읽고 〈자료1〉 (다) 화자의 공신력을 평가하도록 할 것

3. **〈수험생 작성 조건3〉 연설 계획 세우기**
   가. 교사가 시범을 보이며 연설의 목적과 주제, 청자를 설정하도록 할 것
   나. 연설 주제와 관련하여 화자의 공신력을 판단하도록 할 것
   다. 적절한 설득 전략을 활용하여 연설 계획을 세우도록 할 것

수업 조건

- 과목 : 국어
- 학년 : 고등학교 2학년
- 장소 : 국어 교과교실
- 시간 : 블록타임제(100분)
- 단원명 : 전략적으로 연설하기
- 해당 성취 기준 : 화자의 공신력을 이해하고 적절한 설득 전략을 활용하여 연설한다.

단원명	차시	학습 내용
전략적으로 연설하기	1-2 (본시)	○ 연설의 설득력을 높이기 위한 화자의 공신력과 다양한 설득 전략을 이해할 수 있다. ○ 적절한 설득 전략을 사용하여 연설 계획을 세울 수 있다.
	3-4	○ 연설 계획을 토대로 연설문을 작성할 수 있다. ○ 다양한 설득 전략을 활용하여 청중 앞에서 연설을 할 수 있다.

학생 수	장소	학습 형태	학습 기자재
24명	국어 교과교실	강의식, 모둠식	교사용 컴퓨터, 전자 칠판, 학생용 스마트 기기

※ 본 문제는 모의 평가용으로 제작되었으며, 실제 시험의 문항 유형 및 형식과 다를 수 있습니다.

〈자료1〉

(가)

　제가 캘리포니아로 가기 전에는 언어나 문화의 차이 때문에 '잘할 수 있을까? 잘 어울리고 경쟁을 할 수 있을까?' 하는 막연한 두려움이 있었습니다. 직접 경험하기 전까지는 그 두려움의 실체가 무엇인지 깨달을 수 없었습니다. 막연한 두려움은 도전을 멈추게 하고 자신감을 위축시킵니다. 하지만 <u>짧지 않은 미국 생활을 통하여 저는 그 막연한 두려움이 기우에 불과한 것이었음을 깨달았습니다.</u> 졸업생 여러분, 여러분이 대학에서 받은 교육이나 실습은 분명 세계 최고 수준의 것임을 의심하지 마십시오. 이 점에 대해서는 <u>제가 학교를 먼저 졸업하고 세계적 인재들이 모여 있는 미국 항공 우주국에서 일한 선배로서 자신 있게 말씀드릴 수 있습니다.</u>

– 한진우, 「2017 카이스트(KAIST) 학위 수여식 초청 연설」 중에서 –

(나)

　<u>올림픽 헌장은 "올림픽의 목적은 인류의 조화로운 발전과 인간 존엄성의 수호를 위해, 평화로운 사회를 만들기 위해 스포츠 경기를 하는 것이다."</u>라고 말합니다. 이것이 올림픽 정신이며, 스포츠의 가능성과 힘을 보여 주는 것이라고 저는 굳게 믿습니다. 열 살 때 남북 선수단이 올림픽 경기장에 동시 입장하는 것을 보고 처음으로 스포츠의 힘을 느꼈습니다. 오늘 저는 유엔 총회의 '올림픽 휴전 결의안' 초안 승인을 통해 그때 목격했던 스포츠의 힘을 다시 한 번 볼 수 있기를 바랍니다.

– 김연아, 「제72차 유엔(UN) 총회 특별 연사 연설」 중에서 –

(다)

　여러분 중에서 큰 시련을 겪고 있는 사람이 있을 것입니다. 여러분 중에는 <u>좁디좁은 감방에서 방금 나온 사람도 있을 것입니다. 여러분 중에는 자유를 달라고 외치면 갖은 박해를 당하고 경찰의 가혹한 폭력에 시달려야 하는 지역에서 오신 분도 있을 것입니다.</u> 여러분은 갖은 고난에 시달려 왔을 것입니다. 아무 잘못도 하지 않고 받는 고통은 반드시 보상을 받을 것이라는 신념을 지니고 계속 활동합시다.

– 마틴 루터 킹, 「워싱턴 평화 대행진 연설」 중에서 –

〈자료2〉

　마틴 루터 킹은 미국 시민권 운동을 이끈 지도자이다. 1955년 앨라배마주 몽고메리의 시내버스에서 한 흑인이 백인에게 좌석을 양보할 것을 거부하였다는 이유로 체포되었다. 마틴 루터 킹은 이에 대항하여 몽고메리 버스 거부 운동을 이끌었고, 결국 버스 내 인종 차별을 금지한다는 연방 정부의 판결을 받아 냈다. 이후 그는 전국을 돌며 흑인의 인권 보호를 위한 강연을 하였으며, 공공장소나 고용 과정에서 차별받는 흑인들을 위해 비폭력 저항 운동을 펼쳤다. 여러 번 수감되는 등의 시련 속에서도 흑인의 인권 보호를 위해 끊임없이 노력한 그는 많은 사람들의 존경을 받았으며, 1964년 노벨 평화상을 수상하였다.

2026학년도 중등학교교사신규임용후보자선정경쟁시험(2차)
제17회 국어과 교수·학습 실연 지도안 〔예상 답안〕

국어과 본시 교수·학습 지도안		
학습 목표	1. 연설의 설득력을 높이기 위한 화자의 공신력과 다양한 설득 전략을 이해할 수 있다. 2. 적절한 설득 전략을 사용하여 연설 계획을 세울 수 있다.	

학습 단계			교수·학습 활동		자료 및 유의점	시간(분)
도입		인사	• 인사 및 학습 분위기 조성	• 인사 및 학습 준비		
		전시 학습 확인	• 전시 학습 확인	• 전시 학습 회상		

		동기유발	〈수험생 작성 내용1〉
			• ○TS R○의 연설 영상 보여주고 발문을 통해 동기유발하기
			  – "이 영상에서 인물은 무엇을 하고 있나요?"
			  – "연설이 설득력이 있나요?"
			  – "왜 설득력이 있다고 생각하나요?"
			
			• 발문을 통해 연설과 관련된 학생의 경험 이끌어 내기
			  – "그렇다면 여러분은 연설을 해본 적이 있나요?"
			  – "언제 했었나요?"
			  – "만족스러웠나요? 아니면 아쉬웠나요?"
			  – "아쉬웠다면 그 연설에서 무엇이 문제였을까요?"
			
			  – "맞아요. 연설은 공식적 상황에서 화자가 자신의 생각이나 주장을 전달하는 말하기 방법입니다. 따라서 좋은 연설을 하려면 믿음이 가는 화자가 되어야 하며, 다양한 설득 전략을 활용할 수 있어야 합니다."
				• ○TS R○의 연설 영상 시청하고 발문에 답변하며 흥미 갖기
				  – "연설을 하고 있어요."
				
				  – "설득력 있다고 생각해요."
				  – "R○이 말해서 믿음이 가요.", "태도가 차분해요.", "자신감이 있어요.", "말의 속도가 적당해요." 등
				
				• 발문을 듣고 연설과 관련된 자신의 경험 떠올리기
				  – "네"
				
				  – "임원선거 때 해봤어요." 등
				  – "만족스러웠어요.", "만족스럽지 않았어요."
				  – "논리적으로 말하지 않았어요.", "표정이 너무 굳어 있었어요.", "듣는 사람을 배려하지 않고 제 말만 했어요." 등		

		학습 내용 안내	• 학습 내용 안내	• 학습 내용 확인		
		학습 목표 제시	• 학습 목표 제시	• 학습 목표 확인		
전개1		내용 학습	• 연설에 대해 이해하도록 하기 • 화자의 공신력과 다양한 설득 전략에 대해 이해하도록 하기	• 연설에 대해 이해하기 • 화자의 공신력과 다양한 설득 전략에 대해 이해하기		

전개 2	<활동1> 청자의 특성 분석하기	<수험생 작성 내용2> • <자료1> 함께 읽도록 하기 • 모둠별로 <자료1>의 (가)~(다) 각각에 두드러진 설득 전략을 파악하도록 하기 • <자료2> 함께 읽도록 하기 • <자료1> (다)의 화자에 대한 <자료2>의 설명을 보고 화자의 공신력을 평가하도록 하기 • 활동 내용을 공유하고 마무리하기	• <자료1> 함께 읽기 • 모둠별로 <자료1>의 (가)~(다) 각각에 두드러진 설득 전략을 파악하기 	자료	설득 전략	그 이유
---	---	---
(가)	인성적 설득 전략	- 자신의 경험을 제시함 - 선배라는 신분을 강조하여 공감대를 형성함
(나)	이성적 설득 전략	올림픽 헌장이라는 권위 있는 자료를 근거로 활용함
(다)	감성적 설득 전략	청중이 겪은 고난과 슬픔을 열거함 | • <자료2> 함께 읽기 • <자료1> (다)의 화자에 대한 <자료2>의 설명을 보고 화자의 공신력을 평가하기 | 모둠	평가	이유
---	---	---
1모둠	공신력이 있다.	흑인 인권의 지도자로 연설과 관련된 전문성이 있다.
2모둠	공신력이 있다.	흑인들의 인권 보호를 위해 끊임없이 노력했으므로 연설과 관련한 신뢰성을 가지고 있다.
…	…	…	 • 활동 내용을 공유하고 마무리하기	
전개 3	<활동2> 설득전략을 활용하여 연설 계획 세우기	<수험생 작성 내용3> • 교사가 연설의 목적과 주제, 청자를 제시하며 시범보이기 　- 연설의 목적 : 온라인상의 정보를 무분별하게 수용하지 않고, 비판적으로 받아들이도록 설득하기 　- 연설의 주제 : 디지털 세상 속의 가짜 정보에 휘둘리지 않아야 한다. 　- 청자 : 우리 반 친구들 • 교사의 시범을 참고하여 자유롭게 연설의 목적, 주제, 청자를 설정하도록 안내하기	• 교사의 시범을 보며 연설의 목적과 주제, 청자 생각해 보기 • 교사의 시범을 참고하여 자유롭게 연설의 목적, 주제, 독자를 설정하기 | 발표자	목적	주제	청자
---	---	---	---
민우	부정적인 언어 사용 습관을 가진 친구들을 설득하기 위해	긍정적인 언어 습관을 가져야 한다.	우리반 친구들
동조	교내 일회용품 사용을 줄이기 위해	플라스틱 없는 깨끗한 학교를 만들자.	우리 학교 학생들		

단계		활동	교수 활동	학습 활동		
전개 3		〈활동2〉 설득전략을 활용하여 연설 계획 세우기	• 연설 주제를 고려하여 연설자로서 자신의 공신력을 판단해 보도록 하기	• 연설 주제를 고려하여 연설자로서 자신의 공신력을 판단해 보기 	발표자	평가	이유
				민우	공신력이 없다.	친구에게 부정적인 언어를 사용하여 벌점을 받은 적이 있음
				동조	공신력이 있다.	평소 음식물을 포장할 때 개인 용기를 가지고 다니며, 텀블러 사용을 생활화함
			• 연설할 주제와 관련하여 어떤 설득 전략을 활용할지 생각해 보도록 하기	• 연설할 주제와 관련하여 어떤 설득 전략을 활용할지 생각하기		
				발표자	설득 전략	내용
				민우	이성적 설득 전략	언어 사용 습관이 우리 뇌에 미치는 영향과 관련된 통계 자료를 제시
				동조	감성적 설득 전략	학교 주변이 쓰레기로 뒤덮인 모습이나, 일회용품으로 고통받는 동물들 모습을 제시하여 청중의 동정심, 슬픔 등의 감정을 유발함
			• 활동 공유하고 마무리하도록 하기	• 활동 공유하고 마무리하기		
정리	형성평가 및 과제 부여		• 형성평가 부여 • 수준별 과제 제시	• 형성평가 진행 • 수준별 과제 확인		
	학습 내용 정리		• 학습 내용 정리	• 학습 내용 이해		
	차시 예고		• 차시 예고	• 차시 예고 인지		

판서 예시

전략적으로 연설하기

〈활동1〉 설득 전략 파악하기

1) 설득 전략 파악하기

자료	설득 전략	그 이유
(가)	인성적 설득 전략	- 자신의 경험을 제시 - 선배라는 신분을 강조
(나)	이성적 설득 전략	권위 있는 자료 활용
(다)	감성적 설득 전략	고난과 슬픔 열거

2) 화자의 공신력 평가하기

모둠	평가	이유
1모둠	공신력○	흑인 인권의 지도자 → 전문성 ○
2모둠	공신력○	흑인들의 인권 보호를 위해 끊임없이 노력 → 신뢰성 ○
…	…	…

〈활동2〉 연설 계획 세우기

1) 연설 목적, 주제, 청자 계획하기
 - 연설의 목적 : 온라인상의 정보를 비판적으로 받아들이도록 설득
 - 연설의 주제 : 디지털 세상 속 가짜 정보에 휘둘리지 않아야 한다.
 - 청자 : 우리 반 친구들

2) 자신의 공신력 판단하기

발표자	평가	이유
민우	공신력 X	부정적 언어 습관을 가짐
동조	공신력 ○	개인 용기 및 텀블러 사용 생활화
…	…	…

3) 활용할 설득 전략 생각하기

발표자	설득 전략	내용
민우	이성적 설득 전략	통계자료를 제시
동조	감성적 설득 전략	청중의 동정심, 슬픔 등의 감정 유발하기
…	…	…

	성취 기준
2022 교육과정	**[12화언01-10]** 화자의 공신력을 이해하고 효과적인 설득 전략을 활용하여 연설한다. 　이 성취 기준은 이성적 설득 전략, 감성적 설득 전략과 함께 화자의 공신력을 활용한 설득 전략도 청중의 태도 변화를 이끌어 내기에 효과적인 설득 전략임을 이해하고, 연설을 통해 설득력 있게 말하는 능력을 기르기 위해 설정하였다. 화자의 성품, 평판, 전문성 등이 연설에서 화자의 공신력을 구성하는 요소이며, 솔직하고 수용적인 태도나 적극성과 자신감이 드러나는 태도 또한 화자의 공신력에 영향을 미침을 이해하고, 다양한 설득 전략의 효과적인 활용 방법을 학습한다.
2015 교육과정	**[12화작02-07]** 화자의 공신력을 이해하고 적절한 설득 전략을 사용하여 연설한다.

	교과서 정리		
학습 내용 정리	■ **연설** : 공식적 상황에서 화자가 청중에게 자신의 주장이나 의견을 전달하는 의사소통 행위이다. ■ **화자의 공신력** : 공적인 신뢰를 받을 만한 능력 ■ **공신력을 구성하는 요소** : 화자의 성품, 평판, 전문성 ■ **공신력을 높이는 방법** 　(1) 자료를 충분히 수집하여 전문적인 지식 갖추기 　(2) 솔직하고 수용적인 태도로 연설에 임하기 　(3) 말하기 연습을 충분히 하기 　(4) 차분하고 정확하게 말하기 　(5) 적극적인 태도로 자신감 있게 연설하기 ■ **연설의 설득 전략** 　1. 인성적 설득 전략 : 화자의 성품과 인격, 진실한 태도를 연설에 효과적으로 드러내는 것 　　- 자신이 믿을 만한 사람인지 드러내기 　　- 솔직한 태도로 연설에 임하기 　2. 이성적 설득 전략 : 화자가 타당한 근거를 들어 자신의 주장을 논리적으로 설득하는 전략 　　- 구체적인 근거(전문가의 의견, 역사적 사실이나 사건, 연구자료 등)를 충분히 제시 　　- 합리적인 추론으로 결론에 도달 　　- 연역 논증 : 일반적인 원리를 전제로 하여 구체적인 사실을 결론으로 이끌어 내는 방법 　　- 귀납 논증 : 구체적인 사례들로부터 일반적인 사실을 결론으로 이끌어 내는 방법 　3. 감성적 설득 전략 : 청중에게 정서적으로 호소하여 청중이 기쁨, 슬픔, 공포, 분노 등의 특정 감정 상태를 느끼게 함으로써 화자의 주장에 공감하게 하는 전략 　　- 비유나 반복과 같은 표현 기법 사용 　　- 특별한 어휘를 사용하여 내용을 강조 　　- 표정과 몸짓을 적절히 활용		
[2022] 천재 화법과 언어 3. 효과적인 의사소통 (3) 가슴 뛰는 연설을 위한 설득 전략		제재	잘 가, 비닐봉지야(멜라티 이사벨 위즌 자매의 UN 연설)
		동기유발	※ 다음 연설이 청중의 가슴을 뛰게 했다면 그 까닭은 무엇일지 말해 보자. 　- 〈기생충〉의 봉준호 감독의 연설
		이해 활동	• '잘 가, 비닐봉지야'를 보고, 화자의 공신력과 설득 전략을 살펴보자. 1. '잘 가, 비닐봉지야'의 중심 내용을 정리해 보자. 2. 연설에 사용된 설득 전략을 찾아보고, 그 효과를 정리해 보자. 3. 위 연설의 화자가 공신력이 있다고 평가받는다면 그 까닭이 무엇일지 짝과 이야기해 보자.
		적용 활동	• 다음 졸업 축하 연설에 사용된 언어 표현을 분석하고, 화자의 공신력과 설득 전략을 탐구해 보자. 1. 위 연설의 화자에 관한 정보를 읽고, 화자의 공신력이 연설에서 어떻게 드러나는지 확인해 보자. 　(1) 주최 측에서 화자를 축사의 연사로 선택한 까닭이 무엇일지 추론해 보자. 　(2) 연설의 다음 문장이 화자의 공신력을 어떻게 뒷받침하고 있는지 말해 보자. 2. 위 연설에 사용된 설득 전략을 살펴보고, 그 효과를 탐구해 보자. 　(1) 위 연설에서 화자의 설득 전략이 드러난 부분을 찾아 정리해 보자. 　(2) 연설에서 가장 마음에 와닿는 문장에 밑줄을 그어 보고, 그 부분이 왜 마음에 와닿는지 이야기해 보자. 3. 연설에 사용된 언어 표현이 연설의 효과를 높이는 데 기여하고 있는지 확인해 보자. 　(1) 화자가 밑줄 친 어휘를 사용한 까닭을 생각해 보자. 　(2) 다음 문장에 사용된 단어의 의미를 비교하고 문장 구조를 분석하여, 각 문장에서 연설의 의도가 효과적으로 드러나는지 말해 보자. 　(3) ㉠과 아래 문장의 종결 표현을 비교해 보고, 화자가 선택한 종결 표현에서 드러나는 화자의 태도를 추론해 보자.

[2022] 천재 화법과 언어 3. 효과적인 의사소통 (3) 가슴 뛰는 연설을 위한 설득 전략	수행 활동	• '우리가 바꾸어야 할 사회 문제'를 주제로 청중 앞에서 직접 연설해 보자. 1. 다음 상황을 고려하여 연설의 주제를 선정해 보자. 2. 연설 주제와 관련된 자료를 수집하고, 연설에서 자신이 사용할 설득 전략의 세부 계획을 세워 보자. 3. 연설 개요를 짜 보고, 설득 전략을 적절히 배치하며 연설 연습을 해 보자. 4. 청중 앞에서 연설을 실제로 해 보고, 친구들의 연설도 들어 보자. 화자의 공신력과 설득 전략을 바탕으로 가장 설득력 있는 연설은 무엇인지 판단해 보자.
[2022] 동아 화법과 언어 2. 화법의 원리와 실제 (3) 연설	제재	도산 안창호 1919년 상하이 연설, 「개조에 대하여」
	동기유발	※ 다음 중 누구의 말이 더 설득력 있게 들리는지 그 까닭과 함께 말해 보자.
	예시로 핵심 보기	• 다음 연설에서 설득의 효과를 높이는 설득 전략을 알아 봅시다. [가] 유엔 아동 기금(UNOEF) 행사 연설, 방탄소년단 대한민국 가수(화자의 공신력 활용) [나] 제 72차 유엔(UN) 총회 특별 연설, 김연아 대한민국 전 피겨 스케이팅 선수(이성적 설득 전략 활용) [다] 2019 유엔(UN) 기후 행동 정상 회의 연설, 그레타 툰베리 스웨덴 환경 운동가(감성적 설득 전략 활용)

	적용 활동	• 다음은 도산 안창호가 1919년에 상하이에서 했던 연설인 「개조에 대하여」이다. 연설에 활용된 설득 전략을 알아보자.
		1. 이 연설의 말하기 상황을 파악해 보자.
		2. 이 연설에서 활용한 설득 전략을 파악해 보자.
		  (1) 이성적 설득 전략을 활용하여 주장을 드러낸 방식을 정리해 보자.
		  (2) 감성적 설득 전략이 드러난 부분을 찾아 전략을 구체적으로 파악해 보자.
		  (3) 다음을 참고하여, 당시 이 연설의 청중이 느꼈을 화자의 공신력과 그 효과를 말해 보자.
		• 고등학교 후배들의 졸업식에서 축사를 한다고 가정하고 효과적인 설득 전략을 활용하여 연설해 보자.
		1. 연설에서 후배들에게 전하고 싶은 주제와 내용을 정해 보자.
		  (1) 후배들의 졸업식 축사를 하게 된 미래의 자기 모습을 구체적으로 상상해 보자.
		  (2) 연설의 주제와 목적을 정하고 연설에 담고 싶은 내용을 구상해 보자.
		2. 연설에서 활용할 설득 전략을 생각해 보자.
		3. 2에서 마련한 설득 전략을 바탕으로 연설의 개요를 작성해 보자.
		4. 준비한 내용으로 연습한 다음 친구들 앞에서 연설해 보자.
		5. 다음 평가 기준에 따라 친구들의 연설을 평가해 보자.

[2022] 비상 화법과 언어 3. 화법의 탐구와 실제 (1) 발표와 연설	제재	마야 린의 '대학교 졸업식 축하 연설'
	동기유발	※ 청중의 관심을 끌기 위해서 어떻게 해야 할지 생각해 보자. ※ 이전에 배웠던 '발표와 연설의 준비 과정'에 대한 내용을 떠올리며 이 단원의 학습을 준비해 보자.

	탐구 활동	1. 다음은 마야 린의 '대학교 졸업식 축하 연설'이다. 연설의 맥락과 내용을 고려하여 연설의 설득 전략을 탐구해 보자.
		  (1) 이 연설에서 화자가 청중에게 전달하고자 하는 내용이 무엇인지 말해 보자.
		  (2) 이 연설에서 화자가 사용한 설득 전략과 그 효과를 파악해 보자.
		  (3) 다음은 이 연설의 화자에 관한 추가 자료이다. 자료를 읽은 후 연설의 내용이 더욱 설득력 있게 느껴졌다면 그 까닭이 무엇일지 생각해 보자.
		2. 다양한 설득 전략을 활용하여 효과적으로 연설해 보자.
		  (1) <보기>를 참고하여 연설하고자 하는 주제를 생각한 후, 연설 계획을 작성해 보자.
		  (2) (1)에서 세운 연설 계획을 바탕으로 연설의 개요를 써 보자.
		  (3) 다음 사항을 고려하여 연설에서 사용할 설득 전략을 세워 보자.
		  (4) 앞의 활동을 바탕으로 연설문을 작성하여 친구들 앞에서 연설해 보고, 다음 질문에 따라 친구들의 연설을 평가해 보자.

평가 기준		평가
이성적 설득 전략	주장에 대한 타당한 근거를 제시하였는가?	☆☆☆
	전문가의 견해, 통계자료, 역사적 사실 등 적절한 자료를 활용하여 주장을 뒷받침하였는가?	
감성적 설득 전략	청중의 마음을 움직이기 위해 감성적인 표현을 사용하였는가?	☆☆☆
	청중이 공감할 만한 사례를 제시하였는가?	
화자의 공신력	주제에 대한 충분한 지식을 바탕으로 유창하게 말하였는가?	☆☆☆
	청중과 눈을 맞추며 자신감 있게 말하였는가?	

2026학년도 중등학교교사신규임용후보자선정경쟁시험(2차)
제18회 국어과 교수·학습 실연 시험 문제지

관리 번호	

지도안 세부 조건

1. **〈수험생 작성 조건1〉 동기유발**
   가. 〈자료1〉의 (가)에 활용된 자료를 파악하게 할 것
   나. 〈자료1〉의 (나)에 활용된 자료를 파악하게 할 것
   다. 토의에서 다양한 자료를 탐색해 활용하는 것의 효과를 깨닫도록 할 것

2. **〈수험생 작성 조건2〉 다양한 자료를 통해 공동체의 문제 분석하기**
   가. 〈자료2〉의 문제 상황을 분석하게 할 것
   나. 〈자료2〉에 활용된 자료를 종류, 출처, 활용 목적으로 정리하게 할 것
   다. '2-나'에 대한 교사 시범을 보일 것

3. **〈수험생 작성 조건3〉 토의를 통해 공동체의 문제 합리적으로 해결하기**
   가. 〈자료2〉에 나타난 대안을 파악하게 할 것
   나. 대안을 판단할 수 있는 준거를 제시하고, 〈자료2〉에 나타난 평가 내용을 정리하도록 할 것
   다. 토의 활동을 평가할 수 있는 기준을 2가지 이상 제시할 것(단, 평가 내용은 생략할 것)

수업 조건

○ 과목 : 국어
○ 학년 : 고등학교 2학년
○ 장소 : 국어 교과교실
○ 시간 : 블록타임제(100분)
○ 단원명 : 토의하기
○ 해당 성취 기준 : 토의에서 주제와 관련된 다양한 자료를 통해 공동체의 문제를 분석하고 합리적으로 해결한다.

단원명	차시	학습 내용
토의하기	1-2 (본시)	○ 토의에서 주제와 관련된 다양한 자료를 통해 공동체의 문제를 분석할 수 있다. ○ 토의를 통해 공동체의 문제를 합리적으로 해결할 수 있다.

학생 수	장소	학습 형태	학습 기자재
24명	국어 교과교실	강의식, 모둠식	교사용 컴퓨터, 전자 칠판, 학생용 스마트 기기

※ 본 문제는 모의 평가용으로 제작되었으며, 실제 시험의 문항 유형 및 형식과 다를 수 있습니다.

〈자료1〉

(가)

주민 대표 : 우선 우리 마을의 주차장 부족 문제가 얼마나 심각한지 이야기를 나누어 보겠습니다.

주민 1 : 지금 제가 보여 드리는 자료는 우리 마을의 주택가 사진입니다. 차가 빼곡하게 주차된 모습이 보이시나요? 주민 센터 통계 자료를 보면 주차 문제와 관련된 민원 건수가 지난 4년간 꾸준히 증가하여 4년 전보다 두 배 정도 늘어났습니다. 또한 경찰 통계 자료를 보면 주차 분쟁으로 인한 신고 건수도 4년 전과 비교하여 세 배 이상 증가했습니다.

(나)

주민 대표 : 이번에는 우리 마을의 주차장 부족 문제를 해결할 방안과 관련하여 이야기를 나누겠습니다. 각자 대안을 제시해 주시기 바랍니다.

주민 3 : 저는 주차장 부족 문제를 해결하기 위해 주차장 공유 사업을 시에 요청해야 한다고 생각합니다. 주차장 공유 사업이란 학교나 종교 시설 등의 부설 주차장을 유휴 시간대에 지역 주민에게 개방하면 시에서 보조금을 지급하는 방안입니다. 인근 △△시는 이 주차장 공유 사업을 성공적으로 시행한 대표적인 지역입니다. 신문 기사에 따르면 △△시는 주차장 공유 사업으로 주차장을 552면이나 추가했는데 일반 공영 주차장을 마련할 때보다 예산이 40분의 1 정도밖에 들지 않았다고 합니다.

〈자료2〉

우리 학교의 쓰레기 배출량을 줄일 방안은 무엇인가?

사회자 : 지금부터 '우리 학교의 쓰레기 배출량을 줄일 방안은 무엇인가?'라는 주제로 토의하겠습니다. 뉴스 보도의 통계 자료에 따르면 우리 시 초·중·고등학교의 1인당 연간 평균 쓰레기 배출량은 재작년 34킬로그램에서 작년 38킬로그램으로 12퍼센트 정도 증가했습니다. 학생 수는 99만 8,000명에서 90만 명으로 줄었는데, 학교 전체의 쓰레기 총 배출량은 3만 4,000톤에서 3만 4,200톤으로 늘어난 것입니다. 우리 학교도 쓰레기 배출량이 크게 증가하고 있습니다. 먼저 문제 상황을 분석해 보겠습니다.

행정실 직원 : 교육청에 공문으로 제출한 통계 자료를 보면 우리 학교의 월별 쓰레기 처리량이 작년 5월에는 3,030킬로그램이었지만 올해 5월에는 3,205킬로그램으로 5퍼센트 이상 증가했습니다. 이에 따라 쓰레기를 처리하는 비용도 2천만 원가량 늘어나 학교 예산을 효율적으로 사용하기 어려운 상황입니다.

학생회장 : 저는 학생들이 쓰레기 과다 배출의 환경적 문제점을 인식하지 못해 배출량이 늘어난다고 봅니다. 최근 학교 신문에 우리 학교 학생 300명을 대상으로 실시한 설문 조사 결과가 공개되었습니다. 이에 따르면 평소 쓰레기를 많이 배출하거나 분리수거를 제대로 하지 않는다고 응답한 268명 가운데 이러한 행동에 문제가 있다고 생각한다는 응답자는 27명뿐이었습니다.

학교 쓰레기 배출 및 분리수거 인식 설문조사 결과

조사 개요
- 조사 대상 : 우리 학교 재학생 300명
- 조사 기간 : 2025년 5월 1일~5월 15일
- 조사 방법 : 온라인 설문조사

항목	응답자 수	비율(%)
전체 학생 수	300	100
쓰레기를 많이 배출하거나 분리수거를 제대로 하지 않는 학생	268	89.3
그중 자신의 행동에 문제가 있다고 생각하는 학생	27	9.0
그중 자신의 행동에 문제가 없다고 생각하는 학생	241	80.3

학생회 부회장 : 저는 학교 차원에서 학생들의 쓰레기 배출을 관리하거나 분리수거를 철저히 하도록 독려하지 않는 것도 배출량이 늘어나는 원인이라고 생각합니다. 쓰레기 배출량을 줄이도록 하는 제도적 장치가 없으니 학생들이 환경 문제에 크게 신경을 쓰지 않는 것이죠.

사회자 : 네, 이제 문제 현황과 원인을 바탕으로 해결 방안을 논의해 보겠습니다.

학생회장 : 저는 학생회 학생들이 주도하여 일주일에 한 번 '쓰레기를 줄이기 위한 캠페인'을 진행하는 방안을 제안합니다. 캠페인으로 학생들의 인식을 개선하면 쓰레기 배출량이 감소할 것이라고 생각합니다.

학생회 부회장 : 저는 '쓰레기 배출량 최저 반 포상 활동'을 제안합니다. 이는 쓰레기 배출량을 줄이는 데에 가장 크게 기여한 반의 학생들 이름으로, 절약된 쓰레기 처리 비용의 일부를 환경 보호 관련 활동에 기부하는 활동입니다. 쓰레기 줄이기 활동을 잘 실천한 학생에게 스티커를 주고 그것을 반별로 활동 게시판에 붙이도록 한 다음 일정 기간마다 스티커를 가장 많이 모은 반을 확인하는 것입니다.

사회자 : 네, 두 분의 의견 잘 들었습니다. 그러면 지금까지 나온 대안 가운데 더 합리적인 대안을 선택하기 위해 각 대안을 실현 가능성과 효율성이라는 판단 준거를 바탕으로 평가해 보겠습니다.

행정실 직원 : '쓰레기 줄이기 캠페인'은 캠페인을 진행할 학생들의 활동 의사에 따라 실현 가능성이 결정될 듯하고, '쓰레기 배출량 최저 반 포상 활동'은 우리 학교의 구성원들이 뜻을 모은다면 실현 가능하다고 봅니다. 효율성을 판단해 보면 다른 학교의 사례를 볼 때 '쓰레기 배출량 최저 반 포상 활동'이 '캠페인'보다 쓰레기 배출량 감소 효과가 커 보이지만 스티커 배부와 같은 일을 할 인력을 별도로 고용해야 한다는 문제점이 있습니다.

학생회장 : 우선 학생회 학생들이 '쓰레기 줄이기 캠페인'을 진행하겠다는 의사를 밝혔으므로 두 대안 모두 실현 가능합니다. 다음으로 행정실 직원분께서 우려하시는 '쓰레기 배출량 최저 반 포상 활동'에 필요한 인력은 캠페인 활동을 진행하기로 했던 학생회 학생들을 활용하면 해결할 수 있습니다. 인력 문제가 해결되면 쓰레기 배출량 감소 효과가 더 클 것으로 보이는 '쓰레기 배출량 최저 반 포상 활동'이 더 효율적이라고 생각합니다.

학생회 부회장 : 제가 생각하기에도 실현 가능성이나 필요한 인력 측면에서 두 대안은 큰 차이가 없어 보입니다. 그렇다면 쓰레기 배출량 감소 효과가 더 클 것으로 예상되는 '쓰레기 배출량 최저 반 포상 활동'이 더 합리적인 대안이라고 봅니다.

2026학년도 중등학교교사신규임용후보자선정경쟁시험(2차)

제18회 국어과 교수·학습 실연 지도안 [예상 답안]

국어과 본시 교수·학습 지도안					
학습 목표	1. 토의에서 주제와 관련된 다양한 자료를 통해 공동체의 문제를 분석할 수 있다. 2. 토의를 통해 공동체의 문제를 합리적으로 해결할 수 있다.				
학습 단계		교수·학습 활동		자료 및 유의점	시간(분)
도입	인사	• 인사 및 학습 분위기 조성	• 인사 및 학습 준비		
^	전시 학습 확인	• 전시 학습 확인	• 전시 학습 회상		
^	동기유발	〈수험생 작성 내용1〉 • 〈자료1〉의 (가)에 활용된 자료를 파악하도록 발문하기 - "〈자료1〉의 (가)는 토의 주제와 관련해 문제 상황을 분석하고 있습니다. (가)에는 어떤 자료가 활용되었나요?" - "이 자료들은 무엇을 나타내기 위한 것일까요?" • 〈자료1〉의 (나)에 활용된 자료를 파악하도록 발문하기 - "〈자료1〉의 (나)는 문제를 해결할 대안을 제시하고 있습니다. (나)에는 어떤 자료가 활용되었나요?" - "이 자료들은 무엇을 나타내기 위한 것일까요?" • 다양한 자료를 탐색하여 활용하는 것의 효과를 깨닫도록 발문하기 - "이처럼 다양한 자료를 탐색하고 활용하는 것의 효과는 무엇일까요?"	• 〈자료1〉의 (가)에 활용된 자료 파악하기 - "자동차가 주차된 주택가의 사진이 제시되어 있어요." - "주차장 부족 문제의 심각성을 부각하기 위한 것이에요." • 〈자료1〉의 (나)에 활용된 자료 파악하기 - "주차장 공유 사업의 성공 사례가 실린 신문기사가 활용되었어요." - "주차장 공유 사업이 타당하다는 점을 밝히기 위한 것이에요." • 다양한 자료를 탐색하여 활용하는 것의 효과 생각해보기 - "문제 상황을 정확하게 인식하고 분석하는 데 도움이 돼요." - "여러 대안 가운데 합리적인 대안을 선택할 수 있어요."		
^	학습 내용 안내	• 학습 내용 안내	• 학습 내용 확인		
^	학습 목표 제시	• 학습 목표 제시	• 학습 목표 확인		

전개 1	⟨활동1⟩ 다양한 자료를 통해 공동체의 문제 분석하기	⟨수험생 작성 내용2⟩ • ⟨자료2⟩ 함께 읽도록 하기 • 모둠별로 ⟨자료2⟩의 문제 상황을 문제 현황과 원인으로 나누어 분석하도록 안내하기 • 활동 내용을 공유하도록 안내하기 • 모둠별로 ⟨자료2⟩의 자료를 종류, 출처, 활용에 맞게 정리하도록 교사 시범을 보인 후 활동 독려하기 – "⟨자료2⟩의 사회자의 첫 번째 말을 볼까요? 사회자가 제시한 자료의 종류는 통계 자료고, 출처는 뉴스 보도예요. 이 자료를 토의를 왜 하는지 이유를 설명하는데 활용했어요. 선생님이 자료의 종류, 출처, 활용 방법을 설명한 것처럼 여러분도 자료를 파악해 볼까요?" • 활동 내용을 공유도록 독려하기	• ⟨자료2⟩ 함께 읽기 • 모둠별로 ⟨자료2⟩의 문제 상황을 문제 현황과 원인으로 나누어 분석하기 • 활동 내용 공유하기 | 문제 현황	– 우리 학교의 월별 쓰레기 처리량이 증가함 – 쓰레기 처리 비용으로 학교 예산을 효율적으로 사용하기 어려움
---	---
원인	– 학생들이 쓰레기 과다 배출의 환경적 문제를 인식하지 못함 – 학교 차원에서 쓰레기 배출을 관리하지 않음 | • 모둠별로 ⟨자료2⟩의 자료를 종류, 출처, 활용에 맞게 정리하기 • 활동 내용 공유하기 | 종류	출처	자료 활용
---	---	---
통계 자료	교육청 제출 공문	문제 현황 제시
설문 조사 자료	학교 신문	문제 원인 분석	
전개 2	⟨활동2⟩ 토의를 통해 공동체의 문제 합리적으로 해결하기	⟨수험생 작성 내용3⟩ • ⟨자료2⟩의 대안을 파악하도록 안내하기 – "⟨자료2⟩에서 제시된 대안은 무엇인가요?" • ⟨자료2⟩의 대안 판단 준거 제시하기 – "대안을 판단할 수 있는 준거에는 두 가지가 있습니다. 첫 번째로는 실현 가능성을 평가해볼 수 있고, 두 번째로는 효율성을 평가해볼 수 있습니다.	• ⟨자료2⟩의 대안 파악하기 – "쓰레기를 줄이는 캠페인을 진행하자는 것과 쓰레기 배출량 최저 반 포상활동을 진행하자는 것입니다." • ⟨자료2⟩의 대안 판단 준거 파악하기

전개2	<활동2> 토의를 통해 공동체의 문제 합리적으로 해결하기	• <자료2>의 대안 판단 준거에 따라 모둠별로 대안 평가 내용을 정리하도록 안내하기 - 행정실 직원, 학생회장, 학생회 부회장의 대안 평가 내용을 정리하도록 안내한다.	• <자료2>의 대안 판단 준거에 따라 대안 평가 내용 정리하기 **실현 가능성 평가** <table><tr><td>행정실 직원</td><td>(캠페인) 학생들의 활동 의사에 따라 달라질 수 있음 (쓰레기 배출량 최저반 포상) 실현 가능함</td></tr><tr><td>학생회장</td><td>(캠페인) 실현 가능함 (쓰레기 배출량 최저반 포상) 실현 가능함</td></tr><tr><td>학생회 부회장</td><td>(캠페인) 실현 가능함 (쓰레기 배출량 최저반 포상) 실현 가능함</td></tr></table> **효율성 평가** <table><tr><td>행정실 직원</td><td>쓰레기 배출량 최저 반 포상이 캠페인보다 효과가 있어 보이지만 별도 인력이 필요함.</td></tr><tr><td>학생회장</td><td>학생회를 활용하면 인력 문제가 해결되므로 쓰레기 배출량 최저 반 포상이 더 효율적임.</td></tr><tr><td>학생회 부회장</td><td>필요 인력 측면에서 두 대안이 큰 차이가 없으므로 쓰레기 배출량 최저 반 포상 활동이 더 효율적임.</td></tr></table>		
		• <자료2>의 토의 활동을 평가할 수 있는 평가 기준 제시하기 ① 주제에 적합한 자료를 탐색하여 효과적으로 활용했는가? ② 문제 현황과 그 원인을 적절하게 분석했는가? ③ 문제를 해결할 수 있는 타당한 대안을 제시했는가? • 평가 기준에 따라 평가하도록 독려하기	• <자료2>의 토의 활동을 평가할 수 있는 평가 기준 파악하기 • 평가 기준에 따라 평가하기		
정리	형성평가 및 과제 부여	• 형성평가 부여 • 수준별 과제 제시	• 형성평가 진행 • 수준별 과제 확인		
	학습 내용 정리	• 학습 내용 정리	• 학습 내용 이해		
	차시 예고	• 차시 예고	• 차시 예고 인지		

판서 예시

토의하기

<자료를 탐색해 활용하는 것의 효과>
- 문제 상황을 정확하게 인식하고 분석할 수 있음
- 여러 대안 가운데 합리적 대안을 선택할 수 있음

<활동1> 다양한 자료를 통해 공동체의 문제 분석하기

문제 상황	- 우리 학교의 쓰레기 처리량 증가 - 학교 예산을 효율적 사용하기 어려움
원인	- 학생들의 인식 부족 - 학교 차원의 관리 부족

종류	출처	자료 활용
통계 자료	뉴스 보도	토의 이유 설명
통계 자료	교육청 제출 공문	문제 현황 제시
설문 조사 자료	학교 신문	문제 원인 분석
통계 자료	햇빛 고등학교 누리집	대안 뒷받침
인터뷰 기사 자료	지역 신문	대안 뒷받침

<활동2> 토의를 통해 합리적으로 문제 해결하기

실현 가능성 평가	
행정실 직원	(캠페인) 학생들의 활동 의사에 따라 달라질 수 있음 (쓰레기 배출량 최저반 포상) 실현 가능함
학생 회장	(캠페인) 실현 가능함 (쓰레기 배출량 최저반 포상) 실현 가능함
학생회 부회장	(캠페인) 실현 가능함 (쓰레기 배출량 최저반 포상) 실현 가능함

효율성 평가	
행정실 직원	쓰레기 배출량 최저 반 포상이 캠페인 보다 효과가 있어 보이지만 별도 인력이 필요함
학생 회장	학생회를 활용하면 인력 문제가 해결되므로 쓰레기 배출량 최저 반 포상이 더 효율적임
학생회 부회장	필요 인력 측면에서 두 대안이 큰 차이가 없으므로 쓰레기 배출량 최저 반 포상 활동이 더 효율적임

성취 기준

2022 교육과정	**[12화언01-11]** 토의에서 주제와 관련된 다양한 자료를 통해 공동체의 문제를 분석하고 합리적으로 해결한다. 　이 성취 기준은 의사소통 행위가 공동체의 발전에 기여할 수 있음을 이해하고 토의를 통하여 공동체의 문제를 해결하는 능력을 기르기 위해 설정하였다. 이전 학년까지 토의의 의견 조정하기와 문제를 해결하는 대안 마련하기를 학습한 것에서 나아가, 이 성취 기준에서는 토의 주제와 관련된 다양한 자료를 탐색하고 활용하여 공동체가 해결해야 할 문제를 명확히 인식하고 분석하기, 공동체의 문제를 해결하는 합리적인 대안들 도출하기, 대안의 선택을 위한 판단 준거를 설정하고 그것을 바탕으로 합리적인 대안을 선택하여 문제 해결하기 등을 학습한다.
2015 교육과정	**[9국01-04]** 토의에서 의견을 교환하여 합리적으로 문제를 해결한다.

교과서 정리

학습 내용 정리	■ **토의** : 공동체의 문제를 해결하고자 여러 사람이 다양한 생각과 의견을 나누어 최선의 해결 방안을 찾는 의사소통 행위 ■ **토의의 절차** : 주제 제시 - 문제 상황 분석 - 대안 제시 - 판단 준거 설정 및 대안 선택 - 실행 방안 모색 ■ **토의의 문제 해결 과정** 　1. 주제 선정하기 　　- 현실의 문제이고 의미가 있으며 참여자들이 관심을 두고 공감할 수 있어야 함 　　- 다양한 의견이 나올 수 있고 대안이 모두에게 도움이 될 수 있어야 함 　2. 자료를 활용하여 내용 마련하기 　　- 자료 탐색 시 : 토의 주제에 적합한지, 저작자가 해당 분야의 전문가인지, 출처가 분명하고 믿을만한지, 내용에 오류가 없는지 확인해야 하고 최신 자료를 참고해야 함 　　- 자료 활용 시 : 자료를 왜곡하지 않고 목적에 맞게 사용해야 함

학습 내용 정리		3. 자료 활용하여 토의하기 　- 주제 제시 : 사회자가 토의할 주제의 성격과 의미, 범위를 명확히 밝혀 참여자들에게 주제에 대한 공감대를 형성함 　- 문제 상황 분석 : 토의 주제와 관련된 문제 상황이 얼마나 지속적이며 심각한지를 공유함 　- 대안 제시 : 토의 참여자들이 대안을 제시하며 서로 의견을 교환함 　- 판단 준거 설정 및 대안 선택 : 판단 준거를 설정하고 제시된 여러 대안을 판단 준거를 바탕으로 비교해 합리적인 대안을 선택함 　- 실행 방안 모색 : 대안의 구체적이고 현실적인 실행 방안을 마련함
[2022] 동아 화법과 언어 2. 화법의 원리와 실제 (4) 토의	제재	우리 학교의 급식 잔반량을 줄일 방안은 무엇인가?(토의 주제)
	동기유발	※ 다음 토의가 제대로 이루어지려면 어떤 준비가 필요할지 말해 보자.
	적용 활동	※ 토의에서 자료를 활용하여 공동체의 문제를 해결하는 과정을 알아보자. 1. 이 토의에서 문제를 해결하는 절차를 알아보자. 　(1) 이 토의에서 분석한 문제 상황을 정리해 보자. 　(2) 이 토의에서 제시한 대안을 쓰고, 각 대안을 판단 준거에 따라 평가한 내용을 정리해 보자. 　(3) 이 토의에서 문제를 해결하기 위해 어떤 토의 절차가 이어질지 생각해 보자. 2. 이 토의에서 활용한 자료를 정리해 보자. ※ 모둠별로 학급의 문제를 해결하기 위해 토의해 보자. 1. 모둠별로 학급에서 해결해야 할 문제를 떠올려 토의의 주제를 정하고 역할을 나누어 보자. 2. 토의 주제와 관련된 자료를 탐색하여 토의에서 제시할 의견을 마련해 보자. 　(1) 토의에서 활용할 자료를 다양하게 탐색해 보자. 　(2) 탐색한 자료를 분석하여 토의에서 제시할 의견을 정리해 보자. 3. 토의 절차에 따라 토의하고 그 내용을 정리해 보자. 4. 다음 평가 기준에 따라 자신의 토의 활동을 평가해 보자. **평가 기준** • 주제에 적합한 자료를 탐색하여 효과적으로 활용했는가? • 문제 현황과 그 원인을 적절하게 분석했는가? • 문제를 해결할 수 있는 타당한 대안을 제시했는가? • 판단 준거를 바탕으로 가장 합리적인 대안을 선택했는가? • 대안을 실행할 구체적인 방안을 모색했는가?
[2022] 천재 화법과 언어 4. 문제 해결을 위한 의사소통 (1) 의견을 모으는 토의	제재	행복고등학교의 공간 재구조화 사업을 어떻게 할 것인가?
	동기유발	※ 우리 주변이나 사회에서 해결해야 할 문제 상황에 어떤 것이 있는지 말해 보자.
	이해 활동	• '행복고등학교의 공간 재구조화 사업을 어떻게 할 것인가?'를 보고, 토의의 절차와 방법, 토의 참가자의 태도를 알아보자. 1. 문제 해결을 위한 토의 참가자들의 의사 결정 과정을 정리해 보자. 2. 토의 참가자들이 자신의 의견을 뒷받침하기 위해 주제와 관련된 자료를 어떻게 활용했는지 정리해 보자. 3. 사회자의 역할과 토의 참가자의 태도를 알아보자. 　(1) 다음 기준을 참고하여 사회자가 자신의 역할을 잘 수행했는지 판단하고, 그 이유를 제시해 보자. 　　- 토의의 단계에 따라 토의를 적절히 진행했는가? 　　- 토의 참가자에게 공평하게 발언 기회를 부여했는가? 　　- 토의 내용을 종합하여 정리하며 토의를 마무리 했는가? 　(2) 언어의 공공성 측면에서 학부모 대표의 다음 발언에 나타난 문제점이 무엇인지 말해 보자.
	적용 활동	• 다음 토의를 보고, 주제와 관련된 다양한 자료를 활용하는 방법을 탐구해 보자. 1. 이 토의의 의제와 자료 활용 방법을 알아보자. 　(1) 사회자의 말을 보고, 이 토의의 의제와 평가 기준을 정리해 보자. 　(2) 토의 참가자들이 문제 해결 과정에서 자료를 어떻게 활용했는지 파악해 보자. 　(3) 토의 참가자들이 문제를 분석하고 해결 방법을 마련하는 과정에서 자료 조사가 필요한 까닭이 무엇인지 말해 보자. 2. ㉠을 다음과 같이 바꾼다고 할 때, 둘 중에 토의 상황에 더 어울리는 발언이 무엇인지, 그 이유와 함께 말해 보자.

[2022] 천재 화법과 언어 4. 문제 해결을 위한 　의사소통 (1) 의견을 모으는 토의	수행 활동	※ 공동체의 문제를 해결하기 위한 토의를 해 보자. 1. 모둠별로 토의의 주제를 선정하고, 주제에 맞는 토의의 의제를 만들어 보자. 2. 토의에서 맡을 역할을 정해 보자. 3. 토의의 의제와 관련된 다양한 자료를 찾고, 자료의 활용 방법을 생각해 보자. 4. 토의의 절차에 따라 문제 상황을 해결하기 위한 토의를 해 보자. 　(1) 문제 상황을 해결할 수 있는 합리적인 대안을 제시해 보자. 　(2) 토의 참가자들이 제시한 대안을 평가할 수 있는 기준을 마련해 보자. 　(3) 평가 기준에 따라 토의 참가자들이 제시한 대안을 평가해 보자. 　(4) 평가 내용을 바탕으로 하여 문제 상황을 해결할 수 있는 최적의 대안을 정해 보자. 5. 다음에 따라 토의 내용과 토의 참가자들의 태도를 평가해 보자. **평가 기준** • 토의 주제와 관련하여 다양한 자료를 탐색하고 이를 적절히 활용했는가? • 평가 기준을 올바르게 설정하고 이에 따라 여러 대안을 합리적으로 분석했는가? • 토의를 하여 공동체의 문제를 해결할 수 있는 최적의 대안을 도출했는가? • 토의 참가자를 배려하고 존중하는 언어를 사용했는가?
[2022] 미래엔 화법과 언어 5. 협력적 의사소통과 　문제 해결 (1) 문제 해결과 토의	제재	'우리 학교 학생들이 환경 보호를 위한 가치 소비를 어떻게 실천할 수 있을까?' 토의문
	동기유발	※ 문제가 발생했을 때 좋은 해결 방안을 찾아 최선의 대안을 결정해야 하는 때가 있잖아. 그런데 좋은 해결 방안은 어떻게 찾아야 하지?
	탐구 활동	1. 토의 내용을 듣고 합리적인 대안을 선택해 보자. 　(1) 토의자들이 제시한 대안과 이유 또는 근거를 정리해 보자. 　(2) 토의자들의 대안을 분석하고 평가할 판단 준거를 설정해 보자. 　(3) (2)에서 정한 판단 준거에 따라 토의자들의 대안을 분석하여 점수로 평가하고, 가장 합리적인 대안을 선택해 보자. 2. 공동체가 당면한 문제를 해결하기 위한 대안을 제시해 보자. 　(1) 다음 자료를 읽고 하얀 고등학교 학생들에게 발생한 문제 상황을 분석해 보자. 　(2) (1)에서 파악한 문제를 해결하기 위한 조사들을 읽고, 대안을 생각해 보자. 　(3) (2)에서 생각한 대안 외에 하얀고등학교 학생들의 문제를 해결할 수 있는 대안을 친구들과 이야기해 보자. 3. 모둠별로 공동체에 발생한 문제를 해결하는 토의를 해 보자. 　(1) 우리 모둠이 속한 공동체에 발생한 문제를 찾아 토의 주제를 정해 보자. 　(2) 토의 주제에 관한 다양한 자료를 조사하고, 구체적인 대안을 마련해 보자. 　(3) 모둠별로 토의를 하여 대안을 제시하고, 판단 준거를 정하여 제시한 대안을 분석하고 평가해 보자. 　(4) (3)의 평가 결과를 바탕으로 하여 최선의 대안을 선택해 보자.

2026학년도 중등학교교사신규임용후보자선정경쟁시험(2차)
제19회 국어과 교수·학습 실연 시험 문제지

관리 번호	

지도안 세부 조건

1. 〈수험생 작성 조건1〉 동기유발
   가. 상황에 따라 표현 전략이 달라지는 예시를 제시할 것
   나. 학생의 경험을 이끌어 낼 것
   다. 교사의 발문과 학생의 대답을 포함할 것

2. 〈수험생 작성 조건2〉 청중을 고려한 언어적 표현 전략 분석하기
   가. 〈자료〉를 활용하여 활동을 구상할 것
   나. 말하기 상황 및 요소와 표현 전략의 종류에 대해 간략히 설명할 것
   다. 〈자료〉의 말하기 상황과 언어적 표현 전략을 분석하는 활동을 구상할 것

3. 〈수험생 작성 조건3〉 준언어적, 비언어적 표현 전략 활용하기
   가. 〈자료〉를 활용하여 활동을 구상할 것
   나. 상황에 맞는 표현 전략을 사용하도록 점검 기준을 3가지 이상 교사가 제시할 것
      (단, 평가 내용은 생략할 것)
   다. 〈자료〉에 적절한 준언어적·비언어적 표현 전략을 계획 및 실습하는 활동을 구상할 것

수업 조건

○ 과목 : 국어
○ 학년 : 고등학교 2학년
○ 장소 : 국어 교과교실
○ 시간 : 100분
○ 단원명 : 멋진 발표를 위한 표현 전략
○ 해당 성취 기준 : 정제된 언어적 표현 전략 및 적절한 준언어적·비언어적 표현 전략을 사용하여 발표한다.

단원명	차시	학습 내용
멋진 발표를 위한 표현 전략	1-2 (본시)	○ 청중을 고려한 정제된 언어 표현을 분석할 수 있다. ○ 준언어적·비언어적 표현 전략을 활용하여 효과적으로 발표할 수 있다.

학생 수	장소	학습 형태	학습 기자재
24명	국어 교과교실	강의식, 모둠식	교사용 컴퓨터, 전자 칠판, 학생용 스마트 기기

※ 본 문제는 모의 평가용으로 제작되었으며, 실제 시험의 문항 유형 및 형식과 다를 수 있습니다.

<자료>

여러분이 지금까지 많이 들어온 비협력운동이 무엇이며 우리는 왜 이러한 비협력운동을 전개하려는 것일까요? 나는 이 비협력운동이 법을 위배한다는 말을 들었습니다. 나는 비협력운동이 위헌이라는 말을 감히 부정하는 바입니다. 오히려 나는 비협력운동은 정당하며 종교적인 교리라고 주장합니다. 이것은 모든 인간의 타고난 권리이며 완전히 합법적인 것입니다.

(…)

하나 묻겠습니다. 내가 영국 정부에 "나는 당신을 섬기지 않겠소."라고 말한다면 그게 법에 어긋납니까? 우리 훌륭하신 의장께서 영국 정부로부터 받은 모든 직함을 공손히 돌려준다고 해서 그게 법에 어긋납니까? 어떤 부모가 자기 아이를 국립 학교나 정부 보조를 받는 학교에 안 보낸다고 하면 그게 법에 어긋납니까? 법률가가 "법의 힘이 나에게 도움은커녕 품격만 떨어뜨리니 더는 법의 힘에 의지하지 않겠다."라고 말한다고 법에 어긋납니까? 관리나 판사가 "국민 전체의 의사를 존중하지 않는 정부에 봉사하고 싶지 않다."라고 말한다고 법에 어긋납니까?

나는 또 묻겠습니다. 경찰관이나 군인이 자신의 동포를 헐뜯는 정부에 복무하도록 명령받았다는 사실을 알고 사직서를 제출한다고 해서 그게 법에 어긋납니까? 내가 농민을 찾아가서 "정부가 당신을 지켜주지 않고 오히려 당신을 약화시키기 위해 세금을 쓰고 있으니, 당신이 세금을 내는 것은 현명하지 못한 일입니다."라고 말하는 것이 법에 어긋납니까? 위헌적인 요소가 전혀 없다고 감히 나는 주장하는 바입니다.

(…)

우리가 정의를 쟁취하지 않는 한, 우리 국민의 자존심을 억지로 빼앗지 않는 한, 협력이란 있을 수 없습니다. 인도의 모든 위대한 종교 지도자들에게 지극한 경의를 표하지만 반박을 두려워하지 않고 다음과 같이 말하는 바입니다. 우리의 힌두교 성전은 불의와 정의 사이에, 정의롭지 못한 사람과 정의를 사랑하는 사람 사이에, 진리와 허위 사이에 협력이란 있을 수 없다고 우리에게 가르치고 있습니다. 협력이란 단지 정부가 여러분의 명예를 보호해 주는 경우에 한해서만 의무인 것이며, 정부가 여러분의 명예를 보호해 주기보다는 오히려 빼앗아 갈 때는 비협력하는 것이 의무인 것입니다. 이것이 바로 비협력주의의 가르침입니다.

– 「비폭력에 의한 비협력」, 마하트마 간디, 1920년, 인도 마드라스 지방에서 –

2026학년도 중등학교교사신규임용후보자선정경쟁시험(2차)
제19회 국어과 교수·학습 실연 지도안 〔예상 답안〕

국어과 본시 교수·학습 지도안

학습 목표	1. 청중을 고려한 정제된 언어 표현을 분석할 수 있다. 2. 준언어적·비언어적 표현 전략을 활용하여 효과적으로 발표할 수 있다.			
학습 단계		**교수·학습 활동**	**자료 및 유의점**	**시간(분)**
도입	인사	• 인사 및 학습 분위기 조성 / • 인사 및 학습 준비		
	전시 학습 확인	• 전시 학습 확인하기 / • 전시 학습 떠올리기		
	동기유발	〈수험생 작성 내용1〉 • 상황에 따라 표현 전략이 달라지는 사례 제시하기 – "만약 여러분이 자신의 진로에 대해 말한다면, 친구한테 말하는 상황과 학급에서 발표를 할 때의 상황에서의 말하기가 어떻게 달라질까요?" – "맞아요. 말하는 내용이 같아도 말하기 상황에 따라 표현이 달라지게 됩니다." • 학생 경험 질문하기 – "여러분도 이처럼 같은 내용이어도 말하는 상황에 따라 표현이 달라진 경험이 있나요?" • 말하기 상황에 따른 표현 전략의 중요성 강조하기 – 말하기 상황에 맞는 언어적·준언어적·비언어적 표현 전략을 사용해야 효과적으로 내용을 전달할 수 있음을 강조한다.	• 상황에 따라 표현 전략이 달라지는 사례 이해하기 – "친구랑 얘기할 때는 자유롭고 편하게 친밀한 태도로 말할 것 같아요.", "학급에서 발표를 할 때는 예의바른 태도로 말할 것 같고, 잘 전달되도록 목소리를 크게 할 것 같아요." • 경험 떠올리며 대답하기 – "네. 동생한테 스마트폰 사용법을 알려줄 때는 빠르게 설명하고 할머니에게 알려줄 때는 천천히 쉽게 설명해드렸어요.", "학교회장 연설에서는 자신감 있는 태도로 공약을 강조했고, 친구들한테는 친근하고 부드럽게 말했어요." • 말하기 상황에 따른 표현 전략의 중요성 이해하기		
	학습 내용 안내	• 학습 내용 안내	• 학습 내용 확인		
	학습 목표 제시	• 학습 목표 제시	• 학습 목표 확인		
전개 1	〈활동1〉 청중을 고려한 언어적 표현 전략 분석하기	〈수험생 작성 내용2〉 • 말하기 상황 분석과 표현 전략 설명하기 **말하기 상황 분석** • 말하기 상황 : 화자와 청자 간의 의사소통이 이루어지고 있는 배경 • 요소 : 주제, 목적, 청자, 시·공간적 배경, 담화 유형, 매체 등	• 말하기 상황과 표현 전략 이해하기		

전개 1	〈활동1〉 청중을 고려한 언어적 표현 전략 분석하기	<table><tr><td colspan="2">표현 전략</td></tr><tr><td>언어적</td><td>단어나 문장 등을 사용하여 의미를 나타내는 것
		→ 어휘, 문장, 연결 표현, 내용 조직 등</td></tr><tr><td>준언어</td><td>언어적 표현에 덧붙어 의미 전달에 영향을 미치는 표현
		→ 목소리 크기, 속도, 어조, 강세 등</td></tr><tr><td>비언어</td><td>언어적 표현과는 독립적으로 의미 전달에 영향을 미치는 표현
		→ 시선, 표정, 몸동작, 자세 등</td></tr></table>
		• 〈자료〉 제시하고 활동 안내하기
		  - 〈자료〉를 읽고 말하기 상황을 주제, 목적, 청자, 담화 유형으로 분석하도록 안내한다.
		
		• 언어적 표현 전략 분석하도록 안내하기
		  - 말하기 상황을 분석한 내용을 토대로 주제 전달과 목적 달성을 위해 어떠한 언어적 표현을 사용하였는지 분석하도록 안내한다.
		
		• 활동 결과 발표하도록 격려하기
		
		• 말하기 상황에 맞는 적절한 언어적 표현 전략 사용의 중요성 강조하기
			• 〈자료〉 읽고 말하기 상황 분석하기
			<table><tr><td>말하기 상황</td><td>• 주제 : 비협력 운동의 정당성
			• 목적 : 설득
			• 청자 : 인도 국민
			• 담화 유형 : 연설</td></tr></table>
			• 언어적 표현 전략 분석하기
			
			• 활동 결과 발표하기(예시)
			  • 연설이라는 공식적인 말하기 상황이므로 격식 있는 어휘와 높임말 사용
			  • 내용 전달을 위해 정확하고 명료한 단어 사용
			  • 도입부에서 전체 내용을 개관하여 이해를 도움
			  • "~법에 어긋납니까?" 동일한 문장 구조를 반복하여 정당성 강조
			  • 결론부에 전체 내용 요약 및 주제 강조
			
			• 말하기 상황에 맞는 적절한 언어적 표현 전략 사용의 중요성 이해하기	

전개 2	〈활동2〉 준언어적, 비언어적 표현 전략 활용하기	〈수험생 작성 내용3〉
		• 상황에 맞는 표현 전략 점검 기준 제시하기
		<table><tr><td>점검표</td></tr><tr><td>① 말하기의 주제와 목적, 청자 등을 고려하여 언어적 표현을 적절하게 사용하였는가?
		② 청자의 반응을 고려하여 성량이나 속도, 어조 등의 준언어적 표현을 적절하게 조절하였는가?
		③ 말하는 내용을 보완하는 시선이나 표정, 몸동작 등의 비언어적 표현을 적절하게 사용하였는가?</td></tr></table>
		• (짝 활동) 점검표를 고려하여 〈자료〉에 적절한 표현 전략을 탐색하고 실습하도록 안내하기
		  - 〈자료〉에 적절한 준언어적·비언어적 표현을 탐색하여 실제 연설처럼 실습하도록 격려한다.
			• 상황에 맞는 표현 전략 점검 기준을 숙지하기
			
			• (짝 활동) 점검표를 고려하여 〈자료〉에 적절한 표현 전략을 탐색하고 실습하기
			  - 〈자료〉에 적절한 준언어적·비언어적 표현을 탐색하여 실제 연설처럼 실습한다.	

전개 2	⟨활동2⟩ 준언어적, 비언어적 표현 전략 활용하기		준언어적 표현	• 설득을 위한 당당하고 확신에 찬 어조 • 신뢰감을 줄 수 있는 약간 낮은 목소리 • 핵심 내용을 강조할 때 목소리 크게 하며 말의 속도 천천히 하기	
			비언어적 표현	• 진실성을 전달하기 위해 청중과 시선 맞춤 • 주제에 맞는 차분하고 온화한 표정 • 가슴에 손을 얹는 등 몸짓	
		• 점검표에 따라 실습 점검하고 활동 마무리 하도록 격려하기		• 점검표에 따라 실습 점검하고 활동 마무리 하기	
정리	형성평가 및 과제 부여	• 형성평가 부여 • 수준별 과제 제시		• 형성평가 진행 • 수준별 과제 확인	
	학습 내용 정리	• 학습 내용 정리		• 학습 내용 이해	
	차시 예고	• 차시 예고		• 차시 예고 인지	

판서 예시

1) 청중을 고려한 언어적 표현 전략 분석하기

① 말하기 상황과 표현 전략 이해하기

말하기 상황	
• 주제, 목적, 청자, 시·공간적 배경, 담화 유형 등	

표현 전략	
언어적	어휘, 문장, 연결 표현, 내용 조직 등
준언어	목소리 크기, 속도, 어조, 강세 등
비언어	시선, 표정, 몸동작, 자세 등

② 말하기 상황과 언어적 표현 전략 분석하기

말하기 상황	• 주제 : 비협력 운동의 정당성 • 목적 : 설득 • 청자 : 인도 국민 • 담화 유형 : 연설
언어적 표현	• 공식적인 상황 > 격식 있는 어휘와 표현 • 정확하고 명료한 단어 • 도입부 > 전체 내용 개관 • "~법에 어긋납니까?" 동일한 문장 구조를 반복 : 정당성 강조 • 결론부에 전체 내용 요약 및 주제 강조

2) 준언어적, 비언어적 표현 전략 활용하기

① 상황에 맞는 표현 전략 점검표

점검표
① ~ 언어적 표현을 적절하게 사용하였는가? ② ~ 준언어적 표현을 적절하게 조절하였는가? ③ ~ 비언어적 표현을 적절하게 사용하였는가?

② 준언어적·비언어적 전략 실습하기

준언어적 표현	• 당당하고 확신에 찬 어조 • 약간 낮은 목소리 • 목소리 크게 하며 말의 속도 천천히 하기
비언어적 표현	• 청중과 시선 맞춤 • 차분하고 온화한 표정 • 가슴에 손을 얹는 등 몸짓

성취 기준

2022 교육과정	[12화언01-09] 정제된 언어적 표현 전략 및 적절한 준언어적·비언어적 표현 전략을 활용하여 발표한다.
2015 교육과정	[12화작02-09] 상황에 맞는 언어적·준언어적·비언어적 표현 전략을 사용하여 말한다.
2012 교육과정 (2009 개정)	[고등-화작-(9)] 청자의 이해를 돕기 위한 언어적·반언어적·비언어적 표현 전략을 사용한다. 　　말을 할 때에는 청자의 이해를 돕기 위하여 효과적인 표현 전략을 적절하게 사용하는 능력이 필요하다. 효과적으로 정보를 전달하려면 성량이나 어조를 적절하게 조절해야 하며 손짓, 몸동작, 시선도 적절해야 한다. 청자가 내용의 전개를 쉽게 이해하도록 도입부에서 전체 내용을 개관하거나, 설명 중간에 지금까지의 내용을 정리하고 다음 내용을 소개하는 연결 표현도 필요하다. 구두 의사소통의 특성을 고려하여 청자의 이해를 돕고 청자와 교감을 유지할 수 있는 표현 전략을 익히도록 한다.

교과서 정리			
학습 내용 정리	■ **발표** : 청중에게 자신의 생각이나 어떠한 사실을 전달하는 말하기		
	표현 전략		
	언어적	발표 상황이나 내용에 적절한 어휘나 문장 등을 사용하는 표현 전략 예) 내용 연결 표현, 인용, 설의, 비유, 문답 등의 표현 방법, 구체적인 사례나 경험을 활용	
	준언어	말을 할 때 언어적 표현에 덧붙여 의미 전달에 영향을 미치는 성량, 속도, 어조 등을 말함 예) - 성량 : 목소리의 크기로, 말하는 내용을 강조하거나 발표자의 감정을 표현하는 기능을 함 - 속도 : 말의 빠르기로, 말하는 내용의 난도나 청중의 수준, 발표자의 정서 상태 등에 따라 달라짐 - 어조 : 말의 분위기로, 말하는 내용이나 의사소통 상황, 발표자의 감정 등에 따라 달라짐	
	비언어	말을 할 때 언어적 표현, 준언어적 표현 외에 의미 전달에 영향을 미치는 시선, 표정, 몸짓 등을 말함 예) - 시선 : 발표자의 눈의 방향으로, 발표자는 청중과 눈을 맞추며 교감할 수 있음 - 표정 : 마음속의 감정이나 심리 상태를 표현하는 얼굴의 모습으로, 비언어적 표현 중 감정 표현의 근원이 됨 - 몸짓 : 청중에게 의미를 전달하기 위해 의식적 혹은 무의식적으로 몸의 일부나 몸 전체를 움직이는 동작으로, 손짓이나 자세 등을 포함함	
[2022] 천재 화법과 언어 2. 단어와 담화 (3) 멋진 발표를 위한 표현 전략	제재	발표의 달인을 찾아서(학교 신문 기자가 발표를 잘하기로 소문난 선배를 찾아가 인터뷰한 내용)	
	동기유발	※ 자신의 발표 경험을 떠올려 보고, 무엇이 제일 힘들었는지 이야기해 보자.	
	이해 활동	■ '발표의 달인을 찾아서'를 읽고, 발표에 필요한 표현 전략을 정리해 보자. 1. 발표의 달인과 인터뷰를 진행한 재윤이의 취재 수첩을 완성해 보자. 2. 자신에게 가장 도움이 된 달인의 조언은 무엇인지 말해 보자.	
	적용 활동	■ 다음 발표를 보고, 발표에 사용한 표현 전략과 그 효과를 탐구해 보자. 1. 다음 발표 맥락을 보고, 발표자가 아래 그림 자료를 선정한 까닭을 생각해 보자.	
		발표 맥락	그림 자료
		• 발표 주제 : 우리가 미술관을 찾는 이유 • 발표자 : 안현배(미술사학자) • 발표 상황 : 대중 강연 발표 • 청중 분석 : 미술에 관심이 있는 불특정 다수	외젠 들라크루아, 〈민중을 이끄는 자유의 여신〉(1830) 프랑스 7월 혁명을 기념하려고 그린 그림으로, 노란 옷을 입은 여성은 자유를 상징한다. 이 작품은 세계적으로 유명한 그림이며, 루브르 미술관에 전시되어 있다.

		2. 발표자가 사용한 준언어적 표현 전략과 비언어적 표현 전략
		  (1) 발표자가 말의 속도를 천천히 한 부분과 잠시.멈춘 부분을 찾아보고, 그 부분에서 말의 빠르기를 조절한 까닭을 생각해 보자.
		  (2) 발표자의 몸짓이 드러난 부분을 찾아보고, 왜 그런 몸짓을 사용했을지 추론해 보자.
		  (3) 발표자가 청중에게 어떻게 신뢰감을 주고 있는지 화자가 사용한 준언어적 표현 전략과 비언어적 표현 전략을 중심으로 말해 보자.
		3. 발표에 사용된 정제된 언어적 표현 전략을 살펴보고, 그 효과를 탐구해 보자.
		  (1) 발표자가 자신의 경험을 예로 들어 발표를 진행한 까닭은 무엇일지 말해 보자.
		  (2) 아래 문장에서 지시 표현과 대용 표현이 담화의 응집성에 어떻게 기여하는지 파악해 보자.
		  (3) 위 발표의 밑줄 친 부분과 아래 문장을 비교해 보고, 정제된 언어 표현 전략의 방법과 효과를 말해보자.	

	수행 활동	■ 평소에 관심 있던 주제를 친구들에게 소개하는 발표를 해 보자.
		1. 청중을 고려하여 발표 주제를 정해 보자.
		   - 발표 목적, 청중 분석, 발표 주제
		2. 발표에 필요한 자료를 수집하고 내용을 구성한 후, 개요서를 작성해 보자.
		3. 내가 발표하는 모습을 영상으로 녹화하여 의도한 표현 전략이 제대로 드러났는지 확인해 보자.
		4. 친구들 앞에서 나의 관심사를 발표하고 질의를 받아 답변해 보자. 발표가 끝나고 나의 발표를 스스로 평가해 보자.
		   - 발표 주제에 친구들이 관심 있는 반응을 보였는가?
		   - 준언어적 표현 전략을 적절하게 활용했는가?
		   - 비언어적 표현 전략을 적절하게 활용했는가?
		   - 정제된 언어적 표현 전략을 사용했는가?
		   - 보조 자료를 효과적으로 사용했는가?	

	제재	바이오 플라스틱의 개념과 특징(발표)
[2022] 비상 화법과 언어 1. 발표와 연설 (1) 다양한 표현 전략을 활용한 발표	동기유발	※ 청중의 관심을 끌기 위해서 어떻게 해야 할지 생각해 보자.
	학습 활동	1. 다음 발표를 보고, 발표에 나타난 표현 전략을 탐구해 보자. 　(1) 발표자가 발표한 내용(주제, 목적, 발표 내용 - 도입부, 전개부, 정리부)을 정리해 보자. 　(2) 발표자가 사용한 언어적 표현 전략을 정리하고, 그 효과를 알아보자. 　(3) 발표자가 사용한 준언어적 표현 전략과 그 효과를 알아보자. 　(4) 발표자가 사용한 비언어적 표현 전략과 그 효과를 알아보자. 2. 상황에 맞는 표현 전략을 활용하여 친구들 앞에서 발표해 보자. 　(1) 다음 자료를 참고하여 관심 분야의 직업에 대한 발표 내용을 준비해 보자. 　(2) (1)을 바탕으로 발표 내용을 구성하고, 각 내용에 맞는 적절한 표현 전략을 계획해 보자. 　(3) 앞의 활동을 바탕으로 친구들 앞에서 적절한 표현 전략을 활용하며 발표해 보자. 　(4) 다음 질문에 따라 발표에서 사용한 표현 전략을 서로 평가해 보자. | 표현 전략 | 평가를 위한 질문 | |---|---| | 언어적 표현 전략 | • 간결하고 명확한 표현으로 생각을 분명하게 드러내었는가? • 내용 연결 표현, 표현 방법 등을 적절하게 사용하였는가? | | 준언어적 표현 전략 | • 목소리의 크기가 너무 크거나 작지 않았는가? • 말하기 속도를 적절하게 조절하였는가? • 말하는 내용에 적절한 어조를 사용하였는가? | | 비언어적 표현 전략 | • 청중을 바라보며 모두에게 골고루 시선을 주었는가? • 표정과 몸짓 등을 통해 말하고자 하는 내용을 강조하였는가? |
[2022] 미래엔 화법과 언어 4. 대인관계와 의사소통 전략 (2) 발표와 효과적 표현 전략	제재	클래스 e - 비만의 주범, 가당 음료 영상
	동기유발	※ 다른 사람의 발표를 들을 때, 발표 내용이 이해하기 어렵거나 지루하게 느껴졌던 까닭은 무엇일까?
	학습활동	1. 다음 발표에 나타난 표현 전략을 분석해 보자. 　(1) 이 발표에서 발표자가 사용한 언어적 표현 전략을 파악해 보자. 　(2) 발표자가 사용한 준언어적·비언어적 표현 전략을 정리해 보고, 그 표현 전략이 효과적이었는지 분석해 보자. 2. 모둠별로 언어적·준언어적·비언어적 표현 전략을 활용하여 학급 친구들에게 기념일을 소개하는 발표를 해 보자. 　(1) 모둠별로 발표 주제를 정해 보자. 　(2) 주제와 관련한 자료를 조사하여 발표의 개요를 작성해 보자. 　(3) 모둠별 토의를 하여 다양한 언어적·준언어적·비언어적 표현 전략을 마련해 보자. 　(4) 한 모둠씩 순서대로 발표해 보고, 다른 모둠은 발표를 들으면서 다음 기준에 따라 평가해 보자. | | 평가 기준 | |---|---| | 내용 구성 | • 내용을 응집성 있게 구성했는가? • 청중의 관심사에 부합하는 내용으로 구성했는가? | | 언어적 표현 전략 | • 청중이 이해하기 쉬운 어휘와 간결한 문장을 사용해서 발표했는가? • 내용을 연결하는 표현을 사용하여 발표의 구조와 흐름을 드러냈는가? | | 준언어적 표현 전략 | • 목소리의 크기와 말의 속도가 적절했는가? • 억양이나 어조를 적절히 변화시키면서 발표했는가? | | 비언어적 표현 전략 | • 몸동작을 적절히 사용하여 발표했는가? • 청중과 시선을 맞추고, 적절한 표정을 지으며 발표했는가? |

4. 중등 읽기

- 제20회 국어과 교수·학습 실연 시험 문제지 및 지도안 예상 답안
- 제21회 국어과 교수·학습 실연 시험 문제지 및 지도안 예상 답안
- 제22회 국어과 교수·학습 실연 시험 문제지 및 지도안 예상 답안
- 제23회 국어과 교수·학습 실연 시험 문제지 및 지도안 예상 답안
- 제24회 국어과 교수·학습 실연 시험 문제지 및 지도안 예상 답안
- 제25회 국어과 교수·학습 실연 시험 문제지 및 지도안 예상 답안
- 제26회 국어과 교수·학습 실연 시험 문제지 및 지도안 예상 답안

2026학년도 중등학교교사신규임용후보자선정경쟁시험(2차)
제20회 국어과 교수·학습 실연 시험 문제지

관리 번호

지도안 세부 조건

1. 〈수험생 작성 조건1〉 동기유발
   가. 〈자료1〉을 활용하여 동기를 유발할 것
   나. 학생이 자신의 경험을 상기할 수 있도록 할 것
   다. 교사와 학생의 상호작용이 명시적으로 드러나도록 할 것

2. 〈수험생 작성 조건2〉 글을 읽고 상호작용하기
   가. '사회적 상호작용으로서의 읽기'를 교사의 말로 설명할 것
   나. 학생들이 〈자료2〉와 관련하여 자신의 생각을 형성할 수 있는 활동을 구상할 것
   다. 학생 간 상호작용이 일어날 수 있는 활동을 구상할 것

3. 〈수험생 작성 조건3〉 사회와 상호작용하고 자기 평가하기
   가. 학생이 사회와 상호작용할 수 있는 활동을 구상할 것
   나. 교사와 학생의 행동이 구체적으로 드러나도록 할 것
   다. 〈자료3〉의 빈칸을 채우고 자기 점검 활동을 구성할 것

수업 조건

○ 과목 : 국어
○ 학년 : 중학교 3학년
○ 장소 : 국어 교과교실
○ 시간 : 블록타임제(90분)
○ 단원명 : 읽고 쓰며 세상과 소통하기
○ 해당 성취 기준 : 읽기는 사회·문화적 맥락에서 의미를 구성하는 과정임을 이해하며 사회적 독서에 참여하고 사회적 독서 문화 형성에 기여한다.

단원명	차시	학습 내용
읽고 쓰며 세상과 소통하기	1-2 (본시)	○사회적 상호작용으로서의 읽기에 대해 이해하고 글과 관련한 사회적 맥락을 파악할 수 있다. ○글을 읽고 자신의 생각을 형성하고, 이를 사회와 공유할 수 있다.
	3-4	○사회적 상호작용으로서의 쓰기에 대해 이해할 수 있다. ○독자를 포함한 다양한 쓰기 맥락을 고려하여 글을 쓸 수 있다.

학생 수	장소	학습 형태	학습 기자재
24명	국어 교과교실	강의식, 모둠식	교사용 컴퓨터, 전자 칠판, 학생용 스마트 기기

※ 본 문제는 모의 평가용으로 제작되었으며, 실제 시험의 문항 유형 및 형식과 다를 수 있습니다.

⟨자료1⟩

학교폭력 실태조사, 최고 피해 대상은 초등학생 최고 가해 유형은 언어폭력

초중고 학생 100명 중 1명 이상이 학교 폭력 피해를 경험했다고 합니다. 이는 최근 발표된 '2021년 1차 학교폭력 실태조사 결과'에서 나타났는데요, 결과를 보통 중학생과 고등학생의 학교폭력 피해는 줄어든 반면 초등학생은 증가했습니다 (후략)

댓글

Gorilla03 : 나 어렸을 때도 있던 학교폭력이 아직까지 있다니 한심하다.
 ㄴ pray9206 : 그때는 물리적 폭력이 대세였다면 요즘엔 언어폭력과 사이버 폭력이 대세. 애들이 점점 영악해지고 있음.

BDD1234 : 학교폭력에 대한 강한 규제가 필요해 보이네요. 학교도 시대에 발맞춰 제도적 발전을 이루어야 한다고 생각합니다.

⟨자료2⟩

　여러분, 환경의 날 행사 때 교내 방송으로 시청했던 영상을 잠시 떠올려 봅시다. 작은 빙하에 의지한 채 바다를 부유하던 북극곰의 눈물을 보며 모두들 가슴 아파하지 않으셨습니까? 그 눈물은 이산화탄소에 의한 지구 온난화가 빚어낸 비극입니다. 이와 관련하여 저는 연안 생태계의 가치와 보호에 대한 관심을 촉구하고자 합니다.

　2019년 통계에 따르면 우리나라의 이산화탄소 배출량은 세계 11위에 해당하는 높은 수준입니다. 그동안 우리나라는 이산화탄소 배출을 줄이려 노력하고, 대기 중 이산화탄소 흡수를 위한 산림 조성에 힘써 왔습니다. 그런데 우리가 놓치고 있는 이산화탄소 흡수원이 있습니다. 바로 연안 생태계입니다.

　연안 생태계는 대기 중 이산화탄소 흡수에 탁월합니다. 물론 연안 생태계가 이산화탄소를 얼마나 흡수할 수 있겠냐고 말하는 분도 계실 것입니다. 하지만 연안 생태계를 구성하는 갯벌과 염습지의 염생 식물, 식물성 플랑크톤 등은 광합성을 통해 대기 중 이산화탄소를 흡수하는데, 산림보다 이산화탄소 흡수 능력이 뛰어납니다. 2018년 정부 통계에 따르면, 우리 연안 생태계 중 갯벌의 면적은 산림의 약 4%에 불과하지만 연간 이산화탄소 흡수량은 산림의 약 37%이며 흡수 속도는 수십 배에 달합니다.

　또한 연안 생태계는 탄소의 저장에도 효과적입니다. 연안의 염생 식물과 식물성 플랑크톤은 이산화탄소를 흡수하여 갯벌과 염습지에 탄소를 저장하는데 이 탄소를 블루카본이라 합니다. 산림은 탄소를 수백 년간 저장할 수 있지만 연안은 블루카본을 수천 년간 저장할 수 있습니다. 연안 생태계가 훼손되면 블루카본이 공기 중에 노출되어 이산화탄소 등이 대기 중으로 방출됩니다. 그러므로 블루카본이 온전히 저장되어 있도록 연안 생태계를 보호해야 합니다.

　지금 우리가 연안 생태계로 눈을 돌리지 않으면 북극곰의 눈물은 우리의 눈물이 될 것입니다. 건강한 지구를 후손에게 물려주기 위해 일회용품 줄이기, 나무 한 그루 심기와 함께 이산화탄소의 흡수원이자 저장고인 지구의 보물, 연안 생태계를 보호하고 그 가치를 알리는 데 동참합시다.

－ 2021학년도 대학수학능력시험 6월 모의평가 기출 변형 －

⟨자료3⟩

학습 자기 점검표	
• 읽기가 사회적 상호작용임을 이해하고 활동에 참여하였다.	○ / ×
• _____.	○ / ×
• _____.	○ / ×

2026학년도 중등학교교사신규임용후보자선정경쟁시험(2차)

제20회 국어과 교수·학습 실연 지도안 예상 답안

국어과 본시 교수·학습 지도안				
학습 목표	1. 사회적 상호작용으로서의 읽기에 대해 이해하고 글과 관련한 사회적 맥락을 파악할 수 있다. 2. 글을 읽고 자신의 생각을 형성하고, 이를 사회와 공유할 수 있다.			
학습 단계		교수·학습 활동	자료 및 유의점	시간(분)
도입	인사	• 인사 및 학습 분위기 조성	• 인사 및 학습 준비	
	전시 학습 확인	• 전시 학습 확인	• 전시 학습 회상	
	동기유발	〈수험생 작성 내용1〉 • 읽기를 통해 상호작용한 경험 이야기하도록 안내하기 　- "여러분들도 글을 읽으면서 다른 사람과 의견을 주고 받았던 경험이 있을까요?" 　- "그렇게 이야기를 나누니까 어떤 점이 좋았나요?" • 〈자료1〉을 제시하여 동기를 유발하고 학습 목표와 연관 짓기 　- "맞아요. 그런 경험은 여러분뿐 아니라 사회 전체적으로 있는 일이랍니다. 화면을 보면서 확인할게요. 〈자료1〉은 무엇일까요?" 　- "댓글을 통해 사람들이 무엇을 하고 있나요?" 　- "맞아요. 이처럼 읽기는 단순히 글의 내용만 확인하는 것을 넘어, 글의 내용에 대한 자신의 생각을 구성하고, 다른 사람들과 서로 의견을 주고받는 과정까지 나아갈 수 있는 활동이랍니다."	• 읽기를 통해 상호작용한 경험 이야기하기 　- "중학교 때 독서 동아리에서 친구들과 '허생전'이라는 소설을 읽은 후에, 나라가 경제에 관심이 없을 때 발생하는 문제와 해결 방안에 대해서 서로 이야기해 본 적이 있어요." 　- "친구들의 다양한 의견을 알 수 있게 됐고, 생각하지 못한 부분까지 생각해 볼 수 있었어요." • 〈자료1〉을 보며 동기를 얻고 학습 목표 환기하기 　- "학교 폭력에 대한 인터넷 기사와 기사에 달린 댓글이에요." 　- "댓글을 통해 뉴스 기사에 대한 자신의 생각을 표현하고 있어요." 　- "댓글에 다시 댓글을 달면서 생각에 대한 깊이가 점점 깊어지는 것 같아요."		
	학습 내용 안내	• 학습 내용 안내	• 학습 내용 확인	
	학습 목표 제시	• 학습 목표 제시	• 학습 목표 확인	

		〈수험생 작성 내용2〉 • '사회적 상호작용으로서의 읽기'에 대해 설명하기 ┌─────────────────────────┐ │ 사회적 상호작용으로서의 읽기 │ ├─────────────────────────┤ │ ① 읽기는 자신만의 독창적 의미 구성 × │ │ ② 독자가 속한 구체적인 상황과 사회·문화적인 맥락 속에서 다른 구성원들과 상호작용하며 의미를 만들어 가는 과정 │ └─────────────────────────┘	• '사회적 상호작용으로서의 읽기'에 대해 이해하기		
전 개 1	〈활동1〉 글 읽고 상호작용 하기	• 〈자료2〉를 제시하여 읽고, 모둠별로 글 내용과 관련한 여러 문제점 찾도록 하기 – "지금부터 글을 읽고, 글에서 제시된 여러 가지 문제점을 모둠별로 찾아보도록 해요."	• 제시된 〈자료2〉를 읽고, 글 내용과 관련하여 자신의 생각 형성하기 ┌─────────────────────────┐ │ 활동 예시 │ ├─────────────────────────┤ │ • 우리나라 이산화탄소 배출량이 높다. │ • 우리 연안 생태계에서 갯벌의 면적이 너무 적다. │ • 빙하가 녹아 북극곰이 생존의 위기에 처했다. │ └─────────────────────────┘		
		• 글을 읽고 찾은 문제점을 해결하기 위해 모둠별로 토의하도록 하기 – "지금부터 여러분들이 글을 읽고 모둠별로 찾게된 문제점을 해결하기 위한 토의를 진행할 거예요. 논쟁보다는 해결책에 초점을 맞추도록 해요."	• 글을 읽고 찾은 문제점을 해결하기 위해 모둠별로 토의하기 ┌─────────────────────────┐ │ 활동 예시 │ ├─────────────────────────┤ │ 논 제 : 이산화탄소 배출을 줄이려면 어떻게 해야 할까? │ 방안1: 이산화탄소 배출의 주범 중 하나인 일회용품 사용 줄이기 │ 방안2: 이산화탄소 흡수를 돕는 나무 심기 │ 방안3: 대중교통 이용하기, 짧은 거리는 걷기 │ └─────────────────────────┘		
		• 활동 내용 공유 및 피드백하기 – 발표를 마칠 때마다 발표에 대한 학생들의 반응을 독려한다.	• 활동 내용 공유 및 피드백 받기 ┌─────────────────────────┐ │ 활동 예시 │ ├─────────────────────────┤ │ 발 표 : "저희 모둠에서는 이산화탄소 배출을 줄이기 위한 방법을 토의했습니다. (후략)" │ 반응1 : "글을 읽으며 찾지 못했던 문제점을 다시 생각해 보게 되었어요." │ 반응2 : "예전에 보니까 비행기도 이산화탄소를 많이 배출한다고 해요. 항공사에 이산화탄소 배출에 관한 세금을 부과하는 것도 좋은 방법 같아요." │ └─────────────────────────┘		
전 개 2	〈활동2〉 사회와 상호작용 하고 자기 평가하기	〈수험생 작성 내용3〉 • 토의 결과를 사회에 알리기 위한 캠페인 활동 방안을 모둠별로 구상하도록 하기	• 토의 결과를 사회에 알리기 위한 캠페인 활동 방안을 모둠별로 구상하기 ┌─────────────────────────┐ │ 활동 예시 │ ├─────────────────────────┤ │ • 동영상 플랫폼에 '연안 생태계를 보호하고 아끼자'는 주제의 동영상을 만들어 업로드하고 공유하기 │ • 일회용품 사용을 줄여 이산화탄소를 줄이자는 내용의 포스터를 만들어 학교에 게시하기 │ • 친환경 기업을 소개하는 팸플릿을 만들어 학교 주변 이웃들에게 나누어주기 │ └─────────────────────────┘		
		• 구상한 캠페인 활동을 실현하기 위한 캠페인 자료 제작하기	• 구상한 캠페인 활동을 실현하기 위한 캠페인 자료 제작하기		

전개 2	〈활동2〉 사회와 상호작용하고 자기 평가하기	• 활동 결과 발표 안내 및 피드백하기 **피드백 예시** "2조가 아주 잘 만들어 주었네요. ○○이가 소감으로 말해준 것처럼 완성도도 높고 무엇보다 전하고자 하는 메시지의 전달력이 아주 높아요. 선생님도 게시판에 구경하러 갈게요."	• 활동 결과 발표하고 소감 공유 및 피드백 받기 **활동 예시** 2조 : 저희는 '일회용품 사용을 줄여 이산화탄소를 줄이자'는 주제로 포스터를 만들었습니다. 이 포스터는 수업 종료 후 1층 학교 게시판에 게시될 예정입니다. 소감 : 짧은 시간이었는데 만들어진 결과물의 완성도가 아주 높아요. 수업 끝나고 게시판에 게시할 때 저도 같이 홍보하려고 해요.
		• 완성된 〈자료3〉을 제시하고 오늘 수행한 활동 내용을 자기 점검하도록 하기 **자기 점검표** ① 읽기가 사회적 상호작용임을 이해하고 활동에 참여하였다. ② 글을 읽으며 자신의 생각을 형성하였다. ③ 형성한 자신의 생각을 사회와 공유하였다.	• 제시된 〈자료3〉을 활용하여 오늘 수행한 활동 내용을 자기 점검하기
정리	형성평가 및 과제 부여	• 형성평가 부여 • 수준별 과제 제시	• 형성평가 진행 • 수준별 과제 확인
	학습 내용 정리	• 학습 내용 정리	• 학습 내용 이해
	차시 예고	• 차시 예고	• 차시 예고 인지

판서 예시

◎ 사회적 상호작용으로서의 읽기

```
┌─ 사회·문화적 맥락 ──────┐
│  ┌─ 독자의 상황 ─┐      │
│  │  독자  ⇄ 다른 구성원  │
│  └──────────────┘      │
└────────────────────────┘
```

〈글 읽고 학급과 상호작용하기〉

문제점	해결 방안
이산화탄소 배출량 높음	• 일회용품 사용 줄이기 • 나무 심기 • 대중교통 이용하고 걷기
갯벌 면적 작음	…
북극곰 생존 위기	…

〈사회와 상호작용하고 자기 점검하기〉

캠페인 활동 방안
1조 : '연안 생태계 보호' 동영상 　　　→ 동영상 플랫폼 2조 : '이산화탄소 줄이기' 포스터 　　　→ 학교 게시판 3조 : '친환경 기업을 소개' 팸플릿 　　　→ 학교 주변 이웃

자기 점검표
① … ② 글 → 자신의 생각 형성 ③ 형성한 생각 → 사회와 공유

성취 기준

2022 교육과정	[9국02-01] 읽기는 사회·문화적 맥락에서 의미를 구성하는 과정임을 이해하며 사회적 독서에 참여하고 사회적 독서 문화 형성에 기여한다. 　이 성취 기준은 읽기가 다양한 사회·문화적 맥락에 속한 공동체 구성원들이 상호 작용하며 의미를 구성하는 과정임을 이해하고 사회적 독서 문화 형성에 기여하도록 하기 위해 설정하였다. 독자는 자신이 처한 상황이나 사회·문화, 역사적 배경에 따라 의미를 형성해 간다. 또한 공동체 구성원들이 구성한 의미를 협력적으로 소통함에 따라 타인의 삶에 대한 이해나 공동체가 지향해야 할 가치를 발견할 수 있다. 사회·문화적으로 가치 있는 주제의 글을 선정하여 읽기, 사회·문화적 맥락을 고려하여 필자의 의도 파악하기, 독서 토론을 통해 구성원 간의 다양한 의미 교환하기, 사회·문화적 맥락에서 새로운 의미 발견하기, 사회적 독서 문화 형성하기 등을 학습한다.
2015 교육과정	[10국02-01] 읽기는 읽기를 통해 서로 영향을 주고받으며 소통하는 사회적 상호작용임을 이해하고 글을 읽는다.

교과서 정리		
학습 내용 정리	■ 사회적 상호작용으로서의 읽기 '읽기'는 독자가 머릿속에서 자신만의 의미를 만들어 가는 개인적인 행위에서 끝나지 않는다. 독자는 사회적 문제를 다룬 글을 읽으면서, 자신이 처한 구체적인 상황이나 사회·문화적 상황에 글의 의미를 비추어 생각하게 된다. 이 생각을 다른 사람들과 나누기도 하고, 나아가 여론을 형성하기도 한다. 이처럼 독자는 읽기를 통해 자신이 속한 사회를 이해하고 다른 사람과 상호작용을 하면서 사회에 영향을 미치게 된다.	
천재(박) 고등국어 2. 능동적 읽기와 주체적 해석 (1) 사회적 대화로서의 글 읽기	제재	등나무 운동장 이야기
	동기유발	※ 자신이 읽은 책에 관해 다른 사람과 대화를 나눈 경험을 떠올려 보고, 아래의 질문에 짝과 서로 답해 보자. 1) 읽은 책은 무엇인가? 어떤 이야기를 나누었는가? 2) 책을 읽고 나눈 대화가 책의 내용을 이해하는 데 도움을 주었는가?
	학습활동	1. 이 글을 읽고 떠올린 생각을 정리하며 글의 의미를 구성해 보자. 　1) 다음 구절의 의미를 어떻게 이해하였는지 말해 보자. 　2) 이 글에서 인상 깊은 구절을 고르고, 그 까닭을 써 보자. 　3) 이 글을 읽으면서 새로 알게 된 점과 궁금한 점을 정리해 보자. 2. 이 글의 내용과 관련하여 짝과 대화를 나누어 보자. 　1) 다음 질문에 답하면서 짝과 서로 생각을 나누어 보자. 　2) 이 글을 읽으면서 궁금했던 점이나 더 이야기 나누고 싶은 것을 한두 개 골라 짝과 대화해 보자. 　3) 1), 2)를 하면서 짝과 나눈 대화가 자신에게 어떤 영향을 주었는지 정리해 보자. 3. 이 글에 나오는 '등나무 운동장'은 주민 모두가 함께 이용하는 공공 건축물이다. 이러한 공공 건축물이 갖추어야 할 조건을 모둠별로 이야기해 보고, '공공 건축 제안서'를 만들어 보자. 　1) 공공 건축물이 갖추어야 할 조건이 무엇인지 이야기해 보자. 　2) '공공 건축 시민 공모전'에 참여한다고 가정하고, '공공 건축 제안서'를 만들어 보자.
미래엔 고등국어 4. 소통의 힘 (1) 읽고 쓰며 소통하기	제재	이유 있는 여유
	동기유발	※ '읽기'는 글쓴이와 대화하는 것만이 아니고 독자끼리도 의미를 만들어 가는 것이라는 것이 무슨 의미일지 생각해 보자.
	학습활동	1. 이 글을 통해 글쓴이가 독자에게 말하려고 하는 내용을 파악해 보자. 　1) 글쓴이는 여유를 만들기 위해서 어떤 태도가 필요하다고 했으며, 이러한 여유를 만드는 방법으로 제시한 것은 무엇인지 정리해 보자. 　2) 글쓴이는 여유를 만드는 일이 왜 중요하다고 생각하는지 이야기해 보자. 2. 글쓴이가 말한 '두 가지 종류의 여유'를 자신의 상황과 관련지어 생각해 보자. 3. 다음 인터넷 만화를 보고 제시된 질문에 답해 보면서, 이 글에서 말한 '여유'를 사회적 상황과 관련지어 이야기해 보자. 4. 이 글에서 다루고 있는 문제를 다음과 같이 다양한 주제로 친구들과 토의해 보자. 5. 앞의 활동을 바탕으로 하여 이 글을 읽는 과정에서 이루어진 사회적 상호작용은 무엇인지 생각해 보자.
신사고 고등국어 1. 문학, 쓰기, 읽기와의 첫 만남 (2) 쓰기와 읽기로 만나는 세상	제재	과학 연구의 자유와 규제
	동기유발	※ ㉮, ㉯를 통해 글을 읽고 쓰는 과정에서 필자와 독자 사이에 무엇이 이루어지고 있는지 생각해 보자.
	학습활동	1. 다음 활동을 통해 이 글의 내용을 이해해 보자. 　1) 인간 배아 복제에 관한 연구를 둘러싼 논쟁의 이면에 존재하는 쟁점이 무엇인지 써 보자. 　2) '제1차 사회 계약'과 '제2차 사회 계약'의 내용을 정리해 보자. 　3) '제2차 사회 계약'으로 나타난 문제점을 정리해 보자. 2. 다음 활동을 통해 '과학 연구의 자유와 규제'에 대한 자신의 생각을 형성해 보자. 　1) ㉮, ㉯에 제시된 사회·문화적 맥락을 고려하여 '과학 연구의 자유와 규제'에 대한 자신의 생각을 근거를 들어 써 보자. 　2) 이 글의 필자는 '과학 연구의 자유와 규제'에 관해 어떻게 생각하고 있는지 파악해 보고, 필자와 자신의 생각을 비교해 보자. 3. 앞의 활동을 바탕으로 '과학 연구의 자유와 규제'에 대한 자신의 생각을 다른 친구와 공유해 보자. 　1) '과학 연구의 자유와 규제'에 대한 각자의 생각과 그렇게 생각한 까닭을 모둠별로 이야기해 보자. 　2) 1)을 통해 새롭게 깨닫게 되었거나, 생각에 변화가 있었다면 말해 보자. 4. 앞의 과정에서 이루어진 읽기의 사회적 상호작용에 관해 이야기해 보자.

2026학년도 중등학교교사신규임용후보자선정경쟁시험(2차)
제21회 국어과 교수·학습 실연 시험 문제지

관리 번호 ☐

지도안 세부 조건

1. 〈수험생 작성 조건1〉 동기유발
   가. 학생들의 경험을 이끌어 낼 것
   나. 교사의 구체적인 발문을 제시할 것

2. 〈수험생 작성 조건2〉 요약하기의 일반 원리와 글의 구조를 고려하여 요약하기
   가. 요약하기의 일반 원리에 따라 〈자료1〉을 요약하도록 할 것
   나. 〈자료3〉을 활용하여 〈자료1〉, 〈자료2〉를 정리하도록 할 것
   다. 글의 특성에 따른 요약하기 방식의 차이를 설명할 것

3. 〈수험생 작성 조건3〉 읽기 목적을 고려하여 글 요약하기
   가. 〈자료1〉과 〈자료2〉를 활용할 것
   나. 〈자료4〉의 읽기 목적에 따라 요약이 어떻게 달라지는지 파악하도록 할 것
   다. 교사와 학생의 상호작용을 통해 요약하기의 효과에 대해 이해하도록 할 것

수업 조건

○ 과목 : 국어
○ 학년 : 중학교 1학년
○ 장소 : 국어 교과교실
○ 시간 : 블록타임제(90분)
○ 단원명 : 요약하기
○ 해당 성취 기준 : 읽기 목적과 글의 구조를 고려하며 글을 효과적으로 요약한다.

단원명	차시	학습 내용
요약하기	1-2 (본시)	○ 요약하기의 일반 원리와 글의 구조에 따라 글을 요약할 수 있다. ○ 읽기 목적을 고려하여 글의 내용을 요약할 수 있다.
	3-4	○ 자신이 발표하고자 하는 주제에 대해 필요한 내용을 다양한 자료에서 찾아 요약할 수 있다. ○ 핵심 정보가 잘 드러나게 발표할 수 있다.

학생 수	장소	학습 형태	학습 기자재
24명	국어 교과교실	강의식, 모둠식	교사용 컴퓨터, 전자 칠판, 학생용 스마트 기기

※ 본 문제는 모의 평가용으로 제작되었으며, 실제 시험의 문항 유형 및 형식과 다를 수 있습니다.

〈자료1〉

언어의 변화

언어는 어디서든 세대에 상관없이 계속 변화하고 있습니다. 이것은 언어가 가지는 언어의 '역사성'이라는 속성 때문입니다. 언어의 '역사성'은 언어가 시간의 흐름에 따라 생성, 변화, 소멸하는 특성을 말합니다. 물론 언어는 언중들 간의 사회적 약속을 기반으로 하므로 개인이 함부로 바꾸거나 고칠 수 없습니다. 그러나 긴 시간이 지나면서 달라지는 사회·문화적 환경으로 인해 의미가 변하거나 새로운 의미를 가진 단어가 생성되며 언어는 변화를 겪습니다.

이러한 언어의 변화를 보여주는 단적인 예가 신조어입니다. 신조어란 시대의 변화에 따라 새로운 것들을 표현하기 위해 새롭게 만들어진 말이나 기존에 있던 말이라도 새로운 의미를 부여한 말로, 언어의 특성 중 '창조성', '사회성'과 밀접한 관련을 가지며, 해당 언어가 사용되는 시대와 상황을 반영하게 됩니다.

신조어를 만드는 가장 대표적인 유형의 예로는 '갑자기 분위기 싸해졌다.'를 줄인 '갑분싸', 'Too Much Information'을 줄인 'TMI', '혼자 코인 노래방'을 줄인 '혼코노'가 있습니다.

물론 언어가 시간의 흐름에 따라 변화한다는 언어의 '역사성'의 관점에서 이러한 신조어의 사용은 자연스러운 언어 변화 과정일 수 있습니다. 또한 언어의 효율성을 추구한다는 점과 창조적인 언어 사용이라는 점에서 긍정적으로 생각할 수도 있습니다. 그러나 과도하게 말을 줄여 쓰거나 비속어 및 외래어가 남용된 신조어는 우리의 언어를 파괴할 수 있습니다.

〈자료2〉

신조어 사용의 문제

쩐다(대단하다), 넘사벽(넘을 수 없는 사차원의 벽), 간지(멋있다), 레알(정말). 모두 요즘 청소년들 사이에서 흔히 들을 수 있는 말들이다. 대부분의 청소년들이 이러한 신조어나 줄임말을 거리낌 없이 사용한다. 이런 현상이 야기하는 문제점은 무엇이며 이 문제를 해결하기 위해선 어떻게 해야 할까?

신조어를 자주 사용하게 되면 우리는 원래 쓰던 한글의 뜻을 잊게 되고 그 뜻을 가진 신조어를 쓰는 데 더 익숙해져 기존의 우리말의 사용량은 줄어들다가 사라질 수 있다. 마찬가지로, 우리는 한글 대신 신조어를 씀으로써 원래 한글의 맞춤법 또한 잊게 될지도 모른다. 우리의 문자는 우리의 얼과 같다. 그런 우리 민족의 얼이 지나친 신조어 사용의 증가로 잊혀 가고 있다.

청소년들은 물론, 사실 대부분의 어른들도 한글의 창제 원리나 유래, 기본적 원칙조차 모르는 경우가 허다하다. 우리 한글은 탄생 기록이 있는 유일한 문자이고 우리나라의 문맹률이 매우 낮은 것 또한 한글 덕분이다. 한글 창제의 원리 등을 밝혀 놓은 책인 '훈민정음(해례본)'은 유네스코의 '세계 기록 유산'이기도 하다. 이러한 한글에 자부심을 가지고 지켜야겠다는 의무감을 기르도록 청소년들에게 한글에 대해서 제대로 교육하는 것이 중요하다고 생각한다. 예를 들어, 각 학교마다 한글의 창제 원리나 그 구조를 교육시키는 프로그램을 도입하도록 하거나 한글의 소중함을 일깨워 주는 시청각 자료 제작, 배포도 좋은 방법이다.

〈자료3〉

제목 : 언어의 변화	
처음	언어의 특성
중간	신조어의 (ㄱ) 신조어의 (ㄴ)
끝	신조어 사용의 특성

제목 : 신조어 사용의 문제	
문제 상황	신조어의 무분별한 사용으로 (ㄷ)이/가 사라질 수 있음
	↓
해결 방법	청소년들에게 (ㄹ)에 대해서 제대로 교육할 필요가 있음

〈자료4〉

① 우리 학교 학생들이 지나치게 많은 신조어를 사용하는 것 같아. 우리말을 지키기 위해 신조어 사용을 자제하자는 취지의 글을 작성할 거야. 다양한 신조어의 유형에 대해 알고 싶어.

② 외국인 친구들에게 한국어를 소개하고, 한국어의 우수성을 알리는 정보 전달의 글을 쓰려고 해. 한국어의 특성과 한글의 우수성에 대해 알고 싶어.

2026학년도 중등학교교사신규임용후보자선정경쟁시험(2차)

제21회 국어과 교수·학습 실연 지도안 [예상 답안]

국어과 본시 교수·학습 지도안				
학습 목표		1. 요약하기의 일반 원리와 글의 구조에 따라 글을 요약할 수 있다. 2. 읽기 목적을 고려하여 글의 내용을 요약할 수 있다.		
학습 단계		교수·학습 활동		자료 및 유의점	시간 (분)
도입	인사	• 인사 및 학습 분위기 조성	• 인사 및 학습 준비		
	전시 학습 확인	• 전시 학습 확인	• 전시 학습 회상		
	동기유발	〈수험생 작성 내용1〉 • 요약하기와 관련하여 학생들의 경험을 이끌어 낼 수 있는 구체적인 질문하기 - "최근에 본 영화에는 어떤 것이 있나요?" - "그 영화의 내용을 설명해 줄 수 있나요?" - "그렇군요. 만약 누군가가 이렇게 질문했을 때, 두 시간짜리 영화를 두 시간에 걸쳐 설명하면 어떻게 될까요?" • 학생들의 답변에 피드백하며 요약하기의 중요성 설명하기 - "맞아요. 때때로 우리는 우리가 경험한 것들을 아주 간단하고 핵심적인 내용을 위주로 간추릴 필요가 있어요."	• 교사의 발문을 통해 요약하기와 관련된 자신의 경험 떠올리기 - "F○이요.", "좀비○'이요." 등 - "제가 설명해 볼게요. 'F○'은 사고로 선수 생활이 끝날 뻔한 주인공이 30년 후에 한 팀 소유주의 설득으로 레이싱에 복귀하며 새로운 도전을 하는 내용이에요." - "지루할 거 같아요.", "듣다가 까먹을 거 같아요." 등 • 피드백을 듣고 요약하기의 중요성 이해하기		
	학습 내용 안내	• 학습 내용 안내	• 학습 내용 확인		
	학습 목표 제시	• 학습 목표 제시	• 학습 목표 확인		
전개 1	〈활동1〉 요약하기의 일반 원리와 글의 구조에 따라 요약하기	• 요약하기의 개념 설명 • 요약하기의 일반 원리 설명 • 〈자료1〉, 〈자료2〉 읽도록 하기 〈수험생 작성 내용2〉 • 모둠별로 요약하기의 일반 원리를 적용하여 〈자료1〉 요약하도록 하기	• 요약하기의 개념 이해 • 요약하기의 일반 원리 이해 • 〈자료1〉, 〈자료2〉 읽기 • 모둠별로 요약하기의 일반 원리를 적용하여 〈자료1〉 요약하도록 하기 | | 원리 | 요약 내용 | |---|---|---| | 1문단 | 선택 | 언어는 어디서든 세대에 상관없이 계속 변화하고 있다. | | 2문단 | 삭제 | 신조어란 시대의 변화에 따라 새로운 것들을 표현하기 위해 새로 만들어진 말이다. |		

				3문단	일반화	신조어를 만드는 가장 대표적인 유형은 말을 줄이는 것이다.
				4문단	재구성	신조어의 사용은 자연스러운 변화의 과정이지만 언어는 민족의 정체성이므로 신조어는 적절하게 사용해야 한다.

전개 1	〈활동1〉 요약하기의 일반 원리와 글의 구조에 따라 요약하기	• 〈자료3〉의 글 구조도를 활용하여 〈자료1〉, 〈자료2〉의 내용을 정리하도록 하기 • 글의 특성에 따른 요약하기 방식의 차이점 설명하기 – "(가)와 (나)의 글의 특성을 말해볼까요?" – "맞아요. 글의 특성에 따라 요약하기 방식도 달라진답니다." – 정보를 전달하는 글 : 대상에 대한 정보를 중심으로 – 설득하는 글 : 주장과 근거, 문제 상황과 해결 방법을 중심으로| • 〈자료3〉의 글 구조도를 활용하여 〈자료1〉, 〈자료2〉의 내용을 정리하기 – 〈자료3〉의 'ㄱ' : 개념 – 〈자료3〉의 'ㄴ' : 유형 – 〈자료3〉의 'ㄷ' : 우리말 – 〈자료3〉의 'ㄹ' : 한글 • 글의 특성에 따른 요약하기 방식의 차이점 이해하기 – "(가)는 정보를 전달하는 글이고, (나)는 설득하는 글이에요."
전개 2	〈활동2〉 읽기 목적을 고려하여 글 요약하기	〈수험생 작성 내용3〉 • 〈자료4〉의 읽기 목적 제시하기 • 교사가 제시한 읽기 목적에 따라 어떤 내용을 중심으로 글을 요약할 것인지 생각해 보도록 하기 • 활동 내용 공유하도록 하기 • 상호작용을 통해 '요약하기'의 특성과 효과 이해하도록 하기 – "요약을 할 때, 모두 같은 방법으로 요약을 하였나요?"	• 〈자료4〉의 읽기 목적 파악하기 • 교사가 제시한 읽기 목적에 따라 어떤 내용을 중심으로 글을 요약할 것인지 생각하기 | 목적 | 요약 내용 | |---|---| | ① | 〈자료1〉의 3문단의 내용과 〈자료2〉의 1문단의 내용을 중심으로 요약 ⇨ 신조어의 대표적인 유형으로는 갑분싸, TMI, 혼코노, 넘사벽 등 긴 말을 줄인 줄임말이 있다. | | ② | 〈자료1〉의 1, 2문단과 〈자료2〉의 3문단의 내용을 중심으로 요약 ⇨ 언어의 특성에는 역사성, 창조성, 사회성이 있다. 한글은 탄생기록이 있는 유일한 문자이며 유네스코 세계 기록 유산으로서 자랑스러운 우리 문자이다. | • 활동 내용 공유하기 • 상호작용을 통해 '요약하기'의 특성과 효과 이해하기 – "아니요."

전개 2	<활동2> 읽기 목적을 고려하여 글 요약하기	- "무엇에 따라 요약이 달라졌나요?" - "그렇죠. 요약은 글의 특성과 읽기 목적에 따라 달라질 수 있습니다. 그렇다면 요약하기를 잘하면 어떤 효과가 있을까요?" - "또 다른 의견 있나요?" - "맞아요. 평소 요약하기를 잘하면 글을 체계적으로 이해할 수 있고, 글의 내용을 정확하게 파악할 수 있으며, 글의 구조를 잘 알 수 있어요."	- "글의 종류, 읽기 목적에 따라 요약 방법이 달라졌어요." - "요약하기를 잘하면 내용을 효과적으로 전달할 수 있어요." - "글을 체계적으로 이해할 수 있어요."
정리	형성평가 및 과제 부여	• 형성평가 부여 • 수준별 과제 제시	• 형성평가 진행 • 수준별 과제 확인
	학습 내용 정리	• 학습 내용 정리	• 학습 내용 이해
	차시 예고	• 차시 예고	• 차시 예고 인지

판서 예시

요약하기

<학습 목표>

1. 요약하기의 일반 원리와 글의 구조에 따라 글을 요약할 수 있다.
2. 읽기 목적을 고려하여 글 내용을 요약할 수 있다.

<활동1> 요약하기의 일반 원리에 따라 요약하기

문단	원리	요약 내용
1	선택	언어는 ~ 계속 변화하고 있다.
2	삭제	신조어란 ~ 새로 만들어진 말이다.
3	일반화	신조어를 형성 방법 ~ 말을 줄이는 것이다.
4	재구성	신조어 자연스러움 무분별한 사용 지양

<활동1> 글의 구조에 따라 요약하기

<자료3>

ㄱ	개념
ㄴ	유형
ㄷ	우리말
ㄹ	한글

- 글의 특성에 따른 차이
① 정보를 전달하는 글 : 대상에 대한 정보를 중심
② 설득하는 글 : 문제 상황과 해결 방법을 중심

<활동2> 읽기 목적을 고려하여 요약하기

	요약 내용
목적1	<자료1> : 3문단 <자료2> : '넘사벽' ⇩ 신조어의 대표적인 유형 줄임말
목적2	<자료1> : 1, 2문단 <자료2> : 3문단 ⇩ - 언어의 역사성, 창조성, 사회성 - 자랑스러운 한글

성취 기준

2022 교육과정	[9국02-02] 읽기 목적과 글의 구조를 고려하며 글을 효과적으로 요약한다.
성취 기준 적용 시 고려 사항	읽기 목적과 글의 구조를 고려하여 요약하기를 지도할 때는 선택, 삭제, 일반화, 재구성 같은 요약의 규칙을 기계적으로 적용하여 중심 내용을 도출하기보다는 학습자의 읽기 목적을 고려하여 필요한 정보가 무엇인지를 확인한 후 이에 부합하는 중심 내용을 요약할 수 있도록 한다. 이때 글의 구조를 고려하여 중심 내용을 요약하도록 안내하면 효과적이다. 글 전체에 대한 요약인 경우 글의 거시적 구조를 고려한 요약이 이루어질 수 있고, 글 일부에 대한 요약인 경우 글의 미시적 구조 혹은 내용 전개 방식을 고려한 요약이 이루어질 수 있다. 글의 구조를 시각화하여 제시한 도해 조직자를 활용할 수 있고, 짝이나 모둠 활동을 연계하여 요약하기 과정과 결과를 공유하며 효과적으로 전략을 내면화할 수 있도록 지도한다. 해당 성취 기준은 타 교과 학습을 위한 교과서 읽기, 학습 자료 읽기 등의 상황과 연계하여 지도함으로써 교과 학습 능력과 읽기 능력이 균형 있게 발달할 수 있도록 지도한다.
2015 교육과정	[9국02-03] 읽기 목적이나 글의 특성을 고려하여 글 내용을 요약한다.

교과서 정리		

학습 내용 정리	■ 요약하기
	- 요약하기 : 글의 중심 내용을 간략하게 정리하는 것을 말한다. 단순히 글을 짧게 줄이는 것이 아니라, 글의 내용에서 중요한 것을 간추려 중심 내용이 잘 드러나게끔 다시 구성하는 것이다.
	- 요약의 규칙
	  ① 글의 중심 내용이 분명하게 드러난 부분을 선택함
	  ② 세부 내용, 반복적인 문장, 예시 등 중심 내용과 거리가 먼 것은 삭제함
	  ③ 개별적이고 구체적인 내용은 이를 포괄할 수 있는 상위 개념으로 일반화함
	  ④ 중심 내용이 분명하게 드러나 있지 않을 때에는 제시된 내용을 바탕으로 중심 문장을 재구성함
	- 요약하기 방법
	  ① 글의 구조나 전개 방식을 고려하여 중요한 내용을 중심으로 글을 간추려야 함
	    : 글의 구조 파악하며 읽기 → 각 문단의 중심 내용 간추리기 → 글의 구조를 고려하여 문단의 중심 내용 정리하기 → 정리한 내용을 재구성하여 요약하기
	  ② 자신의 읽기 목적에 따라 글의 내용을 간추려야 함
	    : 읽기 목적 확인하기 → 읽기 목적을 고려하여 필요한 정보가 있는 문단 선택하기 → 선택한 문단을 중심으로 중심 내용 정리하기 → 정리한 내용을 재구성하여 요약하기
	  * 글의 구조를 시각화한 구조도를 활용하여 요약하면 효과적임
	- 글의 종류에 따른 요약하기
	  ① 설명하는 글 : 설명하는 대상 및 그와 관련한 정보를 중심으로 요약한다.
	  ② 주장하는 글 : 주장과 근거, 문제와 해결방안 등을 중심으로 요약한다.
	  ③ 이야기 : 인물, 사건, 배경 등 이야기의 주요 구성 요소와 사건 전개 단계에 따라 요약한다.	

[2022] 천재(노) 1-1 3. 세상을 이해하는 힘 (1) 요약하며 읽기	제재	• 종자 보관소, 우리의 미래를 지켜주는 열쇠 • 부정적인 감정에 사로잡힌 나에게 가장 필요한 것은(전수경)
	동기유발	• 위 상황에서 우주가 본 영화의 줄거리를 보미가 파악하지 못한 까닭을 생각해 보자.

	이해활동	1. 준호가 글의 내용을 요약하는 과정을 살펴보며 요약의 방법을 알아보자.
		  1) 문단별로 요약한 내용과 글의 구조를 바탕으로 다음 빈칸을 채워 보자.
		  2) 앞의 활동과 준호의 읽기 목적을 바탕으로 준호가 요약한 내용을 완성해 보자.
		2. 읽기 목적에 따른 요약 내용의 차이를 살펴보자.
		  1) 다음 두 학생의 읽기 목적에 따라 이 글을 요약해 보자.
		  2) 1)에서 요약한 내용을 친구와 바꾸어 읽고, 목적에 맞게 요약했는지 점검해 보자.

	적용활동	1. 글의 구조를 고려하며 다음 글을 읽고, 내용을 요약해 보자.
		  1) 글의 전체 구조를 살펴보며 다음 빈칸을 채워 보자.
		  2) 1)에서 정리한 글의 구조를 참고하여 글 전체의 내용을 요약해 보자.
		2. 읽기 목적을 고려하여 글의 내용을 요약해 보자.
		  1) 다음 두 학생의 읽기 목적에 따라 글을 요약한다면 어떤 문단이 필요한지 찾아보자.
		  2) 1)의 상황 가운데 하나를 선택하여 목적에 따라 글의 내용을 요약해 보자.
		  3) 요약한 내용을 친구들과 함께 읽고, 다음 기준에 따라 서로 평가해 보자.

[2022] 미래엔(신유식) 1-1 2. 간추리고 쓰고 (1) 요약하며 읽기	제재	식물의 미래를 지키는 시드볼트

	동기유발	• 요약한 내용이 서로 다른 까닭은 무엇일까?
		  1) 라온이가 찾아본 책 소개 글의 내용이 서로 다른 까닭을 말해 보자.
		  2) 자신이 인상 깊게 본 책의 내용을 간추려 짝과 서로 이야기해 보자.

	이해활동	글을 효과적으로 요약하는 방법은 무엇일까?
		(* 고현덕 외, 〈살아 있는 과학 교과서1〉에서)
		1. 글의 구조를 고려하여 이 글의 중심 내용을 정리해 보자.
		2. 이 글의 구조와 승민이의 읽기 목적을 고려하여 요약문을 완성해 보자.
		3. 승민이의 요약문을 읽은 친구가 다음과 같이 질문하였을 때, 승민이의 답변을 정리해 보자.
		4. 승민이의 요약문을 읽은 수지는 생태계 문제에 관심이 생겨 다른 글을 찾아보았다. 이 글을 읽고 내용을 요약해 보자.
		(* 꿀벌들은 다 어디로 사라졌을까? - 국가환경교육 통합 플랫폼 블로그에서)
		  1) 수지가 이 글을 읽은 목적을 말해 보자.
		  2) 글의 구조를 고려하여 이 글의 내용을 정리해 보자.
		  3) 위 활동을 바탕으로 하여 이 글의 요약문을 완성해 보자.
		  4) 완성한 요약문을 짝과 바꾸어 읽고, 평가 기준에 따라 점검해 보자.

	적용활동	1. 다음은 중학교 사회 교과서 일부이다. 읽기 목적과 글의 구조를 고려하여 이 글을 읽고, 요약해 보자. (* 공법과 사법은 어떻게 다를까?)
		  1) 읽기 목적과 글의 구조를 고려하여 이 교과서의 내용을 정리해 보자.
		  2) 요약한 내용을 짝과 서로 설명해 보자.

	제재	• 스마트폰은 나의 뇌에 어떤 영향을 미칠까(양은우) • 지구에 옷이 쌓인다, 패스트 패션(성해인) • 소나기의 유래(작자 미상)
[2022] 비상(박현숙) 1-1 2. 정보를 판단하는 힘 (1) 요약하며 읽기	동기유발	• 우리 주변에서 요약을 활용한 사례를 떠올려 보고, 친구들과 공유해 보자.
	이해활동	1. 설명하는 글의 구조를 고려하여 이 글을 요약해 보자. 　1) 이 글의 구조에 따라 문단별 중심 내용을 정리해 보자. 　2) 1)을 바탕으로 "스마트폰은 나의 뇌에 어떤 영향을 미칠까?"라는 질문에 답해 보자. 2. 두 학생의 읽기 목적을 고려하여 어느 문단을 중심으로 요약해야 할지 선택해 보자. 그리고 각각의 읽기 목적에 맞게 요약해 보자. 3. 다음은 중학교 1학년 사회 교과서의 일부이다. 글의 특성을 고려하여 내용을 요약하고, 친구들과 요약한 내용을 비교해 보자. (* 다양한 지도 읽기) 　1) 이 글의 특성을 고려하여 내용을 요약해 보자. 　2) 요약한 내용을 친구들과 비교해 보고, 자신의 요약하기 활동을 점검해 보자.
		1. 주장하는 글의 구조를 고려하여 이 글을 요약해 보자. 　1) 이 글을 정리한 구조도를 완성해 보자. 　2) 1)에서 정리한 내용을 바탕으로, 이 글을 한 문단으로 요약해 보자. 2. 이 글의 내용을 바탕으로, 사회 관계망 서비스(SNS)에 공유할 환경 보호 활동 게시물을 만들어 보자.
	적용활동	1. 이 이야기 글 속 농부와 스님을 인터뷰한다고 할 때, 글의 내용을 바탕으로 질문에 답해 보자. 2. 이 이야기 글을 시간의 흐름에 따라 요약해 보자. 　1) 이 글을 시간의 흐름에 따라 요약할 때, 빈칸에 들어갈 내용을 정리해 보자. 　2) 이 이야기를 책으로 만들려고 한다. 이때 이야기의 내용을 한 문장으로 요약하여 책의 띠지에 들어갈 문구를 마련해 보자. 　3) 2)에서 요약한 문장을 친구들과 공유하고, 가장 인상깊은 문구를 골라 보자.

2026학년도 중등학교교사신규임용후보자선정경쟁시험(2차)
제22회 국어과 교수·학습 실연 시험 문제지

관리 번호

지도안 세부 조건

1. 〈수험생 작성 조건1〉 추론적 읽기 방법 이해하기
   가. 〈자료1〉을 활용해 추론적 읽기 방법을 파악하도록 할 것
   나. 파악한 추론적 읽기 방법을 두 가지 유형으로 분류하도록 할 것
   * 유의 사항 : 핵심 내용이 잘 드러나게 판서할 것

2. 〈수험생 작성 조건2〉 드러나지 않은 내용 및 의도와 관점 추론하기
   가. 모둠별로 〈자료2〉의 (가)에서 추론할 때 사용할 수 있는 요소와 추론한 내용을 두 가지 이상 찾도록 할 것
   나. 모둠별로 〈자료2〉의 (나)에서 추론할 때 사용할 수 있는 요소와 추론한 내용을 두 가지 이상 찾도록 할 것
   다. 〈자료2〉의 (나)에 나타난 의도와 관점 파악하도록 할 것

3. 〈수험생 작성 조건3〉 추론하며 읽기 평가하고 읽기의 효과 이해하기
   가. 교사가 평가 기준을 제시할 것
   나. 자기 평가 활동 결과에 대해 학생에게 적절한 피드백을 제공할 것
   다. 앞의 활동을 토대로 추론하며 읽기의 효과를 교사가 설명할 것

수업 조건

- 과목 : 국어
- 학년 : 중학교 1학년
- 장소 : 국어 교과교실
- 시간 : 블록타임제(90분)
- 단원명 : 너의 생각, 나의 생각 / 추론하며 읽기
- 해당 성취 기준 : 독자의 배경지식과 글에 나타난 정보 등을 활용하여 글에 드러나지 않은 의도나 관점을 추론하며 읽는다.

단원명	차시	학습 내용
추론하며 읽기	1-2 (본시)	○추론적 읽기 방법을 이해하고 글에 드러나지 않은 의도와 관점을 추론할 수 있다. ○추론적 읽기 결과를 평가하고 추론적 읽기의 효과를 이해할 수 있다.
	3-4	○주장을 뒷받침할 수 있는 타당한 근거를 들 수 있다. ○주장에 대한 근거를 들고 적절한 표현을 사용하여 주장하는 글을 쓸 수 있다.

학생 수	장소	학습 형태	학습 기자재
24명	국어 교과교실	강의식, 개별 활동, 모둠 활동	교사용 컴퓨터, 전자 칠판, 학생용 스마트 기기

※ 본 문제는 모의 평가용으로 제작되었으며, 실제 시험의 문항 유형 및 형식과 다를 수 있습니다.

〈자료1〉

이솝우화, 〈여우와 포도〉

여우가 길을 가다가 잘 익은 포도가 넝쿨에 매달린 것을 보고 포도를 따 먹으려 했지만 쉽지 않았다. 별의별 방법을 다 써보았지만 도저히 포도 넝쿨 위로 올라갈 수 없었다. 모든 것이 헛수고로 돌아가자 울적해진 여우가 말했다. "포도가 아직 덜 익어서 시퍼렇군. 어차피 고생해서 따 봤자 먹지도 못할걸. 쓸데없는 짓이지.

(가)	(나)	(다)	(라)
〈개미와 베짱이〉라는 우화를 읽어본 적이 있어서 아는데 우화는 동식물을 사람처럼 표현하여 그들의 행동을 비판하고 교훈을 전달하는 이야기이기 때문에 이 글도 어떤 교훈을 주기 위해 쓴 글일 거야.	제목이 여우와 포도인 걸 봐서 여우가 중심 인물이고 포도가 핵심 소재임을 추론할 수 있어.	'잘 익은 포도', '울적해진 여우'라는 표현을 보니 마지막 여우의 말은 진심이 아니라 포도를 먹을 수 없는 자신을 합리화하기 위한 말임을 알 수 있어.	여우는 예로부터 꾀가 많고 요사스러운 동물로 알려져 있어서 부정적인 이미지가 많아. 여우를 비판하는 내용일 것 같아.

〈자료2〉

(가)

〈광고 문구〉

잠시만 기다려주세요, 곧 재생됩니다.
영상만 재생되는 것이 아닙니다.
가장 아름다운 재생
재생해주셔서 감사합니다.

(나) 〈'근'과 '검' 두 글자를 유산으로〉, 정약용

 내가 벼슬을 해서 너희에게 물려줄 밭뙈기 정도도 장만하지 못했으니 오직 정신적인 부적 두 글자를 마음에 지녀 잘 살고, 가난을 벗어날 수 있도록 이제 너희에게 물려주겠다. 너희는 야박하다고 하지 마라. 한 글자는 근(勤)이고, 또 한 글자는 검(儉)이다.
 이 두 글자는 좋은 밭이나 기름진 땅보다도 나은 것이니 일생 동안 써도 다 닳지 않을 것이다.
 부지런함, 곧 근(勤)이란 무얼 뜻하는가?
 오늘 할 일을 내일로 미루지 말며, 아침때 할 일을 저녁때로 미루지 말며, 맑은 날에 해야 할 일을 비 오는 날까지 미루지 말며, 비 오는 날 해야 할 일을 맑은 날까지 미뤄서도 안 된다.
 노인은 앉아서 감독하고, 어린이는 직접 행동으로 어른의 감독을 실천에 옮기고, 젊은이는 힘든 일을 맡아 하고, 병이 든 사람은 집을 지키고, 부인들은 길쌈을 하느라 밤 1시가 되기 전에는 잠자리에 들지 않아야 한다. 이렇게 집안의 상하 남녀간에 단 한 사람도 놀고 먹는 사람이 없게 하고, 한순간도 한가한 시간이 없도록 하는 것을 근이라고 한다.

검소함, 곧 검(儉)이란 무얼 뜻하는가?

의복이란 몸을 가리기만 하면 되는 것이다. 그런데 고운 비단으로 된 옷이야 조금이라도 해지면 세상에서 볼품없는 것이 되어 버리지만 투박하고 값싼 옷감으로 된 옷은 약간 해진다 해도 볼품이 없어지지는 않는다. 한 벌의 옷을 만들 때 앞으로 계속 오래 입을 수 있을지 없을지 생각해서 만들어야 하며, 곱고 아름답게만 만들어 빨리 해지게 해서는 안 된다. 이런 생각으로 옷을 만들게 되면 당연히 곱고 아름다운 옷을 만들지 않게 되고, 투박하고 질긴 것을 고르지 않을 사람이 없게 된다.

…(중략)…

금년 여름에 내가 다산에서 지내며 상추로 밥을 싸서 먹으니까 옆의 손님이 물었다.

"상추로 싸 먹는 것과 김치 담가 먹는 것은 차이가 있는 겁니까?"

그래서 나는 이렇게 대답했다.

"이건 나의 입을 속여 먹는 방법입니다."

이렇게 적은 음식을 배부르게 먹는 방법을 이야기해 준 적이 있다.

어떤 음식을 먹을 때든지 이러한 생각을 지니고 있어야 하며 맛있고 기름진 음식만을 먹으려고 애써서는 결국 변소에 가서 대변 보는 일에 심신의 활동력을 소비할 뿐이다.

이러한 생각은 당장의 어려운 생활 처지를 극복하는 방법이 될 뿐만 아니라, 귀하고 부유하고 복이 많은 사람이나 선비들이 집안을 다스리고 몸을 유지해 가는 방법도 된다. 그러므로 '근'과 '검' 이 두 글자를 절대로 빼놓을 수 없으니 너희는 명심해야 한다.

2026학년도 중등학교교사신규임용후보자선정경쟁시험(2차)

제22회 국어과 교수·학습 실연 지도안 예상 답안

국어과 본시 교수·학습 지도안			
학습 목표	1. 독자의 배경지식과 글에 나타난 정보 등을 활용하여 글의 내용을 추론할 수 있다. 2. 추론한 내용을 바탕으로 글의 의도와 관점을 파악할 수 있다.		
학습 단계	교수·학습 활동		자료 및 유의점	시간 (분)
도입 — 인사	• 인사 및 학습 분위기 조성	• 인사 및 학습 준비	
도입 — 전시 학습 확인	• 전시 학습 확인	• 전시 학습 회상	
도입 — 동기유발	• 동기유발	• 동기유발	
도입 — 학습 내용 안내	• 학습 내용 안내	• 학습 내용 확인	
도입 — 학습 목표 제시	• 학습 목표 제시	• 학습 목표 확인	

전개 1 — 〈활동1〉 추론적 읽기 방법 이해하기	〈수험생 작성 내용1〉
	• 〈자료1〉 제시하기
	
	• 〈자료1〉의 「여우와 포도」를 읽고, (가)~(라)에서 사용된 추론적 읽기 방법을 파악하도록 안내하기
	
	• 활동 내용을 공유하도록 안내하기
	  – 학생이 발표한 내용을 판서하며 정리한다.
	
	• 추론적 읽기 방법을 두 가지 유형으로 분류하도록 안내하기
	
	• 활동 내용을 발표하도록 안내하기
	  – "(가)~(라)에 쓰인 추론적 읽기 방법을 어떻게 분류할 수 있을까요?"
		• 〈자료1〉 읽기
		
		• 〈자료1〉의 「여우와 포도」를 읽고, (가)~(라)에서 사용된 추론적 읽기 방법을 파악하기
		
		• 활동 내용을 공유하기
		
		|
			추론적 읽기 방법 |
			|---|---|
			| (가) | 우화를 읽었던 경험을 활용하여 추론 |
			| (나) | 글의 제목을 보고 내용을 추론 |
			| (다) | 글에 나타난 표현을 보고 추론 |
			| (라) | 여우와 관련된 배경지식을 통해 추론 |
			
			• 추론적 읽기 방법을 두 가지 유형으로 분류하기
			
			• 활동 내용 발표하기
			  – 배경지식 활용 : (가), (라)
			  – 글의 내용 활용 : (나), (다)	

전개 2 — 〈활동2〉 추론하며 읽기	〈수험생 작성 내용2〉 • 추론적 읽기 방법을 적용하여 〈자료2〉를 읽도록 활동 방법 안내하기 | 활동 안내 | |---| | ① 매체의 종류에 따라 글뿐만 아니라 그림도 살펴야 한다. ② 개인이 먼저 추론한 뒤, 모둠원들과 공유하면서 정교화한다. |	• 활동 방법을 숙지하고 추론적 읽기 방법을 적용하여 〈자료2〉 읽기	

전개 2	〈활동2〉 추론하며 읽기	• 모둠별로 〈자료2〉의 (가)에서 두 가지 이상의 내용을 추론하도록 안내하기	• 모둠별로 〈자료2〉에서 두 가지 이상의 내용을 추론하기

활용 요소	추론 내용
경험	예전에 대한적십자사에 헌혈을 한 적이 있어. 광고의 내용도 헌혈이나 의료와 관련된 내용이 나올거야.
배경지식	공익 광고는 공공의 이득을 목적으로 하는 광고라고 알고 있어. 그러므로 사회 문제의 해결을 위한 광고일거야.
그림	혈액 속에 재생 버튼이 그려져 있는 걸로 봐서 영상이나 음악의 재생의 의미는 아닌 것 같아.
문구	재생의 의미는 영상이나 음악의 재생이 아닌 생명의 재생을 뜻하는 것 같아.

		• 모둠별로 〈자료2〉의 (나)에서 두 가지 이상의 내용을 추론하도록 안내하기	• 모둠별로 〈자료2〉의 (나)에서 두 가지 이상의 내용을 추론하기

활용 요소	추론 내용
배경지식	정약용은 조선시대의 실학자라고 사회시간에 배웠어. 그는 검소한 삶을 살았기 때문에 그와 관련된 이야기가 나올 것 같아.
제목	'근'과 '검'이라는 글자를 유산으로 남겼다는 제목을 보니 물질적 가치보다 정신적 가치를 중요시 여기는 내용일거야.
문장	'의복이란 몸을 가리기만 하면 된다.'고 표현한 것은 옷의 멋이나 아름다움보다 기능과 실용성을 더 중요하다는 것을 말해줘.

		• 추론한 내용을 바탕으로 〈자료2〉의 (나)에 나타난 의도와 관점 파악하도록 안내하기	• 추론한 내용을 바탕으로 〈자료2〉의 (나)에 나타난 의도와 관점 파악하기 - 삶에서 부지런하고 검소하게 살겠다는 마음가짐이 중요함
전개 3	〈활동3〉 자기 평가하기 및 읽기의 효과 알기	〈수험생 작성 내용3〉 • 추론하며 읽기와 관련된 평가 기준 제시하기	• 추론하며 읽기와 관련된 평가 기준 숙지하기

평가 기준
① 자신의 배경지식이나 경험을 활용하여 추론하며 읽었는가?
② 글에 나타난 제목, 문장, 그림 등을 활용하여 추론하며 읽었는가?
③ 글에 드러나지 않은 글쓴이의 관점과 의도를 적절하게 추론하였는가?

		• 〈자료2〉에 대한 추론적 읽기 과정을 떠올리며 평가 기준에 따라 자기 평가를 하도록 안내하기	• 〈자료2〉에 대한 추론적 읽기 과정을 떠올리며 평가 기준에 따라 자기 평가하기

전개 3	⟨활동3⟩ 자기 평가하기 및 읽기의 효과 알기	• 평가 내용을 발표하도록 독려하고 피드백 하기 – "자신의 배경지식이나 경험을 활용하는 것에 어려움을 느끼는군요. 떠올리는 것이 어렵다면 작가, 장르, 소재 등 다양한 부분에 대해 책이나 검색을 통해 자료를 찾아보는 것도 좋은 방법이에요." • 추론하며 읽기의 효과에 대해 발문하고 정리하기 – "추론적 읽기를 하면 무엇이 좋을까요?" **추론적 읽기의 효과** ① 적극적 읽기 가능 ② 깊이 있는 이해 가능 ③ 드러나 있지 않은 내용 및 의도와 관점 파악 가능	• 평가 내용을 발표하기 – "추론적 읽기를 할 때 배경지식이나 경험과 연관 지어 추론하는 게 어려워요." • 추론하며 읽기의 효과 깨닫기 – "글을 적극적으로 읽게 돼요." – "이해가 잘 되는 것 같아요."		
정리	형성평가 및 과제 부여	• 형성평가 부여 • 수준별 과제 제시	• 형성평가 진행 • 수준별 과제 확인		
	학습 내용 정리	• 학습 내용 정리	• 학습 내용 이해		
	차시 예고	• 차시 예고	• 차시 예고 인지		

판서 예시

나의 생각, 너의 생각 / 추론적 읽기

활동1) 추론적 읽기 방법 이해

	추론적 읽기 방법
(가)	우화를 읽었던 경험을 활용하여 추론
(나)	글의 제목을 보고 내용을 추론
(다)	글에 나타난 표현을 보고 추론
(라)	여우와 관련된 배경지식을 통해 추론

- 배경지식 활용 : (가), (라)
- 글의 정보 활용 : (나), (다)

활동2) 추론적 읽기
⟨자료2⟩ (가)

활용 요소	추론 내용
경험	헌혈한 경험
배경지식	공익 광고에 대한 사전 지식
그림	혈액 속 재생의 의미
문구	생명의 재생

⟨자료2⟩ (나)

활용 요소	추론 내용
배경지식	정약용은 조선시대 실학자
제목	물질적 가치보다 정신적 가치
문장	옷의 기능과 실용성을 중시

→ 의도 및 관점 : 부지런하고 검소하게 살라

활동3) 자기 평가 및 효과 이해
⟨추론적 읽기 효과⟩
① 적극적 읽기 가능
② 깊이 있는 이해 가능
③ 드러나 있지 않은 내용 및 의도와 관점 파악 가능

성취 기준

2022 교육과정	[9국02-03] 독자의 배경지식과 글에 나타난 정보 등을 활용하여 글에 드러나지 않은 의도나 관점을 추론하며 읽는다. [12독작01-03] 글에 드러난 정보를 바탕으로 글의 내용을 파악하고 글에 드러나지 않은 정보를 추론하며 읽는다. 　이 성취 기준은 글에 드러난 정보를 정확하게 파악하는 사실적 독해 능력을 기르고, 글에 명시적으로 드러나지 않은 정보를 학습자의 배경지식 및 경험을 활용하거나 문맥을 고려하여 파악하는 추론적 독해 능력을 기르기 위해 설정하였다. 사실적 독해와 관련해서는 단어·문장·문단의 내용 파악하기, 각 문단 사이의 관계 파악하기, 글의 구조나 내용의 전개 방식 파악하기, 내용의 중요도 평가하기, 중심 내용 파악하기, 중심 내용과 세부 내용 구분하기, 요약하기 등을 학습할 수 있다. 추론적 독해와 관련해서는 필자의 의도나 목적 파악하기, 숨겨진 내용 추론하기, 생략된 내용 예측하기, 인물의 특성이나 장면의 분위기 추측하기 등을 학습할 수 있다.

교과서 정리		

학습 내용 정리		■ 추론하며 읽기
		- 추론하며 읽기 : 독자의 배경지식과 경험, 글에 나타난 정보 등을 활용하여 글에 드러나지 않은 내용, 글쓴이의 의도나 관점 등을 미루어 짐작하며 읽는 것을 말함
		- 추론하며 글을 읽을 때 활용할 수 있는 요소
		  ① 읽는 이의 배경지식과 경험
		  ② 글의 제목이나 차례
		  ③ 단어나 문장의 의미/문장의 앞뒤 의미 관계/시각 자료 등의 정보
		  ④ 글의 구조나 설명 방식
		  ⑤ 글에서 강조하는 표현이나 중심 내용
		- 추론하며 글 읽기의 효과
		  ① 글을 적극적인 태도로 읽을 수 있음
		  ② 글의 내용을 깊이 있게 이해할 수 있음
		  ③ 겉으로 드러나지 않은 글쓴이의 의도나 관점을 파악할 수 있음

[2022] 천재(노) 1-2 4. 글에 담긴 세상 (1) 추론하며 읽기	제재	• 피하고 싶은 '징크스', 해야만 하는 '루틴'(공규택) • 웃기는 짬뽕, 웃기는 짜장면(이상국)

	동기유발	1. 다음 상황을 보고 물음에 답해 보자.
		  1) 보미가 어떤 방법으로 소설 속 범인을 찾고 있는지 말해 보자.
		  2) 추론하며 글을 읽으면 어떤 점이 좋은지 친구들과 이야기해 보자.

	이해활동	1. 강민이가 글을 읽으며 추론하는 데 활용한 요소가 무엇인지 살펴보자.
		  1) 강민이가 글을 읽으며 공책에 정리한 내용을 완성해 보자.
		  2) 강민이가 추론하며 글을 읽을 때 활용한 요소를 <보기>에서 찾아 써 보자.
		  3) 이 글을 읽으며 활용할 수 있는 배경지식에는 어떤 것이 더 있을지 친구들과 이야기해 보자.
		2. 글쓴이의 의도와 관점을 파악해 보자.
		  1) 이 글의 소제목을 보고 추론할 수 있는 내용을 적어 보자.
		  2) 글에서 '루틴'에 대한 글쓴이의 관점이 드러난 부분을 찾아 정리해 보자.
		  3) 글의 내용을 바탕으로 다음 두 상황에 적절한 조언을 해 보자.

	적용활동	1. 다음 글을 읽고 글쓴이의 의도와 관점을 추론해 보자.
		  1) 글을 읽을 때 자신이 활용한 배경지식을 적어 보자.
		  2) 단어나 문장 등 글에 나타난 정보를 활용하여 내용을 어떻게 추론하며 읽었는지 친구들과 이야기해 보자.
		  3) 글의 구조를 바탕으로 글쓴이의 의도를 추론해 보자.
		    (1) 글의 구조를 파악해 보자.
		    (2) 글쓴이가 (1)과 같은 구조를 활용한 의도를 말해 보자.
		  4) 다음 부분에 담긴 글쓴이의 관점을 추론해 보자.
		  5) 글쓴이의 의도나 관점에 관한 자신의 생각을 정리하고 친구들과 비교해 보자.

[2022] 미래엔(신유식) 1-2 4. 너의 생각, 나의 의견 (1) 추론하며 읽기	제재	달콤한 광고의 꼼수(알랭 드보통, 인생학교)

	동기유발	• 어떤 상황에서 추론하며 읽어야 할까?
		  1) 다감이가 본 알림판에 숨겨진 뜻을 짐작해 보자.
		  2) 다감이와 같이 생활 속에서 추론하며 읽은 경험을 떠올려 보자.

	이해활동	1. 다음은 이 글의 내용을 문단별로 정리한 것이다. 빈칸에 들어갈 알맞은 말을 써 보자.
		2. 이 글을 읽으며 추론한 내용을 추론에 활용한 요소에 맞게 나누어 보자.
		3. 이 글을 쓴 글쓴이의 관점과 의도를 추론해 보자.
		  1) 이 글의 제목인 '달콤한 광고의 꼼수'의 의미를 추론해 보자.
		  2) 1)을 바탕으로 하여 광고에 관한 글쓴이의 관점을 파악해 보자.
		  3) 이 글의 마지막 문단을 중심으로 하여 글쓴이가 이 글을 쓴 의도를 추론해 보자.
		4. 이 글을 추론하며 읽은 과정을 돌아보고, 글에 드러나지 않은 내용을 추론하며 읽었을 때 좋은 점을 말해 보자.

	적용활동	1. 다음 공익 광고를 보고, 광고에 담긴 의도를 추론해 보자.
		  1) 이 광고의 화제를 말해 보자.
		  2) 1)과 관련하여 자신의 배경지식이나 경험을 떠올려 보자.
		  3) 이 광고에 나타난 정보를 활용하여 광고의 내용을 추론해 보자.
		  4) 다음 문구를 중심으로 하여 이 광고를 제작한 의도를 추론해 보자.

[2022] 미래엔(신유식) 1-2 4. 너의 생각, 나의 의견 (1) 추론하며 읽기	적용활동		2. 다음은 웰시코기에 관한 만화이다. 만화를 보고 글쓴이의 관점과 의도를 추론해 보자. 　1) 이 만화를 추론하며 읽어 보자. 　2) 다음 장면을 바탕으로 하여 동물에 관한 글쓴이의 관점을 추론해 보자. 　3) 이 만화의 제목인 '귀여워서 슬픈 동물'의 의미를 생각해 보고, 이를 바탕으로 하여 글쓴이의 의도를 추론해 보자. 　4) 이 만화를 추론하며 읽은 과정을 돌아보고 평가 기준에 따라 점검해 보자. 3. 다음은 정약용이 아들에게 보낸 편지글의 일부이다. 글쓴이의 관점을 추론해 보고, 자신이 생각하는 바람직한 삶의 태도를 생각해 보자.(* 정약용, 〈'근'과 '검' 두 글자를 유산으로〉) 　1) 이 글에서 '근'과 '검'이 무엇을 의미하는지 정리해 보자. 　2) 1)에서 정리한 내용을 바탕으로 하여 글쓴이의 관점을 추론해 보고, 이에 관한 자신의 생각을 말해 보자. 　3) 자신이 생각하는 바람직한 삶의 태도를 생각해 보고, 이를 나타낼 수 있는 글자를 적어 보자. 　4) 3)에서 생각한 글자를 활용하여 '나만의 명함'을 만들어 보자. 　5) 짝과 명함을 교환하며 자신이 생각하는 바람직한 삶의 태도를 소개해 보자.
[2022] 비상(박현숙) 1-1 3. 삶을 가꾸는 글의 힘 (1) 추론하며 읽기	제재		• 동네 쓰레기를 하루아침에 사라지게 하려면(공규택) • 아이들은 어른보다 추위를 덜 탈까?(신인철)
	동기유발		• 다음 광고를 보고, 겉으로 드러나지 않은 광고의 주제를 짐작하여 말해 보자.
	이해활동		1. 이 글의 주요 내용을 정리하고, 글쓴이의 의도를 알아보자. 　1) 이 글에 제시된 사례를 정리해 보자. 　2) 학생들의 대화를 참고하여 이 글의 제목 아래에 이어질 내용을 추론해 보자. 2. 다음은 이 글을 읽으면서 추론한 내용이다. 각각 어떠한 요소를 활용하여 추론했는지 〈보기〉에서 찾아 번호를 써 보자. 3. 추론하며 읽는 방법을 적용해 보고, 그 효과를 파악해 보자. 　1) 다음 질문 중 하나를 골라 추론한 내용과 추론에 활용한 요소를 정리해 보고, 친구와 서로 비교해 보자. 　2) 추론하며 읽기 전과 읽은 후가 무엇이 달랐는지 말해 보고, 추론하며 읽기의 효과를 생각해 보자. 4. 이 글을 읽으며 추론한 글쓴이의 관점에서 다음 상황을 해결할 수 있는 대안을 마련해 보자.
	적용활동		1. 이 글의 내용을 떠올리며 다음 대화에 들어갈 내용을 써 보자. 2. 이 글을 읽으면서 추론한 내용을 정리해 보자. 그리고 그 내용을 친구와 공유하며 비교해 보자. 3. 글쓴이가 이 글을 쓴 의도를 추론해 보자. 　1) 친구들과 이 글을 읽고 나서 알게 된 점이나 느낀 점을 말해 보자. 　2) 자신이 이 글의 글쓴이가 되었다고 생각하고, 독자에게 전하고 싶은 말을 써 보자.

2026학년도 중등학교교사신규임용후보자선정경쟁시험(2차)
제23회 국어과 교수·학습 실연 시험 문제지

관리 번호

지도안 세부 조건

1. 〈수험생 작성 조건1〉 동기유발
   가. 복합양식으로 구성된 글이나 자료의 예시를 들 것
   나. 학생들의 실생활과 연관지을 것
   다. 복합양식으로 구성된 글의 효과를 설명할 것

2. 〈수험생 작성 조건2〉 복합양식 역할 정리하기
   가. 〈자료〉의 주제와 글의 기호를 파악하게 할 것
   나. 〈자료〉의 글의 기호의 역할을 정리하게 할 것
   다. 모둠활동으로 구상할 것

3. 〈수험생 작성 조건3〉 복합양식 글 평가하기
   가. 복합양식 글의 평가 기준을 제시할 것
   나. 평가 기준에 대한 구체적인 설명을 포함할 것
   다. 〈자료〉를 평가하도록 할 것

수업 조건

- 과목 : 국어
- 학년 : 중학교 2학년
- 장소 : 국어 교과교실
- 시간 : 블록타임제(90분)
- 단원명 : 복합양식 평가하며 읽기
- 해당 성취 기준 : 복합양식으로 구성된 글이나 자료의 내용 타당성과 신뢰성, 표현 방법의 적절성을 평가하며 읽는다.

단원명	차시	학습 내용
복합양식 평가하며 읽기	1-2 (본시)	○복합양식으로 구성된 글의 기호를 파악하고 역할을 정리해볼 수 있다. ○복합양식으로 구성된 글이나 자료를 평가하며 읽을 수 있다.
	3-4	○복합양식 자료를 활용하여 내용을 생성할 수 있다. ○글의 유형을 고려하여 내용을 조직하며 글을 쓸 수 있다.

학생 수	장소	학습 형태	학습 기자재
24명	국어 교과교실	강의식, 모둠식	교사용 컴퓨터, 전자 칠판, 학생용 스마트 기기

※ 본 문제는 모의 평가용으로 제작되었으며, 실제 시험의 문항 유형 및 형식과 다를 수 있습니다.

⟨자료⟩

느리게, 건강하게 나이 들기 : 저속 노화의 모든 것

최근 건강의 화두는 단순히 오래 사는 것을 넘어, '저속 노화'를 통해 삶의 질을 높이는 것입니다. 이는 나이를 먹더라도 신체적, 인지적 기능을 젊고 건강하게 유지하여, 노년기에도 타인에게 크게 의존하지 않고 독립적인 삶을 영위할 수 있는 '내재 역량'을 키우는 것을 목표로 합니다. 안타깝게도 현대 사회의 잘못된 생활 방식은 우리 몸의 노화 속도를 빠르게 만드는 '가속 노화'를 부추기고 있으며, 이 위험은 더 이상 노년층에만 국한되지 않습니다.

정제 탄수화물과 단순당 중심의 식습관, 운동 부족, 수면 부족, 만성 스트레스는 우리 몸에 염증 반응을 일으키고 세포를 손상시켜 가속 노화의 주범이 됩니다. 특히 20~30대 젊은 층에서도 고혈압, 당뇨와 같은 만성 질환의 진단율이 증가하는 것은 젊은 세대의 건강 위협이 심각한 수준임을 보여줍니다.

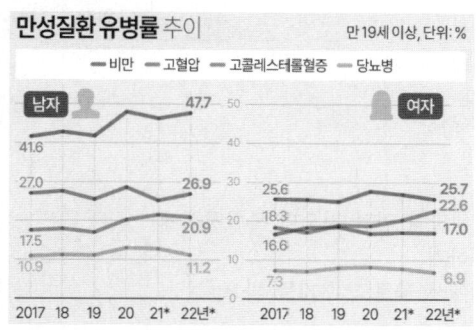

⟨꺾은선 그래프, ○○뉴스(출처 : 질병관리청)⟩

이처럼 가속 노화의 위험이 커지는 상황에서, 우리는 특정한 영양제나 고가의 시술에 의존하기보다 일상생활 속에서 먹고, 움직이고, 쉬는 습관의 선순환을 만들어야 합니다.

저속 노화 분야의 전문가인 정○○ 노년내과 전문의는 생활 방식의 총체적인 변화를 강조합니다.

"노화는 피할 수 없는 과정이지만, 그 속도는 우리가 결정할 수 있습니다. 주름살보다 내 다리로 걷고, 내 손으로 밥 먹는 '내재 역량'을 지키는 것이 저속 노화의 핵심 목표입니다."

⟨○○뉴스, 정○○ 교수 인터뷰 내용⟩

특히 식습관이 중요합니다. 달고 기름진 음식, 정제 탄수화물은 혈당을 급격히 올려 세포를 손상시키고 가속 노화를 촉진하는 주범입니다. 따라서 잡곡밥, 콩류, 채소 중심의 식단으로 바꾸는 것이 기본입니다. 여기에 꾸준한 운동으로 근육을 유지하고 이동성을 확보해야 합니다. 운동하지 않는 몸은 섭취한 탄수화물을 지방으로 축적하기 쉬우므로, 식습관과 운동의 변화는 반드시 병행되어야 합니다. 더불어 우리 몸과 뇌가 회복할 시간을 주는 충분한 숙면과 만성 스트레스를 관리할 수 있는 마음챙김을 통해 내재 역량을 총체적으로 관리해야 합니다.

느린 노화는 일상 속 작은 변화에서 시작됩니다. 식단에서 가장 중요한 것은 혈당지수(GI)를 낮추고 영양 밀도를 높이는 것입니다. 흰쌀밥 대신 현미, 귀리, 렌틸콩, 병아리콩 등을 섞은 잡곡밥을 주식으로 하고, 매 끼니 채소와 나물을 충분히 섭취하여 식이섬유를 보충해야 합니다. 콩류는 양질의 식물성 단백질과 항산화 성분을 제공하여 근육 유지와 세포 노화 방지에 큰 도움을 줍니다. 또한 식사 시 '채소 → 단백질 → 탄수화물' 순으로 먹는 습관은 혈당 관리에 유리하며, 액상 과당이 든 음료수, 과자, 초가공식품은 멀리하는 것이 중요합니다.

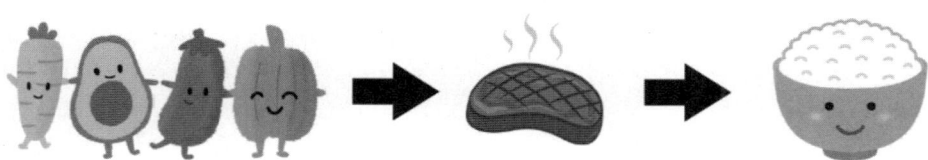

저속 노화는 단기간의 노력이 아닌, 건강한 식단, 꾸준한 운동, 충분한 휴식 등 모든 생활 습관이 유기적으로 연결되어 선순환을 이루도록 설계하는 과정입니다. 오늘부터라도 자신의 생활 패턴을 점검하고 작은 습관의 변화를 시작하여 몸과 마음의 시계를 되돌려 보는 것은 어떨까요?

2026학년도 중등학교교사신규임용후보자선정경쟁시험(2차)
제23회 국어과 교수·학습 실연 지도안 예상 답안

국어과 본시 교수·학습 지도안

학습 목표	1. 복합양식으로 구성된 글의 기호를 파악하고 역할을 정리해볼 수 있다. 2. 복합양식으로 구성된 글이나 자료를 평가하며 읽을 수 있다.			
학습 단계		교수·학습 활동	자료 및 유의점	시간(분)
도입	인사	• 인사 및 학습 분위기 조성	• 인사 및 학습 준비		
	전시 학습 확인	• 전시 학습 확인	• 전시 학습 회상		
	동기유발	〈수험생 작성 내용1〉 • 학생의 실생활과 연계하여 복합양식 개념 설명하기 - "여러분은 맛집에 찾아갈 때 어떻게 검색해 보나요?" - "그럼, 이 블로그에 담긴 내용을 파악해 볼까요?" - "맞아요. 이처럼 문자, 사진, 그림 등 다양한 기호가 어우러진 양식을 복합양식이라고 해요. 블로그뿐만 아니라 여러분이 자주 쓰는 SNS인 ○스타그램도 문자, 사진, 소리, 동영상 등이 들어가는 복합양식으로 구성되어 있어요." • 발문을 통해 복합양식의 효과 설명하기 - "만약 블로그 글이나 ○스타그램 피드가 사진과 동영상 없이 글로만 되어 있었다면 어땠을까요?" - "맞아요. 글 외에 사진과 동영상을 함께 보여주니 어떤가요?" - "맞아요. 여러분이 느낀 것처럼 복합양식을 사용하면 읽는 사람의 이해를 돕고 내용을 인상적으로 전달할 수 있어요."	• 학생의 실생활과 연관 지으며 복합양식에 대해 이해하기 - "○이버에서 블로그 후기를 봐요." - "우리 동네 자장면 맛집에 대해 글과 사진 동영상을 통해 소개하고 있어요." • 복합양식의 효과 이해하기 - "지루해서 금방 넘기고 다른 게시글을 봤을 것 같아요." - "이해가 바로 안될 것 같아요." - "훨씬 생생하게 느껴져요." - "기억에 잘 남아요."		
	학습 내용 안내	• 학습 내용 안내	• 학습 내용 확인		
	학습 목표 제시	• 학습 목표 제시	• 학습 목표 확인		

전개 1	〈활동1〉 복합양식 글의 역할 파악하기	• 복합양식의 개념 및 종류 설명 〈수험생 작성 내용2〉 • 〈자료〉 제시하기 • 〈자료〉의 주제를 파악하도록 발문하기 – "〈자료〉의 주제는 무엇인 것 같나요?" • 모둠별로 〈자료〉 글의 기호를 파악하게 하기 – "〈자료〉에는 어떤 기호들이 있나요?" • 모둠별로 파악한 기호의 역할을 정리하도록 안내하기 • 모둠별로 파악한 내용을 ○들렛에 올려 공유하도록 하기	• 복합양식의 개념 및 종류 이해 • 〈자료〉 읽기 • 〈자료〉의 주제 파악하기 – "자료의 주제는 가속 노화의 심각성을 경고하고, 이를 방지하기 위한 대안으로 저속 노화를 실천하자는 것이에요." • 모둠별로 〈자료〉 글의 기호 파악하기 – "그래프, 전문가 인터뷰 자막, 사진, 그림" • 모둠별로 파악한 기호의 역할을 정리하기 • 모둠별로 파악한 내용을 ○들렛에 올려 공유하기 | 기호	역할
---	---
그래프	만성질환 유병률 발생 추이를 구체적인 수치와 함께 한눈에 들어올 수 있게 표현함
자막	생활습관의 총체적 변화를 강조하는 전문가 인터뷰를 자막으로 제시하여 이해를 도움
사진	중요한 식단을 사진으로 표현해서 내용을 효과적으로 파악할 수 있게 함
그림	느린 노화를 위한 식사의 순서를 시각적으로 표현하여 쉽게 이해할 수 있게 함			
전개 2	〈활동2〉 복합양식 글 평가하기	• 복합양식으로 구성된 글이나 자료를 읽을 때의 평가 기준을 구체적인 설명과 함께 제시하기 	글의 내용이 타당한가?	글의 내용과 자료가 관련성이 있고, 자료가 내용을 뒷받침하는가?
---	---
글의 내용이 신뢰할 수 있는가?	글의 내용이나 자료가 믿을 만하고, 자료의 출처가 분명하게 제시되어 있는가?
글의 표현 방법이 적절한가?	글에 사용된 자료나 기호가 내용을 효과적으로 표현하고 있는가? | • 평가 기준에 맞게 〈자료〉의 기호를 평가하도록 안내하기	• 복합양식으로 구성된 글이나 자료를 읽을 때의 평가 기준 숙지하기 • 평가 기준에 맞게 〈자료〉의 기호 평가하기		

전개 2	<활동2> 복합양식 글 평가하기	• 활동 내용을 공유하도록 안내하기	• 활동 내용을 공유하기 | 평가 기준	평가 내용
---	---
타당성	만성질환 통계 → 전문가 인터뷰 (생활 습관 변화 강조) → 구체적인 실천법 제시의 흐름은 논리적으로 타당하며 설득력이 높음
신뢰성	질병관리청의 실제 통계와 전문가의 말을 인용하여 신뢰할 수 있음
표현 방식의 적절성	그래프와 자막 등은 정보 전달의 효과가 매우 적절했음. 사진과 그림은 글의 일부 내용만 담겨있어 구체적으로 어떻게 먹어야 하는지가 모호함		
		• 활동 내용 정리하기	• 활동 내용 정리하기	
정리	형성평가 및 과제 부여	• 형성평가 부여 • 수준별 과제 제시	• 형성평가 진행 • 수준별 과제 확인	
	학습 내용 정리	• 학습 내용 정리	• 학습 내용 이해	
	차시 예고	• 차시 예고	• 차시 예고 인지	

판서 예시

복합양식 평가하며 읽기

<학습 목표>

1. 복합양식으로 구성된 글의 기호를 파악하고 역할을 정리해볼 수 있다.
2. 복합양식으로 구성된 글이나 자료를 평가하며 읽을 수 있다.

<활동1> 복합양식 글의 기호 파악하기

기호	역할
그래프	구체적인 수치와 함께 한눈에 들어올 수 있음
자막	전문가 인터뷰를 자막으로 제시하여 이해를 도움
사진	중요한 식단을 쉽게 파악할 수 있게 함
그림	식사의 순서를 시각적으로 표현하여 쉽게 이해할 수 있게 함

<활동2> 복합양식으로 구성된 글 평가하기

평가 기준	평가 내용
타당성	만성질환 통계 → 전문가 인터뷰 → 구체적인 실천법 제시의 흐름 → 타당함
신뢰성	질병관리청의 실제 통계, 전문가의 말 인용 → 신뢰할 수 있음
표현 방식의 적절성	그래프와 자막 등은 정보 전달의 효과가 매우 적절. 사진과 그림은 구체적으로 어떻게 먹어야 하는지가 모호함

성취 기준

2022 교육과정	[9국02-04] 복합양식으로 구성된 글이나 자료의 내용 타당성과 신뢰성, 표현 방법의 적절성을 평가하며 읽는다. 　이 성취 기준은 복합양식으로 구성된 글이나 자료를 내용과 형식의 측면에서 비판적으로 평가하며 읽을 수 있는 능력을 기르기 위해 설정하였다. 다양한 매체 환경에서는 문자 언어로만 이루어진 단일양식뿐만 아니라 문자, 소리, 그림, 사진, 동영상 등 다양한 기호가 함께 어우러진 복합양식의 글이나 자료를 비판적으로 읽을 수 있어야 한다. 단일양식과 복합양식의 글이나 자료 비교하기, 복합양식의 글이나 자료가 작성된 맥락 파악하기, 복합양식으로 구성된 글이나 자료의 내용 타당성과 신뢰성, 표현 방법의 적절성을 평가하며 읽기 등을 학습한다.
성취 기준 적용 시 고려 사항	전통적인 문어 자료인 책이나 글 이외에도 학습자들이 일상에서 접할 수 있는 다양한 매체 자료를 대상으로 읽기 능력을 기르도록 지도한다. 글이나 자료의 내용 타당성 평가를 지도할 때는 내용의 신뢰성이나 타당성에 대한 평가를 중심으로 지도한다. 표현의 적절성을 평가할 때는 글의 의도나 목적에 따른 재현, 복합양식성 등의 요소에 대한 평가를 중심으로 지도한다. 예를 들어 신문의 경우는 표제나 기사 본문, 사진 등을 통해서, 광고의 경우는 배경, 이미지, 광고 문구, 구도나 배치 등을 통해서 필자의 의도나 목적이 드러나는데, 이를 바탕으로 필자의 의도나 관점이 지나치게 편향되지 않았는지, 전달 효과가 잘 드러나는지 등을 평가할 수 있다. 이때 특정한 성, 지역, 연령, 가정 배경, 인종, 장애 등에 대한 고정 관념이나 차별 등의 문제와 연계하여 글이나 자료를 비판적으로 살펴볼 수 있도록 지도한다.
2015 교육과정	[9국02-07] 매체에 드러난 다양한 표현 방법과 의도를 평가하며 읽는다.

교과서 정리		
학습 내용 정리		■ **복합양식으로 구성된 글이나 자료의 특성** 　- 복합양식의 개념 : 문자, 사진, 그림, 그래프, 표, 소리, 동영상 등 다양한 기호가 함께 어우러진 양식 　- 복합양식으로 구성된 글이나 자료의 특성 : 문자 언어로만 이루어진 단일양식과 비교할 때, 다양한 기호를 사용하여 내용을 구체적으로 뒷받침하거나 시각화해서 읽는 사람의 이해를 돕고, 내용을 인상적으로 전달할 수 있음 ■ **복합양식으로 구성된 글이나 자료를 평가하며 읽는 방법** 　- 복합양식으로 구성된 글이나 자료가 작성 맥락을 파악하며 비판적으로 평가함 　- 글의 내용과 자료가 관련성이 있고, 자료가 내용을 뒷받침하는지 판단하며 내용의 타당성을 평가함 　- 글의 내용과 자료가 믿을 만하고, 자료의 출처가 분명하게 제시되어 있는지 확인하며 자료의 신뢰성을 평가함 　- 글에 사용된 자료나 기호가 내용을 효과적으로 표현하고 있는지 살펴보며 표현 방법의 적절성을 평가함
[2022] 천재(노) 2-2 4. 다채로운 글의 세계 (1) 복합양식 평가하며 읽기	제재	반려동물은 가족이자 친구, 박정란 / 겨울 식중독의 원인, 노로바이러스
	동기유발	• 다음 상황을 보고 물음에 답해 보자. 1) 우주와 엄마가 일기 예보의 내용을 파악할 때 활용한 것이 무엇인지 비교해 보자. 2) 우리 주변에서 일기 예보와 같이 복합양식으로 구성된 글이나 자료를 찾아보고, 친구들과 이야기해 보자.
	이해 탐구 활동	1. 글의 주요 내용과 주제를 파악해 보자. 2. 복합양식으로 구성된 글의 특성을 알아보자. 　1) 다음 단일양식의 글을 복합양식으로 구성한다면 어떤 기호를 추가할 수 있을지 말해 보자. 　2) 글에 사용된 기호가 무엇인지 파악하고, 그 특성과 역할을 정리해 보자. 3. 글의 내용과 표현 방법을 평가하며 읽는 방법을 알아보자. 　1) 글의 내용이 타당하고 신뢰할 수 있는지 평가해 보자. 　2) 글에 사용된 표현 방법이 적절한지 평가해 보자. 　3) 앞의 활동을 바탕으로 이 글의 내용과 표현 방법을 친구들과 함께 평가해 보자.
	적용 소통 활동	1. 복합양식으로 구성된 자료를 읽고 물음에 답해 보자. 　1) 자료에서 전하려는 바가 무엇인지 말해 보자. 　2) 자료에 사용된 기호의 특성과 역할을 정리해 보자. 2. 복합양식으로 구성된 자료의 내용과 표현 방법을 평가해 보자.
[2022] 지학사 2-2 4. 비판적인 읽기, 돌아보며 글 쓰기 (1) 복합양식 자료나 글 평가하며 읽기	제재	세상을 위해서는 이게 더 좋아, 못생긴 농산물의 반란
	동기유발	• 다음 만화를 보고 복합양식 자료를 볼 때 유의할 점을 생각해 보자. 1) 민준이와 비슷한 경험이 있는지 친구들과 이야기해 보자. 2) 문자, 소리, 그림, 사진, 동영상 등이 어우러진 자료를 볼 때 유의할 점을 생각해 보자.
	이해탐구 활동	1. 이 기사의 내용을 정리하고, 이 기사를 쓴 의도나 관점을 생각해 보자. 　1) 소제목을 바탕으로 주요 내용을 정리해 보자. 　2) (1)을 바탕으로 이 기사를 쓴 의도나 관점을 생각해 보자. 2. 다음은 이 기사 내용의 타당성과 신뢰성을 평가하는 모둠 토의 내용이다. 빈칸을 채워 완성해 보자. 3. 다음과 같이 문자에 사진이 추가되면서 어떤 효과가 생겼는지 말해 보자. 4. 이 기사에 사용된 표현 방법을 평가해 보자. 　1) 이 기사에 사용된 어휘나 문장의 표현 방법과 효과를 정리하고, 적절성을 평가해 보자. 　2) 이 기사에 사용된 사진, 동영상, 도표의 표현 방법과 효과를 정리하고, 적절성을 평가해 보자.
	적용 활동	1. 내용의 타당성과 신뢰성, 표현 방법의 적절성을 평가하며 다음 블로그 글을 읽어 보자. 　1) 이 글의 내용을 정리하고, 글을 쓴 의도를 생각해 보자. 　2) 이 글에 사용된 그림과 도표의 표현 방법과 효과를 정리하고, 적절성을 평가해 보자. 　3) 다음을 참고하여 이 블로그 글의 주제와 관련된 정보를 더 찾아보고, 이 글의 내용 신뢰성에 관한 자신의 생각을 댓글로 추가해 보자. 　4) 이 글의 마지막 부분에 다음과 같은 내용을 추가한다면 독자가 어떻게 반응할지 생각해 보자. 2. 복합양식 자료나 글을 평가하며 읽기를 학습한 과정을 되돌아보고, 다음 기준에 따라 점검해 보자. 　- 내용의 타당성을 평가하며 읽었는가? 　- 내용의 신뢰성을 평가하며 읽었는가? 　- 표현 방법의 적절성을 평가하며 읽었는가?

[2022] 비상(박현숙) 2-2 3. 세상을 담아내는 창 (1) 복합양식의 글과 자료 읽기	제재	인공 지능은 인간의 일자리를 대체할까?
	동기유발	• 자신이 보았던 일기 예보에서 날씨를 전달하기 위해 사용했던 표현 방법을 떠올려 보자.
	탐구활동	1. 글의 내용을 바탕으로 글쓴이가 이 글을 쓴 목적을 파악해 보자. 2. 이 글에 나타난 두 가지 예측을 비교하고, 글쓴이가 글의 내용을 타당하게 전개하였는지 평가해 보자. 　1) (가)와 (나)에서 예측하는 내용을 비교하고, 각각의 내용을 뒷받침하는 근거를 찾아 적절성을 판단해 보자. 　2) 타당성 평가 요소를 바탕으로 (1)의 내용을 포함하여 글쓴이가 글의 내용을 타당하게 전개하였는지 평가해 보자. 3. 글쓴이가 다음 자료를 활용하여 전하려는 내용을 파악해 보자. 그리고 신뢰성 있는 평가 요소를 바탕으로 자료의 신뢰성을 평가해 보자. 4. 이 글에 사용된 표현 방법이 적절한지 평가하고, 그 효과를 파악해 보자. 　1) 이 글에서 제시한 자료의 내용을 분석하고, 표현 방법의 적절성을 평가해 보자. 　2) (가)와 (나)의 표현 방법을 비교하고, (가)를 (나)로 바꾸었을 때 어떠한 효과가 있는지 말해 보자.
	적용 활동	1. 광고에 사용된 표현 방법을 분석하여 제작자의 의도를 파악하고, 이를 바탕으로 광고를 평가해 보자. 　1) 이 광고에 사용된 표현 방법을 정리하고, 제작자의 의도를 파악해 보자. 　2) 다음은 이 광고에 대한 전문가들의 평가이다. (가)와 (나) 중 동의하는 내용을 고르고, 그 까닭을 말해 보자. 2. 자신이 제작자라면 이 광고의 의도를 어떠한 표현 방법으로 전달할지 생각해보고, 광고의 한 장면을 구성해 보자.

2026학년도 중등학교교사신규임용후보자선정경쟁시험(2차)
제24회 국어과 교수·학습 실연 시험 문제지

관리 번호 [   ]

지도안 세부 조건

1. 〈수험생 작성 조건1〉 글에 사용된 설명 방법 파악하기
   가. 〈자료1〉을 활용할 것
   나. 〈자료1〉 (가)의 설명 방법을 파악하는 방법을 교사 시범으로 보일 것
   다. 설명 방법의 적절성을 판단하는 기준을 교사가 2가지 이상 제시할 것

2. 〈수험생 작성 조건2〉 글의 논증 요소 분석하기
   가. 글의 논증 요소에 대한 설명을 포함할 것
   나. 〈자료2〉의 1~3문단에서 논증 요소를 파악하게 할 것

3. 〈수험생 작성 조건3〉 글의 논증 방법 파악하기
   가. 〈자료2〉의 논증 방법 3가지를 파악하는 활동을 제시할 것
   나. 논증의 과정이 드러나도록 활동을 구성할 것
   다. 교사의 시범을 구체적으로 명시할 것

수업 조건

○ 과목 : 국어
○ 학년 : 중학교 2학년
○ 장소 : 국어 교과교실
○ 시간 : 블록타임제(90분)
○ 단원명 : 설명 방법과 논증 방법 파악하며 읽기
○ 해당 성취 기준 : 글에 사용된 다양한 설명 방법과 논증 방법을 파악하고, 그 타당성을 평가하며 읽는다.

단원명	차시	학습 내용
설명 방법과 논증 방법 파악하며 읽기	1-2	○ 다양한 설명 방법의 종류를 설명할 수 있다. ○ 다양한 논증 방법의 종류를 설명할 수 있다.
	3-4 (본시)	○ 글에 사용된 다양한 설명 방법의 적절성을 평가할 수 있다. ○ 글에 사용된 다양한 논증 방법을 파악할 수 있다.

학생 수	장소	학습 형태	학습 기자재
24명	국어 교과교실	강의식, 모둠식	교사용 컴퓨터, 전자 칠판, 학생용 스마트 기기

※ 본 문제는 모의 평가용으로 제작되었으며, 실제 시험의 문항 유형 및 형식과 다를 수 있습니다.

〈자료1〉

조용한 살인마 미세먼지

(가) 미세먼지는 지름이 10㎛(마이크로미터, 1㎛ = 1000분의 1mm) 이하의 먼지로 PM10이라고 한다. 자동차 배출가스나 공장 굴뚝 등을 통해 주로 배출되며 중국의 황사나 심한 스모그때 날아오는 크기가 작은 먼지를 말한다. 미세먼지 중 입자의 크기가 더 작은 미세먼지를 초미세먼지라 부르며 지름 2.5㎛ 이하의 먼지로서 PM2.5라고 한다.

(나) 황사나 스모그는 모두 미세먼지 농도에 영향을 끼쳐, 황사나 스모그의 고농도 발생 시 시야를 악화시켜 대기가 뿌옇게 보이며 호흡기에 악영향을 끼치는 것으로 알려져 있다. 하지만 황사가 중국 몽골의 건조지대에서 강한 바람에 의해 높은 대기로 불어 올라간 흙먼지가 바람을 타고 이동해 지상으로 떨어지는 자연현상인 반면, 고농도의 미세먼지 발생은 자동차·공장·가정 등에서 사용하는 화석연료 사용으로 배출된 인위적 오염물질이 주요 원인이 되는 차이가 있다.

(다) 미세먼지를 이루는 성분은 그 미세먼지가 발생한 지역이나 계절, 기상조건 등에 따라 달라질 수 있다. 일반적으로는 대기오염물질이 공기 중에서 반응하여 형성된 덩어리(황산염, 질산염 등)와 석탄·석유 등 화석연료를 태우는 과정에서 발생하는 탄소류와 검댕, 지표면 흙먼지 등에서 생기는 광물 등으로 구성된다.

(라) 미세먼지의 노출은 호흡기 및 심혈관계 질환의 발생과 관련이 있으며 사망률도 증가시키는 것으로 보고되고 있다. 장기간 미세먼지에 노출되면 면역력이 급격히 저하되어 염증이 유발되고, 감기, 천식, 기관지염 등의 호흡기 질환은 물론 심혈관 질환, 피부질환, 안구질환 등 각종 질병에 노출될 수 있다(PM2.5 환경기준 설정연구, 국립환경과학원, 2006).

〈자료2〉

1900년대 지방자치제가 본격적으로 시행된 이후 현재 전국적으로 1,000여 개 이상의 지역 축제가 개최되고 있으며, 지역 주민의 단합과 지역 경제 활성화에 기여하고 있다. 그러나 지역 축제의 본래적 의의가 퇴색되고 있다는 심각한 문제가 제기되고 있다. 대다수 축제가 단순히 대중 공연, 기념품, 먹거리 판매에 의존하는 유사한 방식으로 진행되면서 지역적 특색을 상실하고 본래의 긍정적인 역할을 다하지 못하고 있기 때문이다. 따라서 우리는 유사 축제가 확산되는 현상을 멈추고, 지금부터라도 지역 축제의 내실화를 이루어야 한다.

지역 축제를 내실화할 수 있는 첫째 방안은 그 지역만의 개성을 담는 것이다. 성공적이라고 평가받고 있는 지역 축제들의 사례를 살펴보자. '안동민속축제'와 '강릉단오제'는 각 지역의 전통문화인 안동 탈놀이와 강릉 단오굿을 활용하였다. 부산의 '조선통신사축제'도 조선 통신사의 무사 항해를 기원하는 해신제를 재현하는 등 그 지역의 전통문화를 활용하였다. 그러므로 성공적인 지역 축제들은 전통문화를 활용하였음을 알 수 있다. 이외에도 그 지역의 특산물과 생태 환경 등 지역적 특성을 활용한 축제를 개발해서 성공한 사례도 많다. 이렇게 그 지역만의 개성을 담아 다른 지역과 차별화한다면 지역의 자긍심 고취와 관광객 유치라는 두 마리 토끼를 모두 잡을 수 있을 것이다.

물론 모든 지역이 전통문화나 뚜렷한 특산물을 가지고 있는 것은 아니므로, 차별화는 일부 지역에만 가능하다는 반론이 제기될 수 있다. 하지만 이는 현실을 간과한 주장이다. 지역 고유의 이야기나 역사적 사건, 혹은 독특한 지형 등 보이지 않는 지역 특성을 발굴하여 축제의 서사로 만드는 것 역시 훌륭한 차별화 방안이 될 수 있다.

내실화의 둘째 방안은 지역 축제의 효율적 운영이다. 축제에 지원되는 정부의 예산은 한정되어 있는데, 지역 축제의 수가 많아지면서 몇몇 지방 자치 단체들은 축제 예산 확보에 어려움을 겪고 있다. 지역만의 개성을 담아 지역 축제를 차별화할 수 있는 좋은 아이디어가 있어도 예산이 부족하면 내실 있게 운영하는 데 한계가 있다. 이러한 비효율을 해결할 수 있는 방법은 주제가 유사하거나 시기가 겹치는 축제를 통합하는 것이다. 이는 기업에서 인적 자원과 예산을 효율적으로 활용하기 위해 업무가 겹치는 부서를 통합하는 경영의 원리와 같다.

축제는 축제를 여는 사람들이 서로 통합하고, 축제가 일어나는 곳의 경제를 활성화시키는 기능을 가질 때 비로소 의의를 갖는다. 지역 축제 역시 축제의 하나이다. 따라서 지역 축제도 지역 주민의 단합과 지역 경제 활성화에 이바지할 수 있는 기능을 회복하여야 본래의 취지를 살릴 수 있을 것이다.

2026학년도 중등학교교사신규임용후보자선정경쟁시험(2차)
제24회 국어과 교수·학습 실연 지도안 〔예상 답안〕

국어과 본시 교수·학습 지도안				
학습 목표	1. 글에 사용된 다양한 설명 방법의 적절성을 평가할 수 있다. 2. 글에 사용된 다양한 논증 방법을 파악할 수 있다.			
학습 단계		교수·학습 활동		자료 및 유의점	시간(분)
도입	인사	• 인사 및 학습 분위기 조성	• 인사 및 학습 준비		
	전시 학습 확인	• 전시 학습 확인	• 전시 학습 회상		
	동기유발	• 동기 유발하기	• 학습 동기 갖기		
	학습 내용 안내	• 학습 내용 안내	• 학습 내용 확인		
	학습 목표 제시	• 학습 목표 제시	• 학습 목표 확인		
전개 1	〈활동1〉 설명 방법의 적절성 평가하기	〈수험생 작성 내용1〉 • 다양한 설명 방법 설명하기 - "지난 시간에 정의, 예시, 비교, 대조, 인과, 구분, 분류, 분석 등 다양한 설명 방법에 대해 배웠어요." • 〈자료1〉에 사용된 설명 방법과 그 효과 파악하는 시범 보이기 - "(가)에서는 미세먼지의 개념을 설명해 주고 있어요. 이렇게 대상의 개념을 밝히며 설명하는 방법을 정의라고 합니다." • 활동지 제시하고 모둠활동 안내하기 - (나)~(라)까지 사용된 설명 방법을 찾도록 안내한다. • 활동 내용 공유 독려하기 • 모둠별로 (가)~(라)의 설명 방법의 적절성을 평가하는 활동 안내하기 - 설명 방법의 적절성을 평가하기 위한 평가 기준을 제시한다. ① 대상이나 개념을 설명하기에 적합한가? ② 글의 내용을 이해하기에 효과적인가?	• 다양한 설명 방법 숙지하기 • 〈자료1〉에 사용된 설명 방법을 파악하는 방법 익히기 • 모둠별로 〈자료1〉의 설명 방법 파악하기 • 활동 내용 발표 및 공유하기 | (나) | 비교, 대조 | 황사와 스모그의 공통점과 차이점을 밝히고 있음 | | (다) | 분석 | 미세먼지라는 하나의 대상을 구성 성분이라는 여러 요소로 나누어 설명하고 있음 | | (라) | 인과, 예시 | - 미세먼지 노출의 결과를 제시하고 있음. - 미세먼지 노출로 나타나는 질병의 예시를 제시하고 있음 | • 모둠별로 (가)~(라)의 설명 방법의 적절성 평가하기		

전개1	⟨활동1⟩ 설명 방법의 적절성 평가하기	• 활동 내용 공유 독려하기	• 활동 내용 공유하기	
			(가)	적합하고 효과적. 대상의 범위를 명확히 하여 독자의 이해를 도움
			(나)	적합하고 효과적. 미세먼지와 혼동하기 쉬운 황사와의 차이점을 명확히 부각하여 독자의 이해를 도움
			(다)	적합하고 효과적. 미세먼지라는 전체 대상을 구성 성분으로 설명하여 개념을 구체적으로 설명함
			(라)	적합하고 효과적. 원인과 결과를 논리적으로 입증하고 있으며 독자의 경각심을 높임
전개2	⟨활동2⟩ 논증 요소 파악하기	⟨수험생 작성 내용2⟩ • 논증의 구성 요소 설명하기 – "지난 시간에 논증의 구성 요소로 무엇을 배웠죠?" 	주장	글쓴이의 핵심적인 의견
이유	주장을 뒷받침하는 주관적 요인
근거	이유를 뒷받침하는 객관적 자료
예상 반론과 이에 대한 반박	독자가 제기할 것으로 예상되는 반대 의견과 이에 대한 글쓴이의 비판 | • ⟨자료2⟩의 1~3문단에서 논증 요소를 파악하는 활동 안내하기 • 활동 내용 공유 독려하기	• 논증의 구성 요소 이해하기 – "주장, 이유, 근거, 예상 반론과 이에 대한 반박을 배웠어요." • ⟨자료2⟩의 1~3문단에서 논증 요소를 파악하기 • 활동 내용 공유하기 | 주장	지역 축제는 본래의 긍정적인 역할을 위해 내실화되어야 한다.
이유	내실화를 위해 그 지역만의 개성을 담아야 함
근거	지역의 개성을 담아 성공한 지역 축제 사례
예상 반론과 이에 대한 반박	차별화는 일부 지역에서만 가능함 → 보이지 않는 지역의 특성을 새롭게 발굴하여 차별화할 수 있음		
전개3	⟨활동3⟩ 다양한 논증 방법 파악하기	⟨수험생 작성 내용3⟩ • 모둠별로 ⟨자료2⟩의 논증 방법과 과정을 분석하도록 하기 – 문단별로 논증 방법과 구체적인 논증 과정을 찾아 정리하도록 안내한다. 	교사 시범
• 논증 방법 : 귀납(일반화) • 논증 과정 : 안동민속축제, 강릉단오제, 조선통신사축제와 같은 '개별적인 사례'들을 제시하여 성공적인 축제는 지역의 개성을 담아야 한다는 '일반적인 법칙'을 도출함	 • 활동 내용 공유 안내 및 피드백하기	• 모둠별로 ⟨자료2⟩의 논증 방법과 과정을 분석하기 	3문단
• 논증 방법 : 귀납(유추) • 논증 과정 : 기업과 축제가 예산을 효율적으로 활용해야 한다는 '유사성'을 가진 것을 활용하여 주제가 겹치는 축제를 통합하여 운영해야 한다는 주장을 뒷받침함
4문단
• 논증 방법 : 연역(삼단논법) • 논증 과정 – 대전제 : 축제는 통합과 경제 활성화라는 기능을 가져야 의미를 갖는다. – 소전제 : 지역 축제도 축제이다. – 결론 : 따라서 지역 축제도 지역 통합과 지역 경제 활성화에 공헌하여야 의미를 갖는다.	 • 활동 내용 공유 및 피드백 받기		

	형성평가 및 과제 부여	• 형성평가 부여 • 수준별 과제 제시	• 형성평가 진행 • 수준별 과제 확인	
정리	학습 내용 정리	• 학습 내용 정리	• 학습 내용 이해	
	차시 예고	• 차시 예고	• 차시 예고 인지	

판서 예시		
1) 글에 사용된 설명 방법 파악하기 - 설명 방법의 종류 : 정의, 예시, 비교, 인과, 대조 등 | | 방법 | |---|---| | (나) | 비교, 대조 | | (다) | 분석 | | (라) | 인과, 예시 |	2) 글에 사용된 논증 요소 파악하기 | 주장 | |---| | - 지역 축제는 내실화 되어야 | | 이유 | | - 지역의 개성 담기 - 축제의 효율적 운영 | | 근거 | | - 축제 사례 - 축제 예산 사용 통계 | | 예상 반론과 반박 | | - 차별화는 일부 지역만 가능 → 발굴 가능 - 주민의 자율성 참여 기회 훼손 → 오히려 주민 만족도 높임 |	3) 글에 사용된 논증 방법 파악하기 | 2문단 | |---| | - 논증 방법 : 귀납(일반화) - 논증 과정 : 개별적 사례 → 일반적 법칙 | | 3문단 | | - 논증 방법 : 귀납(유추) - 논증 과정 : 기업과 축제의 유사성 활용 | | 4문단 | | - 논증 방법 : 연역(삼단논법) - 논증 과정 : 대전제 → 소전제 → 결론 |

성취 기준	
2022 교육과정	[9국02-05] 글에 사용된 다양한 설명 방법과 논증 방법을 파악하고, 그 타당성을 평가하며 읽는다.
성취 기준 적용 시 고려 사항	설명 방법과 논증 방법을 파악하고 타당성을 평가하며 읽기를 지도할 때는 정의, 예시, 비교와 대조, 분류와 구분, 인과, 분석 등의 설명 방법이나 연역과 귀납 등의 논증 방법에 대한 개념을 단순히 파악하는 데 머무르지 않고 설명 방법이나 논증 방법의 타당성을 평가하며 글을 읽을 수 있도록 지도한다. 설명 방법의 경우에는 이 글에서 사용한 설명 방법이 설명하려는 대상이나 개념에 적합한 것인지 판단한 후, 그 효과와 적절성을 평가하도록 한다. 논증 방법의 경우에는 주장과 주장을 뒷받침하는 주관적 요인인 이유, 객관적 자료인 근거, 예상되는 반론이나 이에 대한 반박 등의 논증 요소와 논증 요소 간의 관계, 글에 제시된 연역이나 귀납 등의 논증 방법이 타당한지 판단한 후, 그 효과나 적절성을 평가하도록 한다.
2015 교육과정	[9국02-04] 글에 사용된 다양한 설명 방법을 파악하며 읽는다.

교과서 정리		
학습 내용 정리	[설명 방법의 종류]	
	① 정의	어떤 대상의 개념이나 뜻을 쉽게 풀어서 설명하는 방법 예 인권은 인간으로서 당연히 가지는 기본적 권리이다.
	② 예시	대상에 대한 구체적인 예를 들어 설명하는 방법 예 우리나라는 예로부터 발효 음식이 발달했는데, 김치와 된장, 간장 등을 예로 들 수 있다.
	③ 비교·대조	둘 이상의 대상을 견주어 공통점과 차이점을 밝혀 설명하는 방법 예 진달래와 철쭉은 분홍색 꽃이 피는 것이 비슷하지만, 진달래는 꽃이 피고 난 뒤에 잎이 나는 반면 철쭉은 잎과 꽃이 함께 나온다는 점이 다르다.
	④ 분류·구분	대상을 일정한 기준에 따라 묶거나 나누어서 설명하는 방법 예 자동차는 크기에 따라 경차, 소형차, 중형차, 대형차로 나눌 수 있고, 용도에 따라서는 승용차, 승합차, 화물차, 특수차로 나눌 수 있다.
	⑤ 인과	원인에 따른 결과나 결과에 대한 원인을 밝혀 설명하는 방법 예 일식이 일어나면 하늘이 깜깜해지는 것은, 달이 태양 일부나 전부를 가려 태양 빛이 지구까지 도달하지 못하기 때문이다.
	⑥ 분석	복합적인 대상을, 그것을 구성하는 요소로 나누어 설명하는 방법 예 곤충의 몸통은 머리, 가슴, 배로 나누어 있다. 머리에는 눈과 더듬이가 달려서 사물을 식별하는 데 도움을 준다. 가슴은……

학습 내용 정리	[논증의 개념] - 논증이란 이유와 근거를 바탕으로 주장이 참임을 논리적으로 증명하는 일을 뜻한다. [논증의 구성 요소] <table><tr><td>주장</td><td>글쓴이가 내세우는 핵심적인 의견</td></tr><tr><td>이유</td><td>글쓴이가 왜 그러한 주장을 하는지를 뒷받침하는 주관적 요인</td></tr><tr><td>근거</td><td>역사적·과학적 사실, 전문가의 견해, 통계 등 이유를 뒷받침하는 객관적 자료</td></tr><tr><td>예상 반론과 이에 대한 반박</td><td>독자가 제기할 것으로 예상되는 반대 의견과 이에 대한 글쓴이의 비판</td></tr></table> [논증 방법의 종류] <table><tr><td>연역</td><td>전제들이 참이면 결론이 반드시 참인 논증 방법이다. 일반적인 사실이나 원리를 전제로 하여 개별적이고 특수한 사실이나 원리를 결론으로 이끌어 낸다.</td></tr><tr><td>귀납</td><td>참인 사실이나 현상을 바탕으로 참일 가능성이 높은 결론을 도출하는 논증 방법이다. 개별적인 사실이나 현상으로부터 일반적이고 보편적인 결론을 이끌어 낸다. 두 사물이나 현상의 유사한 속성을 바탕으로 결론을 이끌어 내는 것도 귀납 논증에 해당한다.</td></tr><tr><td>유추</td><td>둘 이상의 대상이나 현상이 여러 면에서 비슷하다는 점을 근거로 다른 속성도 유사할 것이라고 추론하는 방법이다.</td></tr></table>		
[2022] 비상(박영민) 2-1 2. 예리하게 읽고, 배려하며 쓰고 (1) 이해하고 비판하며 읽기	제재	왜 동물원이 문제일까?(주장하는 글)	
	동기유발	※ '미소'의 집에 다녀간 사람을 추리한 두 탐정 중에서, 누구의 추리가 더 타당한지 평가해 보자. - 내 모든 촉은 미소의 할머니를 향하고 있어. 할머니가 오셨던 것이 분명해. - 신발 자국 옆에 동그란 자국도 함께 있는 걸 보니 집에 다녀간 사람은 지팡이를 짚고 왔을 거야. 평소 지팡이를 쓰시는 '미소'의 할아버지가 아닐까?	

	학습활동	1. <왜 동물원이 문제일까?>를 읽고 (가)에 쓰인 설명 방법을 알아보자.
		  (1) (가)에 쓰인 설명 방법을 <보기>에서 찾아 빈칸에 써 보자.
		  (2) 앞의 (1)을 바탕으로, (가)에 쓰인 설명 방법이 대상을 설명하는 데 적절한지 평가해 보자.
		2. 다음은 (가)를 읽은 학생들이 떠올린 질문이다. 각 질문에 대답하기 위해 어떤 설명 방법을 활용하면 효과적일지 생각해 보고, 그렇게 생각한 이유를 말해 보자.
		  1) 동물원과 아쿠아리움의 공통점과 차이점은 무엇일까?
		  2) 동물원에서 동물들이 지내는 생활 공간은 어떻게 구성되어 있을까?
		  3) 동물원에 살고 있는 해양 동물에는 어떤 종류가 있으며, 각 종류에 해당하는 해양 동물에는 무엇이 있을까?
		  4) 창경원을 본래의 창경궁으로 복원한 이유는 무엇일까?
		3. (나)에 쓰인 논증 요소와, 논증 요소 간의 관계를 파악해 보자.
		  (1) (나)에 나타난 주장을 찾아 쓰고, 이를 뒷받침하는 이유와 근거를 정리해 보자.
		  (2) 이 글의 글쓴이가 고려한 예상 반론과 이에 대한 글쓴이의 반박을 찾아 정리해 보자.
		  (3) 앞의 (1)과 (2)를 바탕으로, 이 글에 쓰인 논증 요소 간의 관계가 타당한지 평가해 보자.
		4. (나)에 쓰인 논증 방법을 알아보고, 타당성을 평가해 보자.
		  (1) 다음 글을 바탕으로, 빈칸을 채우며 (나)에 쓰인 논증 방법을 파악해 보자.
		  (2) (나)에 쓰인 논증 방법이 타당한지 평가해 보자.	

	발전 활동	- 앞의 점검 결과를 바탕으로, 다음 자료를 보고 주장하는 글을 읽을 때 판단해야 하는 논증의 오류를 알아보자. 1. <논증의 오류를 조심해>를 읽고, 다음 주장에서 논증의 오류를 찾아보자. 2. 앞의 1을 바탕으로, 주장하는 글을 읽을 때 고려해야 할 점을 짝과 함께 말해보자.	
[2022] 비상(박현숙) 2-1 3. 설명과 논리로 나누는 생각 (1) 설명 방법과 논증 방법	제재	- 재미있을 때는 왜 시간이 빨리 갈까?(설명하는 글) - 기다려라, 그 순간을 위해!(주장하는 글)	
	동기유발	※ 두 학생이 자신의 주장에 설득력을 더하기 위해 사용한 방법을 말해 보자. - A : 탕수육이란 쇠고기나 돼지고기를 튀긴 것에 여러 재료를 넣고 끓인 녹말물을 부어 만든 음식이야. 그러므로 본래의 의도에 따라 소스를 부어 먹어야 해. - B : 튀긴 요리는 바삭한 식감을 살리는 것이 중요해. 탕수육도 튀김 요리에 해당하기 때문에 바삭한 식감을 살리려면 고기를 소스에 조금씩 찍어 먹어야 해.	

[2022] 비상(박현숙) 2-1 3. 설명과 논리로 나누는 생각 (1) 설명 방법과 논증 방법	탐구 활동	1. 이 글의 내용을 정리하고 글쓴이가 이 글을 쓴 목적을 파악해 보자. 　(1) 짝과 함께 묻고 답하며 이 글의 내용을 정리해 보자. 　(2) (1)을 바탕으로 글쓴이가 이 글을 쓴 목적을 말해 보자. 2. 설명 방법의 종류를 이해하고, 이 글에 사용된 설명 방법을 파악해 보자. 　(1) 다양한 설명 방법을 살펴보고, 각각의 설명 방법이 사용된 문장을 완성해 보자. 　　　- 정의, 예시, 인과, 비교, 대조, 구분, 분류, 분석 　(2) 다음 문장에 사용된 설명 방법을 파악해 보자. 　(3) 이 글의 구조를 정리해 보고, 각 부분에 주로 사용된 설명 방법을 파악해 보자. 3. 이 글의 설명 방법이 적절한지 평가하고, 설명 방법을 파악하며 글을 읽어야 하는 까닭을 생각해 보자. 　(1) 이 글에 사용된 설명 방법 중 하나를 골라 그 적절성을 평가해 보자. 　(2) 설명 방법을 파악하며 글을 읽으면 어떤 점이 좋은지 말해 보자.
	탐구 활동	1. 이 글의 내용을 정리하고 글쓴이가 이 글을 쓴 목적을 파악해 보자. 　(1) 글의 구조(서론, 본론, 결론)에 따라 이 글의 내용을 정리해 보자. 　(2) 다음 학생들의 반응을 참고하여 글쓴이가 이 글을 쓴 목적을 파악해 보자. 2. 이 글에 사용된 논증 요소를 파악하고, 그 타당성을 판단해 보자. 　(1) 이 글에 사용된 논증 요소(주장, 이유, 근거)를 알아보고, 논증 요소 간의 관계를 파악해 보자. 　(2) 이 글에 나타난 예상 반론과 이에 대한 글쓴이의 반박을 정리해 보자. 　(3) 다음 평가 기준에 유의하며 이 글에 쓰인 논증 요소의 타당성을 평가해 보자. 　　논증 요소의 타당성 평가 기준 　　• 독자가 이해하기에 명료하고 타당한 주장인가? 　　• 주장을 뒷받침하기에 합리적인 이유를 제시하였는가? 　　• 이유를 뒷받침하기에 적절하고 설득력 있는 근거를 제시하였는가? 　　• 예상 반론에 대한 반박은 논리적이며 설득력이 있는가? 3. 논증 방법의 종류를 이해하고, 이 글에 사용된 논증 방법을 파악해 보자. 　(1) 이 글의 서론에 사용된 논증 방법을 파악해 보자. 　(2) 이 글의 본론을 다음과 같이 정리하고, 본론에 사용된 논증 방법을 파악해 보자. 　(3) 이 글의 결론을 다음과 같이 정리하고, 결론에 사용된 논증 방법을 파악해 보자.
	적용 활동	1. 다음 사진들을 조합하여 설명 방법을 활용한 짧은 문장을 만들어 보자. 2. 다음은 1의 사진을 조합하여 논증한 문장이다. 두 논증에 사용된 논증 방법과 잘못된 점을 파악해 보자.
[2022] 미래엔(민병곤) 2-1 2. 적절하고 타당하게 (2) 타당성 평가하며 읽기	제재	모두를 배려하는 현금 있는 사회
	동기유발	※ 올리가 약속에 늦을 것이라고 라미가 결론을 내리는 과정을 살펴보자. • 라미가 결론을 내리는 과정이 타당할까?
	학습활동	1. 이 글에 사용된 내용 조직 방법과 설명 방법을 파악하고, 그 타당성을 평가해 보자. 　(1) 이 글의 짜임(서론 - 본론 - 결론)을 고려하여 중심 내용을 정리해 보자. 　(2) 이 글의 내용 조직 방법을 파악하고, 내용 조직 방법이 적절한지 평가해 보자. 　(3) 이 글에 사용된 설명 방법을 파악하고, 다음 기준에 따라 설명 방법이 타당한지 평가해 보자. • 평가기준 　- 대상이나 개념을 설명하기에 적합한가? 　- 글의 내용을 이해하기에 효과적인가? 2. 이 글에 사용된 논증 요소를 파악해 보자. 　(1) 글쓴이의 주장을 쓰고, 이를 뒷받침하는 이유와 근거를 정리해 보자. 　(2) 표시한 부분이 예상 반론인지 예상 반론에 대한 반박인지 고르고, 글쓴이가 두 논증 요소를 제시한 까닭을 생각해 보자. 3. 이 글에 사용된 논증 방법을 파악하고, 그 타당성을 평가해 보자. 　(1) 이 글에 사용된 논증 방법을 파악하고, 논증이 타당한지 평가해 보자. 　(2) 6문단에 사용된 논증 방법을 파악하고, 논증이 타당한지 평가해 보자. 4. 다음은 글쓴이가 4문단을 고쳐 쓴 과정이다. 글쓴이가 보완한 논증을 살펴보고, 그 타당성을 평가해 보자. 5. 이 글에 사용된 논증 요소와 논증 방법의 효과를 짝과 이야기해 보자.
	적용 실천 활동	1. 다음 글에 사용된 설명 방법과 논증 방법을 파악하고, 그 타당성을 평가해 보자. 　(1) 이 글에 사용된 설명 방법을 파악하고, 설명 방법의 타당성을 평가해 보자. 　(2) 이 글에 사용된 논증 방법을 파악하고, 논증의 타당성을 평가해 보자.

2026학년도 중등학교교사신규임용후보자선정경쟁시험(2차)
제25회 국어과 교수·학습 실연 시험 문제지

관리 번호

지도안 세부 조건

1. **〈수험생 작성 조건1〉 동기유발**
   가. 매체 자료를 활용할 것
   나. 교사의 발문을 2개 이상 포함할 것
   다. 하나의 대상을 다양한 관점에서 살펴보는 것의 장점을 생각해 보게 할 것

2. **〈수험생 작성 조건2〉 관점 차이 파악하기**
   가. 〈자료1〉을 활용할 것
   나. 〈자료1〉의 (가), (나)의 공통 화제를 파악하고 관점을 비교하도록 할 것
   다. 비교한 내용을 바탕으로 학생 스스로 타당한 관점을 선택하도록 할 것

3. **〈수험생 작성 조건3〉 형식 차이 파악하기**
   가. 〈자료1〉, 〈자료2〉를 활용할 것
   나. 〈자료1〉, 〈자료2〉의 글의 종류를 각각 파악하도록 발문할 것
   다. 〈자료3〉를 참고하여 모둠별로 글의 형식 차이에 따른 효과를 파악하도록 안내할 것

수업 조건

- 과목: 국어
- 학년: 중학교 3학년
- 장소: 국어 교과교실
- 시간: 블록타임제(90분)
- 단원명: 관점과 형식을 비교하며 읽기
- 해당 성취 기준: 동일한 화제를 다룬 여러 글이나 자료를 주제 통합적으로 읽는다.

단원명	차시	학습 내용
관점과 형식을 비교하며 읽기	1-2 (본시)	○동일한 화제를 다룬 여러 글을 읽으며 관점의 차이를 파악할 수 있다. ○동일한 화제를 다룬 여러 글을 읽으며 형식의 차이를 파악할 수 있다.
	3	○동일한 화제이나 관점과 형식이 다른 글 찾아 읽을 수 있다.

학생 수	장소	학습 형태	학습 기자재
24명	국어 교과교실	강의식, 모둠활동	교사용 컴퓨터, 전자 칠판, 학생용 스마트 기기

※ 본 문제는 모의 평가용으로 제작되었으며, 실제 시험의 문항 유형 및 형식과 다를 수 있습니다.

〈자료1〉

(가)
스포츠 뉴스 댓글 서비스 중단은 옳은 결정

최근 악성 댓글 문제가 점점 심각해지면서 극단적인 선택을 하는 사람들이 늘어나고 있다. 최근에도 악플로 인해 고통을 받던 한 스포츠 선수가 스스로 목숨을 끊기도 하였다. 이에 따라 국내 주요 포털 사이트에서는 댓글 서비스를 중단하였다. 스포츠 뉴스 댓글 서비스 중단이 옳은 결정인 이유는 다음과 같다.

첫째, 댓글은 본래의 소통과 공론의 장이라는 순기능을 하였으나 특정 선수를 비하하고 비난하는 댓글이 넘쳐나면서 악성 댓글로 인한 역기능이 더욱 강해졌다. 눈살을 찌푸리게 하는 댓글을 흔히 볼 수 있고 각종 인신 공격성 댓글로 인해 상처받는 사람들이 늘어나고 있다. 이미 댓글 서비스는 소통의 장이라는 순기능을 잃어버렸다.

둘째, 악성 댓글을 원천적으로 막을 수 있는 시스템이 부재하다. 악성 댓글을 막을 만한 뾰족한 수가 없는 현재 상황에서는 댓글 서비스를 잠정 중단하는 조치가 최선의 선택이다.

따라서, 네이버, 다음, 네이트 등 국내 주요 포털사이트에서는 잇따라 댓글 서비스를 중단한 것은 옳은 결정이라고 할 수 있다. 실효성에 대해 판단하기에는 아직 이르지만 악성 댓글을 작성할 창구가 없어진 만큼 그 효과성이 있을 것으로 기대해 본다.

(나)
스포츠 뉴스 댓글 서비스 중지. 중단만이 답일까?

최근 국내 주요 포털사이트인 네이버를 비롯하여 다음, 네이트에서도 댓글 서비스를 중단하였다. 악성 댓글로 인한 피해를 줄이기 위한 결정이다. 이는 과연 옳은 선택일까? 스포츠 뉴스의 댓글 서비스 중단에 따른 문제점을 살펴보자.

첫째, 스포츠 뉴스의 댓글 서비스는 관중들의 소통의 장 역할을 하며 스포츠에 대한 관심을 높이는 데 일조하였으나 현재는 그러한 기능을 하기 어려워졌다. 스포츠 뉴스의 댓글 서비스가 중단되면서 스포츠를 보는 관중들은 승리를 축하하고 패배를 위로할 장소를 잃어버리게 된 것이다.

둘째, 댓글 서비스를 중단한다고 해서 악플러가 사라질 것이라고 보기는 어렵다. 뉴스 댓글 서비스가 중단되자 일부 악플러들은 선수의 개인 SNS계정에 찾아가 악성댓글을 남기는 등 여전히 다른 방법으로 악성댓글이 끊이지 않고 있다.

스포츠 뉴스 댓글 서비스 중지는 댓글의 순기능을 전혀 고려하지 않은 섣부른 결정이다. 악성댓글을 근본적으로 뿌리 뽑으려면 스포츠 뉴스 댓글 서비스를 중단하기 보다는 악성 댓글에 대한 인식과 제도를 개선하는 것이 더욱 중요할 것이다.

〈자료2〉

네○버, 오늘부터 스포츠 뉴스에 댓글 못 쓴다.

네○버가 27일부터 스포츠 뉴스 댓글 서비스를 잠정 중단한다. 다음달 10일부터는 스포츠 영상 댓글 서비스도 종료한다. 네○버는 "명예를 훼손하고 비하하는 댓글로 인해 상처받는 선수들의 고통이 간과할 수준을 넘고 있는 데 따른 조치"라고 했다. 실시간으로 응원하는 팀과 선수에게 메시지를 전달하는 스포츠 경기 중계의 라이브 톡 서비스는 당분간 현재와 같이 유지하며, 욕설 등 악의적인 내용은 걸러낼 수 있도록 인공지능(AI) 클린봇 2.0이 적용된다. 네○트도 이날부터 스포츠 뉴스 댓글 서비스를 잠정 중단한다. 앞서 카○오는 지난 7일 포털 '다○'의 스포츠 뉴스 댓글을 중단했다.

- 2020.8.27. ○○경제 -

〈자료3〉

형식이 다른 글을 읽을 때에는 글의 형식상의 차이와 그 효과를 자세히 파악하며 읽어야 한다. 예를 들어, 주장하는 글의 경우 서론, 본론, 결론의 형식으로, 주장을 뒷받침하는 근거를 제시하며 글이 전개된다는 형식적인 특성이 있다. 반면 기사문의 경우에는 표제와 본문의 형식으로, 객관적인 정보를 전달하며 간결한 표현을 사용한다는 형식적인 특성이 있다. 이러한 글의 형식에 따라 글에 미치는 효과도 달라지므로 서로 다른 형식의 글을 비교하며 읽어보는 것도 좋은 읽기 방법 중 하나이다.

2026학년도 중등학교교사신규임용후보자선정경쟁시험(2차)

제25회 국어과 교수·학습 실연 지도안 　예상 답안

국어과 본시 교수·학습 지도안			
학습 목표	1. 동일한 화제를 다룬 여러 글을 읽으며 관점의 차이를 파악할 수 있다. 2. 동일한 화제를 다룬 여러 글을 읽으며 형식의 차이를 파악할 수 있다.		
학습 단계		교수·학습 활동		자료 및 유의점	시간 (분)
도입	인사	• 인사 및 학습 분위기 조성	• 인사 및 학습 준비		
	전시 학습 확인	• 전시 학습 확인	• 전시 학습 회상		
	동기유발	〈수험생 작성 내용1〉 • 관점에 따라 다르게 보일 수 있는 그림 자료 제시하기 　- 컵을 위, 옆에서 바라본 그림을 제시한다. • 관점에 따라 대상의 모습이 달라짐을 파악할 수 있도록 발문하기 　- "위에서 봤을 때는 이 대상이 무엇으로 보이나요?" 　- "옆에서 봤을 때는 이 대상이 무엇으로 보이나요?" • 다양한 관점을 파악하며 읽는 것의 장점을 깨닫도록 발문하기 　- "컵이라는 하나의 대상을 위와 옆에서 살펴보니 어떤 점이 좋았나요?" 　- "맞아요. 글을 읽을 때에도 다양한 관점을 파악하며 읽으면 화제에 대해 다양한 측면에서 깊이 있게 이해할 수 있어요." • 학습 목표와 연계하기	• 교사가 제시한 그림 자료 살펴보기 • 관점에 따라 대상의 모습이 달라질 수 있음을 이해하기 　- "컵으로 보여요!" 　- "손가방으로 보여요." • 다양한 관점을 파악하며 읽는 것의 장점을 파악하기 　- "컵이라는 대상의 특성을 다양한 측면에서 이해할 수 있었어요." • 학습 목표와 연계하기		
	학습 내용 안내	• 학습 내용 안내	• 학습 내용 확인		
	학습 목표 제시	• 학습 목표 제시	• 학습 목표 확인		
전개 1	〈활동1〉 관점 차이 파악하기	〈수험생 작성 내용2〉 • 〈자료1〉 함께 읽기 • 〈자료1〉의 (가)와 (나)의 공통 화제가 무엇인지 파악하도록 발문하기 　- "〈자료1〉의 (가)와 (나)의 공통 화제는 무엇인가요?" • 〈자료1〉의 (가)와 (나)의 관점을 파악해 비교하고, 자신의 관점을 세우도록 안내하기	• 〈자료1〉 함께 읽기 • 〈자료1〉의 (가)와 (나)의 공통 화제가 무엇인지 파악하기 　- "포털 사이트의 스포츠 뉴스 댓글 서비스 중단 결정이요." • 〈자료1〉의 (가)와 (나)의 관점을 파악하고 자신의 관점 세우기		

전개 1	〈활동1〉 관점 차이 파악하기	〈활동 안내〉 1. 〈자료1〉의 '포털 사이트의 스포츠 뉴스 댓글 서비스 중단 결정'에 대한 관점을 파악해 비교하기 2. 비교한 내용을 바탕으로 (가), (나) 중 타당한 관점 선택하기			
		• 활동 내용 발표 유도 및 피드백하기 – "(가)와 (나)의 관점을 어떻게 비교해 보았나요?"	• 활동 내용 발표하기 |	(가)	(나)
---	---	---
	긍정적 관점	부정적 관점
	스포츠 뉴스 댓글 서비스 중단에 대해 긍정적으로 바라보며, 스포츠 뉴스 댓글 서비스 중단의 필요성을 제시하였다.	스포츠 뉴스 댓글 서비스 중단에 대해 부정적으로 바라보며 스포츠 뉴스 댓글 서비스 중단의 문제점을 제시하고 있다.			
		– "(가), (나) 중 어떤 관점이 더 타당하다고 생각했나요? 그 이유는 무엇인가요?"	– "(가)가 더 타당하다고 생각해요. 현재 악성 댓글을 원천적으로 막을 시스템이 없는 상황에서 댓글 서비스 중단이 최선의 선택이라는 근거를 설득력 있게 제시하고 있기 때문이에요." – "(나)가 더 타당하다고 생각해요. 댓글 서비스가 중단된다고 해서 운동 선수를 향한 비난이 줄어들지는 않을 것이라는 근거를 설득력 있게 제시하고 있기 때문이에요."		
		• 활동 정리하기	• 활동 정리하기		
전개 2	〈활동2〉 형식 차이 파악하기	〈수험생 작성 내용3〉 • 〈자료2〉 함께 읽기 • 〈자료1〉과 〈자료2〉의 글의 종류가 어떻게 다른지 질문하기 – "〈자료1〉과 〈자료2〉는 글의 종류가 무엇일까요?" • 모둠별로 〈자료3〉을 참고하여 주장하는 글과 기사문의 형식상의 차이와 그러한 형식의 효과를 파악하도록 안내하기 • 활동 내용 발표 유도 및 피드백하기 • 활동을 정리하며 형식 차이를 파악하며 읽는 것의 필요성 강조하기	• 〈자료2〉 함께 읽기 • 〈자료1〉, 〈자료2〉의 글의 종류 파악하기 – "〈자료1〉은 주장하는 글이고 〈자료2〉는 기사문이에요." • 모둠별로 〈자료3〉을 참고하여 주장하는 글과 기사문의 형식상의 차이와 그러한 형식의 효과를 파악하기 • 활동 내용 발표하기 | 형식	주장하는 글 〈자료1〉	기사문 〈자료2〉
---	---	---
형식적인 특성	– 서론, 본론, 결론의 형식 – 주장을 뒷받침 하는 근거를 제시함 – 설득력 있는 표현	– 표제와 본문의 형식 – 객관적인 정보를 전달함 – 간결한 표현
효과	주장을 뒷받침 하는 근거를 통해 주장하는 바를 설득력 있게 전달함	간결한 내용으로 핵심 정보를 빠르게 전달함	 • 활동을 정리하며 형식 차이를 파악하며 읽는 것의 필요성 느끼기		
정리	학습 내용 정리	• 학습 내용 정리	• 학습 내용 이해		
	차시 예고	• 차시 예고	• 차시 예고 인지		

판서 예시

단원명 : 관점과 형식을 비교하며 읽기

<학습 목표>
1. 동일한 화제를 다룬 여러 글을 읽으며 관점의 차이를 파악할 수 있다.
2. 동일한 화제를 다룬 여러 글을 읽으며 형식의 차이를 파악할 수 있다.

<활동1> 관점 차이 파악하기

(가)	(나)
긍정적 관점	부정적 관점
스포츠 뉴스 댓글 서비스 중단의 필요성 제시	스포츠 뉴스 댓글 서비스 중단의 문제점 제시

• 타당성 판단하기

(가)	댓글 서비스 중단이 최선의 선택이라는 근거를 설득력 있게 제시함
(나)	댓글 서비스가 중단된다고 해서 운동 선수를 향한 비난이 줄어들지는 않을 것이라는 근거를 설득력 있게 제시함

<활동2> 형식 차이 파악하기

형식	주장하는 글 <자료1>	기사문 <자료2>
형식적인 특성	- 서론, 본론, 결론의 형식 - 주장을 뒷받침하는 근거 제시	- 표제, 본문의 형식 - 객관적인 정보 - 간결한 표현
효과	주장을 뒷받침 하는 근거를 통해 주장하는 바를 설득력 있게 전달함	간결한 내용으로 핵심 정보를 빠르게 전달함

성취 기준

2022 교육과정	**[9국02-06]** 동일한 화제를 다룬 여러 글이나 자료를 주제 통합적으로 읽는다. 　이 성취 기준은 동일한 화제를 다룬 여러 글이나 자료를 비판적으로 읽고 자신의 관점에 따라 의미를 재구성할 수 있는 주제 통합적 읽기 능력을 기르기 위해 설정하였다. 동일한 화제에 대해 서로 다른 관점을 지닌 글을 대조하며 읽거나 비슷한 주제를 담은 다양한 형식을 비교하며 읽으면서, 독자는 편견이나 선입견을 배제하고 합리적으로 판단할 수 있게 된다. 여러 글이나 자료를 비교하며 읽는 과정에서 독자는 화제와 관련된 쟁점에 대한 충분한 이해를 바탕으로 자신의 관점을 세울 수 있다. 관점이나 형식이 다른 다양한 글이나 자료를 비교·분석하기, 대상 화제에 대한 자신의 관점 수립하기, 서로 다른 관점과 형식의 글을 자신의 관점을 토대로 통합하기, 자신의 관점에 따라 의미를 구성하고 표현하기 등을 학습한다.
성취 기준 적용 시 고려 사항	주제 통합적 읽기를 지도할 때는 동일한 화제에 대해 서로 다른 관점을 지닌 글이나 자료를 단순히 비교·대조하며 읽는 활동에 머무르지 않고, 편견이나 선입견을 배제하고 합리적으로 비판하며 자신의 관점을 설정하고 이에 따라 종합하고 재구성하며 읽을 수 있도록 한다. 다양한 매체를 통해 접하게 되는 복합양식 글이나 자료에 대해 내용의 타당성과 신뢰성을 비판적으로 평가하며 읽는 활동, 글에 사용된 논증의 타당성을 평가하며 읽는 활동 등을 통해 무비판적으로 정보를 수용하지 않고 평가하는 자세, 편향되지 않은 관점으로 여러 자료를 참조하며 균형 있게 정보를 수용하는 자세 등을 지도하여 민주시민으로서의 소양을 함양할 수 있도록 한다.
2015 교육과정	**[9국02-06]** 동일한 화제를 다룬 여러 글을 읽으며 관점과 형식의 차이를 파악한다.

교과서 정리

학습 내용 정리	■ 글의 관점과 형식을 비교하며 읽기 　글이란, 동일한 화제를 다루어도 서로 다른 관점에서 쓰일 수 있고 다양한 형식으로 표현될 수도 있다. 동일한 화제를 다룬 여러 글의 관점과 형식을 비교하며 읽으면 화제에 관한 지식이 풍부해질 뿐만 아니라, 사고의 폭을 넓힐 수 있고, 균형 있는 시각을 갖는 데에도 도움이 된다. 더 나아가 화제에 관해 자신의 관점을 세울 수 있다.	
[2015] 천재(박) 3-1 4. 관점과 해석 (1) 관점과 형식을 비교하며 읽기	제재	(가) 잊힐 권리 법제화, 시급해 / (나) 잊힐 권리 법제화, 신중해야
	동기유발	• 다음은 어떤 대상을 여러 각도에서 살펴보고 그린 그림입니다. 그림을 보고, 물음에 답해 봅시다. (1) 무엇을 그린 그림일까요? (2) 한 대상을 여러 각도에서 살펴보면 어떤 점이 좋을까요?
	내용학습	1. (가)와 (나)에서 공통으로 다룬 화제는 무엇인가요? 2. (가)와 (나)의 내용을 정리해 봅시다. 　(1) (가)의 내용을 주장과 근거로 나누어 정리해 봅시다. 　(2) (나)의 내용을 주장과 근거로 나누어 정리해 봅시다.

교과서	구분	내용
[2015] 천재(박) 3-1 4. 관점과 해석 (1) 관점과 형식을 비교하며 읽기	목표학습	1. (가)와 (나)의 관점을 비교해 봅시다. 　(1) '잊힐 권리 법제화'에 관한 두 글의 관점을 정리해 봅시다. 　(2) (가)와 (나) 가운데 어느 글이 더 타당하다고 생각하는지 까닭을 들어 말해 봅시다. 2. 다음 광고문을 보고, (가)와 형식면에서 어떤 차이가 있는지 파악해 봅시다. 　(1) 이 광고문에서 말하고자 하는 바는 무엇인가요? 　(2) (가)와 광고문의 형식적 특성을 짝과 함께 정리해 봅시다. 　(3) (2)에서 파악한 (가)와 광고문의 형식적 특성이, 각 글에서 말하고자 하는 바를 전달하는 데 어떤 효과가 있는지 말해 봅시다. 3. '잊힐 권리 법제화'에 관한 자신의 생각을 까닭을 들어 써 봅시다.
[2015] 비상 3-1 3. 새롭게 발견하는 즐거움 (1) 같은 화제 다른 글	제재	(가) 소금 없인 못 살아 / (나) 맛있게 먹은 소금이 병을 부른다.
	동기유발	• 다음 그림이 무엇으로 보이는지 말해 보자(멕시코의 화가 '옥타비아 오캄포'의 그림).
	이해활동	1. (가)와 (나)의 내용을 정리하며, 두 글에 나타난 관점의 차이를 파악해 보자. 2. 다음은 '소금'과 관련된 공익 광고이다. 앞에서 읽은 글과 비교하며 읽어 보자. 　(1) 글 (가), (나)와 공익 광고 (다)의 형식을 비교하고, 각 글의 특성을 이해해 보자. 　(2) 세 글 중에서 자신의 관점과 유사한 것을 고르고 그 이유를 말해 보자. 　(3) 1과 2를 바탕으로 관점이나 형식이 서로 다른 여러 글을 읽으면 어떤 점이 좋은지 이야기해 보자.
	적용활동	1. 모둠별로 동일한 화제를 다룬 여러 글을 찾아보자. 　(1) 다음 그림 카드는 다양한 화제를 나타낸 것이다. 모둠별로 화제를 하나씩 선택해 보자. 　(2) 다음 과정에 따라 (1)에서 정한 화제를 다룬 여러 글을 찾아보자. 2. 1에서 찾은 글을 함께 읽어 보자. 　(1) 모둠에서 선정한 두 글이 무엇인지, 그 글을 선정한 이유와 함께 써 보자. 　(2) 두 글을 읽은 다음 내용을 간단하게 정리해 보자. 그리고 글을 읽고 난 뒤 화제에 대한 자신의 생각은 어떤지 써 보자.
	활동마당	1. 형식 바꾸어 표현하기 　(1) 다음 표어를 (가)와 (나)처럼 형식을 바꾸어 표현한 까닭이 무엇일지 말해 보자. 　(2) 다음 기사문을 읽고, 이를 다른 형식으로 바꾸어 표현해 보자.
[2015] 천재(노) 3-2 2. 너의 생각, 나의 생각 (1) 비교하며 읽기	제재	(가) 젓가락으로 시작하는 밥상머리 교육(윤상원) (나) 젓가락질 잘해야만 밥 잘 먹나요(엄지원)
	동기유발	• 다음 그림이 무엇으로 보이는지 친구들과 의견을 나누어 보자.
	활동1	1. 두 글의 내용을 파악해 보자. 　(1) 두 글에서 공통으로 다루고 있는 화제를 정리해 보자. 　(2) (가)에서 올바른 젓가락질 교육을 강조하는 이유를 말해 보자. 　(3) (나)에서 "한국인의 얼은 숟가락에 담습니다."라고 한 이유를 찾아보자. 2. 글에 드러난 관점과 형식의 특성을 비교해 보자. 　(1) (가), (나)의 관점을 비교하여 정리해 보자. 　(2) (1)에서 정리한 관점을 뒷받침하는 근거를 찾아보자. 　(3) (가)와 다음 글의 형식이 어떻게 다른지 생각해 보자. 3. 젓가락질과 관련된 글을 창의적으로 읽고, 자신의 생각을 표현해 보자. 　(1) 두 글에 드러난 관점 중 어느 쪽에 더 공감하는지 그 이유를 들어 이야기해 보자. 　(2) '젓가락질'과 관련된 글을 더 찾아서 읽고, 자신의 생각을 정리해 보자. 　(3) (2)에서 정리한 내용을 다양한 형식으로 표현해 보자. 　(4) (3)의 결과물을 친구들과 비교하며 관점이나 형식이 어떻게 다른지 살펴보자.
	활동2	[동일한 화제를 다룬 여러 글 읽기] (1) 모둠원들과 어떤 화제의 글을 읽을지 정해 보자. (2) 앞에서 정한 화제와 관련된 글이나 책을 찾아 모둠원들과 함께 목록을 만들어 보자. (3) 목록에 있는 글을 읽으며 모둠원들과 함께 글에 드러난 관점을 파악해 보자. (4) 비교하여 읽은 내용을 바탕으로 우리 모둠의 책을 만들어 보자. (5) 책 전시회를 열어 우리 모둠의 책을 소개해 보자. (6) 지금까지의 독서 과정을 점검하고, 앞으로의 독서 계획을 세워보자.

2026학년도 중등학교교사신규임용후보자선정경쟁시험(2차)
제26회 국어과 교수·학습 실연 시험 문제지

관리 번호 [   ]

지도안 세부 조건

1. ⟨수험생 작성 조건1⟩ 읽기 전 활동
   가. 읽기 전 점검 및 조정하는 활동을 제시할 것
   나. 읽기 전 활동의 유형을 3가지 이상 제시하고, 이를 학생 활동으로 구현할 것
   다. 교사의 시범을 포함할 것

2. ⟨수험생 작성 조건2⟩ 읽기 중 활동
   가. 읽기 중 점검 및 조정하는 활동을 제시할 것
   나. 읽기 중 활동의 유형을 3가지 이상 제시하고, 이를 학생 활동으로 구현할 것
   다. 활동을 공유하면서 학생 간 상호작용이 드러나도록 할 것

3. ⟨수험생 작성 조건3⟩ 읽기 후 활동
   가. 읽기 후 점검 및 조정하는 활동을 제시할 것
   나. 읽기 후 활동의 유형을 3가지 이상 제시하고, 이를 학생 활동으로 구현할 것
   다. 점검하고 조정하며 읽기의 효과를 제시할 것

수업 조건

- 과목 : 국어
- 학년 : 중학교 2학년
- 장소 : 국어 교과교실
- 시간 : 블록타임제(90분)
- 단원명 : 점검하고 조정하며 읽기
- 해당 성취 기준 : 자신의 독서 상황과 수준에 맞는 글을 선정하고 읽기 과정을 점검·조정하며 읽는다.

단원명	차시	학습 내용
점검하고 조정하며 읽기	1-2 (본시)	○자신의 독서 상황과 수준에 맞는 글을 선정하고 읽기 과정을 점검·조정하며 읽을 수 있다.

학생 수	장소	학습 형태	학습 기자재
24명	국어 교과교실	강의식, 모둠식	교사용 컴퓨터, 전자 칠판, 학생용 스마트 기기

※ 본 문제는 모의 평가용으로 제작되었으며, 실제 시험의 문항 유형 및 형식과 다를 수 있습니다.

〈자료〉

　길을 걷다가 중학생 또래의 청초하고 해맑은 아이들 입에서 거친 욕설이 줄줄이 흘러나오는 것을 보고 경악했다는 어른이 많다. 더구나 요즘 청소년 사이에 만연한 욕은 그것이 욕설이라는 것조차 의식하지 못하는, 습관화된 언어폭력이라고 할 정도이다. 욕을 안 쓰면 대화가 안 될 정도로 욕설이 일상화된 현실은 우리 사회가 심각하게 반성할 문제이다.

　욕설이나 비속어는 아니지만 사회적·문화적 차별 의식을 담고 있는 표현들이 있다. 몇몇 직업에 대한 호칭이 바뀐 이유는 그러한 차별을 없애기 위해서이다. 예컨대 옛날의 '식모'는 요즈음 '가정부', 나아가 '가사 도우미'로 불린다. '우체부'는 '집배원', '청소부'는 '환경미화원', '간호원'은 '간호사'로 바뀌었다. 직업에 따른 차별을 없애고 좀 더 격을 높여 직업적 자부심을 부추기는 방향으로 변한 것이다. 이와 비슷한 차별적 표현에는 '미혼모', '여의사', '출가외인', '사내 녀석이 그것도 못 해?'와 같은 성차별적 표현이 있고, '절름발이 행정' '장님 코끼리 더듬기', '꿀 먹은 벙어리' 같은 신체 차별적 표현도 있다. '유색 인종', '혼혈아' 같은 표현들은 인종에 따른 차별 표현으로, 한때 '살색'이라고 부르던 것을 '살구색'으로 바꾼 것은 이러한 표현에 담긴 차별 의식을 없애기 위해서이다. (중략)

　말과 글을 어떻게 쓰느냐에 따라 남을 즐겁게도 기분 상하게도 한다. 따라서 말을 요령 있게 사용하면 자신의 의도를 더 잘 달성할 수 있으며, 사회 전체의 언어문화도 바꿀 수 있다. 이때 제일 먼저 생각해야 할 것은 역시 상대방에 대한 배려와 존중이다. 『논어』에 나오는 '내가 싫어하는 것은 남에게도 베풀지 말라.'라는 구절은 입을 열고 펜을 들기 전에 한번쯤 되뇌어 볼 만한 명구이다. 언어폭력은 언어폭력을 부르며, 결국은 심리적인 상처나 물리적인 충돌로 번진다. 내 입에서 나가는 말 한마디, 내가 종이에 적는 글 한 구절이 나 자신의 품격뿐 아니라 공동체 전체의 행복과도 직결된다는 점을 의식하며 바람직한 의사소통 문화를 형성해야 한다.

- 노재현, 「말이 세상을 아름답게 한다」 -

2026학년도 중등학교교사신규임용후보자선정경쟁시험(2차)

제26회 국어과 교수·학습 실연 지도안 [예상 답안]

국어과 본시 교수·학습 지도안				
학습 목표	1. 자신의 독서 상황과 수준에 맞는 글을 선정하고 읽기 과정을 점검·조정하며 읽을 수 있다.			
학습 단계		교수·학습 활동		자료 및 유의점	시간 (분)
도입	인사	• 인사 및 학습 분위기 조성	• 인사 및 학습 준비	
	전시 학습 확인	• 전시 학습 확인	• 전시 학습 회상	
	동기유발	• 동기유발 활동 안내	• 동기유발 활동 수행	
	학습 내용 안내	• 학습 내용 안내	• 학습 내용 확인	
	학습 목표 제시	• 학습 목표 제시	• 학습 목표 확인	
전개 1	〈활동1〉 읽기 전 활동	〈수험생 작성 내용1〉 • 읽기 전 활동의 유형 제시하기 ① 훑어보기 ② 내용 예측하기 ③ 배경지식 활성화하기 ④ 글의 주제나 구조 예측하기 ⑤ 읽기 전 질문 생성하기 • 모둠별로 〈자료〉를 활용하는 읽기 전 활동 안내하기 – "선생님이 화면을 통해 〈자료〉의 제목과 〈자료〉에 있는 단어 '절름발이 행정'과 '살색'을 보여주고 있어요. 그러면 지금부터 화면 속 내용을 단서로 읽기 전 활동을 할 텐데, 선생님이 글의 제목으로 시범을 먼저 보여드릴게요." | 활동 유형 | 활동 내용 | |---|---| | 내용 예측하기 | '말이 세상을 아름답게 한다.'라는 제목을 통해 아름다운 언어문화에 대한 내용을 다루고 있을 것 같다. |	• 읽기 전 활동의 유형 이해하기 • 모둠별로 〈자료〉를 활용하여 읽기 전 활동 하기 | 활동 유형 | 활동 내용 | |---|---| | 배경지식 활성화하기 | '절름발이 행정'이라는 말을 보니 예전에 정말로 다리가 불편한 친구가 이 말을 불쾌해했던 기억이 났다. | | 읽기 전 질문 생성하기 | '살색'이라는 표현이 왜 이 글에 쓰이는 걸까? |	
		• 활동 내용 공유 및 피드백하기	• 활동 내용 공유 및 피드백 받기	
전개 2	〈활동2〉 읽기 중 활동	〈수험생 작성 내용2〉 • 읽기 중 활동의 유형 제시하기 ① 예측한 내용 확인하기 ② 질문에 대한 답 찾기 ③ 글쓴이의 생각에 공감하거나 비판하기	• 읽기 중 활동의 유형 이해하기	

전개 2	<활동2> 읽기 중 활동	• 모둠별로 〈자료〉를 활용하는 읽기 중 활동 안내하기 - "〈자료〉를 읽으면서 읽기 전에 예측한 내용이 맞는지, 질문에 대한 답이 있는지 찾아보고 글쓴이의 생각에 대한 자신의 생각도 정리해 보도록 해요."	• 모둠별로 〈자료〉를 활용하는 읽기 중 활동하기 | 활동 유형	활동 내용
예측한 내용 확인하기	아름다운 언어문화에 대한 내용을 담고 있는 것이 맞았다. 거기에 현재 이루어지는 언어폭력에 대한 경고도 함께 다루고 있다.
질문에 대한 답 찾기	'살색'이라는 말이 인종차별적 표현에 해당이 되어서 언어폭력의 예로 이 글에 쓰였다.
글쓴이의 생각에 공감하거나 비판하기	요즘 학생들이 무의식적으로 욕설을 하면서 언어폭력에 가담하고 있다는 글쓴이의 주장에 공감한다.	
		• 활동 내용 공유 및 피드백하기	• 활동 내용 공유 및 피드백 받기 	활동 내용 공유 중 상호작용 예시

- 학생 A : "'살색'이라는 표현이 왜 이 글에 사용되었을까 궁금했는데 인종차별적인 표현에 해당해서 그랬어요." - 학생 B : "질문이 있는데, 글을 봐도 왜 살색이 인종차별적인 표현인지 이해가 안 가요." - 학생 A : "그건 인종에 따라 피부색이 다양한데, 특정 색을 살색이라고 부르면 특정 색이 자신의 피부색이 아닌 인종에게는 차별이 되어요."	
전개 3	<활동3> 읽기 후 활동	〈수험생 작성 내용3〉 • 읽기 후 활동의 유형 제시하기 ① 요약하기 ② 주제 파악하기 ③ 더 궁금한 점 찾아보기 ④ 비슷한 주제를 가진 다른 글을 찾아 비교하기	• 읽기 후 활동의 유형 이해하기
		• 모둠별로 〈자료〉를 활용하는 읽기 후 활동 안내하기 - "글을 읽은 후에 글의 주제 및 추가로 궁금한 점을 정리해보고, 태블릿PC를 활용해 비슷한 주제의 다른 글도 찾아 비교해 보도록 해요."	• 모둠별로 〈자료〉를 활용하는 읽기 후 활동하기 | 활동 유형	활동 내용
주제 파악하기	글을 읽고 나니 글쓴이는 '욕설, 차별적 표현과 같은 언어폭력을 근절하여 바람직한 의사소통 문화를 형성하자.'는 주제를 제시하고 있다는 것을 알 수 있었다.
궁금한 점 찾아보기	나도 모르게 차별적 표현을 사용하고 있다는 것에 충격을 받아서 차별적 표현에 어떤 것이 더 있나 찾아보았다.
비슷한 주제를 가진 다른 글을 찾아 비교하기	'바람직한 언어문화'라는 비슷한 주제를 담고 있지만 '욕설'에 보다 초점을 맞춘 글을 찾아 비교해 보았어.	

전개 3	<활동3> 읽기 후 활동	• 활동 내용 공유 및 피드백하기 • 점검하고 조정하며 읽기의 효과 생각해 보도록 하기	• 활동 내용 공유 및 피드백 받기 • 점검하고 조정하며 읽기의 효과 생각하기 ① 글을 더 정확하고 깊이 있게 이해할 수 있음 ② 글을 보다 효과적이고 능동적으로 이해할 수 있음 ③ 자신이 부족했던 부분을 찾아 보완할 수 있음		
정리	형성평가 및 과제 부여	• 형성평가 부여 • 수준별 과제 제시	• 형성평가 진행 • 수준별 과제 확인		
	학습 내용 정리	• 학습 내용 정리	• 학습 내용 이해		
	차시 예고	• 차시 예고	• 차시 예고 인지		

판서 예시

<읽기 전 활동>

활동 유형	활동 내용
내용 예측하기	제목 → 아름다운 언어문화에 대한 내용
배경지식 활성화하기	'절름발이 행정' → 친구가 불쾌해했던 기억
읽기 전 질문 생성하기	'살색'이라는 표현이 왜 쓰이는 걸까?

<읽기 중 활동>

활동 유형	활동 내용
예측한 내용 확인하기	예측 맞음 + 언어폭력에 대한 경고
질문에 대한 답 찾기	'살색' = 인종차별적 표현 → 언어폭력의 예로 사용
글쓴이의 생각에 공감하거나 비판하기	요즘 학생들의 욕설 → 언어폭력에 가담하고 있다는 글쓴이 주장에 동의

<읽기 후 활동>

활동 유형	활동 내용
주제 파악	언어폭력을 근절하여 바람직한 의사소통 문화를 형성하자.
궁금한 점 찾기	차별적 표현을 추가로 찾아봄
유사 주제 다른 글 비교	'욕설'에 보다 초점을 맞춘 글 찾아 비교

성취 기준

2022 교육과정	[9국02-08] 자신의 독서 상황과 수준에 맞는 글을 선정하고 읽기 과정을 점검·조정하며 읽는다.
2015 교육과정	[9국02-09] 자신의 읽기 과정을 점검하고 효과적으로 조정하며 읽는다.
2012 교육과정 (2009 개정)	[중등-읽기(10)] 읽기의 과정과 원리를 이해하고 자신의 읽기 과정을 점검하며 조절한다. 글을 능숙하게 읽기 위해서 독자는 글을 읽는 동안 자신의 읽기 과정을 점검하고 조절해야 한다. 독자는 읽기의 본질, 과정, 원리 등에 대한 개념적 지식을 갖추고, 이를 토대로 자신의 읽기 과정을 점검하고 조절할 수 있어야 한다. 읽기의 과정은 읽기 전, 읽는 도중, 읽은 후로 분류하고, 각 과정에서 요구되는 읽기 원리를 점검하도록 한다. 읽기 원리란 읽기 기능과 전략을 말한다. 예를 들어, 읽기 전에 글의 제목을 보고 예측하는 전략을 사용하고 있는지 점검하도록 한다.

교과서 정리			
학습 내용 정리	■ 읽기 과정을 점검·조정하는 방법		
		읽기 전	• 자신의 독서 상황(읽기 목적, 관심사나 흥미 등)과 수준을 고려해 읽을 글 선정하기 • 제목이나 차례 등을 훑어보며 내용 예측하기
		읽는 중	• 모르는 단어의 뜻 찾아보기 • 자신의 배경지식 활용하기 • 질문을 만들고 답 찾기 • 글의 내용을 예측하고 예측한 내용 확인하기 • 이해하기 어려운 부분은 맥락을 살피며 다시 읽어보기
		읽은 후	• 글의 주요 내용을 요약하고 주제 파악하기 • 글을 읽고 새롭게 알게 된 점 확인하기 • 글의 내용과 관련해 더 알고 싶은 점 정리하기 • 자신의 읽기 과정을 성찰하고 평가하기
	■ 읽기 과정을 점검·조정의 효과 - 읽기 과정에서 겪는 어려움을 능동적으로 해결할 수 있음 - 글을 집중해서 읽으며 글의 내용을 깊이 있게 이해할 수 있음		
[2022] 천재 2-1(노미숙) 3. 나와 세상의 연결고리 (1) 점검·조정하며 글 읽기	제재		「콘서트 티켓이 비싼 까닭」, 김영옥 / 「도서관에서 공부하면 집중이 잘되는 까닭」, 조영은
	동기유발		※ 자신의 경험과 배경지식을 점검하고, 제시된 단어를 활용하여 목표를 세워 보자. ※ 다음 상황을 보고 물음에 답해 보자. (1) 우주가 책을 읽으며 겪은 어려움을 어떻게 해결했는지 말해 보자. (2) 책을 읽으며 어려움을 겪었거나 해결해 본 경험을 친구들과 이야기해 보자.

	이해 탐구
	활동
			• 읽기 과정을 점검·조정하며 글을 읽는 방법 알아보기
			1. 연재가 자신이 읽을 글을 선정하는 과정을 살펴보고 물음에 답해 보자.
			2. 연재가 글을 읽는 과정을 살펴보고 읽기 과정을 점검·조정하며 글을 읽는 방법을 알아보자.
			  (1) 연재가 글을 읽기 전에 제목을 보고 무엇을 예측했는지 말해 보자.
			    - 제목을 보니 콘서트 티켓 가격을 소재로 경제 상식을 설명한 글일 것 같아.
			  (2) 연재가 글을 읽는 중에 자신의 읽기 과정을 어떤 방법으로 점검·조정했는지 바르게 연결해 보자.
			  (3) 연재가 글을 읽은 뒤 독서 기록장에 정리한 내용을 완성해 보자.
			  (4) 읽기 과정을 점검·조정하며 글을 읽으면 어떤 점이 좋은지 친구들과 이야기해 보자.

	적용 소통
	활동
			• 읽기 과정을 점검·조정하며 글 읽기
			1. 읽기 과정을 점검·조정하며 다음 글을 읽고 물음에 답해 보자.
			  (1) 다음 빈칸을 채우며 글의 내용을 정리해 보자.
			  (2) 글의 내용과 관련하여 새롭게 알게 된 점과 더 알고 싶은 점을 떠올려 보고, 친구들과 이야기해 보자.
			2. 자신의 읽기 과정을 점검·조정해 보자.
			  (1) 다음 기준에 따라 자신의 읽기 과정을 점검해 보자.
			
			| 읽기 단계 | 점검 기준 |
			|---|---|
			| 읽기 전 | 제목을 보며 내용을 예측했는가? |
			| 읽는 중 | 모르는 단어의 뜻을 찾아보았는가? |
			| | 배경지식을 활용하여 글의 내용을 이해했는가? |
			| | 질문을 만들고 답을 찾으며 글을 읽었는가? |
			| | 이해하기 어려운 부분은 맥락을 살피며 다시 읽어 보았는가? |
			| 읽은 후 | 글의 주요 내용을 요약하고 주제를 파악했는가? |
			| | 글을 읽고 새롭게 알게 된 점과 더 알고 싶은 점을 정리했는가? |
			
			  (2) (1)을 참고하여 자신이 글을 읽으면서 활용한 점검·조정 방법을 친구와 이야기해 보자.
			  (3) 앞의 활동을 바탕으로 자신의 읽기 과정에서 보완할 점을 생각해 보자.

[2022] 비상(박영민) 2-1 1. 능동적으로 읽는 힘 (1) 읽기 과정의 점검과 조정	제재	우리는 왜 첫사랑 이야기를 좋아할까 「소나기」와 한계효용 체감의 법칙	
	동기유발	※ 다음 남학생이 운동하는 과정에서 점검 및 조정해야 할 점을 말해 보자.	
	탐구 활동	1. 서아가 읽을 글을 선정하는 과정에서 고려한 요소들을 살펴보자. 2. 서아와 함께 글을 읽기 전에 점검 및 조정 활동을 해 보자. 3. 서아와 함께 다음 글을 읽으며 점검 및 조정 활동을 해 보자. 4. 서아와 함께 글을 읽은 후 점검 및 조정 활동을 해 보자. 5. 읽기 과정을 점검 및 조정하며 글을 읽으면 어떤 점이 좋은지 말해 보자.	
	적용 활동	1. 자신의 독서 상황이나 환경을 점검 및 조정해 보자. 　(1) 읽기 과정에서 부딪힐 수 있는 다양한 문제를 살펴보자. 　(2) (1)의 문제를 조정할 수 있는 방법을 생각해 보자.	
[2022] 지학사 2-1 2. 슬기로운 독서, 계획적인 발표 (1) 능동적으로 읽기	제재	- '진주 귀고리를 한 소녀'에 담긴 비밀, 엄미정 - 방관자 효과에 어떻게 대처해야 할까, 모상현	
	동기유발	※ 다음 만화를 보고 읽기 과정의 점검과 조정에 관해 생각해 보자. (1) 이 만화처럼 중간에 점검하지 않아 어려움을 겪은 경험을 말해 보자. (2) 읽기 과정에서도 점검과 조정이 필요할지 생각해 보자.	
	이해 탐구 활동	[읽기 과정 점검하고 조정하며 글 읽기] 1. 다음을 살펴보고, 준서가 읽기 전에 사용한 점검·조정 방법에 관한 설명을 완성해 보자. 2. 준서가 읽는 중 떠올린 생각에 유의하며 이 글을 읽어 보자. 3. 준서가 이 글을 읽은 후 만든 내용 구조도를 완성하며 글의 내용을 정리해 보자. 4. 이 글을 읽은 후 더 알고 싶은 정보를 찾아 준서의 기록에 덧붙여 보자.	
	적용 성찰 활동	1. 민하가 다음 과제를 수행하기 위해 읽을 글을 선정하는 과정을 살펴보자. 　(1) 다음은 민하가 과제를 수행하기 위해 자료를 찾으며 작성한 메모이다. ①~③의 글 중 민하의 과제 수행에 적절한 것을 골라보자. 　(2) (1)에서 그 글을 선정한 까닭을 말해 보자. 2. 1의 민하와 동일한 목적으로 읽기 과정을 점검·조정하며 74~75쪽의 글을 읽어 보자. 　(1) 읽기 전 전략에 따라 떠올린 생각을 정리해 보자. 　(2) 읽기 전략을 활용하여 다음 글을 읽고, '글을 읽으며 떠올린 생각'을 메모해 보자. 　(3) 내용 구조도를 완성하며 글의 내용을 정리해 보자. 　(4) 이 글을 읽은 후 더 알고 싶은 정보를 찾아 그 내용을 정리해 보자. 3. 다음 질문을 중심으로 이 글에 관해 모둠원과 이야기를 나누어 보자. 4. 학습한 과정을 되돌아보고, 다음 활동을 해보자. 　(1) 읽기 과정을 점검하고 조정하면서 글을 읽으면 어떤 점이 좋은지 생각해 보자. 　(2) 능동적으로 글을 읽은 과정을 되돌아보고, 다음 기준에 따라 점검해 보자.	

평가 기준	
읽을 글을 선정할 때	• 읽기 상황과 자신의 수준을 고려하여 읽을 글을 선정했는가?
읽기 과정을 점검하고 조정할 때	• 읽는 목적 확인하기, 글의 내용 예측하기 등 읽기 전 전략을 적절하게 사용했는가? • 중심 내용 파악하기, 예측한 내용 확인하기, 단어의 뜻 짐작하기, 추론하기 등 읽는 중 전략을 적절하게 사용했는가? • 내용 구조도 만들기, 더 알고 싶은 정보 찾아보기 등 읽은 후 전략을 적절하게 사용했는가?

5. 고등 공통국어 읽기

- 제27회 국어과 교수·학습 실연 시험 문제지 및 지도안 예상 답안
- 제28회 국어과 교수·학습 실연 시험 문제지 및 지도안 예상 답안
- 제29회 국어과 교수·학습 실연 시험 문제지 및 지도안 예상 답안

2026학년도 중등학교교사신규임용후보자선정경쟁시험(2차)
제27회 국어과 교수·학습 실연 시험 문제지

관리 번호

지도안 세부 조건

1. 〈수험생 작성 조건1〉 논증 요소 파악하고 타당성 평가하기
   가. 논증의 요소를 설명할 것
   나. 〈자료〉에서 논증의 요소를 찾도록 할 것
   다. 평가 기준을 제시하고 논증 요소의 타당성을 평가하도록 할 것

2. 〈수험생 작성 조건2〉 논증 방법 파악하고 설득 효과 평가하기
   가. 〈자료〉에 사용된 논증 방법을 파악하도록 할 것
   나. 〈자료〉에 사용된 논증 방법의 효과를 평가하도록 할 것
   다. 평가 결과에 대해 모둠 간 상호작용을 이끌어낼 것

3. 〈수험생 작성 조건3〉 논증 재구성하기
   가. 〈자료〉에 대한 논증을 재구성하도록 할 것
   나. 재구성한 논증을 온라인 공유 플랫폼을 통해 공유하도록 할 것
   * 활동 1, 2만 판서하고 활동 3은 생략한다.

수업 조건

- 과목 : 국어
- 학년 : 고등학교 1학년
- 장소 : 국어 교과교실
- 시간 : 블록타임제(100분)
- 단원명 : 논증 파악하며 읽기
- 해당 성취 기준 : 다양한 글이나 자료를 읽으며 논증의 타당성을 평가하고 자신의 관점을 바탕으로 논증을 재구성한다.

단원명	차시	학습 내용
논증 파악하며 읽기	1-2 (본시)	○ 다양한 글이나 자료를 읽으며 논증의 타당성을 평가할 수 있다. ○ 자신의 관점을 바탕으로 논증을 재구성할 수 있다.
	3-4	○ 사회적 의제를 다룬 매체 자료를 비판적으로 읽을 수 있다. ○ 사회적 의제를 다룬 매체 자료를 생산할 수 있다.

학생 수	장소	학습 형태	학습 기자재
24명	국어 교과교실	강의식, 개별 활동, 모둠 활동	교사용 컴퓨터, 전자 칠판, 학생용 스마트 기기

※ 본 문제는 모의 평가용으로 제작되었으며, 실제 시험의 문항 유형 및 형식과 다를 수 있습니다.

〈자료〉

　지난 몇 년 동안 구독 경제 사용률이 급증했다. 구독 경제란 구독료를 지불한 소비자에게 일정 기간 동안 상품이나 서비스를 제공하는 경제 활동 방식이다. 구독 경제는 매달 자동으로 결제되는 시스템을 갖춰 구독료 지불이 편리하면서도 비용의 측면에서 혜택을 얻을 수 있다는 이점 때문에 사람들이 많이 이용하고 있다. 청소년층에서도 마찬가지로 구독 경제 사용률이 증가하고 있는 추세이다. 그러나 구독 경제의 과도한 이용은 여러 문제를 유발할 수 있으므로, 특히나 구독 경제를 이용하는 청소년들의 주의가 필요하다.

　첫째, 여러 개의 구독 서비스를 함께 이용하게 되면 구독료가 과도하게 지출될 수 있다는 문제가 발생한다. 청소년들은 한 개의 구독 서비스만을 이용하기보다는 여러 개의 구독 서비스를 함께 이용하는 경우가 많다. 음악을 듣기 위해서는 음원 스트리밍 서비스를, 다양한 웹툰을 보기 위해서는 웹툰 멤버십을, 드라마나 영화를 시청하기 위해서는 온라인 동영상 서비스를 구독하는 식이다. 각각의 구독 서비스는 소액으로 느껴져 쉽게 구독을 결정하지만, 이용하는 구독 서비스의 개수가 증가하면 지출해야 할 구독료의 총액이 커지는 것이다. 실제로 2024년 서울 ○○ 고등학교의 학생들을 대상으로 설문한 결과 전체 학생 890명 중에 700명이 2개 이상의 구독 서비스를 함께 이용하고 있다고 응답했으며 50%의 학생들은 4개 이상의 서비스를, 10%의 학생들은 7개 이상의 서비스를 이용하고 있는 것으로 응답했다. 구독 서비스의 평균 가격이 15,000원이라고 볼 때, 대다수의 학생들이 한 달에 적게는 30,000원에서 많게는 100,000원까지 지출을 하고 있는 셈이다.

　둘째, 구독 서비스에서 제공하는 콘텐츠를 장시간 이용하게 되면 뇌 건강에 문제가 발생할 수 있다. 청소년들이 이용하는 구독 서비스는 주로 디지털 콘텐츠를 이용하기 위한 플랫폼에 편중되어 있다. 콘텐츠를 이용하기 위해서는 디지털 기기 사용이 필수적이기에, 구독 서비스에서 제공하는 콘텐츠를 장시간 이용하는 것은 곧 디지털 기기 사용 시간의 증가로도 이어진다. 그런데 디지털 기기를 통해 자극적인 콘텐츠에 뇌가 지속적으로 노출되면 뇌 기능이 저하될 수 있다. 미국 ◇◇대학 뇌 신경 연구팀에 따르면 디지털 기기 과다 사용자들의 뇌는 감정 인지 조절 관련 전두엽의 회백질 부피가 줄고 주변 뇌 부위와 신경회로 연결성이 떨어져 있는 것을 확인했다. 즉, 뇌 인지 기능이 떨어지고 우울, 초조, 불안 등의 정서 장애를 겪을 수 있다고 경고했다.

　이러한 문제점을 고려할 때 구독 경제를 이용하는 청소년들에 대한 사회적 차원에서의 교육 및 제한이 필요하다. 물론 이러한 제한이 개인의 자유를 침해하는 것이라고 주장하는 사람들이 있을 수 있다. 민주주의 국가에서 개인의 자유는 지켜져야 마땅한 일이다. 그러나 개인의 자유를 위해 청소년의 무분별한 구독 경제를 방관한다면 앞서 말한 이유들 때문에 우리 사회에는 인지·정서적인 문제를 겪게 되는 청소년들이 폭증할 것이고 그들이 성인이 된다면 사회에는 더욱더 많은 문제가 발생할 것이다.

　따라서 학교 단위 차원에서 꾸준히 학생들의 구독 경제 이용 현황을 점검하고 구독 경제 및 디지털 기기에 대한 올바른 사용에 대해 지속적으로 교육해야 한다. 또한 제도적으로 미성년자들이 구독 경제를 과도하게 이용하지 않도록 서비스 이용 개수에 제한을 두어야 한다. 건강한 개인이 모여 건강한 사회를 이룰 수 있다. 새롭게 등장한 구독 경제에 대해 경제적인 관점에서 긍정적으로만 평가할 것이 아니라 사회적인 관점에서 야기되는 문제점을 파악하고 적절한 해결이 필요한 시점이다.

－2024년 고2 9월 국어 모의고사－

2026학년도 중등학교교사신규임용후보자선정경쟁시험(2차)
제27회 국어과 교수·학습 실연 지도안 — 예상 답안

국어과 본시 교수·학습 지도안			
학습 목표	1. 다양한 글이나 자료를 읽으며 논증의 타당성을 평가할 수 있다. 2. 자신의 관점을 바탕으로 논증을 재구성할 수 있다.		
학습 단계 || 교수·학습 활동	자료 및 유의점	시간 (분)

학습 단계		교수·학습 활동		자료 및 유의점	시간(분)
도입	인사	• 인사 및 학습 분위기 조성	• 인사 및 학습 준비		
	전시 학습 확인	• 전시 학습 확인	• 전시 학습 회상		
	동기유발	• 동기유발	• 동기유발		
	학습 내용 안내	• 학습 내용 안내	• 학습 내용 확인		
	학습 목표 제시	• 학습 목표 제시	• 학습 목표 확인		
전개 1	〈활동1〉 논증 요소 파악하고 타당성 평가하기	〈수험생 작성 내용1〉 • 논증의 요소를 설명한다. | 주장 | 내세우고자 하는 글쓴이의 의견 | | 근거 | 주장을 가능하게 하는 주관적 요인 | | 이유 | 이유를 뒷받침하는 사실이자 주장을 지지하는 객관적 자료 | | 반론 및 재반박 | 반대 의견 및 그에 대한 반박 | • 〈자료〉에서 논증의 요소를 찾도록 한다. • 논증 요소의 타당성 평가 기준을 제시한다. • 논증 요소의 타당성을 평가하도록 한다. • 평가 결과를 공유하도록 하고 피드백한다. 　- "이유와 근거가 주장을 적절하게 뒷받침하고 있지 않다고 보았나요?"	• 논증의 요소를 이해한다. • 〈자료〉에서 논증의 요소를 찾는다. | 주장 | 구독 경제를 이용하는 청소년들에 대한 사회적 차원의 교육 및 제한이 필요함 | | 이유 | 과도한 구독료 | 뇌 건강 이상 | | 근거 | 서울 ○○고등학교 사례 | 미국 ◇◇대학 연구 결과 | | 반론 및 재반박 | 반론 : 개인의 자유 침해 재반박 : 방관을 할 경우 인지·정서적인 문제를 겪는 구성원들로 인해 더 큰 사회적 문제 야기될 수 있음 | • 논증 요소의 타당성 평가 기준을 이해한다. • 논증 요소의 타당성을 평가한다. • 평가 결과를 공유하고 피드백을 듣는다. 　- "첫 번째 이유로 구독료의 과한 지출을 문제 삼고 있는데 근거에 제시한 실제 비용이 과한 지출인지는 상대적이기 때문이에요."		

전개 1	<활동1> 논증 요소 파악하고 타당성 평가하기	– "일리있는 평가예요. 이유와 근거를 다 갖추고 있는 것만 중요한게 아니라 적절하고 타당하게 주장을 뒷받침할 수 있어야 합니다." – "근거의 객관성과 신뢰성이 떨어진다고 본 이유는 무엇일까요?" – "맞아요. 출처를 밝히는 것이 신뢰성 확보에 중요합니다. 덧붙이자면 서울 ○○고등학교 학생들만을 대상으로 전체 청소년을 일반화하는 것도 문제가 있다고 보이네요."	– "또 자극적인 콘텐츠가 지속적으로 노출될 경우에 뇌에 문제가 되는 것이고 구독 서비스의 콘텐츠가 모두 자극적인 것은 아니므로 타당성이 떨어져요." – "설문 기관이 어디인지 나와있지 않아 사실 확인이 어렵기 때문이에요."

평가기준	평가
① 글쓴이의 주장이 명확하게 제시되었는가?	★★★
② 이유와 근거가 주장을 적절하게 뒷받침하고 있는가?	☆☆★
③ 근거가 객관적이고 신뢰할 만한가?	☆★★
④ 반론을 충분히 예상하여 적절하게 반박하였는가?	★★★

| 전개 2 | <활동2> 논증 방법 파악하고 효과 평가하기 | <수험생 작성 내용2>
• 논증 방법에 대해 설명한다.

| 연역 | 일반적인 원리나 법칙에서 결론을 도출 |
귀납	개별적인 사실이나 현상에서 보편적이고 일반적인 결론을 도출 | • <자료>에 사용된 논증 방법을 파악하도록 한다. – "<자료>에 사용된 논증 방법은 무엇일까요?" • <자료>에 사용된 논증 방법의 효과를 평가하도록 한다. • 평가 결과를 모둠끼리 공유하도록 독려한다.	• 논증 방법에 대해 이해한다. • <자료>에 사용된 논증 방법을 파악하도록 한다. – "○○고등학교의 사례, 미국 ◇◇대학교의 사례를 통해 확인한 이유들을 통해 청소년들의 구독 경제 사용에 문제가 있음을 찾아내고 있으므로 귀납이 쓰였어요." • <자료>에 사용된 논증 방법의 효과를 평가한다. • 평가 결과를 모둠끼리 공유한다. | 모둠	효과	이유
A	○	다양한 이유들이 주장의 뒷받침이 되므로 논리적으로 주장이 가능함
B	×	이유가 두 가지 뿐이라 결론을 일반화하기가 어려움. 좀 더 사례들을 보충할 필요가 있음	

전개 3	<활동3> 논증 재구성하기	<수험생 작성 내용3> • <자료>에 대한 논증을 재구성하도록 한다. – "글쓴이의 의견에 동의하는지 여부를 먼저 생각하고, 그에 따라 논증을 구성해 보세요." • 재구성한 논증을 온라인 공유 플랫폼에 공유하여 댓글로 서로 의견을 공유하도록 한다.	• <자료>에 대한 논증을 재구성한다. <table><tr><td>동의 여부</td><td>○</td></tr><tr><td>내용</td><td>청소년이 주로 이용하는 구독 서비스와 콘텐츠가 자극적인 내용이라는 것을 이유로 관련 자료를 근거로 보충 제시</td></tr></table> • 재구성한 논증을 온라인 공유 플랫폼에 공유하여 댓글로 서로 의견을 공유한다. <table><tr><td>동의 여부</td><td>×</td></tr><tr><td>내용</td><td>구독 경제를 이용하는 청소년들에 대한 사회적 차원의 교육 및 제한이 필요하지 않음. 구독 서비스에서 유익한 콘텐츠가 많다는 사실을 근거로 오히려 더 필요한 것임을 강조</td></tr><tr><td>댓글</td><td>– 유익한 것 외에도 유해한 것도 많으므로 정확한 자료가 필요함 – 학생들이 어떤 콘텐츠를 많이 소비하는지 확인해 봐야 함</td></tr></table>		
정리	형성평가 및 과제 부여	• 형성평가 부여 • 수준별 과제 제시	• 형성평가 진행 • 수준별 과제 확인		
	학습 내용 정리	• 학습 내용 정리	• 학습 내용 이해		
	차시 예고	• 차시 예고	• 차시 예고 인지		

판서 예시

활동1) 논증 요소 파악하고 타당성 평가하기

논증 요소 파악하기)

주장	구독 경제를 이용하는 청소년들에 대한 사회적 차원의 교육 및 제한이 필요함	
이유	과도한 구독료	뇌 건강 이상
근거	서울 ○○고등학교 사례	미국 ◇◇대학 연구 결과
반론 및 재반박	반론 : 개인의 자유 침해 재반박 : 방관 → 사회적 문제 야기	

활동2) 논증 방법 파악하고 평가하기

연역	일반적인 원리나 법칙 → 결론
귀납	개별적인 사실이나 현상 → 보편적이고 일반적인 결론

- 사용된 논증 방법 : 귀납
- 논증 방법의 효과 평가

모둠	효과	이유
A	○	다양한 이유 → 주장의 논리성
B	×	이유 부족. 사례들을 보충 필요

성취 기준

2022 교육과정	[10공국1-02-01] 다양한 글이나 자료를 읽으며 논증의 타당성을 평가하고 자신의 관점을 바탕으로 논증을 재구성한다. 이 성취 기준은 글이나 자료에 사용된 논증 방법을 파악하고 논증의 타당성을 평가한 후, 자신의 관점에 기반하여 논증을 비판적으로 재구성하며 읽는 능력을 기르기 위해 설정하였다. 논증이란 주장이 정당함을 입증하기 위해 이유와 근거를 제시하는 방식을 의미하기도 하고 주장과 이를 뒷받침하는 이유와 근거 간의 관계를 의미하기도 한다. 글에 나타난 논증의 요소와 방법 파악하기, 필자의 주장과 이를 뒷받침하는 이유와 근거, 반론에 대한 반박 등 논증 요소의 타당성 평가하기, 논증 방법의 설득 효과 평가하기, 평가의 결과를 토대로 자신의 관점을 세워 필자의 논증을 재구성하기 등을 학습한다.

교과서 정리			
학습 내용 정리	■ **논증하는 글 읽기** - 논증 : 주장이 정당함을 입증하기 위해 이유와 근거를 제시하는 방식 / 주장과 이를 뒷받침하는 이유와 근거 간의 관계 - 논증의 요소 ① 주장 : 논제에 대한 의견 / 내세우고자 하는 글쓴이의 의견 ② 이유 : 주장에 이르게 된 원인이나 조건 / 주장을 가능하게 하는 주관적 요인 ③ 근거 : 이유를 뒷받침하는 사실이자 주장을 지지하는 객관적 자료 ④ 반론 : 반대 의견 ⑤ 재반박 : 반론에 다시 반대하는 것 - 논증 방법 ① 인과 : 원인-결과, 목적-수단 등의 연속적 관계를 바탕으로 주장을 뒷받침하는 논증 방법 ② 권위 : 영향력 있는 사람, 권위자의 의견으로 주장을 뒷받침하는 논증 방법 ③ 연역 : 전제들이 참이면, 결론이 반드시 참인 논증, 일반적인 원리나 법칙에서 개별적인 결론을 도출할 수 있음. 참인 두 전제에서 결론을 도출하는 삼단 논법이 이에 속함 ④ 귀납 : 참인 사실이나 현상을 바탕으로 참일 가능성이 높은 결론을 도출하는 논증. 개별적인 사실이나 현상에서 일반적이고 보편적인 결론을 도출하는 일반화 논증과 두 사물이나 현상의 유사한 속성을 토대로 결론을 도출하는 유추 등이 이에 속함 ⑤ 유비 : 두 대상이 여러 면에서 비슷하다는 것을 근거로 하여 다른 속성도 유사할 것이라는 결론을 이끌어 내는 논증 방법 - 논증 요소와 논증 방법을 평가하며 읽기의 중요성 ① 글의 전개 방식이나 구조 등을 체계적으로 이해할 수 있다. ② 논증의 타당성을 판단하여 글을 비판적으로 수용할 수 있다.			
[2022] 창비(최원식) 공통국어1 3. 세상과 만나는 말과 글 (1) 인간과 동물의 공존	제재	• 인간과 동물의 공존(고봉준)	
	동기유발	• 다음 그림을 보고 나만의 관점을 가져야 하는 까닭을 이야기해 보자. 그림 설명) 학생회장 후보 연설을 보며 모두 좋다고 생각하는 학생이 누구를 뽑아야 할지에 대해 고민에 빠짐	
	이해활동	2. 〈인간은 동물의 동반자가 될 수 있을까?〉에 담긴 논증을 살펴보고 타당성을 평가해 보자. 1) 필자의 주장을 뒷받침하는 이유 및 근거를 찾아보자. 2) 필자가 예상한 반론과 그에 대한 반박을 정리해 보자. 3) 필자가 자신의 관점을 뒷받침하기 위해 활용한 논증 방법과 그 설득 효과를 말해 보자. 4) 필자의 논증이 타당한지 평가하고 논증을 재구성해 보자.	
[2022] 비상(박영민) 공통국어1 4. 세상을 밝히는 논증의 기술 (1) 비판적 읽기와 주체적 수용	제재	• 동물도 권리가 있을까	
	동기유발	• '동물'의 연관 검색어를 살펴보고, '동물'과 관련하여 검색하고 싶은 단어를 써 보자.	
	학습활동	1. 이 글의 중심 화제와 그와 관련한 글쓴이의 관점을 파악해 보자. 1) 이 글에서 다루는 중심 화제가 무엇인지 말해 보자. 2) 1)에서 파악한 중심 화제와 관련하여 글쓴이가 제기한 문제와 이를 바라보는 글쓴이의 관점을 써 보자. 2. 이 글의 논증 요소를 파악하고, 그 타당성을 평가해 보자. 1) 이 글의 주장을 요약하고, 이를 뒷받침하는 이유와 근거를 찾아 정리해 보자. 2) 이 글의 글쓴이가 고려한 예상 반론과 이에 대한 글쓴이의 반박을 분석하여 써 보자. 3) 다음 질문에 답하며 논증 요소의 타당성을 평가해 보자. 3. 이 글에 쓰인 논증 방법을 파악하고, 그 논증 방법의 설득 효과를 평가해 보자. 1) (가)와 (나)에 사용된 논증 방법을 파악해 보자. 2) (가)와 (나)에 쓰인 논증 방법의 설득 효과를 평가해 보자. 4. 앞의 활동을 바탕으로 자신의 관점을 세워 글쓴이의 논증을 재구성해 보자. 1) 이 글에 나타난 글쓴이의 주장을 참고하여 '동물권'에 대한 자신의 관점을 정하고 이를 보완할 자료를 조사해 보자. 2) 1)을 바탕으로 자신의 관점에서 글쓴이의 논증을 재구성해 보자. 3) 자신의 관점에서 재구성한 논증을 모둠 또는 학급 친구들과 공유해 보자.	

	제재	• 고래를 춤추게 하는 것은(장대익)
[2022] 미래엔(신유식) 공통국어1 4. 민주 시민의 대화 (1) 논증 파악하며 읽기	동기유발	—

	이해	1. 〈고래를 춤추게 하는 것은〉을 읽고, 다음 활동을 해 보자.
		  1) 다음은 이 글의 중심 내용을 글의 구조에 따라 정리한 것이다. 빈칸에 들어갈 말을 써 보자.
		  2) 1)을 바탕으로 하여 글쓴이가 이 글의 제목을 '고래를 춤추게 하는 것은'이라고 정한 이유를 말해 보자.
		2. 〈고래를 춤추게 하는 것은〉에 나타난 논증 요소와 방법을 살펴보자.
		  1) 1에서 정리한 내용을 바탕으로 하여 이 글의 주장과 이유, 근거를 찾아보자.
		  2) 이 글의 본론 1, 2에 나타난 예상 반론에 관한 글쓴이의 반박을 정리해 보자.
		  3) 다음 항목에 따라 이 글에 나타난 논증 요소의 타당성을 평가해 보자.
		    평가 항목 ① : 글쓴이의 주장이 명확하게 제시되었는가?
		    평가 항목 ② : 이유와 근거가 주장과 긴밀하게 연관되어 있는가?
		    평가 항목 ③ : 근거가 객관적이고 신뢰할 만한가?
		    평가 항목 ④ : 반론을 충분히 예상하여 적절하게 반박하였는가?
		  4) 〈보기〉를 참고하여 본론 2에 나타난 논증 방법을 파악하고, 그 설득 효과를 평가해 보자.
		    * 〈보기〉 내용 : 연역 논증과 귀납 논증 설명
		  5) 3), 4)의 평가를 바탕으로 하여 자신의 관점을 정리하고, 글쓴이의 논증을 재구성해 보자.
		3. 다음 글을 읽고, 이 글의 논증 방식을 파악해 보자.
		  * 다음 글 : 이옥설(이규보)

2026학년도 중등학교교사신규임용후보자선정경쟁시험(2차)
제28회 국어과 교수·학습 실연 시험 문제지

관리 번호	

지도안 세부 조건

1. **〈수험생 작성 조건1〉 동기유발**
   - 가. 같은 대상에 대한 관점이 달랐던 학생 경험을 이끌어낼 것
   - 나. 복합양식 자료를 제시하여 동기를 유발할 것
   - 다. 교사의 발문을 구체적으로 제시할 것

2. **〈수험생 작성 조건2〉 복합양식에 드러난 관점과 표현 방법 파악하기**
   - 가. 〈자료1〉의 ㉠에 드러난 필자의 관점이 무엇인지 찾는 활동을 구성할 것
   - 나. 〈자료1〉에 제시된 문제 해결 방안을 정리하는 활동을 안내할 것
   - 다. 〈자료1〉의 ㉡, ㉢에 공통적으로 제시된 표현 방법을 파악하고, 그 효과를 판단해 보도록 안내할 것

3. **〈수험생 작성 조건3〉 관점과 표현 방법의 적절성을 평가하기**
   - 가. 〈자료2〉에 나타난 관점, 표현 방법, 표현 방법의 효과를 파악해 보도록 할 것
   - 나. 〈자료3〉의 빈칸 ②, ③에 들어갈 내용을 채우는 활동을 구성할 것(교사 학생 간 상호작용을 드러낼 것)
   - 다. '나'에서 완성한 평가기준을 토대로 〈자료2〉의 관점과 표현 방법을 평가해 보도록 할 것

수업 조건

- ○ 과목 : 국어
- ○ 학년 : 고등학교 1학년
- ○ 장소 : 국어 교과교실
- ○ 시간 : 블록타임제(100분)
- ○ 단원명 : 복합양식 자료 바로 읽기
- ○ 해당 성취 기준 : 복합양식으로 구성된 글이나 자료에 내재된 필자의 관점이나 의도, 표현 방법을 평가하며 읽는다.

단원명	차시	학습 내용
복합양식 자료 바로 읽기	1-2 (본시)	○ 복합양식 자료에 드러난 글쓴이의 관점과 표현 방법을 파악할 수 있다. ○ 글쓴이의 관점과 표현 방법의 적절성을 평가하며 복합양식으로 읽을 수 있다.

학생 수	장소	학습 형태	학습 기자재
24명	국어 교과교실	강의식, 짝 활동, 모둠활동	교사용 컴퓨터, 전자 칠판, 학생용 스마트 기기

※ 본 문제는 모의 평가용으로 제작되었으며, 실제 시험의 문항 유형 및 형식과 다를 수 있습니다.

〈자료1〉

㉠ ◇ 세계 1위 고령화 국가? 새로운 고용 전략은?

한국은 일본(37%)을 뛰어 넘고 2045년 세계 1위 고령화 국가가 될 전망이다. ㉡통계청에 따르면 한국의 고령인구 비중은 2019년 14.9%에서 2067년 46.5%까지 높아질 것으로 예상된다. 한국의 빨라지는 고령화 속도에, OECD는 한국의 노동력 공급 감소 문제를 지적했다. OECD는 "한국은 고령화가 빠른 속도로 진행되는 국가로 노동 공급 감소로 인한 잠재 성장률 하락, 국가의 재정 부담 등이 우려 된다"며 이와 관련된 대책이 필요하다고 말했다. 이어 "고령화에 따라 공공지출이 증가할 것이기 때문에 장기적으로는 재정 확보를 위한 정부 수입 증대가 필요하다"고 덧붙였다.

㉢노년부양비는 생산 가능 인구 100명이 부양해야 하는 65세 이상 인구의 수를 의미한다. OECD의 자료에 따르면 한국 노년부양비가 2060년 80%를 초과할 것으로 예상된다. 이는 OECD 국가의 평균 비율을 넘을 뿐만 아니라 OECD 회원국 중 최상위 수준으로, 2060년에는 100명 중 80명 이상이 노인을 부양해야 한다는 의미다. OECD는 2005년부터 2020년까지의 한국의 평균 잠재 성장률은 약 3% 정도였지만, 향후 40년의 평균 잠재 성장률은 1.2% 수준으로 낮아질 것으로 전망했다.

이러한 고령화 문제를 해결하기 위해서 어떻게 해야할까? OECD는 '디지털화'를 통한 생산성 강화와 신고용 전략의 필요성을 강조했다. 고령 인구와 여성의 고용을 확대하여 노동 공급을 원활하게 하는 것이다. 또한, 급변하는 사회에 대비하여 인공지능(AI)에 대한 지원 강화와 ICT 기술을 활용한 직업 교육이 필요하다고 지적했다. 그 외에도 젊은 청년층이 노동 시장에 진입할 수 있도록 정부에서 지원하는 직업교육 및 진로 상담을 강화하고, 현재 특정 직업에 편중되어 있는 고령 노동자의 일자리의 질을 개선하는 등 고령화 시대의 노동력 감소 문제를 극복하기 위한 노력이 필요할 것이다.

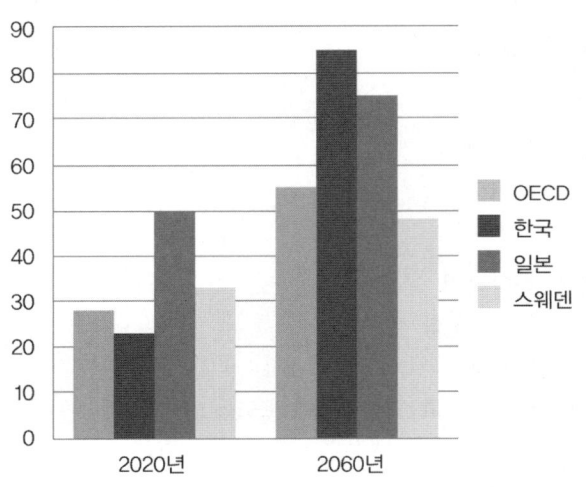

15~64세 인구 대비 65세 이상 인구 비율(OECD)

〈자료2〉

[광고 문구]

이런 모습, 상상은 해보셨나요?
아이보다 어른이 많은 나라, 상상해 보셨나요?
2005년 OECD 국가 중 최저 출산율의 나라,
세계에서 고령화가 가장 빨리 진행 중인 나라,
2050년 노인 인구 비율이 37.3%에 이르는 나라,
그곳은 다름 아닌 우리나라입니다.
내 아이를 갖는 기쁨과 나라의 미래를 함께
생각해 주세요.
아이들이 대한민국의 희망입니다.

출처 : 공익광고협의회

〈자료3〉

〈글쓴이의 관점이나 표현 방법의 적절성을 평가하는 기준〉

① 글쓴이의 관점이나 의도가 타당하고 적절한가?
② _____
③ _____

2026학년도 중등학교교사신규임용후보자선정경쟁시험(2차)

제28회 국어과 교수·학습 실연 지도안 예상 답안

국어과 본시 교수·학습 지도안					
학습 목표	1. 복합양식 자료에 드러난 글쓴이의 관점과 표현 방법을 파악할 수 있다. 2. 글쓴이의 관점과 표현 방법의 적절성을 평가하며 복합양식으로 읽을 수 있다.				
학습 단계		교수·학습 활동		자료 및 유의점	시간 (분)
도입	인사	• 인사 및 학습 분위기 조성		• 인사 및 학습 준비	
	전시 학습 확인	• 전시 학습 확인		• 전시 학습 회상	
	동기유발	〈수험생 작성 내용1〉 • 학습 목표와 관련하여 학생 경험을 떠올리는 발문 제시하기 – "여러분들은 같은 대상에 대해 친구와 관점이 달랐던 경험이 있나요?" • 글쓴이에 따라 같은 내용을 다루더라도 관점이 다를 수 있음을 설명하기 • 새로운 예능 프로그램에 대해 소개하는 기사 자료 제시하기 – "이 기사에서는 무엇을 말하려는 것 같나요?" – "이 기사에서 어떤 표현 방법들이 눈에 띄나요?" • 글쓴이의 관점을 잘 드러내기 위해 다양한 표현 방법들이 사용됨을 설명하기		• 자신의 경험을 떠올리며 교사의 발문에 대답하기 – "네, 저는 인공 지능 로봇에 대해 부정적인 관점을 가지고 있었는데, 친구는 긍정적인 관점을 가지고 있었어요." • 글쓴이에 따라 같은 내용을 다루더라도 관점이 다를 수 있음을 이해하기 • 새로운 예능 프로그램에 대해 소개하는 기사 자료 살펴보기 – "새로 시작하는 예능 프로그램을 시청해 줄 것을 권유하는 것 같아요." – "새로 시작하는 프로그램에 대한 시청자들의 기대를 담은 설문조사 자료가 눈에 띄어요." – "기사의 제목이 눈에 띄어요." • 글쓴이의 관점을 잘 드러내기 위해 다양한 표현 방법들이 사용됨을 이해하기	
	학습 내용 안내	• 학습 내용 안내		• 학습 내용 확인	
	학습 목표 제시	• 학습 목표 제시		• 학습 목표 확인	
전개 1	〈활동1〉 복합양식 자료에 드러난 관점과 표현 방법 파악하기	〈수험생 작성 내용2〉 • 〈자료1〉 함께 읽기 – 특히, ㉠의 표제에 주목하여 신문기사를 꼼꼼하게 읽도록 안내한다. • ㉠의 표제에서 드러난 필자의 관점에 대해 발문하기 – "㉠의 표제에서 글쓴이는 고령화에 대해 어떤 관점을 가지고 있나요?"		• 〈자료1〉 함께 읽기 – 특히, ㉠의 표제에 주목하여 신문기사를 꼼꼼하게 읽는다. • ㉠의 표제에서 드러난 필자의 관점을 생각해 보기 – "고령화 문제를 심각하게 바라보며, 이에 대한 문제 해결 방안이 필요하다고 생각하고 있어요."	

단계				
전개 1	<활동1> 복합양식 자료에 드러난 관점과 표현 방법 파악하기	• (짝 활동) 〈자료1〉의 본문에서 고령화 문제에 대한 해결 방안을 파악하도록 안내하기 • 파악한 내용을 발표할 수 있도록 안내하기	• (짝 활동) 〈자료1〉의 본문에서 고령화 문제에 대한 해결 방안을 파악하기 • 파악한 내용을 발표하기 {고령화 문제 해결 방안 – 디지털화를 통한 생산력 강화 – 신고용 전략 세우기 – 고령 노동자의 일자리 질 개선 – 직업 교육을 통해 청년층의 노동 시장 진입 촉진 등}	
		• (짝 활동) ㉡, ㉢에 공통적으로 사용된 표현 방법과 그 효과를 판단해 보도록 안내하기 • 활동 내용을 발표하도록 안내하기	• (짝 활동) ㉡, ㉢에 공통적으로 사용된 표현 방법과 그 효과를 판단해 보기 • 활동 내용 발표하기 {표현 방법: – 권위 있는 기관의 자료를 인용함 / – 구체적인 수치를 제시함 효과: – 글의 신뢰성을 강화함 / – 독자의 이해를 돕고 글의 설득력을 도움}	
전개 2	<활동2> 관점과 표현 방법의 적절성 평가하기	〈수험생 작성 내용3〉 • 〈자료2〉 함께 읽기 – 〈자료2〉가 인쇄 광고임을 설명하며 〈자료2〉의 관점이 무엇인지 생각해 보며 읽도록 안내한다. • (모둠활동) 〈자료2〉의 관점 및 표현 방법을 파악하도록 안내하기 – 〈자료2〉의 관점을 파악한 뒤 인쇄 광고라는 복합양식의 특성을 고려하여 표현 방법과 효과를 파악하도록 안내한다. • 파악한 내용을 공유하도록 안내하기 – "〈자료2〉는 어떠한 관점을 가지고 있는 것 같나요?" – "이러한 관점을 드러내기 위해 〈자료2〉에서는 어떠한 표현 방법을 사용하고 있나요? 그 효과는 무엇인가요?"	• 〈자료2〉 함께 읽기 – 〈자료2〉가 인쇄 광고임을 알고, 〈자료2〉의 관점이 무엇인지 생각해 보며 읽는다. • (모둠활동) 〈자료2〉의 관점 및 표현 방법을 파악하기 – 〈자료2〉의 관점을 파악한 뒤 인쇄 광고라는 복합양식의 특성을 고려하여 표현 방법과 효과를 파악한다. • 파악한 내용 공유하기 {〈자료2〉 관점: 저출산 고령화 문제가 심각하므로 출산을 장려해야 한다. 표현 방법 및 효과: 노약자석에 아이들이 앉아있는 이미지 ⇒ 저출산 문제와 고령화 문제가 심각함을 시각적으로 보여줌 / '이런 모습, 상상해 보셨나요?'와 같은 문구 ⇒ 독자의 호기심을 유발함}	
		• 학생과의 문답을 통해 〈자료3〉의 빈칸 채우기 – "글쓴이의 관점과 표현 방법의 적절성을 평가하기 위해서는 어떤 평가기준을 세우면 좋을까요? ②에는 매체 자료의 내용과 ③에는 매체 자료에 사용된 표현 방법과 관련하여 평가기준을 세워 봅시다."	• 교사와의 문답을 통해 〈자료3〉의 빈칸 채우기 – "②에는 내용이 편견에 치우치지 않고 공정한지 평가해보는 기준이 들어가면 좋을 것 같아요" – "③에는 표현 방법이 글쓴이의 관점이나 의도를 효과적으로 드러내는지 평가해 보면 좋겠어요."	

단계		교수·학습 활동		
		교사	학생	
전개 2	<활동2> 관점과 표현 방법의 적절성 평가하기	• (모둠활동) 완성된 평가 기준을 바탕으로 <자료2>의 관점과 표현 방법이 적절한지 평가하도록 안내하기 **평가 기준** ① 글쓴이의 관점이나 의도가 타당하고 적절한가? ② 내용이 편견에 치우치지 않고 공정한가? ③ 표현 방법이 관점이나 의도를 효과적으로 드러내는가? • 평가한 내용을 공유하도록 안내하기	• (모둠활동) 완성된 평가 기준을 바탕으로 <자료2>의 관점과 표현 방법이 적절한지 평가하기 • 평가한 내용 공유하기 | 평가 기준 | 평가 내용 | 이유 | |---|---|---| | ① | ○ | 저출산, 고령화 문제는 출산 장려로 어느 정도 해결될 수 있음 | | ② | × | 아이들만 미래에 중요한 인력인 것처럼 느껴지게 하는 편견이 있는 내용을 담고 있음 | | ③ | ○ | 저출산, 고령화 문제를 부각시키는 이미지, 문구 등이 적절하게 사용됨 |	
정리	학습 내용 정리	• 학습 내용 정리	• 학습 내용 이해	
	차시 예고	• 차시 예고	• 차시 예고 인지	

판서 예시

단원명 : 복합양식 자료 바로 읽기

<학습 목표>

1. 복합양식 자료에 드러난 글쓴이의 관점과 표현 방법을 파악할 수 있다.
2. 글쓴이의 관점과 표현 방법의 적절성을 평가하며 복합양식으로 읽을 수 있다.

<활동1> 글쓴이의 관점과 표현 방법 파악하기

* 글쓴이의 관점
→ 고령화 문제가 심각하므로 해결 방안이 필요함

고령화 문제 해결 방안
- 디지털화 → 생산력 강화 - 신고용 전략 세우기 - 고령 노동자의 일자리 개선 - 직업 교육 → 청년층의 노동 시장 진입 촉진

* <자료1>의 표현 방법 및 효과

표현 방법	- 권위 있는 기관의 자료 인용 - 구체적인 수치 제시
효과	- 글의 신뢰성을 강화 - 설득력을 높임

<활동2> 글쓴이의 관점과 표현 방법의 적절성 평가하기

* 글쓴이의 관점 및 표현 방법

<자료2>	
관점	- 저출산 고령화 문제가 심각하므로 출산을 장려해야 한다.
표현 방법 및 효과	- 이미지 ⇨ 저출산, 고령화 문제가 심각함을 시각적으로 보여줌 - 문구 ⇨ 독자의 호기심 유발

* 글쓴이의 관점 및 표현 방법 평가

평가 기준	평가
① 글쓴이의 관점이나 의도가 타당하고 적절한가?	○
② 내용이 편견에 치우치지 않고 공정한가?	×
③ 표현 방법이 관점이나 의도를 효과적으로 드러내는가?	○

성취 기준		
2022 교육과정	[10공국2-02-01] 복합양식으로 구성된 글이나 자료에 내재된 필자의 관점이나 의도, 표현 방법을 평가하며 읽는다.	
성취 기준 적용 시 고려 사항	전통적인 문어 자료인 책이나 글 이외에도 학습자들이 일상에서 접할 수 있는 다양한 매체 자료를 대상으로 읽기 능력을 기르도록 지도한다. 내용 타당성을 평가할 경우에는 신뢰성, 공정성 등을 바탕으로 지도하고, 표현 적절성을 평가할 경우에는 글의 의도나 목적에 따른 재현, 복합양식성(문자, 그림, 표, 그래프, 사진, 동영상 등의 여러 양식) 등의 요소를 고려하여 지도한다.	
2015 교육과정	[10국02-02] 매체에 드러난 필자의 관점이나 표현 방법의 적절성을 평가하며 읽는다.	

교과서 정리		
학습 내용 정리	■ **복합양식성의 개념과 효과** - 개념 : 문자, 그림, 사진, 표, 그래프, 음성, 배경 음악, 동영상 등의 여러 양식이 복합적으로 의미를 구성하는 것 - 효과 : 복합양식성을 지닌 글이나 자료를 활용하면 내용을 더욱 풍부하고 생동감 있게 전달할 수 있음 - 평가하며 읽기 ① 타당성 : 글쓴이의 관점이나 의도가 타당하고 적절한가? / 글에 나타난 주장이 합리적이고 이를 뒷받침하는 근거가 정확한가? ② 공정성 : 내용이 편견에 치우치지 않고 공정한가? ③ 신뢰성 : 믿을 만한 정보를 제시하였는가? / 자료의 출처가 명확하고 신뢰할 수 있는가? ④ 표현 방법의 적절성 : 표현 방법이 글쓴이의 관점이나 의도를 효과적으로 드러내는가? / 과장되거나 왜곡된 부분은 없는가? / 자료가 적절한 위치에 제시되었는가?	
[2022] 비상(박영민) 공통국어2 3. 세상과 지혜롭게 소통하는 힘 (1) 매체를 보는 다양한 시선	제재	• 인공 지능 그림 "악마의 영감을 받은 느낌" 미술전 1위 논란(인터넷 신문 기사)
	동기유발	• 다음 웹툰에서 작가가 독자에게 자신의 의도를 전달하기 위해 사용한 표현 방법이 무엇인지 말해 보자.
	학습활동	<활동1> 매체 자료에 담긴 관점이나 의도, 표현 방법의 적절성 평가하기 1. 인터넷 신문 기사에 쓰인 표현 방법과 효과를 정리해 보고, 글쓴이의 관점이나 의도를 파악해 보자. 1) 이 기사의 표제와 부제에 쓰인 표현 방법과 효과를 분석해 보자. 2) 이 기사의 본문에 쓰인 표현 방법과 효과를 연결해 보자. 3) 앞의 활동을 바탕으로 이 기사에 담긴 글쓴이의 관점이나 의도를 파악해 보자. 2. 이 기사에 나타난 글쓴이의 관점이나 의도, 표현 방법의 적절성을 평가해 보자. 1) 이 기사에 쓰인 표현 방법이 적절했는지 생각하며, 다음 물음에 답해 보자. 2) 이 기사에 드러난 글쓴이의 관점과 의도가 타당한지 말해 보자.
[2022] 창비(최원식) 공통국어2 2. 디지털 시민의 소통 (2) 슬기로운 엠비티아이(MBTI) 사용법	제재	• 슬기로운 엠비티아이(MBTI) 사용법(이정희)
	동기유발	—
	학습활동	1. 이 글에서 비평하는 대상이 무엇인지 말해 보자. 2. 이 글에 나타난 필자의 관점과 의도, 표현 방법을 파악해 보자. 1) 필자의 관점을 파악하고, 그 관점을 뒷받침하는 근거를 써 보자. 2) 이 글에 사용된 복합양식 자료나 내용 전개 방법 등의 표현 방법을 찾고, 필자의 의도를 파악해 보자. 3. 2에서 파악한 내용을 고려하여 이 글을 비판적으로 수용해 보자. 1) 다음 기준에 따라 이 글의 내용 타당성과 표현 적절성을 평가해 보자. * 평가 기준 - 글에 나타난 주장이 합리적이고 이를 뒷받침하는 근거가 정확한가? - 관점이 어느 한쪽으로 기울지 않고 균형 잡힌 시각을 유지하고 있는가? - 과장되거나 왜곡된 부분은 없는가? - 표현 방법이 관점이나 의도를 효과적으로 드러내는가? - 자료가 적절한 위치에 제시되었는가? - 자료의 출처가 명확하고 신뢰할 수 있는가? 2) 1)에서 한 평가를 바탕으로 이 글에서 동의하거나 동의하지 않는 내용을 찾고 그 까닭을 적어 보자.

	제재	기후 위기 보도, 무엇이 문제인가(김찬수, 채정임)
[2022] 미래엔(신유식) 공통국어2 4. 세상을 보는 눈 (1) 비판적으로 매체 읽기	동기유발	—

	학습활동	1. 이 글의 내용을 정리하고, 글쓴이의 관점을 평가해 보자.
		  1) 글쓴이가 생각하는 언론 매체의 문제와 이를 개선하기 위해 제안한 내용을 정리해 보자.
		  2) 1)을 바탕으로 하여 글쓴이가 말하고자 하는 바를 생각해 보자.
		  3) 다음 항목에 따라 글쓴이가 말하고자 하는 바가 적절한지 평가해 보자.
		    - 전달하는 내용이 보편타당한가?
		    - 내용을 신뢰할 수 있는가?
		    - 관점이 공정한가?
		2. 이 글의 표현 방법을 살펴보고, 표현 방법이 효과적으로 쓰였는지 평가해 보자.
		  1) 다음 질문에 답하면서 이 글에 사용된 표현 방법이 적절한지 살펴보자.
		  2) 다음 항목에 따라 표현 방법을 평가해 보자.
		3. 다음 활동을 통해 매체 자료를 비판적으로 수용하는 방법을 알아보자.
		  1) 이 글에서 글쓴이가 다음 신문 기사에 관해 비판하는 점을 정리해 보자.
		  2) 1)을 바탕으로 하여 매체 자료를 비판적으로 수용해야 하는 까닭을 생각해 보자.
		  3) 다음 글을 참고하여 우리가 매체 자료를 볼 때 지녀야 할 태도는 무엇인지 이야기해 보자.
		4. 다음 광고를 보고 제작자의 의도와 표현 방법을 비판적으로 분석해 보자.
		  1) 다음 글을 참고하여 이 광고가 전달하는 내용은 무엇인지 이야기해 보자.
		  2) 이 광고가 내용을 효과적으로 전달하기 위해 사용한 표현 방법은 무엇인지 살펴보고, 내용을 전달하는 데 효과적인지 이야기해 보자.
		  3) 2)에서 평가한 내용을 친구들에게 공유하고 서로의 의견을 비교해 보자.
		5. 매체 자료를 선정한 후 분석하여 매체 비평 자료를 제작해 보자.
		  1) 여러 매체 자료 중에서 자신이 비평할 매체 자료를 선정해 보자.
		  2) 다음을 참고하여 매체 자료를 비판적으로 수용하기 위한 질문을 만들어 보자.
		  3) 2)에서 만든 질문에 답해 보면서 자신의 관점을 담은 매체 비평 자료를 제작해 보자.
		  4) 각자 제작한 매체 비평 자료를 모둠별로 돌려 보면서 다음 항목에 따라 비판적으로 수용해 보자.

2026학년도 중등학교교사신규임용후보자선정경쟁시험(2차)

제29회 국어과 교수·학습 실연 시험 문제지

관리 번호

지도안 세부 조건

1. 〈수험생 작성 조건1〉 동기유발
   가. 보는 이에 따라 동일한 대상에 대해 다른 관점을 가질 수 있음을 보여주는 자료를 제시할 것
   나. '가'에서 제시한 자료와 독서를 연관 지을 것
   다. 주제 통합적 읽기의 중요성을 깨닫도록 발문할 것

2. 〈수험생 작성 조건2〉 동일한 화제의 글이 서로 다른 관점으로 표현됨을 이해하기
   가. 〈자료1〉의 [가], [나]를 활용하여 지도자에 대한 관점을 각각 정리해 보도록 할 것
   나. 〈자료1〉의 [가], [나]를 활용하여 필자가 백성을 바라보는 관점을 비교해 보도록 할 것
   다. '나'의 활동을 바탕으로 타당하다고 생각하는 관점을 선택하게 할 것

3. 〈수험생 작성 조건3〉 다양한 글을 주제 통합적으로 읽기
   가. 〈자료2〉에 나타난 지도자의 역할을 정리해 보도록 할 것
   나. 〈자료1〉, 〈자료2〉를 모두 활용하여 주제 통합적으로 읽도록 안내할 것
   다. 위 활동을 토대로 자신의 관점을 재구성하는 활동을 계획할 것

수업 조건

- 과목 : 국어
- 학년 : 고등학교 1학년
- 장소 : 국어 교과교실
- 시간 : 블록타임제(100분)
- 단원명 : 주제 통합적 읽기
- 해당 성취 기준 : 동일한 화제의 글이나 자료라도 서로 다른 관점과 형식으로 표현됨을 이해하며 읽기 목적을 고려하여 글이나 자료를 주제 통합적으로 읽는다.

단원명	차시	학습 내용
주제 통합적 읽기	1-2 (본시)	○ 동일한 화제의 글이라도 서로 다른 관점으로 표현됨을 설명할 수 있다. ○ 다양한 글을 주제 통합적으로 읽을 수 있다.
	3-4	○ 동일한 화제의 글이라도 서로 다른 형식으로 표현됨을 설명할 수 있다. ○ 다양한 글을 주제 통합적으로 읽을 수 있다.

학생 수	장소	학습 형태	학습 기자재
24명	국어 교과교실	강의식, 모둠활동	교사용 컴퓨터, 전자 칠판, 학생용 스마트 기기

※ 본 문제는 모의 평가용으로 제작되었으며, 실제 시험의 문항 유형 및 형식과 다를 수 있습니다.

〈자료1〉

[가]

　현명한 군주는 자신의 신민들의 결속과 충성을 유지할 수 있다면, 잔인하다는 비난을 받는 것을 걱정해서는 안 됩니다. 왜냐하면 지나친 자비로움으로 무질서를 방치해서 많은 사람이 죽거나 약탈당하게 하는 군주보다, 소수의 몇몇을 시범적으로 처벌함으로써 기강을 바로잡는 군주가 실제로는 훨씬 더 자비로운 셈이 될 것이기 때문입니다. 전자는 공동체 전체에 해를 끼치지만, 군주가 명령한 처형은 단지 특정 개인들만을 해치는 것에 불과합니다.

　군주는 적절하게 신중하고 자애롭게 행동해야 하며, 지나친 자신감으로 인해서 경솔하게 처신하거나 의심이 많아 주위 사람들이 견디기 어려워하는 일이 없도록 해야 합니다. 그런데 사랑을 느끼게 하는 것과 두려움을 느끼게 하는 것 중에서 어느 편이 더 나은가에 대해서는 논쟁이 있습니다. 제 견해는 사랑을 느끼게 하는 동시에 두려움도 느끼게 하는 것이 바람직하다는 것입니다. 그러나 동시에 둘 다 얻기는 어려우므로 굳이 둘 중에서 어느 하나를 포기해야 한다면, 저는 사랑을 느끼게 하는 것보다는 두려움을 느끼게 하는 것이 훨씬 더 안전하다고 생각합니다.

　이것은 인간 일반에 대해서 말해 줍니다. 즉, 인간이란 은혜를 모르고 변덕스러우며 위선적인 데다 기만에 능하며 위험을 피하려 하고 이익에 눈이 어둡습니다. 당신이 은혜를 베푸는 동안에는 사람들 모두 당신에게 온갖 충성을 바칩니다. 이미 말한 것처럼, 당신에게 막상 그럴 필요가 별로 없을 때, 사람들은 당신을 위해서 피를 흘리고, 자신의 소유물, 생명, 그리고 자식마저도 바칠 것처럼 행동합니다. 그렇지만 당신이 정작 그러한 것들을 필요로 할 때면, 그들은 등을 돌립니다. 따라서 전적으로 그들의 약속을 믿고 다른 대책을 소홀히 한 군주는 몰락을 자초할 뿐입니다.

　인간은 두려움을 불러일으키는 자보다 사랑을 베푸는 자를 해칠 때에 덜 주저합니다. 왜냐하면 사랑이란 일종의 감사 관계에 의해서 유지되는데, 인간은 악하므로 자신의 이익을 취할 기회가 생기면 언제나 그 감사의 상호 관계를 팽개쳐 버리기 때문입니다. 그러나 두려움은 항상 효과적인 처벌에 대한 공포로써 유지되며, 실패하는 경우가 결코 없습니다.

- 니콜로 마키아벨리, 「군주론」 -

[나]

　형벌은 백성을 바르게 하는 일에 있어서 최후의 수단이다. 수령이 자신을 단속하고 법을 받들어 엄정하게 임하면 백성이 죄를 범하지 않을 것이니, 그렇다면 형벌은 쓰지 않아도 좋을 것이다.

　한 국가를 다스리는 것이 한 가정을 다스리는 것과 마찬가지인데, 하물며 한 고을에 있어서랴. 그렇다면 어찌 가정 다스리는 것을 살펴보지 않겠는가?

(중략)

　그런데 여기에 다른 한 가장이 있다. 그는 새벽에 일어나 세수를 마치고 의관을 정제한 다음 엄숙하고 단정히 앉아서 아침 문안을 받은 후, 그날의 할 일을 분담시켜 각자 처리하게 한다. 제대로 못하는 일이 있으면 순순히 잘 가르쳐서 깨닫게 하고, 수치가 될 만한 일이 있으면 숨겨서 드러내지 않다가 한가히 있을 때 하나씩 불러서 차근차근 경고하고 꾸짖는다. 가장이 부지런함으로 솔선하니 여러 사람들이 부지런하지 않을 수 없고, 가장이 검소함으로 솔선하니 여러 사람들이 검소하지 않을 수 없다. 가장이 공손함으로 솔선하고 청렴함으로 솔선하여 표준이 이미 바르니, 다른 사람들이 순종하지 않을 수 없다. 자제들은 모두 예쁘면서도 스스로 삼가며, 노복들은 순박하고 선량하기 그지없다. 그리하여 속이는 것이 어떻게 하는 일인지 알지 못하고, 도둑질은 어떻게 하는 짓인지도 알지 못한다. 1년이 지나도록 마당에 매질하는 소리가 없고 화목한 분위기가 문에 가득하여, 그 집에 들어가는 자는 마치 봄바람이 스치는 기분을 느끼게 된다. 거문고와 비파, 서책이 맑고 아름답지 않은 것이 없고 화초나 가축들이 모두 살지고 윤택해 보이니, 묻지 않더라도 법도 있는 군자의 집이 여기에 있음을 알 것이다.

　이러한 일로 미루어 보건대, 말소리와 얼굴빛은 백성을 교화하는 일에 있어 말단이며, 형벌도 사람을 바로잡는 일에 있어 말단이다. 수령 자신이 바르면 백성도 바르지 않을 수 없고, 수령이 스스로 바르지 않으면 비록 형벌을 내리더라도 바르지 않게 되는 것이다. 천지가 생긴 이래로 이 이치는 항상 변함이 없었으니, 어찌 잡설(雜說)로써 어지럽힐 수 있겠는가?

- 정약용, 「목민심서」 -

〈자료2〉

 서번트 리더십(servant leadership)이란 구성원에게 목표를 공유하고 구성원들의 성장을 도모하면서, 리더와 구성원간의 신뢰를 형성시켜 궁극적으로 조직 성과를 달성하게 하는 리더십이다. 조직에서의 서번트 리더는 지시나 명령 등의 통제 방식이 아닌 섬기는 자세를 취하면서 구성원들 스스로 조직의 목표 달성에 기여할 수 있게 만든다. 서번트 리더십의 경우 리더가 구성원을 최대한 활용하고, 각자의 업무를 잘 수행하도록 영감을 주고, 격려한다는 점에서 구성원들로 하여금 조직 개발에 헌신하게 만든다는 장점이 있다. 또한 구성원 개개인의 독특한 기술과 경험을 최대한 활용할 수 있도록 하기 때문에 개인 능력을 극대화할 수 있다. 즉, 서번트 리더십은 인간 존중을 바탕으로 구성원들이 잠재력을 발휘할 수 있도록 앞에서 이끌어주는 리더십이라 할 수 있다.

2026학년도 중등학교교사신규임용후보자선정경쟁시험(2차)
제29회 국어과 교수·학습 실연 지도안 <예상 답안>

국어과 본시 교수·학습 지도안				
학습 목표	1. 동일한 화제의 글이라도 서로 다른 관점으로 표현됨을 설명할 수 있다. 2. 다양한 글을 주제 통합적으로 읽을 수 있다.			
학습 단계		교수·학습 활동	자료 및 유의점	시간 (분)
도입	인사	• 인사 및 학습 분위기 조성	• 인사 및 학습 준비		
	전시 학습 확인	• 전시 학습 확인	• 전시 학습 회상		
	동기유발	〈수험생 작성 내용1〉 • 관점에 따라 다르게 해석할 수 있는 그림 제시하기 - "이 그림이 여러분들 눈에는 어떻게 보이나요?" - "왜 사람마다 그림에 대한 해석이 다를까요?" • 제시한 자료와 독서의 연관성 설명하기 - "맞아요. 여러분이 하나의 그림을 해석할 때에도 관점이 다르다는 것을 느껴 보았죠. 독서도 마찬가지예요. 하나의 화제에 대해 쓰는 사람에 따라 다른 관점을 가질 수 있어요. 우리는 동일한 화제에 대해 서로 다른 관점으로 표현된 글을 여러 개 읽고 이를 비교해 볼 거예요." • 주제 통합적 읽기의 중요성을 깨닫도록 발문하기 - "하나의 화제에 대해 관점이 다른 여러 글을 읽으면 어떤 점이 좋을까요?" • 학습 목표의 중요성에 대해 설명하기	• 관점에 따라 다르게 해석할 수 있는 그림 살펴보기 - "두 사람이 마주보고 있는 것처럼 보여요." - "컵처럼 보여요." - "그림을 보는 관점이 다르기 때문이에요." • 제시된 자료와 독서의 연관성 이해하기 • 주제 통합적 읽기의 중요성 생각해 보기 - "폭넓은 시야를 가질 수 있어요." - "여러 관점을 비교해 본 것을 바탕으로 저만의 관점을 세울 수 있어요." • 학습 목표의 중요성에 대해 이해하기		
	학습 내용 안내	• 학습 내용 안내	• 학습 내용 확인		
	학습 목표 제시	• 학습 목표 제시	• 학습 목표 확인		
전개 1	〈활동1〉 동일한 화제의 글이 서로 다른 관점으로 표현됨을 이해하기	〈수험생 작성 내용2〉 • 〈자료1〉의 [가], [나] 함께 읽기 • 〈자료1〉의 [가], [나]에 나타난 필자의 관점을 파악하도록 안내하기 - 지도자에 대한 필자의 관점을 파악하도록 안내한다.	• 〈자료1〉의 [가], [나] 함께 읽기 • 〈자료1〉의 [가], [나]에 나타난 필자의 관점을 파악한다. - 지도자에 대한 필자의 관점을 파악한다.		

전개1	<활동1> 동일한 화제의 글이 서로 다른 관점으로 표현됨을 이해하기	– 백성을 보는 관점에 대해 파악하도록 안내한다. • 활동 내용을 공유하도록 안내하기	– 백성을 보는 관점에 대해 파악한다. • 활동 내용 공유하기 | 필자의 관점	[가]	[나]
---	---	---
지도자	지도자는 사랑보다는 두려움을 느끼게 해야 함	지도자는 백성들에게 모범을 보이고, 함부로 형벌을 가해서는 안 됨
백성	백성의 본성은 이기적이므로 믿어서는 안 됨	백성은 지도자가 모범을 보이면 그 행동을 본받을 것임 | • [가]와 [나]의 백성을 바라보는 관점 중 타당하다고 생각하는 관점을 선택하도록 안내하기 – [가]와 [나]의 관점 중 더 타당하다고 생각하는 관점을 선택하고, 그 이유에 대해 생각해 보도록 안내한다. • 활동 내용을 공유하도록 안내하기	• [가]와 [나]의 백성을 바라보는 관점 중 타당하다고 생각하는 관점을 선택하기 – [가]와 [나]의 관점 중 더 타당한 관점을 선택하고, 그 이유에 대해 생각해 본다. • 활동 내용 공유하기 | 타당한 관점	이유
---	---
[가]의 관점	이익을 포기하면서까지 신의를 지키려는 사람은 없기 때문
[나]의 관점	통치자가 모범을 보인다면 백성이 그런 모습에 영향을 받는다는 말에 공감하기 때문	 • 활동 정리하기		
전개2	<활동2> 다양한 글을 주제 통합적으로 읽기	<수험생 작성 내용3> • 화제는 같지만 관점이 다른 <자료2>를 읽도록 안내하기 – "<자료2>는 '서번트 리더십'에 관한 글인데요, 지도자의 역할에 대해 <자료1>의 [가], [나]와 다른 관점을 제시하고 있어요. 글을 꼼꼼하게 읽어 봅시다." • <자료2>에 나타난 지도자의 역할을 파악하도록 안내하기 – "<자료2>에서는 지도자가 어떤 역할을 해야 한다고 말하고 있나요?" • (모둠활동) <자료1>, <자료2>를 활용하여 바람직한 지도자상에 대해 이야기해 보도록 안내하기	• 화제는 같지만 관점이 다른 <자료2> 읽기 • <자료2>에 나타난 지도자의 역할을 파악하기 – "지도자가 구성원들을 섬기며 구성원들 스스로 목표를 달성하도록 돕는 역할을 해야 한다고 말해요." – "구성원에게 목표를 공유하고 구성원들을 격려하는 역할을 해야 한다고 말해요." • (모둠활동) <자료1>, <자료2>를 활용하여 바람직한 지도자상에 대해 의견 공유하기		

단계	학습 과정	교수·학습 활동		자료 및 유의점
전개 2	〈활동2〉 다양한 글을 주제 통합적으로 읽기	− "읽은 자료들을 바탕으로 바람직한 지도자상에 대한 각자의 의견을 모둠별로 나눠 봅시다. 이때 기존 자료에서 공감했던 점, 아쉬웠던 점 등을 종합하여 내가 생각하는 바람직한 지도자상에 대해 이야기해 주세요." • (개별활동) 바람직한 지도자상에 대한 자신의 관점을 재구성하도록 안내하기 • 재구성한 내용을 발표하도록 안내하기	• (개별활동) 바람직한 지도자상에 대한 자신의 관점을 재구성하기 • 재구성한 내용을 발표하기 <table><tr><th>바람직한 지도자상</th><th>이유</th></tr><tr><td>지도자는 말과 행동으로 모범을 보이며, 낮은 자세로 구성원들을 섬기는 인화적인 리더십을 지녀야 함</td><td>각자의 개성이 두드러지는 현대에는 독단적인 리더십보다는 인화적인 리더십이 적합하다고 생각함</td></tr><tr><td>지도자는 단호하게 구성원들을 통솔하되, 때로는 따뜻하게 구성원을 포용할 줄 알아야 함</td><td>단호하기만 하면 구성원의 반발을 일으킬 수 있음. 적당한 포용력도 필요함</td></tr></table>	
정리	학습 내용 정리	• 학습 내용 정리	• 학습 내용 이해	
	차시 예고	• 차시 예고	• 차시 예고 인지	

판서 예시

단원명 : 주제 통합적 읽기

〈학습 목표〉

1. 동일한 화제의 글이라도 서로 다른 관점으로 표현됨을 설명할 수 있다.
2. 다양한 글을 주제 통합적으로 읽을 수 있다.

〈활동1〉 동일한 주제의 글이 서로 다른 관점에서 표현됨을 이해하기

필자의 관점	[가]	[나]
지도자	사랑보다는 두려움을 느끼게 해야 함	백성들에게 모범을 보이고, 함부로 형벌을 가해서는 안 됨
백성	백성의 본성은 이기적임	백성은 지도자가 모범을 보이면 그 행동을 본받을 것

타당한 관점	이유
[가]의 관점	이익을 포기하면서까지 신의를 지키려는 사람은 없기 때문
[나]의 관점	통치자가 모범을 보인다면 백성이 그런 모습에 영향을 받는다는 말에 공감하기 때문

〈활동2〉 다양한 글을 주제 통합적으로 읽기

바람직한 지도자상	이유
말과 행동으로 모범을 보이며, 낮은 자세로 구성원들을 섬기는 지도자상	각자의 개성이 두드러지는 현대에는 인화적인 리더십이 적합함
단호하게 구성원들을 통솔하되, 따뜻하게 구성원을 포용할 줄 알아야 함	단호하기만 하면 구성원의 반발을 일으킬 수 있음. 적당한 포용력도 필요함

성취 기준	
2022 교육과정	**[10공국2-02-02]** 동일한 화제의 글이나 자료라도 서로 다른 관점과 형식으로 표현됨을 이해하며 읽기 목적을 고려하여 글이나 자료를 주제 통합적으로 읽는다. 　　이 성취 기준은 동일한 화제에 대하여 다양한 관점과 형식으로 작성된 글이나 자료를 읽으며 읽기 목적에 따라 글이나 자료를 비판적으로 재구성할 수 있는 주제 통합적 읽기 능력을 기르기 위해 설정하였다. 읽기 상황이나 과제와 관련하여 읽기 목적을 구체화하기, 글이나 자료를 비교 분석하기, 읽기 목적을 고려하여 유의미한 정보 선별하기, 정보 간의 상충되거나 모순되는 점을 확인하고 평가하기, 읽기 목적을 고려하며 화제에 대한 자신의 견해를 재구성하기 등을 학습한다.
성취 기준 적용 시 고려 사항	주제 통합적 읽기를 지도할 때는 동일한 화제에 대해 서로 다른 관점을 지닌 글이나 자료를 단순히 비교·대조하며 읽는 활동에 머무르지 않고, 편견이나 선입견을 배제하고 객관적·합리적으로 글이나 자료에 드러난 관점을 평가하며 자신의 관점을 설정하고 이에 따라 주어진 글이나 자료를 종합하고 재구성하며 읽을 수 있도록 지도한다. 다양한 매체를 통해 접하게 되는 복합양식으로 구성된 글이나 자료에 대한 내용의 타당성과 신뢰성을 비판적으로 평가하며 읽는 활동, 글에 사용된 논증의 타당성을 평가하며 읽는 활동 등을 통해 정보를 무비판적으로 수용하지 않기, 편향되지 않은 관점으로 여러 자료를 참조하며 균형 있는 자세로 정보를 수용하기 등을 학습하여 민주시민으로서의 소양을 함양할 수 있도록 지도한다.
2015 교육과정	**[12독서01-02]** 동일한 화제의 글이라도 서로 다른 관점과 형식으로 표현됨을 이해하고 다양한 글을 주제 통합적으로 읽는다.

교과서 정리		
학습 내용 정리	■ **주제 통합적 읽기** - 개념 : 하나의 화제에 대해 다양한 관점과 형식을 보이는 독서 자료를 비판적·통합적으로 읽고 재구성하는 독서 활동 - 주제 통합적 독서의 장점 ① 다양한 관점이나 서로 상반된 관점의 글을 함께 읽음으로써 편견에 빠지지 않고 올바른 가치관을 형성할 수 있다. ② 다양한 관점을 종합하여 이해하는 과정에서 새롭고 창조적인 생각을 할 수 있다. ③ 다양한 분야의 글을 읽음으로써 생각의 폭을 넓힐 수 있다. ④ 정보 기술과 매체의 발달에 따라 점점 더 많은 매체 자료가 제공되는 독서 환경에 잘 대처해 나갈 수 있다. - 주제 통합적 독서의 주요 방법 ① 관심 있는 화제와 쟁점 확인하기 ② 다양한 글과 자료 선정하여 읽기 ③ 글과 자료의 관점 비교 및 평가하기 ④ 읽기 목적 구체화하기 ⑤ 읽기 목적에 맞는 유의미한 정보 선별하기 ⑥ 자신의 견해를 재구성하기 - 주제 통합적 읽기를 할 때의 고려 사항 ① 글이나 자료에 나타난 화제나 주제, 쟁점을 중심으로 읽는다. ② 여러 글이나 자료를 단순히 비교 대조하지 않고, 비판적으로 종합하며 읽는다. ③ 글이나 자료에 담긴 관점과 글쓴이의 의도를 파악하고, 자신의 관점을 세우며 읽는다. ④ 편견이나 선입견을 배제하고 글이나 자료 속에 담긴 내용을 중심으로 객관적이고 합리적으로 읽는다.	
[2022] 창비(최원식) 공통국어2 4. 문제를 해결하는 말과 글 (1) 인공 지능과 인간의 미래	제재	• 인공 지능과 인간의 공존(장동선) • 저건 사람도 아니다(서유미) • 인공 지능, 일상을 혁신하는 기술의 힘
	동기유발	—
	학습활동	1. 글1~3의 내용을 파악해 보자. 　1) 글1~3의 공통점과 차이점이 드러나도록 빈칸에 알맞은 내용을 써 보자. 　2) 〈인공 지능과 인간의 공존〉을 바탕으로 한 낱말 구름을 참고하여, 인공 지능과 함께하는 긍정적인 미래를 만들기 위해 인간이 할 수 있는 일은 무엇일지 이야기해 보자. 　3) 〈저건 사람도 아니다〉의 '나'가 트윈 로봇으로 인해 느끼는 감정의 변화를 써 보자. 　4) 〈인공 지능, 일상을 혁신하는 기술의 힘〉에 사용된 복합양식을 평가해 보자. 2. 글1~3의 공통 화제에 대한 관점의 차이를 비교 및 평가해 보자. 　1) 그림 속 인물들이 다음 글을 읽었다고 가정할 때 각각 어떤 말을 할지 〈보기〉에서 찾아 말풍선에 기호를 써 보자. 　2) 글1~3에 나타난 관점을 평가해 보자.

[2022] 창비(최원식) 공통국어2 4. 문제를 해결하는 말과 글 (1) 인공 지능과 인간의 미래	학습활동	3. 나의 질문을 만들어 읽기 목적을 구체화하고, 읽기 목적을 고려하여 정보를 선별해 보자. 　1) '인공 지능과 인간의 미래'라는 화제와 관련하여 더 깊이 생각해 볼 질문과 그 질문을 만든 까닭을 적어 보자. 　2) 각자 만든 질문에 답해 보면서 질문을 만든 까닭에 대해 친구들과 이야기를 나누고 이를 바탕으로 읽기 목적을 구체화해 보자. 　3) 나의 읽기 목적을 고려하여 글1~3에서 유의미한 정보를 선별하고, 추가로 더 필요한 자료를 찾아보자. 　4) 3)에서 추가로 찾은 정보들을 다음 기준에 따라 분석하며 평가해 보자. 　＊ 평가 기준 : 내용이 공정하고 신뢰성이 있는가?, 논증을 타당하게 전개하고 있는가?, 정보 간에 상충되거나 모순된 내용은 없는가? 4. 읽기 목적을 고려하며 화제에 대한 나의 견해를 재구성해 보자. 　1) 3에서 정리한 내용을 바탕으로 내가 만든 질문에 대한 답을 써 보자. 　2) 내가 만든 질문을 교육용 생성형 인공 지능에 입력하고 그 답의 내용 타당성과 표현 적절성을 평가해 본 후 나의 답지와 비교해 보자. 5. 지금까지의 활동을 바탕으로 인공 지능과 인간의 미래가 어떠할지 나의 생각을 말해 보자.
[2022] 미래엔(신유식) 공통국어2 4. 세상을 보는 눈 (2) 주제 통합적 읽기	제재	• 벗들이 지어 준 나의 공부방(안소영) • 참된 친구란 무엇일까요(박찬국) • 인공 지능과 친구가 될 수 있을까(김대식)
	동기유발	―
	학습활동	1. '친구에 관한 세 가지 글'을 읽고, 다음 활동을 해 보자. 　1) 글1의 다음 내용을 바탕으로 '나'를 대하는 친구들의 태도에 관해 이야기해 보자. 　2) 글2에서 니체가 생각하는 동정과 우정의 차이는 무엇인지 정리해 보자. 　3) 글3에서 글쓴이가 인간이 인공지능 로봇을 친구로 삼는 것을 상상하는 까닭에 관해 어떻게 생각하고 있는지 정리해 보자. 2. 세 편의 글에서 '친구'라는 동일한 화제가 어떻게 다루어졌는지 정리해 보자. 　＊ 비교 기준 : 글의 분야, 글의 형식, '친구'를 바라보는 관점 3. 세 편의 글을 읽기 전에 정한 읽기 목적을 고려하여 자신의 읽기 전략을 점검해 보자. 　1) 다음을 참고하여 자신의 읽기 전략이 적절했는지 점검해 보자. 　＊ 나의 읽기 점검 기준 : 읽기 목적을 확인하며 읽었는가?, 글의 중심 내용과 주제를 파악하였는가?, 글을 읽는 과정에서 이해되지 않는 부분이 생겼을 때, 여러 가지 전략을 사용하여 문제를 해결해 보았는가? 　2) 1)의 점검 내용을 바탕으로 자신의 읽기 과정에서 보완할 부분이 있다면 읽기 전략을 수정하여 세 편의 글을 다시 읽어 보자. 4. 읽기 목적과 관련하여 의미 있는 정보를 정리하고, '친구'에 관한 자신의 생각을 재구성해 보자. 　1) 세 편의 글에 담긴 '친구'에 관한 관점 가운데 동의하거나 동의하지 않는 부분을 써 보자. 　2) 세 편의 글을 읽고 새롭게 알게 된 내용을 정리해 보자. 　3) 1)과 2)를 바탕으로 하여 세 편의 글에 담긴 글쓴이의 관점 중 서로 다른 부분이 있는지 살펴보자. 5. 주제 통합적 읽기 활동을 위한 모둠을 구성하고, 모둠별로 읽을 책이나 자료를 선정해 보자. 　1) 다음을 참고하여 모둠별로 화제와 읽기 목적을 정해 보자. 　2) 1)에서 정한 화제에 관해 다룬 책을 각자 찾아보고, 이를 모둠원에게 소개해 보자. 　3) 2)에서 찾은 책 중에서 자신이 읽을 책을 선정하고 그 까닭을 써 보자. 　4) 3)에서 선정한 책을 읽으면서 독서 일지를 작성해 보자. 　5) 자신이 읽은 책의 내용을 다음과 같이 정리해 보자. 　6) 모둠원과 각자 읽은 책의 정보를 공유하여 그중 관심이 가는 책을 골라 읽고, 화제에 관한 자신의 생각을 재구성해 보자.

[2022] 비상(박영민) 공통국어2 5. 서로 다른 시선, 　함께 찾아가는 삶 (1) 주제 통합적 읽기	제재	• 나를 행복하게 하는 소비는 어떤 것일까? 가. 소비자의 사회적 책임, '윤리적 소비' 나. '합리적 소비'의 기준 다. 아무것도 사지 않는 날
	동기유발	—
	학습활동	1. (가)~(다)를 읽고, 아래 활동을 해 보자. 　1) (가)를 읽고, 다음 물음에 답하며 '윤리적 소비'의 특징을 정리해 보자. 　2) (나)를 읽고, '합리적 소비'에 대한 글쓴이의 주장과 이유를 정리해 보자. 　3) (다)에 나타난 글쓴이의 경험과 그 경험에서 글쓴이가 얻은 깨달음을 정리해 보자. 2. '소비'에 대한 다양한 관점과 형식으로 구성된 세 편의 글을 비교 분석해 보자. 　1) (가)~(다)에서 '소비'라는 동일한 화제를 어떻게 다루었는지 정리해 보자. 　2) (가)~(다)를 읽으면서 정보 간에 모순되는 점을 찾아보고, 이러한 부분에 대한 자신의 생각을 다음과 같이 말해 보자. 　3) 앞의 활동을 바탕으로 (가)~(다)에 나타난 글쓴이의 관점을 평가해 보자. 3. 2를 바탕으로 '나를 행복하게 하는 소비'에 대한 자신의 관점을 설정하고 말해 보자. 　1) 자신의 소비 방식을 떠올려 보고, '나'를 행복하게 하는 소비'에 대한 자신의 생각을 말해 보자. 　2) 1)을 바탕으로 '나를 행복하게 하는 소비'에 대한 자신의 관점을 설정하고, 관점 설정에 도움이 되는 부분을 (가)~(다)에서 찾아 정리해 보자. 4. 읽기 목적에 맞는 주제 통합적 읽기를 수행해 보고, 친구들 앞에서 발표해 보자. 　1) 주제 통합적 읽기를 위한 화제를 선정해 보자. 　2) 1)에서 선정한 화제를 구체화하여 읽기 목적에 맞는 글이나 자료를 수집하고, 이를 비교 분석해 보자. 　3) 2)에서 찾은 글이나 자료에서 유의미한 정보를 선별하고, 정보 간에 모순되는 점을 찾아 말해 보자. 　4) 앞의 활동을 바탕으로 화제에 대한 자신의 관점을 정리해 보고, 친구들에게 발표하는 글을 써 보자. 　5) 친구의 발표를 듣고 다음 항목을 중심으로 평가해 보자.

6. 고등 독서

- 제30회 국어과 교수·학습 실연 시험 문제지 및 지도안 예상 답안
- 제31회 국어과 교수·학습 실연 시험 문제지 및 지도안 예상 답안
- 제32회 국어과 교수·학습 실연 시험 문제지 및 지도안 예상 답안
- 제33회 국어과 교수·학습 실연 시험 문제지 및 지도안 예상 답안

2026학년도 중등학교교사신규임용후보자선정경쟁시험(2차)
제30회 국어과 교수·학습 실연 시험 문제지

관리 번호 [   ]

지도안 세부 조건

1. 〈수험생 작성 조건1〉 전시 학습 확인
   가. 〈자료1〉을 활용할 것
   나. 전시 학습을 확인하여 〈자료1〉의 내용 전개 방식을 파악하도록 할 것
   다. 교사와 학생의 상호작용을 보여줄 것

2. 〈수험생 작성 조건2〉 사실적 읽기
   가. 〈자료2〉에 사용된 전개 방식을 3개 이상 찾도록 할 것
   나. 글의 구조를 고려하여 〈자료2〉의 문단별 내용을 정리하도록 할 것
   다. 〈자료2〉를 요약하도록 할 것

3. 〈수험생 작성 조건3〉 추론적 읽기
   가. ㉠~㉢에 숨겨진 내용을 추론하고 이를 바탕으로 필자의 의도나 목적을 파악하도록 할 것
   나. 교사의 시범을 포함할 것
   다. 구체적인 교사의 발문을 통해 안내할 것

수업 조건

○ 과목 : 국어
○ 학년 : 고등학교 2학년
○ 장소 : 국어 교과교실
○ 시간 : 블록타임(100분)
○ 단원명 : 사실적 읽기와 추론적 읽기
○ 해당 성취 기준 : 글에 드러난 정보를 바탕으로 글의 내용을 파악하고 글에 드러나지 않은 정보를 추론하며 읽는다.

단원명	차시	학습 내용
사실적 읽기와 추론적 읽기	1-2	○ 사실적 읽기와 글의 구조 및 전개 방식에 대해 이해할 수 있다. ○ 글의 중심 내용을 찾고 요약하는 방법을 알 수 있다.
	3-4 (본시)	○ 글에 드러난 정보를 바탕으로 글의 구조와 전개 방식을 파악하고, 중심 내용을 요약하며 읽을 수 있다. ○ 추론적 읽기의 개념과 방법을 이해하고 글에 드러나지 않은 정보를 추론하며 읽을 수 있다.

학생 수	장소	학습 형태	학습 기자재
24명	국어 교과교실	강의식, 모둠식	교사용 컴퓨터, 전자 칠판, 학생용 스마트 기기

※ 본 문제는 모의 평가용으로 제작되었으며, 실제 시험의 문항 유형 및 형식과 다를 수 있습니다.

⟨자료1⟩

(가)	(나)	(다)
겨울철 우리나라가 고기압의 영향권일 때에는 북쪽에서 오는 바람이 상대적으로 적다. 그러면 공기가 주변과 잘 섞이지 않는 정체 현상이 심해지면서 미세 먼지 농도가 올라간다.	커피를 가공하는 방식은 크게 건식법과 습식법으로 나눌 수 있다. 자연식이라고도 불리는 건식법은 가장 단순하고 오래되었을 뿐 아니라 기계를 가장 적게 사용하는 방식이다. 습식법은 특별히 고안된 기계와 많은 양의 물을 사용하기 때문에 상대적으로 비용이 많이 든다.	적정 기술이 갖추어야 할 조건은 첫째, 적정 기술에 드는 비용이 저렴해야 한다. 둘째, 가능하면 현지에서 나는 재료를 사용하는 것이 바람직하다. 셋째, 현지의 기술과 노동력을 활용하여 일자리를 창출해야 한다.

⟨자료2⟩

오늘날 대한민국 청년들은 단순히 좋은 직장을 찾는 것을 넘어, 청년 세대의 주거난, 새로운 사회 문제로 안정적인 '집'을 구하는 것 자체를 거대한 도전으로 여기고 있다. ㉠ 과거 우리 부모 세대가 '근면하면 집을 살 수 있다.'는 희망을 품었던 것과 달리, 오늘날 청년들은 아무리 노력해도 주택 시장의 거대한 장벽 앞에 좌절하고 있다. 통계청의 2024년 주거실태조사에 따르면, 20~34세 청년 가구 중 약 40.5%가 월세나 보증부 월세 형태로 거주하며, 이 중 12% 이상은 고시원, 반지하, 옥탑방과 같은 비주택 시설에 살고 있다. 이는 단순한 주거 불안을 넘어, 학업과 취업 활동, 심지어 삶의 질에까지 직접적인 영향을 미치고 있다. 청년 주거 문제는 왜 이토록 심각해진 것일까? 전문가들은 복합적인 원인을 지적한다.

첫째, ㉡ 수도권으로의 과도한 인구 집중 현상과 주택 공급의 불균형이다. 국토교통부 자료에 따르면, 대한민국 인구의 약 50%가 수도권에 거주하고 있으며, 그 비율은 점차 늘어나고 있다. 특히 청년 1인 가구의 빠른 증가세에 비해, 이들이 선호하는 소형 임대 주택 공급은 그 속도를 따라가지 못하고 있다. 이로 인해 청년들은 높은 주거 비용을 감당하거나, 주거의 질을 포기하며 비주택 시설로 내몰리는 악순환에 빠진다.

둘째, 주택 가격의 급등과 청년 소득의 상대적 정체 현상이다. 특히 2010년대 이후 지속된 주택 가격 상승은 청년들이 자력으로 주택을 마련하는 것을 사실상 불가능하게 만들었다. 한국은행 조사에 따르면, 2023년 기준 서울의 주택 소득 대비 주택 가격 비율(PIR)은 약 14.5배에 달했다. PIR(Price to Income Ratio)이란 가구 소득 대비 주택 가격 비율을 의미하는 용어로, 이는 서울에서 중간 소득을 가진 가구가 중간 가격의 집을 사려면 소득을 한 푼도 쓰지 않고 14.5년을 모아야 한다는 의미이다. 청년 세대(20~30대)의 소득 증가율이 주택 가격 상승률을 따라가지 못하면서, 청년들에게 내 집 마련의 꿈은 비현실적인 목표가 되었다. 이는 주거 안정성 확보를 통한 미래 설계의 포기로 이어져, 심리적 불안감과 함께 사회적 활력을 떨어뜨리는 결과를 낳는다.

셋째, 불완전한 정부 정책과 복잡한 행정 절차의 문제이다. 다양한 청년 주거 지원 정책이 시행되고 있지만, 정책의 실효성과 효율성에 대한 비판이 끊이지 않는다. 예를 들어, 청년 전용 버팀목 전세자금 대출과 같은 정책은 소득 기준이 낮아 실제 많은 청년들이 혜택을 받지 못하는 경우가 발생한다. 또 정책의 복잡성과 접근성이 낮은 점 또한 문제이다. 2024년 한 시민단체 조사에 따르면, 청년 주거 정책에 대한 인지도가 30% 미만인 것으로 나타났다. 다양한 정책마다 신청 조건과 절차가 복잡하여, 주거 정보에 어두운 청년들은 혜택을 받기 어렵다. 마지막으로 정책이 시장의 변화 속도를 따라가지 못한다. 주택 가격이 급변하고 임대 시장이 불안정해지는 상황에서 정부의 정책은 항상 한발 늦는다는 비판을 받고 있다.

이러한 주거난은 청년 세대의 미래를 불안하게 할 뿐만 아니라, 장기적으로는 사회 전체의 활력을 떨어뜨리는 결과를 낳는다. 한 연구 보고서에 따르면, 주거 불안을 겪는 청년들 중 약 60%가 결혼을, 70%가 출산을 미루거나 포기하는 것으로 나타났다. 결혼과 출산을 포기하는 이른바 'N포 세대'의 문제는 주거 불안정과도 깊은 연관이 있다. 안정적인 삶의 기반을 마련하지 못한 청년들은 미래를 설계하기 어렵고, 이는 결국 사회적 동력을 약화시키는 악순환으로 이어진다. ㉢ 이 거대한 도전에 대한 사회적 합의와 실질적인 정책 마련이 시급하다.

2026학년도 중등학교교사신규임용후보자선정경쟁시험(2차)
제30회 국어과 교수·학습 실연 지도안 [예상 답안]

국어과 본시 교수·학습 지도안

학습 목표	1. 글에 드러난 정보를 바탕으로 글의 구조와 전개 방식을 파악하고, 중심 내용을 요약하며 읽을 수 있다. 2. 추론적 읽기의 개념과 방법을 이해하고 글에 드러나지 않은 정보를 추론하며 읽을 수 있다.			
학습 단계		교수·학습 활동	자료 및 유의점	시간 (분)
도입	인사	• 인사 및 학습 분위기 조성	• 인사 및 학습 준비		
	전시 학습 확인	〈수험생 작성 내용1〉 • 발문을 통해 전시 학습을 확인하기 　- "우리는 지난 시간에 무엇을 배웠나요?" 　- "설명하는 글의 구조는 대체로 어떻게 이루어지나요?" 　- "주장하는 글의 구조는 대체로 어떻게 이루어지나요?" 　- "글을 전개하는 방식에는 대표적으로 어떤 것들이 있었나요?" • 〈자료1〉을 활용하여 글의 전개 방식과 관련한 퀴즈 제시하기 　- "글의 전개 방식과 관련하여 퀴즈를 내보도록 할게요. 〈자료1〉의 (가)에는 어떤 전개 방식이 사용되었나요?" 　- "왜 그렇게 생각하였나요?" 　- "맞아요. 그렇다면 〈자료1〉의 (나)에는 어떤 전개 방식이 사용되었나요?" 　- "왜 그렇게 생각하였나요?" 　- "좋아요. 마지막으로 〈자료1〉의 (다)에는 어떤 전개 방식이 사용되었나요?" 　- "왜 그렇게 생각하였나요?"	• 발문에 답변하며 전시 학습을 떠올리기 　- "사실적 읽기요." 등 　- "머리말, 본문, 맺음말이요." 등 　- "서론, 본론, 결론이요." 등 　- "서사요.", "인과요.", "분석이요." 등 • 〈자료1〉을 활용하여 글의 전개 방식과 관련한 퀴즈 풀기 　- "인과의 방식이 사용되었어요." 　- "북쪽에서 오는 바람이 적어서 미세 먼지 농도가 올라간다고 원인과 결과를 밝히고 있기 때문이에요." 　- "분류가 사용되었어요." 　- "커피 가공 방식을 공통적인 특성에 따라 건식법과 습식법으로 묶어서 설명하고 있기 때문이에요." 　- "열거가 사용되었어요." 　- "조건을 '첫째', '둘째'로 나열하고 있기 때문이에요."		
	동기유발	• 학습 흥미 유발하기	• 학습 흥미 갖기		
	학습 내용 안내	• 학습 내용 안내	• 학습 내용 확인		
	학습 목표 제시	• 학습 목표 제시	• 학습 목표 확인		
전개 1	〈활동1〉 사실적 읽기	〈수험생 작성 내용2〉 • 〈자료2〉 함께 읽도록 하기 • 모둠별로 〈자료2〉에 사용된 전개 방식을 세 개 이상 찾도록 하기	• 〈자료2〉 함께 읽기 • 모둠별로 〈자료2〉에 사용된 전개 방식을 세 개 이상 찾기		

단계	활동		
전개 1	〈활동1〉 사실적 읽기	〈안내〉 1. 본문에 사용된 내용 전개 방식 찾기 * 내용 전개 방식 : 정의, 인과, 분류, 분석, 비교대조, 분석, 예시 등 2. 찾은 내용 전개 방식이 쓰인 문단 번호 적기 3. 이유 적기	<table><tr><th>문단</th><th>전개 방식</th><th>이유</th></tr><tr><td>1</td><td>대조</td><td>과거 부모 세대와 오늘날 청년들의 상황을 대조</td></tr><tr><td>3</td><td>정의</td><td>PIR의 개념을 설명</td></tr><tr><td>4</td><td>예시</td><td>"예를 들어"에서 정부 정책의 불완전성을 보충 설명함</td></tr><tr><td>5</td><td>인과</td><td>주거 불안(원인)으로 인해 이른바 N포 세대가 발생(결과)</td></tr></table>
		• 〈자료2〉와 같은 글의 유형에 주로 사용되는 글의 구조를 파악하도록 하기	• 〈자료2〉와 같은 글의 유형에 주로 사용되는 글의 구조를 파악하기 - 설명문 : 머리말-본문-맺음말(처음-중간-끝)
		• 모둠별로 글의 구조를 고려하여 〈자료2〉의 내용 정리하도록 하기 - "어디까지가 처음 – 중간 – 끝에 해당하는지 파악한 뒤, 글의 내용을 문단 별로 정리해 보도록 할게요. 중심내용과 세부 내용을 구분하여 내용의 중요도를 평가하며 정리합니다."	• 모둠별로 글의 구조를 고려하여 〈자료2〉의 내용 정리하기 <table><tr><td rowspan="1">처음</td><td>1문단</td><td>청년 주거난의 심각성과 현실</td></tr><tr><td rowspan="3">중간</td><td>2문단</td><td>청년 주거난의 원인① 수도권 인구 집중과 주택 공급 불균형</td></tr><tr><td>3문단</td><td>청년 주거난의 원인② 주택 가격 급등과 청년 소득 정체</td></tr><tr><td>4문단</td><td>청년 주거난의 원인③ 불완전한 정부 정책과 복잡성</td></tr><tr><td>끝</td><td>5문단</td><td>주거난이 청년의 미래와 사회에 미치는 부정적 영향 및 해결의 필요성</td></tr></table>
		• 〈자료2〉의 내용 요약하도록 하기 - "글의 구조에 따라 문단별로 정리한 내용을 바탕으로 전체 내용을 요약해 보도록 합시다."	• 〈자료2〉의 내용 요약하기 오늘날 대한민국 청년들은 심각한 주거난을 겪고 있다. 이는 수도권 인구 집중, 주택 가격 급등, 그리고 불완전한 정부 정책 등의 복합적인 원인에서 비롯된다. 결국 주거 불안정은 청년들이 미래 설계를 하기 어렵게 만들어 우리 사회 전체의 활력을 떨어뜨리는 결과를 낳고 있어 대책이 시급하다.
전개 2	〈활동2〉 추론적 읽기	〈수험생 작성 내용3〉 • ㉠~㉢에 숨겨진 내용 파악하기 활동 안내 및 시범 보이기 - "㉠에는 주택 시장의 변화라는 내용이 숨겨져 있어요. 과거 우리 부모 세대는 근면하면 집을 살 수 있다는 희망이 있었어요. 성실히 일하고 아껴 쓰면 집을 살 수 있었다는 것이죠. 하지만 오늘날 청년들은 단순히 개인이 열심히 노력하는 것만으로는 집을 사기 어려워졌어요. 즉, 주택 시장이 과거와 달라져 개인의 노력만으로는 집을 사기 어려워진 현재 상황의 심각성이 ㉠에 숨겨져 있어요." - "이렇게 ㉡과 ㉢에서도 명시적으로 드러나지 않은 정보를 추론하며 읽어 보도록 합시다."	• ㉠~㉢에 드러나지 않은 정보 파악하기 시범 보고 활동하기 - 시범을 통해 글에 명시적으로 드러나지 않은 정보를 추론하며 읽어야 함을 이해하고 ㉡과 ㉢에 숨겨진 내용을 찾는다. <table><tr><td>㉡</td><td>'수도권으로의 과도한 인구 집중 현상'에는 양질의 일자리와 좋은 인프라가 지방으로 분산되지 못하고 수도권에만 집중되어 있다는 내용이 숨겨져 있음을 추론할 수 있다.</td></tr><tr><td>㉢</td><td>'사회적 합의와 실질적인 정책 마련이 시급'에는 청년 주택 문제가 단순히 개인의 차원을 넘어선 사회 차원의 문제로 접근해야만 하는 문제이며, 정부가 지금보다 더 적극적인 개입을 해야 해결할 수 있다는 내용이 숨겨져 있음을 추론할 수 있다.</td></tr></table>

전개 2	<활동2> 추론적 읽기	• 필자의 의도나 목적 추론하기 안내하기 - "㉠~㉢에서 추론한 내용을 토대로 이 글을 통해 필자가 독자에게 말하고자 하는 의도나 목적을 추론해 보도록 합시다."	• 필자의 의도나 목적 추론하기 - "글쓴이는 단순히 청년 주거 문제의 원인에 관한 정보를 전달하려는 것이 아니라 구성원 전체가 심각성을 인식하고 복합적인 원인을 실질적으로 해결하기 위해 적극적으로 참여해야 한다고 촉구하려는 의도로 글을 쓴 것 같아요."
		• 활동 마무리하도록 하기	• 활동 마무리하기
정리	형성평가 및 과제 부여	• 형성평가 부여 • 수준별 과제 제시	• 형성평가 진행 • 수준별 과제 확인
	학습 내용 정리	• 학습 내용 정리	• 학습 내용 이해
	차시 예고	• 차시 예고	• 차시 예고 인지

판서 예시

사실적 읽기와 추론적 읽기

<활동1> 사실적 읽기

1) 전개 방식 찾기

문단	전개 방식	이유
1	대조	과거 부모 세대와 오늘날 청년들의 상황을 대조
3	정의	PIR의 개념을 설명
4	예시	"예를 들어~"
5	인과	주거 불안(원인) → N포 세대가 발생(결과)

2) 글 구조에 따라 내용 정리하기

처음	1문단	청년 주거난의 심각성과 현실
중간	2문단	원인① 수도권 인구 집중과 주택 공급 불균형
	3문단	원인② 주택 가격 급등과 청년 소득 정체
	4문단	원인③ 불완전한 정부 정책과 복잡성
끝	5문단	주거난이 청년의 미래와 사회에 미치는 부정적 영향 및 해결의 필요성

<활동2> 추론적 읽기

1) 숨겨진 내용 추론하기

㉠ 주택 시장의 거대한 장벽
→ 주택 시장이 과거와 달라져 개인의 소득만으로는 집을 사기 어려워진 현재 상황의 심각성

㉡ 수도권으로의 과도한 인구 집중 현상
→ 양질의 일자리와 좋은 인프라가 수도권에만 집중

㉢ 사회적 합의와 실질적인 정책 마련이 시급
→ 개인의 차원을 넘어선 사회 차원의 문제로 접근, 정부가 지금보다 더 적극적인 개입을 해야 함

2) 필자의 의도나 목적 추론하기
- 구성원 전체가 심각성을 인식하고 복합적인 원인을 실질적으로 해결하기 위해 적극적으로 참여해야 함을 촉구함

성취 기준

2022 교육과정	[12독작01-03] 글에 드러난 정보를 바탕으로 글의 내용을 파악하고 글에 드러나지 않은 정보를 추론하며 읽는다. 이 성취 기준은 글에 드러난 정보를 정확하게 파악하는 사실적 독해 능력을 기르고, 글에 명시적으로 드러나지 않은 정보를 학습자의 배경지식 및 경험을 활용하거나 문맥을 고려하여 파악하는 추론적 독해 능력을 기르기 위해 설정하였다. 사실적 독해와 관련해서는 단어·문장·문단의 내용 파악하기, 각 문단 사이의 관계 파악하기, 글의 구조나 내용의 전개 방식 파악하기, 내용의 중요도 평가하기, 중심 내용 파악하기, 중심 내용과 세부 내용 구분하기, 요약하기 등을 학습할 수 있다. 추론적 독해와 관련해서는 필자의 의도나 목적 파악하기, 숨겨진 내용 추론하기, 생략된 내용 예측하기, 인물의 특성이나 장면의 분위기 추측하기 등을 학습할 수 있다.
성취 기준 적용 시 고려 사항	글에 드러난 정보를 바탕으로 사실적 내용을 파악하거나, 정보를 추론하며 읽기를 지도할 때에는 다양한 독해 전략을 적용하고 학습자가 스스로 그 효과를 점검하여 자신의 독해 전략을 조정하는 것에 주안점을 둔다. 이를 통해 학습자가 능동적으로 자신의 독해 능력을 향상시킬 수 있도록 한다. 또한 독해 능력은 국어 교과 외에도 타 교과의 학습에서 필수적인 능력이므로 관련 성취 기준을 타 교과와 통합하여 지도한다.

2015 교육과정	**[12독서02-01]** 글에 드러난 정보를 바탕으로 중심 내용, 주제, 글의 구조와 전개 방식 등 사실적 내용을 파악하며 읽는다. 　이 성취 기준은 글을 읽고 중심 내용, 주제, 글의 구조, 글의 전개 방식 등을 파악하는 사실적 독해 능력을 기르기 위해 설정하였다. 사실적 독해는 글에 드러난 정보를 종합하여 글의 표면적 의미를 파악하는 것을 말한다. 이를 위해 내용의 중요도 평정, 중심 내용과 세부 내용의 구분, 각 문단 내용들 사이의 관계 파악, 선정한 내용들의 종합과 재구성 등의 독해 기능을 종합적으로 동원하여 글의 내용을 파악하도록 한다.
	[12독서02-02] 글에 드러나지 않은 정보를 예측하여 필자의 의도나 글의 목적, 숨겨진 주제, 생략된 내용을 추론하며 읽는다.
교수·학습 방법 및 유의 사항	① 글에 따라 중심 내용, 주제, 글의 구조, 글의 전개 방식 등이 쉽게 드러나는 글이 있는가 하면, 중심 내용이나 주제가 직접 드러나지 않는 글도 있으며, 구조나 전개 방식이 복잡하거나 모호한 글도 있다. 그러므로 글에 드러난 여러 가지 정보를 단서로 하여 글의 표면적인 의미나 중심 내용, 대략적인 구조나 논지의 흐름을 통합적으로 파악하며 읽도록 지도한다. ② 사실적 독해에서 중심 내용을 파악하는 것은 글의 요지 파악이나 요약하기를 포함한다고 할 수 있다. 특히 요약하기는 학습 방법으로도 유용한데, 이를 지도할 때에는 요약한 내용을 독자 자신의 말로 바꾸어 어법에 맞고 자연스러운 문장으로 표현할 수 있도록 한다.

교과서 정리		
학습 내용 정리		■ **사실적 읽기** : 글에 표면적으로 드러난 정보를 파악하여 글의 내용을 체계적으로 이해하면서 읽는 것 　1. 중심 내용과 주제 파악하기 　　- 단어·문장·문단의 내용 파악하기, 각 문단 사이의 관계 파악하기, 내용의 중요도 평가하기, 중심 내용 파악하기, 중심 내용과 세부 내용 구분하기 등 　2. 글의 구조와 전개 방식 파악하기 　　- 글 구조 : 설명문) 머리말, 본문, 맺음말 / 논설문) 서론, 본론, 결론 　　→ 글의 종류와 그에 따른 글 전체의 논리를 주의 깊게 살펴볼 것 　　- 글의 세부 내용 전개 방법 : 시간 관련) 서사, 과정, 인과 / 그 외) 분석, 묘사, 분류, 예시, 정의, 비교와 대조, 유추 → 글의 화제나 내용, 담화 표지 살펴보기 　3. 글의 내용 요약하기 　　- 요약하기 방법 : 중심 내용과 세부 내용 구별, 내용 사이의 관계 파악, 중요한 내용 선택하여 재구성, 중복되거나 사소한 내용 삭제, 하위의 세부 내용은 상위 수준 일반화, 순서 조정
		■ **추론적 읽기** : 글에 드러나지 않은 정보를 예측하여 글쓴이의 의도나 글의 목적, 숨겨진 주제나 생략된 내용을 파악하며 읽는 것 　1. 추론적 읽기의 방법 : 글에 드러나지 않은 내용을 추론하기 위해서는 글에 담긴 정보, 담화 표지, 글의 앞뒤 문맥, 자신의 배경지식과 경험 등을 활용해야 한다. 　　- 글에 담긴 정보, 담화 표지, 문맥 등과 같은 단서 활용하기 　　- 독자의 배경지식과 경험을 적극적으로 활용하기 　　- 글이 어떤 배경과 목적에서 쓰인 것인지 맥락을 분석하며 읽기 　2. 추론적 읽기의 전략 　　- 필자의 의도나 목적 파악하기, 숨겨진 내용 추론하기, 생략된 내용 예측하기, 인물의 특성 추측하기, 장면의 분위기 추측하기 등
[2022] 비상 독서와 작문 2. 읽고 쓰는 힘을 기르다 (1) 사실적 읽기, 추론적 읽기	제재	얼굴, 음성 그리고 문자(신형철)
	동기유발	※ [생각 열기] 다음 그림에 대해 친구들과 이야기를 나누어 보자. 　연못이 있는 정원의 모습을 그린 고대 이집트의 고분 벽화인 「네바문의 정원」을 보고 자신의 생각을 말해 보는 활동이다. 자신의 배경지식과 경험을 토대로 각각의 대상을 서로 다른 각도에서 그린 화가의 의도가 무엇일지 추측해 보도록 한다.
	학습활동	1. 각 문단의 중심 내용과 글의 구조를 파악해 보자. 　1) 문단별로 중심 내용과 세부 내용을 구분하고, 각 문단 아래에 중심 문장을 적어 보자. 　2) 글의 구조를 고려하여 1~6문단의 중심 내용을 정리해 보자. 　　처음1 / 가운데2, 3, 4 - 가운데5 / 끝6 2. 〈보기〉를 참고하여 2~4문단에 사용된 전개 방식은 무엇이고, 어떻게 활용되었는지 적어보자. 　〈보기〉 : 인과, 분류, 예시, 과정, 비교·대조 3. 1과 2의 활동을 바탕으로 이 글의 내용을 200자 내외로 요약해 보자. 4. 글에 명시적으로 드러나 있지 않은 정보를 추론해 보자. 　1) 필자가 말하는 '얼굴 - 타자', '음성 - 타자', '글자 - 타자'의 의미를 파악해 보자. 　2) 필자가 독자를 '당신'으로 호명하는 의도가 무엇일지 추측해 보자. 　3) 1), 2)를 바탕으로 필자가 이 글을 쓴 목적을 추론해 보자.

	제재	농업 혁명은 덫이다(유발 하라리, 〈사피엔스〉)
[2022] 미래엔 독서와 작문 2. 독서와 작문의 방법 (1) 파악하고 추론하고 평가하며 읽기	동기유발	—
	학습활동	1. 〈농업 혁명은 덫이다〉에 드러난 정보를 파악하며 읽는 활동을 해 보자. 　1) 이 글의 문단에서 중요하다고 생각하는 문장들에 밑줄을 긋고, 중심 내용을 한 문장으로 정리해 보자. 　2) 1)을 참고하여 각 문단의 중심 내용을 정리해 보자. 　3) 1), 2)를 바탕으로 하여 이 글의 내용을 간략하게 요약해 보자. 　4) 다음 부분에 사용된 내용 전개 방식은 무엇인지 파악해 보자. 2. 〈농업 혁명은 덫이다〉에 드러나지 않은 정보를 추론하며 읽는 활동을 해 보자. 　1) 다음 밑줄 친 문장에 숨겨진 내용은 무엇인지 추론해 보자. 　2) 다음 밑줄 친 문장에서 글쓴이가 생략한 내용은 무엇인지 예측해 보자. 　3) 1), 2)를 참고하여 글쓴이가 이 글을 쓴 의도는 무엇인지 추론하여 써 보자.
[2022] 천재 독서와 작문 2. 유능한 독자, 능숙한 필자 (1) 사실적 읽기와 추론적 읽기	제재	추상 미술과 단순화(이주헌)
	동기유발	※ 다음은 장욱진의 〈자화상〉이다. 인물과 배경을 살펴본 다음, 인물의 마음이 어떨지 상상해서 말해 보자.
	학습활동	1. 이 글의 내용과 전개 방식을 파악해 보자. 　1) 이 글의 구조에 따라 중심 내용을 요약해 보자. 　2) 이 글에서 쓰인 내용 전개 방식과 그 방식의 역할을 정리해 보자. 　　- 본문 발췌 / 내용 전개 방식 / 글에서의 역할 　3) 몬드리안과 로스코의 그림에는 어떤 차이가 있는지 정리해 보자. 2. 이 글을 바탕으로 하여 글의 내용을 추론하는 활동을 해 보자. 　1) 필자의 의도를 추론해 보자. 　　① 필자가 본문에서 발표 연도에 따라 몬드리안의 그림 네 편을 연속적으로 제시한 의도는 무엇인지 써 보자. 　　② 필자가 추상 미술을 '현대의 나침반 같은 예술'이라고 평가한 의도를 써 보자. 　2) 이 글의 다음 내용을 토대로 몬드리안은 어떤 인물인지 추론해서 써 보자. 　　- 몬드리안의 작품 / 몬드리안이 한 말 / 물리학자 파인먼의 언급 　3) 다음의 내용으로 볼 때, 로스코의 작품이 있는 전시실의 장면과 분위기는 어떠할지 생각해 보자. 그리고 방송국 기자가 되어 해당 장면을 보도하는 문구를 작성해 보자.
	적용학습	• 다음 시의 내용을 파악하고, 작가의 의도를 추론해 보자.(자동문 앞에서, 유하) 1) 이 시에서 화자가 보고 있는 대상이 무엇인지, 이에 관한 화자의 느낌이나 생각이 어떠한지 정리해 보자. 2) 이 시에서 '우리들'이 어떤 점에서 키위새와 닮아갈 것이라고 보는지 말해 보자. 3) 이 시를 쓴 작가의 의도가 무엇인지 추론해 보고, 자신의 생각을 친구들과 이야기해 보자. 4) 현대 문명에 익숙해져서 오히려 불편을 겪었던 경험을 이야기해 보자.

2026학년도 중등학교교사신규임용후보자선정경쟁시험(2차)
제31회 국어과 교수·학습 실연 시험 문제지

| 관리 번호 | |

지도안 세부 조건

1. **〈수험생 작성 조건1〉 동기유발**
   가. 〈자료1〉을 활용하여 동기를 유발할 것
   나. 글을 비판적으로 읽을 때 고려해야 할 점을 3가지 이상 제시할 것
   다. 교사와 학생 간 상호작용이 잘 드러나도록 할 것

2. **〈수험생 작성 조건2〉 글에 쓰인 표현 방법 파악하기**
   가. 〈자료2〉의 밑줄 친 부분에 사용된 표현 방법을 파악하고 효과를 평가하는 활동을 구성할 것
   나. ㉠을 활용하여 교사의 시범을 보일 것
   다. 학생 간 상호작용이 드러나도록 활동을 구성할 것

3. **〈수험생 작성 조건3〉 비판적으로 읽기**
   가. 〈자료2〉에 담긴 사회·문화적 이념과 필자의 의도를 파악하는 활동을 구상할 것
   나. 〈자료2〉의 내용을 비판적으로 평가하도록 하고, 평가 기준을 제시할 것
   다. 글에 대한 이해를 심화할 수 있는 추가 활동을 안내할 것(단, 활동 결과는 제외할 것)

수업 조건

- 과목 : 국어
- 학년 : 고등학교 2학년
- 장소 : 국어 교과교실
- 시간 : 블록타임제(100분)
- 단원명 : 비판적 읽기
- 해당 성취 기준 : 글의 내용이나 관점, 표현 방법, 필자의 의도나 사회·문화적 이념을 평가하며 읽는다.

단원명	차시	학습 내용
비판적 읽기	1-2 (본시)	○글에 사용된 표현 방법을 비판적으로 평가하며 읽을 수 있다. ○글에 드러난 사회·문화적 맥락과 필자의 의도를 찾고 이를 비판적으로 평가하며 읽을 수 있다.

학생 수	장소	학습 형태	학습 기자재
24명	국어 교과교실	강의식, 모둠식	교사용 컴퓨터, 전자 칠판, 학생용 스마트 기기

※ 본 문제는 모의 평가용으로 제작되었으며, 실제 시험의 문항 유형 및 형식과 다를 수 있습니다.

〈자료1〉

[가]	[나]

〈광고 문구〉 다문화 다리 프로젝트. 서로 다른 문화를 가진 1,000명의 사람들이 뜨개 조각을 만들어 청계천에 다문화 다리를 완성했습니다.	〈광고 문구〉 2016년 9월 28일 청탁 금지법 시행으로 금품 제공이나 의사 표시로도 처벌받을 수 있습니다.

〈자료2〉

로봇과 세금

㉠ <u>로봇세란?</u>

로봇의 발달로 일자리가 줄어들 것이라는 사람들의 불안이 커지면서 최근 로봇세 도입에 대한 논의가 활발하다. 로봇세는 로봇을 사용해 이익을 얻는 기업이나 개인에 부과하는 세금이다. 로봇으로 인해 일자리를 잃은 사람들을 지원하거나 사회 안전망을 구축하기 위해 예산을 마련하자는 것이 로봇세 도입의 목적이다. ㉡ <u>하지만 나는 로봇세 도입을 다음과 같은 이유로 반대하지 않을 수 없다.</u>

로봇세는 이중과세

로봇세는 공정한 과세로 보기 어렵다. ㉢ <u>널리 쓰이고 있는 모바일 뱅킹이나 티켓 자동 발매기도 일자리를 줄였음에도 세금을 부과하지 않았는데 로봇에만 세금을 부과하는 것은 그 기준이 일관되지 않는다는 문제가 있다.</u> 또 로봇을 사용해 이익을 얻은 기업이나 개인은 이미 법인세나 소득세를 납부하고 있다. 로봇을 사용했다는 이유로 세금을 추가로 부과한다면 한 번의 이익에 두 번의 과세를 하는 것이므로 불공평하다.

외국에서 수입하는 로봇

앞으로 로봇 수요가 증가하면서 로봇 시장의 우위를 선점하기 위한 로봇 기술 개발의 경쟁이 더욱 뜨거워질 것이다. 로봇 기술 중 상당수가 특허권이 인정되는 고부가 가치 기술이기 때문이다. 이러한 상황에서 전문가들은 로봇세를 도입하면 기술 개발에 악영향을 끼칠 수 있다고 말한다. ㉣ <u>로봇세를 도입하면 세금에 대한 부담이 늘어나 로봇에 대한 수요가 감소한다.</u> 그렇게 되면 로봇을 생산하는 기업은 기술 개발 의지가 약화되어 로봇 기술의 특허권으로 이익을 창출할 수 있는 기회가 줄어들게 된다. 결국 로봇 사용이 필요한 기업이나 개인은 선진 로봇 기술이 적용된 로봇을 외국에서 수입해야 하므로 막대한 금액이 외부로 유출되어 국가적으로 손해이다.

일자리를 창출하는 로봇

㉤ <u>한 설문 조사에서 전체 응답자 중 86.6%가 로봇이 일자리를 빼앗을 것이라고, 52.2%는 자신의 직업이 로봇으로 인해 위협받게 될 것이라고 응답했다.</u> 로봇의 사용으로 일자리가 감소할 것이라는 이유로 로봇세의 필요성이 제기되었지만, 역사적으로 볼 때 새로운 기술로 인해 전체 일자리는 줄지 않았다. 산업 혁명을 거치면서 새로운 기술에 대한 걱정은 늘 존재했지만, 산업 전반에서 일자리는 오히려 증가해 왔다는 점이 이를 뒷받침한다. 따라서 로봇의 사용으로 일자리가 줄어들 가능성은 낮다.

로봇세를 도입해서는 안 된다.

우리는 로봇 덕분에 어렵고 위험한 일이나 반복적인 일로부터 벗어나고 있다. 로봇 사용의 증가 추세에서 알 수 있듯이 로봇 기술이 인간의 삶을 편하게 만들어 주는 것은 틀림이 없다. ㉥ <u>로봇세를 도입하면 이러한 편안한 삶이 늦어지지 않을까?</u>

— 2019학년도 대학수학능력시험 국어 영역 기출 변형 —

2026학년도 중등학교교사신규임용후보자선정경쟁시험(2차)

제31회 국어과 교수·학습 실연 지도안 예상 답안

국어과 본시 교수·학습 지도안			
학습 목표	1. 글에 사용된 표현 방법을 비판적으로 평가하며 읽을 수 있다. 2. 글에 드러난 사회·문화적 맥락과 필자의 의도를 찾고 이를 비판적으로 평가하며 읽을 수 있다.		
학습 단계		교수·학습 활동	자료 및 유의점	시간 (분)
도입	인사	• 인사 및 학습 분위기 조성	• 인사 및 학습 준비	
	전시 학습 확인	• 전시 학습 확인	• 전시 학습 회상	
	동기유발	〈수험생 작성 내용1〉 • 〈자료1〉을 제시하기 • 〈자료1〉에 담긴 의도 발문하기 - "방금 보여준 광고는 무엇을 의도하고 만든 것일까요?" • 〈자료1〉의 사회·문화적 맥락 발문하기 - "왜 이러한 광고들이 만들어졌을까요?" • 비판적 읽기를 할 때 고려해야 할 점 안내하기 비판적 읽기를 할 때 고려할 점 • 이유나 근거가 주장을 타당하게 뒷받침하고 있는가? (타당성) • 글의 내용과 필자의 관점이 논리적이고 균형적인가? (공정성) • 글에 사용된 정보나 자료의 출처가 분명하고 믿을 만한가? (신뢰성) • 글에 사용된 표현 방법이 적절하고 효과적인가? • 필자의 의도와 글에 담긴 사회·문화적 이념이 올바른가?	• 〈자료1〉을 확인하기 • 〈자료1〉에 담긴 의도를 찾아 답변하기 - "첫 번째 광고는 다양한 문화를 가진 사람들을 인정하고 함께 어울리자는 광고예요." - "두 번째 광고는 부정한 뇌물을 받지 말자는 광고예요." • 〈자료1〉의 사회·문화적 맥락을 찾아 답변하기 - "요즘 우리나라에 다문화 가정이 많아지면서 차별을 타파하고 우리 사회가 화합하자는 의도를 전달하기 위해 만들어졌어요." - "광고 문구를 보니까 당시에 청탁 금지법이 만들어지면서 청탁 금지법을 홍보하고 청렴한 생활을 강조하기 위해 만들어진 것 같아요." • 비판적 읽기를 할 때 고려해야 할 점 이해하기		
	학습 내용 안내	• 학습 내용 안내	• 학습 내용 확인	
	학습 목표 제시	• 학습 목표 제시	• 학습 목표 확인	

		〈수험생 작성 내용2〉 • 모둠별로 〈자료2〉 배부하기 • 모둠별로 〈자료2〉의 밑줄 친 부분에 사용된 표현 방법의 효과를 평가하도록 안내하기 	시범 예시	
표현 방법	효과
㉠	소제목을 붙여 내용을 전개하였다.	전개될 내용을 미리 예측하는데 도움을 주었다. 단, 3문단의 소제목은 문단의 내용을 충분히 반영하지 않아 '로봇세는 국가적 손해'와 같이 수정하는 것이 바람직하다. | – 순회 지도 : 활동 중 표현 방법을 찾지 못한 모둠이 있다면 학생 간 상호작용을 통해 협동하도록 한다.	• 모둠별로 〈자료2〉 수령하기 • 모둠별로 〈자료2〉의 밑줄 친 부분에 사용된 표현 방법의 효과를 평가하기 |	표현 방법	효과
---	---	---
㉡	이중부정	'~하지 않을 수 없다'는 표현으로 주장을 강조했다.
㉢	비교	친근한 대상과 비교하여 글의 설득력을 높이므로 효과적이다.
㉣	인과	로봇세의 부정적인 면을 강조하여 글의 설득력을 높이므로 효과적이다.
㉤	인용	설문 조사의 출처 및 표본 집단이 정확하지 않아 자료의 신뢰성이 부족해 효과적이지 않다.
㉥	질문 (설의법)	로봇세에 대한 경각심을 불러 일으키고 있어 효과적이다.	
---	---	---	---
전 개 1	〈활동1〉 글에 쓰인 표현 방법 파악하기	• 활동 내용 공유 및 발표에 대한 피드백을 통해 학생 간 상호작용하도록 하기 – "지금부터 활동 내용을 발표할 거예요. 발표를 들으면서 새로 알게 되었거나, 궁금한 점 등 발표와 관련해서 하고 싶은 말이 있으면 자유롭게 하도록 해요. 공식적인 자리이므로 친구더라도 경어를 사용하도록 해요."	• 활동 내용 공유 및 발표에 대한 피드백을 통해 서로 상호작용하기 	학생 간 상호작용 예시

– "발표를 듣고 글의 표현 방법 중에서 설의법을 통한 방법이 있다는 것을 새롭게 알게 되었습니다. 그리고 설문 조사가 정확하지 않아 신뢰성이 없다고 하셨는데, 저 정도면 정확하지 않나요?" – "설문 조사에서 통계 수치는 나와 있지만 설문 조사를 어디서 진행했는지, 그리고 몇 명을 대상으로 하였는지 출처를 밝히지 않아 정확하지 않다고 판단했습니다."	
전 개 2	〈활동2〉 비판적으로 읽기	〈수험생 작성 내용3〉 • 〈자료2〉의 사회·문화적 이념을 파악하고, 필자의 의도 찾도록 하기 – "글에는 특정한 사회·문화적 이념이 반영되어 있는데, 이는 같은 문화를 공유하는 사람들이 갖고 있는 보편적인 인식이나 세계관을 말해요. 어떤 사회·문화적 이념이 반영되어 있는지 파악해 봅시다." – "필자가 이 글을 쓴 의도는 무엇일까요?"	• 〈자료2〉의 사회·문화적 이념을 파악하고, 필자의 의도 찾기(예시) ① 기술 발전에 대한 긍정적 인식(기술 낙관주의) : 로봇이 "어렵고 위험한 일이나 반복적인 일로부터" 벗어나게 하며 "인간의 삶을 편하게 만들어 주는" 긍정적인 역할을 한다는 부분에서 기술이 가져올 부작용보다 기술이 궁극적으로 인류에게 도움이 될 것이라는 믿음이 드러난다. ② 자유 시장 경제 옹호 : 로봇세의 경우 이중과세가 될 수 있으며 과도한 세금은 기업의 성장을 저해하여 국가 경쟁력을 약화시키고 경제적인 손실을 야기할 것이라고 본다. – "로봇세 도입에 대한 부정적인 여론을 형성하여 정책 도입을 막고자 하는 의도 같아요. 로봇세 도입의 부조리함을 여러 측면에서 설명하고 있어요."

전개 2	<활동2> 비판적으로 읽기	• 비판적 읽기 평가하기 활동 안내하기 – 비판적 읽기의 평가 기준을 제시하고, 평가 기준에 따라 평가하도록 한다. 	평가 기준	
글의 주장과 이를 뒷받침하는 근거가 타당한가?	☆☆☆☆☆
글의 내용과 표현이 공정한가?	☆☆☆☆☆
제시된 정보나 자료가 믿을 만한가?	☆☆☆☆☆
숨겨진 필자의 의도나 사회·문화적 이념이 올바른가?	☆☆☆☆☆		• 비판적으로 읽고 평가하기(예시) | 기준	평가	이유
---	---	---
타당성?	★★★★	필자의 주장에 대한 근거가 이해가 잘 되며 설득력이 있어 타당한 편이다. 다만 주장을 뒷받침하는 자료가 부족해 이를 보충할 필요가 있다.
공정성?	★★★	치우쳐 있어 로봇세 찬성 측의 입장도 추가할 필요가 있다.
신뢰성?	★★	제시한 자료의 출처가 명확하지 않아 자료의 신뢰성이 떨어진다.
사회·문화적 이념?	★★★	기술의 발전이 꼭 긍정적인 결과만 가져온다는 보장이 없어 신중한 접근이 필요하다.	
---	---	---	---
		• '로봇세'에 대한 입장을 정하고, 모둠별로 찬반 토른하도록 안내하기 – "여러분 지금까지 주어진 글을 잘 분석하고 평가해 줬어요. 지금부터는 글의 내용을 바탕으로 여러분들이 직접 '로봇세'에 대한 입장을 정하고, 모둠 내에서 찬반으로 나뉘어 토론을 해 보도록 할게요. 만약 찬성과 반대의 비율 차이가 많이 나는 경우, 다른 모둠과 인원을 바꾸어 비율 조정을 하도록 할게요. 그러면 지금부터 자신의 입장을 정해 봅시다."	• '로봇세'에 대한 입장을 정하고, 모둠별로 찬반 토론하기
정리	형성평가 및 과제 부여	• 형성평가 부여 • 수준별 과제 제시	• 형성평가 진행 • 수준별 과제 확인
	학습 내용 정리	• 학습 내용 정리	• 학습 내용 이해
	차시 예고	• 차시 예그	• 차시 예고 인지

판서 예시		
〈들어가기〉	**〈표현 방법 평가하기〉**	**〈비판적 읽기〉**

〈학습 목표〉
1. 글에 사용된 표현 방법을 비판적으로 평가하며 읽을 수 있다.
2. 글에 드러난 사회·문화적 맥락과 필자의 의도를 찾고 이를 비판적으로 평가하며 읽을 수 있다.
 	
〈생각해 보기〉 공익 광고
1. (가) : 다문화 가정이 많아진 사회적 맥락에서 차별을 타파하고 우리 사회가 화합하자는 의도를 전달
2. (나) : 청탁 금지법을 홍보하고 청렴한 생활을 강조
	<table><tr><th>문단</th><th>표현 방법</th><th>효과</th></tr><tr><td>1문단</td><td>정의</td><td>생소한 용어를 설명 → 독자 이해 도움</td></tr><tr><td>2문단</td><td>비교 대조</td><td>친근한 대상과 비교 → 글의 설득력 높임</td></tr><tr><td>3문단</td><td>인과</td><td>로봇세의 부정적 측면 강조 → 글의 설득력 높임</td></tr><tr><td>4문단</td><td>인용</td><td>출처 × → 자료의 신뢰 낮음</td></tr><tr><td>5문단</td><td>질문</td><td>로봇세의 경각심 촉구</td></tr></table>	1) 사회·문화적 이념과 필자의 의도
		  - 사회·문화적 이념 : 기술 낙관주의, 자유 시장 경제 옹호
		  - 필자의 의도 : 로봇세 도입을 막고자 함
		
		2) 평가하기
		<table><tr><th>평가 기준</th><th>점수</th></tr><tr><td>글의 주장과 이를 뒷받침하는 근거가 타당한가?</td><td>☆☆☆☆☆</td></tr><tr><td>글의 내용과 표현이 공정한가?</td><td>☆☆☆☆☆</td></tr><tr><td>제시된 정보나 자료가 믿을 만한가?</td><td>☆☆☆☆☆</td></tr><tr><td>숨겨진 필자의 의도나 사회·문화적 이념이 올바른가?</td><td>☆☆☆☆☆</td></tr></table>

성취 기준	
2022 교육과정	**[12독작01-04]** 글의 내용이나 관점, 표현 방법, 필자의 의도나 사회·문화적 이념을 평가하며 읽는다.
성취 기준 적용 시 고려 사항	글에 드러난 정보를 바탕으로 사실적 독해, 추론적 독해, 비판적 독해를 할 때에는 읽기 부진 학습자를 사전에 진단함으로써, 읽기 유창성이 부족하여 발생하는 오독의 가능성이 없는지, 어휘 지식이 해당 학년 수준보다 부족하지 않은지, 글을 대충 읽고 넘어가서 피상적인 이해에 그치지 않는지, 학습자 자신의 배경지식을 활용하는 능력이 부족하지 않은지 등을 파악하도록 한다.
2015 교육과정	**[12독서02-03]** 글에 드러난 관점이나 내용, 글에 쓰인 표현 방법, 필자의 숨겨진 의도나 사회·문화적 이념을 비판하며 읽는다.
2012 교육과정 (2009 개정)	**[독서와 문법(19)]** 글의 내용이나 자료, 관점 등에 나타난 필자의 생각을 비판하며 읽는다. 글에는 필자의 주장과 의견, 정보, 사실 등이 여러 형태로 나타나고 있다. 타당성이란 글에서 제시하고 있는 주장이나 의견과 그 근거가 합리적이고 일관성을 갖추고 있는가의 문제이다. 공정성이란 필자가 글의 내용과 관련하여 어느 한쪽에 치우치지 않고 균형적으로 접근하고 있는가의 문제이다. 자료의 적절성이란 필자가 사용한 자료가 글의 주장이나 설명한 내용에 적합하며, 필요한 정보 수준으로 구조화하여 제시되어 있는가와 관련된다. 글을 읽으면서 공감하거나 이와는 다른 자신의 주장이나 의견을 논리적으로 제시할 수 있는 비판적 독해 능력을 기르는 데 중점을 둔다.

교과서 정리	

학습 내용 정리	1. 글의 내용이나 관점, 표현 방법을 평가하며 읽기
	<table><tr><td>글의 내용이나 관점에 관한 평가</td><td>• 공정성 : 필자의 의견이나 관점이 어느 한쪽에 치우치지 않았는가?
	• 타당성 : 이유나 근거가 주장을 타당하게 뒷받침하고 있는가?
	• 신뢰성 : 글에 사용된 자료가 정확하고 믿을 만한가?</td></tr><tr><td>표현 방법에 관한 평가</td><td>필자의 말투나 문체, 예시나 비유적 표현 등이 적절한가?</td></tr></table>
	2. 필자의 의도와 사회·문화적 이념을 평가하며 읽기
	  - 필자는 글을 쓰는 목적을 효과적으로 달성하기 위해 자신의 의도를 명시적으로 드러내기도 하고 숨기기도 한다. 또한 글에는 특정한 사회·문화적 이념이 반영되어 있는데, 이는 같은 문화를 공유하는 사람들이 갖고 있는 보편적인 인식이나 세계관을 말한다. 독자는 글에 드러난 의도와 숨겨진 의도, 글에 전제되거나 필자가 의도적으로 강조 혹은 배제하려는 사회·문화적 이념이 무엇인지 파악하고 평가하며 읽을 수 있어야 한다.
	3. 비판적 읽기의 구체적 전략
	  • 글의 내용과 필자의 관점이 논리적이고 균형적인지 따져 본다.
	  • 글에 사용된 정보나 자료의 출처가 분명하고 믿을 만한지 따져 본다.
	  • 글에 사용된 표현 방법이 적절하고 효과적인지 판단한다.
	  • 필자의 의도와 글에 담긴 사회·문화적 이념이 올바른지 판단한다.

[2022] 비상 독서와 작문 2. 읽고 쓰는 힘을 기르다 (2) 비판적 읽기	동기유발		※ 다음은 각도에 따라 다른 동물이 보이는 조형물이다. 작가가 이러한 작품을 만든 의도가 무엇일지 생각해 보자.
	제재		줄 서기를 돈으로 살 수 있을까(마이클 샌델, 〈돈으로 살 수 없는 것들〉)

	학습활동		1. 제시된 논제에 대한 각각의 주장을 정리해 보자.
			  - 논제 : 퍼블릭 시어터에서 주관하는 무료 연극 공연에 대한 대리 줄 서기를 허용해야 한다.
			  - 찬성 주장 : 자유 지상주의자 / 공리주의자
			  - 반대 주장 : 퍼블릭 시어터 대변인 / 뉴욕 검찰 총장
			2. '대리 줄 서기'에 대한 필자의 관점을 파악하고, 이를 비판적으로 이해해 보자.
			  1) 다음 주장들에 대한 필자의 반론을 정리해 보자.
			  2) 다음을 참고하여 대리 줄 서기를 바라보는 필자의 관점을 정리하고, 그에 대한 자신의 견해를 밝혀 보자.
			3. 이 글에 활용된 표현 방법의 적절성을 평가해 보자.

	적용학습		4. 다음은 놀이공원에서 판매하는 우선 탑승권에 대한 글이다. 이를 참고하여 모둠별로 다음 활동을 해 보자.
			  1) 놀이공원의 우선 탑승권 판매를 옹호하는 관점과 비판하는 관점의 근거를 각각 정리해 보자.
			  2) '놀이공원의 우선 탑승권 판매를 금지해야 한다.'라는 논제로 모둠별 토론을 해보자.
			    • 입장을 나누어 역할을 정하고, 쟁점을 파악하여 주장과 이유, 이에 대한 근거를 마련해 보자.
			    • 작성한 내용을 바탕으로 실제 토론을 진행해 보고, 다음 평가 기준에 따라 토론의 내용과 태도를 평가해 보자.

[2022] 미래엔 독서와 작문 2. 독서와 작문의 방법 (1) 파악하고 추론하고 평가하며 읽기	제재		농업 혁명은 덫이다(유발 하라리, 〈사피엔스〉)

	학습활동		3. 〈농업 혁명은 덫이다〉를 평가하며 읽는 활동을 해 보자.
			  1) 이 글에서 동의하거나 동의하지 않는 부분을 찾아보고, 그 까닭을 정리해 보자.
			  2) 1)을 바탕으로 하여 '농업 혁명'에 대한 글쓴이의 관점을 정리해 보고, 그에 대한 나의 관점을 말해 보자.
			  3) 〈농업 혁명은 덫이다〉에서 글쓴이가 가치를 두고 있는 사회·문화적 이념이 무엇인지 파악하고, 이에 대한 자신의 생각을 써 보자.
			  4) 다음 밑줄 친 문장에 담긴 의미를 파악하고, 표현 방법의 적절성을 평가해 보자.

	적용학습		4. 다음 글을 사실적, 추론적, 비판적으로 읽는 활동을 해 보자.(전국사회교사모임, 〈카피레프트〉)
			  1) 이 글에 드러난 글쓴이의 주장을 파악하고, 주장을 뒷받침하는 이유를 정리해 보자.
			  2) 다음 밑줄 친 문장에 생략된 내용은 무엇인지 추측해 보자.
			  3) 이 글에 담긴 사회·문화적 이념은 무엇인지 쓰고, 이를 자신의 관점에서 평가해 보자.

[2022] 천재 독서와 작문 2. 유능한 독자, 능숙한 필자	동기유발		※ 다음은 독서를 권장하는 포스터들이다. 포스터의 목적을 고려하여 어느 포스터가 더 설득력이 있는지 자유롭게 말해 보자.
	제재		그들의 세상에는 절망이 없다(정지우)

	학습활동		1. 이 글을 읽고, 주요 내용을 정리해 보자.
			  1) 사회 관계망 서비스에서 보여 주는 이미지에는 어떤 것들이 있는가?
			  2) 사회 관계망 서비스의 이미지에 관한 필자의 생각은 무엇인지 말해 보자.
			  3) 필자가 사회 관계망 서비스의 이미지를 2)처럼 생각하는 이유를 찾아보자.
			2. 이 글을 읽고, 비판적 읽기 활동을 해 보자.
			  1) 필자의 다음 주장에 관한 이유나 근거를 파악하고, 비판적으로 평가해 보자.
			    - 주장은? - 이유나 근거는? - 타당성은? - 공정성은?
			  2) 다음에 나타난 필자의 표현 방법의 특징을 찾고 평가해 보자.
			  3) 다음 내용에서 필자가 제시한 이 시대의 중요한 특징과 이념이 무엇인지 파악하고 평가해 보자.
			  4) 필자가 다음과 같은 표현을 쓴 의도를 평가해 보자.

	적용학습		• 다음 글을 읽고, 글의 내용을 자신의 관점에서 비판적으로 평가해 보자.
			  (김효정, 〈인스타그램 사진 공유 행동에 미치는 영향〉)
			  (1) 이 글에서 사람들이 사회 관계망 서비스에 사진을 올리는 이유로 무엇을 제시했는가?
			  (2) 사회 관계망 서비스에 관한 두 글의 관점을 자신의 관점에서 각각 평가해 보자.
			  (3) 사회 관계망 서비스에 예쁜 사진을 올리는 문화에 관해 친구들과 의견을 나눠 본 다음, 사회 관계망 서비스에 관한 자신의 생각을 다음과 같이 정리해 보자.
			    - 주장 / 이유나 근거

2026학년도 중등학교교사신규임용후보자선정경쟁시험(2차)
제32회 국어과 교수·학습 실연 시험 문제지

관리 번호

지도안 세부 조건

1. **〈수험생 작성 조건1〉 동기유발**
   가. 학습 목표와 관련된 질문을 던져 학습자의 경험을 끌어낼 것
   나. 경험을 떠올릴 수 있도록 구체적인 발문을 포함할 것
   다. 정서 표현과 자기 성찰의 글의 의의를 간략히 제시할 것

2. **〈수험생 작성 조건2〉 정서 표현과 자기 성찰의 글 읽기**
   가. 〈자료〉를 활용하여 활동을 계획할 것
   나. (가)~(라) 각각에서 글쓴이가 겪은 경험과 그에 따른 감정을 파악하도록 할 것
   다. 글쓴이의 삶의 태도 및 가치관을 파악하고 자신의 가치관과 비교하는 활동을 구상할 것

3. **〈수험생 작성 조건3〉 정서 표현과 자기 성찰의 글쓰기**
   가. 글쓰기의 과정을 절차적으로 안내할 것(단, 글쓰기의 결과물은 포함하지 않도록 할 것)
   나. 글을 점검하는 활동을 구상할 것

수업 조건

○ 과목 : 국어
○ 학년 : 고등학교 2학년
○ 장소 : 국어 교과교실
○ 시간 : 블록타임제(100분)
○ 단원명 : 정서 표현과 자기 성찰의 글
○ 해당 성취 기준 : 정서 표현과 자기 성찰의 글을 읽고 자신의 정서를 진솔하게 표현하거나 자신의 삶을 성찰하는 글을 쓴다.

단원명	차시	학습 내용
정서 표현과 자기 성찰의 글	1-2 (본시)	○ 정서 표현과 자기 성찰의 글을 읽고 자신을 성찰하는 태도를 가질 수 있다. ○ 자신의 경험을 바탕으로 정서 표현과 자기 성찰의 글을 쓸 수 있다.

학생 수	장소	학습 형태	학습 기자재
24명	국어 교과교실	강의식, 모둠활동, 개별 활동	교사용 컴퓨터, 전자 칠판, 학생용 스마트 기기

※ 본 문제는 모의 평가용으로 제작되었으며, 실제 시험의 문항 유형 및 형식과 다를 수 있습니다.

> 〈자료〉
>
> ### 매일의 작은 걸음이 엮어내는 삶의 무늬
>
> (가) 중학교 교복을 벗고 고등학교 교복을 갈아입던 그해 겨울, 제 세상은 한순간에 무너져 내렸습니다. 예고 없이 찾아온 사고는 제 다리에서 속도를 앗아갔고, 마음에는 깊은 그늘을 남겼습니다. 거울 속에 비친, 목발에 의지한 제 모습은 너무도 낯설어 외면하고 싶었습니다. 친구들에게는 그저 숨 쉬는 것처럼 당연한 계단 오르기, 복도를 뛰는 웃음소리 같은 일상들이 제게는 가닿을 수 없는 꿈처럼 멀게만 느껴졌습니다. 세상의 모든 문이 제 앞에서 굳게 닫힌 듯했고, '쓸모없는 존재'라는 낙인은 스스로 찍은 주홍 글씨처럼 저를 옭아맸습니다. 방문을 나서는 사소한 행동조차 천근만근의 무게로 짓눌렀고, 한 걸음을 떼는 것은 단순히 다리를 움직이는 행위가 아니라, 무너진 자존심과 싸우고 세상의 시선을 견뎌내는 투쟁이었습니다. '이제 내 인생은 끝났구나.'하는 체념이 발목을 붙잡고 놓아주지 않았습니다.
>
> (나) 그러던 어느 날 오후, 방 안의 침묵을 깨고 창틈으로 스며든 한 줌의 햇살이 제 뺨에 와 닿았습니다. 그 따스함은 마치 세상이 아직 저를 잊지 않았다고, 다시 나와 손잡아 주기를 기다리고 있다는 속삭임처럼 느껴졌습니다. 바로 그때, 잊고 있던 휴대전화가 울렸습니다. 사고 이후 스스로를 고립시키며 멀어졌던 친구의 목소리였습니다. "괜찮니? 얼굴 보고 싶다." 수화기 너머로 들려온 그 짧고 담담한 한마디는 그 어떤 위로보다 강력한 힘으로 제 마음을 흔들었습니다. 누군가에게 나는 여전히 '함께하고 싶은 사람'이라는 사실이, 잿빛이던 제 세상에 다시 색을 입히기 시작했습니다. 그날의 햇살과 친구의 목소리는 제게 목발보다 더 든든한 지지대가 되어 주었습니다. '다시 한번, 딱 한 걸음만 더 나아가 보자.'
>
> (다) 그날부터 저의 작은 도전이 시작되었습니다. 처음에는 서 있는 것조차, 좁은 거실을 한 바퀴 도는 것조차 숨이 찼지만 포기하지 않았습니다. 그렇게 며칠이 지나자 현관문을 열 용기가 생겼고, 몇 주가 지나자 동네 가게에 다녀오는 30분의 여정을 완수할 수 있었습니다. 온몸이 흠뻑 젖은 채 돌아와 소파에 주저앉았을 때 저를 감싸던 뿌듯함은, 과거 제가 어떤 시험에서 백 점을 맞았던 순간과도 비교할 수 없는 값진 것이었습니다. 그 후로 저는 포기하지 않고 매일 걷는 연습을 했습니다. 비가 오기라도 하는 날엔 포기하고 싶은 마음도 들었지만 딱 10분만 걷고 오자는 마음으로 꾸준히 걸어 나갔습니다. 그러자 점점 자신감이 생기고 어느 순간 그토록 보고 싶었던 친구를 만나러 나갈 수 있게 되었습니다. 세상으로 발을 내딛을 용기가 생긴 것입니다.
>
> (라) 사람들은 흔히 정상에 오르는 것, 남들의 박수를 받는 화려한 성공만을 '성취'라고 부릅니다. 하지만 제가 절망의 밑바닥에서 발견한 성취의 본질은 전혀 다른 모습이었습니다. 그것은 타인과의 경쟁이 아닌, 어제의 나를 이겨내는 지난한 과정이었습니다. 남들이 보기에는 아무것도 아닌 그 한 걸음, 한 걸음이 저에게는 잃어버렸던 세상을 되찾아오는 위대한 여정이었습니다. 그 작은 발걸음들이 모여 저는 다시 학교 복도를 걸을 수 있었고, 친구들의 웃음소리가 들리는 운동장 벤치에 앉을 수 있었습니다. 이 경험은 제 삶의 가치관을 송두리째 바꾸어 놓았습니다. 장애는 제 몸에 흔적을 남겼지만, 제 마음에는 쉽게 흔들리지 않는 단단한 뿌리를 내려주었습니다. 이제 저는 거대한 목표 앞에서 지레 겁먹지 않습니다. 대신 오늘 내가 할 수 있는 작은 약속들을 지켜나가는 일에 집중합니다. 매일 내딛는 한 걸음, 읽어내는 책 한 페이지, 친구에게 건네는 따뜻한 말 한마디. 이 소중한 순간들이 바로 제 삶의 무늬를 짜는 씨실과 날실이 됩니다. 저는 여전히 남들보다 조금 느리게 걷습니다. 하지만 더 이상 그 사실에 얽매이지 않습니다. 진정한 삶의 의미는 인생의 화려한 정점에서 결정되는 것이 아니라, 오늘이라는 소박한 하루 속에서 자신만의 보폭으로 성실히 걸어 나갈 때 완성된다는 것을 저는 이제 확신합니다.

2026학년도 중등학교교사신규임용후보자선정경쟁시험(2차)
제32회 국어과 교수·학습 실연 지도안 [예상 답안]

국어과 본시 교수·학습 지도안				
학습 목표	1. 정서 표현과 자기 성찰의 글을 읽고 자신을 성찰하는 태도를 가질 수 있다. 2. 자신의 경험을 바탕으로 정서 표현과 자기 성찰의 글을 쓸 수 있다.			
학습 단계		교수·학습 활동		자료 및 유의점	시간(분)
도입	인사	• 인사 및 학습 분위기 조성	• 인사 및 학습 준비		
	전시 학습 확인	• 전시 학습 확인	• 전시 학습 회상		

	동기유발	〈수험생 작성 내용1〉
		• 학습 목표와 관련된 질문 던지기
		  - "혹시 요사이 경험했던 일 중에 깨달음을 얻었던 기억이 있나요? 작고 사소한 깨달음이라도 좋아요."
		  - "기억이 잘 나지 않는 친구들은 본인이 작성한 SNS 게시물이나 일기, 스케줄러, 핸드폰 사진첩 등을 참고해 볼까요?"
		
		• 학습 목표와 관련된 경험 끌어내기
		  - "어떠한 경험을 했었나요?"
		
		  - "좋은 경험과 깨달음을 공유해줘서 고마워요. 친구들도 공감이 많이 되는 것 같네요."
		
		• 정서 표현과 자기 성찰의 글의 의의 설명하기
		  - "이렇게 여러분이 일상생활 속에서 느끼는 정서와 깨달음, 가치관 등을 글로 표현한 것이 정서 표현과 자기 성찰의 글입니다."
		  - 의의: 글을 읽으며 공감하거나 감동을 느껴 정서적으로 풍요로워짐. 나아가 글에 드러난 가치관과 깨달음 등을 통해 자신을 성찰하고 의미를 내면화하며 성장할 수 있음
			• 학습 목표와 관련된 질문에 대답하기
			  - "네, 있었어요.", "잘 기억이 안 나요."
			
			  - "저는 SNS에 꾸준히 게시물을 올리는 편이라 확인해 볼게요.", "사진첩을 보면 기억이 날 것 같아요."
			
			• 학습 목표와 관련된 경험 떠올리기
			  - "스터디 플래너를 확인했는데 한 달 동안 내용이 비워져 있어요. 그때 성적이 너무 낮게 나와서 노력이 의미가 없게 느껴지더라고요. 근데 어머니께서 공부하는 과정은 단거리 경주가 아니라 마라톤이라고 해주셔서 꾸준히 끝까지 달리는 게 중요하다는 깨달음을 얻었어요. 최근에는 플래너가 빼곡히 채워져 있어서 뿌듯해요."
			  - "저도 비슷했던 경험이 있어요.", "발표를 들으니 저도 공부하는 태도를 돌아보게 되는 것 같아요."
			
			• 정서 표현과 자기 성찰의 글의 의의 이해하기		

	학습 내용 안내	• 학습 내용 안내	• 학습 내용 확인		
	학습 목표 제시	• 학습 목표 제시	• 학습 목표 확인		

전개1	⟨활동1⟩ 정서 표현과 자기 성찰의 글 읽기	⟨수험생 작성 내용2⟩ • ⟨자료⟩ 제시 및 읽기 안내하기 　- 글쓴이의 경험과 그에 따른 깨달음을 잘 드러내는 문장을 찾으며 읽도록 한다. • 글쓴이의 감정 변화 파악하기 활동 안내하기 　- 사고 직후, 계기, 노력, 깨달음 정도로 감정의 변화를 파악하도록 안내한다. • 글쓴이의 가치관 파악하기 활동 안내하기 　- "그러면 글쓴이의 가치관이 사고 전과 후에 어떻게 변화하였는지 파악해 볼까요? '성취'에 초점을 맞추어 생각해 봅시다." • 글쓴이의 가치관과 비교하는 활동 안내하기 　- "글쓴이의 변화된 가치관에 공감이 되나요? 비슷한 경험이 있거나 삶에 적용할 깨달음이 있는지 성찰하며 모둠과 함께 나누어 봅시다." • (모둠활동) 활동 내용 공유하도록 하기	• ⟨자료⟩ 읽기 　- 글쓴이의 경험 : 사고로 인해 다리를 크게 다치고 장애를 가지게 됨 　- 깨달음이 잘 드러나는 문장 : "진정으로 괜찮은 삶이란, 인생의 화려한 정점에서 결정되는 것이 아니라, 오늘이라는 소박한 하루 속에서 자신만의 보폭으로 성실히 걸어 나갈 때 완성된다는 것" • 글쓴이의 감정 변화 파악하기(예시) | 문단	감정	경험의 내용
가	절망, 무력감	[사고 직후] '쓸모 없는 존재', '내 인생은 끝났구나.'라고 느낌
나	희망, 용기	[변화의 계기] 어느 날의 따스한 햇살과 친구의 안부 전화를 통해 희망을 가짐
다	성취감, 뿌듯함	[극복의 노력] 매일 꾸준히 걷기 연습을 하며 용기를 얻게 됨
라	확신, 자존감	[깨달음] 남과의 비교가 아닌 자신만의 보폭으로 성실히 걸어 나가는 것의 가치와 마음에 단단한 뿌리를 가지게 됨	 • 글쓴이의 가치관 파악하기 	사고 전	사고 후
---	---
- 다른 사람들의 눈에 띄는 화려한 성공이나 경쟁에서 이기는 결과만을 진정한 성취라고 믿음 - 가치의 기준이 외부의 평가와 타인과의 비교에 있음	- 작은 성공의 소중함과 '어제의 나'를 극복하고 스스로와의 약속을 지켜나가는 과정 그 자체가 성취라고 믿게 됨 - 가치의 기준이 내면의 성장과 꾸준한 노력으로 바뀜 | • 글쓴이의 가치관과 비교하는 활동하기 | 발표	내용
---	---
1모둠	공감이 되었다. 항상 친구들과 나를 비교하며 불안했었는데 진짜 '나'를 성장시키는 것은 나 자신에게 집중하며 매일 꾸준히 나만의 보폭으로 걸어 나가는 것임을 깨달았다.
2모둠	현실에서는 어느 정도 남들과의 경쟁이나 큰 목표가 동기 부여가 된다고 생각한다. 다만, 필자의 경험을 통해 큰 목표로 달려가다가 지칠 때, 일상의 작은 성취들이 나를 다시 일으켜 세우는 힘이 될 수 있다는 점을 배우게 되었다.	 • (모둠활동) 활동 내용 공유하기

전개 2	〈활동1〉 정서 표현과 자기 성찰의 글쓰기	〈수험생 작성 내용3〉 • 정서 표현과 자기 성찰의 글쓰기 절차 안내하기 　- "동기유발에서 떠올렸던 경험과 깨달음을 가지고 윗글과 같은 글을 써봐요." **경험 발견하기** 의미 있는 경험 발견하기 (일기, SNS, 사진첩, 인생 곡선 등) ↓ **의미 구성하기** 경험과 관련된 정서, 생각, 깨달음 정리하기 ↓ **표현하기** 경험을 구체적으로 드러내기 경험과 관련된 정서와 생각을 진솔하게 표현하기 • (모둠활동) 글 점검하기 활동 안내하기 　- 모둠별로 쓴 글을 읽고 자기 점검 후에 동료 점검 및 피드백을 줄 수 있도록 한다. | 평가 기준 | 평가 점수 | |---|---| | 성찰이나 깨달음을 구체적으로 표현하였는가? | ☆☆☆☆☆ | | 감정이나 느낌을 생동감 있게 전달하였는가? | ☆☆☆☆☆ | | 정서나 생각을 과장하거나 왜곡 없이 진솔하게 표현하였는가? | ☆☆☆☆☆ | | 어법에 맞는 정확한 문장과 적절한 어휘를 사용하였는가? | ☆☆☆☆☆ | • 점검 내용 공유하도록 하기 　- "피드백 내용을 공유해 볼까요?" 　- "피드백이 잘 이루어진 것 같네요. 구체적인 과정이 잘 드러나게끔 보완하면 좋겠네요." • 활동 마무리하기	• 정서 표현과 자기 성찰의 글쓰기 절차 이해하고 글쓰기 • (모둠활동) 글 점검하기 활동하기 　- 평가 점검표를 보고 자기 점검 후에 동료 점검 및 피드백을 받는다. | 평가 기준 | 평가 점수 | |---|---| | 성찰이나 깨달음을 구체적으로 표현하였는가? | ★★★☆☆ | | 감정이나 느낌을 생동감 있게 전달하였는가? | ★★★★★ | | 정서나 생각을 과장하거나 왜곡 없이 진솔하게 표현하였는가? | ★★★★★ | | 어법에 맞는 정확한 문장과 적절한 어휘를 사용하였는가? | ★★★★☆ | • 점검 내용 공유하기 　- "저는 야구 경기를 하면서 야구가 인생과 비슷하다고 느낀 점을 적었어요. 제 생각을 진솔하게 잘 전달했다는 피드백을 받았습니다. 그런데 부상을 통해 깨달음을 얻기 까지의 과정이 더 구체적으로 드러나면 좋을 것 같다는 피드백을 받았어요. 다시 읽어 보니 그 점이 부족한 것이 느껴졌어요." • 활동 마무리하기		
		• 활동 내용을 공유하도록 안내하기	• 활동 내용을 공유하기		
정리	학습 내용 정리	• 학습 내용 정리	• 학습 내용 이해		
	차시 예고	• 차시 예고	• 차시 예고 인지		

판서 예시

단원명 : 감상적 읽기

〈활동1〉 정서 표현과 자기 성찰의 글 읽기

- 글쓴이의 감정 변화 파악하기

감정	내용
절망, 무력감	사고 직후 - '쓸모 없는 존재'
희망, 용기	변화의 계기 - 햇살과 친구의 안부 전화
성취감, 뿌듯함	극복의 노력 - 걷기 연습
확신, 자존감	깨달음 - 자신만의 보폭으로 성실히 걸어 나가는 것

- 글쓴이의 가치관 파악하기

사고 전	사고 후
- 화려한 성공, 경쟁에서 이기는 결과가 진정한 성취 - 외부의 평가와 타인과의 비교	- 작은 성공의 소중함 '어제의 나'를 극복하고 스스로와의 약속을 지켜 나가는 과정 - 내면의 성장과 꾸준한 노력

→

- 글쓴이의 가치관과 비교해보기
  [공감]
  [다른 관점]

〈활동2〉 정서 표현과 자기 성찰의 글쓰기

- 글쓰기 과정

경험 발견하기
의미 있는 경험 발견하기

↓

의미 구성하기
경험과 관련된 정서, 생각, 깨달음 정리

↓

표현하기
경험을 구체적으로, 정서와 생각을 진솔하게

- 점검하기
  ① 성찰이나 깨달음을 구체적으로?
  ② 감정이나 느낌을 생동감 있게 전달?
  ③ 과장하거나 왜곡 없이 진솔하게 표현?
  ④ 어법에 맞는 정확한 문장과 적절한 어휘?

성취 기준

2022 교육과정	[12독작01-12] 정서 표현과 자기 성찰의 글을 읽고 자신의 정서를 진솔하게 표현하거나 자신의 삶을 성찰하는 글을 쓴다. 이 성취 기준은 정서 표현과 자기 성찰의 글을 읽고 필자의 체험과 생각을 통해 삶에 대한 교훈과 깨달음을 얻고 학습자 자신의 정서를 진솔하게 표현하거나 스스로의 삶을 성찰하는 글을 쓸 수 있는 능력을 기르기 위해 설정하였다. 필자가 가지고 있는 삶에 대한 정서나 가치관 파악하기, 삶에 대한 필자의 가치관과 자신의 가치관 비교하기, 자신의 정서를 과장이나 왜곡 없이 진정성 있게 표현하기, 자신의 경험이나 생각을 되돌아보고 다양한 방식으로 표현하기, 자신의 일상을 기록하는 습관 형성하기, 자신의 삶을 성찰하는 글쓰기 등을 학습할 수 있다.
성취 기준 적용 시 고려 사항	정서 표현과 자기 성찰의 글을 읽을 때에는 타인의 인생관이나 진로 탐색 과정을 파악할 수 있는 글을 학습자가 직접 선택하여 읽도록 하고, 자신의 인생관이나 가치관을 확립하여 미래의 삶을 적극적으로 설계하는 글을 쓰도록 한다. 이를 통해 학습자가 자신의 진로에 관심을 가지고 적극적으로 진로를 설계하는 습관을 기를 수 있도록 한다.
2015 교육과정	[12독서02-04] 글에서 공감하거나 감동적인 부분을 찾고 이를 바탕으로 글이 주는 즐거움과 깨달음을 수용하며 감상적으로 읽는다. 이 성취 기준은 글이 주는 즐거움과 깨달음을 수용하고 내면화하는 감상적 독해 능력을 기르기 위해 설정하였다. 좋은 글을 읽으면 때로 기쁨과 즐거움을 느끼기도 하고 때로는 말 못할 슬픔에 잠기기도 하며, 삶의 교훈이나 깨달음을 얻게 되기도 한다. 이렇듯 글을 읽고 다양한 감동과 교훈을 얻는 것은 감정이 정화되는 과정이자, 삶을 성숙하게 하는 특별한 경험임을 이해하도록 지도한다. 다만, 동일한 글을 읽고도 정서적 반응이 사람마다 다를 수 있음을 이해하도록 하고, 학습자가 읽기를 통해 얻게 되는 다양한 반응을 격려함으로써 독서를 통해 얻게 된 즐거움과 깨달음을 내면화하도록 지도한다.

교과서 정리

학습 내용 정리	• 정서 표현과 자기 성찰을 위한 글의 특징 　- 정서 표현을 위한 글은 필자의 경험이나 일상에서 관찰한 대상에 관한 필자의 생각과 느낌이 담겨 있어 필자의 정서가 드러남 　- 자기 성찰을 위한 글은 깨달음이나 성찰의 내용이 담겨 있어 삶에 대한 필자의 가치관이 드러남 • 정서 표현과 자기 성찰을 위한 글을 쓰는 방법 　① 의미 있는 경험이나 대상 선정하기 　　- 일상 속에서 인상적인 느낌이나 의미를 준 경험이나 대상을 선정함 　② 의미 구성하기(정서나 느낌, 깨달음 구체화하기) 　　- 대상이나 경험이 자신에게 어떤 정서를 불러일으켰는지 떠올려 봄 　　- 경험을 통해 깨닫고 느낀 바는 무엇인지 생각해 봄 　③ 진정성 있게 표현하기 　　- 경험을 구체적으로 드러냄 　　- 꾸미거나 숨기지 않고 진솔하게 자신의 감정과 성찰의 내용을 담아냄

	제재	연습하는 마음(이자람, 〈오늘도 자람〉)
[2022] 비상 독서와 작문 3. 삶을 성찰하다 (2) 정서 표현과 자기 성찰의 글	동기유발	※ 감명 깊게 본 영화나 드라마가 있다면 보고 난 후 어떤 정서를 느꼈는지 말해 보자.

	학습활동	1. 판소리 연습을 대하는 필자의 정서와 태도를 파악해 보자.
		  1) 연습을 시작하기 전 필자의 생각과 태도를 알아보자.
		  2) 매일의 연습마다 달라지는 필자의 감정이나 행동을 정리해보자.
		2. 지인의 공연장에서 필자가 겪은 경험에 주목하여 다음 활동을 해 보자.
		  1) 다음 상황에서 필자가 어떤 감정을 느꼈는지 살펴보고, 그와 같은 감정을 느낀 이유는 무엇일지 써 보자.
		  2) 필자가 말하는 '마음속 진땀'의 의미가 무엇인지 생각해 보고, 필자와 비슷하게 생각했거나 비슷한 느낌을 받은 경험을 떠올려 보자.
		3. '연습'에 대한 필자의 깨달음을 바탕으로 필자의 가치관을 파악하고, 자신의 생각과 비교해 보자.
		  1) 필자가 생각하는 판소리 연습의 효과는 무엇인지 정리해 보자.
		  2) 연습에 대한 필자의 가치관이나 태도를 파악하고, 이에 대한 자신의 생각을 말해 보자.
		  3) 필자에게 배우고 싶은 점을 써 보고, 친구들과 이야기해 보자.
		4. 다음 활동을 하며 자신의 정서를 표현하거나 삶을 성찰하는 글을 써 보자.
		  1) 다음 예시처럼 자신이 기억하는 인상적인 일을 중심으로 인생 곡선을 그려 보자.
		  2) 1)에서 작성한 자신의 인생 곡선을 참고하여 글의 주제를 정해 보자.
		  3) 다음 질문에 답하며 2)에서 선택한 주제와 관련하여 어떤 내용을 쓸지 생각해 보자.
		  4) 1)~3)의 활동을 바탕으로 글을 쓰고, 자신이 쓴 글을 친구들과 공유해 보자.
		  5) 자신이 쓴 글을 다음 평가 기준에 따라 스스로 평가해 보고, 평가 점수가 낮은 항목은 반영하여 고쳐 써 보자.
		
		                    평가 기준 평가
		    • 성찰이나 깨달음을 구체적으로 표현하였는가? ☆☆☆☆☆
		    • 감정이나 느낌을 생동감 있게 전달하였는가? ☆☆☆☆☆
		    • 정서나 생각을 과장하거나 왜곡 없이 진솔하게 표현하였는가? ☆☆☆☆☆
		    • 어법에 맞는 정확한 문장과 적절한 어휘를 사용하였는가? ☆☆☆☆☆

[2022] 미래엔 독서와 작문 4. 다양한 유형의 글쓰기 (3) 정서 표현과 자기 성찰을 위한 글쓰기	제재	소소한 성취, 괜찮은 삶(김동현, 〈뭐든 해 봐요〉)
	동기유발	—

	학습활동	1. 〈소소한 성취, 괜찮은 삶〉을 읽고 다음 활동을 해 보자.
		  1) 글쓴이는 어떤 어려운 상황에 부딪히게 되었는지 써 보자.
		  2) 이 글에서 인상 깊은 문장을 찾고, 그 까닭을 말해 보자
		  3) 1), 2)를 참고하여 글쓴이에게 하고 싶은 말을 담아 전자 우편을 써 보자.
		2. 〈소소한 성취, 괜찮은 삶〉에 나타난 글쓴이의 정서와 가치관을 파악하는 활동을 해 보자.
		  1) 글쓴이가 자신의 경험에서 어떠한 감정의 변화를 겪고 있는지 파악해 보자.
		  2) 글쓴이가 지닌 삶의 태도를 파악해 보고, 이에 대한 자신의 생각을 이야기해 보자.
		3. 정서 표현과 자기 성찰의 글을 써 보자.
		  1) 다음 중 한 가지 방식을 선택하여 자신의 일상을 기록해 보자.
		    - 일기, SNS, 공부계획표 등
		  2) 1)에서 기록한 일상 중에서 정서 표현과 자기 성찰의 글로 쓸 경험을 선정하여 정서와 생각을 정리해 보자.
		  3) 1), 2)를 참고하여 글의 개요를 작성해 보자.
		  4) 3)을 바탕으로 하여 정서 표현과 자기 성찰의 글을 써 보자.
		  5) 다음 질문을 고려하여 자신의 글을 다시 읽어 보고, 고쳐 써 보자.
		    • 경험을 생생하면서도 구체적으로 드러냈는가?
		    • 경험에서 느낀 정서를 진솔하게 표현했는가?
		    • 경험을 하면서 얻은 깨달음이나 의미 있는 생각을 담았는가?
		    • 내용에 어울리는 생생한 표현을 활용했는가?

	제재	우리에겐 꿈을 쉽게 포기하는 버릇이 있다(정여울)
[2022] 지학사 독서와 작문 4. 글 읽고 목적에 맞게 쓰기 (3) 정서 표현과 자기 성찰을 위한 글쓰기	동기유발	—

	학습활동	1. 이 글의 내용을 떠올리며 필자의 경험에 따른 가치관의 변화 과정을 정리해 보자.
		2. 필자가 '꿈'에 관하여 성찰하는 과정을 이해해 보자.
		  1) 필자의 성찰과 깨달음이 구체적으로 드러난 부분을 글에서 찾아 적어 보자.
		  2) 1)을 바탕으로 필자가 자신의 삶에 관해 성찰한 내용을 간략하게 말해 보자.
		3. '꿈'과 '진로'에 관한 필자의 가치관을 이해하고 '나'의 생각과 비교해 보자.
		  1) 다음은 이 글의 일부이다. 꿈과 진로에 관한 필자의 가치관을 파악해 보고, 이에 관한 '나'의 생각을 정리해 보자.
		  2) 1)을 바탕으로 꿈과 진로에 관하여 친구들과 자유롭게 이야기해 보자.
		4. '나'의 꿈과 진로에 관하여 성찰하는 글을 써 보자.
		  1) 다음 드라마의 내용을 살펴보고, '해강'과 비슷한 경험이 있는지 말해 보자.
		  2) '나'의 꿈과 진로에 대한 성찰하는 글을 쓰고자 한다. 꿈과 진로와 관련하여 의미 있는 경험을 떠올려 보고, 쓸 내용을 선정해 보자.
		  3) 2)에서 선정한 경험과 그를 통해 얻은 깨달음을 구체적으로 정리해 보자.
		  4) 꿈과 진로에 관해 자신이 성찰한 내용을 담아 한 편의 글을 써 보자.
		  5) 다음 평가 기준에 따라 자신이 쓴 글을 점검해 보자.
		    - 의미 있는 경험이나 대상이 잘 담겨 있는가?
		    - 경험이나 대상에서 느낀 정서 혹은 얻은 깨달음이 잘 드러나 있는가?
		    - 성찰하며 느낀 감정과 얻은 깨달음이 과장 없이 진정성 있게 표현되었는가?

2026학년도 중등학교교사신규임용후보자선정경쟁시험(2차)
제33회 국어과 교수·학습 실연 시험 문제지

관리 번호

지도안 세부 조건

1. 〈수험생 작성 조건1〉 주제 통합적 읽기의 개념 이해하기
   가. 주제 통합적 읽기의 개념을 설명하고 관련된 간단한 예시를 들 것
   나. 주제 통합적 읽기의 효용을 제시할 것
   다. 학생과 상호작용이 드러나도록 할 것

2. 〈수험생 작성 조건2〉 주제 통합적으로 읽기
   가. 〈자료〉를 활용하여 주제 통합적으로 읽기 활동을 구상할 것
   나. ㉮~㉰의 내용을 확인하는 질문을 각각 제시할 것
   다. 글에 나타난 관점과 정보 전달 방식에 대한 비교·대조 활동을 포함할 것

3. 〈수험생 작성 조건3〉 주제 통합적 읽기 내면화하기
   가. 위의 활동을 토대로 〈자료〉에 대한 자신의 관점을 세우도록 할 것
   나. 위의 활동을 토대로 주제 통합적 읽기를 내면화할 수 있는 활동을 구상할 것(단, 활동 결과는 생략할 것)
   다. 모둠활동으로 진행할 것

수업 조건

○ 과목 : 독서와 작문
○ 학년 : 고등학교 2학년
○ 장소 : 국어 교과교실
○ 시간 : 블록타임제(100분)
○ 단원명 : 주제 통합적 읽기와 학습을 위한 글쓰기
○ 해당 성취 기준 : 다양한 글을 주제 통합적으로 읽고 학습의 목적과 교과의 특성을 고려하여 학습을 위한 글을 쓴다.

단원명	차시	학습 내용
주제 통합적 읽기와 학습을 위한 글쓰기	1-2 (본시)	○주제 통합적 읽기의 개념과 효용을 알고 다양한 글을 주제 통합적으로 읽을 수 있다. ○주제 통합적 읽기를 통해 주도적으로 읽는 태도를 내면화할 수 있다.
	3-4	○가치 있는 글이나 자료를 탐색하고 선별하여 학습을 위한 글을 쓸 수 있다.

학생 수	장소	학습 형태	학습 기자재
24명	국어 교과교실	강의식, 모둠식	교사용 컴퓨터, 전자 칠판, 학생용 스마트 기기

※ 본 문제는 모의 평가용으로 제작되었으며, 실제 시험의 문항 유형 및 형식과 다를 수 있습니다.

〈자료〉

㉮ 〈인공지능 시대, 유토피아적 이상과 디스토피아적 우려의 교차점〉

인공지능(AI)은 이제 단순한 기술적 진보를 넘어, 인류 문명의 패러다임의 전환을 이끌고 있다. AI는 의료 진단의 정확도를 비약적으로 높여 질병 극복에 기여하고 있으며, 복잡한 데이터 분석을 통해 기후 변화와 같은 전 지구적 문제에 대한 해결책도 제시한다. 이러한 AI의 발전은 혁신의 지평을 확장할 것이라는 유토피아적 이상을 현실로 만들고 있다.

메타	-22%
인텔	-5%
알파벳	-4%
아마존	-1%
마이크로소프트	0%

▲ 세계적 테크 기업들의 2022~2023년 직원 수 증감률(출처: S&○ 글로벌)

그러나 이면에는 심각한 디스토피아적 우려가 공존한다. 미국 골드만삭스 보고서에 따르면, 전 세계적으로 3억 개의 일자리가 AI 자동화에 의해 대체될 수 있으며, 이는 전 세계 일자리의 9.1%에 해당한다. AI가 점차 인간의 인지 능력을 뛰어넘는 '초지능'으로 발전하면서, 인간의 노동 가치는 물론, 사회적 역할 자체가 축소될 수 있다는 불안감이 확산되고 있다. 특히, AI가 창의적이고 전문적인 영역까지 침범하면서 일자리 대체는 단순 반복 업무를 넘어 광범위하게 나타날 것이다. 또한, AI 알고리즘의 편향성은 사회적 불평등을 심화시킬 수 있으며, AI 기술이 특정 권력 집단에 의해 통제될 경우 사회 전체의 자유와 민주주의가 위협받을 수 있다.

결론적으로, 인공지능 시대는 장밋빛 미래와 어두운 그림자를 동시에 드리우고 있다. 우리는 AI 기술의 양가적 특성을 깊이 인식하고, 기술적 진보가 우리 사회 전체의 공공의 이익에 기여하도록 윤리적, 제도적 장치를 마련해야 한다. 기술이 인간을 위한 도구로서 제 역할을 다하도록 끊임없이 성찰하고 주도적으로 방향을 설정하는 것이 지금 우리에게 주어진 가장 중요한 과제이다.

㉯ 〈인류 문명의 새로운 파트너, AI의 현장을 가다〉

AI가 우리 삶을 어떻게 바꾸고 있는가. 단순한 전망을 넘어 그 현장을 직접 보고 싶었다. 첫 번째 목적지는 서울의 한 의료 연구소. 거대한 서버들이 쉴 새 없이 돌아가는 데이터 분석실에서 연구원 한 명이 화면을 응시하고 있다. 그는 "이전에는 단백질 구조 하나를 분석하는 데 몇 달씩 걸렸어요. 하지만 이제 '알파○○' 덕분에 며칠이면 충분합니다."라고 말한다. 그의 손끝에서 수십 년의 시간이 압축되고 있었다. AI가 복잡한 데이터를 처리하는 동안, 연구원들은 인간의 직관과 창의력이 필요한 새로운 가설을 세우고 있었다. AI는 인간의 사고를 대체하는 것이 아니라, 인간의 잠재력을 극대화하는 촉매제라는 말이 현실로 다가왔다.

두 번째 현장은 교통 통제 센터였다. 수많은 도로가 점으로 찍힌 스크린에서 AI는 실시간으로 교통 흐름을 분석하고 있었다. 한 교차로에서 작은 사고가 발생하자, AI는 즉시 주변 신호등을 조정해 차량 정체를 최소화하는 최적의 경로를 제시했다. 관제실 담당자는 "예전에는 예상치 못한 상황에 일일이 수동으로 대응해야 했죠. 하지만 지금은 AI가 사고를 예측하고, 인간보다 훨씬 빠르게 해결책을 내놓습니다. 우리는 AI가 놓치는 미세한 부분이나 시스템 오류를 관리하는 데 집중할 수 있게 됐습니다."라고 설명했다.

이제 AI는 단순히 편의를 제공하는 것을 넘어, 인류가 직면한 거대한 문제를 해결하는 열쇠가 되고 있었다. UCLA 연구 결과는 이를 뒷받침한다. UCLA 연구 결과에 따르면, AI는 기존 의사보다 17% 더 높은 정확도로 암을 진단할 가능성을 보여주었다. 이는 AI가 인간의 지식과 판단을 위협하는 존재가 아니라, 협력적 파트너로서 더 나은 의료 서비스와 더 나은 세상을 만들어가는 길을 제시하고 있음을 보여준다. 인공지능은 이제 더 이상 미래의 기술이 아니다. 그것은 이미 우리 삶 속에 깊숙이 들어와 있으며, 인간과 공존하며 끊임없는 진보를 이끌고 있다. AI의 혁신은 계속될 것이고, 인간은 그 파트너로서 새로운 문명의 서막을 열고 있다.

㉰ 〈창작성의 종말은 오고 있는가〉

오랜 시간 인간의 고유한 영역으로 여겨져 온 예술적 창조성은 인공지능의 등장으로 그 근간이 흔들리고 있다. 과거의 기술이 예술가의 도구를 혁신하는 데 그쳤다면, 이제 AI는 창작 과정 자체를 모방하며 인간의 자리를 위협하는 존재가 되었다. 이는 결국 예술 분야에서 인간의 역할이 완전히 대체될 수 있다는 냉혹한 현실을 보여준다.

AI는 이미지를 생성하고, 음악을 작곡하며, 글을 쓰는 등 창작의 전반적인 과정을 수행할 수 있다. AI는 수많은 과거 작품 데이터를 학습하여 스타일을 모방하는 것을 넘어, 새로운 조합을 통해 전에 없던 결과물을 만들어내기도 한다. 인간은 작품을 창조하기 위해 영감을 얻고, 기술을 익히고, 수많은 시행착오를 거치지만, AI는 이러한 과정 없이도 단 몇 초 만에 수백, 수천 개의 결과물을 쏟아낼 수 있다. AI는 지치지 않으며, 인간의 감정적 기복이나 육체적 한계로부터 자유롭다. 물론, AI의 창작물에는 인간의 삶과 경험, 고뇌가 담겨있지 않다는 한계가 존재한다. 그러나 과연 이러한 '감정의 부재'가 예술적 가치의 절대적인 기준이 될 수 있을까? 최근 미국 볼링그린 주립대학교(Bowling Green State University)의 한 연구 결과는 이러한 인식이 흔들리고 있음을 보여준다. 해당 연구에 따르면, 일반 대중은 AI가 만든 그림과 인간이 만든 그림을 구분하는 데 어려움을 느낀다고 한다. 참가자들은 비록 AI가 만든 작품을 인간의 작품만큼 선호하지는 않았지만, 그 차이를 명확히 구분하지 못했다는 사실 자체가 중요한 의미를 갖는다.

▲ 에드몽 드 벨라미 초상화
(AI가 그린 작품 중 경매에서 가장 비싸게 낙찰된 작품)

이 연구는 '예술의 가치가 무엇인가'에 대한 질문을 던진다. 작품의 창작 주체가 인간인지 AI인지는 더 이상 중요하지 않을 수 있다는 인식이 확산되고 있는 것이다. 만약 대다수의 사람들이 AI가 만든 작품을 인간의 작품만큼 감동적으로 느낀다면, 창작의 주체는 더 이상 예술의 본질적인 요소가 아닐 수도 있다. 이제 우리는 AI를 예술가의 보조 도구로만 치부해서는 안 된다. 인공지능이 인간 예술가의 자리를 완전히 대체할 수 있다는 우려는 더 이상 단순한 기우가 아니라, 우리가 직시해야 할 현실이다. 이는 결국 예술의 본질과 인간 창작성의 의미를 다시금 돌아보게 하는 위협적인 질문을 던진다.

2026학년도 중등학교교사신규임용후보자선정경쟁시험(2차)
제33회 국어과 교수·학습 실연 지도안 [예상 답안]

국어과 본시 교수·학습 지도안

학습 목표	1. 주제 통합적 읽기의 개념과 효용을 알고 다양한 글을 주제 통합적으로 읽을 수 있다. 2. 주제 통합적 읽기를 통해 주도적으로 읽는 태도를 내면화할 수 있다.			
학습 단계	교수·학습 활동		자료 및 유의점	시간(분)
도입	인사	• 인사 및 학습 분위기 조성	• 인사 및 학습 준비		
	전시 학습 확인	• 전시 학습 확인	• 전시 학습 회상		
	동기유발	• 동기 유발하기	• 동기 가지기		
	학습 내용 안내	• 학습 내용 안내	• 학습 내용 확인		
	학습 목표 제시	• 학습 목표 제시	• 학습 목표 확인		
전개 1	〈활동1〉 주제 통합적 읽기의 개념 이해하기	〈수험생 작성 내용1〉 • 주제 통합적 읽기와 관련된 질문하기 - "우리가 〈사랑〉이라는 주제와 관련된 글을 읽는다면 여러분은 어떤 글을 읽고 싶나요?" - "다들 읽고 싶은 글이 다르군요. 하나의 주제에도 다양한 글이 있네요." • 주제 통합적 읽기의 개념 제시하기 - 개념 : 하나의 주제나 화제에 대해 다양한 관점과 형식으로 쓰인 글들을 비교·대조하며 비판적으로 읽고, 자료의 타당성과 신뢰성을 평가하여 자신의 관점을 설정 및 정보를 재구성해 나가는 읽기 • 주제 통합적 읽기의 예시 제시하기 - "아까 여러분이 사랑과 관련된 다양한 글을 이야기한 것처럼 하나의 주제와 관련된 다양한 텍스트를 통합적으로 읽을 수 있습니다." - 다양한 형식 : 소설, 보고서, 기사문, 논문 등 - 다양한 관점 : 사랑은 감정/이성의 영역일까, 사랑의 유효기간은 영원할까 등 • 주제 통합적 읽기의 유용성 제시하기 - "그렇다면 우리가 하나의 주제와 관련된 다양한 글을 읽고자 하는 이유는 무엇일까요?"	• 주제 통합적 읽기와 관련된 질문에 대답하기 - "사랑과 관련된 소설을 읽고 싶어요.", "사랑을 과학적으로 분석한 보고서를 읽어 보고 싶어요.", "사랑과 관련된 철학책이요." 등 • 주제 통합적 읽기의 개념 이해하기 • 주제 통합적 읽기의 예시 이해하기 • 주제 통합적 읽기의 유용성 이해하기 - "다양한 관점을 비교·대조하며 자신의 생각을 더욱 분명히 할 수 있어요.", "주제에 대해 더 깊이 있게 이해할 수 있어요." 등		

전개1	〈활동1〉 주제 통합적 읽기의 개념 이해하기	"맞아요. 우리는 주제 통합적 읽기를 통해 특정 화제나 주제를 깊이 있게 이해할 수 있고, 다양한 관점을 비교·대조하며 자신의 관점과 견해를 주체적으로 형성할 수 있습니다. 더 나아가 새롭게 탐구할 자신만의 주제를 도출하는 등 주도적으로 읽기를 수행할 수 있답니다."	
전개2	〈활동2〉 주제 통합적으로 읽기	〈수험생 작성 내용2〉 • 〈자료〉 안내 및 제시하기 – 〈자료〉의 ㉮~㉰가 AI를 주제로 한 각기 다른 관점을 가진 글임을 안내하고, 〈자료〉를 읽도록 한다. • ㉮~㉰의 내용을 확인하는 질문 던지기 |	㉮	마지막 문단의 "인공지능 시대는 장밋빛 미래와 어두운 그림자를 동시에 드리우고 있다."의 의미는 무엇일까?
㉯	어떻게 AI가 인류 문명의 파트너가 될 수 있을까?

㉰	글쓴이는 왜 〈에드몽 드 벨라미의 초상화〉를 제시하였을까? |
	
	• 관점과 정보 전달 방식을 비교·대조하며 주제 통합적으로 읽는 활동 안내하기
	  – AI에 대한 ㉮~㉰의 관점과 정보 전달 방식을 정리하도록 안내한다.
	
	• 활동 공유하고 마무리하도록 하기
		• 〈자료〉 안내를 듣고 글 읽기
		  – ㉮~㉰가 AI라는 동일한 주제를 다루고 있고 각기 다른 관점이 드러나는 글임을 이해하여 글을 읽는다.
		
		• 질문에 답하며 ㉮~㉰의 내용을 정리하기
		
		|
			㉮	– 장밋빛 미래: 의료 진단의 정확도 비약적으로 높여 질병 극복, 복잡한 데이터 분석을 통해 기후 변화와 같은 전 지구적 문제에 대응
				– 어두운 그림자: 자동화로 인간의 일자리 대체 및 사회적 역할 축소, AI 알고리즘 편향성이 심화시킬 사회적 불평등, AI가 특정 집단에 의해 통제될 때 위협받을 자유와 민주주의

㉯	– AI가 복잡한 데이터를 처리하는 동안 인간의 직관과 창의력을 더 발휘할 수 있으며 AI와의 협력을 통해 인간의 잠재력을 극대화하고 진보할 수 있음
㉰	– 실제 AI가 그린 작품을 보며 인간 예술가가 그린 그림과 어떻게 다른 지 느껴보고 예술 분야에서 이미 AI가 인간의 자리를 대체하기 시작했다는 자신의 논지를 강화하기 위해 | • 관점과 정보 전달 방식을 비교·대조하며 주제 통합적으로 읽는 활동하기 |	㉮	㉯	㉰
관점	AI가 만들 미래에 대한 긍정적 전망과 부정적 전망을 모두 제시함	AI는 인류 문명의 파트너로 인류를 보조하여 문명이 진보하도록 도와준다고 봄	예술 분야에서 AI가 인간의 창작성을 완전히 대체할 것으로 보고 인간의 역할이 무엇인지 의문을 제기함
정보 전달 방식	두 관점을 대조적으로 제시하고 앞으로 나아가야 할 바람직한 방향을 제시함	인터뷰를 통해 현장감을 더하고 여러 사례와 연구를 제시하여 논지를 강화함	AI가 인간을 넘어서는 이유를 열거하며 그림을 통해 창작성이 이미 인간을 따라잡았음을 보여줌 | • 활동 공유하고 마무리하기	

전개 3	〈활동3〉 주제 통합적으로 읽기 내면화 하기	〈수험생 작성 내용3〉
		• 자신의 관점 설정하도록 안내하기
		  – 활동2를 토대로 ㉮~㉰의 AI에 대한 관점을 비판적으로 수용하고 재구성하여 자신의 관점을 설정하도록 한다.
		  – "자신의 관점을 공유해볼까요?"
		
		• 모둠활동 안내하고 자료 찾도록 하기
		  – AI에 대한 자신의 관점을 공유하고 비슷한 관점을 지닌 학생들끼리 모둠을 구성하도록 한다.
		  – 자신의 관점을 강화할 수 있는 자료를 학생용 개인 태블릿PC를 활용하여 찾고, 제목·내용·출처를 정리하여 온라인 게시판에 글을 올리도록 한다.
		
		• 짧은 비평문 쓰기 활동 안내하기
		  – 찾은 자료를 바탕으로 자신의 관점을 잘 드러내는 짧은 비평문을 작성하도록 한다. 이때 글의 형식을 강조하지 않는다.
		
		• 활동 공유하고 마무리하도록 하기
			• 자신의 관점 설정하기
			  – 안내대로 AI에 대한 자신의 관점을 설정한다.
			  – "저는 ㉮처럼 긍정적 전망과 부정적 전망이 모두 있다고 생각해요. 다만 부정적 전망에서 일자리 대체 문제는 세금으로 충분히 해결할 수 있어서 문제가 되지 않을 것 같아요.", "㉰에 공감하지 않아요. AI가 그린 그림이 얼핏 그럴듯해 보이지만 실험자들이 말하듯 결국 그 그림을 선호하지 않는다는 거잖아요." 등
			
			• 모둠별로 자료 찾기
			
			• 짧은 비평문 쓰기 활동하기
			  – 찾은 자료를 바탕으로 자신의 관점이 잘 드러나는 짧은 비평문을 작성한다.
			
			• 활동 공유하고 마무리하기

정리	형성평가 및 과제 부여	• 형성평가 부여 • 수준별 과제 제시	• 형성평가 진행 • 수준별 과제 확인
	학습 내용 정리	• 학습 내용 정리	• 학습 내용 이해
	차시 예고	• 차시 예고	• 차시 예고 인지

판서 예시

창의적 읽기

〈활동1〉 개념 이해하기

1) 주제 통합적 읽기란?
   • 동일한 화제에 대해 서로 다른 관점을 지닌 글 또는 다양한 형식의 글을 비판적으로 읽고 자신의 관점 설정하기
2) 주제 통합적 읽기의 효용
   • 깊이 있게 이해하기
   • 자신의 관점과 견해를 주체적으로 형성하기
   • 자신만의 주제를 도출하는 등 주도적으로 읽기

〈활동2〉 주제 통합적으로 읽기

〈자료〉의 관점과 정보 전달 방식 비교하기

	㉮	㉯	㉰
관점	긍정·부정적 모두 제시	인류 문명의 파트너 → 보조하며 협력	인간의 창작성 완전 대체 → 인간의 역할?
정보 전달 방식	두 관점 대조적으로 제시 → 바람직한 방향	- 인터뷰 현장감 - 사례와 연구	AI의 장점 열거하며 그림으로 예시를 듦

〈활동3〉 내면화하기

1) 자신의 관점 설정하기

	관점	이유
민정		
준서		

2) 자료 찾기

	제목	내용	출처
1모둠			
2모둠			

	성취 기준
2022 교육과정	**[12독작01-13]** 다양한 글을 주제 통합적으로 읽고 학습의 목적과 교과의 특성을 고려하여 학습을 위한 글을 쓴다. 이 성취 기준은 하나의 주제나 화제에 대해 다양한 관점과 형식을 보이는 글을 읽고 글에 드러난 정보를 비판적으로 수용하고 재구성하는 과정을 통해 주제나 화제에 관하여 학습하기 위한 글을 쓰는 능력을 기르기 위해 설정하였다. 동일한 주제나 화제에 대해 다양한 관점을 지닌 글을 비교·대조하면서 분석하기, 교과의 특성을 고려한 정보 전달 방식 파악하기, 학습 목적을 고려하여 내용 요약하기, 교과의 개념이나 원리를 효과적으로 설명하는 글 쓰기, 다양한 표나 그래프를 분석하고 해석하는 글 쓰기, 실험·조사의 과정과 결과가 드러나게 보고하는 글 쓰기 등을 학습할 수 있다.
2015 교육과정	**[12독서01-02]** 동일한 화제의 글이라도 서로 다른 관점과 형식으로 표현됨을 이해하고 다양한 글을 주제 통합적으로 읽는다. 이 성취 기준은 하나의 화제에 대해 다양한 관점과 형식을 보이는 독서 자료를 비판적·통합적으로 읽고 재구성하는 능력을 기르기 위해 설정하였다. 동일한 화제에 대해 서로 다른 관점을 지닌 글을 대조하면서 읽거나 비슷한 주제를 담고 있는 다양한 형식의 글을 비교하면서 읽도록 한다. 여러 가지 관점이나 형식의 글은 주제에 대한 독자의 판단 근거이자 자료가 된다. 이때 편견이나 선입견을 배제하고 객관적이고 합리적으로 판단하되, 단순히 여러 글을 비교·대조하는 수준에 머물지 않고 서로 다른 관점과 형식의 글을 비판적으로 종합하여 자신만의 주제로 재구성하는 능력을 기를 수 있도록 한다.

	교과서 정리	

학습 내용 정리	■ **주제 통합적 읽기**
	- 주제 통합적 읽기란 하나의 주제나 화제에 대해 다양한 관점과 형식으로 쓰인 글들을 비판적이고, 통합적으로 읽으면서 의미를 재구성해 나가는 읽기
	- 같은 주제나 화제를 다룬 여러 글의 정보 전달 방식을 파악하며 비교·대조하여 읽고, 자료의 신뢰성과 타당성을 평가하면서 자신의 관점을 설정하여 정보를 재구성하는 읽기 과정
	
	• 같은 주제를 다룬 여러 글 읽기(동일한 화제에 대해 서로 다른 관점을 지닌 글 또는 비슷한 주제를 담고 있는 다양한 형식의 글)
	• 정보 전달 방식 파악하기
	• 비교·대조하며 분석하기
	• 자료의 신뢰성, 타당성 평가
	
	→ 자신의 관점을 설정하여 정보를 재구성
	
	■ **주제 통합적 읽기의 방법**
	1. 독서 목적 및 주제 설정하기
	  - 독서의 목적을 정한다.
	  - 관심 있는 주제나 화제를 설정한다.
	2. 자료 탐색하기
	  - 필자의 관점이나 글의 유형을 고려하여 자료를 찾는다.
	  - 머리말과 목차 등을 훑어보면서 주제에 부합하는 자료인지 판단한다.
	3. 여러 자료 비교하며 읽기
	  - 수집한 자료를 읽으며 주제와 관련된 부분을 찾고 자신의 말로 재구성한다.
	  - 탐색한 자료의 관점과 형식을 비교하며 읽는다.
	4. 자신의 관점에서 정보 재구성하기
	  - 주제에 대한 견해를 비판적이고, 통합적으로 이해한다.
	  - 자신의 관점에서 주제에 대한 견해를 재구성한다.
	
	■ **주제 통합적 읽기의 효용**
	- 주제 통합적 읽기를 통해 특정 화제나 주제를 깊이 있게 이해할 수 있다.
	- 다양한 관점을 비교·대조하며 자신의 관점과 견해를 주체적으로 형성할 수 있다.
	- 새롭게 탐구할 자신만의 주제를 도출하는 등 주도적으로 읽기를 수행할 수 있다.	

[2022] 미래엔 독서와 작문 5. 생활 속의 독서와 작문 (1) 학습을 위한 독서와 작문	제재	※ 기후 변화에 대한 관점과 형식이 다른 세 편의 글 ㉮ 기후 변화 시대의 사랑(김기창, 〈기후 변화 시대의 사랑〉) ㉯ 지구의 급소, 온실가스(조천호, 〈파란 하늘 빨간 지구〉) ㉰ 폭염 난민(마크 라이너스, 〈최종 경고 : 6도의 멸종〉)
	동기유발	—

	학습활동	1. 〈기후 변화를 바라보는 세 가지 시선〉을 읽고 다음 활동을 해 보자.
		  1) ㉮에서 돔 시티가 만들어진 까닭을 설명해 보자.
		  2) ㉯에 나타난 온실가스가 지구 온난화를 발생시키는 과정을 정리해 보자.
		  3) ㉰의 마지막 문단에 나타난 '도덕적 과제'가 어떤 의미인지 써 보자.

[2022] 미래엔 독서와 작문 5. 생활 속의 독서와 작문 (1) 학습을 위한 독서와 작문	학습활동	2. 주제 통합적 읽기를 고려하여 〈기후 변화를 바라보는 세 가지 시선〉을 읽고 다음 활동을 해 보자. 　1) ㉮~㉰에서 '기후 변화'라는 동일한 화제를 어떻게 다루고 있는지 글의 관점과 형식을 비교하여 정리해 보자. 　2) ㉮~㉰에서 사용된 정보 전달 방식을 비교하여 정리해 보자. 　3) ㉮~㉰를 읽고 '기후 변화'에 대한 자신의 생각을 친구들과 이야기해 보자. 3. 우리 삶에 미치는 기후 변화의 심각성을 알리는 글을 써 보자. 　1) 글을 쓰는 목적을 고려하여 ㉮~㉰의 내용을 요약해 보자. 　2) 글을 쓰려고 다음과 같이 기후 통계 자료를 찾아보았다. 자료를 분석하고 활용 방안을 마련해 보자.(연평균 해수면 온도 그래프) 　3) 필요한 자료를 추가로 찾아 분석하고, 자료의 활용 방안을 마련해 보자. 　4) 1)~3)을 바탕으로 하여 글의 개요를 작성해 보자. 　5) 1)~4)를 참고하여 '우리 삶에 미치는 기후 변화의 심각성'을 알리는 글을 써 보자. 　6) 다음 기준을 참고하여 5)에서 쓴 글을 평가하고, 고쳐 써 보자. 　　• 수집한 자료는 주제와 밀접한 관련이 있는가? 　　• 다양한 관점과 형식의 자료를 수집했는가? 　　• 표나 그래프를 적절하게 분석했는가? 　　• 자료를 비판적·통합적으로 읽고 자신의 관점에서 재구성했는가? 　　• 정보의 속성에 따라 알맞은 구조로 글의 내용을 조직했는가? 　　• 정보 전달의 효과를 높이려고 명확하고 객관적인 표현을 사용했는가?	
[2022] 천재 독서와 작문 6. 미래를 여는 독서와 작문 (1) 주제 통합적 읽기와 학습을 위한 글 쓰기	제재	※ '인류의 활동이 미래에 끼치는 영향'을 주제로 하여 작성한 세 편의 글 ㉮ 인류의 미래에 관한 두 가지 관점(데이비드 크리스천, 빅 히스토리) ㉯ 한국 비무장 지대의 교훈(앨런 와이즈먼, 〈인간 없는 세상〉) ㉰ 우리는 기술에 희망을 걸 수 있다(빌 게이츠, 〈기후 재앙을 피하는 법〉)	
	동기유발	※ 벽에 설치된 큰 그림 앞에서 두 사람이 작은 그림을 옮기는 장면이다. 두 그림이 겹치면서 어떤 효과가 생기는지 말해 보자.(뉴욕 타임스, 움직이는 선들)	
	학습활동	1. ㉮~㉰를 주제 통합적으로 읽고, '인류의 미래'라는 동일한 화제를 어떻게 다루고 있는지 비교하여 정리해 보자. 　1) ㉮~㉰에서 '인류의 미래'라는 같은 화제를 어떻게 다루었는지 정리해 보자. |	㉮	㉯	㉰
인류의 미래를 바라보는 관점				 　2) 인류의 미래에 관한 ㉯, ㉰의 관점을 ㉮에서 제시한 두 가지 관점과 비교해 보자. 　　- ㉮는 인류의 행동이 미래에 끼칠 영향에 관한 부정적인 관점과 긍정적인 관점 두 가지를 모두 소개하고 있어. 　　- (㉯ / ㉰)는 인류의 행동을 (긍정적 / 부정적)으로 보는 것 같아. 왜냐하면 _____. 2. ㉮~㉰에 드러난 필자의 관점을 살펴보고, 친구들과 문답 놀이를 하며 인류의 미래에 관한 자신의 견해를 정리해 보자. 　1) ㉮~㉰를 읽고 궁금한 점을 질문으로 만들어 보고, 친구들과 문답 놀이를 해 보자. 　2) 인류가 환경 문제를 해결할 수 있을지 생각해 보고, 그렇게 생각한 까닭을 써 보자. 　3) '인류의 미래'를 어떻게 바라보고 있는지 자신의 견해를 정리해 보자. ※ ㉮~㉰의 내용을 바탕으로 하여 교과 학습을 위한 글을 써 보자. 　1) 작문 맥락을 분석해 보자. 　2) 글을 쓰기 위한 자료나 근거를 수집해 보자. 　　- 자료 출처 / 핵심 내용 / 신뢰성 　3) 2)에서 수집한 자료를 읽고, 핵심 정보를 요약하여 정리해 보자. 　4) 학습 목적에 맞게 글을 조직해 보자. 　5) 조직한 내용을 바탕으로 하여 학습을 위한 글을 작성해 보자. 　6) 작성한 글을 학급 누리집이나 학교 누리집에 게시해 보자.	

[2022] 비상 독서와 작문 6. 통합적으로 읽고 쓰다 (2) 주제 통합적 읽기와 학습을 위한 글쓰기	제재	※ '공존'이라는 하나의 주제를 다양한 관점과 형식으로 표현한 글 ㉮ 재생과 공존(김효정) ㉯ 함께 돌보고 가꾸어야 할 도시 공간(이훈길, 『도시를 걷다』) ㉰ 고령자를 위한 읽기(유지원, 『Diversitas(디베르시타스) 8호』)
	동기유발	※ '사랑'이라는 주제로 글을 읽는다고 할 때, 어떤 내용의 글을 읽고 싶은지 말해 보자. - 에리히 프롬의 『사랑의 기술』처럼 사랑을 철학적으로 고찰한 글을 읽어 봐야지. - 사랑을 다룬 사회·문화적 보고서를 찾아 읽어 보고 싶어. - 난 사랑을 주제로 한 다양한 소설을 읽어 볼래.

	학습활동	1. ㉮에서 알 수 있는 화석 에너지를 사용할 때 발생하는 문제점을 정리하고, 이를 해결하기 위해 필자가 제시한 해결 방안은 무엇인지 살펴보자.
		2. ㉯에 드러난 필자의 가치관에 해당하는 단어에 ○표시를 하고, 이를 바탕으로 공간에 대한 필자의 관점을 정리해 보자.
		3. ㉰에서 제기하는 의약 제품에서의 타이포그래피의 문제점과 고령자를 위한 타이포그래피에서 가져야 할 태도는 무엇인지 정리해 보자.
		4. ㉮~㉰의 주제 통합적 독서 활동을 바탕으로 '공존'의 의미를 친구들과 이야기해 보자.
		
		| | ㉮ | ㉯ | ㉰ |
		|---|---|---|---|
		| 글의 영역 | 과학 분야 | 인문 분야 | 예술 분야 |
		| 글의 갈래 | 설명문 | 중수필 | 논설문 |
		| 특징 | 과학적 개념과 그래프로 이해를 도움 | 실제 사례를 사진으로 제시하여 이해를 도움 | 사진과 연구 자료로 근거의 신뢰성을 높임 |
		| 공존에 대한 관점 | 지구와 인간의 공존 | 사회적 약자와의 공존 | 고령자와의 공존 |
		
		  1) ㉮~㉰에서 공존이라는 동일한 화제가 어떻게 다루어졌는지 정리해 보자.
		  2) ㉮~㉰ 중 공존에 대한 자신의 생각과 가장 유사한 관점을 보이는 글은 무엇인지 말해 보자. 혹은 공존에 대한 다른 관점이 있다면 이야기해 보자.
		5. 관심 있는 분야와 관련하여 학습을 위한 글쓰기를 해 보자.
		  1) 다음 주제를 참고하여 모둠별로 학습하고 싶은 주제와 그 이유를 적어 보자.
		  2) 모둠에서 선정한 주제를 효과적으로 드러내기 위한 글의 유형을 정해 보자.
		  3) 주제와 관련된 자료와 정보를 조사하여 정리해 보자.
		  4) 3)에서 정리한 내용을 바탕으로 글의 개요를 작성해 보자.
		  5) 4)에서 작성한 개요를 바탕으로 모둠에서 선택한 주제와 유형을 고려하여 학습을 위한 글을 써 보자.
		  6) 모둠에서 쓴 글을 다음 평가 기준에 따라 평가해 보자.

7. 중등 쓰기

- 제34회 국어과 교수·학습 실연 시험 문제지 및 지도안 예상 답안
- 제35회 국어과 교수·학습 실연 시험 문제지 및 지도안 예상 답안
- 제36회 국어과 교수·학습 실연 시험 문제지 및 지도안 예상 답안
- 제37회 국어과 교수·학습 실연 시험 문제지 및 지도안 예상 답안
- 제38회 국어과 교수·학습 실연 시험 문제지 및 지도안 예상 답안
- 제39회 국어과 교수·학습 실연 시험 문제지 및 지도안 예상 답안
- 제40회 국어과 교수·학습 실연 시험 문제지 및 지도안 예상 답안

2026학년도 중등학교교사신규임용후보자선정경쟁시험(2차)
제34회 국어과 교수·학습 실연 시험 문제지

관리 번호 [   ]

지도안 세부 조건

1. 〈수험생 작성 조건1〉 동기유발
   가. 설명 방법과 관련된 사례를 들어 동기를 유발할 것
   나. 학생들이 다양한 설명 방법을 떠올릴 수 있도록 발문할 것

2. 〈수험생 작성 조건2〉 대상의 특성에 맞는 설명 방법 파악하기
   가. 〈자료1〉, 〈자료2〉를 활용할 것(단, 같은 기호는 같은 내용을 의미함)
   나. 〈자료1〉의 참고 자료가 어떤 내용을 쓰기 위한 자료인지 ㉮와 ㉯의 빈칸을 채우도록 할 것
   다. 〈자료2〉에 사용된 설명 방법을 문단별로 파악하는 활동을 포함할 것

3. 〈수험생 작성 조건3〉 대상의 특성에 맞는 설명 방법 사용하여 글쓰기
   가. 〈자료1〉, 〈자료2〉를 활용할 것(단, 같은 기호는 같은 내용을 의미함)
   나. ㉰는 교사의 시범으로 제시할 것
   다. ㉱는 학생이 작성하도록 활동을 구상할 것

수업 조건

- 과목 : 국어
- 학년 : 중학교 2학년
- 장소 : 국어 교과교실
- 시간 : 블록타임제(90분)
- 단원명 : 설명하는 글쓰기
- 해당 성취 기준 : 대상의 특성에 적합한 설명 방법을 활용하여 글을 쓴다.

단원명	차시	학습 내용
설명하는 글쓰기	1	○다양한 설명 방법을 이해할 수 있다. ○글에 사용된 설명 방법을 파악하고 그 효과와 적절성을 판단할 수 있다.
	2-3	○글쓰기 일반적인 과정에 따라 글쓰기를 계획할 수 있다. ○내용을 생성하고 자료를 조사할 수 있다.
	4-5 (본시)	○대상의 특성에 맞는 설명 방법을 파악할 수 있다. ○대상의 특성에 맞는 설명 방법을 사용하여 글을 쓸 수 있다.
	5-6	○초고를 고쳐 쓸 수 있다. ○완성된 글을 발표하고 공유할 수 있다.

학생 수	장소	학습 형태	학습 기자재
24명	국어 교과교실	강의식, 모둠식	교사용 컴퓨터, 전자 칠판, 학생용 스마트 기기

※ 본 문제는 모의 평가용으로 제작되었으며, 실제 시험의 문항 유형 및 형식과 다를 수 있습니다.

〈자료1〉

"올바른 콘택트렌즈 사용법" 글을 쓸 때 참고할 자료

참고 자료	쓰려는 내용	쓴 글
〈표준국어대사전〉 • 소프트 콘택트렌즈 : [의학] 종래의 콘택트렌즈의 소재를 개량하여 렌즈의 함수율(含水率)을 30~80% 정도가 되도록 산소 투과성을 높인 콘택트렌즈. 직경이 13~14.5mm로 하드 콘택트렌즈에 비해 지름이 크고, 렌즈 자체에 부드러운 성질이 있어 이물감이 적다. • 하드 콘택트렌즈 : [의학] 직경이 8~9mm로 소프트 콘택트렌즈에 비해 지름이 작고, 렌즈 자체에 딱딱한 성질이 있어 이물감이 있는 반면에, 각막에 산소 공급이 잘되고 결막에 자극이 덜 간다.	㉮	㉰
〈국가건강정보포털 의학정보〉 • 잘못된 렌즈 착용은 안구 손상이나 감염을 유발하여 영구적인 시력 저하나 심각하게는 실명까지도 유발할 수 있다. ① 안구건조증 : 콘택트렌즈에 침착된 여러 물질에 대한 면역반응 및 기계적 자극 등에 의해 발생되며, 심한 가려움 및 점액 분비 증가 등을 일으킬 수 있음 ② 각막상피 손상 : 콘택트렌즈에 의한 각막상피의 저산소 상태는 정상 상피에 비해 자극에 약하기 때문에 각막상피가 손상될 수 있음 ③ 감염각막염 : 콘택트렌즈를 사용하게 되면 각막상피의 손상으로 인한 세균의 침투를 유발하여 세균감염을 일으킬 수 있음	㉯	㉱

〈자료2〉

올바른 콘택트렌즈 사용법

(1) 안경이 불편하다는 이유로, 또는 미용을 목적으로 콘택트렌즈를 착용하는 사람들이 늘고 있다. 콘택트렌즈란 시력을 교정하기 위해 각막 위에 올려놓는 투명한 시각 보조 기구로, 콘택트렌즈의 구조는 크게 전면・후면커브, 직경, 가장자리, 누액렌즈로 구성되어 있다. 콘택트렌즈 사용이 증가한 만큼 콘택트렌즈의 올바른 사용법의 중요성이 강조되고 있다. 특히 청소년의 경우 올바른 사용법을 몰라 부작용 사례가 많아 주의가 필요한 상황이다. 지금부터 어떻게 부작용 없이 콘택트렌즈를 사용할 수 있는지 올바른 사용법을 알아보자.

(2) 첫째, 본인에게 맞는 렌즈를 선택해야 한다. (㉰   ). 또 사람마다 안구의 모양이 다르기 때문에 크기 및 곡률반경이 착용자에게 적합한 렌즈를 선택해야 한다. 렌즈의 사용주기에 따라서도 일회용렌즈, 단기교체렌즈 등 본인의 상황에 맞는 렌즈를 선택하면 좋다.

(3) 둘째, 권장 착용시간을 준수해야 한다. 보통 콘택트렌즈의 권장 착용시간은 착용 후 5~8시간 정도이다. 그러나 한국안과학회지 조사에 따르면 콘택트렌즈 착용 경험이 있는 성인의 40%가 권장 사용시간을 초과했으며, 그중 5.9%는 15시간 이상 착용하는 것으로 나타났다. 렌즈를 장시간 착용하게 되면 산소가 투과되지 못해 눈이 건조해지게 되어 안구건조증이 생기거나, 부족한 산소를 혈관을 통해서 공급 받기 위해 신생혈관이 생길 수 있으며, 건조한 안구 표면에 쉽게 상처가 생길 수 있다.

(4) 셋째, 렌즈 관리와 소독을 철저히 해야 한다. 먼저 렌즈를 착용하거나 제거할 시에는 반드시 손을 씻어 깨끗한 상태에서 렌즈를 만져야 한다. 그렇지 않으면 손의 세균이 렌즈로 옮겨가 눈을 감염시킬 수 있다. 또 렌즈를 착용한 뒤에는 반드시 전용세척액을 사용하여 충분히 헹구어 소독해야 한다. 전용세척액이 아닌 수돗물 등으로 세척을 하게 되면 각종 세균, 진균, 가시아메바 등에 오염될 수 있다. 특히 물이나 흙에서 사는 가시아메바는 콘택트렌즈를 사용하는 사람에게는 치명적이며, 감염되면 각막염과 각막 궤양, 각막 천공을 일으킨다. 세척 후에는 반드시 소독된 케이스에 전용보존액과 함께 보관해야 한다.

(5) 지금까지 가장 중요한 콘택트렌즈 사용법 3가지를 알아보았다. 콘택트렌즈 사용이 늘어난 만큼 반드시 올바른 사용법을 준수하는 태도가 필요하다. (㉱   ). 편리한 렌즈를 안전하게 사용하도록 올바른 사용법을 준수하자.

2026학년도 중등학교교사신규임용후보자선정경쟁시험(2차)

제34회 국어과 교수·학습 실연 지도안 〔예상 답안〕

국어과 본시 교수·학습 지도안				
학습 목표	1. 대상의 특성에 맞는 설명 방법을 파악할 수 있다. 2. 대상의 특성에 맞는 설명 방법을 사용하여 글을 쓸 수 있다.				
학습 단계		교수·학습 활동		자료 및 유의점	시간 (분)
도입	인사	• 인사 및 학습 분위기 조성	• 인사 및 학습 준비		
	전시 학습 확인	• 전시 학습 확인	• 전시 학습 회상		
	동기유발	〈수험생 작성 내용1〉 • 사례를 들어 글쓰기 대상에 적합한 설명 방법 질문하기 – "〈인기 스포츠 축구와 야구〉를 주제로 글을 쓸 때는 어떤 내용이 들어가야 할까요?" – "좋아요. 그러면 그 내용들을 설명하기 적합한 설명 방법은 무엇일까요?" • 학습 목표의 필요성 질문하기 – "대상의 특성에 맞는 설명 방법을 사용하는 것은 왜 필요할까요?" • 대상의 특성에 맞는 설명 방법 중요성 강조하기	• 글쓰기 대상에 적합한 설명 방법 대답하기 – "축구와 야구의 개념이요.", "축구와 야구의 차이점이요.", "축구와 야구의 경기 방법이나 규칙 등이요." – "개념은 정의를 통해 설명해요.", "차이점을 명확하게 드러낼 수 있도록 대조를 사용해요.", "구체적으로 설명하기 위해 경기 방법, 규칙 등을 분석해서 설명해요." • 학습 목표의 필요성 대답하기 – "대상을 효과적으로 설명하기 위해서예요.", "독자가 더 쉽게 이해하기 위해서예요." • 대상의 특성에 맞는 설명 방법 중요성 이해하기		
	학습 내용 안내	• 학습 내용 안내	• 학습 내용 확인		
	학습 목표 제시	• 학습 목표 제시	• 학습 목표 확인		
전개 1	〈활동1〉 대상의 특성에 맞는 설명 방법 파악하기	〈수험생 작성 내용2〉 • 〈자료1〉 제시하고 활동 안내하기 – 참고 자료가 어떤 내용을 쓰기 위한 자료인지 유추하여 ㉮와 ㉯의 빈칸을 채우도록 안내한다.	• 〈자료1〉 ㉮와 ㉯에 들어갈 내용 유추하기 – ㉮: 렌즈의 종류 – ㉯: 잘못된 렌즈 착용의 부작용		

전개1	〈활동1〉 대상의 특성에 맞는 설명 방법 파악하기	• 〈자료2〉의 설명 방법 파악하는 활동 안내하기 – 내용에 적합한 설명 방법을 고려하여 개요를 작성하도록 틀을 제시한다. 	단계	문단	내용	설명 방법
처음	1		
중간	2		
	3		
	4		
끝	5		| – 순회 지도하며 피드백을 제공한다. 피드백 예시) "맞아요. 4문단에는 렌즈를 올바르게 관리하지 못하면 렌즈가 각종 세균에 감염이 되어 다양한 질병에 노출될 수 있다는 인과의 설명 방법이 사용되었네요. 덧붙여 각종 세균의 종류와 감염될 수 있는 다양한 질병을 어떻게 설명하고 있나요?"	• 설명 방법 파악하기 (예시) | 단계	문단	내용	설명 방법
처음	1	콘택트렌즈의 개념	정의, 분석
중간	2	올바른 사용법 ① 적절한 렌즈 선택	구분, 비교, 대조
	3	올바른 사용법 ② 권장 착용시간	인과
	4	올바른 사용법 ③ 렌즈 관리와 소독	인과, 예시
끝	5	올바른 렌즈 착용의 중요성	인과, 예시 | – "각종 세균과 다양한 질병의 종류를 예시를 들어 설명해 주고 있어요."
전개2	〈활동2〉 대상의 특성에 맞는 설명 방법 사용하여 글쓰기	〈수험생 작성 내용3〉 • ㉰에 들어갈 내용 질문하기 – "콘택트렌즈의 종류를 설명하기 위해서는 어떠한 설명 방법이 필요할까요?" – "맞아요. 먼저 렌즈의 종류를 기준에 맞게 구분해야 합니다. 그럼, 각 렌즈를 분명하게 설명하기 위해서는 어떤 설명 방법이 필요할까요?" – "네, 여러 종류를 헷갈리지 않도록 특징을 비교 및 대조하여 표현하면 훨씬 효과적으로 설명할 수 있겠네요." • 설명 방법 사용하여 글쓰기 시범 보이기 – ㉰ : 콘택트렌즈는 소재에 따라 크게 소프트렌즈와 하드렌즈로 나뉜다.(구분) 소프트렌즈는 부드러운 성질이 있어 이물감이 적으며, 직경은 13mm 정도이다. 반면 하드렌즈는 딱딱한 성질이 있어 이물감이 있으며, 소프트렌즈에 비해 지름이 8mm 정도로 작아 산소 공급이 더 잘 되고 결막에 자극이 덜 간다.(비교·대조) 따라서 눈이 건조하거나 예민한 사람은 하드렌즈를 착용하는 것이 좋다. • 작성한 개요를 토대로 글쓰기 활동 안내하기 – 개요를 토대로 대상의 특성에 맞는 설명 방법을 사용하여 글을 쓰도록 격려한다.	• ㉰에 들어갈 내용 대답하기 – "먼저 렌즈를 종류별로 구분해야 돼요." – "렌즈를 종류별로 비교해야 돼요." • 설명 방법 사용하여 글쓰기 시범 보기 • 작성한 개요를 토대로 글쓰기 활동하기 – ㉱ : 잘못된 렌즈 사용의 부작용 → 인과 – 부작용으로 인한 다양한 질병 → 예시

전개 2	<활동2> 대상의 특성에 맞는 설명 방법 사용하여 글쓰기	• 활동 공유 및 발표하기 • 활동 정리하도록 안내하기 - 설명하려는 대상이나 개념에 맞게 적절한 설명 방법을 활용하여 내용을 효과적으로 전할 수 있도록 해야 한다.	• 활동 공유 및 발표하기 - ㉣ : 잘못된 렌즈 착용은 안구 손상이나 감염을 유발하며 대표적인 부작용으로는 안구건조증, 각막상피 손상, 감염각막염 등이 있다. 잘못된 렌즈 착용은 영구적인 시력 저하나 심각하게는 실명까지도 유발할 수 있으니 각별한 주의가 필요하다. • 활동 정리하기		
정리	형성평가 및 과제 부여	• 형성평가 부여 • 수준별 과제 제시	• 형성평가 진행 • 수준별 과제 확인		
	학습 내용 정리	• 학습 내용 정리	• 학습 내용 이해		
	차시 예고	• 차시 예고	• 차시 예고 인지		

판서 예시
1. 설명하는 글쓰기

<학습 목표>

1. 대상의 특성에 맞는 설명 방법을 사용하여 개요를 작성할 수 있다.

2. 대상의 특성에 맞는 설명 방법을 사용하여 글을 쓸 수 있다.

<활동1> 대상의 특성에 맞는 설명 방법 파악하기

㉠ : 렌즈의 종류
㉡ : 잘못된 렌즈 착용의 부작용

단계	내용	설명 방법
처음	콘택트렌즈의 개념	정의, 분석
중간	올바른 사용법 ① 적절한 렌즈 선택	구분, 비교, 대조
	올바른 사용법 ② 권장 착용시간	인과
	올바른 사용법 ③ 렌즈 관리와 소독	인과, 예시
끝	올바른 렌즈 착용의 중요성	인과, 예시

<활동2> 대상의 특성에 맞는 설명 방법 사용하여 글쓰기

	설명 대상	설명 방법
㉢	렌즈의 종류	구분
	각 렌즈의 특징	비교·대조
㉣	잘못된 렌즈 사용의 부작용	인과
	부작용으로 인한 질병	예시

성취 기준	
2022 교육과정	[9국03-01] 대상의 특성에 적합한 설명 방법을 활용하여 글을 쓴다. 　이 성취 기준은 대상의 특성에 적합한 설명 방법을 활용하여 독자가 이해하기 쉬운 글을 쓰는 데에 필요한 능력을 기르기 위해 설정하였다. 대상과 관련한 독자의 배경지식 및 관심 고려하기, 정의, 인과, 분석, 분류 등 다양한 설명 방법을 익히고 전달하고자 하는 정보의 특성을 고려하여 설명 방법 활용하기, 대상의 특성을 효과적으로 전달하기 위한 글의 구조 및 표현 방법 이해하기 등을 학습한다.
성취 기준 적용 시 고려 사항	정보 전달을 목적으로 하는 글을 쓸 때는 설명 대상의 특성을 분석하여 내용을 구성하고 이를 독자가 이해하기 쉽게 표현해야 한다. 정보 전달이라는 목적에 부합하는 정보를 선별하고, 정보를 체계적으로 구조화하며, 명료하게 표현해야 독자가 이해하기 쉬운 글을 쓸 수 있다. 설명문, 보고서, 안내문, 보도 기사문 등 정보 전달을 목적으로 하는 다양한 유형의 글을 쓰는 기회를 제공하여 학습자가 쓰기 경험을 확장할 수 있도록 지도한다.
2015 교육과정	[9국03-02] 대상의 특성에 맞는 설명 방법을 사용하여 글을 쓴다.

교과서 정리		
학습 내용 정리		[설명하는 글을 쓰는 방법] • 설명 대상에 관한 독자의 배경지식과 관심을 고려하여 글을 씀 • 대상의 특성에 적합한 설명 방법을 활용함 • 전달하려는 정보의 특성에 적합한 내용 조직 방법을 활용하고 글의 구조에 맞추어 내용을 조직함 • 독자가 이해하기 쉬운 표현과 명확하고 객관적인 표현을 사용하여 대상의 특성을 설명함 [설명하는 글쓰기의 유의 사항] • 객관적이고 정확한 정보를 바탕으로 하여 설명하려는 대상을 간결하고 쉬운 문장으로 설명해야 함 • 설명하는 글의 구조에 맞추어 '처음 - 가운데 - 끝'으로 짜임새 있게 글을 써야 함 • 독자가 글의 내용을 쉽게 이해할 수 있도록 설명하는 대상의 특성에 맞는 설명 방법을 써야 함 [설명 방법의 종류] • 정의 : 대상의 뜻을 밝혀 풀이하는 방법 • 예시 : 구체적인 예를 보여 주는 방법 • 비교와 대조 : 대상 간의 공통점과 차이점을 드러내는 방법 • 분류와 구분 : 대상을 일정한 기준으로 묶거나 나누어 설명하는 방법 • 인과 : 대상을 원인과 결과 중심으로 설명하는 방법 • 분석 : 대상을 구성 요소나 부분으로 나누어 설명하는 방법
[2022] 미래엔(신) 2-1 2. 설명과 논증의 세계 (2) 설명하는 글쓰기	제재	여드름을 슬기롭게 관리하는 방법
	동기유발	※ 다운이가 고민이 있는 얼굴로 스마트폰을 보고 있다. 지나가던 아름이가 이를 보고, 다운이에게 말을 거는데…….. 1. 다운이가 처음에 올린 게시물과 수정한 게시물의 차이점을 말해 보자. 2. 다운이처럼 설명 방법을 활용하여 대상의 특성이 잘 드러나게 글을 쓰면 좋은 점을 생각해 보자.

	학습활동	1. [계획하기] 학교 소식지 편집부인 현석이는 친구들의 관심사와 배경지식을 고려하여 설명하는 글을 쓰고, 학교 소식지에 실으려고 한다.
		  (1) 현석이의 글쓰기 계획을 정리해 보자.
		  (2) 현석이가 설명 대상을 정할 때 고려한 점을 말해 보자.
		2. [내용 생성하기] 현석이는 여드름이 생기는 원인과 여드름 때문에 겪는 문제, 여드름 문제를 해결하는 방법을 설명하려고 자료를 찾아 글에 쓸 내용을 마련하였다.
		  • 현석이가 찾은 자료에서 수집한 정보를 다음과 같이 나누어 보자.
		    - 여드름의 뜻과 종류, 여드름이 생기는 원인, 여드름 때문에 겪는 문제, 여드름 문제를 해결하는 방법
		3. [내용 조직하기] 현석이는 자료에서 수집한 정보를 선별하여 설명하는 글의 개요를 작성하였다. 그리고 설명하려는 대상의 특성을 고려하여 어떤 설명 방법을 활용할지 정리해 보았다.
		  (1) 현석이가 작성한 개요에서 중간 1의 빈칸에 들어갈 설명 방법을 말해 보자.
		  (2) 현석이가 중간 부분에서 활용할 내용 조직 방법을 골라 보자.
		    - 순서 구조, 비교·대조 구조, 문제 해결 구조
		4. [표현하기 및 고쳐쓰기] 현석이는 개요를 바탕으로 하여 여드름에 관해 설명하는 글을 쓴 뒤, 친구들과 함께 고쳐 쓸 부분이 있는지 살펴보기로 하였다.
		  (1) 현석이가 글에 활용한 설명 방법을 찾아보고, 대상의 특성에 적합한 설명 방법을 활용하였는지 생각해 보자.
		  (2) 현석이가 자신이 쓴 글의 일부인 '가'를 '나'와 같이 바꾸어 쓴 까닭을 말해 보자.
		  (3) 다음 평가 기준을 참고하여 현석이가 쓴 글을 점검해 보자.
		
		| 평가 기준
			평가		

---	---	---	---
• 대상에 관한 독자의 배경지식과 관심을 고려하였는가?	상	중	하
• 대상의 특성에 적합한 설명 방법을 활용하였는가?	상	중	하
• 전달하려는 정보의 특성을 고려하여 내용을 조직하였는가?	상	중	하
• 독자가 이해하기 쉬운 표현과 명확하고 객관적인 표현을 사용하여 글을 썼는가?	상	중	하
• 자료의 출처를 정확하게 밝혔는가?	상	중	하	 (4) (3)을 바탕으로 하여 현석이가 쓴 글에서 수정하거나 보완할 부분을 고쳐 써 보자.

	제재	아이스크림의 두 얼굴
	동기유발	※ 외국에서 온 친구가 경복궁에 대해 묻는다면, 어떻게 설명하는 것이 효과적일지 말해 보자.
[2022] 비상(박영민) 2-1 2. 예리하게 읽고, 　　배려하며 쓰고 (2) 설명 방법을 　　활용하여 글 쓰기	적용학습	[활동1] 계획하기 1. 다음 대화를 살펴보고, '준서'가 설명하는 글을 쓰기 위해 계획한 내용을 정리해 보자. 　- 글의 주제, 글의 목적, 독자, 글을 실을 매체 [활동2] 내용 생성하고 조직하기 '준서'가 설명하는 글을 쓰기 위해 수집한 자료를 살펴보고, 글의 내용을 조직해 보자. • 다음은 '준서'가 글을 쓰기 위해 작성한 개요이다. 앞에서 수집한 자료들을 글에 어떻게 활용할지 개요 안에 정리해 보자. [활동3] 글 쓰고 고쳐쓰기 다음은 '준서'가 쓴 글이다. '준서'가 글을 점검하고 고쳐 쓰는 과정을 살펴보자. 1. '준서'가 자신의 글을 점검한 내용을 바탕으로, 이 글을 고쳐 써 보자. 2. '준서'가 쓴 글을 바탕으로, 대상의 특성에 적합한 설명 방법을 활용하면 좋은 점을 짝과 함께 말해 보자. [활동4] 설명 방법을 활용하여 직접 글쓰기 1. 설명하고 싶은 대상을 정하고, 글을 쓰기 위한 계획을 세워 보자. 2. 다음 기준에 맞는 자료를 수집하여 글의 내용을 선정해 보자. | 기준 | |---| | • 설명 대상과 관련이 있는 자료인가? | | • 객관적이고 정확한 자료인가? | | • 독자의 배경지식과 관심을 고려한 자료인가? | 3. 앞의 2에서 선정한 자료를 바탕으로 개요를 작성하며 글의 내용을 조직하고, 대상을 설명하기에 적합한 설명 방법을 정해 보자. 　(1) 글의 각 부분에 들어갈 내용과, 활용할 자료를 정리하여 글을 쓰기 위한 개요를 작성해 보자. 　(2) 앞의 (1)을 바탕으로 글의 각 부분에서 활용할 설명 방법을 정하고, 그 이유를 써 보자. 4. 앞의 3에서 작성한 개요를 바탕으로, 적합한 설명 방법을 활용하여 글을 써 보자. 5. 앞의 4에서 쓴 글을 다음 기준에 따라 점검해 보고, 고쳐 써 보자. | 평가 기준 | 평가 | | | |---|---|---|---| | • 글의 주제와 목적을 고려하였는가? | 상 | 중 | 하 | | • 독자의 배경지식과 관심을 고려하였는가? | 상 | 중 | 하 | | • '처음 - 가운데 - 끝'의 구조에 따라 짜임새 있게 작성하였는가? | 상 | 중 | 하 | | • 대상의 특성에 적합한 설명 방법을 활용하였는가? | 상 | 중 | 하 | 6. 완성한 글을 친구들과 바꾸어 읽어 보고, 친구가 잘한 점과 그렇게 생각한 이유를 정리해 보자.

2026학년도 중등학교교사신규임용후보자선정경쟁시험(2차)
제35회 국어과 교수·학습 실연 시험 문제지

| 관리 번호 | |

지도안 세부 조건

1. 〈수험생 작성 조건1〉 전시 학습 확인
   가. 정보를 전달하는 글의 종류를 2가지 이상 제시할 것
   나. 글에 필요한 자료를 수집하는 다양한 매체를 제시할 것
   다. 교사의 발문과 학생의 대답이 드러나도록 작성할 것

2. 〈수험생 작성 조건2〉 자료의 적절성 판단하기
   가. 〈자료2〉 각각의 매체 유형을 찾고 자료의 적절성을 판단하는 활동을 제시할 것(단, 적절성 판단 기준은 〈자료1〉을 참고할 것)
   나. 위 활동에 대한 교사의 시범을 보일 것
   다. 다양한 매체에서 자료를 수집하였을 때의 장점을 제시할 것

3. 〈수험생 작성 조건3〉 개요서 분석하기
   가. 〈자료3〉에서 〈자료2〉가 어떻게 활용되었는지 찾는 활동을 제시할 것
   나. 구조화된 판서를 제시할 것
   다. 위 활동에 대한 교사의 시범을 보일 것

수업 조건

○ 과목 : 국어
○ 학년 : 중학교 1학년
○ 장소 : 국어 교과교실
○ 시간 : 블록타임제(90분)
○ 단원명 : 정보를 전달하는 글쓰기
○ 해당 성취 기준 : 복수의 자료를 활용하여 다양한 형식으로 정보를 전달하는 글을 쓸 수 있다.

단원명	차시	학습 내용
정보를 전달하는 글쓰기	1	○ 정보를 전달하는 글의 유형을 파악할 수 있다. ○ 자료를 수집하는 다양한 경로를 알고 정보를 수집할 수 있다.
	2-3 (본시)	○ 정보를 전달하는 글을 쓰기 위한 정보의 유형을 알고 정보의 적절성을 판단할 수 있다. ○ 수집한 정보를 활용하여 개요를 작성할 수 있다.
	4-5	○ 둘 이상의 자료를 활용하여 다양한 형식으로 정보를 전달하는 글을 쓸 수 있다.

학생 수	장소	학습 형태	학습 기자재
24명	국어 교과교실	강의식, 모둠식	교사용 컴퓨터, 전자 칠판, 학생용 스마트 기기

※ 본 문제는 모의 평가용으로 제작되었으며, 실제 시험의 문항 유형 및 형식과 다를 수 있습니다.

〈자료1〉

A : 요즘 애들이 스마트폰 때문에 잠을 늦게 자고 있대. 우리 학교 학생들이 충분한 수면을 할 수 있도록 정보를 주고 싶어.
B : 그러면 교지에 우리가 잠을 자야 하는 이유와 잠이 우리 몸에 미치는 긍정적인 영향을 설명하는 글을 실어볼까?

〈자료2〉

(가)	(나)
실험심리학용어사전 불면증(不眠症) : 수면 장애의 일종. 잠들기 어렵거나 잠든 후 자주 깨는 등 수면을 충분히 취하지 못하여 피로를 느끼는 증상 세부 유형 일차성 불면증 : 다른 의학적, 정신과적 장애나 약물에 의하지 않고 독립적으로 나타나는 불면증 이차성 불면증 : 특정 질환(우울증, 불안 장애 등)이나 약물 복용으로 인해 발생하는 불면증	우리가 몰랐던 잠의 비밀 : 똑똑한 잠이 건강한 나를 만든다(저자 : 김지혜 박사, 빛나는 지식 출판사, 2023) 제3장 : 잠은 마음을 정리하는 시간 수면은 우리 몸을 쉬게 할 뿐 아니라, 마음을 정리하고 감정을 다스리는 데 매우 중요합니다. 낮 동안의 복잡한 감정과 스트레스가 잠을 통해 해소되며, 특히 꿈을 꾸는 동안 부정적인 감정들이 희석됩니다. 충분히 잠을 자야 마음이 가벼워지고 긍정적인 생각으로 다음 날을 시작할 수 있습니다.
(다)	(라)
[블로그] 건강한 생활 가이드 | 잠이 뇌에 미치는 놀라운 영향 잠자는 동안 우리 뇌에서는 어떤 일이 일어날까요? 수면은 우리 뇌가 낮 동안의 활동으로 지쳤던 몸과 마음을 회복하는 동시에, 매우 중요한 정보 처리 과정을 진행하는 시간입니다. 정보 정리 및 기억 저장 : 뇌는 잠을 자는 동안 낮에 습득한 정보를 정리하고, 불필요한 정보는 삭제하며, 중요한 정보는 장기 기억으로 옮겨 저장합니다. 이 과정 덕분에 다음 날 새로운 것을 더 잘 배우고 기억할 수 있게 됩니다.	청소년 수면 패턴 및 성장 호르몬 분비 연구 보고서 (발행 : 한국청소년건강연구원, 2024) 1. 핵심 요약 본 보고서는 청소년의 수면 시간과 성장 호르몬 분비의 상관관계를 분석하였다. 연구 결과, 성장 호르몬은 주로 밤 10시부터 새벽 2시 사이 깊은 수면 단계에서 가장 활발하게 분비되는 것으로 확인되었다. 이 성장 호르몬은 어린이 및 청소년의 신체 발달과 성장에 필수적인 역할을 하며, 규칙적이고 충분한 수면이 성장 호르몬의 최적 분비를 위해 매우 중요함을 시사한다.

〈자료3〉

제목 : 「왜 우리는 잠을 자야 할까요?」	
처음	가. 잠에 대한 흥미 유발 및 문제 제기 나. 잠의 중요성과 우리 몸에 미치는 긍정적 영향 설명

중간	가. 신체 회복 및 에너지 충전
	   1) 피로 해소 및 신체 기능 회복
	   2) 다음 날 활동을 위한 에너지 재충전
	나. 뇌 기능 향상 및 학습 능력 증진
	   1) 뇌의 정보 정리 및 기억 저장 기능(블로그 글)
	   2) 수면 부족 시 주의력, 기억력 저하 및 학업 성적 악영향
	다. 성장 및 건강 유지
	   1) 성장 호르몬 활발한 분비(연구 보고서)
	   2) 면역력 강화
	라. 정서 안정 및 스트레스 해소
	   1) 마음 정리 및 감정 조절에 중요(책 자료)
	   2) 낮 동안의 감정과 스트레스 해소

끝	가. 잠의 다각적인 중요성 재강조 나. 충분한 수면 실천 당부 및 건강한 내일 제시

2026학년도 중등학교교사신규임용후보자선정경쟁시험(2차)
제35회 국어과 교수·학습 실연 지도안 예상 답안

국어과 본시 교수·학습 지도안					
학습 목표	1. 정보를 전달하는 글을 쓰기 위한 정보의 유형을 알고 정보의 적절성을 판단할 수 있다. 2. 수집한 정보를 활용하여 개요를 작성할 수 있다.				
학습 단계		교수·학습 활동		자료 및 유의점	시간(분)
도입	인사	• 인사 및 학습 분위기 조성		• 인사 및 학습 준비	

	전시 학습 확인	〈수험생 작성 내용1〉
		• 정보를 전달하는 글의 유형 발문하기
		  – "여러분, 우리 지난 시간에 정보를 전달하는 글에 대해 이야기해 봤죠? 기억나는 글의 종류가 있다면 자유롭게 이야기해 볼까요?"
		
		• 글을 쓰기 위해 자료를 수집하는 방법 발문하기
		  – "또 우리 지난 시간에 글을 쓸 때 자료를 찾는 다양한 매체에 관해 이야기해 봤는데, 어떤 것들이 있었는지 떠올려 볼까요?"
		
		• 전시 학습 내용과 수업 내용 연계하기
		  – "맞아요. 오늘은 이전 시간에 배운 내용을 바탕으로 수집한 정보의 유형과 정보의 적절성, 그리고 정보 활용 방법에 대해 알아보기로 해요."
				• 정보를 전달하는 글의 유형 대답하기
				  – "설명문이요."
				  – "보고서요!"
				  – "안내문이요~"
				
				• 글을 쓰기 위해 자료를 수집하는 매체 대답하기
				  – "사전을 찾아보거나 인터넷을 검색해봐요."
				  – "신문 기사를 스크랩하거나 전문 서적을 찾아봐요."
				  – "연구 보고서를 찾아보는 방법도 있어요."
				
				• 전시 학습 내용과 수업 내용 연계하여 이해하기	

	학습 내용 안내	• 학습 내용 안내		• 학습 내용 확인	
	학습 목표 제시	• 학습 목표 제시		• 학습 목표 확인	
전개 1	〈활동1〉 자료의 적절성 판단하기	〈수험생 작성 내용2〉 • 모둠 구성하게 하고 〈자료2〉 공유하기 • 〈자료1〉을 화면에 제시하고 글의 목적, 예상 독자, 글의 주제를 찾게 하기 • 〈자료2〉 각각의 매체 유형을 찾게 하고 〈자료1〉에서 찾은 내용을 기준으로 자료의 적절성을 판단하게 하기		• 모둠 구성 후 〈자료2〉 공유받기 • 〈자료1〉을 화면에서 확인하고 글의 목적, 예상 독자, 글의 주제를 찾기 | 목적 | 충분한 수면을 실천하도록 정보를 제공 | | 독자 | 중학교 1~3학년 학생 | | 주제 | 잠을 자야 하는 이유와 잠이 우리 몸에 미치는 긍정적인 영향 | • 〈자료2〉 각각의 매체 유형을 찾고 〈자료1〉에서 찾은 내용을 기준으로 자료의 적절성을 판단하기	

단계	활동	교사 활동	학생 활동		
전개1	〈활동1〉 자료의 적절성 판단하기	- "제가 한번 찾아볼까요? 〈자료2〉(가)는 '실험심리학용어사전'이라는 제목과 불면증의 개념을 소개하는 것을 통해 '사전'이 매체 유형임을 알 수 있어요." - "글의 주제를 고려했을 때 우리는 수면 장애의 종류를 다루는 것이 아니기 때문에 (가)의 정보는 적절하지 않아요. 그리고 독자 측면에서도 중학생에게는 세부 내용이 어려운 내용일 수 있어요." • 다양한 매체에서 자료를 수집하였을 때의 장점 제시하기 ① 객관적인 정보를 얻을 수 있음 ② 글의 내용을 풍부하게 구성할 수 있음	<table><tr><th>번호</th><th>매체 유형</th><th>적절성</th></tr><tr><td>(나)</td><td>전문 서적</td><td>'잠이 정신 건강에 미치는 긍정적 영향'을 다루고 있어 적절함</td></tr><tr><td>(다)</td><td>인터넷 게시물</td><td>'잠의 긍정적인 기능'을 다루고 있어 적절함</td></tr><tr><td>(라)</td><td>연구 보고서</td><td>'청소년기 성장과 잠의 관계'를 다루고 있어 적절함</td></tr></table> • 다양한 매체에서 자료를 수집하였을 때의 장점 이해하기		
전개2	〈활동2〉 개요서 분석하기	〈수험생 작성 내용3〉 • 〈자료3〉 공유하고 읽게 하기 • 〈자료3〉에서 〈자료2〉가 어떻게 활용되었는지 찾는 시범 보이기 - "〈자료2〉(나)에 수면이 '마음을 정리하고 감정을 다스리는 시간', '낮 동안의 복잡한 감정과 스트레스를 해소'한다고 적혀있죠? 이 내용이 〈자료3〉 가운데 라)의 1)과 2)에 각각 활용되고 있음을 알 수 있어요." • 〈자료3〉에서 〈자료2〉가 어떻게 활용되었는지 찾도록 하기 • 학생 활동 공유하도록 하기	• 〈자료3〉 공유받고 읽기 • 교사의 시범 확인하기 • 〈자료3〉에서 〈자료2〉가 어떻게 활용되었는지 찾기 • 활동 공유하기 <table><tr><th>〈자료2〉</th><th>〈자료3〉</th></tr><tr><td>(다)</td><td>다-1) 성장 호르몬 활발한 분비에 활용됨</td></tr><tr><td>(라)</td><td>나-1) 뇌의 정보 정리 및 기억 저장 기능에 활용됨</td></tr></table>		
정리	형성평가 및 과제 부여	• 형성평가 부여 • 수준별 과제 제시	• 형성평가 진행 • 수준별 과제 확인		
	학습 내용 정리	• 학습 내용 정리	• 학습 내용 이해		
	차시 예고	• 차시 예고	• 차시 예고 인지		

판서 예시

〈활동1〉 자료의 적절성 판단하기

목적	충분한 수면을 실천하도록 정보를 제공
독자	중학교 1~3학년 학생
주제	잠을 자야 하는 이유와 잠이 우리 몸에 미치는 긍정적인 영향

번호	매체 유형	적절성
(가)	사전	×
(나)	전문 서적	○
(다)	인터넷 게시물	○
(라)	연구 보고서	○

〈활동2〉 개요서 분석하기

〈자료2〉	〈자료3〉
(나)	라-1) 마음 정리 및 감정 조절 라-2) 낮의 감정과 스트레스 해소
(다)	다-1) 성장 호르몬 활발한 분비
(라)	나-1) 뇌의 정보 정리 및 기억 저장 기능

성취 기준	
2022 교육과정	[9국03-02] 복수의 자료를 활용하여 다양한 형식으로 정보를 전달하는 글을 쓴다.
성취 기준 적용 시 고려 사항	이 성취 기준은 둘 이상의 자료를 활용하여 다양한 형식으로 보고서나 설명문을 쓰는 데에 필요한 능력을 기르기 위해 설정하였다. 객관적인 정보의 공유와 소통을 위해 다양한 정보를 담고 있는 복수의 자료 활용하기, 정보를 전달하는 글의 내용을 생성하는 과정에서 책, 신문, 인터넷 등 다양한 매체에서 정보 수집하기, 수집한 정보의 중요도 분석하기, 수집한 정보 통합하기, 쓰기 윤리를 지키며 자료 활용하기, 문자 언어와 함께 도표, 그림, 사진 등을 활용하여 정보를 전달하기 등을 학습한다.

교과서 정리		
학습 내용 정리		■ **정보를 전달하는 글의 유형** • 설명문 : 어떤 지식이나 대상에 관한 정보를 독자에게 알려 주기 위하여 풀어 쓴 글 • 보고문 : 조사하거나 연구한 것의 내용이나 결과를 알리는 글 • 안내문 : 어떤 내용을 소개하여 알려 주는 글 • 기사문 : 보고 들은 사실이나 정보를 객관적으로 전달하는 글 ■ **글을 쓰려고 자료를 수집하고 활용할 때 유의할 점** • 책, 신문, 인터넷 등 다양한 매체에서 자료를 수집해야 함 • 출처가 분명하며 믿을 수 있는 자료인지 판단하며 수집해야 함 • 수집한 자료 가운데 목적과 주제에 맞는 정보를 선별해서 활용해야 함 ■ **정보를 전달하는 글을 쓸 때 고려할 점** • 독자가 이해하기 쉽도록 글과 함께 도표, 그림, 사진 등을 적절하게 활용해야 함 • 다른 사람이 작성한 자료나 글을 그대로 베껴서는 안 되며, 인용할 때에는 출처를 밝혀야 함
[2022] 천재(노) 1-1 3. 세상을 이해하는 힘 (2) 정보를 전달하는 글쓰기	동기유발	• 다음 상황(숙제를 위해 자료를 검색하는데 너무 많은 자료가 검색되는 상황)을 보고 물음에 답해 보자. (1) 위 상황에서 새로이와 보미가 어떤 방법으로 자료를 수집하려 하는지 말해 보자. (2) 자료를 찾을 때 어떤 점을 고려해야 하는지 친구들과 이야기해 보자.
	이해탐구	**정보를 전달하는 글을 쓰는 과정 살펴보기** 1. 현지가 글쓰기를 계획하고, 그에 맞는 자료를 수집하는 과정을 살펴보자. (1) 현지가 쓰려는 글의 목적과 주제, 예상 독자를 정리해 보자. (2) 현지가 자료를 수집하면서 자료의 중요도를 판단할 때 활용한 기준을 이야기해 보자. (3) 글의 내용을 마련할 때 다양한 매체에서 자료를 수집하면 어떤 점이 좋은지 생각해 보자. 2. 현지가 수집한 자료를 활용하여 개요를 작성하는 과정을 살펴보자. (1) 현지의 자료 활용 계획을 참고하여 개요를 완성해 보자. (2) 다음 항목을 기준으로 현지의 개요를 점검해 보자. 3. 현지가 쓴 초고를 읽고 물음에 답해 보자. (1) 현지가 쓴 초고를 다음 기준에 따라 평가해 보자. | 평가 기준 | 별점 | |---|---| | • 글의 목적과 주제에서 벗어난 내용은 없는가? | ☆☆☆☆☆ | | • 주제와 관련된 정보를 체계적으로 조직했는가? | ☆☆☆☆☆ | | • 독자가 이해하기 쉽게 표현했는가? | ☆☆☆☆☆ | | • 다양한 매체에서 수집한 자료를 적절하게 활용했는가? | ☆☆☆☆☆ | | • 다양한 형식을 활용하여 정보를 전달했는가? | ☆☆☆☆☆ | | • 자료의 출처를 분명하게 밝혔는가? | ☆☆☆☆☆ | (2) 현지가 다음과 같이 초고를 고친다면 어떤 효과가 있을지 말해 보자. (3) 앞의 활동을 참고하여 현지가 쓴 글에서 고쳐 쓰고 싶은 부분이 있는지 친구들과 이야기해 보자.
	적용소통	**우리 동네 조사 보고서 쓰기** 1. 모둠별로 우리 동네 조사 보고서에서 다룰 조사 대상을 정하고, 조사 계획을 세워 보자. 2. 자료를 조사한 뒤, 조사한 내용을 구체적으로 정리하고 분석해 보자. 3. 조사한 내용을 바탕으로 우리 동네 조사 보고서를 작성해 보자. 4. 완성한 보고서를 친구들 앞에서 발표하고, 모둠별로 서로 평가해 보자.

[2022] 천재(노) 1-1 3. 세상을 이해하는 힘 (2) 정보를 전달하는 글쓰기	한 걸음 더	**우리 학교 소식을 기사로 쓰기** 1. 기사문의 주요 내용을 정리해 보자. 2. 우리 학교의 흥미로운 사건이나 소식을 골라 기사문을 작성해 보자. 3. 2에서 작성한 기사문을 친구들과 돌려 읽고, 다음 기준에 따라 서로 평가해 보자. | 평가 기준	평가
---	---
• 기사문의 형식에 맞게 작성했는가?	☆☆☆☆☆
• 사건을 정확하고 객관적으로 전달했는가?	☆☆☆☆☆
• 자료를 활용하여 사건을 효과적으로 전달했는가?	☆☆☆☆☆		
[2022] 미래엔(신) 1-1 2. 간추리고 쓰기 (2) 정보를 전달하는 글쓰기	동기유발	• 다감이가 자신의 블로그에 지역 맛집을 소개하는 글을 올렸는데, 어쩐지 이 글은 조회수가 낮고 사람들의 반응도 없어 고민이다. 다감이는 가람이에게 도움을 요청하는데…… (1) 다감이가 블로그에 올린 글의 문제점을 말해 보자. (2) 다감이가 블로그에 올린 글에 어떤 정보를 추가하면 좋을지 말해 보자.	
	이해와 탐구	[계획하기] 1. 동아리 친구들이 세운 글쓰기 계획을 정리해 보자. 2. 민규가 여러 자료를 활용하여 글을 쓰자고 한 까닭을 생각해 보자. [내용 생성하기] 1. 동아리 친구들이 수집한 정보를 분석하여 선별해 보자. (1) 다음 기준에 따라 자료에 담긴 정보를 분석해 보자. • 주제를 뒷받침하는가? • 출처가 분명하고 믿을만한가? • 독자가 이해하기 쉬운 내용인가? (2) (1)을 바탕으로 하여 동아리 친구들이 글쓰기에 활용할 자료를 골라 보자. (3) 자료에서 수집한 정보 가운데 내용이 서로 비슷한 것을 찾아서 정리해 보자. 2. 다음 자료에서 알 수 있는 정보를 쓰고, 동아리 친구들의 글쓰기에 활용하기 적절한지 판단해 보자. [내용 조직하기] 1. 개요를 살펴보고, 글의 주제를 고려하여 삭제할 내용을 찾아보자. 2. '중간 3'의 빈칸에 들어갈 내용을 써 보자. [표현하기 및 고쳐쓰기] 1. 평가 기준에 따라 이 글을 점검해 보고, 고쳐 쓸 부분을 찾아보자. (1) 다음 평가 기준에 따라 이 글을 점검해 보자. | 평가 기준	별점
---	---
• 전달하려는 정보가 분명하게 드러나는가?	☆☆☆☆☆
• 여러 자료에서 찾은 정보를 적절하게 선별하였는가?	☆☆☆☆☆
• 문자 언어, 그림, 사진 등을 활용하여 다양한 형식으로 글을 썼는가?	☆☆☆☆☆
• 문단 안의 각 문장이 중심 내용을 뒷받침하고 있는가?	☆☆☆☆☆
• 독자가 이해하기 쉽게 표현하였는가?	☆☆☆☆☆
• 자료의 출처를 정확하게 밝혔는가?	☆☆☆☆☆	 (2) (1)을 바탕으로 하여 고치고 싶은 부분을 찾고, 그 까닭을 써 보자. 2. 동아리 친구들의 글쓰기 과정을 돌아보며, 정보를 전달하는 글을 쓸 때 유의할 점을 말해 보자.	
	문제 해결과 적용	정보를 전달하는 글 쓰기 1. 온라인상에 정보를 전달하는 글을 쓰기 위한 계획을 세워 보자. 2. 글에 담을 내용을 마련하기 위해 여러 자료를 찾아 정보를 수집해 보자. 3. 찾은 자료를 분석하여 글에 활용할 정보를 선별해 보자. (1) 찾은 자료에서 활용할 정보를 정리하고, 다음 기준에 따라 선별해 보자. (기준은 위와 동일) (2) (1)을 바탕으로 하여 글쓰기에 활용할 자료를 골라 보자. (3) 여러 자료에서 수집한 정보 가운데 통합해야 하는 것은 없는지 살펴보자. 4. 선별한 정보를 바탕으로 하여 글의 개요를 작성해 보자. 5. 개요를 바탕으로 하여 정보를 전달하는 글을 써 보자. 6. 완성한 글을 짝과 서로 바꾸어 읽고, 평가 기준에 따라 점검해 보자. (평가 기준은 위와 동일) 7. 점검한 내용을 바탕으로 하여 글을 고쳐 써 보고, 완성한 글을 온라인상에 공유해 보자.	

[2022] 비상(박영민) 1-2 1. 정보의 숲에서 길을 찾기 (2) 정보를 전달하는 글쓰기	동기유발	• 길을 묻는 어른을 만났을 때, 어떤 방법으로 설명하는 것이 효과적일지 말해 보자.	

	활동	[계획하기]
		1. '우주'가 정보를 전달하는 글을 쓰려고 계획한 내용을 정리해 보자.
		[내용 생성하고 조직하기]
		1. '우주'가 글을 쓰려고 다양한 매체에서 수집한 자료를 살펴보고, 자료 중에서 글에 들어갈 정보를 선별해 보자.
		  (1) '우주'가 수집한 자료를 매체의 종류에 따라 분류해 보고, 자료의 내용을 정리해 보자.
		  (2) 정보를 선별하는 기준을 참고하여, 가~자 중에서 글을 쓸 때 제외할 자료와 수정할 자료를 찾아보고, 글에 활용할 자료를 빈칸에 써 보자.
		  (3) 앞의 (2)를 바탕으로, 선별한 정보를 글에서 어떻게 활용할 수 있을지 정리해 보자.
		  (4) '우주'가 더 추가해야 할 정보가 있는지 찾아보자.
		2. 앞의 1을 바탕으로 '우주'가 작성한 개요를 점검하고, 내용을 수정해 보자.
		[글 쓰고 고쳐쓰기]
		1. '우주'가 자신의 글을 점검한 내용을 바탕으로, 이 글을 어떻게 고치면 좋을지 적어 보자.
		2. 다양한 형식의 자료를 활용하여 글을 쓸 때의 좋은 점과 주의할 점을 짝과 함께 말해 보자.	

	스스로 활동	[설명하고 싶은 주제를 정해 정보를 전달하는 글 쓰기] 1. 자신이 설명하고 싶은 주제를 정하고, 정보를 전달하는 글을 쓰기 위한 계획을 세워 보자. 2. 앞의 1에서 세운 계획에 따라 글에서 활용할 자료를 수집하고, 수집한 자료를 글에서 어떻게 활용할 수 있을지 정리해 보자. 3. 앞의 2에서 정리한 자료를 바탕으로 개요를 작성해 보자. 4. 앞의 3에서 작성한 개요를 바탕으로 정보를 전달하는 글을 써 보자. 5. 완성된 글을 짝과 바꾸어 읽고, 다음 기준에 따라 점검하고 고쳐 써 보자.	

점검 기준	상	중	하
• 글의 목적과 주제를 고려하였는가?			
• 독자의 흥미와 수준을 고려하였는가?			
• 다양한 매체에서 자료를 찾아 적절히 활용하였는가?			
• 도표, 그림, 사진 등 다양한 형식의 자료를 활용하였는가?			
• 글에서 사용한 자료의 출처를 정확하게 밝혔는가?			

2026학년도 중등학교교사신규임용후보자선정경쟁시험(2차)
제36회 국어과 교수·학습 실연 시험 문제지

관리 번호 [　　　]

지도안 세부 조건

1. **〈수험생 작성 조건1〉 동기유발**
   가. 〈자료1〉을 활용할 것
   나. 교사의 구체적인 발문을 포함할 것
   다. 학습 목표의 중요성을 깨닫게 할 것

2. **〈수험생 작성 조건2〉 근거의 타당성 평가하기**
   가. 〈자료2〉의 주장과 근거를 파악하는 활동을 구상할 것
   나. 〈자료2〉의 근거의 타당성을 판단할 수 있는 기준을 교사가 제시할 것
   다. 〈자료2〉의 근거의 타당성을 평가하게 할 것

3. **〈수험생 작성 조건3〉 주장을 뒷받침하는 타당한 근거를 들어 글쓰기**
   가. 〈자료3〉을 참고하여 우리 주변이나 사회의 문제와 관련한 주장을 세우도록 안내할 것
   나. 〈자료3〉에서 주장과 활용할 자료를 참고하여 근거를 구성하도록 할 것
   다. 〈자료3〉의 ⓐ~ⓓ를 모두 채울 것(단, ⓐ~ⓓ를 학생 활동 결과물로 제시할 것)
   라. 교사의 구체적인 피드백을 반드시 포함할 것

수업 조건

- 과목 : 국어
- 학년 : 중학교 1학년
- 장소 : 국어 교과교실
- 시간 : 블록타임제(90분)
- 단원명 : 주장하는 글쓰기
- 해당 성취 기준 : 주장을 뒷받침할 수 있는 타당한 근거를 들고 적절한 표현을 사용하여 주장하는 글을 쓴다.

단원명	차시	학습 내용
주장하는 글쓰기	1	○주장하는 글쓰기의 과정을 설명할 수 있다.
	2-3 (본시)	○주장을 뒷받침하는 근거의 타당성을 평가할 수 있다. ○주장을 뒷받침하는 타당한 근거를 들어 글을 쓸 수 있다(주장 세우기, 근거 구성하기).
	4-5	○주장을 뒷받침하는 타당한 근거를 들어 글을 쓸 수 있다(내용 조직하기, 초고쓰기, 고쳐쓰기).

학생 수	장소	학습 형태	학습 기자재
24명	국어 교과교실	강의식, 짝 활동	교사용 컴퓨터, 전자 칠판, 학생용 스마트 기기

※ 본 문제는 모의 평가용으로 제작되었으며, 실제 시험의 문항 유형 및 형식과 다를 수 있습니다.

〈자료1〉

륜영 : 선생님께서 한 해를 마무리하며 학급에서 추억을 만들 수 있는 활동을 학급 회의를 통해 정해보라고 하셨어. 하고 싶은 활동을 이유와 함께 말해줘.

민찬 : 나는 함께 트리 만들기를 하는 게 좋을 것 같아. 연말에 트리를 만드는 것이 내 꿈이기 때문이야.

호준 : 학급 회의 전 우리 반 친구들에게 물어봤더니 대부분의 친구들이 학급 단합대회를 하고 싶다고 응답했어. 따라서 학급 단합대회를 하는 것이 좋을 것 같아!

〈자료2〉

건강보다는 외모? 뚱뚱하지 않지만 뚱뚱한 우리들

영화 〈미녀는 괴로워〉에서는 다이어트를 하기 전 뚱뚱한 외모로 차별받던 주인공이 살을 빼고 나타나자 주위 사람들로부터 다른 대접을 받는다. 이는 단순히 영화 속의 이야기만은 아니다. 무대 속 아이돌들은 늘씬하고 마른 몸매로 춤을 추고, 사람들은 예쁘고 날씬한 몸매를 가지기 위해 노력한다. 대중매체 속 뷰티 프로그램에서는 '○○○ 식단' 이라는 이름으로 다이어트 비법을 공유하고 사람들은 매년 새해가 되면 검색창에 관심 키워드로 '다이어트'를 검색한다. 미디어 속 연예인들이 빛이 나는 만큼 외적인 기준은 날이 갈수록 엄격해지고 높아지며 사람들은 무리한 다이어트를 감행한다. 과연 이러한 현상이 바람직한 것일까?

외적인 아름다움을 위한 무리한 다이어트의 첫 번째 문제점은 표준 체중인 사람도, 자신에게 지나치게 엄격한 외모 기준을 적용시켜 정신적 건강을 해칠 수 있다는 것이다. 국민건강보험공단의 〈2017년 비만백서〉에 따르면 국내 전체 성인 비만율은 28.6퍼센트로 남성의 35.7퍼센트, 여성의 19.5퍼센트가 비만이다. 그러나 한 설문조사(엠브레인 트렌드모니터 2017년 11월 1일)에 따르면 만 13세~59세의 남녀 56.3퍼센트가 자신이 살찐 편이고, 81.1퍼센트는 자신에게 다이어트가 필요하다고 답했다. 이러한 설문 조사는 표준 체중인 사람들조차도 자신에게 엄격한 외모 기준을 적용시킨다는 것을 보여준다. 이러한 자기 통제는 체중의 정상 수준을 거부하고, 낮은 체중의 심각함을 부정하게 만든다. 이와 같은 엄격한 자기 통제가 지속되다 보면 심한 경우, 인격 장애와 우울증 등의 질환이 나타나기도 한다.

두 번째 문제점은 극단적인 다이어트를 하게 되면 영양 불균형, 탈모 불균형, 호르몬 불균형, 면역력 저하 등 신체적 문제를 가져온다는 것이다. △△헬스장의 회원인 한 시민의 인터뷰에 따르면, △△헬스장의 대부분의 회원들은 극심한 다이어트로 영양이 불균형할 것이라고 한다. 이 헬스장의 사례만 보더라도 극단적인 다이어트는 다양한 신체적인 문제를 일으켜 바람직하지 않다는 것을 알 수 있다.

무리한 다이어트의 마지막 문제점은 성장기인 학생들마저 외모지상주의에 젖어 무리한 다이어트를 하게 만들고, 이는 올바른 성장을 방해한다는 점이다. ○○학생복에서 초·중·고생 1만 939명을 대상으로 실시한 설문조사에 따르면 조사에 참여한 청소년의 절반 이상이 자신을 과체중이라고 생각한다고 응답했다. 또한, 청소년 10명 중 8명 이상은 다이어트를 해 본 경험이 있다고 응답하였다. 이처럼 청소년들은 성장기에 풍부한 영양섭취를 해야 함에도 불구하고, 자신을 과체중으로 생각하며 식욕을 억제하고 무리한 다이어트를 하고 있다.

사람에게는 저마다의 내적인 아름다움이 있다. 나를 속박하는 엄격한 외모 기준에서 벗어나야 한다. 무리한 다이어트로 소중한 건강을 해치는 일은 없도록 해야 한다. 외모를 가꾸는 것보다 더 중요한 것은 건강을 가꾸는 것이다. 바람직한 다이어트로 우리의 건강을 아름답게 가꿔나가자.

〈자료3〉

〈주장 세우기〉		〈근거 구성하기〉		
우리 주변이나 사회의 문제와 관련된 주장		주장	활용할 자료	근거
ⓐ_____ ⓑ_____		ⓐ	청소년들의 팬덤 내 기부 문화를 다룬 기사	〈수험생 작성 부분〉 ⓒ
		ⓑ	청소년 게임 중독의 문제점을 다룬 네이버 지식인 답변	〈수험생 작성 부분〉 ⓓ

※ 〈주장 세우기〉와 〈근거 구성하기〉의 ⓐ, ⓑ에 들어갈 내용은 동일함

2026학년도 중등학교교사신규임용후보자선정경쟁시험(2차)

제36회 국어과 교수·학습 실연 지도안 예상 답안

국어과 본시 교수·학습 지도안			
학습 목표	1. 주장을 뒷받침하는 근거의 타당성을 평가할 수 있다. 2. 주장을 뒷받침하는 타당한 근거를 들어 글을 쓸 수 있다.		
학습 단계	교수·학습 활동		자료 및 유의점	시간(분)
도입 — 인사	• 인사 및 학습 분위기 조성	• 인사 및 학습 준비		
도입 — 전시 학습 확인	• 전시 학습 확인	• 전시 학습 회상		
도입 — 동기유발	〈수험생 작성 내용1〉 • 〈자료1〉을 함께 보며 누구의 의견이 더 설득력 있는지 발문하기 　- "민찬이와 호준이의 의견 중 누구의 의견이 더 설득력 있는 것 같나요?" 　- "호준이의 의견이 설득력 있는 이유는 무엇일까요?" • 학습 목표의 중요성 설명하기 　- "맞아요. 호준이는 객관적인 근거를 들었기 때문에 더욱 설득력이 있었죠. 주장하는 글을 쓸 때에도 마찬가지예요. 상대를 설득하려면 주장을 뒷받침하는 근거가 객관적이고 타당해야 해요."	• 〈자료1〉을 함께 보며 누구의 의견이 더 설득력 있는지 생각해 보기 　- "호준이요." 　- "주관적인 생각을 말하는 민찬이와 달리 호준이는 반 친구들에게 직접 물어보며 객관적인 근거를 들었기 때문이에요." • 학습 목표의 중요성 이해하기		
도입 — 학습 내용 안내	• 학습 내용 안내	• 학습 내용 확인		
도입 — 학습 목표 제시	• 학습 목표 제시	• 학습 목표 확인		
전개 1 — 〈활동1〉 주장을 뒷받침하는 근거의 타당성 평가하기	〈수험생 작성 내용2〉 • 〈자료2〉 함께 읽기 • 짝과 함께 〈자료2〉의 주장과 근거를 파악하도록 안내하기 • 파악한 내용을 공유하도록 발표 유도하기 • 근거의 타당성을 평가하는 기준을 교사가 제시하기 타당성 판단 기준 • 주장과 근거 사이에 연관성이 있는가? • 주장을 뒷받침하는 근거는 객관적인가? • 주장을 뒷받침하는 근거가 신뢰할 만한가?	• 〈자료2〉 함께 읽기 • 짝과 함께 〈자료2〉의 주장과 근거를 파악하기 • 파악한 내용을 공유하기 주장: 외적인 아름다움을 위한 무리한 다이어트는 바람직하지 않다. 근거: 1) 지나치게 엄격한 외모 기준을 적용시켜 정신적 건강을 해침 2) 다양한 신체적 문제를 가져옴 3) 청소년기의 올바른 성장을 방해함 • 근거의 타당성을 평가하는 기준 숙지하기		

360 PART 03. 성취 기준 실전문제

전개 1	〈활동1〉 주장을 뒷받침하는 근거의 타당성 평가하기	• 짝과 함께 〈자료2〉의 근거의 타당성을 평가하도록 안내하기 • 평가한 내용을 공유하도록 발표 유도하기	• 짝과 〈자료2〉의 근거의 타당성을 평가하기 • 평가한 내용을 공유한다. | 근거	타당성	판단 근거
---	---	---
근거1	○	연관성 있으며, 객관적이고 믿을 만한 설문조사 자료를 근거로 함
근거2	×	근거가 연관성은 있으나 어떤 인터뷰에서 한 시민이 말한 내용은 객관적이고, 믿을 만한 근거는 아님
근거3	○	연관성 있으며, 객관적이고 믿을 만한 설문조사 자료를 근거로 함		
전개 2	〈활동2〉 타당한 근거를 들어 글쓰기	〈수험생 작성 내용3〉 • 계획하기 단계에서 주장을 세우도록 안내하기 - 〈자료3〉을 활용하여 개별적으로 우리 주변이나 사회의 문제와 관련된 주장을 선정하도록 안내하기 • 학생 발표 유도 및 피드백하기 - "우리 주변이나 사회 문제와 관련된 주장을 잘 선정해 주었어요." • 〈자료3〉을 활용하여 선정한 주장과 관련된 적절한 근거를 구성하도록 안내하기 〈활동 안내〉 - 주장을 잘 뒷받침하는 적절한 근거를 선정할 것 - 주장을 뒷받침하는 근거 자료를 수집할 것(학생용 컴퓨터 활용) • 학생 발표 유도 및 피드백하기 - "'팬클럽 활동은 바람직하다'는 주장과 관련된 근거가 연관성이 높고, 자료 또한 객관적이고 믿을 만하네요. 근거 구성을 잘 한 것 같아요." - "'게임 중독은 바람직하지 않다.'와 관련된 근거는 잘 들었으나 지식인에서 찾은 자료가 믿을 만한 것인지는 검증이 필요해요. 보다 객관적이고 믿을 만한 자료를 찾아보는 건 어떨까요?"	• 계획하기 단계에서 주장을 세우기 - 〈자료3〉을 활용하여 개별적으로 우리 주변이나 사회의 문제와 관련된 주장을 선정하기 • 활동 내용 발표하기 	우리 주변이나 사회의 문제와 관련된 주장

ⓐ 청소년의 팬클럽 활동은 바람직하다. ⓑ 청소년의 게임 중독은 바람직하지 않다.	 • 〈자료3〉을 활용하여 학생용 컴퓨터로 선정한 주장과 관련된 적절한 근거를 구성하기 • 활동 내용 발표하기 및 피드백 경청하기 	주장	활용할 자료	근거
---	---	---
청소년의 팬클럽 활동은 바람직하다.	팬덤 내 기부 문화를 다룬 기사	ⓒ 팬클럽 활동은 사회적으로도 긍정적 영향을 미친다.
청소년의 게임 중독은 바람직하지 않다.	게임 중독의 문제점을 다룬 네이버 지식인 답변	ⓓ 게임 중독은 정신적, 신체적인 문제를 발생시킨다.		
정리	학습 내용 정리	• 학습 내용 정리	• 학습 내용 이해	
	차시 예고	• 차시 예고	• 차시 예고 인지	

판서 예시

단원명 : 주장하는 글쓰기

<학습 목표>

1. 주장을 뒷받침하는 근거의 타당성을 평가할 수 있다.
2. 주장을 뒷받침하는 타당한 근거를 들어 글을 쓸 수 있다.

<활동1> 주장을 뒷받침하는 근거의 타당성 평가하기

• 주장 : 외적인 아름다움을 위한 다이어트는 바람직하지 않다.

근거	타당성	판단 근거
1	○	근거의 연관성○, 객관적이고 믿을 만한 설문조사 자료임
2	×	근거의 연관성○, 그러나 한 시민이 말한 내용은 객관적이고, 믿을 만한 근거는 아님
3	○	근거의 연관성○, 객관적이고 믿을 만한 설문조사 자료를 근거로 함

<활동2> 타당한 근거를 들어 글쓰기

1) 계획하기
2) 근거 구성하기

주장	활용할 자료	근거
청소년의 팬클럽 활동은 바람직하다.	팬덤 내 기부 문화를 다룬 기사	팬클럽 활동은 사회적으로도 긍정적 영향을 미친다.
청소년의 게임 중독은 바람직하지 않다.	게임 중독의 문제점을 다룬 네이버 지식인 답변	게임 중독은 정신적, 신체적인 문제를 발생시킨다.

성취 기준

2022 교육과정	[9국03-03] 주장을 뒷받침할 수 있는 타당한 근거를 들고 적절한 표현을 사용하여 주장하는 글을 쓴다.
성취 기준 적용 시 고려 사항	설득을 목적으로 글을 쓸 때는 논리적 추론의 과정을 통해 자신의 주장을 독자에게 입증해야 한다. 주장을 명료하게 제시하고, 타당한 근거로 주장을 뒷받침하며, 논리적인 추론의 과정이 수반되어야 독자에게 설득력 있는 글을 쓸 수 있다. 논설문, 비평문, 연설문 등 설득을 목적으로 하는 다양한 유형의 글을 쓰는 기회를 제공하여 학습자가 논리적이고 비판적으로 사고하는 경험을 확장할 수 있도록 지도한다. 설득을 목적으로 하는 글을 지도할 때는 타당하고 신뢰할 만한 근거를 구체적으로 마련하고 적절한 표현을 사용하여 자신의 주장을 설득력 있게 펼치는 데에 중점을 둔다. 이를 바탕으로 의견 차이가 있는 사안들을 분석하여 자신의 관점을 확립하고 이에 따른 의견을 사회·문화적 맥락 안에서 수용 가능한 글로 제시하도록 지도한다.
2015 교육과정	[9국03-04] 주장하는 내용에 맞게 타당한 근거를 들어 글을 쓴다.

교과서 정리

학습 내용 정리		■ **주장하는 글을 쓰는 과정** - 문제 상황 파악하고 계획하기 : 문제 상황을 파악하고 자신의 주장을 명확하게 정한 후에 주제와 목적, 독자, 매체 등을 고려하여 글을 쓸 계획을 세운다. - 근거 마련하기 : 글을 쓰기 위한 여러 가지 자료를 수집하고, 이를 활용하여 주장을 뒷받침할 근거를 마련한다. 이때 근거가 될 자료는 객관적이고 정확한 사실이어야 하며, 주장이나 주장의 이유와 긴밀하게 연결되어야 한다. - 개요 쓰기 : 내용을 마련하여 '서론 - 본론 - 결론'의 형식으로 짜임새 있게 개요를 쓴다. - 글쓰기 : 타당한 이유와 근거를 들고 적절한 표현을 사용하여 설득력 있는 글을 쓴다. - 고쳐쓰기 : 쓴 글을 점검하고, 수정·보완해야 할 부분을 찾아 고쳐 본다.
비상(박영민) 1-2 4. 문제를 풀어내는 슬기로운 방법 (2) 주장하는 글쓰기	동기유발	• 다음 광고의 내용이 설득력이 있는지 생각해 보자. - 층.간.소.음.(층간 소음의 71.6%가 발걸음 소리라는 사실을 아셨나요? 작은 배려가 이웃을 위한 첫걸음이 됩니다.)

	학습활동	[문제 상황 파악하고 계획하기]
		1. '신비'가 하루 동안 본 모습을 정리하고, 문제 상황이 무엇인지 파악해 보자.
		2. 앞의 1에서 파악한 문제 상황과 관련하여 '신비'가 모둠 구성원과 토의한 내용을 보고, 주장하는 글을 쓰기 위한 계획을 정리해 보자.
		[근거 마련하고 개요 쓰기]
		1. 다음은 '신비'네 모둠에서 주장하는 글을 쓰기 위해 수집한 자료이다. 각 자료의 내용을 파악하고, 근거로 쓸 내용을 마련해 보자.
		  (1) (가)~(사)를 주장하는 글의 근거로 활용할 수 있을지 평가해 보자.
		  (2) 앞의 (1)에서 평가한 자료를 바탕으로 주장의 이유를 정리해 보고, 글을 쓰기 위해 더 필요한 자료가 있다면 찾아보자.
		2. 다음의 앞 1에서 정리한 자료를 바탕으로 작성한 개요이다. '신비'의 질문에 답하며 개요를 점검하고 수정해 보자.

교과서	단계	내용
비상(박영민) 1-2 4. 문제를 풀어내는 슬기로운 방법 (2) 주장하는 글쓰기	학습활동	[글 쓰고 고쳐 쓰기] 1. 다음은 '신비'가 쓴 주장하는 글이다. '신비'가 모둠 구성원과 함께 글을 점검하고 고쳐 쓰는 과정을 살펴보자. 　(1) '신비'네 모둠 구성원이 점검한 내용을 참고하여 글을 고쳐 써 보자. 　(2) 앞의 (1)에서 고쳐 쓴 글을 다음 기준에 따라 평가해 보자. | 평가 기준 | 평가 ||| |---|---|---|---| | 주장과 이유가 분명하게 드러나는가? | 상 | 중 | 하 | | 근거가 객관적이고 타당한가? | 상 | 중 | 하 | | 주장과 이유, 근거가 긴밀하게 연결되었는가? | 상 | 중 | 하 | | '서론 - 본론 - 결론'의 형식으로 짜임새 있게 구성하였는가? | 상 | 중 | 하 | | 글의 주제, 목적, 독자, 매체를 고려하여 적절한 표현을 사용하였는가? | 상 | 중 | 하 | 2. '신비'의 주장 외에도 스마트폰과 관련한 자신의 주장을 쓰고, 주장을 하는 이유와 근거를 마련해 보자.
비상(박현숙)1-2 3. 삶을 가꾸는 글의 힘 (2) 주장하는 글쓰기	동기유발	• 두 상황 중에서 자신은 어떤 상황을 선택할지 구체적인 근거를 들어 말해 보자.
	탐구활동	[계획하기] • 문제 상황 찾고 주장 정하기 1. '지유'가 발견한 문제와 그에 대한 생각을 바탕으로, 주장할 내용을 정리해 보자. [내용 생성하기] • 자료 수집하기 2. '지유'가 수집한 자료들을 살펴보고, 주장을 뒷받침할 근거를 마련해 보자. 　(1) 각 자료의 내용을 읽고, 중심 내용을 정리해 보자. 　(2) 수집한 자료가 '지유'의 주장을 뒷받침할 근거로 활용하기 적절한지 평가해 보자. 그리고 추가로 필요한 자료가 있는지 찾아보자. [내용 조직하기] • 개요 작성하기 3. 다음은 '지유'가 작성한 개요이다. 선정한 자료를 바탕으로 개요를 완성해 보자. [표현하기] • 주장하는 글쓰기 4. '지유'가 주장하는 글을 읽고, 주장과 근거가 잘 드러났는지 판단해 보자. • '나'의 글쓰기 [고쳐쓰기 및 점검하기] • 고쳐쓰기 5. 다음은 '지유'가 이 글을 고쳐 쓴 과정을 요약한 것이다. '지유'가 아래 내용을 고쳐 쓴 까닭이 무엇인지 생각하며 빈칸을 채워 보자. 6. 다음 기준에 따라 '지유'가 완성한 글을 점검해 보자.
미래엔(민) 1-2 2. 핵심을 찾고 주장하기 (2) 주장하는 글쓰기	동기유발	• 학교 누리집에 올라온 글을 읽고 어떤 문제가 있는지 생각해 보자.
	과정탐구	[계획하기] 1. 주장하는 글쓰기 계획을 세워보자. 　(1) 주변에서 문제 상황을 찾아 써 보자. 　(2) (1)에서 찾은 문제 상황에 관해 나의 경험이나 주변에서 들은 이야기 등을 자유롭게 떠올리고, 글쓰기 계획을 세워 보자. [주장을 뒷받침하는 타당한 근거 마련하기] 2. 주장을 뒷받침하는 타당한 근거를 마련해 보자. 　(1) 나의 주장을 뒷받침하는 이유를 정리하고, 자료를 수집할 때 활용할 핵심어를 골라 보자. 　(2) (1)에서 정리한 이유와 관련 있는 자료를 수집하고, 수집한 자료의 타당성을 점검해 보자. 　(3) 점검한 자료를 다듬어서 주장을 뒷받침하는 타당한 근거를 마련해 보자. [개요 작성하기] 3. 2에서 마련한 근거를 바탕으로 개요를 작성해 보자. [주장하는 글을 쓰고 고쳐쓰기] 유정이는 작성한 개요를 바탕으로 하여 주장하는 글을 쓴 다음, 친구 은우와 글을 검토하고 고쳐 썼다. 4. 작성한 개요를 바탕으로 하여 주장하는 글을 쓰고, 글을 고쳐 써 보자.
	적용실천	1. 내가 쓴 주장하는 글을 바탕으로 하여 카드 뉴스를 제작해 보자. 　(1) 카드 뉴스 제작 계획을 세워 보자. 　(2) 카드 뉴스의 각 장에 들어갈 내용을 구상해 보자. 　(3) (1), (2)를 바탕으로 하여 카드 뉴스를 제작해 보자. 2. 제작한 카드 뉴스를 공유하고, 다음 기준을 참고하여 친구의 카드 뉴스에 의견을 남겨 보자.

2026학년도 중등학교교사신규임용후보자선정경쟁시험(2차)
제37회 국어과 교수·학습 실연 시험 문제지

관리 번호

지도안 세부 조건

1. **〈수험생 작성 조건1〉 동기유발**
   가. 학생 경험을 활용할 것(단, 학생들이 서로의 경험을 공유할 수 있도록 학생용 스마트 기기를 활용할 것)
   나. 위 활동을 학습 목표와 연계할 것
   다. 교사와 학생 간 상호작용이 드러나도록 구성할 것

2. **〈수험생 작성 조건2〉 경험을 담은 글의 가치 이해하기**
   가. 〈자료1〉을 활용하도록 할 것
   나. 〈자료2〉의 활동지를 해결하며, 〈자료1〉의 글쓴이의 글쓰기 과정을 이해하도록 할 것
   다. 위의 활동을 토대로 자신의 경험을 글로 쓰는 것의 가치를 이해하도록 할 것

3. **〈수험생 작성 조건3〉 가치 있는 경험 찾기**
   가. 자신의 삶에서 기억에 남는 다양한 경험을 찾도록 할 것
   나. 학생 간 상호작용을 통해 글감을 선택하도록 할 것

수업 조건

- 과목 : 국어
- 학년 : 중학교 1학년
- 장소 : 국어 교과교실
- 시간 : 블록타임제(90분)
- 단원명 : 삶을 담은 글쓰기
- 해당 성취 기준 : 자신의 삶과 경험을 바탕으로 정서를 진솔하게 표현하는 글을 쓴다.

단원명	차시	학습 내용
삶을 담은 글쓰기	1-2 (본시)	○경험을 담은 글을 읽고 경험을 글로 표현하는 것의 가치를 이해할 수 있다. ○자신의 가치 있는 경험을 찾아 글로 표현하기 위해 내용을 생성할 수 있다.
	3-4	○자신의 가치 있는 경험을 글로 표현하기 위해 내용을 조직할 수 있다. ○자신의 삶과 경험을 바탕으로 정서를 진솔하게 표현하는 글을 쓸 수 있다.

학생 수	장소	학습 형태	학습 기자재
24명	국어 교과교실	강의식, 모둠식	교사용 컴퓨터, 전자 칠판, 학생용 스마트 기기

※ 본 문제는 모의 평가용으로 제작되었으며, 실제 시험의 문항 유형 및 형식과 다를 수 있습니다.

〈자료1〉

내가 초등학교 6학년 때 우리 반에는 무쇠 다리가 있었다. 무쇠 다리는 양쪽 다리에 철제 보조기구를 끼고 엉거주춤하며 느릿느릿 걸어 다녔다. 가끔 그 철제 보조기구에서는 삐거덕거리는 소리가 나기도 해서 마치 기름칠이 덜 된 로봇 같았다. 몸을 제대로 가누지를 못하니 선생님께서는 반 전체에게 무쇠 다리를 배려해주라고 하셨고, 특히 나는 반장이었으므로 나에게는 무쇠 다리를 보호하라는 특급 명령이 떨어졌다. 처음에는 그런대로 할 만했지만 시간이 갈수록 무쇠 다리의 학교 보호자 역할에 점점 지쳐가고 있었다.

그러던 어느 날 체육 시간이 끝나고 운동을 너무 열심히 한 탓인지 기진맥진한 상태였다. 그 상태에서 무쇠 다리를 부축하여 교실까지 데려가려니 여간 피곤한 것이 아닌가. 무쇠 다리를 자리에 앉히자마자 나도 모르게 책상에 엎드려 깜빡 잠이 들었다. 한참 단잠에 빠져 있는데 누군가의 비명 소리가 들렸다. 기분 나쁜 느낌은 틀리지 않았다. 순간적으로 무쇠 다리에게 무슨 일이 생겼다는 것을 직감적으로 알 수 있었다. 뛰쳐나가 보니 무쇠 다리가 계단에서 넘어져 있었고 그의 보조기는 부서져 사방팔방에 흩어져 있었다. 알고 보니 내가 잠든 사이 무쇠 다리가 화장실을 가려고 혼자 나갔다가 일이 난 것이었다. 이 일로 나는 담임 선생님께 반장으로서 역할을 제대로 수행하지 않았다는 이유로 호되게 혼이 났고 무쇠 다리가 사라져 버렸으면 좋겠다는 생각이 들었다. 그렇게 한 달간 무쇠 다리는 학교에 나오지 않았다.

한 달이 지나고 무쇠 다리는 언제 그랬냐는 듯이 등교했다. 무쇠 다리의 부모님께서 어떤 말씀을 전한 건지 담임 선생님도 나에게 더 이상 무쇠 다리를 부탁하지 않으셨다. 그렇게 어색하고 불편하게 지내던 중 잠시 자리를 비웠다 돌아왔는데 자리 위에 꼬깃한 편지 하나가 놓여 있었다. 편지의 내용은 이러했다.

'○○아 안녕? 나 ○○이야(무쇠 다리). 네가 학교에서 이동 수업 때, 화장실 갈 때, 밥 먹을 때 항상 챙겨 줘서 고마웠어. 내가 다리가 좀 불편해서 너까지 힘들게 한 거 같아 많이 미안해. 그리고 지난번에 내가 혼자 나갔다가 다쳐서 선생님께 혼나느라 많이 속상했지? 그것도 정말 미안해. 나도 언젠가 네가 힘들 때 꼭 도와줄 수 있는 친구가 될게. 도와줄 수 있는 일이 생기면 언제든지 연락줘. 안녕.'

그 편지를 읽으며 내 볼은 붉게 상기되었고 흐르는 눈물은 멈출 수가 없었다. 그 아이도 그렇게 태어나고 싶어서 그런 것이 아닌데……. 좀 도와줬다고 그렇게 힘들어 하고 귀찮아했던 내 자신이 너무 부끄러웠다. 나는 손등으로 눈물을 훔치고 무쇠 다리에게 천천히 다가갔다. 무쇠 다리는 빙긋이 웃으며 나지막이 말하였다.

"고마워, 미안해."

다시금 눈물이 나오려는 것을 꾹 참으며 말하였다.

"아니야. 내가 미안해. 우리 같이 밥 먹으러 가자."

그 순간 어색한 공기는 모두 사라지고 어디선가 따뜻한 바람이 불어왔다.

〈자료2〉

[활동지]

1. 글쓴이가 글감으로 선택한 경험을 쓰고, 글감을 선택한 까닭은 무엇일지 생각해 보자.
   - 글쓴이가 선택한 경험 :
   - 선택한 까닭 :

2. 글쓴이가 자신의 경험을 구체화하는 과정을 정리해 보자.
   - 언제, 어디서 있었던 일이지?
     - 초등학교 6학년 때, 학교 교실에서
   - 구체적으로 무슨 일이 있었지?
     - 반에 무쇠 다리라는 별명을 가진 다리가 불편한 친구가 있었음
     - 반장이었기 때문에 담임 선생님이 무쇠 다리를 부탁함
     - 내가 깜빡 잠든 사이 무쇠 다리가 혼자 화장실을 가다 크게 다침
   - 그 다음에는 어떻게 되었더라?

3. 경험에서 글쓴이는 어떤 것을 느끼고 깨달았을까?

4. 글쓴이가 자신의 경험을 글로 쓰기 위해 내용을 어떻게 조직했는지 생각해 보자.

처음	• 반에 도움이 필요한 무쇠 다리라는 별명을 가진 친구가 있었고 반장인 내가 도맡아서 도와줬음
중간	• • •
끝	•

2026학년도 중등학교교사신규임용후보자선정경쟁시험(2차)

제37회 국어과 교수·학습 실연 지도안 예상 답안

국어과 본시 교수·학습 지도안

학습 목표	1. 경험을 담은 글을 읽고 경험을 글로 표현하는 것의 가치를 이해할 수 있다. 2. 자신의 가치 있는 경험을 찾아 글로 표현하기 위해 내용을 생성할 수 있다.			
학습 단계	교수·학습 활동		자료 및 유의점	시간 (분)
도입	인사	• 인사 및 학습 분위기 조성	• 인사 및 학습 준비		
	전시 학습 확인	• 전시 학습 확인	• 전시 학습 회상		
	동기유발	〈수험생 작성 내용1〉 • 감정 카드(기쁨, 슬픔, 놀라움 등)를 화면에 제시하여 학생마다 감정을 하나씩 선택하도록 하기 • 선택한 감정과 관련한 경험을 떠올린 후 온라인 담벼락 플랫폼에 게시하도록 안내하기 – "자신의 경험을 짧게 ○○렛에 올리고 다른 친구들은 무슨 내용을 올렸는지 읽어보세요. 인상 깊거나 마음에 드는 내용을 올린 친구의 글에 '좋아요' 표시를 눌러보도록 해요." • 학생 경험 공유하기 – "'좋아요' 수를 가장 많이 받은 리아는 어떤 경험을 글로 표현할 걸까요?" – "두 번째로 많이 받은 민수는요?" • 활동과 학습 목표를 연계하기 – "친구들의 다양한 경험을 읽어보니 어땠나요?" – "그렇죠? 진솔한 경험과 감정은 나만 기억하고 있는 것이 아니라 이처럼 표현할 때 다른 사람에게 즐거움을 줄 수 있어요. 이번 시간에는 여러분의 경험을 한 줄보다 더 풍성하게 표현해서 다른 사람을 더 감동시킬 수 있는 글쓰기를 해볼 거예요."	• 감정 카드를 보고 감정을 한 가지 선택하기 • 선택한 감정과 관련한 경험을 떠올린 후 온라인 담벼락 플랫폼에 게시하기 • 학생 경험 공유하기 – "초등학교 6학년 때 그림 그리기 대회를 밤새 준비해서 상을 받은 기쁨을 '그림 대회 상! 밤샘 준비 보람!'이라고 표현했어요." – "친구가 다른 학교로 전학을 갔는데 제대로 인사를 못해서 아쉬워서 '친한 친구 전학, 마지막 인사 못해서 아쉬움'이라고 적었어요." • 학습 목표의 필요성 이해하기 – "재밌었어요." – "같은 감정이어도 다양한 이야기로 풀어낼 수 있다는 걸 알게 됐어요."		
	학습 내용 안내	• 학습 내용 안내	• 학습 내용 확인		
	학습 목표 제시	• 학습 목표 제시	• 학습 목표 확인		

		〈수험생 작성 내용2〉	• 〈자료1〉을 읽기		
전개 1	〈활동1〉 경험을 담은 글의 가치 이해하기	• 〈자료1〉을 읽도록 하기 • 모둠별로 〈자료2〉의 활동지를 함께 채우며 〈자료1〉 글쓴이의 글쓰기 과정을 이해하도록 하기 • 〈자료2〉 활동 내용 공유하도록 하기	• 모둠별로 〈자료2〉의 활동지를 함께 채우며 〈자료1〉 글쓴이의 글쓰기 과정을 이해하기 • 〈자료2〉 활동 내용 공유하기 	번호	들어갈 내용
---	---
1번	- 학창시절 다리가 불편한 친구와의 일화 - 깨달음을 얻었고 공유할 만한 경험이라서
2번	- 선생님께 혼난 후 어색해졌지만 무쇠 다리의 편지로 내 마음이 녹고 화해함
3번	- 장애인 친구에 대해 미안한 마음을 가지고 자신의 행동을 반성하게 됨
4번	- 체육 시간 직후 깜빡 존 사이 무쇠 다리가 크게 다침 - 무쇠 다리가 다시 등교하여 '나'에게 편지를 줌 - 편지에는 '나'에 대한 무쇠 다리의 고마움과 미안함이 담김 - 미안한 마음이 든 '나'는 무쇠 다리에게 다가가 사과하고 둘은 가까워짐	 • 위의 활동을 통해 자신의 경험을 글로 쓰는 것의 가치를 이해하기 - "자신의 의미 있는 경험을 글로 정리하며 되새길 수 있어요.", "좋은 경험을 다른 사람들에게 나눌 수 있어요."		
		• 위의 활동을 통해 자신의 경험을 글로 쓰는 것의 가치를 이해하도록 하기 - "이렇게 자신의 경험을 글로 쓰면 어떤 점이 좋을까요?"			
전개 2	〈활동2〉 가치 있는 경험 찾기	〈수험생 작성 내용3〉 • 자신의 삶에서 기억에 남는 다양한 경험을 3가지씩 찾도록 하기	• 자신의 삶에서 기억에 남는 다양한 경험을 3가지씩 찾기 	학생	기억에 남는 경험
---	---
민수	- 거짓말해서 엄마한테 혼났던 경험 - 동생과 싸웠던 경험 - 키를 키우도록 노력했던 경험
수민	- 외국 여행을 갔던 경험 - 시험 성적 10점을 올린 경험 - 다리를 다쳤던 경험			
		• 학생 간 상호작용을 통해 글감을 선택하도록 하기 - "자신의 삶에서 기억에 남는 여러 경험 중 조별 투표에서 친구들이 가장 듣고 싶어하는 경험은 무엇인가요?" - "네 좋아요 그렇다면 다른 조에서 추가적으로 민수가 '키를 키우도록 노력했던 경험'이라는 글감으로 글을 쓸 때 어떤 내용을 더 넣어주었으면 좋겠나요?"	• 학생 간 상호작용을 통해 글감을 선택하기 - "저는 키를 키우도록 노력했던 경험을 친구들이 뽑아주었습니다. 그 이유는 친구들이 성장기다 보니까 유용한 정보인 것 같아서 관심이 많은 것 같아요." - "키를 키우기 위해서 어떤 노력을 했는지 구체적으로 알려주었으면 좋겠어요.", "얼만큼의 기간 동안 노력했는지 궁금해요." 등		

전개 2	<활동2> 가치 있는 경험 찾기	- "좋습니다. 친구들의 투표로 어떤 경험을 글감으로 할지 정했다면 모둠별로 대화하며 어떤 내용을 꼭 넣어야 할지도 마저 정해보기 바랍니다." • 글감과 관련한 내용 생성하며 활동 마무리하도록 하기	• 글감과 관련한 내용 생성하며 활동 마무리하기		
정리	형성평가 및 과제 부여	• 형성평가 부여 • 수준별 과제 제시	• 형성평가 진행 • 수준별 과제 확인		
	학습 내용 정리	• 학습 내용 정리	• 학습 내용 이해		
	차시 예고	• 차시 예고	• 차시 예고 인지		

판서 예시
자신의 경험 글쓰기

<학습 목표>

1. 경험을 담은 글을 읽고 경험을 글로 표현하는 것의 가치를 이해할 수 있다.

2. 자신의 가치 있는 경험을 찾아 글로 표현하기 위해 내용을 생성할 수 있다.

<활동1> 학습지 채우며 글쓰기 과정 파악하기

번호	들어갈 내용
1번	- 학창시절 다리가 불편한 친구와의 일화 - 깨달음을 얻었고 공유할 만한 경험이라서
2번	선생님께 혼난 후 ~ 화해함
3번	장애인 친구에 ~ 반성하게 됨
4번	- 체육 시간 직후 ~ 무쇠 다리가 크게 다침 - 무쇠 다리가 '나'에게 편지를 줌 - 편지에는 ~ 고마움과 미안함이 담김 - 미안한 마음이 ~ 사과하고 둘은 가까워짐

<활동2> 가치 있는 경험 찾기

학생	기억에 남는 경험
민수	- 거짓말해서 엄마한테 혼났던 경험 - 동생과 싸웠던 경험 - 키를 키우도록 노력했던 경험

• 선택된 경험 : 키를 키우도록 노력했던 경험
• 친구들이 궁금해 하는 내용
 - 키를 키우기 위한 구체적인 노력
 - 노력에 들인 시간

성취 기준	
2022 교육과정	[9국03-05] 자신의 삶과 경험을 바탕으로 정서를 진솔하게 표현하는 글을 쓴다.
성취 기준 적용 시 고려 사항	자신의 경험을 토대로 진솔하게 정서를 글로 표현하는 과정이 필자에게는 건강한 자아를 형성하게 도와주고 그 글을 읽은 독자에게는 감동과 즐거움을 줄 수 있다. 정서를 표현하는 글을 지도할 때는 수필, 편지, 영상, 만화 등 다양한 유형을 활용하여 글을 쓸 수 있도록 지도하되, 학습자가 자신의 정서를 진솔하게 표현하도록 하는 데에 중점을 둔다. 또한, 다양한 표현을 활용하여 쓴 글을 독자와 공유하고 독자의 반응을 확인하는 경험을 통해 쓰기 능력의 향상을 도모하고 필자로서 성장할 수 있도록 지도한다. 필자의 경험에 바탕을 둔 글쓰기를 지도할 때는 학습자가 타인에게 드러내고 싶어 하지 않는 개인적인 내용이 노출되지 않도록 유의하여 지도한다.
2015 교육과정	[9국03-05] 자신의 삶과 경험을 바탕으로 하여 독자에게 감동이나 즐거움을 주는 글을 쓴다.

교과서 정리	
학습 내용 정리	■ 삶과 경험을 바탕으로 정서를 진솔하게 표현하는 글을 쓸 때 고려할 점 • 글을 쓰는 목적과 읽는 이의 관심을 고려해 자신의 삶에서 의미 있는 경험을 글감으로 정하기 • 자신에게 의미 있는 경험을 구체적으로 나타내기 • 경험과 관련된 자신의 정서와 경험에서 얻은 깨달음을 진솔하게 표현하기 ■ 경험과 정서를 진솔하게 표현하는 글의 효과 • 글쓴이 : 자신을 성찰하며 건강한 자아를 형성할 수 있음 • 읽는 이 : 글쓴이의 경험과 정서가 담긴 글을 읽으며 감동과 즐거움을 느낄 수 있음

[2022] 천재(노) 1-2 1. 성찰하며 성장하며 (2) 진솔하게 글쓰기	동기유발	• 다음 상황을 보고 물음에 답해 보자. (1) 위 상황에서 우주가 사촌 형에게 문자 메시지를 보내려는 까닭을 말해 보자.

	이해탐구	경험과 정서를 담은 글 쓰는 방법 알아보기
		1. 준서가 자신의 경험을 바탕으로 글을 쓰려고 떠올린 내용을 살펴보자.
		  (1) 준서가 글로 쓰려는 경험과 그 경험을 고른 까닭을 적어 보자.
		  (2) 준서가 글에 쓸 내용을 마련하면서 고려한 점을 정리해 보자.
		2. 준서가 작성한 개요를 보고 물음에 답해 보자.
		  (1) 1에서 준서가 글을 쓰려고 떠올린 내용을 참고하여 개요를 완성해 보자.
		  (2) 개요에서 준서가 추가한 내용을 찾고, 그 내용을 추가하려는 까닭을 적어 보자.
		  (3) 준서가 개요를 쓰면서 고려한 점을 정리해 보자.
		3. 준서가 쓴 글을 읽고 물음에 답해 보자.
		  (1) 글에서 준서의 정서가 구체적으로 드러난 부분을 찾아보자.
		  (2) 글에 드러난 경험과 깨달음을 중심으로 준서의 글에 관한 감상을 써 보자.
		  (3) 경험을 바탕으로 정서를 진솔하게 표현한 글이 글쓴이와 읽는 이에게 어떤 도움이 되는지 친구들과 이야기해 보자.

	적용소통	1. 자신의 삶에서 의미 있는 경험을 떠올려 보고 글감을 정해 보자. 2. 1에서 정한 글감과 관련된 경험과 정서가 잘 드러나도록 글에 쓸 내용을 마련해 보자. 3. 2에서 마련한 내용을 바탕으로 개요를 작성해 보자. 4. 개요를 바탕으로 자신의 경험과 정서를 진솔하게 표현하는 글을 써 보자. 5. 다음 기준에 따라 자신이 쓴 글을 평가해 보자. | 평가 기준	평가
---	---
• 자신에게 의미 있는 경험을 글감으로 정했는가?	☆☆☆☆☆
• 자신의 경험을 구체적으로 나타냈는가?	☆☆☆☆☆
• 경험과 관련된 자신의 정서를 진솔하게 표현했는가?	☆☆☆☆☆	 6. 친구들과 글을 서로 돌려 읽고, 자신이 쓴 글에 관한 '한 줄 감상'을 받아 보자.
[2022] 비상(박현숙)1-2 1. 마음을 비추는 글 (2) 진솔한 글쓰기	동기유발	• 감정을 나타내는 단어들을 활용하여 빙고 놀이를 해 보자. 그리고 최근 자신이 느낀 감정을 표현할 수 있는 단어를 찾아보고, 친구와 서로의 감정에 관해 말해 보자.

	탐구활동	[계획하기]
		1. 자신의 삶에서 인상 깊었던 경험을 떠올려 보고, 글감을 정해 보자.
		[내용 생성하기]
		2. 다음 방법을 참고하여 글감으로 정한 경험을 구체화해 보자.
		[내용 조직하기]
		3. 구체화한 내용을 바탕으로 글의 개요를 작성해 보자.
		[표현하기]
		4. 작성한 개요를 바탕으로 정서를 진솔하게 표현하는 글을 써 보자.
		[고쳐쓰기]
		  (1) [보기]는 이 글에서 [ ] 표시한 부분을 고쳐 쓴 것이다. 달라진 부분을 찾아보고, 이렇게 고쳐 썼을 때 어떠한 효과가 있는지 말해 보자.
		  (2) 자신의 감상을 바탕으로 이 글의 제목을 바꾸어 써 보자.
		5. 자신이 쓴 글을 다시 읽어 본 후, 글을 고쳐 써 보자. 그리고 친구와 서로 글을 바꾸어 읽으며 느낀 점을 말해 보자.
		  (1) 다음 기준에 따라 자신이 쓴 글을 점검하고, 이를 바탕으로 글을 고쳐 써 보자.
		  (2) 고쳐 쓴 글을 친구와 바꾸어 읽고, 느낀 점을 서로 말해 보자.

	적용	화가 '이중섭'이 아들에게 보낸 편지를 읽고, 편지에서 느껴지는 정서를 말해 보자. 편지를 보내면 10년 후에 받을 수 있는 '느린 우체통'이 있다. 10년 후의 자신에게 편지를 써 보자.

	동기유발	• 자신의 디지털 기기에 담긴 사진을 보고 글로 쓰고 싶은 경험을 골라 말해 보자.
[2022] 비상(박영민) 1-1 4. 나를 돌아보는 내 마음의 거울 (2) 진솔하게 그린 나의 마음	학습활동	1. 글쓴이가 「할아버지의 엄마 나무」를 쓰기 전에 떠올린 생각을 살펴보고, 자신의 삶과 경험을 바탕으로 정서를 진솔하게 표현하는 글을 쓰기 위한 계획을 세워 보자. 　(1) 글로 쓰고 싶은 자신의 인상적인 경험을 자유롭게 떠올려 보자. 　(2) 다음 물음에 답하며 앞의 (1)에서 떠올린 경험 중 글감이 되기에 적절한 내용을 고르고, 글의 주제를 정해 보자. 　(3) 앞의 (2)에서 고른 경험을 글로 표현하기 위한 내용을 정리해 보자. 2. 글쓴이가 이 글이 개요를 작성한 과정을 살펴보며 앞의 1에서 고른 경험을 바탕으로 내용을 조직해 보자. 　(1) 자신의 글에 담을 내용을 써 보고, 글에서 제시할 순서를 고려하여 알맞게 조직해 보자. 　(2) 앞의 (1)에 쓴 내용 중에서 수정해야 할 내용과 그 이유를 써 보자. 　(3) 앞의 (1)과 (2)를 바탕으로 글의 개요를 작성해 보자. 3. 글쓴이가 이 글을 완성하기 전에 고쳐 쓴 과정을 살펴보며, 자신의 삶과 경험을 바탕으로 정서를 진솔하게 표현하는 글을 쓰고 고쳐 써 보자. 　(1) 다음 내용을 고려하여 자신의 삶과 경험을 바탕으로 정서를 진솔하게 표현하는 글을 써 보자. 　(2) 다음 기준에 따라 앞의 (1)에서 쓴 글을 점검하고 고쳐 쓸 계획을 세워 보자. 4. 글쓴이가 자신이 쓴 글을 영상으로 만드는 과정을 살펴보며, 자신이 쓴 글을 다른 유형으로 바꾸어 써 보자. 　(1) 자신이 쓴 글을 다른 유형으로 바꾼다면 어떻게 바꿀지 계획을 세워 보자. 　(2) 앞의 (1)에서 세운 계획을 바탕으로 결과물을 완성하여 짝과 공유해 보자.

2026학년도 중등학교교사신규임용후보자선정경쟁시험(2차)
제38회 국어과 교수·학습 실연 시험 문제지

관리 번호	

지도안 세부 조건

1. **〈수험생 작성 조건1〉 동기유발**
   가. 학생 경험을 활용하여 동기유발할 것
   나. 다양한 표현을 활용하여 글을 쓸 때의 효과에 대해 설명할 것

2. **〈수험생 작성 조건2〉 다양한 표현 알아보기**
   가. 〈자료〉를 활용하여 다양한 표현의 의미를 알아보는 활동을 제시할 것
   나. 〈자료〉를 활용하여 다양한 표현의 효과를 평가하는 활동을 제시할 것
   다. 다양한 표현을 활용하거나 만들어내는 활동을 제시할 것

3. **〈수험생 작성 조건3〉 다양한 표현을 활용하여 글 쓰고 자기 평가하기**
   가. 다양한 표현을 활용해 글을 쓰는 활동을 구성할 것(구체적인 학생 활동은 제시하지 않아도 됨)
   나. 자기평가의 기준을 만들고 평가 활동을 제시할 것
   다. 자기평가 시 유의점을 안내하고 자기평가의 학생 예시를 제시할 것

수업 조건

- 과목 : 국어
- 학년 : 중학교 3학년
- 장소 : 국어 교과교실
- 시간 : 블록타임제(90분)
- 단원명 : 다양한 표현 활용하여 글쓰기
- 해당 성취 기준 : 다양한 표현을 활용하여 자신의 생각과 느낌이 드러나는 글을 쓰고 독자와 공유한다.

단원명	차시	학습 내용
다양한 표현 활용하여 글쓰기	1	○속담, 명언, 격언, 관용 표현의 개념을 이해할 수 있다. ○참신하고 창의적인 표현을 만들 수 있다.
	2-3 (본시)	○여러 가지 다양한 표현의 의미와 효과를 이해할 수 있다. ○다양한 표현을 활용하여 글을 쓰고 이를 스스로 평가할 수 있다.

학생 수	장소	학습 형태	학습 기자재
24명	국어 교과교실	강의식, 모둠식	교사용 컴퓨터, 전자 칠판, 학생용 스마트 기기

※ 본 문제는 모의 평가용으로 제작되었으며, 실제 시험의 문항 유형 및 형식과 다를 수 있습니다.

〈자료〉

| (가) | (나) | (다) |

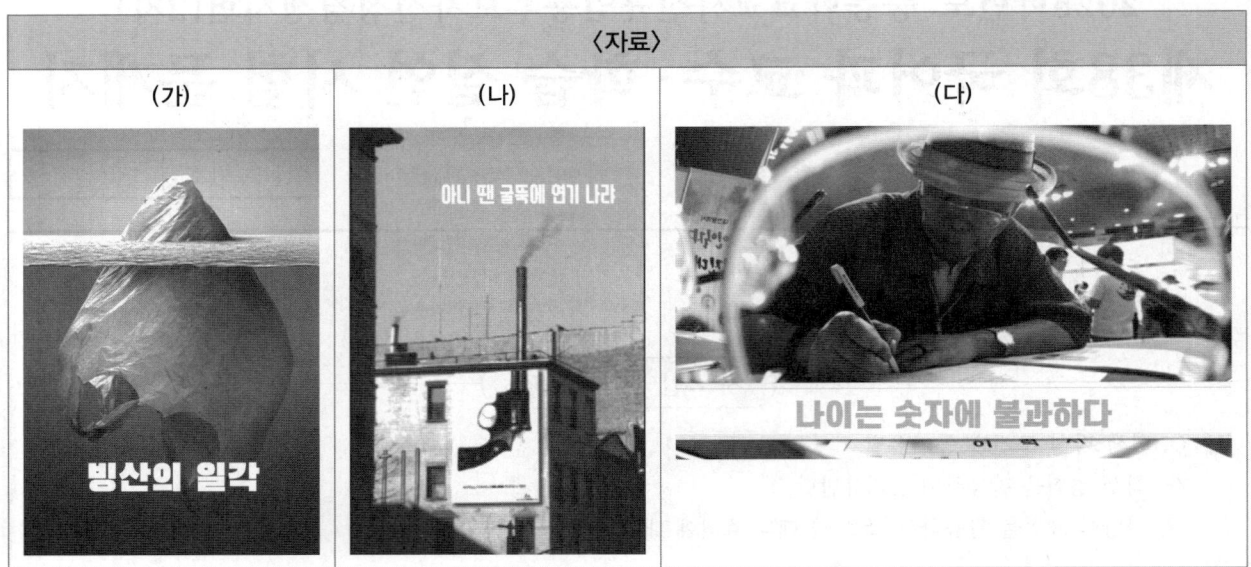

2026학년도 중등학교교사신규임용후보자선정경쟁시험(2차)

제38회 국어과 교수·학습 실연 지도안 _{예상 답안}

국어과 본시 교수·학습 지도안					
학습 목표	1. 여러 가지 다양한 표현의 의미와 효과를 이해할 수 있다. 2. 다양한 표현을 활용하여 글을 쓰고 이를 스스로 평가할 수 있다.				
학습 단계		교수·학습 활동			자료 및 유의점	시간 (분)
도입	인사	• 인사 및 학습 분위기 조성		• 인사 및 학습 준비		
	전시 학습 확인	• 전시 학습 확인		• 전시 학습 회상		

	동기유발	〈수험생 작성 내용1〉
		• 학생 경험을 활용하여 동기유발하기
		  – "속담이나 격언, 명언, 관용 표현, 참신한 표현 등을 활용한 경험이 있나요?"
		
		• 다양한 표현을 활용하여 글을 쓸 때의 효과 제시하기
		<table><tr><td>다양한 표현의 효과</td></tr><tr><td>① 말하고 싶은 내용을 인상적으로 표현할 수 있다.
		② 독자의 흥미와 관심을 불러일으키기 쉽다.
		③ 글을 통해 드러내고 싶은 의도를 좀 더 효과적으로 전달할 수 있다.</td></tr></table>
				• 자신의 경험을 활용하여 학습 동기 갖기
				  – "동생과 늘 똑같은 이유로 다툴 때 '세 살 버릇 여든까지 간다더니 우리는 늘 같은 이유로 싸웠던 것 같아.'라고 말하면서 화해를 시도했던 경험이 있어요."
				  – "친구와 싸우고 화해할 때 '사과를 위해 사과를 준비했어.'라고 하면서 사과를 줬던 경험이 있어요."
				
				• 다양한 표현을 활용하여 글을 쓸 때의 효과 이해하기		

	학습 내용 안내	• 학습 내용 안내		• 학습 내용 확인		
	학습 목표 제시	• 학습 목표 제시		• 학습 목표 확인		
전개 1	〈활동1〉 다양한 표현 알아보기	〈수험생 작성 내용2〉 • 〈자료〉의 광고 문구를 보고 표현의 의미를 해석하고, 표현의 효과를 평가하도록 하기 (모둠활동) – 순회 지도 : 과제 중에 모둠 내에서 해결하지 못하는 부분이 있으면 학생 간 상호작용 활용해 해결하도록 한다. <table><tr><td>상호작용 예시</td></tr><tr><td>학생 A : 선생님, 〈자료〉(가)가 무엇을 가리키는 것인지 잘 모르겠어요. 선생님 : 혹시 친구를 도와줄 학생이 있을까요? 답을 정확히 알려주기보다는 친구가 스스로 깨달을 수 있도록 단서를 주면 좋아요.</td></tr></table> || • 〈자료〉의 광고 문구를 보고 표현의 의미를 해석하고, 표현의 효과를 평가하기 |	유형	의미	효과
---	---	---	---
(가)	관용 표현	어떤 일의 대부분이 숨겨져 있고 겉으로 드러나는 것은 일부분에 지나지 않음	보이지 않는 환경오염의 심각성을 효과적으로 제시함
(나)	속담	원인이 없으면 결과도 있을 수 없음	매연으로 인한 대기오염을 효과적으로 제시함			

7. 중등 쓰기(제34회~제40회) 373

단계	활동	교사 활동	학생 활동		
전개 1	<활동1> 다양한 표현 알아보기	학생 B : 저 빙산을 자세히 보면 쓰레기 봉투라는 것을 알 수 있어요. 그것을 단서로 광고가 의미하는 바를 알 수 있어요. 학생 A : B의 말을 들으니 무엇을 의미하는지 알 것 같아요!	(다) 참신한 표현 / 어떤 일을 함에 있어서 나이의 제한은 없음 / 노인 구직 활동을 장려하기 위해 창의적인 표현을 활용함		
		• 전달하고자 하는 내용에 맞는 속담, 명언, 격언, 관용 표현을 찾거나 참신한 표현 만들도록 하기(모둠활동)	• 내용에 맞는 속담, 명언, 격언, 관용 표현을 찾거나 참신한 표현 만들기 	내용	표현
---	---
해야 할 일을 미루지 말자.	늦었다고 생각할 때다 진짜 늦은 때다.
일찍 일어나자.	일찍 일어난 새가 벌레를 잡는다.
재물에 지나치게 집착하지 말자.	황금 보기를 돌같이 하라.			
		• 활동 내용 공유 및 피드백하기	• 활동 내용 공유 및 피드백 받기		
전개 2	<활동2> 다양한 표현을 활용하여 글 쓰고 자기 평가하기	<수험생 작성 내용3> • 다양한 표현을 활용하여 글을 쓰도록 안내하기 – "지금까지 다양한 표현에 어떤 종류가 있는지 알아봤어요. 그러면 다양한 표현을 활용하여 짧은 글을 써 보도록 할게요. 글의 주제는 자유롭게 쓰되, 앞서 배운 표현들이 들어가도록 해요. 글의 흐름 속에 다양한 표현들이 자연스럽게 쓰일 수 있도록 적절한 내용을 넣어보도록 해요." • 글에 대한 자기평가 기준 제시하고 자기 평가하도록 하기 – "선생님이 여러분들이 여러분의 글을 스스로 평가할 수 있도록 평가 기준을 준비했어요. 나누어준 평가지에 자신의 글을 평가해 보되, 점수 자체보다는 평가를 통해 스스로의 성장을 이룰 수 있도록 정직하게 평가하고 평가 이유 및 개선할 점도 상세하게 적어보도록 할게요." 	평가 기준	별점
---	---
1. 속담이나 명언, 격언, 관용 표현 등을 내용에 맞게 활용하여 인상적으로 표현해 냈는가?	☆☆☆☆☆
2. 자신만의 참신한 표현을 만들어 적절하게 활용하였는가?	☆☆☆☆☆		• 다양한 표현을 활용하여 자유 주제로 글쓰기 • 자기평가 기준에 따라 자기평가하기 | 평가 기준	별점	이유 및 개선할 점
---	---	---
1	☆☆☆☆	'말을 신중하게 하자.'라는 주제에 맞게 '낮말은 새가 듣고 밤말은 쥐가 듣는다.'는 속담을 활용하였으나 글의 흐름상 부자연스러운 면이 있었다. 다양한 표현을 쓸 때 글과 자연스럽게 어울리는지도 고려하여야겠다.
2	☆☆☆	'해야 할 일을 미루지 말자.'는 주제에 맞게 '늦었다고 생각할 때가 진짜 늦은 때다.'라는 표현을 만들어 사용했는데 모둠원 중 한 명이 어딘가에서 본 표현이라고 하여 참신성이 떨어졌다고 생각했다. 다음부터는 친구들에게 의견을 물어 참신한 느낌이 드는지 미리 확인하여야겠다.			
		• 평가 결과 공유하고 피드백하기	• 평가 결과 공유하고 피드백 받기		
정리	형성평가 및 과제 부여	• 형성평가 부여 • 수준별 과제 제시	• 형성평가 진행 • 수준별 과제 확인		
	학습 내용 정리	• 학습 내용 정리	• 학습 내용 이해		
	차시 예고	• 차시 예고	• 차시 예고 인지		

판서 예시								
<다양한 표현 알아보기>						<자기평가 활동>		

(1) 표현의 의미 해석하고 평가하기

	유형	의미	효과
(가)	관용 표현	겉으로 드러난 것은 일부분	환경오염의 심각성 제시
(나)	속담	원인 × → 결과 ×	대기오염의 심각성 제시
(다)	참신 표현	일에 나이 제한 ×	노인 구직 활동 창의적 제시

(2) 내용에 맞는 표현 만들기

내용	표현
일 미루기 ×	늦었다고 생각할 때가 진짜 늦은 때다.
일찍 일어나자.	일찍 일어난 새가 벌레를 잡는다.
재물 집착 ×	황금 보기를 돌같이 하라.

(3) 자기평가 활동

이름	별점	이유 및 개선할 점
호진	☆☆☆☆	- '말을 신중하게 하자.'라는 주제 → '낮말은 새가 듣고 밤말은 쥐가 듣는다.'는 속담을 활용 - 문제 : 부자연스러움 - 개선 방안 : 표현 쓸 때 글의 흐름에도 맞는지 고려
연지	☆☆☆	- '해야 할 일을 미루지 말자'는 주제 → '늦었다고 생각할 때가 진짜 늦은 때다.'라는 표현 - 문제 : 참신함이 떨어짐 - 개선 방안 : 친구들에게 의견을 물어 참신한 느낌이 드는지 확인

성취 기준	
2022 교육과정	[9국03-06] 다양한 표현을 활용하여 자신의 생각과 느낌이 드러나는 글을 쓰고 독자와 공유한다.
2015 교육과정	[9국03-07] 생각이나 느낌, 경험을 드러내는 다양한 표현을 활용하여 글을 쓴다. 　이 성취 기준은 다양한 표현의 종류, 생각이나 느낌을 표현하기에 알맞은 속담, 관용 표현, 격언, 명언, 창의적인 발상을 통한 참신한 표현을 사용하는 능력을 기르기 위해 설정하였다. 속담, 관용 표현, 격언, 명언 등을 제시하여 그 의미를 알아보고, 자신의 생각이나 느낌에 맞는 것을 찾아 인용하여 표현해 보도록 한다. 이때 창의적인 발상이 잘 드러나는 광고 문구를 모방하거나 참조하여 생각이나 느낌을 간결하고 효과적으로 표현해 보도록 할 수 있다.

교과서 정리		
학습 내용 정리	■ **다양한 표현의 종류** • 속담 : 예로부터 전해 오는, 짧으면서도 교훈을 담고 있는 말 • 격언이나 명언 : 오랜 역사적 생활 체험을 통해 이루어진 인생의 교훈이나 경계 등을 간결하게 표현한 짧은 글 • 관용 표현 : 둘 이상의 단어가 합쳐서 원래의 뜻과는 전혀 다른 새로운 뜻으로 굳어져서 쓰이는 표현 ■ **다양한 표현을 활용한 글쓰기의 효과** • 내 생각이나 느낌을 좀 더 인상 깊게 표현할 수 있다. • 독자의 흥미와 관심을 불러일으키기 쉽다. • 글을 통해 드러내고 싶은 의도를 좀 더 효과적으로 전달할 수 있다.	
천재(노) 2-2 2. 읽고 쓰는 즐거움 (2) 다양한 표현 활용하여 글쓰기	제재	지금은 쉼표가 필요할 때
	동기유발	※ 다음과 같이 속담이나 명언을 말해 본 경험을 떠올려 보자.
	학습활동	1. 다음 대화를 살펴보고, 글을 쓸 때 활용할 수 있는 다양한 표현을 알아보자. 　1) 현지가 조사한 다양한 표현의 의미를 찾아보자. 　2) 짝과 함께 주제를 하나 정하여, 그와 관련된 속담, 격언이나 명언, 관용 표현을 찾아 발표해 보자. 　3) 글을 쓸 때 다양한 표현을 활용하면 어떤 점이 좋은지 이야기해 보자. 2. 현지가 글을 쓸 때 활용하려는 표현의 의미를 살펴보자. 　1) 현지가 글을 쓸 때 활용하려는 표현의 종류와 의미를 조사해 보자. 　2) 1)의 표현들이 현지가 전달하려고 하는 내용과 어울리는지 말해 보자. 　3) 1)의 표현들을 대신할 수 있는 다른 표현을 찾아보고, 친구들이 찾은 표현과 비교해 보자.

천재(노) 2-2 2. 읽고 쓰는 즐거움 (2) 다양한 표현 활용하여 글쓰기	학습활동	3. 현지가 완성한 다음 글을 읽고 물음에 답해 보자. 1) 현지가 글을 통해 말하고자 하는 바를 생각해 보자. 2) 현지가 글을 쓰면서 활용한 표현들이 글의 내용과 흐름에 어울리는지 이야기해 보자. 3) 다음 기준에 따라 현지의 글을 평가해 보자. 	평가 기준	별점 | |---|---| 	글로 쓰고 싶은 생각이나 느낌, 경험을 잘 드러냈는가?	☆☆☆☆☆ | 	짜임새 있게 구성하여 생각을 효과적으로 드러냈는가?	☆☆☆☆☆ | 	속담, 격언이나 명언, 관용 표현 등을 활용하여 인상적으로 표현했는가?	☆☆☆☆☆ | 	창의적인 발상으로 자신만의 참신한 표현을 만들어 적절하게 활용했는가?	☆☆☆☆☆	
창비 2-1 1. 나만의 색을 찾다. (2) 다양한 표현을 활용하여 글쓰기	제재	지렁이 울음소리를 들을 수 있는 세상
	동기유발	※ 다음에 제시된 단어를 연결해 보고, 연결이 자연스러운 것 하나를 골라 그 뜻을 말해 보자.

	학습활동	1. 이 글에 쓰인 다양한 표현의 의미를 파악해 보자.
		  1) 국어사전을 참고하여 글쓴이가 사용한 다음 표현의 의미를 써 보자. 그리고 각각의 표현을 어떤 상황에서 쓰면 좋을지 말해 보자.
		  2) 〈보기〉에 제시된 울음과 관련된 격언이나 명언 가운데 다음 문장과 관련이 깊은 것을 고르고, 그 까닭을 말해 보자.
		2. 글쓴이가 '지렁이는 안 밟아도 꿈틀합니다.'라고 속담을 달리 표현한 것처럼 창의적인 발상을 바탕으로 속담을 참신하게 표현해 보고, 그 의미를 써 보자.
		3. 1~2번 활동을 바탕으로 다양한 표현을 활용하여 우리 주변의 미담을 알리는 광고 문구를 만들어 보자.
		  1) 다음 〈예〉를 참고하여 우리 모둠이 알리고 싶은 미담의 내용을 정리해 보자.
		    - 언제, 어디서, 누구와 있었던 일인가?
		    - 주요 내용은 무엇인가?
		    - 전달하고 싶은 내용이 무엇인가?
		    - 전달하고 싶은 내용을 잘 드러내는 속담이나 관용 표현, 격언, 명언 등은 무엇인가?
		  2) 다음 〈예〉를 참고하여 우리 모둠의 의도가 잘 드러나는 간결하고 효과적인 광고 문구를 만들어 보자.

	평가 기준		평가 기준	별점
---	---
글에 사용된 속담, 관용 표현, 격언, 명언 등의 의미를 파악할 수 있다.	☆☆☆☆☆
속담, 관용 표현, 격언, 명언 등을 인용하여 상황에 맞게 표현할 수 있다.	☆☆☆☆☆
창의적인 발상을 바탕으로 다양한 표현을 활용하여 내 생각이나 느낌을 표현하는 글을 쓸 수 있다.	☆☆☆☆☆	
동아 2-2 3. 풍요로운 언어생활 2) 다양한 표현을 활용한 글쓰기	제재	실수
	동기유발	※ 다음 그림을 보고 가장 기억에 남는 급훈을 떠올려 보자.

	학습활동	1. 생각이나 느낌, 경험이 담겨 있는 글을 읽고 다음 활동을 해 보자.
		  1) 다음 일화를 바탕으로 글쓴이가 말하고자 하는 바를 이야기해 보자.
		  2) 다음은 이 글에 활용된 다양한 표현이다. 각 표현의 종류와 의미를 알아보고, 글쓴이가 이와 같은 표현을 활용한 까닭을 이야기해 보자.
		  3) 이 글의 글쓴이처럼 자신도 실수한 경험이 있는지 〈보기〉와 같이 써 보자.
		  4) 〈보기〉와 같이 자신의 경험을 효과적으로 드러낼 때 활용할 수 있는 표현을 찾아보고, 각각의 의미를 알아보자.
		  5) 3)과 4)를 바탕으로, 〈보기〉와 같이 짧은 글을 써 보자.
		2. 다음 광고를 보고 창의적인 발상을 바탕으로 자신의 생각이나 느낌, 경험을 표현하는 방법을 알아보자.
		  1) 이 광고가 전달하고자 하는 바를 말해 보자.
		  2) 1)을 드러내기 위해 어떤 창의적인 발상이 쓰였는지 이야기해 보자.
		  3) 2)처럼 자신의 생각을 참신하게 표현할 수 있는 방법을 더 생각해 보자.
		  4) 1)~3)을 바탕으로 층간 소음과 관련된 자신의 경험이나 생각을 떠올려 보고, 광고 문구를 써 보자.
		3. 1과 2를 바탕으로 다양한 표현을 활용하여 글을 쓸 때 얻을 수 있는 효과를 이야기해 보자.

2026학년도 중등학교교사신규임용후보자선정경쟁시험(2차)
제39회 국어과 교수·학습 실연 시험 문제지

관리 번호	

지도안 세부 조건

1. 〈수험생 작성 조건1〉 동기유발
   가. 〈자료1〉의 상황에 맞는 글의 유형과 목적을 제시할 것
   나. 글을 쓸 때 복합양식 자료를 활용하였을 때의 효과를 제시할 것
   다. 교사의 발문과 학생의 대답을 포함할 것

2. 〈수험생 작성 조건2〉 복합양식 자료를 활용하여 내용 생성하기
   가. 복합양식의 개념을 제시할 것
   나. 〈자료2〉를 활용하여 복합양식의 유형을 파악하도록 할 것
   다. 〈자료3〉을 활용하여 〈자료2〉 (가)~(라)의 특성을 정리하도록 할 것(〈자료2〉 (가)를 활용하여 교사의 시범을 보일 것)

3. 〈수험생 작성 조건3〉 글의 유형을 고려하여 내용 조직하기
   가. 〈자료4〉를 제시하고, [A]~[C]에 해당하는 내용을 찾도록 할 것
   나. 〈자료4〉의 글 구조별 특징을 파악하도록 할 것
   다. 〈자료4〉에 〈자료2〉 (나), (다), (라)를 활용하는 방안을 찾도록 할 것

수업 조건

- 과목: 국어
- 학년: 중학교 2학년
- 장소: 국어 교과교실
- 시간: 블록타임제(90분)
- 단원명: 복합양식 활용하여 글쓰기
- 해당 성취 기준: 복합양식 자료를 활용하여 내용을 생성하고 글의 유형을 고려하여 내용을 조직하며 글을 쓴다.

단원명	차시	학습 내용
복합양식 활용하여 글쓰기	1-2	○복합양식 자료를 활용하여 내용을 생성할 수 있다. ○글의 유형을 고려하여 글의 내용을 조직할 수 있다.
	3-4	○복합양식 자료를 활용하여 한 편의 글을 쓸 수 있다. ○글의 유형을 고려하여 한 편의 글을 쓸 수 있다.

학생 수	장소	학습 형태	학습 기자재
24명	국어 교과교실	강의식, 모둠식	교사용 컴퓨터, 전자 칠판, 학생용 스마트 기기

※ 본 문제는 모의 평가용으로 제작되었으며, 실제 시험의 문항 유형 및 형식과 다를 수 있습니다.

〈자료1〉

백현: 학교 홈페이지에 게시하는 신문에 '윷놀이의 방법과 가치'를 소개하는 글을 쓰려고 해.
유식: 그림이나 영상, 사진처럼 다양한 자료를 활용하는 것이 좋겠어.
원규: 글의 유형을 고려해서 내용을 체계적으로 조직해 보자.

〈자료2〉

(가)

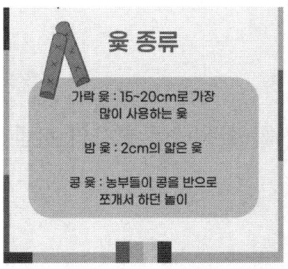

(나)

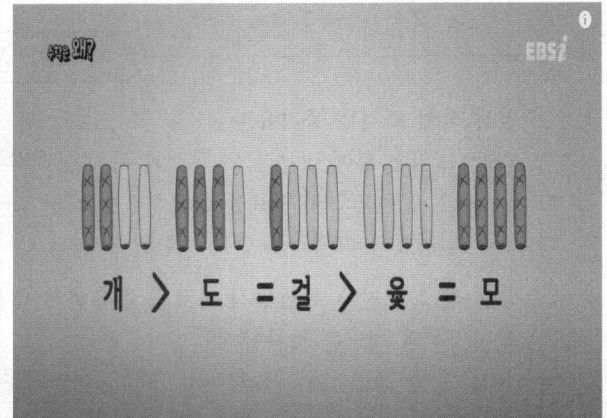

〈도, 개, 걸, 윷, 모의 확률을 설명하는 내용〉

(다)

백과사전

윷의 상태

도	돼지	▶앞으로 1칸 전진
개	개	▶앞으로 2칸 전진
걸	양	▶앞으로 3칸 전진
윷	소	▶앞으로 4칸 전진, 윷을 한번 더 친다.
모	말	▶앞으로 5칸 전진, 윷을 한번 더 친다.

ⓒdoopedia.co.kr

앞에 가던 상대편 말을 잡거나, '윷', '모'가 나오면 한 번 더 할 수 있다. 이렇게 하여 4개의 말이 상대편보다 먼저 말판을 돌아오는 편이 승리한다. 또 한꺼번에 2개 이상의 말을 함께 쓸 수도 있는데, 이것을 '업'이라 하여 보다 능률적이기는 하지만 상대편 말에 잡힐 경우에는 더욱 불리하게 된다. 윷놀이는 인원수의 제약을 받지 않으나 보통 4명이 서로 편을 갈라서 하는 것이 상례인데, 이때는 각 편 사람들이 서로 섞바뀌어 윷을 던진다.

(라)

대학생기자단
우리민족 대표 윷놀이, 무형문화재가 되다!
국가유산청 2022. 12. 20. 17:30   URL 복사 +이웃추가

명절이면 온 가족이 삼삼오오 모여 즐기는 한국의 전통 놀이 '윷놀이'가 올해 11월 11일, 그 가치를 인정받아 대한민국의 무형문화유산으로 등재되었습니다.

〈자료3〉						
자료	기호					
(가)	☑문자	☑그림	☐사진	☐표	☐동영상	☐소리
(나)	☐문자	☐그림	☐사진	☐표	☐동영상	☐소리
(다)	☐문자	☐그림	☐사진	☐표	☐동영상	☐소리
(라)	☐문자	☐그림	☐사진	☐표	☐동영상	☐소리

〈자료4〉	
[A]	• 우리의 국가 무형유산 '윷놀이'
부제	• 추석에 흥겨운 윷놀이 한 판 어떠세요?
전문	• [B] _____

[C]	• 윷놀이 도구의 의미
	  – 윷의 상태별 명칭
	  – 윷가락에 담긴 의미
	
	• 윷놀이 하는 방법
	  – 말의 이동 규칙
	  – 윷놀이의 확률에 따른 전략
	
	• 윷놀이의 가치
	  – 국가 무형유산으로 지정된 윷놀이

2026학년도 중등학교교사신규임용후보자선정경쟁시험(2차)

제39회 국어과 교수·학습 실연 지도안 [예상 답안]

<table>
<tr><td colspan="5" align="center">국어과 본시 교수·학습 지도안</td></tr>
<tr><td>학습 목표</td><td colspan="4">1. 복합양식 자료를 활용하여 내용을 생성할 수 있다.
2. 글의 유형을 고려하여 글의 내용을 조직할 수 있다.</td></tr>
<tr><td colspan="2">학습 단계</td><td colspan="2">교수·학습 활동</td><td>자료 및 유의점</td><td>시간 (분)</td></tr>
<tr><td rowspan="6">도입</td><td>인사</td><td>• 인사 및 학습 분위기 조성</td><td>• 인사 및 학습 준비</td><td></td><td></td></tr>
<tr><td>전시 학습 확인</td><td>• 전시 학습 확인</td><td>• 전시 학습 회상</td><td></td><td></td></tr>
<tr><td>동기유발</td><td>〈수험생 작성 내용1〉
• 〈자료1〉을 제시하고, 〈자료1〉 상황에 맞는 글 유형과 목적 발문하기
- "학생들이 무엇을 하려고 하나요?"
- "어떤 목적으로 글을 쓰는 걸까요?"
- "그렇다면 어떤 종류의 글을 써야 할까요?"

• 복합양식을 활용하였을 때의 효과 발문하기
- "좋아요. 그렇다면 〈자료1〉의 학생들처럼 그림, 사진, 영상 같은 자료를 활용하면 어떤 점이 좋을까요?"

• 학습 내용과 연계하기
- "맞아요. 그림, 사진, 영상 같은 자료를 복합양식 자료라고 부르는데, 오늘은 이 복합양식 자료를 활용해서 글에 쓸 내용을 만들어보고, 글의 유형에 맞게 내용을 조직하는 방법을 배울 거예요."</td><td>• 〈자료1〉을 읽고, 교사의 발문에 답하여 글 유형과 목적 파악하기
- "학교 홈페이지 신문에 글을 쓰려고 하고 있어요."
- "윷놀이에 대한 정보를 전달하려고 해요."
- "신문에 정보를 전달하는 글을 써야 하니 기사문을 써야 해요."

• 복합양식을 활용하였을 때의 효과 생각하고 답하기
- "글을 쓰는 데 필요한 내용을 다양하고 풍부하게 구성할 수 있을 것 같아요."
- "읽는 사람의 관심과 흥미를 끌 수 있지 않을까요?"

• 학습 내용과 연계하여 이해하기</td><td></td><td></td></tr>
<tr><td>학습 내용 안내</td><td>• 학습 내용 안내</td><td>• 학습 내용 확인</td><td></td><td></td></tr>
<tr><td>학습 목표 제시</td><td>• 학습 목표 제시</td><td>• 학습 목표 확인</td><td></td><td></td></tr>
<tr><td rowspan="2">〈활동1〉
복합양식 자료를 활용하여 내용 생성하기</td><td>〈수험생 작성 내용2〉
• 복합양식의 개념 설명하기
- "복합양식이란, '문자, 소리나 음악, 그림, 사진, 동영상 등 여러 가지 기호를 복합적으로 결합하여 표현한 자료'를 말해요."</td><td>• 복합양식의 개념 이해하기</td><td></td><td></td></tr>
<tr><td colspan="1">전개 1</td></tr>
</table>

단계				
전개1	〈활동1〉 복합양식 자료를 활용하여 내용 생성하기	• 〈자료2〉를 제시하고 복합양식의 유형을 파악하도록 안내하기	• 〈자료2〉를 보고 복합양식의 유형을 파악하기 | (가) | 카드 뉴스 | | (나) | 인터넷 영상 | | (다) | 인터넷 백과사전 | | (라) | 인터넷 블로그 |	
		• 〈자료3〉을 제시하고, 〈자료2〉 (가)~(라)의 기호 정리하게 하기 – "(가)에는 윷놀이에 대해 설명하는 문자와, 윷이 그려진 그림이 있죠? 그래서 〈자료3〉 (가)의 기호에 문자와 그림이 표시되어 있는 거예요. 나머지도 이렇게 찾아서 정리해봅시다."	• 〈자료3〉을 활용하여 〈자료2〉 (가)~(라)의 기호 정리하기 | 자료 | 기호 | | (나) | 문자, 그림, 동영상, 소리 | | (다) | 문자, 그림, 표 | | (라) | 문자, 그림, 사진 |	
		• 활동 내용 공유하게 하기	• 활동 내용 공유하기	
전개2	〈활동2〉 글의 유형을 고려하여 내용 조직하기	〈수험생 작성 내용3〉 • 〈자료4〉를 제시하고 빈칸 채우게 하기	• 〈자료4〉의 빈칸 채우기 | [A] | 표제 | | [B] | 전통 놀이인 윷놀이의 방법과 가치 | | [C] | 본문 |	
		• 〈자료4〉를 토대로 기사문의 단계별 특징을 파악하게 하기 – "그러면 〈자료4〉의 단계별 내용을 토대로 표제부터 본문까지 어떤 내용을 담아야 하는지 정리해 봐요. 정리하기 어려우면 디지털 기기로 검색해 봐도 돼요."	• 〈자료4〉를 토대로 기사문의 단계별 특징을 파악하기 | 표제 | 내용을 압축적으로 표현하는 제목 | | 부제 | 읽는 이의 흥미를 끄는 작은 제목 | | 전문 | 기사문의 내용을 요약적으로 제시 | | 본문 | 기사의 구체적인 내용 제시 |	
		• 〈자료4〉에 〈자료2〉의 복합양식을 활용하는 방안 찾게 하기 – "〈자료2〉의 (나), (다), (라)를 〈자료4〉의 어떤 부분에 사용하면 좋을지 한번 찾아보도록 해요."	• 〈자료4〉에 〈자료2〉의 복합양식을 활용하는 방안 찾기 | 자료 | 활용 방안 | | (나) | '윷놀이의 전략' 부분에 동영상을 활용 | | (다) | '윷의 상태별 명칭' 혹은 '말의 이동 규칙' 부분에 표를 활용 | | (라) | '윷놀이의 가치' 부분에 윷놀이를 하고 있는 그림을 활용 |	
		• 활동 결과 공유하기	• 활동 결과 공유하기	
정리	형성평가 및 과제 부여	• 형성평가 부여 • 수준별 과제 제시	• 형성평가 진행 • 수준별 과제 확인	
	학습 내용 정리	• 학습 내용 정리	• 학습 내용 이해	
	차시 예고	• 차시 예고	• 차시 예고 인지	

판서 예시

1. 설명하는 글쓰기

〈활동1〉 복합양식 자료를 활용하여 내용 생성하기

- 복합양식 : 여러 기호(그림, 사진, 동영상 등)를 복합적으로 결합하여 표현한 자료
- 복합양식의 유형

(가)	카드 뉴스
(나)	인터넷 영상
(다)	인터넷 백과사전
(라)	인터넷 블로그

- 기호 정리하기

(나)	문자, 그림, 동영상, 소리
(다)	문자, 그림, 표
(라)	문자, 그림, 사진

〈활동2〉 글의 유형을 고려하여 내용 조직하기

- 자료 완성하기
  [A] - 표제 [B] - 윷놀이의 방법과 가치 [C] - 본문
- 기사문의 구조별 특징

표제	압축해서 표현한 제목
부제	흥미를 끄는 작은 제목
전문	내용 요약 제시
본문	구체적인 내용 제시

- 복합양식 활용 방안

(나)	'윷놀이의 전략'
(다)	'윷의 상태별 명칭', '말의 이동 규칙'
(라)	'윷놀이의 가치'

성취 기준

2022 교육과정	[9국03-07] 복합양식 자료를 활용하여 내용을 생성하고 글의 유형을 고려하여 내용을 조직하며 글을 쓴다. 이 성취 기준은 글을 쓸 때 복합양식 자료를 활용하여 내용을 생성하고 글의 유형을 고려하여 내용을 조직하는 능력을 기르기 위해 설정하였다. 문자, 소리, 그림, 사진, 동영상 등이 결합된 복합양식 자료의 특징 및 유형 이해하기, 복합양식 자료를 활용하여 내용 생성하기, 글의 유형을 고려하여 내용 조직하기 등을 학습한다.
성취 기준 적용 시 고려 사항	문자 언어로 된 전통적인 단일양식의 글뿐만 아니라 사진, 소리, 영상 등이 포함된 복합양식의 글을 쓸 수 있도록 지도한다. 복합양식의 특성을 고려하여 다양한 양식으로 표현할 수 있게 하되, 활용하려는 자료에서 적절한 내용을 선정하고 조직할 수 있도록 지도한다. 매체 영역 성취기준과 통합하여 다양한 매체에서 내용을 수집하여 글을 쓰는 과정은 디지털 기술을 이해하고 활용하는 디지털 소양의 함양과 밀접한 관련이 있음을 인식할 수 있도록 지도한다.

교과서 정리

학습 내용 정리	[복합양식 자료를 활용하여 내용 생성하기]
	• 복합양식 자료 : 문자, 소리나 음악, 그림, 사진, 동영상 등 여러 가지 기호를 복합적으로 결합하여 표현한 자료
	• 복합양식 자료의 유형 : 블로그 문서와 같은 웹 페이지, 카드 뉴스, 방송 영상 등이 있다.
	• 복합양식 자료의 효과 :
	  - 글을 쓰는 데 필요한 내용을 입체적으로 구성
	  - 독자의 관심과 흥미에 맞는 내용을 효과적으로 전달
	• 복합양식 자료의 활용 시 유의점
	  ① 자료가 글의 목적과 주제에 맞는 내용을 담고 있는지 확인
	  ② 자료의 신뢰성을 평가하기 위해 공신력 있는 기관에서 만든 자료인지, 해당 분야의 전문가가 제작한 자료인지, 출처가 명확하고 정확하게 제시되어 있는지, 최근의 자료인지 등을 확인
	[글의 유형을 고려하여 내용 조직하기]
	• 정보를 전달하는 글 : 정보의 특성이 잘 드러나며 독자가 정보의 내용을 쉽게 이해할 수 있도록 조직
	  - 시간 순서에 따른 내용 조직 : 설명 대상에 시간적 특성이 있는 경우
	  - 공간 순서에 따른 내용 조직 : 설명 대상에 공간적 특성이 있는 경우
	  - 논리 순서에 따란 내용 조직 : 원인과 결과처럼 논리적 특성이 있는 경우
	• 독자를 설득하는 글 : 주장, 이유과 근거, 예상 반론과 이에 대한 반박이 잘 드러나도록 조직하되, 주장을 뒷받침하는 이유가 두 가지 이상일 경우 각각의 이유에 근거가 부합하도록 조직
	• 정서를 표현하는 글 : 자신이 체험하거나 관찰한 내용과 이에 따른 생각이나 느낌이 잘 드러나도록 조직
	  - 수필 : 체험한 내용이나 관찰한 내용이 앞에, 그에 따른 깨달음과 교훈 등이 뒤에 놓이도록 조직	

[2022]
천재(노) 2-2
4. 다채로운 글의 세계
(2) 복합양식 활용하여 글쓰기
	이해탐구	복합양식 자료를 활용하여 글을 쓰는 과정 살펴보기
		1. [계획하기] 세훈이가 글쓰기를 계획하는 모습을 보고 물음에 답해 보자.
		  (1) 세훈이가 쓰려는 글의 유형과 목적이 무엇인지 말해 보자.
		  (2) 세훈이가 글을 쓸 때 복합양식 자료를 활용하려는 까닭을 말해 보자.
		2. [내용 생성하기] 세훈이가 복합양식 자료를 활용하여 글의 내용을 생성하는 과정을 살펴보자.
		  (1) 세훈이가 수집한 자료가 각각 어떤 기호로 이루어져 있는지 ∨ 표시를 하며 복합양식 자료의 특성을 정리해 보자.
		  (2) 세훈이가 복합양식 자료의 특성과 유형을 고려하여 생성한 내용을 정리해 보자.
		  (3) 복합양식 자료를 활용하여 글의 내용을 생성할 때 유의해야 할 점을 말해 보자.
		3. [내용 조직하기] 세훈이가 기사문을 쓰려고 작성한 개요를 보고 물음에 답해 보자.
		  (1) 세훈이가 글의 내용을 어떻게 조직하고 있는지 정리해 보자.
		  (2) 세훈이가 주제를 강조하기 위해 추가로 활용하고자 하는 기호가 무엇인지 이야기해 보자.

[2022] 천재(노) 2-2 4. 다채로운 글의 세계 (2) 복합양식 활용하여 글 쓰기	이해탐구	4. [표현하기] 세훈이가 완성한 기사문을 읽고 물음에 답해 보자. (1) 세훈이가 기사문을 복합양식으로 구성한 까닭이 무엇인지 말해 보자. (2) 다음 기준에 따라 세훈이가 쓴 기사문을 평가해 보자. 	평가 기준	별점
---	---
글의 목적과 주제에서 벗어난 내용은 없는가?	☆☆☆☆☆
복합양식 자료의 특성을 고려하여 내용을 생성했는가?	☆☆☆☆☆
글의 유형에 적합한 구성으로 내용을 조직했는가?	☆☆☆☆☆
적절한 기호를 활용하여 글에 필요한 정보를 전달했는가?	☆☆☆☆☆	 (3) 세훈이가 쓴 기사문에 새롭게 추가할 내용이나 자료가 있는지 생각해 보자.
	적용소통	복합양식 자료를 활용하여 기행문 쓰기 1. 기행문의 소재가 될 수 있는 경험을 떠올려 보자. 2. 1에서 떠올린 경험과 관련된 복합양식 자료를 찾아 기행문의 내용을 생성해 보자. 3. 2에서 생성한 내용을 기행문의 유형에 적합한 구성으로 조직해 보자. 4. 작성한 개요를 바탕으로 기행문을 써 보자. 5. 4에서 쓴 기행문을 다음 기준에 따라 평가하고 고쳐 쓴 뒤, 인터넷 공간에 게시해 보자.(평가 기준은 위와 동일)
[2022] 비상(박영민) 2-2 1. 나의 즐거운 국어생활 (2) 복합양식 자료를 활용하여 글쓰기	학습활동	[활동1] 쓰기 계획 세우기 '지유'가 글을 쓰기 위해 계획을 세우는 과정을 살펴보고, 이를 참고하여 자신의 쓰기 계획을 세워 보자. 1. 학교생활이나 지역 사회의 문제 등 글로 쓰고 싶은 화제를 자유롭게 선정해 보자. 2. 앞의 1에서 선정한 화제를 글로 쓰기 위한 계획을 세워 보자. [활동2] 복합양식 자료를 활용하여 내용 생성하기 '지유'가 글을 쓰기 위해 자료를 수집하는 과정을 살펴보고, 복합양식 자료를 활용하여 자신이 쓸 글의 내용을 생성해 보자. 1. 활동 1에서 세운 자신의 쓰기 계획에 따라, 주제에 대해 글로 쓸 내용을 자신이 알고 있는 내용과 더 찾아볼 내용으로 구분하여 정리해 보자. 2. 앞의 1에서 '더 찾아볼 내용'으로 적은 자료를 수집하고, 자료를 활용할 방안을 정리해 보자. 3. 앞의 2에서 수집한 자료를 다음 기준에 따라 점검해 보자. | 평가를 위한 질문	평가		
---	---	---	---
• 글의 목적과 글의 주제에 맞는가?	상	중	하
• 독자의 수준에 맞고 흥미를 끄는 내용인가?	상	중	하
• 자료의 출처는 정확하고 믿을 만한가?	상	중	하
• 자료가 과장되거나 왜곡되지는 않았는가?	상	중	하 | 4. 앞의 3의 점검 결과를 바탕으로 자료를 대체하거나 보완해 보자. [활동3] 글의 유형을 고려하여 내용 조직하기 '지유'가 개요를 작성하는 과정을 살펴보고, 자신이 쓸 글의 유형을 고려하여 내용을 조직해 보자. 1. 자신이 쓸 글의 유형은 어떤 점을 고려하여 내용을 조직해야 할지 정리해 보자. 2. 앞의 1에서 정리한 내용을 고려하여 글에 쓸 내용을 개요로 정리해 보자. [활동4] 복합양식 자료를 활용하여 글 쓰기 '지유'가 복합양식 자료를 활용하여 완성한 글을 읽어 보고, 이를 참고하여 앞에서 조직한 내용에 따라 복합양식 자료를 활용하여 글을 써 보자. 1. 활동 3에서 조직한 내용에 따라 복합양식 자료를 활용하여 글을 써 보자, 글을 작성한 후에는 자신의 블로그나 학교 누리집 게시판 등에 올려 보자. 2. 완성된 글을 모둠 구성원과 바꾸어 읽고, 제시된 기준에 따라 점검해 보자. (1) 다음 기준에 따라 모둠 구성원의 글을 점검해 보자. | 평가 기준	별점
---	---
글의 목적과 주제가 분명하게 드러나는가?	☆☆☆☆☆
글이 독자의 배경지식, 관심사나 요구에 맞는가?	☆☆☆☆☆
글의 유형을 고려하여 알맞은 구조로 내용을 조직하였는가?	☆☆☆☆☆
전달하고자 하는 내용에 적절하고 효과적인 복합양식 자료를 활용하였는가?	☆☆☆☆☆
글을 실은 매체에 적합한 표현 방식을 사용하였는가?	☆☆☆☆☆
쓰기 윤리를 준수하며 글을 썼는가?	☆☆☆☆☆	 (2) 앞의 (1)의 점검 결과를 바탕으로 글에서 고쳤으면 하는 부분을 댓글로 적고, 모둠 구성원의 댓글에 따라 자신이 쓴 글을 고쳐 써 보자. 3. 앞의 1과 2를 바탕으로, 복합양식 자료를 활용하여 글을 쓰면 어떤 효과가 있는지 짝과 말해 보자.

2026학년도 중등학교교사신규임용후보자선정경쟁시험(2차)
제40회 국어과 교수·학습 실연 시험 문제지

관리 번호

지도안 세부 조건

1. 〈수험생 작성 조건1〉 동기유발
   가. 쓰기 맥락을 고려해야 하는 상황을 제시할 것
   나. 쓰기 맥락을 간단하게 설명할 것
   다. 교사의 발문과 학생의 대답을 포함할 것

2. 〈수험생 작성 조건2〉 쓰기 맥락 고려하여 쓰기 과정 점검 및 조정하기
   가. 〈자료1〉을 활용하여 활동을 구상할 것
   나. 쓰기 맥락을 고려하여 쓰기 과정을 점검 및 조정하는 방법을 설명할 것
   다. (가)와 (나)를 비교하고 쓰기 맥락을 고려하여 점검 및 조정하는 활동을 구상할 것

3. 〈수험생 작성 조건3〉 쓰기 맥락 고려하여 고쳐쓰기
   가. 〈자료2〉를 활용하여 활동을 구상할 것
   나. 〈자료2〉의 쓰기 맥락을 분석하여 제시할 것
   다. 쓰기 맥락 고려하여 ㉠~㉦을 수정·보완하여 고쳐 쓰는 활동을 구상할 것

수업 조건

○ 과목 : 국어
○ 학년 : 중학교 2학년
○ 장소 : 국어 교과교실
○ 시간 : 블록타임제(90분)
○ 단원명 : 좋은 글을 쓰려면
○ 해당 성취 기준 : 쓰기 과정과 전략을 점검·조정하며 글을 쓰고, 독자를 고려하여 글을 고쳐 쓴다.

단원명	차시	학습 내용
좋은 글을 쓰려면	1-2 (본시)	○ 쓰기 맥락을 고려하여 쓰기 과정을 점검하고 조정할 수 있다. ○ 쓰기 맥락을 고려하여 글을 고쳐 쓸 수 있다.
	3-4	○ 쓰기 맥락을 고려하여 글을 완성할 수 있다. ○ 상호 평가를 통해 글을 고쳐 쓸 수 있다.

학생 수	장소	학습 형태	학습 기자재
24명	국어 교과교실	강의식, 모둠식	교사용 컴퓨터, 전자 칠판, 학생용 스마트 기기

※ 본 문제는 모의 평가용으로 제작되었으며, 실제 시험의 문항 유형 및 형식과 다를 수 있습니다.

〈자료1〉

(가)

학교 홈페이지 〈시사상식 쏙쏙〉 게시판에 어떤 글을 올릴까? 어제 다큐멘터리를 봤는데 가상현실(VR : Virtual Reality)을 통해 사별한 부모님을 만나는 내용이었어. 앞으로 가상현실은 더욱 상용화될 거라고 하던데, 가상현실을 소개하는 글을 써야겠어.

처음	우리 곁으로 다가온 가상현실 1. 가상현실 상용화 사례 – 뉴스 동영상 2. 가상현실의 전망
중간	가상현실의 역사와 특징 1. 가상현실의 기원과 출발 2. 가상현실의 기술과 장치들 – 사진 3. 가상현실의 원격현전 원리 4. 가상현실과 엔터테인먼트 산업
끝	가상현실의 오늘과 내일 1. 가상현실의 현황 2. 가상현실의 개념

(나)

10월호 학급신문에 무슨 글을 쓸까? 맞다! 어제 가상현실을 재활운동에 접목해서 환자들이 즐겁게 운동하도록 한다는 기사를 봤어. 그런데 가상현실은 긍정적인 부분만 있는 걸까? 앞으로 상용화가 더욱 이루어질 거라는데 적절하게 규제해야 한다는 내용을 다뤄봐야겠어.

서론	가상현실의 현재 모습 1. 다양한 가상현실 산업 2. 가상현실을 즐기는 사람들 – 뉴스 동영상
본론	가상현실의 문제점과 대응 방안 1. 사회적 상호작용이 감소하여 사회 공동체가 와해될 수 있다. 2. 허구와 실제를 구별하지 못하고 가상세계에 중독될 수 있다. – 사례 인터뷰 3. 현실 세계에서 불가능한 비윤리적인 일들을 경험하는 데 사용될 가능성이 있다.
결론	구체적인 규제 방안 필요

〈자료2〉

〈○○고등학교 신문 (11월호)〉
"내가 산 옷이 지구를 아프게 한다고?"

다가오는 수학여행을 앞두고 우리 ○○고등학교 학생들이 친구들과 삼삼오오 옷을 사러가는 모습이 자주 보인다. 우리는 연간 얼마나 많은 옷을 사고 있을까? 환경부 조사에 따르면 2008년 하루 평균 162톤이었던 국내 의류 폐기물은 2016년 기준 259톤으로 늘었다고 한다. 8년 만에 50% 가량의 의류 폐기물이 더 발생한 것이다. 우리가 옷을 사서 자연에 끼치는 영향은 무엇일까?

첫 번째로 대기오염이다. 옷을 사고 버리는데 무슨 대기오염이 발생하는지 의문이 들지도 모른다. ⊙그러나 옷을 가공하는 공장과 폐기처분하는 과정에서 발생하는 탄소의 양은 엄청나다고 한다. 이는 모든 국제 항공편과 선박이 배출하는 탄소를 합한 양보다 많은 비중이다. ⓒ ――^

둘째로 수질오염이다. 청바지 한 벌을 만드는 데는 7,000~1만 1,000L, 티셔츠 한 장을 만드는 데는 2,700L의 물이 필요하다고 한다. 이렇게 패션산업으로 인한 폐수는 전 세계 배출량의 20%에 해당한다. 또한 옷을 저렴하게 많이 생산하기 위해서 천연섬유보다 합성섬유를 많이 사용하는데, 합성섬유의 미세플라스틱이 가공과 세탁 과정에서 바다로 흘러들어가 엄청난 수질오염을 일으키고 매년 약 10만 마리의 해양생물이 미세플라스틱으로 인해 사망한다고 보고되고 있다. ⓒ미세플라스틱(microplastics)은 의도적으로 제조되었거나 또는 기존 제품이 조각나서 미세화된 크기 5mm 이하의 합성 고분자화합물을 가리킨다.

셋째로 산림파괴이다. 천연섬유인 양모와 캐시미어를 얻기 위해서는 양과 염소를 길러야 하며 필요한 목초지를 만들기 위해 ㉢산림을 파괴해야 한다고 해요. 또한 비스코스와 레이온 원단을 생산하기 위해 매년 7,000만 그루의 나무가 잘려나가고 있다고 한다. ㉤나무를 많이 심어 자연 파괴를 최소화할 수 있도록 우리가 더욱 노력해야 한다.

그렇다면 어떻게 해야 의류로 인한 환경오염을 최소화할 수 있을까? 먼저, 옷에 대한 무분별한 소비를 멈추는 것이다. 우리는 저렴하다는 이유로 유행에 따라 옷을 산 뒤 1년도 채 입지 못하고 버리고 새로 사기를 반복한다. 이러한 행위가 지구를 심각하게 파괴하는 행동이라는 것을 알고 옷에 대한 소비를 줄여야만 한다. 둘째, 옷을 리폼하거나 중고 옷 구매, 또는 버려진 자원 등을 통해 재활용해야 한다. 점차 다양한 브랜드에서 버려진 폐기물을 재생산하여 만들어진 옷이나 가방 등을 판매하고 있다. 환경에 최소한의 영향을 주도록 생산 과정을 엄격하게 제한했기 때문에 이러한 제품을 산다면 환경오염을 줄일 수 있을 것이다. ㉥이러한 움직임들을 컨셔스 패션(Conscious Fashion)이라고 부르는데, 이는 의식 있는 의류 및 소비를 뜻하는 조어로, 소재 선정에서 제조 공정까지 친환경적이고 윤리적인 과정에서 생산된 의류 및 그런 의류를 소비하고자 하는 추세를 뜻한다. ㉦우리가 아무 생각 없이 소비해 왔던 수많은 옷들. 이제는 환경을 위해 줄여보는 것은 어떨까?

2026학년도 중등학교교사신규임용후보자선정경쟁시험(2차)
제40회 국어과 교수·학습 실연 지도안 〔예상 답안〕

국어과 본시 교수·학습 지도안					
학습 목표	1. 쓰기 맥락을 고려하여 쓰기 과정을 점검하고 조정할 수 있다. 2. 쓰기 맥락을 고려하여 글을 고쳐 쓸 수 있다.				
학습 단계		교수·학습 활동		자료 및 유의점	시간 (분)
도입	인사	• 인사 및 학습 분위기 조성	• 인사 및 학습 준비		
	전시 학습 확인	• 전시 학습 확인하기	• 전시 학습 떠올리기		

	동기유발	〈수험생 작성 내용1〉
		• 독자를 고려해야 하는 예시 질문하기
		  – "선생님이 플라스틱 쓰레기를 줄이자는 주제로 글을 쓰려고 해요. 어린이, 청소년, 어른에게 글을 쓸 때 각각 어떤 근거를 들어 설득하면 좋을까요?"
		
		– "맞아요. 독자가 누구냐에 따라 같은 주제여도 내용이 달라지죠? 독자와 같은 요소를 쓰기 맥락이라고 합니다."
		
		• 쓰기 맥락 설명하기
		  – 쓰기 맥락의 요소 : 주제, 목적, 독자, 매체 등
		  – 소재가 같더라도 쓰기 맥락에 따라 글의 내용이나 형식이 달라질 수 있음을 설명한다.
			• 독자를 고려해야 하는 예시 대답하기
			  – "어린이는 동물을 좋아하니까 플라스틱 쓰레기로 인해 고통 받는 동물들을 근거로 들어요.", "청소년에게는 플라스틱 쓰레기가 성장기에 끼치는 유해성을 근거로 들어요.", "어른에게는 플라스틱 쓰레기가 다음 세대, 자녀들에게 끼치는 영향을 근거로 제시해요."
			
			• 쓰기 맥락 이해하기		

	학습 내용 안내	• 학습 내용 안내	• 학습 내용 확인		
	학습 목표 제시	• 학습 목표 제시	• 학습 목표 확인		

전개 1	〈활동1〉
	쓰기 맥락 고려하여 쓰기 과정 점검 및 조정하기
		〈수험생 작성 내용2〉
		• 쓰기 과정 점검 및 조정하는 방법 설명하기
		  – 쓰기 과정 : 계획하기–내용 생성하기–내용 조직하기–초고 쓰기–고쳐쓰기
		  – 쓰기 과정에서 고려해야 하는 쓰기 맥락
		  ① 주제 : 주제를 효율적으로 전달하고 있는가? 주제와 관련이 없거나 통일성을 해치는 부분은 없는가?
		  ② 목적 : 정보 전달, 설득, 정서 표현 등 목적에 맞는가?
		  ③ 독자 : 예상 독자의 수준과 관심에 맞는가? 독자의 흥미를 일으키고 있는가?
		  ④ 매체 : 인쇄 매체, 영상 매체, 인터넷 매체 등 매체 특성에 맞게 썼는가?
			• 쓰기 과정 점검 및 조정하는 방법 이해하기
			  – 쓰기 맥락을 고려하여 글을 쓰는 과정을 점검 및 조정해야 함을 이해한다.		

전개1	<활동1> 쓰기 맥락 고려하여 쓰기 과정 점검 및 조정하기		– 쓰기 과정 전반에서 쓰기 맥락을 고려하여 글을 점검 및 조정해야 내용을 잘 전달할 수 있음을 설명한다.	
		• <자료1> 제시하고 활동 안내하기 – (가)와 (나)의 쓰기 맥락의 공통점과 차이점을 비교하도록 안내한다. • 활동 결과 발표하도록 격려하기	• <자료1>의 (가)와 (나) 비교하기 – (가)와 (나)의 쓰기 맥락을 비교하여 공통점과 차이점을 찾는다. • 활동 결과 발표하기 | 공통점	글의 소재 → '가상현실' 예상 독자 → 학교 학생
---	---
차이점 (가)	• 목적 : 정보 전달(설명문) • 주제 : 가상현실 소개하기 • 매체 : 인터넷 매체(학교 홈페이지)
차이점 (나)	• 목적 : 설득(논설문) • 주제 : 가상현실을 규제해야 한다. • 매체 : 인쇄 매체(학급신문)		
		• 쓰기 과정 점검 및 조정하는 활동 안내하기 – (가), (나) 개요를 쓰기 맥락을 고려하여 점검 및 조정하도록 안내한다. • 활동 결과 발표하도록 격려하기	• 쓰기 과정 점검 및 조정하기 • 활동 결과 발표하기 |	점검 및 조정 내용	이유
---	---	---
(가)	• 처음2, 끝2의 순서 서로 바꾸기	글의 구성에 맞게 내용을 배열하여 정보를 잘 전달하기 위해
	• 중간3 '원격현전'을 쉬운 내용으로 바꾸기	독자 수준에서 어렵기 때문에
	• 중간4 삭제	주제에서 벗어남
(나)	• 서론2의 뉴스 동영상 대신 'VR 이용자 수 그래프' 등의 자료로 대체	인쇄 매체이기 때문에
	• 대응 방안 내용을 추가	주제를 전달하기 위해		
전개2	<활동2> 쓰기 맥락 고려하여 고쳐쓰기	<수험생 작성 내용3> • <자료2> 제시하고 활동 안내하기 – <자료2>의 쓰기 맥락을 분석하도록 안내한다. • <자료2> 고쳐 쓰도록 활동 안내하기 – 앞서 분석한 쓰기 맥락을 고려하여 <자료2>를 수정·보완하여 글을 고쳐 쓰도록 안내한다.		• <자료2> 쓰기 맥락 분석하기 – 주제 : 의류산업이 환경오염에 끼치는 영향을 알고 의류 소비를 줄이자. – 목적 : 설득하기 – 독자 : 학교 학생들 – 매체 : 신문(인쇄 매체) • <자료2> 쓰기 맥락 고려하여 고쳐 쓰기

전개 2	⟨활동2⟩ 쓰기 맥락 고려하여 고쳐 쓰기	• 활동 결과 발표하도록 격려하기	• 활동 결과 발표하기	
			주제	• ㉠: 탄소의 양에 대한 구체적인 통계 들어 심각성을 부각하여 주제 강조하기 • ㉤: 주제에 어긋나는 마지막 문장 삭제
			목적	• ㉥: 컨셔스 패션 내용 제외 → 설득보다 정보 전달에 치중
			독자	• ㉢: 미세플라스틱 내용을 독자인 학생의 수준을 고려하여 쉽게 수정
			매체	• ㉡: 그림말 삭제 • ㉣: 종결 표현 '~ㄴ/는다.'로 통일 → 신문 격식에 맞추기
		• 활동 정리 및 내용 강조하기 – 글쓰기의 전 과정에서 쓰기 맥락을 고려하여 점검·조정해야 함을 강조한다.	• 활동 마무리하기	
정리	형성평가 및 과제 부여	• 형성평가 부여 • 수준별 과제 제시	• 형성평가 진행 • 수준별 과제 확인	
	학습 내용 정리	• 학습 내용 정리	• 학습 내용 이해	
	차시 예고	• 차시 예고	• 차시 예고 인지	

판서 예시

⟨학습 목표⟩

1. 쓰기 맥락을 고려하여 쓰기 과정을 점검하고 조정할 수 있다.
2. 쓰기 맥락을 고려하여 글을 고쳐 쓸 수 있다.

1) 쓰기 맥락을 비교하기

공통점	글의 소재 → "가상현실"	
차이점	(가)	• 목적: 정보 전달 (설명문) • 주제: 가상현실 소개하기 • 매체: 인터넷 매체 (학교 홈페이지)
	(나)	• 목적: 설득(논설문) • 주제: 가상현실을 규제해야 한다. • 매체: 인쇄 매체(학급 신문)

2) 쓰기 과정 점검 및 조정하기

(가)	• 처음2, 끝2의 순서 바꾸기 • 중간3, '쉬운 말로 제시' • 주제에서 벗어나는 중간4 삭제
(나)	• 서론2의 뉴스 동영상 → 'VR 이용자 수 그래프' 등의 자료로 대체 • 본론에 대응방안 추가

3) 쓰기 맥락 고려하여 고쳐쓰기

주제	• ㉠: 탄소의 양 구체적인 통계 들어 심각성을 부각하여 주제 강조하기 • ㉤: 주제에 어긋나는 마지막 문장 삭제
목적	• ㉥: 컨셔스 패션 내용 제외 → 설득보다 정보 전달에 치중
독자	• ㉢: 미세플라스틱 내용을 독자인 학생의 수준을 고려하여 쉽게 수정
매체	• ㉡: 그림말 삭제 • ㉣: 종결 표현 '~ㄴ/는다.'로 통일 → 신문 격식에 맞추기

성취 기준

2022 교육과정	[9국03-08] 쓰기 과정과 전략을 점검·조정하며 글을 쓰고, 독자를 고려하여 글을 고쳐 쓴다. 　이 성취 기준은 쓰기 과정과 전략을 점검·조정하며 글을 쓰고 독자를 고려하여 글을 고쳐 쓰는 데에 필요한 능력을 기르기 위해 설정하였다. 독자를 고려하여 글을 고쳐 쓰는 것은 글의 내용 차원, 조직 차원, 표현 차원에서 두루 이루어질 필요가 있다. 쓰기 과정과 전략을 점검·조정하기, 독자의 지식, 기대나 요구, 태도를 분석하기, 독자 분석의 결과를 반영하여 글을 고쳐쓰기 등을 학습한다.
2015 교육과정	[10국03-04] 쓰기 맥락을 고려하여 쓰기 과정을 점검·조정하며 글을 고쳐 쓴다.

교과서 정리			
학습 내용 정리	[쓰기 맥락을 구성하는 요소]		
	목적	글을 쓰는 이유 예 정보 전달, 설득, 정서 표현, 친교 등	
	종류	글의 갈래 예 설명문, 논설문, 기사문, 서간문 등	
	독자	글을 읽을 사람 예 지식수준, 흥미, 관심사, 나이, 직업 등을 고려	
	주제	글에 표현하고 싶은 글쓴이의 중심 생각	
	매체	글을 전달하는 수단 예 신문, 잡지, 인터넷 등	
	[쓰기 맥락을 고려하여 설득하는 글을 쓰는 과정]		
	계획하기	• 글쓰기 전반에 대한 계획을 세운다.	글쓰기의 전 과정에서 쓰기 맥락을 고려하여 점검·조정한다.
	내용 생성하기	• 다양한 매체에서 주장을 뒷받침할 만한 자료를 수집한다. • 근거의 논리성과 타당성, 자료의 객관성과 신뢰성을 점검하며 근거를 구성한다.	
	내용 조직하기	• 생성한 내용을 효과적으로 조직하고 배열한다.	
	표현하기	• 조직한 내용에 맞게 설득하는 글을 쓴다.	
	그쳐쓰기	• 쓴 글을 점검하여 고쳐 쓴다.	
[2022] 천재(노) 2-1 3. 나와 세상의 연결고리 (2) 설명하는 글쓰기	[9국03-01] '대상의 특성에 적합한 설명 방법을 활용하여 글을 쓴다.'와 함께 구성된 단원임		
	제재	라면을 소개합니다.	
	동기유발	※ 다음 상황을 보고 물음에 답해 보자. 1. 보미가 우주에게 전하려는 글을 어떻게 고쳐 썼는지 말해 보자. 2. 1과 같이 같이 글을 고쳐 쓰면 어떤 효과가 있는지 친구들과 이야기해 보자.	

	학습활동	[다양한 설명 방법 알아보기]
		1. 동빈이가 설명 방법에 관해 조사한 내용을 살펴보고 물음에 답해 보자.
		  (1) 동빈이가 조사한 내용을 바탕으로 다음 문장에 사용된 설명 방법을 바르게 연결해 보자.
		  (2) 다음 상황에 적합한 설명 방법을 이야기해 보자.
		    - 테니스와 배드민턴의 공통점과 차이점
		    - 바닷물이 짠 까닭
		[쓰기 과정을 점검·조정하며 설명하는 글을 쓰는 과정 살펴보기]
		1. [계획하기] 동빈이의 글쓰기 계획을 바탕으로 메모를 완성해 보자.
		2. [자료 수집하고 내용 조직하기] 동빈이가 자료를 수집하고 개요를 작성하는 과정을 살펴보자.
		  (1) 동빈이가 수집한 자료 가운데 개요의 중간 부분에서 활용할 수 있는 것을 적어 보자.
		  (2) 동빈이가 자료를 수집한 과정을 참고하여 개요의 빈칸에 적절한 설명 방법을 채워 보자.
		  (3) 동빈이가 개요에서 점검·조정한 부분을 그 까닭과 함께 정리해 보자.
		3. [표현하기와 고쳐쓰기] 동빈이가 초고를 고쳐 쓰는 과정을 살펴보고 물음에 답해 보자.
		  (1) 다음 부분에 활용된 설명 방법과 그 효과를 말해 보자.
		  (2) (가)를 (나)와 같이 고쳐 쓸 때 얻을 수 있는 효과를 생각해 보자.
		  (3) 동빈이가 자신의 글을 점검·조정하며 어떻게 고쳐 쓰려고 하는지 정리해 보자.
		  (4) 동빈이가 자신의 글을 고쳐 쓰는 과정에서 고려한 점을 정리해 보자.
		4. 동빈이의 글쓰기 과정을 다음 기준에 따라 평가해 보자.
		
		| 평가 기준
			평가

---	---
• 글의 주제와 목적, 예상 독자를 고려하여 글쓰기 계획을 세웠는가?	☆☆☆☆☆
• 다양한 자료를 수집하여 내용을 풍부하게 생성했는가?	☆☆☆☆☆
• 글의 구조와 흐름을 고려하여 내용을 체계적으로 조직했는가?	☆☆☆☆☆
• 대상의 특성에 적합한 설명 방법을 활용하여 글을 썼는가?	☆☆☆☆☆
• 글의 내용, 조직, 표현 차원에서 독자를 고려하여 글을 고쳐 썼는가?	☆☆☆☆☆		

		[9국03-07] '복합양식 자료를 활용하여 내용을 생성하고 글의 유형을 고려하여 내용을 조직하며 글을 쓴다.'와 함께 구성된 단원임
[2022] 미래엔(신) 2-2 2. 스스로 읽고 쓰는 힘 (2) 짜임새 있는 글쓰기	동기유발	※ 빛나와 우주는 국어 시간에 자신의 글쓰기 경험을 떠올려 보는데……. 2. 빛나와 우주의 글쓰기 과정을 비교해 보고, 두 사람 가운데 글을 체계적으로 쓰고 있는 사람을 말해 보자. 3. 자신의 글쓰기 경험을 떠올려 보고, 글쓰기 과정을 이야기해 보자.
	이해와 탐구	[계획하기] 1. 다음 예상 독자 분석 결과를 바탕으로 하여 학생 기자단의 글쓰기 계획을 완성해 보자. 2. 학생 기자단이 계획하기 단계에서 점검하고 조정한 내용을 정리해 보자. [내용 생성하기] 1. 학생 기자단이 조사한 자료의 양식을 써 보자. 2. 유현이가 '자료 8'에서 수집한 정보를 적어 보자. 3. 다음을 참고하여 서영이가 내용 생성하기 단계에서 점검하고 조정한 내용을 정리해 보자. [내용 조직하기] 1. 다음 대화를 참고하여 학생 기자단이 내용 조직하기 단계에서 고려한 점을 말해 보자. 　(대화 내용 : 기사문의 글 구조) 2. 학생 기자단이 내용 조직하기 단계에서 다음과 같이 활동을 조정하였을 때, 그 까닭이 무엇인지 생각해 보자. [표현하기] 1. 학생 기자단이 표현하기 단계에서 점검하고 조정한 내용을 정리해 보자. 2. 1을 바탕으로 하여 학생 기자단이 표현하기 단계에서 점검하고 조정할 때 공통으로 고려한 점을 말해 보자. [고쳐쓰기] 1. 학생 기자단이 고쳐쓰기 단계에서 다음과 같이 점검하였을 때, 이를 참고하여 조정할 내용을 써 보자. 2. 고쳐쓰기를 하면 어떤 점이 좋은지 친구들과 이야기해 보자. [공유하기] 1. 학생 기자단이 쓴 기사문을 읽고, 소감을 댓글로 남겨 보자.
	문제 해결과 적용	1. 쓰기 맥락을 고려하여 글쓰기 계획을 세워 보자. 　(1) 복합양식 자료를 활용하여 글을 쓰면 좋을 만한 주제를 생각해 보자. 　(2) (1)을 바탕으로 하여 글쓰기 계획을 정리해 보자. 　(3) 자신의 글쓰기 계획을 점검하고 조정해 보자. 2. 복합양식 자료를 활용하여 글의 내용을 생성해 보자. 　(1) 주제와 관련하여 글에서 다룰 내용을 자유롭게 생각해 보자. 　(2) (1)을 바탕으로 하여 다양한 양식의 자료를 찾아 정보를 수집해 보자. 　(3) 다음 평가 기준을 참고하여 수집한 정보를 점검하고 조정해 보자. 3. 글의 유형을 고려하여 내용을 조직해 보자. 　(1) 글의 유형에 따른 구조를 고려하여 개요를 작성해 보자. 　(2) 다음 평가 기준을 참고하여 작성한 개요를 점검하고 조정해 보자. 4. 위 활동을 바탕으로 하여 글을 써 보자. 5. 다음 점검표에 따라 작성한 글을 점검해 보고, 고쳐 써 보자. 6. 완성한 글을 예상 독자에게 공유해 보고, 의견을 들어 보자.
[2015] 미래엔 고등국어 3. 생각하고 표현하고 (1) 글쓰기를 잘하려면	제재	—
	동기유발	—
	학습활동	[계획하기] 1. 설득하는 글을 쓰기 위한 계획을 세워 보자. 　(1) 다음 화제 중 하나를 골라, 문제 상황을 떠올려 보자. 　(2) (1)에서 떠올린 문제 상황을 바탕으로 하여 주제와 예상 독자, 글을 실을 매체를 정해 보자. 　(3) 주제와 예상 독자를 분석하고, 근거 자료를 수집할 때 고려할 점을 생각해 보자.

[2015]
미래엔
고등국어
3. 생각하고 표현하고
(1) 글쓰기를 잘하려면
	학습활동	[내용 생성하기]
		2. 자료를 수집하고 선별하여 타당한 근거를 마련해 보자.
		  (1) 근거 자료를 풍부하게 수집하고, 쓰기 맥락을 고려하여 선별해 보자.
		  (2) 선별한 자료를 바탕으로 하여 주제를 뒷받침할 수 있는 근거를 마련해 보자.
		  (3) (2)의 근거를 다음 항목에 따라 점검하고, 점검 결과를 바탕으로 하여 근거를 수정·보완해 보자.
		    • 주장을 뒷받침하기에 적절한가?
		    • 예상 독자의 수준에 맞는 내용인가?
		    • 논리적이고 타당한가?
		    • 제시한 자료는 객관적이고 신뢰할 만한가?
		
		[내용 조직하기]
		3. 2에서 마련한 근거를 바탕으로 하여 글의 내용을 짜임새 있게 조직해 보자.
		  (1) 글의 개요를 작성해 보자.
		  (2) 작성한 개요를 점검하고 수정·보완해 보자.
		    • 전체적인 흐름이 자연스러운가?
		    • 주제에서 벗어나는 내용은 없는가?
		    • 상위 항목과 하위 항목이 알맞게 연결되어 있는가?
		    • 세부 내용이 부족하거나 지나치게 상세하지 않은가?
		
		[표현하기와 고쳐쓰기]
		4. 3에서 조직한 내용을 바탕으로 하여 설득하는 글을 써 보자.
		  (1) 주제, 독자, 매체를 고려하여 설득하는 글의 초고를 써 보자.
		  (2) (1)에서 작성한 초고를 다음 기준에 따라 점검하고 고쳐 써 보자.
		
		    | 글 수준 | • 글의 목적이 분명하게 드러나는가?
		                • 글 전체가 하나의 주제로 통일되었는가?
		                • 문단과 문단이 자연스럽게 연결되어 있는가?
		    | 문단 수준 | • 중심 문장과 뒷받침 문장을 제대로 갖추고 있는가?
		                • 문장과 문장이 자연스럽게 연결되어 있는가?
		                • 문단의 중심 내용에서 벗어나는 문장은 없는가?
		    | 문장 수준 | • 문장 성분 간의 호응이 어색한 부분은 없는가?
		                • 의미가 불분명한 문장은 없는가?
		                • 문장이 지나치게 길거나 짧지는 않은가?
		    | 단어 수준 | • 문맥에 맞는 정확한 단어를 사용하였는가?
		                • 중복되거나 빠진 단어는 없는가?
		                • 맞춤법과 띄어쓰기를 잘 지켰는가?
		
		5. 완성한 글을 모둠별로 돌려 읽고, 쓰기 맥락을 고려하여 친구의 글을 평가해 보자.
		  • 주제가 분명하게 드러나는가?
		  • 글의 목적에 맞게 썼는가?
		  • 예상 독자의 수준과 관심을 고려하여 썼는가?
		  • 매체 특성에 맞게 글을 쓰고 자료를 활용하였는가?

8. 고등 공통국어 쓰기

- 제41회 국어과 교수·학습 실연 시험 문제지 및 지도안 예상 답안
- 제42회 국어과 교수·학습 실연 시험 문제지 및 지도안 예상 답안
- 제43회 국어과 교수·학습 실연 시험 문제지 및 지도안 예상 답안
- 제44회 국어과 교수·학습 실연 시험 문제지 및 지도안 예상 답안

2026학년도 중등학교교사신규임용후보자선정경쟁시험(2차)
제41회 국어과 교수·학습 실연 시험 문제지

관리 번호

지도안 세부 조건

1. 〈수험생 작성 조건1〉 사회적 쟁점에 관한 글 분석하기
   가. 〈자료1〉을 통해 사회적 쟁점을 파악하도록 할 것
   나. 〈자료2〉가 〈자료3〉을 쓰기 위한 자료일 때, 자료의 적절성과 활용 방안을 평가하는 활동을 제시할 것
   다. 〈자료3〉을 읽고 ㉠, ㉡에 사용된 내용 전개의 일반적 원리를 파악하는 활동을 제시할 것

2. 〈수험생 작성 조건2〉 사회적 쟁점에 대한 글쓰기
   가. 사회적 쟁점에 대한 견해를 글로 표현하는 활동을 쓰기 과정에 따라 제시할 것
   나. 쓰기 과정은 초고 쓰기 전 단계까지만 고려할 것
   다. 쓰기 과정 각 단계에 대한 활동 절차를 구체적으로 안내하고, 학생 활동 결과를 간단히 제시할 것
      (단, 이 활동을 통해 학생이 쓴 글이 〈자료4〉라고 가정하고 지도안을 작성할 것)

3. 〈수험생 작성 조건3〉 사회적 쟁점을 다룬 글 평가하기
   가. 〈자료4〉를 평가하는 활동을 제시할 것
   나. 사회적 쟁점을 다룬 글을 평가하는 평가 기준을 제시할 것

수업 조건

- 과목 : 국어
- 학년 : 고등학교 1학년
- 장소 : 국어 교과교실
- 시간 : 블록타임제(100분)
- 단원명 : 사회적 쟁점에 대한 글쓰기
- 해당 성취 기준 : 내용 전개의 일반적 원리를 고려하여 사회적 쟁점에 대한 자신의 견해를 정교하게 표현하는 글을 쓴다.

단원명	차시	학습 내용
좋은 글을 쓰려면	1-2 (본시)	○ 사회적 쟁점에 대한 글을 분석할 수 있다. ○ 내용 전개의 일반적 원리를 고려하여 사회적 쟁점에 대한 글을 조직하고 쓸 수 있다. ○ 사회적 쟁점에 대한 글을 평가할 수 있다.

학생 수	장소	학습 형태	학습 기자재
24명	국어 교과교실	강의식, 모둠식	교사용 컴퓨터, 전자 칠판, 학생용 스마트 기기

※ 본 문제는 모의 평가용으로 제작되었으며, 실제 시험의 문항 유형 및 형식과 다를 수 있습니다.

〈자료1〉

"주4일제는 시대흐름……발상전환 필요"

지난 2월 한국노총 등 50여 개 노동·사회단체가 결성한 '주4일제 네트워크'의 ○○○ 간사는 인구감소 시대에 주4일제 전환은 시대적 흐름이라는 점을 강조했다.

노동인구 감소에 대응하기 위해서는 자동화·로봇화, 외국인 인력 확충 외에도 주4일제가 효과적이면서도 필요한 해법이라는 게 그의 주장이다. 주4일제로 1인당 근로시간을 줄이면 일자리를 쪼개는 효과가 생기고, 일자리 수와 노동인력 수를 모두 늘리는 효과가 발생해 노동인구 감소에 대처할 수 있다는 것이다.

노동생산성 증대가 전제되지 않으면 경영비용 증가 때문에 주4일제 도입이 현실적으로 어렵다는 반박도 있다. 그러나 노동생산성 증대는 자동화·로봇화를 중심으로 해결해야 하고, 주4일제는 노동강도 완화를 통한 이직률 감소, 서비스질 개선, 우수인재 확보 등을 통한 기업경쟁력 강화 수단으로 봐야 한다고 간사는 강조했다.

〈자료2〉

(가)

미래학자 제러미 리프킨은 주4일제를 기술 혁신과 자동화로 인해 노동 수요가 줄어들면서 발생할 수 있는 일자리 부족 문제를 해결하기 위한 대안으로 언급한다. 리프킨은 경제 생산성이 지속적으로 증가하고 기술이 일자리를 대체하는 시대에, 전통적인 주5일제 근무가 불필요해질 수 있으며, 주4일제와 같은 근무 시간 단축을 통해 일자리를 재분배해야 한다고 주장한다.

- 오○○, 「주4일제는 적절한가?」

(나)

〈주4일제 업무 효율성 조사〉

(단위 : 퍼센트)

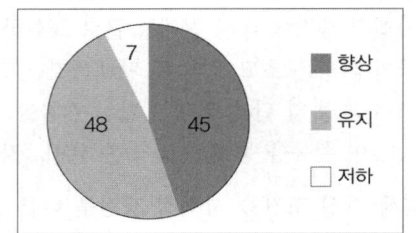

- ○○통계정책연구원(2020. ○○. ○.)

(다)

영국의 4 Day week Global 프로젝트는 61개의 회사와 2,900명의 근로자가 참여한 주4일제 실험 프로젝트이다. 실험 결과 참여 기업 중 91%가 시범 기간이 끝난 후에도 주4일제를 유지하거나 도입할 예정이라고 응답했고, 40% 이상의 직원들이 스트레스가 감소했으며, 71%는 업무에서 번아웃이 줄었다고 보고했다.

- 「○○일보」(2020. ○○. ○○.)

(라)

최근 우리 사회의 뜨거운 화두로 떠오른 '주4일 근무제'에 대해, 국민 절반가량은 아직 시기상조라며 신중한 입장을 보인다는 여론조사 결과가 나왔습니다. 한국리서치가 2025년 4월 전국 만 18세 이상 남녀 1,000명을 대상으로 실시한 조사에 따르면, 주4일제 도입에 대해서는 찬성 46%, 주4.5일제에 대해서는 찬성이 61% 달해 '워라밸' 향상이라는 기대감에도 불구하고, 급격한 제도 변화가 가져올 경제적, 사회적 파장에 대한 우려를 보여줍니다.

- ○○○뉴스(2020. ○○. ○○)

〈자료3〉

현대 사회는 빠르게 변화하고 있으며, 이러한 변화 속에서 우리가 일하는 방식 역시 재고되어야 한다. ㉠<u>자연의 순리에 따라 일하던 농업 시대를 지나 산업화 시대가 도래하며 노동은 기계 중심의 장시간 근무 형태로 바뀌었다. 이후 비인간적인 노동 환경을 개선하기 위한 전 세계적인 노동 시간 단축의 노력은 20세기 제조업 시대의 표준인 주 5일 근무제를 탄생시켰다. 하지만 21세기 오늘날 시·공간의 제약이 사라지고 창의성이 중요해진 정보화 시대, 과거의 획일적인 방식에서 벗어나 새로운 근무 방식에 대한 고민이 필요한 시점이다.</u> 주4일제는 그 해답 중 하나가 될 것이다.

주4일제는 근로자들이 보다 균형 잡힌 삶을 살 수 있도록 돕는다. 많은 사람들이 일과 가정, 개인 시간을 조화롭게 관리하는 데 어려움을 겪고 있으며, 이로 인해 스트레스와 번아웃이 증가하고 있다. 주4일제를 도입하면 이를 해소할 수 있다. 영국의 4 DAY WEEK GLOBAL 프로젝트에 따르면 주4일제를 도입하였을 때 40% 이상의 직원들이 스트레스가 감소하였으며, 71%는 번아웃이 줄었다고 보고했다.

주4일제를 반대하는 가장 큰 주장은 업무 생산성이 떨어진다는 것이다. ⓒ그러나 노동통계정책연구원의 조사에서 주4일제를 실시했을 때 업무 효율성이 향상(45%)되거나 유지(48%)된 참여자가 대다수이고 저하된 사람은 7%에 불과했다는 구체적인 결과는, 짧아진 근무 시간이 직원들로 하여금 비효율적인 시간을 줄이고 업무에 더 집중하며 더욱 창의적으로 일하게 만들었음을 보여주며, 따라서 주4일제가 생산성을 낮추지 않는다는 결론을 뒷받침한다. 오히려 짧아진 근무 시간이 직원들로 하여금 업무에 더 집중하고, 비효율적인 시간을 줄이며, 더욱 창의적으로 일하게 만들었기 때문이다.

미래학자 제러미 리프킨은 경제 생산성와 기술이 일자리를 대체하는 시대에는 전통적 5일제 근무보다 주4일제와 같은 근무 시간 단축을 통해 일자리를 재분배해야 한다고 주장한다. 시대의 흐름에 발맞춘 정책의 변화가 필요하다.

〈자료4〉

안락사에 대한 입장은 시대에 따라 진화해왔습니다. 1930년대부터 영국, 미국 등지에서 안락사 합법화를 요구하는 단체들이 생겨나기 시작했습니다. 1960~70년대에는 윤리적 논의와 인권 운동이 활발해지면서 안락사 문제도 재조명되었습니다. 특히 생명 연장 장치 사용에 대한 비판과 함께 '자기 결정권'을 강조하는 목소리가 높아졌습니다. 1976년 미국 캘리포니아에서 처음으로 '리빙 윌'법이 통과되었는데, 이는 환자가 스스로 무의미한 연명 치료를 받지 않겠다는 의사를 미리 밝힐 수 있도록 하는 것이었습니다. 2002년 네덜란드와 벨기에는 안락사를 합법화한 최초의 국가가 되었고, 심지어 스위스는 조력 자살을 허용하는 전통이 있습니다. 미국 역시도 오리건 주를 시작으로 워싱턴, 캘리포니아, 콜로라도 등 몇몇 주에서 법적으로 조력 자살을 허용하게 되었습니다. 2020년대 들어 안락사 및 조력 자살에 대한 논의는 더욱 활발해졌으며, 점점 더 많은 국가에서 법적으로 이를 허용하려는 움직임이 보입니다.

시간이 지날수록 많은 사람들이 안락사를 원하고 있고, 이에 발맞춰 많은 국가들이 안락사를 법으로 인정하게 되었습니다. 안락사는 시대적 흐름을 반영한 제도이며, 우리나라도 이를 적극적으로 수용하여야 합니다.

– 김○○ 학생의 글쓰기 활동 결과

2026학년도 중등학교교사신규임용후보자선정경쟁시험(2차)
제41회 국어과 교수·학습 실연 지도안 [예상 답안]

국어과 본시 교수·학습 지도안

학습 목표	1. 사회적 쟁점에 대한 글을 분석할 수 있다. 2. 내용 전개의 일반적 원리를 고려하여 사회적 쟁점에 대한 글을 조직하고 쓸 수 있다. 3. 사회적 쟁점에 대한 글을 평가할 수 있다.				
학습 단계		교수·학습 활동		자료 및 유의점	시간 (분)
도입	인사	• 인사 및 학습 분위기 조성	• 인사 및 학습 준비		
	전시 학습 확인	• 전시 학습 확인하기	• 전시 학습 떠올리기		
	동기유발	• 동기유발	• 동기유발		
	학습 내용 안내	• 학습 내용 안내	• 학습 내용 확인		
	학습 목표 제시	• 학습 목표 제시	• 학습 목표 확인		

전개 1	〈활동1〉 사회적 쟁점에 관한 글 분석하기	〈수험생 작성 내용1〉
		• 〈자료1〉의 사회적 쟁점 파악하도록 하기
		  - 사회적 쟁점이 사회적으로 사람들의 견해가 엇갈리는 지점임을 안내한다.
		
		• 〈자료2〉의 적절성 평가하도록 하기
		
		• 〈자료1〉에서 파악한 사회적 쟁점을 중심으로 글을 쓴다면 〈자료2〉 각각의 자료를 어떻게 활용할지 생각해 보도록 하기
		
		• 내용 전개의 일반적 원리 설명하기
		┌─────────────┬────────────────────────┐
		│ 시간적 순서의 원리 │ 시간의 흐름에 따라 내용을 전개함 │
		│ 공간적 순서의 원리 │ 공간의 멀고 가까움이나 상하좌우에 따라 내용을 전개함 │
		│ 논리적 순서의 원리 │ 주장과 이유, 근거를 중심으로 내용을 전개함. │
		└─────────────┴────────────────────────┘
			• 〈자료1〉의 사회적 쟁점 파악하기
			┌──────────────────┐
			│ 쟁점 : 주4일제는 필요한가? │
			└──────────────────┘
			
			• 〈자료2〉의 적절성 평가하기
			  - 〈자료3〉은 주4일제 도입에 찬성하고 있는 글이기 때문에 〈자료2〉의 (가)~(다)는 적절하다. 하지만 (라)는 주4일제 도입의 급격한 도입을 반대하는 내용으로 적절하지 않다.
			
			• 〈자료2〉 활용 방안 생각하기
			┌────┬──────────────────────┐
			│ (가) │ 주4일제가 새로운 시대에 적합하다는 근거 자료 │
			│ (나) │ 주4일제가 업무 효율성을 증진시킨다는 근거 자료 │
			│ (다) │ 주4일제가 업무 스트레스와 번아웃을 해소한다는 근거 자료 │
			└────┴──────────────────────┘
			
			• 내용 전개의 일반적 원리 설명하기		

전개 1	〈활동1〉 사회적 쟁점에 관한 글 분석하기	• 〈자료3〉 ㉠, ㉡에 사용된 내용 전개의 일반적 원리 파악하게 하기	• 〈자료3〉 ㉠, ㉡에 사용된 내용 전개의 일반적 원리 파악하기 ㉠ 농업 시대부터 21세기의 근무 시간의 변화를 시간의 흐름에 따라 전개함 ㉡ 주4일제의 장점을 통계 결과를 근거로 들어 논리적(귀납적)으로 제시함
전개 2	〈활동2〉 사회적 쟁점에 대한 글쓰기	〈수험생 작성 내용2〉 • 사회적 쟁점 선정 활동 안내하기 ① 다양한 사회적 쟁점을 다룬 청소년 눈높이의 책을 배부하여 다양한 사회적 쟁점을 파악하고 선정한 후 온라인 플랫폼에 공유하도록 하기 ② 친구들이 공유한 쟁점 중 관심 있는 쟁점에 대한 자신의 견해를 댓글로 달도록 하기	• 사회적 쟁점 선정하기 활동하기 – 교사의 지도에 따라 활동하기 '안락사 합법화 필요한가?'
		• 자신의 견해를 뒷받침할 자료 수집 활동 안내하기 ① 여러 경로로 자료 수집을 하도록 하기 위해 세 가지 이상의 경로를 통해 자료를 수집하도록 안내하기 ② 자료의 유형 및 출처를 밝히도록 안내하기 ③ 통계청, 주요 언론, 대형 서점 등 공신력 있는 정보 수집이 가능한 매체 정보를 스마트 기기로 공유하기 ④ 수집한 내용을 온라인 플랫폼에 업로드하고 친구들의 수집한 자료에 대한 피드백 달게 하기	• 자신의 견해를 뒷받침할 자료 수집하기 – 교사의 지도에 따라 활동하기 | 자료 | 유형 | 출처 | | 안락사 관련 대담 | 인터뷰 | 유튜브 | | … | … | … |
		• 내용 전개의 일반적 원리를 고려한 내용 조직 활동 안내하기(개요 작성) ① '서론 – 본론 – 결론'의 3단 구조에 따라 개요를 작성할 때 어떤 전개 방식을 사용할지 결정하기 ② 작성한 개요를 업로드하고 친구들의 개요를 읽고 피드백하게 하기	• 내용 전개의 일반적 원리를 고려하여 내용 조직하기 안락사의 역사를 시간 순서대로 제시하며 점점 안락사에 대한 요구가 커지고 있음을 강조하기
		• 사회적 쟁점에 대한 자신의 견해를 표현하는 글쓰기 활동 안내	• 사회적 쟁점에 대한 자신의 견해를 표현하는 글쓰기 활동 수행
전개 3	〈활동3〉 사회적 쟁점을 다룬 글 공유하고 평가하기	〈수험생 작성 내용3〉 • 〈자료4〉 평가 활동 안내하기 ① 〈자료4〉 공유하기 – "이 글은 ○○이 글이에요. ○○이 허락을 받아서 공유하는 거니까 이 글을 함께 평가해 보도록 해요. ② 사회적 쟁점을 다룬 글 평가 기준 공유하기 ③ 〈자료4〉를 평가하고 온라인 플랫폼에 업로드하기 ④ 친구들의 평가 내용과 비교하기	• 〈자료4〉 평가하기 • 다른 나라에서 안락사를 인정한다는 사실이 우리나라가 안락사를 수용해야 할 타당한 근거가 되지는 못한다. • 안락사에 대한 찬성 입장을 분명히 밝혔다. • 시간적 순서에 따라 안락사에 대한 견해를 전개하였다. • 정확하게 분명한 어휘와 문장을 사용했다.

전개 3	<활동3> 사회적 쟁점을 다룬 글 공유하고 평가하기	<평가 기준>		
		• 타당한 근거를 들어 자신의 견해를 정교하게 표현하였는가?	☆☆☆	
		• <수험생 작성 부분> 사회적 쟁점에 대한 자신의 견해를 분명하게 제시하였는가?	☆☆☆	
		• <수험생 작성 부분> 내용 전개의 일반적 원리를 고려하여 내용을 전개하였는가?	☆☆☆	
		• 정확하고 분명한 어휘와 문장을 사용하였는가?	☆☆☆	
정리	형성평가 및 과제 부여	• 형성평가 부여 • 수준별 과제 제시	• 형성평가 진행 • 수준별 과제 확인	
	학습 내용 정리	• 학습 내용 정리	• 학습 내용 이해	
	차시 예고	• 차시 예고	• 차시 예고 인지	

판서 예시

<활동1> 사회적 쟁점에 관한 글 분석하기

쟁점 : 주4일제는 필요한가?

(가)	(나)	(다)
새로운 시대에 적합	업무 효율성을 증진	업무 스트레스와 번아웃을 해소

㉠	농업 시대부터 21세기의 근무 시간의 변화를 시간의 흐름에 따라 전개함
㉡	주4일제의 장점을 통계 결과를 활용하여 논리적으로 제시함

<활동2> 사회적 쟁점에 대한 글쓰기

[쟁점 선정]

'안락사 합법화 필요한가?'

[자료 수집]

자료	종류	출처
인공지능 관련 대담	인터뷰	유튜브
…	…	…

[개요 작성]

안락사의 역사를 시간 순서대로 제시하며 점점 안락사에 대한 요구가 커지고 있음을 강조하기

<활동3> 사회적 쟁점을 다룬 글 평가하기

평가 기준
타당한 근거?
쟁점에 대한 자신의 견해를 분명하게?
내용 전개의 일반적 원리를 고려?
정확하고 분명한 어휘와 문장?

<자료4> 평가하기

• 타당성이 부족함
• 찬성 입장 분명히 제시
• 시간적 순서에 따른 전개
• 정확한 어휘 및 문장

성취 기준

2022 교육과정	[10공국1-03-01] 내용 전개의 일반적 원리를 고려하여 사회적 쟁점에 대한 자신의 견해를 정교하게 표현하는 글을 쓴다.

교과서 정리

학습 내용 정리	■ **사회적 쟁점에 대한 글을 쓰는 과정** 1. 개인이나 집단의 견해가 충돌할 때 발생하는 사회적 쟁점에 대한 다양한 관점이나 입장 살펴보기 2. 사회적 쟁점에 관한 자신의 견해 정리하기 3. 주제나 예상 독자 등 쓰기 맥락을 고려하여 글쓰기 계획을 세우고, 개요 작성하기 4. 사회적 쟁점에 대한 자신의 견해를 글로 정교하게 표현하기 ■ **내용 전개의 일반적 원리의 종류와 효과** 1. 원리 　- 시간적 순서의 원리 : 시간의 흐름에 따라 내용을 전개함. 　- 공간적 순서의 원리 : 공간의 멀고 가까움이나 상하좌우에 따라 내용을 전개함. 　- 논리적 순서의 원리 : 연역이나 귀납과 같이 일반적 전제와 구체적 사실 사이의 배열을 고려하여 내용을 전개함. 2. 효과 : 글의 내용을 효율적으로 전개할 수 있으며, 예상 독자의 기대와 요구에 맞는 전개 방법을 선택할 수 있음.

[2022] 비상(박) 공통국어1 5. 생각을 담는 말과 글 (2) 사회적 쟁점에 대한 글쓰기	동기유발	※ 다음 단어 구름에서 자신이 관심 있는 사회적 쟁점을 골라 말해 보자.
	이해활동	사회적 쟁점에 대한 글을 쓰는 과정 살펴보기 1. 다음 신문 기사를 읽고 '정후'가 관심을 갖게 된 사회적 쟁점이 무엇인지 알아보자. 2. 다음은 '정후'가 수집한 자료이다. 각 자료를 글에 어떻게 활용할 수 있을지 살펴보자. 3. '정후'가 작성한 개요를 살펴보고, 수정이 필요한 부분을 점검해 보자. 4. 다음 글에 나타난 '정후'의 견해를 살펴보고, ㉠과 ㉡에 나타난 내용 전개의 일반적 원리를 말해 보자.
	적용활동	'정후'의 글쓰기 과정을 참고하여 사회적 쟁점에 대한 자신의 견해를 글로 써 보자. 1. 다음 사회적 쟁점 중 하나를 선택하고 관련 자료를 조사해 보자. 2. 다음 질문에 답하며 해당 쟁점에 관한 자신의 견해를 정리해 보자. 3. 예상 독자를 구체적으로 설정하고 자신의 견해를 뒷받침할 자료를 더 찾아보자. 4. 내용 전개의 일반적 원리를 고려하여 내용을 조직해 보자. 5. 앞의 활동을 바탕으로 사회적 쟁점에 대한 자신의 견해를 표현하는 글을 써 보자. 6. 자신이 쓴 글을 점검하고 고쳐 써 보자. (1) 작성한 초고를 다음 기준에 따라 평가해 보자. | 평가 기준 | 별점 | |---|---| | 사회적 쟁점에 대한 자신의 견해를 분명하게 드러냈는가? | ☆☆☆☆☆ | | 타당한 근거를 들어 자신의 견해를 정교하게 표현하였는가? | ☆☆☆☆☆ | | 내용 전개의 일반적 원리를 고려하여 내용을 조직하였는가? | ☆☆☆☆☆ | | 예상 독자가 속한 언어 공동체의 특성을 고려하여 알맞게 표현하였는가? | ☆☆☆☆☆ | | 문맥을 고려하여 문법 요소와 어휘를 알맞게 활용하였는가? | ☆☆☆☆☆ | (2) (1)의 평가 결과에 따라 보완하거나 수정해야 할 부분을 찾아 고쳐 써 보자. 7. 앞의 활동을 돌아보고, 사회적 쟁점에 대하여 자신의 견해를 글로 표현하는 활동이 공동체의 문제 해결에 어떻게 기여하는지 친구들과 이야기해 보자.
[2022] 미래엔 공통국어1 5. 세상과 나를 분석하라 (1) 사회적 쟁점에 관한 글쓰기	동기유발	—
	학습활동	1. 모둠별로 사회적 의제를 다룬 다양한 유형의 매체 자료를 찾아 정리해 보자. (1) 모둠별로 논의할 만한 가치가 있는 사회적 의제를 선정해 보자. (2) (1)에서 선정한 의제를 다룬 매체 자료를 찾아 다음과 같이 정리해 보자. 2. 모둠에서 수집한 매체 자료를 비판적으로 분석해 보자. (1) 모둠원들이 수집한 매체 자료를 모아서 다음과 같이 목록을 정리해 보자. (2) (1)에서 정리한 매체 자료를 사회·문화적 맥락을 고려하여 비판적으로 분석해 보자. 3. 모둠별로 분석한 매체 자료에서 사회적 쟁점을 찾아보고, 쟁점에 관한 자신의 견해를 담은 글쓰기를 계획해 보자. (1) 매체 자료를 분석하는 과정에서 의제와 관련한 사회적 쟁점이 무엇인지 정리해 보자. (2) (1)에서 정리한 사회적 쟁점 중 한 가지를 선택하여 이에 관한 자신의 주장을 써 보자. (3) (2)의 주장을 바탕으로 하여 글쓰기를 계획하고, 자신의 주장을 뒷받침할 만한 근거 자료를 더 찾아보자. 4. 근거 자료를 바탕으로 하여 자신의 견해를 제시하는 글의 개요를 작성해 보자. 그리고 각 단계에 적절한 내용 전개 방법을 생각해 보자. 5. 활동 4에서 작성한 개요를 바탕으로 하여 자신의 견해를 담은 글을 쓰고, 온라인 게시판에 올려서 친구들과 공유해 보자. (1) 활동 4에서 작성한 개요를 바탕으로 하여 사회적 쟁점에 관한 견해를 담은 글을 써 보자. (2) 다음 항목에 따라 자신이 쓴 글을 점검해 보자. 그리고 온라인 게시판에 글을 올려 친구들과 함께 이야기해 보자. 6. 개인별 또는 모둠별로 수행 결과를 평가해 보자. (1) 자기 평가 (2) 상호 평가 (3) 프로젝트 활동 후기 남기기

[2022] 비상(강) 공통국어1 5. 생각을 키우는 설득 (2) 공동체를 위한 글쓰기	동기유발	–

	이해활동	1. 다음에 나타난 사회적 쟁점이 무엇인지 파악하고, 사회적 쟁점에 대한 견해를 정리해 보자.
		  (1) 이 기사와 두 사람의 말에서 알 수 있는 사회적 쟁점이 무엇인지 써 보자.
		  (2) 사회적 쟁점에 대한 두 사람의 견해를 정리하고, 나의 견해는 어떠한지 생각해 보자.
		2. 다음은 '은호'가 견해를 글로 표현하려고 계획한 내용과 수집한 자료이다. 자료의 적절성과 효과를 평가하고, 어떤 자료를 추가하면 적절할지 생각해 보자.
		3. 2에서 '은호'가 수집한 자료를 다음 개요에 맞게 넣고, '은호'가 견해를 정교하게 표현하기 위해 어떤 방법을 고려했는지 써 보자.
		4. '은호'가 주민 모임 누리집에 올린 글에 자신의 견해를 담아 댓글을 쓰고, 글을 쓰며 공론화 과정에 참여하여 얻을 수 있는 경험이 무엇일지 생각해 보자.

	적용활동	1. 일상생활이나 지역사회에서 나타나는 사회적 쟁점을 알아보고, 쟁점에 대한 자신의 견해를 마련해 보자.
		  (1) 우리 주변에서 사회적 쟁점이 되는 문제를 찾아보고, 그중 관심 있는 것을 골라 글의 주제를 정해 보자.
		  (2) 사회적 쟁점에 대한 다양한 관점이 담긴 자료를 살핀 후 자신의 견해를 정하고, 알맞은 주장과 이유를 마련해 보자.
		  (3) 자신이 쓸 글의 예상 독자가 누구인지 생각해 보고, 예상 독자의 태도를 추측해 보자.
		2. 다양한 매체를 활용하여 자신의 견해를 뒷받침하는 근거 자료를 수집하고 적절성을 점검해 보자.
		3. 2에서 마련한 근거를 바탕으로 내용을 조직하고, 조직한 내용을 검토해 보자.
		  (1) 자신의 견해를 드러내는 데 적절한 내용 전개 원리를 정하고, 수집한 자료를 효과적으로 활용하여 글의 개요를 작성해 보자.
		  (2) 다음 질문에 √표시를 하며 (1)에서 작성한 개요를 점검하고 보완해 보자.
		4. 사회적 쟁점에 대한 자신의 견해를 표현하는 글을 작성해 보자.
		5. 4에서 작성한 초고를 다음 기준에 따라 점검하고 고쳐 써 보자.

2026학년도 중등학교교사신규임용후보자선정경쟁시험(2차)
제42회 국어과 교수·학습 실연 시험 문제지

관리 번호

지도안 세부 조건

1. 〈수험생 작성 조건1〉 옛 우리말의 담화 관습 파악하기
   가. 〈자료1〉을 활용하여 우리말의 담화 관습을 파악하는 활동을 제시할 것
   나. 옛 우리말의 담화 관습을 오늘날의 관점에서 평가하는 활동을 제시할 것

2. 〈수험생 작성 조건2〉 언어 공동체의 언어 실천 양상 분석하기
   가. 〈자료2〉를 활용하여 언어 공동체 간의 언어 실천 차이가 발생한 이유를 분석할 것
   나. 〈자료3〉을 활용하여 언어 공동체의 문제점을 파악할 것
   다. 다양한 언어 공동체의 특성을 고려해야 하는 이유를 설명할 것

3. 〈수험생 작성 조건3〉 개성이 드러나는 글쓰기
   가. 활동 2와 연계하여 개성이 드러나는 글쓰기 활동을 제시할 것(활동 결과는 생략할 것)
   나. 개성이 드러나는 글쓰기 방법을 2가지 이상 제시할 것
   다. 학생 간 상호작용이 나타나도록 활동을 구성할 것

수업 조건

- 과목: 국어
- 학년: 고등학교 1학년
- 장소: 국어 교과교실
- 시간: 블록타임제(100분)
- 단원명: 다양성을 존중하는 사회
- 해당 성취 기준: 다양한 언어 공동체의 특성을 고려하며 필자의 개성이 드러나는 글을 쓴다.

단원명	차시	학습 내용
다양성을 존중하는 사회	1-2 (본시)	○다양한 언어 공동체의 언어 실천 양상을 분석하고 책임감을 가지며 국어생활을 할 수 있다. ○다양한 언어 공동체의 특성을 고려하여 글쓴이의 개성이 드러나는 글을 쓸 수 있다.

학생 수	장소	학습 형태	학습 기자재
24명	국어 교과교실	강의식, 모둠식	교사용 컴퓨터, 전자 칠판, 학생용 스마트 기기

※ 본 문제는 모의 평가용으로 제작되었으며, 실제 시험의 문항 유형 및 형식과 다를 수 있습니다.

〈자료1〉

(가)

말은 황금처럼 아끼고 자취는 옥같이 감추어라.
깊이 침묵하고, 고요히 가라앉혀 꾸밈이나 속임과는 접촉하지 말라.
빛남을 가슴속에 감추어 두되, 오래되면 밖으로 빛나리라.

― 이덕무, 「회잠」

(나)

　일찍이, 김 아무개가 말을 타고 친구의 집을 방문하였더니 친구가 술자리를 베풀었는데 다만 채소를 안주로 내놓고 먼저 사과하여 말하기를 "집이 가난하고 시장이 멀어 전혀 좋은 안주가 없고, 오직 담박한 안주뿐이니 이것이 부끄러울 따름이다."라고 하였다. 때마침 여러 마리의 닭들이 뜰에서 어지러이 모이를 쪼고 있거늘 김 아무개가 말하기를, "대장부는 천금을 아끼지 않는다고 하니 당장 내 말을 잡아서 안주로 삼겠다."라고 하였다.
　이때 친구가 말하기를 "말을 잡으면 자네는 무엇을 타고 돌아가겠는가?"하니 김 아무개가 말하기를 "내 그대의 닭을 빌려서 타고 가리라."하자 친구가 크게 웃으며 닭을 잡아 대접하였다.

― 서거정, 「태평한화골계전」

〈자료2〉

(가)

나연 : "선생님, 요즘 너무 여위신 것 같아요."
동연 : "그런 말 하지 마! 이북에서는 개나 짐승한테나 하는 말이야."

(나)

기　묵 : 우리 주말에 영화나 볼까?
샤이크 : 주말에 학교 갔다가 학원 가야해서 바쁜데.
기　묵 : 주말에 왜 학교를 가?
샤이크 : 아, 파키스탄에서는 금요일에 예배를 드려서 목요일을 주말이라고 생각했어.

(다)

건　우 : 할아버지! 엄근진이라는 말이 무슨 뜻인지 아세요?
할아버지 : 엄마 근처에 오시면 진짜 전화주세요?

〈자료3〉

(가)

해　준 : 선생님, 저희 반에 흑인 한 명 있는 거 아세요?
선생님 : ……?
서　연 : 저기 영준이 피부가 너무 까매서 별명이 흑인이에요.
세　진 : 영준이 불 끄면 진짜 안 보이잖아. 완전 흑인이야.
가　온 : 웃으면 이빨만 보여서 너무 무서워요.

(나)

상준 : 선생님! 오늘 왜 이렇게 여성스러워요?
우진 : 그러니까! ○○○ 닮았어요. 여배우로 직업을 바꾸는 건 어때요?

2026학년도 중등학교교사신규임용후보자선정경쟁시험(2차)

제42회 국어과 교수·학습 실연 지도안 예상 답안

국어과 본시 교수·학습 지도안					
학습 목표	1. 다양한 언어 공동체의 언어 실천 양상을 분석하고 책임감을 가지며 국어생활을 할 수 있다. 2. 다양한 언어 공동체의 특성을 고려하여 글쓴이의 개성이 드러나는 글을 쓸 수 있다.				
학습 단계		교수·학습 활동			자료 및 유의점	시간 (분)
도입	인사	• 인사 및 학습 분위기 조성 || • 인사 및 학습 준비		
	전시 학습 확인	• 전시 학습 확인하기 || • 전시 학습 떠올리기		
	동기유발	• 동기유발 || • 동기유발		
	학습 내용 안내	• 학습 내용 안내 || • 학습 내용 확인		
	학습 목표 제시	• 학습 목표 제시 || • 학습 목표 확인		
전개 1	〈활동1〉 옛 우리말의 담화 관습 파악하기	〈수험생 작성 내용1〉 • 〈자료1〉을 읽고 옛 우리말의 담화 관습을 파악하게 하기 • 옛 우리말의 담화 관습을 오늘날의 관점에서 평가하는 활동 제시하기 ① 옛 우리말의 담화 관습을 오늘날 필요한 관습과 필요하지 않은 관습으로 구분하기 ② 필요한 관습이라면 왜 필요한지, 필요하지 않은 관습이라면 왜 필요하지 않은지 이유를 밝히고 오늘날의 관점에서 어떻게 개선하여 수용할 수 있을지 생각해 보기 ③ ②에서 생각한 내용을 공유하기		• 〈자료1〉을 읽고 옛 우리말의 담화 관습을 파악하기 	담화 관습	근거
---	---
(가) 신중하게 말하기	'말은 황금처럼 아끼고'라는 구절
(나) 완곡하게 말하기	자기 말을 잡아서 안주로 삼고 상대 닭을 타고 돌아가겠다는 표현	 • 옛 우리말의 담화 관습을 오늘날의 관점에서 평가하기		
전개 2	〈활동2〉 언어 공동체의 언어 실천 양상 분석하기	〈수험생 작성 내용2〉 • 〈자료2〉를 읽고 언어 공동체 간의 언어 실천 양상의 차이점을 분석하게 하기 – '지역, 세대, 성, 문화 등 언어 공동체를 구성하는 요소가 다양하다'고 설명한다. – 활동이 어려운 경우 스마트 기기를 사용하여 조사하도록 안내한다. || • 〈자료2〉를 읽고 언어 공동체 간의 의사소통 차이를 분석하기 |		
---	---
(가)	지역	'여위다'가 남한에서는 주로 윗사람에게 쓰지만 북한에서는 자기보다 아랫사람, 혹은 동등한 사람에게 사용한다.
(나)	문화	파키스탄을 비롯한 이슬람 문화권은 금요일에 예배를 하기 때문에 목, 금요일을 주말로 인식한다.
(다)	세대	40대 이상의 장년 세대에 비해 현재 청소년 및 청년 세대는 줄임말을 적극적으로 활용한다.			

전개 2	<활동2> 언어 공동체의 언어 실천 양상 분석하기	• <자료3>을 읽고 언어 공동체의 문제점 진단하게 하기 • 다양한 언어 공동체의 특성을 고려해야 하는 이유 설명하기 우리나라의 언어 공동체가 다변화됨에 따라 새로운 환경에서 바람직한 국어생활을 하기 위해서는 의사소통 상황에서 발생할 수 있는 갈등과 차별을 방지할 수 있도록 다양한 언어 공동체의 특성을 알아두어야 할 필요가 있기 때문이다.	• <자료3>을 읽고 언어 공동체의 문제점 진단하기 ┌─────┬──────────────────────────────┐ │ (가) │ 친구의 피부색을 근거로 특정 인종을 별명으로 붙이고 조롱하는 것은 친구에게도 모욕적일뿐더러 해당 인종 전체를 차별하는 인종차별적 태도가 은연중에 깔려있다. │ ├─────┼──────────────────────────────┤ │ (나) │ '여성스럽다'는 표현은 성역할의 고정관념을 강화한다는 면에서, '여배우'라는 말은 불필요하게 성별 구분을 강조한다는 점에서 성차별적 태도가 드러나는 단어이다. │ └─────┴──────────────────────────────┘	
전개 3	<활동3> 개성이 드러나는 글쓰기	<수험생 작성 내용3> • 활동 2와 관련한 자신의 경험 떠올리게 하기 – "여러분들도 이전 활동의 사례처럼 다른 언어 공동체 사람들과 소통할 때 어려웠던 경험이나, 이해하지 못해 재밌었던 경험이나, 새롭게 다른 공동체를 이해하게 된 경험이 있나요?" • 개성이 드러나는 글쓰기 방법 안내하기 • 자신이 겪었던 특별한 경험 제시하기 • 경험을 통해 얻은 깨달음이나 생각을 진솔하게 드러내기 • 주제를 나타내기에 효과적인 구성 방식을 취하기 • 참신하고 독창적인 표현 방법 사용하기 • 모둠별로 친구들과 각자의 경험을 공유하고 어떻게 표현할지를 논의하게 하기 • 글을 쓴 후 온라인 플랫폼에 자신이 작성한 글을 업로드하여 친구들과 공유하고 댓글 달게 하기	• 활동 2와 관련한 자신의 경험 떠올리기 – "교회 다니는 흑인 친구가 있는데, 운동을 잘해서 칭찬의 의미로 '흑형'이라고 불렀는데 나중에 인종차별적 표현이라는 걸 알게 됐어요." – "탈북민 친구랑 이야기를 하는데, 북한에서는 '일없습니다'라는 표현이 '괜찮습니다'라는 의미로 쓰인다는 것을 알았어요." – "아빠한테 뉴○○ 사진을 보여주면서 '요즘 이게 내 추구미야.'라고 이야기했는데 무슨 말인지 이해하지 못했어요." • 개성이 드러나는 글쓰기 방법 이해하기 • 모둠별로 친구들과 각자의 경험을 공유하고 어떻게 표현할지를 논의하기 • 글을 쓴 후 온라인 플랫폼에 자신이 작성한 글을 업로드하여 친구들과 공유하고 댓글 달기 – "칭찬이더라도 흑형이라고 하면 안 되겠어." – "칭찬할 때에는 그 사람의 행동을 칭찬해야 해." – "아버지는 뉴○○도 잘 모르실텐데… 우리가 신조어 쓰는 건 어른들이 우리랑 얘기하면서 사자성어 쓰는 느낌일 듯"	
정리	형성평가 및 과제 부여	• 형성평가 부여 • 수준별 과제 제시	• 형성평가 진행 • 수준별 과제 확인	
	학습 내용 정리	• 학습 내용 정리	• 학습 내용 이해	
	차시 예고	• 차시 예고	• 차시 예고 인지	

판서 예시			
<활동2>		<활동1>	<활동3>

<활동2>

<자료1>

	담화 관습	근거
(가)	신중하게 말하기	'말은 황금처럼 아끼고'
(나)	완곡하게 말하기	자기 말을 잡아서 안주로 삼고 상대 닭을 타고 돌아가겠다는 표현

<활동1>

<자료2>

(가)	지역	'여위다' 남한 → 윗사람 북한 → 동급, 아랫사람
(나)	문화	이슬람 문화권은 목, 금이 주말
(다)	세대	젊은 세대 → 줄임말 多

<자료3>

(가)	인종차별
(나)	성차별

<활동3>

[개성이 드러나는 글쓰기 방법]
• 자신이 겪었던 특별한 경험 제시하기
• 경험을 통해 얻은 깨달음이나 생각을 진술하게 드러내기
• 주제를 나타내기에 효과적인 구성 방식을 취하기
• 참신하고 독창적인 표현 방법 사용하기

	성취 기준
2022 교육과정	**[10공국1-03-02]** 다양한 언어 공동체의 특성을 고려하며 필자의 개성이 드러나는 글을 쓴다. 　이 성취 기준은 언어 공동체 구성원으로서 필자의 개성이 드러나는 글을 쓰는 경험을 통해 의사소통 문화의 발전을 도모하는 태도를 기르기 위해 설정하였다. 지역, 세대, 성, 문화에 따라 언어 공동체는 다양하게 구성될 수 있으며 이들이 언어 사용을 통해 삶을 공유한다는 점에서 언어 사용자에게는 바람직한 언어문화를 가꾸어야 할 책무가 있음을 이해하고 실천해야 한다. 또한 언어 공동체의 특성이 고정된 것이 아니라 구성원의 참여를 통해 새로운 의사소통 문화를 만들어 갈 수 있으므로 필자의 개성이 드러나는 글이 언어 공동체의 확장 및 발전에 기여할 수 있음을 이해해야 한다. 언어 공동체의 특성 및 다양성에 대해 인식하기, 글을 쓰는 경험을 통해 자아의 성장과 언어 공동체의 발전에 기여하기, 일상의 경험에 가치를 부여하는 글쓰기, 필자의 고유한 목소리가 드러나는 개성 있는 글쓰기 등을 학습한다.

	교과서 정리		
학습 내용 정리	▪ **언어 공동체** 　- 개념 : 같은 언어를 사용하여 의사소통을 하는 사회 집단 　- 특성 : 지역, 세대, 성, 문화 등 다른 공동체와 구별되는 담화 관습을 가진 다양한 언어 공동체가 존재한다. ▪ **우리말의 담화 관습** 　- 완곡하게 말하기 : 직설적인 표현은 삼가고 간접적으로 돌려 말함. 　- 겸손하게 말하기 : 상대방에 대한 예의의 표시로 자기를 낮추어 말함. 　- 신중하게 말하기 : 불필요한 말은 삼가고 필요한 내용만 말함. ▪ **개성 있는 글쓰기의 방법** 　- 자신이 겪었던 특별한 경험을 제시하였는가? 　- 경험을 통해 얻은 깨달음이나 생각을 진술하게 드러내었는가? 　- 주제를 전달하기에 효과적인 구성 방식을 취하였는가? 　- 참신하고 독창적인 표현 방법을 사용하였는가?		
[2022] 지학사 공통국어1 2. 다변화 시대, 나의 글 찾기 (2) 다양한 색깔을 존중하는 사회	제재	언어의 높이뛰기	
	동기유발	※ 다음 평가표를 확인하며 자신의 국어 생활 태도가 어떠한지 생각해 보자.	
	학습활동	1. 이 글을 읽고 우리의 언어 공동체의 특성에 관한 글쓴이의 생각을 정리해 보자. 2. 글쓴이가 우리의 언어 공동체에 대한 생각을 개성 있게 드러내기 위해 활용한 방식들을 파악해 보자. 3-1. ㉮와 ㉯ 글을 읽고, 언어 공동체의 다변화와 관련한 문제점과 해결 방안을 탐구해 보자. 　(1) ㉮와 ㉯를 바탕으로 언어 공동체의 다변화로 인해 발생할 수 있는 문제에는 무엇이 있을지 말해 보자. 　(2) 이 글의 글쓴이의 관점에서 ㉮와 ㉯의 상황을 어떻게 해결할 수 있을지 말해 보자. 3-2. 다음 활동을 하며 남북한 언어의 이질화에 따른 문제점과 해결 방안을 생각해 보자. 　(1) 다음 북한어의 뜻을 적어 보고, 사전을 활용하여 자신이 쓴 답을 확인해 보자.	

[2022]
지학사 공통국어1
2. 다변화 시대,
나의 글 찾기
(2) 다양한 색깔을
존중하는 사회
	학습활동	(2) 다음은 북한 이탈 주민과의 대화 상황이다. 다음과 같은 상황에서 발생할 수 있는 의사소통 문제를 남북한 언어와 관련지어 말해 보자.
		(3) (1)과 (2)를 바탕으로, 남북한 언어 실천의 동질화를 위해 우리 사회나 개인이 어떤 노력을 해야 할지 말해 보자.
		3-3. 다음 활동을 하며 바람직한 언어문화를 실천하기 위한 자세를 생각해 보자.
		  (1) 다음 실험에서 나타나는 언어 공동체의 문제점을 말해 보자.
		  (2) 다음의 의사소통 상황을 고려하여 빈칸에 알맞은 말을 쓰고, 지역 방안에 관한 자신의 의견을 말해 보자.
		  (3) 다음 기사에 나타난 우리 언어 공동체의 실천 양상을 탐구해 보자.
		  (4) (1)~(3)의 의사 소통 상황을 참고하여 바람직한 의사소통 문화를 발전시키기 위한 방안은 무엇인지 적어 보자.
		4-1. 언어 공동체 구성원으로서 자신이 속한 언어 공동체의 특성을 고려하여 개성 있는 글을 써 보자.
		  (1) 다음 기준에 따라 자신이 속한 언어 공동체에는 어떤 특성이 있는지 말해 보자.
		  (2) (1)과 관련하여 언어 공동체 구성원으로서 자신의 경험을 떠올려 보고, 이를 통해 얻었던 깨달음을 정리해 보자.
		  (3) (1)과 (2)를 바탕으로, 자신이 속한 언어 공동체의 특성을 고려하며 개성이 드러나는 글을 써 보자.
		4-2. 자신이 쓴 글을 친구들과 함께 읽고, 다음을 고려하여 서로의 글을 평가해 보자.

[2022]
미래엔 공통국어1
2. 따뜻한 말과 글
(2) 함께하는 국어
생활
	학습활동	1. 다양한 언어 공동체의 특성을 인식하고, 바람직한 소통 태도에 관해 알아보자.
		  (1) 글쓴이의 강의를 듣는 외국인 학생들이 한국어에 관해 궁금해하는 점을 찾아 정리해 보자. 또 이들을 각각의 언어 공동체로 볼 때 그 특성을 살펴보자.
		  (2) (1)에서 학생들이 한국어에 관해 궁금해하는 것이 다른 까닭은 무엇인지 생각해 보자.
		  (3) 다음 말의 의미를 생각하며 다른 언어 공동체와 원활하게 소통하기 위해 갖추어야 할 태도는 무엇인지 말해 보자.
		2. 자신이 속한 언어 공동체의 특성과 다양성을 떠올리며 개성이 드러나는 글을 써 보자.
		  (1) ㉮와 ㉯를 보고 언어 공동체 간에 소통이 어려울 때 생기는 문제점을 이야기해 보자.
		  (2) (1)과 관련하여 오늘날 사회에서 발생하는 문제 상황을 다양한 매체에서 찾아보자.
		  (3) (1), (2)와 유사한 경험을 한 적이 있는지 떠올려 보고, 당시에 어떤 느낌이나 깨달음을 얻었는지 써 보자.
		  (4) 자신의 경험에 가치를 담아 개성이 드러나는 글을 쓰기 위한 글쓰기 계획을 세워 보자.
		  (5) 내용 구성과 표현 방법에서 어떻게 개성을 드러낼지 생각해 보자.
		  (6) (4), (5)를 바탕으로 하여 일상의 경험에 가치를 담은 개성 있는 글을 써 보자.
		  (7) 완성한 글을 다음 항목을 중심으로 점검한 후 고쳐 쓰고, 사회 관계망 서비스(SNS)에 올려 보자.
		
		            | 점검 항목 | 평가 |
		            |---|---|
		            | 자신이 속한 언어 공동체의 특성을 잘 드러내었는가? | ☆☆☆ |
		            | 언어 공동체의 발전에 도움이 되는 주제를 선정하였는가? | ☆☆☆ |
		            | 일상의 경험에서 깨달은 가치를 생생하게 전달하였는가? | ☆☆☆ |
		            | 글쓴이의 개성을 잘 드러내는 내용 구성과 표현 방법을 사용하였는가? | ☆☆☆ |

[2022]
천재(김종철)
공통국어1
1. 함께 나누는 언어
(2) 공동체와 언어
	이해활동	1. 다음 자료를 살펴보고, 우리나라가 다문화 사회로 변화함에 따라 달라진 언어 실천 양상을 알아보자.
		  (1) (가)에서 대화 참여자들이 어떤 언어를 사용하고 있는지 살펴보자.
		  (2) (나)에서 '우주'와 '민우'의 언어 사용 양상이 사람들의 예상과 어떻게 다른지 말해 보자.
		  (3) 우리 사회가 다문화 사회로 진입함에 따라 언어 사용에 관한 인식이 어떻게 달라져야 할지 생각해 보자.
		2. 다음 자료를 살펴보고, 남북한의 언어 실천 양상에 관해 알아보자.
		  (1) 다음은 ㉮의 밑줄 친 단어를 《겨레말큰사전》 누리집에서 검색한 결과이다. 이를 통해 알 수 있는 남북한 언어의 어휘 차이를 말해 보자.
		  (2) ㉯에 나타난 다음 단어를 남한에서는 어떻게 표기하는지 적고, 남북한 언어의 문법 차이를 살펴보자.
		  (3) 다음 단어들을 뜻이 같은 것끼리 연결해 보고, 이처럼 남북한에서 다르게 쓰는 말들을 더 조사해 보자.
		  (4) <보기>를 참고하여 북한 이탈 주민들이 언어생활에서 겪는 어려움이 무엇일지 생각해 보고, 남북한의 언어 차이를 줄이려면 우리가 어떤 노력을 해야 할지 친구들과 토의해 보자.

	이해활동	3. 다음 글을 읽고 한국어 언어 공동체에 관해 생각해 보자. 　(1) 〈보기〉는 1과 2의 자료에 등장한 언어 사용자들이다. 이들을 '한국어 언어 공동체'의 구성원이라고 할 수 있는지 생각해 보고, 그 까닭을 말해 보자. 　(2) 한국어 언어 공동체에 새로 유입되거나 멀어지는 경우를 떠올려 보고, 한국어 언어 공동체의 변화 양상을 정리해 보자. 4. '은호'가 주민 모임 누리집에 올린 글에 자신의 견해를 담아 댓글을 쓰고, 글을 쓰며 공론화 과정에 참여하여 얻을 수 있는 경험이 무엇일지 생각해 보자.
[2022] 천재(김종철) 공통국어1 1. 함께 나누는 언어 (2) 공동체와 언어	적용활동	1. 언어 공동체의 다양한 특성을 탐구해 보자. 　(1) 지역 언어로 번역된 ㉮, ㉯와 표준어로 번역된 ㉰가 주는 느낌을 비교하며 읽고, 지역 언어로 쓰인 ㉮, ㉯의 가치가 무엇인지 말해 보자. 　(2) 다음 줄임말을 예전부터 쓰던 것과 비교적 최근에 등장한 것으로 나누고, 둘 사이의 공통점과 차이점을 생각해 보자. 　(3) 다음 글에 나타난 온라인 공간에서 사용되는 언어의 특징을 찾고, 이 외에 또 어떤 특징이 있을지 생각해 보자. 2. 언어 공동체의 특성을 고려하며 개성이 드러나는 글을 써 보자. 　(1) 다음을 참고하여 언어 공동체와 관련된 자신의 경험을 떠올려 보자. 　(2) (1)의 경험 가운데에서 글감을 정하고, 구체적인 내용을 정리해 보자. 　(3) 글쓰기 계획을 세우고, 개요를 작성해 보자. 　(4) 언어 공동체의 특성을 고려하여 자신의 개성이 드러나는 글을 써 보자. 　(5) 자신이 쓴 글을 친구들과 공유하여 서로 평가해 보고, 활동을 하며 느낀 점을 이야기해 보자. 3. 사회적 쟁점에 대한 자신의 견해를 표현하는 글을 작성해 보자. 4. 3에서 작성한 초고를 다음 기준에 따라 점검하고 고쳐 써 보자.

2026학년도 중등학교교사신규임용후보자선정경쟁시험(2차)
제43회 국어과 교수·학습 실연 시험 문제지

관리 번호

지도안 세부 조건

1. 〈수험생 작성 조건1〉 논증 요소 파악하기
   가. 논증 요소(주장, 이유, 근거, 예상 반론과 그에 대한 반박)에 대한 개념 설명을 포함할 것
   나. 〈자료1〉을 논증 요소로 분석하는 활동을 제시할 것

2. 〈수험생 작성 조건2〉 논증 방법 파악하기
   가. 논증 방법을 2가지 제시하고 이를 설명할 것
   나. 〈자료2〉의 ㉠~㉣를 분석하고 이를 적절하게 수정 및 보완하는 활동을 제시할 것
      (㉠은 교사의 시범으로 제시하고, ㉡~㉣은 학생 활동으로 제시할 것)
   다. 〈자료2〉에 사용된 전체적인 논증 방법을 파악하고 이에 따라 내용을 정리할 것

3. 〈수험생 작성 조건3〉 논증하는 글 평가하기
   가. 논증하는 글을 동료 평가하도록 할 것(활동 결과는 제시하지 말 것)
   나. 논증하는 글의 평가 기준을 포함할 것
   다. 평가 결과를 활용할 수 있는 활동을 포함할 것(활동 결과는 제시하지 말 것)

수업 조건

○ 과목 : 국어
○ 학년 : 고등학교 1학년
○ 장소 : 국어 교과교실
○ 시간 : 블록타임제(100분)
○ 단원명 : 논증하는 글쓰기
○ 해당 성취 기준 : 논증 요소에 따른 분석을 바탕으로 효과적으로 내용을 조직하여 논증하는 글을 쓴다.

단원명	차시	학습 내용
논증하는 글쓰기	1-2 (본시)	○ 주장하는 글에 나타난 논증 요소와 논증 방법을 분석할 수 있다. ○ 논증 요소를 고려하여 내용을 조직하고 논증하는 글을 쓰고 평가할 수 있다.

학생 수	장소	학습 형태	학습 기자재
24명	국어 교과교실	강의식, 모둠식	교사용 컴퓨터, 전자 칠판, 학생용 스마트 기기

※ 본 문제는 모의 평가용으로 제작되었으며, 실제 시험의 문항 유형 및 형식과 다를 수 있습니다.

〈자료1〉

지속 가능한 환경을 만들기 위해서는 정부의 정책이나 기업의 변화보다 개인의 일상 속 작은 실천이 무엇보다 중요합니다. 거시적인 변화를 이끌어내는 근본적인 동력은 결국 시민 개개인의 인식과 참여에서 비롯되기 때문입니다. 개인의 실천이 모여 사회적 규범을 형성하고, 이는 정책과 시장을 움직이는 가장 강력한 압력이 됩니다.

개인의 행동이 환경에 미치는 영향은 구체적인 통계로 명확히 증명됩니다. 예를 들어, 2021년 기준 국민 1인당 연간 플라스틱 배출량이 약 92kg에 달하는 상황에서, 인구의 절반이 하루 일회용 컵 하나만 텀블러로 바꿔도 연간 9만 톤이 넘는 막대한 폐기물을 줄일 수 있습니다. 이처럼 개인의 선택은 측정 가능한 긍정적 변화를 만들어내는 실질적인 힘을 가집니다. 또한 이러한 소비자들의 움직임은 친환경 제품에 대한 수요를 창출하고, 기업이 지속 가능한 생산 방식으로 전환하도록 유도하는 강력한 시장 신호가 됩니다. ○○마트에서는 제로 웨이스트 운동의 일환으로 세제나 섬유유연제, 시리얼 등을 포장 없이 내용물만 구매할 수 있는 리필 스테이션을 확대 운영하고 있습니다.

물론, "개인의 노력은 거대 기업이 연간 배출하는 막대한 양의 온실가스와 폐기물에 비하면 미미한 수준에 불과하다"는 반론은 타당해 보일 수 있습니다. 한 사람이 평생 줄이는 탄소보다 기업의 공장 하나가 하루에 내뿜는 탄소가 더 많을 수 있기 때문입니다. 하지만 이러한 주장은 개인을 '단순한 배출자'로만 볼 뿐, 시장과 시스템을 바꾸는 '능동적인 소비자'로서의 역할을 간과하는 것입니다. 실제로, 해양 생태계를 파괴했던 '마이크로비즈'가 시장에서 퇴출될 수 있었던 것은 바로 다수 소비자의 강력한 불매 운동과 요구가 있었기 때문이며, 이러한 소비자들의 힘은 전 세계 소비자의 70% 이상이 구매 시 기업의 환경적 가치를 고려한다는 통계에서도 확인됩니다. 이처럼 환경을 중시하는 소비자의 등장은 전기차와 대체육 시장의 성장을 이끌고 기업들의 ESG 경영을 촉진하는 핵심 동력이므로, 결국 개인의 실천은 소극적인 행위를 넘어 시장의 규칙을 바꾸는 가장 강력한 '투표' 행위라고 할 수 있습니다.

〈자료2〉

주제 : 일회용 플라스틱의 치명적 위험

서론	• ㉠ 플라스틱의 친환경적 우수함 • 지속 가능한 미래에 필수적인 깨끗한 환경의 중요성 제시

용어
정의
	본론 1
	• 해양 플라스틱 문제가 심각하기 때문이다.
	   – 매년 약 800만 톤의 플라스틱이 바다로 유입되어, 플라스틱 쓰레기 더미가 160만 제곱킬로미터에 달함.
	   – 플라스틱이 해양 생물과 인간에게 피해를 끼침.
	
	본론 2
	• ㉡ 플라스틱의 생산 과정에 많은 양의 온실가스가 생성되기 때문이다.
	   – 전 세계 플라스틱 생산은 연간 약 4.5억톤이며, 이는 전체 온실가스 배출량의 약 3.8%에 해당함.
	   – 플라스틱의 폐기물 처리 과정에서 추가적으로 온실 가스가 발생함.
	
	본론 3
	• 플라스틱에서 유출되는 화학 물질이 인체에 건강 문제를 유발하기 때문이다.
	   – BPA, 프랄레이트 등이 인간의 내분비계를 교란함.
	   – ㉢ 미세 플라스틱 입자가 작을 경우 식물의 뿌리 세포에 침투하여 물질대사를 방해함.

입장	• 본론 1~3을 요약 • ㉣ 주장 : 해양 생물의 안전을 위해 플라스틱 사용을 줄여나가야 한다.

2026학년도 중등학교교사신규임용후보자선정경쟁시험(2차)
제43회 국어과 교수·학습 실연 지도안 [예상 답안]

국어과 본시 교수·학습 지도안				
학습 목표	1. 주장하는 글에 나타난 논증 요소와 논증 방법을 분석할 수 있다. 2. 논증 요소를 고려하여 내용을 조직하고 논증하는 글을 쓰고 평가할 수 있다.			
학습 단계		교수·학습 활동		자료 및 유의점	시간(분)
도입	인사	• 인사 및 학습 분위기 조성	• 인사 및 학습 준비		
	전시 학습 확인	• 전시 학습 확인	• 전시 학습 회상		
	동기유발	• 동기유발	• 동기유발		
	학습 내용 안내	• 학습 내용 안내	• 학습 내용 확인		
	학습 목표 제시	• 학습 목표 제시	• 학습 목표 확인		
전개 1	〈활동1〉 논증 요소 파악하기	〈수험생 작성 내용1〉 • 〈자료1〉 제시 • 논증 요소 설명하기 | 주장	필자가 내세우는 의견 | | 이유 | 주장을 가능하게 하는 주관적 요인 | | 근거 | 이유를 뒷받침하는 객관적 자료 | | 예상 반론 | 필자의 주장에 독자가 제기할 것으로 예상되는 반대 의견 | | 반박 | 예상 반론에 대한 필자의 반박 | • 〈자료1〉을 논증 요소 중심으로 분석하게 하기 – 논증 요소를 5가지로 구분하여 분석하도록 하고 순회 지도하며 비계를 제공한다. – "이유와 근거가 헷갈리는구나. 이유는 왜 그런 주장을 하는가에 대한 설명이라면 근거는 그 이유가 타당함을 보여주는 객관적인 증거라고 생각하면 돼."	• 〈자료1〉 살펴보기 • 논증 요소 이해하기 • 〈자료1〉을 논증 요소 중심으로 분석하기 | 주장 | 지속 가능한 환경을 위해 개인이 일상 속에서 작은 실천을 해야 한다. | | 이유 | 거시적인 변화를 이끌어내는 근본적인 동력은 시민 개개인의 인식과 참여에서 비롯되기 때문 | | 근거 | 1. 국민이 하루 일회용컵 하나만 바꿔도 연간 9만톤의 폐기물을 줄일 수 있음 2. 기업의 생산 방식 전환 사례 | | 예상 반론 | 개인의 노력은 거대 기업에 비하면 영향력이 미미한 수준이다. | | 반박 | 능동적인 소비자로서 시장과 시스템을 바꿀 수 있다. → 실제 사례(마이크로비즈)와 통계(70% 이상 환경적 가치 고려) |		

전개 2	<활동2> 논증 방법 파악하기	<수험생 작성 내용2> • 논증 방법 설명하기 　연역 : 전제들이 참이면 결론이 반드시 참인 논증. 일반적인 원리나 법칙에서 개별적인 결론을 도출할 수 있음. 삼단 논법이 이에 속함. 　귀납 : 참인 사실이나 현상을 바탕으로 참일 가능성이 높은 결론을 도출하는 논증. 개별적인 사실이나 현상에서 일반적인 결론을 도출할 수 있음. • 모둠 구성하기 • <자료2> 함께 읽기 • 모둠별로 <자료2>를 분석하고 적절하게 수정하게 하기 　① 교사의 시범 보이기 　－"서론 ㉠은 글쓴이의 주장과 맥락이 다르므로 '플라스틱의 환경적 문제점' 등으로 수정하는 게 글의 흐름에 맞아요. 　② 모둠별로 수정 및 보완하게 하기 • <자료2>에 사용된 논증 방법을 파악하고 이를 바탕으로 내용 정리하기 • 활동 결과 발표하게 하기 • 쓰기 과정에 따라 논증하는 글쓰기 안내하기	• 논증 방법 이해하기 • 모둠 구성하기 • <자료2> 함께 읽기 • 모둠별로 <자료2>를 분석하고 적절하게 수정하기 　① 교사의 시범 확인하기 　② 모둠별로 수정 및 보완하기 • ㉡ 근거를 고려하였을 때 '플라스틱의 생산 및 폐기 과정~'으로 수정한다. • ㉢ 이유와 관련 없으므로 삭제하고 인체 건강 관련 내용으로 대체한다. • ㉣ 본론 내용을 모두 고려하여 '지속 가능한 미래를 위해 플라스틱 사용을 줄여나가야 한다'로 수정한다. • <자료2>에 사용된 논증 방법을 파악하기 | 논증 방법 | 귀납 | |---|---| | 개별 사실 | • 해양 플라스틱 문제가 심각하다. • 생성 및 폐기 과정에서 많은 온실가스가 생성된다. • 인체의 내분비계를 교란하고 건강에 영향을 준다. | | 일반적 결론 | 플라스틱 문제가 쓰레기, 생성 및 폐기, 인체 건강 등 여러 분야에서 심각하므로 플라스틱 사용을 줄여야 한다. | • 활동 결과 발표하기 • 쓰기 과정에 따라 논증하는 글쓰기
전개 3	<활동3> 논증하는 글 평가하기	<수험생 작성 내용3> • 논증하는 글을 평가하는 기준 제시하기 | 평가 기준 | |---| | 주제에서 벗어나는 내용은 없는가? | | 주장이 분명하고, 이유와 근거가 타당한가? | | 예상 반론과 이에 대한 반박이 적절한가? | | '서론-본론-결론'의 구성에 맞게 조직되었는가? | | 적절한 논증 방법을 활용하여 내용을 조직하였는가? |	• 논증하는 글을 평가하는 기준 확인하기

전개 3	<활동3> 논증하는 글 평가하기	• 동료 평가 안내하기 ① 작성한 글을 온라인 플랫폼에 업로드하기 ② 정해진 친구 3명의 글을 읽고 평가 기준에 따라 평가하기 ③ 친구들의 평가를 확인하고, 자신이 직접 한 자기 평가 내용과 비교하기 • 평가 결과를 반영하여 작성한 글을 고쳐쓰는 활동을 안내할 것	• 동료 평가 수행하기 • 평가 결과를 반영하여 작성한 글을 고쳐쓰는 활동을 안내할 것		
정리	학습 내용 정리	• 학습 내용 정리	• 학습 내용 이해		
	차시 예고	• 차시 예고	• 차시 예고 인지		

판서 예시

단원명 : 논증하는 글쓰기

<활동1> 논증 요소 분석하기

주장	지속 가능한 환경을 위해 개인이 일상 속에서 작은 실천을 해야 한다.
이유	거시적인 변화를 이끌어내는 동력은 개개인에서 비롯되기 때문
근거	1. 국민이 하루 일회용컵 하나만 2. 기업의 생산 방식 전환 사례
예상 반론	개인의 노력은 거대 기업에 비하면 영향력이 미미함
반박	시장과 시스템을 바꿀 수 있음 → 실제 사례(마이크로비즈)와 통계

<활동2> 논증 방법 분석하기

본론	• 본론 2 - '플라스틱의 생산 및 폐기 과정~' • 본론 3 - '플라스틱이 건강에 좋지 않은 까닭' 보충
결론	주장 수정 - 지속 가능한 미래를 위해

논증 방법	귀납
개별 사실	• 해양 플라스틱 문제 심각 • 많은 온실가스가 생성 • 호르몬 및 건강에 영향
일반적 결론	플라스틱 사용을 줄여야 한다.

<활동3> 평가하기

평가 기준
주제에서 벗어나는 내용?
주장 분명, 이유와 근거가 타당한가?
예상 반론과 이에 대한 반박이 적절한가?
'서론 - 본론 - 결론'의 구성?
적절한 논증 방법을 활용?

성취 기준

2022 교육과정	[10공국2-03-02] 논증 요소에 따른 분석을 바탕으로 효과적으로 내용을 조직하여 논증하는 글을 쓴다. 　이 성취 기준은 논증 요소를 중심으로 글을 쓸 수 있는 능력을 기르기 위해 설정하였다. 논증의 요소는 주장과 그 주장을 지지하는 객관적 자료인 근거, 근거를 바탕으로 주장을 가능하게 하는 주관적 요인인 이유, 예상되는 반론과 이에 대한 반박 등을 포함한다. 논증 요소와 이들 요소 간의 관계, 연역과 귀납 등의 논증 방법을 활용하여 효과적으로 내용 조직하기 등을 학습한다.
2015 교육과정	[10국03-02] 주제, 독자에 대한 분석을 바탕으로 타당한 근거를 들어 설득하는 글을 쓴다.

교과서 정리

학습 내용 정리	■ **논증의 개념과 요소** 1. 개념 : 근거를 바탕으로 자신의 주장을 논리적으로 증명하는 것 2. 요소 3. 주장 : 필자가 내세우는 의견 　- 이유 : 근거를 바탕으로 주장을 가능하게 해 주는 주관적 요인 　- 근거 : 이유를 뒷받침하는 객관적 자료 　- 예상 반론과 이에 대한 반박 : 주장, 이유와 근거에 대해 독자가 제기할 것으로 예상되는 반대 의견과 이에 대한 반박

학습 내용 정리		■ 논증 방법 - 연역 : 전제들이 참이면 결론이 반드시 참인 논증. 일반적인 원리나 법칙에서 개별적인 결론을 도출할 수 있음. 삼단 논법이 이에 속함 - 귀납 : 참인 사실이나 현상을 바탕으로 참일 가능성이 높은 결론을 도출하는 논증. 개별적인 사실이나 현상에서 일반적인 결론을 도출할 수 있음. 일반화와 유추 등이 이에 속함. ■ 논증하는 글의 작성 단계 - 주제에 대한 글쓴이의 입장 결정하기 - 주제를 분석하고 주장 설정하기 - 주장·이유를 뒷받침하는 근거 자료 수집하기 - 논증 요소를 고려하여 내용 조직하기 - 개요를 바탕으로 논증하는 글쓰기 ■ 논증하는 글을 쓸 때 고려할 점 - 근거 자료를 풍부하게 수집한 후 주장을 뒷받침하는 타당한 자료를 선별한다. - 논증 요소를 효과적으로 나타낼 수 있는 논증 방법을 선태하여 글을 체계적으로 구성한다. - 논증 요소를 고려하여 내용을 조직하고 글의 설득력을 높일 수 있도록 적절하게 표현한다.
[2022] 미래엔 공통국어2 2. 문제 해결의 지혜 (1) 논증하는 글쓰기	제재	반려견 보호자 자격 시험을 의무화하자.

	학습활동	[계획하기]
		1. 논증하는 글을 쓰기 위한 계획을 세워 보자.
		  (1) 다음 화제 중 하나를 골라, 우리 공동체가 함께 해결해야 할 문제를 떠올려 보자.
		  (2) (1)에서 떠올린 내용을 바탕으로 하여 주장, 목적, 예상 독자, 글을 실을 매체를 정리해 보자.
		[내용 생성하기]
		2. 자료를 수집하고 선별하여 타당한 근거를 마련해 보자.
		[내용 조직하기]
		3. 선별한 자료를 바탕으로 하여 논증하는 글의 내용을 조직해 보자.
		  (1) 글에 들어갈 논증 요소를 정리하여 논증의 구조를 세우고, 논증 방법을 정해 보자.
		  (2) (1)을 바탕으로 하여 논증하는 글의 개요를 작성해 보자.
		[표현하기와 고쳐쓰기]
		4. 조직한 내용을 바탕으로 하여 논증이 잘 드러나는 글을 써 보자.
		  (1) 논증 요소가 잘 드러나도록 논증하는 글의 초고를 써 보자.
		  (2) 작성한 글을 다시 읽어 보고, 다음 항목에 따라 점검하여 고쳐 써 보자.
		[공유하기]
		5. 쓴 글을 다음 항목에 따라 점검하고, 완성한 글을 친구들과 공유해 보자.
		
		| 점검 항목 | 평가 |
		|---|---|
		| 자신의 생각이나 의견을 진실하게 썼는가? | ☆☆☆ |
		| 다른 사람의 생각이나 자료를 사용할 때 출처를 명확히 밝혔는가? | ☆☆☆ |
		| 신뢰할 만한 근거를 들어 책임감 있게 글을 썼는가? | ☆☆☆ |

[2022] 천재(김종철) 공통국어2 3. 글로 읽는 세상, 세상을 움직이는 글 (2) 논증하는 글쓰기	제재	'소유'보다 '경험'
	동기유발	※ 내 주장을 펼치기 위해 글을 써본 적이 있나요?

	이해활동	1. 이 글의 논증 요소와 논증 방법을 파악해 보자.
		  (1) 이 글의 논증 요소를 다음과 같이 정리해 보자.
		  (2) 범석이가 이 글을 조직할 때 사용한 논증 방법을 정리해 보자.
		    ① 4문단에 사용된 연역 논증을 다음과 같이 정리해 보자.
		    ② 이 글에 사용된 귀납 논증을 다음과 같이 정리해 보자.
		2. 작문 관습을 고려하여 범석이의 초고를 점검해 보자.
		  (1) 다음은 범석이가 초고를 고쳐 쓴 것이다. 고쳐쓰기 과정에서 무엇을 고려하였는지 각각 이야기해 보자.
		  (2) 범석이의 초고에서 더 고쳐 써야 할 부분이 있는지 살펴보고, 적절하게 고쳐 보자.
		3. 이 연설문의 논리 전개 과정을 살펴보고 다음 빈칸을 채워 보자.

[2022] 천재(김종철) 공통국어2 3. 글로 읽는 세상, 　세상을 움직이는 글 (2) 논증하는 글쓰기	적용활동	1. 작문 관습을 고려하며 글쓰기 계획을 세워 보자. 　(1) 우리 주변에서 논증하는 글로 써 보고 싶은 주제를 찾아보자. 　(2) 논증하는 글의 쓰기 맥락을 분석해 보자. 　(3) (2)에서 정리한 쓰기 맥락을 바탕으로 하여 글을 쓸 때 고려할 점을 생각해 보자. 2. 글에서 활용할 자료를 선정하고 글의 내용을 효과적으로 조직해 보자. 　(1) 다양한 매체에서 주장의 근거로 삼을 만한 자료를 수집하고, 다음 기준에 따라 선정해 보자. 　(2) 글에서 활용할 논증 요소를 다음과 같이 정리해 보자. 　(3) 어떤 논증 방법을 사용할지 정하고, 글의 개요를 작성해 보자. 　(4) 다음 기준에 따라 (3)에서 작성한 개요를 점검하고 수정·보완해 보자. 3. 개요를 바탕으로 하여 논증하는 글을 쓰고 공유해 보자. 　(1) 초고를 작성해 보자. 　(2) 다음 점검 기준에 따라 초고를 스스로 점검해 보자. 　(3) (2)에서 점검한 내용에 따라 초고를 고쳐 써 보고, 완성한 글을 자신이 선정한 매체에 실어 보자.
[2022] 비상(박) 공통국어2 5. 서로 다른 시선, 　함께 찾아가는 삶 (3) 논증하는 글쓰기	제재	잊힐 권리
	동기유발	※ 자신이 지금까지 인터넷에 올린 글이나 사진 등을 삭제할 수 있다면, 어떤 것을 삭제하고 싶은지 자유롭게 말해 보자.
	이해활동	[논증 요소 분석하기] 1. 이 글에 나타난 주장, 이유와 근거를 정리해 보자. 2. 이 글의 설득력을 높이기 위해 추가할 수 있는 예상 반론과 이에 대한 반박을 써 보고, 그 이유와 근거를 마련해 보자.
	적용활동	1. 논증하는 글로 쓰고 싶은 사회적 쟁점을 정하고, 그에 따른 논증 요소를 정리해 보자. 　(1) 다음 사회적 쟁점 가운데 하나를 선택하여 쟁점에 대한 자신의 입장을 한 문장으로 써 보자. 　(2) (1)에서 선정한 쟁점에 대한 주장, 이유, 근거를 마련해 보자. 　(3) 자신의 주장에 예상되는 반론을 생각해 보고, 이를 반박할 내용을 정리해 보자. 2. 자신의 주장을 효과적으로 나타낼 수 있는 논증 방법을 선택하여, 그에 맞게 내용을 구성해 보자. 3. 앞의 활동을 바탕으로 글의 개요를 작성해 보자. 4. 앞에서 작성한 개요를 바탕으로 논증하는 글을 써 보자. 5. 다음 평가 기준에 따라 작성한 글을 점검하고, 수정·보완할 부분이 있다면 반영해 보자. | 평가 기준	평가
---	---
주제에서 벗어나는 내용은 없는가?	☆☆☆☆☆
주장이 분명하고, 이유와 근거가 타당한가?	☆☆☆☆☆
예상 반론과 이에 대한 반박이 적절한가?	☆☆☆☆☆
'서론 - 본론 - 결론'의 구성에 맞게 조직되었는가?	☆☆☆☆☆
적절한 논증 방법과 설득 전략을 활용하였는가?	☆☆☆☆☆	

2026학년도 중등학교교사신규임용후보자선정경쟁시험(2차)
제44회 국어과 교수·학습 실연 시험 문제지

| 관리 번호 | |

지도안 세부 조건

1. 〈수험생 작성 조건1〉 동기유발
   가. 학생 경험과 관련하여 동기유발을 할 것
   나. 학습 목표와 관련된 발문을 포함할 것

2. 〈수험생 작성 조건2〉 보고하는 글의 구성 요소 파악하기
   가. 〈자료〉를 참고하여 보고문의 구성 요소를 파악할 것
   나. 〈자료〉의 ㉠, ㉡, ㉢을 채우도록 할 것
   다. 표현 측면에서 [A], [B]를 보완할 수 있는 방법을 각각 파악하도록 할 것

3. 〈수험생 작성 조건3〉 공동 보고서의 주제, 탐구 내용, 복합양식 자료 계획하기
   가. 보고문 작성 시 유의사항을 교사가 제시할 것
   나. 유의사항은 내용, 표현 측면에서 각각 2가지 이상 포함하도록 할 것
   다. 공동 보고서 작성을 위해 모둠별로 주제, 탐구내용, 복합양식 자료를 계획하고 공유하도록 할 것
   라. 학생용 스마트 기기를 활용할 것

수업 조건

○ 과목 : 국어
○ 학년 : 고등학교 1학년
○ 장소 : 국어 교과교실
○ 시간 : 블록타임제(100분)
○ 단원명 : 보고하는 글쓰기
○ 해당 성취 기준 : 신뢰할 수 있는 정보를 종합하여 복합양식 자료가 포함된 공동 보고서를 쓴다.

단원명	차시	학습 내용
보고하는 글쓰기	1-2 (본시)	○보고하는 글의 구성 요소를 파악할 수 있다. ○공동 보고서의 주제, 탐구 내용, 복합양식 자료를 계획할 수 있다.(계획하기)
	3-4	○절차와 결과가 잘 드러나도록 보고하는 글을 쓸 수 있다.(내용 구성하기, 표현하기)

학생 수	장소	학습 형태	학습 기자재
24명	국어 교과교실	강의식, 짝 활동, 모둠활동	교사용 컴퓨터, 전자 칠판, 학생용 스마트 기기

※ 본 문제는 모의 평가용으로 제작되었으며, 실제 시험의 문항 유형 및 형식과 다를 수 있습니다.

〈자료〉

청소년들의 수면 실태 보고서

1. 조사 동기 및 목적

수업 시간에 보면 수업에 집중하지 못하고 잠을 자는 친구들이 많다. 휴대폰을 하거나 게임을 하느라 늦은 시간까지 잠을 자지 않기도 하고, 시험기간에는 카페인이 많이 든 음료를 섭취하며 밤을 새기도 한다. 이처럼 많은 학생들이 수면 부족에 시달림에도 큰 문제를 느끼지 못하며, 수면 부족에 대해 경각심을 가지고 있지 않다.

그래서 우리 모둠은 우리 반 학생들의 수면 실태, 수면 부족이 인체에 미치는 영향, 수면 권고 시간 등을 조사하고자 한다. 이를 통해 우리 반 학생들이 수면 부족의 문제점을 깨닫고, 수면 부족 문제에 대해 경각심을 가질 수 있도록 돕고 싶다.

2. 조사 계획

가. 조사 기간 : 2025년 5월 3일~5월 10일

나. 조사 대상 : 각종 자료, 우리 반 학생 20명

다. 조사 내용 및 방법

조사 내용	조사 방법	출처
우리 반 학생들의 수면 실태	㉠	-
㉡	자료 조사	한국청소년정책연구원 통계 자료
수면 부족이 인체에 미치는 영향	자료 조사	△△신문
청소년들의 수면 권고 시간	자료 조사	㉢

라. 모둠원 역할 분담

- 자료 조사 : 수민, 혁진
- 설문 조사 : 가영, 은유
- 조사 내용 정리 및 보고서 작성 : 민재, 현욱

3. 조사 결과 및 소감

가. 자료 조사 결과

우리 모둠은 5월 3일부터 5월 10일까지 자료 조사를 실시했다. '우리나라 청소년들의 수면 실태'는 한국청소년정책연구원의 통계 자료를, '수면 부족이 인체에 미치는 영향'은 신문 기사를, '청소년들의 수면 권고 시간'은 미국 수면 재단 자료를 참고하였다.

우리나라의 10대 청소년들은 충분한 숙면을 취하고 있을까? 한국청소년정책연구원에서 2019년 5월부터 7월까지 청소년 약 8,000여명과 보건교사 310명을 대상으로 조사한 자료에 따르면 [A] 우리나라 청소년들의 평균 수면시간은 7시간 18분이다. OECD 국가들의 평균 수면시간 8시간 22분과 비교했을 때, 1시간 이상 수면시간이 적은 것으로 보아 많은 청소년들이 수면 부족에 시달리고 있음을 알 수 있다.

수면부족은 인체에 어떤 영향을 미칠까? 소아 청소년과 ○○○ 의사는 "청소년들이 수면 부족에 시달리게 되면 집중력, 기억력 저하 등 정신 건강에 악영향을 끼치며, 더 나아가 부족한 수면은 면역력을 떨어뜨리고, 우울증・당뇨 등 질병으로 이어질 수 있다."고 경고했다.

그렇다면 청소년들은 하루에 몇 시간 정도 잠을 자는 것이 적절할까? 미국 수면 재단에 따르면 청소년 권장 수면시간은 8~10시간이다. 소아 청소년과 △△△ 의사는 "충분한 숙면은 면역력 증가와 피로회복에 도움이 되며, 성장호르몬을 촉진하므로 청소년기에 충분한 숙면이 중요하다."고 강조했다.

나. 설문 조사 결과

과연 우리 반 학생들은 충분한 숙면을 취하고 있는지 알아보기 위해 학생 20명을 대상으로 설문조사를 실시하였다. 학급방 온라인 설문조사를 통해 5월 3일부터 5월 10일까지 설문을 받은 결과이다.

1. 하루에 평균적으로 몇 시간 정도 자고 있습니까?

[B] 우리 반 학생들 중 8시간 이상 숙면을 취한다고 응답한 학생들은 5명으로 전체 학생의 25%를 차지하였다. 6시간에서 7시간 이상 숙면을 취한다고 응답한 학생들은 13명으로 전체 학생의 65%이다. 6시간 이하로 숙면을 취한다고 응답한 학생은 2명으로 전체 학생의 10%이다.

2. 충분한 숙면을 취하지 못하는 이유는 무엇입니까?

우리 반 학생들이 숙면을 취하지 못하는 가장 큰 이유는 밤늦게까지 휴대폰을 하기 때문으로 밝혀졌다. 밤늦게까지 휴대폰을 하느라 잠을 자지 못한다고 응답한 학생은 무려 15명으로 우리 반 학생의 75%가 휴대폰 때문에 잠을 자지 않는다고 했다. 학업으로 인해 늦게 잠이 든다고 응답한 친구는 3명(15%), 스트레스 및 고민으로 인해 잠에 들지 못한다고 응답한 친구는 2명(10%) 순으로 나타났다.

다. 소감

우리 반 학생들 중 미국 수면재단에서 권고하는 청소년의 수면 시간을 충족한 학생은 5명뿐이다. 학급의 75%에 해당하는 학생들은 수면 부족에 시달린다는 사실을 알 수 있었다. 수면 부족은 개인의 신체에 악영향을 미치고 청소년기의 성장을 저해하므로 개인뿐만 아니라 사회적인 차원에서 청소년들의 수면 부족 문제에 대해 경각심을 가져야 할 것으로 보인다.

2026학년도 중등학교교사신규임용후보자선정경쟁시험(2차)
제44회 국어과 교수·학습 실연 지도안 [예상 답안]

국어과 본시 교수·학습 지도안				
학습 목표	1. 보고하는 글의 구성 요소를 파악할 수 있다. 2. 보고하는 글의 주제, 목적, 탐구 방법을 계획할 수 있다.			
학습 단계		교수·학습 활동		자료 및 유의점	시간 (분)
도입	인사	• 인사 및 학습 분위기 조성	• 인사 및 학습 준비		
	전시 학습 확인	• 전시 학습 확인	• 전시 학습 회상		

	동기유발	〈수험생 작성 내용1〉
		• 학생들의 경험을 상기시키는 발문하기
		  – "여러분들은 보고문을 써본 경험이 있나요? 보고문을 써보니 어땠나요?"
		
		• 학습 목표와 관련하여 발문하기
		  – "여러분들이 보고문을 쓴다면 어떤 주제를 다루고 싶은가요?"
		
		  – "보고문에는 어떤 내용이 들어가야 할 것 같나요?"
		
		• 학습 목표의 필요성에 대해 설명하기
			• 보고문과 관련된 자신의 경험 떠올리기
			  – "네. 중학교 때 방학 숙제로 보고문을 써본 경험이 있어요. 조사하는 게 막막해서 조금 어려웠어요."
			
			• 학습 목표와 관련하여 동기 갖기
			  – "좋은 말과 나쁜 말이 양파의 성장에 미치는 영향에 대해 실험해서 보고문을 써보고 싶어요."
			  – "조사 과정과 결과 등의 내용이 들어가야 할 것 같아요."
			
			• 학습 목표의 필요성 이해하기		

	학습 내용 안내	• 학습 내용 안내	• 학습 내용 확인		
	학습 목표 제시	• 학습 목표 제시	• 학습 목표 확인		

전개 1	〈활동1〉 보고하는 글의 구성 요소 파악하기	〈수험생 작성 내용2〉
		• 〈자료〉 함께 읽기
		
		• 〈자료〉에서 파악할 수 있는 보고문의 구성 요소에 대해 발문하기
		  – "〈자료〉를 통해 알 수 있는 보고문의 구성 요소에는 어떠한 것이 있나요?"
		
		• (짝 활동) 〈자료〉의 빈칸 ㉠, ㉡, ㉢에 들어갈 내용을 파악하도록 안내하기
		
		• 활동 내용을 발표하도록 안내하기
			• 〈자료〉 함께 읽기
			
			• 〈자료〉에서 파악할 수 있는 보고문의 구성 요소에 대해 생각해 보기
			  – "조사 동기 및 목적, 조사 계획, 조사 결과 및 소감 등의 내용이 들어가야 하는 것 같아요."
			
			• (짝 활동) 〈자료〉의 빈칸 ㉠, ㉡, ㉢에 들어갈 내용을 파악하기
			
			• 활동 내용 발표하기
			
			{ 조사 내용 | 조사 방법 | 출처 }
			우리 반 학생들의 수면 실태 | ㉠ 설문조사 | –
			㉡ 우리나라 청소년들의 수면 실태 | 자료 조사 | 한국청소년 정책연구원 통계 자료		

				수면 부족이 인체에 미치는 영향	자료 조사	△△신문
				청소년들의 수면 권고 시간	자료 조사	ⓒ 미국 수면 재단 자료

| 전개 1 | 〈활동1〉 보고하는 글의 구성 요소 파악하기 | • (짝 활동) 〈자료〉를 다시 읽고, 표현 측면에서 보완될 내용 2가지를 파악하도록 안내하기

• 활동 내용을 발표하도록 안내하기

• 활동 정리하기 | • (짝 활동) 〈자료〉를 다시 읽고, 표현 측면에서 보완될 내용 2가지를 파악하기

• 활동 내용 발표하기

\| 표현 측면에서 보완될 내용 \|
\| --- \|
\| [A] OECD 국가와 우리나라 청소년들의 수면 시간을 한눈에 비교할 수 있게 막대그래프로 표현함 \|
\| [B] 우리 반 학생들의 수면 시간 및 숙면을 취하지 못하는 이유를 한눈에 파악할 수 있도록 원그래프로 표현함 \|

• 활동 정리하기 |
| 전개 2 | 〈활동2〉 공동 보고서의 주제, 탐구내용, 복합 양식 자료 계획하기 | 〈수험생 작성 내용3〉
• 보고문 작성 시 유의사항 제시하기

(아래 표 참조)

• (모둠활동) 유의 사항을 고려하여 모둠별로 보고문 쓰기를 계획하도록 안내하기
 - 탐구 주제, 탐구 내용, 복합 양식 자료 등을 정하도록 안내한다.
 - 스마트 기기를 활용하여 모둠 활동을 하도록 안내한다.

• 활동 결과를 공유하도록 안내하기 | • 보고문 작성 시 유의사항 숙지하기

• (모둠활동) 유의 사항을 고려하여 모둠별로 보고문 쓰기를 계획하기
 - 탐구 주제, 탐구 내용, 복합 양식 자료 등을 정한다.
 - 스마트 기기를 활용하여 모둠 활동을 한다.

• 활동 결과 공유하기 |

〈보고문 작성 시 유의 사항〉(예시)

내용 측면	〈수험생 작성 부분〉 ① 탐구 보고서의 주제에 비추어 볼 때 가치 있는 정보가 담겨 있는가?
	〈수험생 작성 부분〉 ② 탐구 보고서에 담긴 내용은 정확하고 신뢰할 만한가?
표현 측면	〈수험생 작성 부분〉 ① 도표나 사진 등 복합 양식 자료를 효과적으로 사용하였는가?
	〈수험생 작성 부분〉 ② 객관적이고 명료한 표현을 사용하였는가?

모둠	탐구 주제	탐구 내용	복합 양식
1모둠	청소년들의 카페인 섭취 실태	카페인 섭취 실태에 대한 시민 인터뷰, 카페인의 문제점을 다룬 인터넷 기사 자료 조사	전문가의 인터뷰 사진, 청소년 카페인 섭취 통계 자료
2모둠	운동의 효능	공복 유산소 운동 실험	유산소 운동 전후 차이 드러나는 막대그래프

전개 2	<활동2> 공동 보고서의 주제, 탐구내용, 복합 양식 자료 계획하기	• 활동 결과에 대한 피드백하기 - "1모둠은 시민 인터뷰를 한다고 했는데, 누구를 대상으로 어떻게 설문할 예정인 가요?" - "보고문은 객관성이 중요하므로, 시민 중 청소년을 대상으로 하루에 얼마나 카페인을 섭취하는지 조사하는 것이 더 좋을 것 같아요." - "2모둠의 보고문 계획과 관련해 보완해야 할 점이 있을까요?" - "좋은 의견이에요. 피드백 받은 내용을 바탕으로 모둠별 계획서를 보완해 봅시다." • 활동 정리하기	• 피드백을 바탕으로 계획 보완하기 - "거리의 시민들을 대상으로 청소년들이 얼마나 카페인을 섭취한다고 생각하는지 인터뷰할 예정이에요." - "네, 고려해 보겠습니다." - "신뢰성을 위해 운동의 긍정적인 효과에 대한 전문가의 의견이나 논문 자료를 찾아봐도 좋을 것 같아요." • 활동 정리하기		
정리	학습 내용 정리	• 학습 내용 정리	• 학습 내용 이해		
	차시 예고	• 차시 예고	• 차시 예고 인지		

판서 예시

단원명 : 보고하는 글쓰기

<학습 목표>

1. 보고하는 글의 구성 요소를 파악할 수 있다.

2. 보고하는 글의 주제, 목적, 탐구 방법을 계획할 수 있다.

<활동1> 보고하는 글에 포함될 내용 이해하기

* 보고하는 글의 구성 요소 : 조사 동기 및 목적, 조사 계획, 조사 결과 및 소감 등

표현 측면에서 보완될 내용
[A] 막대 그래프로 표현함
[B] 원그래프로 표현함

<활동2> 절차와 결과가 드러나게 보고하는 글쓰기

모둠	탐구 주제	탐구 방법	복합 양식
1모둠	청소년들의 카페인 섭취 실태	카페인 섭취 실태에 대한 시민 인터뷰, 카페인의 문제점을 다룬 인터넷 기사 자료 조사	전문가의 인터뷰 사진, 청소년 카페인 섭취 통계 자료
2모둠	운동의 효과	공복 유산소 운동 실험	유산소 운동 전후 차이 드러나는 막대 그래프

성취 기준

2022 교육과정	[10공국2-03-03] 신뢰할 수 있는 정보를 종합하여 복합양식 자료가 포함된 공동 보고서를 쓴다. 　이 성취 기준은 수집한 정보의 가치를 판단하고 정보를 종합하여 공동으로 글을 쓰는 능력을 기르기 위해 설정하였다. 특정 주제에 대하여 관심 있는 학습자들이 함께 모여서 연구를 수행하고 보고서를 작성하기 위한 공동 보고서 주제 찾기, 주제에 따른 목차 구성하기, 정보의 신뢰성 판단하며 자료 수집하기, 수집한 자료를 보고서의 형식에 맞게 조직하기, 복합양식 자료를 효과적으로 활용하기, 협력적 태도로 공동 보고서 작성하기 등을 학습한다.
성취 기준 적용 시 고려사항	공동 보고서 쓰기를 지도할 때는 교과 내 타 영역이나 타 교과 학습, 비교과 활동이나 학교 밖 쓰기 활동, 진로 교육 등과 연계할 수 있다. 공동 작문 과정에서는 구성원 간의 차이를 조율하는 경험, 서로 협력하여 구성원의 사고를 유기적으로 연결하는 경험을 하도록 지도한다. 자신의 작문 경험을 구성원과 공유하고 글쓰기 과정에서 마주하는 문제를 협력적으로 해결하는 과정을 통해 고립된 필자에서 사회화된 필자로 성장하도록 하는 데에 중점을 둔다. 또한 문자뿐만 아니라 이미지, 동영상 등 다양한 기호를 사용하여 공동 보고서를 작성할 수 있도록 지도한다.
2015 교육과정	[9국03-03] 관찰, 조사, 실험의 절차와 결과가 드러나게 글을 쓴다. [12화작03-03] 탐구 과제를 조사하여 절차와 결과가 잘 드러나게 보고하는 글을 쓴다.

교과서 정리		
학습 내용 정리		■ 공동 보고서의 개념 - 특정한 문제나 현상에 대해 여러 사람이 모여 조사와 연구를 수행하고 수집한 정보를 종합하여 공동으로 작성하는 보고서 ■ 공동 보고서 쓰기 과정 - 공동 보고서 주제 정하기 - 주제에 따른 목차 구성하기 - 정보의 신뢰성 판단하며 자료 수집하기 - 수집한 자료를 보고서의 형식에 맞게 조직하고 복합양식 자료 활용하기 - 협력적 태도로 공동 보고서 작성하기 ■ 보고서의 형식 - 조사 동기 및 목적 : 조사를 시작한 계기, 조사를 통해 알리고 싶은 내용 등을 제시 - 조사 계획 : 조사 기간, 조사 대상, 조사 내용 및 방법, 역할 분담 등을 제시 - 조사 결과 및 소감 : 객관성과 정확성을 바탕으로 조사 결과를 정리, 다양한 매체 자료 사용 - 참고 자료 : 조사 과정에서 참고한 자료의 출처를 정리하여 제시 ■ 유의점 - 조사 주제와 목적에 맞게 내용 구성하기 - 조사 방법과 절차, 결과를 정확하게 제시하기 - 도표나 사진 등 복합 양식 자료를 효과적으로 사용하기 - 신뢰할 만한 자료를 활용하고 인용한 자료의 출처 밝히기 - 객관적이고 명료한 표현을 사용하여 내용을 체계적으로 제시하기 - 여러 사람이 공동으로 조사하고 연구한 내용을 자연스럽게 종합하기
[2022] 미래엔(신유식) 공통국어2 5. 소통하고 참여하라 (1) 매체 소통 문화와 공동 보고서 쓰기	제재	—
	동기유발	—

	학습활동	1. 활동1을 참고하여 모둠별로 공동 보고서의 주제를 정하고, 목차를 구성해 보자.
		  (1) '매체 소통 문화의 변화'와 관련하여 관심사가 비슷한 친구들과 모둠을 만들고, 공동 보고서의 주제를 정해 보자.
		  (2) 1을 바탕으로 하여 모둠원의 역할을 나누고, 공동 보고서의 목차를 구성해 보자.
		2. 보고서 주제에 맞는 자료를 다양한 매체에서 수집하고 선별해 보자.
		  (1) 다양한 매체에서 주제에 맞는 자료를 수집해 보자.
		  (2) 다음 질문에 답하면서 1에서 수집한 자료 중 가치 있는 정보를 선별해 보자.
		  〈질문〉
		  ① 보고서의 목적과 주제에 맞는 자료인가?
		  ② 최신의 정보인가?
		  ③ 자료에 담긴 관점은 공정한가?
		  ④ 자료를 수집한 출처는 신뢰할 만한가?
		3. 복합 양식 자료를 어떻게 활용할지 생각하며 보고서의 개요를 작성해 보자.
		4. 모둠원들과 협력하여 공동 보고서를 작성해 보자.
		5. 완성한 공동 보고서를 반 친구들과 공유하고, 쓰기 윤리를 지켜 댓글을 달아 보자.
		  (1) 완성한 공동 보고서를 학급 단체 대화방에 올려 보자. 단체 대화방에 올라온 다른 모둠의 공동 보고서를 내려받아 살펴보고, 쓰기 윤리를 지켜 댓글을 써 보자.
		  (2) 친구들이 쓴 댓글을 읽고, 인상 깊은 댓글에 내 의견을 써 보자.
		[개인별 또는 모둠별로 수행 결과를 평가해 보자.]
		〈자기 평가〉
		① 매체의 변화가 소통 문화의 변화에 영향을 끼치고 있음을 이해하였는가?
		② 매체의 변화에 따른 소통 문화의 특성을 잘 이해하였는가?
		③ 다양한 경로에서 주제에 맞는 자료를 수집하였는가?
		④ 모둠 활동에 적극적으로 참여하였는가?
		⑤ 공동 보고서를 쓸 때 자신의 역할에 충실하였는가?
		〈상호 평가〉
		① 공동 보고서에서 전달하고자 하는 내용이 명확하게 드러나 있는가?
		② 공동 보고서에서 인용한 정보는 신뢰성이 높고 타당한 내용인가?
		③ 전달하려는 내용에 알맞은 복합 양식 자료를 적절히 사용하였는가?
		④ 공동 보고서의 내용을 공유하면서 친구들과 활발하게 소통하였는가?

[2022] 해냄에듀 공통국어2 5. 매체로 세상 바로 읽기 (3) 복합양식의 공동 보고서 읽고 쓰기	제재	무인 정보 단말기 확산에 따른 문제점과 대응 방안 연구	
	동기유발	※ 다음과 같이 자신이 소중하게 생각하는 대상을 관찰하여 그 내용을 써 보자.	

	학습활동
	(쓰기)
		1. 모둠별로 공동 보고서 작성을 위한 계획을 세워 보자.
		  (1) 모둠별로 공동 보고서의 연구 주제를 찾고, 연구 목적을 정해 보자.
		  (2) 연구 주제를 고려하여 보고서의 목차를 구성하고 역할을 분담해 보자.
		  (3) 공동 보고서 작성을 위해 필요한 협업 도구를 정해 보자.
		2. 신뢰할 수 있는 정보를 수집하여 보고서의 내용을 구성해 보자.
		  (1) 자료 조사 계획을 수립해 보자.
		  (2) (1)을 바탕으로 각자 조사할 내용을 정하고, 자료를 수집해 보자.
		  (3) (2)에서 수집한 자료를 모둠원과 공유하고, 다음 평가 항목을 바탕으로 모둠에서 조사한 자료를 선별해 보자.
		  (4) 선별한 자료를 바탕으로 보고서에 들어갈 내용을 보고서의 형식에 맞게 조직하고, 복합양식 자료의 활용 계획을 세워 보자.
		3. 협력적 태도로 공동 보고서를 작성해 보자.
		  (1) 보고서의 개요를 바탕으로 각자 작성할 부분을 정하고 공동 보고서를 작성해 보자.
		  (2) 다음 평가 항목을 바탕으로 작성한 글을 평가하고, 부족한 점을 보완해 고쳐 써 보자.
		4. 완성한 공동 보고서를 모둠별로 공유하고, 적절성을 평가해 보자.
		  (1) 다른 모둠이 작성한 보고서의 핵심 내용을 분석해 보자.
		  (2) 다음 평가 기준에 따라 다른 모둠의 보고서를 평가해 보자.
		
		| 평가 기준
			별점

---	---
연구 주제와 목적에 맞게 보고서를 작성했는가?	☆☆☆☆☆
신뢰할 수 있는 정보를 종합하여 내용을 구성했는가?	☆☆☆☆☆
객관적이고 공정한 관점에서 정보를 제시하였는가?	☆☆☆☆☆
공동으로 연구한 내용이 자연스럽게 연결되었는가?	☆☆☆☆☆
복합양식 자료를 효과적으로 활용하였는가?	☆☆☆☆☆
사회상이나 특정 집단에 대한 고정 관념이 나타나지 않았는가?	☆☆☆☆☆		
[2022] 창비교육2 2. 함께 읽고 쓰는 즐거움 (2) 함께 탐구하며 공동 보고서 쓰기	제재	청소년 소비문화 조사 보고서	
	이해활동	1. 공동 보고서를 작성하는 과정을 정리해 보자. 2. '청소년 소비문화 조사 보고서'의 본론에 제시된 조사 결과와 복합양식 자료를 목차에 따라 정리해 보자. 3. 연우와 친구들이 작문 관습의 특성을 이해하고, 책임감 있게 '청소년 소비문화 조사 보고서'를 썼는지 점검해 보고, 보완할 점이 있으면 말해 보자. 4. '청소년 소비문화 조사 보고서'를 학교 인터넷 게시판에 올린다고 가정할 때, 어떤 매체 자료를 추가하면 좋을지 생각해 보자.	

	적용활동	1. 관심 분야가 비슷한 친구들과 모둠을 구성한 다음, 공동 보고서로 쓸 주제를 정해 보자.
		  (1) 평소 관심이 있거나 더 알아보고 싶었던 것에 대해 친구들과 이야기를 나누며 공통의 관심 분야를 찾아보자.
		  (2) (1)을 바탕으로 공동 보고서의 종류와 주제, 목적을 정해 보자.
		2. 주제에 따라 목차를 구성하고, 공동 보고서를 어떻게 작성할지 구체적으로 계획을 세워 보자.
		3. 정보의 신뢰성을 판단하며 자료를 수집하고 다음 항목에 따라 정리해 보자.
		4. 친구들과 상의하여 수집한 자료를 보고서의 형식에 맞게 조직하고, 복합양식 자료를 어떻게 활용할지 계획해 보자.
		5. 협력적 태도로 공동 보고서를 작성해 보자.
		  (1) 보고서의 각 부분을 작성한 다음 하나로 모아 공동 보고서를 완성해 보자.
		  (2) (1)에서 작성한 공동 보고서를 함께 읽으며 다음 항목에 따라 점검하고, 부족한 부분을 고쳐 써 보자.	

9. 고등 작문

- 제45회 국어과 교수·학습 실연 시험 문제지 및 지도안 예상 답안
- 제46회 국어과 교수·학습 실연 시험 문제지 및 지도안 예상 답안
- 제47회 국어과 교수·학습 실연 시험 문제지 및 지도안 예상 답안
- 제48회 국어과 교수·학습 실연 시험 문제지 및 지도안 예상 답안

2026학년도 중등학교교사신규임용후보자선정경쟁시험(2차)
제45회 국어과 교수·학습 실연 시험 문제지

관리 번호

지도안 세부 조건

1. 〈수험생 작성 조건1〉 작문 맥락 분석 및 내용 선별하기
   가. 〈자료1〉을 읽고 작문 맥락을 분석할 것
   나. 가치 있는 정보를 선별하기 위한 기준을 제시할 것
   다. 〈자료2〉의 자료를 정보 선별 기준에 따라 선별하고 이유를 설명할 것

2. 〈수험생 작성 조건2〉 정보를 전달하는 글의 내용 조직 방법 이해하기
   가. 정보를 전달하는 글의 내용 조직 방법 3가지 이상을 교사가 설명할 것
   나. 〈자료3〉의 개요를 보고 '중간'에 활용할 수 있는 적절한 내용 조직 방법을 선택하기
   다. 체계적으로 판서할 것

3. 〈수험생 작성 조건3〉 정보를 전달하는 글쓰기 및 점검하기
   가. 제시된 평가 기준을 참고하여 〈자료4〉를 평가할 것
   나. '3-가'의 평가 내용을 바탕으로 고쳐야 할 부분도 제시할 것
   다. 교사의 피드백이 드러나게 구성할 것

수업 조건

- 과목 : 국어
- 학년 : 고등학교 2학년
- 장소 : 국어 교과교실
- 시간 : 블록타임제(100분)
- 단원명 : 정보 전달을 위한 글쓰기
- 해당 성취 기준 : 글이나 자료에서 가치 있는 정보를 수집하고 효과적으로 조직하면서 정보를 전달하는 글을 쓴다.

단원명	차시	학습 내용
정보 전달을 위한 글쓰기	1-2 (본시)	○가치 있는 정보를 선별하고 조직하는 방법을 이해할 수 있다. ○선별한 정보를 조직하여 정보를 전달하는 글을 쓸 수 있다.

학생 수	장소	학습 형태	학습 기자재
24명	국어 교과교실	강의식, 모둠식	교사용 컴퓨터, 전자 칠판, 학생용 스마트 기기

※ 본 문제는 모의 평가용으로 제작되었으며, 실제 시험의 문항 유형 및 형식과 다를 수 있습니다.

〈자료1〉

20○○년 ○○월 ○○일   날씨 : 맑음

　최근에 텔레비전을 보다가 제주 앞바다에 독성 해파리가 증가하여 관광객들의 입수를 금지하거나 각별히 주의할 것을 알리는 뉴스가 지속적으로 나오고 있다. 궁금해서 찾아보니 지구 온난화로 인해 바다의 수온이 상승하여 이런 문제가 발생하는 것이라고 한다. 새삼 멀게만 느껴졌던 지구 온난화의 문제가 피부로 와닿는 순간이었다.
　물론 지구 온난화 문제를 모르는 친구들은 별로 없겠지만 얼마나 심각한 문제인지 학교 친구들에게 다시 한번 알려줄 필요가 있다고 생각한다. 그래서 이와 관련하여 지구 온난화가 우리나라에 미치는 영향에 대하여 정보를 전달하는 글을 써야겠다. 특히 지구 온난화가 우리나라 생태계에 어떤 변화를 일으키고 있는지, 또 어떤 자연재해들이 발생하고 있는지를 구체적으로 제시하면 친구들도 문제의 심각성을 잘 깨달을 수 있을 것이다. 작성한 글은 학생들의 방문율이 높은 ☆☆중학교 SNS에 업로드하는 게 좋겠지? 얼른 자료 수집부터 해봐야겠다.

〈자료2〉

(가)
　바다 온도가 올라가면서 세계 최대 산호초 지대인 호주의 ◇◇리프에서 대규모 산호 백화 현상이 일어났다. 이미 30년간 서서히 산호가 사라져 이제는 절반 이상이 없어졌다고 한다. 이는 호주의 해양 생태계뿐만 아니라 호주의 관광 산업에도 막대한 피해를 주고 있다.

― 〈과학저널〉, 2022년 8월 1일자 ―

(나)
　요새 유난히 더운 여름이지 않나요? 이게 다 지구 온난화로 인해 지구가 뜨거워지기 때문이라고 해요. 더워지면 모공도 열리고 기미 잡티도 생기고 피부에 아주 치명적이죠. 그래서 제가 ♡♡양산을 가져왔어요. ♡♡양산은 UV차단 특허기술을 보유하고 있는 기업에서 만든 제품이기 때문에 믿고 쓰셔도 좋습니다. 여러분들의 피부를 절대 지켜줄 거예요.

― 〈사회 관계망 서비스(SNS)〉 ―

(다)
　최근 서울과 인천 일부 지역에서 '러브버그'라 불리는 곤충 무리가 도시와 산책로, 상점가 등을 뒤덮는 현상이 많이 발생하고 있다. 우리나라의 생태 연구소에 따르면 이 곤충은 따뜻한 기온과 도시의 열섬 효과 덕분에 번식이 확대된 것으로 지구 온난화로 인한 기후 변화가 이들의 북상과 개체 수 증가에 주된 영향을 미쳤다고 한다.

― 〈□□신문〉, 2024년 7월 31일자 ―

〈자료3〉

제목 : 지구 온난화로 인한 우리나라의 변화

처음 – 지구 온난화에 대한 소개

중간 – 1. 지구 온난화가 우리나라의 생태계에 미친 영향
       가. 육상 생태계
          ① 한대·냉온대 식물(구상나무, 가문비나무 등)의 감소와 난대성 식물(동백나무 등)의 확산
          ② 북방계 동물(산양, 담비 등)의 감소와 남방계·열대성 동물(붉은귀 거북 등)의 확산
          ③ 해충의 활동 시기가 길어짐(모기, 진드기)
       나. 해양 생태계
          ① 난류성 어종(전갱이, 갈치)의 북상과 한류성 어종(대구, 명태)의 감소
          ② 전복, 홍합, 굴 등 어패류의 폐사율 증가
          ③ 해조류의 생산성 저하
  – 2. 지구 온난화가 우리나라 자연재해에 미친 영향
       가. 지구 온난화로 인한 극심한 폭염과 열파
       나. 폭염으로 인한 빈번한 산불 발생

끝 – 지구 온난화를 늦추기 위한 환경 보호 실천의 필요성 강조

〈자료4〉

  무엇보다 지구 온난화는 우리나라의 육상과 해양 생태계 전반에 걸쳐 뚜렷한 변화를 일으키고 있다. 한국 생태문제 연구소에 따르면 평균 기온 상승과 계절 변화는 식물과 동물의 분포를 바꾸고 있으며, 아마 해양 환경에서도 어종과 어패류의 생존에도 영향을 주고 있을 것이다.

  육상 생태계를 먼저 살펴보면 한대와 냉온대 기후에서 주로 자라는 식물들이 점차 줄어들고 있는 것 같다. 대표적으로 지리산과 한라산에 서식하던 구상나무와 가문비나무 같은 고산 식물은 고온 다습한 기후에 적응하지 못해 집단 고사 현상이 나타나고 있다. 반대로, 남쪽 지방에 분포하던 동백나무와 같은 난대성 식물들은 분포 범위를 북쪽으로 넓히며 확산되고 있다.

  둘째, 동물의 분포도 변하고 있다. 산양, 담비 같은 북방계 동물은 서식지가 점점 줄어들며 멸종 위기종으로 지정되었다. 그럼에도 불구하고 따뜻한 기후에 적합한 남방계나 열대성 동물들이 새롭게 등장하고 있다. 특히 외래종인 붉은귀 거북은 남부 지역 하천과 저수지에서 빠르게 퍼져 토종 생태계를 위협하고 있다.

  셋째, 해충의 활동 기간이 길어졌다. 예전보다 따뜻한 기후가 오래 지속되면서 모기, 진드기와 같은 해충이 더 오랜 기간 활동할 수 있게 되었고 이는 사람과 가축에게 전염병을 옮길 위험을 높이고 있다.

〈평가 기준〉

– 모호하거나 함축적인 표현이 없는 객관적이고 정확한 문장을 사용하였는가?
– 내용들 사이에 연결 관계가 잘 드러나도록 접속어나 지시어를 적절하게 활용하였는가?
– 소제목을 활용하여 글의 핵심 내용을 전달하거나, 그림이나 사진, 표와 같은 보조 자료를 활용하였는가?

2026학년도 중등학교교사신규임용후보자선정경쟁시험(2차)

제45회 국어과 교수·학습 실연 지도안 〔예상 답안〕

국어과 본시 교수·학습 지도안				
학습 목표	1. 가치 있는 정보를 선별하고 조직하는 방법을 이해할 수 있다. 2. 선별한 정보를 조직하여 정보를 전달하는 글을 쓸 수 있다.			
학습 단계		교수·학습 활동		자료 및 유의점	시간(분)
인사		• 인사 및 학습 분위기 조성	• 인사 및 학습 준비		
전시 학습 확인		• 전시 학습 확인하기	• 전시 학습 떠올리기		
동기유발		• 동기 유발하기	• 학습 동기 갖기		
학습 내용 안내		• 학습 내용 안내	• 학습 내용 확인		
학습 목표 제시		• 학습 목표 제시	• 학습 목표 확인		

도입	〈활동1〉
	작문 맥락 분석 및 내용 선별하기
		〈수험생 작성 내용1〉
		• 〈자료1〉 함께 읽도록 하기
		
		• 작문 맥락 안내하고 분석하도록 하기
		  - 목적, 예상 독자, 주제, 매체
		
		• 가치 있는 정보 선별 기준 제시하기
		
		예시)
		- 글의 주제와 목적에 맞는 정보인가?
		- 독자에게 유용하며 독자의 이해를 도울 수 있는가?
		- 출처가 분명하고 사실이나 전문가 의견에 근거한 정보인가?
		- 정보의 내용 중 과장되거나 왜곡된 부분은 없는가?
		- 지나치게 오래되어 효용이 떨어지는 것은 아닌가?
		
		• 〈자료2〉를 읽고 정보 선별 기준에 따라 선별하도록 하기
			• 〈자료1〉 함께 읽기
			
			• 작문 맥락 이해하고 분석하기
			  - 목적 : 지구 온난화 문제의 심각성 알리기
			  - 예상 독자 : 교내 학생들
			  - 주제 : 지구 온난화가 우리나라에 미치는 영향
			  - 매체 : ☆☆중학교 SNS
			
			• 가치 있는 정보 선별 기준 이해하기
			
			• 〈자료2〉를 읽고 정보 선별 기준에 따라 선별하기		

			〈수험생 작성 부분(예시)〉		
|| 평가기준	가	나	다	이유
|| 글의 주제와 목적에 맞는 정보인가?	×	×	○	'가'는 지구 온난화로 인한 우리나라의 피해 사례가 아니고, '나'는 상품 판매 홍보글이므로 주제와 목적에 맞지 않는다.
|| 출처가 분명하고 사실이나 전문가 의견에 근거한 정보인가?	○	×	○	'나'는 개인 SNS 글로 신뢰할 수 없는 정보이다.
|| 독자에게 유용하며 독자의 이해를 도울 수 있는가?	×	×	○	'다' 자료만이 글의 주제와 관련하여 독자의 이해를 도울 수 있는 구체적 사례이다.

전개1	⟨활동1⟩ 작문 맥락 분석 및 내용 선별하기	• 활동 결과 발표하도록 하기 • 가치 있는 정보 선별의 중요성 강조하기	• 활동 결과 발표하기 • 가치 있는 정보 선별의 중요성 이해하기		
전개2	⟨활동2⟩ 정보를 전달하는 글의 내용 조직 방법 이해하기	⟨수험생 작성 내용2⟩ • 정보를 전달하는 글의 내용 조직 방법 3가지 이상 설명하기 	방법	설명
---	---
나열 구조	서로 대등한 관계에 있는 여러 정보를 늘어 놓는 구조 방법
순서 구조	시간의 흐름이나 일련의 과정에 따라 구별되는 정보를 순서에 따라 기술하는 구조
비교-대조 구조	설명하려는 대상들 사이의 공통점과 차이점을 중심으로 내용을 조직하는 방법
원인-결과 구조	사건이나 현상의 원인과 결과를 중심으로 내용을 조직하는 방법
문제-해결 구조	어떤 현상의 문제점을 밝히고 그 해결 방안을 제시하는 구조 | • ⟨자료3⟩의 개요를 보고 '중간'에 활용할 수 있는 적절한 내용 조직 방법을 찾도록 하기 * 모둠별로 진행하기 • 적절한 내용 조직 방법 사용의 중요성 강조하기	• 정보를 전달하는 글의 내용 조직 방법 3가지 이상 이해하기 • ⟨자료3⟩의 개요를 보고 '중간'에 활용할 수 있는 적절한 내용 조직 방법을 찾기 |	조직 방법	이유
---	---	---
1모둠	비교-대조 구조	중간1에서 한대·냉온대와 난대, 북방계와 남방계, 난류성과 한류성에서 비교-대조 구조를 찾아볼 수 있음
2모둠	나열 구조	중간1에서 예시로 나온 나무 종류, 동물 종류, 해충 종류 등 사례를 나열하고 있음
3모둠	원인-결과 구조	중간2에서 '가'와 '나' 사이에 원인과 결과 관계가 성립함	 • 적절한 내용 조직 방법 사용의 중요성 이해하기		
전개3	⟨활동3⟩ 정보를 전달하는 글쓰기 및 점검하기	• ⟨자료4⟩를 읽도록 하기 • ⟨자료4⟩ 평가 기준 제시하기 • 평가 기준에 따라 ⟨자료4⟩ 평가하고 수정하도록 하기	• ⟨자료4⟩를 읽기 • ⟨자료4⟩ 평가 기준 이해하기 • 평가 기준에 따라 ⟨자료4⟩ 평가하고 수정하기 |	평가 기준	평가 및 수정 내용
---	---	---
1모둠	모호, 함축	1문단 '아마~영향을 주고 있을 것이다' 모호한 표현 → '영향을 주고 있다.'
2모둠	모호, 함축	2문단 '~있는 것 같다' 객관성이 떨어지는 표현 → '줄어들고 있다.'		

단계		교사 활동	학생 활동		
전개 3	〈활동3〉 정보를 전달하는 글쓰기 및 점검하기	• 평가에 대해 피드백하기 - "하나의 평가 기준에 대해서만 평가가 이루어지고 있는데, 접속어, 지시어와 같은 연결어나 보조 자료의 활용 측면에서도 평가를 해 보세요."	• 평가에 대해 피드백 듣고 수정하기 <table><tr><th>평가 기준</th><th>평가 및 수정 내용</th></tr><tr><td>3모둠 연결어</td><td>3문단 '그럼에도 불구하고' 대조 관계인데 어긋난 사용 → '반면에' 사용</td></tr><tr><td>4모둠 보조 자료</td><td>시각 자료의 사용이 없어 이해 어려움 → 동물이나 파괴된 자연의 모습을 시각자료로 제시</td></tr></table>		
정리	형성평가 및 과제 부여	• 형성평가 부여 • 수준별 과제 제시	• 형성평가 진행 • 수준별 과제 확인		
	학습 내용 정리	• 학습 내용 정리	• 학습 내용 이해		
	차시 예고	• 차시 예고	• 차시 예고 인지		

판서 예시

정보 전달을 위한 글쓰기

〈학습 목표〉
1. 가치 있는 정보를 선별하고 조직하는 방법을 이해할 수 있다.
2. 선별한 정보를 조직하여 정보를 전달하는 글을 쓸 수 있다.

활동1) 작문 맥락 분석 및 내용 선별하기
* 작문 맥락
 - 목적 : 지구 온난화 문제의 심각성 알리기
 - 예상 독자 : 교내 학생들
 - 주제 : 지구 온난화가 우리나라에 미치는 영향
 - 매체 : ☆☆ 중학교 SNS

활동2) 정보를 전달하는 글의 내용 조직 방법 이해하기

* 정보 조직 방법
 - 나열, 순서, 인과, 비교·대조, 문제-해결

* 내용 조직 방법 파악하기

	조직 방법	이유
1모둠	비교-대조 구조	중간1에서 비교-대조 구조를 찾아볼 수 있음
2모둠	나열 구조	중간1에서 예시로 나온 나무 종류 등~사례를 나열하고 있음
3모둠	원인-결과 구조	중간2에서 '가'와 '나' 사이에 원인과 결과 관계가 성립함

활동3) 정보를 전달하는 글쓰기 및 점검하기

	평가 기준	평가 및 수정 내용
1모둠	모호, 함축	1문단 '아마~영향을 주고 있을 것이다' 모호함 → '영향을 주고 있다.'
2모둠	모호, 함축	2문단 '~있는 것 같다' 객관성이 떨어짐 → '줄어들고 있다.'
3모둠	연결어	3문단 '그럼에도 불구하고' → '반면에' 사용
4모둠	보조 자료	시각 자료의 사용이 없어 이해 어려움 → 동물이나 파괴된 자연의 모습을 시각 자료로 제시

성취 기준

2022 교육과정	[12독작01-10] 글이나 자료에서 가치 있는 정보를 수집하고 효과적으로 조직하면서 정보를 전달하는 글을 쓴다.
성취 기준 적용 시 고려 사항	정보를 전달하는 글, 논증하는 글 등을 쓸 때에는 쓰기 부진 학습자 또는 한국어에 익숙하지 않은 다문화 배경의 학습자를 고려하여 처음부터 맞춤법과 문법을 정확하게 지켜 오류 없는 글을 쓰는 데에 중점을 두기보다는 학습자의 생각을 자유롭게 표현하고 쓴 글을 동료들과 공유하면서 글쓰기에 흥미와 효능감을 기르는 데에 중점을 두되, 교사나 동료의 피드백을 받으면서 초고를 고쳐 쓸 수 있는 기회를 제공하도록 한다.
2015 교육과정	[12화작03-01] 가치 있는 정보를 선별하고 조직하여 정보를 전달하는 글을 쓴다. 　이 성취 기준은 수집한 정보의 가치를 판단하여 선별, 조직함으로써 정보 전달력이 높은 글을 쓰는 능력을 기르기 위해 설정하였다. 정보의 가치를 판단하는 기준을 정하여 가치 있는 정보를 선별하고 이를 범주화하여 내용을 조직하면 독자가 글의 내용을 이해하고 기억하는 데 도움이 된다는 점을 이해하도록 한다. 그리고 다양한 방법으로 자료를 수집하여 정보를 전달하는 글을 쓰도록 한다.

교과서 정리		
학습 내용 정리	**[정보를 전달하는 글]** • 글의 주제와 관련된 정보를 알리고 설명하는 글 • 설명문, 기사문, 보고서, 안내문, 사용 설명서 등 • 정보를 전달하는 글쓰기 과정 | 작문 맥락을 고려하여 자료 수집 및 선별하기	→	정보의 속성에 따라 내용 조직하기	→	명확하고 객관적인 표현하기 | **[다양한 정보의 선별과 수집]** • 정보 수집 방법 | 간접 수집	책, 사전, 학술 논문, 통계 수치, 기록물, 전문가가 쓴 칼럼 등 다른 사람이 작성한 자료를 통한 수집

직접 수집	설문 조사, 방문 조사, 전문가와의 면담 등 직접적인 방법의 수집 |
	
	• 정보를 선별하는 기준(가치 있는 정보, 정보의 효용성, 정보의 신뢰성)
	  - 글의 주제와 목적에 맞는 정보인가?
	  - 독자에게 유용하며 독자의 이해를 도울 수 있는가?
	  - 출처가 분명하고 사실이나 전문가 의견에 근거한 정보인가?
	  - 정보의 내용 중 과장되거나 왜곡된 부분은 없는가?
	  - 지나치게 오래되어 효용이 떨어지는 것은 아닌가?
	
	[정보를 전달하는 글의 내용 조직 방법]
	• 선별한 정보를 쓰려고 하는 글에 맞게 새롭게 연결하고 통합하면서 재구성해야 함
	• 정보의 속성이나 내용에 맞게 적절한 내용 조직 방법을 활용함
	• 내용 조직 방법의 종류
	
	| 자연적 조직 방법
		• 시간의 흐름에 따른 내용 조직
		• 공간의 변화에 따른 내용 조직

논리적 조직 방법	• 원인과 결과를 밝혀 쓰기 • 분석하여 쓰기 • 비교·대조하여 쓰기 • 과정에 따라 쓰기 • 분류하여 쓰기 • 문제와 해결 방안을 연결하여 쓰기 | **[정보를 전달하는 글의 표현 방법]** • 정확한 정보를 쉽고 명료하게 전달할 수 있도록 표현해야 함 | 명확하고 객관적인 표현을 사용함	정확한 용어를 사용하여 개념을 밝힘	모호하거나 중의적인 표현은 피해야 함 | • 비언어적 자료(표, 그래프, 그림)를 글에 활용할 때 유의점 | 비언어적 자료의 형태	비언어적 자료의 배치
---	---

• 수집한 자료를 그대로 실을 수 있지만, 독자가 자료에 담긴 정보의 의미나 흐름을 이해하기 쉬운 형태로 바꾸어 제시할 수도 있음
  → 단, 정보의 신뢰성을 높이기 위해 출처, 생산 방법을 밝히고 수치를 정확하게 제시해야 함
	• 설명하는 내용과 관련된 곳에 배치해야 함
	  → 설명과 동떨어진 곳에 배치할 경우 읽기에 불편하고 즉각적으로 이해할 수 없음
	• 종류나 제시되는 순서에 따라 번호를 붙여 구분하면 정보 확인에 도움이 됨
		
		[정보를 전달하는 글을 쓴 후 점검해야 할 사항]
		• 사실적·객관적으로 서술되었는가?
		• 독자가 이해하기 쉽게 정보가 잘 조직되었는가?
		• 독자의 관심사 및 글의 목적에서 벗어나는 내용은 없는가?
		• 쓰기 윤리(인용 및 출처 표기 등)를 고려하여 작성하였는가?		

		제재	—
[2022] 미래엔 독서와 작문 4. 다양한 유형의 글 쓰기 (1) 정보를 전달하는 글 쓰기		동기유발	—

		학습활동	1. 현우가 정보를 전달하는 글을 쓰는 과정을 살펴보며 다음 활동을 해 보자.
			  (1) 현우가 글을 쓰게 된 동기를 보고 작문 맥락을 정리해 보자.
			  (2) 가~다는 현우가 글을 쓰려고 수집한 자료이다. 현우의 작문 맥락을 고려하면서 자료에 담긴 정보를 기준에 따라 선별해 보자.
			  (3) 다음은 현우가 글을 쓰려고 추가로 조사한 자료이다. 현우의 글에 활용할 수 있는 내용에 밑줄을 그어 보고, 어떻게 활용하면 좋을지 정리해 보자.
			  (4) 현우가 글을 쓸 때 더 찾아보아야 할 정보가 있는지 검색해 보자.
			  (5) (1)~(4)를 바탕으로 하여 현우가 작성한 개요를 보고 활용할 수 있는 적절한 내용 조직 방법을 제안해 보자.
			  (6) (5)에서 자신이 제안한 내용 조직 방법과 친구가 제안한 내용 조직 방법을 비교해 보고, 어떤 내용 조직 방법이 더 효과적으로 정보를 전달하는지 생각해 보자.
			2. 정보를 수집하고 내용을 조직하여 정보를 전달하는 글을 써 보자.
			  (1) 다음 중에서 쓰고 싶은 주제를 고르고, 자신이 쓰고자 하는 글의 작문 맥락을 정해 보자.
			  (2) (1)을 바탕으로 하여 정보를 수집하고, 기준에 따라 가치 있는 정보를 선별해 보자.
			  (3) 정보의 속성에 따라 적절한 내용 조직 방법을 활용하여 개요를 작성해 보자.
			  (4) (3)을 바탕으로 하여 정보를 전달하는 글을 써 보자.
			  (5) 쓴 글을 친구들과 돌려 읽으며 정보의 선별과 내용 조직 방법이 적절했는지 검토해 보자.
			  (6) (5)를 참고하여 (4)의 글을 고쳐 쓰고, 선택한 매체에 공유해 보자.

[2022] 비상 독서와 작문 4. 정보를 활용하다 (2) 정보 전달하는 글 쓰기		제재	—
		동기유발	—

		학습활동	[활동1 가치 있는 정보 수집하고 선별하기]
			1. 일기장의 내용을 참고하여 작문 맥락을 분석해 보자.
			2. 다음은 '독도의 생태계 변화'에 대한 정보를 전달하는 글을 쓰기 위해 수집한 자료이다. 물음에 답하며 가치 있는 정보를 선별해 보자.
			  (1) 정보의 선별 과정에서 제외할 만한 정보를 찾고, 해당 정보를 제외한 이유를 적어 보자.
			  (2) 더 수집해야 할 정보가 있는지 친구들과 이야기해 보자.
			
			[활동2 내용 조직하고 표현하기]
			1. 다음은 활동1에서 선별한 정보를 바탕으로 작성한 개요이다. '가운데' 부분에서 사용한 내용 조직 방법을 파악하고, 그 효과를 정리해 보자.
			2. 1을 바탕으로 작성한 초고의 일부를 읽고 다음 활동을 해 보자.
			  (1) 다음 평가 기준에 따라 초고를 평가해 보자.
			  (2) (1)에서 평가한 내용을 바탕으로 초고에서 고쳐야 할 부분이나 추가해야 할 자료를 찾아 보자.
			
			[활동3 정보 전달하는 글 쓰기]
			1. 정보를 전달할 주제를 선정하고 작문 맥락을 분석해 보자.
			2. 1에서 선정한 주제와 관련된 자료를 다양한 매체에서 수집하고, 가치 있는 정보를 선별해 보자.
			3. 2에서 선별한 정보를 효과적으로 조직하기 위해 어떤 내용 조직 방법을 사용할지 생각해 보고, '처음-가운데-끝'의 구조로 글의 개요를 작성해 보자.
			4. 3에서 작성한 개요를 바탕으로 정보를 전달하는 글을 써 보자.
			5. 평가 기준에 따라 자신이 쓴 글을 점검하고, 고쳐 써 보자.
			  (1) 자신이 쓴 글을 다음 평가 기준에 따라 점검해 보자.
			  (2) (1)에서 평가한 내용을 참고하여 자신이 쓴 글을 고쳐 써 보자.

2026학년도 중등학교교사신규임용후보자선정경쟁시험(2차)
제46회 국어과 교수·학습 실연 시험 문제지

관리 번호

지도안 세부 조건

1. **〈수험생 작성 조건1〉 동기유발**
   가. 〈자료1〉을 활용할 것
   나. 〈자료1〉 (가)와 (나)의 예상 독자가 어떻게 다른지 파악하도록 할 것
   다. '나'에서 파악한 내용을 학습 목표와 연결하여 설명할 것

2. **〈수험생 작성 조건2〉 작문 맥락과 주장과 논거 파악하기**
   가. 모둠활동으로 진행할 것
   나. 〈자료2〉의 작문 맥락 파악하도록 할 것
   다. 〈자료2〉의 주장과 논거를 파악하도록 할 것

3. **〈수험생 작성 조건3〉 논거 평가하고 설득 전략 파악하기**
   가. 〈자료2〉의 논거의 타당성, 공정성, 신뢰성을 평가하도록 할 것
   나. 〈자료2〉의 밑줄 친 부분에 사용된 설득 전략을 파악하도록 할 것
   다. '나' 활동을 할 때 교사의 시범을 보이도록 할 것

수업 조건

- 과목 : 국어
- 학년 : 고등학교 2학년
- 장소 : 국어 교과교실
- 시간 : 블록타임제(100분)
- 단원명 : 설득하는 글쓰기
- 해당 성취 기준 : 글이나 자료에서 타당한 근거를 수집하고 효과적인 설득 전략을 활용하여 논증하는 글을 쓴다.

단원명	차시	학습 내용
설득하는 글쓰기	1-2 (본시)	○설득하는 글의 작문 맥락과 주장과 논거를 파악할 수 있다. ○사용된 논거의 타당성, 공정성, 신뢰성을 평가하고 다양한 설득 전략을 이해할 수 있다.
	3-4	○글쓰기 계획을 세우고 작문 맥락을 고려하여 논거를 선별할 수 있다. ○계획한 내용을 바탕으로 적절한 설득 전략을 활용하여 설득하는 글을 쓸 수 있다.

학생 수	장소	학습 형태	학습 기자재
24명	국어 교과교실	강의식, 모둠식	교사용 컴퓨터, 전자 칠판, 학생용 스마트 기기

※ 본 문제는 모의 평가용으로 제작되었으며, 실제 시험의 문항 유형 및 형식과 다를 수 있습니다.

〈자료1〉

(가)

(나)

이런 모습, 상상은 해보셨나요?

〈자료2〉

"너의 꿈이 뭐니?"

  기억이 나는 어린 시절부터 고2가 된 지금까지 제일 많이 들은 질문이다. 얼마 전 설 연휴 때 시골에 내려갔다 동네 어른이 물으셨다. "넌 꿈이 뭐니?" 나는 아직 모르겠다고 대답했는데 어르신은 "대학 앞두고 아직도 꿈이 없으면 어떡하니?"라며 내 말에 재차 질문하셨다. 즐거운 연휴를 망친 기분이 들었다.
  이런 질문은 청소년기 학생들에게 미래에 대한 불안감을 심어줄 수 있다. '내가 뒤처지는 것 아닌가?', '아직 꿈도 없다니 문제가 있나?', '뭐라도 해야 하는 거 아닌가?' 등등의 관념으로 이어져 심리적 무력감을 얻을 수 있다. ㉠<u>마치 피어나지 않은 꽃봉오리를 짓밟는 것과 같다.</u>
  또한 이러한 질문은 직업이 여러 개가 될 수 있다는 생각을 차단한다. 하고 싶은 게 많더라도 오직 하나의 꿈을 정하라고 말한다. 백세 시대에 어떻게 하나의 직업만으로 살 수 있겠는가? 타인의 생명을 살리고 싶으면 의사가 되는 것이고, 의사가 된 뒤 오지를 여행하고 싶어 여행하다 보면 여행자가 되는 것이다. 또 그 의사가 진료비를 받지 않고 아프리카 오지에서 봉사한다면 봉사자가 되는 것이 아닐까? 예를 들어 이태석 신부님은 신부이자 의사였으며, 김영하 작가는 작가이자 교수이다. 이렇듯 세상에는 ㉡<u>수천, 수만 가지의 다양한 직업이 있는데 어떻게 단 한 가지만의 직업으로 살 수 있겠는가?</u>
  청소년기는 결정할 나이가 아니라 경험할 나이다. 우선 여러 가지 다양한 경험이 필요하다. 경험은 판단의 중요한 밑거름이 된다. 그리고 그 판단들이 쌓여 꿈을 만든다. 이러한 순서가 있지만 우리 사회는 이상하게도 배움의 과정에 있는 청소년들에게 단 하나의 명확한 답변, 결과만을 재촉하고 있다. 2013년 청소년폭력예방재단에서 시행한 설문 조사 결과에 따르면 청소년이 부모님께 듣기 싫었던 말 중 하나가 "공부 좀 해라. 커서 뭐가 될래?"였다고 한다. 결과를 재촉받으며 일찌감치 정해진 길을 따라가는 이들을 보면 마음이 매우 아프다.
  어른들이 무심코 던진 질문은 아이들의 생각의 폭을 좁힌다. "넌 꿈이 뭐니?"라는 질문보다 "넌 뭘 배우고 싶니?"라는 질문으로 바꿔보면 어떨까? "넌 뭘 배우고 싶니?"라는 질문을 받으면 하나의 막연한 미래에 대한 압박감에서 벗어나 현재에 충실한 삶을 살고 꿈에 대해 넓게 생각할 수 있는 계기가 될 것 같다. ㉢<u>"너의 꿈이 뭐니?" 이제는 버리지 않으면 안 되는 질문이다.</u>

2026학년도 중등학교교사신규임용후보자선정경쟁시험(2차)

제46회 국어과 교수·학습 실연 지도안 〔예상 답안〕

국어과 본시 교수·학습 지도안					
학습 목표	1. 설득하는 글의 작문 맥락과 주장과 논거를 파악할 수 있다. 2. 사용된 논거의 타당성, 공정성, 신뢰성을 평가하고 다양한 설득 전략을 이해할 수 있다.					
학습 단계		교수·학습 활동			자료 및 유의점	시간(분)
도입	인사	• 인사 및 학습 분위기 조성 || • 인사 및 학습 준비		
	전시 학습 확인	• 전시 학습 확인 || • 전시 학습 회상		

	동기유발	〈수험생 작성 내용1〉
		• 〈자료1〉을 함께 보고 발문을 통해 동기유발 하기
		  – "〈자료1〉은 모두 무엇인가요?"
		  – "광고는 무엇을 목적으로 하나요?"
		
		  – "구체적으로 〈자료1〉의 (가)에 담긴 메시지는 무엇일까요?"
		  – "그렇다면 〈자료1〉의 (나)에 담긴 메시지는 무엇일까요?"
		
		• 〈자료1〉의 (가)와 (나)의 예상 독자가 어떻게 다른지 파악하도록 하기
		  – "그렇다면 〈자료1〉의 (가)는 누구를 예상 독자로 하고 있을까요?"
		  – "〈자료1〉의 (나)는 누구를 예상 독자로 하는 걸까요?"
		
		• 파악한 내용을 학습 목표와 연결하여 배울 내용의 중요성 안내하기
		  – "맞아요. 이처럼 누구를 설득하냐에 따라 글의 메시지가 달라집니다. 따라서 설득하는 글을 쓸 땐 예상 독자를 고려하며 타당한 논거를 선별하고 적절한 설득 전략을 사용해야 합니다." || • 〈자료1〉을 함께 보고 발문에 답변하며 동기 갖기
		  – "광고예요."
		  – "보는 사람들을 설득하기 위한 목적을 가져요."
		  – "여러 명 낳지 말고 두 명만 낳아 잘 기르자고 설득하고 있어요."
		  – "점차 줄어드는 아동 인구와 늘어나는 노령 인구를 대비하여 출산을 장려하는 거예요."
		
		• 발문을 듣고 연설과 관련된 자신의 경험 떠올리기
		  – "다자녀를 계획하고 있는 사람들이요."
		  – "아이를 한 명만 낳거나 낳지 않으려는 사람들이요."
		
		• 파악한 내용을 학습 목표와 연결하여 배울 내용의 중요성 확인하기		

	학습 내용 안내	• 학습 내용 안내 || • 학습 내용 확인		
	학습 목표 제시	• 학습 목표 제시 || • 학습 목표 확인		
전개1	내용 학습	• 설득하는 글에 대해 이해하도록 하기 • 주장과 논거, 논거의 선별(타당성, 공정성, 신뢰성), 설득 전략에 대해 이해하도록 하기 || • 설득하는 글에 대해 이해하기 • 주장과 논거, 논거의 선별(타당성, 공정성, 신뢰성), 설득 전략에 대해 이해하기		

전개 2	〈활동1〉 작문 맥락과 주장과 논거 파악하기	〈수험생 작성 내용2〉 • 〈자료2〉 함께 읽도록 하기 • 〈자료2〉의 작문 맥락 파악하도록 하기	• 〈자료2〉 함께 읽기 • 〈자료2〉의 작문 맥락 파악하기 	작문 맥락	내용
---	---
목적	설득
주제	청소년들에게 꿈에 대해 더 넓게 생각할 수 있는 계기를 주자.
독자	어른들			
		• 모둠별로 〈자료2〉의 주장과 논거를 찾아 정리하도록 하기	• 모둠별로 〈자료2〉의 주장과 논거를 찾아 정리하기 		
---	---
주장	청소년들에게 꿈에 대해 더 넓게 생각할 수 있는 계기를 주자.
논거	- "넌 꿈이 뭐니?"라는 질문은 미래에 대한 불안감을 심어 줄 수 있다. - "넌 꿈이 뭐니?"라는 질문은 직업이 여러 개가 될 수 있다는 생각을 차단한다. - 청소년은 결정할 나이가 아니라 경험할 나이이다.			
		• 활동 내용을 공유하고 마무리하기	• 활동 내용을 공유하고 마무리하기		
전개 3	〈활동2〉 논거 평가하고 설득 전략 파악하기	〈수험생 작성 내용3〉 • 모둠별로 〈자료2〉의 논거의 타당성, 공정성, 신뢰성을 평가하도록 하기 〈안내〉 1. 평가 항목에 부족한 부분이 없으면 : ○ 2. 평가 항목에 부족한 부분도 있지만 잘 된 부분도 있으면 : △ 3. 평가 항목에 잘 된 부분이 없으면 : ×	• 모둠별로 〈자료2〉의 논거의 타당성, 공정성, 신뢰성을 평가하기 | 항목	평가	이유
---	---	---
타당성	○	논거가 보편적으로 적용할 만한 내용
공정성	×	"넌 꿈이 뭐니?"라는 질문을 던진 어른들의 의도를 너무 부정적인 쪽으로만 해석
신뢰성	○	• 직접 경험한 일 및 유명한 인물 사례(이태석, 김영하) 제시 • 설문 조사 결과를 인용			
		• 모둠별로 〈자료2〉의 밑줄 친 부분에 사용된 설득 전략을 이해하도록 하기 - 교사의 시범 	밑줄	설득 전략	내용
---	---	---
㉠	비유법	쉽게 이해할 수 있게 하여 설득력을 높임		• 모둠별로 〈자료2〉의 밑줄 친 부분에 사용된 설득 전략을 이해하기 | 밑줄	설득 전략	내용
---	---	---
㉡	설의법	쉽게 판단할 수 있는 사실을 의문형으로 표현하여 독자가 스스로 판단하게 하여 독자의 마음을 움직임
㉢	이중 부정	두 번 부정함으로써 의미를 강조함			
		• 활동 공유하고 마무리하도록 하기	• 활동 공유하고 마무리하기		
정리	형성평가 및 과제 부여	• 형성평가 부여 • 수준별 과제 제시	• 형성평가 진행 • 수준별 과제 확인		
	학습 내용 정리	• 학습 내용 정리	• 학습 내용 이해		
	차시 예고	• 차시 예고	• 차시 예고 인지		

판서 예시

설득하는 글쓰기

〈학습 목표〉

1. 설득하는 글의 작문 맥락과 주장, 논거를 파악할 수 있다.
2. 사용된 논거의 타당성, 공정성, 신뢰성을 평가하고 다양한 설득 전략을 이해할 수 있다.

〈활동1〉 작문 맥락과 주장과 논거 파악하기

1) 작문 맥락 파악하기

작문 맥락	내용
목적	설득
주제	청소년들에게 꿈에 대해 더 넓게 생각할 수 있는 계기를 주자.
독자	어른들

2) 주장과 논거 파악하기

주장	청소년들에게 꿈에 대해 더 넓게 생각할 수 있는 계기를 주자.
논거	- 미래에 대한 불안감을 줌 - 직업이 여러 개가 될 수 있다는 생각을 차단함 - 청소년기는 결정할 나이가 아니라 경험할 나이

〈활동2〉 논거 평가하고 설득 전략 파악하기

1) 논거 평가하기

항목	평가	이유
타당성	○	-
공정성	×	-
신뢰성	△	-

2) 설득 전략 파악하기

밑줄	설득 전략	내용
㉠	설의법	-
㉡	이중 부정	-

성취 기준	
2022 교육과정	[12독작01-11] 글이나 자료에서 타당한 근거를 수집하고 효과적인 설득 전략을 활용하여 논증하는 글을 쓴다. 　이 성취 기준은 객관적인 근거와 다양한 설득 전략을 활용하여 필자의 주장을 논리적으로 입증하는 능력을 기르기 위해 설정하였다. 논증하는 글을 쓸 때에는 역사적 사실, 실험 결과, 통계 수치, 전문가의 의견, 일반적 여론이나 상식 등 객관적인 근거를 활용하여 필자의 주장이 신뢰할 수 있음을 입증하는 데에 중점을 둔다. 논제와 관련하여 쟁점을 파악하고 필자의 관점 정립하기, 다양한 글과 자료를 수집·분석·평가하여 객관적인 근거 마련하기, 예상 독자를 고려하여 반론을 예상하고 반박 마련하기, '주장과 이유 간의 관계, 이유와 근거 간의 관계, 주장과 예상되는 반론 간의 관계' 등 논증 요소 간의 논리적 관계를 고려하여 효과적으로 조직하기, 논증하는 글쓰기의 관습을 고려하여 효과적으로 표현하기 등을 학습할 수 있다.
성취 기준 적용 시 고려 사항	정보를 전달하는 글, 논증하는 글 등을 쓸 때에는 쓰기 부진 학습자 또는 한국어에 익숙하지 않은 다문화 배경의 학습자를 고려하여 처음부터 맞춤법과 문법을 정확하게 지켜 오류 없는 글을 쓰는 데에 중점을 두기보다는 학습자의 생각을 자유롭게 표현하고 쓴 글을 동료들과 공유하면서 글쓰기에 흥미와 효능감을 기르는 데에 중점을 두되, 교사나 동료의 피드백을 받으면서 초고를 고쳐 쓸 수 있는 기회를 제공하도록 한다.
2015 교육과정	[12화작03-04] 타당한 논거를 수집하고 적절한 설득 전략을 활용하여 설득하는 글을 쓴다.

교과서 정리	
학습 내용 정리	■ **논증과 설득 전략** 1. 논제 : 논증하려는 문제 2. 논증 : 설득을 목적으로 정당한 근거나 일반적인 원리를 들어 주장을 펼치는 것 3. 쟁점 : 논제에서 서로 다른 생각이 대립할 만한 항목 4. 설득 전략 : 이성적 설득 전략, 감성적 설득 전략, 인성적 설득 전략 5. 논증의 설득 전략 : 타당한 논거 수집과 선별, 논증 요소의 관계를 고려한 내용 조직, 다양한 표현 전략 활용 ■ **논거의 수집과 선별** 1. 논거 : 주장을 뒷받침하는 객관적인 근거 2. 종류 : 사실 논거, 의견 논거 3. 논거 선별 기준 : 신뢰성, 타당성, 공정성 ■ **논증하는 글의 내용 조직과 표현 전략** 1. 내용 조직 : 주로 논증하는 글에서는 ① 원인과 결과에 따른 조직, ② 논리적 순서에 따른 조직(연역, 유추, 귀납), ③ 문제와 해결 방안에 따른 조직 2. 표현 전략 : ① 예상 독자의 수준에 적합한 어휘와 정확하고 어법에 맞는 문장 표현, ② 필요에 따라 그림이나 매체 자료 등의 보조 자료를 활용하거나, ③ 비유, 설의, 이중 부정 등의 표현을 활용할 수 있다.

[2022] 천재 독서와 작문 4. 다양한 관점으로 읽기와 쓰기 (2) 논증하는 글 쓰기	제재	—
	동기유발	—
	학습활동	1. 논증하는 글의 주제를 선정하고 자료를 수집하여 논증을 구성해 보자. 　1) 다음에서 관심 있는 논제를 선정하고, 예상 독자를 분석해 보자. 　2) 논제와 관련된 쟁점을 파악하고, 자신의 관점을 정립해 보자. 　3) 다양한 매체를 활용하여 자신의 관점을 뒷받침해 줄 자료를 수집하고, 수집한 자료의 유용성을 평가하여 논거를 선별해 보자. 　4) 다음 질문을 참고하여 논증을 효과적으로 구성해 보자. 　　- 주장과 이유가 논리적인 관계로 긴밀하게 연결되어 있는가? 　　- 이유를 뒷받침하는 근거가 객관적이고 정확한 사실에 기반하고 있는가? 　　- 예상되는 반론을 고려하여 반박 의견을 마련하고 있는가? 2. 1의 활동을 바탕으로 하여 논증하는 글을 써 보자. 　1) 적절한 설득 전략과 내용 조직 방법을 사용하여 논증하는 글을 써 보자. 　2) 친구와 글을 바꾸어 읽고, 다음의 평가 기준을 바탕으로 하여 상호 평가를 해 보자. 　　〈평가 기준〉 　　① 주장을 뒷받침하는 논거가 합리적이고 객관적인가? 　　② 필자의 주장이 한쪽으로 치우쳐 있지 않고 공정한가? 　　③ 필자의 주장에 선입견이나 편견이 들어가 있지는 않은가? 　　④ 인용한 자료의 출처가 신뢰할 만한 것인가? 　3) 상호 평가한 내용을 바탕으로 하여 자신이 쓴 글을 고쳐 써 보자.
[2022] 비상 독서와 작문 5. 사회를 바라보다 (2) 논증하는 글 쓰기	제재	—
	동기유발	—
	내용학습	• 논증하는 글 쓰기 1. 학교생활이나 사회적 쟁점과 관련된 논제를 선정하고, 이에 대한 쟁점을 파악해 보자. 2. 작문 맥락을 고려하여 자료를 수집하고, 근거를 마련해 보자. 　1) 수집한 자료에 담긴 근거의 적절성을 평가하며 자료를 선별해 보자. 　2) 선정한 자료를 바탕으로 자신의 주장을 뒷받침할 수 있는 근거를 마련해 보자. 3. 2에서 마련한 근거를 바탕으로 자신의 관점을 드러내는 논증을 조직해 보자. 　1) 어떠한 설득 전략을 사용할 것인지 생각하며 논증하는 글의 개요를 작성해 보자. 　2) 작성한 개요를 평가 항목에 따라 점검하고 수정 보완할 내용이 있는지 살펴보자. 　　〈평가 항목〉 　　① 전체적인 흐름이 자연스러운가? 　　② 주제에서 벗어나는 내용은 없는가? 　　③ 목적에 알맞은 구성을 취하고 있는가? 　　④ 상위 항목과 하위 항목이 알맞게 연결되어 있는가? 4. 3에서 조직한 내용을 바탕으로 논증하는 글을 써 보자. 5. 자신이 쓴 글을 평가 기준에 따라 점검하고, 친구들과 의견을 공유해 보자. 　1) 자신이 쓴 글을 다음 평가 기준에 따라 점검하고, 고쳐 써 보자. 　　〈평가 기준〉 　　① 글을 '서론-본론-결론'의 구조에 맞게 조직하였는가? 　　② 글을 쓰는 목적과 주제를 고려하여 적절한 설득 전략을 활용하였는가? 　　③ 타당성, 신뢰성, 공정성을 판단하여 근거를 선정하였는가? 　　④ 어법에 맞는 정확한 문장과 적절한 어휘를 사용하였는가? 　　⑤ 출처를 명확하게 밝혔는가? 　2) 완성한 글을 모둠별로 돌려 읽고, 서로의 의견을 공유해 보자.

	제재	—
	동기유발	—
[2022] 미래엔 독서와 작문 4. 다양한 유형의 글 쓰기 (2) 논증하는 글 쓰기	학습활동	1. 다음은 '현대 사회와 관광 산업'에 관한 글이다. 이 글을 읽고 논증하는 글을 쓰는 방법을 파악하는 활동을 해 보자. 　1) 이 글에 담긴 글쓴이의 관점은 무엇인지 말해 보자. 　2) 이 글에 담긴 주장, 이유, 근거를 정리해 보자. 　3) '이유3'을 뒷받침할 수 있는 근거를 글이나 자료에서 찾아 추가해 보자. 　4) 다음은 ㉠과 같은 관점을 지닌 사람들이 글쓴이의 주장을 반론하려고 수집한 근거이다. 이를 참고하여 반론을 예상하고, 반박할 내용을 마련해 보자. 2. 글이나 자료에서 타당한 근거를 수집하고 효과적인 설득 전략을 활용하여 논증하는 글을 써 보자. 　1) 다음 중에서 쓰고 싶은 논제를 고르고, 자신이 쓰고자 하는 글의 작문 맥락을 정해 보자. 　2) 1)에서 정한 논제로부터 설정할 수 있는 쟁점을 생각해 보자. 　3) 논제와 쟁점에 관한 자신의 주장과 이유를 정리해 보자. 　4) 3)에서 제시한 이유를 뒷받침할 수 있는 근거를 글이나 자료에서 수집하고, 선별해 보자. 　5) 예상 독자의 반응을 고려하여 반론을 예상하고, 반박할 내용을 마련해 보자. 　6) 논증 요소의 논리적 관계가 명확하게 드러나도록 개요를 작성해 보자. 　7) 6)을 바탕으로 하여 효과적인 표현에 유의하면서 논증하는 글을 써 보자. 　8) 7)에서 자신이 쓴 글을 짝과 바꾸어 읽어 보고, 다음의 기준에 따라 논증하는 글을 평가해 보자. 　　〈평가 기준〉 　　① 논제에 대한 필자의 관점이 분명하게 드러나는가? 　　② 글에서 활용한 근거가 신뢰성, 타당성, 공정성을 갖추었는가? 　　③ 주장과 이유, 이유와 근거의 관계가 논리적인가? 　　④ 예상 반론과 반박의 관계가 논리적인가? 　　⑤ 효과적인 설득 전략을 활용했는가?

2026학년도 중등학교교사신규임용후보자선정경쟁시험(2차)
제47회 국어과 교수·학습 실연 시험 문제지

| 관리 번호 | |

지도안 세부 조건

1. 〈수험생 작성 조건1〉 사회·문화적 사건을 다룬 글을 읽고 관점을 분석하기
   가. 〈자료1〉 시사적인 현안과 이에 대한 필자의 관점을 파악하도록 할 것
   나. 〈자료1〉에서 필자의 관점을 뒷받침하는 근거를 파악하도록 할 것
   다. 〈자료1〉에 대한 자신의 관점을 세우도록 할 것

2. 〈수험생 작성 조건2〉 역사적 인물을 다룬 글을 읽고 관점을 분석하기
   가. 〈자료2〉의 인물에 대한 필자의 관점을 파악하도록 할 것
   나. 〈자료2〉에서 '악의 평범성'에 관한 필자의 주장과 근거를 2개씩 파악하도록 할 것

3. 〈수험생 작성 조건3〉 관심 있는 사회·문화적 사건이나 역사적 인물에 대한 글쓰기(계획하기)
   가. 〈자료1〉, 〈자료2〉를 활용하여 사회·문화적 사건이나 역사적 인물을 찾도록 할 것
   나. '3-가'와 관련하여 자신의 관점을 세우도록 할 것
   다. 모둠 활동으로 구성할 것

수업 조건

○ 과목: 국어
○ 학년: 고등학교 2학년
○ 장소: 국어 교과교실
○ 시간: 블록타임제(100분)
○ 단원명: 비평하는 글쓰기
○ 해당 성취 기준: 사회적·역사적 현상이나 쟁점 등을 다룬 사회·문화 분야의 글을 읽고 사회·문화적 사건이나 역사적 인물에 대한 관점을 담은 글을 쓴다.

단원명	차시	학습 내용
비평하는 글쓰기	1-2 (본시)	○ 사회·문화적 사건이나 역사적 인물에 대한 사회·문화 분야의 글을 읽고 관점을 분석할 수 있다. ○ 사회·문화적 사건이나 역사적 인물에 대한 관점을 담은 글을 쓸 수 있다.(계획하기)
	3-4	○ 사회·문화적 사건이나 역사적 인물에 대한 관점을 담은 글을 쓸 수 있다.(초고쓰기) ○ 완성된 글을 공유하고 평가할 수 있다.

학생 수	장소	학습 형태	학습 기자재
24명	국어 교과교실	강의식, 모둠식	교사용 컴퓨터, 전자 칠판, 학생용 스마트 기기

※ 본 문제는 모의 평가용으로 제작되었으며, 실제 시험의 문항 유형 및 형식과 다를 수 있습니다.

〈자료1〉

청소년들의 가혹한 범죄 행위가 늘어나면서 소년법 제도 개선을 촉구하는 목소리가 커지고 있다. 소년법 폐지를 주장하거나 촉법소년(만 10세 이상 14세 미만의 형사미성년자)의 연령을 낮춰 처벌을 강화해야 한다는 주장이다. 일각에서는 처벌강화는 미봉책이며 미성년자 범죄의 재발을 막는 제도적 장치가 필요하다는 지적이 나오고 있다.

최근 미성년 강력 범죄와 관련된 사건이 연일 보도되며 소년법에 대한 국민의 관심이 뜨거워지고 있다. 실제 촉법소년 범죄 건수도 갈수록 증가하는 것으로 나타났는데 대법원 자료에 따르면, 촉법소년 범죄 건수는 2016년 7030건에서 2019년 9102건으로 늘어났다. 또한 리얼미터가 시행한 2019년도 소년법에 대한 국민여론 조사 결과에 따르면, 소년법을 개정하여 처벌을 강화해야 한다는 응답이 62.6%로 가장 높았고, 폐지하여 성인과 동일 처벌해야 한다는 응답이 21.0%로 뒤를 이었다.

또한 한국청소년정책연구원이 보호소년 150명, 소년수형자 82명을 대상으로 처벌 전력을 조사한 결과, 엄격한 처벌을 받은 경우일수록 재범빈도가 낮아지는 것으로 나타났다. 국내보다 엄격한 잣대를 가진 외국의 사례도 개정 주장에 힘을 싣는다. 영국이나 호주는 형사처벌을 받지 않는 형사미성년의 연령을 만 14세인 한국보다 어린 10세 미만으로, 캐나다와 네덜란드는 12세 미만으로 정하고 있다.

그리고 법무부 자료에 따르면 2009년부터 지난 10년간 청소년 보호관찰 대상자의 재범률은 12.3%로 성인에 비해 2배가량 높아, 미성년이라 처벌이 약소하다는 점을 악용한 것은 아니냐는 의견이 나오고 있다. 또한 2019년을 기준으로 10년 전에 비해 약식재판 청구 건수는 40%가량 대폭 감소하고, 정식재판을 청구하는 공판 청구 건수는 20%가량 증가하여, 죄질이 나쁜 소년 범죄가 늘었음을 추측할 수 있다. 그리고 소년법을 악용해 범법 행위를 저지른 뒤 처분이 약함을 과시하며 피해자를 조롱하는 사례들이 빈번히 발생하여 미성년이 어리숙하고 사리분별력이 없다는 나이 기준을 바꿔야 한다는 여론이 커지고 있다.

이제는 국민의 정서와 여론을 고려하여 모두가 납득할 수 있는 합리적인 소년법 개정 기준 마련이 시급하다. 소년 사법제도의 근본적 변화 방향을 고민할 때이다.

〈자료2〉

한나 아렌트의 '악의 평범성'은 홀로코스트 전범 아돌프 아이히만의 재판을 참관한 경험을 토대로 제시된 충격적인 개념입니다. 아렌트는 예루살렘에서 열린 재판에서 아이히만을 직접 마주하며, 그가 괴물이나 악마 같은 악인일 것이라는 세간의 예상과 달리 지극히 평범하고, 오히려 다소 멍청해 보이기까지 하는 관료에 불과하다는 점에 깊은 통찰을 얻었습니다. 아이히만은 나치 정권의 하급 관료로서 유대인들을 수용소로 이송하는 일을 효율적으로 처리한 공무원이었습니다.

아렌트가 정의한 '악의 평범성'(Banality of Evil)의 핵심은 아이히만의 '무사유'에서 비롯됩니다. '사유'는 자신의 행동에 한계를 지을 줄 알게 하고, 모르는 것을 알고자 하는 노력이 좋은 삶을 살게 하는 길입니다. 그러나 아이히만은 자신의 행동이 초래할 끔찍한 결과에 대해 전혀 깊이 생각하거나 판단하지 않았습니다. 아이히만의 재판 진술 과정에서 선택적으로 사용했던 언어에서 무사유를 이끌었던 요소를 찾아볼 수 있습니다. 독일 나치 시기에 나치는 사람들이 폭력적인 행동에 무뎌지고 반감을 품지 않도록 직접적인 단어의 사용을 금하고 은유적인 표현을 쓰도록 했습니다. 예를 들어 '제거, 박멸, 학살' 등의 단어는 '최종 해결, 특별 취급' 등으로 바꾸어 사용했는데, 아이히만은 이러한 나치의 언어 규칙을 성실히 따라 법정에서 진술하였습니다. 즉, 그는 자신의 행위에 대한 정확한 이해와 사실이 없다는 것을 보여주었습니다.

또한 아이히만의 '관료주의적 순응'은 악의 중요한 요소로 작용했습니다. 아이히만은 스스로를 거대한 시스템의 톱니바퀴로 인식했으며, 모든 책임은 명령을 내린 상부에게 있다고 주장했습니다. 그는 유대인을 혐오하거나 증오했던 사람이 아니었으며 폭력적인 성향도 지니지 않은 지극히 평범한 사람이었습니다. 그에게 유대인 수백만 명의 학살은 그저 상부의 명령에 따라 복잡한 철도 운송 시스템을 '성실하게' 관리하고 운영해야 하는 행정적 과제에 불과했습니다. 아이히만은 자신의 행위에 도덕적 의미를 부여하지 않았으며, 그저 '법을 준수하는 시민'이자 '성실한 공무원'으로서의 역할을 다했다고 믿었습니다.

결론적으로, 아렌트는 홀로코스트와 같은 거대한 악이 특별한 악마적 존재에 의해서만 발생하는 것이 아니라, 평범한 사람들이 비판적 사고를 멈추고 시스템에 맹목적으로 순응하며 책임을 회피할 때 충분히 일어날 수 있음을 경고했습니다. '악의 평범성'은 악이 반드시 사악한 동기에서만 비롯되는 것이 아니라, 사고하지 않고 무감각해지는 평범한 태도에서도 기원할 수 있다는 강력한 경종을 울립니다. 이 개념은 우리 모두가 자신의 행동에 대해 스스로 판단하고 책임을 지는 주체적인 존재로서의 윤리적 의무를 잊지 않도록 상기시켜 줍니다.

2026학년도 중등학교교사신규임용후보자선정경쟁시험(2차)
제47회 국어과 교수·학습 실연 지도안 〔예상 답안〕

<table>
<tr><td colspan="5" align="center">국어과 본시 교수·학습 지도안</td></tr>
<tr><td colspan="2">학습 목표</td><td colspan="3">1. 사회·문화적 사건이나 역사적 인물에 대한 사회·문화 분야의 글을 읽고 관점을 분석할 수 있다.
2. 사회·문화적 사건이나 역사적 인물에 대한 관점을 담은 글을 쓸 수 있다.</td></tr>
<tr><td colspan="2">학습 단계</td><td colspan="2" align="center">교수·학습 활동</td><td>자료 및
유의점</td><td>시간
(분)</td></tr>
<tr><td rowspan="5">도
입</td><td>인사</td><td>• 인사 및 학습 분위기 조성</td><td>• 인사 및 학습 준비</td><td></td><td></td></tr>
<tr><td>전시 학습 확인</td><td>• 전시 학습 확인하기</td><td>• 전시 학습 떠올리기</td><td></td><td></td></tr>
<tr><td>동기유발</td><td>• 동기유발 하기</td><td>• 동기유발 하기</td><td></td><td></td></tr>
<tr><td>학습 내용 안내</td><td>• 학습 내용 안내</td><td>• 학습 내용 확인</td><td></td><td></td></tr>
<tr><td>학습 목표 제시</td><td>• 학습 목표 제시</td><td>• 학습 목표 확인</td><td></td><td></td></tr>
<tr><td rowspan="2">전
개
1</td><td rowspan="2">〈활동1〉
사회·
문화적
사건을
다룬 글을
읽고 관점
세우기</td><td>〈수험생 작성 내용1〉
• 〈자료1〉 제시하기
• 〈자료1〉의 사회·문화적인 사건과 관련된 필자의 관점을 파악하도록 하기
　- 〈자료〉에 드러난 사회·문화적인 사건과 이에 대한 필자의 관점을 파악하도록 안내한다.

• 필자의 관점을 뒷받침하는 근거를 파악하도록 하기

• 〈자료1〉에 대하여 모둠별로 토의를 통해 관점을 세우도록 하기
　- "소년법 개정과 관련하여 필자의 관점에 대하여 모둠별로 토의를 거쳐 동의 여부를 정하고 비동의하는 경우 새로운 주장을 세워보세요."

• 활동 결과 발표하도록 격려하기</td><td>• 〈자료1〉 읽기
• 〈자료1〉의 사회·문화적인 사건과 관련된 필자의 관점을 파악하도록 하기
　- 사회·문화적인 사건 : 처벌강화를 위한 소년법 개정
　- 필자의 관점 : 국민 모두가 납득할 수 있도록 처벌을 강화하는 소년법 개정이 필요하다.

• 필자의 관점을 뒷받침하는 근거를 파악하기
　- 근거① : 촉법소년의 범죄 건수가 늘어나고 있다.
　- 근거② : 엄격한 처벌을 받은 경우일수록 재범빈도가 낮아진다.
　- 근거③ : 소년 범죄의 재범률이 높다.

• 〈자료1〉에 대하여 모둠별로 토의를 통해 관점 세우기
예시)
<table><tr><td>모둠</td><td>동의 여부</td><td>관점</td></tr><tr><td>1</td><td>동의</td><td></td></tr><tr><td>2</td><td>비동의</td><td>처벌을 강화하는 것이 근본적인 대책이 될 수 없다.</td></tr><tr><td>3</td><td>동의</td><td></td></tr></table>
• 활동 결과 발표하기</td><td></td><td></td></tr>
</table>

전개 2	<활동2> 역사적 인물을 다룬 글을 읽고 관점 세우기	<수험생 작성 내용2>
		• <자료2> 제시하기
		
		• <자료2>의 인물과 그에 대한 필자의 관점을 파악하도록 하기
		
		• <자료2>의 '악의 평범성'에 관한 한나 아렌트의 주장과 근거를 정리하도록 하기
		
		• 활동 내용 정리하기
			• <자료2> 읽기
			
			• <자료2>의 인물과 대한 필자의 관점을 파악하도록 하기
			  - 역사적 인물: 아이히만
			  - 필자의 관점: 아이히만의 만행은 근본악에서 비롯된 것이 아니라 평범한 사람이 저지른 악행이다.
			
			• <자료2>의 '악의 평범성'에 관한 한나 아렌트의 주장과 근거를 정리하기
			
			| 주장
				악은 무사유에서 나온다.	관료주의적 순응이 악에 중요한 요소이다.

---	---	---
근거	자신의 행위에 대한 일체의 판단과 사유가 없었다. 그가 사용한 언어를 보면 알 수 있다.	아이히만은 유대인을 혐오하거나 증오하지 않았으며 폭력적인 성향도 없었다. 단지 관료주의에 순응했을 뿐이다.	 • 활동 내용 정리하기		
전개 3	<활동3> 관심 있는 사회·문화적 사건이나 역사적 인물에 대하여 관점 세우기	• <자료1>, <자료2>를 참고하여 관심 있는 사회·문화적 사건이나 역사적 인물을 찾도록 하기 <활동 안내> 1. 학생용 스마트 기기를 활용하여 개인별로 관심 있는 사건이나 인물을 2개 이상 찾기 2. 찾은 사건이나 인물과 그 이유 모둠원에게 공유하기 3. 모둠에서 공유한 내용 중 가장 흥미로운 사건이나 인물을 하나 고르기 • 선택한 사회·문화적 사건이나 역사적 인물에 대하여 관점을 세우도록 하기 • 활동 결과 발표하도록 하기	• <자료1>, <자료2>를 참고하여 관심 있는 사회·문화적 사건이나 역사적 인물을 찾기 	모둠	선택한 사건이나 인물
---	---
1	학교 내 스마트폰 사용 규제의 법제화 논란
2	주 4일제 논란
3	정몽주
:	:	 • 선택한 사회·문화적 사건이나 역사적 인물에 대하여 관점을 세우도록 하기 	모둠	관점
---	---
1	학교 내 휴대폰 사용에 대하여 제도적으로 금지해야 한다.
2	주 4일제로 변화가 필요하다.
3	정몽주는 융통성이 떨어지는 인물이다.
:	:	 • 활동 결과 발표하기		
정리	형성평가 및 과제 부여	• 형성평가 부여 • 수준별 과제 제시	• 형성평가 진행 • 수준별 과제 확인		
	학습 내용 정리	• 학습 내용 정리	• 학습 내용 이해		
	차시 예고	• 차시 예고	• 차시 예고 인지		

판서 예시

사회·문화적 사건이나 역사적 인물에 대한 글쓰기

<학습 목표> : 생략

활동1) 사회·문화적 사건 다룬 글 읽기

<자료1>

사건	처벌강화를 위한 소년법 개정
관점	국민 모두가 납득할 수 있도록 처벌을 강화하는 소년법 개정이 필요하다.
근거	근거① : 촉법소년의 범죄 건수가 늘어나고 있다. 근거② : 엄격한 처벌을 받은 경우일수록 재범빈도가 낮아진다. 근거③ : 소년 범죄의 재범률이 높다.

활동2) 역사적 인물 다룬 글 읽기

<자료2>

인물	아이히만
관점	아이히만의 만행은 근본악에서 비롯된 것이 아니라 평범한 사람이 저지른 악행이다.

- 악의 평범성

주장	악은 무사유에서 나온다.	관료주의적 순응이 악에 중요한 요소이다.
근거	자신의 행위에 대한 일체의 판단과 사유가 없었다. 그가 사용한 언어를 보면 알 수 있다.	아이히만은 유대인을 혐오하거나 증오하지 않았으며 폭력적인 성향도 없었다. 단지 관료주의에 순응했을 뿐이다.

활동3) 관심 있는 사회·문화적 사건이나 역사적 인물 찾고 관점 세우기

모둠	사건 or 인물	관점
1	학교 내 스마트폰 사용 규제의 법제화 논란	학교 내 휴대폰 사용에 대하여 제도적으로 금지해야 한다.
2	주 4일제 논란	주 4일제로 변화가 필요하다.
3	정몽주	정몽주는 융통성이 떨어지는 인물이다.
:		:

성취 기준

2022 교육과정	[12독작01-08] 사회적·역사적 현상이나 쟁점 등을 다룬 사회·문화 분야의 글을 읽고 사회·문화적 사건이나 역사적 인물에 대한 관점을 담은 글을 쓴다.
2015 교육과정	[12화작03-05] 시사적인 현안이나 쟁점에 대해 자신의 관점을 수립하여 비평하는 글을 쓴다. 　이 성취 기준은 시사 현안이나 쟁점을 여러 관점에서 살펴본 후 자신의 관점을 수립하여 비평문을 쓰도록 함으로써 경험과 사고를 확장하고 논리적·비판적 사고력을 신장하기 위해 설정하였다. 시사 현안이나 쟁점을 다양한 관점에서 충분히 분석한 후 자신의 관점을 정하고, 그 관점에 따라 의견이나 주장, 견해가 명료하게 드러나도록 글을 쓰게 한다. 그 과정에서 자신이 선택하지 않은 관점의 단점이나 약점, 문제점을 근거를 들어 비판할 수 있다.

교과서 정리

학습 내용 정리	**[사회·문화 분야의 글의 특성]** 사회·문화 분야의 글은 인간 사회의 여러 현상을 분석하고, 인간이 당면한 문제를 어떻게 해결할지 모색한다. 사회 분야의 글은 정치, 경제, 언론, 법률, 국제 관계, 교육 등 우리 사회의 다양한 분야에서 일어나는 여러 현상을 다루고, 문화 분야의 글은 의식주, 언어, 풍습, 종교, 학문 등 생활 방식이나 사고방식을 다룬다. **[사회·문화 분야의 글 쓰기 과정]** ① 글에서 다룰 현상, 사건, 인물 정하기 ② 사회·문화 현상에 관한 다양한 관점의 글과 자료를 수집한다. ③ 그 현상을 심층적으로 이해한다. ④ 자신의 관점을 명확히 세운다. ⑤ 사회·문화 현상의 특성, 원인, 대안 등에 관한 자신의 관점을 담은 글을 쓴다. **[사건이나 역사적 인물에 관한 글을 쓸 때의 유의점]** ① 사회·문화적 배경을 함께 고려한다. ② 글의 흐름이 사회·문화적 맥락에서 벗어나지 않도록 주의한다. ③ 자신의 관점을 일관성 있게 유지한다.

[2022] 천재 독서와 작문 4. 다양한 관점으로 읽기와 쓰기 (1) 사회·문화 분야의 글 읽기		제재	아이히만과 악의 평범성(윤은주)
		동기유발	―
		학습활동	1. 이 글에서 다룬 사건과 그와 관련된 주요 내용을 정리해 보자. 　1) 이 글에서 다루고 있는 핵심 사건과 쟁점이 무엇인지 정리해 보자. 　2) '전쟁 중 아이히만의 행위'가 무엇인지 써 보고, 이에 관한 관련자들의 입장을 파악해 보자. 　3) 1), 2)에서 정리한 핵심 사건과 관련된 사회·문화적 배경은 무엇인지 찾아보자. 2. 이 글에 나타난 한나 아렌트의 주장을 파악해 보자. 　1) 아이히만 재판 전후로 '독일 나치의 만행'에 관한 한나 아렌트의 관점과 태도가 어떻게 변화했는지 파악해 보자. 　2) '악의 평범성'에 관한 한나 아렌트의 주장과 그 이유와 근거를 정리해 보자. 3. 다음 글을 읽고, '아이히만 사건'에 관한 한나 아렌트와 다음 글의 관점을 비교하며 평가해 보자. 　1) 한나 아렌트와 윗글의 필자가 '아이히만'과 '폭력 가해자'를 바라보는 관점이 어떻게 다른지 정리하고, 두 관점을 평가해 보자. 　2) 우리 사회나 역사에서 '아이히만'과 유사한 인물이 있는지 찾아보고, 그 대상을 자신의 관점에서 평가해 보자.
			• 다음 활동을 하며 사회·역사·문화에 관한 자신의 관점을 담은 글을 써 보자. 　1) 다양한 매체를 활용하여 평소 관심을 두고 있던 사회·문화적 사건이나 역사적 인물을 조사해 보자. 　2) 1)에서 조사한 내용을 바탕으로 하여 글감을 선택하고, 글감에 관한 다양한 관점과 해석, 평가 등을 찾아 정리해 보자. 　3) 선택한 글감에 관한 자신의 관점을 정리하여 칼럼 형식의 짧은 글을 작성해 보자.
[2022] 비상 독서와 작문 5. 사회를 바라보다 (1) 사회·문화 분야의 글		제재	무엇이 내 삶의 정치일까(설규주), 문화를 담은 건축물(유현준)
		동기유발	―
		학습활동 1	1. 정치에 대한 여러 관점을 살펴보고, 이를 바탕으로 자신의 관점을 정리해 보자. 　1) 정치의 범위에 따라 정치를 바라보는 관점이 어떻게 다른지 파악해 보자. 　2) 제시된 상황에 따라 다음 논제를 어떻게 바라보고 있는지 파악하고, 필자가 말하는 정치란 무엇인지 정리해 보자. 　3) 자신의 삶에서 넓은 의미의 정치에 해당하는 일에는 무엇이 있는지 살펴보고, 이에 대한 자신의 생각을 적어 보자. 2. 다음은 '학교에서 모의 선거 교육을 해도 되는가?'라는 쟁점에 대한 두 사람의 관점이 나타난 글이다. 이를 참고하여 다음 활동을 해 보자. 　1) 쟁점에 대한 두 사람의 주장과 이를 뒷받침하는 이유나 근거를 정리해 보자. 　2) 1)을 참고하여 자신은 어떤 의견에 찬성하는지 생각해 보고, 그 의견에 왜 찬성하는지 이유나 근거를 들어 친구들과 이야기를 나누어 보자. 3. 다음 글에 나타난 역사적 사건과 그에 대한 인물들의 태도를 살펴보자. 　1) 윗글에 나타난 역사적 사건은 무엇인지 말해 보자. 　2) 역사적 사건과 관련해 다음 인물들이 한 행동을 설명해 보자. 　3) 2)에 제시된 인물 중 한 명을 골라 인물의 행동에 대한 자신의 생각을 담은 글을 작성해 보자.
		학습활동 2	1. 글에 나타난 한자와 알파벳, 개미집과 벌집의 특징을 파악해 보자. 　1) 한자와 알파벳의 특징을 정리해 보자. 　2) 개미 사회와 벌 사회의 공통점을 살펴보고, 개미집과 벌집의 특징을 정리해 보자. 2. 1을 참고하여 동서양의 문화가 동서양 건축물에 어떤 영향을 미쳤는지 정리해 보자. 3. 자신이 생각하는 문화를 담은 건축물에는 무엇이 있는지 찾아보고, 그 건축물에는 어떤 문화가 담겨 있는지 말해 보자. 4. (가)는 중국을, (나)는 이탈리아를 여행하여 쓴 기행문이다. 다음 두 글을 읽고 문화적 현상에 대한 자신의 관점이 드러나는 글을 써 보자. 　1) (가)의 필자가 중국의 문화를 바라보는 관점을 파악해 보자. 　2) (나)의 필자가 베네치아의 문화에 대한 관점을 세우는 과정을 정리해 보자. 　3) 우리나라 또는 세계의 문화가 잘 드러나는 여행지 한 곳을 골라 자신의 관점이 드러나는 글을 써 보자.

	제재	—
[2022] 미래엔 독서와 작문 3. 다양한 분야의 글 읽고 쓰기 (2) 사회·문화 분야의 글	동기유발	—
	학습활동 1	3. 1,2를 참고하여 '온라인 소통'과 관련한 자신의 관점을 담은 글을 써 보자. 　1) 다음 질문에 답하면서 '온라인 소통'의 어떤 면에 대해 글을 쓸지 생각해 보자. 　2) '온라인 소통'에 대한 자료를 다양하게 조사해 보자. 　3) 1), 2)를 바탕으로 하여 '온라인 소통'에 대한 자신의 관점을 정하여 글을 써 보자.
	학습활동 2	3. 역사적 인물에 대한 자료를 조사하여 자신의 관점을 담은 글을 써 보자. 　1) 다음 질문을 참고하여 어떤 인물에 대해 글을 쓸지 정하고, 그 까닭은 무엇인지 써 보자. 　2) 1)에서 쓴 글을 친구들 앞에서 발표하고, 삶에 대한 가치관이 어떤 점에서 비슷하고 다른지 이야기해 보자. 　3) 인물의 삶에서 중요한 사건이나 행동을 다음과 같이 정리해 보고, 인물에 대한 자신의 관점을 정해 보자. 　4) 3)을 참고하여 역사적 인물에 대한 자신의 관점이 드러나도록 글을 써 보자. 　5) 다음 질문을 참고하여 4)에서 쓴 글을 모둠 친구들과 함께 의견을 나누어 보자. 　　〈질문〉 ① 사회·문화적 맥락을 고려하여 인물을 깊이 있게 이해했는가? 　　　　　② 역사적 인물을 보는 관점이 분명하게 드러났는가? 　　　　　③ 관점을 뒷받침하는 인물의 삶이 적절하게 제시되었는가? 　　　　　④ 활용한 자료는 출처가 분명하고 신뢰할 만한 것인가?

2026학년도 중등학교교사신규임용후보자선정경쟁시험(2차)
제48회 국어과 교수·학습 실연 시험 문제지

관리 번호

지도안 세부 조건

1. **〈수험생 작성 조건1〉 글에 사용된 내용 조직 방법을 찾고 효과성 평가하기**
   가. 글의 내용 조직 방법에 대해 3개 이상 교사가 설명할 것
   나. 〈자료1〉을 문단별로 요약하여 글의 짜임을 파악하도록 할 것
   다. 〈자료1〉에 사용된 내용 조직 방법의 효과를 평가하도록 할 것

2. **〈수험생 작성 조건2〉 글에 사용된 표현 전략을 찾고 효과성 평가하기**
   가. 글의 표현 전략에 대해 3개 이상 교사가 설명할 것
   나. 〈자료1〉에서 사용된 표현 전략을 파악하도록 할 것
   다. 〈자료1〉에 사용된 표현 전략의 효과를 평가하도록 할 것

3. **〈수험생 작성 조건3〉 고쳐쓰기**
   가. 〈자료2〉에 제시된 평가 기준에 따라 〈자료2〉를 점검하도록 할 것
   나. 고쳐 쓸 부분에 대한 수정 방안을 정리하도록 할 것
   다. 모둠 활동을 할 것

수업 조건

- 과목 : 국어
- 학년 : 고등학교 2학년
- 장소 : 국어 교과교실
- 시간 : 블록타임제(100분)
- 단원명 : 짜임새 있게 쓰고 바르게 고쳐쓰기
- 해당 성취 기준 : 글을 읽으며 다양한 내용 조직 방법과 표현 전략을 찾고 이를 글쓰기에 활용한다.

단원명	차시	학습 내용
짜임새 있게 쓰고 바르게 고쳐쓰기	1-2 (본시)	○글을 읽으며 다양한 내용 조직 방법과 표현 전략을 찾고 효과를 평가할 수 있다.
		○다양한 내용 조직 방법과 표현 전략을 글쓰기에 활용하여 글을 쓸 수 있다.
		○자신의 글을 분석적·비판적으로 읽고, 내용과 형식을 효과적으로 고쳐쓸 수 있다.

학생 수	장소	학습 형태	학습 기자재
24명	국어 교과교실	강의식, 모둠식	교사용 컴퓨터, 전자 칠판, 학생용 스마트 기기

※ 본 문제는 모의 평가용으로 제작되었으며, 실제 시험의 문항 유형 및 형식과 다를 수 있습니다.

〈자료1〉

〈돈의 값, 금리가 움직이면 경제 전체가 춤춘다〉

금리는 돈을 빌리거나 빌려줄 때 발생하는 비용을 뜻한다. 그런데 이 금리가 왜 경제의 핵심 지표일까? 금리는 경제 전반에 막대한 영향을 미치기 때문이다. 금리의 종류는 다양하지만, 일반적으로 금리라 하면 한국은행 등 중앙은행이 정하는 기준금리를 의미하는 경우가 많다. 기준금리는 시중은행의 예금 및 대출금리에 직접적인 영향을 준다. 금리가 중요한 이유는 경기 변동, 물가 상승률, 환율 등과 복잡하게 얽혀 있어 경제의 건강 상태를 파악하는 중요한 척도가 되기 때문이다. 그렇다면 금리가 인상되거나 인하될 때 경제에 어떤 영향을 미치는지 알아보자.

먼저 금리가 인상되면 일반적으로 경기를 진정시키고 물가 상승을 억제하는 효과가 있다. 금리가 오르면 기업과 가계는 대출 이자 부담이 커진다. 예를 들어 빚이 많은 기업은 투자 계획을 철회하거나 축소하고, 가계는 소비를 줄이고 저축을 늘린다. 이는 시중에 풀린 돈의 양을 줄여 유동성을 흡수한다. 또한 금리가 오르면 자산 시장에 있던 자금이 은행 예금으로 이동하는 머니 무브 현상이 나타난다. 주식, 부동산 등의 자산 가격이 하락할 가능성이 커지는 이유가 바로 이것이다.

실제로 2022년 미국 연방준비제도(Fed)의 급격한 금리 인상 정책이 있다. 당시 높은 인플레이션을 잡기 위해 금리를 가파르게 올리자, 전 세계적으로 대출 이자가 급등하고 주식 시장이 약세를 보였다. 특히 기술주를 중심으로 자산 가치가 하락했으며, 한국을 포함한 여러 국가의 주택 대출 이자도 상승해 가계 부담이 커졌다.

반대로 금리 인하는 경기를 부양하고 투자를 촉진하는 효과가 있다. 금리가 내리면 대출 이자 부담이 줄어들어 가계는 소비를 늘리고, 기업은 투자를 확대할 유인이 생긴다. 시중에 돈이 더 많이 돌게 되면서 유동성이 풍부해지는 것이다. 이는 주식, 부동산 등 자산 시장에 자금이 유입되어 자산 가격을 끌어올리는 원인이 되기도 한다. 또한, 소비와 투자가 활발해지면 고용이 늘어나고 소득이 증가하는 선순환이 발생할 수 있다.

그 사례로 2008년 글로벌 금융 위기 이후 각국 중앙은행이 펼쳤던 초저금리 정책을 들 수 있다. 미국을 비롯한 선진국들은 금융 시스템 붕괴를 막고 경기 침체에서 벗어나기 위해 기준금리를 0%에 가깝게 낮췄다. 이로 인해 대출이 쉬워지고 자산 시장에 자금이 흘러들어 주가와 부동산 가격이 상승했으며, 기업들은 낮은 금리로 자금을 조달해 투자를 늘릴 수 있었다.

유명한 경제학자 ☆☆박사는 "금리 정책은 경제의 복잡한 시스템을 조율하는 오케스트라의 지휘봉이다."라는 말을 남겼다. 이는 금리는 단순히 돈의 이자가 아니라, 경제의 혈액순환을 조절하는 밸브와 같다는 말이다. 즉, 금리의 움직임은 개인의 소비와 저축 계획, 기업의 투자 전략, 그리고 국가 경제 전반에 걸쳐 중요한 영향을 미치기 때문에 경제 뉴스에서 금리 관련 소식을 주의 깊게 살펴보는 것이 현명한 경제생활의 첫걸음이라고 할 수 있다.

〈자료2〉

현대 사회의 삼시세끼 식사 문화는 비만과 각종 성인병의 주범으로 꼽힌다. 끊임없이 음식을 섭취하는 생활 방식은 우리 몸이 에너지를 태우는 대신 지방으로 저장하게 만들고, 인슐린 저항성을 높여 당뇨병과 같은 대사 질환의 위험을 키운다. 소화 기관은 하루종일 쉴 틈 없이 일하면서 만성적인 피로에 시달리고, 이는 전반적인 신체 기능 저하로 이어진다. 건강을 위해 챙겨 먹는 식사가 오히려 건강을 해치는 역설적인 상황이 벌어지고 있는 것이다. 이러한 문제점의 해결 방법으로 떠오른 것이 바로 간헐적 단식이다.

간헐적 단식은 정해진 시간 동안만 음식을 섭취하고 나머지 시간은 단식하는 식사법이다. 흔히 널리 알려진 방법으로는 16:8 방식이 있다. 이는 하루 24시간 중 16시간 동안 단식하고, 나머지 8시간 동안 식사하는 것을 말한다. 예를 들어, 저녁 8시 이후부터 다음 날 정오 12시까지 공복을 유지하는 식이다. 이 외에도 일주일에 1~2일 정도 24시간 단식하는 5:2 방식 등 다양한 형태가 있다.

간헐적 단식은 우리 몸에 다양한 긍정적인 변화를 가져온다. 가장 큰 장점은 체지방 감소이다. 단식 시간 동안 혈당과 인슐린 수치가 낮아지면서 몸이 지방을 에너지원으로 사용하도록 유도하기 때문이다. 이는 체중 감량에 효과적이며 인슐린 민감성을 높여 당뇨병 예방에도 도움이 된다. 또한 세포가 스스로 노폐물을 제거하는 자가포식(autophagy) 작용을 촉진하여 노화 방지 및 질병 예방에 기여한다. 더불어 소화 기관에 휴식을 줘 장 건강을 개선하고, 식사 시간을 정해두면서 폭식을 줄이고 식습관을 바로잡는 효과도 얻을 수 있다. 실제로 엄마가 간헐적 단식을 시작하고 1달만에 4kg이 빠졌다. 이 점에서 많은 사람들이 간헐적 단식을 시작했으면 좋겠다.

〈평가 기준〉

평가 기준 1. 글을 짜임새 있게 조직하였는가?
평가 기준 2. 신뢰할 수 없는 내용 또는 과장이나 축소, 왜곡된 내용은 없는가?
평가 기준 3. 내용을 드러내기에 효과적인 표현 전략을 사용하였는가?

2026학년도 중등학교교사신규임용후보자선정경쟁시험(2차)
제48회 국어과 교수·학습 실연 지도안 　예상 답안

국어과 본시 교수·학습 지도안			
학습 목표	1. 글을 읽으며 다양한 내용 조직 방법과 표현 전략을 찾고 효과를 평가할 수 있다. 2. 다양한 내용 조직 방법과 표현 전략을 글쓰기에 활용하여 글을 쓸 수 있다. 3. 자신의 글을 분석적·비판적으로 읽고, 내용과 형식을 효과적으로 고쳐쓸 수 있다.		
학습 단계	교수·학습 활동	자료 및 유의점	시간(분)
도입　인사	• 인사 및 학습 분위기 조성　　• 인사 및 학습 준비		
도입　전시 학습 확인	• 전시 학습 확인하기　　• 전시 학습 떠올리기		
도입　동기유발	• 동기유발 하기　　• 동기유발 하기		
도입　학습 내용 안내	• 학습 내용 안내　　• 학습 내용 확인		
도입　학습 목표 제시	• 학습 목표 제시　　• 학습 목표 확인		
전개 1　〈활동1〉 내용 조직 방법 찾고 효과 평가하기	〈수험생 작성 내용1〉 • 글의 내용 조직 방법 설명하기 ① 나열: 서로 대등한 관계에 있는 정보를 늘어 놓는 구조 ② 비교&대조: 대상들 사이의 공통점과 차이점을 중심으로 내용을 조직하는 구조 ③ 분류: 대상을 일정한 기준에 따라 묶어서 정보를 제시하는 구조 ④ 분석: 대상을 부분으로 나눈 뒤 각 부분의 특징과 세부 사항을 드러내는 구조 ⑤ 순서: 시간의 흐름이나 공간의 변화에 따라 정보를 제시하는 구조 ⑥ 원인-결과: 일이 일어난 원인과 결과에 따라 내용을 조직하는 구조 ⑦ 문제-해결: 어떤 현상의 문제점을 밝히고 그 해결 방안을 제시하는 구조 • 〈자료1〉을 제시하기 • 〈자료1〉을 문단별로 요약하고 사용된 글의 짜임(내용 조직 방법)을 파악하도록 하기 - "글의 내용을 문단별로 요약해 보니 어떤 내용 조직 방법이 사용되었나요?" - "맞아요. 금리가 인상될 때와 인하될 때를 대조하여 전개하고 있네요. 더 찾은 모둠 있나요?"	• 글의 내용 조직 방법 이해하기 • 〈자료1〉을 읽기 • 〈자료1〉을 문단별로 요약하고 사용된 글의 짜임(내용 조직 방법)을 파악하기 | 1문단 | 금리의 개념, 금리의 중요성 | | 2문단 | 금리가 인상될 때 경제에 미치는 영향 | | 3문단 | 금리 인상의 실제 사례 | | 4문단 | 금리가 인하될 때 경제에 미치는 영향 | | 5문단 | 금리 인하의 실제 사례 | | 6문단 | 금리를 이해하는 것의 필요성 | - "비교-대조가 사용되었어요." - "금리가 인상되고 인하될 때 그 결과로 어떤 일들이 일어나는지 보여주기 때문에 '원인-결과'가 사용되었어요."		

전개 1	〈활동1〉
	내용 조직
	방법 찾고
	효과
	평가하기
		• 사용된 내용 조직 방법의 효과 평가하도록 하기
		  – "글에 사용된 내용 조직 방법이 적절한 것 같나요?"
		  – 왜 그렇게 생각했나요?
		
		• 활동 마무리하기
			• 사용된 내용 조직 방법의 효과 평가하기
			  – "네 적절한 것 같아요."
			  – "금리가 인상될 때랑 인하될 때 미치는 영향을 대조하여 설명해주니까 금리가 경제에 어떤 영향을 미치는지 이해가 쉽게 되었어요."
			
			• 활동 마무리하기

전개 2	〈활동2〉
	표현 전략
	찾고 효과
	평가하기
		〈수험생 작성 내용2〉
		• 글의 표현 전략 설명하기
		
		  ① 정확하고 명료하게 표현하기
		  ② 호기심을 유발할 수 있는 제목 설정하기
		  ③ 관심을 유발할 수 있는 이야기나 사례 제시하기
		  ④ 전문가의 말 인용하기
		  ⑤ 다양한 매체 자료 활용하기
		  ⑥ 질문을 활용하기
		  ⑦ 설의법이나 이중 부정 등을 활용하기
		
		• 〈자료1〉에 사용된 표현 전략 찾아보도록 하기
		
		• 사용된 표현 전략의 효과 평가하도록 하기
		
		• 활동 내용 정리하기
			• 글의 표현 전략 이해하기
			
			• 〈자료1〉에 사용된 표현 전략 찾아보기
			
			| 표현 전략
				사용된 부분

---	---
호기심을 유발하는 제목	돈의 값~춤춘다
구체적인 사례 제시	3, 5문단
전문가의 말 인용	6문단 | • 사용된 표현 전략의 효과 평가하기 | 모둠	평가	이유
---	---	---
1	효과적이다	금리를 의인화한 제목이 흥미를 유발함
2	효과적이다	전문가의 말을 인용하니 신뢰가 높아짐
3	효과적이지 않다	매체자료를 이용하면 독자의 이해를 도울 수 있음	 • 활동 내용 정리하기
	초고쓰기	• 계획하고 내용 생성하기 • 내용 조직하고 표현하기	• 계획하고 내용 생성하기 • 내용 조직하고 표현하기
전개 3	〈활동3〉 고쳐쓰기	• (모둠 활동) 평가기준에 따라 〈자료2〉를 점검하도록 하기 • 활동 내용을 발표하도록 하기	• (모둠 활동) 평가기준에 따라 〈자료2〉를 점검하도록 하기 • 활동 내용을 발표하기 | 평가 기준	평가 내용
---	---
1	짜임새가 좋음 → 문제-해결이 명확하게 드러남
2	신뢰할 수 없는 내용이 있음 → 간헐적 단식의 사례로 엄마의 사례를 드는 것은 신뢰가 떨어짐
3	표현 방식이 모호함 → '~좋겠다'의 표현이 명확하지 않음	

전개 3	〈활동3〉 고쳐쓰기	• (모둠 활동) 모둠원과 상의하여 평가 내용을 반영하여 고쳐쓰도록 하기 • 활동 내용을 발표하도록 하기	• (모둠 활동) 모둠원과 상의하여 평가 내용을 반영하여 고쳐쓰기 • 활동 내용을 발표하기 | 모둠	평가 내용
1	간헐적 단식의 사례를 구체적이고 신뢰할 만한 자료에서 찾는다.
2	다양한 복합 양식 자료를 사용하여 독자의 이해를 돕는다.
3	'~좋겠다'를 '~권유한다'처럼 명료한 표현으로 수정한다.	
		• 활동 마무리 하기	• 활동 마무리하기
정리	형성평가 및 과제 부여	• 형성평가 부여 • 수준별 과제 제시	• 형성평가 진행 • 수준별 과제 확인
	학습 내용 정리	• 학습 내용 정리	• 학습 내용 이해
	차시 예고	• 차시 예고	• 차시 예고 인지

판서 예시

짜임새 있게 쓰고 바르게 고쳐쓰기

〈학습 목표〉: 생략

활동1) 조직 방식 찾고 효과 평가하기

〈자료1〉
- 조직 방식: 나열, 비교-대조, 분석, 분류, 문제-해결, 인과

1	금리의 개념, 금리의 중요성
2	금리가 인상될 때 경제에 미치는 영향
3	금리 인상의 실제 사례
4	금리가 인하될 때 경제에 미치는 영향
5	금리 인하의 실제 사례
6	금리를 이해하는 것의 필요성

→ 비교-대조, 원인-결과

활동2) 표현 전략 찾고 효과 평가하기

〈자료2〉

표현 전략	사용된 부분
호기심을 유발하는 제목	돈의 값~춤추다
구체적인 사례 제시	3, 5문단
전문가의 말 인용	6문단

→ 평가

모둠	평가	이유
1	효과적이다	제목이 흥미를 유발함
2	효과적이다	전문가의 말을 인용하니 신뢰가 높아짐
3	아쉽다	매체자료를 이용하면 정보 습득이 용이할 것 같음

활동3) 초고쓰기 → 고쳐쓰기

평가 기준	평가 내용
1	짜임새가 좋음 → 문제-해결이 명확하게 드러남
2	신뢰할 수 없음 → 간헐적 단식의 사례로 엄마의 사례
3	표현 방식이 모호함 → '~좋겠다'의 표현이 명확하지 않음

→ 수정방안

모둠	평가 내용
1	간헐적 단식의 사례를 구체적이고 신뢰할 만한 자료에서 찾는다.
2	다양한 복합 양식 자료를 사용하여 독자의 이해를 돕는다.
3	'~좋겠다'를 '~권유한다'처럼 명료한 표현으로 수정한다.

	성취 기준
2022 교육과정	[12독작01-05] 글을 읽으며 다양한 내용 조직 방법과 표현 전략을 찾고 이를 글쓰기에 활용한다.
성취 기준 적용 시 고려 사항	이 성취기준은 작문의 목적, 글의 유형, 예상 독자 등 작문의 맥락에 따라 적합한 내용 조직 방법과 표현 전략이 달라질 수 있음을 독서 과정을 통해 인식하고, 이를 작문 상황에서 실제로 적용하여 글을 쓰는 능력을 기르기 위해 설정하였다. 필자의 의도를 고려하여 글에 사용된 내용 조직 방법과 표현 전략을 찾고 분석하기, 독자의 반응을 고려하여 글에 사용된 내용 조직 방법과 표현 전략의 효과성 평가하기 글의 목적·유형·예상 독자를 고려하여 효과적인 내용 조직 방법과 표현 전략 활용하기 등을 학습할 수 있다.

	교과서 정리
학습 내용 정리	[작문의 과정과 맥락] - 작문은 구체적인 상황과 맥락 안에서 다양한 요소를 고려하면서 이루어지는 목표 지향적인 문제 해결 과정 - 고려해야 할 요소 : 글의 목적, 글의 유형, 예상 독자 등 - 작문의 과정 : 계획하기-내용 생성하기-내용 조직하기-표현하기-고쳐쓰기 [다양한 내용 조직 방법] * 맥락을 고려하여 글의 내용이 처음부터 끝까지 유기적으로 이어지도록 배열 * 글의 목적과 유형에 따라 내용 조직 방법이 달라진다. ① 나열 : 서로 대등한 관계에 있는 정보를 늘어 놓는 구조 ② 비교&대조 : 대상들 사이의 공통점과 차이점을 중심으로 내용을 조직하는 구조 ③ 분류 : 대상을 일정한 기준에 따라 묶어서 정보를 제시하는 구조 ④ 분석 : 대상을 부분으로 나눈 뒤 각 부분의 특징과 세부 사항을 드러내는 구조 ⑤ 순서 : 시간의 흐름이나 공간의 변화에 따라 정보를 제시하는 구조 ⑥ 원인-결과 : 일이 일어난 원인과 결과에 따라 내용을 조직하는 구조 ⑦ 문제-해결 : 어떤 현상의 문제점을 밝히고 그 해결 방안을 제시하는 구조 [다양한 표현 전략] - 글의 목적을 달성하기 위한 표현 전략 • 중심 내용을 글이나 문단의 앞이나 뒤에 전략적으로 제시하기 • 반복을 통해 중심 내용을 강조하기 - 글의 유형에 맞는 표현 전략 • 정보 전달이나 설득을 위한 글 : 정확하고 명료하게 표현하기 • 친교를 위한 글 : 호의적으로 표현하기 • 정서 표현을 위한 글 : 진솔하고 개성 있게 표현하기 - 예상 독자를 고려한 표현 전략 • 호기심을 유발할 수 있는 제목 설정하기 • 관심을 유발할 수 있는 이야기나 사례 활용하기 • 질문을 던지고 내용을 전개하기 • 사진, 그림, 도표 등 다양한 매체 자료 활용하기 * 독자의 관심을 끌기 위해 처음 부분에 흥미로운 이야기 배치 * 같은 내용이라도 예상 독자의 수준을 고려하여 더 쉬운 표현을 사용하는 것 * 전문가의 말 인용하기 * 설의법이나 이중 부정 등을 활용하는 것

	제재	—
[2022] 비상 독서와 작문 2. 읽고 쓰는 힘을 기르다 (3) 내용 조직과 표현, 고쳐쓰기	동기유발	—

	학습활동	〈활동1〉 내용 조직 방법과 표현 전략 파악하기
		1. 작문 맥락을 고려하여 이 글에 사용된 내용 조직 방법과 표현 전략을 파악해 보자.
		  1) 이 글의 작문 맥락을 분석해 보자.
		  2) 1)을 참고하여 이 글의 개요를 작성해 보자.
		  3) 1)을 바탕으로 필자가 구사한 표현 전략과 그 의도를 파악해 보자.
		2. 1에서 분석한 작문 맥락 중 '예상 독자'와 '매체'가 다음과 같이 바뀐다면, 이 글의 내용 조직 방법과 표현 전략이 어떻게 달라져야 할지 친구들과 토의해 보자.
		〈활동2〉 계획하기 및 내용 생성하기
		1. 자신이 글로 쓰고 싶은 주제를 정해 보자.
		2. 1에서 고른 주제로 글을 쓰기 위한 작문 맥락을 분석해 보자.
		3. 주제에 대해 떠오르는 생각을 자유롭게 써 보고, 필요한 자료의 내용과 유형, 자료를 찾을 곳 등을 정리해 보자.
		〈활동3〉 내용 조직하기 및 표현하기
		1. 활동2에서 생성한 내용을 바탕으로 글의 개요를 작성하며 내용을 조직해 보자.
		2. 1에서 작성한 개요를 바탕으로 적절한 표현 전략을 활용하여 글을 써 보자.
		〈활동4〉 고쳐쓰기
		1. 활동3에서 쓴 글을 점검해 보자.
		  1) 자신이 쓴 글을 다음 평가 기준에 따라 점검해 보자.
		    〈평가 기준〉
		    - 작문 맥락을 고려하여 내용을 선정하고 조직하였는가?
		    - 글을 짜임새 있게 조직하였는가?
		    - 불필요하거나 빠진 내용 또는 과장이나 축소, 왜곡된 내용은 없는가?
		    - 내용을 드러내기에 효과적인 표현 전략을 사용하였는가?
		    - 어법에 맞는 정확한 문장과 적절한 어휘를 사용하였는가?
		  2) 모둠원과 서로 글을 바꾸어 읽으며 좋은 점과 아쉬운 점을 이야기해 보고, 자신의 글에 대한 모둠원의 의견을 정리해 보자.
		2. 1의 활동을 바탕으로 자신의 글을 어떻게 고쳐 쓸 것인지 글 전체, 문단, 문장, 단어 수준으로 나누어 계획하고 글을 고쳐 써 보자.
		3. 고쳐 쓴 글을 계획한 매체에 공유해 보고, 독자와 소통한 후 느낀 점을 말해 보자.

[2022] 지학사 독서와 작문 2. 독서와 작문의 방법 (2) 작문의 맥락을 고려하여 쓰기	제재	—
	동기유발	—

	학습활동	1. 이 글을 읽고 다음 활동을 해 보자.
		  1) 다음 부분에서 사용된 내용 조직 방법을 찾아 연결하고, 그 내용 조직 방법의 효과를 생각해 보자.
		  2) 이 글에서 표현 전략이 사용된 부분을 찾아 써 보고, 그 표현 전략의 효과를 평가해 보자.
		  3) 이 글의 마지막 문단을 다음 친구의 평가를 활용하여 고쳐 써 보자.
		2. 다음 중 하나의 주제를 선택하여 글쓰기 계획을 세우고, 글의 내용을 생성해 보자.
		  1) 작문의 맥락을 고려하여 글쓰기 계획을 세워 보자.
		  2) 다양한 매체를 활용하여 선정한 주제에 관한 자료를 수집해 보자.
		  3) 2)에서 수집한 자료 중 작문의 맥락을 고려하여 글을 쓸 때에 사용할 자료를 선별 해 보자.
		3. 선별한 내용을 바탕으로 내용을 조직해 보자.
		  1) 작문의 맥락을 고려하여 적합한 내용 조직 방법을 정해 보자.
		  2) 개요를 작성하며 1)에서 정한 내용 조직 방법을 글의 흐름에 맞게 적용해 보자.
		4. 효과적인 표현 전략을 사용하여 한 편의 글을 써 보자.
		  1) 작문의 맥락을 고려하여 글에서 사용할 표현 전략을 정하고, 이를 어떻게 활용할지 생각해 보자.
		  2) 자신이 정한 표현 전략을 사용하여 한 편의 글을 써 보자.
		5. 자신이 작성한 글을 분석적·비판적으로 읽고 고쳐 써 보자.
		  1) 다음 기준에 따라 자신이 쓴 글을 점검하고, 고쳐 쓸 부분을 찾아 수정 방안을 정리해 보자.
		  2) 1)을 바탕으로 고쳐 쓴 글을 우리 반 온라인 글 모음 방에 올려 보고, 친구들과 서로의 글을 평가해 보자.

	제재	—
[2022] 미래엔 독서와 작문 2. 독서와 작문의 방법 (2) 짜임새 있게 쓰고 바르게 고쳐쓰기	동기유발	—

	학습활동	1. 〈패스트푸드? 슬로푸드!〉를 읽고 다음 활동을 해 보자.
		  1) 다음은 글쓴이가 이 글을 쓰기 전 기고 의뢰를 받은 상황이다. 이를 참고하여 글쓴이의 작문 계획을 추측해 보자.
		  2) 이 글을 다음과 같이 구조화할 때 처음, 중간, 끝에 해당하는 문단 번호를 적고, 각 부분의 중심 내용을 정리해 보자.
		  3) 글쓴이가 다음 문단에서 사용한 표현 전략을 찾아보자.
		  4) 이 글의 내용 조직 방법과 표현 전략이 효과적인지 평가해 보자.
		2. 유진이가 수행 평가로 글을 쓰고 점검하는 과정을 따라가며 다음 활동을 해 보자.
		  1) 선생님의 말을 참고하여 유진이의 작문 계획을 완성해 보자.
		  2) 다음은 유진이가 개요를 작성한 뒤 검토한 내용이다. 유진이의 검토 의견을 살펴보면서 빈칸에 들어갈 알맞은 말을 적어 보자.
		  3) 다음은 유진이가 자신이 쓴 초고를 스스로 점검함 내용이다. 빈칸에 들어갈 알맞은 말을 적어 보자.
		  4) 유진이의 글에 대한 친구들의 의견을 살펴보고, 이를 고쳐쓰기에 반영하는 것이 좋을지 자신의 생각을 말해 보자.
		3. 작문 맥락에 따라 내용 조직 방법과 표현 전략이 달라진다는 점을 고려하여 한 편의 글을 써보자.
		  1) 다음 중에서 자신이 쓰고 싶은 주제를 골라 보자.
		  2) 1)을 바탕으로 하여 작문 맥락을 정해 보자.
		  3) 글의 개요를 작성해 보자.
		  4) 3)을 참고하여 각 부분에 사용할 표현 전략을 생각해 보자.
		  5) 3), 4)를 바탕으로 하여 한 편의 글을 써 보자.
		  6) 5)에서 쓴 글을 다음 질문에 따라 분석적·비판적으로 읽고 평가해 보자.
		  7) 5)에서 쓴 글을 친구들과 돌려 읽고, 잘된 점과 개선할 점을 이야기해 보자.
		  8) 6), 7)을 바탕으로 하여 5)에서 쓴 글을 고쳐 써 보자.

10. 중등 문학

- 제49회 국어과 교수·학습 실연 시험 문제지 및 지도안 예상 답안
- 제50회 국어과 교수·학습 실연 시험 문제지 및 지도안 예상 답안
- 제51회 국어과 교수·학습 실연 시험 문제지 및 지도안 예상 답안
- 제52회 국어과 교수·학습 실연 시험 문제지 및 지도안 예상 답안
- 제53회 국어과 교수·학습 실연 시험 문제지 및 지도안 예상 답안
- 제54회 국어과 교수·학습 실연 시험 문제지 및 지도안 예상 답안
- 제55회 국어과 교수·학습 실연 시험 문제지 및 지도안 예상 답안

2026학년도 중등학교교사신규임용후보자선정경쟁시험(2차)
제49회 국어과 교수·학습 실연 시험 문제지

관리 번호 [   ]

지도안 세부 조건

1. 〈수험생 작성 조건1〉 비유의 특성과 효과 이해하기
   가. 교사가 비유의 개념과 종류에 대해 예를 들어 간단하게 설명할 것
   나. 〈자료1〉에 사용된 비유법을 찾고 원관념, 보조관념 및 둘 사이의 공통점을 파악하도록 할 것
   다. 비유의 효과를 간략하게 제시할 것

2. 〈수험생 작성 조건2〉 상징의 특성과 효과 이해하기
   가. 교사가 상징의 개념에 대해 예를 들어 간단하게 설명할 것
   나. 〈자료2〉의 '길'이 상징하는 의미와 그 이유를 찾도록 할 것
   다. 상징의 효과를 간략하게 제시할 것

3. 〈수험생 작성 조건3〉 운율의 특성과 효과 이해하기
   가. 〈자료1〉과 〈자료2〉를 활용할 것
   나. 〈자료1〉, 〈자료2〉에 사용된 운율 형성 방법 각각 2가지씩 파악하도록 할 것
   다. 운율의 효과를 간략하게 제시할 것

수업 조건

- 과목 : 국어
- 학년 : 중학교 1학년
- 장소 : 국어 교과교실
- 시간 : 블록타임제(90분)
- 단원명 : 운율과 비유와 상징
- 해당 성취 기준 : 운율, 비유, 상징의 특성과 효과에 유의하며 작품을 감상하고 창작한다.

단원명	차시	학습 내용
비유와 상징	1-2	○ 운율의 개념과 형성 방법을 설명할 수 있다.
	3-4 (본시)	○ 시에 활용된 비유와 그 효과를 설명할 수 있다. ○ 시에 활용된 상징과 그 효과를 설명할 수 있다. ○ 시에 활용된 운율과 그 효과를 설명할 수 있다.

학생 수	장소	학습 형태	학습 기자재
24명	국어 교과교실	강의식, 모둠활동	교사용 컴퓨터, 전자 칠판, 학생용 스마트 기기

※ 본 문제는 모의 평가용으로 제작되었으며, 실제 시험의 문항 유형 및 형식과 다를 수 있습니다.

〈자료1〉	〈자료2〉
봄은 고양이로다 　　　　　　　　　　　이장희	새로운 길 　　　　　　　　　　　윤동주
꽃가루와 같이 부드러운 고양이의 털에 고운 봄의 향기가 어리우도다. 금방울과 같이 호동그란 고양이의 눈에 미친 봄의 불길이 흐르도다. 고요히 다물은 고양이의 입술에 포근한 봄의 졸음이 떠돌아라. 날카롭게 쭉 뻗은 고양이의 수염에 푸른 봄의 생기가 뛰놀아라.	내를 건너서 숲으로 고개를 넘어서 마을로 어제도 가고 오늘도 갈 나의 길 새로운 길 민들레가 피고 까치가 날고 아가씨가 지나고 바람이 일고 나의 길은 언제나 새로운 길 오늘도…… 내일도…… 내를 건너서 숲으로 고개를 넘어서 마을로

2026학년도 중등학교교사신규임용후보자선정경쟁시험(2차)

제49회 국어과 교수·학습 실연 지도안 예상 답안

국어과 본시 교수·학습 지도안			
학습 목표	1. 시에 활용된 운율, 비유, 상징을 파악하고 그 효과를 설명할 수 있다.		
학습 단계	교수·학습 활동		자료 및 유의점	시간(분)
도입	인사	• 인사 및 학습 분위기 조성	• 인사 및 학습 준비		
	전시 학습 확인	• 전시 학습 확인	• 전시 학습 회상		
	동기유발	• 동기 유발하기	• 동기 유발하기		
	학습 내용 안내	• 학습 내용 안내	• 학습 내용 확인		
	학습 목표 제시	• 학습 목표 제시	• 학습 목표 확인		
전개1	〈활동1〉 비유 이해하기	〈수험생 작성 내용1〉 • 비유의 개념과 종류(직유법, 은유법, 의인법)에 대해 예시를 들어 간단하게 설명하기 - 비유의 개념 : 표현하려는 대상(원관념)을 직접 설명하지 않고 다른 대상(보조관념)에 빗대어 나타내는 방법 - 예 : 사과 같은 내 얼굴(직유), 나는 꽃이다(은유), 커튼이 춤을 춘다(의인) • 〈자료1〉를 함께 낭송하도록 하기 • 〈자료1〉에 사용된 비유법의 종류를 파악하고 원관념, 보조관념 및 원관념과 보조관념 사이의 공통점을 찾도록 하기 • 활동 내용 공유하도록 하기	• 비유의 개념과 종류(직유법, 은유법, 의인법)에 대한 설명 들으며 이해하기 • 〈자료1〉를 함께 낭송하기 • 〈자료1〉에 사용된 비유법의 종류를 파악하고 원관념, 보조관념 및 원관념과 보조관념 사이의 공통점을 찾기 • 활동 내용 공유하기 | 종류 | 원관념 | 보조관념 | 공통점 | |---|---|---|---| | 직유 | 고양이의 털 | 꽃가루 | 부드럽다 | | | 고양이의 눈 | 금방울 | 크고 동그랗다 | | 은유 | 봄 | 고양이 | 곱고 포근하며 생기가 느껴진다 |		
		• 상호작용을 통해 비유의 효과를 파악하도록 하기 - "이렇게 비유적으로 표현하니까 어떤 효과가 있는 것 같아요?" - "맞아요. 비유를 사용하게 되면 드러내고자 하는 원관념을 직접 설명하는 것보다 참신하고 생생한 느낌을 줄 수 있어요."	• 상호작용을 통해 비유의 효과를 파악하기 - "봄과 고양이의 이미지가 생생하게 잘 드러나요.", "감각적이에요.", "참신해요." 등		
전개2	〈활동2〉 상징 이해하기	〈수험생 작성 내용2〉 • 상징의 개념에 대해 예시를 들어 간단하게 설명하기 - 상징의 개념 : 추상적인 관념이나 사상 등을 구체적인 대상으로 표현하는 방법 - 예 : '평화-비둘기'	• 상징의 개념에 대한 설명 들으며 이해하기		

단계	활동	교사 활동	학생 활동
전개 2	〈활동2〉 상징 이해하기	• 〈자료2〉를 함께 낭송하도록 하기 • 모둠활동을 통해 〈자료2〉의 '길'이 상징하는 의미와 그렇게 생각한 이유 찾도록 하기 • 활동 내용 공유하도록 하기	• 〈자료2〉를 함께 낭송하기 • 모둠활동을 통해 〈자료2〉의 '길'이 상징하는 의미와 그렇게 생각한 이유 찾기 • 활동 내용 공유하기 | 상징 의미 | 이유 | |---|---| | 인생 | '내를 건너'고 '고개를 넘는 것'이 인생에서 좋은 일 힘든 일을 겪는 것과 비슷하다고 생각했다. | | | 다양한 존재를 만나는 것이 살아가면서 다양한 사람을 만나는 것과 비슷하다고 생각했다. |

		• 상호작용을 통해 상징의 효과를 파악하도록 하기
		  – "이렇게 상징을 사용해서 표현하니까 어떤 효과가 느껴지나요?"
		  – "그렇죠. 이렇게 상징을 사용하면 작품의 주제를 보다 효과적으로 드러낼 수 있어요."
			• 상호작용을 통해 상징의 효과를 파악하기
			  – "눈에 보이지 않는 인생을 구체적으로 떠올릴 수 있게 해줘요.", "작품의 의미를 계속해서 곱씹어 보게 돼요."

전개 3	〈활동3〉
	운율 이해하기
		〈수험생 작성 내용3〉
		• 〈자료1〉의 운율 형성 방법과 효과 파악하도록 하기
		  – "이전 시간에 운율은 무엇을 통해 형성된다고 했었나요?"
		  – "맞습니다. 〈봄은 고양이로다〉에서 반복되는 부분을 파악해 볼까요?"
		  – 대답한 내용을 정리하여 제시한다.
		    ① 비슷한 문장 구조 반복 :
		      고양이의 (신체부위)에 봄의 ~이
		    ② 유사한 어미 반복 : ~도다, ~아라
		  – "이렇게 운율이 드러나니까 어떤 효과가 있을까요? 소리 내어 읽어 보세요."
		• 〈자료2〉의 운율 형성과 효과 파악하도록 하기
		  – 반복되는 음이나 시구, 연을 찾도록 안내한다.
		  – "잘 찾았네요. 특히 반복되는 연이 이렇게 시의 시작과 끝에 있는 것을 수미상관이라고 해요. 시 전체 구조에 안정감을 주고 운율도 형성합니다."
			• 운율 형성과 효과 파악하기
			  – "같은 것을 여러 번 반복하면 운율이 형성돼요."
			  – "고양이의 '~에'가 반복되고 있어요.", '어리우도다', '흐르도다'처럼 '~도다'가 반복돼요.
			  – 정리된 내용을 보고 이해한다.
			
			  – "노래의 후렴구처럼 일정한 박자감이 느껴져요."
			
			• 운율 형성과 효과 파악하기
			  – 반복되는 부분을 찾는다.
			    ① 비슷한 음 반복 : ~로, ~고
			    ② 시구 반복 : 나의 길 새로운 길
			    ③ 연 반복 : 1연과 5연

		• 운율 형성의 효과 설명하기 – 시의 분위기를 형성하고 음악성을 더해준다. 반복을 통해 의미를 강조하고 주제를 심화한다. 구조적 안정감을 준다. 등	• 운율 형성의 효과 이해하기
정리	형성평가 및 과제 부여	• 형성평가 부여 • 수준별 과제 제시	• 형성평가 진행 • 수준별 과제 확인
	학습 내용 정리	• 학습 내용 정리	• 학습 내용 이해
	차시 예고	• 차시 예고	• 차시 예고 인지

판서 예시
운율, 비유, 상징

<활동1> 비유 이해하기

1. 비유의 개념과 종류
   - 개념 : 원관념
           → 보조관념에 빗대어 설명

2. 봄은 고양이로다(이장희)

종류	원관념	보조관념	공통점
직유	고양이의 털	꽃가루	부드럽다
	고양이의 눈	금방울	크고 동그랗다
은유	봄	고양이	곱고 포근하며 생기가 느껴진다

→ 효과 : 참신, 생생, 구체적

<활동2> 상징 이해하기

1. 상징의 개념
   - 개념 : 추상적인 관념, 사상
           → 구체적인 대상으로 표현

2. 새로운 길(윤동주)

상징 의미	이유
인생	'내를 건너'고 '고개를 넘는 것' 늘 인생에서 좋은 일 힘든 일을 겪는 것
	다양한 존재를 만나는 것 늘 살아가면서 다양한 사람을 만나는 것

→ 효과 : 주제를 효과적으로 드러냄

<활동3> 운율 이해하기

<봄은 고양이로다>

① 비슷한 문장 구조 반복 :
   고양이의 (신체부위)에 봄의 ~이
② 유사한 어미 반복 : ~도다, ~아라

<길>

① 비슷한 음 반복 : ~로, ~고
② 시구 반복 : 나의 길 새로운 길
③ 연 반복 : 1연과 5연 → 수미상관

→ 효과 : 시의 분위기 형성, 음악성 반복을 통해 의미를 강조하고 주제를 심화 구조적 안정감

성취 기준	
2022 교육과정	[9국05-01] 운율, 비유, 상징의 특성과 효과에 유의하며 작품을 감상하고 창작한다.
성취 기준 적용 시 고려 사항	성취 기준별로 강조되는 요소, 예를 들어 '운율, 비유, 상징의 특성과 효과'나 '개성적인 발상과 표현' 등의 요소를 포함하여 창작을 하고자 할 경우, 의도한 요소가 충분히 반영되었는지 확인하며 창작을 수행할 수 있도록 적절한 단계에 점검과 조정 과정을 마련한다.
2015 교육과정	[9국05-02] 비유와 상징의 표현 효과를 바탕으로 작품을 수용하고 생산한다.

교과서 정리	
학습 내용 정리	■ 운율 1. 운율의 뜻 : 시를 읽을 때 느껴지는 말의 가락을 말하며, 규칙적인 반복으로 형성됨 2. 형성 방법 　① 같거나 비슷한 소리(음운), 단어, 구절, 문장 구조 등의 반복으로 형성됨 　② 규칙적인 끊어 읽기, 음성 상징어(의성어, 의태어)의 사용으로 형성됨 3. 운율의 효과 　① 시의 음악성과 리듬감을 느끼게 하여 시를 읽는 즐거움을 줌 　② 시의 주제를 효과적으로 전달하고 시의 내용을 쉽게 기억하는 데 도움을 줌 　③ 시에서 말하는 이의 감정을 섬세하고 구체적으로 드러고 시의 분위기를 형성함 ■ 비유 1. 비유의 뜻 : 어떤 현상이나 사물을 다른 비슷한 현상이나 사물에 빗대어 표현하는 것을 말함 2. 비유의 효과 　① 대상에 구체적이고 선명한 인상을 주어 생생한 느낌을 줌 　② 사고력과 상상력을 자극하여 흥미를 높여 줌 3. 비유의 종류 　① 직유법 : 비슷한 성질이나 모양을 가진 두 사물을 '같이', '처럼', '듯이'와 같은 말로 연결하여 직접 비유하는 방법 　② 은유법 : 표현하려는 대상을 이어 주는 말 없이 간접적으로 무언가에 빗대어 표현하는 방법을 말함 　③ 의인법 : 사람이 아닌 것을 사람에 빗대어 사람이 행동하는 것처럼 표현하는 방법을 말함 ■ 상징 1. 상징의 뜻 : 인간의 내적 경험이나 감정, 사상 등의 추상적인 내용을 구체적인 사물로 나타내는 일, 또는 그 사물을 말함 2. 상징의 효과 　① 독자는 머릿속에서 추상적 개념을 구체적으로 그릴 수 있음. 　② 독자는 겉으로 드러나지 않는 의미를 다양하게 생각해 봄으로써 작품을 깊이 있게 감상할 수 있음. 　③ 작가는 작품의 주제를 더욱 효과적이고 인상 깊게 드러낼 수 있음. 　④ 작가는 구체적 대상이 지닌 본래의 의미에 새로운 의미를 부여할 수 있어서 작품의 의미가 더욱 다양하고 풍부해짐.

	제재	후후후(성미정)
[2022] 미래엔(민병곤) 1-1 1. 마음을 표현하는 방법	동기유발	• 포니가 친구들을 어떻게 표현하였는지 살펴보자. - SNS 게시물 : 소중한 친구, 보석 같은 A. 에너지 가득, B는 비타민. - • 포니가 쓴 글이 시처럼 느껴지는 까닭은 무엇일까?

	(1) 운율과 비유 — 내용	• 다음 빈칸에 그림을 그리거나 알맞은 말을 채우며 〈후후후〉의 내용을 정리해 보자.
		1. 이 시에 나타난 운율과 그 효과를 알아보자.
		  1) (가)와 (나)를 소리 내어 읽어 보고, 느낌이 어떻게 다른지 말해 보자.
		  2) 〈보기〉와 같이 이 시에서 반복되는 표현을 찾고, 그 표현을 반복하여 얻을 수 있는 효과를 파악해 보자.
		  3) 1)과 2)를 바탕으로 하여 알 수 있는 운율의 효과를 말해 보자.
		2. 이 시에 쓰인 비유와 그 효과를 알아보자.
		  1) 〈보기〉와 같이 이 시에서 표현하려는 대상과 빗대어 표현한 대상을 찾고, 두 대상의 비슷한 점을 써 보자. (표현하려는 대상 - 비슷한 점 - 빗대어 표현한 대상)
		  2) (가)와 (나)의 표현을 비교해 보고, 그 느낌이 어떻게 다른지 말해 보자.
		  3) 다음 시구에서 사람이 아닌 것을 사람인 것처럼 표현한 점을 찾고, 이러한 표현이 어떤 느낌을 주는지 생각해 보자.
		  4) (2)와 (3)을 바탕으로 하여 비유의 효과를 말해 보자.

	(1) 운율과 비유 — 적용	1. 다음 노랫말에 쓰인 운율과 비유를 파악해 보자.
		  1) 이 노랫말에서 반복되는 표현을 찾아보자.
		  2) 운율을 생각하며 노랫말을 다시 읽어 보고, 노랫말에서 반복되는 표현의 효과를 생각해 보자.
		  3) 이 노랫말에서 비유가 쓰인 구절에 밑줄을 그어 보자.
		  4) 3)에서 찾은 구절 가운데 하나를 골라 다른 비유로 바꾸어 쓰고, 그렇게 바꾼 까닭을 말해 보자.
		2. (가)와 (나)에 쓰인 비유를 찾고, 그러한 표현을 쓴 까닭을 말해 보자. (포스터)
		3. 운율과 비유를 활용하여 자신을 표현하는 시를 써 보자.
		  1) 자신의 특징을 떠올려 보고, 시로 표현하고 싶은 특징을 골라 보자. (마인드맵)
		  2) 자신의 특징을 빗대어 표현할 대상을 찾고, 그렇게 생각한 까닭을 정리해 보자.
		  3) 운율과 비유를 활용하여 자신의 특징이 잘 드러나게 시를 써 보자.
		  4) 자신이 쓴 시를 다음 평가 기준에 따라 점검하고, 고쳐 써 보자.
		  5) 자신이 쓴 시를 발표하고, 친구들과 소감을 나누어 보자.

	제재	소나기(황순원)
	동기유발	• 네잎클로버에 담긴 의미를 생각해 보자. • 네잎클로버가 '행운'을 나타내는 것과 같은 표현 방식을 무엇이라고 할까?

	(2) 상징 — 내용	• 다음 빈칸에 그림을 그리거나 알맞은 말을 채우며 〈소나기〉의 내용을 정리해 보자.
		1. 이 글에 쓰인 소재의 의미를 파악해 보자.
		  1) 다음 장면에서 인물의 마음이 어땠을지 짐작해 보자.
		  2) 소재에 담긴 인물의 마음을 떠올리며 다음 소재의 의미를 써 보자.
		2. '소나기'가 사건의 흐름에 어떤 역할을 하는지 알아보자.
		  1) '소나기'와 관련하여 소년과 소녀에게 일어난 일을 정리해 보자.
		  2) '소나기'가 소년과 소녀의 관계에 어떤 역할을 하는지 말해 보자.
		3. 다음을 참고하여 이 소설의 제목인 '소나기'가 무엇을 상징하는지 생각해 보자.
		4. 2, 3을 바탕으로 하여 상징의 효과를 말해 보자.

	(2) 상징 — 적용	1. 상징을 활용하여 자신이 중요하게 여기는 가치를 담은 가치 카드를 만들어 보자.
		  1) 〈보기〉에 있는 단어를 조합하여 내가 중요하게 여기는 가치를 써 보자.
		  2) 내가 중요하게 여기는 가치를 잘 나타내는 대상을 찾아 사진을 찍고, 그 대상을 선택한 까닭을 써보자.
		  3) 2)의 내용을 상징을 활용하여 표현해 보자.
		  4) 가치 카드를 완성해 보자.
		  5) 가치 카드를 다음 평가 기준에 따라 점검하고, 고쳐 써 보자.
		  6) 완성된 가치 카드를 친구들과 함께 감상하고, 느낀 점을 이야기해 보자.

	제재	3월(오규원), 사랑하는 별 하나(이성선), 열보다 큰 아홉(이문구)
	동기유발	• 다음 그림이 어떠한 감정을 표현한 것인지 말해 보고, 자신이 최근 느꼈던 감정을 날씨로 표현해 보자.

[2022]
비상(박현숙) 1-1
1. 문학과 삶에서 만나는 의미
(1) 운율, 비유, 상징의 즐거움
	학습활동	※ 3월(오규원)
		1. 운율의 형성 방법과 효과를 알아보자.
		   1) 이 시에서 운율이 느껴지는 부분을 찾고, 그 표현 효과를 말해 보자.
		      운율 형성 요소 - 운율이 느껴지는 부분 - 효과
		   2) 〈보기〉의 시조를 끊어 읽어 보고, 이 시와 비교하여 운율이 어떻게 드러나는지 살펴보자.
		2. 시간의 흐름에 따라 이 시의 풍경과 분위기가 어떻게 변하는지 정리해 보자.
		3. 이 시에 쓰인 비유를 알아보자.
		   1) 시인이 표현하려는 대상과 이를 빗대어 표현한 대상을 찾고, 두 대상의 공통점을 써 보자.
		   2) 다음은 이 시에서 사람이 아닌 대상을 사람에 빗대어 표현한 시구이다. 어떤 모습을 표현한 것인지 써 보자.
		4. 비유의 효과를 알아보자.
		   1) (가)와 (나)의 표현을 비교해 보고, 느낌이 어떻게 다른지 말해 보자.
		   2) 1)을 바탕으로 비유의 효과를 말해 보자.
		5. 일상에서 비유를 활용한 표현을 만들어 보자.
		   1) 다음 상태 메시지의 문구가 무엇을 비유적으로 표현한 것인지 생각해 보자.
		   2) 비유를 활용하여 자신의 상태 메시지에 남기고 싶은 문구를 표현해 보자.
		
		※ 사랑하는 별 하나(이성선)
		1. 1연과 2연을 낭송해 보고, 이 시에서 운율을 형성하는 요소를 찾아보자.
		2. 이 시의 말하는 이의 소망을 시의 흐름에 따라 정리해 보자.
		3. 이 시에 나타난 상징을 알아보자.
		   1) 시어가 상징하는 의미가 무엇인지 생각해 보자.
		   2) 다음에 제시된 '꽃'과 이 시의 '꽃'이 나타내는 의미에 어떠한 차이가 있는지 파악해 보자.
		   3) 시어의 상징적 의미를 바탕으로 이 시의 주제를 써 보자.
		4. 상징을 활용하여 짧은 시를 지어 보고, 상징의 효과를 알아보자.
		   1) 다음 질문에 답하면서 상징 표현을 떠올려 보자.
		   2) 1)에서 답한 내용을 하나의 연으로 표현해 보자. 그리고 자신이 느낀 상징의 효과를 말해 보자.

	적용학습	※ 열보다 큰 아홉(이문구)
		1. 이 글에 쓰인 표현 방법을 바탕으로 주제를 파악해 보자.
		   1) 마지막 문단에서 '열'과 '아홉'이 각각 어떤 대상을 빗대어 표현한 것인지 찾아보고, 두 대상의 공통점을 파악해 보자.
		   2) 글쓴이가 청소년에게 전하려는 주제를 말해 보자.
		2. 청소년을 다른 대상에 빗대어 표현하고, 그렇게 표현한 까닭을 말해 보자.

[2022] 천재(정) 1-1 문학과 표현 (1) 3월(오규원) (2) 오우가(윤선도)	제재	3월(오규원)
	동기유발	• 다음 시를 소리 내어 읽어 봅시다. 어떤 느낌이 드나요? • 학생들이 말하는 '이것'은 무엇일까요?

	학습활동	1. 이 시의 내용을 다음과 같이 정리해 보고, 주제가 무엇인지 생각해 봅시다.
		2. 이 시에 쓰인 비유와 그 효과를 알아봅시다.
		   1) 이 시에서 '이불'은 무엇을 표현한 것일까요?
		   2) 다음에서 '물소리'를 무엇에 빗대었는지 찾고, 두 대상의 비슷한 점을 써 봅시다.
		   3) 이 시에서 사람이 아닌 것을 사람처럼 표현한 시구를 찾고, 무엇을 표현하였는지 말해 봅시다.
		   4) 다음 ㉮와 ㉯의 표현에 어떤 차이가 있는지 살펴봅시다. 그리고 ㉮와 ㉯가 주는 느낌이 어떻게 다른지 말해 봅시다.
		   5) 1)~4)의 활동을 바탕으로 하여 이 시에 쓰인 비유의 효과를 말해 봅시다.
		3. 이 시의 운율과 그 효과를 알아봅시다.
		   1) 〈보기〉를 참고하여 이 시에서 운율이 느껴지는 부분을 찾아봅시다.
		   2) 이 시를 낭송해 보고, 운율의 효과를 말해 봅시다.
		※ [적용학습] 운율이 느껴지면서 비유가 잘 드러나는 시 한 편을 지어 봅시다.
		   1) 시로 표현하고 싶은 대상을 떠올려 봅시다. 그리고 그 대상을 무엇에 빗대어 표현할지 생각하여 써 봅시다.
		     - 시로 표현하고 싶은 대상은? - 그 대상에 대한 내 생각이나 느낌은?
		     - 내 생각이나 느낌이 잘 드러나도록 빗댈 대상은? - 정한 대상을 시에 어떻게 표현할까?
		   2) 1)을 바탕으로 하여 시를 지어 봅시다.
		   3) 완성한 시를 모둠원들과 돌려 읽고, 마음에 드는 시구나 인상 깊은 표현을 써 봅시다.

[2022] 천재(정) 1-1 문학과 표현 (1) 3월(오규원) (2) 오우가(윤선도)	제재	오우가(윤선도) (제1수, 제4수)
	동기유발	• 오랜 세월이 흐르면서 사회적으로 특별한 의미를 지니게 된 것들이 있습니다. '네잎클로버'와 '카네이션'에는 각각 어떤 특별한 의미가 있을까요?

	학습활동	1. 이 시조에서 노래하는 대상을 정리해 봅시다
		  1) 제1수에서 소개하는 다섯 벗은 무엇인가요?
		  2) 다섯 벗 가운데 제4수에 나오는 벗은 무엇인가요?
		2. 이 시조의 운율을 알아봅시다.
		  1) 제1수와 제4수를 소리 내어 읽고, 자연스럽게 끊어 읽게 되는 곳에 ∨ 표시를 해 봅시다.
		  2) 1)을 바탕으로 하여 이 시조에서 운율이 어떻게 형성되는지 말해 봅시다.
		3. 이 시조에 쓰인 상징과 그 효과를 알아봅시다.
		  1) 제4수에서 '솔'의 특성이 드러난 시구를 찾아봅시다.
		  2) 짝과 함께 〈보기〉의 질문에 답하면서 '솔'이 상징하는 삶의 태도를 정리해 봅시다.
		  3) 1)과 2)를 바탕으로 하여 이 시조에 쓰인 상징의 효과를 말해 봅시다.
		※ [적용학습] 세상에서 가장 따듯했던 저녁(복효근)
		1. 다음 시에 나오는 상징에 관해 알아봅시다.
		  1) 이 시의 내용을 정리해 봅시다.
		  2) 이 시에서 '붕어빵'이 상징하는 바가 무엇인지 말해 봅시다.
		  3) 여러분에게도 2)의 '붕어빵'과 같은 사물이 있나요? 자신에게 '붕어빵'과 같은 사물이 무엇인지 짝과 이야기해 봅시다.
		2. '나만의 상징'을 사용하여 사진 시를 써 봅시다.
		  1) 상징으로 표현하고 싶은 추상적 관념을 정하고, 그것을 나타낼 수 있는 구체적 사물을 생각해 봅시다.
		  2) '나만의 상징'을 사용한 짧은 사진 시를 써서 친구들과 공유해 봅시다.

2026학년도 중등학교교사신규임용후보자선정경쟁시험(2차)
제50회 국어과 교수·학습 실연 시험 문제지

관리 번호

지도안 세부 조건

1. 〈수험생 작성 조건1〉 동기유발
   가. 매체 자료를 활용할 것
   나. 갈등과 관련된 학생의 경험을 이끌어 낼 것
   다. 교사의 구체적인 발문을 포함할 것

2. 〈수험생 작성 조건2〉 갈등의 진행과 해결 과정 파악하기
   가. 〈자료〉를 활용하여 활동을 구상할 것
   나. 갈등의 개념을 설명하고, 〈자료〉에 나타난 갈등의 종류 2가지를 파악할 것
   다. 〈자료〉에 나타난 갈등의 원인과 해결 과정을 파악하는 활동을 제시할 것

3. 〈수험생 작성 조건3〉 갈등을 해결하는 인물의 행동 평가하기
   가. 〈자료〉를 활용하여 활동을 구상할 것
   나. 갈등을 해결하는 과정에서 나타나는 인물의 행동을 평가하는 활동을 제시할 것
   다. 교사의 시범을 포함할 것

수업 조건

- 과목 : 국어
- 학년 : 중학교 1학년
- 장소 : 국어 교과교실
- 시간 : 블록타임제 (90분)
- 단원명 : 문학과 바람직한 삶
- 해당 성취 기준 : 갈등의 진행과 해결 과정을 파악하며 작품을 감상한다.

단원명	차시	학습 내용
문학과 바람직한 삶	1-2	○'하늘은 맑건만'을 읽고 작품 내용을 정리할 수 있다.
	3	○'하늘은 맑건만' 속 등장인물의 성격과 특징을 파악할 수 있다.
	4-5 (본시)	○갈등의 진행과 해결 과정을 파악할 수 있다. ○갈등을 해결하는 과정에서 나타나는 인물의 행동을 평가할 수 있다.
	6	○바람직한 삶의 태도를 고찰할 수 있다. ○자신의 삶을 성찰할 수 있다.

학생 수	장소	학습 형태	학습 기자재
24명	국어 교과교실	강의식, 모둠식	교사용 컴퓨터, 전자 칠판, 학생용 스마트 기기

※ 본 문제는 모의 평가용으로 제작되었으며, 실제 시험의 문항 유형 및 형식과 다를 수 있습니다.

〈자료〉

〈이전 내용〉

> 문기는 숙모의 심부름으로 고깃간에 갔다가 거스름돈을 잘못 받는다. 훨씬 많이 받은 돈으로 수만이와 함께 가지고 싶었던 물건을 산다. 거스름돈으로 산 공과 쌍안경을 숨겨 두었지만 삼촌에게 발각되어 훈계를 듣게 된다. 문기는 공과 쌍안경을 버린 뒤에 쓰고 남은 돈을 고깃간 집 안마당에 던져버린다. 수만은 그 돈을 달라며 협박한다.

그러나 수만이는 그것으로 그만두지 않았다. 학교를 파해 거리로 나와서는 한층 심했다. 두어 간 문기를 앞세워 놓고 따라오면서 연해 수만이는,

"앞에 가는 아이는 공공공했다지."

그리고 점점 더해 나중엔 도적질을 거꾸로 붙여서,

"앞에 가는 아이는 질적도 했다지."

하고 거리거리 외며 따라오는 것이다.

문기 집 가까이 이르렀다. 수만이는 문기 앞으로 다가서며 작은 음성으로 조겼다.

"너, 지금으로 가지고 나오지 않으면 낼은 가만 안 둔다. 도적질했다 하구 똑바루 써 놀 테야."

문기는 여전히 못 들은 척 걸음만 옮긴다. 자기 집 마당엘 들어섰다. 숙모는 뒤꼍에서 화초 모종을 하는지 여기 심어라, 저기 심어라 하고 아랫집 심부름을 하는 아이와 이야기하는 소리가 날 뿐 집 안엔 아무도 없다.

그리고 눈앞에 보이는 붙장 안 앞턱에 잔돈 얼마와 지전 몇 장이 놓여 있다. 그리고 문밖엔 지금 수만이가 돈을 가지고 나오기를 기다리고 섰다. 여기서 문기는 두 번째 허물을 범하고 말았다.

"진작 듣지."

하고 빙그레 웃는 수만이 얼굴에다 뺨을 때리듯 돈을 던져 주고 문기는 달아났다.

급한 걸음으로 문기는 네거리 하나를 지났다. 또 하나를 지났다. 또 하나를 지났다. 걸음은 차차 풀이 죽는다. 그리고 문기는 이런 생각을 하였다.

'나는 몰래 작은어머니 돈을 축냈다. 그러나 갚으면 고만 아니냐. 그 돈 값어치만큼 밥도 덜 먹고 학용품도 아껴 쓰고 옷도 조심해 입고, 이렇게 갚으면 고만 아니냐.'

(중략 내용 : 아랫집 심부름하는 아이 점순이가 붙장 안의 돈을 훔쳐간 것으로 문기 대신 누명을 쓰고 쫓겨나게 된다.)

언제나 다름없이 여러 아이들은 넓은 운동장에서 마음대로 뛰고 마음대로 지껄이고 마음대로 즐기건만 문기 한 사람만은 어둠과 같이 컴컴하고 무거운 마음에 잠겨 고개를 들지 못한다. 무엇보다도 문기는 전날처럼 맑은 하늘 아래서 아무 거리낌 없이 즐길 수 있는 마음이 갖고 싶다. 떳떳이 하늘을 쳐다볼 수 있는, 떳떳이 남을 대할 수 있는 마음이 갖고 싶었다.

오후 해 저물녘이다. 문기는 책보를 흔들흔들 고개를 숙이고 담임 선생님 집 앞을 왔다가는 무춤하고 섰다가 그대로 지나가고 그대로 지나가고 한다. 세 번째는 드디어 그 집 문 안을 들어서서 선생님을 찾았다.

선생님은 문기를 안방으로 맞아들였다. 학교에서 볼 때 엄하고 딱딱하던 선생님은 의외로 부드러이 웃는 낯으로 문기를 대한다.

문기는 선생님 앞에 엎드려 모든 것을 자백할 결심이었다. 그런데 선생님의 부드러운 태도에 도리어 문기는 말문이 열리지 않았다. 다음은 건넌방에서 어린애가 울어 못했다. 다음은 사모님이 들락날락하고 그리고 다음엔 손님이 왔다. 기어이 문기는 입을 열지 못한 채 물러 나오고 말았다.

먼저보다 갑절 무겁고 컴컴한 마음이었다. 도저히 문기의 약한 어깨로는 지탱하지 못할 무거운 눌림이다. 걸음은 집을 향해 가는 것이지만 반대로 마음은 멀어진다. 장차 집엘 가서 대할 숙모가 두려웠고 삼촌이 두려웠고 더욱이 점순이가 두려웠다.

어느덧 걸음은 삼거리를 건너고 있었다. 문기 등 뒤에서 아주 멀리 뿡뿡하고 자동차 소리와 비켜라 하는 사람의 소리가 나는 듯하더니 갑자기 귀 밑에서 크게 울린다. 언뜻 돌아다보니 바로 눈앞에 자동차 머리가 달려든다. 그리고 문기는 으쓱하고 높은 데서 아래로 떨어지는 듯싶은 감과 함께 정신을 잃고 말았다.

얼마 동안을 지났는지 모른다. 문기가 어렴풋이 눈을 떴을 때 무섭게 전등불이 밝아 눈이 부셨다. 문기는 다시 눈을 감았다. 두 번째 문기는 눈을 뜨자 희미하게 삼촌의 얼굴이 나타나며 그것이 차차 똑똑해지더니 삼촌은,

"너, 내가 누군 줄 알겠니?"

하고 웃지도 않고 내려다본다.

문기는 이것도 꿈인가 하고 한번 웃어 주려면서 그대로 맑은 정신이 났다. 문기는 병원 침대 위에 누워 있었다. 어디 아픈 데는 없으면서도 몸을 움직일 수는 없다. 삼촌은 근심스러운 얼굴로 내려다본다.

"작은아버지."

하고 문기는 입을 열었다. 그리고,

"저는 마땅히 받아야 할 벌을 받은 거예요."

하고 문기는 눈을 감으며 한 마디 한 마디 그러나 똑똑하게 처음서부터 끝까지 먼저 고깃간 주인이 일 원을 십 원으로 알고 거슬러 준 것, 그 돈을 써 버린 것, 그리고 또 붙장 안의 돈을 자기가 훔쳐 낸 것, 이렇게 하나하나 숨김없이 자백을 하자 이때까지 겹겹으로 몸을 싸고 있던 허물이 한 꺼풀 한 꺼풀 벗어지면서 따라 마음속의 어둠도 차차 사라지며 맑아 가는 것을, 문기는 확실히 깨달을 수 있었다. 마음이 맑아지며 따라 몸도 가뜬해진다.

내일도 해는 뜨고 하늘은 맑아지리라. 그리고 문기는 그 하늘을 떳떳이 마음껏 쳐다볼 수 있을 것이다.

— 현덕, 「하늘은 맑건만」 —

2026학년도 중등학교교사신규임용후보자선정경쟁시험(2차)
제50회 국어과 교수·학습 실연 지도안 [예상 답안]

국어과 본시 교수·학습 지도안				
학습 목표	1. 갈등의 진행과 해결 과정을 파악할 수 있다. 2. 갈등을 해결하는 과정에서 나타나는 인물의 행동을 평가할 수 있다.			
학습 단계		교수·학습 활동		자료 및 유의점	시간(분)
도입	인사	• 인사 및 학습 분위기 조성	• 인사 및 학습 준비		
	전시 학습 확인	• 전시 학습 확인	• 전시 학습 회상		
	동기유발	〈수험생 작성 내용1〉 • 영상 자료 제시하기 - 영화 〈○○직업〉 "우리가 경찰이지 치킨집 하러 왔냐." - 영상을 시청하며 인물들이 어떤 갈등을 겪고 있는지 파악하도록 안내한다. • 영상에 드러난 갈등 질문하기 - "영상 속 인물들은 무엇 때문에 갈등하고 있을까요?" - "맞아요. 자신들의 본분이 무엇인지 마음속에서 갈등을 빚고 있어요." • 학생의 갈등 경험 질문하기 - "여러분도 이렇게 마음속에 갈등이 생겼던 적이 있나요?" • 갈등 해결 과정의 중요성 설명하기 - "우리는 살면서 수많은 갈등을 만나게 돼요. 갈등을 어떻게 해결하고 바람직한 삶의 태도를 지닐 수 있을지 늘 고민해야 합니다."	• 영상 자료 시청하기 - 인물들이 어떤 갈등을 겪고 있는지 파악하며 시청한다. • 영상에 드러난 갈등 대답하기 - "범인을 잡으러 왔는데 모두들 점점 치킨을 만드는 데만 애쓰고 있어서 원래 본분이 무엇인지 갈등하고 있어요." • 자신의 갈등 경험 이야기하기 - "저도 학생으로서 시험 기간에 공부를 해야 하지만, 친구들이랑 너무 놀고 싶을 때 마음속에 갈등이 있었어요." - "친구랑 싸우고서 먼저 사과를 해야 할지 친구가 할 때까지 기다려야 할지 갈등이 됐어요." • 갈등 해결 과정의 중요성 이해하기		
	학습 내용 안내	• 학습 내용 안내	• 학습 내용 확인		
	학습 목표 제시	• 학습 목표 제시	• 학습 목표 확인		

전개1	〈활동1〉 갈등의 진행과 해결 과정 파악하기	〈수험생 작성 내용2〉 • 문학 작품에서 갈등의 개념 설명하기 　- 갈등 : 등장인물의 마음속이나 등장인물과 외부 대상 사이에서 일어나는 대립과 충돌을 이르는 말 　　① 내적 갈등 : 한 인물의 마음속에서 두 가지 이상의 욕구가 동시에 일어나서 생기는 갈등 　　② 외적 갈등 : 한 인물과 그 인물을 둘러싼 외부 환경 사이에서 일어나는 갈등(다른 인물, 사회, 자연 등) • 〈자료〉에 드러난 갈등 찾도록 안내하기 　- 〈자료〉에서 '문기'가 겪고 있는 갈등 2가지를 내적 갈등과 외적 갈등으로 나누어 파악하도록 안내한다. • 활동 결과 발표하도록 격려하기 　- 발표 결과를 갈등의 대립점과 구체적인 이유로 나누어 정리해준다. • 갈등 해결 과정 파악하는 활동 안내하기 　- 갈등을 해결하는 과정을 갈등 원인과 해결하기 위한 행동으로 나누어 파악하도록 안내한다. • 활동 발표하도록 안내하기	• 문학 작품에서 갈등의 개념 이해하기 　- 갈등의 종류에 크게 내적 갈등과 외적 갈등이 있음을 이해한다. • 〈자료〉에 드러난 갈등 탐색하기 • 활동 결과 발표하기 |	내적 갈등	고백해야 함 ↔ 고백할 용기가 없음 | |---|---|---| | | | 죄책감 때문에 자백할 것을 결심하고 담임 선생님 댁을 찾아가지만 용기가 없어 갈등 | | 외적 갈등 | 문기 ↔ 수만 | | | | 돈을 달라고 협박하는 수만과 돈이 없어서 줄 수 없는 문기와의 갈등 | | • 모둠별로 활동하기 • 활동 발표하기 | | 갈등 원인 | 해결하기 위한 행동 | |---|---|---| | 내적 갈등 | 아랫집 점순이가 쫓겨난 것을 보고 죄책감을 느낌 | 고백하러 갔으나 용기가 없어 선생님께 고백하지 못하고 돌아옴 | | 외적 갈등 | 수만이 돈이 없다는 문기의 말을 믿지 않음 | 수만이의 협박을 견디지 못하고 숙모의 돈을 훔쳐 수만이에게 줌 |		
전개2	〈활동2〉 갈등을 해결하는 인물의 행동 평가하기	〈수험생 작성 내용3〉 • 인물의 행동 평가하는 시범 보이기 　- "문기는 수만이의 협박 때문에 숙모의 돈을 훔쳤죠. 그 결과 죄 없는 점순이가 누명을 받고 쫓겨나게 됩니다. 아무리 수만이의 협박 때문이라고 할지라도 문기의 행동은 한 치 앞을 보지 못한 미성숙한 행동입니다." • 인물의 행동 평가하는 활동 안내하기 　- 갈등을 해결하는 과정에서 나타나는 인물의 행동을 평가하는 활동을 안내한다. 적절한 이유가 있다면 긍정적, 부정적 평가 모두 가능하다는 것을 안내한다. 　- (긍정적/부정적)으로 평가한 뒤, 이유를 적도록 한다.	• 인물의 행동 평가하는 시범 보기 　- 갈등을 해결하려는 인물의 행동을 이유를 들어 평가하는 시범을 본다. • 인물 행동 평가하는 활동하기		

전개 2	〈활동2〉 갈등을 해결하는 인물의 행동 평가하기	• 활동 결과 발표하도록 격려하기	• 활동 결과 발표하기		
			평가	이유	
			긍정적	문기가 자신의 잘못을 고백하려고 시도한 것은 긍정적이다. 자신이 얘기하지 않으면 넘어갈 수도 있는 일인데 양심의 가책을 느끼고 바로잡으려고 시도했기 때문이다. 물론 용기가 없어 발길을 돌리고 말았지만 나라고 해도 고백이 쉽지 않았을 것 같다.	
			부정적	문기가 죄책감 때문에 선생님께 모든 것을 고백하려고 시도했지만, 고백의 대상이 부적절하다. 자신이 직접적으로 피해를 준 고깃간 주인과 숙모, 점순이에게 잘못을 고백해야 한다. 자신의 죄책감만 덜려는 행동으로 보여 부정적이라고 평가했다.	
		• 활동 정리하며 내용 강조하기 – 갈등이 발생한 것보다 갈등을 어떻게 해결하는지가 중요함을 강조하며 활동을 마무리한다.	• 활동 마무리하기		
정리	형성평가 및 과제 부여	• 형성평가 부여 • 수준별 과제 제시	• 형성평가 진행 • 수준별 과제 확인		
	학습 내용 정리	• 학습 내용 정리	• 학습 내용 이해		
	차시 예고	• 차시 예고	• 차시 예고 인지		

판서 예시

1) 갈등의 진행과 해결 과정 파악하기

〈갈등 파악하기〉

내적 갈등	고백해야 함 ↔ 고백할 용기가 없음
	죄책감 때문에 자백할 것을 결심하고 담임 선생님 댁을 찾아가지만 용기가 없어 갈등
외적 갈등	문기 ↔ 수만
	돈을 달라고 협박하는 수만과 돈이 없어서 줄 수 없는 문기와의 갈등

〈갈등 해결 과정 파악하기〉

갈등 원인	해결하기 위한 행동
죄책감을 느낌	용기가 없어 고백하지 못하고 돌아옴
수만이 돈이 없다는 말을 믿지 않음	수만이의 협박을 견디지 못하고 숙모의 돈을 훔쳐 수만이에게 줌

2) 갈등 해결하는 인물의 행동 평가하기

평가	이유
긍정적	양심의 가책을 느끼고 자신의 잘못을 바로잡으려고 시도했기 때문
부정적	단순히 죄책감을 덜려는 행동이지 피해를 입은 당사자한테 고백하려고 하지 않음

성취 기준

2022 교육과정	[9국05-02] 갈등의 진행과 해결 과정을 파악하며 작품을 감상한다.
2015 교육과정	[9국05-03] 갈등의 진행과 해결 과정에 유의하며 작품을 감상한다.
교수·학습 방법 및 유의 사항	④ 갈등의 진행과 해결 과정을 지도할 때에는 작품에 드러난 갈등의 구조를 파악하여 인물의 가치관과 행동 등을 여러 각도에서 공감적·비판적으로 평가하며 인간의 보편적 갈등과 정서를 이해하도록 한다. 이를 위해 자아와 세계의 대립을 본질로 하는 서사 문학과 극 문학, 영화나 드라마 등의 자료를 두루 활용할 수 있다.

교과서 정리		
학습 내용 정리	1. 갈등의 개념 소설이나 희곡과 같은 문학 작품에서, 등장인물의 마음속이나 등장인물과 외부 대상 사이에서 일어나는 대립과 충돌 2. 갈등의 종류		
		내적 갈등	한 인물의 마음속에서 서로 반대되는 감정이나 바람이 동시에 일어나서 생기는 갈등
		외적 갈등	인물과 그를 둘러싼 외부 환경 사이에 일어나는 갈등을 말한다. 인물과 인물 사이의 갈등, 인물과 그 인물이 속한 사회와의 갈등, 인물과 자연환경과의 갈등, 인물과 그 인물이 처한 운명과의 갈등 등이 이에 해당한다.
	3. 갈등의 정도에 따른 소설의 사건 전개 • 갈등의 실마리 제시 / 인물, 배경 소개 — 발단 • 갈등의 시작 / 사건의 전개 — 전개 • 갈등의 심화 / 긴장의 고조 — 위기 • 갈등의 최고조 / 긴장의 최고조 — 절정 • 갈등의 해소 / 사건의 마무리 — 결말 (갈등의 정도) 4. 갈등을 파악하며 작품 감상하기의 방법 - 갈등 장면에 나타난 인물의 말과 행동으로 성격과 처지를 파악함 - 갈등의 진행과 갈등 과정에서 드러나는 인물의 심리 변화를 파악함 - 갈등 장면에 나타난 인물의 행동을 다양한 각도에서 평가함 5. 갈등을 파악하며 작품 감상하기의 효과 - 갈등의 진행과 해결 과정에서 작품의 주제를 파악할 수 있어 작품을 깊이 있게 이해하는 데 도움이 됨 - 작품 속 세계를 간접적으로 경험하면서 다른 사람에 대한 이해와 공감을 폭을 넓힐 수 있음		
[2022] 천재(정호웅) 1-2 1. 갈등과 토의 (1) 하늘이 맑건만 (현덕)	제재	하늘은 맑건만(현덕)	
	동기유발	1. 다음 만화에서처럼 어떤 일 때문에 고민했던 경험을 떠올려 봅시다. 2. 다음은 소설 〈하늘은 맑건만〉에 나오는 단어들입니다. 이 단어들을 사용하여 짧은 이야기를 만들어 봅시다.	

	학습활동	1. 다음은 이 소설의 중심 사건들을 그림으로 표현한 것입니다. 사건이 일어난 순서대로 배열해 봅시다.
		2. 이 소설에 등장하는 주요 인물들의 말과 행동을 살펴보고, 이를 바탕으로 하여 인물들의 특성을 파악해 봅시다.
		3. 갈등의 진행과 해결 과정을 정리하며 이 소설을 이해해 봅시다.
		  1) 사건의 진행에 따라 문기가 겪는 마음속 갈등과 그에 따른 문기의 선택을 정리해 봅시다.
		    사건의 진행 - 문기의 마음속 갈등 - 문기의 선택
		  2) 빈칸을 채우며 문기와 수만이 사이의 갈등과 그 해결 과정을 정리해 봅시다.
		    갈등의 원인 - 문기와 수만이의 갈등 - 갈등을 해결하고자 문기가 한 행동 - 결과
		4. 갈등의 진행과 해결 과정에 나타난 인물의 행동을 평가하고, 바람직한 삶의 태도에 관해 생각해 봅시다.
		  1) 갈등의 진행과 해결 과정에 나타난 문기의 행동을 평가해 봅시다.
		    이해하거나 공감하는 점 / 비판할 점
		  2) 1)의 활동을 바탕으로 하여 바람직한 삶의 태도에 관해 짝과 이야기해 봅시다.
		  3) 자신이 문기와 같은 상황에 처한다면 갈등을 해결하기 위해 어떻게 행동할지 짝과 이야기해 봅시다.	

	적용학습	※ 다음은 갈등이 잘 드러나는 시나리오의 일부입니다. 인물이 겪는 갈등의 원인을 파악하며 감상해 봅시다. (영화 〈그린북〉) 1. 윗글에 나타난 돈 셜리와 지배인의 갈등을 파악해 봅시다. 2. 다음을 참고하여 1과 같은 갈등이 생긴 까닭이 무엇일지 생각해 봅시다. 3. 오늘날 우리 사회에도 이와 비슷한 문제가 있는지 생각해 보고, 그 문제를 해결하기 위해 무엇을 할 수 있을지 말해 봅시다.	

[2022] 비상(박영민) 1-2 3. 갈등을 딛고 크는 우리들 (1) 갈등하고 화해하고		제재	동백꽃(김유정)
		동기유발	• 만일 자신이 다음과 같은 갈등 상황에 놓인다면 어떤 선택을 할지 말해 보자.

		내용학습	• 주여 사건을 중심으로 이 작품의 내용을 정리해 보자.
			1. <동백꽃>을 감상하고, 이 작품에 등장하는 인물의 성격과 처지를 파악해 보자.
			  1) 다음 내용을 보고 알 수 있는 '나'와 '점순'의 성격을 정리해 보자.
			  2) 아래 장면에서 알 수 있는 '나'와 '점순'의 처지를 말해 보자.
			2. 이 작품의 주요 사건에 따른 인물의 심리 변화를 짐작해서 써 보자.
			3. 앞의 2를 바탕으로 이 작품에 드러난 갈등의 진행과 해결 과정을 써 보자.
			4. 갈등의 진행과 해결 과정에서 나타난 인물의 행동 중에 공감하거나 비판할 점이 있는지 찾아보고, 근거를 들어 평가해 보자.
			5. 다음 인물의 말을 평가해 보고, 존중하는 표현을 사용하여 갈등을 쉽게 해결할 수 있는 말로 바꾸어 보자.

		심화학습	※ 홍길동전(허균)
			1. <홍길동전>을 감상하고, '길동'이 겪는 갈등의 원인과 양상을 살펴보자.
			  1) '길동'의 이상과 '길동'이 처한 현실을 정리하며 '길동'이 겪는 갈등을 파악해 보자.
			  2) 다음 내용을 참고하여, '길동'이 겪는 갈등의 원인을 써 보자.
			2. 만약 자신이 '길동'과 같은 상황이었다면 어떤 선택을 했을지 생각해 보고, 그 내용을 담아 '길동'에게 편지를 써 보자.

[2022] 동아 1-2 2. 함께 사는 세상 (1) 문학 속 갈등		제재	자전거 도둑(박완서)

		학습활동	1. 다음은 이 소설의 주요 장면을 정리한 것이다. 빈칸에 알맞은 말을 쓰고 사건이 일어난 순서대로 배열해 보자.
			2. 이 소설에 등장하는 인물의 성격을 파악해 보자.
			3. 이 소설에 나타난 갈등의 진행과 해결 과정을 파악해 보자.
			  1) 수남이와 다른 인물 사이에서 일어난 갈등을 정리해 보자.
			  2) 수남이가 마음속으로 겪는 갈등을 해결하기 위해 어떤 결정을 했는지 적어 보자.
			4. 소설 속 갈등의 진행과 해결 과정에서 나타나는 수남이의 행동을 평가해 보자.
			5. 수남이와 비슷한 내적 갈등 상황에 놓였던 경험을 떠올려 보고, 그러한 상황에서 자신의 어떠한 행동이나 생각을 했는지 정리해 보자.
			※ 다음은 드라마 <라켓소년단>의 일부 장면을 재구성한 만화이다. 만화를 읽고, 갈등의 진행과 해결 과정을 파악해 보자.
			  1) 윤담이와 해강이가 갈등을 겪고 있는 이유를 정리해 보자.
			  2) 감독님은 윤담이와 해강이의 갈등을 해결하기 위해 두 사람에게 무엇이 필요하다고 여겼는지 파악해 보자.
			  3) 윤담이 혹은 해강이가 갈등을 해결하기 위해 상대방에게 자신의 마음을 담은 쪽지를 써서 전달한다고 할 때, 두 사람 중 한 사람의 입장이 되어 쪽지를 써 보자.

2026학년도 중등학교교사신규임용후보자선정경쟁시험(2차)
제51회 국어과 교수·학습 실연 시험 문제지

관리 번호

지도안 세부 조건

1. 〈수험생 작성 조건1〉 동기유발
   가. 성장과 관련하여 교사의 경험을 제시할 것
   나. 성장과 관련한 학생들의 경험 이끌어 낼 것
   다. 학습 목표와 연결 지어 설명할 것

2. 〈수험생 작성 조건2〉 인간의 성장 이해하기
   가. 〈자료〉에서 어린 시절의 '나'와 '아버지'의 태도를 비교하도록 할 것
   나. 모둠활동을 통해 〈자료〉의 밑줄 친 시어들의 함축적 의미를 파악하도록 할 것
   다. 〈자료〉에서 얻을 수 있는 깨달음 이해하도록 할 것

3. 〈수험생 작성 조건3〉 자신의 삶 성찰하기
   가. 〈자료〉와 관련된 경험이 있는지 생각해 보고 자신의 행동을 성찰하도록 할 것
   나. 자신의 경험을 바탕으로 삶을 성찰하는 활동을 구성할 것

수업 조건

- 과목 : 국어
- 학년 : 중학교 1학년
- 장소 : 국어 교과교실
- 시간 : 블록타임제(90분)
- 단원명 : 문학을 통한 성장
- 해당 성취 기준 : 인간의 성장을 다룬 작품을 읽으며 문학의 가치를 내면화한다.

단원명	차시	학습 내용
문학을 통한 성장	1-2 (본시)	○문학 작품을 통해 인간의 성장에 대해 이해할 수 있다. ○문학 작품과 관련지어 자신의 삶을 성찰할 수 있다.
	3-4	○경험을 담아 글을 쓰는 것의 가치를 이해할 수 있다. ○자신의 삶과 경험을 바탕으로 감동과 즐거움을 주는 글을 쓸 수 있다.

학생 수	장소	학습 형태	학습 기자재
24명	국어 교과교실	강의식, 모둠활동	교사용 컴퓨터, 전자 칠판, 학생용 스마트 기기

※ 본 문제는 모의 평가용으로 제작되었으며, 실제 시험의 문항 유형 및 형식과 다를 수 있습니다.

〈자료〉
딱지
이준관
〈내용 생략〉

2026학년도 모의문제 자료(지문) * Daum 2순정 카페에서 자료(지문)을 확인하실 수 있습니다.

2026학년도 중등학교교사신규임용후보자선정경쟁시험(2차)
제51회 국어과 교수·학습 실연 지도안 예상 답안

국어과 본시 교수·학습 지도안				
학습 목표	1. 문학 작품을 통해 인간의 성장에 대해 이해할 수 있다. 2. 문학 작품과 관련지어 자신의 삶을 성찰할 수 있다.			
학습 단계		교수·학습 활동		자료 및 유의점	시간(분)
도입	인사	• 인사 및 학습 분위기 조성	• 인사 및 학습 준비		
	전시 학습 확인	• 전시 학습 확인	• 전시 학습 회상		
	동기유발	〈수험생 작성 내용1〉 • 성장과 관련하여 교사의 경험을 설명하며 흥미 유발하기 – "여러분들은 언제 제일 힘들었어요?" – "인생을 살아가다 보면 항상 좋은 일만 있지는 않죠. 선생님도 어릴 땐 힘든 일을 겪을 때마다 참 부정적으로 생각했던 거 같아요. 그런데 어느 날 어머니가 그러시더라구요. '이 또한 지나가리다.' 별 말 아닌 것 같지만 선생님의 인생을 바꾼 말이 됐어요. 힘든 순간마다 그 말을 되뇌면 놀랍게도 기분이 한결 나아지면서 긍정적으로 생각할 수 있었어요." • 성장과 관련하여 학생들의 경험을 이끌기 – "여러분들도 이처럼 여러분들을 성장시켜준 말이나 명언이 있나요?" • 학습 목표와 연결 지어 안내하기 – "맞아요. 우리는 끊임없이 경험을 통해 어떠한 깨달음을 얻어가면서 성장합니다. 하지만 모든 경험을 우리가 할 수 없으므로 문학 작품을 읽으며 간접적인 경험을 통해 깨달음을 얻고 성장할 수 있습니다."	• 성장과 관련하여 교사의 경험을 들으며 흥미 갖기 – "오늘 아침이요.", "6학년 때요." 등 • 성장과 관련하여 자신의 경험 떠올리기 – "저는 평소 머리가 안 좋으니 성실해야 한다고 생각했습니다. 그런데 TV에서 유명인이 성실한 것도 재능이라고 말하는 것을 보고 성실함 역시 중요한 재능이 될 수 있다는 깨달음을 느꼈습니다." • 학습 목표와 연결 지어 이해하기		
	학습 내용 안내	• 학습 내용 안내	• 학습 내용 확인		
	학습 목표 제시	• 학습 목표 제시	• 학습 목표 확인		
전개1	〈활동1〉 인간의 성장 이해하기	〈수험생 작성 내용2〉 • 〈자료〉를 함께 읽도록 하기 • 〈자료〉의 어린 시절의 '나'와 아버지의 태도를 비교하도록 하기	• 〈자료〉를 함께 읽기 • 〈자료〉의 어린 시절의 '나'와 '아버지'의 태도 비교하기		

전개 1	〈활동1〉 인간의 성장 이해하기	• 모둠활동을 통해 〈자료〉의 밑줄 친 시어들의 함축적 의미를 파악하도록 하기	• 모둠활동을 통해 〈자료1〉의 밑줄 친 시어들의 함축적 의미를 파악하기			

어린 시절의 '나'
- 흉물 같은 딱지를 보기 싫어함
- 딱지를 손톱으로 긁어서 떼어 내려고 함

↔

'아버지'
- 딱지를 떼어 내지 말아야 상처가 낫는다고 하심
- 딱지를 그대로 두어야 상처가 회복되고 새살이 돋는다고 생각함

	함축적 의미
딱지	인간관계에서 얻은 마음의 상처가 회복되는 과정
새살	성숙과 성장

• 〈자료〉에서 얻을 수 있는 깨달음은 무엇인지 이해하도록 하기
  - "〈자료〉에서 '나'가 깨달은 바는 무엇이라고 생각하나요?"

• 〈자료〉에서 얻을 수 있는 깨달음은 무엇인지 파악하도록 하기
  - "'나'는 딱지가 보기에는 흉물스럽지만 상처를 아물게 하고 성장과 성숙으로 나아가는 과정이라는 것을 깨달은 것 같아요."

전개 2 〈활동2〉 자신의 삶 성찰하기

〈수험생 작성 내용3〉
• 〈자료〉와 관련된 경험이 있는지 생각해 보고 자신의 행동을 성찰하도록 하기

〈안내〉
1. 관련된 경험 떠올리기
2. 당시 자신의 행동 생각하기
3. 성찰하기

• 〈자료〉와 관련된 경험이 있는지 생각해 보고 자신의 행동을 성찰하기

학생	관련 경험	대처 행동	성찰
민지	동생과 싸워 상처 받음	동생을 원망하고 못되게 굴었음	극복하지 않고 폭력적인 행동을 한 자신을 반성함
수민	친구가 험담을 해서 상처를 받음	상처를 받았지만 잘 지내려 노력해 오해가 풀림	긍정적으로 노력한 것이 도움이 됨

• '딱지'를 달고 다니는 사람에게 편지 쓰도록 하기
• 편지쓰기 활동 모둠 내, 모둠 간 공유하도록 하기

〈안내〉
1. 모둠 내에서 공유하기
2. 가장 잘 썼다고 생각하는 편지에 스티커 붙이기
3. 가장 잘 쓴 편지 모둠 간 공유하기

• '딱지'를 달고 다니는 사람에게 편지 쓰기
• 편지쓰기 활동 모둠 내, 모둠 간 공유하기

모둠	편지 내용
1모둠	여러모로 첫 중학교 생활을 하면서 상처 많이 받았지? 하지만 너무 좌절할 필요 없어. 상처 위에 딱지가 앉아 아물어가듯 마음의 상처도 서서히 나아지고 좀 더 성숙해질 거야. 그러니까 너무 억지로 상처를 뜯어내려 하지 않아도 돼.
2모둠	…

정리

형성평가 및 과제 부여	• 형성평가 부여 • 수준별 과제 제시	• 형성평가 진행 • 수준별 과제 확인
학습 내용 정리	• 학습 내용 정리	• 학습 내용 이해
차시 예고	• 차시 예고	• 차시 예고 인지

판서 예시		
문학을 통한 성장		

<학습 목표>

1. 문학 작품을 통해 인간의 성장에 대해 이해할 수 있다.
2. 문학 작품과 관련지어 자신의 삶을 성찰할 수 있다.

<활동1> 인간의 성장 이해하기

1) <자료1> 태도 비교하기

어린 시절의 '나'		'아버지'
• 보기 싫어함 • 떼어 내려고 함	→ ←	• 떼어 내지 × • 딱지 = 상처 회복, 새살

2) <자료1> 시어의 의미

	함축적 의미
딱지	마음의 상처가 회복되는 과정
새살	성숙과 성장

3) <자료1> 깨달음
 : 딱지 → 성숙과 성장으로 이르는 과정

<활동2> 자신의 삶 성찰하기

1) 성찰하기

학생	관련 경험	대처 행동	성찰
민지	동생과 싸워 상처 받음	원망하고 못되게 굴었음	극복하지 않고 외면한 자신을 반성
수민	친구가 험담을 해서 상처를 받음	노력해 오해가 풀림	긍정적으로 노력한 것이 도움이 됨

2) 편지쓰기

성취 기준	
2022 교육과정	[9국05-03] 인간의 성장을 다룬 작품을 읽으며 문학의 가치를 내면화한다.
2015 교육과정	[9국05-10] 인간의 성장을 다룬 작품을 읽으며 삶을 성찰하는 태도를 지닌다.
교수·학습 방법 및 유의 사항	⑪ 성장 과정에서 겪는 여러 어려움과 고민을 형상화한 작품을 읽고 자신과 타인의 삶을 성찰하기를 지도할 때에는, 단순히 내용을 이해하는 수준을 넘어 작품을 수용하는 과정에서 자신의 삶을 인간의 보편적인 삶과 관련지어 성찰하는 데 주안점을 둔다. 학교나 가족 또는 또래 집단을 소재로 한 영상물이나 세계 문학 작품 등을 다양하게 활용하여 학습자가 현재 가지고 있는 고민을 성찰하는 데 도움이 되는 작품을 찾아 읽도록 한다.

교과서 정리			
학습 내용 정리	1. 성장의 뜻 : 다양한 경험을 통해 자신의 가치와 세상의 의미를 알아 가며 성숙해지는 과정과 결과 2. 인간의 성장을 다룬 작품의 특징 - 성장 과정에서 겪는 여러 어려움과 고민을 형상화한 작품으로, 주인공이 정신적으로 성숙해 가는 모습을 그림 - 작품에 나타난 삶의 모습을 자신의 삶과 관련지어 생각할 수 있음 3. 성장을 다룬 문학 작품의 가치 - 어떻게 사는 것이 바람직하고 가치 있는 삶인지를 탐구할 수 있음 - 인물이 성장하는 과정을 간접적으로 체험하면서 자신의 삶을 성찰할 수 있음 - 인물이 성장하는 과정을 지켜보면서 인물에게 공감하고, 위로를 받을 수 있음			
[2022] 미래엔(민병곤) 1-1 4. 성장하고 변화하고 (1) 문학과 성장	제재	내 이름은 백석(유은실)	
	내용학습	1. '나'의 아빠가 어떤 사람인지 정리해 보자. 2. 아빠에 관한 '나'의 생각이 어떻게 달라졌는지 파악해 보자. 1) '나'의 말을 참고하여 '나'가 평소에 아빠를 어떻게 생각했을지 말해 보자. 2) 아빠와 함께 시를 읽은 뒤, '나'가 아빠를 어떻게 생각했을지 정리해 보자. 3) 1), 2)를 바탕으로 하여 아빠에 관한 '나'의 생각이 어떻게 달라졌는지 말해 보자. 3. '나'가 겪은 성장의 모습을 파악하고, '나'의 입장에서 아빠에게 보내는 편지를 써 보자. 1) 이 글의 마지막 장면과 작가의 말을 참고하여 '나'가 겪은 일의 의미를 생각해 보자. 2) '나'가 되어 아빠에게 하고 싶은 말을 담아 편지를 써 보자. 4. 이 글의 '나'가 겪은 성장을 생각하며 자신이 삶을 돌아보자. 1) 자신이 삶을 돌아보며 이 글의 '나'처럼 생각이나 태도가 달라졌던 경험을 떠올려 보자. 2) 1)에서 떠올린 경험을 하며 자신의 생각이나 태도가 어떻게 달라졌는지 써보자. 경험하기 전의 생각과 태도 - 경험 - 경험을 한 뒤의 생각과 태도 3) 자신의 삶을 돌아보며 느낀 점을 친구들과 이야기해 보자.	

[2022] 미래엔(민병곤) 1-1 4. 성장하고 변화하고 (1) 문학과 성장	제재	영화 〈제희〉

	적용학습	1. 다음 장면을 중심으로 제희의 성장 과정을 파악해 보자.
		  1) 제희가 수영을 배우면서 한 행동과 제희의 마음가짐을 정리해 보자.
		  2) (가)와 (나)가 제희의 성장에 어떤 도움을 주었는지 친구들과 이야기해 보자.
		  3) 2)를 바탕으로 하여 제희가 성장할 수 있었던 까닭을 정리해 보자.
		2. 제희의 성장 과정을 떠올리며 자신의 삶을 돌아보고, 성장 계획서를 써 보자.
		  1) 다음 질문에 답하면서 제희와 비슷한 경험을 한 적이 있는지 떠올려 보자.
		  2) 나의 성장 계획서를 써 보자.
		3. 성장을 다룬 작품을 감상하는 것이 어떠한 가치를 지니는지 생각해 보자.

[2022] 창비 1-1 3. 마음이 자라는 시간 (1) 성장하는 우리	제재	멍키 스패너(진형민)
	동기유발	• 이전과 다른 내 모습에 마음이 뿌듯했던 일을 떠올려 보고, 그때 어떤 점에서 뿌듯함을 느꼈는지 말해 보자.

	내용학습	1. 다음은 〈멍키 스패너〉에서 엄마 없이 일주일을 보내게 된 한경이에게 일어난 일을 시간순으로 나열한 것이다. 빈칸에 들어갈 알맞은 말을 써 보자.
		2. 한경이가 문제 상황을 해결해 나가는 과정을 떠올리며 제시된 활동을 해 보자.
		  1) 다음 밑줄 친 부분에 알맞은 내용을 넣어 문장을 완성해 보자.
		    문제 상황 - 해결 과정
		  2) 한경이가 문제를 해결해 나가는 과정에서 보인 태도로 알맞은 것에 ○ 표시를 해 보자.
		  3) 한경이에게 각각의 인물이 어떤 도움을 주었는지 써 보자.
		3. 한경이에게 일어난 변화에 주목하며 제시된 활동을 해 보자.
		  1) 다음 두 장면의 밑줄 친 부분에서 한경이가 스스로를 어떻게 바라보는지 비교하여 말해 보자.
		  2) 1)의 활동을 바탕으로 이 작품의 마지막 장면에서 한경이가 어떤 마음이었을지 짐작하여 적어 보자.
		4. 이 작품을 읽고 내가 새롭게 깨달은 점을 떠올리며 제시된 활동을 해 보자.
		  1) 한경이의 행동 가운데 내가 공감한 것이나 공감하지 못한 것이 있다면 무엇인지 그 까닭과 함께 써 보자.
		  2) 이 작품을 읽고 난 뒤 새롭게 깨닫거나 배운 점을 친구들과 이야기해 보자.

	적용학습	1. 한경이처럼 스스로 어떤 문제를 해결하고자 한 적이 있는지 떠올려 보고, 그 과정에서 도움이 된 사물이나 인물을 그려 보자.
		2. 1번 활동에서 그린 사물이나 인물과 관련한 경험을 구체적으로 써 보자.
		3. 2번 활동을 바탕으로 문제를 해결하기 위해 한 나의 행동과 그때의 감정을 떠올리며 제시된 활동을 해 보자.
		  1) 문제를 해결하기 위해 내가 한 행동과 그 결과를 적어 보자. 그리고 그 과정에서 어떤 감정을 느꼈는지 써 보자.
		  2) 내가 했던 행동을 스스로 평가해 보고, 지금의 나라면 어떻게 할지 말해 보자.
		4. 1~3번 활동을 바탕으로 당시의 나에게 해 주고 싶은 말을 편지로 써 보자.

[2022] 미래엔(신유식) 1-1 4. 성장의 시간 (1) 옥수수 뺑소니	제재	옥수수 뺑소니(박상기)
	동기유발	• 가람이는 친구들과의 농구 경기에서 실수하고, 집에서 아끼는 장난감을 망가뜨렸다. 계속해서 실수하는 자신의 모습에 슬퍼하던 가람이는 한 권의 소설책을 발견하는데…. - 가람이가 자신의 생각을 바꾸게 된 까닭을 말해 보자. - 가람이와 같이 문학 작품을 읽고 자신을 성찰한 경험을 말해 보자.

	학습활동	1. 다음 주요 사건에 따라 빈칸에 들어갈 알맞은 말을 넣어 보며 이 작품의 내용을 정리해 보자.
		2. 이 작품에 나타난 '나'의 성장 과정을 파악해 보자.
		  1) 다음 장면에 나타난 '나'의 마음을 적어 보자.
		  2) '나'가 옥수수 아저씨로 인해 얻은 깨달음을 말해 보자.
		  3) 위 활동을 바탕으로 하여 '나'의 변화를 정리해 보자.
		  4) 병동 밖으로 뛰쳐나온 '나'가 옥수수 아저씨를 만나서 어떤 말을 할지 생각해 보자.
		3. 이 작품을 쓴 작가의 의도를 생각해 보자.
		  1) 다음은 이 작품을 쓴 작가의 말이다. 이를 참고하여 이 작품의 제목이 지닌 의미를 생각해 보자.
		  2) 1)을 바탕으로 하여 작가가 이 작품에서 말하고 싶은 것이 무엇인지 적어 보자.
		4. 이 작품에 나타난 등장인물의 행동을 떠올리며 자신의 삶을 되돌아보자.
		  1) 이 작품의 '나'와 같이 자신의 행동을 후회하거나 그러한 행동 때문에 고민한 경험이 있는지 떠올려 보자.
		  2) 1)의 경험에서 자신의 행동으로 어떤 결과가 나타났는지 생각해 보고, 이를 해결하려고 노력한 점이나 이러한 경험으로 깨달은 점을 말해 보자.
		  3) 2)를 바탕으로 하여 앞으로 어떻게 행동할 것인지 다짐하는 카드를 써 보자.

2026학년도 중등학교교사신규임용후보자선정경쟁시험(2차)
제52회 국어과 교수·학습 실연 시험 문제지

관리 번호

지도안 세부 조건

1. 〈수험생 작성 조건1〉 전시 학습 확인
   가. 〈자료1〉을 활용하여 (가)와 (나)의 화자의 특성을 파악할 것
   나. 화자의 특성이 작품에 미치는 영향을 설명할 것

2. 〈수험생 작성 조건2〉 소설 속 서술자 찾기
   가. 〈자료2〉에 등장하는 인물들의 성격을 파악하는 활동을 구성할 것
   나. '가'를 토대로 서술자의 특징과 효과를 파악하도록 할 것
   다. 학생과 학생 간 상호작용이 활발하게 일어나도록 할 것

3. 〈수험생 작성 조건3〉 서술자의 차이 비교하기
   가. 〈자료2〉와 〈자료3〉이 가진 서술자의 차이를 서로 비교하는 활동을 구성할 것
   나. 소설에서 서술자의 역할을 제시할 것
   다. 교사와 학생 간 상호작용이 활발하게 일어나도록 할 것

수업 조건

○ 과목 : 국어
○ 학년 : 중학교 2학년
○ 장소 : 국어 교과교실
○ 시간 : 블록타임제(90분)
○ 단원명 : 문학의 눈
○ 해당 성취 기준 : 보는 이나 말하는 이의 특성과 효과를 파악하며 작품을 감상한다.

단원명	차시	학습 내용
문학의 눈	1-2	○ 시적 화자의 특성과 효과를 파악할 수 있다.
	3-4 (본시)	○ 소설 속 서술자의 특성과 효과를 파악할 수 있다. ○ 재구성된 작품과 원작을 비교하여 서술자의 차이를 파악할 수 있다.
	5-6	○ 시적 화자의 관점을 바꾸어 작품을 재구성할 수 있다. ○ 서술자의 관점을 바꾸어 작품을 재구성할 수 있다.

학생 수	장소	학습 형태	학습 기자재
24명	국어 교과교실	강의식, 모둠식	교사용 컴퓨터, 전자 칠판, 학생용 스마트 기기

※ 본 문제는 모의 평가용으로 제작되었으며, 실제 시험의 문항 유형 및 형식과 다를 수 있습니다.

〈자료1〉	
(가) 　산버들 가리어 꺾어 보내노라 　임에게 주무시는 창밖에 심어 두고 보소서 　밤비에 새 잎이 나거든 날인가도 여기소서	(나) 　이 밤 그날의 반딧불을 　당신의 창 가까이 보낼게요. 　음, 사랑한다는 말이에요.

〈자료2〉

"장인님! 인젠 저……."

내가 이렇게 뒤통수를 긁고, 나이가 찼으니 성례를 시켜 줘야 하지 않겠느냐고 하면, 대답이 늘

"이 자식아! 성례구 뭐구 미처 자라야지!"

하고 만다.

이 자라야 한다는 것은 내가 아니라 장차 내 안해가 될 점순이의 키 말이다.

내가 여기에 와서 돈 안 푼 안 받고 일하기를 삼 년 하고 꼬박이 일곱 달 동안을 했다. 그런데도 미처 못 자랐다니까 이 키는 언제야 자라는 겐지 짜장 영문 모른다. 일을 좀 더 잘해야 한다든지, 혹은 밥을(많이 먹는다고 노상 걱정이니까) 좀 덜 먹어야 한다든지 하면 나도 얼마든지 할 말이 많다. 허지만, 점순이가 안죽 어리니까 더 자라야 한다는 여기에는 어째 볼 수 없이 고만 벙벙하고 만다.

이래서 나는 애최 계약이 잘못된 걸 알았다. 이태면 이태, 삼 년이면 삼 년, 기한을 딱 작정하고 일을 해야 원, 할 것이다. 덮어놓고 딸이 자라는 대로 성례를 시켜 주마 했으니, 누가 늘 지키고 섰는 것도 아니고 그 키가 언제 자라는지 알 수 있는가. 그리고 난 사람의 키가 무럭무럭 자라는 줄만 알았지 붙배기 키에 모로만 벌어지는 몸도 있는 것을 누가 알았으랴. 때가 되면 장인님이 어련하랴 싶어서 군소리 없이 꾸벅꾸벅 일만 해 왔다. 그럼 말이다, 장인님이 제가 다 알아차려서,

"어 참, 너 일 많이 했다. 고만 장가들어라."

하고 살림도 내주고 해야 나도 좋을 것이 아니냐. 시치미를 딱 떼고 도리어 그런 소리가 나올까 봐서 지레 펄펄 뛰고 이 야단이다. 명색이 좋아 데릴사위지 일하기에 승겁기도 할뿐더러 이건 참 아무것도 아니다.

숙맥이 그걸 모르고 점순이의 키 자라기만 까맣게 기다리지 않았나.

[중간 이야기] 장인어른의 계략에 놀아나는 '나'에게 점순이는 혼례를 종용하고, '나'는 장인과 함께 구장을 찾아가지만 결국 별 소득 없이 돌아온다. 그리고 뭉태에게서 장인네 데릴사위에 대한 이야기를 듣게 되고, 이에 더하여 점순이의 충동질까지 겪게 된 나는 장인어른과 담판을 짓기로 결심하며 몸싸움을 벌인다.

"아! 아! 이놈아! 놔라, 놔, 놔."

장인님은 헛손질을 하며 솔개미에 챈 닭의 소리를 연해 질렀다. 놓긴 왜, 이왕이면 호되게 혼을 내 주리라 생각하고 짓궂이 더 댕겼다마는, 장인님이 땅에 쓰러져서 눈에 눈물이 피잉 도는 것을 알고 좀 겁도 났다.

"할아버지! 놔라, 놔, 놔, 놔놔."

그래도 안 되니까,

"애, 점순아! 점순아!"

이 악장에 안에 있었든 장모님과 점순이가 헐레벌떡하고 단숨에 뛰어나왔다.

나의 생각에 장모님은 제 남편이니까 역성을 할지도 모른다. 그러나 점순이는 내 편을 들어서 속으로 고수해서 하겠지……. 대체 이게 웬 속인지(지금까지도 난 영문을 모른다.) 아버질 혼내주기는 제가 내래 놓고 이제 와서는 달겨들며,

"에그머니! 이 망할 게 아버지 죽이네!"

하고 내 귀를 뒤로 잡아댕기며 마냥 우는 것이 아니냐. 그만 여기에 기운이 탁 꺾이어 나는 얼빠진 등신이 되고 말았다. 장모님도 덤벼들어 한쪽 귀마저 뒤로 잡아채면서 또 우는 것이다.

이렇게 꼼짝도 못 하게 해 놓고 장인님은 지게막대기를 들어서 사뭇 내려조졌다. 그러나 나는 구태여 피하려 하지도 않고 암만해도 그 속 알 수 없는 점순이의 얼굴만 멀거니 들여다보았다.

"이 자식! 장인 입에서 할아버지 소리가 나오도록 해?"

　　　　　　　　　　　　　　　　　　　　　　　　　　　　－ 김유정, 「봄봄」 －

⟨자료3⟩

"아! 아! 이놈아! 놔라, 놔, 놔."

장인은 헛손질을 하며 솔개에 채인 닭의 소리를 계속해 질렀다. 그러나 순돌이는 이왕이면 호되게 혼을 내 주리라 생각하고 더 짓궂이 장인의 바짓가랑이를 잡아당겼다. 그러나 장인이 땅에 쓰러져서 눈에 눈물이 피잉 도는 것을 보자 불쑥 겁이 났다.

"할아버지! 놔라, 놔, 놔, 놔놔."

장인은 정신이 없는 나머지 순돌이를 할아버지라고 부르는 지경에 이르렀지만 그래도 순돌이 손을 놓지 않자 점순이를 찾았다.

"얘, 점순아, 점순아!"

이 악을 쓰는 소리에 안에 있던 장모와 점순이가 헐레벌떡하고 단숨에 뛰어나왔다.

순돌이는 장모는 장인이 제 남편이니까 남편 편을 들지도 모른다고 생각했다. 하지만 점순이는 아까 자신에게 성례를 하라고 보채기까지 했으니, 내심 점순이가 자기 편을 들어주기를 기대했다. 그러나 점순이는 순돌이의 생각과 달리,

"에그머니! 이 망할 게 아버지 죽이네!"

하고 순돌이의 귀를 잡아당기며 마냥 울기 시작했다. 점순이의 입장에서는 바보 같은 순돌이가 아버지의 감언이설에 휘말려 성례를 못하고 있는 것이 답답해 순돌이에게 한 마디 내뱉기는 했지만, 자기 아버지가 순돌이와 몸싸움을 벌이다 곤경에 처한 모습을 보자 이를 두고 볼 수는 없었던 것이다. 그러나 이를 모르는 순돌이는 점순이의 속을 모르고 영문을 모른 채 점순이의 얼굴만 멍하니 들여다보았다.

"이 자식! 장인 입에서 할아버지 소리가 나오도록 해?"

2026학년도 중등학교교사신규임용후보자선정경쟁시험(2차)

제52회 국어과 교수·학습 실연 지도안 예상 답안

국어과 본시 교수·학습 지도안

학습 목표	1. 소설 속 서술자의 특성과 효과를 파악할 수 있다. 2. 재구성된 작품과 원작을 비교하여 서술자의 차이를 파악할 수 있다.			자료 및 유의점	시간 (분)
학습 단계		교수·학습 활동			
도입	인사	• 인사 및 학습 분위기 조성	• 인사 및 학습 준비		
	전시 학습 확인	〈수험생 작성 내용1〉 • 〈자료1〉 화자의 특성이 시에 미치는 효과 발문하기 - "(가)의 화자가 처한 상황은 무엇인가요? 시에서 알 수 있는 화자의 특성은 무엇인가요?" - "임을 그리워하는 여성 화자이기 때문에 더욱 강조되는 시적 효과가 있을까요?" - "맞아요. 화자의 특성 부분에서 (가)와 (나)의 공통점을 파악해 볼까요?" • 화자의 특성이 시에 미치는 효과 제시하기 ① 시의 분위기와 정서를 파악할 수 있음 ② 시의 주제를 정확하게 파악할 수 있음	• 화자의 특성이 시에 미치는 효과 이해하기 - "임과 이별한 상황 같아요.", "화자는 임을 그리워하는 여성으로 보여요." - "더욱 애틋한 느낌이 들어요.", "버들가지를 보낸다는 점에서 간절함이 느껴져요." - "둘 다 상대를 그리워하고 있고 자신을 기억할 수 있는 무언가를 보내고자 해요.", "슬픔과 그리움이 잘 느껴져요." • 화자의 특성이 시에 미치는 효과 이해하기		
	동기유발	• 동기유발하기	• 동기유발하기		
	학습 내용 안내	• 학습 내용 안내	• 학습 내용 확인		
	학습 목표 제시	• 학습 목표 제시	• 학습 목표 확인		
전개 1	〈활동1〉 소설 속 서술자 파악하기	• 서술자의 개념 이해하기 - 1인칭 주인공, 관찰자 시점 - 3인칭 관찰자, 전지적 작가 시점 • 〈자료2〉를 읽으며 내용 파악하기 〈수험생 작성 내용2〉 • 모둠별로 〈자료2〉 등장인물의 성격을 파악하는 활동 안내하기 - "지금부터 모둠별로 다 같이 〈자료2〉에 나오는 '나', 점순이, 장인의 성격을 찾아보도록 해요. 성격을 찾을 때는 그 이유도 한번 함께 찾아보도록 할게요." - 모둠 내에서 문제를 해결하지 못할 경우 모둠 간 상호작용을 활용하여 학생 간 소통이 활발하게 일어나도록 한다.	• 모둠별로 〈자료2〉 등장인물의 성격을 파악하는 활동 수행하기 | 인물 | 성격 | 이유 | |---|---|---| | '나' | 소극적, 우직함, 어수룩함 | 장인의 꾀에 넘어가면서도 점순이와의 혼인을 위해 노력함 | | 점순 | 적극적 | '나'와의 혼인을 바람 | | 장인 | 교활함 | 자신의 이익을 위해 '나'를 이용함 |		

단계	활동	교사 활동	학생 활동

전개 1	〈활동1〉 소설 속 서술자 파악하기	**학생 간 상호작용 예시**
		학생 A : 점순이의 성격이 어떤지 잘 모르겠어요.
		선생님 : 혹시 다른 친구들 중에서 점순이의 성격을 알 수 있는 단서를 알려줄 학생이 있을까요?
		학생 B : 점순이의 충동질이 있었다고 하고, '나'가 장인과 담판을 지을 때 점순이가 자기 편을 들 것이라고 생각하는 걸로 봐서는 점순이도 '나'와의 결혼을 바라고 있어요. 이를 통해 점순이의 성격을 알 수 있습니다.
		
		• 〈자료2〉 서술자의 특징 및 효과 파악하도록 안내하기
		  – "위의 활동을 참고하면서 〈자료3〉 속 서술자의 특징과 효과를 찾아보도록 할게요."
		  – 순회 지도 : '재미있다, 웃기다' 혹은 '시골 느낌이 난다' 등의 반응이 나오는 경우 '해학성', '향토성' 등의 어휘를 제시하여 개념화할 수 있도록 학생들과 소통한다.
		
		• 활동 내용 공유 및 피드백하기
			• 〈자료2〉 서술자의 특징 및 효과 파악하기
			
			| 특징
				효과

---	---
1인칭 주인공 시점	– 주인공의 심리가 잘 드러남 – 다른 인물의 심리가 잘 드러나지 않음
어수룩한 성격	– 해학성을 유발함
토속어·비속어 사용	– 향토적인 분위기 조성 – 현장감과 사실성 높임	 • 활동 내용 공유 및 피드백 받기

전개 2	〈활동2〉 서술자의 차이 비교하기	〈수험생 작성 내용3〉
		• 모둠별로 원작과 재구성된 작품 비교하여 서술자의 차이 파악하도록 하기
		  – "〈자료3〉은 〈자료2〉의 내용 일부를 서술자를 바꾸어 재구성한 것이에요. 한번 어떤 점이 바뀌었는지 모둠별로 생각해 보고, 차이점을 찾아보도록 할게요."
		
		• 활동 내용 공유 및 피드백하기
		
		• 소설 속 서술자의 역할 제시하기
		  ① 작품의 분위기를 조성함
		  ② 인물의 심리를 제시함
		  ③ 작품의 주제를 효과적으로 전달함
		  – 서술자의 역할에 대해 잘 이해하지 못한 학생이 있을 경우 〈자료2〉의 예를 들어서 다시 한번 이해를 돕도록 한다.
			• 모둠별로 원작과 재구성된 작품 비교하여 서술자의 차이 파악하기
			
			| 〈자료2〉
				〈자료3〉

---	---
1인칭 주인공 시점	3인칭 전지적 작가 시점
서술자의 심리가 자세하게 묘사됨	서술자 외 다른 인물의 심리도 묘사됨
토속어를 사용하여 향토성과 사실성을 높임	표준어를 사용하여 내용 이해가 쉬움	 • 활동 내용 공유 및 피드백 받기 • 소설 속 서술자의 역할 이해하기 **교사–학생 간 상호작용 예시** 학생 C : 서술자가 작품의 주제를 효과적으로 전달하는 것과 무슨 관련이 있어요? 선생님 : 〈자료2〉의 주제가 무엇인 것 같아요? 학생 C : 교활한 장인과 바보 같은 사위 사이의 갈등 같아요. 선생님 : 또 어떤 주제가 있는지 말해줄 친구? 학생 D : 점순이와 '나'의 관계를 중심으로 보면 시골 남녀의 순박한 사랑이 주제 같기도 해요. 선생님 : 맞아요. 그 두 가지 주제를 효과적으로 전달하려면, 바보 같거나 우직한 사위의 모습과 순박한 예비 신랑의 모습이 돋보여야겠죠? 그런 인물을 1인칭 시점의 주인공으로 설정하면 그 우직함과 순박함이 더 강조되어 나타날 수 있어요.

정리	형성평가 및 과제 부여	• 형성평가 부여 • 수준별 과제 제시	• 형성평가 진행 • 수준별 과제 확인	
	학습 내용 정리	• 학습 내용 정리	• 학습 내용 이해	
	차시 예고	• 차시 예고	• 차시 예고 인지	

판서 예시

〈소설 속 서술자 파악하기〉

1. 인물의 성격

인물	성격	이유
'나'	소극적, 우직함, 어수룩함	- 장인의 꾀에 당함 - 점순이와 결혼 위해 노력
점순	적극적	'나'와의 혼인을 바람
장인	교활함	이익을 위해 '나'를 이용

2. 서술자의 특징

특징	효과
1인칭 주인공 시점	주인공의 심리 ○ 다른 인물의 심리 ×
어수룩한 성격	해학성
토속어·비속어 사용	향토적인 분위기, 현장감과 사실성

〈서술자의 차이 비교하기〉

3. 서술자의 차이점

〈자료3〉
3인칭 전지적 작가 시점 서술자 외 다른 인물의 심리도 묘사
차이 없음
표준어를 사용하여 내용 이해가 쉬움

성취 기준

2022 교육과정	[9국05-04] 보는 이나 말하는 이의 특성과 효과를 파악하며 작품을 감상한다. 이 성취 기준은 시의 화자 또는 소설의 시점 및 서술자에 주목하여 작품을 깊이 있게 감상하는 능력을 기르게 하기 위해 설정하였다. 문학 작품에서 누가 보는가, 누가 말하는가에 따라 전달하는 내용이나 작품의 분위기가 크게 달라진다. 보는 이나 말하는 이가 누구인지, 어떤 특성을 가지고 있는지를 파악하고, 보는 이나 말하는 이의 특성이 작품 전체의 주제나 분위기에 어떤 효과를 미치는가에 주목하며 작품을 감상하도록 한다.
2015 교육과정	[9국05-04] 작품에서 보는 이나 말하는 이의 관점에 주목하여 작품을 수용한다.

교과서 정리

학습 내용 정리	■ **화자**
	• 시에서 시인을 대신하여 말하는 이로, 시인은 자신의 의도를 가장 잘 드러낼 수 있는 이를 화자로 내세워 말하고자 하는 바를 효과적으로 전달함
	• 화자가 누구이며, 시의 상황이나 바라보는 대상에 관하여 어떤 생각을 하고 어떤 감정을 느끼는지, 어떤 태도를 지니고 있는지 등으로 파악할 수 있음
	• 화자의 특성에 따라 작품 전체의 주제나 분위기가 달라지므로, 이를 파악해야 작품을 깊이 있게 감상할 수 있음
	■ **서술자**
	• 소설에서 작품의 인물, 사건, 배경을 바라보고 독자에게 이야기를 전달하는 이
	• 소설의 서술자가 등장인물이나 사건을 어떤 태도로 바라보느냐에 따라 작품의 주제나 분위기가 달라질 수 있으므로 서술자의 관점에 주목하여 소설을 읽는 것이 중요함
	■ **시점**
	• 소설에서 인물이나 사건을 바라보는 서술자의 시각, 태도, 관점 등을 말함
	  - 1인칭 주인공 시점 : 등장인물인 '나'가 주인공인 자신의 이야기를 전달함
	  - 1인칭 관찰자 시점 : 등장인물인 '나'가 다른 등장인물의 이야기를 관찰하여 전달함
	  - 3인칭 전지적 작가 시점 : 등장인물이 아닌 서술자가 등장인물의 행동과 말만을 관찰하여 전달함
	  - 3인칭 관찰자 시점 : 등장인물이 아닌 서술자가 등장인물의 행동과 말뿐만 아니라 속마음까지 전달함
	• 효과 : 서술자의 특성에 따라 소설의 내용이나 분위기가 달라짐

[2022] 천재(노) 2-1 1. 문학을 펼치면 (1) 시의 목소리 (2) 이야기 속 시선		제재	저녁 항구(함기석), 비린내라뇨(함민복)
		동기유발	※ 다음 상황을 보고 물음에 답해 보자. • 우주와 보미는 각각 어떤 사람이 쪽지를 썼다고 생각하는지 말해 보자. • 쪽지를 쓴 사람이 누구일지 자유롭게 떠올려 보고, 자신의 생각을 친구들과 이야기해 보자.

		학습활동	1. 〈저녁 항구〉 화자를 중심으로 시의 내용을 이해해 보자.
			  1) 화자를 중심으로 시의 내용을 이해해 보자.
			    - 시간적 배경은 언제인가요? - 화자는 어디에 있나요? - 화자는 무엇을 하고 있나요?
			  2) 1)의 상황에서 화자가 떠올린 내용을 정리해 보자.
			  3) 다음 구절에서 '암초 자국들'에 빗대어 표현한 것이 무엇인지 생각해 보고, 구절에 담긴 의미를 이야기해 보자.
			2. 화자의 특성이 시에 미치는 효과를 알아보자.
			  1) 화자의 특성이 시에 미치는 효과를 알아보자.
			  2) 시에서 알 수 있는 화자의 특성을 이야기해 보자.
			  3) 1), 2)를 바탕으로 화자가 말하고자 하는 것을 정리해 보자.
			  4) 앞의 활동을 바탕으로 화자의 특성이 이 시의 주제나 분위기에 어떤 효과를 미치는지 이야기해 보자.
			3. 〈비린내라뇨〉 화자에 주목하여 시를 감상해 보자.
			  1) 시의 화자가 누구인지 말해 보자.
			  2) 시의 화자와 인간이 '우리들'의 특성을 각각 어떻게 생각하고 있는지 정리해 보자.
			  3) 시의 화자를 1)과 같이 설정한 까닭을 생각해 보자.
			  4) 앞의 활동을 바탕으로 시에서 말하고자 하는 것을 정리해 보자.
			※ [한걸음 더] 화자의 정서를 중심으로 시조를 감상해 보자. (〈산버들 가리어 꺾어〉, 홍랑)
			  1) 시조에 나타난 화자의 행동과 상황을 정리해 보자.
			  2) 1)을 바탕으로 시조에 담긴 화자의 정서를 파악해 보자.
			  3) 화자의 상황이나 정서가 이 시조와 비슷한 작품을 찾아보고, 친구들에게 소개해 보자. (〈밤 편지〉, 아이유)

		제재	축구공과 응원봉(조규미)
		동기유발	※ 다음 상황을 보고 물음에 답해 보자. 1) 보미의 행동을 보고 엄마가 추측한 내용을 말해 보자. 2) 자신이 직접 자신의 이야기를 할 때와 다른 이가 관찰하여 이야기할 때 어떤 차이가 있는지 친구들과 이야기해 보자.

		학습활동	1. 소설의 내용을 파악해 보자.
			  1) 사건이 일어난 순서에 따라 소설의 내용을 정리해 보자.
			  2) 다음에 제시된 '나'의 행동을 바탕으로 '나'의 태도에 생긴 변화와 그 계기를 이야기해 보자.
			  3) 소설에 등장하는 주요 소재의 의미를 생각해 보고, 이를 바탕으로 소설의 주제를 파악해 보자.
			2. 서술자의 특성과 효과를 파악하며 소설을 감상해 보자.
			  1) 다음 장면을 참고하여 이 소설의 서술자의 특성으로 적절한 것에 ∨ 표시를 해 보자.
			  2) 1)의 장면을 다음과 같이 서술자를 달리하여 바꿔 쓰면 서술자가 전달하는 내용에 어떤 차이가 생기는지 생각해 보자.
			  3) 앞의 활동을 바탕으로 이 소설에서 이야기의 주인공인 '나'를 서술자로 설정하여 얻을 수 있는 효과를 이야기해 보자.
			3. 서술자를 바꾸어 소설의 일부를 다시 써 보고, 소설의 내용이나 분위기가 어떻게 달라지는지 살펴보자.
			  1) 제시된 장면 가운데 바꿔 쓰고 싶은 부분을 골라 보자.
			  2) 1)에서 고른 장면을 다시 쓸 때 이야기를 전달할 서술자를 선택해 보자.
			  3) 2)에서 선택한 서술자의 특성에 따라 앞에서 고른 장면을 새롭게 써 보자.
			  4) 3)에서 쓴 글을 친구들과 바꿔 읽고, 서술자에 따라 소설의 내용이나 분위기에 어떤 차이가 있는지 비교해 보자.
			※ [한걸음 더] 인물이나 사건을 바라보는 서술자의 특성을 고려하여 소설을 감상해 보자. (〈사랑손님과 어머니〉, 주요섭)
			  1) 소설의 내용을 정리해 보자.
			  2) 이야기를 전달하는 서술자의 특성을 파악해 보자.
			    ① 다음 상황에서 인물의 생각이나 심리를 추측해 보자.
			    ② 소설의 서술자인 '나'의 특성을 파악해 보자.
			    ③ 앞의 활동을 바탕으로 이 소설에서 '나'를 서술자로 설정한 까닭을 생각해 보자.

[2022] 비상(박영민) 2-1 1. 세상을 향한 시선과 목소리 (1) 보는 이와 말하는 이	제재	나무의 꿈(손택수)
	동기유발	※ 다음 상황에서 말하는 이가 누구인지 추측해 보고, 그 이유를 말해 보자. A : 길가에 달걀프라이가 있네. B : 나는 말하는 이가 어린아이라고 생각해. 꽃의 생김새를 보고 순수한 생각을 하고 있기 때문이지.

	학습활동	1. 〈나무의 꿈〉을 감상하고, 화자의 특성과 효과를 파악해 보자.
		  1) 이 시에서 화자가 생각하는 '나무의 꿈'이 무엇인지 찾아 쓰고, 화자가 '나무'를 어떤 대상으로 바라보고 있는지 파악해 보자.
		  2) 다음 ㉮와 ㉯를 통해 화자가 '나무'에게 전하려는 내용이 무엇인지 파악해 보고, 이 시의 주제를 말해 보자.
		  3) 다음 빈칸을 채우며 이 시에 드러난 화자의 어조를 파악해 보고, 그 효과를 말해 보자.
		2. 화자의 특성에 따라 시의 주제와 분위기가 어떻게 달라지는지 알아보자.
		  1) 화자를 바꾸어 이 시를 다시 써 보자.
		  2) 이 시와 앞의 1)에서 쓴 시를 비교하여 시의 주제와 분위기가 어떻게 달라졌는지 파악해 보자.

	제재	내가 그린 히말라야시다 그림(성석제)

	학습활동	1. 〈내가 그린 히말라야시다 그림〉을 감상하고, 작품에 등장하는 서술자의 특성을 파악해 보자.
		  - '0'의 서술자 '나'의 과거와 현재 / '1'의 서술자 '나'의 과거와 현재
		2. 다음은 '0'과 '1'의 서술자가 같은 사건을 다른 시선으로 바라본 장면이다. 이를 바탕으로, 같은 사건을 서로 다른 두 서술자가 이야기를 전달함으로써 얻는 효과를 알아보자.
		  1) '0'과 '1'의 서술자가 같은 사건을 바라보는 태도가 어떻게 다른지 써 보자.
		  2) 1)을 바탕으로, 이 작품에서 서로 다른 두 서술자를 설정하여 얻은 효과가 무엇인지 써 보자.
		3. 다음 장면을 바탕으로, 서술자에 따라 작품의 주제나 분위기가 어떻게 달라지는지 알아보자.
		  1) 다음 항목 중, 이 장면의 서술자에 해당하는 내용을 골라 표시해 보자.
		    - 서술자의 위치 : 작품 속 / 작품 밖
		    - 서술자가 전달하고 있는 내용 : 자신의 경험 / 타인의 경험 / 자신의 속마음 / 타인의 속마음
		  2) 이 장면을 작품에 등장하지 않는 서술자의 관점으로 바꾸어 써 보자.
		  3) 2)에서 쓴 내용을 짝과 바꾸어 읽고, 작품의 내용이나 분위기에 어떤 차이가 있는지 말해 보자.
		4. 다음 '0'과 '1'의 '나' 중 감정과 입장에 더 공감이 되는 인물을 고르고, 그 인물에게 전하는 공감의 말을 써 보자.

[2022] 미래엔(민) 2-1 문학 속 목소리 (1) 시의 화자 (2) 소설의 서술자	제재	나무와 그림자(변은경)
	동기유발	※ 곰곰이가 쓴 시에서 말하는 이가 누구인지 이야기해 보자. - 오늘 학교에서 창작 시 발표회를 했어. 친구들이 직접 쓴 시를 낭독했는데 곰곰이가 쓴 시가 정말 인상적이었어. 그런데 참 이상해. 곰곰이는 달팽이가 아닌데 왜 '나는 달팽이'라고 시를 썼을까?

	학습활동	1. 화자를 중심으로 이 시의 내용을 이해해 보자
		  1) 이 시의 화자인 '나'가 누구인지 말해 보자.
		  2)) '나'가 처한 상황을 정리해 보자.
		  3) '나'가 자신이 처한 상황에서 어떤 감정을 느끼고 있는지 파악해 보자.
		  4) 3)의 내용을 바탕으로 하여 '나'에게 그림자가 어떤 존재인지 이야기해 보자.
		2. 화자의 특성이 이 시에 어떤 효과를 주는지 알아보자
		  1) '벽'에 관한 화자의 인식을 바탕으로 하여 화자의 특성을 파악해 보자.
		  2) 화자의 특성이 이 시의 주제나 분위기에 어떤 효과를 주는지 생각해 보자.
		3. 화자를 달리하여 이 시를 다시 써 보자.
		  1) 이 시의 상황을 생각하며 새로운 화자를 정하고, 정한 까닭을 말해 보자.
		  2) 1)에서 정한 화자가 어떤 특성을 지니고 있을지 상상해 보자.
		  3) 화자의 특성이 잘 드러나게 시를 다시 써 보자.
		  4) 3)에서 쓴 시를 친구와 바꾸어 읽고, 화자에 따라 시의 주제나 분위기가 어떻게 달라지는지 말해 보자.
		※ [적용 실천] 조선 시대에 정철이 지은 시조를 화자에 주목하여 감상하고, 시인이 이러한 화자를 설정한 의도를 탐구해 보자. (〈훈민가〉 제13수, 정철)
		1. 화자에 주목하여 다음 시조를 감상해 보자.
		  1) 화자가 처한 상황과 행동을 정리하며 화자의 특성을 파악해 보자.
		  2) 이 시에 드러난 화자의 태도를 밑줄 친 부분에 주목하여 말해 보자.
		2. 화자의 특성을 생각하며 시인이 이러한 화자를 설정한 의도를 파악해 보자.2
		  1) 〈보기〉를 참고하여 시인이 이 시조를 지은 까닭을 생각해 보자.
		  2) 시인이 이러한 화자를 설정하여 얻은 효과를 정리해 보자.

	제재	목요일엔 떡볶이를(문이소)
[2022] 미래엔(민) 2-1 문학 속 목소리 (1) 시의 화자 (2) 소설의 서술자	동기유발	※ 포니와 라미가 서로 다르게 이야기하는 까닭을 생각해 보자. - 포니의 말을 들었을 때에는 라미가 힘들어서 운 줄 알았는데 알고 보니 뜀틀 넘기에 성공한 게 기뻐서 눈물을 흘린 거였어 포니의 이야기와 라미의 이야기가 이렇게 다르네.
	학습활동	1. 서술자를 중심으로 이 소설의 내용을 이해해 보자. 　1) '나'에 관한 정보를 정리해 보자. 　　- 이름, 나이, 외모, 하는 일, 가족 관계 　2) 이 소설의 주요 소재를 중심으로 '나'의 생각이나 감정이 변화하는 과정을 정리해 보자. 　3) 할머니와 함께 보낸 시간이 '나'에게 어떤 영향을 미쳤는지 말해 보자. 2. 서술자의 특성이 이 소설에 어떤 효과를 주는지 알아보자. 　1) 다음 장면에서 할머니의 마음과 '나'의 생각이 어떻게 다른지 파악해 보자. 　2) 1)을 바탕으로 하여 서술자인 '나'가 지닌 특성을 파악하고, 그러한 특성이 이 소설의 주제나 분위기에 어떤 효과를 주는지 생각해 보자. 3. ㉮와 ㉯를 읽고 서술자가 달라지면 어떤 변화가 생기는지 알아보자. 　1) 다음 질문에 답하며 ㉯의 특징을 파악해 보자. 　　• 소설 속 인물인 '나'가 이야기를 서술하고 있나요? 　　• 서술자가 사건의 전개와 등장인물의 내면 심리 등을 모두 서술하고 있나요? 　2) ㉮를 ㉯로 바꾸었을 때 작품의 내용과 분위기가 어떻게 달라지는지 말해 보자. ※ [적용 실천] 이야기를 누가, 어떻게 전달하는지 파악하며 〈내가 그린 히말라야시다 그림〉을 감상하고, 이러한 서술 방식이 소설에 주는 효과를 알아보자. 1. 이 소설의 서술자가 지닌 특성을 파악해 보자. 　1) 이 소설의 서술자인 0과 1의 '나'가 어떤 사람인지 정리해 보자. 　2) 0과 1의 '나'가 같은 사건을 각각 어떻게 생각하는지 파악해 보자. 　3) 0과 1의 '나'가 삶을 대하는 태도에 어떤 차이가 있는지 생각해 보고, 이를 통해 작가가 전달하려는 바가 무엇인지 이야기해 보자. 2. 이 소설의 서술 방식이 주제나 분위기에 어떤 효과를 주는지 이야기해 보자. 　1) 이 소설의 서술 방식을 파악해 보자. 　2) 만약 이 소설이 0의 '나' 또는 1의 '나' 둘 중 한 명의 시선으로만 서술되었다면, 이야기가 어떻게 달라질지 생각해 보자. 　3) 이 소설의 서술 방식이 주제나 분위기에 어떤 효과를 주는지 이야기해 보자.

2026학년도 중등학교교사신규임용후보자선정경쟁시험(2차)
제53회 국어과 교수·학습 실연 시험 문제지

관리 번호

지도안 세부 조건

1. 〈수험생 작성 조건1〉 동기유발
   가. 매체 자료를 제시하여 동기유발할 것
   나. 학습 목표의 중요성을 직접 깨닫도록 동기유발할 것

2. 〈수험생 작성 조건2〉 사회·문화적 배경을 바탕으로 작품의 창작 의도 파악하기
   가. 〈자료1〉에서 시가 창작될 당시의 사회·문화적 배경을 알 수 있는 부분을 찾아보도록 안내할 것
   나. 〈자료2〉를 참고하여 〈자료1〉의 '이웃의 한 젊은이'는 어떤 사람일지 추측해 보도록 할 것
   다. 〈자료2〉를 참고하여 〈자료1〉의 창작 의도를 파악해 보도록 할 것

3. 〈수험생 작성 조건3〉 사회·문화적 배경을 바탕으로 작품의 의미 설명하기
   가. 〈자료4〉를 참고하여 〈자료3〉의 화자의 삶의 태도를 정리하도록 할 것
   나. 현대의 관점에서 〈자료3〉의 화자의 태도를 평가하는 활동을 구상할 것
   다. 모둠 간의 내용 공유가 이루어지도록 할 것

수업 조건

○ 과목 : 국어
○ 학년 : 중학교 3학년
○ 장소 : 국어 교과교실
○ 시간 : 블록타임제(90분)
○ 단원명 : 문학, 시대의 거울
○ 해당 성취 기준 : 작품에 반영된 사회·문화적 상황을 이해하며 작품을 감상한다.

단원명	차시	학습 내용
문학, 시대의 거울	1	○〈가난한 사랑 노래〉의 내용을 파악할 수 있다.
	2-3 (본시)	○〈가난한 사랑 노래〉를 통해 사회·문화적 배경을 바탕으로 작품의 창작 의도를 파악할 수 있다. ○〈까마귀 눈비 맞아〉를 통해 사회·문화적 배경을 바탕으로 작품의 의미를 이해할 수 있다.

학생 수	장소	학습 형태	학습 기자재
24명	국어 교과교실	강의식, 짝 활동, 모둠활동	교사용 컴퓨터, 전자 칠판, 학생용 스마트 기기

※ 본 문제는 모의 평가용으로 제작되었으며, 실제 시험의 문항 유형 및 형식과 다를 수 있습니다.

〈자료1〉

가난한 사랑 노래
- 이웃의 한 젊은이를 위하여

신경림

〈내용 생략〉

2026학년도 모의문제 자료(지문)

* Daum 2순정 카페에서 자료(지문)을 확인하실 수 있습니다.

〈자료2〉

 1970년대 후반 봉제 공장 800여 개가 밀집해 있던 평화 시장에는 2만여 명의 노동자가 일하고 있었는데 대부분 농촌 출신이었다. 학교를 다니며 미래를 꿈꿔야 할 10대 중반의 나이에, 환기 장치 하나 없고 햇빛조차 들지 않는 비위생적인 환경에서 하루에 14시간 이상 허리도 펴지 못하고 일했다.

- 〈○○일보〉, 2014년 11월 7일 자 -

〈자료3〉	〈자료4〉
까마귀 눈비 맞아 박팽년 까마귀 눈비 맞아 희는 듯 검노매라 야광명월(夜光明月)이 밤인들 어두우랴 임 향한 일편단심(一片丹心)이야 변할 줄이 있으랴	**〈까마귀 눈비 맞아〉가 창작된 사회·문화적 배경** 1455년 수양대군(세조)은 어린 조카인 단종의 왕위를 빼앗고 왕이 된다. 이때 박팽년, 성삼문, 이개 등은 하늘 아래 두 임금을 섬길 수 없다며 단종의 복위 운동을 꾀한다. 그러나 이러한 사실은 이내 발각되어 박팽년은 모진 고문을 당하게 되고, 결국 옥에서 생을 마감하게 된다.

2026학년도 중등학교교사신규임용후보자선정경쟁시험(2차)

제53회 국어과 교수·학습 실연 지도안 예상 답안

국어과 본시 교수·학습 지도안				
학습 목표	1. 사회·문화적 배경을 바탕으로 작품의 창작 의도를 파악할 수 있다. 2. 사회·문화적 배경을 바탕으로 작품의 의미를 설명할 수 있다.			
학습 단계		교수·학습 활동		자료 및 유의점	시간 (분)
도입	인사	• 인사 및 학습 분위기 조성	• 인사 및 학습 준비		
	전시 학습 확인	• 전시 학습 확인	• 전시 학습 회상		
	동기유발	〈수험생 작성 내용1〉 • 피카소의 그림 〈게르니카〉 제시 • 그림에 대해 발문하기 　- "이 그림은 무엇을 표현한 것 같은가요?" • 피카소의 그림 〈게르니카〉의 사회·문화적 배경 제시하기 　- "사실 이 작품은 스페인 내란으로 독일 비행기가 게르니카라는 마을을 폭격하여 2000여 명의 시민이 사망하게 된 비극적 사건을 배경으로 하고 있어요." • 피카소의 그림 〈게르니카〉의 사회·문화적 배경을 고려한 뒤 작품에 대한 감상이 어떻게 달라졌는지 발문하기 　- "이러한 사회·문화적 배경을 듣고 나니 작품이 어떻게 보이나요?" • 학습 목표의 필요성 정리하기 　- "맞아요. 이처럼, 작품의 사회·문화적 배경을 고려하면 작품을 좀 더 깊고 넓게 감상할 수 있고, 작가의 작품 창작 의도를 이해하는 데 도움이 돼요."	• 피카소의 그림 〈게르니카〉 감상하기 • 그림의 창작 의도 추측해 보기 　- "모르겠어요. 기괴하고 이상한 그림 같아요." 　- "소와 사람을 그린 것 같아요." • 피카소의 그림 〈게르니카〉의 사회·문화적 배경 이해하기 • 피카소의 그림 〈게르니카〉의 사회·문화적 배경을 고려한 뒤 작품에 대한 감상이 어떻게 달라졌는지 파악하기 　- "처음에는 마냥 무섭고 이상한 그림이라고 생각했는데, 피카소가 전쟁의 아픔과 비참함을 표현한 그림이라는 것을 알게 되었어요. 사람들이 고통스러워 보여요." 　- "작품에서 전쟁의 후유증이 느껴져요. 작품을 더 깊이 있게 이해하게 되었어요." • 학습 목표의 필요성 이해하기		
	학습 내용 안내	• 학습 내용 안내	• 학습 내용 확인		
	학습 목표 제시	• 학습 목표 제시	• 학습 목표 확인		

		〈수험생 작성 내용2〉 • 〈자료1〉 함께 읽기 • (짝 활동) 〈자료1〉에서 이 작품의 사회·문화적 배경을 알 수 있는 부분을 찾도록 안내하기 • 파악한 내용을 발표하도록 안내하기 – "시에서 사회·문화적 배경을 알 수 있는 시구는 무엇이었나요?"	• 〈자료1〉 함께 읽기 • (짝 활동) 〈자료1〉에서 이 작품의 사회·문화적 배경을 알 수 있는 부분을 찾기 • 파악한 내용을 발표하기 | 사회·문화적 배경을 알 수 있는 부분	근거
① 두 점을 치는 소리 ② 방범대원의 호각 소리 ③ 육중한 기계 굴러가는 소리	① 통금 시간이 있음 ② 도둑, 통금을 지키지 않는 사람을 잡는 방범대원이 있음 ③ 산업화된 시대를 나타냄		
---	---	---	---

전개 1	〈활동1〉
	사회·
	문화적
	배경을
	바탕으로
	작품의
	창작 의도
	파악하기
		• 〈자료2〉를 함께 읽으며 사회·문화적 배경 파악하기
		  – "〈자료2〉의 기사에는 어떠한 사회·문화적 배경이 나타나 있나요?"
		
		• (짝 활동) 〈자료2〉를 고려하여 〈자료1〉의 창작 의도를 파악하도록 안내하기
		  – '이웃의 한 젊은이'가 어떤 사람인지 생각해 보도록 안내한다.
		  – 〈자료1〉의 창작 의도를 파악하도록 안내한다.
		
		• 활동 내용을 발표하도록 안내하기
		  – "당시의 사회·문화적 배경을 고려했을 때 '이웃의 한 젊은이'는 어떤 사람이었을까요?"
		  – "당시의 사회·문화적 배경을 고려했을 때 이 시의 창작 의도는 무엇일까요?"
		
		• 활동 정리하기
			• 〈자료2〉를 함께 읽으며 사회·문화적 배경 파악하기
			  – "고향을 떠나 온 도시 노동자들이 열악한 환경에서 힘겹게 일했음을 알 수 있어요."
			
			• (짝 활동) 〈자료2〉를 고려하여 〈자료1〉의 창작 의도를 파악하기
			  – '이웃의 한 젊은이'가 어떤 사람인지 생각해 본다.
			  – 〈자료1〉의 창작 의도를 파악한다.
			
			• 활동 내용 발표하기
			
			| 이웃의 한
			젊은이?
				가난 때문에 인간적인 감정도 누리지 못하고 힘겹게 살아가는 산업화 시기의 도시 노동자

창작 의도?	1970~80년대 도시 노동자의 고달픈 삶을 보여 주고 안타까운 젊은이들을 위로하기 위해 | • 활동 정리하기

전개 2	〈활동2〉
	사회·
	문화적
	배경을
	바탕으로
	작품의
	의미
	설명하기
		〈수험생 작성 내용3〉
		• 〈자료4〉에서 알 수 있는 작품의 사회·문화적 배경이 무엇인지 발문하기
		  – "〈까마귀 눈비 맞아〉가 지어진 시기에 어떤 사건이 있었나요?"
		
		• 모둠별로 〈자료4〉를 참고하여 〈자료3〉에 나타난 화자의 삶의 태도를 정리해 보도록 안내하기
		
		• 활동 내용을 발표하도록 유도하기
			• 〈자료4〉에서 알 수 있는 작품의 사회·문화적 배경을 파악하기
			  – "세조가 단종의 왕위를 찬탈하는 사건이 있었어요."
			
			• 모둠별로 〈자료4〉를 참고하여 〈자료3〉에 나타난 화자의 삶의 태도를 정리하기
			
			• 활동 내용 공유하기
			  – "자신의 신념은 끝까지 지키는 삶의 태도를 가지고 있어요."
			  – "충신으로서 두 임금을 섬기지 않겠다는 태도를 가지고 있어요."

전개 2	<활동2> 사회·문화적 배경을 바탕으로 작품의 의미 설명하기	• 모둠별로 화자의 삶의 태도를 현대의 관점에서 평가해 보도록 안내하기 - 자신의 신념을 끝까지 지키는 태도가 오늘날에도 중요한지, 이유를 들어 판단해 보도록 안내한다. • 모둠 간 의견을 공유하도록 안내하기 - "모둠 안에서 어떤 이야기가 나왔나요?"	• 모둠별로 화자의 삶의 태도를 현대의 관점에서 평가하기 - 자신의 신념을 끝까지 지키는 태도가 오늘날에도 중요한지 이유를 들어 모둠 내에서 논의해 본다. • 모둠 간 공유하기 	화자의 삶의 태도에 대한 의견	그렇게 판단한 이유
---	---
화자의 삶의 태도가 오늘날에도 중요하다.	거짓과 배신을 쉽게 하는 사람들의 삶을 돌아보게 하기 때문
화자의 삶의 태도가 오늘날에는 중요하지 않다.	오늘날의 사회·문화적 상황과는 어울리지 않음. 신념을 지키는 것도 좋지만 자신의 생명이나 가족을 희생하는 것은 옳지 않기 때문			
정리	학습 내용 정리	• 학습 내용 정리	• 학습 내용 이해			
	차시 예고	• 차시 예고	• 차시 예고 인지			

판서 예시

단원명 : 문학, 시대의 거울

<학습 목표>

1. 사회·문화적 배경을 바탕으로 작품의 창작 의도를 파악할 수 있다.
2. 사회·문화적 배경을 바탕으로 작품의 의미를 설명할 수 있다.

<활동1> 사회·문화적 배경을 바탕으로 작품의 창작 의도 파악하기

사회·문화적 배경을 알 수 있는 부분
1) 두 점을 치는 소리 2) 방범대원의 호각 소리 3) 육중한 기계 굴러가는 소리

이웃의 한 젊은이?	산업화 시기의 도시 노동자
창작 의도?	1970~80년대 도시 노동자의 고달픈 삶을 보여 주고 젊은이들을 위로하기 위해

<활동2> 사회·문화적 배경을 바탕으로 작품의 의미 설명하기

화자의 삶의 태도	- 신념을 끝까지 지킴 - 충신으로서 두 임금을 섬기지 않음

화자의 삶의 태도에 대한 의견	그렇게 판단한 이유
오늘날에도 중요	거짓과 배신을 쉽게 하는 사람들의 삶을 돌아보게 함
오늘날에는 중요하지 않음	신념을 지키는 것도 좋지만 자신의 생명이나 가족을 희생하는 것은 옳지 않기 때문

성취 기준

2022 교육과정	[9국05-05] 작품에 반영된 사회·문화적 상황을 이해하며 작품을 감상한다.
성취 기준 적용 시 고려 사항	문학에 사용되는 다양한 장치나 요소들을 이해하고 그 효과에 유의하여 작품을 해석하고 감상하는 능력을 갖출 수 있게 한다. 또한 개별 작품에 대한 이해에 그치지 않고 문학과 사회의 영향 관계나 다른 작품들과의 관계 등 작품을 둘러싼 다양한 맥락을 고려하며 작품을 수용하고 생산하는 능력을 기르도록 한다.
2015 교육과정	[9국05-05] 작품이 창작된 사회·문화적 배경을 바탕으로 작품을 이해한다.

교과서 정리		
학습 내용 정리	■ 사회·문화적 배경을 바탕으로 문학 작품 감상하기 문학 작품은 현실을 반영하므로 당대의 사회·문화적 상황이 담겨 있다. 이러한 사회·문화적 상황은 작품에 직접적으로 드러날 수도 있고, 작품 창작의 배경으로 작용할 수도 있다. 따라서 문학 작품을 감상할 때에는 작품에 등장하는 인물들의 말과 행동, 인물들 간의 관계, 다양한 사건 등을 통해 작품의 사회·문화적 상황을 파악하고 이를 바탕으로 작품 전체의 의미를 파악해야 한다.	
천재(노) 3-2 1. 문학의 샘 (1) 문학, 시대의 거울	제재	가난한 사랑 노래(신경림), 기억 속의 들꽃(윤흥길)
	동기유발	• 100년 뒤에 개봉할 기억상자에 오늘날 우리 사회의 모습을 잘 보여주는 물건을 넣는다면 어떤 것이 좋을지 말해 보자.
	활동1	1. 시의 내용을 파악해 보자. 　(1) 시를 낭송해 보고, 어떤 장면이 떠오르는지 이야기해 보자. 　(2) 다음 구절의 의미를 파악하고, 말하는 이의 심정을 추측해 보자. 2. 시가 창작된 사회·문화적 배경을 바탕으로 시의 창작 의도를 생각해 보자. 　(1) 시가 창작될 당시의 사회·문화적 배경을 알 수 있는 부분을 찾아보자. 　(2) (1)과 다음 기사를 참고하여 시가 창작된 사회·문화적 배경을 정리해 보자. 　(3) 앞의 활동을 바탕으로 제목에 나타난 "이웃의 한 젊은이"는 어떤 사람일지 생각해 보자. 　(4) 이 시의 창작 의도를 이야기해 보자.
	활동2	1. 인물과 사건을 중심으로 작품의 내용을 파악해 보자. 　(1) 작품 내용을 떠올리며 다음 빈칸을 채워 보자. 　(2) 명선이가 다음과 같이 행동한 이유를 추측해 보자. 　(3) 다음 장면에서 '들꽃'이 무엇을 의미하는지 생각해 보자. 2. 작품의 사회·문화적 상황을 바탕으로 작품을 감상해 보자. 　(1) 다음을 참고하여 작품에 드러난 사회·문화적 상황을 알아보자. 　(2) (1)의 사회·문화적 상황이 인물들에게 어떤 영향을 주었는지 살펴보자. 　(3) 앞의 활동을 바탕으로 작품에서 작가가 전하려는 의미를 생각해 보자.
천재(박) 3-2 1. 문학과 삶 (1) 까마귀 눈비 맞아, 들판이 적막하다	제재	까마귀 눈비 맞아(박팽년), 들판이 적막하다(정현종)
	동기유발	• 다음은 출산과 관련한 홍보물입니다. 이러한 홍보물이 창작된 사회·문화적 배경이 무엇일지 짝과 함께 이야기해 봅시다.
	목표학습	1. 다음은 (가) 〈까마귀 눈비 맞아〉가 창작된 사회·문화적 배경에 관한 글입니다. 이를 참고하여 시인이 말하고자 한 것이 무엇일지 생각해 봅시다. 　(1) [가]에서 '까마귀'와 '야광명월'이 무엇을 의미하는지 써 봅시다. 　(2) [가]에서 '임'은 누구일지 생각해 보고, 시인이 이 시조에서 말하고자 한 것은 무엇일지 써 봅시다. 2. 〈들판이 적막하다〉가 창작된 사회·문화적 배경을 생각해 보고, 작품의 주제를 파악해 봅시다. 　(1) 다음 학생들의 질문에 답해 보고, 이를 바탕으로 하여 2연의 "생명의 황금 고리가 끊어졌느니……"가 어떤 의미일지 짝과 이야기해 봅시다. 　(2) 이 시가 창작된 사회·문화적 배경이 무엇일지 생각해 봅시다. 　(3) (1)과 (2)의 활동을 바탕으로 하여 이 시의 주제를 말해 봅시다.
비상 3-1 4. 함께 살아가는 우리 (1) 사회를 비추는 문학	제재	오아시스 세탁소 습격 사건(김정숙), 얼굴 반찬(공광규)
	동기유발	• 다음 그림이 나타내는 바가 무엇일지 말해 보자. (편안하게 누워서 가는 프리미엄 고속버스까지 운행되는 세상이지만 아직도 장애인을 위한 자리는 없습니다.)
	이해활동	2. 다음은 이 작품이 창작된 1990년대의 세태를 드러낸 기사문이다. 기사문을 읽고, 이 작품의 의미를 파악해 보자. 　(1) 이 기사문에 비추어 볼 때, 다음 인물들의 말에서 알 수 있는 당시의 사회·문화적 상황이 무엇인지 말해 보자. 　(2) (1)을 고려할 때, '강태국'이 사람들을 세탁하는 장면이 상징하는 의미와 작가의 의도를 파악해 보자. 　(3) 이 작품이 오늘날을 살아가는 우리에게 어떤 깨달음을 주는지 말해 보자.
	적용활동	1. 이 시의 1연과 2연에 나타난 과거와 현재의 밥상 풍경을 정리해 보자. 2. 1과 같이 밥상의 풍경이 달라진 까닭을 사회·문화적 상황과 관련하여 생각해 보자. 3. 다음은 이 시를 쓴 시인과 대담한 내용이다. 이를 바탕으로 이 시의 창작 의도를 생각해 보고, 각자 느낀 점을 말해 보자.

2026학년도 중등학교교사신규임용후보자선정경쟁시험(2차)
제54회 국어과 교수·학습 실연 시험 문제지

관리 번호 [　　　　]

지도안 세부 조건

1. ⟨수험생 작성 조건1⟩ 역설의 표현 효과를 바탕으로 시 감상하기
   가. 역설의 개념을 교사가 설명할 것
   나. ⟨자료1⟩에서 모순된 표현을 모두 찾고, 모순된 표현들의 의미(속뜻)를 파악하도록 안내할 것(단, 교사의 시범을 포함할 것)
   다. ⟨자료1⟩에 쓰인 역설의 효과를 파악할 수 있도록 하는 교사의 발문을 포함할 것

2. ⟨수험생 작성 조건2⟩ 풍자의 표현 효과를 바탕으로 소설 감상하기
   가. 풍자의 개념을 교사가 설명할 것
   나. ⟨자료2⟩의 [A], [B]에서 양반의 어떤 면을 각각 어떻게 풍자하고 있는지 파악하도록 안내할 것
   다. ⟨자료2⟩에 쓰인 풍자의 효과를 파악할 수 있도록 하는 교사의 발문을 포함할 것

3. ⟨수험생 작성 조건3⟩ 개성적인 표현으로 자신의 경험 형상화하기
   가. 개성적인 표현을 사용하여 자신의 경험을 형상화하는 활동을 구체적으로 안내할 것
      (단, 활동의 결과물은 생략할 것)
   나. 활동의 결과물을 평가하는 기준을 제시할 것(단, 평가의 결과는 생략할 것)
   다. 스마트 기기를 활용하여 상호작용이 활발하게 이루어지도록 활동을 구상할 것

수업 조건

- 과목 : 국어
- 학년 : 중학교 2학년
- 장소 : 국어 교과교실
- 시간 : 블록타임제(90분)
- 단원명 : 개성적 발상과 표현
- 해당 성취 기준 : 자신의 경험을 개성적인 발상과 표현으로 형상화한다.

단원명	차시	학습 내용
개성적 발상과 표현	1	○반어의 표현 효과를 이해하고, 이를 바탕으로 하여 시를 감상할 수 있다.
	2-3 (본시)	○역설의 표현 효과를 이해하고, 이를 바탕으로 하여 시를 감상할 수 있다. ○풍자의 표현 효과를 이해하고, 이를 바탕으로 하여 소설을 감상할 수 있다. ○자신의 경험을 개성적인 발상과 표현으로 형상화할 수 있다.

학생 수	장소	학습 형태	학습 기자재
24명	국어 교과교실	강의식, 짝 활동, 모둠활동	교사용 컴퓨터, 전자 칠판, 학생용 스마트 기기

※ 본 문제는 모의 평가용으로 제작되었으며, 실제 시험의 문항 유형 및 형식과 다를 수 있습니다.

〈자료1〉

독은 아름답다

함민복

〈내용 생략〉

2026학년도 모의문제 자료(지문)

*Daum 2순정 카페에서 자료(지문)을 확인하실 수 있습니다.

〈자료2〉

[A]
　양반이란, 선비를 높여서 부르는 말이다. 강원도 정선군에 한 양반이 살고 있었다. 이 양반은 어질고 글 읽기를 좋아하여, 군수가 새로 부임할 때마다 몸소 그 집을 찾아가서 인사를 드렸다. 그런데 이 양반은 가난하여 해마다 관청의 환곡을 꾸어다 먹었다. 그 빚을 갚지 못하고 해마다 쌓여서 천 섬에 이르렀다. 강원도 감사가 정선 고을을 돌아보다가 환곡 장부를 조사하고 크게 노하였다.
　"어떤 놈의 양반이 나라의 곡식을 축냈단 말이냐?"
　감사는 그 양반을 잡아 가두라고 명했다. 군수는 그 양반이 가난해서 빚을 갚지 못하는 것을 딱하게 여겨 차마 가두지는 못하였다. 그러나 군수도 양반의 빚을 해결할 방법은 없었다.
　양반은 빚을 갚을 길이 없어서 밤낮으로 울기만 하였다. 그의 아내가 양반을 몰아 붙였다.
　"당신은 평소에 글 읽기만 좋아하더니, 환곡을 갚는 데는 전혀 도움이 안 되는구려. 쯧쯧, 양반이라니……. 한 푼어치도 안 되는 그놈의 양반!"

　그때 그 마을에 사는 부자가 그 양반의 소문을 듣고 가족과 의논하였다.
　"양반은 아무리 가난해도 늘 귀한 대접을 받고, 우리는 아무리 잘살아도 항상 천한 대접을 받는다. 양반이 아니므로 말이 있어도 말을 타지 못한다. 또한 양반만 보면 굽실거리며 제대로 숨소리도 내지 못하고, 뜰아래 엎드려 절해야 하고, 코를 땅에 박고 무릎으로 기어가야 한다. 우리 신세가 가엾지 않느냐? 지금 저 양반이 환곡을 갚지 못해서 아주 난처하다고 한다. 그 형편으로는 도저히 양반의 신분을 지키지 못할 것이다. 그러니 우리가 그의 양반을 사서 양반 신분으로 살아 보자."
　부자는 곧 양반을 찾아가 환곡을 대신 갚아 주겠다고 청하였다. 양반은 크게 기뻐하며 승낙하였다. 부자는 즉시 관청에 가서, 양반 대신 환곡을 갚았다. (중략)

[양반 매매증서]
　하늘이 백성을 낳을 때 넷으로 구분하였다. 네 가지 백성 가운데 가장 높은 것이 선비이니, 이것이 곧 양반이다. 양반의 이익은 막대하다. 농사도 짓지 않고 장사도 하지 않는다. 글만 대충 읽어도 크게 되면 문과(文科)에 급제하고, 작아도 진사(進士)가 된다. 문과의 홍패(紅牌)는 팔뚝만 하지만, 여기에 온갖 물건이 갖추어져 있으니, 그야말로 돈 자루이다. 서른에야 진사가 되어 첫 벼슬을 얻더라도, 오히려 이름난 음관(蔭官)이 되어 높은 벼슬자리에 오를 수 있다. 언제나 종들이 양산을 받쳐 주므로 귀밑이 희어지고, 설렁줄만 당기면 종들이 '예이.' 하므로 뱃살이 처진다. 방에서는 귀걸이로 치장한 기생과 노닥거리고, 뜰에서는 남아도는 곡식으로 학(鶴)을 기른다. 벼슬을 아니 하고 시골에 묻혀 살더라도 모든 일을 제멋대로 할 수 있다. 강제로 이웃의 소를 끌어다 먼저 자기 땅을 갈고, 마을의 일꾼을 잡아다 먼저 자기 논의 김을 맨들, 누가 감히 나에게 대들겠느냐? 네놈들 코에 잿물을 들이붓고, 머리끄덩이를 잡아 휘휘 돌리고, 귀밑 수염을 다 뽑아도 누가 감히 나를 원망하겠느냐?

[B]
　부자는 증서 내용을 듣고 있다가 혀를 내둘렀다.
　"그만두시오, 그만두시오. 참으로 맹랑하구먼. 나를 도둑놈으로 만들 작정입니까?"
　부자는 머리를 흔들면서 떠나 버렸다. 그러고는 죽을 때까지 다시는 양반이 되고 싶다는 말을 입에 올리지 않았다.

2026학년도 중등학교교사신규임용후보자선정경쟁시험(2차)

제54회 국어과 교수·학습 실연 지도안 〔예상 답안〕

국어과 본시 교수·학습 지도안

학습 목표	1. 역설의 표현 효과를 이해하고, 이를 바탕으로 하여 시를 감상할 수 있다. 2. 풍자의 표현 효과를 이해하고, 이를 바탕으로 하여 소설을 감상할 수 있다. 3. 자신의 경험을 개성적인 발상과 표현으로 형상화할 수 있다.				
학습 단계		교수·학습 활동		자료 및 유의점	시간(분)
도입	인사	• 인사 및 학습 분위기 조성	• 인사 및 학습 준비		
	전시 학습 확인	• 전시 학습 확인	• 전시 학습 회상		
	동기유발	• 동기 유발하기	• 동기 유발하기		
	학습 내용 안내	• 학습 내용 안내	• 학습 내용 확인		
	학습 목표 제시	• 학습 목표 제시	• 학습 목표 확인		
전개 1	〈활동1〉 역설의 표현 효과를 바탕으로 시 감상하기	〈수험생 작성 내용2〉 • 역설에 대해 설명하기 – "역설이란 겉으로는 뜻이 모순되거나 불합리해보이지만 실제로는 그 안에 삶의 진실을 담고 있는 표현 방법을 말해요. 예를 들어 '결별이 이룩하는 축복'이라는 표현에서 '결별'과 '축복'은 논리적으로 맞지 않지만 그 속에는 결별(이별)은 고통스럽고 힘들지만 이는 성숙의 계기가 되므로 오히려 축복이라는 의미가 담겨 있어요." • 〈자료1〉에서 모순된 표현을 찾는 시범 보이기 – "먼저 1연의 '구린내가 향기롭다'를 찾을 수 있어요. 향기롭다는 것은 좋은 냄새라는 것인데 구린내가 향기롭다는 것이 말이 되지 않기 때문이에요." • (짝 활동) 〈자료1〉의 각 연에서 모순된 표현을 찾도록 안내하기 • 활동 내용을 발표하도록 안내하기	• 교사의 설명을 들으며 역설 이해하기 • 교사의 시범을 관찰하며 활동 숙지하기 • (짝 활동) 〈자료1〉의 각 연에서 모순된 표현을 찾기 • 활동 내용 발표하기 | 연 | 모순된 표현 찾기 | |---|---| | 1연 | 구린내가 향기롭다 | | 2연 | 날카롭게 찌르는 가시가 너그럽다 | | 3연 | 복어의 독이 복어의 사랑이다 | | 4연 | 친구의 독한 마음이 아름답다 |		

전개 1	〈활동1〉 역설의 표현 효과를 바탕으로 시 감상하기	• (짝 활동) 앞서 파악한 모순된 표현들의 의미를 파악하도록 안내하기
		  – "앞서 파악한 표현이 어떠한 속뜻을 가지고 있는지 생각해 봅시다."
		
		• 활동 내용을 발표하도록 안내하기
		  – "시인이 말하고자 하는 바를 어떻게 파악했나요? 다함께 공유해 봅시다."
			• (짝 활동) 앞서 파악한 모순된 표현들의 의미를 파악하기
			
			• 활동 내용 발표하기
			
			{표: 모순된 표현 / 의미
			구린내가 향기롭다 / 구린내가 은행나무 열매를 보호하므로 향기로움
			날카롭게 찌르는 가시가 너그럽다 / 밤송이의 가시가 밤톨을 보호하므로 너그러움
			복어의 독이 복어의 사랑이다 / 복어의 독은 복어의 알을 지켜주므로 복어의 사랑임
			친구의 독한 마음이 아름답다 / 소중한 존재인 자식을 위한 마음이므로 독한 마음이 아름다움}

		• 역설의 표현 효과를 이해하도록 발문하기
		  – "역설이 쓰였을 때와 쓰이지 않았을 때를 비교하여 생각해 봅시다. 역설을 사용하면 어떤 효과가 있을까요?"
		
		• 역설의 표현 효과 설명하기
		  – "맞아요. 역설은 모순된 표현 속에 깊은 뜻이 있어 그 의미를 한 번 더 생각해 보게 하고, 표현하고자 하는 의미를 강조하는 효과가 있어요."
			• 역설의 표현 효과 생각해 보기
			  – "표현의 의미를 한 번 더 생각해 보게 돼요."
			  – "뭔가 강조되는 것 같아요."
			
			• 역설의 표현 효과 이해하기

전개 2	〈활동2〉 풍자의 표현 효과를 바탕으로 소설 감상하기	〈수험생 작성 내용3〉 • 풍자의 개념 설명하기 – "풍자란 부정적인 현상이나 모순 등을 빗대어 비웃으면서 비판하는 표현 방법이에요. 오늘 읽을 〈양반전〉이라는 소설에서도 이러한 풍자가 두드러지게 나타나는데요. 작가가 양반을 어떻게 풍자하는지 주목해서 살펴볼 거예요." • 〈자료2〉 함께 읽기 • (모둠활동) [A], [B]에서 각각 양반의 어떤 면을 풍자하고 있는지 파악하도록 안내하기 • 파악한 내용을 공유하도록 안내하기 • (모둠활동) [A], [B]에서 각각 어떻게 양반을 풍자하고 있는지 들어 파악하도록 안내하기	• 풍자의 개념 이해하기 • 〈자료2〉 함께 읽기 • (모둠활동) [A], [B]에서 각각 양반의 어떤 면을 풍자하고 있는지 파악하기 • 파악한 내용을 공유하기 {표: / 비판한 내용 ㉠ / 무능하고 비생산적인 양반의 모습을 비판 ㉡ / 부당한 특권을 누리며 횡포를 일삼는 부도덕한 양반의 모습을 비판} • (모둠활동) [A], [B]에서 각각 어떻게 양반을 풍자하고 있는지 파악하기

단계		교수·학습 활동		
전개 2	〈활동2〉 풍자의 표현 효과를 바탕으로 소설 감상하기	• 파악한 내용을 공유하도록 안내하기	• 파악한 내용 공유하기 <table><tr><th></th><th>근거</th><th>풍자의 방식</th></tr><tr><td>[A]</td><td>"쯧쯧, 양반이라니……. 한 푼어치도 안 되는 그놈의 양반!"</td><td>조롱하는 표현을 활용해 웃음을 유발하며 양반의 무능함을 비판함</td></tr><tr><td>[B]</td><td>"나를 도둑놈으로 만들 작정입니까?"</td><td>비하하는 표현을 활용해 웃음을 유발하며 양반의 부도덕함을 비판함</td></tr></table>	
		• 풍자의 표현 효과를 이해하도록 발문하기 – "〈양반전〉에 풍자가 쓰이지 않고 직접적인 표현들이 쓰였다면 어땠을까요? 풍자는 어떠한 효과가 있을까요?"	• 풍자의 표현 효과에 대해 생각해 보기 – "직접 말하기 어려운 대상에 대해 간접적으로 비판할 수 있어요." – "대상의 부정적인 면을 더욱 인상 깊게 제시할 수 있어요."	
전개 3	〈활동3〉 개성적인 표현으로 자신의 경험 형상화하기	〈수험생 작성 내용3〉 • 자신의 경험 떠올리도록 안내하기 – "여러분이 경험한 일 중에 가장 기억에 남는 일을 떠올려 볼까요?" 　– 언제, 어디에서, 누구와 있었던 일인가? 　– 어떤 일이 있었나? 　– 가장 기억에 남는 이유는? – "그 경험을 성찰하며 새롭게 얻은 의미와 가치를 정리하며 주제를 정해 볼까요?"	• 자신의 경험 떠올리기 – 안내를 듣고 자신의 의미 있는 경험을 떠올려 본다. – 경험을 성찰하며 그 경험이 자신에게 주는 의미와 가치를 정리하며 주제를 정한다. 　예 구기대회에서 우리 반이 간절히 바라던 1등을 못하고 2등이 되었지만 오히려 감사했던 경험	
		• 개성적인 표현으로 나타내기 활동 안내하기 – "위에서 정한 주제를 효과적으로 나타내기 위한 표현 방식을 정하고, 이를 활용하여 구절로 표현해 봅시다." – "위에서 작성한 구절을 포함하여 자신의 경험을 담은 작품을 만들어 봅시다." – 작품의 갈래 및 형식을 자유롭게 정하도록 안내한다. → 수필, 시, 노래, 광고, 4컷 만화 등	• 개성적인 표현으로 나타내기 활동하기 – 예 역설 : 1등보다 행복한 2등 – 자신의 경험과 주제를 잘 드러낼 수 있는 형식을 정하여 창작한다.	
		• 활동 결과물 공유하도록 안내하기 – "완성한 작품을 우리반 SNS 게시판에 업로드한 뒤, 친구들의 작품을 감상하고 댓글로 피드백을 작성해 주세요." – 피드백할 수 있도록 기준을 제시한다. 점검 기준 ① 경험을 통해 얻은 새로운 의미와 가치가 잘 드러나는가? ② 자신의 개성적 발상이 잘 드러나는가? ③ 반어, 역설, 풍자 등의 문학적 표현 방식을 활용하여 효과적으로 표현하였는가?	• 활동 결과물 공유하기 – 완성한 작품을 업로드한 뒤, 친구들의 작품을 감상하고 제시된 기준에 따라 피드백을 댓글로 작성한다. 　예 2등이었지만 단합이 더 잘 되었던 과정을 대화를 더 넣어서 구체적으로 표현하고 좋을 것 같다. 제목 '1등보다 행복한 2등'이라는 역설적 표현이 인상적이다. 수필도 좋지만 만화로 표현했어도 흥미로웠을 것 같다.	
		• 활동 마무리 안내하기	• 활동 마무리하기	
정리	학습 내용 정리	• 학습 내용 정리	• 학습 내용 이해	
	차시 예고	• 차시 예고	• 차시 예고 인지	

판서 예시

개성적 발상과 표현

<활동1> 역설의 표현 효과를 바탕으로 시 감상하기

	모순된 표현	의미
1연	구린내가 향기롭다	열매를 보호하므로 향기로움
2연	날카롭게 찌르는 가시가 너그럽다	밤톨을 보호하므로 너그러움
3연	복어의 독이 복어의 사랑이다	알을 지켜주므로 복어의 사랑임
4연	친구의 독한 마음이 아름답다	자식을 위한 마음이므로 아름다움

<활동2> 풍자의 표현 효과를 바탕으로 소설 감상하기

	비판한 내용
㉠	무능하고 비생산적인 양반의 모습
㉡	부당한 특권을 누리며 횡포를 일삼는 부도덕한 양반의 모습

	근거	풍자의 방식
[A]	"한 푼어치도 안 되는 그놈의 양반!"	조롱하는 표현 → 웃음 유발, 양반의 무능함을 비판
[B]	"나를 도둑놈으로 만들 작정입니까?"	비하하는 표현 → 웃음 유발, 양반의 부도덕함을 비판

<활동3> 개성적인 표현으로 자신의 경험 형상화하기

① 경험 떠올리기
- 언제, 어디에서, 누구와?
- 어떤 일이?
- 가장 기억에 남는 이유는?

② 개성적인 표현으로 나타내기
- 1등보다 행복한 2등

③ 자유로운 형식으로 표현하기

④ 점검하기

점검 기준
① 경험을 통해 얻은 새로운 의미와 가치가 잘 드러나는가?
② 개성적 발상이 잘 드러나는가?
③ 반어, 역설, 풍자 등을 활용하여 효과적으로 표현하였는가?

성취 기준

2022 교육과정	**[9국05-06]** 자신의 경험을 개성적인 발상과 표현으로 형상화한다. 이 성취 기준은 학습자가 문학을 수용하는 데에 그치지 않고 자신의 삶의 경험을 창의적으로 표현하며 문학 문화를 향유할 수 있도록 하기 위해 설정하였다. 학습자로 하여금 여러 작품들의 개성적 발상과 표현을 참고하면서 반어, 역설, 풍자 등 다양한 문학적 표현 방식을 활용하여 자신의 경험을 개성적으로 형상화하도록 한다. 이 과정에서 학습자가 자신의 경험을 성찰하고 새롭게 의미를 부여하며 가치를 찾도록 하는 한편, 실제 작품 생산의 경험을 통해 개성적인 발상 및 표현에 대한 이해를 심화할 수 있도록 한다.
성취 기준 적용 시 고려 사항	* 자신의 경험을 개성적인 발상과 표현으로 형상화하고 이를 공유하는 활동을 할 때 문자 언어는 물론 그림이나 음악, 영상, 디지털 텍스트 등 다양한 형식 및 매체를 적극적으로 활용할 수 있도록 지도한다. * 성취 기준별로 강조되는 요소, 예를 들어 '운율, 비유, 상징의 특성과 효과'나 '개성적인 발상과 표현' 등의 요소를 포함하여 창작을 하고자 할 경우, 의도한 요소가 충분히 반영되었는지 확인하며 창작을 수행할 수 있도록 적절한 단계에 점검과 조정 과정을 마련한다.
2015 교육과정	**[9국05-09]** 자신의 가치 있는 경험을 개성적인 발상과 표현으로 형상화한다.

교과서 정리

학습 내용 정리

■ 반어, 역설, 풍자의 개념과 효과

	개념	효과
반어	실제로 표현하고자 하는 의도와 반대되는 말로 나타내는 표현 방법	강한 인상을 주고 전달하고자 하는 의미를 더욱 강조함. 사용하는 상황에 따라 대상을 비꼬거나 비판하는 뜻을 담을 수도 있음.
역설	겉으로는 모순되거나 이치에 어긋나 보이지만 그 속에 말하고자 하는 의미나 삶의 진실을 담고 있는 표현 방법	참신하고 인상적인 느낌을 주고, 독자로 하여금 진실을 음미하게 함.
풍자	인물이나 사회의 부조리 같은 부정적 대상을 과장하거나 희화화하여 간접적으로 비판하고 바람직한 상태나 결과를 추구하는 표현 방법	웃음을 유발함으로써 독자가 작품을 흥미롭게 감상하도록 하고, 독자가 부정적 대상을 비판적으로 인식하게 함.

	제재	내가 너를(나태주)
[2022] 미래엔(민) 2-1 4. 개성적으로, 빛나게 (1) 개성적인 발상과 표현	동기유발	• 다음 그림을 감상한 친구들의 대화를 살펴보자. - 작가가 그림에 〈우리는 소통 중〉이라는 제목을 붙이고 "만나고 있어도 만나지 않는 우리들"이라고 쓴 까닭이 궁금해. 작가는 왜 이런 표현 방식을 활용했을까?

	학습활동	1. 화자의 정서를 파악하고, 화자가 자신의 상황을 어떻게 인식하는지 생각해 보자.
		  1) 제시한 부분을 바탕으로 하여 화자의 정서를 파악해 보자.
		  2) 화자가 자신의 상황을 어떻게 인식하는지 생각해 보자.
		2. 이 시에 쓰인 역설과 그 효과를 살펴보자.
		  1) 다음 표현의 의미를 파악해 보자.
		  2) 1)을 바탕으로 하여 이 시에 쓰인 역설의 효과를 생각해 보자.

	제재	파수꾼(이강백)

	학습활동	1. '이리 떼'를 중심으로 등장인물의 생각을 정리해 보자.
		  1) '이리 떼'에 관해 등장인물이 알고 있는 사실을 정리해 보자.
		  2) '이리 떼'를 중심으로 파수꾼 '다'와 촌장의 갈등을 정리하고, 두 인물이 추구하는 가치를 파악해 보자.
		2. 이 희곡에 쓰인 반어와 그 효과를 살펴보자.
		  1) 촌장이 망루로 오게 된 상황을 정리하고, 이 상황에 관한 촌장의 생각을 짐작해 보자.
		  2) 1)을 바탕으로 하여 다음 말을 하는 촌장의 속마음을 파악해 보자.
		  3) 1), 2)를 바탕으로 하여 이 희곡에 쓰인 반어와 그 효과를 정리해 보자.
		3. 이 희곡에 쓰인 풍자와 그 효과를 살펴보자.
		  1) 〈보기〉를 바탕으로 하여 이 희곡의 등장인물이 각각 어떤 사람들을 빗댄 것인지 파악하고, 이 희곡에서 비판하는 사회 현실을 정리해 보자.
		  2) 이 희곡에 쓰인 풍자와 그 효과를 정리해 보자.

	적용학습	1. 우리 주변에서 반어, 역설, 풍자 표현을 찾고, 친구들에게 소개해 보자.
		  - 시(신나는 악몽, 박상우), 광고(뽑는 것이 심는 것입니다), 노랫말(거짓말을 해, 세븐틴), 만평
		  - 내가 찾은 표현 : 갈래나 형식 / 활용한 표현 방식 / 활용한 표현 방식의 효과
		2. 비판하고 싶은 대상이나 상황을 반어, 역설 등을 활용하여 풍자해 보자.
		  1) 다음 질문에 답하면서 나의 경험을 떠올려 보자.
		    - 내가 부당하거나 이치에 맞지 않다고 생각한 일은 무엇일까?
		    - 내가 풍자하려는 대상이나 상황은 무엇일까?
		    - 그 대상이나 상황을 풍자하여 전달하려는 주제는 무엇일까?
		  2) 1)의 경험을 형상화할 작품의 갈래나 형식을 고르고, 개성적인 발상과 표현을 활용하여 한 편의 작품을 창작해 보자.
		  3) 완성한 작품을 다음 평가 기준에 따라 점검하고, 고쳐 보자.
		    - 내가 경험한 부정적 대상이나 상황을 풍자의 대상으로 삼았는가?
		    - 대상에 대한 비판적 인식이 잘 드러나는가?
		    - 내가 고른 갈래나 형식에 알맞게 표현하였는가?
		    - 반어, 역설 등 개성적인 발상과 표현을 적절히 활용하였는가?
		3. 완성한 작품을 친구들과 바꾸어 감상하고, 개성적인 발상과 표현을 활용하여 작품을 창작한 소감을 나누어 보자.

[2022] 비상(박) 2-1 4. 의미 있는 경험, 나만의 표현 (1) 개성적으로 발상하고 표현하기	제재	먼 후일(김소월), 첫사랑(고재종)
	동기유발	• 다음 상황과 같이 인상 깊은 장면을 보고 자신의 개성을 살려 표현한 경험을 말해 보자.

	학습활동	1. 〈먼 후일〉을 감상하고, 다음 물음에 답하면서 이 시의 내용을 정리해 보자.
		  - '나'가 처한 상황은?, '나'는 당신에게 어떤 말을 하고 있는가?, '나'의 심정은 어떠할까?
		2. 이 시를 바탕으로 반어에 대해 알아보자.
		  1) 〈보기〉를 참고하여 다음 밑줄 친 표현에 담긴 '나'의 속마음을 파악해 보고, '나'의 속마음이 분명하게 드러나도록 이 시의 표현을 바꾸어 써 보자.
		    - 먼 훗날 그때에 '잊었노라'
		  2) 앞의 1)에서 원래의 표현과 바꾸어 쓴 표현의 느낌을 비교해 보고, '반어'가 주는 효과를 말해 보자.
		  3) 1연과 4연의 의미를 적어 보고, 두 연의 의미 차이에 대해 말해 보자.
		3. 주변에서 반어가 잘 드러난 표현을 찾아보고, 짝에게 소개해 보자.
		  - 시, 소설, 노랫말, 웹툰, 광고, 드라마 등에서 반어가 잘 드러나는 표현을 찾아보자.

	학습활동	4. 〈첫 사랑〉을 감상하고, 이 시의 내용을 정리해 보자. 　1) 이 시의 전개 과정을 시간의 흐름에 따라 정리해 보자. 　2) 앞의 1)을 바탕으로, 이 시의 제목이 '첫사랑'인 이유가 무엇인지 말해 보자. 5. 이 시를 바탕으로 역설에 대해 알아보자. 　1) 다음에 제시된 단어의 뜻을 참고하여, '아름답다'와 '상처'라는 단어에 대해 각각 어떤 느낌이 드는지 말해 보자. 　2) 앞의 1)을 바탕으로, 빈칸에 알맞은 말을 적으며 '아름다운 상처'의 의미를 정리해 보자. 　3) 1)과 2)를 바탕으로 '역설'이 주는 효과를 말해 보자. 6. 어린 시절의 추억을 떠올려 보고, 역설을 활용하여 그때의 경험을 표현해 보자. 　- 어린 시절의 추억 중에서 함께 일어나기 힘든 일이 동시에 일어났거나 반대되는 두 가지 감정을 한 번에 느꼈던 경험을 떠올려 보자.
[2022] 비상(박) 2-1 4. 의미 있는 경험, 　나만의 표현 (1) 개성적으로 　발상하고 표현하기	제재	양반전(박지원)
	학습활동	1. 〈양반전〉을 감상하고 다음 상황에 대한 '양반'의 대응과 이러한 '양반'을 바라보는 주변 인물들의 생각과 행동을 정리해 보자. 2. '양반 매매 문서'와 '부자'의 말을 바탕으로, 이 작품에 쓰인 풍자에 대해 알아보자. 　1) '군수'가 작성한 첫 번째와 두 번째 문서의 내용을 각각 세 가지씩 적어 보고, 이를 통해 확인할 수 있는 '양반'의 모습을 정리해 보자. 　2) '부자'의 마지막 말에서 '도둑놈'은 누구를 가리키는 말인지 생각해 보고, 이 말의 의미를 구체적으로 적어 보자. 　3) 앞의 1)과 2)를 바탕으로 이 작품에서 양반의 모습을 어떤 방식으로 비판하고 있는지 살펴보고, '풍자'가 주는 효과를 말해 보자. 3. 우리 사회에서 비판하고 싶은 모습을 풍자를 활용하여 한 컷 만화로 표현해 보자. 　1) 우리 사회에서 비판하고 싶은 모습이 있었는지 떠올려 보고, 그 이유를 써 보자. 　2) 한 컷 만화에 들어갈 등장인물과 상황을 구성하고, 풍자를 활용하여 등장이물의 대사나 문구를 만들어 보자. 　3) 1)과 2)를 바탕으로 한 컷 만화를 그려 반 친구들과 공유해 보자.
	적용학습	1. 반어, 역설, 풍자를 활용하여 전달하고 싶은 주제를 정해 보자. 　1) 자신의 경험을 떠올려 보고, 가장 기억에 남는 것을 골라 구체적으로 정리해 보자. 　　- 언제, 어디에서, 누구와 있었던 일인가? 어떤 일이 있었나? 가장 기억에 남는 이유는? 　2) 1)을 바탕으로 자신의 경험을 성찰하며 새롭게 얻은 의미와 가치를 주제로 정해 보자. 2. 1에서 정한 주제를 효과적으로 나타내기 위한 표현 방식을 정하고, 이를 활용하여 개성적인 구절을 만들어 보자. 3. 2에서 만든 구절을 포함하여 자신의 경험을 담아 수필을 창작해 보자. 4. 3에서 창작한 수필을 상호 작용적 매체에 공유하기 위해 활용할 형식을 고르고, 그 형식을 활용할 계획을 세워 보자. 　- 활용할 형식 : 글, 그림, 음악, 영상 등 5. 4에서 세운 계획을 바탕으로 자신이 창작한 수필을 상호작용적 매체에 공유해 보고, 다음 기준에 따라 점검해 보자. | 평가 기준 | 평가 | |---|---| | 경험을 통해 얻은 새로운 의미와 가치가 잘 드러나는가? | ☆☆☆☆☆ | | 자신의 개성적 발상이 잘 드러나는가? | ☆☆☆☆☆ | | 반어, 역설, 풍자 등의 문학적 표현 방식을 활용하여 효과적으로 표현하였는가? | ☆☆☆☆☆ | | 상호작용적 매체의 특성을 고려하여 자신의 글을 표현하기에 적합한 형식을 활용하였는가? | ☆☆☆☆☆ | 6. 5의 기준에 따라 다른 친구들의 결과물을 평가해 보고, 그중 인상 깊었던 표현을 골라 그 이유를 써 보자.
[2022] 천재(정) 2-1 4. 개성적 발상과 표현 (1) 반어와 역설로 표현하기 (2) 이야기와 영상으로 　풍자하기	제재	먼 후일(김소월), 낙타(이장근)
	동기유발	• 다음 상황에서 밑줄 친 말에 담긴 속뜻은 무엇일까요? • '가깝고도 먼 그대'는 어떤 사람일까요?
	학습활동	1. 〈먼 후일〉 화자를 중심으로 하여 이 시의 내용을 정리해 봅시다. 2. 이 시에 쓰인 반어와 그 효과를 알아봅시다. 　1) 밑줄 친 '잊었노라'에 담긴 화자의 속마음은 무엇일지 짐작하며 써 봅시다. 　2) 1)의 활동을 바탕으로 하여 이 시에 쓰인 반어의 효과를 짝과 이야기해 봅시다.

[2022]
천재(정) 2-1
4. 개성적 발상과 표현
(1) 반어와 역설로 표현하기
(2) 이야기와 영상으로 풍자하기
	학습활동	1. 〈낙타〉 이 시의 내용을 다음과 같이 정리해 봅시다.
		2. 이 시에 쓰인 시어의 의미를 파악해 봅시다.
		  1) 다음을 참고하여 낙타에게 '혹'이 어떤 역할을 하는지 생각해 봅시다.
		  2) 1)에서 정리한 '혹'의 역할과 관련지어 이 시에서 '꿈'이 의미하는 바가 무엇인지 말해 봅시다.
		3. 이 시에 쓰인 역설과 그 효과를 알아봅시다.
		  1) 이 시에서 모순된 표현을 찾고, 그 의미를 써 봅시다.
		  2) 1)의 활동을 바탕으로 하여 이 시에 쓰인 역설의 효과를 말해 봅시다.

[2022]
천재(정) 2-1
4. 개성적 발상과 표현
(1) 반어와 역설로 표현하기
(2) 이야기와 영상으로 풍자하기
	적용학습	1. 일상생활에서 반어, 역설이 쓰인 표현을 찾아봅시다.
		  1) ㉮에서 반어가 쓰인 표현을 찾고, 그 표현에 담긴 속뜻이 무엇일지 써 봅시다.
		  2) ㉯에서 역설이 쓰인 표현을 찾고, 그 표현의 의미를 써 봅시다.
		  3) 반어나 역설이 쓰인 표현을 모둠원들과 주변에서 더 찾아 소개해 봅시다.
		2. 반어, 역설을 써서 자신의 경험이 담긴 시 한 편을 지어 봅시다.
		  1) 자신이 겪은 일 가운데 시로 표현하고 싶은 것을 구체적으로 떠올려 봅시다.
		  2) 반어나 역설을 써서 1)에서 떠올린 경험을 효과적으로 표현하는 시구를 만들어 봅시다.
		  3) 1)과 2)의 활동을 바탕으로 하여 시를 한 편 지어 봅시다.
		  4) 완성한 시를 짝과 바꾸어 읽고, 느낀 점을 이야기해 봅시다.

	제재	웬만해선 죽지 않아!(박루아)
	동기유발	• 학생들이 보고 있는 그림에서 드러내고자 하는 것은 무엇일까요? • 영상을 촬영하여 다른 사람들과 공유한 적이 있나요? 자신의 경험을 짝과 이야기해 봅시다.

	목표학습	1. 주요 장소에서 일어난 일을 중심으로 하여 이 소설의 내용을 정리해 봅시다.
		2. 슈퍼 달팽이를 대하는 태도를 중심으로 하여 류이, 장어 영감과 그의 가족의 특성을 정리해 봅시다.
		3. 이 소설에 쓰인 풍자와 그 효과를 알아봅시다.
		  1) 이 소설에서 비판의 대상은 누구인가요?
		  2) 1)의 대상을 우스꽝스럽게 표현한 장면을 찾고, 그 장면을 통해 대상의 어떤 점을 비판하고 있는지 짝과 이야기해 봅시다.
		  3) 1)과 2)의 활동을 바탕으로 하여 이 소설에 쓰인 풍자의 효과를 말해 봅시다.

2026학년도 중등학교교사신규임용후보자선정경쟁시험(2차)
제55회 국어과 교수·학습 실연 시험 문제지

관리 번호

지도안 세부 조건

1. 〈수험생 작성 조건1〉 동기유발
   가. 매체 자료를 활용할 것
   나. 학생들의 다양한 해석을 이끌어 낼 것
   다. 다양한 해석이 나오는 이유를 설명할 것

2. 〈수험생 작성 조건2〉 적절한 근거를 들어 작품 해석하기
   가. 〈자료1〉을 활용할 것
   나. 근거를 들어 '봄'의 의미를 다양하게 해석하는 활동을 구상할 것
   다. 교사의 시범을 포함할 것

3. 〈수험생 작성 조건3〉 다양한 해석을 비교하며 작품 감상하기
   가. 〈자료1〉과 〈자료2〉를 활용할 것
   나. 〈자료2〉를 참고하여 〈자료1〉을 다양하게 해석하는 활동을 구상할 것
   다. 학생 중심 활동으로 진행할 것

수업 조건

- 과목 : 국어
- 학년 : 중학교 3학년
- 장소 : 국어 교과교실
- 시간 : 블록타임제 (90분)
- 단원명 : 문학과 다양한 해석
- 해당 성취 기준 : 근거를 바탕으로 작품을 해석하고, 다른 해석들과 비교하여 자신의 해석을 평가한다.

단원명	차시	학습 내용
문학과 다양한 해석	1-2 (본시)	○ 적절한 근거를 들어 작품을 해석할 수 있다. ○ 근거의 차이에 따른 다양한 해석을 비교하며 작품을 감상할 수 있다.
	3	○ 적절한 근거를 들어 비평문을 작성할 수 있다.

학생 수	장소	학습 형태	학습 기자재
24명	국어 교과교실	강의식, 모둠식	교사용 컴퓨터, 전자 칠판, 학생용 스마트 기기

※ 본 문제는 모의 평가용으로 제작되었으며, 실제 시험의 문항 유형 및 형식과 다를 수 있습니다.

〈자료1〉

봄

이성부

〈내용 생략〉

2026학년도 모의문제 자료(지문)
* Daum 2순정 카페에서 자료(지문)을 확인하실 수 있습니다.

〈자료2〉

(가)	(나)
이 시의 작가인 이성부 시인은 참여 시인으로서 현실참여적인 주제를 다루면서도 뛰어난 서정성을 지닌 작품세계를 보여 주었어. 당시 고통스러운 농촌의 현실, 가난한 민중 노동자의 모습 등 늘 고통과 수난 가운데 있던 민족의 아픔에 주목하고 이를 극복해 나가자는 메시지를 전달했어. 당대 사회 문제를 반영하면서도 가슴 먹먹해지는 시를 써 많은 사람들에게 감동을 주었지.	이 시가 창작된 1970년대는 강력한 군사력으로 국민을 통제하던 독재 정권으로 인해 국민의 기본적인 자유와 인권이 탄압되던 시기야. 민주주의의 진정한 의미는 퇴색되었고 많은 사람들이 민주주의를 외치다가 감옥에 가거나 심지어 무고하게 목숨을 잃게 되었지. 이 시는 그러한 절망적인 상황에서 마침내 올 '봄'을 노래하고 있어.

2026학년도 중등학교교사신규임용후보자선정경쟁시험(2차)

제55회 국어과 교수·학습 실연 지도안 [예상 답안]

국어과 본시 교수·학습 지도안				
학습 목표	1. 적절한 근거를 들어 작품을 해석할 수 있다. 2. 근거의 차이에 따른 다양한 해석을 비교하며 작품을 감상할 수 있다.			
학습 단계		교수·학습 활동		자료 및 유의점	시간(분)
도입	인사	• 인사 및 학습 분위기 조성	• 인사 및 학습 준비		
	전시 학습 확인	• 전시 학습 확인	• 전시 학습 회상		

	동기유발	〈수험생 작성 내용1〉
		• 영상 자료 제시하기
		  - 영화 〈○라딘〉 예고편
		
		• 영상과 관련하여 질문하기
		  - "예고편을 봤는데 이 영화를 볼 것 같나요? 이 영화에 대해 어떻게 생각하나요?"
		
		• 해석이 다양한 이유 질문하기
		  - "같은 작품의 예고편을 봤는데 왜 서로 생각이 다를까요?"
		  - "맞아요. 사람들은 모두 다른 관심과 흥미, 기준을 가지고 있어요."
		
		• 다양한 해석이 나오는 이유 설명하기
		  - "같은 작품이라도 작품의 해석 방법이나 독자의 인식 수준, 관심, 경험, 가치관 등에 따라 그 해석이 달라질 수 있어요."
			• 영상 자료 시청하기
			
			• 영상 시청하기
			  - "노래랑 춤이 신나보여서 꼭 보고 싶어요.", "저는 스토리를 더 중시하는데 노래랑 춤의 비중이 커 보여서 안 볼 것 같아요."
			
			• 해석이 다양한 이유 대답하기
			  - "서로 관심사가 달라서요.", "작품을 선택하는 각자의 기준이 있어서요."
			
			• 다양한 해석이 나오는 이유 이해하기		

	학습 내용 안내	• 학습 내용 안내	• 학습 내용 확인		
	학습 목표 제시	• 학습 목표 제시	• 학습 목표 확인		
전개 1	〈활동1〉 적절한 근거를 들어 작품 해석하기	〈수험생 작성 내용2〉 • 〈자료1〉 낭송하며 읽도록 안내하기 • 〈자료1〉 근거 들어 해석하는 시범 보이기 - "이 시에서 전달하고자 하는 바는 무엇일까요? '기다리지 않아도' 봄이 온다는 것은 계절은 반드시 바뀜을 의미해요. 춥고 힘겨운 겨울이 지나면 반드시 봄이 오게 되어 있죠? 이 시는 이러한 계절의 순환을 통해 힘든 시간이 지나면 반드시 좋은 시절이 온다는 인생의 섭리를 전달하는 시라고 해석했습니다."	• 〈자료1〉 낭송하며 읽기 • 〈자료1〉 근거 들어 해석하는 시범 보기		

전개 1	<활동1> 적절한 근거를 들어 작품 해석하기	• 근거 들어 작품 해석하는 활동 안내하기 - 적절한 근거를 들어 '봄'의 의미를 해석하도록 안내한다. • 활동 결과 발표하도록 격려하기	• 근거 들어 작품 해석하는 활동하기 • 활동 결과 발표하기 | '봄'의 의미	해석의 근거
---	---
꿈	'지쳐 나자빠져 있다가', '먼 데서 이기고 돌아온 사람' ↓ 꿈을 이루기 위해서는 그만큼 고난과 어려움을 이겨 내는 과정이 필요해. 이 시에서 '봄'이 그런 존재라고 생각했어.
희망	'마침내 올 것이다', '너를 보면 눈부셔 일어나 맞이할 수가 없다.' ↓ 눈부셔 맞이할 수 없을 만큼 간절히 기다린 존재를 의미해. 고난과 역경 뒤에 마침내 찾아올 눈부신 희망이라고 생각했어.		
		• 다양한 해석의 의미 설명하기 - 독자의 인식 수준, 관심, 경험, 가치관 등에 따라 다양한 해석이 가능함을 설명한다. 단, 적절한 근거를 갖춰야 함을 이해시킨다.	• 다양한 해석의 의미 이해하기	
전개 2	<활동2> 다양한 해석을 비교하며 작품 감상하기	<수험생 작성 내용3> • <자료2> 제시 및 활동 안내하기 - <자료2>의 (가), (나)를 근거로 작품의 의미를 해석하도록 모둠별 활동을 안내한다. - (가) : 작가의 작품 세계, (나) : 작품의 시대적 배경 - '봄'의 의미를 근거를 들어 해석하도록 안내한다. • 활동 결과 발표하도록 격려하기	• <자료2>를 근거로 작품의 의미 해석하기 • 활동 결과 발표하기 | '봄'의 의미	해석의 근거
---	---
민족의 아픔이 극복되는 날	(가) 작가의 작품 세계 ↓ 작가는 참여 시인으로서 활동하며, 당대 사회 문제를 반영하고 우리 민족의 아픔을 극복하자는 희망의 메시지를 전달해 왔어. '봄'은 우리 민족이 겪고 있는 모든 아픔들을 극복하게 되는 날을 의미하는 거야.
자유, 민주주의	(나) 작품의 시대적 배경 ↓ 자유가 억압되고 민주주의가 빼앗긴 시대에서 간절히 기다리는 봄은 자유와 민주주의일 거야.		

전개 2	<활동2> 다양한 해석을 비교하며 작품 감상하기	• 활동 정리하며 내용 강조하기 – 작품 해석 방법에 따라 다양한 해석이 가능함을 설명한다. 비평문이나 다른 자료를 참고하며 작품을 해석할 수 있음을 설명한다.	• 활동 마무리하기		
정리	형성평가 및 과제 부여	• 형성평가 부여 • 수준별 과제 제시	• 형성평가 진행 • 수준별 과제 확인		
	학습 내용 정리	• 학습 내용 정리	• 학습 내용 이해		
	차시 예고	• 차시 예고	• 차시 예고 인지		

판서 예시

<학습 목표>

1. 적절한 근거를 들어 작품을 해석할 수 있다.
2. 근거의 차이에 따른 다양한 해석을 비교하며 작품을 감상할 수 있다.

* 다양한 해석
  같은 작품이라도 작품의 해석 방법이나 독자의 인식 수준, 관심, 경험, 가치관 등에 따라 다양한 해석이 가능함

1) 적절한 근거를 들어 작품 해석하기

'봄'의 의미	해석의 근거
꿈	꿈을 이루기 위해서는 그만큼 고난과 어려움을 이겨 내는 과정이 필요함
희망	고난과 역경 뒤에 마침내 찾아올 눈부신 희망

2) 다양한 해석을 비교하며 작품 감상하기

'봄'의 의미	해석의 근거
민족의 아픔이 극복되는 날	(가) 작가의 작품 세계 ↓ 작가는 우리 민족의 아픔들을 극복할 수 있다는 희망을 주는 시를 써 옴
자유, 민주주의	(나) 작품의 시대적 배경 ↓ 자유가 억압되고 민주주의가 빼앗긴 시대

성취 기준

2022 교육과정	[9국05-08] 근거를 바탕으로 작품을 해석하고, 다른 해석들과 비교하여 자신의 해석을 평가한다. 　이 성취 기준은 주체적인 관점에서 작품을 해석하며 평가할 수 있는 능력을 기르게 하기 위해 설정하였다. 작품을 해석할 때는 작품 속의 내용적 · 형식적 근거나 작품 밖의 맥락적 근거 등을 토대로 하여 작품을 해석하는 것이 필요하다. 작품 해석은 독자의 지식, 경험, 가치관 등을 바탕으로 이루어지는 과정이기 때문에 독자에 따라 얼마든지 달라질 수 있다. 다만 이때 작품을 잘못 이해하는 오독을 범하지 않으려면 작품 안과 밖의 여러 근거를 바탕으로 작품을 해석해야 한다. 적절한 근거를 들어 작품을 해석하고, 이를 다른 사람들의 해석과 비교하면서 자기 해석의 적절성을 검토하도록 한다.
성취 기준 적용 시 고려 사항	작품을 해석할 때는 작품의 안과 밖에서 적절한 근거를 찾아 해석하기 위해 노력하도록 하고, 여러 해석들을 비교하거나 평가할 때에도 적절한 근거에 기반하여 해석하고 있는지에 중점을 두어 활동할 수 있도록 지도한다.
2015 교육과정	[9국05-07] 근거의 차이에 따른 다양한 해석을 비교하며 작품을 감상한다.

교과서 정리

학습 내용 정리	[문학 작품의 해석에 영향을 미치는 요소] 문학 작품을 해석할 때에는 타당한 근거를 들어 해석을 뒷받침해야 한다. 같은 문학 작품이라도 작품의 해석 방법이나 독자의 인식 수준, 관심, 경험, 가치관 등에 따라 그 해석이 달라질 수 있다. ① 독자의 지식 : 작품 내용이나 작가와 관련된 '독자의 배경지식'을 말한다. 예를 들어, 이육사 시인의 삶에 관한 지식이 많은 사람과 그렇지 않은 사람은 <청포도>를 해석하는 데 차이가 있을 수 있다. ② 독자의 경험 : 작품 내용과 관련된 '독자의 경험'을 말한다. 예를 들어, 누군가를 간절히 기다려 본 경험이 있는 사람과 그렇지 않은 사람은 <청포도>를 해석하는 데 차이가 있을 수 있다. ③ 독자의 가치관 : 대상의 가치를 판단하는 '독자의 관점과 태도'를 말한다. 예를 들어, 독자에 따라 현실 세계를 그린 작품이 더 가치 있다고 생각할 수도 있고, 이상 세계를 그린 작품이 더 가치 있다고 생각할 수도 있다.

학습 내용 정리		**[문학 작품 해석의 다양한 방법]** 문학 작품을 해석할 때에는 타당한 근거를 들어 해석을 뒷받침해야 한다. 같은 문학 작품이라도 작품의 해석 방법이나 독자의 인식 수준, 관심, 경험, 가치관 등에 따라 그 해석이 달라질 수 있다. (1) 작품의 내용이나 형식 등 작품 자체의 내적 특징을 중심으로 작품을 해석하는 방법 　• 작품 자체에 주목하여 해석하기 : 작품의 내용, 구조, 표현 등 작품 자체의 정보에 주목하여 작품을 해석하는 방법 (2) '작품에 반영된 시대적 배경, 작품과 작가의 관계, 작품을 읽고 독자가 받은 영향' 등 작품의 외적 요소를 중심으로 작품을 해석하는 방법 　• 작품과 작가의 관계를 중심으로 해석하기 : 작품을 창작한 작가의 의도에 초점을 맞추어 해석하는 방법 　• 작품과 현실의 관계를 중심으로 해석하기 : 작품 속의 세계와 실제의 현실 세계가 맺고 있는 관련성에 초점을 맞추어 작품을 해석하는 방법 　• 작품과 독자의 관계를 중심으로 해석하기 : 작품을 감상하는 독자에 초점을 맞추어 작품을 해석하는 것으로, 작품이 독자에게 주는 즐거움, 교훈, 감동 등의 효과에 주목하여 작품을 해석하는 방법
[2015] 미래엔 3-2 1. 삶을 배우는 독서 (2) 시집 읽고 　　해석하기	제재	봄은(신동엽)
	동기유발	※ 노을이와 이슬이는 극장에서 영화를 보았다. 영화가 끝나자 서로 이야기를 나누는데…… (1) 같은 영화를 본 두 사람의 감상이 다른 까닭을 생각해 보자. (2) 같은 대상에 관해서 친구들과 생각이 달랐던 경험을 말해 보자.
	학습활동	**[근거 들어 시 해석하기]** 1. 이 시에 관한 상준이네 모둠의 해석을 비교해 보자. 　(1) 하연이와 민규가 시를 해석한 내용과 그 근거를 정리해 보자. 　(2) 같은 시를 읽은 하은이와 상준이의 해석이 다른 까닭을 생각해 보자. 2. 이 시에 관해 근거를 들어 해석해 보자. 　(1) 근거를 들어 자신의 관점으로 이 시를 해석해 보자. 　(2) (1)의 해석을 친구들과 비교해 보고, 근거가 타당한지 이야기해 보자. 3. 다음 비평문을 바탕으로 하여 이 시의 의미를 알아보자.
	적용학습	**[한 권의 시집을 읽고 다양하게 해석하기]** 1. 모둠원과 함께 읽을 시집을 선정하고, 독서 계획을 세워 보자. 　(1) 모둠별로 읽을 시집을 선정해 보고, 그 시집을 선정한 까닭을 정리해 보자. 　(2) 시집을 훑어보고, 전체적인 느낌을 이야기해 보자. 　(3) 우리 모둠의 독서 계획을 세워 보자. 2. 독서 일지를 쓰며 모둠에서 선정한 시집을 읽고, 모둠의 대표 시를 골라 보자. 　(1) 모둠에서 선정한 시집을 수업 시간에 읽고, 독서 일지를 써 보자. 　(2) 시집의 시 가운데 가장 마음에 드는 한 편을 골라 보자. 　(3) 모둠 토의를 하여 모둠의 대표 시를 정하고, 시의 내용을 정리해 보자. 3. 다양한 해석을 비교하며 모둠의 대표 시를 감상해 보자. 　(1) 근거를 들어 자신의 관점으로 시를 해석해 보자. 　(2) 모둠원과 함께 시의 해석을 비교해 보고, 근거가 타당한지 평가해 보자. 4. 모둠의 대표 시 해석을 다양한 방법으로 표현해 보자. 　(1) 시를 해석한 내용을 각자 자유롭게 나타내 보자. 　(2) 시를 해석하여 표현한 작품을 모아 전시해 보자. 　(3) 모둠별로 작품을 감상해 보고, 평가 기준에 따라 점검해 보자. 	평가 기준	평가 | 　|---|---|---|---| 	시에 관한 해석과 감상이 잘 나타나 있는가?	상	중	하 | 	경험, 배경지식, 가치관 등을 활용하여 시를 해석하였는가?	상	중	하 | 	자신의 해석을 뒷받침하는 근거를 타당하게 제시하였는가?	상	중	하 | 	인상 깊은 표현으로 시의 해석을 나타내었는가?	상	중	하	

[2015] 비상 3-1 1. 주체적 감상과 쓰기 (1) 다양한 해석과 비평	제재	봄(이성부)	
	동기유발	※ 같은 노래를 들은 학생들의 반응이 서로 다른 까닭이 무엇일지 말해 보자.	
	학습활동	1. 다음은 이 시의 전개 과정이다. 이 시의 내용을 바탕으로 빈칸을 채워 보자. 2. 1을 바탕으로 이 시의 제목인 '봄'의 의미를 해석해 보자. 　(1) 다음 선생님의 말을 참고하여 '봄'이 함축하고 있는 의미가 무엇일지 근거를 들어 말해 보자. 　(2) (1)에서 각자 해석한 '봄'의 의미에 대해 친구들과 이야기해 보고, 친구들의 해석과 그 근거를 비교해 보자. 　(3) (2)와 같이 '봄'을 해석한 내용이 서로 다른 까닭을 말해 보자. 3. 다음은 「봄」을 감상한 후, 한 학생이 쓴 비평문의 일부이다. 이를 바탕으로 문학 작품을 해석하는 다양한 방법을 알아보자. 　(1) 이 비평문을 읽고, 이 글을 쓴 학생이 해석한 '봄'의 의미와 그 근거를 찾아 정리해 보자. 　(2) 〈보기〉는 문학 작품을 해석하는 네 가지 방법이다. 이를 바탕으로 이 비평문을 쓴 학생이 「봄」을 해석한 방법은 무엇인지 골라 보자. 　　• 작품 자체의 내적 특징 / 작품에 반영된 시대적 배경 / 작품과 작가의 관계 / 작품을 읽고 독자가 받은 영향	
[2015] 천재(박) 3-1 4. 관점과 해석 (2) 소망과 믿음의 노래	제재	소망과 믿음의 노래(비평문)	
	동기유발	※ 다음 그림에 제목을 붙여 보고, 왜 그런 제목을 붙였는지 말해 봅시다.	
	목표학습	1. 이 글에서 글쓴이가 시 〈청포도〉를 어떻게 해석하였는지 파악해 봅시다. 　(1) 4연의 '내가 바라는 손님'에 관한 글쓴이의 해석을 써 봅시다. 　(2) 글쓴이가 (1)에서와 같이 해석한 근거가 무엇인지 말해 봅시다. 　(3) (1)과 (2)의 활동을 바탕으로 하여 글쓴이가 생각하는 시 〈청포도〉의 주제가 무엇인지 써 봅시다. 2. 시 〈청포도〉에 관한 다양한 해석을 비교해 봅시다. 　(1) 다음은 시 〈청포도〉에 관해 학생들이 나눈 대화입니다. 각 학생이 4연의 '손님'을 어떤 의미로 해석하였는지, 그렇게 해석한 근거가 무엇인지 파악해 봅시다. 		'손님'의 의미	해석의 근거 | 　　|---|---|---| 	학생1	조국 광복	시가 발표된 당시의 시대 상황 | 	학생2	독립운동을 함께할 애국지사	작가의 독립운동가로서의 삶 | 	학생3	화자가 간절히 기다리는 대상	시에 나타난 표현 | 　(2) 같은 시를 읽고도 (1)에서와 같이 학생들이 각각 다르게 해석한 까닭이 무엇일지 생각해 봅시다. 　　• 작품과 관련하여 알고 있는 배경지식이 다르기 때문이다. 　　• 서로 다른 것을 근거로 삼아 작품을 해석하였기 때문이다. 　　• 작품을 해석하는 방법에 차이가 있기 때문이다. 　　• 시가 발표된 당시의 시대 상황, 시인의 삶, 시에 나타난 표현 등을 중심으로 해석하였기 때문이다. 　(3) 자신은 (1)에 제시된 해석 가운데 누구의 해석에 가장 공감하는지 근거를 들어 말해 봅시다.	

11. 고등 공통국어 문학

- 제56회 국어과 교수·학습 실연 시험 문제지 및 지도안 예상 답안
- 제57회 국어과 교수·학습 실연 시험 문제지 및 지도안 예상 답안
- 제58회 국어과 교수·학습 실연 시험 문제지 및 지도안 예상 답안
- 제59회 국어과 교수·학습 실연 시험 문제지 및 지도안 예상 답안
- 제60회 국어과 교수·학습 실연 시험 문제지 및 지도안 예상 답안
- 제61회 국어과 교수·학습 실연 시험 문제지 및 지도안 예상 답안
- 제62회 국어과 교수·학습 실연 시험 문제지 및 지도안 예상 답안

2026학년도 중등학교교사신규임용후보자선정경쟁시험(2차)
제56회 국어과 교수·학습 실연 시험 문제지

관리 번호 ☐

지도안 세부 조건

1. **〈수험생 작성 조건1〉 사회·문화적 맥락 고려하여 작품 감상하기**
   가. 〈자료1〉과 〈자료3〉을 활용할 것
   나. 사회·문화적 맥락에서 작품을 감상하는 활동을 구상하고 교사의 시범을 포함할 것
   다. 사회·문화적 맥락을 고려하여 작가의 의도를 파악하도록 할 것

2. **〈수험생 작성 조건2〉 작가 맥락 고려하여 작품 감상하기**
   가. 〈자료1〉, 〈자료2〉, 〈자료4〉를 활용할 것
   나. 작가 맥락에서 두 작품을 비교 감상하도록 할 것
   다. 학생의 경험을 공유하도록 할 것

3. **〈수험생 작성 조건3〉 주체적으로 문학 소통에 참여하기**
   가. 〈자료1〉과 〈자료2〉를 활용할 것
   나. 문학 소통에 주체적으로 참여하는 학생 중심 활동을 구상할 것
   다. 문학 소통의 효과에 대해 간략히 제시할 것

수업 조건

○ 과목: 국어
○ 학년: 고등학교 1학년
○ 장소: 국어 교과교실
○ 시간: 블록타임제 (100분)
○ 단원명: 문학으로 함께 소통하기
○ 해당 성취 기준: 문학 소통의 특성을 고려하며 문학 소통에 참여한다.

단원명	차시	학습 내용
문학으로 함께 소통하기	1-2	○ 문학 소통의 개념을 이해할 수 있다. ○ 〈숲〉과 〈한 그리움이 다른 그리움에게〉의 내용을 이해하고 주제를 파악할 수 있다.
	3-4 (본시)	○ 문학 소통의 특성을 이해하고 작품을 둘러싼 다양한 맥락을 고려하여 작품을 감상할 수 있다. ○ 문학 소통에 주체적으로 참여할 수 있다.

학생 수	장소	학습 형태	학습 기자재
24명	국어 교과교실	강의식, 모둠식	교사용 컴퓨터, 전자 칠판, 학생용 스마트 기기

※ 본 문제는 모의 평가용으로 제작되었으며, 실제 시험의 문항 유형 및 형식과 다를 수 있습니다.

〈자료1〉

숲

정희성

〈내용 생략〉

2026학년도 모의문제 자료(지문)
*Daum 2순정 카페에서 자료(지문)을 확인하실 수 있습니다.

〈자료2〉

한 그리움이 다른 그리움에게

정희성

〈내용 생략〉

2026학년도 모의문제 자료(지문)
*Daum 2순정 카페에서 자료(지문)을 확인하실 수 있습니다.

〈자료3〉

정부는 1962년부터 경제개발 5개년계획을 수립하고 그 이후 급속한 산업화와 도시화를 추구하였다. 그 결과 농촌 공동체는 파괴되고 서울은 수많은 인구가 밀집한 거대도시로 변했다. 자본주의와 이기주의가 팽배한 사회 분위기 속에서 개인은 자신의 상품 가치를 높이기 위해 스스로를 무한 경쟁 속에 내몰았다. 경쟁 속에서 타인과의 소통과 관심은 줄어들고 누구에게도 기댈 수 없는 사회가 되었다. 개인의 욕망 추구가 우선되었으며 공동체는 붕괴되고 인간적인 관계는 단절되었다. 개인은 모두 소외되었고 고독하며 서로는 이를 외면하게 된 것이다.

〈자료4〉

정희성 시인은 20세기 후반 한국 문단에서 중요한 역할을 한 시인 중 한 명으로, 그의 시적 세계는 주로 현실 참여적인 경향과 인간의 내면적 성찰을 담고 있다. 인간 내면의 고통과 불안을 탐구하는 경향이 드러나는 시를 많이 창작하였는데, 특히 인간 존재의 고독, 불안, 그리고 사랑에 대한 탐구를 통해 보편적인 인간 경험을 시에 담아내는 데 주목하였다. 그의 작품은 인간이 겪는 상처와 치유, 그리고 관계의 단절과 회복을 시적으로 형상화하였다.

2026학년도 중등학교교사신규임용후보자선정경쟁시험(2차)

제56회 국어과 교수·학습 실연 지도안 　예상 답안

국어과 본시 교수·학습 지도안				
학습 목표	1. 문학 소통의 특성을 이해하고 작품을 둘러싼 다양한 맥락을 고려하여 작품을 감상할 수 있다. 2. 문학 소통에 주체적으로 참여할 수 있다.			
학습 단계		교수·학습 활동		자료 및 유의점	시간 (분)
도입	인사	• 인사 및 학습 분위기 조성	• 인사 및 학습 준비		
	전시 학습 확인	• 전시 학습 확인	• 전시 학습 회상		
	동기유발	• 동기 유발 질문하기 - 같은 노래를 들은 사람들의 반응이 각각 다른 이유를 생각해보자. - 일상에서 자신의 생각이나 느낌을 문학으로 공유하며 다른 사람과 소통해 본 경험을 말해 보자.	• 동기 유발 질문에 답하기 - 사람마다 다른 맥락을 가지고 감상하기 때문이다. - SNS에 공감되는 시 구절을 올린 적이 있다.		
	학습 내용 안내	• 학습 내용 안내	• 학습 내용 확인		
	학습 목표 제시	• 학습 목표 제시	• 학습 목표 확인		
전개 1	〈활동1〉 사회·문화적 맥락 고려하여 작품 감상하기	〈수험생 작성 내용1〉 • 사회·문화적 맥락 고려하여 작품 감상하기 설명하기 - 먼저 〈자료3〉를 제시한다. - 창작 당시의 사회적 배경이나 역사적 사건, 문화적 배경 등을 고려하여 작품을 감상하는 것을 말한다. • 활동 안내 및 시범 보이기 - 1970년 작인 〈자료1〉을 당시 사회·문화적 맥락을 설명하는 〈자료3〉를 고려하여 감상하도록 안내한다. - "사회·문화적 맥락이 잘 드러나는 시어를 찾아볼까요?" - 시범 보이기 "잘 찾아주었습니다. 그러면 5연의 "광화문 지하도"를 중심적으로 살펴볼까요? 광화문은 수많은 회사가 밀집한 서울의 중심지입니다. 수많은 사람이 몰려 있는 공간이지만 서로를 외롭게 지나치기만 할 뿐 〈자료2〉에서 알 수 있듯 타인과 소통이 이루어지지 않는 공간입니다." - 〈자료3〉를 고려하여 작가의 의도를 파악하도록 한다.	• 사회·문화적 맥락 고려하여 작품 감상하기 이해하기 - 〈자료2〉를 읽는다. - 사회·문화적 맥락에 대해 이해한다. • 시범 보고 활동하기 - 안내 듣기 - 시어를 찾아 대답한다. "광화문 지하도, 외롭게, 낯선 그대요." - 시범 보며 활동 이해하기 - "'숲이 아닌가', '외롭게 지나치며', '낯선 그대' 등에서 작가는 급속한 산업화와 도시화로 인한 인간관계의 단절을 비판하고 있어요."		

전개 2	<활동2> 작가 맥락 고려하여 작품 감상하기	<수험생 작성 내용2>
		• 작가 맥락 고려하여 작품 감상하기 설명하기
		  – 작가의 경험이나 가치관, 생애, 창작 동기 등을 바탕으로 작품을 감상하는 것임을 설명한다.
		
		• 작가 맥락 자료 제시하기
		  – <자료4> 제시하기 : "<자료4>를 통해 알 수 있는 정희성 시인의 시 세계 또는 가치관은 어떠한가요?"
		
		• 작가 맥락 고려하여 감상하기 활동 안내하기
		  – 두 작품은 같은 작가의 작품으로 작가가 인간관계를 바라보는 관점이 어떻게 드러나고 있는지 비교 감상하도록 안내한다.
		
		• 활동 내용 정리하기
		  – "작가는 두 작품을 통해 결국 우리가 소외와 단절을 극복하고 서로 공동체를 이루고 관계가 회복되어야 함을 전달하고 있네요."
		
		• 학생 경험 공유하도록 격려하기
		  – "위 두 작품에 공감이 되는 경험이 있었나요?"
			• 작가 맥락 고려하여 작품 감상하기 이해하기
			
			• 작가 맥락 자료 파악하기
			  – <자료4> 읽기 : "작가가 인간의 내면적 성찰에 주목하였다는 것을 알 수 있어요. 그리고 관계의 단절과 회복을 형상화했다는 것을 알 수 있어요."
			
			• 작가 맥락 고려하여 작품 감상하기
			  – 두 작품 비교 감상하기
			
			|
				숲	한 그리움이~

---	---	---
공통점	인간관계(공동체)의 단절과 회복을 형상화함	

관점	소외된 현대인의 삶을 비판하고 조화로운 숲과 같은 공동체가 되어야 함	소외와 외로움을 극복할 수 있는 방법은 서로를 향한 간절한 그리움과 사랑임	
			
			• 활동 마무리하기
			
			• 경험 공유하기
			  – "<숲>을 읽고 버스를 타려고 뛰어가다가 넘어졌는데 정류장의 사람들이 아무도 도와주지 않아 서러웠던 일이 생각났어요."
			  – "저는 <한 그리움~>을 읽고 해외 파견 가신 어머니를 떠올렸어요. 너무 그립지만 다시 만날 날을 기다리며 자주 메시지도 주고받고 영상 통화도 하며 지내고 있어요."	

전개 3	<활동3> 주체적으로 문학 소통에 참여하기	<수험생 작성 내용3>
		• 문학 소통 활동 안내하기
		  – <자료1>과 <자료2> 중 하나를 택하여 짧은 비평문을 쓰도록 한다.
		  1) 작품과 비슷한 경험이 있거나 알고 있는 사건이 있나요?
		  2) 이 작품이 가치 있거나 아름답다고 생각하나요?
		  3) 그 이유는?
		  4) SNS 게시물을 올린다고 할 때, 해시태그를 달아보세요.
		
		• 활동 결과 공유 활동 안내하기
		  – 짧은 비평문을 SNS에 게시하여 서로 공유하고 댓글을 달도록 안내한다.
		  – 공유 내용에 피드백을 제공한다.
			• 문학 소통 활동하기
			
			• 활동 결과 공유하기(예시)
			
			요즘 고독사가 사회적 문제로 대두되고 있다고 한다. 이웃에 대한 무관심과 소통의 부재가 만연한 이 시대에 <숲>은 더욱 가치 있는 작품이다. 많은 사람들이 도시에 모여 있음에도 제각기 외롭게 살아가고 있다. 우리 사회가 조화로운 숲과 같은 공동체가 되어야 한다고 생각한다.
			
			# 함께 사는 세상
			# 고독사 # 공동체	

전개 3	〈활동3〉 주체적으로 문학 소통에 참여하기	• 문학 소통의 효과 설명하기 – "지금까지의 활동을 바탕으로 문학 소통에 참여하는 활동이 우리의 삶에서 어떤 의미와 가치가 있는지 생각해 볼까요?" • 활동 정리하며 내용 강조하기	• 문학 소통의 효과 생각하기 ① 문학 소통에 참여함으로써 자신의 삶을 돌아볼 수 있을 뿐만 아니라 타인과 사회를 깊이 있게 이해할 수 있음 ② 문학 작품에 대한 자신의 생각이나 느낌을 공유하거나 비평 혹은 창작 활동을 하면서 문학 작품을 주체적이고 능동적으로 감상할 수 있음 • 활동 마무리하기		
정리	형성평가 및 과제 부여	• 형성평가 부여 • 수준별 과제 제시	• 형성평가 진행 • 수준별 과제 확인		
	학습 내용 정리	• 학습 내용 정리	• 학습 내용 이해		
	차시 예고	• 차시 예고	• 차시 예고 인지		

판서 예시

설득하는 글쓰기

〈활동1〉 사회·문화적 맥락

(1) 〈자료3〉
1970년대 - 공동체 붕괴, 타인에 대한 무관심, 소통 부재, 인간 소외 현상

(2) 작가의 의도
작가는 숲이 되어 조화로운 공동체로 살아가지 못하고 각자 소외되어 살아가는 1970년대 우리 사회의 모습을 비판하고 있다.

〈활동2〉 작가 맥락

	숲	한 그리움이~
공통점	인간관계(공동체)에 대한 작가의 관점이 드러남	
관점의 차이	소외된 현대인의 삶을 비판 ↓ 조화로운 숲과 같은 공동체	소외와 외로움 극복 ↓ 서로를 향한 간절한 그리움과 사랑

〈활동3〉 주체적으로 문학 소통하기

(1) 비평문 쓰기
1) 비슷한 경험이나 사건?
2) 가치 있거나 아름다운?
3) 그 이유는?
4) SNS 해시태그

(2) 문학 소통의 효과
① 자신의 삶을 돌아보고 타인과 사회를 깊이 있게 이해
② 자신의 생각·느낌 공유, 비평, 창작 등 → 주체적이고 능동적인 감상

성취 기준

2022 교육과정	**[10공국1-05-01]** 문학 소통의 특성을 고려하며 문학 소통에 참여한다. 　이 성취 기준은 문학 소통의 특성을 이해하고 그 효과를 생각하며 능동적으로 문학을 향유하는 능력을 기르게 하기 위해 설정하였다. 문학은 일상적 언어 활동과는 달리 한 작품을 둘러싸고 작가 맥락, 독자 맥락, 사회·문화적 맥락, 문학사적 맥락 등이 다층적으로 작용하는 특성이 있다. 또한 실용적 목적보다는 허구와 상상을 통해 아름다움이나 재미를 추구하는 경향이 강하며, 작가와 독자의 소통에 작품의 아름다움과 가치를 평가하는 비평의 담론이 더하여져서 더욱 풍부한 소통의 장이 펼쳐진다. 학습자로 하여금 이러한 문학 소통의 특성을 이해하고, 능동적인 감상자의 역할은 물론 전문적이지는 않더라도 작품을 쓰거나 비평하는 활동을 시도하면서 문학 소통에 주체적으로 참여하도록 한다.
성취 기준 적용 시 고려 사항	• 문학 작품을 매개로 이루어지는 소통에 관심을 가지고 적극적으로 참여할 수 있게 하는 데에 중점을 둔다. 문학 소통은 작품과 독자가 만나는 개별적 현상이기도 하지만, 작가가 살던 시대와 사회, 작품에서 다루어지고 있는 시대, 그리고 독자의 시대가 한데 어울러 상호 작용하는 복합적이고 역동적인 현상이다. 문학의 생산과 수용이 사회현상, 문화 현상의 일종임을 이해하며 문학 소통에 참여할 수 있도록 지도한다. • 생태 소양을 함양하는 데에 필요한 생명 존중 의식이나 생태 감수성을 담은 작품, 생태적 관점에서 새롭게 해석할 수 있는 작품 등을 통해 지속가능한 발전을 자신의 일로 생각하는 주체적 태도를 기를 수 있게 지도한다. • 문학을 통해 풍부한 어휘와 수준 높은 언어를 익힐 수 있고, 이 세상의 다양한 사람들의 삶을 이해할 수 있으며, 창조적인 상상을 통해 자신의 세계를 제약 없이 확장해 나갈 수 있다는 점을 충분히 이해하게 하고, 생활 속의 중요한 활동으로 문학 활동을 오랫동안 지속해 나갈 수 있도록 지도한다. 작품 낭송, 감상문 기록, 문학 동아리 참여, 사회 관계망 서비스(SNS)를 통한 작가나 출판사와의 소통, 작품 감상 블로그나 영상 제작 등 다양한 형태의 활동으로 문학 향유의 즐거움을 경험하게 한다.

	교과서 정리		
학습 내용 정리	▪ **문학 소통이란** 문학 소통은 문학 작품을 생산하고 수용하는 활동을 작가 - 작품 - 독자 간의 소통 활동으로 간주하는 것이다. 소통으로서의 문학은 독자와 작품의 상호 작용, 작품을 매개로 작가와 독자, 독자와 독자 사이에 이루어지는 상호 작용 모두를 포함한다. ▪ **문학 소통의 특징** 문학은 작품을 둘러싼 여러 가지 맥락이 다층적으로 작용하며, 문학 작품을 감상할 때는 작품을 둘러싼 작가 맥락, 독자 맥락, 사회·문화적 맥락, 문학사적 맥락 등 다양한 맥락을 고려하며 감상해야 한다. ▪ **문학 작품의 맥락** ① 작가 맥락 : 작가의 경험이나 창작 동기, 심리, 생애 등을 바탕으로 작품 감상하기 ② 사회·문화적 맥락 : 창작 당시의 사회적 배경이나 역사적 사건, 문화적 배경 등을 고려하여 작품 감상하기 ③ 문학사적 맥락 : 창작 당시의 문학적 경향이나 다른 작품과의 관계 등을 고려하여 작품 감상하기 ④ 독자 맥락 : 작품에 대한 독자의 반응이나 독자에게 주는 영향을 고려하며 작품 감상하기 ▪ **문학 소통의 효과** ① 문학 소통에 참여함으로써 자신의 삶을 돌아볼 수 있을 뿐만 아니라 타인과 사회를 깊이 있게 이해할 수 있음 ② 문학 작품에 대한 자신의 생각이나 느낌을 공유하거나 비평 혹은 창작 활동을 하면서 문학 작품을 주체적이고 능동적으로 감상할 수 있음		
[2022] 천재(김종철) 공통국어1 1. 함께 나누는 언어 (2) 문학 소통과 매체	제재	선우사(백석)	
	동기유발	※ [삶과 연관 짓기] 책을 읽고 작가 또는 다른 사람과 이야기를 나눠 본 적 있나요?	

	학습활동	1. 이 시의 내용을 파악해 보자.
		  1) 이 시의 화자가 '우리들'이라고 부르는 대상을 찾고, 그렇게 부르는 까닭이 무엇인지 생각해보자.
		  2) 3~5연의 내용을 바탕으로 하여 '우리들'의 차이점과 공통점을 다음과 같이 정리해 보자.
		  3) 화자의 정서가 직접적으로 드러난 시어나 시구를 찾아 화자의 정서를 파악해 보자.
		2. 다양한 맥락에서 이 시를 감상해 보자.
		  1) 문학 작품을 둘러싸고 다음과 같이 여러 맥락이 다층적으로 작용한다고 할 때, 빈 칸에 들어갈 말을 적어보자.
		    - 작가 맥락, 사회문화적 맥락, 문학사적 맥락, 독자 맥락
		  2) 다음은 이 시의 시인이 쓴 수필의 일부이다. 수필의 내용을 바탕으로 하여, 시인이 '흰밥'과 '가자미'를 소재로 하여 이 시를 쓴 까닭을 생각해 보자.
		  3) 다음 글을 참고하여 이 시의 창작에 영향을 미친 사회·문화적 상황을 이야기해 보자.
		  4) 다음은 백석의 시에 관한 여러 문인의 평가이다. 이러한 평가를 <선우사>에도 적용할 수 있을지 말해 보자.
		  5) 이 시를 다양한 관점에서 자유롭게 감상해 보자.
		3. 이 시에 대한 감상을 바탕으로 하여 문학 소통에 참여해 보자.
		  1) 이 시를 감상한 내용을 담아 짧은 비평문을 쓰고, 친구들의 감상과 비교해 보자.
		  2) 자신이 가장 좋아하는 한국 음식을 소재로 하여 이 시의 모방 시를 완성하고, 친구들과 공유해 보자.	

[2022] 천재(김수학) 공통국어1 1. 함께 소통하는 기쁨 (1) 문학으로 소통하기	제재	내가 사랑하는 사람(정호승)	

	학습활동	1. 이 시의 내용과 표현을 이해해 보자.
		  1) 각 연에서 화자가 사랑하는 사람은 어떤 사람인지 찾아 써 보자.
		  2) 다음 시구에서 '그늘'과 '눈물'의 의미가 어떻게 다른지 정리해 보자.
		  3) 2)를 바탕으로 하여, 다음 구절을 통해 화자가 말하고자 하는 바가 무엇인지 생각해 보자.
		  4) 이 시에 두드러지게 나타난 표현상의 특징을 찾고, 이러한 표현을 사용하여 얻는 효과는 무엇인지 말해 보자.
		2. 이 시를 다양한 맥락에서 감상하며, 다음 활동을 해 보자.
		  1) 다음은 시인을 인터뷰한 내용 가운데 일부이다. 이를 참고하여 아래 물음에 답하면서 모둠원들과 이야기해 보자.
		    ① 시인이 "고통을 이해해야 하며, 나아가 고통을 사랑해야 한다."라고 말한 까닭은 무엇인가?
		    ② 시인의 말에 어느 정도 공감하는가?
		    ③ 우리 사회에 '고통을 이해하고 사랑하는 사람'이 필요한 까닭은 무엇인가?
		  2) 자신의 주변이나 신문 기사 등에서, 시인이 말하는 '내가 사랑하는 사람'의 모습에 가까운 인물을 찾아 소개해 보자.
		3. 이 시에 관한 감상을 바탕으로 하여 비평하는 글을 써 보자.
		  1) 다음 물음에 답하면서 이 시의 아름다움과 가치를 살펴보자.
		    - 정서적·미적으로 감동을 주는 부분은 어디인가?
		    - 나를 둘러싼 세상과 주변 사람들을 이해하는 데 도움이 되었는가?
		    - 이 시를 읽고 어떤 깨달음을 얻었는가?
		  2) 1)을 바탕으로 하여 짧은 비평문을 쓰고, 해시태그를 달아 보자.	

	제재	방문객(정현종)
[2022] 비상(강호영) 공통국어1 1. 소통으로 커지는 세상 (1) 방문객	목표학습	1. 이 시를 읽고 친구들과 이야기 나누고 싶은 질문을 만들어 보자. 만든 질문을 모둠 구성원들과 공유하고 '우리 모둠 질문'을 정해 보자. 2. 1에서 정한 '우리 모둠 질문'과 다음에 제시된 질문들에 대해 모둠 구성원들과 이야기를 나누면서 이 시를 깊이 있게 감상해 보자. 　- 우리 모둠 질문 　- 독자 맥락 : 자신의 경험을 바탕으로 생각해 볼 때 이 시에서 말하는 '환대'의 의미는 무엇일까? 　- 작가 맥락 : 시인이 쓴 다른 시 〈섬〉의 화자와 이 시의 화자의 태도를 볼 때, 시인은 사람과의 만남에 대해 어떻게 생각하고 있을까? 　- 사회·문화적 맥락 : 이 시는 한 건물의 글판에 게시되어 많은 사람을 받았다. 사람들이 이 시를 사랑한 이유는 무엇일까? 3. 이 시에 대한 평가를 한 문장으로 쓰고, 친구들과 공유해 보자. 　1) 다음 요소들을 고려하여 이 시에 대한 평가를 한 문장으로 쓰고 그렇게 평가한 이유를 말해 보자. 　　- 내용 요소 : 시어와 시구의 함축적 의미, 주제 등 　　- 표현 요소 : 운율, 표현 방법, 어조 등 　　- 사회·문화적 가치 : 작품에 반영된 사회적 배경, 역사적 사건 등 　　- 그 외 : 작가의 작품 경향, 다른 작품과의 비교 등 　2) 내가 쓴 평가를 친구들과 공유하고, 친구들의 평가 중에 가장 마음에 드는 것을 골라 그 이유를 이야기해 보자.

2026학년도 중등학교교사신규임용후보자선정경쟁시험(2차)
제57회 국어과 교수·학습 실연 시험 문제지

관리 번호	

지도안 세부 조건

1. 〈수험생 작성 조건1〉 동기유발
   가. 시를 읽었던 학생들의 경험을 이끌어 낼 것
   나. 발문을 통해 시의 특징을 떠올려 보게 할 것
   다. 〈자료1〉과 관련하여 시의 내용을 예측해 보게 할 것

2. 〈수험생 작성 조건2〉 문학 작품 감상하기
   가. 〈자료1〉에서 화자가 처한 상황 및 정서를 파악하도록 할 것
   나. 〈자료1〉에 쓰인 심상을 찾고 효과를 이해하도록 할 것
   다. 모둠활동으로 진행할 것

3. 〈수험생 작성 조건3〉 서정 갈래 이해하기
   가. 〈자료2〉가 서정 갈래에 속하는지 토의하도록 할 것
   나. 서정 갈래에 대해 정리하여 설명할 것
   다. 학습자의 경험을 토대로 〈자료1〉 한 연을 모방하여 쓰도록 할 것

수업 조건

- 과목 : 국어
- 학년 : 고등학교 1학년
- 장소 : 국어 교과교실
- 시간 : 블록타임제(100분)
- 단원명 : 서정 문학의 이해
- 해당 성취 기준 : 갈래에 따른 형상화 방법의 특성을 고려하며 작품을 수용한다.(서정)

단원명	차시	학습 내용
서정 문학의 이해	1-2 (본시)	○서정 갈래의 특성에 따른 형상화 방법을 중심으로 작품을 감상할 수 있다. ○구성 요소와 전체의 유기적인 관계를 고려하여 시를 감상할 수 있다.
	3-4	○서사 갈래의 개념과 특징을 이해할 수 있다. ○서사 갈래의 특성에 따른 형상화 방법을 중심으로 작품을 감상할 수 있다.

학생 수	장소	학습 형태	학습 기자재
24명	국어 교과교실	강의식, 모둠활동	교사용 컴퓨터, 전자 칠판, 학생용 스마트 기기

※ 본 문제는 모의 평가용으로 제작되었으며, 실제 시험의 문항 유형 및 형식과 다를 수 있습니다.

〈자료1〉

향수

정지용

넓은 벌 동쪽 끝으로
옛이야기 지줄대는 실개천이 회돌아 나가고,
얼룩빼기 황소가
해설피 금빛 게으른 울음을 우는 곳,

― 그곳이 차마 꿈엔들 잊힐 리야.

질화로에 재가 식어지면
비인 밭에 밤바람 소리 말을 달리고,
엷은 졸음에 겨운 늙으신 아버지가
짚베개를 돋아 고이시는 곳,

― 그곳이 차마 꿈엔들 잊힐 리야.

흙에서 자란 내 마음
파아란 하늘빛이 그리워
함부로 쏜 화살을 찾으려
풀섶 이슬에 함추름 휘적시던 곳,

― 그곳이 차마 꿈엔들 잊힐 리야.

하늘에는 석근 별
알 수도 없는 모래성으로 발을 옮기고,
서리 까마귀 우지짖고 지나가는 초라한 지붕,
흐릿한 불빛에 돌아앉아 도란도란거리는 곳,

― 그곳이 차마 꿈엔들 잊힐 리야.

〈자료2〉

외할머니의 뒤안 툇마루

서정주

〈내용 생략〉

2026학년도 모의문제 자료(지문)
*Daum 2순정 카페에서 자료(지문)을
확인하실 수 있습니다.

2026학년도 중등학교교사신규임용후보자선정경쟁시험(2차)

제57회 국어과 교수·학습 실연 지도안 〔예상 답안〕

<table>
<tr><th colspan="6">국어과 본시 교수·학습 지도안</th></tr>
<tr><td colspan="2">학습 목표</td><td colspan="4">1. 서정 갈래의 특성에 따른 형상화 방법을 중심으로 작품을 감상할 수 있다.
2. 구성 요소와 전체의 유기적인 관계를 고려하여 시를 감상할 수 있다.</td></tr>
<tr><td colspan="2">학습 단계</td><td colspan="2">교수·학습 활동</td><td>자료 및 유의점</td><td>시간 (분)</td></tr>
<tr><td rowspan="6">도입</td><td>인사</td><td>• 인사 및 학습 분위기 조성</td><td>• 인사 및 학습 준비</td><td></td><td></td></tr>
<tr><td>전시 학습 확인</td><td>• 전시 학습 확인</td><td>• 전시 학습 회상</td><td></td><td></td></tr>
<tr><td>동기유발</td><td>〈수험생 작성 내용1〉
• 시를 읽었던 학생들의 경험을 이끌어 낼 것
  – "시를 읽어본 적이 있나요?"
  – "기억에 남는 시가 있었나요?"
  – "왜 기억에 남았나요?"

• 발문을 통해 시의 특징을 떠올리게 하기
  – "시는 보통 소설이나 수필과 어떻게 달랐나요?"
  – "그렇죠. 여러분들이 중학교 때 배웠던 것처럼 시는 다른 갈래와 비교해 짧고 함축적으로 인간의 정서를 다루어요."

• 〈자료1〉과 관련하여 시의 내용을 예측하도록 하기
  – "오늘은 〈자료1〉의 시를 공부해 볼 건데 어떤 내용이 예측되나요?"</td><td>• 시를 읽었던 경험 떠올리기
  – "네 중학교 때요." 등
  – "엄마 걱정이요.", "풀꽃이요.", "딱지요." 등
  – "엄마와의 슬픈 추억을 떠올리는 모습이 감동적이어서요.", "상처 받은 화자의 마음에 공감되어서요."

• 발문을 듣고 시의 특징 떠올리기
  – "짧아요.", "운율이 있어요.", "서정적이에요." 등

• 〈자료1〉과 관련하여 시의 내용 예측해 보기
  – "제목을 보니 고향 이야기인 것 같아요.", "그리움의 감정이 나올 것 같아요." 등</td><td></td><td></td></tr>
<tr><td>학습 내용 안내</td><td>• 학습 내용 안내</td><td>• 학습 내용 확인</td><td></td><td></td></tr>
<tr><td>학습 목표 제시</td><td>• 학습 목표 제시</td><td>• 학습 목표 확인</td><td></td><td></td></tr>
<tr><td rowspan="2"></td><td rowspan="2"></td><td rowspan="2"></td><td></td><td></td></tr>
<tr><td></td><td></td></tr>
<tr><td>전개1</td><td>〈활동1〉 문학 작품 이해하기</td><td>• 〈작품1〉 읽도록 하기
• 〈작품1〉 각 연의 내용 이해하도록 하기
• 〈작품1〉 운율 이해하도록 하기
• 〈작품1〉 표현 방법 이해하도록 하기</td><td>• 〈작품1〉 읽기
• 〈작품1〉 각 연의 내용 이해하기
• 〈작품1〉 운율 이해하기
• 〈작품1〉 표현 방법 이해하기</td><td></td><td></td></tr>
<tr><td>전개2</td><td>〈활동2〉 문학 작품 감상하기</td><td>〈수험생 작성 내용2〉 • 모둠활동을 통해 〈자료1〉의 화자와 정서를 찾도록 하기 〈안내 사항〉 – 화자 : 시에서 말하는 이 – 정서 : 작품에 담겨 있는 정서 ※ 화자와 정서는 시를 근거로 찾기</td><td>• 모둠활동을 통해 〈자료1〉의 화자와 정서를 찾기 |	내용	시구
상황	고향을 떠난 '나'	그곳이 차마 꿈엔들 잊힐리야, 그리워
정서	그리움	|</td><td></td><td></td></tr>
</table>

단계	활동	교사 활동	학생 활동
전개 2	〈활동2〉 문학 작품 감상하기	• 모둠활동을 통해 〈자료1〉에 쓰인 심상을 이해하도록 하기 〈안내 사항〉 - 심상 : 시를 읽을 때 마음 속으로 떠오르는 인상 - 심상의 종류 : 시각적 심상, 청각적 심상, 촉각적 심상, 후각적 심상, 미각적 심상, 공감각적 심상	• 모둠활동을 통해 〈자료1〉에 쓰인 심상을 이해하기 	종류	시구
---	---
시각적 심상	얼룩백이 황소, 파아란 하늘빛, 검은 귀밑머리 날리는, 성근 별, 흐릿한 불빛
청각적 심상	옛이야기 지줄대는 실개천, 서리 까마귀 우지짖고, 도란도란거리는
촉각적 심상	풀섶 이슬에 함초롬 휘적시던, 따가운 햇살을 등에 지고
공감각적 심상	금빛 게으른 울음, 밤바람 소리 말을 달리고	
		• 활동을 정리하며 심상의 효과 이해하도록 하기 - "이렇게 심상을 활용하니까 어떤 효과가 느껴지나요?" - "맞아요. 이렇게 우리 감각기관을 자극할 수 있는 표현을 사용하면 내용을 감각적으로 드러내고 정서를 생생하게 느낄 수 있게 해줍니다. 서정 문학은 개인의 느낌이나 정서를 표현한 문학이기 때문에 심상을 활용하면 효과적인 정서 표현에 도움이 됩니다."	• 활동을 정리하며 심상의 효과 이해하기 - "시의 분위기가 구체적으로 느껴져요.", "어떤 장면들이 생생하게 느껴져요." 등
전개 3	〈활동3〉 서정 갈래 이해하기	〈수험생 작성 내용3〉 • 〈자료2〉가 서정 갈래에 속하는지 토의하도록 하기 〈안내 사항〉 1. 모둠별로 토의하여 포함 여부를 결정하기 2. 그 이유를 설명하기	• 〈자료2〉가 서정 갈래에 속하는지 토의하기 | 모둠	포함 여부	이유
---	---	---
1모둠	×	운율이 느껴지지 않는다.
2모둠	○	내재율이 느껴진다.
3모둠	×	소설처럼 길게 서술되어 있다.
4모둠	○	시각적 심상이 느껴진다.
5모둠	○	그리움의 정서가 느껴진다.	
		• 활동 정리하며 서정 갈래에 대해 설명하기 - "1모둠과 3모둠은 〈자료2〉가 서정 갈래가 아니라고 생각했는데, 다른 모둠에서 설명해 줄 수 있을까요?" - "좋습니다. 또 3모둠의 생각에 대해 보완해 줄 수 있는 모둠 있을까요?" - "네. 모두 잘 말해 주었습니다. 〈자료2〉는 언뜻 보기엔 서정 갈래에 같지 않아 보이지만 읽어 보면 내재율을 느낄 수 있고, 사건의 줄거리보단 그리움의 정서를 드러내고 있으며, 시각적 심상이 두드러져 생생하게 느껴지는 시입니다." - "이처럼 서정 갈래는 구성 요소인 '화자', '심상', '운율', '표현 기법'들이 유기적으로 연결되어 작품의 주제를 전달합니다."	• 활동 정리하며 서정 갈래에 대해 이해하기 - "네. 1모둠은 운율이 느껴지지 않는다고 했지만, 저희 2모둠에서는 내재율이 느껴진다고 생각했습니다. 그 이유는 '외할머니'라는 단어나 '~ㅂ니다.' 등을 반복하면서 운율을 만들어 내기 때문입니다." - "5모둠에서는 이 시가 비록 산문처럼 서술되어 있는 것 같아 보이지만, 소설과 달리 사건과 갈등을 다루지 않고 정서가 중심이 되기 때문에 시라고 생각했습니다."

전개 3	〈활동3〉 서정 갈래 이해하기	• 학습자의 경험을 토대로 〈자료1〉의 한 연을 모방하여 쓰고 공유하도록 하기 〈안내 사항〉 1. 자신에게 잊히지 않는 그리움의 대상 떠올리기 2. 관련된 추억과 정서 떠올리기 3. 시의 특성을 고려하여 〈자료1〉의 한 연 모방하여 표현하기 • 활동 마무리하기	• 학습자의 경험을 토대로 〈자료1〉의 한 연을 모방하여 쓰고 공유하기 |	경험	모방시 | |---|---|---| | 보검 | 축구 | 운동장에서 뛰놀던 내 마음 왁자지껄 환호성이 그리워 함부로 찬 축구공을 찾으려 용감한 바람처럼 힘차게 내달리던 기억 | | … | … | … | • 활동 마무리하기	
정리	형성평가 및 과제 부여	• 형성평가 부여 • 수준별 과제 제시	• 형성평가 진행 • 수준별 과제 확인	
	학습 내용 정리	• 학습 내용 정리	• 학습 내용 이해	
	차시 예고	• 차시 예고	• 차시 예고 인지	

판서 예시

서정 문학의 이해

〈학습 목표〉

1. 서정 갈래의 특성에 따른 형상화 방법을 중심으로 작품을 감상할 수 있다.
2. 구성 요소와 전체의 유기적인 관계를 고려하여 시를 감상할 수 있다.

〈활동2〉 문학 작품 감상하기

1) 화자와 정서 찾기

	내용	시구
화자	'나'	내 마음
정서	그리움	그곳이 차마 꿈엔들 잊힐리야, 그리워

2) 심상 찾기

심상의 종류	시구
시각적	얼룩백이 황소, 파아란 하늘빛, 검은 귀밑머리 날리는…
청각적	옛이야기 지줄대는 실개천…
촉각적	풀섶 이슬에 함초롬 휘적시던, 따가운 햇살을 등에 지고…
공감각적	금빛 게으른 울음…

〈활동3〉 서정 갈래 이해하기

1) 〈자료2〉 토의하기

모둠	포함 여부	이유
1모둠	×	운율이 느껴지지 않음
2모둠	○	내재율이 느껴짐
3모둠	×	길이가 너무 긺
4모둠	○	시각적 심상이 느껴짐
5모둠	○	그리움의 정서가 느껴짐

2) 모방하여 표현하기

	경험	모방시
보검	축구	운동장에서 뛰놀던 내 마음 / 왁자지껄 환호성이 그리워 / 함부로 찬 축구공을 찾으려 / 용감한 바람처럼 힘차게 내달리던 기억
…	…	…

성취 기준

2022 교육과정	[10공국1-05-02] 갈래에 따른 형상화 방법의 특성을 고려하며 작품을 수용한다.
성취 기준 적용 시 고려 사항	문학의 갈래에 대한 학습은 초등학교 성취 기준([6국05-05])에서 간단히 다루고, '공통국어1'을 거쳐 선택 과목 '문학'([12문학01-02])에서 종합적으로 다루게 되는, 문학 영역의 대표적인 반복·심화 학습 내용 중 하나이다. '공통국어1'에서는 서정, 서사, 극, 교술 갈래별로 나타나는 특성이 작품의 주제를 효과적으로 전달하거나 작품에서 아름다움을 느끼게 하는 데에 어떻게 작용하는지 살피면서 작품을 수용하도록 한다.
2015 교육과정	[10국05-02] 갈래의 특성에 따른 형상화 방법을 중심으로 작품을 감상한다.

교과서 정리			

학습 내용 정리	■ 서정 갈래의 개념과 특성
	1. 개념 : 인간의 주관적인 사상이나 정서를 운율이 있는 함축적인 언어로 형상화하는 문학의 한 갈래
	  - 말소리나 어구, 음보, 글자 수 등이 반복되면서 운율이 형성된다.
	  - 감각과 경험을 생생하게 전달하기 위해 심상이 쓰인다.
	  - 비유, 상징, 반어, 역설 등의 다양한 표현 방법이 쓰인다.
	  - 함축적 의미를 지닌 시어가 사용된다.
	  - 화자, 정서, 운율, 심상 등이 주된 구성 요소이다.
	■ 서정 갈래의 구성 요소 및 형상화 방법
	  - 화자 : 시인을 대신하여 시에서 목소리를 내는 사람 / 화자가 처한 상황과 화자의 어조를 통해 정서와 태도를 드러냄
	  - 심상 : 시를 읽을 때 마음 속으로 떠오르는 감각적인 인상 / 화자의 생각이나 느낌을 감각적으로 구체화하여 생생하게 드러냄
	  - 운율 : 시를 읽을 때 느껴지는 음악적 요소 / 유사한 음운이나 단어 및 문장 구조의 반복 행과 연의 규칙적인 배열, 음성 상징어의 활용 등으로 형성됨
	  - 표현 기법 : 효과적이고 미적인 표현을 위해 언어를 꾸미는 방법 / 비유, 상징, 반어, 역설 등의 표현 기법을 통해 풍부하고 다양한 의미를 형성함		

[2022] 비상(박영민) 공통국어1 1. 네 가지 빛깔로 만나는 문학 (1) 서정 갈래		제재	산속에서(나희덕)
		동기유발	※ [민요로 생각 열기] 다음 민요의 노랫말을 운율을 살려 읽어 보고, 빈칸을 자신만의 노랫말로 바꾸어 불러 보자.

		학습활동	1. 〈산속에서〉이 시어와 시구를 살펴보고 시적 화자가 전달하고자 하는 바를 파악해 보자.
			  1) 대조적 의미를 지닌 시어를 찾아보고, 그 시어가 상징하는 의미를 써 보자.
			  2) 이 시의 마지막 연에서 ㉠과 ㉡이 뜻하는 바가 무엇인지 비교하여 말해 보자.
			  3) '나그네'가 처한 상황을 고려할 때, 시적 화자가 바라는 삶의 태도가 무엇일지 말해 보자.
			2. 이 시에 쓰인 다양한 형상화 방법을 알아보자.
			  1) 이 시를 소리 내어 읽어 보고, 어떤 부분에서 운율을 느낄 수 있었는지 말해 보자.
			  2) 〈보기〉를 참고하여 이 시에서 심상이 잘 드러나는 시어나 시구를 찾아보고, 그 시어나 시구가 어떤 효과를 주는지 말해 보자.
			  3) 다음은 이 시의 1연의 문장 순서를 다르게 배열한 것이다. 다음과 1연을 비교해 보고, 이 시에 쓰인 표현 방법이 어떤 효과가 있는지 말해 보자. (도치법)
			3. 1과 2의 활동을 바탕으로 이 시의 구성 요소와 표현 방법이 주제를 드러내는 데 어떻게 작용하고 있는지 정리해 보자.
			  - 시인은 시어, 시적 화자, 운율, 심상 등의 구성 요소와 비유와 상징 등의 표현 방법을 사용하여 주제를 효과적으로 구현한다.
			4. 이 시를 추천해 주고 싶은 사람을 떠올려 보고 시와 함께 전해 줄 말을 써 보자.
			5. 다음 시를 감상하고, 서정 갈래에 대한 이해의 폭을 넓혀 보자. (정진규, 〈연필로 쓰기〉)
			  1) 다음 질문에 답하면서 이 작품의 특징을 파악해 보자.
			    - 이 작품에 담긴 개인의 정서나 생각은 무엇인가?
			    - 이 작품에서 운율, 심상, 함축 등의 표현이 어떻게 드러나고 있는가?
			  2) 다음 서정 갈래의 정의를 참고하여, 이 작품을 서정 갈래로 볼 수 있는 이유를 말해보자.
			    - 산문시 : 산문 형식으로 된 시. 산문과는 달리 함축적 의미를 지니는 시어를 사용하고 서정적으로 묘사한다는 데 특징이 있다.

[2022] 천재(김종철) 공통국어1 3. 문학의 여러 얼굴 (1) 나무의 꿈		제재	나무의 꿈(손택수)

		내용학습	1. 이 시의 내용을 파악해 보자.
			  1) 이 시의 내용을 다음과 같이 정리해 보자.
			  2) 이 시의 화자와 청자에 주목하여 시적 상황을 파악해 보자.
			  3) 화자의 어조에서 느껴지는 이 시의 분위기를 말해 보자.
			2. 이 시에 나타난 서정 갈래의 구성 요소와 형상화 방법을 알아보자.
			  1) 이 시에서 함축적 의미를 지닌 시어를 찾고 그 의미가 유사한 것끼리 묶어 다음과 같이 정리해 보자.
			  2) '아궁이 속 장작'과 '한 줌 재'에 대한 일반적 인식과 화자의 인식이 어떻게 다른지 파악해 보자.
			  3) 이 시를 소리 내어 읽어 보고, 운율을 형성하는 요소가 무엇인지 말해 보자.
			  4) 다음 시구에 드러난 감각적 심상을 말해 보고, 이러한 표현을 사용하여 얻는 효과가 무엇인지 정리해 보자.
			  5) 다음에서 설명하는 표현 방법이 이 시에서 어떻게 드러나는지 찾고, 그 효과를 이야기해 보자. (사람이 아닌 것을 사람에 빗대어 표현하는 방법)

[2022] 천재(김종철) 공통국어1 3. 문학의 여러 얼굴 (1) 나무의 꿈	내용학습	3. 2에서 정리한 구성 요소의 유기적 관계를 바탕으로 하여 이 시의 주제를 파악해 보자. 　1) 다음은 이 시를 쓴 시인의 말이다. 이를 참고하여 이 시에서 '바람'이 의미하는 바가 무엇인지 이야기해 보자. 　2) 이 시의 화자가 '너'에게 하고 싶은 말이 무엇인지 정리해 보자. 　3) 1), 2)를 바탕으로 하여 이 시의 주제가 무엇인지 이야기해 보자. 4. 대상을 응원하는 마음을 담아 한 편의 짧은 시를 지어 보자. 　1) 자신이 응원하고 싶은 대상을 정하고, 그 대상에게 해 주고 싶은 말을 정리해 보자. 　2) 1)의 내용을 바탕으로 하여 한 편의 짧은 시를 써 보고, 시를 쓴 의도를 함께 적어 보자. 　3) 친구에게 자신이 쓴 시를 소개하고, 다음 항목에 따라 서로의 작품을 평가해 보자. 　　- 시에 공감할 수 있는 정서가 나타났는가? 　　- 시를 쓴 의도가 시 속에 잘 담겨 있는가? 　　- 시의 주제를 형상화하는 데 구성 요소들이 잘 기여하고 있는가?
[2022] 동아 공통국어1 2. 문학의 네 가지 갈래 (1) 서정 갈래의 이해	제재	푸른 밤(나희덕)
	동기유발	※ 사람들이 다음 글귀를 보고 '시'라고 생각하는 까닭을 말해 보자.
	학습활동	1. 빈칸을 채우며 이 시의 내용을 정리해 보자. 2. 이 시의 구성 요소와 맥락을 중심으로 시를 감상하며 서정 갈래의 특성과 형상화 방법을 이해해 보자. 　1) 다음 시구를 바탕으로 이 시에서 운율이 느껴지는 까닭을 설명해 보자. 　2) 다음 시구에 사용된 표현 방법과 그 효과를 설명해 보자. 　3) 밑줄 친 시어의 사전적 의미를 참고하여 이 시의 상징적 의미를 파악해 보자. 　4) 다음 설명을 참고하여 이 시의 제목이 '푸른 밤'인 까닭을 설명해 보자. 　5) 1)~4)를 바탕으로 이 시의 주제를 파악해 보고, 시의 구성 요소들이 주제를 형상화하는 데 어떻게 기여하는지 설명해 보자. 3. 다음은 조선 전기에 창작된 시조이다. 화자의 정서와 표현 방법을 중심으로 시조가 서정 갈래에 속하는 까닭을 이해해 보자. (정철, 내 마음 베허 내어~) 　1) 이 시조에 드러난 화자의 정서를 말해 보자. 　2) 이 시조에서 '님'에 대한 화자의 마음을 어떻게 형상화하고 있는지 설명해 보자. 　3) 이 시조의 화자가 '신하'로, '님'을 '임금'으로 본다면 작품의 의미가 어떻게 달라지는지 말해 보자.

2026학년도 중등학교교사신규임용후보자선정경쟁시험(2차)
제58회 국어과 교수·학습 실연 시험 문제지

관리 번호

지도안 세부 조건

1. 〈수험생 작성 조건1〉 동기유발
   가. 소설을 읽었던 학생들의 경험을 이끌어 낼 것
   나. 발문을 통해 소설의 특징을 떠올려 보게 할 것
   다. 학습 목표와 연관 지어 소설에 대하여 간단하게 설명할 것

2. 〈수험생 작성 조건2〉 소설 속 인물과 서술자 이해하기
   가. 〈자료1〉에 나타난 주인공의 성격을 파악하도록 할 것
   나. 〈자료1〉의 서술자를 찾고 서술자가 독자에게 미치는 영향을 파악하도록 할 것
   다. 모둠활동으로 진행할 것

3. 〈수험생 작성 조건3〉 서사 갈래 이해하기
   가. 〈자료1〉의 소설의 주제를 파악하도록 할 것
   나. 소설의 구성 요소(인물, 배경, 서술자)가 작품의 주제를 전달하는 데 미치는 영향을 토의하도록 할 것
   다. 〈자료1〉과 〈자료2〉의 공통점을 찾고 서사 갈래의 특징을 이해하도록 할 것

수업 조건

- 과목 : 국어
- 학년 : 고등학교 1학년
- 장소 : 국어 교과교실
- 시간 : 블록타임제(100분)
- 단원명 : 서사 문학의 이해
- 해당 성취 기준 : 갈래에 따른 형상화 방법의 특성을 고려하며 작품을 수용한다. (서사)

단원명	차시	학습 내용
서사 문학의 이해	1-2	○서정 갈래의 특성에 따른 형상화 방법을 중심으로 작품을 감상할 수 있다. ○구성 요소와 전체의 유기적인 관계를 고려하여 시를 감상할 수 있다.
	3-4 (본시)	○서사 갈래의 개념과 특징을 이해할 수 있다. ○서사 갈래의 특성에 따른 형상화 방법을 중심으로 작품을 감상할 수 있다.

학생 수	장소	학습 형태	학습 기자재
24명	국어 교과교실	강의식, 모둠식	교사용 컴퓨터, 전자 칠판, 학생용 스마트 기기

※ 본 문제는 모의 평가용으로 제작되었으며, 실제 시험의 문항 유형 및 형식과 다를 수 있습니다.

⟨자료1⟩

달밤

이태준

⟨내용 생략⟩

2026학년도 모의문제 자료(지문)
* Daum 2순정 카페에서 자료(지문)을 확인하실 수 있습니다.

⟨자료2⟩

[앞부분의 줄거리] 명나라 때 홍무와 부인 양씨는 뒤늦게 계월을 낳아, 남자 옷을 입혀 기른다. 장사랑의 난을 피하다가 부모와 헤어진 계월은 강물에 버려진다. 여공이 계월을 구해 평국이라는 이름을 지어주고, 아들 보국과 함께 곽도사에게 수학하게 한다. 남장을 한 계월은 이름을 평국이라고 고친 뒤 보국과 함께 과거에 급제하고, 서달의 난이 일어나자 대원수와 중군장으로 출전하여 공을 세운다. 그 과정에서 평국은 헤어졌던 부모를 만나게 된다. 병이 든 평국은 어의에게 진맥을 받고 난 뒤 여자임이 밝혀진다.

어의가 엎드려 아뢰었다.
"평국의 맥을 보오니 남자의 맥이 아니오니 이상한 일이옵니다."
천자께서 그 말을 들으시고 말씀하셨다.
"평국이 여자라면 어찌 전장에 나가 적병 십만 군을 소멸하고 왔겠는가? 평국의 얼굴이 복숭아 빛이요 몸이 약하므로 혹 미심쩍은 점이 있거니와 아직은 누설하지 말라."
그러시고는 내시를 시켜 자주 문병하도록 하셨다.
이때 평국은 병세가 차차 나아졌다. 생각하기를,
'어의가 나의 맥을 짚었으니 나의 본색이 탄로 날 것이다. 이제는 할 수 없이 여자 옷으로 바꿔 입고 규중에 몸을 감추어 세월을 보내는 것이 옳겠다.'
하고, 즉시 남자 옷을 벗고는 여자 옷으로 갈아입고서 부모를 뵈었다. 그리고 흐느끼니 두 뺨에 두 줄기 눈물이 줄줄 흘렀다.

(중략)

- 작자 미상, 「홍계월전」 -

2026학년도 중등학교교사신규임용후보자선정경쟁시험(2차)

제58회 국어과 교수·학습 실연 지도안 예상 답안

국어과 본시 교수·학습 지도안					
학습 목표	1. 서사 갈래의 개념과 특징을 이해할 수 있다. 2. 서사 갈래의 특성에 따른 형상화 방법을 중심으로 작품을 감상할 수 있다.				
학습 단계		교수·학습 활동		자료 및 유의점	시간 (분)
도입	인사	• 인사 및 학습 분위기 조성		• 인사 및 학습 준비	
	전시 학습 확인	• 전시 학습 확인		• 전시 학습 회상	
	동기유발	〈수험생 작성 내용1〉 • 소설을 읽었던 학생들의 경험을 이끌어 내기 — "기억에 남는 소설에는 어떤 것이 있나요?" — "왜 기억에 남았나요?" • 발문을 통해 소설의 특징을 생각하도록 하기 — "읽었던 소설을 떠올려보면 소설은 어떤 특징이 있었나요?" • 학습 목표와 연관 지어 소설에 대해 설명하기 — "맞아요. 소설은 현실에서 일어날 법한 일을 꾸며 쓴 문학이에요. 이번 시간에는 소설과 관련된 서사 갈래에 대해 공부할 거예요."		• 소설을 읽었던 경험 떠올리기 — "공작나방이요.", "운수 좋은 날이요." 등 — "결말이 충격적이어서요.", "주인공의 성격이 좋아서요.", "이야기가 흥미진진해서요.", "주인공한테 공감이 되었어요." 등 • 발문을 듣고 소설의 특징을 생각해 보기 — "허구적이에요.", "예술이에요.", "갈등이 있어요.", "5단 구성이에요." 등 • 설명을 듣고 소설에 대해 이해하기	
	학습 내용 안내	• 학습 내용 안내		• 학습 내용 확인	
	학습 목표 제시	• 학습 목표 제시		• 학습 목표 확인	
전개 1	〈활동1〉 문학 작품 감상하기	• 〈자료1〉 함께 읽기 • 작품의 줄거리 요약 및 갈등 파악하기 • 작품의 배경과 효과 이해하기		• 〈자료1〉 함께 읽기 • 작품의 줄거리 요약 및 갈등 파악하기 • 작품의 배경과 효과 이해하기	
전개 2	〈활동2〉 소설 속 인물과 서술자 이해하기	〈수험생 작성 내용2〉 • 모둠활동을 통해 〈자료1〉의 주인공을 찾고 주인공의 성격 파악하도록 하기 〈안내〉 ① 주인공은 작품을 이끌어가는 주체 ② 주인공의 말과 행동, 서술자의 설명을 통해 성격을 파악하기 • 모둠활동을 통해 〈자료1〉의 서술자를 찾고 서술자가 독자에게 미치는 영향을 파악하도록 하기 || • 모둠활동을 통해 〈자료1〉의 주인공을 찾고 주인공의 성격 파악하도록 하기 | 주인공	성격	이유
---	---	---
황수건	천진난만함	삼 원 돈에 덩실덩실 춤을 춤
	은혜에 감사할 줄 앎	참외 세 개를 두고 감	 • 모둠활동을 통해 〈자료1〉의 서술자를 찾고 서술자가 독자에게 미치는 영향을 파악하기	

전개 2	〈활동2〉 소설 속 인물과 서술자 이해하기	〈안내〉 ① 서술자의 개념 : 서술자는 이야기를 전달하는 인물 ② 시점의 종류 : 1인칭 주인공 시점, 1인칭 관찰자 시점, 작가 관찰자 시점, 전지적 작가 시점	서술자	시점	영향
			나	1인칭 관찰자 시점	주인공을 관찰하여 전달하므로 주인공의 생각과 감정은 직접적으로 알기 어려움. 그러므로 호기심이 생기고 추측하는 재미가 있음
					서술자 '나'의 관점에서 황수건을 긍정적으로 바라보게 됨. 연민의 시선으로 바라보게 됨
		• 활동 내용을 공유하고 마무리하기	• 활동 내용을 공유하고 마무리하기		

전개 3	〈활동3〉 서사 갈래 이해하기	〈수험생 작성 내용3〉
		• 상호작용을 통해 〈자료1〉의 주제를 파악하도록 하기
		  – "이 작품의 인물, 사건, 배경, 서술자 등을 파악해 보았는데 이를 통해 알 수 있는 작가의 메시지는 무엇일까요?"
		
		• 소설의 구성 요소가 작품의 주제를 전달하는 데 미치는 영향을 토의하도록 하기
			• 상호작용을 통해 〈자료1〉의 주제를 파악하기
			  – "어리숙한 인물 '황수건'의 삶에 대한 연민입니다.", "소외된 인물에 대한 애정입니다." 등
			
			• 소설의 구성 요소가 작품의 주제를 전달하는 데 미치는 영향을 토의하기

구성 요소	미치는 영향
인물	소설의 등장인물인 황수건의 말과 행동은 당시 사회의 소외된 계층을 상징적으로 보여줘.
배경	배경인 달밤을 통해 서정적인 분위기를 형성하고 깊은 여운을 줘.
서술자	1인칭 관찰자 시점을 사용하여 주인공과 적절한 간격을 유지할 수 있어.

• 〈자료2〉 함께 읽도록 하기

• 〈자료1〉과 〈자료2〉의 공통점을 찾도록 하기

• 〈자료2〉 함께 읽기

• 〈자료1〉과 〈자료2〉의 공통점 찾기

공통점	그 이유	
	〈자료1〉	〈자료2〉
서술자가 존재함	1인칭 관찰자 시점	전지적 작가 시점
등장인물이 존재함	황수건 등	홍계월 등
사건(갈등)이 있음	인물 간의 갈등	내적 갈등, 외적 갈등
배경이 있음	달밤	명나라

• 〈자료1〉과 〈자료2〉의 공통점을 토대로 서사 갈래의 특징 이해하도록 하기
  – "두 작품 모두 소설이자 서사 갈래에 속합니다. 이러한 서사 갈래는 인물, 사건, 배경이 존재하고 이를 전달하는 서술자가 있습니다. 이러한 허구적인 이야기를 통해 작가가 전달하고자하는 주제를 드러냅니다."

• 〈자료1〉과 〈자료2〉의 공통점을 토대로 서사 갈래의 특징 이해하기

정리	형성평가 및 과제 부여	• 형성평가 부여 • 수준별 과제 제시	• 형성평가 진행 • 수준별 과제 확인		
	학습 내용 정리	• 학습 내용 정리	• 학습 내용 이해		
	차시 예고	• 차시 예고	• 차시 예고 인지		

판서 예시

서사 문학의 이해

〈학습 목표〉

1. 서사 갈래의 개념과 특징을 이해할 수 있다.
2. 서사 갈래의 특성에 따른 형상화 방법을 중심으로 작품을 감상할 수 있다.

〈활동2〉 문학 작품 감상하기

1) 인물의 성격

주인공	성격	이유
황수건	천진난만함	덩실덩실 춤을 춤
	은혜에 감사할 줄 앎	참외 세 개를 두고 감
	착함	포도를 가져다 줌

2) 서술자 파악

서술자	시점	이유
나	1인칭 관찰자 시점	주인공의 생각과 감정은 알기 어렵다. 그러므로 호기심이 생기고 추측하는 재미가 있다.

〈활동3〉 서사 갈래 이해하기

1) 주제 이해

구성 요소	미치는 영향
인물	소설의 등장인물인 황수건 → 당시 사회의 소외된 계층을 상징
배경	달밤 → 서정적인 분위기 형성, 깊은 여운
서술자	1인칭 관찰자 시점 → 주인공과 적절한 간격을 유지할 수 있어

- 주제 : 소외된 삶에 대한 연민

2) 공통점 찾기

공통점	그 이유	
	〈자료1〉	〈자료2〉
서술자가 존재함	1인칭 관찰자 시점	전지적 작가 시점
등장인물이 존재함	황수건 등	홍계월 등
사건(갈등)이 있음	인물 간의 갈등	내적 갈등, 외적 갈등
배경이 있음	달밤	명나라

성취 기준

2022 교육과정	[10공국1-05-02] 갈래에 따른 형상화 방법의 특성을 고려하며 작품을 수용한다.
성취 기준 적용 시 고려 사항	문학의 갈래에 대한 학습은 초등학교 성취 기준([6국05-05])에서 간단히 다루고, '공통국어1'을 거쳐 선택 과목 '문학'([12문학01-02])에서 종합적으로 다루게 되는, 문학 영역의 대표적인 반복·심화 학습 내용 중 하나이다. '공통국어1'에서는 서정, 서사, 극, 교술 갈래별로 나타나는 특성이 작품의 주제를 효과적으로 전달하거나 작품에서 아름다움을 느끼게 하는 데에 어떻게 작용하는지 살피면서 작품을 수용하도록 한다.
2015 교육과정	[10국05-02] 갈래의 특성에 따른 형상화 방법을 중심으로 작품을 감상한다.

교과서 정리

학습 내용 정리	■ **서사 갈래의 정의** 　서술자를 통해 인물, 사건, 배경 등으로 이루어진 허구의 세계를 형상화하는 문학의 한 갈래로서, 소설이 대표적이다. ■ **서사 갈래의 특징** 　- 현실을 반영하여 현실에 있을 법한 이야기로 꾸며 낸 것이다. 　- 고유한 개성을 지닌 인물이 배경 속에서 사건의 주체로서 행동한다. 　- 갈등을 중심으로 하여 사건이 전개되며, 서술자가 사건을 전달한다. 　- 인물, 사건, 배경, 서술자 등이 주된 구성 요소이다.

학습 내용 정리	■ 서사 갈래의 구성 요소 및 형상화 방법	
	1) 인물 : 작품 속에서 사건을 이끌어 가는 주체 / 인물의 말이나 행동, 서술자의 설명을 통해 인물의 성격을 드러냄	
	2) 사건 : 인물들 간에 구체적으로 전개되는 이야기 / '발단-전개-위기-절정-결말'의 구성 단계를 통해 사건 전개에 필연성을 부여함	
	3) 배경 : 인물이 사건을 겪게 되는 구체적인 시간과 공간 / 이야기에 현실감을 주며, 인물의 심리나 사건 전개를 암시적으로 드러내기도 함	
	4) 갈등 : 인물의 심리나 인물 간의 관계가 얽혀 대립하는 양상 / 갈등의 원인과 진행, 해결 과정을 통해 현실의 문제를 드러냄	
	5) 서술자 : 인물의 성격이나 행동, 사건 등 작품 전체의 이야기를 전달하는 대리인 / 서술자가 사건을 바라보는 관점인 시점을 통해 서술자의 특성을 드러냄	
	6) 구성 : '발단, 전개, 위기, 절정, 결말'의 구성 단계에 따라 이야기를 서술하여 사건 전개에 필연성을 부여함	

	제재	미스터 방(채만식)
[2022] 천재(김수학) 공통국어1 3. 문학의 네 가지 빛깔 (2) 미스터 방	동기유발	※ 다음 장면들의 순서를 자유롭게 정하여 완결된 이야기 한 편을 만들어 보자.

	학습활동	1. 이 작품의 내용을 이해하고, 주제를 파악해 보자.
		  1) 방삼복의 생애에서 일어난 사건을 쓰고, 이를 참고하여 인물의 인생 곡선을 그려 보자.
		  2) 해방을 기점으로 하여 방삼복과 백 주사의 처지가 어떻게 달라졌는지 정리해 보자.
		  3) 1)과 2)를 바탕으로 하여 이 작품의 주제가 무엇인지 말해 보자.
		2. 이 작품에 나타난 서사 갈래의 특성을 알아보자.
		  1) 백 주사가 방삼복과 함께 있으면서 다음과 같이 갈등하는 이유를 말해 보자.
		  2) 이 작품에서 두드러지게 나타나는 서술 방식의 특징을 찾아 연결해 보자.
		  3) 이 작품의 사건 가운데 어느 하나가 바뀐다면 이야기가 어떻게 바뀌었을지 짝과 말해 보자.
		  4) 1)~3)을 바탕으로 하여, 이 소설의 구성 요소들이 주제를 형상화하는 데 어떻게 기여하는지 말해 보자.
		3. 사회·문화적 맥락을 바탕으로 하여 이 작품을 이해해 보자.
		  1) 다음 글을 읽고, 당시의 사회·문화적 상황을 고려하여 아래 활동을 해 보자.
		    ① 이 작품에서 방삼복이 통역관으로서 권력을 행사하는 부분을 찾아보자.
		    ② 사회·문화적 맥락을 바탕으로 하여 방삼복의 가치관과 삶의 태도를 평가해 보자.
		  2) 방삼복과 백 주사가 오늘날의 인물이라고 가정하고, 인물의 특성을 반영한 카드를 만들어보자.

	적용학습	※ 고전 소설 〈이생규장전〉을 읽고, 〈미스터 방〉과 비교하며 서사 갈래의 특성을 정리해 보자. 1. 죽었던 최씨 여인이 돌아온다는 허구적 설정이 이생과 최씨 여인의 사랑을 형상화하는 데 기여한 점이 무엇인지 말해 보자. 2. 작품의 구성 요소들을 고려할 때, 이 작품이 〈미스터 방〉과 같은 갈래로 묶이는 까닭을 말해 보자.

	제재	관내 분실(김초엽)
[2022] 미래엔(박영민) 공통국어1 1. 네 가지 빛깔로 만나는 문학 (2) 서사 갈래	동기유발	※ 다음 그림 속 상황을 짧은 이야기로 표현해 보자.

	학습활동	1. 〈관내 분실〉 속 등장인물이 갈등하는 원인과 갈등을 해소하는 과정을 살펴보자.
		  1) 엄마와 '지민'이 갈등하는 원인을 써 보자.
		  2) 엄마와 '지민'이 화해하는 과정을 정리해 보자.
		2. 이 소설에서 배경으로 설정된 '도서관'이 특징을 살펴보고, 이 배경이 사건 전개에 미치는 영향을 써 보자.
		  - 소설에서 배경은 인물이 존재하고 사건이 일어나는 공간이다. 이 작품에서 이야기 전개의 바탕이 되는 '도서관'의 특징을 살펴본다.
		3. 〈보기〉를 참고하여 작가가 서술자를 다음과 같이 설정한 의도를 추측해 보자.
		  - 서술자의 위치에 따라 이야기의 내용이 달라진다. 서술자가 소설 속 또는 소설 밖에 있는지, 등장인물의 내면까지 볼 수 있는지 없는지에 따라서 전개되는 내용에 미묘한 차이가 생길 수 있다.
		4. 다음 기사를 읽고 이 소설이 지닌 특성을 살펴보자. 그리고 이러한 특성과 작품의 구성 요소가 주제 형상화에 미치는 영향을 알아보자.
		  1) 이 소설에 나타난 과학 소설로서의 특성이 무엇인지 말해 보자.
		  2) 1)에서 찾은 과학소설로서의 특성이 이 소설의 주제 형상화에 어떻게 기여했는지 친구들과 논의해 보자.

[2022]
미래엔(박영민)
공통국어1
1. 네 가지 빛깔로 만나는 문학
(2) 서사 갈래
	학습활동	5. 서사 갈래의 특성을 고려하여 한 뼘 소설을 창작해 보자.
		  1) 다음 항목 중 하나를 선택하여 한 뼘 소설로 쓸 내용을 정리해 보자.
		    - 한 뼘 소설은 원고지 일 장에서 스무 장의 분량으로 쓰는 짧은 소설이다. 어떤 한 시기나 사건, 상황을 압축적으로 제시해야 하기 때문에 인상적인 장면을 포착하여 부각하는 것이 중요하다.
		  2) 소설의 구성 요소와 형상화 방법을 고려하여 내용을 구상해 보자.
		    - 인물 / 사건 / 배경
		  3) 구상한 내용에 어울리는 적절한 서술자를 설정해 보자.
		  4) 소설의 구성 단계를 고려하여 중심 사건을 정리해 보자.
		  5) 앞의 활동을 바탕으로 한 뼘 소설을 써 보자. 그리고 어떤 의도로 이 소설을 창작했는지 설명하는 말을 덧붙여 보자.
		  6) 한 뼘 소설을 평가할 수 있는 기준을 만들어 보고, 친구들과 서로의 감상평을 나누어 보자.	

미래엔 고등국어 1. 문학의 빛깔 (2) 서사 갈래의 이해	제재	달밤(이태준)	

	학습활동	[주인공의 특징 알아보기]
		1. 〈달밤〉 속 황수건의 말과 행동을 바탕으로 하여 그가 어떤 사람인지 생각해 보자.
		2. 1에서 살펴본 황수건을 성북동 사람들은 어떻게 바라보고 있는지 찾아보자.
		
		[서술자의 특징과 작품의 주제 탐구하기]
		1. 다음 글을 참고하여 이 작품의 서술자를 이해해 보자.
		2. 작품 속에 드러난 서술자의 태도를 알아보자.
		  1) 다음 장면에서 황수건을 대하는 '나'의 태도를 정리해 보자.
		  2) 1)을 참고하여 이 작품에서 작가가 말하고자 하는 바가 무엇인지 생각해 보자.
		
		[배경의 역할 이해하기]
		1. 작품의 배경을 설명한 글을 읽고, 다음 활동을 해 보자.
		  1) 이 소설의 공간적 배경인 '성북동'의 역할을 생각해 보자.
		  2) 황수건이 겪은 갈등을 1930년대라는 시대적 배경과 관련지어 설명해 보자.
		2. 다음은 이 작품의 마지막 장면이다. '달밤은 그에게도 유감한 듯하였다.'에 담긴 뜻과, 이러한 결말이 주는 효과를 생각해 보자.
		
		[서사 갈래의 특징과 문학의 본질 탐구하기]
		1. 고전 소설 〈홍계월전〉을 읽고, 이 작품과 〈달밤〉이 같은 갈래로 묶이는 까닭을 생각하며 서사 갈래의 특징을 정리해 보자.
		2. 1에서 정리한 내용과 소단원 (1)에서 배운 '문학의 본질'을 생각하며 〈달밤〉과 〈홍계월전〉의 구성 요소들이 작품 전체와 유기적 관계를 맺고 있는지 이야기해 보자.	

2026학년도 중등학교교사신규임용후보자선정경쟁시험(2차)
제59회 국어과 교수·학습 실연 시험 문제지

관리 번호	

지도안 세부 조건

1. 〈수험생 작성 조건1〉 동기유발
   가. 학생들의 경험과 관련하여 동기유발을 할 것
   나. 〈자료1〉 제재와 관련된 동기유발을 할 것
   다. 학습 목표와 관련하여 학생들이 기대하는 내용을 파악할 것

2. 〈수험생 작성 조건2〉 교술 갈래의 구성 요소 이해하기
   가. 수필의 주요 구성 요소에 대한 설명을 간략하게 제시할 것
   나. 이 글의 바탕이 되는 글쓴이의 경험과 얻게 된 깨달음을 각각 파악하도록 안내할 것
   다. 〈자료1〉과 〈자료2〉를 활용하여 글쓴이의 개성 및 태도를 파악하도록 안내할 것

3. 〈수험생 작성 조건3〉 교술 갈래의 구성 요소와 전체의 유기적 관계 이해하기
   가. 교사의 발문을 통해 〈자료1〉의 글쓴이가 또 다른 자아인 '나'와 대화하는 부분을 학생들과 함께 찾을 것
   나. 글쓴이가 '나'와 대화하는 형식을 취해 얻은 효과를 작품 전체와 연관 지어 파악하도록 할 것
   다. 〈자료1〉의 ㉠에 나타난 표현 방법을 파악하고, ㉠의 기능을 작품 전체와 연관 지어 파악해 보도록 안내할 것

수업 조건

○ 과목 : 국어
○ 학년 : 고등학교 1학년
○ 장소 : 국어 교과교실
○ 시간 : 블록타임제(100분)
○ 단원명 : 문학의 갈래와 구조
○ 해당 성취 기준 : 작품 구성 요소의 유기적 관계와 맥락에 유의하여 작품을 수용하고 생산한다.

단원명	차시	학습 내용
문학의 갈래와 구조	1-2	○서사 갈래의 작품에서 구성 요소와 전체 사이의 유기적 관계를 설명할 수 있다. ○서사 갈래의 작품에서 구성 요소와 전체 사이의 유기적 관계를 바탕으로 문학 활동을 할 수 있다.
	3-4 (본시)	○교술 갈래의 구성 요소를 설명할 수 있다. ○교술 갈래의 작품에서 구성 요소와 전체 사이의 유기적 관계를 설명할 수 있다.

학생 수	장소	학습 형태	학습 기자재
24명	국어 교과교실	짝 활동, 모둠활동	교사용 컴퓨터, 전자 칠판, 학생용 스마트 기기

※ 본 문제는 모의 평가용으로 제작되었으며, 실제 시험의 문항 유형 및 형식과 다를 수 있습니다.

〈자료1〉

수오재기(守吾齋記)

정약용

  수오재(守吾齋), 즉 '나를 지키는 집'은 큰형님이 자신의 서재에 붙인 이름이다. 나는 처음 그 이름을 보고 의아하게 여기며, "나와 단단히 맺어져 서로 떠날 수 없기로는 '나'보다 더한 게 없다. 비록 지키지 않는다 한들 '나'가 어디로 갈 것인가. 이상한 이름이다."라고 생각했다.

  장기로 귀양 온 이후 나는 홀로 지내며 생각이 깊어졌는데, 어느 날 갑자기 이러한 의문점에 대해 환히 깨달을 수 있었다. 나는 벌떡 일어나 다음과 같이 말했다.

  천하 만물 중에 지켜야 할 것은 오직 '나'뿐이다. 내 밭을 지고 도망갈 사람이 있겠는가? 그러니 밭은 지킬 필요가 없다. 내 집을 지고 달아날 사람이 있겠는가? 그러니 집은 지킬 필요가 없다. 내 동산의 꽃나무와 과실나무들을 뽑아갈 수 있겠는가? 나무뿌리는 땅속 깊이 박혀 있다. 내 책을 훔쳐 가서 없앨 버릴 수 있겠는가? 성현(聖賢)의 경전은 세상에 널리 퍼져 물과 불처럼 흔한데 누가 능히 없앨 수 있겠는가. 내 옷과 양식을 도둑질하여 나를 궁색하게 만들 수 있겠는가? 천하의 실이 모두 내 옷이 될 수 있고, 천하의 곡식이 모두 내 양식이 될 수 있다. 도둑이 비록 훔쳐 간다 한들 하나둘에 불과할 터, 천하의 모든 옷과 곡식을 다 없앨 수는 없다. 따라서 천하 만물 중에 꼭 지켜야만 하는 것은 없다.

  그러나 유독 이 '나'라는 것은 그 성품이 달아나기를 잘하며 출입이 무상하다. 아주 친밀하게 붙어 있어 서로 배반하지 못할 것 같지만 잠시라도 살피지 않으면 어느 곳이든 가지 않는 곳이 없다. 이익으로 유혹하면 떠나가고, 위험과 재앙으로 겁을 주면 떠나가며, 질탕한 음악 소리만 들어도 떠나가고, 미인의 예쁜 얼굴과 요염한 자태만 보아도 떠나간다. 그런데 한번 떠나가면 돌아올 줄 몰라 붙잡아 만류할 수 없다. 그러므로 천하 만물 중에 잃어버리기 쉬운 것으로는 '나'보다 더한 것이 없다. 그러니 꽁꽁 묶고 자물쇠로 잠가 '나'를 굳게 지켜야 하지 않겠는가?

  나는 '나'를 허투루 간수했다가 '나'를 잃은 사람이다. 어렸을 때는 과거 시험을 좋게 여겨 그 공부에 빠져 있었던 것이 10년이다. 마침내 조정의 벼슬아치가 되어 사모관대에 비단 도포를 입고 백주 도로를 미친 듯 바쁘게 돌아다니며 12년을 보냈다. 그러다 갑자기 상황이 바뀌어 친척을 버리고 고향을 떠나 한강을 건너고 문경새재를 넘어 아득한 바닷가 대나무 숲이 있는 곳에 이르러서야 멈추게 되었다. 이때 '나'도 땀을 흘리고 숨을 몰아쉬며 허둥지둥 내 발뒤꿈치를 쫓아 함께 이곳에 오게 되었다. 나는 '나'에게 말했다.

  "너는 무엇 때문에 여기에 왔는가? 여우나 도깨비에게 홀려서 왔는가? 바다의 신이 불러서 왔는가? 너의 가족과 이웃이 소내에 있는데, 어째서 그 본고장으로 돌아가지 않는가?"

  그러나 '나'는 멍하니 꼼짝도 않고 돌아갈 줄 몰랐다. 그 안색을 보니 마치 얽매인 게 있어 돌아가려 해도 돌아갈 수 없는 듯했다. 그래서 '나'를 붙잡아 함께 머무르게 되었다.

  이 무렵, 내 둘째 형님 또한 그 '나'를 잃고 남해의 섬으로 가셨는데, 역시 '나'를 붙잡아 함께 그곳에 머무르게 되었다. 유독 내 큰형님만이 '나'를 잃지 않고 편안하게 수오재에 단정히 앉아 계신다. 본디부터 지키는 바가 있어 '나'를 잃지 않으신 때문이 아니겠는가? 이것이야말로 큰형님이 자신의 서재 이름을 '수오'라고 붙이신 까닭일 것이다. 일찍이 큰형님이 말씀하셨다.

  "아버지께서 나의 자(字)를 태현(太玄)이라고 하셨다. 나는 홀로 나의 태현을 지키려고 서재 이름을 '수오'라고 하였다."

  이는 그 이름 지은 뜻을 말씀하신 것이다. ㉠ 맹자께서 말씀하시기를, "무엇을 지키는 것이 큰일인가? 자신을 지키는 것이 큰 일이다."라고 하셨는데, 참되도다, 그 말씀이여!

  드디어 내 생각을 써서 큰형님께 보여 드리고 수오재의 기문(記文)으로 삼는다.

〈자료2〉

  다산 정약용은 신유사옥(1801년) 때 전라남도 강진으로 유배 생활을 하게 된다. 당시 그의 나이는 40세였다. 다산은 19년에 걸친 유배 생활을 하며, 〈목민심서〉, 〈흠흠신서〉 등 다양한 집필 활동을 하게 된다. 그는 길고 절망적인 유배 생활을 오히려 진정한 '나'를 찾는 발판으로 삼는다. 그는 지난 과거를 성찰하며 정말로 지켜야 할 것은 자기 자신임을 깨닫게 된다. 이처럼 정약용은 나는 어떻게 살아가야 하는가에 대해 끊임없이 탐구하며 참된 나로 살아가고자 했다.

2026학년도 중등학교교사신규임용후보자선정경쟁시험(2차)

제59회 국어과 교수·학습 실연 지도안 [예상 답안]

국어과 본시 교수·학습 지도안				
학습 목표	1. 교술 갈래의 구성 요소를 설명할 수 있다. 2. 교술 갈래의 작품에서 구성 요소와 전체 사이의 유기적 관계를 설명할 수 있다.			
학습 단계		교수·학습 활동		자료 및 유의점	시간(분)
도입	인사	• 인사 및 학습 분위기 조성	• 인사 및 학습 준비		
	전시 학습 확인	• 전시 학습 확인	• 전시 학습 회상		

	동기유발	〈수험생 작성 내용1〉
		• 학습 목표와 관련하여 학생들의 경험에 대해 발문하기
		  -"여러분들의 삶에서 의미 있었던 경험이 있었나요?"
		
		  -"그러한 경험을 통해 무엇을 깨달았나요?"
		
		• 〈수오재기〉와 관련하여 동기유발하기
		  -"오늘 읽을 작품은 한문 수필 〈수오재기〉입니다. '나를 지키는 집'이라는 뜻인데요, 여러분들도 각자의 집에 이름을 짓는다면 어떤 의미를 담아 이름을 짓고 싶나요?"
		
		• 학습 목표와 관련해 기대하는 내용에 대해 발문하기
		  -"여러분들은 수필과 관련하여 알고 싶은 내용이 있나요?"
		
		• 학습 목표의 중요성 설명하기
			• 학습 목표와 관련하여 자신의 경험 떠올려 보기
			  -"네, 저는 발레 대회에서 1등 했던 경험이 있어요."
			  -"중학교 때 갑자기 전학을 가게 된 경험이 의미 있었어요."
			  -"하면 된다는 것을 깨달았어요.", "새로운 환경일지라도 시간이 지나면 금방 적응하게 된다는 것을 깨달았어요."
			
			• 〈수오재기〉와 관련하여 동기 갖기
			  -"저는 늘 건강하고 아프지 말자는 의미를 담아 이름을 짓고 싶어요.", "저는 피할 수 없으면 즐기자는 의미를 담아 이름을 짓고 싶어요."
			
			• 학습 목표와 관련해 기대하는 내용에 대해 생각해 보기
			  -"네, 어떠한 글을 수필이라고 부르는지 정확하게 알고 싶어요"
			
			• 학습 목표의 중요성 이해하기		

	학습 내용 안내	• 학습 내용 안내	• 학습 내용 확인		
	학습 목표 제시	• 학습 목표 제시	• 학습 목표 확인		
전개 1	〈활동1〉 교술 갈래의 구성 요소 이해하기	〈수험생 작성 내용2〉 • 〈자료1〉 함께 읽기 • 교술 갈래의 구성 요소에 대해 간단하게 설명하기 -"방금 읽은 〈자료1〉은 고전 수필로, 교술 갈래에 해당해요. 교술 갈래의 구성 요소로는 글쓴이의 경험, 깨달음, 글쓴이가 전달하고자 하는 교훈, 글쓴이의 개성 등이 있어요." • (짝 활동) 이 글의 바탕이 되는 경험과 글쓴이가 얻은 깨달음을 파악하도록 안내하기	• 〈자료1〉 함께 읽기 • 교술 갈래의 구성 요소 이해하기 • (짝 활동) 이 글의 바탕이 되는 경험과 글쓴이가 얻은 깨달음을 파악하기		

전개 1	〈활동1〉 교술 갈래의 구성 요소 이해하기	• 짝과 함께 파악한 내용을 공유하도록 안내하기 • 〈자료2〉 함께 읽기 • (짝 활동) 〈자료1〉과 〈자료2〉를 바탕으로 글쓴이의 개성 및 태도를 파악하도록 안내하기 • 짝과 함께 파악한 내용을 공유하도록 안내하기	• 짝과 함께 파악한 내용을 발표하기 |글쓴이의 경험|깨달음| |---|---| |귀양에 와서 큰형님이 서재에 붙인 '수오재'라는 이름에 대해 깊이 생각하다 깨달음을 얻은 경험|참된 '나'를 지키는 일이 가장 중요함| • 〈자료2〉 함께 읽기 • (짝 활동) 〈자료1〉과 〈자료2〉를 바탕으로 글쓴이의 개성 및 태도를 파악하기 • 짝과 함께 파악한 내용 공유하기 |글쓴이의 개성 및 태도| |---| |① 자신을 엄격하게 되돌아보며 진지하게 고민하는 비판적 지식인의 모습이 나타남 ② 절망적 상황에서도 좌절하지 않음 ③ 강인한 정신력을 지님 등|	

전개 2	〈활동2〉 교술 갈래의 구성 요소와 전체의 유기적 관계 이해하기	〈수험생 작성 내용3〉
		• 〈자료1〉에서 글쓴이가 또 다른 '나'와 대화하는 부분을 찾도록 발문하기
		  – "이 수필에서는 조금 특이한 표현이 있었는데요. 바로 글쓴이와 또 다른 '나'가 대화를 하는 부분이었습니다. 어디였는지 찾아볼까요?"
		• (모둠활동) 대화하는 형식의 효과에 대해 파악하도록 안내하기
		  – 또 다른 '나'와 대화하는 형식이 작품 전체에 어떤 효과를 주는지 파악하도록 안내한다.
		  – "작가가 자신의 생각을 줄글로 표현하지 않고 '나'와의 대화 형식으로 표현한 이유는 무엇일까요?"
		• 활동한 내용을 공유하도록 안내하기
		
		• (모둠활동) ㉠에 나타난 표현 방법을 파악하고, ㉠의 기능을 작품 전체와 연관 지어 파악해 보도록 안내하기
		• 활동한 내용을 공유하도록 안내하기
		
		• 활동 정리하기
		  – '나'와의 대화 형식, 성현의 말 인용 등의 표현 방법을 통해 수필에서 필자가 전달하고자 하는 바를 더욱 효과적으로 전달할 수 있음을 설명한다.
			• 〈자료1〉에서 글쓴이가 또 다른 '나'와 대화하는 부분을 찾기
			
			|또 다른 '나'와 대화하는 형식이 나타난 부분|
			|---|
			|"나는 '나'에게 말했다. ~ 어째서 그 본고장으로 돌아가지 않는가?"|
			
			• (모둠활동) 대화하는 형식의 효과 파악하기
			  – 또 다른 '나'와 대화하는 형식이 작품 전체에 어떤 효과를 주는지 파악한다.
			
			  – "독자의 관심을 끌기 위해서인 것 같아요."
			  – "스스로를 객관적으로 표현하기 위해서인 것 같아요."
			
			• 활동한 내용 공유하기
			
			|또 다른 '나'와 대화하는 형식의 효과|
			|---|
			|① 대화를 통해 '나'의 생각을 더 뚜렷하게 드러냄
			② 자신의 상황을 객관화하여 살펴봄으로써 스스로에 대한 성찰이 더욱 명료해짐|
			
			• (모둠활동) ㉠에 나타난 표현 방법을 파악하고, ㉠의 기능을 작품 전체와 연관 지어 파악하기
			• 활동한 내용 공유하기
			
			|㉠에 나타난 표현 방법|역할|
			|---|---|
			|성현인 맹자의 말을 인용|글쓴이의 주장에 설득력을 높임|
			
			• 활동 정리하기
			  – '나'와의 대화 형식, 성현의 말 인용 등의 표현 방법을 통해 수필에서 필자가 전달하고자 하는 바를 더욱 효과적으로 전달할 수 있음을 이해한다.	

정리	학습 내용 정리	• 학습 내용 정리	• 학습 내용 이해	
	차시 예고	• 차시 예고	• 차시 예고 인지	

판서 예시

단원명: 문학의 갈래와 구조

<학습 목표>

1. 교술 갈래의 구성 요소를 설명할 수 있다.
2. 교술 갈래의 작품에서 구성 요소와 전체 사이의 유기적 관계를 설명할 수 있다.

<활동1> 교술 갈래의 구성 요소 이해하기

* 교술 갈래의 구성 요소
  → 글쓴이의 경험, 깨달음, 교훈, 글쓴이의 개성

경험	'수오재'라는 이름에 대해 깊이 생각하다 깨달음을 얻은 경험
깨달음	참된 '나'를 지키는 일이 가장 중요함
개성	① 자신을 엄격하게 되돌아보며 진지하게 고민함 ② 절망적 상황에서도 좌절하지 않음 ③ 강인한 정신력

<활동2> 교술 갈래의 구성 요소와 전체의 유기적 관계 이해하기

'나'와 대화하는 형식이 나타난 부분	효과
"나는 '나'에게 말했다. ~ 어째서 그 본고장으로 돌아가지 않는가?"	① '나'의 생각을 더 뚜렷하게 드러냄 ② 자신의 상황을 객관화 → 성찰이 더욱 명료해짐

㉠에 나타난 표현 방법	역할
성현인 맹자의 말을 인용	글쓴이의 주장에 설득력을 높임

성취 기준

2022 교육과정	**[10공국1-05-03]** 작품 구성 요소의 유기적 관계와 맥락에 유의하여 작품을 수용하고 생산한다. 　이 성취 기준은 문학 작품 내적으로는 구성 요소들이 유기적 관계를 형성하고 있고, 외적으로는 다양한 맥락들과 연관되어 있음을 이해하며 작품을 수용하고 생산하는 능력을 기르게 하기 위해 설정하였다. 문학을 수용하고 생산할 때는 문학 작품의 각 구성 요소들이 유기적 관계를 맺음으로써 개별 요소의 합을 넘어서는 고유한 가치와 개성을 가지게 된다는 점에 유의할 필요가 있다. 또 문학 작품은 시간이 흐름에 따라 새로운 독자와 새로운 시대를 만나게 되고 다른 작품들과의 관계도 새롭게 형성되기 때문에 이전과는 다른 각도에서 조명되며 새로운 의미와 가치를 가지게 된다는 점도 중요하게 인식할 필요가 있다. 이러한 점들에 유의하면서 작품 구성 요소들의 관계, 그리고 작품을 둘러싼 맥락을 다각도로 살피며 작품을 수용하고 생산할 수 있게 한다.
성취 기준 적용 시 고려 사항	작품 구성 요소의 유기적 관계와 맥락에 유의하며 작품을 생산하는 활동에 대해 평가할 때는 최종 결과물에 대해서만 평가하지 말고, 학습자들이 어떤 의도를 가지고 작품을 생산하였는지 설명하는 말이나 글을 덧붙이게 할 필요가 있다. 그러한 설명을 고려하면서 작품의 완성도를 학습자들끼리 상호 평가할 수 있도록 하고, 작품 판단에 대한 기준을 함께 만들어 가면서 작품 구성 요소의 유기성을 분석 및 판단하는 데 필요한 안목을 형성하였는지 평가하도록 한다.
2015 교육과정	**[10국05-01]** 문학 작품은 구성 요소들과 전체가 유기적 관계를 맺고 있는 구조물임을 이해하고 문학 활동을 한다.

교과서 정리

학습 내용 정리

1. **서정 갈래의 특성과 형상화 방법**
   - 개념: 화자의 주관적인 사상과 정서를 함축적이고 운율이 있는 언어로 형상화하는 문학의 한 갈래
   - 하위 갈래: 고대 가요, 향가, 고려 가요, 시조, 민요, 한시, 현대 시 등
   - 구성 요소와 형상화 방법
     - 시적 화자가 등장하여 화자가 처한 상황, 정서와 태도 등을 드러낸다.
     - 일정한 글자 수, 유사한 단어, 문장 구조 등을 반복하며 운율을 형성한다.
     - 감각적으로 형상화한 심상을 활용하여 정서와 분위기를 환기한다.
     - 비유, 상징, 반어, 역설 등 다양한 표현 방식을 활용한다.

2. **서사 갈래의 특성과 형상화 방법**
   - 개념: 서술자가 현실에서 일어났을 법한 이야기를 허구적 인물과 사건으로 형상화하는 문학의 한 갈래.
   - 하위 갈래: 설화, 고전 소설, 신소설, 현대 소설
   - 구성 요소와 형상화 방법
     - 소설은 인물, 사건, 배경 세 가지 요소로 구성된다.
     - 갈등: 인물의 내면이나 인물 사이에 일어난 대립과 충돌, 또는 인물과 환경 사이의 모순과 대립을 말하며, 소설에서는 갈등을 중심으로 사건을 전개한다.
     - 서술자: 소설에서 서술자는 독자에게 이야기를 전달하는 인물로, 서술자가 어떤 위치에서 인물과 사건을 바라보느냐에 따라 문학적 효과가 달라진다.

3. **극 갈래의 특성과 형상화 방법**
   - 개념: 서술자 없이 등장인물의 대사와 행동으로 표현하는 문학의 한 갈래
   - 하위 갈래: 시나리오, 드라마 대본, 희곡 등

학습 내용 정리			■ 구성 요소와 형상화 방법 　- 서술자의 개입 없이 인물 사이의 갈등과 사건을 중심으로 하여 내용이 전개된다. 　- 등장인물, 대사, 지시문, 영상 기법 등의 구성 요소들이 유기적 관계를 형성하며 작품의 주제를 형상화한다. 　- 인물의 대사와 행동뿐만 아니라 배경, 의상, 소품, 음악과 음향 효과, 영상 기법 등을 통해 형상화된다. **4. 교술 갈래의 특성과 형상화 방법** ■ 개념 : 구체적인 사실이나 글쓴이의 경험과 사색을 서술하여 독자에게 전달하는 문학의 한 갈래 ■ 하위 갈래 : 설(說), 일기, 편지, 비평, 기행문, 수필(글쓴이가 자신의 체험을 통해 얻은 깨달음이나 감동, 교훈을 독자에게 전달하는 글) 등 ■ 구성 요소와 형상화 방법 　- 글쓴이의 경험, 깨달음(교훈), 인생관, 가치관, 개성 등의 구성 요소가 작품의 주제를 형상화한다. 　- 형식 : 발상과 표현 면에서 글쓴이의 개성이 잘 드러나며 형식이 비교적 자유롭다. 　- 성격 : 주관적, 자기 고백적, 철학적, 논리적 성격 등을 드러내기도 한다.
[2022] 천재(김수학) 공통국어1 3. 문학의 빛깔 (1) 땅끝 (2) 미스터 방 (3) 나빌레라 (4) 이와 개에 관한 명상	제재		땅끝(나희덕), 미스터 방(채만식), 나빌레라(이은미), 이와 개에 관한 명상(이규보)
		서정	1. 이 시의 내용을 이해하고, 주제를 파악해 보자. 　1) 1~3연에 나타난 화자의 상황과 그에 따른 화자의 정서나 생각을 정리해 보자. 　2) 이 시의 흐름을 고려하여 다음 시구에 쓰인 '땅끝'의 의미를 알아보자. 　　- 아름다움에 취해 땅끝을 찾아갔지 　　- 그러나 살면서 몇 번은 땅끝에 서게도 되지 　　- 땅끝은 늘 젖어 있다는 것이 　3) 2)를 바탕으로 하여 이 시의 제목 '땅끝'의 상징적 의미와 주제를 정리해 보자. 2. 이 시에 나타난 서정 갈래의 특성을 알아보자. 　1) 이 시를 소리 내어 읽어 보고, 운율을 형성하는 요소가 무엇인지 말해 보자. 　2) 다음 시구에 나타난 심상을 쓰고, 이러한 표현을 사용하여 얻는 효과는 무엇인지 정리해 보자. 　3) 이 시에서 표현 방법이 참신한 시구를 찾고, 어떤 표현 방법을 사용했는지 말해 보자. 　4) 1)~3)을 바탕으로 하여, 이 시의 구성 요소들이 주제를 형상화하는 데 어떻게 기여하는지 말해 보자. 3. 다음 글을 참고하여 〈땅끝〉을 다시 감상해 보자. (작가의 삶과 관련된 글) 　1) 이 글을 읽고, 〈땅끝〉에서 새롭게 이해하게 된 부분이 있는지 말해 보자. 　2) 〈땅끝〉에서 ㉠과 같은 인식이 나타난 시구를 찾고, 그렇게 생각한 까닭을 말해 보자. 　　(㉠ : "어둠도 시에 들어오면 어둠만은 아닌 게 되는지, 때로 눈부시고 때로 감미롭기도 했죠.") 　3) 〈땅끝〉과 이 글의 내용을 바탕으로 하여 다음 물음에 짝과 서로 답해 보자. 　　- 답답함을 느낄 때 나는 어떤 방식으로 해소하는가? 　　- 부정적인 현실을 긍정적으로 받아들인 경험이 있는가? ※ 적용 : 시 〈1942열차〉를 감상하고, 서정 갈래의 특성을 바탕으로 하여 모방 시를 써 보자. 　1) 이 시에서 운율을 형성하는 요소는 무엇인지 찾아보자. 　2) 작가가 행과 연을 구분하지 않고, 줄글로 이어 쓴 까닭이 무엇일지 추측해 보자. 　　- 사람들과 주변이 자연 풍경이 한데 어울려 조화를 이루고 있음을 보여 주려고 한 것 같아. 　3) 다음 〈조건〉에 맞게 〈1942열차〉의 모방 시를 쓰고, 창작 의도를 덧붙여 보자. 　　- 열차를 우리 반 교실로 바꾼다. 　　- 산문시의 형식을 유지한다. 　　- 심상과 표현 방법을 각각 두 가지 이상 활용한다. 　4) 모둠원들과 3)에서 쓴 작품을 평가할 기준을 만들고, 이를 바탕으로 하여 작품을 평가해 보자.
		서사	1. 이 작품의 내용을 이해하고, 주제를 파악해 보자. 　1) 방삼복의 생애에서 일어난 사건을 쓰고, 이를 참고하여 인물의 인생 곡선을 그려 보자. 　2) 해방을 기점으로 하여 방삼복과 백 주사의 처지가 어떻게 달라졌는지 정리해 보자. 　3) 1)과 2)를 바탕으로 하여 이 작품의 주제가 무엇인지 말해 보자. 2. 이 작품에 나타난 서사 갈래의 특성을 알아보자. 　1) 백 주사가 방삼복과 함께 잇으면서 다음과 같이 갈등하는 이유를 말해 보자. 　2) 이 작품에서 두드러지게 나타나는 서술 방식의 특징을 찾아 연결해 보자. 　　- 독자에게 말을 건네는 듯이 설명하였다. 　　- 전지적인 서술자가 인물의 내면 심리를 드러내었다. 　　- 인물의 외양적 특성을 우스꽝스럽게 표현하였다.

	서사		3) 이 작품의 사건 가운데 어느 하나가 바뀐다면 이야기가 어떻게 바뀌었을지 짝과 말해 보자.
			3. 사회·문화적 맥락을 바탕으로 하여 이 작품을 이해해 보자.
			  1) 다음 글을 읽고, 당시의 사회·문화적 상황을 고려하여 아래 활동을 해 보자.
			    - 이 작품에서 방삼복이 통역관으로서 권력을 행사하는 부분을 찾아보자.
			    - 사회·문화적 맥락을 바탕으로 하여 방삼복의 가치관과 삶의 태도를 평가해 보자.
			  2) 방삼복과 백 주사가 오늘날의 인물이라고 가정하고, 인물의 특성을 반영한 카드를 만들어 보자. (친화력, 윤리 의식, 공감 능력, 언어 능력, 생존력)
			※ 적용 : 고전 소설 〈이생규장전〉을 읽고, 〈미스터 방〉과 비교하며 서사 갈래의 특성을 정리해 보자.
			  1) 죽었던 최씨 여인이 돌아온다는 허구적 설정이 이생과 최씨 여인의 사랑을 형상화하는 데 기여한 점이 무엇인지 말해 보자.
			  2) 작품의 구성 요소들을 고려할 때, 이 작품이 〈미스터 방〉과 같은 갈래로 묶이는 까닭을 말해 보자.

[2022]
천재(김수학)
공통국어1
3. 문학의 빛깔
(1) 땅끝
(2) 미스터 방
(3) 나빌레라
(4) 이와 개에 관한 명상
	극		1. 이 작품의 내용을 이해하고, 주제를 파악해 보자.
			  1) 주요 등장인물의 정보를 써 보자.
			  2) 2화와 10화에서 덕출과 채록 사이에 나타난 갈등의 양상을 정리해 보자.
			    (갈등이 원인 - 갈등의 전개 - 갈등의 결과)
			2. 이 작품에 나타난 시나리오의 특성을 알아보자.
			  1) 짝과 배역을 나누어 다음 부분을 연기하고, 아래 활동을 해 보자.
			    - 대사에 담긴 채록과 덕출의 마음을 말해 보고, 대사의 기능을 생각해 보자.
			    - 지시문이 없는 채록의 첫 대사를 어떻게 읽었는지 떠올려 보고, 지시문의 기능을 말해 보자.
			  2) 2화 S#30과 S#58에 사용된 영상 기법과 그 효과를 정리해 보자.
			  3) 1)과 2)를 바탕으로 하여, 이 작품의 구성 요소들이 주제를 형상화하는 데 어떻게 기여하는지 말해 보자.
			3. 이 작품의 원작인 웹툰을 보고, 아래 활동을 해 보자.
			  1) 원작을 10화 S#76으로 각색하는 과정에서 달라진 점을 써 보자.
			  2) 1)을 바탕으로 하여, 웹툰을 시나리오로 각색하여 얻는 효과는 무엇인지 정리해 보자.
			  3) 자신이 본 웹툰에서 가장 마음에 드는 작품과 장면을 선정하고, 그 장면을 시나리오로 각색해 보자.
			※ 적용 : 희곡 〈원고지〉를 읽고, 〈나빌레라〉와 비교하며 극 갈래의 특성을 정리해 보자.
			  1) 등장인물의 말과 행동을 바탕으로 하여 인물의 성격을 파악해 보자.
			  2) 이 작품에 쓰인 다음 소도구들이 강조하는 것은 무엇인지 정리해 보자.
			  3) 작품의 구성 요소들을 고려할 때, 이 작품이 〈나빌레라〉와 같은 갈래로 묶이는 까닭을 말해 보자.

	교술		1. 이 작품에 나타난 손님과 '나'의 대화 내용을 정리해 보자.
			2. 이 작품에 나타난 교술 갈래의 특성을 알아보자.
			  1) 생명의 가치에 관한 손님과 '나'의 생각을 정리하고, 이 작품의 주제를 써 보자.
			  2) 이 작품에서 글쓴이의 개성이 잘 드러난 표현을 찾고, 이러한 표현을 사용하여 얻는 효과는 무엇인지 말해 보자.
			  3) 1)과 2)를 바탕으로 하여, 이 작품의 구성 요소들이 주제를 형상화하는 데 어떻게 기여하는지 말해 보자.
			3. 다음 시를 〈이와 개에 관한 명상〉과 함께 감상하고, 자연을 대하는 인식과 태도를 성찰해 보자. (정현종, 〈나무에 깃들여〉)
			  1) 이 시의 내용을 바탕으로 하여 다음 물음에 답해 보자.
			    - 이 시에 드러난 나무의 특성은 무엇인가?
			    - 화자는 사람들의 어떤 태도를 비판하는가?
			  2) '지속 가능한 발전'과 관련하여 두 작품으로부터 이끌어 낼 수 있는 통찰의 내용을 짝과 자유롭게 이야기해 보자.
			※ 적용 : 다음 글을 읽고, 〈이와 개에 관한 명상〉과 비교하며 교술 갈래의 특성을 정리해 보자. (황선우, 〈수평 자세로 가만 누워 보는 세상〉에서)
			  1) 글쓴이가 할머니와의 경험에서 어떤 깨달음을 얻었는지 말해 보자.
			  2) 이 글에서 글쓴이의 개성이 잘 드러난 표현을 찾아 밑줄을 긋고, 이러한 표현을 사용하여 얻는 효과가 무엇인지 말해 보자.
			  3) 작품의 구성 요소를 고려할 때, 이 글이 〈이와 개에 관한 명상〉과 같은 갈래로 묶이는 까닭을 말해 보자.

천재(박) 고등국어 4. 문학의 갈래와 구조 (1) 향수 (2) 종탑 아래에서 (3) 두근두근 내 인생 (4) 수오재기	서정	2. 다음은 〈향수〉의 시인과 가상으로 진행한 면담이다. 이 작품의 구성 요소들과 전체가 어떤 관련을 맺고 있는지 생각하며 마지막 시인의 말을 완성해 보자. 학생 : 〈향수〉는 여러 구성 요소가 잘 어우러져 잘 짜인 시인 것 같습니다. 작품을 창작하시면서 특히 어떤 요소에 중점을 두셨나요? 시인 : 고향의 모습이 감각적으로 느껴지도록 다양한 심상을 활용하였습니다. 그리고 고향의 느낌을 효과적으로 살리기 위해서 '질화로', '짚베개' 등 토속적인 시어를 사용했습니다. 또한 각 연의 끝에 동일한 후렴구 '~그곳이 차마 꿈엔들 잊힐 리야.'를 반복하여 고향에 대한 그리움의 정서를 반복적으로 환기하였습니다.
	서사	2. 이 작품의 구성 요소들이 전체와 어떻게 연관되어 있는지 살펴보자. (1) 다음 대화를 살펴보고, 마지막 학생의 말을 완성해 보자. [이 소설에서 '백마 이야기'의 기능은 무엇일까?] - 건호가 들려주는 '백마 이야기'에 명은이가 관심을 둔 까닭은 무엇일까? - 억울한 사정이 있었던 백마가 마치 자기와 비슷하다고 생각한 것 같아. - 맞아. 그래서 백마처럼 자신도 종을 치고 싶은 소망을 품게 되었던 게 아닐까? - 아! 이 작품의 결말과 관련지어 생각해 보면 '백마 이야기'는 건호와 명은이가 종을 함께 치는 소설의 결말로 자연스럽게 연결하는 기능을 하는 것 같아. (2) (1)과 같이 모둠원들과 대화를 나누며 다음 질문들에 답해 보자. - '명은'의 눈이 먼 것으로 설정한 까닭은 무엇일까? - 결말에서 '나'와 '명은'이 함께 종을 울리는 장면에는 어떤 의미가 담겨 있을까? - 천진난만한 어린아이를 주인공으로 설정한 까닭은 무엇일까?
	극	2. 짝과 함께 다음 활동을 하면서 이 작품의 구성 요소들이 전체와 어떻게 연관되어 있는지 살펴보자. (1) 이 작품의 주제가 무엇인지 이야기해 보자. (2) 이 작품의 주요 구성 요소들을 찾아 다음과 같이 정리해 보자. [인물] 선천성 조로증을 앓고 있는 인물을 주인공으로 설정함　　[제목] '두근두근 내 인생'이라는 작품의 제목 [장면] 하늘 공원에서 '아름'이 '대수'에게 안겨 울음을 터뜨리고 함께 별똥별을 보며 소원을 비는 장면　　[사건] '아름'과 메일을 주고 받았던 '서하'가 가공의 인물이었다는 사건 전개 　　[표현 방법] S# 52에서 '아름'의 편지 내용을 몽타주 기법으로 제시한 것 (3) (2)에서 정리한 구성 요소들 가운데 이 작품의 주제와 관련하여 특히 중요하다고 생각하는 것 두 개를 고르고, 그렇게 생각한 이유를 말해 보자.
	교술	2. 이 작품의 구성 요소들이 전체와 어떻게 연관되어 있는지 살펴보자. (1) 글쓴이가 또 다른 자아인 '나'와 대화하는 형식을 취한 까닭을 생각해 보자. (2) 글의 끝부분에 인용된 맹자의 말이 이 글에서 어떤 역할을 하는지 생각해 보자.
비상교육(박) 고등국어 2. 문학의 네 가지 빛깔 (1) 향수 (2) 장마 (3) 개를 훔치는 완벽한 방법 (4) 한 그루 나무처럼	제재	향수(정지용), 장마(윤흥길), 개를 훔치는 완벽한 방법(원작 : 바바라 오코너, 각본 : 신연식), 한 그루 나무처럼(윤대녕)
	동기유발	• 다음은 김소월의 시 '엄마야 누나야'에 곡을 붙인 노래이다. 이처럼 시가 노래로 불릴 수 있는 이유가 무엇일지 생각해 보자. • 다음 두 학생을 주인공으로, 제시된 장면들을 자유롭게 연결하여 하나의 이야기를 만들어 보자. • 자신이 보고 듣거나 경험한 일중에서 가장 '극적인 사건'을 떠올려 보고, '극'이란 말의 의미에 대해 생각해 보자. • 최근에 자신이 경험한 일 중에서 가장 의미 있었던 일을 떠올려 보고, 친구들과 함께 서로의 경험을 이야기해 보자.
	서정	3. 이 시에 나타난 심상과 표현 기법을 알아보자. (1) 이 시에 쓰인 감각적 심상을 찾아보고, 이러한 심상이 주는 효과가 무엇일지 써 보자. (2) 다음 시구에 쓰인 표현 기법은 무엇이고, 그 효과는 어떠한지 적어보자. 4. 앞의 활동을 바탕으로 이 시의 구성 요소들이 주제를 구현하는 데에 어떤 역할을 하는지 생각해 보고, 문학 작품의 구성 요소와 전체의 관계를 파악해 보자.

비상교육(박) 고등국어 2. 문학의 네 가지 빛깔 (1) 향수 (2) 장마 (3) 개를 훔치는 　　완벽한 방법 (4) 한 그루 나무처럼	서사	4. 작가가 이 소설의 제목이자 배경을 '장마'로 설정한 이유는 무엇일지 말해 보자. 5. 〈보기〉는 서술자를 바꾸어 이 소설을 고쳐 쓴 것이다. 〈보기〉를 이 소설과 비교하여 읽고, 아래에 제시된 질문에 답해 보자. 　- 이 소설을 〈보기〉와 비교할 때, 서술자와 시점에 어떤 차이가 있는가? 　- 이 소설의 서술자를 '할머니'로 바꾸면, 결말 부분의 사건 전개나 서술은 어떻게 바뀔까? 　- 이 소설에서 작가가 '동만'이라는 어린아이를 서술자로 설정한 이유는 무엇일까? 6. 이 소설의 주제를 파악해 보고, 앞의 활동에서 확인한 소설의 구성 요소가 작품의 주제를 전달하는 데 미치는 영향을 친구들과 토의해 보자.
	극	3. 이 시나리오를 바탕으로 영화의 형상화 방법을 알아보자. 　(1) 'S# 78'에서 드러나는 시나리오의 특성을 찾아 정리해 보자. 　(2) 자신이 다음 장면을 영화로 찍는다면 어떤 배경음악을 넣고 싶은지 정해 보고, 효과음이 필요한 부분을 찾아 적절한 효과음을 넣어보자. 　(3) 'S# 62'에 사용된 것과 같은 몽타주 편집 기법으로 얻을 수 있는 효과가 무엇일지 이야기해 보자. 　(4) 'S# 84'에서 다음과 같은 인서트(Ins.) 장면이 없었다면 내용 전달에 어떤 차이가 있었을지 파악해 보고, 이 장면을 삽입한 의도가 무엇일지 말해 보자.
	교술	2. 이 수필에 쓰인 소재의 의미와 내용 전개 방식의 효과를 알아보자. 　(1) 글쓴이가 옛 신화에 나오는 '우주 나무'를 소개하여 표현하고자 하는 바가 무엇인지 이야기해 보자. 　(2) 이 수필에서 계절의 변화에 따라 나무의 모습을 묘사한 부분을 찾아보고, 이러한 내용 전개 방식을 통해 얻을 수 있는 효과를 주제와 관련지어 말해 보자.

2026학년도 중등학교교사신규임용후보자선정경쟁시험(2차)
제60회 국어과 교수·학습 실연 시험 문제지

관리 번호

지도안 세부 조건

1. 〈수험생 작성 조건1〉 동기유발
   가. 학습 목표와 관련지어 동기를 유발할 것(한국 서정 문학의 전통적 특질 한 가지를 활용할 것)
   나. 교사의 구체적인 발문과 학생의 대답을 포함할 것

2. 〈수험생 작성 조건2〉 구비 문학의 전통 이해하기
   가. 〈자료1〉을 활용하여 활동을 구상할 것(단, 내용 학습은 전 차시에 이루어졌다고 가정할 것)
   나. (가)와 (나)의 공통점을 작자, 내용, 각 연의 유기성, 후렴구 측면에서 탐구하도록 할 것
   다. 위의 활동을 토대로 각 연의 유기성을 고려하여 구비 문학의 전승 과정을 이해하는 활동을 구상할 것

3. 〈수험생 작성 조건3〉 시가 문학의 연속성 이해하기
   가. 〈자료2〉를 활용하여 활동을 구상할 것(단, 내용 학습은 전 차시에 이루어졌다고 가정할 것)
   나. ㉠과 ㉡에 드러난 시가 문학의 형식적 연속성을 파악하는 활동을 구상할 것
   다. 교사의 구체적인 안내를 포함할 것

수업 조건

○ 과목 : 국어
○ 학년 : 고등학교 1학년
○ 장소 : 국어 교과교실
○ 시간 : 블록타임제(100분)
○ 단원명 : 한국 문학의 전통
○ 해당 성취 기준 : 한국 문학사의 흐름을 고려하여 작품을 수용한다. (고전시가)

단원명	차시	학습 내용
한국 문학의 전통	1-2	○「청산별곡」과「정선 아리랑」의 내용과 주제를 이해한다. ○「제망매가」와 황진이 시조의 내용과 주제를 이해한다.
	3-4 (본시)	○문학사의 흐름을 고려하여 대표적인 한국 서정 문학 작품을 감상할 수 있다. ○한국 서정 문학의 고유한 특성을 이해한다.
	5-6	○문학사의 흐름을 고려하여 대표적인 한국 서사 문학 작품을 감상할 수 있다. ○한국 서사 문학의 고유한 특성을 이해한다.

학생 수	장소	학습 형태	학습 기자재
24명	국어 교과교실	강의식, 모둠식	교사용 컴퓨터, 전자 칠판, 학생용 스마트 기기

※ 본 문제는 모의 평가용으로 제작되었으며, 실제 시험의 문항 유형 및 형식과 다를 수 있습니다.

〈자료1〉

(가) 청산별곡

살어리 살어리랏다. 쳥산(靑山)애 살어리랏다.
멀위랑 두래랑 먹고 쳥산(靑山)애 살어리랏다.
얄리얄리 얄랑셩 얄라리 얄라

우러라 우러라 새여. 자고 니러 우러라 새여.
널라와 시름 한 나도 자고 니러 우니로라.
얄리얄리 얄라셩 얄라리 얄라

가던 새 가던 새 본다. 믈 아래 가던 새 본다.
잉 무든 장글란 가지고 믈 아래 가던 새 본다.
얄리얄리 얄라셩 얄라리 얄라

이링공 뎌링공 ᄒᆞ야 나즈란 디내와손뎌,
오리도 가리도 업슨 바므란 또 엇디 호리라.
얄리 얄리 얄라셩 얄라리 얄라

어듸라 더디던 돌코. 누리라 마치던 돌코.
믜리도 괴리도 업시 마자셔 우니노라.
얄리 얄리 얄라셩 얄라리 얄라
(하략)

(나) 정선 아리랑

정선의 구명은 무릉도원이 아니냐
무릉도원은 어데 가고서 산만 충충하네
아리랑 아리랑 아라리요
아리랑 고개고개로 나를 넘겨 주게

명사십리가 아니라면은 해당화가 왜 피며
모춘 삼월이 아니라면은 두견새는 왜 우나
아리랑 아리랑 아라리요
아리랑 고개고개로 나를 넘겨 주게

아우라지 뱃사공아 배 좀 건네주게
싸릿골 올동백이 다 떨어진다
아리랑 아리랑 아라리요
아리랑 고개고개로 나를 넘겨 주게

〈자료2〉

(가) 제망매가(월명사)

생사(生死) 길은
예 있으매 머뭇거리고,
나는 간다는 말도
몯다 이르고 어찌 갑니까.
어느 가을 이른 바람에
이에 저에 떨어질 잎처럼,
한 가지에 나고
가는 곳 모르온저.
㉠아아, 미타찰(彌陀刹)에서 만날 나
도(道) 닦아 기다리겠노라

(나) 낭원군의 시조

평생에 일이 업서 산수 간에 노니다가
강호에 님자되니 세상 일 다 니제라
㉡엇더타 강산풍월이 긔 벗인가 ᄒᆞ노라

2026학년도 중등학교교사신규임용후보자선정경쟁시험(2차)
제60회 국어과 교수·학습 실연 지도안 예상 답안

국어과 본시 교수·학습 지도안					
학습 목표	1. 문학사의 흐름을 고려하여 대표적인 한국 서정 문학 작품을 감상할 수 있다. 2. 한국 서정 문학의 고유한 특성을 이해한다.				
학습 단계		교수·학습 활동		자료 및 유의점	시간 (분)
도입	인사	• 인사 및 학습 분위기 조성	• 인사 및 학습 준비		
	전시 학습 확인	• 전시 학습 확인하기	• 전시 학습 떠올리기		
	동기유발	〈수험생 작성 내용1〉 • 현대 노래와 관련하여 질문하기 　- "여러분이 좋아하는 노래는 무엇인가요? 그 가사의 내용은 무엇인가요?" 　- "사랑, 이별과 관련된 노래들이 많군요." • 이별의 정한의 전통에 대해 설명하기 　- "우리 조상들도 사랑과 이별과 관련한 노래를 즐겨 불렀답니다. 이별의 정한을 주제로 한 문학 작품이 많죠." • 전통 서정 문학과 현대 노래의 공통점 설명하기 　- "우리나라는 지금도 이별을 다룬 노래가 인기가 많아요. 시도 노래처럼 불렸던 걸 생각해 보면 옛날부터 지금까지 이별을 노래나 시의 주제로 다루었던 거죠." • 한국 서정 문학의 흐름 간단히 설명하기 　- 서정 문학의 흐름 : 고대 가요 > 향가 > 고려 가요 > 시조 > 가사 > 현대시	• 질문에 대답하기 　- "○TS 봄날이요. 사랑하는 사람을 그리워하는 내용이에요.", "○○핑크의 Lovesick 요. 이별에 아파하는 내용이에요." • 이별의 정한의 전통 이해하기 • 전통 서정문학과 현대 노래의 공통점 이해하기 • 한국 서정 문학의 흐름 이해하기		
	학습 내용 안내	• 학습 내용 안내	• 학습 내용 확인		
	학습 목표 제시	• 학습 목표 제시	• 학습 목표 확인		
전개 1	〈활동1〉 구비 문학의 전통 이해하기	〈수험생 작성 내용2〉 • 〈자료1〉 (가), (나)의 공통점 찾는 활동 안내하기 　- 질문을 통해 단계적으로 (가)와 (나)의 공통점을 찾을 수 있도록 길라잡이를 제시한다. 　- "(가)는 고려시대의 고려 가요이고, (나)는 조선시대의 민요입니다. 창작 시기는 다르지만 두 작품의 공통점을 찾아볼까요?"	• 〈자료1〉 (가), (나)의 공통점 찾기 　- 길라잡이 질문을 통해 공통점을 탐구한다. 　- "삶의 애환을 담고 있어요. 지배층이나 귀족보다는 아마 민중들이 향유했을 것 같아요. 각 연의 내용은 유기적으로 연결되지 않고 각각 다른 내용이야. 후렴구가 있으니 노래로 부를 때 흥이 났을 것 같아요."		

전개 1	<활동1> 구비 문학의 전통 이해하기			
		길라잡이 질문 ① 어떤 내용을 담고 있나요? ② 어떤 사람들이 만들고 향유했을까요? ③ 각 연의 내용이 유기적으로 연결되어 있나요? ④ 각 연의 후렴구는 어떤 기능을 하는 것 같나요?		
		• 활동 결과 발표하도록 격려하기 – 발표 내용을 보완하여 질문의 답을 완성할 수 있도록 돕는다.	• 활동 결과 발표하기 | 작자	주로 민중이 창작 및 향유
내용	민중의 생활, 삶의 애환 등
유기적 연결	각 연이 독립적인 내용으로 구성되어 유기성이 떨어짐
후렴구 기능	• 각 연을 구분하고 통일성을 갖춤 • 노래의 운율을 형성 • 흥을 돋움		
		• 구비문학의 전승 과정 탐구 활동 제시하기 – (가)와 (나)는 구비 문학으로, 입에서 입으로 쉽게 전해지기 위해 어떤 형식이 필요할지 생각해 보도록 질문을 통해 유도한다. – "어떻게 해야 입에서 입으로 잘 전달될 수 있을까요?" – "왜 각각의 내용이 연결되지 않고 유기성이 떨어질까요?"	• 구비문학의 전승 과정 탐구하기 – "공감되는 내용이어야 할 것 같아요.", "부를 때 흥이 나야 할 것 같아요." – "한 명이 창작하지 않고 많은 사람들이 창작한 것 같아요."		
		• 활동 정리하기 – 구비 문학은 누구나 노랫말을 붙일 수 있고 순서나 내용이 바뀌어도 상관이 없도록 각 연이 독립적으로 구성되어 있으며, 후렴구를 통해 흥을 돋우고 쉽게 기억할 수 있도록 하여 쉽게 전승되었다.	• 활동 결과 이해하기		
전개 2	<활동2> 시가 문학의 연속성 이해하기	<수험생 작성 내용3> • <자료2> (가), (나) 제시하고 활동 안내하기 – (가) 향가의 형식적 특징이 (나)에 어떻게 계승이 되었을지 모둠별로 탐구하도록 안내한다. – "(가)는 향가이며 (나)는 시조입니다. 이 두 시가의 내용을 나눈다면 크게 몇 단으로 나누어볼 수 있을까요?" – "맞아요. (가)와 (나)의 마지막 구성에 주의하여 시가 문학의 전통이 어떻게 전승되고 있는지 찾아보도록 합시다."	<자료1> (가), (나)의 형식적 특징 파악하기 – 모둠별로 구성을 나누어본다. – "둘 다 3단 구성으로 나눌 수 있어요."		
		• (가)의 형식적 특징 설명하기 – ㉠은 10구체 향가의 낙구 첫머리에 붙는 감탄사이며 시상을 전환하고 주제를 강조하는 기능을 함을 설명하고, ㉡과의 공통점을 찾도록 안내한다.	• (가)의 형식적 특징 이해하기 – ㉠과 ㉡의 공통점을 찾는다.		
		• 활동 내용을 모둠별로 발표하도록 격려하기	• (가)와 (나)의 연속성 발표하기 | (가) 향가	(나) 시조
---	---
1~4구 – 5~8구 – 9~10구(3단 구성)	초장 – 중장 – 종장(3단 구성)
낙구 첫머리 감탄사 → 시상 전환, 주제 강조	종장 첫머리 3음절 → 시상 전환, 주제 강조			

전개 2	<활동2> 시가 문학의 연속성 이해하기	• 활동 정리 및 내용 강조하기 – 서정 문학의 전통이 전승되어 발전했음을 강조한다.	• 활동 마무리하기		
정리	형성평가 및 과제 부여	• 형성평가 부여 • 수준별 과제 제시	• 형성평가 진행 • 수준별 과제 확인		
	학습 내용 정리	• 학습 내용 정리	• 학습 내용 이해		
	차시 예고	• 차시 예고	• 차시 예고 인지		

판서 예시

1. 한국 문학의 전통

<학습 목표>

1. 문학사의 흐름을 고려하여 대표적인 한국 서정 문학 작품을 감상할 수 있다.
2. 한국 서정 문학의 고유한 특성을 이해한다.

1) 구비 문학의 전통 이해하기
① (가)와 (나)의 공통점

작자	주로 민중이 창작 및 향유
내용	민중의 생활, 삶의 애환 등
유기적 연결	각 연이 독립적인 내용으로 구성되어 유기성이 떨어짐
후렴구 기능	• 각 연을 구분하고 통일성을 갖춤 • 노래의 운율을 형성 • 흥을 돋움

② 구비문학의 전통
- 누구나 노랫말을 붙일 수 있고 순서나 내용이 바뀌어도 상관이 없도록 각 연이 독립적으로 구성
- 후렴구를 통해 흥을 돋우고 쉽게 기억할 수 있음

2) 시가 문학의 연속성 이해하기

(가) 향가	(나) 시조
1~4구 - 5~8구 - 9~10구(3단 구성)	초장 - 중장 - 종장 (3단 구성)
낙구 첫머리 감탄사 →시상 전환, 주제 강조	종장 첫머리 3음절 →시상 전환, 주제 강조

(가) → (나)

성취 기준

2022 교육과정	**[10공국2-05-01]** 한국 문학사의 흐름을 고려하여 작품을 수용한다. 이 성취 기준은 개별 작품을 한국 문학사의 흐름 속에서 파악하고 그 가치를 이해하는 능력을 기르게 하기 위해 설정하였다. 한국 문학사가 전개되는 과정에 나타나는 특성, 갈래나 작품 형식의 변화, 향유층의 다양화 등을 고려하며 작품을 수용하게 되면, 개별 작품의 가치와 의미를 더 입체적으로 파악할 수 있게 된다. 한 작품이 다른 여러 작품들과 관계 맺는 양상은 물론 그 관계들로 형성되는 문학사적 맥락 속에서 개별 작품이 가지는 가치와 의의 등을 생각하면서 작품을 수용하도록 한다.
성취 기준 적용 시 고려 사항	• 개별 문학 작품은 다른 여러 작품들과 다양하게 상호 작용하며 문학의 역사를 형성하게 된다. 작가 맥락, 독자 맥락, 사회·문화적 맥락과 함께 이러한 문학사적인 맥락을 고려하면서 작품을 대할 때 작품에 대한 깊이 있고 입체적인 이해가 가능해지므로 학습자들이 평소에도 개별 작품들의 문학사적 의미나 가치에 대해 생각하는 습관을 가질 수 있게 지도한다. • 한국 문학사의 흐름을 고려하며 작품을 수용하는 능력을 기르는 수업을 할 때 작품에 관련된 한국 문학사의 중요한 사항이나 흐름을 조사하고 파악하며 작품에 대한 이해를 심화할 수 있게 하는 것이 필요하다. 이때 한국 문학사 전반에 대해 지나치게 많은 분량의 내용을 다루거나, 연표 중심의 암기형 지식 교육이 되지 않도록 유의한다. • 한국 문학에 대한 이해가 필요한 학습 과정에서 다문화 배경 학습자 등 소수 학습자들이 소외되지 않게 유의해야 한다. 또한 소수 학습자들 역시 자신의 문화나 문학을 다른 학습자들에게 소개함으로써 상호 문화적 이해를 통해 서로를 존중하고 이해하는 시간을 가질 수 있도록 지도한다.
2015 교육과정	**[10국05-03]** 문학사의 흐름을 고려하여 대표적인 한국 문학 작품을 감상한다.

교과서 정리			
학습 내용 정리	**[한국 서정 문학의 연속성]**			
	시조의 형식적 전승	10구체 향가의 3단 구성과 낙구 첫머리에 감탄사가 쓰이는 형식적 전통이, '초장 - 중장 - 종장'의 3장 구성과 종장의 첫 음보가 3음절로 고정되는 시조의 형식으로 이어짐		
	시조의 변화 양상	**평시조** 주로 사대부들이 향유함 관념적이고 추상적인 내용이 많음 정형성을 중시함	→	**사설시조** 평민까지 향유층이 확대됨 현실적이고 일상적인 내용이 많음 정형성을 벗어남
	[한국 문학의 고유한 특성]			
	이별의 정한	한국 시가 문학에는 이별의 정한을 노래한 작품이 많음		
	음보율	우리 시가 문학의 대표적인 음보율은 3음보율과 4음보율임		
	자연 친화	한국 문학에는 자연과 더불어 사는 즐거움이나 자연과의 조화를 노래한 작품이 많음		

[2022]
창비
공통국어2
1. 한국문학의 흐름
(1) 제망매가 /
   시조 두 수

제재	제망매가(월명사), 십 년을 경영하여(송순), 나무도 바윗돌도 없는(작자 미상)	
동기유발	※ 내가 지금까지 읽은 문학 작품들을 떠올리며 시기별 최애 작품을 뽑고, 그 작품을 뽑은 까닭을 말해 보자.	

학습활동	1. 〈제망매가〉의 내용을 이해해 보자.
	  1) 화자가 처한 상황을 고려하여 다음 시구가 의미하는 바를 파악해 보자.
	    - 이른 바람 / 떨어질 잎 / 한 가지
	  2) 화자가 '예'에서 '미타찰'로 가기 바라며 도를 닦겠다고 한 까닭을 짐작해 보자.
	2. 〈십 년을 경영하여〉와 〈나무도 바윗돌도 없는〉의 내용을 이해해 보자.
	  1) 〈십 년을 경영하여〉의 내용을 그림으로 표현하고, 그것을 바탕으로 화자가 자연을 대하는 태도를 설명해 보자.
	  2) 〈나무도 바윗돌도 없는〉에 나타난 화자의 심정을 파악하고, 비슷한 상황이라면 어떠한 마음이 들지 말해 보자.
	  3) 두 시조의 주제가 잘 드러나도록 제목을 짓고, 그렇게 지은 까닭을 이야기해 보자.
	3. 한국 시가 문학의 흐름을 고려하여 세 작품을 살펴보자.
	  1) 세 작품을 시상 전개에 따라 각각 세 부분으로 나누어 보자.	

	제망매가		십 년을 경영하여		나무도 바윗돌도 없는	
1~4구	누이의 죽음에 대한 안타까움		초장	십 년이 걸려 초려 삼간을 지음	초장	매에게 쫓기는 까투리의 마음
5~8구			중장		중장	
9~10구			종장		종장	

  2) 1)을 바탕으로 10구체 향가와 시조의 형식적인 공통점을 찾고, 향가와 시조의 연관성을 파악해 보자.
  3) 〈십 년을 경영하여〉와 〈나무도 바윗돌도 없는〉의 내용적·형식적 특성을 정리하고, 그러한 특성이 드러나는 까닭을 작품의 창작 시기 및 향유층과 연관하여 파악해 보자.

십 년을 경영하여		나무도 바윗돌도 없는
평시조	갈래	사설시조
조선 전기	창작 시기	조선 후기
사대부 양반 계층	주요 향유층	평민 계층
	내용적 특성	
	형식적 특성	

4. 기형도의 시 〈가을무덤-제망매가〉를 감상하고 월명사의 향가 〈제망매가〉와의 공통점과 차이점을 설명해 보자.
5. 친구들에게 소개하고 싶은 시조를 따라 다음 과정에 따라 낭송하며 녹음해 보자.

	제재	—
비상 고등국어 8. 삶 속에 흐르는 　한국 문학의 강	동기유발	※ 어린 시절 자신이 불렀거나 들어 본 동요를 떠올려 보고, 그 노래가 누구에게서 어떻게 전해진 것인지 추측해 보자.
	(1) 청산별곡	[구비 문학의 전승 과정과 한국 문학의 내용상 특징 이해하기] 1. 「청산별곡」을 감상하고, 각 연의 중심 내용과 시어의 의미를 파악해 보자. 　(1) 화자의 정서를 중심으로 각 연의 중심 내용을 정리해 보자. 　(2) 앞의 활동 (1)을 바탕으로 화자가 처한 상황을 파악해 보고, 이를 고려하여 '청산'과 '바다'의 의미가 무엇인지 말해 보자. 2. 이 고려 가요의 음악적 특성을 살펴보자. 　(1) 이 고려 가요를 소리 내어 읽으면서 호흡이 자연스럽게 끊기는 곳에 ✔ 표시를 해 보고, 운율의 특성을 살펴보자. 　(2) 후렴구를 찾아 반복하여 소리 내어 읽어 보고, 어떤 느낌이 드는지 말해 보자. 3. 이 고려 가요를 자신의 관점에서 주체적으로 해석해 보자. 　(1) 〈보기〉와 같이 이 고려 가요의 화자가 누구일지 추측해 보고, 타당한 근거를 들어 작품을 해석해 보자. 　(2) 오늘날의 시대 상황에 대입하여 이 고려 가요를 해석해 보자. 　(3) 앞의 활동 (1), (2)에서 자신이 해석한 내용을 발표해 보고, 다른 친구들의 해석과 같거나 다른 점을 비교해 보자. 4. 다음 민요(정선 아리랑)를 「청산별곡」과 비교하여 감상하고, 두 작품의 내용 및 형식상의 공통점과 전승 과정을 알아보자. 　(1) 다음 질문에 답하면서 이 민요와 「청산별곡」의 공통점을 정리해 보자. 　　• 누가 만들고, 누가 불렀는가? 　　• 주로 어떤 내용을 담고 있는가? 　　• 작품 전체가 어떻게 구성되어 있는가? 　　• 각 연의 내용이 작품 전체에서 유기적으로 연결되는가? 　　• 각 연의 후렴구는 작품 전체에서 어떤 기능을 하는가? 　(2) 앞의 활동 (1)을 바탕으로 이 민요와 「청산별곡」의 형식적 특성이 작품의 전승 방식에 미친 영향을 말해 보자. 　　• 이 민요와 「청산별곡」은 각 연이 독립적인 내용을 담고 있어 주제의 유기성이 떨어지기 때문에 청자가 마음대로 노랫말을 붙여 이어 부르기 쉽다. 또한 동일한 구조의 반복과 후렴구는 사람들의 흥을 돋우고 노랫말을 쉽게 기억할 수 있게 한다. 두 작품은 이러한 형식적 특성으로 인해 오랜 시간 동안 사람들 사이에서 불리며 이어져 올 수 있었다. 　(3) 다음 글을 참고하여 문자가 없던 시대에 불렸던 작품이 어떻게 오늘날까지 전해져 올 수 있었는지 말해 보자. 　　• 문자가 없던 시대의 작품은 세대를 거치면서 오랫동안 입에서 입으로 전해지다가 한글 창제 이후 기록되어 오늘날까지 전해지고 있다. 1. 다음 시를 「청산별곡」과 비교하여 감상하고, 두 작품이 공통으로 다루는 '자연'을 중심으로 한국 문학의 내용상 특징을 알아보자(박목월, 산이 날 에워싸고). 　(1) 위 시에서 '산'의 의미를 파악하고, '산'에 대해 화자가 어떤 태도를 보이고 있는지 말해 보자. 　　• '산'의 의미 - 순수한 자연의 세계, 속세에서 벗어난 초월적 공간 　　• 화자의 태도 - 산을 동경하며 자연에 동화되어 순리에 따르는 삶을 살고자 한다. 　(2) 위 시와 「청산별곡」을 바탕으로 한국 문학에서 '자연'이 갖는 상징성을 파악해 보자. 　　• 현실 세계와 대비되는 안식의 공간, 순수하고 이상적인 공간, 초월적 공간 등을 상징한다. 2. 자연을 소재로 하는 한국 문학 작품을 더 찾아보고, 한국 문학에서 자연을 어떤 관점에서 바라보는지 이야기해 보자. 　• 정철, 「관동별곡」(가사) - 자연을 좋은 경치를 감상하며 풍류를 즐길 수 있는 대상으로 여기고 있다. 　• 김천택, 「강산 죠흔 경을~」(평시조) - 자연을 속세와 달리 마음껏 노닐 수 있는 공간으로 여기고 있다. 　• 신석정, 「대숲에 서서」(현대시) - 자연을 고단한 삶 속에서 휴식을 얻을 수 있는 공간으로 여기고 있다. 　• 법정, 「어느 오두막에서」(현대 수필) - 자연을 인간이 배워야 하는 가치를 지닌 대상으로 여기고 있다.

비상 고등국어 8. 삶 속에 흐르는 한국 문학의 강	(2) 시조 세 편	[서정 문학의 연속성과 한국 문학의 표현상 특징 이해하기] ※ ㉮ : 아마도 세한 고절 너뿐인가 하노라(원천석) 　㉯ : 동짓달 기나긴 밤을(황진이) 　㉰ : 두꺼비 파리를 물고(사설시조, 작자 미상) 1. 시조 세 편을 감상하고, 각 시조의 중심 소재를 바탕으로 시적 상황을 파악해 보자. 2. 시조 세 편의 특징을 다음 기준에 따라 정리해 보고, 시조의 내용과 형식이 어떻게 다른지 살펴보자. |	㉮ 고려 말, 조선 전기	㉯ 조선 중기	㉰ 조선 후기
작가의 신분	사대부	기녀	알 수 없음
내용상 특징	지조와 충절을 강조함	인간의 정서를 진술하게 드러냄	당시 사회 현실을 반영하며, 부조리한 세태를 풍자하여 비판함
형식상 특징	3장 6구 45자 내외의 형식을 취하며, 각 장은 4음보를 유지함	3장 6구 45자 내외의 형식을 취하며, 각 장은 4음보를 유지함	3장 6구에서 변형되어 중장이 길어지고, 4음보의 정형성이 파괴되어 시조의 장형화를 이룸 | 3. 시조 세 편을 주체적인 관점에서 평가하고, 그 결과를 창의적으로 표현해 보자. 4. 다음 향가를 감상하고, 이를 바탕으로 한국 서정 문학의 연속성을 알아보자. (제망매가) 　(1) 〈보기〉를 참고하여 위 향가의 내용을 정리해 보고, 낙구의 감탄사를 찾아 그 역할을 말해 보자. 　(2) 앞서 살펴본 시조를 고려할 때, 시조가 10구체 향가의 형식적 전통을 이어받았다고 할 수 있는지 토의해 보자. 　　• 10구체 향가가 시상 전개에 따라 '4구 - 4구 - 2구'의 3단으로 구성되듯이 시조도 '초장 - 중장 - 종장'의 3장 구성으로 이루어진다. 또한 시상을 집약하거나 전환하여 서정적인 완결성을 갖추게 하는 향가의 낙구 첫머리에 나타나는 감탄사의 기능이 시조 종장의 첫 음보와 유사하다. 따라서 10구체 향가의 구성 방식이나 낙구의 형식이 시조에 계승되었다고 할 수 있다.
천재(박) 고등국어 6. 한국 문학의 이해	제재	—
	동기유발	1. 다음은 한국 시가 문학의 흐름을 간단하게 나타낸 것이다. 예시한 작품 외에 갈래별로 자신이 알고 있는 대표작이 있다면 더 적어 보자. 　• 고대 가요 〉 향가 〉 고려 가요 〉 시조 〉 가사 〉 현대시 2. 이별을 소재로 한 대중가요 가운데 자신이 좋아하는 노래 가사를 소개하고, 왜 그 노래 가사를 좋아하는지 짝에게 말해 보자.
	(1) 가시리 / 진달래꽃	[한국 시 문학에 나타난 이별의 정한 이해하기] 1. ㉮, ㉯와 다음 작품을 통해 한국의 시가 문학에서 이별을 어떻게 노래하고 있는지 알아보자. 　(1) 세 작품의 시적 상황과 화자의 속마음을 파악해 보자. |	㉮ 가시리	㉯ 진달래꽃	신아리랑
화자의 상황	이별의 상황		
화자가 이 상황에 대응하는 방식	임을 붙잡으면 마음이 상하여 나에게 돌아오지 않을까 봐 두려워 임을 보내 준다.	떠나는 임에게 꽃을 뿌려 준다.	떠나는 임을 원망하며 불행이 일어나도록 빈다.
화자의 속마음	'당신이 곧 돌아오기를 바랍니다.'	'당신이 가면 무척 슬플 테니 제발 떠나지 말기를 바랍니다.'	'당신이 내 곁에 머물기를 바랍니다.' | 　(2) (1)을 바탕으로 하여 세 작품이 주제 면에서 어떤 공통점이 있는지 생각해 보자. 　　• 작품 모두 이별의 상황에서 시적 화자가 느끼는 슬픔과 정한(情恨), 안타까움 등의 정서를 표현하고 있다. 　(3) 세 작품 가운데 화자의 태도에 가장 공감이 가는 작품을 고르고, 그 까닭을 들어 모둠원들과 이야기해 보자. 2. 한국의 시가 문학에 나타난 운율을 알아보자. 　(1) 〈가시리〉, 〈진달래꽃〉을 낭독하면서 〈보기〉와 같이 끊어 읽기 적절한 곳에 ✓ 표시를 하고, 각 작품에서 몇 마디씩 끊어 읽기가 반복되는지 말해 보자.

천재(박) 고등국어 6. 한국 문학의 이해	(1) 가시리 / 진달래꽃	(2) 다음 ㉮, ㉯를 소리 내어 읽고, 각 작품의 운율을 알아보자. (㉮ 다정도 병인 양하여 ㉯ 목계장터) 　① 위 작품에서 끊어 읽기 적절한 곳에 ✓ 표시를 해 보자. 　② 밑줄 친 부분의 끊어 읽기 표시를 친구와 비교해 보고, 어떻게 끊어 읽을 때 운율감이 더 잘 느껴지는지, 그 까닭과 함께 말해 보자. (3) 한국 시가 문학에는 왜 일정한 마디로 끊어 읽기를 반복하는 작품이 많은지 자유롭게 이야기해 보자. 　• 시가 문학이 노래로 불렸기 때문에 작품에 따라 특정한 박자가 있었고, 그래서 일정한 마디로 끊어 읽기를 반복한 것 아닐까? ※ '가시리'와 '진달래꽃'의 공통점을 세 가지만 말해 보자. 　• 이별의 상황을 중심으로 시상을 전개하고 있다. 　• 임이 떠나지 않기를 바라는 마음이 드러난다. 　• 3음보 율격을 지니고 있다.
	(2) 상춘곡 / 울타리 밖	[한국 문학에 나타난 자연 친화적 태도 이해하기] 1. ㉮와 ㉯에 드러난 한국 문학의 고유한 특성이 무엇인지 알아보자. (㉮ 상춘곡, ㉯ 울타리 밖) (1) ㉮의 다음 시구에서 자연과 인간의 관계가 어떻게 나타나 있는지 말해 보자. 　• 자연과 인간이 함께 어울려 존재한다. 즉, 공존과 조화의 관계가 나타난다. (2) '천연히'에 주목하여 ㉯에 나타난 화자의 태도를 알아보고, 다른 작품과 비교해 보자. 　① '천연히'라는 시어를 한 연으로 독립하여 제시한 까닭은 무엇일지 다른 연과의 관계를 고려하여 생각해 보자. 　② ㉯에 나타난 화자의 태도를 다음 시조에 나타난 화자의 태도와 비교하여 말해 보자. (3) (1), (2)를 바탕으로 하여 자연을 대하는 태도 측면에서 한국 문학의 고유한 특성을 말해 보자. 　• 자연 속에서 살아가며 자연과 같이 순리에 따르는 삶을 지향, 자연친화적인 정서와 태도 2. ㉮, ㉯에 나타난 한국 문학의 고유한 특성을 고려하여 시 한 편을 창작해 보자. (1) 자연과 관련한 자신의 경험을 떠올리고, 그 경험을 바탕으로 하여 제재를 정해 보자. (2) 자신의 경험이나 생각이 잘 드러나도록 시를 지은 다음, 모둠원들과 작품을 돌려 읽고 감상을 나누어 보자.

2026학년도 중등학교교사신규임용후보자선정경쟁시험(2차)
제61회 국어과 교수·학습 실연 시험 문제지

관리 번호	

지도안 세부 조건

1. 〈수험생 작성 조건1〉 동기유발
   가. 학습 목표와 관련하여 동기를 유발할 것
   나. 교사의 구체적인 발문과 학생 대답을 포함할 것
   다. 서사 문학 갈래의 흐름을 간단히 설명할 것

2. 〈수험생 작성 조건2〉 서사 문학의 전통적 이야기 방식 이해하기
   가. 〈자료1〉을 활용하여 활동을 구상할 것(단, 내용 학습은 전 차시에 이루어졌다고 가정할 것)
   나. 전(傳)의 형식을 간단히 설명할 것
   다. 〈자료1〉에서 전(傳)의 형식이 어떻게 계승되는지 파악하는 활동을 구상할 것

3. 〈수험생 작성 조건3〉 서사 문학의 전통적 표현상의 특징 이해하기
   가. 〈자료1〉과 〈자료2〉를 활용하여 활동을 구상할 것
   나. 웃음을 유발하는 전통적인 표현 방식 2가지를 설명할 것
   다. 위 활동을 토대로 〈자료1〉과 〈자료2〉에 드러나는 전통적인 표현 방식을 파악하는 활동을 구상할 것

수업 조건

○ 과목 : 국어
○ 학년 : 고등학교 1학년
○ 장소 : 국어 교과교실
○ 시간 : 블록타임제(100분)
○ 단원명 : 한국 문학의 전통
○ 해당 성취 기준 : 한국 문학사의 흐름을 고려하여 작품을 수용한다.(서사)

단원명	차시	학습 내용
한국 문학의 전통	1-2	○ 문학사의 흐름을 고려하여 대표적인 한국 서정 문학 작품을 감상할 수 있다. ○ 한국 서정 문학의 고유한 특성을 이해한다.
	3-4	○ 〈유자소전〉에서 등장인물의 성격과 특징을 이해한다. ○ 작품의 내용을 이해하고 주제를 파악할 수 있다.
	5-6 (본시)	○ 문학사의 흐름을 고려하여 대표적인 한국 서사 문학 작품을 감상할 수 있다. ○ 한국 서사 문학의 고유한 특성을 이해한다.

학생 수	장소	학습 형태	학습 기자재
24명	국어 교과교실	강의식, 모둠식	교사용 컴퓨터, 전자 칠판, 학생용 스마트 기기

※ 본 문제는 모의 평가용으로 제작되었으며, 실제 시험의 문항 유형 및 형식과 다를 수 있습니다.

〈자료1〉

유자소전

이문구

〈내용 생략〉

2026학년도 모의문제 자료(지문)

* Daum 2순정 카페에서 자료(지문)을 확인하실 수 있습니다.

〈자료2〉

(가) 김유정, 봄봄	(나) 봉산탈춤
장인님이 일어나라고 해도 내가 안 일어나니까 눈에 독이 올라서 저편으로 힁 하게 가더니 지게 작대기를 들고 왔다. 그리고 그걸로 내 허리를 마치 돌 떠 넘기듯이 쿡 찍어서 넘기고 넘기고 했다. 밥을 잔뜩 먹어 딱딱한 배가 그럴 적마다 퉁겨지면서 밸창이 꼿꼿한 것이 여간 켕기지 않았다. 그래도 안 일어나니까 이번에는 배를 지게 작대기로 위에서 쿡쿡 찌르고 발길로 옆구리를 차고 했다. 장인님은 원체 심청이 궂어서 그렇지만 나도 저만 못하지 않게 배를 차였다. 아픈 것을 눈을 꽉 감고 넌 해라 난 재밌단 듯이 있었으나, 볼기짝을 후려갈길 적에는 나도 모르는 결에 벌떡 일어나서 그 수염을 잡아챘다마는, 내 골이 난 것이 아니라 정말은 아까부터 벽 뒤 울타리 구멍으로 점순이가 우리들의 꼴을 몰래 엿보고 있었기 때문이다. 가뜩이나 말 한마디 똑똑히 못 한다고 바보라는데 매까지 잠자코 맞는 걸 보면 짜장 바보로 알게 아닌가.	[말뚝이] (가운데쯤에 나와서) 쉬이. (음악과 춤 멈춘다.) 양반 나오신다아! 양반이라고 하니까 노론(老論), 소론(少論), 호조(戶曹), 병조(兵曹), 옥당(玉堂)을 다 지내고 삼정승(三政丞), 육판서(六判書)를 다 지낸 퇴로 재상(退老宰相)으로 계신 양반인 줄 아지 마시오. 개잘량이라는 '양' 자에 개다리소반이라는 '반' 자 쓰는 양반이 나오신단 말이오. [양반들] 야아, 이놈, 뭐야아! [말뚝이] 아, 이 양반들, 어찌 듣는지 모르갔소. 노론, 소론, 호조, 병조, 옥당을 다 지내고 삼정승, 육판서 다 지내고 퇴로 재상으로 계신 이 생원네 삼 형제 분이 나오신다고 그리하였소. [양반들] (합창) 이 생원이라네. (굿거리장단으로 모두 춤을 춘다. 도령은 때때로 형들의 면상을 치며 논다.)

2026학년도 중등학교교사신규임용후보자선정경쟁시험(2차)

제61회 국어과 교수·학습 실연 지도안 예상 답안

국어과 본시 교수·학습 지도안					
학습 목표	1. 문학사의 흐름을 고려하여 대표적인 한국 서사 문학 작품을 감상할 수 있다. 2. 한국 서사 문학의 전통을 이해한다.				
학습 단계		교수·학습 활동		자료 및 유의점	시간 (분)
도입	인사	• 인사 및 학습 분위기 조성	• 인사 및 학습 준비		
	전시 학습 확인	• 전시 학습 확인하기	• 전시 학습 떠올리기		

	동기유발	〈수험생 작성 내용1〉
		• 한국 문학의 대표적인 작품 질문하기
		  – "우리나라를 대표하는 고전 산문에는 뭐가 있을까요?"
		  – "그 소설들의 공통점은 무엇이었나요?"
		
		• 서사 문학의 전통을 간략히 설명하기
		  – "그래요. 작품 간에 공통점들이 있죠?"
		  – "우리 서사 문학의 전통은 주제, 이야기 방식, 표현 방법 등에서 계승되어 왔어요."
		
		• 한국 서사 문학의 흐름 간단히 설명하기
		  – 서사 문학의 흐름 : 설화 > 가전 > 패관 문학 > 한문 소설 > 국문 소설
			• 질문에 대답하기
			  – "춘향전이요.", "홍길동전이요."
			
			  – "착한 주인공이 나와요.", "서술자가 모든 걸 설명해 줘요.", "행복한 결말이었어요."
			
			• 서사 문학의 전통 이해하기
			
			• 한국 서사 문학의 흐름 이해하기		

	학습 내용 안내	• 학습 내용 안내	• 학습 내용 확인		
	학습 목표 제시	• 학습 목표 제시	• 학습 목표 확인		

전개 1	〈활동1〉
	서사 문학의 전통적 이야기 방식 이해하기
		〈수험생 작성 내용2〉
		• 전(傳)의 형식적 특징 설명하기
		  – 전 : 교훈을 목적으로 인물의 일생을 시간의 순서에 따라 서술하는 서사 양식
		
		• 첫머리에서 그 사람의 출생 내력 및 성장 과정을 서술함
		• 다음으로 그가 남긴 업적이나 잘못 등 행적을 열거함
		• 마지막에 인물에 대한 저자의 견해와 평가를 밝히는 시 등에 인물의 삶이 주는 교훈을 제시함
		
		• 〈자료1〉 제시하고 활동 안내하기
		  – 〈자료1〉이 어떻게 전의 형식을 계승하고 있는지 파악하도록 안내한다.
			• 전(傳)의 형식적 특징 이해하기
			
			• 〈자료1〉에서 서사 문학의 전통 파악하기		

단계				
전개 1	〈활동1〉 서사 문학의 전통적 이야기 방식 이해하기	• 활동 결과 발표하도록 격려하기	• 활동 결과 발표하기 |	전(傳)	유자소전
---	---	---
출생 내력 및 성장 과정 서술	유재필 → 1941년 광천 출생, 불우한 환경에서 성장
행적 열거	총수의 운전사로 일함 (비단잉어가 죽은 사건)
평가 및 교훈 제시	• 시 → "더불어 산은 진한 삶", ("그 정신 아름답고 향 기로웠음이네." • 교훈 → 사람의 도리를 지 키며 남을 돕고 사는 삶의 아름다움		
		• 서사 문학의 전통 계승과 관련하여 설명하기 – 〈자료1〉에 전(傳)의 형식이 계승되었음을 설명한다.	• 서사 문학의 전통 계승 이해하기	
전개 2	〈활동2〉 서사 문학의 전통적 표현상의 특징 이해하기	〈수험생 작성 내용3〉 • 〈자료1〉의 표현상의 특징 파악하도록 안내하기 – 사건을 어떻게 서술하고 있는지에 집중하여 파악하도록 안내한다. • 해학과 풍자의 개념 소개하기 |	풍자	해학
---	---	---
공통점	과장이나 왜곡 등을 통해 대상을 희화화함으로써 웃음을 유발함	
차이점	대상에 대한 부정적 인식을 바탕으로 날카롭게 비판하는 웃음	대상에 대한 연민과 애정을 바탕으로 동정심을 유발하는 웃음 | • 〈자료1〉과 〈자료2〉를 제시하고 활동 안내하기 – 〈자료1〉과 〈자료2〉에서 풍자와 해학을 찾고 어떻게 웃음을 유발하고 있는지 파악하도록 안내한다. • 활동 결과 발표하도록 격려하기	• 〈자료1〉의 표현상의 특징을 파악하기 – 사치스럽고 허영심이 많은 총수가 기르 던 비단잉어가 죽은 상황을 우스꽝스럽게 표현하고 있다. • 해학과 풍자의 개념 이해하기 • 작품에서 풍자와 해학 찾기 • 활동 발표하기 | 작품	방식/대상	웃음을 유발하는 까닭
---	---	---
유자 소전	풍자 / 총수	총수가 아끼는 값비싼 잉어를 춤을 추다가 객고했다고 비꼬아 총수의 허영심을 비판하고 웃음을 유발함
봄봄	해학 / '나'	장인에게 얻어맞다가 점순이를 의식하여 수염을 잡아채며 반격하는 '나'의 모습이 어리숙하여 연민을 자아내며 웃음을 유발함
봉산 탈춤	풍자 / 양반들	말뚝이가 희롱하는 말에 양반들이 속아 넘어가는 어리석은 모습을 통해 웃음을 유발함		

전개 2	〈활동2〉 서사 문학의 전통적 표현상의 특징 이해하기	• 서사 문학의 표현상의 특징임을 설명하기 – 풍자와 해학에서 알 수 있듯이 서사 문학의 전통적인 표현상의 특징이 계승됨을 설명한다.	• 서사 문학의 표현상의 특징임을 이해하기
정리	형성평가 및 과제 부여	• 형성평가 부여 • 수준별 과제 제시	• 형성평가 진행 • 수준별 과제 확인
	학습 내용 정리	• 학습 내용 정리	• 학습 내용 이해
	차시 예고	• 차시 예고	• 차시 예고 인지

판서 예시

1) 서사 문학의 전통적 이야기 방식 이해하기

• 전 : 교훈을 목적으로 인물의 일생을 시간의 순서에 따라 서술하는 서사 양식

전(傳)	유자소전
출생 내력 및 성장 과정	유재필 → 1941년 광천 출생, 불우한 환경에서 성장
행적 열거	총수의 운전사로 일함 (비단잉어가 죽은 사건)
평가 및 교훈 제시	- 시 → "더불어 살은 진한 삶, 그 정신 아름답고 향기로웠음이네" - 교훈 → 사람의 도리를 지키며 남을 돕고 사는 삶의 아름다움

2) 서사 문학의 표현상 특징 이해하기

	풍자	해학
공통점	과장이나 왜곡 등을 통해 대상을 희화화함으로써 웃음 유발	
차이점	부정적, 비판적	연민과 애정, 우호적

작품	방식/대상	웃음을 유발하는 까닭
유자소전	풍자 / 총수	총수의 허영심을 비판하고 웃음을 유발
봄봄	해학 / '나'	'나'의 모습이 우스꽝스러우면서도 어리숙하여 연민을 유발함
봉산탈춤	풍자 / 양반들	양반들이 속아 넘어가는 어리석은 모습을 통해 웃음을 유발

성취 기준

2022 교육과정	[10공국2-05-01] 한국 문학사의 흐름을 고려하여 작품을 수용한다. 　이 성취 기준은 개별 작품을 한국 문학사의 흐름 속에서 파악하고 그 가치를 이해하는 능력을 기르게 하기 위해 설정하였다. 한국 문학사가 전개되는 과정에 나타나는 특성, 갈래나 작품 형식의 변화, 향유층의 다양화 등을 고려하며 작품을 수용하게 되면, 개별 작품의 가치와 의미를 더 입체적으로 파악할 수 있게 된다. 한 작품이 다른 여러 작품들과 관계 맺는 양상은 물론 그 관계들로 형성되는 문학사적 맥락 속에서 개별 작품이 가지는 가치와 의의 등을 생각하면서 작품을 수용하도록 한다.
성취 기준 적용 시 고려 사항	• 개별 문학 작품은 다른 여러 작품들과 다양하게 상호 작용하며 문학의 역사를 형성하게 된다. 작가 맥락, 독자 맥락, 사회·문화적 맥락과 함께 이러한 문학사적인 맥락을 고려하면서 작품을 대할 때 작품에 대한 깊이 있고 입체적인 이해가 가능해지므로 학습자들이 평소에도 개별 작품들의 문학사적 의미나 가치에 대해 생각하는 습관을 가질 수 있게 지도한다. • 한국 문학사의 흐름을 고려하며 작품을 수용하는 능력을 기르는 수업을 할 때 작품에 관련된 한국 문학사의 중요한 사항이나 흐름을 조사하고 파악하며 작품에 대한 이해를 심화할 수 있게 하는 것이 필요하다. 이때 한국 문학사 전반에 대해 지나치게 많은 분량의 내용을 다루거나, 연표 중심의 암기형 지식 교육이 되지 않도록 유의한다. • 한국 문학에 대한 이해가 필요한 학습 과정에서 다문화 배경 학습자 등 소수 학습자들이 소외되지 않게 유의해야 한다. 또한 소수 학습자들 역시 자신의 문화나 문학을 다른 학습자들에게 소개함으로써 상호 문화적 이해를 통해 서로를 존중하고 이해하는 시간을 가질 수 있도록 지도한다.
2015 교육과정	[10국05-03] 문학사의 흐름을 고려하여 대표적인 한국 문학 작품을 감상한다.

교과서 정리		
학습 내용 정리	**[한국 서사 문학의 연속성 : 영웅의 일대기 구성]** **영웅의 일대기 구성** 고귀한 혈통 → 비정상적 출생 → 비범한 능력 → 어릴 적의 위기 → 조력자의 도움 → 성장 후의 위기 → 위기의 극복과 행복한 결말	……… 「주몽 신화」를 비롯한 고대 신화에서 구축되어 「홍길동전」과 같은 고전 영웅 소설과 신소설에 이르기까지 영웅의 일대기 구성이 이어짐
	[한국 문학의 표현상의 특징 : 풍자와 해학] **풍자와 해학** • 대상을 과장하거나 왜곡하고 비꼼으로써 웃음을 유발함 • 풍자 : 대상에 대한 부정적 인식을 바탕으로 하여 대상을 공격함 • 해학 : 연민과 애정을 가지고 대상을 감싸 안음으로써 대상에 대한 동정심을 유발함	→ 조선 후기의 사설시조, 판소리, 민요, 탈춤 등에서 잘 나타남

	제재	최척전(조위한)

[2022]
창비
공통국어2
1. 한국 문학의 흐름
(2) 최척전
	학습활동	1. 다음 지도에 이 작품의 내용을 정리해 보자.
		2. 옥영을 '적극적이고 주체적이며 자기 인식이 분명한 여성'이라고 평가한다면, 그 근거가 되는 인물의 행동과 태도가 무엇인지 정리해 보자.
		3. 다음 글을 참고하여 이 작품에서 '장륙불'의 존재가 지닌 의미를 파악해 보자.
		4. 다음 고전 소설의 특징을 이 작품에 해당하는 것과 해당하지 않는 것으로 나누고, 이를 바탕으로 이 작품의 의의를 친구들과 함께 평가해 보자.
		  - 행복한 결말로 마무리됨
		  - 사건이 시간 흐름에 따라 전개됨
		  - 천상계의 인물이 잘못을 저질러 인간계에 내려옴
		  - 비현실적 요소가 등장함
		  - 영웅적 주인공의 무용담을 그림
		  - 서술자가 작품에 개입함
		5. 다음은 6·25전쟁을 배경으로 한 소설의 일부이다. 이 작품과 〈최척전〉처럼 전쟁의 참혹함과 그에 따른 상처를 그린 소설이 독자와 사회에 어떤 영향을 미치는지 말해 보자. (박완서 〈엄마의 말뚝2〉)
		6. 이 작품을 소개하는 영상을 친구들과 함께 만들어 보자.
		  1) 어떤 형식의 영상을 제작할지 정하고 역할을 배분해 보자.
		  2) 2분 내외로 촬영할 영상의 스토리보드를 작성해 보자.

	제재	흥보전
[2022] 동아 공통국어2 2. 한국 문학의 흐름 (3) 해학과 풍자	동기유발	※ 다음 두 상황에서 웃음을 유발하는 요소가 무엇인지 말해 보자.

	학습활동	1. 이 소설의 주요 사건을 정리하고, 등장인물의 성격을 파악해 보자.
		  1) 다음 질문에 답하며 이 소설의 주요 사건을 정리해 보자.
		  2) 1)을 참고하여 이 소설에 등장하는 인물의 성격을 말해 보자.
		2. 이 소설을 바탕으로 판소리계 소설의 특징을 알아보자.
		  1) 다음 구절에서 알 수 있는 판소리계 소설의 특징을 정리해 보자.
		  2) 다음 설명을 참고하여 판소리계 소설의 언어적 특징을 알아보자.
		3. 이 소설에 나타난 해학과 풍자에 대해 알아보자.
		  1) 위의 장면이 웃음을 유발하는 까닭을 말해 보자.
		  2) 위의 장면을 통해 비판할 수 있는 당대 사회의 문제점을 말해 보자.
		  3) 다음은 이 소설의 다른 부분이다. 이 부분에 제시된 풍자의 대상과 방법을 말해 보자.
		4. 다음은 광복 직후의 세태를 그린 현대 소설이다. 이 소설에 드러난 한국 문학의 특성을 파악해 보자. (채만식 〈미스터 방〉)
		  1) 이 소설에 등장하는 인물들의 특징을 파악해 보자.
		  2) 이 소설에서 웃음을 유발하는 장면을 찾고, 그 장면이 웃음을 유발하는 까닭을 말해 보자.
		  3) 이 소설에서 확인할 수 있는 해학과 풍자의 전통에 대해 이야기해 보자.

	제재	춘향전
천재(박) 고등국어 6. 한국 문학의 이해 (3) 춘향전	동기유발	※ 다음 재담이 어떻게 웃음을 유발하는지 말해 보자(언어유희). • 저 오리는 십 리를 가든지 백 리를 가든지 언제나 오리라고만 하니 무슨 이치인가? • 할미새는 어제 태어나도 할미새, 오늘 태어나도 할미새라 하니 그 이치는 무엇입니까?

천재(박) 고등국어 6. 한국 문학의 이해 (3) 춘향전	학습활동	1. 한국 문학의 흐름을 고려하여 설화 〈도미의 아내〉와 〈춘향전〉을 비교하여 감상해 보자. (1) 위 설화의 주요 인물인 '도미', '도미의 아내', '왕'의 관계를 설명해 보자. (2) (1)의 활동을 바탕으로 하여 설화 〈도미의 아내〉와 〈춘향전〉이 어떤 점에서 유사한지 말해 보자. • 설화 〈도미의 아내〉에는 '관탈 민녀 설화'와 '열녀 설화'의 모티프가 포함되어 있는데 이는 〈춘향전〉에서 권력자인 '변 사또'가 여성 주인공인 '춘향'의 정절을 짓밟으려 하고, 그럼에도 '춘향'이 끝까지 자신의 정절을 지켜 내며 남자 주인공인 '이몽룡'과 재회하게 되는 내용에 영향을 미쳤을 것이다. 2. 다음의 설명을 참고하여 ㉮~㉰를 읽고, 한국 문학에 나타난 풍자와 해학을 알아보자. (1) ㉮~㉰가 웃음을 유발하는 까닭이 무엇인지, 대상에 관한 서술자나 등장인물의 태도는 어떠한지 정리해 보자. 		웃음을 유발하는 까닭	서술자나 등장인물의 태도		 	---	---	---	---	 			대상	태도	 	㉮ 춘향전	수령들이 당황하여 허둥거리는 모습과 춘향에게 큰소리치던 변 사또가 말이 헛나올 정도로 겁먹은 모습을 보이는 것이 우스꽝스럽다.	수령들과 변사또	부정적, 비판적	 	㉯ 봉산탈춤	말뚝이가 희롱하는 말에 양반들이 발끈 화를 냈다가도, 말뚝이의 변명에 속아 넘어가는 양반들의 어리석은 모습이 실소를 자아낸다.	양반	부정적, 비판적	 	㉰ 봄봄	장인의 지게 작대기에 얻어맞다가 장인의 수염을 잡아채며 반격하는 '나'의 모습이 우습다. 그러면서도 점순이를 의식하는 모습이 순진하고 어리숙하여 딱하게 보인다.	나	우호적, 동정적	 (2) 위와 같이 대상에 대해 웃음을 유발하는 표현 방식의 효과가 무엇인지 말해 보자. • ㉮, ㉯의 경우, 인물들의 우스꽝스러운 모습에 통쾌한 느낌이 들면서 체증이나 울분 같은 것이 가라앉는다. 한편, 부정적인 대상의 실체가 명료하게 드러나는 것 같다. • ㉰의 경우, 인물의 미련스러운 모습이 우습고 재미있으면서도 인물을 따뜻한 시선으로 바라보게 되고 안타까운 마음이 생긴다. (3) 다음과 같이 오늘날의 소설이나 드라마, 영화, 텔레비전 프로그램, 만평 등에서 풍자나 해학의 방법이 쓰인 장면을 찾아 발표해 보자.
신사고 고등국어 7. 우리 문학의 전통과 가치 (2) 우리의 이야기	제재	유자소전(이문구)
	동기유발	※ 다음은 정약용의 상소문 중 일부이다. 오늘날의 소설에 대한 인식과 비교해 보고, 정약용이 소설을 다음과 같이 평가한 까닭이 무엇일지 생각해 보자.

	학습활동	1. 이 소설을 읽고 다음 활동을 해 보자.
		  (1) 다음 항목을 중심으로 유자의 약력을 정리해 보자.
		  (2) 서술자인 '나'가 유자와 총수를 바라보는 태도는 어떠한지 말해 보자.
		2. 이 소설에 담긴 사회·문화적 가치를 파악해 보자.
		  (1) 〈보기〉의 사건 전개 과정에서 인물들이 보이는 태도를 파악하고, 인물들의 가치관을 비교해 보자.
		  (2) 유자라는 인물을 통해 작가가 말하고자 하는 바가 무엇인지 파악해 보자.
		  (3) 자신은 이 소설의 유자를 어떻게 평가하는지 말해 보자.
		3. 〈보기〉를 참고하여 이 소설에 드러나는 이야기 방식의 전통적 특징이 무엇인지 근거를 들어 정리해 보자.
		  • 전통 장르인 '전(傳)'은 한 인물의 생애와 그에 대한 필자의 평가를 포함한다. '유자소전'은 전의 양식을 빌린 우리나라 소설의 전통을 이어받았다고 할 수 있다.
		4. 다음은 판소리계 소설 '흥부전'의 일부이다. 작품을 감상하고 다음 활동을 해 보자.
		  (1) '흥부전'과 '유자소전'에서 웃음을 유발하는 상황을 찾고, 그 까닭을 정리해 보자.
		  (2) (1)을 바탕으로 '흥부전'에 나타난 서사 문학의 전통이 '유자소전'에 어떻게 계승되었는지 파악해 보자.
		    • 판소리계 소설인 '흥부전'은 부정적 인물인 놀부의 심술궂은 행태를 길게 나열하는 표현을 통해 대상을 희화화하며 웃음을 유발한다. '유자소전' 역시 부정적인 인물을 언어유희 등을 통해 비판의 대상을 희화화하여 웃음을 유발하고 있다.

2026학년도 중등학교교사신규임용후보자선정경쟁시험(2차)
제62회 국어과 교수·학습 실연 시험 문제지

관리 번호

지도안 세부 조건

1. **〈수험생 작성 조건1〉 동기유발**
   가. 학습 목표와 관련하여 학생의 경험을 상기시킬 것
   나. 〈자료1〉과 관련된 발문을 던져 동기를 유발할 것

2. **〈수험생 작성 조건2〉 문학 작품을 주체적으로 해석하고 평가하기**
   가. 〈자료2〉를 활용하여 〈자료1〉의 화자가 누구인지 추측해 보도록 안내할 것(단, 교사가 먼저 시범을 보일 것)
   나. 위에서 추측한 내용을 바탕으로 〈자료1〉의 주제를 해석하도록 안내할 것(단, 교사가 먼저 시범을 보일 것)
   다. 나와 다른 사람의 감상의 차이를 어떻게 받아들여야 하는지 발문할 것

3. **〈수험생 작성 조건3〉 문학을 생활화하기**
   가. 〈자료3〉의 시구 중 가장 인상 깊은 시구를 공유하도록 안내할 것
   나. 〈자료3〉의 화자의 임에 대한 태도에 대해 근거를 들어 다양한 관점에서 평가해 보도록 안내할 것
   다. 앞의 활동을 바탕으로 시의 화자에게 편지를 쓰도록 안내할 것

수업 조건

- 과목 : 국어
- 학년 : 고등학교 1학년
- 장소 : 국어 교과교실
- 시간 : 블록타임제(100분)
- 단원명 : 자신의 관점에서 문학 작품 읽기
- 해당 성취 기준 : 주체적인 관점에서 작품을 해석하고 평가하며 문학을 생활화하는 태도를 지닌다.

단원명	차시	학습 내용
자신의 관점에서 문학 작품 읽기	1-2 (본시)	○ 자신의 경험에 비추어 문학 작품을 주체적으로 해석하고 평가할 수 있다. ○ 문학 작품에 대한 주체적 평가를 바탕으로 문학을 생활화하는 태도를 지닐 수 있다.

학생 수	장소	학습 형태	학습 기자재
24명	국어 교과교실	강의식, 모둠활동	교사용 컴퓨터, 전자 칠판, 학생용 스마트 기기

※ 본 문제는 모의 평가용으로 제작되었으며, 실제 시험의 문항 유형 및 형식과 다를 수 있습니다.

〈자료1〉

청산별곡(靑山別曲)

작자 미상

살어리 살어리랏다 쳥산(靑山)애 살어리랏다.
멀위랑 도래랑 먹고 쳥산(靑山)애 살어리랏다.
얄리얄리 얄랑셩 얄라리 얄라

우러라 우러라 새여 자고 니러 우러라 새여.
널라와 시름 한 나도 자고 니러 우니로라.
얄리얄리 얄랑셩 얄라리 얄라

가던 새 가던 새 본다 믈 아래 가던 새 본다.
잉 무든 장글란 가지고 믈 아래 가던 새 본다.
얄리얄리 얄랑셩 얄라리 얄라

이링공 뎌링공 ᄒᆞ야 나즈란 디내와손뎌,
오리도 가리도 업슨 바므란 또 엇디 호리라.
얄리얄리 얄랑셩 얄라리 얄라

어듸라 더디던 돌코 누리라 마치던 돌코.
믜리도 괴리도 업시 마자셔 우니노라.
얄리얄리 얄랑셩 얄라리 얄라

살어리 살어리랏다 바ᄅᆞ래 살어리랏다.
ᄂᆞᄆᆞ자기 구조개랑 먹고 바ᄅᆞ래 살어리랏다.
얄리얄리 얄랑셩 얄라리 얄라

가다가 가다가 드로라 에졍지 가다가 드로라.
사ᄉᆞ미 짒대예 올아셔 ᄒᆡ금(奚琴)을 혀거를 드로라
얄리얄리 얄랑셩 얄라리 얄라

가다가 빈브른 도긔 설진 강수를 비조라.
조롱곳 누로기 ᄆᆡ와 잡ᄉᆞ와니 내 엇디 ᄒᆞ리잇고.
얄리얄리 얄랑셩 얄라리 얄라

〈자료2〉	〈자료3〉
〈청산별곡〉의 경우 '서경별곡', '쌍화점'과 형식이 비슷하고 언어 구사나 정조가 조선 초기의 노래와는 전혀 다르므로 고려 가요로 보는 것이 일반적이다. 이 고려 가요에는 현실적·세속적 공간으로부터의 도피처인 '청산', '바다'를 동경하나 현실의 문제(무신 정권의 횡포, 외세의 침략, 난리 등)에 부딪혀 결국은 술로 시름을 달래거나 체념할 수밖에 없던 당시 고려인의 삶의 고뇌와 비애가 드러난다. 한편, 〈청산별곡〉에서 '잉 무든 장글란'은 여러 가지의 의미로 해석되는데, 첫째, '이끼 묻은 쟁기일랑'으로 해석되기도 하고 둘째, '날이 무딘 병기일랑'으로 해석되기도 하고 셋째, '이끼 묻은 은장도일랑'으로 해석되기도 한다. 이처럼 구절의 의미를 어떻게 해석하느냐에 따라 화자가 누구인가에 대해서도 다르게 추측해 볼 수 있다.	**가시리** 작자 미상 가시리 가시리잇고 나ᄂᆞᆫ ᄇᆞ리고 가시리잇고 나ᄂᆞᆫ 위 증즐가 대평셩ᄃᆡ(大平盛代) 날러는 엇디 살라 ᄒᆞ고 ᄇᆞ리고 가시리잇고 나ᄂᆞᆫ 위 증즐가 대평셩ᄃᆡ(大平盛代) 잡ᄉᆞ와 두어리마ᄂᆞᄂᆞᆫ 션ᄒᆞ면 아니 올셰라 위 증즐가 대평셩ᄃᆡ(大平盛代) 셜온 님 보내ᄋᆞᆸ노니 나ᄂᆞᆫ 가시ᄂᆞᆫ 듯 도셔 오쇼셔 나ᄂᆞᆫ 위 증즐가 대평셩ᄃᆡ(大平盛代)

2026학년도 중등학교교사신규임용후보자선정경쟁시험(2차)
제62회 국어과 교수·학습 실연 지도안 〔예상 답안〕

국어과 본시 교수·학습 지도안				
학습 목표	1. 자신의 경험에 비추어 문학 작품을 주체적으로 해석하고 평가할 수 있다. 2. 문학 작품에 대한 주체적 평가를 바탕으로 문학을 생활화하는 태도를 지닐 수 있다.			
학습 단계		교수·학습 활동		자료 및 유의점	시간 (분)
도입	인사	• 인사 및 학습 분위기 조성	• 인사 및 학습 준비		
	전시 학습 확인	• 전시 학습 확인	• 전시 학습 회상		

	동기유발	〈수험생 작성 내용1〉
		• 학습 목표와 관련하여 학생의 경험에 대해 발문하기
		  - "여러분은 같은 작품을 보고, 그 작품에 대한 해석이 친구와 달랐던 경험이 있나요?"
		
		• 학습 목표와 관련하여 동기유발하기
		  - "맞아요. 여러분이 경험했던 것처럼 사람에 따라 작품에 대한 해석이 달라질 수 있어요. 오늘은 문학작품을 주체적으로 해석하고 평가해 보도록 할 거예요."
		
		• 제재와 관련된 발문하기
		  - "여러분들이 오늘 읽을 〈청산별곡〉에는 바라는 세상에 대한 이야기가 나와요. 여러분들도 간절히 바라는 것이 있나요? 여러분들의 이상향은 무엇인가요?"
		
		• 학습 목표의 필요성에 대해 설명하기
			• 학습 목표와 관련하여 자신의 경험 떠올려 보기
			  - "네, 저는 〈○○왕국〉의 주된 주제가 엘사가 자기 자신을 찾아가는 여정이라고 생각했는데, 친구는 진실한 사랑의 아름다움에 대해 말하는 것 같다고 해서 사람마다 생각이 다를 수 있다는 걸 알았어요."
			
			• 학습 목표와 관련해 동기 갖기
			
			• 제재와 관련하여 자신의 생각 발표하기
			  - "저는 스트레스 받지 않고 공부하고 싶어요. 시험과 경쟁이 없는 세상에 살고 싶어요."
			  - "저는 사람들끼리 싸우지 않는 거요. 싸움이 없는 세상에서 살고 싶어요."
			
			• 학습 목표의 필요성 이해하기		

	학습 내용 안내	• 학습 내용 안내	• 학습 내용 확인		
	학습 목표 제시	• 학습 목표 제시	• 학습 목표 확인		
전개1	〈활동1〉 문학 작품을 주체적으로 해석하고 평가하기	〈수험생 작성 내용2〉 • 〈자료1〉 함께 읽기 • 〈자료2〉를 활용하여 〈자료1〉의 화자가 누구인지 추측해 보는 시범 보이기 - "'잉 무든 장글란'을 '이끼 묻은 은장도일랑'이라고 해석한다면 은장도는 주로 여성들이 쓰는 것이므로 화자는 실연을 당해 좌절한 여인으로 볼 수 있어요."	• 〈자료1〉 함께 읽기 • 교사의 시범을 관찰하며 활동 숙지하기		

전개 1	〈활동1〉 문학 작품을 주체적으로 해석하고 평가하기	• (모둠활동) 〈자료2〉를 활용하여 〈자료1〉의 화자가 누구인지 추측해 보도록 안내하기 • 활동 내용을 발표하도록 안내하기	• (모둠활동) 〈자료2〉를 활용하여 〈자료1〉의 화자가 누구인지 추측해 보기 • 활동 내용 발표하기 {표: 근거 / 화자에 대한 해석 '날이 무딘 병기일랑' / 무신 정권의 횡포로 고통받는 지식인 '이끼 묻은 쟁기일랑' / 경작할 밭을 잃고 떠돌아다니는 유랑민}
		• 화자를 추측한 내용을 바탕으로 주제를 파악하는 시범 보이기 - "앞서 추측한 것처럼 화자를 유랑민으로 가정한다면, 〈청산별곡〉의 주제는 고려 시대에 난리로 인해 삶의 터전을 잃고 떠도는 유랑민의 삶의 비애를 나타난다고 볼 수 있겠어요. 선생님이 주제를 파악한 것처럼 여러분들도 화자를 누구로 보느냐에 따라 주제가 어떻게 달라지는지 파악해 보세요."	• 교사의 시범 관찰하기
		• (모둠활동) 앞서 화자에 대해 추측한 내용을 바탕으로 작품의 주제를 해석해 보도록 안내하기 • 활동 내용을 발표하도록 안내하기	• (모둠활동) 앞서 화자에 대해 추측한 내용을 바탕으로 작품의 주제를 해석하기 • 활동 내용 발표하기 {표: 화자 / 주제 지식인 / 무신 정권을 피해 사는 지식인의 고뇌와 비애 실연한 사람 / 사랑하는 임을 잃은 슬픔}
		• 문학 작품을 감상할 때, 다른 사람의 감상 내용을 어떻게 받아들여야 하는지 발문하기 - "이처럼 작품을 감상할 때, 다른 사람과 해석이 다를 수 있는데, 이를 어떻게 받아들여야 할까요?"	• 문학 작품을 감상할 때, 다른 사람의 감상 내용을 어떻게 받아들여야 하는지 생각해 보기 - "다른 사람의 의견을 존중하되, 해석의 근거가 타당한지 평가하며 들어야 해요." - "나의 감상과 같거나 다른 점을 비교해 보며 들어야 해요."
전개 2	〈활동2〉 문학을 생활화하기	〈수험생 작성 내용3〉 • 〈자료3〉 함께 읽기 • 〈자료3〉에서 가장 인상 깊은 시구에 대해 발문하기 - "여러분은 〈자료3〉에서 어떤 시구가 가장 인상 깊었나요? 친구들과 함께 공유해 봅시다."	• 〈자료3〉 함께 읽기 • 〈자료3〉에서 가장 인상 깊은 시구 공유하기 - "저는 '가시는 돗 도셔 오쇼셔'라는 부분이 가장 인상 깊었어요. 화자의 절절한 마음이 느껴졌어요." - "저는 '선ᄒ면 아니 올셰라'라는 부분이 가장 인상깊었어요. 행여 자신이 서운하면 님이 안 올까봐 걱정하는 모습이 안타까웠어요."
		• 〈자료3〉의 화자의 태도에 대해 근거를 들어 평가해 보도록 안내하기	• 〈자료3〉의 화자의 태도에 대해 근거를 들어 평가하기

전개 2	〈활동2〉 문학을 생활화하기	• 평가한 내용을 공유하도록 안내하기	• 평가한 내용 공유하기	

평가한 내용	근거
화자는 수동적이고 소극적인 여성이다.	임에게 적극적으로 다가가지 못하고 다시 돌아오라는 말밖에 하지 못함
화자는 솔직하고 지혜로운 여성이다.	이별해야 하는 상황에서 솔직하게 자신의 마음을 표현함

전개 2	〈활동2〉 문학을 생활화하기	• 화자에 대해 평가한 내용을 바탕으로 화자에게 편지를 쓰도록 안내하기	• 화자에 대해 평가한 내용을 바탕으로 화자에게 편지 쓰기
		• 활동한 내용을 공유하도록 안내하기	• 활동한 내용 공유하기

> 가시리의 화자에게
>
> 안녕하세요 저는 ○○고등학교의 ○○입니다. '가시리'라는 시를 읽고 어떤 마음으로 이 시를 쓰게 되었는지 느낄 수 있었어요. 사랑하는 임이 떠난다니 정말 마음이 아프셨을 것 같아요. 비록 임은 떠났지만, 자신의 마음을 다 솔직하게 표현하셨으니까 후회는 없으실 것 같아요. 저라면 그런 용기는 안 났을 텐데, 진심을 마지막으로 털어 놓은 부분이 존경스러웠어요. 이별은 힘들지만 시간이 지나면 분명 극복할 수 있을 거예요. 그럼 안녕히 계세요.

		• 활동 정리하기	• 활동 정리하기
정리	학습 내용 정리	• 학습 내용 정리	• 학습 내용 이해
	차시 예고	• 차시 예고	• 차시 예고 인지

판서 예시

단원명 : 자신의 관점에서 문학 작품 읽기

〈학습 목표〉

1. 자신의 경험에 비추어 문학 작품을 주체적으로 해석하고 평가할 수 있다.
2. 문학 작품에 대한 주체적 평가를 바탕으로 문학을 생활화하는 태도를 지닐 수 있다.

〈활동1〉 문학 작품을 주체적으로 해석하고 평가하기

근거	화자에 대한 해석	작품의 주제
'이끼 묻은 쟁기일랑'	유랑민	유랑민의 삶의 비애
'날이 무딘 병기일랑'	지식인	무신 정권을 피해 사는 지식인의 고뇌와 비애
'이끼 묻은 은장도일랑'	실연한 사람	사랑하는 임을 잃은 슬픔

〈활동2〉 문학을 생활화하기

인상 깊은 내용 공유하기
- '가시ᄂᆞᆫ 듯 도셔 오쇼셔'
- '션ᄒᆞ면 아니 올셰라'

평가한 내용	근거
화자는 수동적이고 소극적인 여성이다.	임에게 적극적으로 다가가지 못하고 다시 돌아오라는 말밖에 하지 못함
화자는 솔직하고 지혜로운 여성이다.	이별해야 하는 상황에서 솔직하게 자신의 마음을 표현함

성취 기준		
2022 교육과정	[10공국2-05-02] 주체적인 관점에서 작품을 해석하고 평가하며 문학을 생활화하는 태도를 지닌다. 이 성취 기준은 작품을 주체적인 관점에서 해석하고 작품에 대해 능동적으로 평가할 수 있는 안목을 기르게 하기 위해 설정하였다. 다른 사람의 생각을 존중하고 해석의 다양성에 대한 이해를 높이는 한편 자신의 해석과 평가를 설득력 있게 표현하는 경험을 바탕으로 문학을 주체적으로 즐기며 생활화하는 태도를 지닐 수 있도록 한다.	
성취 기준 적용 시 고려 사항	자신이 읽은 작품 가운데 가치가 있다고 생각하는 작품에 대해 적극적으로 다른 사람에게 소개하고 설명하는 경험을 쌓아감으로써 작품을 더 깊이 받아들이게 되는 한편 총체적인 국어 능력을 높일 수 있게 지도한다. 작품에서 뛰어나다고 생각하는 점이나 인상적으로 받아들인 부분에 대해 말이나 글, 복합양식 텍스트 등 학습자가 편한 양식을 선택하여 부담감을 가지지 않고 능동적인 비평 활동을 수행할 수 있도록 지도한다.	
2015 교육과정	[10국05-05] 주체적인 관점에서 작품을 해석하고 평가하며 문학을 생활화하는 태도를 지닌다.	

교과서 정리		
학습 내용 정리	■ 문학 작품의 주체적 해석과 평가 　　작품을 주체적인 관점에서 해석하고 평가한다는 것은 자신의 경험, 지식, 가치관 등이 반영된 자신만의 관점으로, 타당한 근거를 들어 작품의 의미를 해석하고 평가함을 뜻한다. 동일한 문학 작품이더라도 그에 대한 해석과 평가는 감상하는 사람의 관점이나 감상 방법 등에 따라 달라질 수 있다. 이처럼 작품에 대한 해석과 평가는 주관적 행위이지만, 타당한 것으로 인정받기 위해서는 판단을 뒷받침하는 적절한 근거가 제시되어야 한다. 또한 작품을 수용할 때 단순히 타인의 평가를 따르거나 무조건 자신의 생각을 내세우기보다는, 원인과 결과를 논리적으로 따져 보거나 작품과 관련된 다양한 사례와 비교하면서 작품에 반영된 가치를 주체적으로 해석하고 평가할 수 있어야 한다. 　　작품을 감상한 뒤에는 자신의 생각이나 느낌을 다른 사람들과 나눔으로써 감상의 폭을 넓힐 수 있다. 이때 다른 사람의 생각을 존중하면서 자신의 생각과 같거나 다른 점을 비교하며 평가하도록 한다. 더불어 자신이 해석하고 평가한 결과를 창의적으로 표현함으로써, 주체적이고 능동적으로 문학을 향유하고 생활화하는 태도를 기를 수 있다.	
[2022] 천재(김수학) 공통국어2 2. 읽고 나누는 기쁨 (1) 주체적으로 　　감상하기	제재	뉴욕제과점(김연수)
	학습활동	1. 뉴욕제과점에서 일어난 일들을 시간순으로 정리해 보자. 2. 이 작품의 내용을 주체적인 관점에서 해석해 보자. 　1) '나'가 다음 표현들을 써서 말하려는 내용이 무엇인지 해석해 보자 　2) 이 작품의 마지막 부분에 드러나는 '나'의 감정과, '나'가 그렇게 느낀 까닭을 해석해 보자. 3. 이 작품의 인물과 주제를 주체적인 관점에서 평가해 보자. 　1) 다음과 같은 여러 측면을 고려하여 어머니를 평가해 보자. 　2) 다음 물음에 답하며 이 작품의 주제를 평가해 보자. 　　① '나'에게 뉴욕제과점은 어떤 의미를 갖는 공간일까? 　　② 뉴욕제과점에 관해 이야기하며 작가가 나타내려고 한 주제는 무엇일까? 　　③ 이 작품의 주제에 대해 자신은 어떻게 생각하는가? 　3) 1)과 2)에서 평가한 내용을 짝과 이야기하며 서로 비교해 보자.
[2022] 비상(박영민) 공통국어2 1. 나, 너, 우리가 　　만나는 길 (1) 문학의 해석과 　　생활화	제재	한 그리움이 다른 그리움에게(정희성)
	동기유발	• 문학을 비롯하여 예술 작품에 대한 감상을 다른 사람들과 나누어 본 경험을 말해 보자.
	목표활동	1. 〈한 그리움이 다른 그리움에게〉를 감상하고 시어의 의미와 표현 방법을 파악해 보자. 　1) '꿈'과 '겨울'의 의미를 짐작해 보고, 이와 비슷한 의미를 지닌 시구를 찾아 써 보자. 　2) 이 시에 쓰인 표현 방법을 찾고 그 효과를 써 보자. 2. 주체적인 관점에서 이 시를 해석해 보자. 　1) 이 시를 감상한 학생들의 대화 내용을 완성해 보고, 학생들의 대화에 이어 자신만의 관점에서 해석한 내용을 써 보자. 　2) 친구들의 해석을 들어 보고, 친구의 해석과 비슷한 점이나 다른 점을 써 보자. 3. 문학 작품을 해석하는 근거를 활용하여 다음 시를 주체적으로 해석하고 평가해 보자. 　(한용운, 〈나의 꿈〉) 　1) '당신'의 의미를 바탕으로 '나의 꿈'의 의미를 해석해 보자. 　2) 문학 작품을 해석하는 근거 중 하나를 골라 이 시를 해석하고 평가해 보자. 　3) 2)에서 작성한 해석과 평가를 친구들과 공유해 보고, 친구의 해석과 평가에 대한 자신의 생각을 정리해 보자. 4. 다음은 한 학생이 자신이 읽은 책을 소개하기 위해 누리 소통망(SNS)에 쓴 비평 글이다. 이를 참고하여 자신이 읽었던 문학 작품 중 하나를 골라 친구들에게 소개해 보자.

	제재	우주인(김기택)
동아 고등국어 6. 감상과 표현 (1) 우주인	동기유발	• 다음은 인류가 처음으로 달에 발을 내디딘 모습을 찍은 사진이다. 우주 공간에서 발걸음을 내디디는 우주인의 심정이 어떠할지 상상해 보자.

	활동1	2. 자신의 관점에서 이 시를 주체적으로 해석해 보고, 짧은 감상평을 써 보자.
		  (1) 다음 질문에 스스로 답하며 이 시를 주체적으로 해석해 보자.
		    - 이 시에서 가장 중요하다고 생각하는 시구는?
		    - 이 시에 드러난 화자의 모습에서 연상되는 삶의 모습은?
		    - 화자가 허공에서 허우적거리는 것은 '기댈 무게'가 없기 때문이다. 화자가 제대로 발걸음을 내딛게 할 수 있는 '기댈 무게'는 어떤 것일까?
		    - 화자가 '발자국', '길고 삐뚤삐뚤한 길'을 보고 싶어 하는 것은 어떤 마음에서 비롯된 것일까?
		  (2) (1)에서 정리한 내용을 바탕으로 이 시에 대한 짧은 감상평을 써 보자.
		  (3) (2)에서 작성한 감상평을 친구들과 돌려 읽으며 감상한 내용을 비교해 보자.
		  (4) 문학 작품을 감상할 때, 다른 사람의 감상 내용을 어떻게 받아들여야 하는지 이야기해 보자.

	활동2	3. 평소에 읽은 시 작품 가운데 인상 깊었던 시구를 활용하여 책갈피를 만들어 보자.
		  (1) 평소에 읽은 시 작품 가운데 책갈피로 만들고 싶은 시구를 정하고, 자신이 이해하고 해석한 내용을 써 보자.
		  (2) (1)에서 정한 시구를 활용하여 책갈피를 만들고, 친구들과 나눠 보며 자신이 이해하고 해석한 내용을 설명해 보자.

12. 고등 문학

- 제63회 국어과 교수·학습 실연 시험 문제지 및 지도안 예상 답안
- 제64회 국어과 교수·학습 실연 시험 문제지 및 지도안 예상 답안
- 제65회 국어과 교수·학습 실연 시험 문제지 및 지도안 예상 답안
- 제66회 국어과 교수·학습 실연 시험 문제지 및 지도안 예상 답안
- 제67회 국어과 교수·학습 실연 시험 문제지 및 지도안 예상 답안
- 제68회 국어과 교수·학습 실연 시험 문제지 및 지도안 예상 답안
- 제69회 국어과 교수·학습 실연 시험 문제지 및 지도안 예상 답안

2026학년도 중등학교교사신규임용후보자선정경쟁시험(2차)
제63회 국어과 교수·학습 실연 시험 문제지

관리 번호

지도안 세부 조건

1. **〈수험생 작성 조건1〉 동기유발**
   가. 매체 자료를 활용하여 다양한 맥락으로 작품을 감상하는 예시를 들 것
   나. 문학 작품을 감상할 때 고려해야 할 다양한 맥락을 소개할 것
   다. 교사의 구체적인 발문과 학생 대답을 포함할 것

2. **〈수험생 작성 조건2〉 사회·문화적 맥락을 고려하여 작품 감상하기**
   가. 〈자료1〉과 〈자료2〉를 활용하여 활동을 구상할 것
   나. 〈자료1〉에 드러난 인물들의 면모를 비교할 것
   다. 〈자료2〉를 참고하여 사회·문화적 맥락에서 작품을 감상하도록 활동을 구상할 것

3. **〈수험생 작성 조건3〉 상호 텍스트적 맥락을 고려하여 작품 감상하기**
   가. 〈자료1〉~〈자료3〉을 활용하여 활동을 구상할 것
   나. 〈자료1〉과 〈자료3〉에 나타나는 인물들의 공통점과 주제 의식을 파악할 것
   다. 판소리계 소설의 특징을 설명하고 〈자료1〉과 〈자료3〉에 공통적으로 드러나는 판소리계 소설의 특징을 파악하는 활동을 구상할 것

수업 조건

○ 과목 : 국어
○ 학년 : 고등학교 2학년
○ 장소 : 국어 교과교실
○ 시간 : 블록타임제(100분)
○ 단원명 : 문학 작품의 맥락
○ 해당 성취 기준 : 문학의 여러 갈래들의 특성과 문학의 맥락에 대해 이해한다.

단원명	차시	학습 내용
문학 작품의 맥락	1-2	○「이춘풍전」의 줄거리와 인물 관계를 파악할 수 있다.
	3-4 (본시)	○ 문학 작품과 관련된 사회·문화적 배경의 맥락을 고려하여 작품을 이해하고 감상할 수 있다. ○ 문학 작품과 관련된 상호 텍스트성의 맥락을 고려하여 작품을 이해하고 감상할 수 있다.

학생 수	장소	학습 형태	학습 기자재
24명	국어 교과교실	강의식, 모둠식	교사용 컴퓨터, 전자 칠판, 학생용 스마트 기기

※ 본 문제는 모의 평가용으로 제작되었으며, 실제 시험의 문항 유형 및 형식과 다를 수 있습니다.

〈자료1〉

[앞부분의 줄거리] 숙종 때 경성에 살던 이춘풍은 거부의 아들로 호강을 누리다가 부모가 세상을 떠나자 주색잡기에 빠져 가산을 탕진하게 된다. 이후 아내 김 씨가 온갖 일을 하여 5년 만에 수천 금을 모으자 춘풍은 서약까지 하며 반성한다. 하지만 다시 방탕한 마음이 일어 돈을 빌려 평양으로 장삿길에 나서고, 기생 추월에게 빠져 가진 돈을 다 날리고 급기야 그 집의 하인이 된다. 이 소식을 들은 춘풍의 아내는 평양 감사의 회계 비장을 자처하여 남장을 하고 찾아가 추월에게 다시 돈을 돌려주도록 한다.

비장이 사또 전에 여짜오되, 춘풍과 추월을 처치한 말씀을 낱낱이 다 고하고 조용히 여짜오되,

"내일 하직하고 경성으로 가려 하오니 사또님 덕택으로 추월에게 분부하여 자모지례로 오천 냥을 몰수(沒數)이 수쇄하여 춘풍에게로 보내기를 천만 바라나이다."

사또 허락하고, 이튿날 하직하고 상덕한 돈 수만 냥을 환전으로 부쳐 놓고, 인하여 발행(發行)할 새 평양을 하직하고 경성으로 올라와서 환전 돈을 즉시 찾고 춘풍이 오기를 기다리더라.

평양 사또 본관이 분부하되, 추월을 잡아들여 돈 바치라 성화하되, 십 일 다 못 하여 오천 냥을 다 바쳤것다.

춘풍이 돈을 싣고 경성으로 올라갈 제, 이때 춘풍의 아내 문밖에 썩 나서서 춘풍의 손을 부여잡고,

"어이 그리 더디 온가? 장사에 사망 많아 평안히 오시니잇가?"

춘풍이 반기면서,

"그사이에 잘 있었는가?"

하고, 열두 바리 실은 돈을 장사에서 남긴 듯이 여기저기 들여놓고 의기양양 하는구나. 춘풍에게 차담상을 별나게 차려 들이거늘, 춘풍이 온 교태(驕態)를 다할 적에 기구하고 볼만하다. 콧살도 찡그리며 입맛도 다셔 보고 젓가락도 휘저으며 하는 말이,

"생치(生雉) 다리도 덜 구워졌으며, 자반에도 기름이 적고, 황육(黃肉)조차 맛이 적다. 평양으로 갈까 보다. 호조 돈 아니었더라면 올라오지 아니했지. 내일은 호조 돈을 다 바치고 평양으로 내려갈 제, 너도 함께 따라가서 평양 감영 소가(小家) 집의 그 음식 먹어 보소."

온갖 교만 다할 적에, 춘풍 아내 춘풍을 속이려고 황혼을 기다려서 여자 의복 벗어 놓고, 비장 의복 다시 입고 흐늘거리며 들어오니, 춘풍이 의아하여 방 안에서 주저주저하는지라. 비장이 호령하되,

"평양에 왔던 일을 생각하라. 네 집에 왔다 한들 그다지 거만하냐?"

춘풍이 그제야 자세히 본즉, 과연 평양에서 돈 받아 주던 회계 비장이라. 깜짝 놀라면서 문밖에 뛰어내려 문안을 여쭈오되, 회계 비장 하는 말이,

"평양에서 맞았던 매가 얼마나 아프더냐?"

춘풍이 여쭈오되,

"어찌 감히 아프다 하오리까? 소인에게는 상(賞)이로소이다."

회계 비장 하는 말이,

"평양에서 떠날 적에 너러러 이르기를, 돈을 싣고 서울로 올라오거든 댁에 문안하라 하였더니, 풍문에 소식 들리기를 매일 기다리다가 아까 마침 남산 밑에 박 승지 댁에 가 술을 먹고 대취하여 종일 놀다가 홀연히 네가 왔단 말을 듣고 네 집에 돌아왔으니 흰죽이나 쑤어 달라."

한대, 춘풍이 제 지어미를 아무리 찾은들 있을쏜가. 제가 손수 죽을 쑤려 하고 죽 쌀을 내어 들고 부엌으로 나가거늘, 비장이 호령하되,

"네 지어미는 어디 가고, 나에게 내외를 하느냐?"

춘풍이 묵묵부답하고 혼잣말로 심중에 헤아리되, '그립던 차에 가솔을 만났으니 우리 둘이 잠이나 잘 자 볼까' 하였더니 아내는 간데없고, 비장은 이처럼 호령하니 진실로 민망하나 무가내하라.

회계 비장이 내다보니, 춘풍의 죽 쑤는 모양이 우습고도 볼만하다. 그제야 죽상을 들이거늘, 비장이 먹기 싫은 죽을 조금 먹는 체하다가 춘풍에게 상째로 주며 하는 말이,

"네가 평양 감영 추월의 집에 사환으로 있을 때에 다 깨진 헌 사발에 누룽지에 국을 부어서 숟가락 없이 뜰아래 서서 되는대로 먹던 일을 생각하여 다 먹으라."

하니, 그제야 춘풍이 아내가 어디서 죽 먹는 양을 볼까 하여 여기저기 살펴보며 얼른얼른 먹는지라. 그제야 춘풍 아내 혼잣말로,

'이런 거동 볼작시면 누가 아니 웃고 볼까? 하는 행실 저러하니 어디 가서 사람으로 보일런가? 아무튼 속이기를 더 하자니 차마 그리 우스워라. 이런 꼴을 볼작시면 나 혼자 보기 아깝도다.'

이런 거동 저런 거동 다 본 연후에, 회계 비장 의복 벗어 놓고 여자 의복 다시 입고 웃으면서,

"이 멍청아!"

춘풍의 등을 밀치면서 하는 말이,

"안목이 그다지 무도한가?"

춘풍이 어이없어 하는 말이,

"이왕에 자넨 줄 알았으나 의사(意思)를 보자하고 그리하였노라."

하고, 그날 밤에 부부 둘이 원앙금침 펼쳐 덮고 누웠으니 아주 그만 제법일세.

- 작자 미상, 「이춘풍전」-

〈자료2〉

조선 시대는 봉건적 제도와 남성중심주의를 기반으로 여성의 사회적 진출이 허용되지 않았다. 그러나 조선 후기에 들어서 기존의 사회적 가치관이 흔들림에 따라 가부장적 권위가 비판받고, 여성의 지위와 역할에 대한 새로운 인식이 대두되기 시작하였다.

〈자료3〉

장끼와 까투리가 들판에 떨어져 있는 콩알을 주우러 들어가다가, 붉은 콩 한 알이 덩그렇게 놓여 있는 것을 장끼가 먼저 보고 눈을 크게 뜨며 말하기를,

"어허, 그 콩 먹음직스럽구나! 하늘이 주신 복을 내 어찌 마다하랴? 내 복이니 어디 먹어 보자."

옆에서 이 모양을 지켜보고 있던 까투리가 어떤 불길한 예감이 들어서,

"아직 그 콩 먹지 마오. 눈 위에 사람 자취가 수상하오. 자세히 살펴보니 입으로 훌훌 불고 비로 싹싹 쓴 흔적이 심히 괴이하니, 제발 덕분 그 콩일랑 먹지 마오."

"자네 말은 미련하기 그지없네. 이때를 말하자면 동지섣달 눈 덮인 겨울이라. 첩첩이 쌓인 눈이 곳곳에 덮여 있어 천상에 나는 새 그쳐 있고, 만경(萬頃)에 사람의 발길이 끊겼는데 사람의 자취가 있을까 보냐?"

까투리도 지지 않고 입을 연다.

"사리는 그럴 듯하오마는 지난밤 꿈이 크게 불길하니 자량하여 처사(處事)하오."

(중략)

장끼 고집 끝끝내 굽히지 아니하니 까투리는 할 수 없이 물러났다. 그러자 장끼란 놈 얼룩 장목 펼쳐 들고 꾸벅꾸벅 고갯짓하며 조츰조츰 콩을 먹으러 들어가는구나. 반달 같은 혓부리로 콩을 콱 찍으니 두 고패 둥그러지며 머리 위에 치는 소리 발랑사 중에 저격 시황 하다가 버금 수레 맞치는 듯 와지끈 뚝딱 푸드득 푸드득 변통 없이 치었구나.

이 꼴을 본 까투리가 기가 막히고 앞이 아득하여 땅을 치며 말하기를

"저런 광경 당할 줄 몰랐던가. 남자라고 여자 말 잘 들어도 패가(敗家)하고 안 들어도 망신하네."

- 작자 미상, 「장끼전」-

2026학년도 중등학교교사신규임용후보자선정경쟁시험(2차)

제63회 국어과 교수·학습 실연 지도안 　예상 답안

국어과 본시 교수·학습 지도안				
학습 목표		1. 문학 작품과 관련된 사회·문화적 배경의 맥락을 고려하여 작품을 이해하고 감상할 수 있다. 2. 문학 작품과 관련된 상호 텍스트성의 맥락을 고려하여 작품을 이해하고 감상할 수 있다.		
학습 단계		교수·학습 활동		자료 및 유의점	시간 (분)
도입	인사	• 인사 및 학습 분위기 조성	• 인사 및 학습 준비		
	전시 학습 확인	• 전시 학습 확인하기	• 전시 학습 떠올리기		

	동기유발	〈수험생 작성 내용1〉
		• 맥락에 따라 해석이 달라지는 예시 제시 및 발문하기
		  – (매체 자료) 피카소의 '한국에서의 학살' 그림
		  – "여러분, 이 그림을 본 감상이 어떤가요?"
		
		  – "이 그림의 제목은 '한국에서의 학살'입니다. 제목을 알고 보니 작품이 어떻게 보이나요?"
		  – "그렇군요. 사회·문화적 맥락을 모르고 작품을 보았을 때랑 또 다른 감상이 되었네요. 이처럼 문학 작품도 다양한 맥락을 고려하여 감상하면 보다 풍부하고 효과적으로 작품을 감상할 수 있습니다."
		
		• 문학 작품을 감상할 때 고려하는 다양한 맥락 소개하기
		  – 작가 : 작가의 삶과 작품의 관계
		  – 사회·문화적 맥락 : 작품이 다루고 있거나 작품이 만들어졌을 당시의 사회·문화적 상황과의 관계
		  – 상호 텍스트적 맥락 : 다른 작품과의 관계
			• 맥락에 따라 해석이 달라지는 예시 보고 대답하기
			
			– "슬퍼요. 마치 원주민들이 이주자들에게 학살당하는 장면 같아요."
			– "충격적이에요. 우리가 알고 있던 6·25 전쟁의 참상을 비극적으로 보여주고 있어요."
			
			• 문학 작품을 감상할 때 고려하는 다양한 맥락 이해하기		

	학습 내용 안내	• 학습 내용 안내	• 학습 내용 확인		
	학습 목표 제시	• 학습 목표 제시	• 학습 목표 확인		
전개 1	〈활동1〉 사회· 문화적 맥락을 고려하여 작품 감상하기	〈수험생 작성 내용2〉 • 〈자료1〉 인물의 특징 파악하는 활동 안내하기 – 춘풍과 아내의 면모를 비교하며 인물의 특징을 파악하고 근거를 함께 적도록 안내한다.	• 〈자료1〉 인물의 특징 파악하기		

전개 1	<활동1> 사회·문화적 맥락을 고려하여 작품 감상하기	• 활동 결과 발표하도록 격려하기 •<자료2> 제시하고 사회·문화적 맥락을 고려하여 작품 감상하는 활동 안내하기 - 작품이 생산된 사회·문화적 맥락을 고려하여 춘풍과 아내를 중심으로 작품을 감상하도록 안내한다. - 인물을 통해 전달하고자 하는 바를 파악하도록 한다. • 활동 결과 발표하도록 격려하기	• 활동 결과 발표하기 {| 아내	춘풍 | | 경제적 능력이 뛰어남 → 생활력이 강하고 유능함 · 남장을 하고 남편을 위기에서 구해냄 → 적극적이고 지혜로움 | 기생을 쫓다가 돈을 잃고 하인이 됨 → 무능하고 방탕함 · 권력자에게 비굴하나 아내에게는 권위를 내세움 → 기회주의적, 위선적, 허세가 가득함 |} • 사회·문화적 맥락을 고려하여 작품 감상하기 - 가부장적 권위가 비판받기 시작했던 조선 후기의 사회·문화적 맥락을 바탕으로 작품이 창작되었음을 고려하여 인물을 중심으로 작품을 감상한다. • 활동 결과 발표하기 - 춘풍으로 대표되는 가부장적 권위의 무능함과 허위를 비판하고 있다. 반면 아내로 대표되는 여성도 남성 못지않은 능력이 있음을 보여주며, 여성의 지위와 역할을 새롭게 바라보고 주체적이고 진취적인 여성상을 긍정하고 있다.
전개 2	<활동2> 상호 텍스트적 맥락을 고려하여 작품 감상하기	<수험생 작성 내용3> •<자료3> 제시하고 상호 텍스트적 맥락 고려하여 감상하는 활동 안내하기 - 당시 시대·문화적 상황을 고려하여 <자료1>의 인물과 <자료3>의 인물의 공통점을 파악하고, 공통적으로 드러나는 주제 의식을 탐구하도록 안내한다. • 활동 결과 발표하도록 격려하기 • 판소리계 소설의 특징 설명 및 활동 안내하기 - 판소리계 소설의 특징을 간단히 설명하고 <자료1>, <자료3>에서 찾도록 안내한다. • 풍자 • 편집자적 논평 • 의성어나 의태어 사용, 말의 반복 등 • 활동 결과 발표하도록 격려하기	• 상호 텍스트적 맥락 고려하여 감상하기 • 활동 발표하기 {| 춘풍, 장끼 | 춘풍의 아내, 까투리 | | 어리석음 · 아내를 무시함 ↓ 가부장적 권위 | 현명하고 지혜로움 · 적극적으로 남편을 구하고자 함 ↓ 주체적인 여성상 | | 주제 의식 || | 봉건적 질서와 유교적 가치관을 비판하고 여성의 주체적인 모습을 긍정 ||} • 작품 속에서 판소리계 소설의 특징 찾기 • 활동 발표하기

전개 2	<활동2> 상호 텍스트적 맥락을 고려하여 작품 감상하기			풍자
				「이춘풍전」: 변장한 아내를 알아보지 못하고 비굴하게 행동하는 우스꽝스러운 모습 「장끼전」: 까투리 말 무시하고 결국 덫에 걸린 모습 ↓ 가부장적 사회 풍자
				편집자적 논평 「이춘풍전」: '~의기양양 하는구나.' 등 「장끼전」: '까투리도 지지 않고 입을 연다.' 등
				의성어나 의태어 사용, 같은 말 반복 「이춘풍전」: '하는 말이' 반복 「장끼전」: 꾸벅꾸벅, 조츰조츰, 뚝딱, 푸드드득
		• 상호 텍스트적 맥락을 고려하며 감상하는 효과 강조하기 – 한 작품과 유사한 특성의 다른 작품을 비교하며 감상하면, 작품을 보다 깊이 감상하고 다양한 텍스트를 경험할 수 있음을 설명한다.		• 상호 텍스트적 맥락을 고려하며 감상하는 효과 이해하기
정리	형성평가 및 과제 부여	• 형성평가 부여 • 수준별 과제 제시		• 형성평가 진행 • 수준별 과제 확인
	학습 내용 정리	• 학습 내용 정리		• 학습 내용 이해
	차시 예고	• 차시 예고		• 차시 예고 인지

판서 예시

1) 사회·문화적 맥락을 고려하여 감상하기

① 인물의 특징 파악하기

아내	춘풍
• 경제적 능력 → 생활력이 강함, 유능함 • 남편을 위기에서 구함 → 적극적, 지혜로움	• 무능하고 방탕함 • 기회주의적, 위선적, 허세·가득함

② 사회·문화적 맥락을 고려하여 감상하기
춘풍 → 가부장적 권위의 무능함과 허위를 비판
아내 → 여성도 남성 못지않은 능력이 있음, 주체적이고 진취적인 여성상을 긍정

2) 상호 텍스트적 맥락을 고려하여 감상하기

① 「이춘풍전」과 「장끼전」

춘풍, 장끼	춘풍의 아내, 까투리
• 어리석음 • 아내를 무시함 ↓ 가부장적 권위	• 현명하고 지혜로움 • 적극적으로 남편을 구하고자 함 ↓ 주체적인 여성상

주제 의식

봉건적 질서와 유교적 가치관 비판, 여성의 주체적인 모습을 긍정

② 판소리계 소설의 특징

풍자

「이춘풍전」: 변장한 아내를 알아보지 못하고 비굴하게 행동
「장끼전」: 까투리 말 무시하고 결국 덫에 걸림
↓
가부장적 사회 풍자

편집자적 논평

「이춘풍전」: '~의기양양 하는구나.' 등
「장끼전」: '까투리도 지지 않고 입을 연다.' 등

의성어나 의태어 사용, 같은 말 반복

「이춘풍전」: '하는 말이' 반복
「장끼전」: 꾸벅꾸벅, 조츰조츰, 뚝딱, 푸드드득

성취 기준

2022 교육과정	[12문학01-02] 문학의 여러 갈래들의 특성과 문학의 맥락에 대해 이해한다. 이 성취 기준은 문학의 갈래와 맥락에 대한 심화된 이해를 바탕으로 문학 문화를 향유하는 능력을 기르기 위해 설정하였다. 문학 작품은 문학의 갈래와 맥락의 영향을 받으며 형상화되고 이해된다. 문학의 갈래에 따라 세계를 인식하고 형상화하는 원리와 그 특성을 탐구하는 한편, 문학의 주요 맥락인 작가 맥락, 독자 맥락, 사회·문화적 맥락, 문학사적 맥락 등을 종합적으로 고려하며 작품을 수용하고 생산하는 데 학습의 초점을 맞춘다.
2015 교육과정	[12문학02-02] 작품을 작가, 사회·문화적 배경, 상호 텍스트성 등 다양한 맥락에서 이해하고 감상한다.

교과서 정리		

학습 내용 정리	1. 문학 갈래의 특성
	  1) 서정 갈래 : 화자가 자신의 주관적 정서, 감정, 생각 등을 운율감 있게 표현하는 문학
	  2) 서사 갈래 : 실제로 일어났을 법한 허구의 사건을 서술자를 통해 이야기하는 문학
	  3) 극 갈래 : 인물의 대사와 행동, 상황 등으로 인간의 삶의 모습과 다양한 갈등을 직접 보여 주는 문학
	  4) 교술 갈래 : 구체적 사실이나 글쓴이의 경험, 생각 등을 서술하여 전달하는 문학
	2. 문학의 다양한 맥락
	  1) 작가 맥락 : 작가의 경험, 생각, 사상, 감정 등
	  2) 사회·문화적 맥락 : 작품이 창작될 당시의 상황, 분위기, 사건 등
	  3) 문학사적 맥락 : 문학사의 흐름 속에서 당시 유행한 문학 갈래, 특징, 사조 등
	  4) 독자 맥락 : 독자의 경험, 수준, 취향 등	

[2022] 미래엔 문학 1. 문학의 본질과 특성 (2) 문학의 갈래와 맥락	동기유발	―

	꽃
	(이육사)
		1. 〈꽃〉을 감상하고 서정 갈래의 특성과 관련하여 다음 활동을 해 보자.
		  (1) 1연의 '꽃'과 2연의 '꽃 맹아리'가 지닌 상징적 의미의 공통점을 말해 보자.
		  (2) 이 작품이 다음과 같은 표현이나 형식을 활용하여 얻은 효과를 정리해 보자.
		    • 각 연을 모두 4행으로 배열함
		    • 영탄적 어조를 반복함
		    • 시각적 심상을 활용함
		2. 작가 이육사의 삶에 관한 글을 읽고, 작가와 작품 간의 관계를 고려하여 다음 활동을 해 보자.
		  (1) 작가의 삶에 관하여 알게 된 후 이 시에 대한 자신의 생각이 어떻게 달라졌는지 자유롭게 이야기해 보자.
		  (2) 윗글을 참고하여 다음 구절에 나타난 화자의 심리를 파악해 보자.
		3. 문학이 작가의 삶과 연관되어 있다는 점에 주목하여 조지훈의 〈낙화〉를 감상하고, 다음 활동을 해 보자.
		  (1) 작가 조지훈의 삶과 문학적 경향 등에 관한 정보를 디지털 도구를 활용하여 찾아보자.
		  (2) (1)에서 찾은 정보를 바탕으로 하여 '묻혀서 사는 이의 고운 마음'에 담긴 의미를 생각해 보자.
		  (3) 이 작품과 이육사의 〈꽃〉에 나오는 '꽃'은 어떻게 다른지 말해 보자.

	스노우맨
	(서유미)
		1. 〈스노우맨〉을 감상하고 서사 갈래의 특성과 관련하여 다음 활동을 해 보자.
		  (1) 이 작품 속 인물들의 행동과 인물 유형을 정리해 보자.
		  (2) 남자가 겪는 갈등을 파악해 보자.
		2. 〈스노우맨〉에 반영된 현실의 모습을 생각하며 다음 활동을 해 보자.
		  (1) 이 작품에서 '경쟁 사회'의 모습이 드러나는 부분을 찾아보자.
		  (2) 다음은 〈스노우맨〉의 다른 부분이다. 이를 참고하여 '눈'의 상징적 의미를 파악해 보자.
		  (3) 이 작품의 제목인 '스노우맨'의 의미를 파악해 보고, 우리 주변에서 마주할 수 있는 또 다른 '스노우맨'은 누구일지 자유롭게 이야기해 보자.
		  (4) 작품 속 상황에서 자신이라면 어떻게 행동했을지 자유롭게 말해 보자.
		3. 디지털 도구를 활용하여 사회·문화적 상황을 반영하고 있는 작품을 더 찾아 발표해 보자.

	원고지
	(이근삼)
		1. 〈원고지〉를 감상하고 극 갈래의 특성과 관련하여 다음 활동을 해 보자.
		  (1) 이 작품에 등장하는 인물의 이름을 구체적으로 제시하지 않은 까닭을 고려하여, 등장인물들의 공통적인 특성을 말해 보자.
		  (2) 다음 등장인물들이 각각 무엇을 상징하는지 이야기해 보자.
		  (3) 이 작품에 나타난 희곡의 형식적 요소와 특징을 파악해 보자.
		2. 〈원고지〉의 문학사적 맥락을 고려하여 다음 활동을 해 보자.
		  (1) 다음 자료를 참고하여 이 작품에서 실험적 기법이 어떻게 나타나는지 파악하고, 그 효과가 무엇인지 정리해 보자.
		  (2) 작품의 제목 '원고지'가 무엇을 상징하는지 말해 보자.
		  (3) 〈원고지〉의 상황과 우리 사회의 모습을 비교해 보고, 현재 우리의 삶이 어떠한지에 대해 친구들과 이야기를 나누어 보자.
		3. 다음은 〈봉산 탈춤〉의 일부이다. 〈원고지〉와 비교하여 감상하고 두 작품의 공통점과 차이점을 이야기해 보자.

	이옥설
	(이규보)
		1. 〈이옥설〉을 감상하고 교술 갈래의 특성을 고려하여 다음 활동을 해 보자.
		  (1) 이 작품의 내용을 경험과 깨달음으로 나누어 정리해 보자.
		  (2) 이 작품에서 작가가 말하고자 하는 바가 무엇인지 친구들과 이야기해 보자.
		  (3) 이 작품에 나타난 교술 갈래의 특성이 무엇인지 말해 보자.
		2. 〈이옥설〉이 독자에게 끼친 영향을 고려하여 다음 활동을 해 보자.
		  (1) 작품 창작 당시의 독자들은 이 작품을 읽고 어떤 생각을 했을지 추측해 보자.
		  (2) 다음 질문에 대한 자신의 경험을 친구와 이야기해 보자.

[2022] 미래엔 문학 1. 문학의 본질과 특성 (2) 문학의 갈래와 맥락	이옥설 (이규보)	3. 다음은 현대 수필 〈물방울처럼, 유리처럼〉의 일부이다. 수필이 현대 교술 갈래를 대표하는 문학이라는 점을 생각하며 다음 활동을 해 보자. (1) 글쓴이가 월미도에서 돌아온 뒤 씩씩하게 살아갈 수 있게 된 까닭이 무엇인지 생각해 보자. (2) 이 작품이 자신에게 어떤 감동이나 깨달음을 주었는지 생각해 보고, 디지털 도구를 활용하여 다른 독자들의 감상평을 찾아 비교해 보자. (3) 감동을 받았던 일상생활의 경험을 바탕으로 하여 한 편의 수필을 써 보자.
[2022] 천재(정) 문학 2. 문학의 구성 원리와 갈래 (2) 문학의 갈래와 맥락	동기유발	—
	향수 (정지용)	1. 화자가 그리워하는 고향의 모습을 중심으로 이 작품의 내용을 정리해 보자. 2. 이 작품을 감상하며 서정 갈래의 특성을 알아보자. (1) 이 작품을 소리 내어 읽고, 운율을 만드는 요소를 파악해 보자. (2) 구절에 사용된 표현상의 특징과 그 표현 효과를 말해 보자. 3. 이 작품을 창작한 1923년까지 작가의 연보를 간략히 정리한 것을 참고하여 아래 활동을 해 보자. (1) 연보 가운데 이 작품을 이해하는 데 도움이 된 것은 무엇인지 말해 보자. (2) 이 작품을 창작할 당시에 작가가 처한 상황을 떠올려 보고, 이 작품을 창작한 의도를 짐작하여 말해 보자. (3) 어린 시절의 사진 하나를 찾아, 그 사진에 담긴 사연을 중심 내용으로 시 한 편을 지어 보자.
	장마 (윤흥길)	1. 다음은 이 작품의 '할머니' 입장에서 중심 사건을 정리한 것이다. 빈칸에 들어갈 내용을 채워 보자. 2. 이 작품을 감상하며 서사 갈래의 특성을 알아보자. (1) '할머니'와 '외할머니' 사이에 갈등이 생긴 원인과 그 갈등이 풀리게 된 계기를 정리해 보자. (2) 다음은 이 작품의 시점을 나눈 것이다. 서술자의 시점이 잘 드러난 부분을 한 군데씩 찾아 써 보자. (3) (2)와 같은 시점 변화를 사용하여 얻는 효과를 말해 보자. 3. 이 작품의 첫 부분과 마지막 부분이다. 이를 바탕으로 하여 이 작품의 의미를 파악해 보자. (1) '장마'의 상징적 의미가 무엇인지 생각해 보자. (2) 마지막 문장의 의미가 무엇인지 말해 보자. 4. 이 작품에 대한 비평문의 한 부분이다. 이를 참고하여, 사회·문화적 맥락에서 이 작품을 이해해 보자. (1) 다음 빈칸을 채워 이 작품에서 '구렁이'의 상징적 의미를 말해 보자. (2) '구렁이'를 대하는 '외할머니'의 태도에 담긴 의미를 헤아리고, 이러한 태도가 전쟁의 비극을 치유하는 데 어떤 기여를 할 수 있을지 말해 보자.
	통곡할 만한 자리 (박지원)	1. 다음 활동을 바탕으로 하여 교술 갈래의 특성을 알아보자. (1) 이 작품에 서술된 작가의 경험을 정리해 보자. (2) 작가와 정 진사가 나눈 대화 내용을 정리하여 작가의 주장을 파악해 보자. 2. 다음 글을 참고하여 작가가 랴오둥 벌판을 보고 느낀 심정을 갓난아이의 울음에 빗대어 표현한 까닭을 생각해 보자. 3. 다음 글을 읽고, 〈통곡할 만한 자리〉를 문학사적 맥락을 고려하여 감상해 보자. (1) 〈통곡할 만한 자리〉에서 다음에 해당하는 내용 또는 부분을 찾아서 그렇게 생각한 이유와 함께 말해 보자. (2) 이 글의 문답 형식이 글쓴이의 주장을 드러내는 데 효과적이라고 말할 수 있는지 짝과 의견을 나누어 보자. (3) 다음은 추사 김정희가 랴오둥 벌판에 직접 가 보고 박지원의 글을 떠올리며 지은 시의 일부이다. 김정희는 〈통곡할 만한 자리〉의 어떤 점에 특히 주목하여 평가하였는지 말해 보자. (4) (1)~(3)을 바탕으로 하여, 〈통곡할 만한 자리〉에 대한 자신의 감상을 담은 짧은 시를 지어 보자.
	봉산탈출 (작자 미상)	1. 이 작품에 등장한 인물의 모습, 인물들의 대사와 춤에 대해 알아보자. (1) 세 장면에 형상화된 양반의 모습을 파악해 보자. (2) '장면 1'에는 동일한 구조를 지닌 재담이 반복되고 있다. 재담 구조를 정리하고, '쉬이'라는 대사와 '춤'의 기능을 생각해 보자. 2. 짝과 함께 이 작품에 드러난 탈춤의 특성을 파악해 보자. (1) 다음 '말뚝이'의 대사에 드러난 탈춤의 특징을 말해 보자. (2) 다음 글에 언급된 '보편적 평등의 가치와 사회 신분제에 대한 비판'이 이 작품의 어느 부분에 드러나 있는지 말해 보자. 3. 디지털 도구를 활용하여 이 작품의 관련 정보를 탐색한 후, 이를 바탕으로 하여 다음 내용을 포함한 발표 자료를 만들어 보자.

2026학년도 중등학교교사신규임용후보자선정경쟁시험(2차)
제64회 국어과 교수·학습 실연 시험 문제지

| 관리 번호 | |

지도안 세부 조건

1. **〈수험생 작성 조건1〉 전시 학습 확인**
   가. 〈자료1〉의 ㉠~㉢의 의미를 확인할 것
   나. 시적 상황과 화자의 정서 및 태도를 확인하는 질문을 할 것

2. **〈수험생 작성 조건2〉 한국 문학의 전통과 특질 파악하기**
   가. 〈자료1〉과 〈자료2〉를 활용하여 활동을 구상할 것
   나. 충신연주지사의 개념을 설명하고, 〈자료1〉에 나타난 충신연주지사의 특징을 파악하도록 할 것
   다. 〈자료1〉과 〈자료2〉의 공통점을 시적 상황과 화자의 정서 및 태도 측면에서 파악할 것

3. **〈수험생 작성 조건3〉 한국 문학의 개념과 범위 이해하기**
   가. 〈자료1〉과 〈자료2〉를 활용하여 활동을 구상할 것
   나. 한국 문학의 범위를 전승 방식 및 표기 방식에 따라 3개로 나누어 설명할 것
   다. 위 활동을 토대로 〈자료1〉과 〈자료2〉의 범위를 파악하는 활동을 구상할 것

수업 조건

- 과목 : 국어
- 학년 : 고등학교 2학년
- 장소 : 국어 교과교실
- 시간 : 블록타임제(100분)
- 단원명 : 한국 문학의 성격
- 해당 성취 기준 : 주요 작품을 중심으로 한국 문학의 범위와 갈래, 변화 양상을 탐구한다.

단원명	차시	학습 내용
한국 문학의 성격	1-2	○〈속미인곡〉의 시적 상황과 화자의 정서·태도를 파악할 수 있다. ○〈정읍사〉의 시적 상황과 화자의 정서·태도를 파악할 수 있다. ○〈자술(自述)〉의 시적 상황과 화자의 정서·태도를 파악할 수 있다.
	3-4 (본시)	○한국 문학의 전통과 특질을 파악할 수 있다. ○한국 문학의 개념과 범위를 이해할 수 있다.

학생 수	장소	학습 형태	학습 기자재
24명	국어 교과교실	강의식, 모둠식	교사용 컴퓨터, 전자 칠판, 학생용 스마트 기기

※ 본 문제는 모의 평가용으로 제작되었으며, 실제 시험의 문항 유형 및 형식과 다를 수 있습니다.

〈자료1〉

뎨 가는 뎌 각시 본 듯도 ᄒᆞ뎌이고
텬샹(天上) 뵉옥경(白玉京)을 엇디ᄒᆞ야 니별(離別)ᄒᆞ고
ᄒᆡ 다 뎌 져믄 날의 눌을 보라 가시ᄂᆞ고
어와 네여이고 이내 ᄉᆞ셜 드러 보오
내 얼굴 이 거동이 님 괴얌 즉ᄒᆞᆫ가마ᄂᆞᆫ
엇딘디 날 보시고 네로다 녀기실ᄉᆡ
나도 님을 미더 군ᄠᅳᆮ디 젼혀 업서
이ᄅᆡ야 교ᄐᆡ야 어ᄌᆞ러이 ᄒᆞ돗썬디
반기시ᄂᆞᆫ ᄂᆞᆺ비치 녜와 엇디 다ᄅᆞ신고
누어 싱각ᄒᆞ고 니러 안자 혜여ᄒᆞ니
㉠ <u>내 몸의 지은 죄 뫼ᄀᆞ티 ᄡᅡ혀시니</u>
하ᄂᆞᆯ히라 원망ᄒᆞ며 사ᄅᆞᆷ이라 허믈ᄒᆞ랴
셜워 플텨 혜니 조물(造物)의 타시로다
글란 ᄉᆡᆼ각 마오 ᄆᆡ친 일이 이셔이다
님을 뫼셔 이셔 님의 일을 내 알거니
믈 ᄀᆞ튼 얼굴이 편ᄒᆞ실 적 몃 날일고
츈한고열(春寒苦熱)은 엇디ᄒᆞ야 디내시며
츄일동쳔(秋日冬天)은 뉘라셔 뫼셧ᄂᆞᆫ고
쥭조반(粥早飯) 죠셕(朝夕) 뫼 녜와 ᄀᆞ티 셰시ᄂᆞᆫ가
기나긴 밤의 ᄌᆞᆷ은 엇디 자시ᄂᆞᆫ고

님다히 쇼식(消息)을 아므려나 아쟈 ᄒᆞ니
오늘도 거의로다 ᄂᆡ일이나 사ᄅᆞᆷ 올가
내 ᄆᆞᄋᆞᆷ 둘 ᄃᆡ 업다 어드러로 가쟛 말고
잡거니 밀거니 놉픈 뫼히 올라가니
구롬은ᄏᆞ니와 안개ᄂᆞᆫ 므스 일고
산쳔(山川)이 어둡거니 일월(日月)을 엇디 보며
지쳑(咫尺)을 모ᄅᆞ거든 쳔리(千里)를 ᄇᆞ라보랴
출하리 믈ᄀᆞ의 가 ᄇᆡ 길히나 보랴 ᄒᆞ니
ᄇᆞ람이야 믈결이야 어둥졍 된뎌이고
샤공은 어ᄃᆡ 가고 븬 ᄇᆡ만 걸렷ᄂᆞ고
㉡ <u>강텬(江天)의 혼쟈 셔셔 디ᄂᆞᆫ ᄒᆡ를 구버보니</u>
님다히 쇼식(消息)이 더옥 아득ᄒᆞ뎌이고
　　　　　(중략)
어와, 허ᄉᆞ(虛事)로다 이 님이 어ᄃᆡ 간고
결의 니러 안자 창(窓)을 열고 ᄇᆞ라보니
어엿븐 그림재 날 조출 ᄲᅮᆫ이로다
㉢ <u>출하리 싀여디여 낙월(落月)이나 되야이셔</u>
님 겨신 창(窓) 안히 번드시 비최리라
각시님 ᄃᆞᆯ이야ᄏᆞ니와 구준 비나 되쇼셔
　　　　　　　　　　　- 정철, 「속미인곡(續美人曲)」* -
(*「속미인곡」은 작가인 정철이 당쟁으로 탄핵을 받아 관직에서 물러나 있을 때 임금을 그리워하는 마음을 담아 지어진 작품이다.)

〈자료2〉

(가)

ᄃᆞᆯ하 노피곰 도ᄃᆞ샤
어긔야 머리곰 비취오시라
어긔야 어강됴리
아으 다롱디리
져재 녀러신고요
어긔야 즌ᄃᆡ를 드ᄃᆡ욜셰라
어긔야 어강됴리
어느이다 노코시라
어긔야 내 가논 ᄃᆡ 졈그롤셰라
어긔야 어강됴리
아으 다롱디리
　　　　　　　　　　- 작자 미상, 「정읍사」* -
(* 유일하게 전승되는 백제의 노래로 후대에 문자로 기록되었음)

(나)

近來安否問如何	근래 안부는 어떠신지요.
(근래안부문여하)	
月到紗窓妾恨多	사창에 달 떠오르면 하도 그리워,
(월도사창첩한다)	
若使夢魂行有跡	꿈속 넋 만약에 자취 있다면
(약사몽혼행유적)	
門前石路半成沙	문 앞 돌길 모래로 변하였으리.
(문전석로반성사)	

　　　　　　　　　　- 이옥봉, 「자술(自述)」 -

2026학년도 중등학교교사신규임용후보자선정경쟁시험(2차)
제64회 국어과 교수·학습 실연 지도안 〔예상 답안〕

국어과 본시 교수·학습 지도안

학습 목표	1. 한국 문학의 전통과 특질을 파악할 수 있다. 2. 한국 문학의 개념과 범위를 이해할 수 있다				
학습 단계		교수·학습 활동		자료 및 유의점	시간 (분)
도입	인사	• 인사 및 학습 분위기 조성	• 인사 및 학습 준비		
	전시 학습 확인	〈수험생 작성 내용1〉 • 〈자료1〉의 ㉠~㉢ 관련하여 내용 확인하기 – "지난 시간에 우리는 속미인곡에 대해 배웠어요. 배운 내용을 떠올려 봅시다. 화자는 어떤 상황에 처해 있나요?" – "이번에는 ㉠~㉢의 의미를 파악해 봅시다. ㉠~㉢에서 드러나는 화자의 정서나 태도는 어떠한가요?"	• 전 차시 학습 내용 떠올리며 질문에 대답하기 – "화자는 임과 이별하여 멀리 떨어져 지내는 상황으로 임을 많이 그리워하고 있어요." – ㉠ : "이별의 원인을 자신을 버린 임의 탓이 아니라 자신의 탓이라고 자책하는 태도를 보여요." – ㉡ : "임의 소식을 알기 위해 높은 산에 올라가 보지만 여러 장애물로 인해 불가능해지자 안타까움과 절망감을 느끼고 있어요." – ㉢ : "임을 만날 수 없다면 죽어서라도 임의 곁에 머물겠다는 의지와 변함없는 사랑을 보여주고 있어요."		
		• 전시 학습 확인 마무리하기	• 전시 학습 확인하기		
	동기유발	• 동기유발하기	• 학습에 흥미 갖기		
	학습 내용 안내	• 학습 내용 안내	• 학습 내용 확인		
	학습 목표 제시	• 학습 목표 제시	• 학습 목표 확인		
전개 1	〈활동1〉 한국 문학의 전통과 특질 파악하기	〈수험생 작성 내용2〉 • 충신연주지사의 개념과 특징 설명하기 〈충신연주지사〉 ① 개념 : 충성스러운 신하가 임금을 사모하는 내용을 담은 시가 ② 특징 : 임에게 버림받았거나 헤어진 상황에서 임을 그리워하는 여인의 노래라는 형식을 가짐 • 〈자료1〉에 드러난 충신연주지사의 특징 파악하는 활동 안내하기 – 〈자료1〉에 드러난 충신연주지사의 특징을 작가와 시적 상황 및 화자에 주목하여 파악하도록 안내한다. – "〈속미인곡〉을 충신연주지사로 볼 수 있을까요? 그렇다면 그 근거는 무엇일까요?"	• 충신연주지사의 개념과 특징 이해하기 • 작품에 드러난 충신연주지사의 특징 파악하기 – "충신연주지사로 볼 수 있어요. 정철은 관직에 물러난 상황에서 신하로서 임금을 그리워했어요."		

전개 1	〈활동1〉 한국 문학의 전통과 특질 파악하기	• 활동 결과 발표하도록 격려하기	• 활동 결과 발표하기 | 근거 ①	작가인 정철이 관직에서 물러나 있을 때 신하로서 임금을 그리워하며 사모하는 마음을 담아 쓴 시 | |---|---| 여인의 노래라는 형식 ↓ | 근거 ②	• 여성 화자인 '각시님'이 천상의 백옥경에서 임에게 버림받아 이별한 상황에서 임을 그리워하며 자신의 변함없는 사랑을 노래		
		• 작품에 드러난 공통점 파악하는 활동 안내하기 - 시적 상황을 고려하여 화자의 정서·태도가 드러나는 시구를 찾고 〈자료1〉과 〈자료2〉의 공통점을 파악하도록 안내한다. • 활동 결과 발표하도록 격려하기	• 작품에 드러난 공통점 파악하기 • 활동 결과 발표하기 | 작품	화자의 정서·태도가 드러난 시구 | |---|---| | 속미인곡 | 들 그튼 얼굴이 편 ᄒᆞ실 적 몇 날일고 | | 정읍사 | 즌ᄃᆡ를 드듸욜셰라 | | 자술 | 근래 안부는 어떠신지요. 사창에 달 떠오르면 하도 그리워. | ↓ | 공통점 | |---| | 모두 화자가 임과 떨어진 상황에서 임을 그리워하며 염려하는 마음을 드러내고 있다. |	
		• 한국 문학의 전통 설명하기 - 한국 문학은 여성 화자가 임을 그리워하고 염려하는 임에 대한 애정을 담은 노래의 전통이 이어져 왔음을 설명한다.	• 한국 문학의 전통 이해하기	
전개 2	〈활동2〉 한국 문학의 개념과 범위 이해하기	〈수험생 작성 내용3〉 • 한국 문학의 범위 설명하기 - 전승 방식과 표기 방식에 따라 한국 문학의 범위가 구분됨을 간단하게 설명한다. | 전승방식	표기 방식	특징 | |---|---|---| | 구비 문학 | - | 입에서 입으로 전하여 오는 문학으로 후대에 문자로 기록되어 전해짐 | | 기록 문학 | 한문 문학 | 한문으로 적힌 우리 문학 | | | 국문 문학 | 한글로 이루어졌거나 넓게는 향찰, 이두로 기록된 문학까지 포함 |	• 한국 문학의 범위 이해하기	
		• 한국 문학의 범위 파악하는 활동 안내하기 - 〈속미인곡〉, 〈정읍사〉, 〈자술〉을 위에 설명한 범위의 설명에 따라 구분해 보도록 안내한다.	• 한국 문학의 범위 파악하기	

전개 2	<활동2> 한국 문학의 개념과 범위 이해하기	• 활동 결과 발표하도록 격려하기	• 활동 결과 발표하기 • 속미인곡 : 한글의 아름다움이 잘 드러난 국문 문학 • 정읍사 : 구전되어 오다가 한글로 기록된 구비 문학 • 자술 : 한문으로 기록된 한문 문학	
		• 한국 문학의 범위와 전통성 강조하기 – 구비 문학, 한문 문학, 국문 문학 모두 우리 민족의 사상과 감정이 형상화된 소중한 예술 작품이라는 것을 강조하고, 전통성과 특질이 내용적 측면과 형식적 측면에서도 전승되어 오고 있음을 강조한다.	• 한국 문학의 범위와 전통성 이해하기	
정리	형성평가 및 과제 부여	• 형성평가 부여 • 수준별 과제 제시	• 형성평가 진행 • 수준별 과제 확인	
	학습 내용 정리	• 학습 내용 정리	• 학습 내용 이해	
	차시 예고	• 차시 예고	• 차시 예고 인지	

판서 예시

1. 한국 문학의 성격

<학습 목표>
1. 한국 문학의 전통과 특질을 파악한다.
2. 한국 문학의 개념과 범위를 이해한다.

<저번 시간>

'속미인곡' 속 상황은?
→ 화자는 임과 이별하여 멀리 떨어져 지내며 임을 많이 그리워하는 상황

1) 한국 문학의 전통과 특질 파악하기
① 충신연주지사 : <속미인곡>

충신연주지사 : 임에게 버림받았거나 헤어진 상황에서 임을 그리워하는 여인의 노래

↓

• 천상의 백옥경에서 임에게 버림받아 이별한 상황
• 각시님 → 여성 화자
• 멀리 떨어져 있는 임을 그리워하고 걱정하며, 자신의 변함없는 사랑을 노래함

② 화자에 드러난 한국 문학의 전통
<속미인곡>, <정읍사>, <자술>의 공통점
↓
모두 화자가 임과 떨어진 상황에서 임을 그리워하며 염려하는 마음을 드러냄

2) 한국 문학의 개념과 범위 이해하기
① 한국 문학의 범위

전승 방식	표기 방식	특징
구비 문학	–	입에서 입으로 전하여 오는 문학으로 후대에 문자로 기록되어 전해짐
기록 문학	한문 문학	한문으로 적힌 우리 문학
	국문 문학	한글로 이루어졌거나 넓게는 향찰, 이두로 기록된 문학까지 포함

② 작품에서 범위 파악하기
• <속미인곡> : 한글의 아름다움이 잘 드러난 국문 문학
• <정읍사> : 구전되어 오다가 한글로 기록된 구비 문학
• <자술> : 한문으로 기록된 한문 문학

성취 기준

2022 교육과정	[12문학01-03] 주요 작품을 중심으로 한국 문학의 범위와 갈래, 변화 양상을 탐구한다. 　이 성취 기준은 한국 문학을 대표하는 작품들의 감상을 바탕으로 한국 문학의 범위와 갈래, 그리고 변화 양상을 이해하고 탐구하기 위해 설정하였다. 한국 문학의 범위를 이해할 때는 구체적인 작품을 통해 창작 주체, 표현 언어, 내용 등에 대해 학습자들이 능동적으로 탐구하도록 한다. 문학의 기본 갈래는 언어의 성격에 따라 구비 문학, 한문학, 국문 문학의 세 영역 아래 다양한 역사적 갈래로 구현되는 양상을 탐구하도록 하는 데 중점을 둔다. 여러 작품을 비교하고 대조하는 등 학습자의 능동적인 감상을 통해 갈래의 특징과 변화 양상을 파악하도록 한다.
2015 교육과정	[12문학03-01] 한국 문학의 개념과 범위를 이해한다. [12문학03-02] 대표적인 문학 작품을 통해 한국 문학의 전통과 특질을 파악하고 감상한다.

교과서 정리		

학습 내용 정리		[한국 문학의 범위]
		• 구비 문학 - 말로 전승된 문학
		• 한문학 - 동아시아 공동 문어(共同文語)인 한문으로 창작된 문학
		• 국문 문학 - 고유 문자인 한글로 표기된 문학(차자 표기 문학 포함)
		
		[고대 문학]
		• 시대ㆍ형태
		  - 청동기 시대 국가 성립과 함께 전개 → 문자 생활이 보편화되기 전이라 구비 문학 중심
		    (후대에 《삼국사기》ㆍ《삼국유사》 등 문헌에 기록)
		• 주요 갈래와 특징
		  - 건국 신화 : 시조의 신성ㆍ영웅성을 찬양, 국가 의식(영고ㆍ동맹 등)에서 서사시로 구연되어 결속과 자긍심 고양
		  - 전설ㆍ민담 : 신화 외에 다양한 서사가 발생(호동 설화, 미천왕 이야기 등)
		  - 고대 가요 : 개인 감정을 담은 짧은 노래 출현 → 집단 노래 중심에서 개인 서정으로의 전환을 보여 줌
		
		[중세 문학]
		• 전기(신라~고려 전기)
		  - 향가 : 최초의 국문 정형 시가(향찰 표기), 4ㆍ8ㆍ10구체 형식(10구체는 낙구 등 정형미)
		• 후기(고려 후기~조선 전기)
		  - 신흥 사대부의 등장과 함께 경기체가ㆍ시조ㆍ가사 등 새로운 갈래 성립
		  - 고려 속요 : 민간에서 불리다 궁중으로 수용된 노래, 3음보 연장체 등 특징
		  - 경기체가 : 무신정권기 이후 사대부들의 향락적 여흥을 읊은 노래
		
		[중세 → 근대의 '이행기'](조선 후기~개화기)
		• 국문 문학 비중 확대ㆍ근대적 가치관의 표현이 뚜렷
		• 소설의 비약적 발전 : 〈홍길동전〉 이후 군담ㆍ영웅ㆍ가정 소설 및 판소리계 소설 활발
		• 개화 가사의 대두 : 근대 의식(문명개화ㆍ단결ㆍ실천)을 호소하는 가사 창작.

[2022]
미래엔 문학
3. 한국 문학의
   흐름과 범위
(1) 고대 문학
(2) 중세 문학에서
   중세에서 근대로의
   이행기 문학
	고대 문학	[주몽 신화]
		1. 〈주몽 신화〉를 감상하고 다음 활동을 해 보자.
		  (1) 이 작품의 내용을 바탕으로 하여 인물 관계도를 완성해 보자.
		  (2) 대소가 금와왕에게 다음과 같이 말한 까닭이 무엇인지 생각해 보자.
		  (3) 주몽이 주변으로부터 어떤 도움을 받았는지 정리해 보자.
		2. 〈주몽 신화〉의 갈래적 특징에 주목하여 다음 활동을 해 보자.
		  (1) 이 작품이 창작된 시기의 사람들은 어떻게 생활했을지 작품 속 내용을 참고하여 말해 보자.
		  (2) 주몽의 생애를 정리해 보고 건국 신화로서의 특징이 어떻게 드러나는지 생각해 보자.
		3. 고조선의 건국 신화인 〈단군 신화〉의 일부를 감상하고, 〈주몽 신화〉와 비교하면서 다음 활동을 해 보자.
		  (1) 곰이 범과 달리 인간이 될 수 있었던 까닭을 말해 보자.
		  (2) 이 작품과 〈주몽 신화〉의 공통점을 정리해 보자.
		  (3) 두 작품의 내용을 참고하여, 오늘날 우리에게 신화는 어떤 가치가 있을지 친구들과 이야기해 보자.
		
		[황조가]
		1. 〈황조가〉를 감상하고 다음 활동을 해 보자.
		  (1) 이 작품에서 꾀꼬리와 유리왕의 정서를 파악해 보자.
		  (2) 이 작품에서 꾀꼬리가 어떤 역할을 하는지 말해 보자.
		2. 〈황조가〉의 문학사적 의의에 유의하여 다음 활동을 해 보자.
		  (1) 배경 설화를 참고하여, 작가가 이 작품을 쓴 까닭이 무엇일지 자유롭게 이야기해 보자.

| [2022]
미래엔 문학
3. 한국 문학의 흐름과 범위
(1) 고대 문학
(2) 중세 문학에서 중세에서 근대로의 이행기 문학 | 중세 문학, 중세에서 근대로의 이행기 문학 | [찬기파랑가]
1. 〈찬기파랑가〉를 감상하고 다음 활동을 해 보자.
   (1) 이 작품의 화자는 어디에서 무엇을 하고 있는지 말해 보자.
   (2) 이 작품에서 화자의 정서가 어떻게 변화하는지 정리해 보자.
   (3) 다음 시어의 상징적 의미가 무엇인지 생각해 보자.
2. 〈찬기파랑가〉의 갈래적 특징과 문학사적 의의에 유의하여 다음 활동을 해 보자.
   (1) (가)와 (나)는 향가를 현대어로 풀이한 것이다. 두 작품을 〈찬기파랑가〉와 비교하며 감상하고, 향가의 형식적 특징에 대해 말해 보자.
      • (가) 헌화가, (나) 처용가
   (2) 〈찬기파랑가〉 제9행의 '아야'가 작품에서 어떤 역할을 하는지 말해 보자.
   (3) (2)의 활동을 참고하여 다음 시조에서 '아야'와 같은 역할을 하는 시어를 찾아보자.
3. 다음 글을 참고하여 〈찬기파랑가〉와 같은 향가가 한국 문학사에서 어떤 의의를 지니는지 표기 방식과 관련지어 생각해 보자.

[서경별곡]
1. 〈서경별곡〉을 감상하고 다음 활동을 해 보자.
   (1) 이 작품에 드러난 화자의 상황을 파악해 보자.
   (2) 다음 구절에 드러나는 화자의 태도가 어떠한지 정리해 보자.
   (3) 9연~14연에서 사공에 대한 화자의 심정이 어떠한지 말해 보자.
2. 〈서경별곡〉의 갈래적 특징과 문학사적 의의에 유의하여 다음 활동을 해 보자.
   (1) 다음 글을 읽고 〈서경별곡〉에서 ㉠~㉢에 해당하는 부분이 어떻게 나타나는지 정리해 보고, 이러한 특징이 나타나는 까닭을 생각해 보자.
   (2) 다음 설명을 참고하여 〈서경별곡〉과 〈정석가〉에 동일한 부분이 나타난 까닭이 무엇일지 친구들과 이야기해 보자.
3. 고려 시대의 한시 〈송인〉을 〈서경별곡〉과 비교하며 감상하고 다음 활동을 해 보자.
   (1) 이 작품의 화자가 이별을 대하는 태도를 〈서경별곡〉의 화자와 비교해 보고, 차이점을 말해 보자.
   (2) 두 작품이 한국 문학에 속하는 까닭을 친구에게 설명해 보자.

[이화(梨花)에 월백(月白)하고~, 수양산(首陽山) 브라보며~, 어져 내 일이야~]
1. 시조 세 편을 감상하고 다음 활동을 해 보자.
   (1) 시조 1~3에 나타난 화자의 상황을 파악해 보자.
   (2) 시조 1에서 시각적 이미지를 나타내는 시어를 찾아보자.
   (3) 시조 2의 작가가 사육신이라는 점을 참고하여, '이제'를 소재로 삼은 까닭이 무엇일지 생각해 보자.
   (4) 시조 3의 '어져'에 담긴 화자의 정서를 말해 보자.
2. 시조의 갈래적 특징과 문학사적 의의에 관한 글을 읽고 다음 활동을 해 보자.
   (1) 시조 1~3에 나타나는 '간결하면서도 안정적인 형식'이 무엇인지 말해 보자.
   (2) 시조 1~3 에 드러난 화자의 '생각과 감정'을 정리해 보자.
   (3) 시조가 다른 갈래보다 오랜 기간 동안 생명력을 지니게 된 까닭이 무엇인지 시조 작가층을 중심으로 말해 보자.
3. 다음은 조선 후기에 시조의 형식이 변화하면서 나타난 사설시조(창 내고쟈~)이다. 작품을 감상하고 다음 활동을 해 보자.
   (1) 이 작품의 화자가 처한 상황과 심정이 어떠한지 말해 보자.
   (2) 이 작품과 시조 세 편의 표현이나 형식에 어떤 차이점이 있는지 친구들과 이야기해 보자.

[상춘곡]
1. 〈상춘곡〉을 감상하고 다음 활동을 해 보자.
   (1) 이 작품은 내용 전개에 따라 '서사 - 본사 - 결사'의 세 부분으로 나눌 수 있다. 각각의 처음과 끝 구절을 찾아보자.
   (2) 본사에는 봄 경치를 즐기는 화자의 모습이 그려져 있다. 공간의 변화에 따른 화자의 행동을 정리해 보자.
2. 〈상춘곡〉의 갈래적 특징과 문학사적 의의에 유의하여 다음 활동을 해 보자.
   (1) 〈상춘곡〉의 형식을 시조와 비교하여 설명해 보자.
   (2) 자연을 대하는 태도가 드러나는 부분을 찾아보자.
   (3) (2)의 활동을 바탕으로 하여 〈상춘곡〉과 다음 시조의 화자가 자연을 대하는 태도를 비교해 보자. |

| | | | 3. 조선 후기 가사인 〈누항사〉의 일부를 〈상춘곡〉과 비교하여 감상하고 다음 활동을 해 보자.
　(1) 화자가 어떤 상황에 처해 있는지 이야기해 보자.
　(2) 〈상춘곡〉과 비교하여 소재나 내용에 어떤 차이가 있는지 말해 보자.

[만복사저포기]
1. 〈만복사저포기〉를 감상하고 다음 활동을 해 보자.
　(1) 주인공 양생과 관련된 내용을 정리해 보자.
　(2) 여인이 자신의 운명이 기박하다고 말한 까닭이 무엇인지 알아보자.
2. 〈만복사저포기〉의 갈래적 특징에 유의하여 다음 활동을 해 보자.
　(1) 이 작품에서 전기 소설의 특성이 어떻게 나타나는지 찾아보자.
　(2) 이 작품이 허구임에도 사실적으로 느껴지는 부분이 있다면 그 까닭이 무엇인지 말해보자.
　(3) 이 작품에 시를 활용하여 얻을 수 있는 효과가 무엇인지 말해 보자.
3. 조선 후기에 창작된 한글 소설인 〈소대성전〉을 감상하고 다음 활동을 해 보자.
　(1) 이 장면에 나타난 주인공 소대성의 영웅적인 면모를 찾아보자.
　(2) 소대성전〉과 같은 한글 소설들이 문학사적으로 어떤 의의가 있는지 친구들과 이야기해 보자. |
| [2022]
미래엔 문학
3. 한국 문학의 흐름과 범위
(1) 고대 문학
(2) 중세 문학에서 중세에서 근대로의 이행기 문학 | 중세 문학,
중세에서
근대로의
이행기 문학 | | [흥보가]
1. 〈흥보가〉를 감상하고 다음 활동을 해 보자.
　(1) 흥보가 처한 상황이 어떠한지 말해 보자.
　(2) 흥보 아내의 심정이 어떻게 변했는지 말해 보자.
2. 〈흥보가〉의 갈래적 특징과 작품에 반영된 사회적 상황에 유의하여 다음 활동을 해 보자
　(1) 이 작품의 창과 아니리 부분을 찾아서 들어 보고 어떤 차이가 있는지 말해 보자.
　(2) 다음 부분에서 자진모리와 진양조를 사용하여 얻는 효과를 장단의 빠르기와 관련하여 말해 보자.
　(3) 이 작품에서 짐작할 수 있는 조선 후기의 사회적 상황을 정리해 보자.
3. 조선 후기 한문 소설인 〈양반전〉의 일부를 감상하고 다음 활동을 해 보자.
　(1) 이 작품에서 풍자하고 있는 것이 무엇인지 말해 보자.
　(2) 이 작품과 〈흥보가〉에서 알 수 있는 당시 양반에 대한 사람들의 인식 변화에 대해 친구들과 이야기해 보자.

[동심가]
1. 〈동심가〉를 감상하고 다음 활동을 해 보자
　(1) 다음 구절을 참고하여 화자가 인식한 당대 우리나라의 사회 현실은 어떠했는지 말해 보자.
　(2) 다음 시어의 의미를 파악해 보고, 이와 유사한 의미로 쓰인 시어를 4연에서 찾아보자.
　(3) 작품의 제목과 어조에 유의하여 작가가 독자에게 말하고자 하는 바가 무엇인지 친구들과 이야기해 보자.
2. 〈동심가〉의 갈래적 특징과 문학사적 의의에 유의하여 다음 활동을 해 보자.
　(1) 다음 글을 참고하여 〈동심가〉의 형식과 내용의 특징을 말해 보자.
　(2) 〈동심가〉는 이전의 가사와 달리 근대적 매체인 신문에 발표되었다. 이러한 변화가 독자층에 어떤 영향을 주었는지 생각해 보자.
3. 신소설 〈구마검〉의 일부를 감상하고 다음 활동을 해 보자.
　(1) 작품의 제목과 최 씨의 행동에 유의하여 이 작품에서 작가가 비판하려 한 것이 무엇인지 말해 보자.
　(2) (1)의 활동을 바탕으로 하여, 이 작품과 〈동심가〉가 공통적으로 추구하는 것이 무엇인지 친구들과 이야기해 보자. |

2026학년도 중등학교교사신규임용후보자선정경쟁시험(2차)
제65회 국어과 교수·학습 실연 시험 문제지

관리 번호

지도안 세부 조건

1. **〈수험생 작성 조건1〉 동기유발**
   가. 매체 자료를 제시하고, 한국 문학의 범위를 중심으로 동기 유발할 것
   나. 한국 문학의 범위를 창작 주체와 내용을 기준으로 판단하게 할 것
   다. 발문을 활용하여 교사와 학생의 상호작용을 보여줄 것

2. **〈수험생 작성 조건2〉 서정 갈래의 형식 및 표기 수단 비교하기**
   가. 〈자료1〉 (가), (나), (다)의 화자가 시적 상황에 대해 갖는 정서나 태도를 파악하는 활동을 제시할 것
   나. 〈자료1〉 (가), (다)의 형식상 유사성을 비교하고, 한국 문학의 전통을 추론하는 활동을 제시할 것
   다. 〈자료1〉 (가), (나)의 표기 수단을 비교하고, 표기 수단과 한국 문학의 범위의 관계를 교사의 설명으로 제시할 것

3. **〈수험생 작성 조건3〉 서정 갈래의 발상 및 표현 비교하기**
   가. 〈자료2〉의 갈래를 각각 제시할 것
   나. 〈자료2〉의 발상적 유사성을 찾는 활동을 제시할 것
   다. 〈자료2〉의 주제를 파악하도록 할 것

수업 조건

○ 과목 : 국어
○ 학년 : 고등학교 2학년
○ 장소 : 국어 교과교실
○ 시간 : 100분
○ 단원명 : 서정 갈래의 흐름
○ 해당 성취 기준 : 주요 작품을 중심으로 한국 문학의 범위와 갈래, 변화 양상을 탐구한다.

단원명	차시	학습 내용
서정 갈래의 흐름	1-2	○서정 갈래의 주요 문학 작품을 중심으로 한국 문학의 범위와 갈래, 변화 양상을 탐구할 수 있다.
	3-4	○서정 갈래의 문학 작품에 반영된 시대 상황을 이해하고 문학과 역사의 상호 영향 관계를 탐구할 수 있다.
	5-6	○서정 갈래의 한국 작품과 외국 작품을 비교하며 읽고 한국 문학의 보편성과 특수성을 파악할 수 있다.

학생 수	장소	학습 형태	학습 기자재
24명	국어 교과교실	강의식, 모둠식	교사용 컴퓨터, 전자 칠판, 학생용 스마트 기기

※ 본 문제는 모의 평가용으로 제작되었으며, 실제 시험의 문항 유형 및 형식과 다를 수 있습니다.

〈자료1〉

(가) 〈찬기파랑가〉 – 충담사 / 김완진 해독

咽嗚爾處米	흐느끼며 바라보매
露曉邪隱月羅理	이슬 밝힌 달이
白雲音逐于浮去隱安支下	흰 구름 따라 떠간 언저리에
沙是八陵隱汀理也中	모래 가른 물가에
耆郎矣皃史是史藪邪	기랑의 모습이올시 수풀이여.
逸烏川理叱磧惡希	일오내 자갈 벌에서
郎也持以支如賜烏隱	낭이 지니시던
心未際叱肹逐內良齊	마음의 갓을 좇고 있노라.
阿耶栢史叱枝次高支好	아아, 잣나무 가지가 높아
雪是毛冬乃乎尸花判也	눈이라도 덮지 못할 고깔이여

(나) 〈송인〉 – 정지상

雨歇長堤草色多	비 개인 긴 둑에 풀빛이 고운데
送君南浦動悲歌	남포에서 임 보내며 슬픈 노래 부르네.
大同江水何時盡	대동강 물이야 언제나 마르려나
別淚年年添綠波	이별 눈물 해마다 푸른 물결 보태나니

(다) 〈봄이 왓다 ᄒ되〉 – 신흠

봄이 왓다 ᄒ되 소식(消息)을 모로더니
냇ᄀ에 프른 버들 네 몬져 아도괴야
어스버 인간이별(人間離別)을 ᄯᅩ 엇지ᄒᄂ다

〈자료2〉

(가) 〈정석가〉 중 일부 – 작자 미상

므쇠로 텰릭을 몰아 나ᄂ	무쇠로 철릭을 말아
므쇠로 텰릭을 몰아 나ᄂ	무쇠로 철릭을 말아
텰ᄉ(鐵絲)로 주룸 바고이다	철사로 주름을 박습니다.
그 오시 다 헐어시아	그 옷이 다 헐어야
그 오시 다 헐어시아	그 옷이 다 헐어야만
유덕(有德)ᄒ신 님 여희ᄋᆞ와지이다	유덕하신 임과 이별하고 싶습니다.
므쇠로 한쇼를 디여다가	무쇠로 큰 소를 지어다가
므쇠로 한쇼를 디여다가 텰슈산(鐵樹山)애	무쇠로 큰 소를 지어다가
노호이다	쇠나무 산에 놓습니다.
그 쇠 텰초(鐵草)를 더거아	그 소가 쇠풀을 다 먹어야
그 쇠 텰초(鐵草)를 더거아	그 소가 쇠풀을 다 먹어야만
유덕(有德)ᄒ신 님 여희ᄋᆞ와지이다	유덕하신 임과 이별하고 싶습니다.

(나) 〈황계사〉 – 작자 미상

병풍(屛風)에 그린 황계(黃鷄) 수탉이 두 나래 둥덩 치고
짧은 목을 길게 빼어 긴 목을 에후리어
사경(四更) 일점(一點)에 날 새라고 꼬끼오 울거든 오려는가
자네 어이 그리하야 아니 오던고

2026학년도 중등학교교사신규임용후보자선정경쟁시험(2차)

제65회 국어과 교수·학습 실연 지도안 예상 답안

국어과 본시 교수·학습 지도안					
학습 목표	1. 서정 갈래의 주요 문학 작품을 중심으로 한국 문학의 범위와 갈래, 변화 양상을 탐구할 수 있다.				
학습 단계		교수·학습 활동		자료 및 유의점	시간 (분)
도입	인사	• 인사 및 학습 분위기 조성		• 인사 및 학습 준비	
	전시 학습 확인	• 전시 학습 확인		• 전시 학습 회상	
	동기유발	〈수험생 작성 내용1〉 • 매체 자료를 제시하고, 이 자료가 한국 문학에 해당하는지 논의하도록 하기 〈매체 자료〉 애니메이션: 케이팝 데몬 헌터스 일부 장면 - "여러분, 이 애니메이션은 한국 예술 작품이라고 할 수 있을까요? 모둠별로 이야기해 보도록 할게요. 작품에 대해서 잘 모르면 태블릿을 통해서 검색해 보도록 해요." - "그럼 모둠별로 정리한 의견을 이야기해 볼까요?" • 활동 내용을 학습 목표와 연결짓고, 한국 문학의 개념 제시하기 - "다들 잘 생각해 주었어요. 한국 작품이라고 하면 다들 쉽게 구분될 것 같지만 뚜렷한 기준이 없다면 구별하기 어려울 수 있어요. 문학도 예술의 한 갈래이기 때문에 마찬가지예요. 우선 한국 문학이란 '한국인이 한국인의 생활과 정서를 표현한 문학'을 의미해요. 오늘 수업에서는 한국 문학 중에서도 서정 갈래에 대해 살펴볼 거예요. 시대별 서정 갈래의 대표 작품들과, 그 작품들 사이의 공통점과 차이점을 비교해 보도록 해요."		• "저희 모둠은 이 작품이 한국 작품이라고 보기 어렵다고 생각해요. 왜냐하면 한국적인 소재를 다루기는 했지만, 기본적으로 미국이라는 다른 나라의 자본이 투입되어 만들어진 작품이기 때문이에요. 그리고 대부분의 대사나 가사가 영어예요." - "저희는 한국 작품으로 볼 수 있다고 생각했어요. 미국에서 만들었지만 제작자들이 한국계 사람들이기도 하고, 배경도 한국이고, 케이팝을 중심으로 김밥이나 목욕탕 등 한국 문화가 잘 드러나 있기 때문이에요." • 활동 내용을 학습 목표와 연결하고, 한국 문학의 개념 이해하기	
	학습 내용 안내	• 학습 내용 안내		• 학습 내용 확인	
	학습 목표 제시	• 학습 목표 제시		• 학습 목표 확인	

전개 1	⟨활동1⟩ 서정 갈래의 형식 및 표기 수단 비교하기	⟨수험생 작성 내용2⟩ • ⟨자료1⟩을 제시하고, 모둠별로 각 작품의 화자가 이별 상황에 대해 갖는 정서나 태도 파악하도록 하기 – "세 작품 모두 이별을 소재로 창작되었지만, 이별에 대처하는 태도나 정서는 모두 달라요. 한번 비교해 보도록 할까요?"	• ⟨자료1⟩을 읽고, 모둠별로 각 작품의 화자가 이별 상황에 대해 갖는 정서나 태도 파악하기 | 작품 | 정서나 태도 | |---|---| | (가) | 기파랑을 그리워하고 예찬함 | | (나) | 임과의 이별을 안타까워하고 슬퍼함 | | (다) | 임과의 이별을 안타까워하면서도 어쩔 수 없는 일이라 체념함 |		
		• ⟨자료1⟩ (가)와 (다)의 형식상 유사성을 비교하고, 이를 통해 알 수 있는 한국 문학의 전통 추론하도록 하기 – "두 작품은 우선 전체적인 구조상 비슷한 점이 있고, 시구의 특정 위치에서 유사한 표현이 등장하니, 이를 참조해 보도록 해요."	• ⟨자료1⟩ (가)와 (다)의 형식상 유사성을 비교하고, 이를 통해 알 수 있는 한국 문학의 전통 추론하기 | 형식적 유사성 | (가)와 (다) 모두 3단 구조를 따르고 있으며, 각각 9행 첫 부분과 종장 첫 음절에서 감탄사를 사용함 | |---|---| | 한국 문학의 전통 | 향가의 형식적 전통을 평시조에서 계승하고 있음을 알 수 있음 |		
		• ⟨자료1⟩ 세 작품의 표기 수단을 비교하도록 하기	• ⟨자료1⟩ 세 작품의 표기 수단을 비교하기 | 작품 | 표기 수단 | |---|---| | (가) | 향찰: 우리말 어순에 따라 한자의 음과 뜻을 빌려 표기 | | (나) | 한자: 한문의 어순에 따라 표기 | | (다) | 한글: 우리말 어순에 따라 표기 |		
		• 표기 수단과 한국 문학의 범위 간 관계를 설명하기 – "세 작품의 표기 수단은 모두 다르지만 우리 민족이 우리 민족의 생활과 정서를 표현하고 있으므로 한국 문학의 범위에 포함돼요. 이를 통해 표기 수단은 한국 문학을 구분하는 기준이 아님을 알 수 있죠."	• 표기 수단과 한국 문학의 범위 간 관계를 이해하기		
전개 1	⟨활동2⟩ 서정 갈래의 발상 비교하기	• ⟨자료2⟩ 각 작품의 갈래 제시하기 | 작품 | 갈래 | |---|---| | (가) | 고려 속요 | | (나) | 가사 |	• ⟨자료2⟩ 각 작품의 갈래 이해하기		
		• 모둠별로 ⟨자료2⟩ 각 작품의 내용을 근거로 발상적 유사성 찾아보도록 하기 – "발상적으로 비슷한 부분을 찾을 때는 작품 내에서 유사한 부분을 근거로 찾아 제시하도록 해요."	• 모둠별로 ⟨자료2⟩ 각 작품의 내용을 근거로 발상적 유사성 찾기 | 발상적 유사성 || |---|---| | 불가능한 상황을 가정하여 화자의 정서를 강조 || | 근거 || | (가) | • 무쇠로 재단하고 철사로 주름을 박은 철릭이 홀 • 무쇠로 만든 소가 쇠로 된 풀을 먹음 | | (나) | • 병풍에 그려진 황계 수탉이 날개를 치고 날 새라고 욺 |		

전개 2	<활동2> 서정 갈래의 발상 비교하기	• <자료2> 각 작품의 주제 파악하도록 하기 - "우리가 앞에서 발견한 작품의 참신한 발상을 통해 작가가 제시하고자 하는 정서를 찾는다면 주제를 도출하기 쉬울 거예요."	• <자료2> 각 작품의 주제 파악하도록 하기 | 작품	주제
(가)	임에 대한 영원한 사랑을 염원
(나)	임에 대한 간절한 그리움과 기다림가사		
---	---	---	---	---
정리	형성평가 및 과제 부여	• 형성평가 부여 • 수준별 과제 제시	• 형성평가 진행 • 수준별 과제 확인	
	학습 내용 정리	• 학습 내용 정리	• 학습 내용 이해	
	차시 예고	• 차시 예고	• 차시 예고 인지	

판서 예시

서정 갈래의 흐름

<활동1> 서정 갈래의 형식 및 표기 수단 비교하기

1) 이별 상황에 따른 정서나 태도

작품	정서나 태도
(가)	기파랑을 그리워하고 예찬함
(나)	임과의 이별을 안타까워하고 슬퍼함
(다)	임과의 이별을 안타까워하면서도 어쩔 수 없는 일이라 체념함

2) 형식상 유사성과 한국 문학의 전통

형식적 유사성	(가)와 (다) 모두 3단 구조를 따르고 있으며, 각각 9행 첫 부분과 종장 첫 음절에서 감탄사를 사용함
한국 문학의 전통	향가의 형식적 전통을 평시조에서 계승하고 있음을 알 수 있음

3) 표기 수단과 한국 문학 범위 간 관계

작품	표기 수단
(가)	향찰 : 우리말 어순에 따라 한자의 음과 뜻을 빌려 표기
(나)	한자 : 한문의 어순에 따라 표기
(다)	한글 : 우리말 어순에 따라 표기

표기 수단과 한국 문학 범위의 관계
표기 수단은 모두 다름 그러나 우리 민족이 우리 민족의 생활과 정서를 표현하고 있으므로 한국 문학의 범위에 포함됨

<활동2> 서정 갈래의 발상 및 표현 비교하기

1) 갈래

작품	갈래
(가)	고려 속요
(나)	가사

2) 발상의 유사성

발상의 유사성
불가능한 상황을 가정하여 화자의 정서를 강조

3) 주제

작품	주제
(가)	임에 대한 영원한 사랑을 염원
(나)	임에 대한 간절한 그리움과 기다림

성취 기준

2022 교육과정	[12문학01-03] 주요 작품을 중심으로 한국 문학의 범위와 갈래, 변화 양상을 탐구한다. 　이 성취 기준은 한국 문학을 대표하는 작품들의 감상을 바탕으로 한국 문학의 범위와 갈래, 그리고 변화 양상을 이해하고 탐구하기 위해 설정하였다. 한국 문학의 범위를 이해할 때는 구체적인 작품을 통해 창작 주체, 표현 언어, 내용 등에 대해 학습자들이 능동적으로 탐구하도록 한다. 문학의 기본 갈래는 언어의 성격에 따라 구비 문학, 한문학, 국문 문학의 세 영역 아래 다양한 역사적 갈래로 구현되는 양상을 탐구하도록 하는 데 중점을 둔다. 여러 작품을 비교하고 대조하는 등 학습자의 능동적인 감상을 통해 갈래의 특징과 변화 양상을 파악하도록 한다.
2015 교육과정	[12문학03-03] 주요 작품을 중심으로 한국 문학의 갈래별 전개와 구현 양상을 탐구하고 감상한다.

교과서 정리		

학습 내용 정리	[서정 갈래]
	• 고대 가요
	  - 삼국 시대 초까지 향유되었던 노래
	  - 구술로 향유되다 한문으로 번역되어 전승됨
	  - 「공무도하가」, 「황조가」, 「구지가」가 대표작
	  - 작품의 배경 설화가 전해짐
	
	• 향가
	  - 삼국 시대 말에 발생하여 통일 신라 시대에 성행하고 고려 시대 초까지 향유
	  - 한자의 음과 훈을 빌려서 향찰이라는 독특한 문자 체계를 만들어 기록
	  - 시행의 개수에 따라 4구체, 8구체, 10구체로 구분
	  - 승려와 화랑이 주요 작가층이지만 일반 백성들의 작품도 존재
	  - 10구체 형식의 작품에서 9행의 첫 어절에 등장하는 감탄사는 시조 종장의 첫 구에 대응
	
	• 고려 속요
	  - 고려 시대에 궁중에서 연행된 음악 중 속악의 노랫말
	  - 당대에는 구비 전승되다가 조선 시대에 들어 『악학궤범』, 『악장가사』, 『시용향악보』 등의 음악 서적에 한글로 기록
	  - 대부분은 본래 민간에서 향유되다가 궁중 음악으로 편입
	  - 사랑과 이별을 둘러싼 정서를 우리말로 표현하고 있고, 몇 개의 연으로 구성되어 있음(민요의 영향)
	
	• 시조
	  - 초장, 중장, 종장 등 3장으로 구성되며 각 장은 3~4음절의 말로 이루어진 한 마디가 네 번 반복되는 형태를 취하고 있는 정형 시가
	  - 조선 전기 : 사대부의 충의 사상과 강호한정(江湖閑情)이 주제 의식
	  - 조선 후기 : 유교적 교훈, 애정 문제, 사설시조의 발달 등 다양화
	
	• 현대시
	  - 20세기 초입에 근대적인 자유시가 성립
	  - 1920년대 : 개인 서정에 민요조 운율 결합, 서구 문예 사조 수용
	  - 1930년대 : 모더니즘과 리얼리즘, 민족주의 및 자기 성찰적 성향
	  - 해방 이후 : 전통 서정시와 더불어 현실 참여적 작품 등장
	  - 현재 : 해체적, 전위적 실험시, 여성, 생태, 환경 등 다양한 주제 의식	

[2022]
지학사 문학
3. 한국 문학의 성격과 흐름
(1) 서정 갈래
	고대 가요	[찬기파랑가]
		1. 소재의 상징적 의미를 바탕으로 화자의 태도를 파악해 보자.
		  (1) 이 작품에 쓰인 소재의 속성과 이를 통해 형상화한 기파랑의 인품을 써 보자.
		  (2) (1)을 바탕으로 기파랑에 대한 화자의 태도를 파악해 보자.
		2. 다음 활동을 바탕으로 향가의 형식적 특성을 알아보자.
		  (1) 이 작품을 시상 전개에 따라 세 부분으로 나누어 주요 내용을 정리해 보자.
		  (2) 9행의 '아야'는 시상 전개 과정에서 어떤 역할을 하는지 생각해 보자.
		  (3) (1)과 (2)를 바탕으로 10구체 향가의 형식적 특징을 말해 보자.
		3. 이 작품이 한자를 이용해 우리말을 표기하는 향찰로 기록되어 있다는 점에 주목하여, 향가가 우리 문학사에서 지니는 가치를 말해 보자.
		4. 다음 (가)와 (나)를 「찬기파랑가」와 비교하여 감상하고, 한국 문학의 개념과 범위에 주목하여 아래의 활동을 해 보자.
		  • (가) 송인, (나) 봄이 왓다 ᄒ되~(시조)
		  (1) 세 작품의 화자가 이별 상황에 대해 갖는 정서와 태도를 파악해 보자.
		  (2) 「찬기파랑가」와 「봄이 왓다 ᄒ되~」를 형식상의 유사성에 주목하여 비교하고, 이를 바탕으로 한국 문학의 전통에 관해 말해 보자.
		  (3) 세 작품의 표기 수단을 비교해 보고, 표기 수단인 문자의 종류와 한국 문학의 범위의 관계에 관해 친구들과 의견을 나누어 보자.

	고려 속요	[정석가]
		1. 2연~5연의 내용을 다음과 같이 정리하고, 화자가 궁극적으로 말하고자 하는 바를 써 보자.
		2. 이 작품의 6연을 바탕으로 고려 속요의 특징을 알아보자.
		  (1) 다음 시어의 의미를 중심으로 6연에 담긴 화자의 의도를 밝혀 써 보자.
		  (2) 6연은 고려 속요 「서경별곡」의 일부와 일치한다. 다음에 제시된 정보를 바탕으로, 두 작품에 동일한 구절이 있는 까닭을 고려 속요의 특징과 연관 지어 생각해 보자.
		  (3) (2)의 활동을 바탕으로 빈칸에 들어갈 내용을 써 보자.

[2022] 지학사 문학 3. 한국 문학의 　성격와 흐름 (1) 서정 갈래	고려 속요	3. 다음 (가)와 (나)를 「정석가」와 비교하여 감상하고, 아래의 활동을 해 보자. 　(1) 위의 두 작품이 발상과 표현의 측면에서 「정석가」와 어떤 점에서 유사한지 설명해 보자. 　(2) (1)에서 정리한 발상과 표현이 위 두 작품의 주제 형상화에 미치는 효과를 말해 보자.
[2022] 지학사 문학 3. 한국 문학의 　성격와 흐름 (1) 서정 갈래	시조	[어부사시사] - 윤선도 1. 이 작품을 감상하고, 아래의 활동을 해 보자. 　(1) 이 작품은 계절의 흐름에 따라 이어지는 연시조이다. 각 수에 나타난 시적 화자의 생활상을 정리해 보자. 　(2) 위의 활동을 통해 알 수 있는 화자의 정서와 삶의 태도를 말해 보자. 　(3) 각 수에 제시된 초장과 중장 사이 여음구의 기능을 파악해 보자. 2. 다음 사설시조를 감상한 후, 평시조 형식과 비교해 볼 때 사설시조의 형식이 주는 효과가 무엇인지 생각해 보자. 3. 다음은 중국 당나라 시인의 한시이다. 「어부사시사」와 비교하여 감상한 후, 아래의 활동을 해 보자. 　(1) 위 작품과 「어부사시사」에 공통적으로 드러난 화자의 정서를 말해 보자. 　(2) 두 작품의 형식적 측면을 비교해 보고, 시조와 한시의 공통점과 차이점은 무엇인지 말해 보자. 　(3) 위의 활동을 바탕으로, 「어부사시사」가 지닌 세계 문학으로서의 보편성과 우리 시가 문학으로서의 특수성에 관해 생각해 보자.
	현대시	[참회록] - 윤동주 1. 이 작품의 내용을 다음과 같이 정리해 보자. 　(1) 시상 전개에 따른 화자의 행위를 정리해 보고, 이를 통해 알 수 있는 화자의 태도를 말해 보자. 　(2) 화자는 다음과 같이 두 번에 걸쳐 참회를 하고 있다. 작품의 내용을 바탕으로 참회가 나타난 시구를 찾아보고 그 의미를 정리해 보자. 2. 이 작품의 작가 윤동주에 관한 영화 「동주」를 감상한 후, 아래의 활동을 해 보자. 　(1) 영화를 감상한 후, 〈참회록〉을 창작했을 당시 작가의 심정을 짐작해서 말해 보자. 　(2) 영화를 통해 알게 된 작가의 생애와 시대적 배경을 바탕으로, 작품의 마지막 연에 담긴 의미를 생각해 보자. 3. 다음 작품을 〈참회록〉과 비교하여 감상하고, 아래의 활동을 해 보자. 　(기형도, 〈질투의 나의 힘〉) 　(1) 〈참회록〉과 〈질투는 나의 힘〉에 나타난 성찰의 내용과 화자의 태도를 비교해 보자. 　(2) 〈질투는 나의 힘〉의 형식으로, 미래의 시점을 상정하고 현재 자신의 삶에 관하여 하고 싶은 말을 써서 친구들과 함께 읽어 보자. [어느 날 고궁을 나오면서] - 김수영 1. 이 작품을 다음과 같이 정리하고, 화자의 인식과 태도를 파악해 보자. 2. 다음 글의 밑줄 친 부분이 가장 잘 드러난 시구나 시행을 작품에서 찾아보고, 이러한 문체를 활용한 까닭을 말해 보자. 　(밑줄 친 부분 : 비속어 · 악담 · 야유 · 비시적(非詩的) 일상 언어 등을 자유롭게 구사한 그의 해사체) 3. 다음 작품은 「어느 날 고궁을 나오면서」와 같은 1960년대에 발표한 시이다. 문학과 시대의 관계를 생각하며 두 작품을 비교하여 감상해 보자. 　(신동엽, 〈누가 하늘을 보았다 하는가〉) 　(1) 두 작품에서 시대적 상황을 보여 주는 시구를 찾고, 이를 바탕으로 두 작품이 당대의 시대상을 형상화하는 방식을 시어를 중심으로 비교해 보자. 　(2) 두 작품에서 시대 현실에 대응하는 화자의 태도를 비교해 보자.

2026학년도 중등학교교사신규임용후보자선정경쟁시험(2차)
제66회 국어과 교수·학습 실연 시험 문제지

| 관리 번호 | |

지도안 세부 조건

1. 〈수험생 작성 조건1〉 전시 학습 확인
   가. 〈자료1〉의 시대적 배경을 고려하여 ⓒ의 의미를 확인할 것
   나. 교사의 구체적인 발문과 학생의 대답을 포함할 것

2. 〈수험생 작성 조건2〉 작품에 반영된 시대 상황 이해하기
   가. 〈자료1〉을 활용하여 활동을 구상할 것(단, 내용 학습은 전 차시에 이루어졌다고 가정할 것)
   나. ㉠에 반영된 시대 상황을 탐구하도록 활동을 구상할 것
   다. ㉠으로 인한 주인공 '나'의 현실 인식 변화를 파악하도록 할 것

3. 〈수험생 작성 조건3〉 작품의 현재적 가치 평가하기
   가. 〈자료1〉과 〈자료2〉를 활용하여 활동을 구상할 것
   나. 같은 시대 상황임을 고려하여 (가)와 (나)에 나타나는 인물들의 현실 인식을 비교할 것
   다. 현재적 관점에서 작품의 가치를 평가하는 활동을 구상할 것

수업 조건

○ 과목 : 국어
○ 학년 : 고등학교 2학년
○ 장소 : 국어 교과교실
○ 시간 : 블록타임제(100분)
○ 단원명 : 한국 문학과 역사
○ 해당 성취 기준 : 한국 문학에 반영된 시대 상황을 이해하고 문학과 역사의 상호 영향 관계를 탐구한다.

단원명	차시	학습 내용
한국 문학과 역사	1-2	○ 〈만세전〉의 줄거리와 인물 관계를 이해한다. ○ 〈만세전〉의 시대적 배경을 이해한다.
	3-4 (본시)	○ 문학 작품에 반영된 시대 상황을 이해하고 문학과 역사의 상호 영향 관계를 탐구한다. ○ 문학 작품의 현재적 가치를 평가한다.

학생 수	장소	학습 형태	학습 기자재
24명	국어 교과교실	강의식, 모둠식	교사용 컴퓨터, 전자 칠판, 학생용 스마트 기기

※ 본 문제는 모의 평가용으로 제작되었으며, 실제 시험의 문항 유형 및 형식과 다를 수 있습니다.

〈자료1〉
만세전 염상섭 〈내용 생략〉  2026학년도 모의문제 자료(지문) * Daum 2순정 카페에서 자료(지문)을 확인하실 수 있습니다.

㉠ <u>일본인들의 대화</u>를 듣게 된다.
㉡ <u>오랜 몽유병(夢遊病)</u>에서 깨어날 기회를 주었으면 하는 생각을 자아낼 뿐이다.

〈자료2〉	
(가) 만세전 염상섭 〈내용 생략〉  2026학년도 모의문제 자료(지문) * Daum 2순정 카페에서 자료(지문)을 확인하실 수 있습니다.	(나) 무정 이광수 "옳습니다. 교육으로, 실행으로 저들을 가르쳐야지요, 인도해야지요! 그러나 그것은 누가 하나요?" 하고 형식은 입을 꼭 다문다. 세 처녀는 몸에 소름이 끼친다. 형식은 한 번 더 힘 있게 "그것을 누가 하나요?" 하고 세 처녀를 골고루 본다. 세 처녀는 아직도 경험하여 보지 못한 듯한 말할 수 없는 정신의 감동을 깨달았다. 그리고 일시에 소름이 쪽 끼쳤다. 형식은 한 번 더 "그것을 누가 하나요?" 하였다. "우리가 하지요!" 하는 기약하지 아니한 대답이 세 처녀의 입에서 떨어진다. 네 사람의 눈앞에는 불길이 번쩍하는 듯하였다. 마치 큰 지진이 있어서 온 땅이 떨리는 듯하였다. 형식은 한참 고개를 숙이고 앉았더니 "옳습니다. 우리가 해야지요! 우리가 공부하러 가는 뜻이 여기 있습니다. 우리가 지금 차를 타고 가는 돈이며 가서 공부할 학비를 누가 주나요? 조선이 주는 것입니다. 왜? 가서 힘을 얻어 오라고, 지식을 얻어 오라고, 문명을 얻어 오라고……. 그리해서 새로운 문명 위에 튼튼한 생활의 기초를 세워 달라고……. 이러한 뜻이 아닙니까."

2026학년도 중등학교교사신규임용후보자선정경쟁시험(2차)

제66회 국어과 교수·학습 실연 지도안 〔예상 답안〕

국어과 본시 교수·학습 지도안					
학습 목표	1. 문학 작품에 반영된 시대 상황을 이해하고 문학과 역사의 상호 영향 관계를 탐구한다. 2. 문학 작품의 현재적 가치를 평가한다.				
학습 단계		교수·학습 활동		자료 및 유의점	시간 (분)
도입	인사	• 인사 및 학습 분위기 조성		• 인사 및 학습 준비	
	전시 학습 확인	〈수험생 작성 내용1〉 • 작품의 시대적 배경을 상기하도록 질문하기 　- "저번 시간 배웠던 〈만세전〉의 시대적 배경은 무엇이었나요?" 　- "맞아요, 주인공 '나'는 일본에서 조선으로 가는 여정 중에 조선의 현실을 새롭게 깨닫게 됩니다. 어떤 현실이었죠?" 　- "맞아요. 이 소설은 '나'가 일본에서 조선으로 가는 여정 중에 새롭게 깨닫게 된 조선의 현실과 이에 대한 '나'의 생각을 전달하고 있어요." • ⓒ의 의미 질문하기 　- "일제 강점기라는 시대적 배경을 고려했을 때 '나'가 말하는 '오랜 몽유병'의 의미는 무엇일까요?"		• 작품의 시대적 배경 떠올리며 질문에 대답하기 　- "3·1 운동이 일어나기 직전인 일제 강점기 시대예요." 　- "우리나라의 비참한 식민지 현실이었어요." • ⓒ의 의미 대답하기 　- "나라를 빼앗긴 현실에 무엇도 느끼지 못하고 마치 몽유병에 걸린 것처럼 정신이 마비되어 있는 조선 사람들의 상태를 비유적으로 말하고 있어요."	
	동기유발	• 동기유발하기		• 학습 내용에 동기 갖추기	
	학습 내용 안내	• 학습 내용 안내		• 학습 내용 확인	
	학습 목표 제시	• 학습 목표 제시		• 학습 목표 확인	
전개 1	〈활동1〉 작품에 반영된 시대 상황 이해하기	〈수험생 작성 내용2〉 • 〈자료1〉 제시 및 시대 상황 탐구하는 활동 안내하기 　- ㉠ '일본인들의 대화'를 통해 알 수 있는 시대적 상황을 본문에서 찾을 수 있도록 안내한다. • 활동 결과 발표하도록 격려하기		• 작품에 반영된 시대 상황 탐구하기 　- 〈자료1〉에서 근거를 찾아 시대 상황을 탐구한다. • 활동 결과 발표하기 ┌─────────────────────┐ │ • 조선인을 낮잡아 호칭하며 비하함(요보) │ • 조선인은 성격이 온순하여 순사나 헌병 앞에서 꼼짝도 못하는 존재라고 생각함 │ • 조선인을 팔아넘겨 돈을 벌 수 있는 수단으로 여김 │ • 일본인이 각 회사에 연락하여 농촌의 노동자를 속여서 사람을 모집한 뒤, 일본 각지의 공장이나 광산으로 팔아버림 │ • 조선인은 지상의 지옥 같은 곳에서 일하며 노동력을 착취당함 └─────────────────────┘	

| 전개 1 | 〈활동1〉
작품에
반영된
시대 상황
이해하기 | • 발표 결과 정리하기
　- 학생들이 찾은 시대 상황을 크게 2가지로 분류하여 정리한다.
　- ① 조선인에 대한 일본인의 인식
　　② 노동자가 되는 과정과 대우

• '나'의 현실 인식 변화 탐구하는 활동 안내하기
　- ㉠ '일본인들의 대화'를 들은 전후로 '나'의 현실 인식이 어떻게 변하는지 탐구하도록 활동을 안내한다.

• 활동 결과 발표하도록 격려하기

• 작품에 드러난 시대 상황 정리하기
　- 식민지 조선의 참담한 현실과 그에 무관심하고 무기력한 지식인의 모습이 드러남을 설명한다.

• 문학과 역사의 상호 관계 설명하기
　- 문학 작품에는 작품이 창작된 당시의 시대 의식, 인물의 가치관, 배경 등이 반영됨을 설명한다. | • 발표 결과 정리하기
　- 교사의 설명을 경청하며 발표 내용을 정리한다.

• '나'의 현실 인식 변화 탐구하기

• 활동 결과 발표하기

\| 대화 듣기 전 \| \| 대화 들은 후 \|
\|---\|---\|---\|
\| 망국의 백성임을 알고 있으나 민족 관념이 약하고 정신이 마비되어 있음 \| → \| 식민지 시대의 참담한 현실과 조선인이 고통 받는 현실을 직면하고, 일본에 대한 적개심과 분노를 느낌 \|

• 작품에 드러난 시대 상황 이해하기

• 문학과 역사의 상호 관계 이해하기 |
| 전개 2 | 〈활동2〉
작품의
현재적
가치
평가하기 | 〈수험생 작성 내용3〉
• 〈자료2〉 제시 및 (가), (나)의 현실 인식을 비교하는 활동 안내하기
　- (가)와 (나)가 같은 시대 상황임을 고려하여 등장인물이 보이는 시대 상황에 대한 현실 인식을 탐구하도록 안내한다.

• 활동 결과 발표하도록 격려하기

• 작품의 현재적 가치 평가하는 활동 안내하기
　- (가)와 (나)의 현실 인식을 근거로 현재적 관점에서 가치 있는 작품인지 평가하도록 안내한다. | • 작품에 드러난 현실 인식 비교하기

• 활동 발표하기

\| 〈만세전〉 \| \| 〈무정〉 \|
\|---\|---\|---\|
\| 당시 시대 상황을 '공동묘지'라고 말하며 극복 의지를 보이지 않음
→ 절망적 현실 인식 \| ↔ \| 당시 부정적인 현실을 지식과 문명을 교육함으로써 극복할 수 있다고 생각함
→ 긍정적·의지적 현실 인식 \|

• 현재적 관점에서 작품 평가하기 |

전개 2	〈활동2〉 작품의 현재적 가치 평가하기	• 활동 결과 발표하도록 격려하기	• 활동 결과 발표하기 <table><tr><td>가치</td><td colspan="2">(가) 만세전</td></tr><tr><td>○</td><td colspan="2">• 당시 식민지 시대에 무관심한 지식인이 참담한 현실을 깨닫는 과정을 사실적으로 묘사함</td></tr><tr><td>×</td><td colspan="2">• 당시 우리나라에 대한 절망적 인식만 드러나고 그 상황을 개선하려는 의지가 없음</td></tr><tr><td>가치</td><td colspan="2">(나) 무정</td></tr><tr><td>○</td><td colspan="2">• 식민지 현실을 극복하려는 의지가 드러남</td></tr><tr><td>×</td><td colspan="2">• 문명을 통해 식민지 현실을 극복하기는 지나치게 낙관적인 인식임 • 당시 우리나라를 문명이 없는 나라로 인식하고 있음</td></tr></table>	
		• 작품 속 인물이 되어 생각해 보도록 안내하기 – 자신이 〈만세전〉의 '나'라면 어떻게 행동했을지 자유롭게 짝과 공유하도록 안내한다.	• 작품 속 인물이 되어 생각해 보기 – "나라면 일본인에 속아 지옥 같은 곳에 끌려가는 조선의 노동자들에게 모두 거짓이라고 그 실상을 전달할 거야." 등	
		• 활동 정리하기 – 작품에 드러난 시대 상황과 현실 인식을 오늘날의 관점에서 평가하는 것의 중요성을 강조한다.	• 활동 마무리하기 – 작품에 드러난 시대 상황과 현실 인식을 오늘날의 관점에서 평가하는 것의 중요성을 이해한다.	
정리	형성평가 및 과제 부여	• 형성평가 부여 • 수준별 과제 제시	• 형성평가 진행 • 수준별 과제 확인	
	학습 내용 정리	• 학습 내용 정리	• 학습 내용 이해	
	차시 예고	• 차시 예고	• 차시 예고 인지	

판서 예시

1) 작품에 반영된 시대 상황 이해하기

① ㉠에 드러난 시대 상황 탐구하기

① 조선인에 대한 일본인의 인식
• 낮잡아보며 경멸적인 호칭을 사용함 • 팔아넘겨 돈을 벌 수 있는 수단으로 여김

② 노동자가 되는 과정과 대우
• 농촌의 노동자를 속여서 사람을 모집한 뒤, 일본 각지의 공장이나 광산으로 팔아버림 • 지상의 지옥 같은 곳에서 일하며 노동력을 착취당함

② '나'의 현실 인식 변화 파악하기

대화 듣기 전		대화 들은 후
망국의 백성임을 알고는 있으나 민족 관념이 약하고 정신기 마비되어 있음	→	식민지 시대의 참담한 현실과 조선인이 고통 받는 현실을 직면하고, 일본에 대한 적개심과 분노를 느낌

2) 작품의 현재적 가치 평가하기

① 작품에 드러난 현실 인식 비교하기

〈만세전〉		〈무정〉
조선 현실= '공동묘지' 극복 의지 × → 절망적 현실 인식	→	지식과 문명으로 식민지 현실 극복 가능 → 긍정적·의지적 현실 인식

② 작품의 현재적 가치 평가하기

가치	(가) 만세전
○	• 당시 무관심한 지식인이 참담한 현실을 깨닫는 과정 사실적으로 묘사
×	• 절망적 인식만 드러나고 상황을 개선하려는 의지 ×

가치	(나) 무정
○	• 식민지 현실을 극복하려는 의지 ○
×	• 낙관적인 인식의 한계 • 우리나라를 문명이 없는 나라로 인식

	성취 기준
2022 교육과정	[12문학01-04] 한국 문학에 반영된 시대 상황을 이해하고 문학과 역사의 상호 영향 관계를 탐구한다. (해설 내용 없음)
2015 교육과정	[12문학03-04] 한국 문학 작품에 반영된 시대 상황을 이해하고 문학과 역사의 상호 영향 관계를 탐구한다.
교수·학습 방법 및 유의사항	④ 문학과 역사의 상호 영향 관계를 지도할 때에는 시대 상황이 직·간접적으로 반영된 작품이나 사회적 반향을 불러 일으킨 작품 등을 제재로 활용할 수 있으며 작품에 나타난 시대 의식, 인물의 가치관, 배경, 표현 방법 등을 통해 당대의 사회를 살펴보는 활동, 작품의 역사적 배경을 오늘날의 사회 상황과 비교하거나 작품의 현재적 가치를 평가하는 활동을 구성할 수 있다.

	교과서 정리	

학습 내용 정리	[일제 강점기의 문학]
	• 근대 지향성
	  - 반식민주의적 민족주의, 봉건 사회의 모순 비판
	  - 계몽주의 문학, 새로운 문학 형식의 시도(개화 가사, 신체시, 신소설, 근대 소설)
	• 전개 양상
	  - 1910년대 : 낭만주의 시와 현실주의 소설
	  - 1920년대 : 계급 문학이 대두하여 민족주의 문학과 경쟁
	  - 1930년대 : 순수 문학과 모더니즘 문학
	  - 1940년대 : 일제의 탄압으로 인한 친일 문학
	
	[광복 이후의 문학]
	• 광복 이후의 역사와 문학
	  - 전쟁 : 전쟁의 참상을 증언하는 문학
	  - 분단 : 분단 상황을 넘어 통일을 지향하는 문학
	  - 군부 독재 정치, 민주화 운동 : 비민주적 정치 체제와 권력을 비판하고 자유와 민주의 가치를 옹호하는 문학
	• 산업화와 도시화 이후의 문학 : 농어촌의 해체, 양극화, 인간 소외 등을 다루는 민중 문학의 발달	

[2022]
천재(정) 문학
4. 한국문학의 흐름
(3) 일제 강점기의 문학
	학습활동	[쉽게 씌어진 시] - 윤동주
		1. 이 작품을 크게 두 부분으로 나누어 그 내용을 정리하고, 화자의 태도가 어떻게 달라지는지 말해 보자.
		2. 다음은 작가가 살았던 시대 상황을 설명한 글이다. 이에 주목하여 아래 활동을 해 보자.
		  (1) '나'가 '부끄러운 일'로 여기는 것은 무엇인지 생각해 보고, '시대적 배경'을 고려할 때 화자가 이렇게 생각하게 된 이유를 생각해 보자.
		  (2) 10연에서 밑줄 친 두 '나'가 어떻게 다른지 생각해 보고, 시대적 배경을 고려할 때 '악수'의 의미가 무엇일지 모둠원들과 함께 의견을 나누어 보자.
		3. 다음 작품을 감상하고, 〈쉽게 씌어진 시〉와 비교하며 아래 활동을 해 보자.
		  (1) 〈교목〉과 〈쉽게 씌어진 시〉에서 부정적인 시대 현실을 상징하는 시어나 시구를 찾아보자.
		  (2) 두 시의 화자가 현실에 어떻게 대응하고 있는지 비교해 보자.

		[만세전] - 염상섭
		1. 이 작품의 사건 전개 양상을 살피며, 각각의 상황에서 드러나는 '나'의 심리를 파악해 보자.
		2. 이 작품에 그려진 당대의 시대 상황과 '나'의 인식 변화를 살펴보자.
		  (1) 이 작품에 등장하는 조선인 하층민들의 현실이 어떠하였는지 말해 보자.
		  (2) 당시 일본인들이 조선인들을 어떻게 바라보았는지, 작품 속에서 근거를 찾아 짝과 이야기해 보자.
		  (3) '나'가 자신을 '책상 도련님'이라고 한 까닭은 무엇인지, '나'의 현실 인식 변화와 관련지어 말해 보자.
		3. 다음 작품을 감상하고, 〈만세전〉과 비교하며 아래 활동을 해 보자. (이병주, 〈관부 연락선〉)
		  (1) 〈관부 연락선〉에 등장하는 조선인 형사는 〈만세전〉의 조선인 형사와 어떤 점에서 다른지 말해 보자.
		  (2) 두 작품에서 형사들이 관부 연락선을 이용하는 조선인 학생들의 가방을 검사하는 이유는 무엇인지, 시대 상황과 관련지어 말해 보자.

[2022]
천재(정) 문학
4. 한국문학의 흐름
(3) 일제 강점기의 문학
	학습활동	[사금·광산·곡선] - 이태준
		1. 작가의 여정을 따라 이 작품의 내용을 정리해 보자.
		2. 다음은 1930년대 조선의 금광 열풍을 다룬 만평이다. 〈사금·광산·곡선〉의 내용을 떠올리며 아래 활동을 해 보자.
		  (1) 〈사금·광산·곡선〉의 작가는 위 만평에서 풍자하고 있는 금광 열풍을 어떻게 생각할지 추측하여 말해 보자.
		  (2) 현대 우리 사회에서 1930년대 금광 개발과 유사하다고 볼 수 있는 사회 현상은 무엇인지 말해 보자.
		3. 〈사금·광산·곡선〉의 마지막 문장에 담긴 작가의 가치관에 대한 자신의 생각을 친구들과 나누어 보자.

[2022]
천재(정) 문학
4. 한국문학의 흐름
(4) 광복 이후의 문학
	학습활동	[농무] - 신경림
		1. 공간의 이동에 따른 시상 전개를 다음과 같이 정리해 보자.
		2. 다음 글을 참고하여, 이 작품을 당대의 시대 상황과 관련지어 이해해 보자.
		  (1) 산업화 때문에 생계비조차 마련하기 어려운 농민의 상황이 드러난 시구를 찾아보자.
		  (2) 농민들이 이농하여 쓸쓸해진 농촌의 풍경을 형상화한 시구를 찾아보자.
		  (3) (1), (2)를 바탕으로 하여 이 작품을 통해 시인이 말하고자 하는 바가 무엇일지 짝과 함께 의견을 나누어 보자.
		3. 다음 작품을 감상하고, 〈농무〉와 비교하며 아래 활동을 해 보자.
		  (서로즈 서르버하라, 〈기계〉)
		  (1) 두 작품의 화자가 처한 상황, 정서와 태도를 비교해 보자.
		  (2) 두 작품과 같이 오늘날의 시대 상황을 잘 보여 주는 시를 찾아 읽고, 간단하게 감상평을 써 보자.
		
		[비 오는 날이면 가리봉동에 가야 한다] - 양귀자
		1. 이 작품의 내용을 바탕으로 하여 '임 씨'와 가상 인터뷰를 해 보자.
		2. 다음 글을 참고하여, 이 작품을 당시의 시대 상황과 관련지어 이해해 보자.
		  (1) 이 작품에서 밑줄 친 내용과 관계가 있는 부분을 찾고, 이러한 현상이 우리 사회에 미친 영향이 무엇일지 말해 보자.
		    (밑줄: 그 과정에서 형성된 부(富)가 도시와 일부 계층에 편중)
		  (2) 다음은 옥상에서 일하는 '임 씨'의 손을 본 '그'의 생각이 나타난 부분이다. 이것으로 작가가 말하고자 하는 바가 무엇일지 짝과 이야기해 보자.
		    저 열 손가락에 박인 공이의 대가가 기껏 지하실 단칸방만큼의 생활뿐이라면 좀 너무하지 않나 하는 안타까움이 솟아오르기도 했다.
		3. 다음은 이 작품에서 생략된 뒷부분의 내용이다. 잘 읽고, 아래 활동을 해 보자.
		  (1) 다음 질문에 대한 답을 생각하며 이 작품의 제목에 담긴 의미를 말해 보자.
		    • 왜 '맑은 날'이 아니라 '비 오는 날'일까?
		    • '간다'가 아니라 '가야 한다'라고 한 까닭은 무엇일까?
		    • 연탄값은 '임 씨'와 그의 가족에게 어떤 의미를 지니는 걸까?
		  (2) '임 씨'의 삶을 통해 작가가 비판하고자 한 당시 세태가 무엇일지 모둠원들과 함께 이야기해 보자.
		
		[파수꾼] - 이강백
		1. 이 작품의 내용을 바탕으로 하여 등장인물의 특성과 그러한 특성을 잘 보여 주는 대사를 정리해 보자.
		2. 이 작품에 나타나는 갈등 양상을 파악해 보자.
		  (1) '촌장'과 파수꾼 '다'의 갈등 양상을 정리해 보자.
		  (2) 파수꾼 '다'의 내적 갈등 양상을 정리해 보자.
		3. 다음은 이 작품이 발표된 무렵의 시대 상황을 설명한 글이다. 이 글을 참고하여 아래 활동을 해 보자.
		  (1) 윗글을 참고하여 작품 속 인물과 소재의 상징적 의미나 역할을 말해 보자.
		  (2) 다음 '촌장'의 말이 의미하는 내용을 시대 상황과 관련지어 말해 보자.
		  (3) (1), (2)를 바탕으로 하여 작가가 말하고자 한 바가 무엇일지 짝과 의견을 나누어 보자.
		4. 모둠원들과 협력하여 이 작품의 결말을 바꾸어 써 보자. 그리고 자신의 모둠과 다른 모둠이 바꾸어 쓴 글을 평가해 보자.
		  (1) 파수꾼 '다'가 선택한 결정이 정당한가에 관하여 모둠원들과 함께 이야기를 나누어 보자.
		  (2) 파수꾼 '다'가 '촌장'의 말을 듣지 않고 마을 사람들에게 진실을 말했다면 뒤의 내용이 어떻게 전개되었을지 추측해 보고, 이를 바탕으로 하여 결말을 바꾸어 써 보자.
		  (3) 모둠별로 바꾸어 쓴 글을 발표하고, 평가해 보자.

2026학년도 중등학교교사신규임용후보자선정경쟁시험(2차)
제67회 국어과 교수·학습 실연 시험 문제지

관리 번호

지도안 세부 조건

1. 〈수험생 작성 조건1〉 공감적 수용
   가. 〈자료〉를 공감적으로 수용할 수 있는 활동을 구성할 것
   나. 문학 작품을 수용할 때 공감할 수 있는 요소를 제시할 것
   다. 학생 활동이 구체적으로 드러나도록 할 것

2. 〈수험생 작성 조건2〉 비판적 수용
   가. 〈자료〉를 비판적으로 수용할 수 있는 활동을 구성할 것
   나. 작품과 관련된 비판적 질문을 내용 및 형식 측면에서 각각 두 가지 제시할 것
   다. '나'에서 제시한 질문 각각을 하나의 학습 주제로 한 과제분담학습모형(Jigsaw)을 활용할 것

3. 〈수험생 작성 조건3〉 창의적 수용
   가. 〈자료〉를 창의적으로 수용하는 활동을 구성할 것
   나. 디지털 매체를 활용하여 학생 간 상호 소통이 일어나도록 할 것

수업 조건

○ 과목 : 국어
○ 학년 : 고등학교 2학년
○ 장소 : 국어 교과교실
○ 시간 : 블록타임제(100분)
○ 단원명 : 문학의 본질
○ 해당 성취 기준 : 작품을 공감적, 비판적, 창의적으로 감상하며, 다양한 방식으로 작품에 대해 비평한다.

단원명	차시	학습 내용
문학의 본질	1-2	○문학 작품은 내용과 형식이 긴밀하게 연관되어 이루어짐을 이해하고 작품을 감상할 수 있다.
	3-4	○문학 작품을 작가, 사회·문화적 배경, 상호 텍스트성 등 다양한 맥락에서 이해하고 감상할 수 있다.
	5-6 (본시)	○문학 작품을 공감적, 비판적, 창의적으로 수용하고 그 결과를 바탕으로 상호 소통할 수 있다.

학생 수	장소	학습 형태	학습 기자재
24명	국어 교과교실	강의식, 모둠식	교사용 컴퓨터, 전자 칠판, 학생용 스마트 기기

※ 본 문제는 모의 평가용으로 제작되었으며, 실제 시험의 문항 유형 및 형식과 다를 수 있습니다.

〈자료〉
유자소전 이문구 〈내용 생략〉  **2026학년도 모의문제 자료(지문)** * Daum 2순정 카페에서 자료(지문)을 확인하실 수 있습니다.

2026학년도 중등학교교사신규임용후보자선정경쟁시험(2차)
제67회 국어과 교수·학습 실연 지도안 [예상 답안]

국어과 본시 교수·학습 지도안					
학습 목표	문학 작품을 공감적, 비판적, 창의적으로 수용하고 그 결과를 바탕으로 상호 소통할 수 있다.				
학습 단계		교수·학습 활동		자료 및 유의점	시간 (분)
도입	인사	• 인사 및 학습 분위기 조성	• 인사 및 학습 준비		
	전시 학습 확인	• 전시 학습 확인	• 전시 학습 회상		
	동기유발	• 학습 목표와 관련한 동기유발하기	• 교사의 안내에 따라 동기유발 활동하기		
	학습 내용 안내	• 학습 내용 안내	• 학습 내용 확인		
	학습 목표 제시	• 학습 목표 제시	• 학습 목표 확인		
전개 1	〈활동1〉 공감적 수용	• 문학 작품을 주체적으로 수용하는 방법 안내하기 　- 공감적 수용: 작품의 주제와 작가의 가치관, 등장인물의 의견이나 감정 또는 취향에 공감하며 수용함 　- 비판적 수용: 작품의 주제나 형식, 다른 독자들의 생각 등을 평가하고 비판하며 수용함 　- 창의적 수용: 새로운 해석을 내놓거나 재구성 활동 등을 통해 주체적이고 창의적으로 수용함 • 〈자료〉 배부하여 읽도록 안내하기 〈수험생 작성 내용1〉 • 작품 감상 시 공감할 수 있는 요소 안내하기 　　주제, 작가의 가치관, 　　인물의 의견·감정·취향 　- "여러분들이 작품을 감상할 때에는 가장 먼저 작가가 작품을 통해 말하고자 하는 주제, 그리고 작품을 통해 드러나는 특정 대상 및 현상에 대한 작가의 가치관, 그리고 작품에 등장하는 다양한 성격을 가진 인물들에 공감할 수 있어요." • 모둠별로 〈자료〉에서 공감할 수 있는 부분을 찾고 모둠 내에서 서로 공유하도록 안내하기 　- "지금부터 앞에서 설명한 요소를 바탕으로 공감할 내용을 찾고, 그 내용을 모둠원과 이야기해 봐요. 입장이 다른 이야기를 듣더라도 반박보다는 친구들의 의견도 공감하고 포용하는 쪽으로 내용을 공유할게요." 　- 순회 지도: 공감할 수 있는 부분이 없다는 학생이 있다면 발문을 통해 어떤 성향을 가졌는지 파악하고 학생 개인 성향에 가장 맞는 내용을 제시해 준다. || • 모둠별로 〈자료〉에서 공감할 수 있는 부분을 찾고 모둠 내에서 서로 공유하기 활동 예시 "나는 경제적 여력이 없는 스페어 운전수에게 지갑을 열었던 유자의 동정심에 공감이 가." "유자의 다양한 모습을 보여줬지만 의로운 인물 됨을 가장 존중하는 작가의 가치관에 공감이 되었어." "맞아, 특히 물질만능주의에 대한 비판이 드러나는 주제 의식을 보면서 내 삶을 돌이켜보았어."		

전개 1	〈활동1〉 공감적 수용	• 모둠별로 활동 결과를 발표하여 상호 소통하도록 하기	• 모둠별로 활동 결과를 발표하여 상호 소통하기 **활동 예시** "저와 다른 관점으로 본 친구들이 많다는 것에 놀랐어요. 저는 유자의 모습 중 장례식장에 미리 찾아가 선수를 치는, 위기를 기회로 바꾸는 능력에 감탄하고 공감했는데 다른 친구들의 말을 듣고 다른 방향으로도 생각해 볼 기회가 생겼어요."	
전개 2	〈활동2〉 비판적 수용	〈수험생 작성 내용2〉 • 〈자료〉와 관련한 평가 기준 안내하기 **평가 기준** **내용** • 작품 속 유자의 가치관은 올바른 것인가? • 작품 속 유자의 행동은 올바른 것인가? **형식** • 작품 속 서술자의 표현 방식은 주제를 전달하기에 적절한가? • 작가의 문체는 주제를 전달하기에 적절한가? • Jigsaw 모형을 활용하여 평가 기준별로 전문가 집단 모둠을 구성하여 토론하도록 하기 • 원소속 모둠으로 돌아와 모둠별로 활동 내용 공유하도록 하기 - 순회 지도 : 전문가 집단 모둠에서 협의한 내용을 원소속 모둠에서 전달하기 어려워하는 학생이 있다면, 같은 전문가 모둠이었던 다른 모둠의 학생과 상호작용을 통해 협동하여 문제를 해결하도록 한다.	• 〈자료〉와 관련한 평가 기준 확인하기 • Jigsaw 모형을 활용하여 평가 기준별로 전문가 집단 모둠을 구성하여 토론하기 • 원소속 모둠으로 돌아와 모둠별로 활동 내용 공유하기 **활동 예시** **내용** • 사회적 약자에 대한 따뜻한 마음씨를 가진 면은 훌륭하지만, 단순히 과시욕이 있다는 이유로 재벌 총수를 경멸하는 면은 지나치다. • 군대에서 점술인 행세를 한 것, 장례식장에서 고인과 생전 알던 사이처럼 굴었던 것은 상대를 기만하는 행위이다. **형식** • '체취는 그윽하고 체온은 따뜻하며 체질이 묵중한 사내였다.'와 같이 서술자가 인물에 대해 평하는 편집자적 논평이 많은데, 없어도 유자의 훌륭한 인품이라는 주제를 전달할 수 있어 불필요해 보인다. • 작가의 문체는 문장의 호흡이 긴 만연체인데, 이는 고전 소설의 느낌을 나게 하는 기능을 하지만 요즘 사람의 시선에서는 가독성이 떨어지고 고루한 느낌을 준다.	
전개 3	〈활동3〉 창의적 수용	〈수험생 작성 내용3〉 • 〈자료〉를 창의적으로 수용하는 글쓰기 활동 안내하기 **글쓰기 활동 절차** ① 〈자료〉의 주제를 새롭게 해석하기 ② 새로운 해석을 바탕으로 작품의 일부분을 다양한 양식으로 짧게 재구성하기 ③ 학생용 스마트 기기를 활용하여 공유 플랫폼에 글을 써서 업로드하기	• 〈자료〉를 창의적으로 수용하는 글쓰기 활동 수행하기	

단계		교수·학습 활동			
전개 3	〈활동3〉 창의적 수용	• 학생별로 학생용 스마트 기기를 활용하여 공유 플랫폼에 활동 내용을 업로드하고, 활동 내용을 공유하여 댓글로 피드백하도록 하기 • 활동 내용 발표 안내 및 댓글 확인하기 – "온라인 활동이 종료되었어요. 그러면 여러분들이 어떤 글을 올렸고, 어떤 댓글을 받았는지 발표해 볼 친구가 있을까요?" – "그러면 이제 어떤 댓글이 달렸는지 화면으로 확인해 볼게요~"	• 학생별로 학생용 스마트 기기를 활용하여 공유 플랫폼에 활동 내용을 업로드하고, 활동 내용을 공유하여 댓글로 피드백하기 • 활동 내용 발표하기 **발표 예시** | 주제 | 상대를 기만하는 행위는 나쁘다. | |---|---| | 재구성 | 유자가 장례식장에서 고인의 지인 행세를 하는 내용을 정체가 들통 나 혼쭐이 나는 내용으로 재구성 | **댓글 예시** – 주인공의 성격을 바꾼 점이 마음에 든다. – 장례식장에 찾아간 행동은 선을 넘었다고 생각했는데, 응징을 당하는 내용으로 바뀌어서 기분이 좋다. – 글을 쓰는 문체가 소설보다는 영화 대본 같다는 느낌이 들었다. 시나리오로 만들면 더 좋을지도!		
정리	형성평가 및 과제 부여	• 형성평가 부여 • 수준별 과제 제시	• 형성평가 진행 • 수준별 과제 확인		
	학습 내용 정리	• 학습 내용 정리	• 학습 내용 이해		
	차시 예고	• 차시 예고	• 차시 예고 인지		

판서 예시

공감적 수용	비판적 수용	창의적 수용

공감적 수용

작품에서 공감할 수 있는 요소
주제, 작가의 가치관, 인물의 의견·감정·취향

2조의 공감적 수용
• 인물의 감정 : 스페어 운전수를 향한 유자의 따뜻한 마음
• 작가의 가치관 : 유자의 인품 찬탄
• 주제 의식 : 물질만능주의에 대한 비판

비판적 수용

4조의 비판적 수용
• 과시욕을 이유로 재벌 총수를 경멸 → 지나침
• 군대, 장례식에서의 행세는 상대를 기만
• 편집자적 논평은 불필요
• 만연체 = 가독성↓ 지루함

창의적 수용

민수의 창의적 수용

새로운 해석	재구성한 내용	바뀐 주제
유자는 뻔뻔한 사람	장례식장에서 정체가 들통나 혼쭐	다른 사람을 기만하는 행위에 대한 비판

성취 기준

2022 교육과정	[12문학01-07] 작품을 공감적, 비판적, 창의적으로 감상하며, 다양한 방식으로 작품에 대해 비평한다. 　이 성취 기준은 문학 작품에 대한 감상과 비평 능력을 높이기 위해 설정하였다. 작품을 읽으면서 독자는 자신의 처지와 관점에 따라 작품에 공감하기도 하고, 작품 속 인물의 행동이나 작품 속 현실에 비판적인 입장을 취하기도 하며, 작품을 매개로 다양한 상상을 하고 창의적인 생각을 펼치며 감상한다. 이러한 점에 유의하면서 작품의 의미나 주제 등에 대한 기존의 정보에 의존하기보다 학습자가 스스로 자신의 처지와 관점, 취향에 따라 적극적이며 주체적인 태도로 감상하도록 하는 데 중점을 둔다. 이때의 감상 활동은 비평 활동, 즉 작품이 독자에게 주는 의미를 명확하게 하고, 작품의 아름다움이나 감동에 대해 근거를 가지고 설명하는 활동으로 원활히 이어지는 것이 중요하다. 비평 활동은 비평문 작성만이 아닌, 대면 토론이나 온라인 대화, 영상 제작 등 다양한 방식으로 이루어질 수 있다.
2015 교육과정	[12문학02-04] 작품을 공감적, 비판적, 창의적으로 수용하고 그 결과를 바탕으로 상호 소통한다.

교과서 정리		
학습 내용 정리		[문학 작품을 감상하는 다양한 방식] • 공감적 수용 : 작품의 주제와 작가의 가치관, 등장인물의 의견이나 감정 또는 취향에 공감하며 수용함 • 비판적 수용 : 작품의 주제나 형식, 다른 독자들의 생각 등을 평가하고 비판하며 수용함 • 창의적 수용 : 새로운 해석을 내놓거나 재구성 활동 등을 통해 주체적이고 창의적으로 수용함 [다양한 비평 활동 방식의 예] • 대면 토론, 온라인 대화 • 비평문 작성, 한 줄 비평 • 비평 영상 제작
[2022] 미래엔 문학 2. 문학의 수용과 생산 (2) 문학 활동의 이해	제재	노찬성과 에반(김애란), 모닥불(백석)

	학습활동	[노찬성과 에반]
		1. 〈노찬성과 에반〉을 감상하고 다음 활동을 해 보자.
		  (1) 찬성이 어떻게 생활하고 있는지, 삶의 모습을 구체적으로 정리해 보자.
		  (2) 찬성이 '상중'이라는 단어를 보고 묘한 안도를 느낀 까닭을 에반의 상황과 관련지어 말해 보자.
		2. 작품을 공감적, 비판적, 창의적으로 감상할 수 있음을 생각하며 다음 활동을 해 보자.
		  (1) 다음을 읽고 찬성의 행동이나 생각에 공감하는 부분을 말해 보자.
		  (2) 이 작품에서 인물의 행동이나 생각에 비판할 점이 있다면, 그 까닭과 함께 말해 보자.
		  (3) 에반은 찬성과 할머니에 대해 어떤 생각들을 했을지 상상해 보자.
		3. 작품 감상이 비평 활동으로 이어질 수 있음을 생각하며 다음 활동을 해 보자.
		  (1) 적극적이고 주체적으로 작품을 감상하는 태도에 유의하여 이 작품 전체를 공감적, 비판적, 창의적으로 감상해 보자.
		  (2) (1)에서 감상한 내용을 바탕으로 하여 작품을 자신의 관점에 따라 정리해 보자.
		  (3) 친구들과 감상을 비교해 보고 서로 감상이 다른 부분이 있다면 자신이 감상한 근거를 바탕으로 하여 토론해 보자.
		
		[모닥불]
		1. 〈모닥불〉을 감상하고 다음 활동을 해 보자.
		  (1) 이 작품에서 사용한 표현 방법을 말해 보자.
		  (2) 이 작품의 내용을 다음과 같이 정리해 보자.
		2. 작품을 비평하는 방법을 생각하며 다음 활동을 해 보자.
		  (1) 자신의 관점에서 〈모닥불〉을 감상하고, 이를 정리해 보자.
		  (2) 다음은 〈모닥불〉의 비평문 일부이다. 이 글에서는 작품의 어떤 부분에 초점을 맞추어 비평하고 있는지 말해 보자.
		  (3) (2)의 비평문을 읽고 새롭게 알게 된 사실이나 자신의 관점과 다른 부분이 있었다면 어떤 것인지 자유롭게 말해 보자.
		3. 문학 작품을 다양한 방식으로 비평할 수 있음을 생각하며, 다음 활동을 해 보자.
		  (1) 자신이 비평하고 싶은 시 한 편을 선택하고, 선택한 까닭을 말해 보자.
		  (2) 선택한 시를 비평하기 위한 자료를 마련해 보자.
		  (3) 자신이 마련한 자료를 근거로 삼아 다음과 같은 다양한 비평 활동에 참여해 보자.

[2022] 동아출판 문학 2. 문학의 수용과 생산 (1) 문학 작품의 감상과 비평	제재	남신의주 유동 박시봉방(백석), 흐르는 북(최일남)

	학습활동	[남신의주 유동 박시봉방]
		1. 「남신의주 「유동 박시봉방」을 읽고, 아래의 활동을 해 보자.
		  (1) 이 시의 제목은 편지를 보내는 사람의 주소이다. 이러한 제목을 붙인 까닭이 무엇일지 생각해 보자.
		  (2) 이 시의 화자가 처한 상황을 추측해 보고, 그렇게 생각한 근거를 시에서 찾아보자.
		  (3) 이 시에서 화자의 심리가 어떻게 변화하고 있는지 이야기해 보자.
		2. 다음 글을 바탕으로 하여 공감적 태도로 이 시를 감상해 보자.
		  (1) 윗글을 참고할 때, 이 시를 창작했을 당시 시인이 어떤 마음이었을지 생각해 보자.
		  (2) (1)과 비슷한 마음을 느꼈던 때를 떠올려 보고, 그때 어떤 생각과 행동을 했는지 이야기해 보자.
		3. 이 시를 창의적 태도로 감상하는 활동을 해 보자.
		  (1) 이 시에서 '갈매나무'가 의미하는 바가 무엇인지 생각해 보고, '갈매나무'에 대한 자신의 생각을 정리해 보자.
		  (2) 자신의 삶에서 이 시의 '갈매나무'와 유사한 의미를 지니는 것이 무엇인가를 생각해 보고, 이를 활용한 상태 메시지를 만들어 보자.

[2022]
동아출판
문학
2. 문학의 수용과 생산
(1) 문학 작품의 감상과 비평
	학습활동	**[흐르는 북]**
		1. 「흐르는 북」을 읽고, 아래의 활동을 해 보자.
		  (1) 인물 간의 갈등 상황을 화살표나 선으로 표시해 보고, 인물의 가치관을 바탕으로 인물 간 갈등의 원인을 정리해 보자.
		2. 「흐르는 북」에 대한 비평 활동을 해 보자.
		  (1) 민 노인, 민대찬, 민성규 중 가장 공감하는 인물을 한 명 선택하고, 그 인물의 입장에서 다른 인물을 비판적으로 평가해 보자.
		  (2) 다음 예를 참고하여 이 작품에 대한 핵심 질문을 만든 후, 이에 대한 자신의 생각을 정리해 보자.
		  (3) 작품 이해를 위한 핵심 질문을 모둠 친구들과 공유하고 이에 대해 토의해 보자.
		3. 「흐르는 북」을 감상한 내용을 바탕으로 팟캐스트를 제작해 보자.
		  (1) 모둠별로 토의한 내용을 바탕으로 팟캐스트를 제작하기 위한 대본을 작성해 보자.
		  (2) 대본을 참고하여 모둠원들과 대화를 나누며 녹음하고, 팟캐스트를 제작해 보자.
		  (3) 모둠별로 팟캐스트를 공유하고 상호 평가해 보자.	

[2022] 지학사 문학 2. 문학의 수용과 생산 (2) 문학 작품의 감상과 비평	제재	즐거운 편지(황동규), 엇박자 D(김중혁)	

	학습활동	**[즐거운 편지]**
		1. 이 작품을 감상하며 인상적인 부분을 찾고, 그렇게 느낀 까닭을 이야기해 보자.
		2. 작품을 다음과 같이 공감적, 비판적으로 감상해 보자.
		  (1) 1연에서 화자가 자신의 사랑을 '사소한 일'이라고 한 까닭은 무엇인지 생각해 보자.
		  (2) 이 작품의 화자가 말하고 있는 '기다림의 자세'를 자신의 관점에서 생각해 보고, 친구들의 생각과 비교해 보자.
		  (3) (1), (2)의 활동을 바탕으로 '즐거운 편지'라는 제목의 의미를 생각해 보자.
		3. 다음은 이 작품을 쓴 시인과의 인터뷰 내용이다. 글을 읽고 아래의 활동을 해 보자.
		  (1) 시인이 이 작품을 고등학생 때 썼다는 점을 고려할 때, 같은 고등학생으로서 사랑에 관한 시인의 태도에 공감하는지 자신의 생각을 이야기해 보자.
		  (2) 이 작품과 같이 편지 형식으로 사랑하는 사람에게 시를 쓰고, 자신의 생각을 담아 창의적으로 제목을 붙여 보자.
		4. 가장 인상 깊었던 시의 시구를 소개하는 엽서를 만들어 보자.
		
		[엇박자 D]
		1. 이 작품을 읽고, 등장인물의 관점과 이에 대한 자신의 생각을 정리해 보자.
		  (1) 두 인물의 행동을 중심으로 합창에 관한 서로 다른 관점을 파악해 보자.
		  (2) 두 인물의 관점 중 더 공감이 되는 쪽을 선택한 후, 선택의 근거를 밝혀 보자.
		2. 다음에 나타나는 '나'와 합창부 친구들의 태도를 통해 작가가 전달하고자 하는 바가 무엇일지 자기 생각을 말해 보자.
		3. 이 작품을 자신의 관점에서 주체적으로 해석하고, 이를 다른 사람과 공유해 보자.
		  (1) 작품을 감상한 후 독서 활동지를 정리하고, 이를 바탕으로 비평문을 써 보자.
		  (2) 작성한 독서 감상문을 온라인 학급 게시판에 올려 공유하고, 다른 친구들의 감상문도 읽어 보자.	

2026학년도 중등학교교사신규임용후보자선정경쟁시험(2차)
제68회 국어과 교수·학습 실연 시험 문제지

관리 번호 [   ]

지도안 세부 조건

1. **〈수험생 작성 조건1〉 동기유발**
   가. 기존의 것을 바탕으로 해서 새로운 것을 만들어 낸 사례를 제시할 것
   나. 교사의 발문을 2회 이상 포함할 것
   다. 학습 목표와 관련하여 학생들의 경험을 상기하도록 할 것

2. **〈수험생 작성 조건2〉 시를 읽고 다양한 시각에서 재구성하기**
   가. 〈자료1〉의 이해를 돕는 교사의 발문을 제시할 것
   나. 내재적 관점에서 작품 속 '당신'과 작품의 주제에 대해 감상을 나누도록 할 것
   다. 작품을 재구성하는 활동을 안내할 것(단, 활동 결과는 공유하지 않아도 됨)

3. **〈수험생 작성 조건3〉 소설을 읽고 다양한 시각에서 재구성하기**
   가. 전기적 요소에 대한 설명을 포함할 것
   나. 〈자료2〉의 전기적 요소를 고려하여 작품의 내용에 대한 감상을 공유하도록 할 것
   다. 〈자료2〉의 전기적 요소를 창의적으로 재구성하도록 할 것

수업 조건

- 과목 : 국어
- 학년 : 고등학교 2학년
- 장소 : 국어 교과교실
- 시간 : 블록타임제(100분)
- 단원명 : 문학 작품의 재구성과 창작
- 해당 성취 기준 : 작품을 읽고 새로운 시각으로 재구성하거나 주체적인 관점에서 작품을 창작한다.

단원명	차시	학습 내용
문학 작품의 재구성과 창작	1-2	○〈나룻배와 행인〉의 시적 상황과 화자의 정서·태도를 파악할 수 있다. ○〈유충렬전(劉忠烈傳)〉의 줄거리를 파악할 수 있다.
	3-4 (본시)	○시를 읽고 다양한 시각에서 재구성하거나 주체적인 관점에서 창작할 수 있다. ○소설을 읽고 다양한 시각에서 재구성하거나 주체적인 관점에서 창작할 수 있다.

학생 수	장소	학습 형태	학습 기자재
24명	국어 교과교실	강의식, 개별 활동, 모둠활동	교사용 컴퓨터, 전자 칠판, 학생용 스마트 기기

※ 본 문제는 모의 평가용으로 제작되었으며, 실제 시험의 문항 유형 및 형식과 다를 수 있습니다.

⟨자료1⟩

나룻배와 행인

한용운

나는 나룻배
당신은 행인

당신은 흙발로 나를 짓밟습니다
나는 당신을 안고 물을 건너갑니다
나는 당신을 안으면 깊으나 옅으나 급한 여울이나 건너갑니다

만일 당신이 아니 오시면 나는 바람을 쐬고 눈비를 맞으며 밤에서 낮까지 당신을 기다리고 있습니다.
당신은 물만 건너면 나를 돌아보지도 않고 가십니다그려
그러나 당신이 언제든지 오실 줄만은 알아요
나는 당신을 기다리면서 날마다 날마다 늙어갑니다

나는 나룻배
당신은 행인

⟨자료2⟩

유충렬전(劉忠烈傳)

작자 미상

[앞부분의 줄거리] 중국 명나라 때 정언 주부 유심은 늦도록 자식이 없어 부인과 함께 남악형산에 치성을 드리고 신기한 태몽을 꾼 뒤에 영웅의 기상을 지닌 아들 충렬을 낳아 기른다. 그 후 조정의 신하들 중에 역심(逆心)을 품은 정한담 일파가 유심을 모함하여 귀양을 보낸다. 정한담 일파는 유심의 아들(충렬)이 신기한 영웅이라는 소문을 듣고, 유심의 집을 함몰하여 후환이 없게 하고자 한다.

한담이 옳다 하고 그날 삼경에 가만히 승상부에 나와 나졸 십 여명을 차출하여 유심의 집을 둘러싸고 화약 염초를 갖추어 그 집 사방에 묻어 놓고 화심에 불붙여 일시에 불을 놓으라고 약속을 정하니라.

이때 장 부인이 유 주부를 이별하고 충렬을 데리고 한숨으로 세월을 보내더니, 이날 밤 삼경에 홀연히 곤하여 침석에 졸더니 어떠한 한 노인이 홍선 일병을 가지고 와서 부인을 주며 왈,

"이날 밤 삼경에 대변(大變)이 있을 것이니 이 부채를 가졌다가 화광(火光)이 일어나거든 부채를 흔들면서 후원 담장 밑에 은신하였다가 충렬만 데리고 인적이 그친 후에 남천을 바라보고 가없이 도망하라. 만일 그렇지 아니하면 옥황께서 주신 아들이 화광 중에 고혼(孤魂)이 되리라."

하고 문득 간데없거늘 놀라 깨어 보니 남가일몽(南柯一夢)이라. 충렬이 잠이 깊이 들어 있고 과연 홍선 한 자루 금침 위에 놓였거늘 부채를 손에 들고 충렬을 깨워 앉고 경경불매 하던 차에, 삼경이 당하매 일진광풍(一陣狂風)이 일어나며 난데없는 천불이 사면으로 일어나니 웅장한 고루거각(高樓巨閣)이 홍로점설(紅爐點雪) 되어 있고 전후에 쌓인 세간 추풍낙엽 되었도다.

부인이 창황 중에 충렬의 손을 잡고 홍선을 흔들면서 담장 밑에 은신하니 화광이 충천하고 회신만지(灰燼滿地)하니 구산(丘山)같이 쌓인 기물 화광에 소멸하였으니 어찌 아니 망극하랴.

사경이 당하매 인적이 고요하고 다만 중문 밖에 두 군사가 지키거늘 문으로 못 가고 담장 밑에 배회하더니, 창난한 달빛 속으로 두루 살펴보니 중중한 담장 안에 나갈 길이 없었다. 다만 물 가는 수챗구멍이 보이거늘 충렬의 옷을 잡고 그 구멍에 머리를 넣고 복지(伏地)하여 나올 제, 겹겹이 쌓인 담장 수채로다 지나 중문 밖에 나서니 충렬이며 부인의 몸이 모진 돌에 긁히어서 백옥 같은 몸에 유혈이 낭자하고 월색같이 고운 얼굴 진흙빛이 되었으니, 불쌍하고 가련함은 천지도 슬퍼하고 강산도 비감한다.

2026학년도 중등학교교사신규임용후보자선정경쟁시험(2차)

제68회 국어과 교수·학습 실연 지도안 예상 답안

국어과 본시 교수·학습 지도안				
학습 목표	1. 시를 읽고 다양한 시각에서 작품을 재구성할 수 있다. 2. 소설을 읽고 다양한 시각에서 작품을 재구성할 수 있다.			
학습 단계		교수·학습 활동		자료 및 유의점	시간 (분)
도입	인사	• 인사 및 학습 분위기 조성	• 인사 및 학습 준비	
	전시 학습 확인	• 전시 학습 확인	• 전시 학습 회상	
	동기유발	〈수험생 작성 내용1〉 • 레오나르도 다빈치의 〈모나리자〉와 페르난도 보테로의 〈모나리자〉 제시하기 • 재구성된 부분에 대해 발문하기 - "두 모나리자는 어떤 차이가 있나요?" - "작가는 어떤 의도로 〈모나리자〉를 재구성한 것일까요?" • 기존 작품을 재구성하기 위해 고려해야 할 점에 대해 발문하기 - "이처럼 기존 작품을 재구성하려면 먼저 어떤 점을 고려해야 할까요?" - "맞아요. 또한, 여러분들만의 상상력을 발휘할 수도 있어야 해요." • 작품을 재구성하거나 창작해 본 경험에 대해 발문하기 - "여러분은 기존 작품을 재구성하거나, 새로운 작품을 창작해 본 경험이 있나요?" • 학습 목표의 중요성 설명하기	• 레오나르도 다빈치의 〈모나리자〉와 페르난도 보테로의 〈모나리자〉 살펴보기 • 재구성된 부분에 대해 생각해 보기 - "원작과 달리 페르난도 보테로의 〈모나리자〉에서는 모나리자가 뚱뚱한 모습으로 표현되고 있어요." - "외모지상주의를 비판하려는 의도인 것 같아요." - "미에 대한 기준을 다시 생각해 보고자 하는 의도인 것 같아요." • 기존 작품을 재구성하기 위해 고려해야 할 점에 대해 생각해 보기 - "먼저 기존 작품에 대해 충분히 이해해야 해요." - "기존 작품을 비판적으로 바라볼 필요도 있는 것 같아요." • 작품을 재구성하거나 창작해 본 경험 떠올리기 - "네. 중학교 때 '엄마 걱정'이라는 시에 대한 모방시를 써 본 적이 있어요." - "네. 사생대회에서 시를 써 본 적이 있어요." • 학습 목표의 중요성 이해하기	
	학습 내용 안내	• 학습 내용 안내	• 학습 내용 확인	
	학습 목표 제시	• 학습 목표 제시	• 학습 목표 확인	
전개 1	〈활동1〉 시를 읽고 다양한 시각에서 재구성하기	〈수험생 작성 내용2〉 • 〈자료1〉 함께 읽기 • 〈자료1〉의 이해를 돕는 교사 발문하기 - "〈자료1〉에서 화자는 누구이며, 어떤 상황에 놓여 있나요?"	• 〈자료1〉 함께 읽기 • 〈자료1〉의 내용 이해하기 - "화자는 '나룻배'로 표현되고 있어요. 당신이 오기를 하염없이 기다리고 있는 상황인 것 같아요."	

전개 1	〈활동1〉 시를 읽고 다양한 시각에서 재구성 하기	– "'나룻배'와 '행인'은 어떤 관계에 있는 것 같나요?" • 〈자료1〉에 대해 내재적 관점에서 감상하도록 안내하기 – 작품에 등장한 '당신'과 주제를 중심으로 작품을 내재적 관점에서 감상하도록 안내한다. • 활동 내용을 발표하도록 안내하기 – "내재적 관점에서 봤을 때 '당신'은 누구일 것 같나요?" – "작품의 주제는 무엇인 것 같나요?" • 작품의 재구성 방법에 대해 설명하기 　1) 표현이나 일부 내용 바꾸기 　2) 작품의 형식 바꾸기 　3) 맥락을 다르게 써보기 　4) 매체를 바꾸어 보기 • 작품의 시어 및 내용을 재구성해 보는 활동 안내하기 – "앞서 배운 재구성 방법 중 시어 및 내용을 재구성하여 시를 써 보도록 할 거예요." – "여러분은 시를 읽고 어떤 부분을 재구성하고 싶었나요?" • 작품의 시어 및 내용을 재구성해 보도록 하기	– "'행인'은 '나룻배'를 떠나지만 '나룻배'는 '행인'을 기다리며 헌신하는 관계인 것 같아요." • 〈자료1〉에 대해 내재적 관점에서 감상하기 – 작품에 등장한 '당신'과 주제를 중심으로 작품을 내재적 관점에서 감상한다. • 활동 내용 공유하기 | '당신'의 의미	– 사랑하는 연인 – 부모의 희생을 당연하게 여기는 자식 | |---|---| | 작품의 주제 | – 연인에 대한 숭고한 희생 의식 – 자식에 대한 부모의 무한한 사랑 | • 작품의 재구성 방법에 대해 이해하기 • 재구성하고 싶은 내용을 떠올리기 – "제게 의미 있는 사람을 '당신'으로 설정하여 제 경험을 토대로 시를 다시 써보고 싶어요." – "시 속에서는 나룻배가 수동적인 대상으로 나오는데, 조금 더 적극적인 대상으로 시를 다시 써 보고 싶어요." • 작품의 시어 및 내용을 재구성하기		
		• 활동 내용 공유하기	• 활동 내용 공유하기		
전개 2	〈활동2〉 소설을 읽고 다양한 시각에서 재구성 하기	〈수험생 작성 내용3〉 • 〈자료2〉 함께 읽기 • 소설의 전기적 요소에 대해 설명하기 – 전기적 요소란 기이하거나 비현실적인 요소를 뜻함을 설명한다. • 모둠별로 전기적 요소를 고려하여 〈자료2〉에 대한 감상을 나누도록 안내하기 – "〈자료2〉에서는 전기적 요소가 어떻게 나타나나요?" • 활동 내용을 발표하도록 안내하기 – "노인의 도움을 받아 위기에서 빠져나오는 장면에 대해 여러분들은 어떻게 감상을 나누어 보았나요? 공유해 봅시다."	• 〈자료2〉 함께 읽기 • 소설의 전기적 요소에 대해 이해하기 – 전기적 요소란 기이하거나 비현실적인 요소를 뜻함을 이해한다. • 모둠별로 전기적 요소를 고려하여 〈자료2〉에 대한 감상 나누기 – "부인이 꿈속의 계시를 받는 부분이요." – "꿈속의 부채가 나타나는 부분이요." • 활동 내용 공유하기 | 〈자료2〉의 전기적 요소에 대한 감상	– 꿈의 계시에 따라 위기에서 탈출하는 것이 흥미로움 – 꿈속의 부채가 현실에서 나타난다는 것은 비현실적임 | |---|---|		

전개 2	<활동2> 소설을 읽고 다양한 시각에서 재구성하기	• 모둠별로 감상한 내용을 토대로 <자료2>의 전기적인 요소를 창의적으로 재구성해 보도록 안내하기 • 활동 내용을 발표하도록 안내하기	• 모둠별로 감상한 내용을 토대로 <자료2>의 전기적 요소를 창의적으로 재구성하기 • 활동 내용 발표하기 | 원작의 내용	재구성한 내용	재구성한 이유
---	---	---
한 노인이 꿈에 나와 장 부인에게 도망치라고 말함	정한담 일당 중 양심적인 물이 위험을 미리 충렬에게 말해줌	꿈의 계시에 따라 위기에서 탈출하는 것은 비현실적인 요소가 있으므로 현실적인 내용으로 재미있게 바꿔보고 싶었음		
정리	학습 내용 정리	• 학습 내용 정리	• 학습 내용 이해	
	차시 예고	• 차시 예고	• 차시 예고 인지	

판서 예시

단원명 : 문학 작품의 재구성과 창작

<학습 목표>

1. 시를 읽고 다양한 관점에서 재구성하거나 주체적인 관점에서 창작할 수 있다.

2. 소설을 읽고 다양한 관점에서 재구성하거나 주체적인 관점에서 창작할 수 있다.

<활동1> 시를 읽고 다양한 관점에서 재구성하기

* 시에 대해 다양한 관점에서 감상하기

'당신'의 의미	- 사랑하는 연인 - 부모의 희생을 당연하게 여기는 자식
작품의 주제	- 연인에 대한 숭고한 희생 의식 - 자식에 대한 부모의 무한한 사랑

* 시의 시어 및 내용 재구성하기

<활동2> 소설을 읽고 다양한 관점에서 재구성하기

* 소설에 대해 다양한 관점에서 감상하기

<자료2>의 전기적 요소에 대한 감상	- 꿈의 계시에 따라 위기에서 탈출하는 것이 흥미로움 - 꿈속의 부채가 현실에서 나타난다는 것은 비현실적임

* 소설의 내용 재구성하기

원작의 내용	재구성한 내용	재구성한 이유
한 노인이 꿈에 나와 장 부인에게 도망치라고 말함	정한담 일당 중 양심적 인물이 위험을 미리 충렬에게 말해줌	꿈의 계시에 따라 위기에서 탈출하는 것은 비현실적인 요소가 있으므로 현실적인 내용으로 재미있게 바꿔보고 싶었음

성취 기준

2022 교육과정	**[12문학01-08]** 작품을 읽고 새로운 시각으로 재구성하거나 주체적인 관점에서 작품을 창작한다. 　이 성취 기준은 학습자가 수동적인 문학 수용자에 그치지 않고, 문학의 형식으로 자신을 표현하며 세상과 적극적으로 소통하는 능력을 갖추도록 하기 위해 설정하였다. 기존의 작품을 활용하여 작품의 일부를 바꾸거나 개작하는 활동을 할 경우 기계적 모방에 그치지 않고, 개작의 과정에서 문학의 갈래적 특성이나 형식적 특징을 익힐 수 있게 하는 것이 필요하다. 또한 재구성의 과정에서 예전에는 당연했던 가치관이나 인식을 담은 작품들을 현재의 시각이나 독자의 시각에서 비판적으로 살펴보고 주제나 내용을 새롭게 재구성하는 데 중점을 둔다. 그리고 이러한 활동 경험들을 통해 창작에 대한 부담감이나 두려움을 낮추고, 나아가 자신의 생각이나 감정을 적극적으로 담아내려 시도하는 가운데 자연스럽게 학습자의 창작 능력이 향상될 수 있게 한다.
2015 교육과정	**[12문학02-05]** 작품을 읽고 다양한 시각에서 재구성하거나 주체적인 관점에서 창작한다.

교과서 정리		
학습 내용 정리		[문학 작품 창작의 일반적 과정] 가치 있는 주제나 소재 찾기 → 가장 적절한 갈래 정하기 → 갈래의 특성과 규칙을 고려하여 내용과 형식을 구상하고 쓰기 → 퇴고 [문학 작품의 재구성 활동] 문학 작품을 새롭게 바꾸어 쓰는 활동으로, 내용, 형식, 맥락, 매체, 갈래 등을 바꾸어 쓸 수 있다. [문학 작품의 내용] 누구나 자신의 경험을 바탕으로 자신의 사상, 감정, 정서를 담은 새로운 문학 작품을 창작할 수 있다. [다양한 매체로 구현된 작품 감상] 오늘날 문학 작품의 소통은 신문, 잡지, 단행본 등 기존의 매체 외에 라디오, 텔레비전, 영화, 인터넷, 휴대 전화 등 다양한 매체를 통해서도 이루어진다. 동일한 작품이라도 이를 전달하는 매체에 따라 미적 특성 등 작품의 성격이 달라지기도 한다.
[2022] 천재(정) 문학 5. 문학의 효용 (3) 재구성과 창작의 즐거움	제재	짝사랑(함민복), 동주(신연식)
	동기유발	※ 다음 두 그림을 비교하여 감상하고, 아래 물음에 답해 보자. (1) (가)와 비교할 때 (나)에서 달라진 점은 무엇인가? 이처럼 다르게 표현함으로써 얻는 효과는 무엇인가? (2) (나)와 같이 기존의 것을 바탕으로 재구성하거나 새롭게 창작한 예술 작품의 예를 떠올려 보자.
	학습활동	[짝사랑] 1. 다음 작품을 감상하고, 아래 활동을 해 보자. (1) 〈짝사랑〉에서 '반딧불'과 '별'의 관계를 떠올려 보고, 이와 유사한 관계를 지닌 대상을 자신의 주변에서 찾아보자. (2) (1)에서 찾은 대상을 제재로 〈짝사랑〉의 형식과 표현 방식을 활용하여 아래처럼 사진시를 쓰고 사회 관계망서비스(SNS)에 올려 보자. 2. 다음 과정에 따라 시를 한 편 창작해 보자. (1) 자신의 경험에서 시로 표현해 보고 싶은 것을 찾아보자. (2) (1)에서 찾은 내용을 제재로 시의 내용과 형식을 구상해 보자. (3) (1), (2)를 바탕으로 하여 시를 한 편 창작해 보자. [동주] 3. 다음은 시나리오 〈동주〉 가운데, 앞서 감상한 〈쉽게 씌어진 시〉와 관련 있는 부분이다. 잘 읽고, 아래 활동을 해 보자. (1) 이 작품에서 아름다움이나 감동을 느낀 장면은 어디인지 말해 보자. (2) 작가의 삶과 작품을 영상 매체로 표현하는 과정에서 사용된 창의적 표현 방식과 그 효과를 적어 보자. (3) 자신이 이 영화를 만든다고 가정할 때, 특별히 강조하거나 바꾸고 싶은 장면은 어디인지 말해 보자. 4. 다음 과정에 따라 모둠별로 짧은 영상을 제작하고 발표해 보자. (1) 모둠의 이름을 짓고, 짧은 영상으로 제작할 작품을 선정해 보자. (2) (1)에서 선정한 작품을 모둠원이 모두 읽고, 작품의 배경과 인물의 특성, 중심 사건의 전개, 주제 등에 대하여 이야기를 나누어 보자. (3) 작품 분석을 바탕으로, 짧은 영상의 방향을 설정하고 시나리오를 만들어 보자. (4) 짧은 영상 제작을 위해 각자의 역할을 나누어 보자. (5) 촬영과 편집에 활용할 수 있도록 아래와 같이 이야기판을 만들어 보자. (6) 시나리오와 이야기판을 바탕으로 하여 짧은 영상을 제작해 보자. (7) 모둠별로 제작한 짧은 영상을 상영하는 시사회를 열어 보자. 다른 모둠이 제작한 작품을 감상하고 감상평을 써 보자.
[2022] 비상 문학 2. 다양한 빛깔로 만나는 문학 (4) 문학 작품의 재구성과 창작	제재	산이 날 에워싸고(박목월), 저 산이 날더러(정희성) / 하지 지나 백로(이기호)
	학습활동	[산이 날 에워싸고, 저 산이 날더러] 1. 작품 [가]와 [나]에서 화자가 드러내는 삶의 모습이 각각 어떻게 나타나는지 정리해 보자. (1) 작품 [가]에서 화자가 소망하는 삶을 중심으로 각 연의 중심 내용을 정리해 보자. (2) 작품 [나]에서 화자가 처한 현실을 중심으로 제시된 행의 중심 내용을 정리해 보자.

[2022] 비상 문학 2. 다양한 빛깔로 만나는 문학 (4) 문학 작품의 재구성과 창작		학습활동	2. 작품 [가]와 [나]를 비교해 보고, 작품 [나]의 재구성 방법을 파악해 보자. 　(1) 작품 [가]와 [나]에서 형식적으로 유사한 부분을 찾아보자. 　(2) 작품 [가]와 [나]의 주요 시구의 의미를 바탕으로 각 작품에서 화자가 말하고자 하는 바를 생각해 보자. 　(3) (1), (2)를 바탕으로 작품 [나]가 작품 [가]를 어떻게 재구성했는지 말해 보자. 3. 재구성할 시를 골라 비판적, 창의적으로 재구성해 본 후, 친구들과 감상을 나누어 보자. [하지 지나 백로] 1. 이 작품의 사건 전개 과정을 바탕으로 제목의 의미를 파악해 보자. 　(1) 이 작품의 사건 전개 과정을 시간 순서에 따라 요약해 보자. 　(2) 이 작품의 제목 '하지 지나 백로'의 의미가 무엇일지 생각해 보자. 2. 다음은 원작 소설 「봄·봄」의 줄거리이다. 이 작품의 작가가 「봄·봄」의 뒷이야기를 새롭게 창작한 의도를 생각해 보자. 　(1) 이 작품의 작가가 작품을 구상하면서 창작 노트에 썼을 법한 창작 아이디어를 정리해 보자. 　(2) 원작과 비교하여 이 작품에서 '나'와 '장인'의 관계가 어떻게 달라졌는지 생각해 보고, 작가가 새롭게 작품을 창작한 의도와 그 효과를 적어 보자. 3. 모둠을 구성하여 창의적 관점에서 소설의 뒷이야기를 창작해 보자. 　(1) 뒷이야기를 창작할 소설 작품을 선정하고 그 이유를 적어 보자. 　(2) 모둠원과 다음 질문에 대답해 보면서 작품을 어떻게 창작할지 구상해 보자. 　(3) 작품의 전체 줄거리를 구체적으로 정리해 보고, 작품의 첫 문장과 마지막 문장을 모둠원과 의논하여 써 보자. 　(4) 한 편의 글을 완성하여 온라인 플랫폼에 올린 후 댓글로 서로 감상을 나누어 보자.
[2022] 동아출판 문학 2. 문학의 수용과 생산 (3) 문학 작품의 재구성과 창작	제재		단단한 고요(김선우), 숙향전(작자 미상)
	학습활동		[단단한 고요] 1. 「단단한 고요」를 읽고, 발상과 표현에 주목하여 아래의 활동을 해 보자. 　(1) 이 시에 도토리묵을 만드는 과정이 어떻게 표현되었는지 시구를 찾아 정리해 보자. 　(2) 이 시에서 다음과 같이 '고요'를 시끄럽고 단단하다고 표현한 까닭이 무엇일지 말해 보자. 2. 「단단한 고요」를 재구성하는 활동을 해 보자. 　(1) 시로 표현하고 싶은 대상을 자신의 주변에서 찾아보고, 이와 관련한 다양한 소리를 떠올려 보자. 　(2) <조건>을 고려하여 「단단한 고요」의 모방 시를 써 보자. 3. 다음은 시작법(詩作法)에 관한 글이다. 이를 참고하여 주체적인 관점에서 시 한 편을 창작해 보자. 　(1) 자신이 시로 표현해 보고 싶은 소재나 주제를 찾아보자. 　(2) 자신이 창작할 내용을 효과적으로 드러낼 수 있는 방법을 생각해 보자. 　(3) (2)를 바탕으로 한 편의 시를 창작해 보자. 　(4) 창작한 시를 친구들과 함께 감상하고, 시에 대한 소감을 나누어 보자. [숙향전] 1. 「숙향전」을 읽고, 아래의 활동을 해 보자. 　(1) 이 작품의 주요 등장인물을 소개하는 짧은 글을 써 보자. 　(2) 다음 소재가 이 작품에서 어떤 역할을 하는지 이야기해 보자. 2. 다음 글을 읽고, 「숙향전」의 특징에 주목하여 아래의 활동을 해 보자. 　(1) 공간을 중심으로 숙향과 이선이 만나는 과정을 파악해 보자. 　(2) 천상에서의 일이 지상에까지 연결된다는 설정이 작품의 주제와 관련하여 어떠한 역할을 하는지 이야기해 보자. 3. 현대 독자의 관점에서 등장인물의 행동을 평가해 보고, 이를 바탕으로 「숙향전」을 재구성하여 써 보자. 　(1) 이 작품에서 재구성해 볼 부분을 정하고, 그 부분에 나타난 인물들의 행동을 평가해 보자. 　(2) 배경을 현대로 바꿀 때, 인물들의 행동이 어떻게 달라질지 생각해 보자. 　(3) (1)~(2)를 고려하여 다시 쓸 이야기의 주요 내용을 정해 보자. 　(4) (3)을 바탕으로 「숙향전」을 재구성하여 써 보자. 　(5) 모둠별로 구상한 내용을 발표하고, 다음 요소를 중심으로 의견을 나누어 보자. 　　• 등장인물의 특성이나 관계가 잘 설정되었는가? 　　• 사건이 짜임새 있고 자연스럽게 전개되고 있는가? 　　• 시간적·공간적 배경이 작품의 분위기를 잘 드러내고 있는가?

2026학년도 중등학교교사신규임용후보자선정경쟁시험(2차)
제69회 국어과 교수·학습 실연 시험 문제지

관리 번호	

지도안 세부 조건

1. 〈수험생 작성 조건1〉 동기유발
   가. 매체 자료를 활용할 것
   나. 발문을 통해 상호작용을 할 것
   다. 학습 목표와 관련지어 안내할 것

2. 〈수험생 작성 조건2〉 매체 표현 방법 이해하기
   가. 〈자료1〉을 활용할 것
   나. 〈자료1〉에 드러난 갈등 양상을 파악하도록 할 것
   다. 〈자료1〉 일부 장면에 사용된 연출 방법의 표현 효과를 이해하도록 할 것

3. 〈수험생 작성 조건3〉 매체에 따른 심미적 가치 수용하기
   가. 모둠활동을 진행할 것
   나. 〈자료1〉, 〈자료2〉를 비교하여 내용과 형식 면에서 다른 점을 찾도록 할 것
   다. 각색의 효과를 파악하고 원작 소설과 드라마를 감상할 때 느낌의 차이를 파악하도록 할 것

수업 조건

○ 과목 : 국어
○ 학년 : 고등학교 2학년
○ 장소 : 국어 교과교실
○ 시간 : 블록타임제(100분)
○ 단원명 : 문학과 매체
○ 해당 성취 기준 : 다양한 매체로 구현된 작품의 창의적 표현 방법과 심미적 가치를 문학적 관점에서 수용하고 소통한다.

단원명	차시	학습 내용
문학과 매체	1-2	○ 문학과 인접 분야의 관계를 바탕으로 하여 작품을 이해할 수 있다. ○ 작품과 관련된 인접 분야를 이해하고 작품을 감상하며 평가할 수 있다.
	3-4 (본시)	○ 다양한 매체로 구현된 작품의 창의적 표현 방법을 이해할 수 있다. ○ 매체에 따른 심미적 가치를 문학적 관점에서 수용하고 소통할 수 있다.

학생 수	장소	학습 형태	학습 기자재
24명	국어 교과교실	강의식, 모둠식	교사용 컴퓨터, 전자 칠판, 학생용 스마트 기기

※ 본 문제는 모의 평가용으로 제작되었으며, 실제 시험의 문항 유형 및 형식과 다를 수 있습니다.

〈자료1〉

S#55 반촌 한구석 (낮)

　한가 놈이 어느 쪽을 보면 옆의 가리온도 한가 놈이 보는 곳을 보는데 땅바닥에 쪼그리고 앉자 마주보고 있는 개파이와 연두. 나뭇가지로 땅에 뭔가를 쓰며 놀고 있다. 개파이가 손바닥으로 흙을 지우더니, 새로 쓴다. "카르페이". 그 앞에 연두가 쓴 글자도 보인다. "나는 밥을 먹었다." 가리온, 놀라서 본다.

한가 놈 (자기도 믿기지 않아) 개파이는 자기 이름을 쓰고, 연두는 이 글자로 문장을 쓰고 있습니다.
가리온 (쿵!) ……!
한가 놈 이틀 만입니다.
가리온 (쿵! 천천히 개파이에게 다가가 이름 쓴 걸 가리키며) 이게 뭐냐.
개파이 내…… 이름이다.
가리온 어떻게…… 읽는 것이냐?
개파이 (한 글자씩 짚으며) 카……르……페……이…….
가리온 진정…… 이틀 사이에……?

　하는데 연두, 옆에서 뭔가를 쓰고 있다. 가리온 고개 돌려, 연두가 쓴 것을 보는데, 바닥에 있는 글자는 다음과 같다.
　"진정 이틀 사이에" 한가 놈도 보고 놀란다.
한가 놈 (경악하여) 아니, 이럴 수가…….
가리온 어찌 그러는가?
한가 놈 지금 본원이 하신 말을 그대로 쓴 것입니다. '진정…… 이틀…… 사이에'.
가리온 (충격과 경악) ……! (쾅! 하는 효과음이나 음악)
한가 놈 (놀라움으로 글자와 본원 번갈아 보면)
가리온 (놀라움으로) 말한 것을 그대로 쓸 수 있고, 쓴 것을 그대로 읽을 수 있다?

S#56 반촌 내 도축소 (낮)

　가리온, 탁자에 망연자실하게 앉아 있다. 한가 놈의 표정도 심각하다.
가리온 (멍하게 놀라움에) 모든 사람이…… 글자를 쓰는 세상에 대해 생각해 본 적이 있는가?
한가 놈 예?
가리온 (멍하게 놀라움에) 그것은 어떤 세상일까?
한가 놈 글쎄요. 한 번도 상상해 보지 못했던 일이라.
가리온 글자는 무기다. 칼보다, 창보다, 유황보다 무서운 무기다. 사대부가 사대부인 이유는! 양반집에 태어나서가 아니라, 그런 혈통 때문이 아니라, 글을 알기 때문에 사대부인 것이야.
한가 놈 예, 물론입니다.
가리온 그게 사대부의 권력이오, 힘의 근거다. 헌데 이 글자라면, 모두가 글자를 읽고 쓰는 세상이 온다면 조선의 모든 질서가 무너질 것이다. 세상은 혼돈에 가득 차고 이 조선의 뿌리인 사대부가 무너질 것이야!
한가 놈 어찌해야 합니까?
가리온 (결연하게) 막아야지. 이 글자를 막는 것이, 무엇보다 우선해야 한다!
한가 놈 (떠오른 듯) 허나……! 이미 오늘! 이신적이 거래를 하기로 하지 않았습니까!
가리온 (쿵!)

S#57 궁 일각 (낮)

　가는 황희와 이신적.
이신적 (허허 웃으며) 오늘은 전하께서 우리 신료들의 뜻을 가납하시지 않겠습니까?
황희 그러셔야지…….
　웃으며 가는 황희와 이신적

S#58 다른 궁 일각 (낮)

　이도, 정인지, 무휼과 함께 가는데, 오는 정득룡
정득룡 (예를 취하며) 방금 영상 대감과 우상 대감이 등청하였다는 보고입니다.
이도 (의미심장하게 미소 지으며) 그래, 가자. 백성을 위한 글자가 있어야 백성들과 소통하는 정치다운 정치를 하지 않겠느냐. 오늘은 기필코 가리온의 기를 꺾어 놓을 것이야.

S#59 반촌 내 도축소 (낮)

　S#56 연결
가리온 (위기감 가득한 얼굴로 벌떡 일어나며) 이도와 거래를 해서는 안 된다. 이신적을 막아야 해! 당장 중지시키거라, 당장!
　웃으며 가는 이도와 심각한 가리온에서 엔딩.

　　　　　　　　　　　　－ 드라마, 「뿌리 깊은 나무」 중 －

　　가리온　　　　　이도

〈자료2〉

뿌리 깊은 나무

이정명

〈내용 생략〉

2026학년도 모의문제 자료(지문)
* Daum 2순정 카페에서 자료(지문)을 확인하실 수 있습니다.

2026학년도 중등학교교사신규임용후보자선정경쟁시험(2차)
제69회 국어과 교수·학습 실연 지도안 [예상 답안]

국어과 본시 교수·학습 지도안			
학습 목표	1. 다양한 매체로 구현된 작품의 창의적 표현 방법을 이해할 수 있다. 2. 매체에 따른 심미적 가치를 문학적 관점에서 수용하고 소통할 수 있다.		
학습 단계		교수·학습 활동	자료 및 유의점	시간(분)
도입	인사	• 인사 및 학습 분위기 조성 • 인사 및 학습 준비	
	전시 학습 확인	• 전시 학습 확인 • 전시 학습 회상	
	동기유발	〈수험생 작성 내용1〉 • 매체 자료를 보여주고 흥미 이끌기 　〈매체 자료〉 　1. 영화 〈춘향뎐〉 　2. 뮤지컬 〈소나기〉 　3. 노래 〈모란이 피기까지는〉 　4. 그림 〈학으로 나는 서편제〉 • 발문을 통해 학습할 내용 파악하게 하기 　-"지금 본 자료들은 각각 어떤 매체를 활용하고 있나요?" 　-"그렇다면 각 작품들의 공통점은 무엇인가요?" 　-"맞아요. 매체가 발전함에 따라 문학 작품은 책에서 벗어나 영화, 뮤지컬, 노래, 그림 등 다양한 매체로 새롭게 구현되고 있습니다." • 학습 목표와 관련지어 내용 안내하기 　-"이처럼 작품이 다양한 매체로 구현됨에 따라 매체 특성에 맞게 창의적 표현을 사용하게 됩니다. 매체에 따른 창의적 표현 방법을 수용하며 심미적 가치를 이해해 봅시다."	• 매체 자료를 보며 흥미 갖기 • 발문에 답변하며 학습할 내용 파악하기 　-"〈춘향뎐〉과 〈소나기〉는 시청각(영상) 매체를 활용하고 있고, 〈모란이 피기까지는〉은 음성 매체, 〈학으로 나는 서편제〉는 시각 매체를 활용하고 있어요." 　-"모두 문학 작품이 원작이에요." • 학습 목표와 관련지어 내용 확인하기	
	학습 내용 안내	• 학습 내용 안내 • 학습 내용 확인	
	학습 목표 제시	• 학습 목표 제시 • 학습 목표 확인	
전개 1	〈활동1〉 매체 표현 방법 이해하기	〈수험생 작성 내용2〉 • 〈자료1〉 관련 영상 시청하도록 하기 • 〈자료1〉에 나타난 주된 갈등 양상을 파악하도록 하기 　- 갈등의 개념: 두 힘이 충돌하는 것 　- 갈등의 유형: 내적 갈등/ 외적 갈등(인물 간의 갈등, 인물과 사회와의 갈등, 인물과 운명과의 갈등)	• 〈자료1〉 관련 영상 시청하기 • 〈자료1〉에 나타난 주된 갈등 양상 파악하기 | 이도 | 가리온 | |---|---| | 글자가 있어야 백성들과 소통하는 정치를 할 수 있다. | 모든 백성들이 글자를 쓰게 되면 조선의 신분 질서가 무너질 것이다. |	

단계		교수·학습 활동			
전개 1	〈활동1〉 매체 표현 방법 이해하기	• 〈자료1〉 일부 장면에 담긴 연출 효과 이해하도록 하기 - 카메라와 대상 사이의 거리, 화면 분할 등에 신경써서 살펴 보도록 안내한다.	• 〈자료1〉 일부 장면에 담긴 연출 효과 이해하기 <table><tr><th>연출 방법</th><th>표현 효과</th></tr><tr><td>가리온과 이도의 모습으로 화면을 이분함</td><td>'이도'와 '가리온'을 중심으로 한 갈등 구조를 부각함</td></tr><tr><td>두 인물의 얼굴을 클로즈업 함</td><td>상반되는 표정을 확대하여 두 인물이 대조됨을 강조함</td></tr></table>		
		• 활동 내용을 공유하고 마무리하기	• 활동 내용을 공유하고 마무리하기		
전개 2	〈활동2〉 매체에 따른 심미적 가치 수용하기	〈수험생 작성 내용3〉 • 모둠별로 〈자료1〉과 〈자료2〉를 비교하여 내용과 형식 면에서 다른 점을 찾도록 하기 - 순회 지도하기	• 모둠별로 〈자료1〉과 〈자료2〉를 비교하여 내용과 형식 면에서 다른 점을 찾기 <table><tr><th>구분</th><th>드라마</th><th>원작 소설</th></tr><tr><td>내용 면</td><td>글자를 배워 사용하는 인물이 등장함</td><td>백성들이 글자를 배웠을 때의 상황을 가정과 상상에 기대어 말함</td></tr><tr><td>형식 면</td><td>효과음, 지시문, 대사 등으로 인물의 상황을 드러냄</td><td>인물의 심리를 직접 서술함</td></tr></table>		
		• 모둠별로 드라마와 원작 소설의 다른 점을 토대로 소설을 드라마화했을 때 각색의 효과 파악하도록 하기 - 순회 지도하기	• 모둠별로 드라마와 원작 소설의 다른 점을 토대로 소설을 드라마화했을 때 각색의 효과 파악하기 <table><tr><th>모둠</th><th>각색의 효과</th></tr><tr><td>1모둠</td><td>1) 백성들이 글자를 배웠을 때의 상황을 직접 드러내어 글자 반포의 결과를 더 실감나게 드러냄</td></tr><tr><td>2모둠</td><td>2) 인물의 감정을 감각적으로 표현하고 있어 더 쉽게 파악할 수 있음</td></tr><tr><td>…</td><td>…</td></tr></table>		
		• 모둠별로 소설을 읽을 때와 드라마를 볼 때의 느낌이 어떻게 다른지 파악하도록 하기 - 순회 지도하기	• 모둠별로 소설을 읽을 때와 드라마를 볼 때의 느낌이 어떻게 다른지 파악하도록 하기 <table><tr><th>모둠</th><th>차이</th></tr><tr><td>1모둠</td><td>소설로 읽을 때보다 드라마로 시청했을 때 장면을 실감나게 느낄 수 있다.</td></tr><tr><td>2모둠</td><td>드라마로 시청할 때보다 소설로 읽을 때 상상하는 즐거움이 생긴다.</td></tr><tr><td>…</td><td>…</td></tr></table>		
		• 활동 공유하고 마무리하도록 하기	• 활동 공유하고 마무리하기		
정리	형성평가 및 과제 부여	• 형성평가 부여 • 수준별 과제 제시	• 형성평가 진행 • 수준별 과제 확인		
	학습 내용 정리	• 학습 내용 정리	• 학습 내용 이해		
	차시 예고	• 차시 예고	• 차시 예고 인지		

판서 예시

문학과 매체

<활동1> 갈등 양상, 표현 효과

1) 갈등 양상

이도		가리온
글자 → 백성들과 소통하는 정치	↔	백성들의 글자 사용 → 조선의 신분 질서: 무너짐

2) 표현 효과

연출 방법	표현 효과
화면을 이분	갈등 구조를 부각함
얼굴을 클로즈업	인물이 대조됨을 강조함

<활동2> 심미적 가치 수용

1) 차이 비교

구분	원작 소설	영화
내용 면	가정과 상상	실제 인물이 등장
형식 면	인물의 심리를 직접 서술	효과음, 지시문, 대사 등으로 간접 표현

2) 각색 효과

모둠	각색의 효과
1모둠	글자 반포의 결과를 더 실감 나게 드러남
2모둠	인물의 감정을 감각적으로 표현
…	…

3) 소설과 드라마

모둠	차이
1모둠	소설로 읽을 때보다 드라마로 시청했을 때 장면을 실감 나게 느낄 수 있다.
2모둠	드라마로 시청할 때보다 소설로 읽을 때 상상하는 즐거움이 생긴다.
…	…

성취 기준

2022 교육과정	[12문학01-09] 다양한 매체로 구현된 작품의 창의적 표현 방법과 심미적 가치를 문학적 관점에서 수용하고 소통한다. (해설 내용 없음)
2015 교육과정	[12문학02-06] 다양한 매체로 구현된 작품의 창의적 표현 방법과 심미적 가치를 문학적 관점에서 수용하고 소통한다. 　이 성취 기준은 다매체 시대의 특성을 반영하여, 전달 매체의 특성을 고려한 작품 감상의 능력과 태도를 기르기 위해 설정하였다. 오늘날 문학 작품의 소통은 신문, 잡지, 단행본 등 기존의 매체 외에 라디오, 텔레비전, 영화, 애니메이션, 인터넷, 휴대 전화 등 다양한 매체를 통해서 이루어진다. 동일한 작품이라도 이를 전달하는 매체의 성격에 따라 작품의 미적인 특성이나 감상 내용이 달라지기도 한다. 전달 매체의 특성이 작품의 창의적 표현 방법과 심미적 가치에 어떻게 반영되었는지를 살펴봄으로써 다양한 매체로 구현된 작품을 문학적 관점에서 수용하고 소통하도록 지도한다.

교과서 정리

학습 내용 정리	**[매체의 환경 변화]** • 독자가 작품 창작 과정에도 영향을 미쳐 작품을 더 능동적으로 향유함 • 디지털 매체로 창작물에 반응·해석하기도 하고, 2차 창작물을 직접 공유하며 참여가 확대된다. **[다매체 시대의 문학 수용]** • 문학은 그림책·만화·웹툰·영상시·애니메이션·영화 등으로 다양화 • 같은 이야기라도 '전달 매체'의 성격에 따라 미적 특성과 감상 내용이 달라지므로, 매체의 특성을 고려해 작품을 수용해야 함	
[2022] 동아출판 문학 2. 문학의 수용과 생산 (3) 문학 작품의 재구성과 창작	제재	뿌리 깊은 나무(이정명 원작, 김영현·박상연 극본)
	학습활동	1. 드라마 「뿌리 깊은 나무」를 감상하고, 아래의 활동을 해 보자. 　(1) 유생과 관리들이 한글에 반대하는 까닭과 그에 대한 이도의 답변을 정리해 보자. 　(2) 이도가 한글을 반포하기 위해 신하들에게 제안한 내용은 무엇인지 정리해 보자. 2. 다음 글을 읽고, 역사적 사실이나 실존 인물에 대한 이야기를 이 작품에서 어떻게 활용하고 있는지 친구들과 이야기해 보자. 3. 다음 활동을 하며 매체에 따른 표현 방법의 특성을 파악해 보자. 　(1) 이 작품의 원작 소설 (가)와 드라마 장면 (나)(S#18)를 비교하며 어떤 차이점이 있는지 말해 보자. 　(2) (1)과 같은 차이점이 생긴 까닭은 무엇인지 말해 보자. 4. 다음은 이 작품의 원작 소설 중 일부분이다. 이 글을 읽고, 아래의 활동을 해 보자. 　(1) 이 부분을 드라마로 만들 때, 부각하거나 바꾸고 싶은 내용은 무엇인지 말해 보자. 　(2) 이 장면에서 활용할 수 있는 연출 방법에는 어떤 것이 있을지 찾아보자.

		제재	일의 기쁨과 슬픔(장류진 원작, 최자원 극본)
[2022] 미래엔 문학 2. 문학의 수용과 생산 (3) 창작과 매체		학습활동	1. <일의 기쁨과 슬픔>을 감상하고 다음 활동을 해 보자. 　(1) 이 작품의 인물과 관련하여 다음 내용을 정리해 보자. 　(2) 이 작품에서 등장인물들이 '일의 기쁨'을 느끼는 부분을 찾아보자. 　(3) 이 작품의 제목이 의미하는 바가 무엇인지 친구들과 이야기해 보자. 2. 매체 특성을 고려하여 다음 활동을 해 보자. 　(1) (가)는 이 작품의 원작 소설인 <일의 기쁨과 슬픔>의 일부이다. 내용을 전달하는 방식을 (나)와 비교해 보자. 　(2) 다음 장면에서 인서트(insert)를 활용하여 얻을 수 있는 효과가 무엇인지 말해 보자. 　(3) 전달 매체의 특성을 고려하여 이 드라마에서 창의적으로 표현된 부분이나 심미적으로 표현된 부분에 대해 친구들과 이야기해 보자. 3. 다음은 다양한 매체로 표현된 문학 작품들이다. 매체의 특성을 고려하여 다음 활동을 해 보자. 　(1) (가)와 (나)의 주제가 무엇인지 친구들과 이야기해 보자. 　(2) 매체를 고려하여, (가)와 (나)에서 느낄 수 있는 심미적 가치에 대해 말해 보자. 　(3) 다양한 매체를 활용한 작품들을 함께 감상하고, 그 작품들의 창의적 표현 방법과 심미적 가치에 대해 자유롭게 이야기해 보자.
[2022] 비상 문학 2. 다양한 빛깔로 만나는, 문학 (5) 문학과 매체		제재	식빵을 기다리는 동안(심언주) - 영상 시 그 많던 싱아는 누가 다 먹었을까(박완서) - 만화
		학습활동	[식빵을 기다리는 동안] 1. 이 작품의 화자가 동질감을 느끼는 두 시적 대상이 지닌 특성을 파악해 보자. 2. 다음은 시인이 이 작품의 창작 배경을 밝힌 글이다. 이를 바탕으로 '식빵을 기다리는 동안'은 어떤 시간일지 말해 보자. 3. 「식빵을 기다리는 동안」을 인쇄 매체로 감상하는 것과 영상 매체로 감상하는 것에는 어떤 차이가 있는지 이야기를 나누어 보자. 4. 모둠별로 시 한 편을 골라 영상 시를 제작한 후, 인터넷을 통해 결과물을 공유해 보자. 　(1) 다음 영상 시 제작 계획서를 참고하여 영상 시를 만들어 보자. 　(2) 블로그, 사회 관계망 서비스(SNS)와 같은 온라인 플랫폼을 이용해 영상 시를 공유한 후, 서로의 작품에 댓글을 달아 소통해 보자. [그 많던 싱아는 누가 다 먹었을까] 1. 6·25 전쟁이 일어난 후, 공간의 이동에 따른 사건의 전개 과정을 정리해 보자. 2. 다음은 이 작품의 원작 소설과 해당 부분을 만화화한 장면이다. 원작과 비교하여 이 작품에 나타나는 창의적 표현 방법과 그 효과를 알아보자. 　(1) 소설을 만화로 바꾸면서 나타난 창의적 표현 방식을 파악해 보자. 　(2) 작품을 소설로 읽었을 때와 만화로 읽었을 때의 느낌이 어떻게 다른지 그 이유와 함께 말해보자.

13. 매체 중·고등

- 제70회 국어과 교수·학습 실연 시험 문제지 및 지도안 예상 답안
- 제71회 국어과 교수·학습 실연 시험 문제지 및 지도안 예상 답안
- 제72회 국어과 교수·학습 실연 시험 문제지 및 지도안 예상 답안
- 제73회 국어과 교수·학습 실연 시험 문제지 및 지도안 예상 답안

2026학년도 중등학교교사신규임용후보자선정경쟁시험(2차)
제70회 국어과 교수·학습 실연 시험 문제지

관리 번호 ☐

지도안 세부 조건

1. **〈수험생 작성 조건1〉 동기유발**
   가. 학생의 경험을 공유하도록 할 것
   나. 학습 목표의 필요성을 간략히 설명할 것
   다. 학생 간 상호 작용이 활발하도록 할 것

2. **〈수험생 작성 조건2〉 매체 특성과 영향력 비교하기**
   가. 〈자료1〉을 활용할 것
   나. (가)에서 매체의 생산 주체와 내용을 비교하는 교사의 시범을 보일 것
   다. (가)~(다)에서 대중 매체와 개인 인터넷 방송의 특성을 비교하고, (라)에서 영향력을 비교하도록 할 것

3. **〈수험생 작성 조건3〉 올바른 매체 이용 태도 점검하기**
   가. 〈자료2〉를 활용하여 개인 인터넷 방송을 이용할 때의 고려할 점을 설명할 것
   나. 올바른 매체 이용 태도를 점검할 수 있는 항목을 제시할 것
   다. 학생 중심 활동으로 구상할 것

수업 조건

- 과목 : 국어
- 학년 : 중학교 1학년
- 장소 : 국어 교과교실
- 시간 : 블록타임제(90분)
- 단원명 : 올바른 매체 생활
- 해당 성취 기준 : 대중 매체와 개인 인터넷 방송의 특성과 영향력을 비교한다.

단원명	차시	학습 내용
올바른 매체 생활	1	○대중 매체와 개인 인터넷 방송의 개념을 설명할 수 있다.
	2-3 (본시)	○대중 매체와 개인 인터넷 방송의 특성과 영향력을 비교할 수 있다. ○올바른 매체 이용 태도를 내면화할 수 있다.

학생 수	장소	학습 형태	학습 기자재
24명	국어 교과교실	강의식, 모둠식	교사용 컴퓨터, 전자 칠판, 학생용 스마트 기기

※ 본 문제는 모의 평가용으로 제작되었으며, 실제 시험의 문항 유형 및 형식과 다를 수 있습니다.

⟨자료1⟩	
(가)	(나)
㉠ 방송국 프로그램 제작 "가제 〈지구 친구〉의 PD ○○○입니다. 이 프로그램의 기획 의도는 환경을 보호하자는 주제를 예능을 통해 대중들에게 자연스럽고 재미있게 전달하는 것입니다. … 출연진과 촬영팀, 조명팀 등 제작진을 포함한 예상 제작 비용은 ○○원입니다." ㉡ 동영상 공유 플랫폼 영상 제작 "여기 음식 정말 맛있다. 내 취미가 맛집 탐방하기야. 그래서 맛집 추천 채널을 만들었어. 여기는 꼭 촬영해서 영상을 올려야겠어. 집에 가서 편집해야지. 외식할 때마다 자주 올렸더니 벌써 영상이 30개가 넘었네!"	㉢ 방송국 PD : 이번 회차에서는 요즘 가장 인기 있는 치킨을 소개해볼까? 이 브랜드의 신상 메뉴가 제일 많이 검색되고 있네. 그러면… 아 맞다! '방송 심의에 관한 규정'에서 제7절 광고 효과 제46조가 있었지. 직접적인 상호명 노출은 안 되겠어. ㉣ BJ(인터넷 개인 방송 진행자) : 오늘은 제가 요즘 즐겨 먹는 치킨 먹방을 준비했어요! 네, 댓글로 많이들 어디 치킨인지 궁금해하시는데요. ○○○치킨입니다. 시청자분들도 꼭 한번 드셔보세요. 강추!
(다)	(라)
진행자 : 안녕하세요, EOS 프로그램 "오늘은 내가 공부왕"의 PD ○○○입니다! 시간에 맞춰 들어오신 시청자분들 감사합니다. 오늘 라이브에서는 그동안 여러분들이 TV 정규 방송을 보시면서 궁금했던 점을 모두 대답해 드릴게요. 댓글을 올려주시면 실시간으로 답변드리겠습니다.	㉤ - ○○시에 지진 경보가 났어! 얼른 긴급으로 재난 보도 시작해! - 드라마 속 학교 폭력 묘사가 심각합니다. 청소년들의 모방 범죄가 우려되고 있습니다.	㉥ - 저번 영상 보니 요즘 이 브랜드 신발이 유행하는 것 같아. 제품을 찾아봐야겠어. - 요즘 시간이 없어서 운동을 못 했어. 집에서라도 홈트레이닝 영상을 보고 따라 해 봐야겠어.

⟨자료2⟩

⟨오늘의 기사⟩

- 개인 인터넷 방송의 초상권, 저작권 침해 문제 발생
- 허위 사실을 전파한 개인 인터넷 방송인 신고
- 구독자 수 늘리기 위한 자극적, 불건전한 콘텐츠 늘어나

2026학년도 중등학교교사신규임용후보자선정경쟁시험(2차)
제70회 국어과 교수·학습 실연 지도안 [예상 답안]

국어과 본시 교수·학습 지도안

학습 목표	1. 대중 매체와 개인 인터넷 방송의 특성과 영향력을 비교할 수 있다. 2. 올바른 매체 이용 태도를 내면화할 수 있다.			
학습 단계		교수·학습 활동	자료 및 유의점	시간(분)
도입	인사	•인사 및 학습 분위기 조성	•인사 및 학습 준비		
	전시 학습 확인	•전시 학습 확인 – 대중 매체와 개인 인터넷 방송의 개념을 확인한다.	•전시 학습 회상 – 대중 매체와 개인 인터넷 방송의 개념을 떠올린다.		
	동기유발	〈수험생 작성 내용1〉 •매체 사용과 관련한 질문하기 – "여러분은 평소 쉬는 시간에는 무엇을 하며 시간을 보내나요?" – "다들 매체를 많이 사용하며 지내고 있군요. 그럼 평소 매체 사용을 떠올리며 매체 사용 일과표를 작성해 봅시다." •매체 사용 일과표 공유하도록 하기 – (짝 활동) 매체 사용 일과표를 공유하고 대중 매체와 개인 인터넷 방송으로 구분해 보도록 한다. •학습 목표의 필요성 간략히 설명하기 – "우리는 일상에서 대중 매체와 개인 인터넷 방송을 자주 접하게 됩니다. 전통적으로는 대중 매체가 주요 매체였으나 요즘은 개인 인터넷 방송을 즐겨 보는 사람들이 많아졌지요. 따라서 그 둘의 특성과 차이점을 이해하고 올바른 매체 이용 태도에 대해 알아보도록 합시다."	•매체 사용과 관련해 대답하기 – "텔레비전을 봐요.", "유○브를 봐요." 등 – 매체 사용 일과표를 작성한다. (예시) 09:00~10:00 침대에서 유○브 보기 21:00~22:00 TV 드라마 보기 •매체 사용 일과표 공유하기 – (짝 활동) 매체 사용 일과표를 교환해 읽고 대중 매체와 개인 인터넷 방송으로 함께 구분해 본다. •학습 목표의 필요성 이해하기		
	학습 내용 안내	•학습 내용 안내	•학습 내용 확인		
	학습 목표 제시	•학습 목표 제시	•학습 목표 확인		
전개1	〈활동1〉 매체 특성과 영향력 비교하기	〈수험생 작성 내용2〉 •자료 제시 및 활동 안내하기 – 〈자료1〉 (가)~(다)에 나타난 대중 매체와 개인 인터넷 방송의 특성을 비교하도록 안내한다.	•자료 파악하기 및 활동 이해하기 – 〈자료1〉 읽기		

단계	활동	교수 활동	학습 활동
전개1	〈활동1〉 매체 특성과 영향력 비교하기	- (가)로 시범 보이기 "(가)를 봅시다. ㉠ 방송국의 경우 PD가 기획 의도를 밝히고 촬영팀, 조명팀이 따로 있는 등 체계적으로 전문가가 프로그램을 만들고 있어요. 반면 ㉡에서 개인 방송의 경우에는 한 명이 촬영, 편집 등을 하고 있지요. 또 내용의 경우에도 ㉠은 대중을 고려하는 반면 ㉡은 자신의 관심사를 중요하게 고려하는 편입니다." • 매체 영향력 비교하는 활동 안내하기 - 〈자료1〉 (라)를 통해 매체의 영향력을 비교하는 활동을 하도록 안내한다. - "(라)의 ㉤과 ㉥은 각각 어떤 매체의 특성을 드러내나요?" - "네 맞습니다. 두 매체의 역할과 영향력이 달라 보이네요. 영향력을 비교해 볼까요?" • 활동 결과 발표하도록 격려하기 • 활동 마무리하기 - "이처럼 두 매체의 특성을 비교해 보았어요. 매체 특성과 영향력을 고려하여 매체를 이용해야겠네요."	- 시범 보고 활동하기 |	대중 매체	개인 방송
---	---	---
(나)	㉢ 내용 및 표현에서 방송법과 사회적 규범 등 영향력을 고려해야 함.	㉣ 규제를 적게 받아 비교적 자유롭게 표현할 수 있음.
(다)	수용자가 의견을 전달하거나 소통 및 참여하는 데 비교적 어렵고 일방적 소통임.	댓글 등을 통해 생산자와 수용자의 소통이 더 쉽고 때에 따라 실시간 쌍방향도 가능함. | • 매체 영향력 비교하는 활동하기 - 〈자료1〉 (라)를 읽는다. - "㉤은 대중 매체, ㉥은 개인 인터넷 방송의 특성을 드러내고 있어요." - 두 매체의 영향력을 비교한다. • 활동 결과 발표하기 |	대중 매체	개인 방송
---	---	---
(라)	㉤ 안전·공익 등과 같은 중요한 정보를 전달하거나 많은 사람에게 영향을 주어 문화를 즐기거나 따라하게 될 수 있다.	㉥ 개인의 필요와 흥미와 관련 있는 정보를 제공하며 점점 더 많은 사람들에게 영향을 주고 있다.	 • 활동 마무리하기
전개2	〈활동2〉 올바른 매체 이용 태도 점검하기	〈수험생 작성 내용3〉 • 자료 제시 및 설명하기 - 〈자료2〉를 통해 개인 인터넷 방송을 이용할 때 주의할 점을 설명한다. - "개인 인터넷 방송의 경우 대중 매체보다 규제를 덜 받게 되어 우리가 더 비판적으로 수용할 필요가 있습니다. 따라서 〈자료2〉와 같이 초상권과 저작권 침해, 허위 정보, 콘텐츠의 수준 등을 고려하며 이용하도록 합니다."	• 자료 보고 이해하기 - 〈자료2〉 설명을 듣고 개인 인터넷 방송을 이용할 때 주의할 점을 이해한다.

전개2	〈활동2〉 올바른 매체 이용 태도 점검하기	• 매체 이용 태도 성찰하기 활동 안내하기 – 자신의 매체 이용 생활을 성찰할 수 있는 질문을 제시한다. | 하루 평균 이용 시간	– 약 ( )분 – 나의 매체 이용 시간이 적절하다고 생각하나요? – 그 까닭은? | |---|---| | 매체가 주는 영향 | – (대중 매체 / 개인 인터넷 방송)은/는 나에게 ☐ 다양한 분야의 정보를 알려준다. ☐ 사회적으로 중요한 일이 무엇인지 알려준다. ☐ 나의 관심사나 흥미와 관련 있는 정보를 알려준다. – 나는 매체에 영향을 받고 있나요? 좋은 영향인가요? | • 매체 이용 점검표 마련하도록 안내하기 – "자신의 매체 이용 생활을 성찰하며 앞으로 매체를 이용할 때 주의해야 할 점 또는 점검해야 할 점들을 얘기해 볼까요?" – 답변을 정리하여 점검표를 제시한다. (예시) | 항목 | Y | N | |---|---|---| | 매체 이용 시간을 스스로 조절할 수 있는가? | | | | 매체의 특성과 영향력을 이해하고 있는가? | | | | 매체를 이용하는 의도와 목적을 잘 파악하고 있는가? | | | | 내용을 비판적으로 수용할 수 있는가? | | | | 정보에 허위 사실이 포함되거나 정확하지 않은 정보는 아닌가? | | |	• 매체 이용 태도 성찰하기 – 질문에 대답하며 자신의 매체 이용 생활을 성찰한다. | 하루 평균 이용 시간 | – 약 120분 – 매체 이용 시간이 많다. – 매체를 너무 많이 이용하여 숙제를 못 할 때가 있다. | |---|---| | 매체가 주는 영향 | – 개인 인터넷 방송은 나에게 ☑ 다양한 분야의 정보를 알려준다. ☐ 사회적으로 중요한 일이 무엇인지 알려준다. ☑ 나의 관심사나 흥미와 관련 있는 정보를 알려준다. – 매체를 이용하며 흥미와 재미는 있지만 유익한 정보는 적은 것 같아 아쉽다. | • 매체 이용 점검표 마련하기 – "정확한 정보를 전달하고 있는지 확인해요.", "어떤 목적으로 매체를 이용할 것인지 미리 정해요.", "시간을 제한해요." 등 – 점검표를 숙지한다.		
정리	형성평가 및 과제 부여	• 형성평가 부여 • 수준별 과제 제시	• 형성평가 진행 • 수준별 과제 확인	
	학습 내용 정리	• 학습 내용 정리	• 학습 내용 이해	
	차시 예고	• 차시 예고	• 차시 예고 인지	

판서 예시		
<들어가기> 매체 사용 일과표 09:00~10:00 유○브 시청 　　　　　　　→ 개인 인터넷 방송 　： 21:00~22:00 TV 드라마 시청 　　　　　　　→ 대중 매체 <학습목표> 1. 대중 매체와 개인 인터넷 방송의 특성과 영향력을 비교할 수 있다. 2. 올바른 매체 이용 태도를 점검할 수 있다.	<활동1> 매체 특성과 영향력 비교하기 		대중 매체	개인 방송
(가)	㉠ 생산 주체 - 전문가 집단, 내용 - 대중 고려	㉢ 생산 주체 - 개인, 내용 - 개인의 관심사
(나)	㉡ 방송법과 사회적 규범 고려	㉣ 규제를 적게 받아 비교적 자유로움
(다)	소통 및 참여 일방적 소통임.	실시간 쌍방향도 가능함.
(라)	㉤ 중요한 정보를 전달하거나 많은 사람에게 영향을 줌.	㉥ 개인의 필요와 흥미와 관련 있는 정보. 점점 더 영향을 주고 있음.		<활동2> 매체 이용 태도 점검하기 (1) 매체 이용 태도 성찰하기 　- 평소 이용 시간은? 적절한가? 　- 매체를 통해 어떤 정보를 얻는가? 　- 어떤 영향을 받는가? (2) 매체 이용 점검표 | 항목	Y	N
매체 이용 시간 조절?		
매체의 특성과 영향력?		
매체 이용하는 의도와 목적?		
내용을 비판적으로 수용?		
허위 사실?			

성취 기준	
2022 교육과정	[9국06-01] 대중 매체와 개인 인터넷 방송의 특성과 영향력을 비교한다. (해설 내용 없음)
성취 기준 적용 시 고려 사항	매체 자료 활용 시 학습자들의 관심사와 또래 문화를 적극적으로 반영하되, 흥미나 오락 위주의 자료, 특정 양식이나 장르의 자료, 특정 사회 구성원에 관한 자료 등에 국한되지 않도록 하며, 우리 사회의 여러 의제에도 적극적인 관심을 갖도록 안내한다. 　매체 자료 제작을 위해 프로그램을 활용할 경우 학습자 간 프로그램 활용 수준을 고려하여 모둠 활동 형태의 수업을 운영할 수 있으며, 이때 각기 다른 역할을 분담하여 모든 학습자들이 주도적으로 제작 활동에 참여할 수 있도록 유도한다. 　학습자 개인의 매체 소통 태도 및 우리 사회의 매체 소통 문화를 점검하거나 성찰할 때는 학습자 스스로 바람직한 매체 소통 태도 및 소통 문화의 필요성에 대해 탐구하고 개선의 방향을 제안해 보도록 안내하는 것도 가능하다. 　영상 매체 자료를 제작하는 활동은 문학 영역에서 자신의 경험을 개성적인 발상과 표현으로 형상화하는 활동([9국05-06])과 연계하여 지도할 수도 있다. 카메라의 거리와 각도, 자막 등 시각적 요소와 배경 음악이나 효과음 등 청각적 요소의 특성을 이해하고, 내용에 맞게 장면을 구성하며, 주제와 목적에 맞게 편집하여 영상 매체 자료를 제작하도록 한다. 　매체 소통 태도에 대한 학습에서, 소통 참여자는 자신의 생각을 표현하고 존중받을 권리가 있다는 점, 디지털 텍스트의 항존성(디지털 발자국), 디지털 공간에서 매체 자료가 청중에게 미치는 영향 등을 고려해야 함을 이해하도록 한다. 또한 매체 자료를 공유한 이후에도 수용자의 반응을 살펴 자신의 매체 자료 제작 및 공유 과정을 성찰하도록 한다. 　매체 자료의 공정성을 평가하는 활동은 읽기 영역에서 복합양식으로 구성된 글이나 자료의 내용 타당성과 신뢰성, 표현 방법의 적절성을 평가하며 읽는 활동([9국02-04])과 연계 가능하다.
2015 교육과정	없음 (신설)

교과서 정리	
학습 내용 정리	■ 대중 매체와 개인 인터넷 방송의 개념 　① 대중 매체 : 많은 사람에게 대량으로 정보와 생각을 전달하는 매체를 말하며 텔레비전, 신문, 라디오 등이 대표적인 대중 매체이다. 　② 개인 인터넷 방송 : 개인이 매체 자료의 기획부터 진행, 촬영, 편집까지 직접 방송을 제작하고, 인터넷을 이용하여 전달하는 매체를 말한다. ■ 대중 매체와 개인 인터넷 방송의 특성 |	대중 매체	개인 인터넷 방송
---	---	---
만드는 방식 (및 제작자)	전문가 집단이 체계적으로 역할을 분담하여 제작함.	개인이 생산자가 되어 여러 역할을 전담하여 제작함.
소재 (내용·주제)	대중의 관심사를 고려한 소재를 주로 다룸.	개인의 관심사를 반영한 소재를 주로 다룸.	

	표현 (책임의 크기)	내용 및 표현에서 방송법과 사회적 규범 등을 고려해야 함.	규제를 적게 받아서 비교적 자유롭게 표현할 수 있음.
	소통 방식	수용자가 생산자와 소통하거나 내용을 만드는 과정에 참여하기가 비교적 어려움(일방적 소통).	수용자가 생산자와 소통하거나 내용을 만드는 과정에 참여하기가 비교적 쉬움(실시간 쌍방향 소통).

<table>
<tr><td rowspan="2">학습 내용 정리</td><td colspan="3">

■ **대중 매체와 개인 인터넷 방송의 영향력**
① 대중 매체
  - 많은 사람에게 필요한 정보를 한꺼번에 전달할 수 있음.
  - 세대와 지역 등을 가리지 않고 많은 사람에게 영향을 줌.
② 개인 인터넷 방송
  - 개개인의 취향, 가치관, 관심사 등에 따라 서로 다른 영향을 줌.
  - 최근 개인 인터넷 방송의 이용이 늘어나면서 영향력이 커지고 있음.
③ 매체의 영향력
  - 긍정적 영향력 : 새로운 소식과 다양한 정보, 즐거움과 휴식을 제공하고 문화와 가치를 전수하며 사회의 문제에 관여함.
  - 부정적 영향력 : 잘못된 정보, 한쪽으로 치우친 관점을 전달하여 혼란을 주거나 폭력적, 선정적인 내용을 담기도 함.
  - 매체를 이용하는 올바른 태도 : 매체 자료의 생산자가 전하려는 의도를 파악하여 매체 자료를 비판적으로 수용해야 함.

</td></tr>
<tr></tr>
<tr><td rowspan="3">

[2022]
미래엔(민병곤) 1-1
4. 성장하고 변화하고
(2) 생활 속의 다양한 매체

</td><td>동기유발</td><td colspan="2">

※ 포니의 가족이 무엇을 하고 있는지 살펴보자.
　즐거운 주말, 우리 가족은 때때로 각자 시간을 보내곤 해. 할머니는 주로 신문을 읽으시고, 아빠는 텔레비전을 보시지. 나는 무엇을 하냐고? 좋아하는 개인 인터넷 방송을 봐! 그러고 보면 우리 주변에는 참 다양한 매체가 있어.
  - 평소 알고 있는 매체는 무엇이 있나요?
  - 일상생활에서 어떤 매체를 즐겨 이용하나요?

</td></tr>
<tr><td>내용학습</td><td colspan="2">

※ 대중 매체와 개인 인터넷 방송의 특성 비교하기
1. 대중 매체와 개인 인터넷 방송을 만드는 방식이 어떻게 다른지 알아보자.
  1) ㉮와 ㉯에서 생산자가 누구인지 정리해 보자.
  2) ㉮와 ㉯에서 생산자의 역할이 어떻게 다른지 말해 보자.
     (생산자가 기획, 촬영, 편집 등의 과정에서 어떤 역할을 하는지 살펴보기)
2. 대중 매체와 개인 인터넷 방송에서 주로 다루는 소재가 어떻게 다른지 알아보자.
  ㉮ 대중 매체 : 대중이 보는 프로그램이니까 누구나 좋아할 장소, 볼거리, 먹거리 등을 소개하는 것이 좋겠어.
  ㉯ 개인 인터넷 방송 : 내가 인상 깊게 읽은 책을 소개하는 영상을 만들 거야. / 나의 취미인 캠핑을 주제로 영상을 만들어야겠다. 등
  1) ㉮와 ㉯에서 다루고 있는 소재가 무엇인지 정리해 보자.
  2) 1) ㉮와 ㉯에서 생산자가 소재를 정할 때 고려한 것을 바르게 연결해 보자.
     - 나의 관심사나 취미와 관련된 소재인가?
     - 많은 사람이 두루 좋아할 만한 소재인가?
3. 대중 매체와 개인 인터넷 방송에서 사용하는 표현이 어떻게 다른지 알아보자.
  ㉮ 대중 매체 : 어떤 음식을 제일 좋아하세요? / 저는 △△치킨에 푹 빠졌어요. / 지금은 방송 중이니 상호는 말씀하지 말아 주세요.
  ㉯ 개인 인터넷 방송 : 오늘은 제가 제일 좋아하는 △△치킨을 먹을게요.
  1) ㉮와 ㉯에서 사용할 수 있는 표현의 차이를 정리해 보자.
  2) 다음 글을 읽고 ㉮와 ㉯의 표현에 차이가 있는 까닭을 말해 보자.
     〈방송 심의에 관한 규정(부칙 제55호)〉 제7절 광고 효과 등 제46조(광고 효과)
4. 대중 매체와 개인 인터넷 방송에서 소통하는 방식이 어떻게 다른지 알아보자.
  1) ㉮와 ㉯에서 수용자가 생산자에게 어떻게 의견을 전달하는지 말해 보자.
  2) 다음 질문에 답하면서 ㉮와 ㉯에서 소통하는 방식에 어떤 차이가 있는지 정리해 보자.
     - 생산자와 수용자 사이에 실시간에 가까운 소통이 가능한가?
     - 생산 과정에 수용자가 참여할 수 있는가?

※ 대중 매체와 개인 인터넷 방송의 영향력 이해하기
1. 대중 매체가 우리에게 주는 영향을 탐구해 보자.
  1) 일상생활에서 대중 매체를 접한 사례를 살펴보고, 비슷한 경험을 한 적이 있는지 떠올려 보자.

</td></tr>
</table>

	내용학습	2) 1)에서 떠올린 내용을 바탕으로 하여 대중 매체가 우리에게 주는 영향을 정리해 보자.
		   - 우리 사회에서 중요하게 생각하는 일이 무엇인지 알 수 있어.
		   - 많은 사람이 동시에 같은 문화를 즐기면서 공감할 수 있어.
		   - 안전이나 공익과 관련 있는 중요한 정보를 얻을 수 있어.
		3) 다음 기사를 참고하여 대중 매체가 올바른 영향력을 행사하는 까닭을 말해 보자. (드라마 속 학교 폭력 묘사 / 재난 보도 제때 내보내지 않은 방송사)
		2. 개인 인터넷 방송이 우리에게 주는 영향을 탐구해 보자.
		  1) 일상생활에서 개인 인터넷 방송을 접한 사례를 살펴보고, 비슷한 경험을 한 적이 있는지 떠올려 보자.
		  2) 1)에서 떠올린 내용을 바탕으로 하여 개인 인터넷 방송이 우리에게 주는 영향을 정리해 보자.
		    - 개인의 필요나 흥미와 관련 있는 정보를 쉽게 얻거나 제공할 수 있어. 등
		  3) 다음은 개인 인터넷 방송으로 인한 피해 사례이다. 이를 참고하여 개인 인터넷 방송을 이용하는 바람직한 태도가 무엇일지 이야기해 보자. (허위 정보)

[2022]
미래엔(민병곤) 1-1
4. 성장하고 변화하고
(2) 생활 속의 다양한 매체
	적용학습	※ 일상생활에서 정보를 얻기 위해 이용하는 매체의 특성을 살펴보고, 자신의 매체 수용 태도를 성찰해 보자.
		1. 자신이 이용한 매체의 특성을 분석해 보자.
		  1) 매체를 이용하여 내가 평소 궁금했던 것에 관한 정보를 찾아보자.
		  2) 〈보기〉를 참고하여 내가 이용한 매체의 특성을 분석해 보자.
		    - 생산자는 누구인가요?
		    - 전달하는 정보는 무엇인가요?
		    - 생산자와 수용자의 소통은 어떻게 이루어지나요?
		    - 이 매체가 좋았던 점은 무엇인가요?
		  3) 2)에서 분석한 내용을 친구들에게 소개해 보자.
		2. 자신의 매체 이용 생활을 성찰하고, 모둠별로 매체 이용 안내서를 만들어 보자.
		  1) 나의 매체 이용 생활을 돌아보며 평소 매체를 어떻게 이용하고 있는지 다음 표에 정리해 보자.
		
		    | 하루 평균 이용 시간 | - 약 (　　)분 / 나의 매체 이용 시간이 적절하다고 생각하나요? (그렇다/보통이나/그렇지 않다)
		                         - 그 까닭은? |
		    | 매체가 주는 영향 | - (대중 매체 / 개인 인터넷 방송)은/는 나에게
		                        ☑ 다양한 분야의 정보를 알려 준다.
		                        ☑ 사회적으로 중요한 일이 무엇인지 알려준다.
		                        ☑ 나의 관심사나 흥미와 관련 있는 정보를 알려준다.
		                        - 나는 매체에 영향을 받고 있나요?(그렇다/보통이나/그렇지 않다) |
		
		  2) 대중 매체나 개인 인터넷 방송에서 전달하는 내용이나 표현 등에 영향을 받았던 경험을 친구들과 이야기해 보자.
		  3) 대중 매체와 개인 인터넷 방송을 슬기롭게 이용하려면 어떻게 해야 할지 떠올려 보자.
		  4) 2), 3)에서 이야기한 내용을 바탕으로 하여 모둠별로 '슬기로운 매체 이용 안내서'를 만들어 보자.

[2022] 지학사 1-2 4. 연결하는 매체, 해결하는 토의 (1) 슬기로운 매체 생활	동기유발	[생활 속 생각 톡톡] 다음 그림을 참고하여 자신의 매체 생활을 되돌아보자. 1. 아름이의 매체 이용 시간표를 살펴보고 공감되는 점을 말해 보자. 2. 자신의 매체 이용 시간표를 작성한 뒤 아름이와 비교해 보자.

	내용학습	1. 제시된 기준에 따라 대중 매체와 개인 방송의 특성을 비교해 보자.
		
		| | 만드는 사람 | 소통 방식 | 수익 구조 | 주된 내용 |
		|---|---|---|---|---|
		| 대중 매체 | 방송국의 전문가 | 일방적 전달 | 수신료, 광고비, 정부 지원금 | 보편적·일반적 내용 |
		| 개인 인터넷 방송 | 누구나 | 쌍방향 소통 (실시간) | 조회 수, 구독자 수 | 다양한 관심사, 흥밋거리 |
		
		2. 다음 질문에 따라 대중 매체와 개인 인터넷 방송을 비교한 내용을 표시해 보자.
		  - 이용자의 규모는 어떠한가요? (소규모 / 대규모)
		  - 매체가 다루는 주제는 어떠한가요? (한정적 / 매우 다양함)
		  - 사용자에게 미치는 영향력을 어떠한가요? (약함 / 강함)
		3. 대중 매체와 개인 인터넷 방송의 차이점을 설명하는 다음 글을 읽고 물음에 답해 보자.
		  1) 대중 매체가 방송 내용을 꼼꼼하게 점검하는 이유를 생각해 보자.
		  2) '부적절한 내용'을 신고할 때 표시할 항목을 알아보고, 추가할 항목을 써 보자.

[2022]
지학사 1-2
4. 연결하는 매체, 해결하는 토의
(1) 슬기로운 매체 생활
		적용학습	1. 친구들과 함께 개인 인터넷 방송을 평가해 보자.
			   1) 평소에 본 적이 있거나 자주 보는 개인 인터넷 방송을 떠올려 보자.
			      - 방송의 이름/ 주제나 분야/ 방송의 주요 내용/ 제작자와 예상 시청 대상
			   2) 1)에서 정리한 개인 인터넷 방송에 관해 평가해 보자.
			      - 정확하고 확인된 내용인가?
			      - 다양한 입장을 반영하고 있는가?
			      - 폭력적이고 유해한 내용이 포함되지 않았는가?
			      - 선정적이고 자극적인 내용이 포함되지 않았는가?
			   3) 모둠에서 선정한 개인 인터넷 방송을 평가해 보자.
			2. 다음 기사 제목을 참고하여 개인 인터넷 방송이 갖추어야 할 조건을 말해 보자.
			   - 개인 인터넷 방송의 초상권, 저작권 침해 문제 발생
			   - 허위 사실을 전파한 개인 인터넷 방송인 신고
			   - 구독자 수 늘리기 위한 자극적, 불건전한 콘텐츠 늘어나
			3. 다음 대화를 바탕으로 개인 인터넷 방송을 이용하는 방식을 되돌아보자.
			   1) 이 대화 속에 나오는 상황과 비슷한 일을 겪은 적이 있는지 말해 보자.
			   2) 개인 인터넷 방송을 이용하는 바람직한 방법을 생각해 보자.
			4. 대중 매체와 개인 인터넷 방송을 비교한 과정을 되돌아보고, 다음 기준에 따라 평가해 보자.
			   - 대중 매체와 개인 인터넷 방송의 특성을 비교하며 차이점을 이해하였는가?
			   - 대중 매체와 개인 인터넷 방송의 영향력을 비교하며 차이점을 이해하였는가?
			   - 매체를 사용한 경험을 떠올리면서 자신의 매체 사용 방식을 되돌아보았는가?
			   - 개인 인터넷 방송을 이용하는 방법을 되돌아보고 바람직한 이용 방법을 생각해 보았는가?

[2022] 비상(박현숙) 1-2 4. 소통하며 이해하는 삶 (1) 매체와 생활		동기유발	※ 평소에 이용하는 다양한 매체를 떠올려 보고, 매체를 이용하는 상황과 목적을 말해 보자.
		내용학습	1. 대중 매체의 개념을 파악해 보자. - 신문, 잡지 / 라디오 / 텔레비전 2. 제작 측면에서 대중 매체의 특성을 말해 보자. 3. 매체 자료의 생산자와 수용자 측면에서 대중 매체의 특성을 정리해 보자.

			1. 개인 인터넷 방송의 특성을 파악해 보자.
			   1) 제작 측면에서 개인 인터넷 방송의 특성으로 적절한 것은 ○에, 적절하지 않은 것은 X에 표시해 보자.
			   2) 매체 자료의 생산자와 수용자 측면에서 개인 인터넷 방송의 특성을 정리해 보자.
			2. 자신이 즐겨 보는 개인 인터넷 방송을 골라 다음 물음에 답하고, 그 특성을 파악해 보자.

			1. 대중 매체와 개인 인터넷 방송이 개인과 사회에 미치는 영향력을 정리해 보자.
			2. 대중 매체나 개인 인터넷 방송을 이용할 때 올바른 태도를 생각해 보자.
			   1) 매체가 우리 사회나 자신의 삶에 영향을 주었던 사례를 떠올려 보자.
			   2) 1)에서 떠올린 사례를 친구들과 나누어 보고, 매체의 영향력을 생각해 보자.
			   3) 두 매체를 올바르게 이용하기 위해 어떤 태도를 지녀야 할지 말해 보자.

		적용학습	1. 모둠별로 긍정적 영향력을 미친 매체 자료를 선정해 '우리끼리 시상식'을 해 보자.
			   - 선정한 매체 자료 / 선정한 까닭
			   - 예 혼자 보기 아까워 상, 착한 영향력 상, 행복 바이러스 상
			2. 매체를 이용하는 자신의 태도를 성찰해 보자.
			   1) 다음 기준에 따라 자신의 매체 이용 생활을 점검해 보자.
			
			        | 시간 | 매체 이용 시간을 스스로 조절할 수 있는가? |
			        | 이해 | 매체의 특성과 영향력을 이해하고 있는가? |
			        | 비판적 수용 | 정보를 비판적으로 받아들일 수 있는가? |
			        | 목적 | 매체를 이용하는 의도와 목적을 잘 파악하고 있는가? |
			        | 수준 | 연령에 맞는 등급의 매체 자료를 이용하는가? |
			
			   2) 올바른 매체 이용 생활을 위한 자신의 다짐 세 가지를 적고 발표해 보자.
			※ 생활 속 실천하기 : 매체의 특성이나 영향력이 드러나는 속담을 만들어 우리 반 온라인 게시판에 공유해 보자.

2026학년도 중등학교교사신규임용후보자선정경쟁시험(2차)
제71회 국어과 교수·학습 실연 시험 문제지

관리 번호 [　　　　]

지도안 세부 조건

1. 〈수험생 작성 조건1〉 동기유발
   가. 매체와 관련된 학생 경험을 활용하여 동기유발할 것
   나. 〈자료1〉의 (가)와 (나)의 소통방식의 차이를 파악하게 할 것

2. 〈수험생 작성 조건2〉 상호 작용적 매체 분석하기
   가. 〈자료2〉와 〈자료3〉의 매체의 공통적인 특징을 파악하게 할 것
   나. 〈자료2〉와 〈자료3〉의 학생의 소통 방식을 비교해 보도록 할 것
   다. 〈자료2〉와 〈자료3〉의 소통 맥락(매체, 소통 목적, 소통 참여자, 언어 표현)을 분석하는 활동을 구상할 것

3. 〈수험생 작성 조건3〉 상호 작용적 매체 사용하기
   가. 학생이 자신의 상호 작용적 매체 사용 습관을 성찰할 수 있게 할 것
   나. 학생들이 상호 작용적 매체 생활을 점검할 수 있는 점검표를 제시할 것
   다. 학생 자기 평가 내용에 대한 교사 피드백을 제공할 것

수업 조건

- 과목 : 국어
- 학년 : 중학교 1학년
- 장소 : 국어 교과교실
- 시간 : 90분(블록타임지)
- 단원명 : 상호 작용적 매체 이해하기
- 해당 성취 기준 : 소통 맥락과 수용자 참여 양상을 고려하여 상호 작용적 매체를 분석한다.

단원명	차시	학습 내용
상호 작용적 매체 이해하기	1	○소통 맥락과 상호 작용적 매체의 개념을 설명할 수 있다.
	2-3 (본시)	○소통 맥락과 수용자 참여 양상을 고려하여 상호 작용적 매체를 분석할 수 있다. ○소통 맥락과 수용자 참여 양상을 고려하여 상호 작용적 매체를 사용할 수 있다.

학생 수	장소	학습 형태	학습 기자재
24명	국어 교과교실	강의식, 개별 활동, 모둠활동	교사용 컴퓨터, 전자 칠판, 학생용 스마트 기기

※ 본 문제는 모의 평가용으로 제작되었으며, 실제 시험의 문항 유형 및 형식과 다를 수 있습니다.

〈자료1〉			
㉮	신문, 잡지, 라디오, 텔레비전	㉯	누리집, 사회 관계망 서비스(SNS), 온라인 대화, 블로그

〈자료2〉

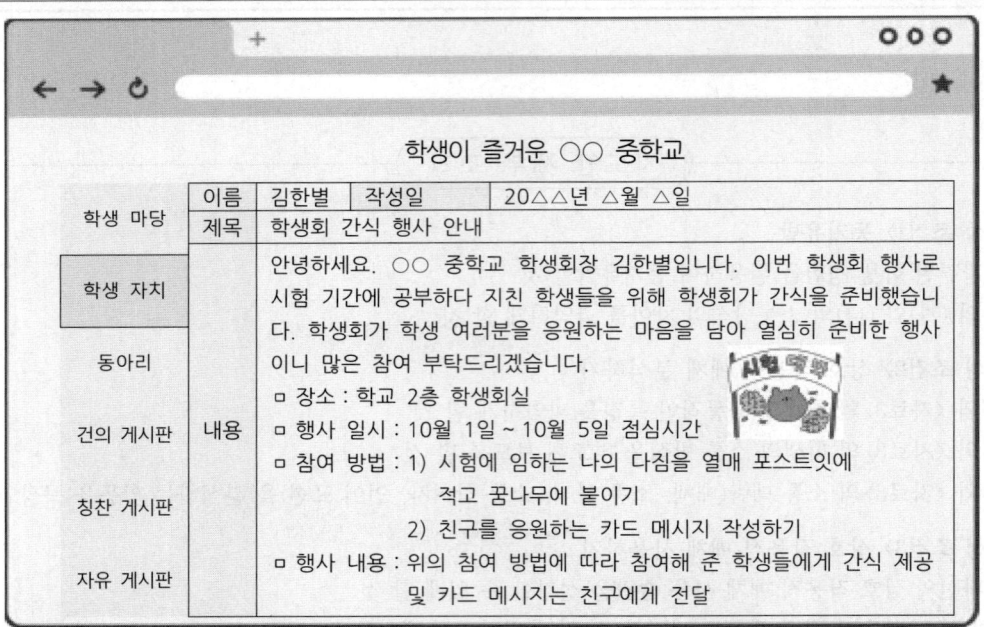

댓글 **임준수** : 늘 좋은 이벤트를 많이 열어 주셔서 감사합니다. 내일 참여하러 가겠습니다!
김한별 : 감사합니다. 주변에도 많은 홍보 부탁드립니다.

〈자료3〉

 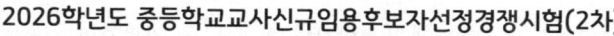

제71회 국어과 교수·학습 실연 지도안 [예상 답안]

국어과 본시 교수·학습 지도안			
학습 목표	1. 소통 맥락과 수용자 참여 양상을 고려하여 상호 작용적 매체를 분석할 수 있다. 2. 소통 맥락과 수용자 참여 양상을 고려하여 상호 작용적 매체를 사용할 수 있다.			
학습 단계	교수·학습 활동		자료 및 유의점	시간 (분)
도입 / 인사	• 인사 및 학습 분위기 조성	• 인사 및 학습 준비		
도입 / 동기유발	〈수험생 작성 내용1〉 • 학생 경험과 연관지어 발문하기 - "매체란 어떤 사건이나 현상을 전달하는 매개체를 말해요. 일상에서 매체를 활용하여 소통해 본 경험이 있나요?" - "주로 어떤 상황에서 사용하나요?" • ㉮와 ㉯를 활용하여 각각의 매체의 소통방식 차이를 파악할 수 있도록 발문하기 - "㉮와 ㉯는 우리 주변에서 흔히 볼 수 있는 매체들입니다. 여러분이 평소 각각의 매체를 활용하는 상황을 떠올려 보고 ㉮와 ㉯ 매체의 소통방식의 차이점을 말해볼까요?" - "맞습니다. ㉮는 전통적인 매체, ㉯는 상호작용적 매체로 ㉮는 일방향, ㉯는 쌍방향으로 소통한다는 차이가 있어요."	• 학생의 경험 떠올리기 - "네. SNS를 활용하여 친구들과 소통해 본 경험이 있어요." - "주로 어른들보다는 친구들과 소통할 때, 일상을 공유할 때 SNS를 많이 활용해요." • ㉮와 ㉯를 활용하여 각각의 매체의 소통방식 차이를 파악하기 - "㉮는 대중에게 일방향으로 메시지를 전달하는 매체라면 ㉯는 사람들끼리 서로 정보를 주고받을 수 있는 매체에요."		
도입 / 학습 내용 안내	• 학습 내용 안내	• 학습 내용 확인		
도입 / 학습 목표 제시	• 학습 목표 제시	• 학습 목표 확인		
전개1 / 〈활동1〉 상호 작용적 매체 분석하기	〈수험생 작성 내용2〉 • 〈자료2〉, 〈자료3〉을 읽도록 지도하기 - "〈자료2〉와 〈자료3〉은 각각 어떤 매체 인가요?" • 〈자료2〉, 〈자료3〉의 공통적인 특징을 파악하도록 하기	• 〈자료2〉, 〈자료3〉을 읽기 - "〈자료2〉는 학교 누리집, 〈자료3〉은 SNS 입니다." • 〈자료2〉, 〈자료3〉의 공통적인 특징 파악하기 - 인터넷 환경을 기반으로 한다. - 게시글에 댓글을 다는 방식으로 소통할 수 있다. - 시간이나 공간의 제약을 극복하며 소통할 수 있다. - 문자, 사진이나 그림, 소리, 동영상 등을 복합적으로 사용한다.		

전개 1	<활동1> 상호 작용적 매체 분석하기	• <자료2>와 <자료3>의 소통방식의 차이를 파악하도록 안내하기 – "<자료2>와 <자료3>에서 한별이가 사용한 표현의 차이를 파악해 봅시다. 각각 어떤 표현을 사용하고 있나요?" • 모둠별로 <자료2>와 <자료3>의 소통 맥락(매체, 소통 목적, 소통 참여자, 언어 표현)을 분석하도록 안내하기 • 활동 내용을 발표하도록 안내하기	• <자료2>와 <자료3>의 소통방식의 차이 파악하기 – "<자료2>에서는 한별이가 격식을 차린 공적인 말투를 사용하고 있는데, <자료3>에서는 격식을 덜 차린 친근한 말투를 사용하고 있어요." • 모둠별로 <자료2>와 <자료3>의 소통 맥락(매체, 소통 목적, 소통 참여자, 언어 표현)을 분석하기 • 활동 내용을 발표하기 |	<자료2>	<자료3>
매체	학교 누리집	사회 관계망 서비스(SNS)
소통 목적	공적인 정보 공유	자신의 의견, 생각, 관점 공유
소통 참여자	특정 집단(학교)의 구성원	매체 이용자
언어 표현	격식 있고 공적인 표현	친근한 표현	
전개 2	<활동2> 상호 작용적 매체 사용하기	• 학생이 사용한 상호 작용적 매체와 사용 목적을 성찰하도록 안내하기 – "여러분이 지난 한 달 동안 사용한 적 있는 상호 작용적 매체(학교 누리집, SNS, 온라인 단체 대화방 등)를 떠올려 봅시다. 무엇을 어떤 목적으로 사용했나요?" 〈수험생 작성 부분〉 • 학생의 자기 점검표 제시하기 – "여러분이 상호 작용적 매체를 적절하게 사용하고 있는지 점검해 봅시다." (1) 소통 맥락을 고려하여 적절한 매체를 선택하였는가? (2) 소통 목적을 생각하며 소통하였는가? (3) 소통 공간의 특성을 고려하여 어떤 표현을 쓸지 선택하였는가? (4) 내가 주고받으려는 정보가 공적인 내용인지 사적인 내용인지 고려하였는가? • 학생이 자기 점검표에 따라 자신의 매체 사용 습관을 점검하도록 안내하기 • 활동 내용을 공유하도록 독려 및 피드백하기 – "학교 누리집은 친구들 외에도 다양한 학교 선후배와 선생님들도 사용하는 공간이니 공적이고 격식 있는 말투를 사용하면 더 좋을 것 같아요."	• 학생이 사용한 상호 작용적 매체와 사용 목적을 성찰하기 – "학급 행사 사진을 친구들과 공유하려고 단체 대화방에 친구들의 사진을 올렸어요." – "SNS에 요즘 저의 일상을 올렸어요." • 학생이 자기 점검표에 따라 자신의 매체 사용 습관을 점검하기 • 활동 내용 발표하기 – "저는 학교 누리집에 글을 올릴 때 친구들을 재미있게 해주려고 친근한 말투를 많이 썼어요. 그런데, 소통 공간의 특성을 잘 고려하지는 못한 것 같아요." – "저는 다른 부분은 다 잘 고려했는데, 매체를 사용할 때 소통 목적은 생각하지 않았던 것 같아요."

전개 2	<활동2> 상호 작용적 매체 사용하기	– "매체를 사용하기 전에 공적인 정보 공유가 목적인지, 개인의 생각, 의견 등을 공유할 목적인지 생각해 보면 더 원활한 소통이 가능할 거예요." • 활동 내용 정리하기	• 활동 내용 정리하기		
정리	형성평가 및 과제 부여	• 형성평가 부여 • 수준별 과제 제시	• 형성평가 진행 • 수준별 과제 확인		
	학습 내용 정리	• 학습 내용 정리	• 학습 내용 이해		
	차시 예고	• 차시 예고	• 차시 예고 인지		

판서 예시

㉮	전통적 매체(일방향적)
㉯	상호 작용적 매체(쌍방향적)

<상호 작용적 매체 분석하기>

	<자료2>	<자료3>
매체	학교 누리집	사회 관계망 서비스(SNS)
소통 목적	공적인 정보 공유	자신의 의견, 생각, 관점 공유
소통 참여자	특정 집단(학교)의 구성원	매체 이용자
언어 표현	격식있고 공적인 표현	친근한 표현

<상호 작용적 매체 사용하기>

1	소통 맥락을 고려하여 적절한 매체를 선택하였는가?
2	소통 목적을 생각하며 소통하였는가?
3	소통 공간의 특성을 고려하여 어떤 표현을 쓸지 선택하였는가?
4	내가 주고받으려는 정보가 공적인 내용인지 사적인 내용인지 고려하였는가?

성취 기준

2022 교육과정	[9국06-02] 소통 맥락과 수용자 참여 양상을 고려하여 상호 작용적 매체를 분석한다. 　이 성취 기준은 상호 작용적 매체의 특성을 이해하고 상황 맥락과 사회·문화적 맥락에 맞게 소통하는 능력을 기르기 위해 설정하였다. 예를 들어 사회 관계망 서비스(SNS)는 생각, 의견, 관점 등을 비교적 자유롭게 공유할 수 있는 개방적인 공간이며, 학교나 학급의 누리집은 공적인 정보를 공유하는 데 초점을 둔 공간이다. 이처럼 소통 목적, 소통 공간의 특성에 따라 참여자들이 소통하는 방식이 어떻게 달라지는지 다양한 각도에서 분석해 보고 자신의 소통 방식의 적절성에 대해서도 점검해 보도록 한다.

교과서 정리

학습 내용 정리	■ **상호 작용적 매체** : 주로 인터넷에 기반하여 쌍방향으로 소통할 수 있는 매체. 그 예로 누리집, 사회 관계망 서비스(SNS), 온라인 대화, 블로그 등이 있음. ■ **상호 작용적 매체의 종류 및 특성** 　- 학교나 기관 등의 누리집 : 공지 사항, 공식 행사의 홍보 자료, 업무와 관련한 의견 등 공적인 정보를 주고받는 것을 목적으로 하는 공적인 공간 　- 개인의 사회 관계망 서비스(SNS) : 개인의 생각, 의견, 관점 등을 자유롭게 공유하고, 매체 이용자들 간에 폭넓은 인간관계를 형성하는 것을 목적으로 하는 개방적인 공간

누리집	기준	사회 관계망 서비스
공공의 이익을 위한 객관적이고 공적인 정보	주로 공유하는 정보	자신의 의견, 생각, 관점 등
- 게시글에 댓글을 달며 소통할 수 있다. - 일반적으로 개인적인 관계를 드러내지 않는다. - 적절한 형식과 격식을 갖춘 언어 표현을 사용한다.	소통 방식	- 댓글 등 다양한 방법으로 소통할 수 있다. - 비교적 자유로운 언어 표현을 사용하며 수용자끼리 적극적으로 소통한다.

학습 내용 정리		■ 상호 작용적 매체의 특성과 적절한 활용 방법 - 시간이나 공간의 제약 없이 다양한 사람들과 자유롭게 소통할 수 있음. - 매체 사용이 활발해지면서 각 매체가 지닌 고유의 특성과 매체 사이의 경계가 모호해지고 있음. - 한 매체가 상황과 목적에 따라 여러 방식으로 활용될 수 있음. - 상호 작용적체를 활용할 때에는 매체의 특성, 소통 목적, 소통 참여자와 같은 맥락을 고려해야 함.

[2022]
지학사(서혁) 1-1
1. 표현하는 나,
   소통하는 우리
(3) 매체에 따른
   의사소통
	제재	문학 동아리가 다양한 매체로 활동하는 장면(학생 대화, 누리집 게시글 등)

	동기유발	※ 다음 그림을 보고, 평소 우리가 어떤 방법으로 생각이나 정보를 주고받는지 떠올려 보자. | 편지 | 온라인 대화 | 사람들과 (　　　)하는 매체이다. | 전화 | 전자 우편 | 1) 이 그림의 빈칸에 알맞은 말을 써 보자. 2) 자신이 평소에 자주 사용하는 매체와 그 까닭을 말해 보자.

	이해활동	1. 누리집의 소통 방식을 알아보자.
		  (1) 태호가 홍보물을 ㉮에서 ㉯로 바꾸면서 고친 내용과, 그렇게 고친 까닭을 정리해 보자.
		  (2) ㉰를 통해 알 수 있는 누리집의 소통 방식을 〈보기〉에서 적절한 말을 찾아 완성해 보자.
		  (3) 누리집의 내용을 보고 궁금한 점을 묻거나 칭찬하는 댓글을 달아 보자.
		2. 사회 관계망 서비스의 소통 방식을 알아보자.
		  (1) ㉱와 ㉲에서 나타나는 사회 관계망 서비스의 특성에 ∨표 해 보자.
		
		| ■ | 거의 실시간으로 생각, 의견, 정보를 나눌 수 있다. |
		| □ | 사진과 동영상, 글 중 하나만 선택하여 공유할 수 있다. |
		| ■ | 공개된 게시글을 누구나 볼 수 있는 개방적인 공간이다. |
		| ■ | 골뱅이(@)를 사용해서 특정 상대를 지정하여 불러올 수 있다. |
		| ■ | 댓글을 달거나 기호로 공감을 표현하여 자기 생각을 드러낼 수 있다. |
		| ■ | 게시글의 핵심 단어에 사용한 해시태그 기능을 통해 해당 단어가 포함된 게시물을 쉽게 검색할 수 있다. |
		
		(2) 누리집과 비교했을 때, 사회 관계망 서비스에서 밑줄 친 것과 같은 표현이 많이 사용되는 까닭을 말해 보자.

	적용활동	1. '바람직한 학교 문화 만들기 캠페인'을 사회 관계망 서비스로 홍보하려고 한다. 소통 목적과 소통 공간에 유의하며 다음 활동을 해 보자.
		  (1) 학급 회의를 통해 캠페인 주제를 정해 보자.
		  (2) (1)에서 정한 주제로 모둠원과 캠페인을 기획해 보자.
		2. 우리 지역이나 사회의 문제로 소통하는 공간을 다룬 아래 자료를 보고, 다음 활동을 해 보자.
		  (1) 우리 지역이나 사회에서 평소 생활하며 불편함을 느꼈던 문제를 골라 해결할 수 있는 방법을 생각해 보자.
		  (2) 이 자료의 사례와 같이 공공기관 누리집에 자신이 제안할 내용을 올려 보자.
		  (3) 다른 사람이 제안한 글에 자신의 의견을 담은 댓글을 달아 보자.
		3. 매체에 따른 의사소통을 학습한 과정을 되돌아보고, 다음 기준에 따라 점검해 보자.
		
		| 평가 기준 | 평가 |
		|---|---|
		| 소통 목적을 생각하며 소통하였는가? | ☆☆☆ |
		| 상호 작용적 매체의 특성을 고려하여 소통하였는가? | ☆☆☆ |
		| 다른 사람을 배려하고 존중하며 소통하였는가? | ☆☆☆ |

[2022] 천재(노) 1-1 2. 바람직한 언어생활 (2) 매체로 소통하기	제재	아름이가 상호 작용적 매체를 활용하여 소통하는 과정
	동기유발	※ 1) 위 상황에서 사람들이 활용한 매체에는 어떤 것들이 있는지 말해 보자. 2) 일상에서 매체를 활용하여 소통한 경험을 친구들과 이야기해 보자.
	이해활동	1. 아름이가 상호 작용적 매체를 활용하여 소통하는 과정을 살펴보고, 각 매체의 특성을 파악해 보자. (1) ㉮(학교 누리집)와 ㉯(사회 관계망 서비스) 매체의 공통적인 특징에 ∨ 표시를 해 보자. | □ | 일대일 대화만 할 수 있다. | | ■ | 인터넷 환경을 기반으로 한다. | | □ | 소통이 한 방향으로만 이루어진다. | | ■ | 게시글에 댓글을 다는 방식으로 소통할 수 있다. | | ■ | 시간이나 공간의 제약을 극복하며 소통할 수 있다. | | ■ | 문자, 사진이나 그림, 소리, 동영상 등을 복합적으로 사용한다. |

[2022] 천재(노) 1-1 2. 바람직한 언어생활 (2) 매체로 소통하기	이해활동	(2) 아름이가 ㉮(학교 누리집)와 ㉯(사회 관계망 서비스) 매체를 활용하여 소통하는 상황을 비교해 보자. (3) 다음 항목을 기준으로 ㉮와 ㉯에서 아름이가 맥락에 맞게 의사소통했는지 점검해 보자. 2. 아름이가 친구와 나눈 온라인 대화를 보고, 그 특성을 파악해 보자.
	적용활동	1. 상호 작용적 매체를 활용하여 소통한 경험을 되돌아보자. (1) 최근에 상호 작용적 매체를 활용하여 소통한 경험을 떠올려 보자. (2) (1)에서 떠올린 경험 가운데 인상 깊은 것을 다음과 같이 정리해 보자. (3) (2)의 경험에서 자신이 어떻게 소통했는지 점검한 뒤, 성찰 일기를 작성해 보자. 2. 상호 작용적 매체를 활용하여 맥락에 맞게 소통해 보자. (1) 다음 상황에서 상호 작용적 매체를 활용하여 소통할 때 알맞은 내용을 구성해 보자. (2) (1)의 내용을 친구들과 공유하고, 그 내용을 다음 기준에 따라 서로 평가해 보자.
[2022] 창비 1-1 2. 바람직한 언어생활 (2) 매체로 소통하기	제재	상호 작용적 매체로 소통하기(설명문), 옥현진
	동기유발	※ 다음은 사회 관계망 서비스(SNS)에 올라온 한 게시물이다. 글쓴이가 게시물을 올린 목적이 무엇일지 이야기해 보자.
	이해활동	1. 「상호 작용적 매체로 소통하기」의 내용을 떠올리며 제시된 활동을 해 보자. (1) 신문, 잡지, 라디오, 텔레비전 등의 전통적인 매체와 상호 작용적 매체의 가장 큰 차이점이 무엇인지 말해 보자. (2) 상호 작용적 매체에서의 소통 방식에 어떤 특징이 있는지 찾아 써 보자. (3) '개인의 사회 관계망 서비스'와 '학교나 기관의 누리집'의 특성으로 알맞은 것을 찾아 각각 선으로 연결해 보자. 2. ㉮는 개인의 사회 관계망 서비스, ㉯는 학교 누리집의 게시물과 댓글이다. ㉮, ㉯의 소통 참여자들의 소통 목적과 소통 방식을 파악해 보자. (1) ㉮, ㉯에서 준서의 소통 목적이 무엇인지 각각 써 보자. (2) ㉮, ㉯에서 각각 댓글을 쓴 민지의 소통 방식이 어떤 점에서 다른지 파악해 보고, 민지가 다른 방식으로 소통한 까닭이 무엇일지 말해 보자. (3) ㉮의 댓글에서 준서가 민지에게 행사 내용을 댓글로 알려 주는 대신 ㉯의 인터넷 주소를 공유한 까닭이 무엇일지 ㉮, ㉯의 소통 공간의 특성을 고려하여 말해 보자.
	적용활동	1. 지난 한 달 동안 내가 한 번 이상 이용한 상호 작용적 매체를 모두 골라 ∨ 표시를 하고, 그 매체를 어떤 목적으로 이용했는지 말해 보자. 2. 1번 활동에서 고른 매체를 소통 공간의 특성에 따라 나누어 보고, 그렇게 나눈 까닭을 말해 보자. 3. 다음은 상호 작용적 매체 생활을 점검하기 위한 자기 점검표이다. 1번 활동에서 고른 매체를 내가 어떤 방식으로 이용했는지 떠올리며 각 항목에 ○△× 표시를 해 보자. 4. 3번 활동에서 점검한 결과를 친구들과 비교해 보자. 이를 바탕으로 내가 상호 작용적 매체를 이용할 때 잘한 점과 앞으로 개선해야 할 점을 적어 보자. 5. 1~4번 활동을 바탕으로 '슬기로운 상호 작용적 매체 이용 생활'을 위한 3대 수칙을 만들어 보자.

2026학년도 중등학교교사신규임용후보자선정경쟁시험(2차)
제72회 국어과 교수·학습 실연 시험 문제지

관리 번호

지도안 세부 조건

1. **〈수험생 작성 조건1〉 사회·문화적 맥락 파악 및 관점 비교하기**
   가. 〈자료1〉과 〈자료2〉를 활용할 것
   나. 〈자료1〉에 드러난 사회적 의제를 파악하고, 〈자료2〉를 참고하여 사회·문화적 맥락을 파악할 것
   다. 생산자의 관점 및 의도를 비교 분석하는 활동을 구성할 것

2. **〈수험생 작성 조건2〉 다양한 유형의 매체 자료 분석하기**
   가. 〈자료3〉을 활용할 것
   나. (다), (라)가 어떤 매체인지 파악하고 매체의 특성을 고려하여 생산자의 관점을 분석하도록 할 것

3. **〈수험생 작성 조건3〉 주체적으로 수용하기**
   가. 사회적 의제를 다룬 매체 자료를 비판적으로 분석하기 위한 점검 항목을 제시할 것(단, 점검 내용은 생략할 것)
   나. 관심 있는 사회적 의제와 관련하여 매체 자료를 주체적으로 수용하는 활동을 구상할 것(학생 예시 답안을 한 개 제시할 것)
   다. 학생 간 상호 작용이 일어나도록 할 것

수업 조건

- 과목 : 국어
- 학년 : 고등학교 1학년
- 장소 : 국어 교과교실
- 시간 : 블록타임제 (100분)
- 단원명 : 매체로 세상 바라보기
- 해당 성취 기준 : 사회적 의제를 다룬 매체 자료를 비판적으로 분석한다.

단원명	차시	학습 내용
매체로 세상 바라보기	1	○사회적 의제와 사회·문화적 맥락의 개념을 설명할 수 있다.
	2-3 (본시)	○사회적 의제를 다룬 매체 자료의 사회·문화적 맥락을 파악하고 관점을 비교할 수 있다. ○사회적 의제를 다룬 다양한 유형의 매체 자료를 분석할 수 있다. ○사회적 의제를 다룬 매체 자료를 비판적으로 분석하고 주체적으로 수용할 수 있다.

학생 수	장소	학습 형태	학습 기자재
24명	국어 교과교실	강의식, 모둠식	교사용 컴퓨터, 전자 칠판, 학생용 스마트 기기

※ 본 문제는 모의 평가용으로 제작되었으며, 실제 시험의 문항 유형 및 형식과 다를 수 있습니다.

〈자료1〉

(가) 2024년 ○월 ○일, ○○일보

지난 ○○일 정부가 연금개혁 추진계획을 발표하면서 국민연금 가입 기간을 59세에서 64세로 늘리는 방안을 검토 중이다. 그러나 현재의 정년(60세)이 유지된 채로 연금개혁이 추진될 경우 60~64세 연령층은 소득 공백을 겪을 수밖에 없어, 국회에서는 64세까지 정년을 연장하는 법률 개정안이 제출됐다. 이에 따라 기업들도 만 60세에 멈춰있는 정년을 높이는 방안을 검토하고 있으며, ○○노조 또한 현재 60세인 정년을 연금수급개시 연령에 맞춰 단계적으로 65세까지 연장해야 한다고 주장하고 나섰다.

이미 세계 최초로 2007년 초고령 사회(65세 이상 인구 비율 20% 이상)에 진입한 일본은 2000년부터 60세 정년을 맞은 근로자가 희망할 경우 65세까지 일할 수 있도록 의무화했고, 2021년에는 근로자가 70세까지 일할 수 있도록 기업이 정년 연장과 재고용 등 노력을 기울여야 한다는 의무 조항을 신설했다. 중국도 남성의 정년을 60세에서 63세로 늘리는 방안을 발표했다. 미국과 영국은 각각 1986년과 2011년 정년 제도를 폐지했고, 대만은 지난 7월 65세 정년을 없앴다.

일본	• 65세까지 계속 고용 의무화 • 70세까지 계속 고용 권고
중국	• 정년 순차적 연장(내년부터 15년간) : 　남자 60세 → 63세 • 여자 3~5살 연장
미국	1986년 정년 폐지
영국	2011년 정년 폐지
대만	올해 7월 정년 폐지

◀ 노동시장 고령화에 대비하는 각국

(나) 2024년 ○월 ○일, 일간○○

정부의 정년 연장 법률 개정안이 제출되며 일부에서 세대 갈등이 격화될 조짐이 보인다. 기업 내 청년층은 이미 업무 효율성이 떨어진 장년층과 일을 더 오래 해야 한다는 데 난색을 표하고 있다. 정년 연장이 현실화될 경우 기업 내 연령 구조는 '역피라미드' 형태가 될 수 있다. 인건비 총량을 관리해야 하는 기업으로서는 신규 채용 규모를 줄이는 방식으로 대처할 가능성이 크다. 미래의 청년 일자리를 현재의 장년층이 빼앗아 가는 모습이기 때문에 청년층의 반감이 커지는 상황이다.

30대 대기업 직원 A씨는 "일을 가장 많이 하고 효율성도 높은 청년층은 경기 불황을 이유로 고용을 줄이고, 장기 근속으로 근로 의욕이 떨어진 장년층만 회사에 남는 것은 여러모로 회사의 생산성 측면에서 불합리한 결정"이라고 말했다. 장년층의 불만도 많다. 30년이 넘는 격차가 있는 '손자뻘 직원'들과 어우러져 일해야 하는 게 고역이라는 반응이다.

○○○ 교수는 "한국 같은 경직적 노동시장에서는 정년 연장 시 기업들이 짊어져야 할 부담이 지나치게 크고, 그렇다고 정년 연장에 맞춰 임금 피크제 등을 도입하자니 노동계 반발이 불 보듯 뻔한 상황"이라며 "정년 연장은 청년 일자리와 얽혀있는 만큼 세대 간 갈등 요소로 작용하지 않기 위해 충분한 대화가 필요하다."고 말했다. 이어 "정년을 높이되 장년층의 임금을 일부 줄이는 조건을 넣는 등 기업 차원에서도 경제적 효과를 높일 수 있는 유연한 방안을 검토해야 한다."고 말했다.

〈자료2〉

현재 우리나라의 고령화와 저출산은 OECD 국가 중 가장 심각한 상황이다. 통계청에 따르면 65세 이상 고령자 가구 수가 2052년에는 1178만 여 가구가 넘어갈 것으로 추정되고 있다. 이는 1인 가구 중 65세 이상 비중이 50% 이상이 되는 것으로 젊은 노동력의 감소가 크게 우려되는 상황이다. 게다가 평균 수명은 2021년 기준으로 이미 80세를 훌쩍 넘긴 상황이다. 2022년 기준으로 합계출산율은 0.7명대, 기대수명 추이는 계속 증가하고 있는 가운데, 저출산·고령화 시대 노동력 부족과 연금 재정 확보가 무엇보다 시급한 때이다.

〈자료3〉

(다)

(라)

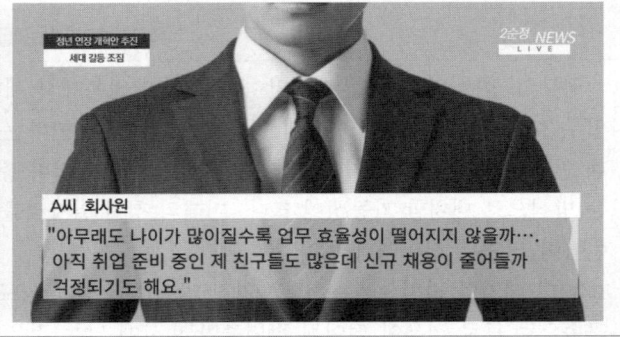

2026학년도 중등학교교사신규임용후보자선정경쟁시험(2차)

제72회 국어과 교수·학습 실연 지도안 [예상 답안]

국어과 본시 교수·학습 지도안				
학습 목표	1. 사회적 의제를 다룬 매체 자료의 사회·문화적 맥락을 파악하고 관점을 비교할 수 있다. 2. 사회적 의제를 다룬 다양한 유형의 매체 자료를 분석할 수 있다. 3. 사회적 의제를 다룬 매체 자료를 비판적으로 분석하고 주체적으로 수용할 수 있다.			
학습 단계		교수·학습 활동	자료 및 유의점	시간 (분)
도입	인사	• 인사 및 학습 분위기 조성 / • 인사 및 학습 준비		
	전시 학습 확인	• 전시 학습 확인 / • 전시 학습 회상		
	동기유발	• 동기유발 질문하기 / • 동기유발 질문에 대답하기		
	학습 내용 안내	• 학습 내용 안내 / • 학습 내용 확인		
	학습 목표 제시	• 학습 목표 제시 / • 학습 목표 확인		
전개 1	〈활동1〉 사회·문화적 맥락 파악 및 관점 비교하기	〈수험생 작성 내용1〉 • 자료 제시 및 활동 안내하기 - 〈자료1〉의 (가), (나)에 드러난 사회적 의제를 파악하도록 한다. - "(가)와 (나)가 공통적으로 다루고 있는 사회적 의제는 무엇일까요?" - "맞아요. (가)와 (나)가 정년 연장이라는 사회적 의제를 다루게 된 사회·문화적 맥락은 무엇일까요? 〈자료2〉를 읽어봅시다." - 내용을 정리하도록 한다. | 의제 | 정년 연장 | | 맥락 | 고령화·저출산으로 인한 노동 인구 감소 및 연금 재정 확보의 어려움 | • 관점 비교 분석하는 활동 안내하기 - 〈자료1〉의 (가)와 (나)가 각각 사회적 의제를 어떻게 바라보는지 찾도록 한다. - "(가)와 (나)는 각각 정년 연장에 대해 어떤 관점을 가지고 있나요?" - 관점과 의도를 잘 드러내는 부분을 찾아 정리하도록 안내한다.	• 자료 파악하고 활동하기 - 〈자료1〉의 (가), (나) 읽고 사회적 의제를 파악한다. - "(가)와 (나)는 정년 연장이라는 사회적 의제를 다루고 있어요." - "고령화와 저출산으로 인해 노동 인구가 적어지고 그로 인해 연금 재정 확보도 어렵기 때문이에요." - 내용을 정리한다. • 관점 비교 분석하는 활동하기 - 〈자료1〉 (라)를 읽는다. - "(가)는 정년 연장이 가능하다는 관점이고 (나)는 부정적인 의견들을 제시하고 있어요." - 관점과 의도를 드러내는 부분을 정리한다.		

전개 1	⟨활동1⟩ 사회·문화적 맥락 파악 및 관점 비교하기	• 활동 결과 발표하도록 격려하기	• 활동 결과 발표하기

		(가)	(나)
관점		정년 연장 긍정	정년 연장 부정
부분		이미 정년 연장을 도입한 각국의 사례를 제시하고 도표로 정리하여 강조함.	정년 연장에 부정적인 의견을 표현하는 인터뷰 및 어려운 점을 지적하는 전문가 의견을 제시함.

• 활동 마무리하도록 하기   • 활동 마무리하기

| 전개 2 | ⟨활동2⟩ 다양한 유형의 매체 자료 파악하기 | ⟨수험생 작성 내용2⟩
• 자료 제시 및 활동 안내하기
　－⟨자료3⟩을 제시하고 매체의 유형을 파악하고 생산자의 관점을 분석하도록 한다.
　－"(다)와 (라)는 각각 어떤 매체인가요?"

　－"(다)는 여러분의 대답처럼 개인 인터넷 방송의 섬네일입니다. 섬네일에 나타난 내용을 바탕으로 생산자는 의제를 어떻게 바라보고 있는지 분석해 봅시다."

　－아래에 맞게 내용을 정리하도록 한다.
　－제목 / 이미지 / 자막 / 영상 설명란

　－"섬네일 통해 알 수 있는 생산자의 의도 및 관점은 무엇일까요?"

　－(라)의 뉴스도 분석하도록 안내한다.

• 활동 마무리하도록 하기
　－"앞으로 방송과 관련된 매체 자료를 볼 때 어떻게 받아들여야 할까요?" | • 자료 보고 이해하기
　－⟨자료3⟩을 보고 매체의 유형을 파악하고 생산자의 관점을 분석한다.
　－"(다)는 동영상 공유 플랫폼에 올라온 개인 인터넷 방송인 것 같아요.", "(라)는 뉴스요."
　－"꼰대라는 단어에서 부정적인 관점이 드러나요.", "영상 설명란에서 젊은이들의 일자리가 없다는 관점이 드러나서 정년 연장을 부정적으로 바라보고 있는 것 같아요."
　－내용을 정리한다.

\| 제목 \| • 만 64세가 부장?! → 나이가 지나치게 많음을 은연중에 드러냄. \|
\| 이미지 \| • 화 내는 연장자의 그림 → 정년 노동 인구에 대한 부정적 이미지가 드러남. \|
\| 자막 \| • 꼰대 → 나이 든 세대에 대한 부정적 인식이 드러남.
• #mz 살려 → 젊은 노동 인구의 일자리가 빼앗긴다는 관점 \|
\| 영상 설명란 \| • 대기업 공채 → 양질의 일자리가 가뜩이나 없는 상황을 강조함.
• 젊은경제인조합 → 외부의 지원을 받음. \|

　－"정년 연장을 젊은이들의 일자리를 뺏는 일로 규정하고 부정적인 관점을 취하고 있어요."
　－(라)의 뉴스를 분석한다.

• 헤드라인 : 미래 청년 일자리 감소
• 이미지 : 젊은 회사원이 머리를 감싸 쥐고 고심하는 모습
• 인터뷰 장면 : 정년 연장에 대한 젊은 세대 회사원의 부정적 인터뷰 내용
→ 정년 연장에 대한 우려와 부정적 관점 전달

• 활동 마무리하기
　－"방송을 볼 때는 특정 집단의 이익을 반영하지는 않았는지, 관점이 편향되지는 않았는지 등을 잘 고려하며 수용해야 해요." |

		〈수험생 작성 내용3〉 • 비판적 분석하기 점검 항목 제시하기 – "사회적 의제를 다룬 매체 자료를 어떻게 비판적으로 분석할 수 있을까요?" – 사회적 의제를 다룬 매체 자료 비판적으로 분석하기 점검 항목 제시하기(예시) – 어떤 사회적·문화적 맥락을 반영하고 있는가? – 사회적 의제에 관한 생산자의 관점은 공정한가? – 내용이 정확하고 신뢰할 만한가? – 왜곡되거나 과장된 표현 또는 자극적이고 선정적인 표현은 없는가?	• 비판적 분석하기 점검 항목 이해하기 – "생산자의 의도 및 관점을 잘 파악하며 내용을 비판적으로 검토해야 해요." – 사회적 의제를 다룬 매체 자료 비판적으로 분석하기 점검 항목 이해하기
전개 3	〈활동3〉 비판적으로 분석하고 주체적으로 수용하기	• 매체 주체적으로 수용하는 활동 안내하기 – "자신이 관심 있는 사회적 논제를 떠올려 볼까요? 그리고 이를 다루고 있는 매체를 찾아봅시다. 그리고 그 매체에 대한 자신의 생각을 적어 SNS로 친구들에게 공유하고, 친구들은 댓글을 달아봅시다."	• 매체 주체적으로 수용하는 활동하기(예시) – 관심 있는 사회적 논제 : 대학 입시 – 매체 : 인터넷강의 강사의 개인 방송 – 나의 생각 : 입시 제도를 어떻게 파악하여 현실적으로 좋은 대학에 들어갈 수 있는지 잘 소개해 준다. – 댓글 : 입시 제도에 대한 비판이 전혀 없다. 자기 말만 믿으면 된다고 하여 신뢰하기 어렵다.
		• 활동 정리하도록 하기	• 활동 정리하기
정리	형성평가 및 과제 부여	• 형성평가 부여 • 수준별 과제 제시	• 형성평가 진행 • 수준별 과제 확인
	학습 내용 정리	• 학습 내용 정리	• 학습 내용 이해
	차시 예고	• 차시 예고	• 차시 예고 인지

판서 예시

〈활동1〉 사회·문화적 맥락 파악 및 관점 비교하기

(1) 사회적 논제 및 사회·문화적 맥락

의제	정년 연장
맥락	고령화·저출산으로 인한 노동 인구 감소 및 연금 재정 확보의 어려움

(2) 관점 비교하기

	(가)	(나)
관점	정년 연장 긍정	정년 연장 부정
부분	이미 정년 연장을 도입한 각국의 사례를 제시	부정적인 의견을 표현하는 인터뷰 및 어려운 점을 지적하는 전문가 의견

〈활동2〉 다양한 유형의 자료 파악하기

(다) 개인 인터넷 방송 섬네일

제목	• 만 64세가 부장
이미지	• 화 내는 연장자의 그림
자막	• 꼰대 • #mz 살려
영상 설명란	• 대기업 공채 • 젊은경제인조합

(라) 뉴스

헤드라인	• 미래 청년 일자리 감소
인터뷰	• 젊은 회사원 부정적 의견

〈활동3〉 매체 이용 태도 점검하기

(1) 매체 비판적으로 분석하기
- 어떤 사회적 문화적 맥락?
- 생산자의 관점은 공정한가?
- 내용이 정확하고 신뢰할 만한가?
- 왜곡되거나 과장, 자극적·선정적?

(2) 매체 주체적으로 수용하기
- 관심 있는 사회적 논제
- 다루고 있는 매체
- 나의 생각
- 친구들의 의견(댓글)

	성취 기준
2022 교육과정	**[10공국1-06-01]** 사회적 의제를 다룬 매체 자료를 비판적으로 분석한다. 　이 성취 기준은 사회적 의제를 다룬 매체 자료를 주체적으로 분석하고 수용할 수 있는 역량을 기르기 위해 설정하였다. 현대 사회의 사회적 의제를 다룬 영화, 뉴스, 개인 방송 등 다양한 유형의 매체 자료를 사회·문화적 맥락을 고려하여 비판적으로 분석하여 매체 자료가 전달하는 주제를 주체적으로 수용할 수 있도록 한다.
성취 기준 적용 시 고려 사항	사회적 의제를 다룬 매체 자료를 활용할 때에는 해당 의제의 시의성이나 우리 사회에 미치는 영향의 정도 등을 고려하여 다양한 분야의 매체 자료를 선정한다.

	교과서 정리	
학습 내용 정리	■ **사회적 의제를 다루는 매체 자료** 　사회적 의제란 사회적으로 논의가 될 수 있을 만한 문제를 말한다. 사회적 의제를 다룬 매체 자료를 통해 매체 수용자들은 공동체가 겪는 문제를 인식하고 그 해결 방안을 함께 모색할 수 있다. 사회적 의제는 주로 뉴스와 영화와 같은 대중 매체에서 다루어졌으나, 최근에는 개인 방송이나 SNS의 영향력이 확대됨에 따라 대중 매체뿐 아니라 개인이 생산한 매체 자료를 통해 사회적 의제가 설정되기도 한다. ■ **매체 자료 비판적으로 분석하기** 　매체 자료에는 생산자의 특정한 관점과 의도가 반영된다. 매체 자료 생산자가 현실의 어떤 측면을 선택, 강조, 배제하느냐에 따라 정보에 대한 해석과 평가가 달라질 수 있다. 따라서 매체 자료를 수용할 때는 매체 자료를 비판적으로 분석하여 주체적으로 수용해야 한다. 매체 자료에 반영된 관점과 의도 등을 파악하고, 다양한 관점 및 여러 유형의 매체 자료를 함께 살피며 자신의 관점을 수립한다. ■ **사회적 의제를 다룬 매체 자료를 읽는 방법** | 1. 특정 사건이나 쟁점을 다룬 여러 매체 자료를 비교하며 읽는다. 2. 매체 자료가 제작된 사회·문화적 맥락을 파악한다. 3. 매체 자료를 분석하여 주체적으로 수용한다. | 1. 매체 자료가 다루고 있는 사회적 의제를 파악한다. 2. 사회·문화적 맥락을 고려하여 매체 자료를 비판적으로 분석한다. 3. 매체 자료가 전달하는 주제를 주체적으로 수용한다. | ■ **사회적 의제를 다룬 매체 자료 비판적으로 읽기** - 어떤 사회·문화적 맥락을 반영하는지 살핀다. - 관점이나 의도를 살핀다. - 현상을 과장하거나 편향적으로 바라보는지 살핀다. / 의견을 사실처럼 표현하는지 살핀다. - 다양한 매체 자료를 분석하여 신뢰할 수 있는 매체 자료를 선택한다. - 독자의 어떤 변화를 촉구하는지 살핀다. / '나'의 생각을 정리한다. - 사회·문화적 맥락을 고려하여 매체 자료를 비판적으로 분석하고 수용한다. ■ **사회적 의제를 다루는 다양한 매체의 유형** - 영화 : 영화에 반영된 사회·문화적 맥락을 파악하고, 영화에서 다루는 사회적 의제를 자신의 관점에서 비판적으로 분석함. - 뉴스 : 영상, 자막, 이미지 등을 통해 사회적 의제에 대한 다양한 입장을 균형 있게 다루는지 분석함. - 개인 방송 : 제목, 영상, 영상 설명란 등을 중심으로 사회적 의제를 어떤 시각에서 다루는지 비판적으로 분석함.	
[2022] 비상(강호영) 공통국어1 3. 일상을 보는 예리한 눈 (2) 매체가 비추는 세계	내용학습	※ 영화 〈모던 타임즈〉에서 표현한 사회의 모습을 자신의 관점에서 파악해 보자. 　- 〈모던 타임즈〉는 찰리 채플린의 대표작 중 하나로 미국의 산업화 시대를 배경으로 한다. 이 영화는 기계적으로 반복되는 현대인의 삶과 당시 혼란스러웠던 사회의 모습을 다루고 있다. 1. 사회·문화적 맥락을 바탕으로 이 영화를 비판적으로 분석해 보자. 　1) 이 영화가 제작될 당시의 사회·문화적 상황을 바탕으로 이 영화에서 다루는 사회적 의제를 파악해 보자. 　2) 이 영화의 장면과 연출 방법을 선택하여 제작자가 나타내려는 내용을 정리해 보자. 　3) 1), 2)에서 정리한 내용을 바탕으로, 현대 사회에서 이와 유사한 사회 문제에는 무엇이 있는지 친구들과 이야기를 나눠 보자.
		※ 환경과 사회에 관련한 주제를 다룬 뉴스를 비판적으로 수용해 보자. 　- 이 뉴스는 환경, 사회, 지배 구조를 고려하여 기업이 모범적 경영을 통해 지속가능한 발전을 추구하고 있다는 '이에스지(ESG) 경영'에 대해 다루고 있다. 1. 이 뉴스가 사회적 의제를 어떻게 다루고 있는지 분석해 보자. 　1) 이 뉴스에서 다루는 사회적 의제가 무엇인지 파악하고, 뉴스의 장면에서 사회적 의제의 어떤 면을 드러내는지 정리해 보자.

[2022] 비상(강호영) 공통국어1 3. 일상을 보는 예리한 눈 (2) 매체가 비추는 세계	내용학습	2) 다음 학생의 말을 참고하여 이 뉴스가 어떠한 사회·문화적 맥락에서 제작되었을지 이야기해 보자. (환경 문제가 심각해지면서 친환경 제품도 많이 생산되고 있어.~) 2. 다음은 '플라스틱 다회용 컵'에 대한 신문 기사이다. 이 뉴스와 다음 신문 기사에 제시된 관점을 비교하고, 이 뉴스의 신뢰성을 평가해 보자. - ESG 경영에 대한 뉴스 : 긍정적 관점 - 신문 기사 : 그린 워싱에 불과하다는 부정적 관점 3. 1과 2의 내용을 바탕으로 '이에스지(ESG) 경영'에 대한 자신의 생각을 써 본 후, 모둠 구성원들과 공유해 보자. ※ 개인 방송을 주체적으로 수용하려면 무엇에 주목해야 하는지 이해하고, 사회적 의제를 다룬 개인 방송을 찾아 비판적으로 분석해 보자. 1. 자신이 평소 관심을 지닌 사회적 의제를 생각해 보고, 사회적 의제와 관련한 개인 방송을 찾아 보자. 2. 다음 질문을 바탕으로 자신이 찾은 개인 방송을 비판적으로 분석해 보자. 어떤 사회·문화적 맥락에서 제작되었는가? - 사회적 의제에 대한 제작자의 관점은 어떠한가? - 사회적 의제에 대한 관점이 편향되어 있지 않은가? - 방송의 내용을 신뢰할 수 있는가?
[2022] 해냄에듀 공통국어1 5. 매체로 세상과 소통하기 (1) 매체로 세상 보기	동기유발	※ [생각 열기] 자신이 감명 깊게 본 매체 자료 가운데, 사회적인 문제를 다루고 있는 자료가 있으면 소개해 보자. - 영화 / 드라마 / 뉴스 / 다큐멘터리 / 개인 방송
	학습활동	※ [자료1] 트레킹 테마 청년 마을, 지방 소멸 대안으로 (지방 소멸 문제와 이를 막는 대안으로 청년 마을을 다룬 뉴스입니다. 뉴스 생산자가 어떤 의도와 목적으로 뉴스를 생산했는지 생각하며 뉴스 내용을 파악해 봅시다.) 1. 이 뉴스에 담긴 사회적 의제와 주제를 다음 자료를 참고하여 파악해 보자. 2. 이 뉴스의 내용 분석을 통해 뉴스 생산자가 뉴스를 생산한 의도를 파악해 보자. 1) 뉴스의 구성 요소별로 강조하고 있는 내용이 무엇인지 파악해 보자. - 제목과 자막 / 삽입된 장면 / 인터뷰 대상 2) 1)을 바탕으로 뉴스의 생산자가 뉴스를 제작한 의도를 파악해 보자. 3. 사회·문화적 맥락을 고려하여 이 뉴스의 주제를 주체적으로 수용해 보자. 1) 다음은 청년 유출과 관련된 연구 자료이다. 자료를 참고하여 뉴스의 주제에 대한 자신의 생각을 말해 보자. 2) 사회적 의제를 다룬 뉴스를 주체적으로 수용하기 위해 지녀야 할 바람직한 태도에 대해 이야기해 보자. 4. 영화 <리틀 포레스트>의 세 인물의 삶을 참고하여 귀농·귀촌이 청년 인구 유출 문제 또는 청년 취업 문제의 대안이 될 수 있을지 자신의 생각을 써 보자. (조건) 세 인물에게 '농촌'이 의미하는 바가 무엇일지 자신의 생각을 정리해 봅니다. / 귀농·귀촌이 청년 인구 유출 문제 또는 청년 취업 문제의 대안으로 적절한지 2가지 이상 근거를 들어 봅니다. / 500자 내외의 길이로 써 봅니다. ※ [자료2] 시각 장애인의 컵라면 먹방 (시각 장애인의 일상을 보여 주는 개인 방송을 소개한 글과 이 방송을 본 시청자들의 댓글입니다. 개인 방송을 통해 사회적 의제가 어떻게 설정되고 전달되는지 분석하며 읽어 봅시다.) 1. 개인 방송의 특성을 고려하여 <시각 장애인의 컵라면 먹방>의 내용을 정리해 보자. 1) 이 개인 방송은 누가 생산하고, 어떤 매체를 통해 전달되는지 파악해 보자. 2) 이 개인 방송의 제목과 해시태그, 자막을 통해 드러나는 매체 자료의 중심 내용을 정리해 보자. 2. 사회·문화적 맥락을 고려하여 <시각 장애인의 컵라면 먹방>을 분석해 보자. 1) 다음 기사를 참고하여 이 개인 방송이 다루는 사회적 의제를 정리하고, 제작 의도를 파악해 보자. 2) 이 개인 방송의 수용자들이 제작 의도에 공감하고 있는지 댓글을 통해 파악해 보자. 3) 다음 기사를 참고하여 이 개인 방송의 생산자와 수용자가 우리 사회에 어떤 영향을 주었는지 생각해 보자. 3. 수용자와 사회에 긍정적인 영향을 미치고 있는 개인 방송을 찾아 친구들에게 소개해 보자.

미래엔(신유식)
공통국어1
5. 세상과 나를 분석하라
(1) 사회적 쟁점에 관한 글쓰기
	학습활동	1. 모둠별로 사회적 의제를 다룬 다양한 유형의 매체 자료를 찾아 정리해 보자.
		  1) 모둠별로 논의할 만한 가치가 있는 사회적 의제를 선정해 보자.
		<table><tr><td>1</td><td colspan="2">모둠원이 추천한 의제 모으기</td></tr><tr><td>2</td><td>의제 평가하기</td><td>- 시의성이 있는가?
		- 우리 공동체의 삶에 영향을 주는가?
		- 우리 사회에서 논의할 만한 가치가 있는가?</td></tr><tr><td>3</td><td colspan="2">모둠이 논의할 의제 정하기</td></tr></table> 2) 1)에서 정리한 매체 자료를 사회·문화적 맥락을 고려하여 비판적으로 분석해 보자.
		    - 자료의 종류 / 자료 제목 / 자료 내용 / 자료 출처
		2. 모둠에서 수집한 매체 자료를 비판적으로 분석해 보자.
		  1) 모둠원들이 수집한 매체 자료를 모아서 다음과 같이 목록을 정리해 보자.
		    - 수집한 사람 / 수집한 매체 / 의제에 관한 생산자의 관점 / 내용
		  2) 1)에서 정리한 매체 자료를 사회·문화적 맥락을 고려하여 비판적으로 분석해 보자.
		<table><tr><td>관점</td><td>- 사회적 의제에 관한 생산자의 관점은 공정한가?
		- 매체 자료에서 제시한 해결 방안은 타당한가?</td></tr><tr><td>표현</td><td>- 왜곡하거나 과장한 표현이 있는가?
		- 자극적이고 선정적인 표현이 있는가?</td></tr><tr><td>인용 자료</td><td>- 인용한 정보의 출처는 신뢰할 만한가?
		- 인용한 정보의 내용은 정확한가?</td></tr></table>

2026학년도 중등학교교사신규임용후보자선정경쟁시험(2차)
제73회 국어과 교수·학습 실연 시험 문제지

관리 번호 ☐

지도안 세부 조건

1. 〈수험생 작성 조건1〉 동기유발
   가. 〈자료1〉을 활용하여 동기유발할 것
   나. 매체 비평의 개념과 필요성에 대해 설명할 것
   다. 학생과의 상호작용이 드러나도록 할 것

2. 〈수험생 작성 조건2〉 매체 비평 자료 비판적으로 수용하기
   가. 〈자료2〉를 토대로 〈자료3〉이 각각 무엇에 초점을 두고 평가하는지 파악하도록 할 것
   나. 〈자료3〉의 평가 내용과 근거를 찾도록 할 것

3. 〈수험생 작성 조건3〉 매체 비평 자료 제작하기
   가. 〈자료4〉와 같은 매체 자료의 특징을 파악하도록 할 것
   나. '3-가'를 토대로 〈자료4〉를 평가할 기준을 교사가 안내할 것
   다. 〈자료4〉에 대한 학생 평가 예시를 작성할 것

수업 조건

- 과목 : 국어
- 학년 : 고등학교 1학년
- 장소 : 국어 교과교실
- 시간 : 블록타임제(100분)
- 단원명 : 매체 비평하기
- 해당 성취 기준 : 매체 비평 자료를 비판적으로 수용하고 자신의 관점을 담아 매체 비평 자료를 제작한다.

단원명	차시	학습 내용
매체 비평하기	1-2	○복합양식으로 구성된 글이나 자료를 평가할 수 있다.
	3-4 (본시)	○매체 비평 자료를 비판적으로 수용할 수 있다. ○자신의 관점을 담아 매체 비평 자료를 제작할 수 있다.

학생 수	장소	학습 형태	학습 기자재
24명	국어 교과교실	강의식, 개별 활동, 모둠 활동	교사용 컴퓨터, 전자 칠판, 학생용 스마트 기기

※ 본 문제는 모의 평가용으로 제작되었으며, 실제 시험의 문항 유형 및 형식과 다를 수 있습니다.

〈자료1〉

영화 '소년, 소녀들'
솔직 리뷰　　　**Review**　　　생생 후기

★
그냥 재미없어요.

★★★★★
연기, 연출, 편집 삼박자를 갖춤!
배우들의 연기력, 감독의 연출, 편집까지 어느 하나 아쉬움 없는 영화였습니다.

〈자료2〉

 매체 자료의 의미는 관점에 따라 다르게 읽힐 수 있으므로 다양한 관점과 가치를 고려하여 매체 자료를 수용하고 평가해야 한다. 예를 들어 매체 자료가 사회에 어떤 영향을 끼치는지를 중심으로 하여 평가할 수도 있으며, 매체 자료가 현실을 그대로 반영하고 있는지를 중심으로 하여 평가할 수도 있다. 또 만든 이의 의식이나 사회적 통찰력을 중심으로 하여 평가할 수도 있다.

〈자료3〉

(가)	(나)
한 농어촌 생활 예능 프로그램이 최근 화제가 되고 있다. 기존의 다른 예능 프로그램들에서는 출연자들이 게임을 하거나 미션을 수행하는 등 끊임없이 무언가를 하는 것에 집중했다면, 화제가 되고 있는 한 농어촌 예능 프로그램은 출연자들이 끼니를 챙겨 먹는 것 외에는 특별한 무언가를 하지 않는다. 그러다 보니 아침에 지저귀는 맑고 고운 새소리, 반짝이는 윤슬처럼 배경에 지나지 않았던 것들이 시청자들의 눈과 귀를 사로잡았다. 이처럼 이 프로그램의 연출자는 인위적인 것들을 거두고 그 빈자리에 자연의 울림을 채워 넣었다. 　이 연출자는 어느 인터뷰에서 많은 프로그램들이 자연을 배경 삼고 있지만 자연을 느낄 수는 없었다고 말하면서 시청자들에게 자연을 느끼는 것이 얼마나 즐거운 일인지 알려주고 싶었다고 한다. 농어촌 생활 예능 프로그램을 보며 실제로 시청자들은 무언가를 해야 한다는 압박감에서 벗어나 자연과 일체화되는 느낌을 대리 경험할 수 있다. 이러한 간접 경험은 딱딱하고 메마른 도시 생활에 지친 현대인들의 삶에 잠시나마 쉼표를 찍어 준다는 점에서 가치가 있다.	농어촌 생활 예능 프로그램이 도시인의 관점에서 농어촌을 그릇되게 대상화한다는 지적이 나오고 있다. 한 프로그램에서는 자급자족하는 출연진의 모습을 강조하여 마치 시골이 문명과 동떨어진 것처럼 표현했다. 또 프로그램의 출연자는 계속해서 "시골은 아무것도 없는 곳"이라고 언급하며 시골이 오지라도 되는 듯이 이야기했다. 그러나 실제로 프로그램에 배경이 된 곳은 슈퍼마켓, 대형마트가 걸어서 10분도 안 걸리는 곳에 위치해 있었다. 　또한 한 프로그램에서는 시골을 쉬고 노는 공간으로 그렸다. 해당 프로그램에서 시골에 간 출연자가 농부에게 "이런 곳에 사셔서 편하시겠어요."라고 웃으며 말한다. 이에 농부는 "쉴 틈 없이 일합니다."라고 답한다. 이처럼 실제로 농어촌에 거주하는 사람들에게 그곳은 노동의 공간이자 생존의 공간인 것이다. 　이와 같이 농어촌을 문명이 결핍된 '야생'이나 '휴양지'로 편향되게 비추는 이들 프로그램의 관점은 농어촌의 현실을 왜곡할 위험성이 있다.

〈자료4〉

2026학년도 중등학교교사신규임용후보자선정경쟁시험(2차)

제73회 국어과 교수·학습 실연 지도안 예상 답안

국어과 본시 교수·학습 지도안

학습 목표	1. 매체 비평 자료를 비판적으로 수용할 수 있다. 2. 자신의 관점을 담아 매체 비평 자료를 제작할 수 있다.			
학습 단계		교수·학습 활동	자료 및 유의점	시간(분)
도입	인사	• 인사 및 학습 분위기 조성	• 인사 및 학습 준비		
	전시 학습 확인	• 전시 학습 확인	• 전시 학습 회상		

	동기유발	〈수험생 작성 내용1〉
		• 〈자료1〉을 보고 비평의 특징을 파악하도록 하기
		  − "〈자료1〉에서 누구의 평가가 더 논리적이라고 생각하나요?"
		  − "그 이유는 무엇인가요?"
		
		  − "맞아요. 우리가 무언가를 평가할 때에는 반드시 근거가 함께 제시되어야 해요."
		
		• 매체 비평과 필요성에 대해 설명하기
		  − "그렇다면 매체 비평은 왜 필요할까요?"
		
		  − "매체 비평은 매체 자료를 자신의 관점에서 해석하고 평가하여 가치를 논하는 것이에요. 특히 현대 사회는 디지털 환경에서 매체 자료가 개인과 공동체에 미치는 영향이 크기 때문에 매체 자료의 가치를 평가하는 것이 매우 중요합니다."
			• 〈자료1〉을 보고 비평의 특징을 파악하기
			  − "여학생의 평가가 더 논리적이에요."
			
			  − "남학생의 평가는 근거 없이 재미없다고 말하고 있는 반면 여학생은 근거를 제시하여 영화에 대해 평가를 내리고 있어서 더 논리적이라고 생각해요."
			
			• 매체 비평과 필요성에 대해 이해하기
			  − "현대 사회 매체가 너무 많기 때문이에요." / "매체가 우리 삶에 많은 영향을 미치고 있기 때문이에요" 등		

	학습 내용 안내	• 학습 내용 안내	• 학습 내용 확인		
	학습 목표 제시	• 학습 목표 제시	• 학습 목표 확인		
전개 1	〈활동1〉 매체 비평 자료 비판적으로 수용하기	〈수험생 작성 내용2〉 • 〈자료2〉를 읽고 〈자료3〉의 (가)와 (나)가 각각 무엇에 초점을 두고 있는 비평문인지 파악하도록 하기	• 〈자료2〉를 읽고 〈자료3〉의 (가)와 (나)가 각각 무엇에 초점을 두고 있는 비평문인지 파악하기		

단계	활동	교사 활동	학생 활동
전개 1	〈활동1〉 매체 비평 자료 비판적으로 수용하기		

	초점	이유
(가)	만든 이의 의식이나 사회적 통찰력, 사회에 끼치는 영향	연출자의 관점과 인터뷰 내용을 근거로 프로그램을 이해하고 있으며 그로 인해 사회에 미치는 가치를 서술함
(나)	매체 자료의 현실 반영, 사회에 끼치는 영향	매체 자료와 현실을 비교하여 해석하고 그로 인해 사회에 미치는 부정적인 영향을 제시함

• 〈자료3〉의 평가 내용과 근거를 찾도록 하기   • 〈자료3〉의 평가 내용과 근거를 찾기

	평가 내용	근거
(가)	농어촌 생활 예능 프로그램 긍정적	프로그램이 현대인들에게 시골을 간접 경험하게 하여 쉼을 제공함
(나)	농어촌 생활 예능 프로그램 부정적	프로그램이 농어촌을 바라보는 관점에 문제가 있어 현실을 왜곡하여 전달함

• 활동 정리하며 매체 비평 시 유의점을 확인하기
– "(가)와 (나)의 자료를 비교해보며 매체 자료를 평가하는 관점에 따라 평가 내용이 확연히 달라진다는 것을 알 수 있었습니다. 따라서 평가의 다양한 관점을 잘 살펴보는 것이 중요합니다."

• 활동 정리하며 매체 비평 시 유의점을 이해하기

전개 2 〈활동2〉 매체 비평 자료 제작하기

〈수험생 작성 내용3〉

• 〈자료4〉와 같은 매체 자료의 특징 파악하도록 하기
– "〈자료4〉와 같은 매체 자료는 무엇일까요?"
– "이런 매체 자료는 어떤 특징을 가지고 있을까요?"
– "맞아요. 상업광고는 광고문구, 이미지, 배경 등을 통해 전달하고자 하는 의도와 관점을 드러냅니다."

• 〈자료4〉와 같은 매체 자료의 특징 파악하기
– "(상업)광고요."
– "간결하고 참신한 문구를 사용해요."/ "시선을 사로잡는 그림이나 사진을 사용해요." 등

• 〈자료4〉와 같은 매체 자료를 평가할 기준 안내하기

평가기준
– 문구의 내용이 이해가 잘 되는가?
– 간결하고 참신한 표현을 사용하는가?
– 과장되거나 왜곡된 내용이 있는가?
– 신뢰할 만한 내용인가?
– 그림, 이미지가 의도나 목적을 뒷받침하는가?

• 〈자료4〉와 같은 매체 자료를 평가할 기준 이해하기

• 평가 기준을 통해 〈자료4〉를 평가하고 공유하도록 하기

• 평가 기준을 통해 〈자료4〉를 평가하고 공유하기

전개2	〈활동2〉 매체 비평 자료 제작하기			발표자	평가내용
				미나	차갑고도 따뜻하다는 문구가 차갑다는 건지 따뜻하다는 건지 이해가 잘 안돼.
				나연	국내산 생강이 10%밖에 안쓰였는데 마치 국내산 생각만 쓰고 있는 것처럼 과장되게 표현했어.
				연우	그림만 봐서는 생강차인지 잘 모르겠어. 의도가 잘 드러나지 않아.
		• 매체 비평 자료 제작하도록 하기 • 매체 비평 자료 온라인 공유 플랫폼에 올리고 자신의 비평 자료와 비교하도록 하기		• 매체 비평 자료 제작하기 • 매체 비평 자료 온라인 공유 플랫폼에 올리고 자신의 비평 자료와 비교하기	
정리	형성평가 및 과제 부여	• 형성평가 부여 • 수준별 과제 제시		• 형성평가 진행 • 수준별 과제 확인	
	학습 내용 정리	• 학습 내용 정리		• 학습 내용 이해	
	차시 예고	• 차시 예고		• 차시 예고 인지	

판서 예시

〈학습 목표〉

- 매체 비평 자료 비판적 수용~
- 매체 비평 자료 제작~

★ 매체 비평

★ 매체 비평의 필요성

활동1) 매체 비평 비판적 수용

〈관점 파악하기〉

(가)	만든 이의 의식이나 사회적 통찰력, 사회에 끼치는 영향
(나)	매체 자료의 현실 반영, 사회에 끼치는 영향

〈평가 내용과 근거 찾기〉

	평가 내용	근거
(가)	농어촌 생활 예능 프로그램 긍정적	현대인들의 자연 간접 경험
(나)	농어촌 생활 예능 프로그램 부정적	실제 농어촌 현실 왜곡

활동2) 매체 비평 자료 제작하기

〈매체 자료 종류와 특징 파악하기〉
- 종류 : 상업광고
- 특징 : 문구, 이미지, 배경 등을 이용

〈평가 기준〉
- 문구의 내용이 이해가 잘 되는가?
- 간결하고 참신한 표현을 사용하는가?
- 과장되거나 왜곡된 내용이 있는가?
- 신뢰할 만한 내용인가?
- 그림, 이미지가 의도나 목적을 뒷받침하는가?

〈평가 내용 공유〉

발표자	평가내용
미나	차갑고도 따뜻하다는 문구 이해 안됨
나연	국내산 재료 함량 과장
연우	그림의 부적절함

성취 기준	
2022 교육과정	[10공국2-06-01] 매체 비평 자료를 비판적으로 수용하고 자신의 관점을 담아 매체 비평 자료를 제작한다. 　이 성취 기준은 전문성 있는 기존의 매체 비평 자료에 대한 이해를 바탕으로 매체 자료를 비판적으로 수용하는 방법을 익히고, 더 나아가 주체적으로 매체 비평 자료를 제작할 수 있는 능력을 기르기 위해 설정하였다. 매체 자료에 대해 학습자 스스로 비평하는 활동을 수행한 후 복수의 매체 비평 자료를 참조하여 자신이 비평한 내용과 어떤 공통점 및 차이점이 있는지, 참조한 비평 자료에서는 어떤 특징이 두드러지는지 등을 분석해 본다. 이러한 경험을 토대로 다양한 매체 자료에 대해 주체적으로 비평하는 활동에 참여할 수 있도록 한다.
성취 기준 적용 시 고려 사항	매체 비평 자료 및 매체 소통 문화를 탐구할 때는 국어과의 타 영역 성취 기준, 타 교과 성취 기준, 범교과 학습 주제와 연계하고 학습자가 경험하는 삶의 사회·문화적 맥락을 반영한다.

교과서 정리			

학습 내용 정리	■ 매체 비평
	- 개념 : 매체 자료를 자신의 관점에서 해석하고 평가하여 매체 자료의 가치를 논하는 것
	- 매체 비평의 필요성 : 디지털 환경에서 매체 자료는 개인과 공동체에 미치는 영향이 크기 때문에 매체 자료의 가치와 소통 문화를 성찰하는 자세가 필요함
	- 매체 비평의 특징 : 매체 비평 자료에는 평가의 관점과 가치, 매체 자료에 대한 평가, 평가의 근거가 포함됨
	- 매체 자료 평가 시 고려할 점
	  ① 매체 자료가 사회에 어떤 영향을 끼치는가?
	  ② 매체 자료가 현실 세계를 그대로 반영하고 있는가?
	  ③ 만든 이의 의식이나 사회적 통찰력은 어떠한가?
	- 관점을 담은 매체 비평 자료 제작하기
	  ① 자신의 관점에 따라 주장을 명료하게 드러내기
	  ② 선택한 관점을 일관성 있게 유지하기
	  ③ 객관적인 근거 자료 마련하기
	  ④ 관점과 근거가 잘 드러나도록 매체 비평 자료 제작하기		

[2022] 미래엔(신유식) 공통국어2 4. 세상을 보는 눈 (1) 비판적으로 매체 읽기	제재	• 기후 위기 보도, 무엇이 문제인가(강찬수, 제정임)	
	동기유발	─	

	학습활동	5. 매체 자료를 선정한 후 분석하여 매체 비평 자료를 제작해 보자.
		  1) 여러 매체 자료 중에서 자신이 비평할 매체 자료를 선정해 보자.
		  2) 다음을 참고하여 매체 자료를 비판적으로 수용하기 위한 질문을 만들어 보자.
		    - 신문 : 제목(표제, 부제), 본문, 사진 등을 통해 관점이나 의도를 드러냄.
		    - 광고 : 광고 문구, 이미지, 배경 등을 통해 관점이나 의도를 드러냄.
		    - 영화 : 음성, 대사, 화면의 구성, 감독의 연출 등을 통해 관점이나 의도를 드러냄.
		    - 텔레비전 프로그램 : 음성, 이미지, 영상, 자막 등을 통해 관점이나 의도를 드러냄
		  3) 2)에서 만든 질문에 답해 보면서 자신의 관점을 담은 매체 비평 자료를 제작해 보자.
		  4) 각자 제작한 매체 비평 자료를 모둠별로 돌려 보면서 다음 항목에 따라 비판적으로 수용해 보자.
		
		        | 내용의 타당성 평가 | • 전달하는 내용이 보편타당한가?
		                        • 내용을 신뢰할 수 있는가?
		                        • 관점이 공정한가?
		        | 표현의 적절성 평가 | • 문자, 표, 그래프, 사진, 동영상 등이 글의 의도나 목적에 맞게 쓰였는가?
		                        • 문자, 표, 그래프, 사진, 동영상 등이 글의 내용을 잘 뒷받침하고 있는가?	

[2022] 창비(최원식) 공통국어2 2. 디지털 시민의 소통 (2) 슬기로운 엠비티아이(MBTI) 사용법	제재	• 슬기로운 엠비티아이(MBTI) 사용법(이정희)	
	동기유발	─	

	학습활동	4. 매체 자료를 선정하여 나의 관점이 잘 드러나도록 비평해 보자.
		  1) 친구들과 논의하여 비평하고 싶은 매체 자료를 선정하고 함께 감상해 보자.
		  2) 다음 질문에 답하며 1)에서 본 매체 자료의 내용을 각자 정리해 보자.
		    - 사건, 쟁점, 인물 등을 재현하기 위해 선택되거나 배제된 요소가 있는가?
		    - 성, 지역, 직업, 계층, 연령 등과 관련된 고정 관념이 드러나는가?
		    - 방송 광고 규제 등 합의된 사회적 규범이나 규제를 지키고 있는가?
		    - 매체 자료에서 다루는 내용이 정확하고 신뢰할 수 있는가?
		    - 상업적 이익이나 사회적 목적 등 생산자가 의도한 바는 무엇인가?
		    - 매체 자료의 내용을 수용자들은 어떻게 받아들이는가?
		  3) 1)에서 선정한 매체 자료를 어떻게 비평할지 계획을 세워 보자.
		  4) 매체 비평 자료를 만들 때 활용할 근거 자료를 조사해 보자.
		  5) 나의 관점과 근거가 잘 드러나도록 매체 비평 자료를 만들어 보자.
		  6) 제작한 매체 비평 자료를 다음 기준에 따라 스스로 평가하고 부족한 점을 보완해 보자.
		5. 완성한 매체 비평 자료를 공유하고 친구들과 비교해 보자.
		  1) 친구들이 만든 매체 비평 자료와 내용 및 표현상의 공통점과 차이점을 비교해 보고, 두드러지는 특성을 찾아보자.
		  2) 친구들의 매체 비평 자료 중에서 인상 깊었던 자료를 골라 한 줄 평과 별점을 남겨보자.	

	제재	• 엄마, 제 초상권도 보호해 주세요(이정현)
[2022] 해냄(임광찬) 공통국어2 5. 매체로 세상 바로 읽기 (2) 매체 비평하기	동기유발	• 인터넷 게시물에 '좋아요'나 '싫어요'를 누른 경험에 대해 이야기해 보자.
	이해활동	1. 매체 비평 자료〈엄마, 제 초상권도 보호해 주세요〉의 특징을 파악해 보자. 　1) 글쓴이가 매체 자료를 비평한 내용을 분석해 보자. 　2) 글쓴이가 제시한 해외 매체 사례를 정리해 보자. 　3) 글쓴이가 해외 사례를 제시한 의도가 무엇일지 생각해 보자. 2. 다음 매체 비평 자료를 〈엄마, 제 초상권도 보호해 주세요〉와 비교해 보자. 　1) 두 매체 비평 자료의 공통점과 차이점을 파악해 보자. 　2) 두 매체 비평 자료에 대해 자신이 공감하는 점과 공감하지 못하는 점이 무엇인지 이야기해 보자. 　3) '육아 예능 프로그램'의 긍정적인 측면과 부정적인 측면에 대한 자신의 생각을 이야기해 보자.
	적용활동	1. 관심을 가지고 있는 매체 자료를 선택하여 소개해 보자. 2. 선정한 매체 자료의 특징을 분석하고, 비평 주제를 선정하여 비평해 보자. 　1) 매체 자료의 특징을 분석해 보자. 　2) 자신의 관점에서 비평 주제를 발견하고 매체 자료를 비평해 보자. 3. 2에서 분석하고 비평한 내용을 바탕으로 자신의 관점을 담은 매체 비평 글을 써보자. 　〈조건〉 　- 매체 자료에 대한 간단한 소개를 포함합니다. 　- 근거를 바탕으로 자신만의 해석과 평가를 제시합니다. 　- 자신의 관점이 잘 드러나도록 합니다. 4. 자신이 쓴 매체 비평 글을 다른 친구들의 비평 글과 비교하여 공통점과 차이점을 찾아보자. 5. 자신이 쓴 매체 비평 글을 다음 평가 기준에 따라 점검하고, 온라인 소통 공간을 활용해 공유해 보자. 　- 주체적 관점에서 매체 자료를 비평했는가? 　- 비평 대상과 관련된 주제를 선정하였는가? 　- 근거를 바탕으로 매체 자료를 논리적으로 해석하고 평가했는가? 　- 예상 독자가 이해하기 쉽게 비평 대상에 대한 정보를 제시했는가?

PART 04

심화문제

- 제 1 회 국어과 교수·학습 실연 시험 문제지 및 지도안 예상 답안
- 제 2 회 국어과 교수·학습 실연 시험 문제지 및 지도안 예상 답안
- 제 3 회 국어과 교수·학습 실연 시험 문제지 및 지도안 예상 답안
- 제 4 회 국어과 교수·학습 실연 시험 문제지 및 지도안 예상 답안
- 제 5 회 국어과 교수·학습 실연 시험 문제지 및 지도안 예상 답안
- 제 6 회 국어과 교수·학습 실연 시험 문제지 및 지도안 예상 답안
- 제 7 회 국어과 교수·학습 실연 시험 문제지 및 지도안 예상 답안
- 제 8 회 국어과 교수·학습 실연 시험 문제지 및 지도안 예상 답안
- 제 9 회 국어과 교수·학습 실연 시험 문제지 및 지도안 예상 답안
- 제10회 국어과 교수·학습 실연 시험 문제지 및 지도안 예상 답안
- 제11회 국어과 교수·학습 실연 시험 문제지 및 지도안 예상 답안
- 제12회 국어과 교수·학습 실연 시험 문제지 및 지도안 예상 답안
- 제13회 국어과 교수·학습 실연 시험 문제지 및 지도안 예상 답안
- 제14회 국어과 교수·학습 실연 시험 문제지 및 지도안 예상 답안
- 제15회 국어과 교수·학습 실연 시험 문제지 및 지도안 예상 답안
- 제16회 국어과 교수·학습 실연 시험 문제지 및 지도안 예상 답안
- 제17회 국어과 교수·학습 실연 시험 문제지 및 지도안 예상 답안
- 제18회 국어과 교수·학습 실연 시험 문제지 및 지도안 예상 답안
- 제19회 국어과 교수·학습 실연 시험 문제지 및 지도안 예상 답안
- 제20회 국어과 교수·학습 실연 시험 문제지 및 지도안 예상 답안

2026학년도 중등학교교사신규임용후보자선정경쟁시험(2차)
제1회 국어과 교수·학습 실연 시험 문제지

관리 번호

지도안 세부 조건

1. **<수험생 작성 조건1> 동기유발**
   가. <자료1>을 활용하여 동기유발할 것
   나. 교사의 구체적인 발문을 제시할 것

2. **<수험생 작성 조건2> 매체 자료 효과 판단하기**
   가. 모둠별로 <자료2>에서 매체 자료를 제시한 까닭을 파악하도록 할 것
   나. 매체 자료의 효과를 판단할 수 있는 평가 항목 2가지를 제시할 것
   다. 모둠별로 평가 항목을 활용하여 <자료2>에 사용된 매체 자료의 효과를 판단하도록 할 것

3. **<수험생 작성 조건3> 매체 자료의 효과를 고려하여 발표 계획 세우기**
   가. 모둠별로 발표 계획을 세우도록 할 것
   나. 발표 계획을 세울 때 목적과 예상 청중은 제시해 줄 것
   나. 조사할 내용과 활용할 매체 자료를 계획하도록 할 것

수업 조건

- 과목 : 국어
- 학년 : 중학교 2학년
- 장소 : 국어 교과교실
- 시간 : 블록타임제(90분)
- 단원명 : 매체 자료의 효과
- 해당 성취 기준 : 매체 자료의 효과를 판단하며 듣는다.

단원명	차시	학습 내용
매체 자료의 효과	1-2	○핵심 정보가 잘 드러나도록 내용을 구성하여 발표하는 법을 알 수 있다. ○매체에 드러난 다양한 표현 방법과 의도를 파악할 수 있다.
	3-4 (본시)	○발표에 사용된 매체 자료의 효과를 판단하며 들을 수 있다. ○매체 자료를 활용하여 발표 계획을 세울 수 있다.
	5-6	○핵심 정보가 잘 드러나게 내용을 구성할 수 있다. ○매체 자료를 활용하여 핵심 정보가 드러나도록 발표할 수 있다.

학생 수	장소	학습 형태	학습 기자재
24명	국어 교과교실	강의식, 모둠식	교사용 컴퓨터, 전자 칠판, 학생용 스마트 기기

※ 본 문제는 모의 평가용으로 제작되었으며, 실제 시험의 문항 유형 및 형식과 다를 수 있습니다.

〈자료1〉

〈초대장〉
- 일시 : 5월 3일 토요일, 10시~17시
- 장소 : 대한중학교 대강당
- 찾아오는 길 : 지하철 ○○역 3번 출구로 나와 직진하다가 △△편의점이 보이면 좌회전을 할 것. 그 후 다시 직진하다가 사랑 약국에서 우회전하면 ○○초등학교가 있음. 초등학교 후문 쪽으로 오면 대한 중학교 정문이 나옴

→ 초대장을 받은 학생의 반응 : 어, 복잡하네…….

〈초대장〉
- 일시 : 5월 3일 토요일, 10시~17시
- 장소 : 대한중학교 대강당
- 찾아오는 길 : 약도

→ 초대장을 받은 학생의 반응 : 아, 이렇게 찾아가면 되겠네!

〈자료2〉

 여러분은 평소에 물건을 살 때 무엇을 고려하나요? 제품의 디자인, 성능이나 품질 등 사람마다 고려하는 것이 다를 수 있지만 '이것'을 고려하지 않는 사람은 거의 없을 것입니다. 과연 무엇일까요? 네, 맞습니다. 바로 '가격'이에요. 우리는 가격이 얼마냐에 따라 물건을 쉽게 사기도 하고, 살까말까 망설이기도 합니다. 그런데 가격에 여러분의 지갑을 열게 하는 비밀이 담겨 있다는 사실, 알고 있나요? 그 비밀이 무엇인지 알아보기 전에 먼저 영상을 하나 보겠습니다.

※ 자료1 : 인터뷰 동영상

〈인터뷰 내용〉
기자 : 지금 ○○브랜드 할인 행사장이 발 디딜 틈 없이 인산인해를 이루고 있습니다. 개장한 지 5분도 지나지 않은 시간인데요. 벌써 계산을 마치신 시민 한 분이 계시는데 인터뷰를 좀 하겠습니다. 안녕하세요? 벌써 물건을 구매하셨네요?
시민 : 네, 저는 구매할 목록을 미리 계산하고 들어와서 빠르게 살 수 있었어요.
기자 : 바깥에 줄이 저렇게 긴 걸 보니까 오래 기다리셨을 거 같은데, 얼마나 기다리셨나요?
시민 : 저는 어제 낮부터 기다렸어요.
기자 : 대단하신데요, 이렇게까지 하면서 기다리신 이유가 있을까요?
시민 : 이 브랜드 같은 경우 가격 할인을 잘 하지 않을 뿐더러, 이런 가격에 구매한다는 것이 쉽지 않아요. 이런 기회를 놓칠 수 없죠.
기자 : 아 그럼 물건을 구매하실 때 중요한 건 가격인 건가요?
시민 : 당연하죠. 브랜드도 중요하지만, 사실 구매 결정을 내리는 가장 큰 요인은 가격이에요.

 …… 물건을 팔려는 사람들은 더 많은 소비자가 지갑을 열도록 가격과 관련한 여러 가지 판매 전략을 세운답니다. 그럼 지금부터 가격과 관련한 판매 전략에는 어떤 것들이 있는지 살펴보겠습니다.

판매 전략1 단수 가격을 매겨라!
 먼저 흥미로운 실험을 하나 보고 가죠. 미국에서 한 실험인데요, 한 의류 회사에서 똑같은 옷을 두고 가격만 다르게 적은 세 종류의 상품 안내서를 만들었습니다. ……

※ 자료2

※ 자료3

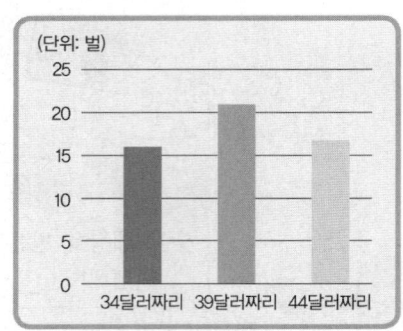

자, 이번에는 [자료4]를 한번 살펴봅시다. 사진에 나타난 가격에는 어떤 공통점이 있나요?

※ 자료4

네, 가격에 숫자 9가 많이 들어 있다는 점을 눈치 챘을 것입니다. 과연 9는 무엇 때문에 이렇게 많이 쓰였을까요? 그 까닭은 바로 '단수 가격(Odd Price)'을 이용한 판매 전략 때문입니다. 단수 가격이란 100원, 1,000원, 10,000원 등과 같이 딱 떨어지는 가격이 아니라, 그에 조금 못 미치는 가격을 말합니다. (중략)

– 소비자의 지갑을 여는 가격의 비밀, 박정호 –

2026학년도 중등학교교사신규임용후보자선정경쟁시험(2차)

제1회 국어과 교수·학습 실연 지도안 예상 답안

국어과 본시 교수·학습 지도안					
학습 목표	1. 발표에 사용된 매체 자료의 효과를 판단하며 들을 수 있다. 2. 매체 자료를 활용하여 발표 계획을 세울 수 있다.				
학습 단계		교수·학습 활동		자료 및 유의점	시간(분)
도입	인사	• 인사 및 학습 분위기 조성 || • 인사 및 학습 준비		
	전시 학습 확인	• 전시 학습 확인 || • 전시 학습 회상		
	동기유발	〈수험생 작성 내용1〉 • 〈자료1〉을 활용하여 매체 자료의 효과 생각해 보게 하기 — "〈자료1〉을 보면 왼쪽 초대장과 오른쪽 초대장을 받은 학생들의 반응이 어떤가요?" — "학생들의 반응이 다른 까닭은 무엇일까요?" — "맞아요. 지난 시간에 배운 것처럼 사진, 동영상, 그림, 그래프 등 다양한 매체 자료를 적절히 사용하면 정보를 효과적으로 전달할 수 있어요." || • 〈자료1〉을 활용하여 매체 자료의 효과 생각해 보기 — "왼쪽 초대장을 받은 학생은 이해를 잘 못하고 있고, 오른쪽 초대장을 받은 학생은 이해를 잘 하고 있어요." — "학생들의 반응이 다른 이유는 왼쪽에는 위치가 글로만 제시되어 있고, 오른쪽은 찾아오는 길에 약도가 그려져 있어요."		
	학습 내용 안내	• 학습 내용 안내 || • 학습 내용 확인		
	학습 목표 제시	• 학습 목표 제시 || • 학습 목표 확인		
전개 1	〈활동1〉 매체 자료 효과 판단하기	〈수험생 작성 내용2〉 • 모둠별로 〈자료2〉의 내용을 파악하도록 하기 • 모둠별로 〈자료2〉의 매체 자료를 제시한 까닭을 파악하도록 하기 || • 모둠별로 〈자료2〉의 내용을 파악하기 — 목적 : 정보 전달 — 주제 : 가격 책정에 대한 소개 — 청중 : 학생들 • 모둠별로 〈자료2〉의 매체 자료를 제시한 까닭을 파악하기		
		||	자료	형태	제시한 까닭
		||	자료1	동영상	물건을 살 때 가격을 중요하게 생각하는 사람이 많다는 점을 보여주고, 청중의 흥미를 유발하고자 함
		||	자료2	그림	상품은 같지만 가격이 다른 경우의 그림을 제시하여 가격을 한눈에 비교할 수 있게 함
		||	자료3	그래프	가격 차이에 따라 동일 상품의 판매량이 어떻게 달라지는지 차이를 쉽게 파악할 수 있게 함
		||	자료4	사진	농산물에 단수 가격을 매긴 사진을 제시하여 단수 가격의 실제 사례를 생생하게 보여줌

단계		교수·학습 활동		
전개 1	〈활동1〉 매체 자료 효과 판단하기	• 모둠별로 평가 항목을 활용하여 〈자료2〉에 사용된 매체 자료의 효과를 판단하도록 하기 - 평가 항목에 대해 간단하게 설명을 한다.	• 모둠별로 평가 항목을 활용하여 〈자료2〉에 사용된 매체 자료의 효과를 판단하기 | 항목	평가	이유
---	---	---
평가 항목 1	Y	주로 시각 자료를 제시하여 발표의 내용을 한눈에 파악하고 이해할 수 있었다.
평가 항목 2	Y	첫 부분에 동영상을 제시하여 사람들이 가격을 중요시 여긴다는 걸 알게 되니, 발표에 대한 흥미가 생겼다.
평가 항목 3	Y	비교해야 하는 부분에 사진이나 그림, 그래프를 적절하게 제시하였다.		
		• 모둠별 활동 내용을 공유하도록 하기	• 모둠별 활동 내용을 공유하기	

평가 항목		적절성 평가
평가 항목1	매체 자료가 발표의 내용을 이해하는 데 도움이 되었는가?	Y / N
평가 항목2 (수험생 작성 부분)	예) 발표에 대한 관심과 흥미를 불러일으키는가? / 매체 자료가 장소와 시간, 듣는 이, 목적에 적합한가?	Y / N
평가 항목3 (수험생 작성 부분)	예) 매체 자료가 발표의 내용을 잘 뒷받침하는가? / 매체 자료가 적절한 부분에 사용되었는가?	Y / N

단계		교수·학습 활동	
전개 2	〈활동2〉 매체 자료의 효과를 고려하여 발표 계획 세우기	〈수험생 작성 내용3〉 • 모둠별로 친구들을 대상으로 발표 계획을 세우도록 하기 〈안내 사항〉 - 목적 : 정보 전달 - 예상 청중 : 우리 반 친구들 - 예상 청중을 고려하여 흥미와 관심에 맞는 주제를 선택하도록 할 것	• 모둠별로 친구들을 대상으로 발표 계획을 세우기 	모둠	주제
---	---
1모둠	코로나 19를 예방하기 위한 방법
2모둠	학교 폭력 대처 방안	
		• 모둠별로 조사할 내용에 어떤 매체 자료를 사용하면 좋을지 구상하도록 하기	• 모둠별로 조사할 내용에 어떤 매체 자료를 사용하면 좋을지 구상하기 | 모둠	조사할 내용	매체 자료	효과
1모둠	코로나 19의 심각성	전 세계 코로나 감염 지도	한눈에 파악 가능
2모둠	학교 폭력 대처 방법	스쿨 폴리스가 나오는 영상 제시	이해를 도움	
		• 모둠별 활동 내용을 공유하도록 하기	• 모둠별 활동 내용을 공유하기
정리	형성평가 및 과제 부여	• 형성평가 부여 • 수준별 과제 제시	• 형성평가 진행 • 수준별 과제 확인
	학습 내용 정리	• 학습 내용 정리	• 학습 내용 이해
	차시 예고	• 차시 예고	• 차시 예고 인지

판서 예시
매체 자료의 효과

〈학습 목표〉

1. 발표에 사용된 매체 자료의 효과를 판단하며 들을 수 있다.
2. 매체 자료를 활용하여 발표 계획을 세울 수 있다.

〈활동1〉 매체 자료 효과 파악하기

자료	형태	제시한 까닭
자료1	동영상	청중의 흥미를 유발
자료2	그림	가격을 한눈에 비교
자료3	그래프	차이를 쉽게 파악
자료4	사진	단수 가격의 실제 사례를 생생

적절성	이유
Y	시각자료 : 내용 이해 도움
Y	동영상 : 흥미 유발
Y	그림, 그래프 : 위치 적절

〈활동2〉 발표 계획 세우기

모둠	주제
1모둠	코로나 19를 예방하기 위한 방법
2모둠	학교 폭력 대처 방안

모둠	조사할 내용	매체 자료	효과
1모둠	코로나 19의 심각성	지도	한눈에 파악 가능
2모둠	학교 폭력 대처 방법	영상	이해를 도움

2026학년도 중등학교교사신규임용후보자선정경쟁시험(2차)
제2회 국어과 교수·학습 실연 시험 문제지

관리 번호

지도안 세부 조건

1. 〈수험생 작성 조건1〉 동기유발
   가. 읽기 과정과 관련된 학생 경험에 대해 질문할 것
   나. 읽기 목적과 관련된 학생 경험에 대해 질문할 것
   다. 교사의 발문과 학생의 대답을 포함할 것

2. 〈수험생 작성 조건2〉 읽기 과정에 따라 적절한 방법으로 읽기
   가. 〈자료1〉을 활용하여 읽기 활동을 구상할 것
   나. 읽기 전-중-후 과정에 따른 읽기 방법을 제시할 것
   다. 학생의 읽기 과정이 드러나는 예시를 3가지 이상 포함할 것

3. 〈수험생 작성 조건3〉 읽기 목적에 따라 적절한 방법으로 읽기
   가. 〈자료1〉, 〈자료2〉를 활용하여 읽기 활동을 구상할 것
   나. 읽기 목적을 3가지 제시하고 이에 해당하는 읽기 방법을 제시할 것
   다. 읽기 목적에 따라 〈자료1〉을 읽은 결과를 공유하는 활동을 구상할 것(읽기 목적은 1가지만 활용할 것)

수업 조건

○ 과목 : 국어
○ 학년 : 고등학교 1학년
○ 장소 : 국어 교과교실
○ 시간 : 블록타임제(100분)
○ 단원명 : 읽기 과정과 목적에 따라 책 읽기
○ 해당 성취 기준 : 읽기 목적을 고려하여 자신의 읽기 방법을 점검하고 조정하며 읽는다.

단원명	차시	학습 내용
읽기 과정과 목적에 따라 책 읽기	1-2 (본시)	○ 읽기 과정에 따라 적절한 방법으로 글을 읽을 수 있다. ○ 읽기 목적에 따라 적절한 방법으로 글을 읽을 수 있다.
	3-4	○ 자신의 수준과 흥미에 맞는 책 한 권을 선정하여 읽을 수 있다. ○ 읽기 목적을 고려하여 자신의 읽기 방법을 점검하고 조정하며 읽을 수 있다.

학생 수	장소	학습 형태	학습 기자재
24명	국어 교과교실	강의식, 모둠식	교사용 컴퓨터, 전자 칠판, 학생용 스마트 기기

※ 본 문제는 모의 평가용으로 제작되었으며, 실제 시험의 문항 유형 및 형식과 다를 수 있습니다.

⟨자료1⟩

꿈의 판타지 구운몽, 나를 들여다보다

우리 고전소설 가운데 김만중의 〈구운몽〉은 조선시대 판타지라고 할 만큼 꿈과 환상을 논할 때 빼놓을 수 없는 대표적인 작품이다. 〈구운몽〉은 작품 전체에 걸쳐 꿈의 세계를 그려내고 인간의 욕망과 삶이란 무엇인가에 관한 철학적 질문을 끊임없이 던진다. 어떻게 〈구운몽〉이 단순한 사대부의 공상이 아닌 인간 본연의 욕망까지 그려낸 작품이 될 수 있었을까.

〈구운몽〉은 육관대사의 제자인 성진이 8선녀를 희롱한 죄로 세속으로 떨어져 양소유로 새롭게 태어나 입신양명하여 부귀영화를 누리며 살다가, 만년에 인생무상을 느끼며 이 모든 것이 꿈임을 깨닫고 불교에 귀의하여 극락세계에 간다는 내용을 줄거리로 한다. 〈구운몽〉의 독특한 점은 단순 꿈이라고 할 수 있는 소유의 삶을 굉장히 치밀하고 구체적으로 그려내고 있다는 점이다. 양소유의 삶은 부귀와 명예, 입신양명, 8명의 절세미인까지 사대부가 꾸는 모든 욕망을 응축한 모습으로 그려진다. 그러나 이는 단순히 사대부의 욕망이라고만 할 수 없는, 당시 모든 인간의 꿈이기도 하다. 누가 입신양명과 부귀영화, 절세미인을 마다하겠는가. 김만중은 현실의 세계에서 억압되는 인간의 본능적인 욕망을 상상의 세계 속에서 자유롭게 풀어놓았다.

〈구운몽〉이 단순히 양소유의 삶만 다루는 데 그쳤다면 이는 사대부의 공상에 지나지 않았을 것이다. 하지만 〈구운몽〉의 특별한 점은 그 꿈이 세속적 욕망의 덧없음으로 귀결된다는 점이다. 순간 긴 꿈에서 깨며 원래 모습으로 돌아온 성진은 모든 성취와 욕망이 한낮 꿈과 같은 허망한 것임을 깨닫고 불교에 정진한다. 그렇다면 〈구운몽〉은 궁극적으로 세속적 욕망의 덧없음을 전달하고자 한 것인가?

이에 대한 대답은 단순하지 않다. 성진은 꿈과 환상의 세계를 통해 초탈하고 깨달음을 얻을 수 있었다. 따라서 그 과정을 단순히 헛된 꿈으로만 볼 수는 없다. 꿈의 세계가 유교의 정점인 입신양명이라면, 현실의 세계는 불교의 정점인 공(空) 사상이다. 때문에 〈구운몽〉을 유교의 정점과 불교의 정점 모두를 성취하고자 하는 사대부의 이상을 반영한 작품이라고 보는 해석도 있다. 다만 〈구운몽〉이 사대부에게만 한정되지 않는 것은, 성진이 꿈을 꾸고 이상을 추구하는 과정에서 근원적인 질문, 나의 욕망을 들여다보게 되고 더 나아가 삶이란 무엇인가를 떠올리게 하기 때문이다. 유교적 소유의 삶, 불교적 성진의 삶 혹은 그 둘 다일 수도 아닐 수 있는 욕망, 즉 자신의 내면을 비춰보게 하는 것이다.

〈구운몽〉이 우리 고전의 최고의 판타지로 평가받는 이유는 이처럼 단순한 재미뿐 아니라 철학적 질문까지도 포괄하기 때문이다. 자신의 욕망, 더 나아가 삶의 의미까지 성찰하게 하는 〈구운몽〉을 세기의 걸작이라고 평가한다면 과찬일까? 〈구운몽〉의 깊이를 이해하고 싶다면 이 글을 읽고 다시 한 번 〈구운몽〉을 읽어보길 권한다. 내 안의 무수히 많은 질문들과 마주하게 될 테니.

⟨자료2⟩

글을 읽는 목적은 제각기 다양하다. 지친 하루 끝에 심신의 안정을 얻기 위해 책을 읽는 사람이 있는가 하면, 연구를 위해 필요한 정보를 찾으며 자료를 읽는 사람도 있고, 신문기사 보도의 적절성을 평가하며 읽는 사람도 있다. 이처럼 글을 읽는 목적은 다양하며 읽기 목적에 따라 글을 읽는 방법도 달라진다. 읽기 목적으로는 첫째, 지식이나 정보를 얻기 위한 읽기가 있다. 둘째, 깨달음이나 즐거움을 얻기 위한 읽기가 있다. 셋째, 내용이나 주장의 적절성을 평가하기 위한 읽기가 있다.

2026학년도 중등학교교사신규임용후보자선정경쟁시험(2차)

제2회 국어과 교수·학습 실연 지도안 〔예상 답안〕

<table>
<tr><td colspan="5" align="center">국어과 본시 교수·학습 지도안</td></tr>
<tr><td colspan="2">학습 목표</td><td colspan="3">1. 읽기 과정에 따라 적절한 방법으로 읽을 수 있다.
2. 읽기 목적에 따라 적절한 방법으로 읽을 수 있다.</td></tr>
<tr><td colspan="2">학습 단계</td><td colspan="2" align="center">교수·학습 활동</td><td>자료 및 유의점</td><td>시간(분)</td></tr>
<tr><td rowspan="6">도
입</td><td>인사</td><td colspan="2">• 인사 및 학습 분위기 조성</td><td>• 인사 및 학습 준비</td><td></td></tr>
<tr><td>전시 학습 확인</td><td colspan="2">• 전시 학습 확인하기</td><td>• 전시 학습 떠올리기</td><td></td></tr>
<tr><td rowspan="4">동기유발</td><td colspan="2">〈수험생 작성 내용1〉
• 읽기 과정과 관련하여 질문하기
　- "여러분, 읽기의 과정은 읽기 전-중-후로 나눌 수 있어요. 혹시 글을 읽기 전에 내용을 예측한 적이 있나요? 또는 읽은 후에 내용을 정리하거나 궁금한 내용을 찾아본 적이 있나요?"
　- "그랬군요. 읽기 과정에 적절한 방법을 사용해서 글을 읽었네요."</td><td>• 읽기 과정과 관련하여 대답하기
　- "네. 제목이나 삽화를 보고 내용을 예측했어요.", "독후감을 써서 글의 내용을 요약하고 느낀 점을 정리했었어요."</td><td></td></tr>
<tr><td colspan="2">• 읽기 경험과 관련하여 질문하기
　- "그럼 여러분은 언제 책을 읽나요?"</td><td>• 읽기 경험과 관련하여 대답하기
　- "취미로 소설을 읽어요.", "과제하는 데 필요한 자료를 찾을 때 읽어요."</td><td></td></tr>
<tr><td colspan="2">• 읽기 목적과 관련된 질문하기
　- "취미로 소설을 읽을 때랑 과제에 필요한 자료를 찾으면서 읽을 때랑 읽는 방법이 같나요?"
　- "여러분이 말한 것처럼 읽기 목적에 따라 읽는 방법도 달라집니다."</td><td>• 읽기 목적과 관련하여 대답하기
　- "아니요. 재미로 읽을 때는 빠르게 읽고 꼼꼼히 보진 않아요.", "필요한 자료를 찾을 때는 필요한 부분만 찾아서 꼼꼼히 봐요."</td><td></td></tr>
<tr><td colspan="2">• 적절한 방법으로 읽기의 중요성 강조하기
　- 읽기 과정과 목적을 고려하여 자신의 읽기 방법을 점검하고 조정하며 글을 읽어야 함을 설명한다.</td><td>• 적절한 방법으로 읽기의 중요성 이해하기</td><td></td></tr>
<tr><td></td><td>학습 내용 안내</td><td colspan="2">• 학습 내용 안내</td><td>• 학습 내용 확인</td><td></td></tr>
<tr><td></td><td>학습 목표 제시</td><td colspan="2">• 학습 목표 제시</td><td>• 학습 목표 확인</td><td></td></tr>
<tr><td>전
개
1</td><td>〈활동1〉
읽기
과정에
따라
적절한
방법으로
읽기</td><td colspan="2">〈수험생 작성 내용2〉
• 읽기 과정에 따른 글 읽기 방법 제시하기
　- 읽기 전-중-후 과정에 따라 글을 읽을 수 있도록 기준을 제시한다.</td><td>• 읽기 과정에 따른 글 읽기 방법 이해하기</td><td></td></tr>
</table>

전개 1	〈활동1〉 읽기 과정에 따라 적절한 방법으로 읽기	전	• 글의 특성을 파악한다. • 제목을 보고 내용을 예측한다.		
		중	• 읽기 전에 예측한 내용을 확인하며 읽는다. • 새로 알게 된 내용이나 궁금한 점을 기록하며 읽는다.		
		후	• 중심 내용을 파악한다. • 더 읽고 싶은 글에 대한 계획을 세운다.		
		\multicolumn{2}{l}{• 〈자료1〉 제시하고 활동 안내하기 - 읽기 전-중-후 과정에 따라 글을 메모하며 읽도록 안내한다.}	• 〈자료1〉 읽기 과정에 따라 읽기	
		\multicolumn{2}{l}{• 활동 결과 발표하도록 격려하기}	• 활동 결과 발표하기	
				전	• 글의 특성 → 〈구운몽〉이라는 작품에 대한 해석을 담고 있는 글 같아. (비평문) • 제목 → 〈구운몽〉을 통해 글쓴이가 성찰하게 됐다는 내용을 담고 있나 봐.
				중	• 예측한 내용을 확인 → 〈구운몽〉에 대한 해석이 맞았어. 글쓴이가 성찰한 내용은 없네. • 궁금한 점 → 김만중이 창작한 다른 작품은 없을까?
				후	• 중심 내용 → 〈구운몽〉 해석과 작품적 깊이 • 더 읽고 싶은 글 → 〈조신의 꿈〉, 〈옥루몽〉
		\multicolumn{2}{l}{• 활동 정리하기 - 글을 읽을 때에는 읽기 과정에 따라 자신의 읽기 방법이 적절한지 점검하며 읽어야 함을 설명한다.}	• 활동 정리하며 이해하기	
전개 2	〈활동2〉 읽기 목적에 따라 적절한 방법으로 읽기	\multicolumn{2}{l}{〈수험생 작성 내용3〉 • 읽기 목적에 따른 적절한 읽기 방법 제시하기 - 읽기 목적을 크게 3가지로 나누어 적절한 읽기 방법을 설명한다.}	• 읽기 목적에 따른 적절한 읽기 방법 이해하기	
			지식이나 정보를 얻기 위한 읽기		
			- 전체 내용을 훑어 읽으면서 필요한 정보를 파악한다. - 핵심어를 중심으로 주요 내용을 요약한다.		
			깨달음이나 즐거움을 얻기 위한 읽기		
			- 필자의 생각에 공감하며 읽는다. - 글에서 감동적인 부분을 찾으며 읽는다.		
			내용이나 주장의 적절성을 평가하기 위한 읽기		
			- 글에서 공감하거나 반박할 부분을 찾아 필자의 생각을 평가하며 읽는다. - 주장의 타당성과 근거의 적절성을 평가하며 읽는다.		

		\multicolumn{2}{l}{• 읽기 목적에 따라 읽는 활동 안내하기
		  - 각 모둠별로 읽기 목적을 배분하여 읽도록 안내한다.
		  - 순회하며 위에서 설명한 방법대로 읽도록 지도한다.}
			• 읽기 목적에 따라 읽는 활동하기	

전개 2	<활동2> 읽기 목적에 따라 적절한 방법으로 읽기	• 활동 결과 발표하도록 격려하기 – 모둠으로 목적에 따라 읽은 내용을 화이트보드에 정리하여 칠판에 붙이고 이를 발표하도록 격려한다.	• 활동 결과 발표하기(예시) **지식이나 정보를 얻기 위한 읽기** – 필요한 정보 : 〈구운몽〉이 최고의 작품으로 평가 받는 이유 → 재미와 철학적 질문 – 내용 요약 : 꿈의 세계를 통해 인간의 욕망과 삶에 대해 성찰하게 하는 작품 〈구운몽〉 **깨달음이나 즐거움을 얻기 위한 읽기** – 공감 : "누가 입신양명과 부귀영화, 절세미인을 마다하겠는가." – 감동적인 부분 : "내 안의 무수히 많은 질문들과 마주하게 될 테니." **내용이나 주장의 적절성을 평가하기 위한 읽기** – 필자의 생각 평가 : 사대부의 욕망이 아닌 인간 모두의 욕망이라는 부분은 적절하지 않다. 당시 사대부가 아닌 백성들은 감히 입신양명이나 부귀영화는 꿈꾸지도 못했을 것이다. 〈구운몽〉은 사대부의 욕망을 표현한 작품이다. – 주장의 타당성 : 〈구운몽〉이 세기의 걸작이라는 주장은 타당하지 않다. 세계적으로 그만큼 인정받지는 못했다.		
		• 읽기 목적에 따라 적절한 방법으로 읽는 것의 중요성 강조하기	• 읽기 목적에 따라 적절한 방법으로 읽는 것의 중요성 이해하기		
정리	형성평가 및 과제 부여	• 형성평가 부여 • 수준별 과제 제시	• 형성평가 진행 • 수준별 과제 확인		
	학습 내용 정리	• 학습 내용 정리	• 학습 내용 이해		
	차시 예고	• 차시 예고	• 차시 예고 인지		

판서 예시
읽기 과정과 목적에 따라 책 읽기

<학습 목표>

1. 읽기 과정에 따라 적절한 방법으로 읽을 수 있다.
2. 읽기 목적에 따라 적절한 방법으로 읽을 수 있다.

1) 읽기 과정에 따라 적절한 방법으로 읽기

전	– 글의 특성 → 비평문 – 제목 → 〈구운몽〉을 통해 성찰한 내용
중	– 예측한 내용 확인 → 비평문 ○, 성찰한 내용 × – 궁금한 점 → 김만중이 창작한 다른 작품
후	– 중심 내용 → 〈구운몽〉 해석과 가치 – 더 읽고 싶은 글 → 〈조신의 꿈〉, 〈옥루몽〉

2) 읽기 목적에 따라 적절한 방법으로 읽기

지식이나 정보를 얻기 위한 읽기
– 필요한 정보를 파악
– 주요 내용 요약 → 꿈의 세계를 통해 인간의 욕망과 삶에 대해 성찰

깨달음이나 즐거움을 얻기 위한 읽기
– 필자의 생각에 공감 → "누가 입신양명과 부귀영화, ~ 마다하겠는가."
– 감동적인 부분 → "내 안의 무수히 많은 질문들과 마주하게 될 테니."

내용이나 주장의 적절성을 평가하기 위한 읽기
– 필자의 생각을 평가 → 〈구운몽〉은 사대부의 욕망을 표현한 작품
– 주장의 타당성과 근거의 적절성을 평가 → 세기의 걸작으로 인정받진 못함

2026학년도 중등학교교사신규임용후보자선정경쟁시험(2차)
제3회 국어과 교수·학습 실연 시험 문제지

관리 번호

지도안 세부 조건

1. 〈수험생 작성 조건1〉 동기유발
   가. 〈자료1〉을 활용하여 학습 목표와 관련된 동기를 유발할 것
   나. 학생 간 상호작용이 드러나도록 구상할 것
   다. 학습 내용과 관련한 예시를 제공할 것

2. 〈수험생 작성 조건2〉 쓰기 맥락 점검 및 내용 생성하기
   가. 쓰기 맥락의 유형을 제시하고, 〈자료2〉 속에서 드러나는 쓰기 맥락을 점검할 것
   나. 〈자료2〉의 쓰기 맥락을 고려하여 〈자료3〉에서 적절한 내용을 선정하도록 할 것
   다. 내용을 생성하는 방법을 3가지 이상 제시할 것

3. 〈수험생 작성 조건3〉 고쳐쓰기
   가. '쓰기 맥락을 고려하여 글쓰기'의 평가 기준을 제시할 것
   나. 쓰기의 사회적 성격이 드러나도록 고쳐쓰기 활동을 구성할 것(단, 학생 활동 내용은 생략할 것)

수업 조건

- 과목 : 국어
- 학년 : 고등학교 1학년
- 장소 : 국어 교과교실
- 시간 : 블록타임제(100분)
- 단원명 : 읽고 쓰며 세상과 소통하기
- 해당 성취 기준 : 쓰기는 의미를 구성하여 소통하는 사회적 상호작용임을 이해하고 글을 쓴다.

단원명	차시	학습 내용
읽고 쓰며 세상과 소통하기	1-2	○ 사회적 상호작용으로서의 읽기에 대해 이해할 수 있다. ○ 글과 관련한 사회적 맥락을 파악할 수 있다. ○ 글을 읽고 자신의 생각을 형성하고, 이를 사회와 공유할 수 있다.
	3-4 (본시)	○ 사회적 상호작용으로서의 쓰기에 대해 이해할 수 있다. ○ 독자를 포함한 다양한 쓰기 맥락을 고려하여 글을 쓰고 고쳐 쓸 수 있다.

학생 수	장소	학습 형태	학습 기자재
24명	국어 교과교실	강의식, 모둠식	교사용 컴퓨터, 전자 칠판, 학생용 스마트 기기

※ 본 문제는 모의 평가용으로 제작되었으며, 실제 시험의 문항 유형 및 형식과 다를 수 있습니다.

〈자료1〉

요즘 인터넷 포털 사이트의 연예·스포츠 기사를 보면 댓글을 쓸 수 없도록 되어 있다. 댓글 대신 다양한 표정으로 기사에 대한 반응을 드러나도록 하고 있지만, 아무래도 댓글보다는 정확하게 사람들의 마음을 알 수 없다. 포털 사이트에서는 지나친 언어폭력 문제로 인해 댓글을 금지했다고 하는데, 이는 인터넷의 순기능인 사람들 간의 자유로운 소통을 제한하는 것이므로 바람직한 해결책은 아니다. 건강한 사회라면 누리꾼들이 스스로 인터넷상의 언어폭력 문제를 해결하도록 해야 하지 않을까?

〈자료2〉

요즘 인터넷에서 누리꾼의 욕설이나 비속어 사용 문제가 많이 심각해. 그리고 10대 청소년들이 이런 바람직하지 않은 언어문화에 영향을 받고, 이를 재생산하는 비중이 무척 크다고 해. 10대들의 언어폭력 문제를 해결하는 데 조금이나마 도움을 주고자 우리 학교 공식 SNS에 글을 쓰고 싶어. 어떻게 하면 글을 잘 쓸 수 있을까?

〈자료3〉

(가) 10대 청소년들의 심리적 특징 – 질풍노도의 시기, 이유 없는 반항, 또래 문화 추종
(나) SNS의 유형별 특징 – Youtube, Facebook, Instagram, Tik Tok
(다) 30~40대의 미디어 사용 현황과 영역별 주요 댓글 비율
(라) 부정적인 언어를 사용하였을 때 겪게 되는 뇌 구조의 부정적 변화
(마) 2020년의 유행어와 비속어, 은어가 만들어지는 과정
(바) 시대별 인터넷 언어폭력과 관련한 피해 현황 및 사례
(사) 언어폭력에 의해 피해를 입은 사람의 인터뷰 영상

2026학년도 중등학교교사신규임용후보자선정경쟁시험(2차)
제3회 국어과 교수·학습 실연 지도안 〔예상 답안〕

국어과 본시 교수·학습 지도안				
학습 목표	1. 사회적 상호작용으로서의 쓰기에 대해 이해할 수 있다. 2. 독자를 포함한 다양한 쓰기 맥락을 고려하여 글을 쓰고 고쳐쓸 수 있다.			
학습 단계		교수·학습 활동		자료 및 유의점	시간 (분)
도입	인사	• 인사 및 학습 분위기 조성	• 인사 및 학습 준비		
	전시 학습 확인	• 전시 학습 확인	• 전시 학습 회상		

	동기유발	〈수험생 작성 내용1〉
		• 〈자료1〉 안내하기
		• 〈자료1〉과 관련한 의견 공유 활동 제시하기
		  - "〈자료1〉에서 글쓴이가 어떤 주장을 하고 있나요?"
		  - "그 의견에 대해서 어떻게 생각하는지 짝과 함께 간단히 토의해 볼까요?"
		
		• 토의를 통해 쓰기가 사회적 상호작용의 한 가지 방법임을 깨닫게 하기
		  - "여러분들이 글의 주장을 가지고 토의를 한 것에서 어떤 것을 깨달을 수 있었나요?"
		
		• 쓰기의 사회적 성격이 드러나는 예시 제시하기
		  - "글을 가지고 토의하는 것 외에도 인터넷 기사에 댓글을 단다거나, SNS에 쓴 글에 반응을 보이는 것도 글쓰기를 통해 상호작용하는 방법이 될 수 있답니다."
			• 〈자료1〉 확인하기
			• 〈자료1〉과 관련한 의견 공유 활동 수행하기
			  - "인터넷 뉴스의 댓글을 허용하자고 주장하고 있어요."
			
			활동 예시
			"나는 글쓴이의 주장이 적절하다고 생각해. 사람들은 뉴스에 자유롭게 댓글을 달 권리가 있어."
			"댓글을 달 자유만큼 사람들은 좋지 않은 표현을 보지 않아도 될 권리가 있다고 봐. 그렇다면 댓글을 자유롭게 달되 누리꾼들의 호감도 표시에 따라 댓글을 가리는 기능을 만들면 어떨까?"
			"좋은 생각이야."
			
			• 토의를 통해 쓰기가 사회적 상호작용의 한 가지 방법임을 깨닫기
			  - "글쓰기가 다른 사람과 소통할 수 있는 방법이라는 것을 깨달았어요."
			
			• 쓰기의 사회적 성격이 드러나는 예시 확인하기		

	학습 내용 안내	• 학습 내용 안내	• 학습 내용 확인		
	학습 목표 제시	• 학습 목표 제시	• 학습 목표 확인		
전개 1	〈활동1〉 쓰기 맥락 점검하기, 내용 생성하기	〈수험생 작성 내용2〉 • 모둠 구성 안내 및 〈자료2〉 배부하기 • 쓰기 맥락 제시하기 ┌─────〈쓰기 맥락〉─────┐ │ 주제, 목적, (예상)독자, 매체 │ └──────────────┘	• 모둠 구성하기 및 〈자료2〉 확인하기 • 쓰기 맥락 이해하기		

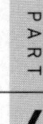

전개 1	<활동1> 쓰기 맥락 점검하기, 내용 생성하기	• <자료2>에 드러나는 쓰기 맥락을 찾는 활동 제시하기 - 순회 지도	• <자료2>에 드러나는 쓰기 맥락을 찾는 활동 수행하기 **<자료2>의 쓰기 맥락** 주제: 10대들의 인터넷 언어폭력을 해결하자 목적: 설득 독자: 우리 고등학교 학생 및 10대 청소년 매체: 우리 학교 SNS
		• <자료3>을 제시하고 <자료2>의 쓰기 맥락을 고려하여 글쓰기에 적절한 내용을 선정하는 활동을 안내하기 - 순회 지도	• <자료3>을 제시하고 <자료2>의 쓰기 맥락을 고려하여 글쓰기에 적절한 내용을 선정하는 활동을 수행하기 **<자료3>에서 선정한 내용과 그 이유** (가) 글의 주제가 10대와 관련되어 있고 독자도 10대이므로 10대의 특성을 제시하여 언어폭력 문화가 발생한 원인을 파악하는 내용으로 활용할 수 있음 (라) 부정적인 언어를 사용하면 언어를 사용하는 사람도 피해를 입는다는 내용을 통해 언어폭력을 줄이자는 주장에 대한 설득력이 높아짐 (바) 시대별 현황을 통해 글의 주제인 인터넷 언어폭력 문제에 대한 심각성을 강조할 수 있음 (사) 피해자의 영상을 보여줌으로써 글의 설득력을 높일 수 있고 SNS에 게시하는 글이므로 영상 자료를 사용하는 것이 효율적임
		• 활동 내용 공유 및 피드백하기 • 내용을 생성하는 다양한 방법 제시하기 **<내용 생성 방법>** • 배경지식 활용하기 • 브레인스토밍 • 인터넷 및 도서관에서 자료 찾기 • 전문가 면담	• 활동 내용 공유 및 피드백 받기 • 내용을 생성하는 다양한 방법 이해하기
전개 2	내용 조직 및 초고 쓰기	• 선정한 내용을 자료로 제공하기 • 자료를 바탕으로 내용 조직 활동 안내하기 • 태블릿PC로 초고 쓰기 안내하기	• 선정한 내용을 자료로 확인하기 • 자료를 바탕으로 내용 조직하기(개별 활동) • 조직한 내용을 바탕으로 태블릿PC로 초고 쓰기
전개 3	<활동2> 고쳐쓰기	<수험생 작성 내용3> • 쓰기 맥락을 고려한 글쓰기의 평가 기준을 안내하기 • 모둠별로 평가 기준에 맞게 서로의 글을 평가하고 평가 이유를 구체적으로 공유하도록 하기	• 쓰기 맥락을 고려한 글쓰기의 평가 기준을 이해하기 • 모둠별로 평가 기준에 맞게 서로의 글을 평가하고 평가 이유를 공유하기

전개 3	〈활동2〉 고쳐쓰기	– "지금부터 평가지를 나눠드릴 거예요. 그리고 모둠별로 글을 돌려보면서 서로의 글을 평가할 건데, 평가지를 중심으로 평가하되 평가 이유를 꼭 적어서 나중에 고쳐쓰기를 할 때 참고가 될 수 있도록 해요."	**평가 활동 예시** 근거 ③ ☆☆☆☆☆ 이유 : 10대 청소년인 내가 읽어도 내용 이해가 무척 잘 되었음 근거 ④ ☆☆☆ 이유 : 우리 학교 SNS에 올리는 글이라고 했는데 SNS에 올리기에는 시각 자료가 없고 분량이 많음	
		• 동료평가의 내용을 바탕으로 자신의 글을 고쳐쓰는 활동 제시하기 • 활동 내용 공유 및 피드백하기 – "○○이는 어떻게 고쳐쓰기를 했나요?"	• 동료평가의 내용을 바탕으로 자신의 글을 고쳐쓰는 활동 수행하기 • 활동 내용 공유 및 피드백 받기 – "평가해 준 친구들이 내용 이해는 잘 되었다고 해서 어휘를 수정하지는 않았어요. 다만 시각 자료가 없다고 해서 인터넷에서 관련 사진 자료를 찾아 넣었고 분량이 많다는 의견이 있어 SNS의 특성에 맞게 핵심 정보로만 글을 재구성했어요."	

쓰기 맥락을 고려한 글쓰기 평가 기준	점수
1. 간결하고 명료하게 글을 써서 글의 설득력을 높였는가?	☆☆☆☆☆
2. 주제와 목적에 맞는 내용을 선정하고 조직하여 글을 썼는가?	☆☆☆☆☆
3. 〈수험생 작성 내용〉 예상 독자의 흥미와 수준, 관심사를 고려하여 글을 썼는가?	☆☆☆☆☆
4. 〈수험생 작성 내용〉 매체의 특성을 고려하여 글을 썼는가?	☆☆☆☆☆

정리	형성평가 및 과제 부여	• 형성평가 부여 • 수준별 과제 제시	• 형성평가 진행 • 수준별 과제 확인
	학습 내용 정리	• 학습 내용 정리	• 학습 내용 이해
	차시 예고	• 다음 차시 예고	• 다음 차시 숙지

판서 예시

〈쓰기 맥락 점검하기〉

	〈자료2〉의 쓰기 맥락
주제	10대들의 인터넷 언어폭력을 해결하자
목적	설득
독자	우리 고등학교 학생 및 10대 청소년
매체	우리 학교 SNS

〈내용 선정하기〉

	〈자료3〉에서 선정한 내용과 그 이유
(가)	10대 언어폭력 원인 자료로 적합 → 독자의 흥미 끌 수 있음
(라)	언어폭력 가해자도 피해를 입음 → 글의 설득력 높임
(바)	인터넷 언어폭력의 현재 심각성 → 글의 설득력 높임
(사)	언어폭력 피해자의 영상 자료 → 매체에 적합

〈동료평가 및 고쳐쓰기〉

○○이 글에 대한 평가
근거 ③ ☆☆☆☆☆ 이유 : 10대 청소년이 읽어도 이해 ○ 근거 ④ ☆☆☆ 이유 : 시각 자료 ×, 분량 과다(SNS 특성 고려) → 시각 자료를 넣고, 핵심 정보로만 글 구성하며 고쳐 씀

2026학년도 중등학교교사신규임용후보자선정경쟁시험(2차)
제4회 국어과 교수·학습 실연 시험 문제지

관리 번호 [   ]

지도안 세부 조건

1. **〈수험생 작성 조건1〉 동기유발**
   가. 〈자료1〉을 활용하여 동기유발할 것
   나. 〈자료1〉의 작가가 겪은 심미적 체험을 추측하게 하는 발문을 포함할 것
   다. 〈자료1〉에 대한 학생들의 감상을 이끌어 낼 수 있는 교사의 구체적인 발문을 포함할 것

2. **〈수험생 작성 조건2〉 문학은 심미적 체험을 바탕으로 한 소통 활동임을 이해하기**
   가. 〈자료2〉를 활용할 것
   나. 누이의 죽음에 대한 말하는 이의 태도가 변하는 지점을 찾아, 이 시에 나타나 있는 말하는 이의 태도를 2가지로 정리할 것
   다. 말하는 이의 태도에서 느껴지는 학생들의 감정을 공유하도록 안내할 것

3. **〈수험생 작성 조건3〉 자신의 심미적 체험을 바탕으로 문학 활동을 하기**
   가. 〈자료3〉을 참고하여 〈자료2〉와 관련된 학생의 경험을 떠올려보도록 안내할 것
   나. 학생들이 자신의 경험을 공유할 수 있는 활동으로 계획할 것
   다. 자신의 경험을 글로 표현해보는 문학 활동을 계획할 것(단, 활동 결과 공유는 생략해도 됨)

수업 조건

- 과목: 국어
- 학년: 중학교 3학년
- 장소: 국어 교과교실
- 시간: 블록타임제(90분)
- 단원명: 문학의 아름다움
- 해당 성취 기준: 문학은 심미적 체험을 바탕으로 한 다양한 소통 활동임을 알고 문학 활동을 한다.

단원명	차시	학습 내용
문학의 아름다움	1	○'제망매가'의 내용을 정리할 수 있다.
	2-3 (본시)	○'제망매가'를 통해 문학은 심미적 체험을 바탕으로 한 다양한 소통 활동임을 설명할 수 있다. ○자신의 심미적 체험을 바탕으로 하여 문학 활동을 할 수 있다.

학생 수	장소	학습 형태	학습 기자재
24명	국어 교과교실	강의식, 개별 활동, 모둠활동	교사용 컴퓨터, 전자 칠판, 학생용 스마트 기기

※ 본 문제는 모의 평가용으로 제작되었으며, 실제 시험의 문항 유형 및 형식과 다를 수 있습니다.

⟨자료1⟩
이런 시 　　　　　　　　　　　　　　　　이상 내가 그다지 사랑하던 그대여 내 한평생에 차마 그대를 잊을 수 없소이다 내 차례에 못 올 사랑인 줄은 알면서도 나 혼자는 꾸준히 생각하리라 자, 그러면 내내 어여쁘소서

⟨자료2⟩	⟨자료3⟩
제망매가(祭亡妹歌) 　　　　　　　　　　　　월명사 생사(生死) 길은 예 있으매 머뭇거리고, 나는 간다는 말도 몯다 이르고 어찌 갑니까. 어느 가을 이른 바람에 이에 저에 떨어질 잎처럼, 한 가지에 나고 가는 곳 모르온저. 아아, 미타찰(彌陀刹)에서 만날 나 도(道) 닦아 기다리겠노라.	⟨제망매가(祭亡妹歌)를 읽은 학생들의 반응⟩ 은유 : '제망매가'는 슬픈 내용이지만 이 슬픔을 종교적으로 극복하려고 하는 모습에서 아름다움이 느껴져. 재민 : 맞아. 문학에서의 아름다움은 곱고 예쁜 것뿐만이 아니라 고귀하거나 슬픈 모습에서도 느낄 수 있어.

2026학년도 중등학교교사신규임용후보자선정경쟁시험(2차)

제4회 국어과 교수·학습 실연 지도안 [예상 답안]

국어과 본시 교수·학습 지도안					
학습 목표		1. '제망매가'를 통해 문학은 심미적 체험을 바탕으로 한 다양한 소통 활동임을 설명할 수 있다. 2. 자신의 심미적 체험을 바탕으로 하여 문학 활동을 할 수 있다.				
학습 단계			교수·학습 활동			자료 및 유의점	시간 (분)
도입	인사		• 인사 및 학습 분위기 조성 || • 인사 및 학습 준비		
	전시 학습 확인		• 전시 학습 확인 || • 전시 학습 회상		

	동기유발		〈수험생 작성 내용1〉
			• 〈자료1〉 함께 읽기
			
			• 작가의 심미적 체험을 추측해 보게 하는 발문하기
			  - "이 시를 쓴 시인은 어떤 일을 겪고 이 시를 쓰게 되었을까요?"
			
			• 학생들의 시에 대한 감상을 이끌어 내는 발문하기
			  - "여러분은 이 시에서 어떤 부분이 가장 인상 깊었나요?"
			
			  - "그 부분이 인상 깊었던 이유는 무엇인가요?"
			
			• 학습 목표와 연관 짓기
			  - "이상이 자신의 경험을 '이런 시'를 통해 표현해낸 것처럼 작가는 문학 작품을 통해 독자들과 소통하기도 해요. 또, 현재의 여러분들처럼 문학 작품을 통해 독자와 독자 간의 소통이 이루어지기도 하죠. 이처럼 문학은 작가와 독자 간의 대화, 독자와 독자 간의 대화가 이루어지게 하는 소통 활동이에요." || • 〈자료1〉 함께 읽기
			
			• 작가의 심미적 체험을 추측해 보기
			
			  - "아마 좋아하는 사람 있었는데, 그 사람과 잘 안되었던 것 같아요."
			  - "사랑하는 사람이 떠난 것 같아요."
			
			• 시에 대한 감상 발표하기
			
			  - "못 올 사랑인 줄 알면서도 나 혼자 꾸준히 생각하겠다고 말한 부분이 인상 깊었어요."
			  - "'자, 그러면 내내 어여쁘소서'라고 말한 부분이 인상 깊었어요."
			  - "상대가 나를 보지 않더라도 꿋꿋하게 사랑하겠다는 의미인 것 같아 화자가 안타까웠고 마음이 아팠기 때문이에요."
			  - "표현이 너무 아름다웠기 때문이에요."
			
			• 학습 목표의 중요성 이해하기		

	학습 내용 안내		• 학습 내용 안내 || • 학습 내용 확인		
	학습 목표 제시	colspan="2"	• 학습 목표 제시 || • 학습 목표 확인		

		〈수험생 작성 내용2〉			
전개 1	〈활동1〉 문학은 심미적 체험을 바탕으로 한 소통 활동임을 이해하기	• 〈자료2〉 함께 읽기 • 누이의 죽음에 대한 글쓴이의 태도가 변하는 지점을 찾도록 발문할 것 　– "이 시의 내용에 대해서는 지난 시간에 배웠죠. 시의 내용을 토대로 누이의 죽음에 대한 글쓴이의 태도가 변하는 부분을 한 어절로 찾아보세요." • 누이의 죽음에 대한 말하는 이의 태도 변화를 짝과 함께 정리하도록 안내하기 　– "시의 내용을 '아아'를 기준으로 앞부분과 뒷부분으로 나누어 누이의 죽음에 대한 말하는 이의 태도를 정리해 봅시다." • 활동 내용을 발표하도록 안내하기 • 말하는 이의 태도에 대한 자신의 감정을 공유하도록 안내하기 　– "여러분들은 말하는 이의 태도를 보고 어떤 감정을 느꼈나요? 모둠 내에서 다 함께 공유해 봅시다." • 활동 내용을 발표하도록 안내하기 　– "모둠 내에서 어떤 이야기가 나왔나요? 다함께 공유해 봅시다."	• 〈자료2〉 함께 읽기 • 누이의 죽음에 대한 글쓴이의 태도가 변하는 지점 찾기 　– "'아아'를 기준으로 글쓴이의 태도가 변하는 것 같아요." • 누이의 죽음에 대한 말하는 이의 태도 변화를 짝과 함께 정리하기 • 활동 내용 발표하기 	시의 내용	누이의 죽음에 대한 글쓴이의 태도	 |---|---|
'아아' 앞부분	누이의 죽음을 슬퍼함
'아아' 뒷부분	누이와 재회할 것을 기약하며 종교적 힘으로 슬픔을 극복하고자 함	 • 말하는 이의 태도에 대한 자신의 감정을 공유하기 • 활동 내용 발표하기 　– "저는 말하는 이가 대단하다고 느꼈어요. 저라면 누이가 죽고 나서 그 슬픔을 극복하지 못하고 매일을 울면서 무기력하게 보냈을 것 같아요." 　– "저는 말하는 이와 비슷한 생각을 한 적이 있어 공감이 되었어요. 저는 종교는 없지만, 돌아가신 할아버지도 언젠가는 다시 만날 것이라고 믿기 때문이에요."		
전개 2	〈활동2〉 자신의 심미적 체험을 바탕으로 문학 활동 하기	〈수험생 작성 내용3〉 • 〈자료3〉 함께 읽기 • 〈자료3〉을 참고하여 〈자료2〉에서 느껴지는 아름다움이 무엇인지 발문하기 　– "〈자료3〉의 대화에서 〈자료2〉에서는 어떠한 아름다움이 느껴진다고 했나요?" • 모둠별로 〈자료2〉와 관련된 경험을 공유하도록 안내하기 　– 〈자료2〉와 관련하여 슬픔을 극복했던 경험을 모둠 내에서 공유하도록 안내한다.	• 〈자료3〉 함께 읽기 • 〈자료2〉에서 느껴지는 아름다움 파악하기 | 〈자료2〉에 나타난 아름다움	누이의 죽음에 대한 슬픔을 종교적으로 극복해 내는 아름다움 | |---|---| • 모둠별로 〈자료2〉와 관련된 경험을 공유한다. 　– 〈자료2〉와 관련하여 슬픔을 극복했던 경험을 모둠 내에서 공유한다.		

단계		교사 활동	학생 활동		
전개 2	〈활동2〉 자신의 심미적 체험을 바탕으로 문학 활동 하기	• 학생 발표 격려하기 – "모둠 안에서 어떤 이야기가 나왔나요? 자신의 경험을 공유해 봅시다."	• 활동 내용 공유하기 – "피아노 연주회에서 너무 떠는 바람에 그동안 준비했던 걸 다 보여주지도 못한 채 무대에서 내려온 적이 있어요. 너무 슬프고 속상했지만 부모님과 친구들이 열심히 도전했으니 충분히 아름다운 경험이라고 위로해 줘서 힘든 상황을 극복할 수 있었어요."		
		• 모둠 내에서 발표한 경험을 토대로 각자 짧은 수필을 쓰도록 안내하기 – 슬픔을 극복했던 경험에 대해 솔직하고 생생한 글로 풀어내도록 안내한다.	• 모둠 내에서 발표한 경험을 토대로 각자 짧은 수필 쓰기 – 슬픔을 극복했던 경험에 대해 솔직하고 생생한 글로 풀어내어 쓴다.		
		• 문학 활동 내용을 공유하도록 발표 격려하기 • 활동 정리하기	• 문학 활동 내용 공유하기 • 활동 정리하기		
정리	학습 내용 정리	• 학습 내용 정리	• 학습 내용 이해		
	차시 예고	• 차시 예고	• 차시 예고 인지		

판서 예시

단원명: 문학의 아름다움

〈학습 목표〉

1. 문학은 심미적 체험을 바탕으로 한 다양한 소통 활동임을 설명할 수 있다.
2. 자신의 심미적 체험을 바탕으로 하여 문학 활동을 할 수 있다.

〈활동1〉 문학은 심미적 체험을 바탕으로 한 소통 활동임을 이해하기

1) 누이의 죽음에 대한 말하는 이의 태도

'아아' 앞부분	누이의 죽음을 슬퍼함
'아아' 뒷부분	종교적 힘으로 슬픔 극복

2) 말하는 이의 태도에 대한 자신의 감상

- 대단함. 나라면 극복하지 못하고 무기력하게 지냈을 것
- 공감됨. 돌아가신 할아버지도 언젠가는 만날 것이라고 믿기 때문

〈활동2〉 자신의 심미적 체험을 바탕으로 문학 활동하기

1) 자신의 심미적 체험 떠올리기

〈자료2〉에 나타난 아름다움	누이의 죽음에 대한 슬픔을 종교적으로 극복해 내는 아름다움

슬픔을 극복했던 경험
피아노 연주회에서 실수 ⇒ 부모님과 친구들의 위로로 슬픔 극복

2) 심미적 체험을 바탕으로 문학 활동하기

2026학년도 중등학교교사신규임용후보자선정경쟁시험(2차)
제5회 국어과 교수·학습 실연 시험 문제지

관리 번호 [　　　]

지도안 세부 조건

1. <수험생 작성 조건1> 동기유발
   가. 사진, 그림, 동영상 등 구체적인 예시를 제시할 것
   나. 교사의 발문과 학생의 답변을 통해 상호작용을 제시할 것
   다. 동기유발 활동을 학습 목표와 연결 지어 안내할 것

2. <수험생 작성 조건2> 과거의 삶과 오늘날의 삶 비교하기
   가. <자료> ㉠~㉣에 담긴 과거의 삶을 이해하도록 할 것
   나. 모둠활동을 통해 <자료>에 드러난 과거의 삶에 비추어 오늘날의 삶과 비교하도록 할 것
   다. 교사 시범을 보일 것

3. <수험생 작성 조건3> 오늘날의 삶 성찰하기
   가. <자료>에 드러난 삶의 모습 중에서 하나를 골라 그에 담긴 가치를 평가하도록 할 것
   나. <자료>에 드러난 삶의 가치에 대해 생각해 보고 오늘날 우리의 삶을 성찰하도록 할 것
   다. 모둠활동을 진행할 것

수업 조건

- 과목 : 국어
- 학년 : 중학교 3학년
- 장소 : 국어 교과교실
- 시간 : 블록타임제(90분)
- 단원명 : 문학에 녹아든 삶
- 해당 성취 기준 : 과거의 삶이 반영된 작품을 오늘날의 삶에 비추어 감상한다.

단원명	차시	학습 내용
문학에 녹아든 삶	1-2 (본시)	○운문에 담긴 과거의 삶의 모습을 오늘날의 삶과 비교하여 이해할 수 있다. ○운문에 담긴 과거의 삶의 모습을 통해 오늘날 우리의 삶을 성찰할 수 있다.
	3-4	○산문에 담긴 과거의 삶의 모습을 오늘날의 삶과 비교하여 이해할 수 있다. ○산문에 담긴 과거의 삶의 모습을 통해 오늘날 우리의 삶을 성찰할 수 있다.

학생 수	장소	학습 형태	학습 기자재
24명	국어 교과교실	강의식, 모둠활동	교사용 컴퓨터, 전자 칠판, 학생용 스마트 기기

※ 본 문제는 모의 평가용으로 제작되었으며, 실제 시험의 문항 유형 및 형식과 다를 수 있습니다.

〈자료〉

임금과 백성의 사이는 하늘과 땅만큼 차이가 큰데
나의 서러운 일까지 다 알려고 마음을 쓰시고, 헤아리니
우리들 살찐 미나리를 어찌 혼자 먹을 수 있으리오   - ㉠ (제2수)

네 아들이 효경을 읽더니 얼마만큼 배웠는가
내 아들이 모레면 소학을 마칠 것이로다
어느 때 이 두 글을 배워서 어진이가 되는 것을 보겠는가   - ㉡ (제7수)

오늘도 다 새거다 호미 메고 가쟈스라
내 논 다 매거든 네 논 좀 매어 주마
오는 길에 뽕 따다가 누에 먹여 보쟈스라   - ㉢ (제13수)

이고 진 저 늙은이 짐 풀어 나를 주오
나는 젊었거니 돌이라 무거울까
늙기도 설워라커든 짐을 조차 지실까   - ㉣ (제16수)

- 정철, 「훈민가」 -

2026학년도 중등학교교사신규임용후보자선정경쟁시험(2차)

제5회 국어과 교수·학습 실연 지도안 　예상 답안

국어과 본시 교수·학습 지도안					
학습 목표	1. 운문에 담긴 과거의 삶의 모습을 오늘날의 삶과 비교하여 이해할 수 있다. 2. 운문에 담긴 과거의 삶의 모습을 통해 오늘날 우리의 삶을 성찰할 수 있다.				
학습 단계		교수·학습 활동		자료 및 유의점	시간(분)
도입	인사	• 인사 및 학습 분위기 조성		• 인사 및 학습 준비	
	전시 학습 확인	• 전시 학습 확인		• 전시 학습 회상	
	동기유발	〈수험생 작성 내용1〉 • '옛날 서당의 사진'을 제시하고 발문을 통해 동기유발하기 - "이 사진은 어떤 공간인가요?" - "서당과 지금의 학교를 비교해 보면 어떤 차이가 있나요?" - "잘 찾아주었어요. 같은 교육 기관이지만 오늘날과 큰 차이가 느껴지죠." • 학습 목표와 연결 지어 학습 내용 안내하기 - "문학 작품 역시 마찬가지입니다. 문학 작품에는 창작 당시의 모습이 담겨 있기 때문에 문학 작품을 통해 당시 삶의 모습을 엿볼 수 있고, 현재의 삶과 비교해보며 나아가 우리 삶을 성찰해 볼 수 있어요."		• '옛날 서당의 사진'을 보며 발문을 듣고 흥미 갖기 - "서당이에요." - "서당에는 교탁이 없어요.", "의자랑 칠판이 없어요.", "모두 양반 자세로 앉아 있어요." • 학습 목표와 연결 지어 학습 내용 이해하기	
	학습 내용 안내	• 학습 내용 안내		• 학습 내용 확인	
	학습 목표 제시	• 학습 목표 제시		• 학습 목표 확인	
전개 1	〈활동1〉 과거의 삶과 오늘날의 삶 비교하기	〈수험생 작성 내용2〉 • 〈자료〉를 함께 읽도록 하기 • 〈자료〉에 담긴 과거의 삶을 이해하도록 하기 - 교사의 시범 보이기 	부분	삶의 모습	이유
---	---	---
㉠	신분 계층이 나뉘어짐	임금과 백성의 사이가 큼
	임금에게 감사해야 함	서러운 일도 헤아려 주시는 분	|| • 〈자료〉를 함께 읽기 • 〈자료〉에 담긴 과거의 삶을 이해하기 | 부분	삶의 모습	이유
---	---	---
㉡	효경, 소학과 같은 학문 공부가 중요함	효경과 소학을 배워 자식이 어진이가 되어야 한다고 함
㉢	농사를 주로 지음 상부상조를 중시함	호미, 논, 뽕 내 논 다 매고 도와준다고 함
㉣	노인을 공경해야 함	나는 젊어 돌도 무겁지 않으므로 노인의 짐을 들어줘야 함		

전개 1 |〈활동1〉 과거의 삶과 오늘날의 삶 비교하기	• 모둠활동을 통해 과거의 삶과 오늘날의 삶 비교하도록 하기	• 모둠활동을 통해 과거의 삶과 오늘날의 삶 비교하기 |	과거의 삶	오늘날의 삶
---	---	---
공통점	• 상부상조 중시함 • 노인 공경을 중시함 • 학문 공부 중시함	
차이점	• 신분계층 나뉨 • 농경사회 • 소학, 효경 같은 학문 위주	• 신분 계급 없음 • 정보통신 사회 • 국어, 영어, 수학, 과학과 같은 학문 위주	
전개 2	〈활동2〉 오늘날의 삶 성찰하기	〈수험생 작성 내용3〉 • 모둠활동을 통해 작품에 드러난 삶의 모습 중에서 하나를 골라 평가하도록 하기 • 모둠활동을 통해 작품에 드러난 삶의 가치에 대해 생각해 보고 오늘날 우리의 삶을 성찰하도록 하기 〈안내〉 1. 작품에서 드러난 삶의 가치 고르기 2. 오늘날의 모습 떠올리기 3. 오늘날의 모습 성찰하기	• 모둠활동을 통해 작품에 드러난 삶의 모습 중에서 하나를 골라 평가하기 | 모둠	고른 삶의 모습	평가
---	---	---
1모둠	학문 공부가 중요함	오늘날에는 과거와 달리 중시되는 학문이 달라졌지만 학문을 배우는 것은 매우 중요하다. 그러나 어진 사람은 학문만 잘 배워서 되는 것은 아니라고 생각한다.
2모둠	신분 계층이 존재함	신분 계층으로 사람을 구분 짓고 임금을 무조건 공경해야 하는 것은 바람직하지 못한 것 같다.
…	…	… | • 모둠활동을 통해 작품에 드러난 삶의 가치에 대해 생각해 보고 오늘날 우리의 삶을 성찰하기 | 모둠	성찰한 내용
---	---
1모둠	이 작품에는 상부상조가 중요하다는 내용이 나타난다. 현대 사회는 특히 개인주의 경향이 강한데 사람은 사회적 존재로 서로 돕고 사는 것도 중요하다고 생각한다. 따라서 요즘 같은 시기에 상부상조의 가치를 생각하는 자세가 필요하다.
2모둠	이 작품에는 노인공경을 중요시한다. 요즘은 노인공경의 자세가 많이 흐트러지고 있는데 짐을 들어주는 것 뿐만 아니라 자리 양보하기 등 다양한 방법에서 노인공경을 실천하는 것이 필요하다.
…	…	
정리	형성평가 및 과제 부여	• 형성평가 부여 • 수준별 과제 제시	• 형성평가 진행 • 수준별 과제 확인
	학습 내용 정리	• 학습 내용 정리	• 학습 내용 이해
	차시 예고	• 차시 예고	• 차시 예고 인지

판서 예시

문학에 녹아든 삶

〈활동1〉과거의 삶 오늘날의 삶

(1) 과거의 삶의 모습

	삶의 모습	이유
㉠	신분 계층이 존재	임금, 백성
	임금에게 감사해야 함	서러운 일도 헤아려 주시는 분
㉡	효경, 소학과 같은 학문 공부가 중요함	효경과 소학을 배워 → 자식이 어진이가 됨
	농사를 주로 지음	호미, 는, 뽕
㉢	상부상조를 중시함	내 논 다 매고 도와준다고 함
㉣	노인을 공경해야 함	나는 젊어 → 노인의 짐을 들어줘야 함

(2) 삶의 모습 비교

	과거의 삶	오늘날의 삶
공통점	- 효도 중요 - 상부상조 중요 - 노인 공경 중시 - 학문 공부 중시	
차이점	- 신분계층 나뉨 - 농경사회 - 소학, 효경 같은 학문 위주	- 신분 계급 없음 - 정보통신 사회 - 국어, 영어, 수학, 과학과 같은 학문 위주

〈활동2〉오늘날의 삶 성찰하기

(1) 삶의 모습 평가하기

모둠	고른 삶의 모습	평가
1모둠	학문 공부가 중요	- 여전히 학문 공부 중요 - 그러나 어린이는 공부만으로 ×
2모둠	신분 계층이 존재	- 신분 계층으로 사람을 구분 짓고, 임금을 무조건 공경해야 하는 것 → 바람직하지 ×
…	…	…

(2) 삶의 모습 성찰하기

모둠	성찰한 내용
1모둠	- 과거 : 상부상조 - 현재 : 개인주의 - 성찰 내용 : 상부상조의 가치 생각
2모둠	- 과거 : 노인 공경 - 현재 : 노인 공경 ↓ - 성찰 내용 : 다양한 방법으로 노인 공경 실천
…	…

2026학년도 중등학교교사신규임용후보자선정경쟁시험(2차)
제6회 국어과 교수·학습 실연 시험 문제지

관리 번호 [ ]

지도안 세부 조건

1. 〈수험생 작성 조건1〉 동기유발
   가. 원작과 이를 다른 매체로 재구성한 작품을 활용하여 동기를 유발할 것
   나. 작품을 재구성하였을 때의 효과를 2가지 설명할 것

2. 〈수험생 작성 조건2〉 원작과 재구성된 작품 비교하기
   가. 원작과 재구성된 작품을 비교할 때 고려할 요소를 3가지 제시할 것
   나. '가'를 바탕으로 〈자료1〉, 〈자료2〉를 비교하는 활동을 구성할 것
   다. '나'를 바탕으로 작품을 재구성한 의도를 교사의 말로 설명할 것

3. 〈수험생 작성 조건3〉 작품 재구성하기
   가. 〈자료1〉을 뮤지컬 대본으로 재구성하는 활동을 구성할 것
   나. 소설을 뮤지컬 대본으로 재구성하는 방법을 제시하고, 이와 같은 차이가 발생하는 이유를 설명할 것
   다. ㉠을 재구성한 내용이 구체적으로 드러나도록 할 것

수업 조건

- 과목 : 국어
- 학년 : 중학교 2학년
- 장소 : 국어 교과교실
- 시간 : 블록타임제(90분)
- 단원명 : 작품의 재발견
- 해당 성취 기준 : 재구성된 작품을 원작과 비교하고, 변화 양상을 파악하며 감상한다.

단원명	차시	학습 내용
작품의 재발견	1-2 (본시)	○ 재구성된 작품을 원작과 비교하고, 변화 양상을 파악하며 감상할 수 있다. ○ 원작을 바탕으로 작품을 효과적으로 재구성할 수 있다.
	3-4	○ 재구성한 작품을 뮤지컬로 실연할 수 있다. ○ 동료들의 작품 실연과 대본을 서로 상호 평가할 수 있다.

학생 수	장소	학습 형태	학습 기자재
24명	국어 교과교실	강의식, 모둠식	교사용 컴퓨터, 전자 칠판, 학생용 스마트 기기

※ 본 문제는 모의 평가용으로 제작되었으며, 실제 시험의 문항 유형 및 형식과 다를 수 있습니다.

〈자료1〉

허생은 묵적골에 살았다. 곧장 남산 밑에 닿으면, 우물 위에 오래 된 은행나무가 서 있고, 은행나무를 향하여 사립문이 열렸는데, 두어 칸 초가는 비바람을 막지 못할 정도였다. 그러나 허생은 글읽기만 좋아하고, 그의 처가 남의 바느질품을 팔아서 입에 풀칠을 했다.

㉠ ┌ 하루는 그 처가 몹시 배가 고파서 울음 섞인 소리로 말했다.
　 └ "당신은 평생 과거를 보지 않으니, 글을 읽어 무엇합니까?"

허생은 웃으며 대답했다.

"나는 아직 독서를 익숙히 하지 못하였소."

"그럼 장인바치 일이라도 못 하시나요?"

"장인바치 일은 본래 배우지 않았는걸 어떻게 하겠소?"

"그럼 장사는 못 하시나요?"

"장사는 밑천이 없는 걸 어떻게 하겠소?"

처는 왈칵 성을 내며 소리쳤다.

"밤낮으로 글을 읽더니 기껏 '어떻게 하겠소?' 소리만 배웠단 말씀이오? 장인바치 일도 못 한다, 장사도 못 한다면, 도둑질이라도 못 하시나요?"

허생은 읽던 책을 덮어 놓고 일어나면서,

"아깝다. 내가 당초 글읽기로 십 년을 기약했는데, 인제 칠 년인걸……."

하고 휙 문 밖으로 나가 버렸다.

[다음 이야기] 허생은 한양에서 제일 부자라는 변씨를 찾아가 돈 만 냥을 꾸어 가지고 안성에 내려가 과일 장사를 하여 폭리를 취한다. 그리고 제주도에 들어가 말총 장사를 하여 많은 돈을 번다. 그 뒤에 어느 사공의 안내를 받아 무인도 하나를 얻은 뒤, 변산에 있는 도둑들을 설득하여 각기 소 한 필, 여자 한 사람씩을 데려오게 하고 그들과 무인도에 들어가 농사를 짓는다. 3년 동안 거두어들인 농산물을 흉년이 든 장기에 팔아 백만금을 얻게 된다. 그는 외부로 통행할 배를 불태우고 50만금은 바다에 던져버린 뒤에 글 아는 사람을 가려 함께 본토로 돌아와 가난한 자들을 구제하고 남은 돈 십만금을 변씨에게 갚고 세상에 대한 이야기를 나눈 후 홀연히 사라진다.

— 박지원, 「허생전」 —

〈자료2〉

[지난 이야기] 신혼 초부터 허생은 기본적인 생활도 돌보지 않고 독서에만 몰두하였으나 허생의 처인 '나'는 남편을 자랑스럽게 여겼다. 남편의 높은 뜻을 믿었기 때문이었다. '나'는 시할머니에게 집에 정착하지 않는 허생의 삶에 대한 책임을 강요당하고, 허생이 변 부자에게 돈을 꾸어 큰돈을 벌었다는 사실을 비로소 알게 된다. 5년 만에 다시 집으로 돌아온 허생은 '나'에게 다시 떠나고자 함을 알린다.

저녁 밥상을 물려 가려는데 남편이 불렀다.

"잠시만 앉으오. 내가 할 이야기가 있소."

남편은 말 꺼내기가 어려운 듯 잠시 묵묵히 있었다.

"나는 다시 출유하려 하오. 그러니 당신은 이 집을 정리하고 수래벌 큰 댁에 몸을 의탁해 있으시오. 이미 사촌 큰형님과 상의해 두었소."

"집을 판다면…… 아주 안 돌아오십니까?"

"나도 모르오. 내 뜻이 이곳에 없으니 장담하기 어렵소."

"그렇다면 차라리 저와 절연하시지요."

"무슨 해괴망측한 소릴 하오? 우리 혼인한 사이인데, 그걸 어찌 쉽게 깨뜨린단 말이오? 사람에겐 신의가 중요한 것이오."

"남자들은 저 편리한 대로 신의니 뭐니 하더군요. 우리가 혼인한 것이 약속이니 지켜야 한다고 합시다. 하지만, 어찌 그 약속이 여자 홀로 지켜야 할 것입니까? 당신이 그걸 저버리고 절 돌보지 않으니 제가 약속을 지켜야 할 상대는 어디 있는 겁니까? 전 차라리 팔자를 고쳤으면 합니다." (중략)

"기다리는 게 부녀의 아름다운 덕이오."

"덕요? 난 꼬박 오 년이나 당신을 기다렸지요. 그전엔 굶기를 밥 먹듯 한 것이 몇 해였지요? 우리가 입에 풀칠이라고 할 수 있었던 것은 오로지 내 두 팔이 바삐 움직이고 두 눈이 호롱불빛에 짓물렀기 때문이에요. 그런데 전 뭔가요? 앞으로도 뒤로도 어둠뿐이에요. 당신은 여전히 유유자적 더러운 세상을 경멸하며 가슴에 품은 경륜을 뽐낼 뿐이지요. (중략) 그래요. 당신은 봉새예요. 그러나 난 참새여서 당신의 높은 경지를 따를 수가 없어요. 그렇지만 나는 단 한 가지를 알고 있는데 난 앞으로는 그걸 따라 살 것이에요. 나는 열 살 때 전란을 겪었고 그 와중에서 뼈저리게 느꼈어요. 당신은 무엇 때문에 십 년이나 기약하고 독서했지요? 당신은 대답할 수 없으시지요! 난 말할 수 있어요. 그건 사람이 살고 자식을 낳고 그 자식들을 보다 좋은 세상에서 살게 하려는 것 때문이라고요. 난 그렇게 하고 싶고, 꼭 할 거예요……."

- 이남희, 「허생의 처」 -

2026학년도 중등학교교사신규임용후보자선정경쟁시험(2차)

제6회 국어과 교수·학습 실연 지도안 [예상 답안]

<table>
<tr><td colspan="5" align="center">국어과 본시 교수·학습 지도안</td></tr>
<tr><td>학습 목표</td><td colspan="4">1. 재구성된 작품을 원작과 비교하고, 변화 양상을 파악하며 감상할 수 있다.
2. 원작을 바탕으로 작품을 효과적으로 재구성할 수 있다.</td></tr>
<tr><td>학습 단계</td><td colspan="3" align="center">교수·학습 활동</td><td>자료 및
유의점</td><td>시간
(분)</td></tr>
<tr><td rowspan="7">도입</td><td>인사</td><td>• 인사 및 학습 분위기 조성</td><td>• 인사 및 학습 준비</td><td></td><td></td></tr>
<tr><td>전시 학습
확인</td><td>• 전시 학습 확인</td><td>• 전시 학습 회상</td><td></td><td></td></tr>
<tr><td>동기유발</td><td>〈수험생 작성 내용1〉
• 원작과, 이를 다른 매체로 재구성한 작품 제시하기
  – "여러분, 지금부터 두 자료를 보여줄 거예요. 하나는 소설 '해리 포○'의 내용이고, 하나는 영화 '해리 포○'의 내용이에요."

• 소설과 영화의 차이 파악하도록 하기
  – "두 자료를 보니까 어떤 차이가 느껴졌나요?"

• 작품을 재구성하였을 때의 효과 설명하기
  – "그렇다면 소설보다 영화로 만들어졌을 때 더 좋았던 점이 있었나요?"

  – "맞아요. 이처럼 원작을 재구성하였을 때는 원작을 새롭게 해석하여 원작과는 다른 새로운 의미를 표현할 수 있답니다."</td><td>• 원작과, 이를 다른 매체로 재구성한 작품 감상하기

• 소설과 영화의 차이 파악하기
  – "소설은 글만으로 내용을 전달하는데, 영화는 영상에 포함된 화면, 음악, 인물의 대사 등 다양한 요소로 내용을 전달해요."
  – "소설에 있었던 내용이 영화에서는 생략되기도 하고, 소설에선 작게 다루었던 내용이 영화에는 비중 있게 다루어지기도 해요."

• 작품을 재구성하였을 때의 효과 설명하기
  – "소설에서 음식을 표현할 때 생김새나 맛이 쉽게 이해되지 않았었는데, 영화에서는 시각적으로 음식을 한눈에 보여주니까 훨씬 쉽게 이해가 되었어요."</td><td></td><td></td></tr>
<tr><td>학습 내용
안내</td><td>• 학습 내용 안내</td><td>• 학습 내용 확인</td><td></td><td></td></tr>
<tr><td>학습 목표
제시</td><td>• 학습 목표 제시</td><td>• 학습 목표 확인</td><td></td><td></td></tr>
<tr><td rowspan="2">전개1</td><td>〈활동1〉
원작과
재구성된
작품
비교하기</td><td>〈수험생 작성 내용2〉
• 원작과 재구성된 작품을 비교할 때 고려할 점 제시하기
  – "여러분들이 만약 작품을 재구성한다면 어떤 것을 바꿀 건가요?"</td><td>• 원작과 재구성된 작품을 비교할 때 고려할 점 파악하기
  – "마음에 안 드는 내용을 빼고 좋아하는 내용을 넣을 거예요."</td><td></td><td></td></tr>
</table>

				"글로 표현하기 어려운 부분이 있으면 그림이나 음악으로 표현하고 싶어요." – "작품에서 드러나는 작가의 관점에 동의할 수 없는 경우 저의 관점으로 바꿔 드러내고 싶어요."
전개 1	〈활동1〉 원작과 재구성된 작품 비교하기		– "여러분들의 말대로 재구성된 작품을 감상할 때는 원작과 내용, 표현 방식, 작가의 관점 등에서 어떤 차이가 나타나는지를 고려하면서 감상해야 해요." • 〈자료1〉과 〈자료2〉 감상하도록 안내하기 • 〈자료1〉과 〈자료2〉를 내용과 표현 방식, 관점 측면으로 나누어 비교하는 모둠활동 제시하기 – "〈자료1〉은 원작이고, 〈자료2〉는 〈자료1〉을 재구성한 작품이에요. 두 작품의 차이를 '내용'과 '표현 방식', '관점'을 중심으로 모둠별로 모여서 함께 찾아보도록 할게요." – 순회 지도	• 〈자료1〉과 〈자료2〉 감상하도록 안내하기 • 〈자료1〉과 〈자료2〉를 내용과 표현 방식, 관점 측면으로 나누어 비교하는 모둠활동 수행하기 |	〈자료1〉	〈자료2〉
---	---	---
내용	허생이 주인공	허생의 처가 주인공
	허생의 영웅담이 내용의 중심	허생의 처의 깨달음과 변화가 내용의 중심
	3인칭 전지적 작가 시점	1인칭 주인공 시점
표현 방식	소설로 차이 없음	
관점	허생을 현명하고 능력 있는 긍정적 인물로 묘사	허생을 가부장적이고 봉건적인 사람으로 묘사
	허생의 처를 남편을 이해하지 못하고 괴롭히는 부정적인 인물로 묘사	허생의 처를 봉건적 가치관에서 벗어나 주체적인 삶을 추구하는 긍정적 인물로 묘사	
			• 활동 공유 및 피드백하기 • 작품을 재구성한 의도를 설명하기 – "〈자료2〉는 주인공인 허생의 처가 허생에게 항변하는 모습을 통해 주체적이고 적극적인 여성의 모습을 보여줍니다. 더불어 〈자료2〉에서는 〈자료1〉에 드러나지 않던 남성 중심의 봉건적 가치관을 드러내 비판하고자하는 작가의 의도가 엿보여요."	• 활동 공유 및 피드백 받기 • 작품을 재구성한 의도를 이해하기
전개 2	〈활동2〉 작품 재구성 하기		〈수험생 작성 내용3〉 • 소설을 뮤지컬 대본으로 재구성할 때 고려할 요소 제시하기 		소설	뮤지컬 대본
---	---	---
인물의 행동	서술자가 표현	대사와 지시문, 해설, 노래 등으로 표현
인물의 심리		
배경				• 소설을 뮤지컬 대본으로 재구성할 때 고려할 요소 이해하기

전개 2	<활동2> 작품 재구성 하기	• 위와 같은 차이가 발생하는 이유 설명하기 – "왜 소설을 뮤지컬 대본으로 재구성하면 이런 차이가 발생할까요?" – "맞아요. 대본에는 서술자가 없기 때문에 서술자의 역할을 대사, 지시문, 해설이 나누어 담당한답니다." • 〈자료1〉을 뮤지컬 대본으로 재구성하는 활동 안내하기 – 순회 지도 • 활동 공유 및 피드백하기	• 위와 같은 차이가 발생하는 이유 설명하기 – "소설에는 서술자가 있고, 대본에는 서술자가 없어서 그래요." • 〈자료1〉을 뮤지컬 대본으로 재구성하는 활동 수행하기 • 활동 공유 및 피드백 받기 **㉠을 재구성한 부분** 허생의 처 : (배를 문지르며 울음 섞인 목소리로) 이제 배가 고파도 먹을 것이 없습니다. 당신은 평생 과거를 보지 않으니, 글을 읽어 무엇합니까?	
정리	형성평가 및 과제 부여	• 형성평가 부여 • 수준별 과제 제시	• 형성평가 진행 • 수준별 과제 확인	
	학습 내용 정리	• 학습 내용 정리	• 학습 내용 이해	
	차시 예고	• 차시 예고	• 차시 예고 인지	

판서 예시

〈원작과 재구성된 작품 비교하기〉

	〈자료1〉	〈자료2〉
주인공	허생	허생의 처
중심 내용	허생의 영웅담	허생의 처의 깨달음과 변화
시점	3인칭 전지적 작가	1인칭 주인공
표현 방식	소설로 차이 없음	

	〈자료1〉	〈자료2〉
허생	현명, 능력 긍정적 인물	가부장적, 봉건적, 부정적 인물
허생의 처	허생을 괴롭히는 부정적인 인물	주체적인 삶을 추구, 긍정적인 인물

〈작품 재구성하기〉

	소설	뮤지컬 대본
인물의 행동	서술자가 표현	대사와 지시문으로 표현
인물의 심리		대사와 지시문, 노래로 표현
배경		해설, 지시문으로 표현

㉠을 재구성한 부분

허생의 처 : (배를 문지르며 울음 섞인 목소리로) 이제 배가 고파도 먹을 것이 없습니다. 당신은 평생 과거를 보지 않으니, 글을 읽어 무엇합니까?

2026학년도 중등학교교사신규임용후보자선정경쟁시험(2차)
제7회 국어과 교수·학습 실연 시험 문제지

관리 번호 [   ]

지도안 세부 조건

1. **〈수험생 작성 조건1〉 동기유발하기**
   가. 교사의 구체적인 발문을 통해 〈자료1〉에 드러난 삶의 모습을 파악하게 할 것
   나. 학생들이 〈자료1〉을 자신의 삶과 관련지을 수 있도록 동기유발할 것
   다. 창의적 읽기의 의의를 설명할 것

2. **〈수험생 작성 조건2〉 의사소통 과정 점검·조정하기**
   가. 〈자료2〉의 두 인물의 대화 태도를 분석하게 할 것
   나. 〈자료2〉의 갈등을 해결하기 위한 타협안을 제시하도록 할 것
   다. 학습 목표를 고려하여 〈자료2〉의 대화의 일부를 재구성하는 활동을 구상할 것

3. **〈수험생 작성 조건3〉 창의적으로 읽으며 삶의 문제 해결하기**
   가. 말과 관련된 학생의 경험을 성찰하는 활동을 구상할 것
   나. 학생들이 공감할 만한 일상생활에서의 문제를 교사가 설정할 것
   다. 〈자료3〉을 활용하여 문제 해결 방안을 도출하게 할 것

수업 조건

○ 과목 : 국어
○ 학년 : 고등학교 1학년
○ 장소 : 국어 교과교실
○ 시간 : 블록타임제(100분)
○ 단원명 : 협력하는 의사소통
○ 해당 성취 기준
  - 의사소통 과정을 점검하고 조정하며 듣고 말한다.
  - 삶의 문제에 대한 해결 방안이나 필자의 생각에 대한 대안을 찾으며 읽는다.

단원명	차시	학습 내용
협력하는 의사소통	1-2	○필자의 관점이나 생각에 대한 다양한 대안을 마련하며 글을 읽을 수 있다.
	3-4 (본시)	○의사소통 과정을 점검하고 조정하면서 효과적으로 듣고 말할 수 있다. ○창의적으로 글을 읽으면서 삶의 문제를 해결할 수 있는 실마리를 발견할 수 있다.

학생 수	장소	학습 형태	학습 기자재
24명	국어 교과교실	강의식, 개별 활동, 모둠 활동	교사용 컴퓨터, 전자 칠판, 학생용 스마트 기기

※ 본 문제는 모의 평가용으로 제작되었으며, 실제 시험의 문항 유형 및 형식과 다를 수 있습니다.

〈자료1〉

(가)
바쇼

갈라진 돌담에 핀 한 송이 꽃이여.
너를 틈 사이에서 뽑아
뿌리째 내 손에 들고 있네.
작은 꽃이여, 만일 너에 관한 것,
뿌리와 네 모든 것을 알 수 있다면,
그때 나는 신도 인간도 훤히 알 수 있으리라.

(나)
테니슨

가만히 살펴보니
냉이꽃이 피어 있네.
울타리 밑에!

〈자료2〉

"예, 그만 일어나 일 좀 해라. 그래야 올 갈에 벼 잘되면 너 장가 들지 않니."

그래 귀가 번쩍 띄어서 그날로 일어나서 남이 이틀 품들일 논을 혼자 삶아 놓으니까 장인님도 눈깔이 커다랗게 놀랐다. 그럼 정말로 가을에 와서 혼인을 시켜 줘야온 경우가 옳지 않겠나, 볏섬을 척척 들여쌓아도 다른 소리는 없고 물동이를 이고 들어오는 점순이를 담배통으로 가리키며,

"이 자식아, 미처 커야지 조걸 무슨 혼인을 한다구 그러니 원!"하고 남 낯짝만 붉혀 주고 고만이다.

골김에 그저 이놈의 장인님, 하고 댓돌에다 메꼰코 우리 고향으로 내뺄까 하다가 꾹꾹 참고 말았다. 참말이지 난 이꼴하고는 집으로 차마 못 간다. 장가를 들러갔다가 오죽 못났어야 그대로 쫓겨왔느냐고 손가락질을 받을 테니까……

논둑에서 벌떡 일어나 한풀 죽은 장인님 앞으로 다가서며,

"난 갈 테야유. 그동안 사경 쳐내슈."

"너 사위로 왔지 어디 머슴살러 왔니?"

"그러면 얼찐 성례를 해줘야 안하지유. 밤낮 부려만 먹구 해준다, 해준다……"

— 김유정, 「봄봄」 중 —

〈자료3〉

정사년(1737) 가을에 과거 시험을 보기 위해 서울에 갔다가, 시장에서 전에는 보지 못했던 물건 하나를 발견했다. 위는 둥글고 아래는 평평하며 속은 텅 비었는데, 이마에는 일자(一字) 모양으로 가늘게 구멍이 뚫려 있었다. 내가 하인을 돌아보며 물었다.

"이게 무엇인가?"
"벙어리입니다."

(중략)

"이 물건은 입이 있으나 말을 못 하기 때문에 사람들이 이름을 '벙어리'라고 붙였습니다. 민가(民家)의 어린 계집아이들이 이것을 사다가 동전이 생기면 그 속에 넣는데, 가득 차면 이것을 부수어 동전을 꺼냅니다. 아마 동전을 헤프게 쓰지 않으려고 그러는 것일 것입니다."

이에 나는 이렇게 말했다.

"아, 무릇 입을 가지고도 말을 못 하는 것이 어찌 이 물건뿐이겠는가? 병, 동이, 단지, 항아리도 입이 있지만, 이런 그릇들이 말을 못 한다 하여 '벙어리'라고 부른다는 것은 듣지 못하였다. 그러니 이는 반드시 이유가 있을 것이다."

그때 곁에 있던 여관 주인이 이 말을 듣고는 웃으며 이렇게 말하는 것이다.

"그대는 모르십니까? 이는 사람이 붙인 이름이 아니고 조물주가 그렇게 만든 것입니다. 조물주는 사람에게 말소리와 웃는 얼굴은 보이지 않더라도 아이들의 입을 통해 동요를 전하기도 하고, 여러 가지 물건을 꾸며 각종 그릇을

만들기도 합니다. 이것은 사람들로 하여금 보고 듣고 해서 깨닫도록 하려는 것입니다. 이 물건이 나온 지 10년이 못 되었는데, 그것이 가진 뜻은 두 가지입니다. 하나는 사람이 벙어리 같음을 비웃는 것이며, 하나는 사람이 벙어리 같아야 함을 경계한 것입니다. 무엇을 비웃는다는 것인가 하면, 말을 해야 마땅한데도 말하지 않는 사람을 비웃는 것입니다. 이는 곧 벙어리와 다름이 없다는 말입니다. 무엇을 경계한다는 것인가 하면, 말을 하지 않아야 하는데도 말을 해서 화를 자초하는 사람을 경계하는 것입니다. 이 벙어리처럼 되어야 한다는 것입니다.

(중략)

입이란, 우호를 맺게도 하고 싸움을 일으키게도 합니다. 남의 자제와는 효를 말하고, 남의 신하와는 충을 말해야 합니다. 만약, 그 지위에 있지 않으면서 국정의 장단을 논하거나, 자신의 책임도 아니면서 조정의 득실을 말하며, 심한 경우 공을 등지고 자기 당파를 위해 죽으려고 눈을 부릅뜨고, 거론하기 어려운 일을 말하다가 끝내는 임금을 배반하는 죄과에 빠지면서도, 자기 몸을 죽이고 자기 집안에 대대로 재앙을 끼치게 됨을 깨닫지 못한다면, 이것이 곧 이른바 '경계한다'는 것입니다."

나는 그 이야기를 기이하게 여겨 이름을 물었으나, 주인은 입을 가리키며 말을 하지 않았다. 나는 그 의도를 알아차리고 물러 나와 이것을 기록하였다.

— 안정복, 「아기설(亞器說)」 —

2026학년도 중등학교교사신규임용후보자선정경쟁시험(2차)

제7회 국어과 교수·학습 실연 지도안 [예상 답안]

국어과 본시 교수·학습 지도안

단원명	협력하는 의사소통			
학습 목표	1. 의사소통 과정을 점검하고 조정하면서 효과적으로 듣고 말할 수 있다. 2. 창의적으로 글을 읽으면서 삶의 문제를 해결할 수 있는 실마리를 발견할 수 있다.			
학습 단계	교수·학습 활동		자료 및 유의점	시간 (분)
도입	인사	• 인사 및 학습 분위기 조성	• 인사 및 학습 준비		
	전시 학습 확인	• 전시 학습 확인	• 전시 학습 회상		
	동기유발	〈수험생 작성 내용1〉 • 교사의 발문을 통해 〈자료1〉의 내용 파악하기 – "〈자료1〉에 제시된 두 편의 시는 모두 산책 중에 꽃을 본 뒤 자신의 반응을 표현한 것입니다." – "그런데 꽃을 보며 (가), (나)의 화자는 각각 다른 반응을 보입니다. 두 화자가 꽃을 대하는 태도가 어떻게 다른가요?" – "맞아요. (가)의 화자는 가지고 싶어하는 소유 양식을, (나)의 화자는 있는 그대로 받아들이려는 존재 양식을 가지고 있어요." • 〈자료1〉을 자신의 삶과 연관 지어 창의적으로 읽어보도록 발문하기 – "두 편의 시에 나타나는 삶의 양식에 의문이 생기거나 동의하기 어려운 부분은 없었나요? 있다면, 어떻게 보완하면 좋을까요?" • 창의적 읽기의 의의 설명하기 – "글의 내용을 자신의 삶과 연관 지어 창의적으로 읽으면 어떤 점이 좋을까요?" – "맞아요. 창의적 읽기를 통해 비판적·창의적 사고로 사고하는 능력도 기를 수 있고, 적극적인 읽기 태도를 지닐 수 있어요"	• 교사의 발문에 대답하며 〈자료1〉 내용 파악하기 – "(가)의 화자는 꽃을 소유하려는 것 같고, (나)의 화자는 꽃을 가만히 지켜보는 것 같아요." • 〈자료1〉을 자신의 삶과 연관 지어 창의적으로 읽기 – "(가)에서 꽃을 소유해야만, 세상의 모든 진리에 대해 알 수 있다고 생각하는 것 같아요. 저는 이 점에 동의하기 어려워요. 있는 그대로 가만히 지켜보고 고심하는 과정에서 세상을 알 수 있다고 생각해요." • 창의적 읽기의 의의 이해하기 – "글을 통해 자기 삶의 문제나 자신이 속한 사회의 문제를 해결할 수 있어요." – "글을 적극적으로 읽을 수 있어요."		
	본시 학습 안내	• 학습 내용 안내	• 학습 내용 확인		
	학습 목표 제시	• 학습 목표 제시	• 학습 목표 확인		

		〈수험생 작성 내용2〉	〈자료2〉 읽기
전개 1	의사소통 과정 점검·조정하기	• 〈자료2〉 제시하기 • 모둠별로 〈자료2〉의 두 인물의 대화 태도를 분석하도록 안내하기 — "〈자료2〉를 함께 읽어봅시다. 두 인물의 대화가 잘 이루어지고 있다고 생각하나요?" — "두 인물의 대화 태도를 분석해 보고 문제점을 도출해 봅시다." • 모둠별로 분석한 내용을 공유하도록 독려하기 — "두 인물의 대화에서 나타나는 문제점은 무엇인가요?" • 모둠별로 분석한 문제점을 해결하기 위한 방안을 도출하게 하고, 이를 바탕으로 〈자료2〉의 대화를 재구성하도록 안내하기 • 활동 내용을 공유하도록 안내하기	• 〈자료2〉 읽기 • 모둠별로 〈자료2〉에 나타난 두 인물의 대화 태도 분석하기 — "아니요. 원활한 대화가 이루어지고 있지 않아요." • 모둠별로 분석한 내용을 공유하기 — "장인 어른은 사위에게 점잖지 못하게 비속어를 사용하고 있어요." — "사위는 타당한 근거를 제시하지 못하고 단지 혼인을 시켜달라고 조르고 있어요." — "두 인물 모두 타협점을 찾지 않고 자신의 입장만 내세우고 있어요." • 모둠별로 분석한 문제점을 해결하기 위한 방안을 도출하고, 이를 바탕으로 〈자료2〉의 대화를 재구성하기 • 활동 내용 공유하기 | 방안1 | 사위를 존중하며 대화하기 | | 재구성 하기 | "이 자식아, 미처 커야지 조걸 무슨 혼인을 한다구 그러니 원!" ⇨ "점순이의 키가 다 크면 혼인을 시켜주마." | | 방안2 | 자신의 입장만을 내세우지 않고, 타협점 찾기 | | 재구성 하기 | "그러면 얼찐 성례를 해줘야 안하지유. 밤낮 부려만 먹구 해준다, 해준다……" ⇨ "점순이의 키가 잘 자라지 않으니 키가 자랄 동안 품삯을 주시거나 약속한 키를 조금 더 낮춰주세요." |
전개 2	창의적으로 읽으며 삶의 문제 해결하기	〈수험생 작성 내용3〉 • 말과 관련하여 학생 경험을 성찰하는 활동 안내하기 — "여러분은 다른 사람의 말 때문에 상처를 입었거나 다른 사람에게 말로 상처를 준 적이 없나요? 모둠별로 자신의 경험을 공유하며 성찰을 해봅시다." • 성찰한 내용 공유하도록 독려하기 — "모둠별로 어떤 이야기를 나누어 보았나요?"	• 모둠별로 자신의 경험을 공유하며 성찰하기 • 성찰한 내용 공유하기 — "저는 같이 놀던 친구가 외모 비하를 하여 상처받았던 경험에 대해 이야기했어요." — "저는 잘 할 수 있는데, 친구가 못할 거라고 단정 짓는 말을 해서 상처받았던 경험이 있어요."

전개 2	창의적으로 읽으며 삶의 문제 해결하기	• 학생 경험과 관련지어 말과 관련된 일상생활의 문제 제시하기 – "여러분의 이야기를 들어보니, 다른 사람을 배려하지 않는 말이나, 상처를 주는 말이 주변에서 흔히 볼 수 있는 문제인 것 같아요." • 〈자료3〉을 읽고 모둠별로 적절한 의사소통 방법을 탐색하도록 안내하기 – "그렇다면 말과 관련된 문제를 해결할 수 있는 적절한 의사소통 방법은 무엇일까요? 〈자료3〉을 읽고 그 대안을 찾아봅시다." • 모둠별 활동 내용을 공유하도록 독려하기 • 활동 내용을 정리하며 마무리하기	• 말과 관련된 일상생활의 문제 인식하기 • 〈자료3〉을 읽고 모둠별로 적절한 의사소통 방안 탐색하기 – 말과 관련된 문제를 해결할 수 있는 적절한 의사소통 방안을 탐색한다. • 모둠별 활동 내용 공유하기 　모둠1: 해야 할 말과 하지 말아야 할 말을 구별할 줄 알아야 한다. 　모둠2: 상황과 때에 맞게 말을 할 줄 아는 지혜가 필요하다. • 활동 내용을 정리하며 마무리하기		
정리	형성평가 및 과제 부여	• 형성평가 부여 • 수준별 과제 제시	• 형성평가 진행 • 수준별 과제 확인	
	학습 내용 정리	• 학습 내용 정리	• 학습 내용 이해	
	차시 예고	• 차시 예고	• 차시 예고 인지	

판서 예시					
〈활동1〉 의사소통 과정 점검·조정하기			〈활동2〉 창의적으로 읽으며 삶의 문제 해결하기		
방안1	사위를 존중하며 대화하기		모둠1	해야 할 말과 하지 말아야 할 말을 구별할 줄 알아야 한다.	
재구성하기	"이 자식아, 미처 커야지 조걸 무슨 혼인을 한다구 그러니 원!" ⇨ "점순이의 키가 다 크면 혼인을 시켜주마."		모둠2	상황과 때에 맞게 말을 할 줄 아는 지혜가 필요하다.	
방안2	자신의 입장만을 내세우지 않고, 타협점 찾기				
재구성하기	"그러면 얼찐 성례를 해줘야 안하지유. 밤낮 부려만 먹구 해준다, 해준다……" ⇨ "점순이의 키가 잘 자라지 않으니 키가 자랄 동안 품삯을 주시거나 약속한 키를 조금 더 낮춰주세요."				

2026학년도 중등학교교사신규임용후보자선정경쟁시험(2차)
제8회 국어과 교수·학습 실연 시험 문제지

관리 번호

지도안 세부 조건

1. 〈수험생 작성 조건1〉 토의 의제 찾기
   가. 〈자료1〉을 활용하여 〈자료2〉를 완성하는 학생 활동을 구성할 것
   나. 학생들이 서로의 활동 내용을 공유할 수 있도록 할 것

2. 〈수험생 작성 조건2〉 토의하기
   가. 〈자료2〉를 활용하여 토의 활동을 구성할 것
   나. 원활한 토의를 위한 모둠원 구성 방안을 제시할 것
   다. 〈자료3〉을 고려하여, 〈자료2〉 ①의 구체적인 토의 내용을 학생 활동으로 제시할 것

3. 〈수험생 작성 조건3〉 협상하기
   가. 〈자료2〉를 활용하여 모의 협상 활동을 구성할 것
   나. 〈자료4〉를 참고하여 〈자료2〉 ②의 구체적인 협상 내용을 학생 활동으로 제시할 것
   다. 상호 평가를 진행하고 성취 수준을 3단계로 나누어 제시할 것(단, 평가 결과는 제시하지 않아도 됨)

수업 조건

○ 과목 : 국어
○ 학년 : 고등학교 1학년
○ 장소 : 국어 교과교실
○ 시간 : 블록타임제(90분)
○ 단원명 : 토의와 협상
○ 해당 성취 기준
  - 토의에서 의견을 교환하여 합리적으로 문제를 해결한다.
  - 협상에서 서로 만족할 만한 대안을 탐색하여 의사 결정을 한다.

단원명	차시	학습 내용
토의와 협상	1	○주장하는 글을 읽고 글의 내용을 요약할 수 있다.
	2-3 (본시)	○주장하는 글을 읽고 토의 의제를 찾아낼 수 있다. ○토의을 통해 의제를 깊이 있게 이해하고 자신의 입장을 정리할 수 있다. ○협상을 통해 서로 만족할 만한 대안을 탐색할 수 있다.
	4	○현안에 관한 합리적인 건의문을 쓸 수 있다.

학생 수	장소	학습 형태	학습 기자재
24명	국어 교과교실	강의식, 모둠식	교사용 컴퓨터, 전자 칠판, 학생용 스마트 기기

※ 본 문제는 모의 평가용으로 제작되었으며, 실제 시험의 문항 유형 및 형식과 다를 수 있습니다.

〈자료1〉

학교 건축물의 현재와 미래

우리나라 학교 건축물의 구조는 모두 비슷하다. 가운데에 운동장이 하나 있고, ㄱ자 모양으로 된 4층짜리 건물이 들어서 있다. 이는 교도소의 구조와 다를 바가 없다. 담장에 둘러싸여 있으며, 모두가 똑같은 옷을 입고 똑같은 식판을 들고 똑같은 음식을 배급받는다. 자유를 누릴 수 있는 유일한 공간처럼 보이는 운동장도 축구를 좋아하는 특정 학생들만 사용할 수 있다. 이런 학교 건물의 평당 공사비는 비행기 격납고나 교도소보다 낮다. 열악하고 획일화된 공간 속에서 학생들은 획일화된 사고 방식을 주입받으며 성장한다.

학교는 다양한 공간으로 구축되어야 하지만, 그럴 수 없는 상황이라면 지금 있는 학교 건물의 획일성이라도 개선하여야 한다. 출생률의 저하로 학생 수가 학교마다 줄고 있어 빈 교실이 생겨나고 있다. 현재는 특별 활동실로 만들거나 아예 사용하지 않기도 하는데 이런 공간을 테라스로 활용하여야 한다. 그렇게 되면 쉬는 시간마다 학생들은 건물을 나서지 않고도 하늘과 자연을 만끽할 수 있다. 옥상을 개방하는 방안도 같은 효과를 불러일으킨다. 건물 1층이 선생님들의 업무 공간이라면 이를 가장 위층에 배치하고 교실을 1층에 두는 방법도 있다. 그렇게 되면 학생들은 쉬는 시간에도 편한 마음으로 건물 밖으로 나가 잠시나마 자유를 누릴 수 있다.

〈자료2〉

[우리 학교 개선 방안]
① 빈 교실이나 특별 활동실을 테라스로 리모델링하기
② 다수의 학생들이 운동장을 사용할 수 있도록 '운동장 요일제' 실시하기
③ _____
④ _____

〈자료3〉

[토의 규칙]
○ 주어진 의제를 구체적으로 실현시키기 위한 의견을 제시할 것
○ 예상되는 반대 의견을 생각해 보고 이를 해결하기 위한 방안을 마련할 것
○ 경쟁적인 태도를 지양하고 협력적으로 참여할 것

〈자료4〉

[운동장 요일제 협상 시작 단계]
○ 찬성 측 : 3일은 남학생이, 2일은 여학생이 운동장을 사용하자는 운동장 요일제 제안
○ 반대 측 : 현행과 같이 규정 없이 자유롭게 사용하자고 제안

2026학년도 중등학교교사신규임용후보자선정경쟁시험(2차)

제8회 국어과 교수·학습 실연 지도안 예상 답안

국어과 본시 교수·학습 지도안

학습 목표	1. 주장하는 글을 읽고 토의 의제를 찾아낼 수 있다. 2. 토의를 통해 의제를 깊이 있게 이해하고 자신의 입장을 정리할 수 있다. 3. 협상을 통해 서로 만족할 만한 대안을 탐색할 수 있다.			
학습 단계		교수·학습 활동		자료 및 유의점	시간 (분)
도입	인사	• 인사 및 학습 분위기 조성	• 인사 및 학습 준비		
	동기유발	• '학교 건축의 미래' 영상을 통해 학교 건축의 문제점 제시하기	• '학교 건축의 미래' 영상을 통해 학교 건축의 문제점 인식하기		
	학습 목표 제시	• 학습 목표 제시	• 학습 목표 확인		
전개 1	<활동1> 의제 만들기	〈수험생 작성 내용1〉 • 학교 개선 방안 만들기 활동 안내하기 ① 〈자료1〉에서 얻은 정보를 활용하여 우리 학교 개선 방안을 구체적으로 생각해 보도록 한다. ② 온라인 공유 게시판 링크를 제시한다. ③ 생각한 방안을 온라인 게시판에 업로드하도록 한다. ④ 친구들이 업로드한 내용 중 다음 기준에 따라 완성도가 높은 생각에 '♡' 표시로 동의하도록 한다. ⑤ '♡'가 가장 많은 방안을 토의를 위한 의제로 선정한다.	• 학교 개선 방안 만들기 활동 수행하기 〈활동 예시〉 ③ 쉬는 시간 및 점심 시간에 학교 옥상 개방하기 ④ 1층에 있는 행정실, 교장실, 교무실을 4층으로 올리고 1학년 교실을 1층으로 내리기		
전개 2	<활동2> 토의하기	〈수험생 작성 내용2〉 • 모둠 토의 활동 안내하기 ① 학생들에게 온라인 설문을 제시한다. 〈설문 내용〉 1. 가장 참여하고 싶은 의제는? 2. 의제 중에서 가장 찬성하는 의제는? 3. 의제 중에서 가장 반대하는 의제는? ② 설문을 수합한 후 1번 항목을 우선적으로 고려하여 토의 의제당 한 모둠씩 네 모둠을 만든다(인원이 맞지 않으면 2번 항목을 고려한다). ③ 토의 규칙을 고려하여 토의를 진행한다.	• 모둠 토의 활동 수행하기 〈토의 예시〉 – 우리 학교에는 현재 비어있는 교실이 없기 때문에 잘 사용하지 않는 4층 학생회실을 테라스로 바꾸자는 의견이 있음 – 학생회의 반대가 예상되므로 쓰지 않는 1층의 남교사 휴게실을 학생회실로 대신 쓰자고 설득할 필요가 있음 – 학교에 테라스를 만드는 것이 법적으로 가능한 일인지, 사용할 수 있는 예산이 있는지 검토해 보아야 함		

전개 3	〈활동3〉 협상하기	〈수험생 작성 내용3〉 • 모의 협상 활동 안내하기 　① 두 모둠씩 짝을 짓고, 먼저 한 모둠의 안건으로 모의 협상을 진행한다(다른 모둠이 반대 측 협상 참여자 역할을 맡는다). 　② 반대쪽 모둠의 의제를 안건으로 모의 협상을 진행한다. 　③ 녹음 어플을 활용하여 협상 내용을 녹음하고 협상이 끝나면 이를 참조하여 협상록을 작성하게 한 후 온라인 게시판에 업로드한다.	• 모의 협상 활동 수행하기 〈협상 예시〉 －조정 : 찬성 측은 여학생도 운동장을 쓸 권리가 있는데 규정이 없으면 남학생이 자연스럽게 운동장을 독점한다고 생각하고 반대 측은 여학생만 운동장을 쓰는 날이 되면 오히려 요일에 따라 운동장 활용도가 떨어진다고 생각하므로 성별이 아닌 다른 기준으로 규정을 만드는 것을 검토할 필요가 있음 －해결 : 운동장 독점은 소수의 학생들이 축구를 하는 것에서 비롯되므로 운동장에서 2일은 축구를 허용하고 3일은 축구를 금지하는 요일제로 합의함		
		• 모의 협상 상호 평가 안내하기 　① 상호 평가에 필요한 성취 수준을 안내한다. 　② 개인별로 각 모둠의 모의 협상록을 읽고 동료를 성취 수준에 따라 평가하여 교사에게 제출한다.	• 모의 협상 상호 평가하기		
		〈협상 성취 수준〉			
		상	〈수험생 작성 부분〉 협상의 단계마다 요구하는 내용을 충실히 다루면서 합리적으로 의견을 조율하여 양측 모두가 만족하는 최선의 해결책을 도출함		
		중	협상의 절차에 따라 의견을 조율하여 양측이 납득할 수 있는 합의에 성공함		
		하	협상을 진행하였으나 의견이 제대로 조율되지 않아 합의에 실패함		
정리	형성평가 및 과제 부여	• 형성평가 부여 • 수준별 과제 제시	• 형성평가 진행 • 수준별 과제 확인		
	학습 내용 정리	• 학습 내용 정리	• 학습 내용 이해		
	차시 예고	• 차시 예고	• 차시 예고 인지		

판서 예시

1) 학교 공간 개선 방안

쉬는 시간, 점심시간에 옥상 개방
1층 교무실, 행정실 ↔ 4층 교실

2) 모둠 토의 활동

의견	학생회실 → 테라스
예상 반대	학생회의 반대
해결 방안	남교사 휴게실 자리 → 학생회실로 활용

3) 모둠 협상 활동

시작	찬성 : 남녀별 운동장 요일제 반대 : 규정 없이 사용
조정	찬성 : 규정 없으면 여학생들이 사용하기 어려움 반대 : 성별 요일제 → 운동장 활용도 떨어짐 → 다른 기준 요일제 검토
해결	축구 학생들의 독점도 문제 → 축구 O, X 기준으로 요일제 실시

2026학년도 중등학교교사신규임용후보자선정경쟁시험(2차)
제9회 국어과 교수·학습 실연 시험 문제지

| 관리 번호 | |

지도안 세부 조건

1. **〈수험생 작성 조건1〉 전시 학습 확인**
   가. 발표할 때 고려해야 하는 청자의 특성을 확인할 것
   나. 발표의 청자 지향적 특성을 강조할 것

2. **〈수험생 작성 조건2〉 청자의 태도를 고려하여 발표하기**
   가. 〈자료1〉과 〈자료2〉를 활용할 것
   나. 〈자료2〉에서 발표자가 청중을 고려하지 못한 부분을 찾고 내용을 수정·보완하도록 할 것
   다. 〈자료2〉의 상황에서 발표자가 사용할 수 있는 도입부 전략을 2가지 이상 설명할 것

3. **〈수험생 작성 조건3〉 발표 목적에 따라 내용 구성하기**
   가. 발표 목적을 2가지로 설명하고 그에 따른 전개부 구성을 설명할 것
   나. 〈자료3〉을 활용하여 발표 목적에 따라 전개부를 구성하는 시범을 보일 것
   다. 교사의 시범을 보고 학생이 발표 목적에 따라 전개부를 구성하도록 할 것

수업 조건

- 과목 : 국어
- 학년 : 고등학교 2학년
- 장소 : 교실
- 시간 : 블록타임제(100분)
- 단원명 : 효과적으로 정보 전달하기
- 해당 성취 기준
  - 청자의 특성에 맞게 내용을 구성하여 발표한다.
  - 핵심 정보가 잘 드러나도록 내용을 구성하여 발표한다.

단원명	차시	학습 내용
효과적으로 정보 전달하기	1	○발표할 때 고려해야 하는 청자의 특성을 설명할 수 있다.
	2-3 (본시)	○청자의 태도를 고려하여 발표할 수 있다. ○발표 목적에 따라 내용을 구성할 수 있다.
	4	○청자의 특성에 맞게 내용을 구성하여 발표할 수 있다.

학생 수	장소	학습 형태	학습 기자재
24명	국어 교과교실	강의식	교사용 컴퓨터, 전자 칠판, 학생용 스마트 기기

※ 본 문제는 모의 평가용으로 제작되었으며, 실제 시험의 문항 유형 및 형식과 다를 수 있습니다.

〈자료1〉

성공적인 발표를 위해서는 주제에 대한 청자의 태도를 고려해야 한다. 발표 주제에 대해 부정적인 태도를 가지고 있는 청자에게 단순히 내용만 전달한다고 해서 청자가 설득되거나 공감하는 것은 아니다. 청자가 주제에 대해 긍정적으로 생각할 수 있게 한 후에 구체적인 내용을 전달하는 것이 훨씬 효율적이다. 또한 청자의 정서적 상태를 고려하지 않는다면 청자가 화자에 대해 부정적인 태도를 가지게 할 수 있으며, 타당한 내용이라고 하더라도 이를 수용하고 싶지 않다는 생각이 들게끔 할 수도 있다. 따라서 청자의 태도를 고려하여 질문을 던지거나 공감할 만한 문구를 인용하거나 호기심을 유발하는 등의 방법을 통해 긍정적 태도를 가지게끔 유도해야 한다.

〈자료2〉

청자 1 : 오늘 발표 내용이… '독립운동가 후손 주거 개선 캠페인, 함께 참여해주세요!' 기부하라고 설득하려는 것 같은데… 기부해봤자 단체에서 모금액을 어떻게 사용하는지도 불투명하고 일반인이 조금씩 기부하는 작은 금액이 얼마나 큰 도움이 될까? 난 잘 모르겠어.

청자 2 : 나도 그렇게 생각해. 모금액도 적을 거라는 생각이 들고 기부에 대해 별로 긍정적으로 생각하진 않아.

발표자 : 안녕하세요. 저는 비영리 사단법인 ○○에서 독립운동가 후손 주거 개선 캠페인을 담당하고 있는 ○○○이라고 합니다. 여기 계신 분들 모두 기부는 반드시 해야 된다고 알고 계시리라 생각합니다. 우리 사회가 더불어 살아가기 위해 기부는 필수적이죠. 하지만 어디에 기부해야 할지는 막상 고민되시지 않나요? 여러분은 혹시 독립운동가 후손 분들이 굉장히 열악한 환경에서 지내고 계시다는 것을 알고 계시나요? 이 사진을 봐주세요. (중략)

저희 단체에서는 기부금액의 15%만 사업진행비로 사용하고 나머지 85%는 실제 기부에 사용하며, 모금액 사용 내역은 모두 외부기관 감사결과를 원단위까지 투명하게 공개합니다. 독립운동으로 인해 지켜낸 우리나라, 그 후손이 이런 삶을 살아야 한다면 앞으로 또 우리나라에 위기가 닥쳤을 때 누가 애국심을 가지고 나라를 위해 행동할 수 있을까요? 우리 모두가 관심을 가질 때입니다. 여러분들의 작은 기부가 모여 우리 역사를 바로 쓰는 첫 걸음이 될 것입니다. 감사합니다.

〈자료3〉

[발표 주제]
㉠ 환경오염의 종류 소개하기
㉡ 환경오염을 줄이기 위한 실천방안

2026학년도 중등학교교사신규임용후보자선정경쟁시험(2차)

제9회 국어과 교수·학습 실연 지도안 [예상 답안]

국어과 본시 교수·학습 지도안

학습 목표	1. 청자의 태도를 고려하여 발표할 수 있다. 2. 발표 목적에 따라 내용을 구성할 수 있다.			
학습 단계		교수·학습 활동	자료 및 유의점	시간 (분)
도입	인사	• 인사 및 학습 분위기 조성	• 인사 및 학습 준비		
	전시 학습 확인	• 발표할 때 고려해야 하는 청자의 특성 질문하기 ― "발표할 때 고려해야 하는 청자의 특성에는 무엇이 있었나요?" ― "맞아요. 그리고 청자의 요구는 무엇인지, 주제에 대한 청자의 태도는 어떤지 등도 고려해야 해요." • 발표의 청자 지향적 특성 설명하기 ― "우리가 발표할 때 이렇게 청자의 특성을 고려해야 하는 이유는 무엇일까요?" ― "맞아요. 발표의 목적을 달성하기 위해서는 청자가 자신이 전달하는 정보를 제대로 이해하거나 자신의 주장을 수용할 수 있게 해야 하기 때문에 효과적으로 목적을 달성하기 위해서는 청자의 특성을 잘 분석해서 내용을 구성해야 해요."	• 발표할 때 고려해야 하는 청중의 특성 대답하기 ― "청자가 발표 내용에 얼마나 관심이나 흥미가 있는지, 배경지식이나 이해 수준은 어떠한지를 고려해야 해요." • 발표의 청자 지향적 특성 이해하기 ― "발표는 결국 청자에게 내용을 전달하거나 설득하기 위함이니까 이를 위해서는 청자의 특성을 고려해야 해요."		
	동기유발	• 동기유발하기	• 동기 가지기		
	학습 내용 안내	• 학습 내용 안내	• 학습 내용 확인		
	학습 목표 제시	• 학습 목표 제시	• 학습 목표 확인		
전개 1	〈활동1〉 청자의 태도를 고려하여 발표하기	• 〈자료1〉 제시하고 설명하기 ― "〈자료1〉에서 알 수 있는 발표를 준비할 때 고려해야 할 점은 무엇이죠?" ― "고려해야 하는 이유는 무엇일까요?" ― "맞습니다. 성공적인 발표를 위해서는 청자의 태도를 꼭 고려해야 해요." • 〈자료2〉 제시하고 활동 안내하기 ― 〈자료2〉를 읽고 〈자료1〉에 근거하여 발표자가 청자를 고려하지 못한 부분을 찾도록 안내한다.	• 〈자료1〉 보고 이해하기 ― "발표 주제에 대한 청자의 태도 또는 정서적 상태요." ― "발표 주제에 대해 부정적인 태도를 가지고 있다면 내용이 타당하다고 할지라도 잘 수용하지 않을 수도 있어요." • 〈자료2〉 읽고 활동하기 ― 발표자가 청자를 고려하지 못한 부분 찾기 "여기 계신 분들 모두 기부는 반드시 해야 된다고 알고 계시리라 ~ 기부는 필수적이죠." → 발표 주제에 대한 청자의 부정적인 태도 고려 ×		

전개 1	<활동1> 청자의 태도를 고려하여 발표하기	• 청중의 태도를 고려한 도입부 전략 설명하기 - "청중이 발표 주제에 부정적인 태도를 가지고 있다면 내용을 전개하기 전에 도입부에서 주제를 긍정적으로 생각하게 해야 합니다." ① 질문 던지기 ② 공감할 만한 문구를 인용하기 ③ 호기심 유발하기 • <자료2> 수정·보완하는 활동 안내하기 - "위의 도입부 전략에 근거하여 <자료2>의 발표 내용을 수정·보완해 봅시다." • 활동 내용 공유 및 마무리하도록 하기	• 청중의 태도를 고려한 도입부 전략 이해하기 • <자료2> 수정·보완하기 • 활동 내용 공유 및 마무리하기 	질문	"기부에 대해 어떻게 생각하시나요? 혹시 기부금이 잘못 사용될까봐 걱정하신 적 있으신가요?"
문구	"'역사를 잊은 민족에게 미래는 없다.' 모두 공감하십니까?"
호기심 유발	"여러분의 작은 기부가 모여 우리 역사를 바로 잡는 첫 걸음이 될 수 있습니다. 무슨 소리냐고요?"			
전개 2	<활동2> 발표 목적에 따라 내용 구성하기	• 발표 목적과 전개부 구성 설명하기 - 발표 목적 : 정보 전달/ 설득 - 발표 목적에 따른 전개부 구성 - 정보 전달 : 비교·대조 구조, 원인·결과 구조, 시간적·공간적 순서 구조 등을 발표 주제에 따라 적절히 선택하여 구성한다. - 설득 : 문제·해결 구조를 사용하여 문제를 제기하고 실현 가능한 해결안을 제시하도록 구성한다. • <자료3> 제시하고 활동 안내하기 - <자료3>의 ㉠~㉡을 발표 목적에 따라 나누고, 전개부 내용을 계획하도록 안내한 뒤 시범을 보인다. - "㉠ 환경오염의 종류를 소개하는 발표의 목적은 정보 전달에 해당합니다. 환경오염의 종류를 소개하기 위해서는 최소 3가지 이상으로 나열하여 첫째, 둘째, 셋째로 소개하고, 각각의 환경오염이 왜 일어나게 되었는지 원인·결과 구조로 내용을 구성할 수 있습니다." • 활동 내용 공유하도록 하기 • 활동 정리 및 마무리하기	• 발표 목적과 전개부 구성 이해하기 • <자료3> 읽고 활동하기 - 발표 목적 나누기 : ㉠ 정보 전달, ㉡ 설득 - 시범을 보고 활동 내용을 이해한다. • 활동 내용 공유하기 - "㉡은 환경오염을 줄이기 위해 실천을 하도록 설득하는 목적이기 때문에, 환경오염이 얼마나 심각한 문제인지 먼저 문제의 심각성을 제기하고 해결하기 위한 실천 방안을 여러 가지 제시하도록 구성해야 합니다." • 활동 정리 및 마무리하기			
정리	형성평가 및 과제 부여	• 형성평가 부여 • 수준별 과제 제시	• 형성평가 진행 • 수준별 과제 확인		
	학습 내용 정리	• 학습 내용 정리	• 학습 내용 이해		
	차시 예고	• 차시 예고	• 차시 예고 인지		

판서 예시		
<학습 목표>	<청자의 태도 고려하여 발표하기>	<발표 목적에 따라 내용 구성하기>

<학습 목표>
1. 청자의 태도를 고려하여 발표할 수 있다.
2. 발표 목적에 따라 내용을 구성할 수 있다.

<청자의 태도 고려하여 발표하기>

발표 내용 수정·보완하기:

"여기 계신 분들 모두 ~ 기부는 필수적이죠."
⇩ 삭제

질문	"기부에 대해 어떻게 생각하시나요? 혹시 기부금이 잘못 사용될까봐 걱정하신 적 있으신가요?"
문구	"'역사를 잊은 민족에게 미래는 없다.' 모두 공감하십니까?"
호기심 유발	"여러분의 작은 기부가 모여 우리 역사를 바로 잡는 첫 걸음이 될 수 있습니다. 무슨 소리냐고요?"

<발표 목적에 따라 내용 구성하기>

목적	내용 구성
정보 전달	비교·대조 구조, 원인·결과 구조, 시간적·공간적 순서 구조 등 선택
설득	문제·해결 구조 ↓ 문제를 제기 - 실현 가능한 해결안 제시

<자료3> 구성하기
㉠ : 정보 전달 ⇨ 나열, 원인·결과 구조
㉡ : 설득 ⇨ 나열, 문제·해결 구조

2026학년도 중등학교교사신규임용후보자선정경쟁시험(2차)
제10회 국어과 교수·학습 실연 시험 문제지

관리 번호

지도안 세부 조건

1. 〈수험생 작성 조건1〉 전시 학습
   - 가. 〈자료1〉을 활용하여 전시 학습을 할 것
   - 나. 표현 전략 3가지에 대해 교사 발문을 통해 회상하게 할 것
   - 다. 표현 전략 사용의 중요성을 설명할 것

2. 〈수험생 작성 조건2〉 설득 전략 평가하기
   - 가. 〈자료2〉를 활용할 것
   - 나. 학생 간의 상호작용을 통해 평가 기준을 만들도록 안내할 것
   - 다. 만든 평가 기준을 바탕으로 평가한 내용을 적절한 근거를 들어 공유하게 할 것

3. 〈수험생 작성 조건3〉 표현 전략 평가하기
   - 가. 〈자료2〉를 활용할 것
   - 나. 연설에 드러난 표현 전략을 정리해 보도록 할 것
   - 다. 표현 전략이 효과적이었는지 평가하도록 할 것(단, 평가 기준은 따로 세우지 않아도 됨)

수업 조건

- 과목 : 국어
- 학년 : 고등학교 2학년
- 장소 : 국어 교과교실
- 시간 : 블록타임제(100분)
- 단원명 : 연설
- 해당 성취 기준 : 화자의 공신력을 이해하고 적절한 설득 전략을 사용하여 연설한다.

단원명	차시	학습 내용	평가
연설	1-2	○화자의 공신력과 적절한 설득 전략에 대해 설명할 수 있다. ○표현 전략에 대해 설명할 수 있다.	개별 평가
	3-4 (본시)	○연설의 설득 전략을 분석하고 평가할 수 있다. ○연설의 표현 전략을 분석하고 평가할 수 있다.	동료 평가
	5-6	○적절한 설득 전략을 사용하여 효과적으로 연설할 수 있다. ○적절한 표현 전략을 사용하여 효과적으로 연설할 수 있다.	개별 평가

학생 수	장소	학습 형태	학습 기자재
24명	국어 교과교실	강의식, 개별 활동, 모둠 활동	교사용 컴퓨터, 전자 칠판, 학생용 스마트 기기

※ 본 문제는 모의 평가용으로 제작되었으며, 실제 시험의 문항 유형 및 형식과 다를 수 있습니다.

<자료1>

여러분이 여러분의 위치와 영향력을 이용하여 발언권이 없는 이웃을 대신해서 주장을 펼친다면, 만약 여러분이 힘 있는 사람들뿐만 아니라 힘 없는 사람들과 동질감을 느끼려 한다면, 만약 여러분이 상상력을 발휘해서 여러분이 누린 것과 같은 혜택을 받지 못한 사람들의 인생 속으로 들어가 본다면, 여러분의 자랑스러운 가족뿐만 아니라 여러분의 도움으로 더욱 나은 삶을 살게 된 수천수만의 사람이 여러분의 존재를 기릴 것입니다. 세상을 바꾸는 데 마법은 필요 없습니다. 우리는 우리 마음속에 이미 세상을 바꿀 수 있는 힘을 지니고 있습니다. 우리에게는 더 나은 세상을 상상할 수 있는 힘이 있습니다.
― 조앤 롤링, 「실패가 인생에 마침표를 찍지는 않는다」 중 ―

<자료2>

안녕하세요. 저는 순정중학교 학생회장 이순정이라고 합니다. 여러분 제 얼굴을 그래도 많이 보셨죠? 저는 2년 동안 학생회에서 총무부 부장을 맡아 활동하였고, 여러분의 소중한 한 표를 제게 주신 덕분에 현재는 학생회장으로서 일하고 있습니다. 학생회장으로서 학생 여러분의 의견을 귀 기울여 듣고, 학교 내의 궂은 일을 도맡아 하는 건 당연히 감수해야 하는 일이라고 생각합니다.

(학생들을 골고루 쳐다 보며) 정말 많은 학생 분들이 학생회를 깊이 신뢰하고 각종 행사에도 적극적으로 참여해 주셔서 감사할 따름입니다. 그렇긴 하지만 최근 들어 학생회 행사를 진행하는 데에 많은 어려움이 있어 이렇게 말씀을 드리게 되었습니다. 학생회가 정말로 힘든 순간은 체력적으로 힘든 순간이 아닙니다. (안타까운 표정으로) 열심히 준비한 행사가 끝난 후 부정적인 의견을 들을 때 저희 학생회는 가장 괴롭고 힘이 듭니다. 저희 학생회는 정해진 예산 내에서 최선을 다해 행사를 준비하고 있습니다. 하지만 학교의 사정도 있기에 학생 여러분의 요구를 모두 들어주기는 어렵습니다. 최근 자판기 설치에 대한 건의가 반영되지 않아 학생 여러분들의 불만이 많다고 들었습니다. 교내 자판기 설치는 예산 부족 및 관리 인력 부족 문제로 실현이 어렵습니다. 아무쪼록 저희의 입장을 헤아려 주시고 학생 여러분의 일부 요구는 반영하기 어렵다는 것을 너그럽게 이해해 주셨으면 좋겠습니다. 다음으로는 행사 후 쓰레기 처리 문제에 대해 말씀드리고 싶습니다. 여러분도 아시다시피 우리 학교에는 매점이 없습니다. 쉬는 시간에 간식을 먹고 싶은 학생들의 요구를 알기에 학생회에서는 최대한 간식 행사를 많이 열려고 노력하고 있습니다. 그런데 행사가 끝나고 난 뒤 복도나 인조 잔디에 과자 부스러기나 포장지가 잔뜩 떨어져 있는 것을 보면 복잡한 감정이 듭니다. 복도에 버려진 쓰레기가 남의 일 같으실 수 있겠지만, 그 쓰레기를 치우는 사람들의 마음도 헤아려 주셨으면 좋겠습니다. 쓰레기를 치우는 학생회 학생들도 쉬는 시간에 친구들과 간식을 먹고 대화를 나누며 놀고 싶은 여러분과 같은 평범한 학생일 뿐입니다.

(주먹을 쥐며 큰 목소리로) 여러분, 저희는 힘이 필요합니다. 학생회가 보람을 느끼는 순간은 여러분이 학생회에서 주최한 행사에 적극적으로 참여하며 기뻐하는 모습을 볼 때입니다. 예산 및 관리 문제로 일부 요구는 실현하기 어려운 학생회의 사정을 잘 이해해 주시고, 행사 후 발생한 쓰레기를 함께 치워주시는 것만으로도 학생회에게는 큰 도움이 됩니다. (천천히 힘을 주어 또박또박) 여러분, 저희 학생회에게 힘이 되어 주세요. 이상 저의 이야기를 마치겠습니다.

2026학년도 중등학교교사신규임용후보자선정경쟁시험(2차)
제10회 국어과 교수·학습 실연 지도안 [예상 답안]

국어과 본시 교수·학습 지도안

학습 목표	1. 연설의 설득 전략을 분석하고 평가할 수 있다. 2. 연설의 표현 전략을 분석하고 평가할 수 있다.			
학습 단계		교수·학습 활동	자료 및 유의점	시간(분)
도입	인사	• 인사 및 학습 분위기 조성	• 인사 및 학습 준비		

	전시 학습 확인	〈수험생 작성 내용1〉
		• 〈자료1〉을 제시하며 발문하기
		  - "지난 시간에 배운 내용을 떠올리며 〈자료1〉을 읽어봅시다. 〈자료1〉에서 계속해서 반복되는 내용이 있나요?"
		  - "맞아요. 이처럼 같은 표현을 반복해 사용하는 것이 어떤 효과가 있을까요?"
		  - "맞아요. 전달하려고 하는 내용의 의도를 고려하여 문장의 배열에 변화를 주면서 효율적으로 자신의 의견을 전달할 수 있어요."
		
		• 교사와 학생의 상호작용을 통해 전시 학습 내용 설명하기
		  - "방금 우리는 어떤 어휘를 선택하여 어떤 문장으로 표현할 것인지를 고려하는 언어적 표현 전략에 대해 살펴 보았어요. 그 외에도 어떤 표현 전략을 배웠나요?"
		
		• 여러 가지 표현 전략을 사용하는 것의 중요성 설명하기
		  - "이와 같은 언어적, 준언어적, 비언어적 표현 전략을 사용하면 어떤 점이 좋을까요?"
		  - "맞아요. 적절한 표현 전략을 능동적으로 활용하면 연설의 전달력과 설득력을 더욱 높일 수 있어요."
			• 〈자료1〉을 읽으며 전시 학습 내용 떠올리기
			  - "'만약~한다면'과 같은 언어적 표현이 계속해서 반복되고 있어요."
			  - "세상을 바꾸는 힘의 가치를 더욱 호소력 있게 전달할 수 있어요."
			
			• 교사와 학생의 상호작용을 통해 전시 학습 내용 회상하기
			  - "말소리 크기, 높낮이, 장단, 속도, 억양 등과 같은 준언어적 표현에 대해 배웠어요."
			  - "표정, 시선, 몸짓, 옷차림 등의 비언어적 표현에 대해 배웠어요."
			
			• 여러 가지 표현 전략을 사용하는 것의 중요성 이해하기
			  - "적절하게 사용하면 연설의 내용이 더 잘 전달돼요."		

	동기유발	• 동기유발하기	• 학습 동기 갖기		
	본시 학습 안내	• 학습 내용 안내	• 학습 내용 확인		
	학습 목표 제시	• 학습 목표 제시	• 학습 목표 확인		

전개 1	설득 전략 분석 및 평가하기	〈수험생 작성 내용2〉
		• 교사 발문을 통해 전시 학습 내용 상기시키기
		  - "지난 시간에는 설득 전략 세 가지에 대해서도 배웠는데요. 잘 기억하고 있나요? 세 가지 설득 전략이 무엇인가요?"
		• 〈자료2〉와 관련하여 모둠별로 평가 기준을 만들도록 안내하기
		  - "지난 시간에 배운 설득 전략을 바탕으로 〈자료2〉를 평가하는 평가 기준을 만들어 봅시다."
			• 교사 발문을 통해 전시 학습 내용 떠올리기
			  - "인성적 설득 전략, 이성적 설득 전략, 감성적 설득 전략입니다."
			• 〈자료2〉와 관련하여 모둠별로 설득 전략 평가 기준 만들기		

전개 1	설득 전략 분석 및 평가하기	평가 기준	〈수험생 작성 내용3〉 • 인성적 설득 전략을 사용하여 청중에게 호감이나 신뢰감을 주며 연설하였는가? ☆☆☆☆☆ • 이성적 설득 전략을 사용하여 논리적으로 연설하였는가? ☆☆☆☆☆ • 감성적 설득 전략을 사용하여 감동적으로 연설하였는가? ☆☆☆☆☆		
			• 평가 기준을 바탕으로 〈자료2〉를 모둠별로 평가하도록 안내하기 • 평가한 내용을 근거를 들어 공유하도록 안내하기	• 평가 기준을 바탕으로 〈자료2〉 모둠별로 평가하기 • 평가한 내용을 근거를 들어 공유하기 | 평가 기준	별점	이유
---	---	---
인성적 설득 전략	★★★★	학생회장으로서의 책임감과 품성이 느껴짐
이성적 설득 전략	★★★	학생들의 도움이 필요하다는 것을 두 가지 근거를 들어 주장함
감성적 설득 전략	★★★★	학생회 학생들도 같은 평범한 학생임을 호소하여 청중의 감성을 효과적으로 자극함		
			• 활동 내용 정리하기	• 활동 내용 정리하기	

전개 2	표현 전략 분석 및 평가하기		• 언어적 설득 전략 평가하기
			〈수험생 작성 내용4〉
			• 〈자료2〉의 준언어적, 비언어적 표현 전략을 분석하고 평가하도록 안내하기
			• 〈자료2〉에 나타난 표현 전략과 평가한 내용을 공유하도록 안내하기
			  – "어떤 준언어적 표현이 나타났나요?"
			  – "어떤 비언어적 표현이 나타났나요?"
			  – "준언어적 표현은 효과적이었나요?"
			  – "비언어적 표현은 효과적이었나요?"
			• 활동 내용을 정리하며 마무리하기
				• 언어적 설득 전략 평가하기
				〈자료2〉의 준언어적, 비언어적 표현 전략 분석하고 평가하기
				〈자료2〉에 나타난 표현 전략과 평가한 내용 공유하기
				
				| 준언어적 표현
					– 천천히 힘을 주어 또박또박 말함
					– 큰 목소리로 말함

---	---
비언어적 표현	– 학생을 골고루 쳐다봄 – 안타까운 표정을 지음 – 주먹을 쥠	 – "천천히 힘을 주어 또박또박 말함으로써 학생회에게 힘이 필요함을 효과적으로 강조하고 있어요." – "안타까운 표정을 통해 청중의 마음을 효과적으로 자극하고 있는 것 같아요." – "주먹을 쥐는 행동을 통해 학생들의 힘이 필요함을 강조하는 효과가 있는 것 같아요." • 활동 내용을 정리하며 마무리하기	
정리	형성평가 및 과제 부여		• 형성평가 부여 • 수준별 과제 제시	• 형성평가 진행 • 수준별 과제 확인	
	학습 내용 정리		• 학습 내용 정리	• 학습 내용 이해	
	차시 예고		• 차시 예고	• 차시 예고 인지	

판서 예시

〈활동1〉 인성적·이성적·감성적 설득 전략 평가하기

평가 기준	별점	이유
인성적 설득 전략	★★★★	학생회장으로서의 책임감과 품성이 느껴짐.
이성적 설득 전략	★★★	학생들의 도움이 필요함을 근거를 들어 주장함.
감성적 설득 전략	★★★★	학생회 학생들도 평범한 학생임을 효과적으로 호소함.

〈활동2〉 언어적·준언어적·비언어적 표현 전략 평가하기

표현 전략	구체적인 표현 전략	표현 효과
준언어적 표현	천천히 힘을 주어 또박또박 말함.	O
	큰 목소리로 말함.	O
비언어적 표현	학생을 골고루 쳐다봄.	O
	안타까운 표정을 지음.	O
	주먹을 쥠.	O

2026학년도 중등학교교사신규임용후보자선정경쟁시험(2차)
제11회 국어과 교수·학습 실연 시험 문제지

관리 번호

지도안 세부 조건

1. 〈수험생 작성 조건1〉 다양한 설명 방법 이해하기
   가. 교사가 다양한 설명 방법을 예를 들어 설명하도록 할 것(세 가지 이상)
   나. 교사가 설명한 설명 방법의 예시를 학생이 2가지 이상 제시하도록 할 것
   다. 교사와 학생 간의 구체적인 발문과 답변을 드러낼 것

2. 〈수험생 작성 조건2〉 설명 방법을 파악하며 읽기
   가. 〈자료1〉을 활용하여 글에 사용된 설명 방법을 찾도록 할 것
   나. 사용된 설명 방법의 적절성을 평가하도록 할 것
   다. 모둠 간 상호작용을 이끌어 낼 것

3. 〈수험생 작성 조건3〉 대상의 특성을 고려하여 쓰기
   가. 〈자료2〉를 활용할 것
   나. 〈자료2〉 생략된 부분에 들어갈 만한 적절한 내용을 찾도록 할 것(2가지 이상)
   다. '3-나'에서 찾은 내용에 적합한 설명 방법을 선택하도록 할 것(단, 설명은 생략하도록 할 것)

수업 조건

- 과목 : 국어
- 학년 : 중학교 2학년
- 장소 : 교실
- 시간 : 블록타임제(90분)
- 단원명 : 효과적으로 설명하기
- 해당 성취 기준
  - 글에 사용된 다양한 설명 방법을 파악하며 읽는다.
  - 대상의 특성에 맞는 설명 방법을 사용하여 글을 쓴다.

단원명	차시	학습 내용
효과적으로 설명하기	1-2 (본시)	○글에 사용된 다양한 설명 방법을 파악하며 읽을 수 있다. ○대상의 특성에 맞는 설명 방법을 사용하여 글을 쓸 수 있다.
	3-4	○핵심 정보가 잘 드러나게 발표할 수 있다. ○적절한 매체 자료를 활용하여 발표할 수 있다.

학생 수	장소	학습 형태	학습 기자재
24명	국어 교과교실	강의식, 모둠식	교사용 컴퓨터, 전자 칠판, 학생용 스마트 기기

※ 본 문제는 모의 평가용으로 제작되었으며, 실제 시험의 문항 유형 및 형식과 다를 수 있습니다.

〈자료1〉

훈민정음은 세종이 1446년 공포한 한국의 문자를 지칭하는 이름이자 글자를 해설한 한문 해설서이기도 하다. 훈민정음의 제자 원리 중 가장 중요한 것은 상형(象形)이다. 즉, 자음과 모음 모두 상형을 기반으로 제자하였다. 그러나 자음자 'ㄱ, ㄴ, ㅁ, ㅅ, ㅇ'은 조음 기관의 모양을 상형하였고, 모음자 'ㆍ, ㅡ, ㅣ'는 각각 순서대로 天, 地, 人, 즉 하늘과 땅과 사람을 상형하였다. 자음의 경우 상형 기본자 'ㄱ, ㄴ, ㅁ, ㅅ, ㅇ'에 가획(加劃)을 하여 나머지 자음자를 만들었는데, 여기서 가획은 소리의 세기가 더해짐을 뜻한다. 이렇게 가획을 하여 만든 글자는 'ㅋ, ㄷ, ㅌ, ㅂ, ㅍ, ㅈ, ㅊ, ㆆ, ㅎ' 9자이다. 반면 모음은 상형 기본자 'ㆍ, ㅡ, ㅣ'에 합성(合成)을 하여 나머지 모음자를 만들었다. 합성자는 다시 둥근 것(ㆍ)을 몇 번 취하였는지에 따라 초출자와 재출자로 나뉜다. 초출자는 'ㆍ'에 'ㅡ'와 'ㅣ'를 한번 합한 글자로 'ㅗ, ㅜ, ㅏ, ㅓ'가 포함되며, 재출자는 초출자에 다시 한번 'ㆍ'를 결합한 글자로 'ㅛ, ㅠ, ㅑ, ㅕ'가 있다.

자음의 기본자 5자, 가획자 9자 외에 'ㆁ, ㅿ, ㄹ' 세 자가 추가되는데, 이 세 글자는 훈민정음 해례에서 이체자(異體字)라고 규정되어 있다. 이체자는 자음에 획을 더한 뜻이 없는 글자라는 의미이다. 그러나 이를 해석하는 과정에서 'ㆁ, ㅿ, ㄹ'가 가획자이냐 아니냐가 논란이 되고 있는데 이는 해례의 기술 '무가획지의(無加劃之義)'에 대한 해석상의 차이 때문이다. 이에 대해 크게 두 가지 다른 해석이 있다. 첫 번째는 '무가획지의(無加劃之義)'를 원문 그대로 가획을 한 뜻이 없다고 해석하는 것이다. 이렇게 되면 'ㆁ, ㅿ, ㄹ'을 가획자라고 보지 않는다. 두 번째는 '무가획지의(無加劃之義)'를 가획을 했지만 가획을 통해 나타내고자 한 뜻이 없다고 해석하는 것이다. 즉, 가획을 했지만 일반적인 가획자와 달리 소리의 세기가 더해진 뜻은 없다고 보는 것이다. 이렇게 되면 'ㆁ, ㅿ, ㄹ' 가획자가 된다.

이체자에 대한 논란이 분분한 상황이지만 훈민정음의 자음은 이체자를 포함하여 17자(ㄱ, ㅋ, ㆁ, ㄴ, ㄷ, ㅌ, ㄹ, ㅁ, ㅂ, ㅍ, ㅅ, ㅈ, ㅊ, ㅿ, ㅇ, ㆆ, ㅎ)이며, 모음은 11자(ㆍ, ㅡ, ㅣ, ㅏ, ㅓ, ㅗ, ㅜ, ㅑ, ㅕ, ㅛ, ㅠ)로써 과학적이면서도 철학적인 원칙을 바탕으로 만들어진 글자임에는 의심의 여지가 없다.

〈자료2〉

시를 공부하다 보면 심상(心象), 이미지라는 말이 자주 나온다. 심상은 이미지와 같은 말로 마음(心)에 그려지는 상(象)을 뜻한다. 실제로 어떤 대상을 보는 것도 아닌데, 글을 읽으며 표현된 감각적인 언어, 묘사, 비유 등을 보면서 대상을 직접 보고 겪는 것 같은 느낌을 갖게 된다. 이렇게 자신도 모르게 마음속에 떠오르는 감각적인 영상같은 것들을 가리킨다. 그렇다면 심상(이미지)의 종류에 대해 구체적으로 살펴보도록 하자.

(생략된 부분)

2026학년도 중등학교교사신규임용후보자선정경쟁시험(2차)

제11회 국어과 교수·학습 실연 지도안 예상 답안

국어과 본시 교수·학습 지도안

학습 목표	1. 글에 사용된 다양한 설명 방법을 파악하며 읽을 수 있다. 2. 대상의 특성에 맞는 설명 방법을 사용하여 글을 쓸 수 있다.			
학습 단계		교수·학습 활동	자료 및 유의점	시간(분)
도입	인사	• 인사 및 학습 분위기 조성	• 인사 및 학습 준비		
	전시 학습 확인	• 전시 학습 확인하기	• 전시 학습 떠올리기		
	동기유발	• 학습자의 관심 유도하기	• 수업에 대해 집중하기		
	학습 내용 안내	• 학습 내용 안내	• 학습 내용 확인		
	학습 목표 제시	• 학습 목표 제시	• 학습 목표 확인		
전개 1	〈활동1〉 다양한 설명 방법 이해하기	• 다양한 설명 방법을 예를 들어 설명하기 예시) <table><tr><th>설명 방법</th><th>뜻과 예시</th></tr><tr><td>정의</td><td>대상의 뜻을 밝혀 풀이하는 방법 예) 인권은 인간으로서 가지는 기본적 권리이다.</td></tr><tr><td>예시</td><td>대상과 연관된 구체적이고 친근한 예를 제시하여 설명하는 방법 예) 우리나라는 예로부터 발효 음식이 발달했는데, 김치와 된장, 간장 등을 예로 들 수 있다.</td></tr><tr><td>비교와 대조</td><td>둘 이상의 대상을 견주어 서로 간의 공통점과 차이점을 밝히는 방법 예) 진달래와 철쭉은 분홍색이라는 점에서 비슷하지만, 진달래는 꽃이 피고 난 뒤 잎이 나는 반면 철쭉은 꽃과 잎이 같이 나온다.</td></tr><tr><td>인과</td><td>대상을 원인과 결과의 관계를 중심으로 설명하는 방법 예) 일식이 일어나면 하늘이 깜깜해지는 것은 달이 태양 일부나 전부를 가려 태양 빛이 지구까지 도달하지 못하기 때문이다.</td></tr><tr><td>분석</td><td>대상을 구성하는 요소나 부분으로 나누어 설명하는 방법 예) 곤충의 몸통은 머리, 가슴, 배로 나뉘어 있다.</td></tr><tr><td>분류와 구분</td><td>대상을 일정한 기준에 따라 나누거나 종류별로 묶어서 설명하는 방법 예) 자동차는 크기에 따라 경차, 소형차, 중형차, 대형차로 나눌 수 있다.</td></tr></table>	• 다양한 설명 방법을 예와 함께 이해하기		

전개 1	〈활동1〉 다양한 설명 방법 이해하기	• 다양한 설명 방법에 대하여 학생들이 예시를 추가하도록 안내하기 – "선생님이 설명한 설명 방법 중 마음에 드는 것을 골라 예시를 들어볼까요?" – "정의는 'A=B이다.'의 방식으로 서술되긴 하지만 '사람이다'라는 설명이 A의 특성을 충분히 설명하긴 어려우므로 조금 더 구체적으로 설명되어야 해요. 예를 들어, '민수는 우리 반에서 키가 제일 큰 친구이다.'이런 식으로요." – "또 발표해 볼 사람 있나요?" – "네 모두 적절한 예시를 잘 들어주었어요."	• 다양한 설명 방법에 대하여 학생들이 예시를 추가하기 – "저요. 정의의 예시를 들어보겠습니다. 나는 사람이다." – "저는 비교와 대조를 이야기해 보겠습니다. 레서판다와 자이언트판다는 판다라는 공통점이 있지만 레서판다는 크기가 작으며 자이언트 판다는 크기가 매우 크다." – "저는 분석을 해보겠습니다. 컴퓨터는 크게 소프트웨어와 하드웨어로 나뉘는데 하드웨어는 기계적인 장치를 말하며, 소프트웨어는 프로그램을 의미한다."
전개 2	〈활동2〉 설명 방법을 파악하며 읽기	• 모둠별로 〈자료1〉을 읽도록 하기 • 모둠별로 〈자료1〉에 사용된 설명 방법을 찾도록 하기 – "모둠에서 찾은 설명 방법을 발표해 볼까요?" – "정의와 관련하여 또 다른 모둠에서 찾은 부분이 있을까요?" • 모둠별로 사용된 설명 방법의 적절성을 평가하도록 하기 • 활동 공유하고 마무리하도록 하기	• 모둠별로 〈자료1〉을 읽기 • 모둠별로 〈자료1〉에 사용된 설명 방법을 찾도록 하기 예시) A 모둠 | 사용된 설명 방법	해당 부분
---	---
정의	훈민정음의 정의(1문단)
비교·대조	자음과 모음의 상형 원리 비교와 대조(1문단)
분류	합성자를 초출자와 재출자로 분류함(1문단)
인과	'무가획지의'에 대한 인과에 따른 해석 두 가지(2문단)	 – "저희 A 모둠은 1문단 첫 번째 줄에서 훈민정음의 뜻을 풀이한 부분에 사용된 설명 방법이 정의라는 것을 찾았습니다." – "네. 저희 B 모둠은 2문단 2번째 줄에서 이체자에 대한 설명 부분에도 정의가 사용되었다고 보았습니다. • 모둠별로 사용된 설명 방법의 적절성을 평가하기 예시) 	적절성	이유
---	---
적절하다	훈민정음, 이체자와 같은 어려운 용어에 대한 정의가 잘 드러나 이해하기 쉬웠다.
적절하다	자음과 모음의 제자 원리를 비교와 대조해 줌으로써 둘의 공통점과 차이점이 잘 드러났다.
적절하지 않다	정의가 부분적으로 사용되어서 상형이나 가획과 같은 뜻을 몰라 이해가 잘 안되었다.	 • 활동 공유하고 마무리하기

전개 3	<활동3> 대상의 특성을 고려하여 쓰기	• <자료2>의 내용을 읽고 '심상'과 관련한 내용을 디빗을 활용하여 찾아보도록 하기 • <자료2>에 생략된 부분에 들어갈 내용을 개요로 작성해 보도록 하기 • <자료2>에 생략된 부분에 들어갈 내용을 설명하기에 적합한 설명 방법을 선택하도록 하기	• <자료2>의 내용을 읽고 '심상'과 관련한 내용을 디빗을 활용하여 찾기 • <자료2>에 생략된 부분에 들어갈 내용을 개요로 작성하기 예시) ① 시각, 청각, 촉각, 미각, 후각적 심상 ② 공감각적, 복합감각적 심상 • <자료2>에 생략된 부분에 들어갈 내용을 설명하기에 적합한 설명 방법을 선택하기 예시) | 내용 | 사용할 설명 방법 | |---|---| | 시각, 청각, 촉각, 미각, 후각적 심상 설명 | - 정의 : 각각의 심상의 뜻 설명 - 예시 : 각각의 심상이 잘 드러나는 작품을 예시로 설명 | | 공감각적, 복합감각적 심상 설명 | - 정의 : 각각의 심상의 뜻 설명 - 비교와 대조 : 공통점과 차이점을 비교와 대조로 설명 |	심화문제
		• 활동 공유하고 마무리하도록 하기	• 활동 공유하고 마무리하기	
전개 4	<활동4> 대상의 특성을 고려하여 쓰기 및 고쳐쓰기	• 계획한 내용에 따라 <자료2>에 생략된 부분에 들어갈 내용을 글로 작성하도록 하기 • 우리 반 홈페이지에 게시하고 친구들의 글을 공유하도록 하기	• 계획한 내용에 따라 <자료2>에 생략된 부분에 들어갈 내용을 글로 작성하기 • 우리 반 홈페이지에 게시하고 친구들의 글을 공유하기	
정리	형성평가 및 과제 부여	• 형성평가 부여 • 수준별 과제 제시	• 형성평가 진행 • 수준별 과제 확인	
	학습 내용 정리	• 학습 내용 정리	• 학습 내용 이해	
	차시 예고	• 차시 예고	• 차시 예고 인지	

판서 예시

단원명: 효과적으로 설명하기

<활동1> 다양한 설명 방법 이해하기

설명 방법	뜻과 예시
정의	대상의 뜻을 밝혀 ~ 예) 인권은~
예시	대상과 연관된 구체적이고 친근한 예를 제시~ 예) 우리나라는 예로부터 발효 음식이~
비교와 대조	~공통점과 차이점을 밝히는 방법 예) 진달래와 철쭉은 ~
인과	대상을 원인과 결과의 관계를 중심~ 예) 일식이 일어나면 하늘이 깜깜해지는~
분석	대상을 구성하는 요소나 부분으로 나누어~ 예) 곤충의 몸통~
분류와 구분	대상을 일정한 기준에 따라 나누거나~ 예) 자동차는 크기에 따라~

<활동2> 설명 방법을 파악하며 읽기

사용된 설명 방법	해당 부분
정의	훈민정음의 정의(1문단) + 이체자 정의(2문단)
비교·대조	자음과 모음의 상형 원리 비교와 대조(1문단)
분류	합성자를 초출자와 재출자로 분류함(1문단)
인과	'무가획지의'에 대한 인과에 따른 해석 두 가지(2문단)

적절성	이유
적절하다	훈민정음, 이체자와 같은 어려운 용어에 대한 정의가 잘 드러나 이해하기 쉬웠다.
적절하다	자음과 모음의 제자 원리를 비교와 대조해 줌으로써 둘의 공통점과 차이점이 잘 드러났다.
적절하지 않다	정의가 부분적으로 사용되어서 상형이나 가획과 같은 뜻을 몰라 이해가 잘 안되었다.

<활동3> 대상의 특성을 고려하여 쓰기

내용	사용할 설명 방법
시각, 청각, 촉각, 미각, 후각적 심상 설명	- 정의 : 각각의 심상의 뜻 설명 - 예시 : 각각의 심상이 잘 드러나는 작품을 예시로 설명
공감각적, 복합감각적 심상 설명	- 정의 : 각각의 심상의 뜻 설명 - 비교와 대조 : 공통점과 차이점을 비교와 대조로 설명

2026학년도 중등학교교사신규임용후보자선정경쟁시험(2차)
제12회 국어과 교수·학습 실연 시험 문제지

관리 번호

지도안 세부 조건

1. 〈수험생 작성 조건1〉 글 구조 파악하고 요약하기
   가. 〈자료1〉, 〈자료2〉를 활용하여 글의 구조를 파악하는 활동을 구성할 것
   나. 글 구조를 중심으로 글의 내용을 요약하는 활동을 구성할 것
   다. 학생 활동 결과물을 상세히 제시할 것

2. 〈수험생 작성 조건2〉 한글의 우수성 파악하기
   가. 〈자료1〉, 〈자료3〉의 내용을 바탕으로 한글의 우수성을 파악하는 활동을 구성할 것
   나. 교육정보기술(에듀테크)을 활용해 학생들이 활동 내용을 공유할 수 있도록 할 것
   다. 학생 활동 결과를 상세히 제시할 것

3. 〈수험생 작성 조건3〉 구술 평가하기
   가. 구술 평가의 구체적인 방법을 계획할 것(학생 활동 결과는 생략할 것)
   나. 성취 기준을 고려한 평가 기준 2개, 평가의 특성을 고려한 평가 기준 1개를 제시할 것

수업 조건

- 과목: 국어
- 학년: 고등학교 1학년
- 장소: 국어 교과교실
- 시간: 블록타임제(100분)
- 단원명: 한글의 창제 원리
- 해당 성취 기준
  - 읽기 목적이나 글의 특성을 고려하여 글 내용을 요약한다.
  - 한글의 창제 원리를 이해한다.

단원명	차시	학습 내용
한글의 창제 원리	1-2	○한글의 창제 원리를 이해할 수 있다.
	2-3 (본시)	○글의 구조를 파악하고 글 내용을 글의 특성에 맞게 요약할 수 있다. ○한글의 창제 원리를 바탕으로 한글의 우수성을 이해할 수 있다.
	4-5	○한글의 창제 원리와 우수성을 주제로 한 편의 글을 쓸 수 있다.

학생 수	장소	학습 형태	학습 기자재
24명	국어 교과교실	강의식, 짝 활동, 모둠식	교사용 컴퓨터, 전자 칠판, 학생용 스마트 기기

※ 본 문제는 모의 평가용으로 제작되었으며, 실제 시험의 문항 유형 및 형식과 다를 수 있습니다.

〈자료1〉

① 혹시 문자의 사용 설명서를 본 적이 있는가? 인류의 문자사에서 문자 제작자가 직접 제공한 문자의 사용 설명서가 존재하는 경우는 거의 찾아보기 힘들다. 그러나 한글은 창제자에 의해 그것의 사용 설명서가 분명하게 제공되었다는 점에서 다른 문자들과 차이가 있다. 1446년 세종과 집현전 학자들에 의해 만들어진 해례본『훈민정음』이 바로 그것이다.

② 제자해에는 신문자의 제자 원리가 분명하게 설명되어 있다. 제자해의 모든 설명은 중국의 성운학과 성리학의 형이상학적 세계관을 바탕으로 하고 있는데, 특히 신문자의 제자와 운용에 천지만물의 원리가 담겨 있음을 강조하였다.

③ 초성은 'ㄱ, ㄴ, ㅁ, ㅅ, ㅇ' 5개의 글자가 각각 오음을 대표하는 기본자인데, 이 기본자는 사람의 발음 기관을 상형한 것이다. 'ㄱ'은 혀뿌리가 목구멍을 막는 모양을, 'ㄴ'은 혀가 윗잇몸에 닿는 모양을, 'ㅁ'은 입의 모양을, 'ㅅ'은 치아의 모양을, 'ㅇ'은 목구멍의 모양을 본뜬 것이다. 그리고 이러한 기본 글자에 획을 더하여 'ㄱ → ㅋ, ㄴ → ㄷ → ㅌ, ㅁ → ㅂ → ㅍ, ㅅ → ㅈ → ㅊ, ㅇ → ㆆ → ㅎ'과 같은 방식으로 다른 글자들을 만들어 냈다. 이때 획이 더해지는 것은 소리가 조금씩 세어지는 특성과 관련이 있다.

④ 중성의 경우에는 천지인(天地人) 삼재(三才)를 상형해 기본자 3개(·, ㅡ, ㅣ)를 만들고, 이를 다시 서로 결합하여 초출자(ㅗ, ㅏ, ㅜ, ㅓ)와 재출자(ㅛ, ㅑ, ㅠ, ㅕ)를 만들었다. 초출자의 경우 '·'와 'ㅡ'가 결합된 'ㅗ, ㅜ'는 천지가 처음 만난 뜻을, '·'와 'ㅣ'가 결합된 'ㅏ, ㅓ'는 천지의 작용이 사람을 매개로 사물에 발현된 뜻을 지니고 있다. 재출자의 경우에는 'ㅗ, ㅏ, ㅛ, ㅑ'에서는 '·'가 'ㅡ'와 'ㅣ'의 위쪽과 바깥쪽에, 'ㅜ, ㅓ, ㅠ, ㅕ'에서는 'ㅡ'와 'ㅣ'의 아래쪽과 안쪽에 위치하는데, 여기에는 각각 하늘과 땅에서 생겨나 양과 음이 되는 원리가 반영되어 있다. 이처럼 음양의 원리로 중성을 설명한 것은 모음조화에 대한 이해를 바탕으로 한 것이다.

⑤ 음절을 이루는 세 요소인 초·중·종성에 대해 해례에서는 각각 초성해, 중성해, 종성해를 마련해 설명하고 있다. 초성과 중성에 대해서는 제자해에 이어 초성해와 중성해에서 다시 한 번 언급되고 있다. 초성해에서는 음절에서 초성이 무엇인지를 설명했고, 중성해에서는 중성이 무엇인가에 대한 내용을 언급하였다. 종성해에는 8종성에 대한 설명이 있다. 8개의 종성(ㄱㄷㄴㅂㅁㅅㄹ)으로 종성 표기가 가능하다는 점이 언급되었다.

⑥ 초·중·종성이 하나의 음절로 합하여 표기되어야 하며 중성에 따라 초성과 중성의 결합 양상이 상하 또는 좌우로 달라진다는 점이 설명되었다. 또한 'ㅉ', 'ㅙ', 'ㄳ'에서처럼 초·중·종성에서 2자와 3자가 합용될 수 있음도 언급되었다. 그리고 각 음절의 성조 표시를 위한 방점 표기에 대해서도 설명하고 있다. 이처럼 합자해에는 초·중·종성의 음절 표기 및 합용에 대한 설명, 방점 표기에 대한 설명이 들어있다.

⑦ 끝으로 용자례에는 94개의 국어 어휘들에 대한 실제의 표기 용례가 실려 있다. 용자례는 신문자의 실험장으로서뿐만 아니라 당시 존재했던 어휘들의 모습을 한자리에서 볼 수 있는 어휘 자료로서도 중요한 가치를 지닌다. '러울'[獺], '사비'[蝦], '비육'[鷄雛], '슈룹'[雨繖] 등과 같이 이곳 용자례에서만 찾아볼 수 있는 어휘 표기의 존재가 소중하다.

⑧ 이처럼 우리는 해례본『훈민정음』의 곳곳에서 언어에 대한 당시 학자들의 놀랄 만한 관찰과 이해를 보여 주는 대목과 만날 수 있다. 이것은 마치 20세기 구조주의 언어학자들의 눈으로 당시의 언어를 관찰하고 기술한 것 같은 느낌을 준다. 독보적인 문자와 그것의 사용 설명서를 제대로 이해하고 이를 소중히 여길 줄 아는 것이 우리에게 필요한 자세가 아닐까 한다.

– 2014년 중등학교교사임용후보선정경쟁시험 국어 기출 변형 –

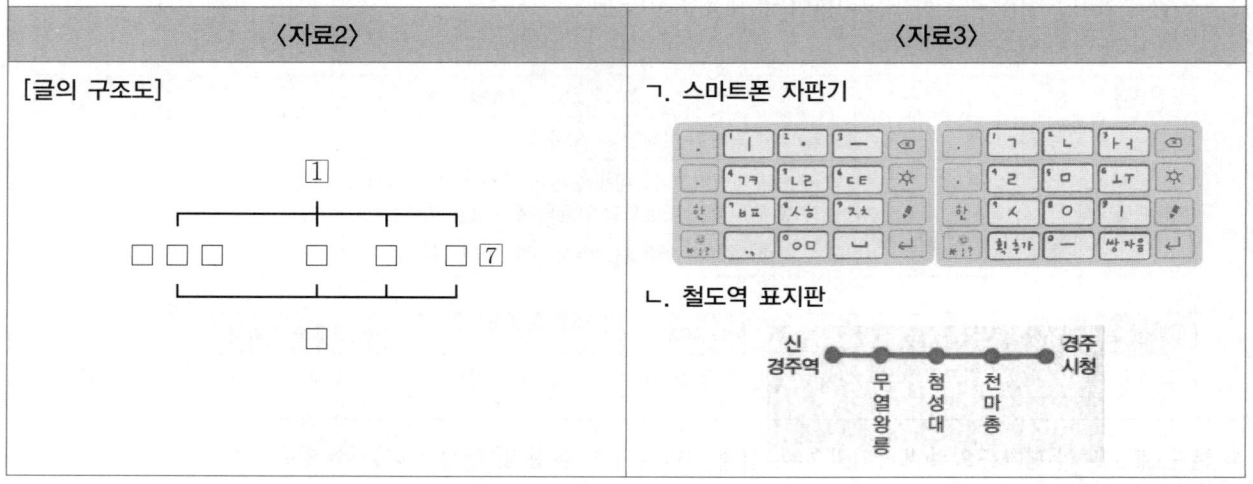

〈자료2〉

[글의 구조도]

```
              ①
     ┌────┬───┬───┐
  ② ③ ④   ⑤   ⑥   ⑦
     └────┴───┴───┘
              ⑧
```

〈자료3〉

ㄱ. 스마트폰 자판기

ㄴ. 철도역 표지판

2026학년도 중등학교교사신규임용후보자선정경쟁시험(2차)
제12회 국어과 교수·학습 실연 지도안 〔예상 답안〕

국어과 본시 교수·학습 지도안			
학습 목표	1. 글의 구조를 파악하고 글 내용을 글의 특성에 맞게 요약할 수 있다. 2. 한글의 창제 원리를 바탕으로 한글의 우수성을 이해할 수 있다.			
학습 단계		교수·학습 활동		자료 및 유의점	시간(분)

학습 단계		교수·학습 활동		자료 및 유의점	시간(분)
도입	인사	• 인사 및 학습 분위기 조성	• 인사 및 학습 준비		
	전시 학습 확인	• 전시 학습 확인	• 전시 학습 회상		
	동기유발	• 한글 창제 과정이 담긴 영상 보여주기	• 한글 창제 과정이 담긴 영상 시청하기		
	학습 목표 제시	• 학습 목표 제시	• 학습 목표 확인		
전개 1	〈활동1〉 글 구조 파악하고 요약하기	〈수험생 작성 내용1〉 • 글 구조 파악하는 활동 안내하기 ① 모둠을 구성한다. ② ①~⑧ 문단을 구조도를 활용하여 위계적으로 배열하도록 한다. ③ ②에서 배열한 내용을 설명문의 구조(처음-중간-끝)에 따라 정리한다. ④ '중간'은 글 내용을 기준으로 다시 세부적으로 나누도록 한다. ⑤ 모둠별로 통일된 의견을 구성하여 다른 모둠과 비교한다. • 글 구조를 중심으로 요약 활동 안내하기 ① 처음~끝을 기준으로 요약하기 ② 표제어 찾기 ③ 핵심 어구를 중심으로 표제어를 뒷받침하는 한 문장으로 요약	• 글 구조 파악하기 〈구조도〉 ① ② ③ ④ ⑤ ⑥ ⑦ ⑧ • 글 구조를 중심으로 요약 활동 안내하기 <table><tr><td>처음</td><td>훈민정음 해례본 – 한글은 사용 설명서가 있다.</td></tr><tr><td>중간1</td><td>제자해 – 초성은 발음 기관 상형과 획을 더하는 원리로, 중성은 천지인 상형과 이를 다시 결합하는 원리로 만들었다.</td></tr><tr><td>중간2</td><td>초·중·종성해 – 초성, 중성에 대한 내용이 반복되고, 종성에는 8종성이 있다.</td></tr><tr><td>중간3</td><td>합자해 – 초·중·종성의 음절 표기 및 합용, 방점 표기를 설명하고 있다.</td></tr><tr><td>중간4</td><td>용자례 – 국어 어휘들에 대한 실제 표기 용례가 실려있다.</td></tr><tr><td>끝</td><td>훈민정음 해례본 – 한글 사용 설명서를 제대로 이해하고 소중히 여기는 자세가 필요하다.</td></tr></table>		
전개 2	〈활동2〉 한글의 우수성 파악하기	〈수험생 작성 내용2〉 • 한글의 우수성 찾는 활동 안내하기 ① 모둠을 구성한다. ② 〈자료1〉 및 인터넷 검색을 통해 〈자료3〉 ㄱ, ㄴ과 관련된 한글의 우수성 및 근거를 모둠끼리 토의하여 탐색하고 정리한다. ③ 온라인 공유 플랫폼을 활용하여 활동 결과를 업로드한다.	• 한글의 우수성 찾기 <table><tr><td colspan="2">활동 예시(ㄱ)</td></tr><tr><td>맡은 부분</td><td>제자해</td></tr><tr><td>우수성</td><td>천지인 자판기</td></tr><tr><td>근거</td><td>• 자음은 기본자에 획을 더하는 원리를, 모음은 기본자를 결합하는 원리를 사용하여 효율적으로 자판기를 구성함</td></tr></table>		

단계	활동	교수 활동	학습 활동	
전개2	〈활동2〉 한글의 우수성 파악하기	④ 동료들의 활동 결과를 보고 자기 모둠의 활동과 비교하며 피드백한다.	근거: 창제 원리를 적용하지 않은 키보드에 비해 배우기가 쉽고, 자판의 크기가 커진다는 장점이 있음	

활동 예시(ㄴ)

맡은 부분	합자해
우수성	가로쓰기, 세로쓰기가 가능함
근거	문자의 가로와 세로 길이가 다르고 문자를 풀어쓰는 다른 언어들과 달리 한글은 글자를 모아써서 모은 음절의 모양이 일정하기 때문에 가로쓰기, 세로쓰기가 모두 가능함

| 전개3 | 〈활동3〉 구술 평가 | 〈수험생 작성 내용3〉
• 구술 평가 안내하기
① 구술 평가 문항을 10개 정도 사전에 제시하고, 모둠별로 평가를 준비한다.
② 교사의 관찰 아래 모둠 구성원이 다른 모둠원에게 구술을 하는 방식으로 진행한다.
③ 10개의 문항 중 3개를 무작위로 뽑아서 45초 내외로 간략하게 설명한다. | • 구술 평가 준비 및 수행
- 구술 평가를 마쳤거나 순서가 오지 않은 모둠은 오늘 학습한 내용을 글로 정리한다. | |

문항 예시
- 훈민정음 해례본의 구성은?
- 초성의 제자 원리 2가지는?
- 종성해에서 언급한 8개의 종성은?

평가 기준 〈수험생 작성 부분〉
- 한글의 창제 원리를 정확하게 이해하고 있는가?
- 주어진 문항에 맞게 핵심 내용을 요약·정리하여 설명하였는가?
- 내용에 맞는 적절한 언어적·반언어적·비언어적 표현을 활용하였는가?

정리	형성평가 및 과제 부여	• 형성평가 부여 • 수준별 과제 제시	• 형성평가 진행 • 수준별 과제 확인	
	학습 내용 정리	• 학습 내용 정리	• 학습 내용 이해	
	차시 예고	• 차시 예고	• 차시 예고 인지	

판서 예시

〈구조도〉

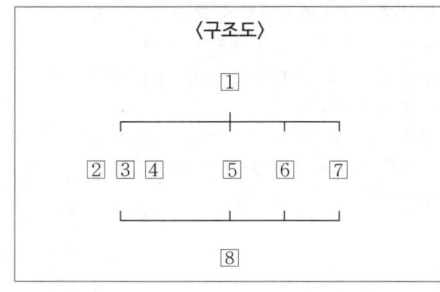

처음	한글 사용 설명서
중간1	제자해
중간2	초·중·종성해
중간3	합자해
중간4	용자례
끝	한글을 소중히 여기는 자세

1모둠
제자해
우수성 - 천지인 자판기
• 자음 - 상형, 가획, 모음 - 상형, 결합 → 효율적 구성 • 배우기 쉬움, 자판 크기 大

3모둠
합자해
우수성 - 음절 구분 쉬움
• 풀어쓰는 로마자에 비해 음절 단위로 글자 모아쓰기 → 가로 세로쓰기 모두 가능

2026학년도 중등학교교사신규임용후보자선정경쟁시험(2차)
제13회 국어과 교수·학습 실연 시험 문제지

관리 번호

지도안 세부 조건

1. **〈수험생 작성 조건1〉** 글의 특성 및 읽기 목적에 맞는 읽기 방법 이해하기
   가. 〈자료1〉을 활용할 것
   나. 〈자료1〉의 빈칸을 채워 넣으며 글의 특성 및 읽기 목적에 따라 달라지는 읽기 방법을 이해하도록 할 것
   다. 교사와 학생 간의 상호작용을 드러낼 것

2. **〈수험생 작성 조건2〉** 읽기 전 활동하기
   가. 읽기 전 활동을 3가지 이상 제시할 것
   나. 〈자료2〉를 활용하여 읽기 전 활동을 하도록 할 것(단, 활동 결과를 공유할 것)
   다. 〈자료2〉의 글의 특성 및 읽기 목적을 파악하게 할 것

3. **〈수험생 작성 조건3〉** 읽기 후 활동하기
   가. 〈자료2〉를 활용하고 읽기 전 활동 내용과 연계하여 읽기 후 활동을 하도록 할 것
   나. 글의 특성을 고려하여 읽기 후 질문을 3가지 이상 교사가 제시할 것
   다. 질문에 대한 학생들의 구체적인 답변 내용을 포함할 것

수업 조건

- 과목 : 국어
- 학년 : 고등학교 1학년
- 장소 : 교실
- 시간 : 블록타임제(100분)
- 단원명 : 능동적으로 읽기
- 해당 성취 기준 : 읽기 목적을 고려하여 자신의 읽기 방법을 점검하고 조정하며 읽는다.

단원명	차시	학습 내용
능동적으로 읽기	1-2	○쓰기가 의미를 구성하는 과정임을 이해할 수 있다. ○쓰기가 독자와 소통하는 사회적 상호작용임을 이해하고 글을 쓸 수 있다.
	3-4 (본시)	○글의 특성 및 읽기 목적에 맞는 읽기 방법을 이해할 수 있다. ○읽기 목적을 고려하여 읽기 과정에 따라 글을 읽을 수 있다.

학생 수	장소	학습 형태	학습 기자재
24명	국어 교과교실	강의식, 모둠식	교사용 컴퓨터, 전자 칠판, 학생용 스마트 기기

※ 본 문제는 모의 평가용으로 제작되었으며, 실제 시험의 문항 유형 및 형식과 다를 수 있습니다.

〈자료1〉

	논설문	설명문	수필
글의 특성	어떤 문제에 대한 글쓴이의 주장과 근거가 담겨 있다.	㉠	㉡
읽기 목적	㉢	필요한 정보를 얻기 위해 읽는다.	감동과 교훈을 얻기 위해 읽는다.
읽기 방법	○ 글쓴이가 글을 쓴 의도를 파악하며 읽는다. ○ 글쓴이의 주장에 대한 근거가 적절한지 판단하며 읽는다.	○ 대상에 대한 설명 내용을 정확히 파악하며 읽는다. ○ 세부적인 내용의 정확성과 객관성을 확인하며 읽는다.	㉣

〈자료2〉

책(冊)

이태준

〈내용 생략〉

2026학년도 모의문제 자료(지문)
* Daum 2순정 카페에서 자료(지문)을 확인하실 수 있습니다.

2026학년도 중등학교교사신규임용후보자선정경쟁시험(2차)

제13회 국어과 교수·학습 실연 지도안 예상 답안

국어과 본시 교수·학습 지도안

학습 목표	1. 글의 특성 및 읽기 목적에 맞는 읽기 방법을 이해할 수 있다. 2. 읽기 목적을 고려하여 읽기 과정에 따라 글을 읽을 수 있다.			
학습 단계		교수·학습 활동		자료 및 유의점	시간 (분)
도입	인사	• 인사 및 학습 분위기 조성	• 인사 및 학습 준비		
	전시 학습 확인	• 전시 학습 확인하기	• 전시 학습 떠올리기		
	동기유발	• 학습자의 관심 유도하기	• 수업에 대해 집중하기		
	학습 내용 안내	• 학습 내용 안내	• 학습 내용 확인		
	학습 목표 제시	• 학습 목표 제시	• 학습 목표 확인		
전개 1	〈활동1〉 읽기 방법 이해하기	• 〈자료1〉 함께 보기 • 〈자료1〉을 보며 글의 종류에 따라 글의 특성이 어떻게 달라지는지 이해하도록 하기 - "〈자료1〉의 표를 보면 글의 종류에 따라 각각 특성이 달라지죠. 설명문과 수필은 어떤 글일까요?" - "맞아요. 설명문은 설명 대상에 대하여 사실 정보를 담은 글이고, 수필은 개인이 경험한 내용과 깨달음을 자유롭게 쓴 글이죠." • 〈자료1〉을 보며 글의 종류에 따라 독자들이 읽는 목적이 어떻게 달라지는지 이해하도록 하기 - "글의 특성을 고려하여 생각해 봅시다. 독자들은 논설문을 어떤 목적으로 읽을까요?" - "그렇죠. 덧붙이자면 주장과 근거를 평가하거나 자신의 입장과 어떻게 다른지 파악하기 위해 읽을 수 있죠" • 〈자료1〉을 보며 글의 특성과 읽기 목적에 맞는 읽기 방법을 이해하도록 하기 - "마지막으로 나머지 내용을 참고해 보면 수필을 읽을 때는 어떤 방법으로 읽을 수 있을까요?" - "그렇죠. 공감 가는 부분을 찾을 수도 있고 자신의 삶을 성찰해 보면서 읽을 수도 있어요.	• 〈자료1〉 함께 보기 • 〈자료1〉을 보며 글의 종류에 따라 글의 특성이 어떻게 달라지는지 이해하기 - "설명문은 정보전달을 위한 글이에요." - "수필은 개인이 경험한 일을 쓴 글이에요." • 〈자료1〉을 보며 글의 종류에 따라 독자들이 읽는 목적이 어떻게 달라지는지 이해하기 - "논설문은 주장과 근거가 담긴 글이니까 논제에 대한 글쓴이의 주장과 근거를 이해하기 위해 읽을 것 같아요." • 〈자료1〉을 보며 글의 특성과 읽기 목적에 맞는 읽기 방법 이해하기 - "자신에게 감동과 교훈을 주는 부분을 찾으면서 읽을 수 있을 것 같아요."		

전개1	<활동1> 읽기 방법 이해하기	• 내용 정리하도록 하기 ― "자, 그럼 표에 들어갈 내용을 정리해 보도록 할까요?"	• 내용 정리하기 <table><tr><td>㉠</td><td>설명 대상에 대한 객관적인 정보가 담겨 있다.</td></tr><tr><td>㉡</td><td>개인이 경험한 내용과 깨달음이 담겨 있다.</td></tr><tr><td>㉢</td><td>논제에 대한 글쓴이의 주장을 알기 위해 읽는다.</td></tr><tr><td>㉣</td><td>감동과 교훈을 주는 부분 찾으며 읽는다. 자신의 삶을 성찰해 보며 읽는다.</td></tr></table>
전개2	<활동2> 읽기 전 활동하기	• 읽기 전 활동에 대해 설명하기 ① 책의 표지를 보며 글의 종류와 특성 이해하기 ② 읽기 목적 설정하기 ③ 읽기 방법 생각해 보기 ④ 제목, 그림 등을 통해 내용 예측하기 ⑤ 궁금한 내용 적어보기 • 모둠별로 <자료2>를 활용하여 읽기 전 활동 하도록 하기	• 읽기 전 활동에 대해 이해하기 • 모둠별로 <자료2>를 활용하여 읽기 전 활동 하기 예시) <table><tr><td>글의 종류와 특성</td><td>수필인 걸 봐서 글쓴이가 직접 경험한 내용인가봐.</td></tr><tr><td>읽기 목적</td><td>― 글쓴이가 책에 대해 가지는 생각이 궁금해. ― 글쓴이의 독서 경험을 이해해 보고 싶어.</td></tr><tr><td>읽기 방법</td><td>― 감동과 교훈을 주는 부분을 찾으며 읽어볼래. ― 나의 독서 경험을 떠올려 보며 읽어볼래. ― 글쓴이의 생각에 밑줄 치며 읽어볼래.</td></tr><tr><td>예측하기</td><td>― 책의 표지를 보니까 30년대 문학인의 생각을 엿볼 수 있을 것 같아. ― 제목이 순서가 없다는 뜻을 지니고 있으므로 자유롭게 쓴 글인 것 같아. ― 책에 대한 글쓴이의 생각이나 관점이 나타날 것 같아.</td></tr><tr><td>질문하기</td><td>― 책과 독서에 대한 글쓴이의 생각은 무엇일까? ― 글쓴이가 가장 아끼는 책은 무엇일까?</td></tr></table>
		• 활동 내용 공유하고 마무리하도록 하기	• 활동 내용 공유하고 마무리하기
전개3	<활동3> 읽기 중 활동하며 읽기	• 읽기 전 활동을 바탕으로 모둠별로 읽기 중 활동을 하며 글을 읽도록 하기	• 읽기 전 활동을 바탕으로 모둠별로 읽기 중 활동을 하며 글을 읽기

단계		교사 활동	학생 활동		
전개 4	〈활동4〉 읽기 후 활동하기	• 읽기 전 활동 내용과 〈자료2〉의 글의 특성을 고려하여 모둠별 질문 제시하기 예시) ① 글쓴이가 '책'과 관련하여 경험한 내용은 무엇일까요? ② 글쓴이가 '책'에 대하여 가지는 관점은 무엇일까요? ③ 글을 읽으면서 인상깊었던 부분은 무엇인가요? ④ 글을 읽고 나서 '책'에 대한 자신의 생각은 어떠한가요? • 모둠별로 제시한 질문에 대하여 활발하게 이야기를 나눌 수 있도록 독려하기	• 읽기 전 활동 내용과 〈자료2〉의 글의 특성을 고려하여 모둠별 질문 이해하기 • 모둠별로 제시한 질문에 대하여 활발하게 이야기를 나누며 정리하기 Q. 글쓴이가 '책'과 관련하여 경험한 내용은 무엇일까요? – 책에게서 다채로운 아름다움을 느낀 경험이 있다. – 신간과 고전 모두 저마다의 매력이 있다. – 책에 대한 소유욕이 있다. – 새로 산 책을 실증낸 경험이 있다. – 친구와 책을 빌려 주고 빌린 적이 있다. Q. 글쓴이가 '책'에 대하여 가지는 관점은 무엇일까요? – 책은 모든 문화의 산물 가운데 가장 중요하다는 것을 깨달았어. – 책을 경건한 마음으로 대해야 하고 정성스럽게 간수해야 함을 깨달았어. Q. 글을 읽으면서 인상 깊었던 부분은 무엇인가요? – 책은 한껏 아름다워라, 그대는 인공으로 된 모든 문화물 가운데 꽃이요 천사요 또한 제왕이기 때문이다. – 책은 세수는 할 줄 모르는 미인이다. Q. 글을 읽고 나서 '책'에 대한 자신의 생각은 어떠한가요? – 책이 문화의 꽃이라는 작가의 생각에 동의해. – 책을 좀 더 소중히 여기고 가까이 해야겠어. – 작가는 책을 빌리는 자나 빌려주는 자나 도적이라고 말하는 부분은 잘 이해가 안가.		
		• 모둠 간 활동 내용을 공유하며 마무리하도록 하기	• 모둠 간 활동 내용을 공유하며 마무리하기		
정리	형성평가 및 과제 부여	• 형성평가 부여 • 수준별 과제 제시	• 형성평가 진행 • 수준별 과제 확인		
	학습 내용 정리	• 학습 내용 정리	• 학습 내용 이해		
	차시 예고	• 차시 예고	• 차시 예고 인지		

판서 예시

단원명 : 능동적으로 읽기

<활동1> 읽기 방법 이해하기

㉠	설명 대상에 대한 객관적인 정보
㉡	개인이 경험한 내용과 깨달음
㉢	논제에 대한 글쓴이의 주장을 알기 위해 읽는다.
㉣	감동과 교훈을 주는 부분 찾으며 읽는다. 자신의 삶을 성찰해 보며 읽는다.

<활동2> 읽기 전 활동하기

글의 종류와 특성	수필인 걸 봐서 글쓴이가 직접 경험한 내용인가봐.
읽기 목적	글쓴이가 책에 대해 가지는 생각이 궁금해.
읽기 방법	감동과 주는 부분을 찾으며 읽어볼래.
	…

<활동3> 읽기 후 활동하기

Q. 글쓴이가 '책'과 관련하여 경험한 내용은?
- 책에게서 다채로운 아름다움을 느낀 경험 O
- 신간과 고전 모두 저마다의 매력 O

Q. 글쓴이가 '책'에 대하여 가지는 관점은?
- 책은 모든 문화의 산물 가운데 가장 중요
- 책을 경건한 마음으로 대하고 정성스럽게 간수해야

Q. 인상 깊었던 부분은?
- 책은 한껏 아름다워라, 그대는 인공으로 된 모든 문화물 가운데 꽃이요 천사요 또한 제왕이기 때문이다.
- 책은 세수는 할 줄 모르는 미인이다.

Q. 글을 읽고 나서 '책'에 대한 자신의 생각은?
- 책이 문화의 꽃이라는 작가의 생각에 동의해.
- 책을 좀 더 소중히 여기고 가까이 해야겠어.

수업 실연 조건

- 학생용 디벗, 컴퓨터 등 기자재가 있다고 생각하고 수업 실연할 것
- 학생들의 활동을 실제적이고 구체적으로 나타낼 것

2026학년도 중등학교교사신규임용후보자선정경쟁시험(2차)
제14회 국어과 교수·학습 실연 시험 문제지

관리 번호	

지도안 세부 조건

1. 〈수험생 작성 조건1〉 동기유발
   가. 〈자료1〉을 활용할 것
   나. 〈자료1〉을 비판적으로 읽어보도록 할 것
   다. 비판적 읽기를 위해 고려할 점을 안내할 것

2. 〈수험생 작성 조건2〉 비판하며 읽기
   가. 〈자료2〉를 활용할 것
   나. 〈자료2〉에 드러난 무정한 사회와 다정한 사회에 대한 필자의 관점과 근거를 파악하도록 할 것
   다. 〈자료2〉의 표현상의 특징을 2가지 이상 파악하도록 할 것

3. 〈수험생 작성 조건3〉 비판적인 글쓰기
   가. 〈자료2〉를 비판적으로 읽도록 할 것
   나. 모둠별로 비판적 읽기의 평가 기준을 세우고 이에 따른 평가 결과를 학생 활동으로 제시할 것
   다. 디벗 기기를 활용하여 글쓰기 활동을 구상할 것(단, 쓰기 결과는 생략할 것)

수업 조건

○ 과목 : 국어
○ 학년 : 고등학교 2학년
○ 장소 : 교실
○ 시간 : 블록타임제(100분)
○ 단원명 : 비판적으로 읽고 쓰기
○ 해당 성취 기준
  - 글에 드러난 관점이나 내용, 글에 쓰인 표현 방법, 필자의 숨겨진 의도나 사회·문화적 이념을 비판하며 읽는다.
  - 주장하는 내용에 맞게 타당한 근거를 들어 글을 쓴다.

단원명	차시	학습 내용
비판적으로 읽고 쓰기	1-2	○글에 나타난 문제 상황과 필자의 생각 및 해결 방안을 찾으며 읽을 수 있다. ○필자의 해결 방안에 대해 평가하고 창의적으로 읽을 수 있다.
	3-4 (본시)	○글에 드러난 관점이나 내용, 표현 방법 등을 비판하며 읽을 수 있다. ○주장과 근거를 갖춰 비판하는 글을 쓸 수 있다.

학생 수	장소	학습 형태	학습 기자재
24명	국어 교과교실	강의식, 모둠식	교사용 컴퓨터, 전자 칠판, 학생용 스마트 기기

※ 본 문제는 모의 평가용으로 제작되었으며, 실제 시험의 문항 유형 및 형식과 다를 수 있습니다.

⟨자료1⟩

올바른 젓가락질 교육의 중요성

요즘 젓가락질을 제대로 못하는 사람들이 참으로 많다. 식당만 가서 보더라도 열에 아홉은 기이한 형태로 젓가락질을 한다. 이는 사람들이 젓가락질의 중요성과 효과를 간과하고 젓가락질 교육이 제대로 이뤄지지 않기 때문이다. 그렇다면 젓가락질을 올바르게 하는 것이 왜 중요할까?

우선 젓가락질을 할 때는 손과 손가락의 근육과 관절을 정교하게 사용한다. 이는 끊임없이 손과 이어진 뇌를 자극하게 되고 특히나 두뇌 발달이 중요한 영유아 및 어린아이들부터 치매 환자들까지도 아주 유익하다. 특히 우리나라는 쇠젓가락을 사용하는데 쇠젓가락은 일반 나무젓가락에 비하여 가늘고 무겁다. 나무젓가락을 주로 사용하는 중국이나 일본과 달리 훨씬 더 섬세하고 정교한 손놀림이 필요한 것이다. 즉, 쇠젓가락을 사용하는 우리나라 사람들이 다른 나라 사람들에 비해 집중력이 뛰어난 것은 당연한 일이다. 마지막으로 이런 정교한 우리나라의 젓가락질은 그저 밥을 잘 먹는 데 도움이 될 뿐만 아니라 손을 사용한 다른 분야에도 분명히 좋은 영향을 미칠 것 같다. 예를 들어 야구, 양궁, 골프 등의 스포츠 분야에서의 뛰어난 경기력, 용접 및 조선 기술과 같은 산업 분야에서도 우수한 성과는 모두 젓가락질에 뿌리를 두고 있다.

따라서 앞으로 젓가락질 교육이 올바르고 중요하게 학교 교육과정에서 다뤄져야 함은 의심할 여지가 없다.

⟨자료2⟩

무정한 사회와 유정한 사회

도산 안창호

[무정한 대한 사회]

우리 대한 사회는 무정한 사회입니다. 다른 나라에도 무정한 사회가 많겠지만, 우리 대한 사회는 가장 불쌍한 사회입니다. 그 사회의 무정이 나라를 망하게 하였습니다. 여러 백 년 동안에 대한 사회에 사는 사람은 죽지 못하여 살아왔습니다. 우리는 유정한 사회의 맛을 모르고 살아왔으므로 사회의 무정함을 견디는 힘이 있거니와, 다른 유정한 사회에서 살던 사람이 하루아침에 우리 사회 같은 무정한 사회에 들어오면 그는 죽고 말리라고 생각합니다. 민족의 사활 문제를 앞에 두고도 냉정한 우리 민족입니다. 우리가 하는 운동에도 동지 간에 정의가 있었던들 효력이 더욱 많았겠습니다. 정의가 있어야 단결도 되고 민족도 흥하는 법입니다.

여러분의 유년 시절을 회고해 보십시오. 사람과 사람 사이에 서로 사랑하는 정이 생김은 당연하거늘 우리 사회에서는 부모와 자녀, 형과 아우 사이에 아무 정의가 없습니다.

어른들이 어린아이를 대할 때 한 개인의 완희물로 여깁니다. 그리하여 울고 웃는 꼴을 보기 위하여 울려도 보고 웃겨도 봅니다. 또 호랑이가 온다, 귀신이 온다 하여 아이들을 놀라게 합니다. 또한, 집 안에 계신 조부모나 부모는 호령과 매 때리기로만 일을 삼으므로 아이들은 매를 맞을 생각에 떨고 있습니다. 나는 어렸을 때 산에 가서 놀기를 제일 좋아하였는데, 종일 놀다가도 돌아올 때는 매를 맞을 생각에 떨면서 돌아왔습니다. 게다가 걸핏하면 아이들을 잘못하였다고 내쫓습니다. 제 부모의 집에서 쫓겨 나와 울면서 빙빙 돌아다니는 꼴은 참으로 기가 막혀 볼 수 없습니다.

이같이 하여 강보에서부터 공포심만 가득한 생활을 하던 아이가 가정을 벗어나서 학교에 가면 훈장이라는 이가 또한 호랑이 노릇을 합니다. 아이가 학교에 가고 싶어서 가는 것이 아니라 부모가 가라니까 마지못해서 가는 것입니다.

또 시부모와 며느리, 형과 아우, 모든 식구가 다 서로 원수입니다. 관민 간에도 드러납니다. 리에, 면에, 군에, 도에 가 보십시오. 어디서든지 찬바람이 아니 부는 데가 없습니다. 그보다 더 기막힌 것은 남녀 간의 무정함입니다. 우리네의 가정에서 부부가 만일 서로 보고 웃었다가는 큰 결판이 납니다. 남녀 사이에는 정의가 전혀 끊어져 서로 볼 수도 없습니다. 따라서 남녀가 사귀는 날이면 마침내 범죄 사실이 생깁니다. 이것은 남녀가 정당히 교제하는 길을 막는 이유입니다.

[다정한 남의 사회]

이제 한번 눈을 돌려 다정한 남의 사회를 봅시다. 그들의 가정에서는 부모가 결코 노하지 않습니다. 장난감으로 인형 같은 것을 주어 사랑하게 하고, 잘 때는 안고 키스하고 재웁니다. 식탁에서도 아이를 특별히 대우합니다. 우리 가정에서처럼 역정을 내며 먹으라고 호령하지 않습니다. 이리하여 어렸을 적부터 공포심이 조금도 없이 화기애애하게 자랍니다.

서양 아이들은 실로 꽃보다도 귀합니다. 정이 가득한 가정에서 자라난 까닭입니다. 소학교에 가면 교사는 다 여자입니다. 이것은 여자가 남자보다 정이 더 많은 까닭입니다. 선생이 학생을 친절히 대접하므로 학생들은 선생을 매우 따르고 학교에 가고 싶어 합니다. 그러므로 학생들은 결코 우리나라 아이들처럼 학교에 가기 싫다고 억지 쓰는 것을 보지 못했습니다.

학교뿐 아니라 선차에도, 집회에도 화기가 있습니다. 근심이 있는 이는 결코 남의 앞에 나서지 않습니다. 예배당에서는 음악대가 있고, 또 교우들이 때때로 모여 웃고 먹고 하면서 정의를 화목하게 합니다.

서양 사회에서는 손님이 오면 웃으며 접대합니다. 부부가 될 남녀는 약혼 시절부터 열정적인 사랑이 지극하여 서로 껴안고 좋아합니다. 다른 이가 이를 흠하지 않으므로 그들에게는 아무런 공포가 없고 다만 두터운 정뿐입니다.

이처럼 서양 사람은 정의에서 자라나고 정의에서 살다가 정의에서 죽습니다. 그들에게는 정의가 많으므로 화기가 있고, 따라서 흥미가 있어서 무슨 일이든지 다 잘됩니다.

2026학년도 중등학교교사신규임용후보자선정경쟁시험(2차)

제14회 국어과 교수·학습 실연 지도안 [예상 답안]

국어과 본시 교수·학습 지도안

학습 목표	1. 글에 드러난 관점이나 내용, 표현 방법 등을 비판하며 읽을 수 있다. 2. 주장과 근거를 갖춰 비판하는 글을 쓸 수 있다.			
학습 단계		교수·학습 활동	자료 및 유의점	시간(분)
도입	인사	• 인사 및 학습 분위기 조성	• 인사 및 학습 준비		
	전시 학습 확인	• 전시 학습 확인하기	• 전시 학습 떠올리기		

	동기유발	• 〈자료1〉 배부하고 함께 읽도록 하기
		
		• 〈자료1〉에 대하여 비판하고 싶은 부분 질문하기
		  - "이 글을 읽으면서 의문이 들거나 비판하고 싶은 부분이 있었나요?"
		  - "있었다면 어떤 부분이었나요?"
		
		  - "왜 그부분을 비판하고 싶었나요?"
		
		  - "네 좋습니다. 그렇다면 표현 측면에서는 비판하고 싶은 점이 있었나요?
		
		  - "왜 어색하다고 느꼈나요?"
		
		  - "맞아요. 어떤 글을 읽을 때 무비판적으로 읽기보다는 내용과 표현 측면에서 비판할 수 있는 점이 무엇일지 생각해 봐야 해요."
		
		• 비판적 읽기를 위해 고려할 점을 안내하기
		  - 타당성(글에 제시된 내용이 옳은지)
		  - 공정성(글의 내용 혹은 화제 등을 균형 있게 다루고 있는지)
		  - 신뢰성(글에 제시된 내용 등이 신뢰할 만한지)
		  - 적절성(글쓴이가 사용한 자료나 뒷받침 근거 및 표현 방식이 적절한지)
			• 〈자료1〉 배부하고 함께 읽기
			
			• 〈자료1〉에 대하여 비판하고 싶은 부분 대답하기
			  - "네/아니요."
			
			  - "쇠젓가락을 쓴다고 다른 나라 사람들보다 집중력이 뛰어나다고 한 부분이요.", "스포츠 등 다른 분야에 우수한 것이 젓가락질 덕분이라고 말하는 부분이요."
			  - "다른 요인들을 무시하고 일반화해버리는 것 같아요.", "논리성이 떨어져요."
			  - "네/아니요."
			  - "'~좋은 영향을 미칠 것 같다.'라고 된 부분이 어색해요.
			  - "근거가 확실하지 않고 필자의 추측이기 때문이에요."
			
			• 비판적 읽기를 위해 고려할 점을 확인하기		

	학습 내용 안내	• 학습 내용 안내	• 학습 내용 확인		
	학습 목표 제시	• 학습 목표 제시	• 학습 목표 확인		

전개 1	〈활동1〉 비판하며 읽기	• 〈자료2〉 함께 읽도록 하기 • 모둠별로 〈자료2〉에 드러난 필자의 관점과 근거를 파악하도록 하기 　- 순회 지도를 한다.	• 〈자료2〉 함께 읽기 • 모둠별로 〈자료2〉에 드러난 필자의 관점과 근거를 파악하기 |	무정한 대한 사회	다정한 남의 사회 | |---|---|---| | 관점 | 무정하여 나라가 망했음 | 다정하여 하는 일마다 잘됨 | | 근거 | - 가족 간 정이 없음 - 아이들은 어른을 무서워함 - 학교를 공포의 대상으로 생각함 - 남녀가 유별함 | - 가족 간 정이 가득함 - 아이들을 인격적으로 대함 - 학교를 가고 싶은 곳으로 생각함 - 남녀가 서로 아끼고 사랑함 |		
		• 활동 내용 공유하도록 하기 　- 모둠별로 발표를 유도하고 상호 간에 답을 보완해 나갈 수 있도록 발표 지도를 한다.	• 활동 내용 공유하기
		• 〈자료2〉의 표현상의 특징을 찾아보도록 하기 　-"제시글에서 어떤 표현상의 특징을 찾아볼 수 있을까요?" 　-"맞아요. 대조를 활용하면 두 대상 간의 차이점을 극대화할 수 있다는 효과가 있어요. 그리고 소제목을 활용하게 되면 어떤 내용이 나올지 미리 예측해 볼 수 있기 때문에 내용 이해에 도움이 됩니다."	• 〈자료2〉의 표현상의 특징을 찾기 　-"두 대상을 대조하고 있어요.", "소제목을 활용하고 있어요." 　-(예시)"필자의 유년 시절 경험을 제시하여 설득력을 높이고 있어요.", "인과 관계로 자신의 주장을 펼치고 있어요." 등
전개 2	〈활동2〉 비판적인 글쓰기	• 비판적 읽기를 위해 고려해야 할 점을 토대로 모둠별로 평가 기준 마련하도록 하기 　- 내용과 형식 차원을 모두 고려하도록 할 것 　- 비판적 읽기를 위해 고려해야 할 점 : 타당성, 공정성, 신뢰성, 적절성	• 비판적 읽기를 위해 고려해야 할 점을 토대로 모둠별로 평가 기준 만들기 예시) | | | |---|---| | 내용 | - 주장이 합리적인가? - 근거가 객관적이고 정확한가? - 어느 한쪽으로 치우치지 않고 균형적인가? - 글에 사용된 자료가 신뢰할 만한가? | | 형식 | 과장된 표현이나 왜곡하는 표현은 없는가? |
		• 모둠 간 평가 기준 공유하도록 하기 　- 모둠 간 평가 기준을 공유하여 상호 보완할 수 있도록 한다.	• 모둠 간 평가 기준 공유하기
		• 모둠별로 평가 기준에 따라 〈자료2〉의 내용을 평가하도록 하기	• 모둠별로 평가 기준에 따라 〈자료2〉의 내용을 평가하기(예시) | 항목 | 평가 내용 | |---|---| | 내용 | 평가 : 공정하지 않다. 이유 : 정이 많고 적음은 개인의 성격 차이지 문화권의 특성이라고 보기 어렵다. 그리고 우리나라의 특성을 '정'이라고 보는 사람들도 있다. |

전개 2	⟨활동2⟩ 비판적인 글쓰기	• 평가한 내용을 토대로 디벗을 활용하여 개인적으로 글을 쓰도록 하기
		  – ⟨자료2⟩를 비판적으로 평가한 내용을 토대로 비평문을 작성하도록 한다.
			형식 {평가 : 적절하지 않다.
			이유 : 극단적으로 대조하여 드러내고 있으므로 적절하지 못하다.
			이유 : "대한 사회에 사는 사람은 죽지 못하여 살아왔습니다." → 비약과 왜곡된 일반화가 많다.}
			
			• 평가한 내용을 토대로 디벗을 활용하여 개인적으로 글쓰기
			  – (예시) 제목 : 남의 떡이 더 커 보인다. / 누가 우리 사회를 무정하다고 하는가.

		• 다른 친구들의 글을 읽으며 좋은 점이나 궁금한 점을 댓글로 달도록 하기	• 다른 친구들의 글을 읽으며 좋은 점이나 궁금한 점 댓글 달기
		• 학생들의 활동 내용을 공유하고 마무리하기	• 학생들의 활동 내용을 공유하고 마무리하기
정리	형성평가 및 과제 부여	• 형성평가 부여 • 수준별 과제 제시	• 형성평가 진행 • 수준별 과제 확인
	학습 내용 정리	• 학습 내용 정리	• 학습 내용 이해
	차시 예고	• 차시 예고	• 차시 예고 인지

판서 예시

단원명 : 비판적으로 읽고 쓰기

⟨학습 목표⟩

1. 글에 나타난 관점이나 내용, 표현 방법 등을 비판하며 읽을 수 있다.
2. 주장과 근거를 갖춰 비판하는 글을 쓸 수 있다.

1. 비판하며 읽기

1) 관점과 근거

	무정한 대한 사회	다정한 남의 사회
관점	무정하여 나라가 망했음	다정하여 하는 일마다 잘됨
근거	- 가족 간 정이 없음 - 아이들은 어른을 무서워함 - 학교를 공포의 대상으로 생각함 - 남녀가 유별함	- 가족 간 정이 가득함 - 아이들을 인격적으로 대함 - 학교를 가고 싶은 곳으로 생각함 - 남녀가 서로 아끼고 사랑함

2) 표현상의 특징
  - 대조를 사용
  - 소제목을 활용
  - 필자의 유년 시절 경험 제시
  - 인과 관계로 설득

2. 비판하는 글쓰기

1) 평가 기준 만들기

내용	- 주장이 합리적? - 근거가 객관적이고 정확? - 한쪽으로 치우치지 않고 균형적? - 자료가 신뢰할 만?
형식	과장된 표현이나 왜곡하는 표현?

2) 평가하기

항목	평가 내용
내용	- 평가 : 공정하지 않다. - 이유 : 개인의 성격 차이지 문화권의 특성 X
형식	- 평가 : 적절하지 않다. - 이유 : 극단적으로 대조 - 이유 : 비약과 왜곡된 표현

3) 글쓰기
  - "남의 떡이 더 커 보인다."
  - "누가 우리 사회를 무정하다고 하는가."

2026학년도 중등학교교사신규임용후보자선정경쟁시험(2차)
제15회 국어과 교수·학습 실연 시험 문제지

관리 번호

지도안 세부 조건

1. 〈수험생 작성 조건1〉 사실적 내용 파악하며 읽기
   가. 〈자료1〉을 활용할 것
   나. 사실적 읽기의 방법을 설명할 것
   다. 〈자료1〉을 사실적으로 읽는 활동을 구상할 것

2. 〈수험생 작성 조건2〉 추론적 읽기의 방법 이해하기
   가. 〈자료2〉를 활용할 것
   나. 추론적 읽기의 방법을 설명하고, 교사의 시범을 보일 것
   다. 〈자료2〉의 생략된 내용을 추론하며 읽는 활동을 구상하고 활동 결과를 제시할 것

3. 〈수험생 작성 조건3〉 추론하며 읽기
   가. 〈자료3〉을 활용할 것
   나. 필자의 의도나 글의 목적, 숨겨진 주제, 생략된 내용을 추론하며 읽는 활동을 구상할 것
   다. 단, 추론적 읽기의 활동 결과를 3가지 제시할 것

수업 조건

- 과목: 국어
- 학년: 고등학교 2학년
- 장소: 교실
- 시간: 블록타임제(100분)
- 단원명: 독서의 방법
- 해당 성취 기준
  - 글에 드러난 정보를 바탕으로 중심 내용, 주제, 글의 구조와 전개 방식 등 사실적 내용을 파악하며 읽는다.
  - 글에 드러나지 않은 정보를 예측하여 필자의 의도나 글의 목적, 숨겨진 주제, 생략된 내용을 추론하며 읽는다.

단원명	차시	학습 내용
독서의 방법	1-2 (본시)	◦글에 드러난 정보를 바탕으로 중심 내용, 주제, 글의 구조와 전개 방식 등 사실적 내용을 파악하며 읽을 수 있다. ◦글에 드러나지 않은 정보를 예측하여 필자의 의도나 글의 목적, 숨겨진 주제, 생략된 내용을 추론하며 읽을 수 있다.
	3-4	◦글에 드러난 관점이나 내용, 글에 쓰인 표현 방법, 필자의 숨겨진 의도나 사회·문화적 이념을 비판하며 읽을 수 있다.
	5-6	◦글에서 공감하거나 감동적인 부분을 찾고 이를 바탕으로 글이 주는 즐거움과 깨달음을 수용하며 감상적으로 읽을 수 있다.
	7-8	◦글에서 자신과 사회의 문제를 해결하는 방법이나 필자의 생각에 대한 대안을 찾으며 창의적으로 읽을 수 있다.

학생 수	장소	학습 형태	학습 기자재
24명	국어 교과교실	강의식, 모둠식	교사용 컴퓨터, 전자 칠판, 학생용 스마트 기기

※ 본 문제는 모의 평가용으로 제작되었으며, 실제 시험의 문항 유형 및 형식과 다를 수 있습니다.

⟨자료1⟩

문화의 상대성을 인정하지 않는 태도는 문제가 있다. 예컨대, 자기 문화의 관점에서 다른 문화를 부정적으로 평가하는 자문화 중심주의는 민족이나 인종 간 갈등을 유발하고 국가 간 협력을 방해할 수 있다. 반면 다른 어떤 문화를 우수하다고 믿고 자신의 문화를 낮게 평가하는 문화 사대주의가 지나치면 문화의 주체성을 잃고 우리 문화의 주권이 침해되기 쉽다.

세계화가 될수록 이러한 태도들은 경계해야 할 대상이다. 문화란 개인이나 인간 집단이 자연을 변화시켜 온 물질적·정신적 과정의 산물로서, 각 사회마다 상대적인 가치를 지니고 있기 때문이다. 따라서 다른 문화를 바라볼 때는 포용적이고 상호 존중하는 태도가 필요하다.

⟨자료2⟩

㉠	- 순희네 강아지가 또 새끼를 낳았다. - 그럼에도 불구하고 영수는 의견을 굽히지 않았다.
㉡	어머니! 오늘 아침에 고의적삼 차입*해 주신 것을 받고서야 제가 이곳에 와 있는 것을 집에서도 아신 줄을 알았습니다. 잠시도 당신 곁을 떠나지 않던 막내둥이의 생사를 한 달 동안이나 아득히 아실 길 없으셨으니 그동안에 오죽이나 애를 태우셨겠습니까?

(* 차입 : 교도소나 구치소에 갇힌 사람에게 음식, 의복, 돈 따위를 들여보냄.)

⟨자료2⟩

(중략) 필자가 천황에게 수류탄을 던진 거사 이후 피고로 구속되고, 자신의 과거를 적어 판사에게 수기를 제출함.

[죄 없이 갇힌 유치장]

(…생략…) 유치장 안에 들어가 보니 나처럼 죄 없이 검속에 걸려 잡혀 온 사람이 34명이나 있었다. 그날 밤으로 반은 석방되었고, 나머지도 다음 날 아침에 석방되었다. 그런데 나만은 풀어 주지 않았다. 아, 나는 왜 이렇게 불행하게 태어났는가? 일왕의 얼굴을 본답시고 하루 벌어 하루 먹고사는 처지에 하루 일을 쉬면서 오사카에서 교토까지 왔는데, 마치 돈을 써 가며 교토의 유치장을 구경하러 온 꼴이 되고 말았다.

구속된 지 11일째 되는 날 내가 재촉을 했더니 고등계 형사가 나를 불러냈다. 그는 "네가 가지고 있던 편지를 읽을 수 없어 지금까지 풀어 주지 못했는데, 네가 일본어로 읽어 줄 수 있느냐?"라고 물었다. 일본어로 읽어 주고, 고베에 고니시라는 형사가 있는데 그가 내 신원을 알 것이라고 했더니 좀 있다가 석방해 주었다.

그 후 오사카에 돌아가 그동안의 일을 사실대로 얘기했으나 아무도 믿어주지 않았다. 오히려 내가 이상한 사상을 가지고 있었을 것이라는 소문만 났다.

['두려움 없는 삶' 각오]

1930년 11월 오사카는 불경기 때문에 취직난이 심했다. 그때 친구인 박 군한테서 상하이의 영국 전자 회사가 조선 사람을 매우 우대해서 채용한다는 말을 들었다. 2년간 일본인으로 속이고 살아 보았지만 그것은 역시 고통이었다. 그렇기 때문에 이제부터는 내 본명인 이봉창으로, 조선인으로 생활할 각오를 하고 곧 상하이로 갔다.

상하이에서는 임시 정부를 찾아가 나의 사정을 설명하고 취직도 부탁했다. 그러다가 단장인 백정선('김구'의 가명)을 만나게 되어 나의 이력을 이야기하고 일본의 실정을 알렸다. 이야기를 나누며 백정선도 점차 나를 믿게 되었는데, 나는 교토 검속 때의 원한을 잊지 못하고 점차 독립 정신에 빠져들었다. 그래서 백정선이 준비해 준 수류탄 2개를 가지고 도쿄에 와서 이번 거사를 하게 된 것이다.

1932년 2월 13일 도요다마 형무소 내 피고인 이봉창

- 「동아일보」(1994. 12. 15.) -

2026학년도 중등학교교사신규임용후보자선정경쟁시험(2차)

제15회 국어과 교수·학습 실연 지도안 예상 답안

국어과 본시 교수·학습 지도안					
학습 목표	1. 글에 드러난 정보를 바탕으로 중심 내용, 주제, 글의 구조와 전개 방식 등 사실적 내용을 파악하며 읽을 수 있다. 2. 글에 드러나지 않은 정보를 예측하여 필자의 의도나 글의 목적, 숨겨진 주제, 생략된 내용을 추론하며 읽을 수 있다.				
학습 단계		교수·학습 활동		자료 및 유의점	시간 (분)
도입	인사	• 인사 및 학습 분위기 조성	• 인사 및 학습 준비		
	전시 학습 확인	• 전시 학습 확인하기	• 전시 학습 떠올리기		
	동기유발	• 동기유발하기	• 동기 가지기		
	학습 내용 안내	• 학습 내용 안내	• 학습 내용 확인		
	학습 목표 제시	• 학습 목표 제시	• 학습 목표 확인		

전개 1	〈활동1〉 사실적 내용 파악하며 읽기	• 사실적 읽기의 방법 설명하기
		 ① 중심 내용이나 주제 파악하기
		   - 중요도 평정을 통해 핵심어나 중심 문장을 찾고 이를 토대로 중심 내용 및 주제 파악
		   - 중심 문장과 뒷받침 문장 구분하기
		 ② 글의 전개 방식과 구조 파악하기
		   - 단어, 문장, 문단 등의 관계를 파악하여 전개 방식과 구조 파악
		   - 정의, 분석, 분류, 예시, 유추 등 전개 방식 파악하기
			• 사실적 읽기의 방법 이해하기
			   - 설명을 듣고 사실적 읽기의 방법을 크게 2가지로 이해한다.		

		• 〈자료1〉 제시하고 활동 안내하기
		   - "지금부터 〈자료1〉을 사실적으로 읽어보겠습니다. 첫째, 중요도 평정을 통해 문장의 중요도를 파악하여 중심 내용을 파악합니다. 둘째, 단어, 문장, 문단의 관계를 통해 글의 전개 방식과 구조를 파악합니다."
			• 〈자료1〉 사실적으로 읽기
			   - 교사의 안내에 따라 〈자료1〉을 사실적으로 읽는다.		

		• 활동 결과 발표하도록 하기 - 사실적 읽기의 결과를 발표하도록 하고 피드백한다.	• 활동 결과 발표하기 중심 내용 · 주제: [1문단 중심문장] 문화의 상대성을 인정하지 않는 태도는 문제가 있다. [2문단 중심문장] 따라서 다른 문화를 바라볼 때는 포용적이고 상호 존중하는 태도가 필요하다. ↓ [주제] 다른 문화를 대하는 바람직한 태도는 상대성을 인정하고 포용 및 존중하는 것이다.		

전개 1	〈활동1〉 사실적 내용 파악하며 읽기		전개 방식 · 구조	[전개 방식] – 비교/대조 : 자문화 중심주의 ↔ 사대주의 – 인과 : '~ 때문이다' [글의 구조] 문제-해결 구조 – 문제 : 문화의 상대성을 인정하지 않는 태도 – 해결 : 포용적이고 상호 존중하는 태도 필요
전개 2	〈활동2〉 추론적 읽기의 방법 이해하기	• 추론적 읽기의 방법 설명하기 ① 배경지식과 경험, 글에 나타난 담화 표지, 글에 사용된 어휘나 문맥 등을 활용하여 생략된 내용을 추론하며 읽는다. ② 사회·문화적 맥락이나 표현 방법 등을 토대로 필자의 의도나 목적, 숨겨진 주제를 추론하며 읽는다. • 〈자료2〉 제시 및 시범 보이기 – "㉠에 드러난 담화 표지를 통해 생략된 내용을 추론해 볼까요? '순희네 강아지가 또 새끼를 낳았다.'라는 문장에서 '또'라는 표지를 통해 이전에도 새끼를 낳았음을 알 수 있네요. 그리고 우리의 배경지식을 활용하면 순희네 강아지의 성별이 암컷이라는 것을 알 수 있어요." – "그럼 ㉠의 두 번째 문장에서 생략된 내용을 여러분이 파악해 보도록 하겠습니다." • 추론적 읽기 활동 안내하기 – ㉡의 생략된 내용을 어휘나 문맥을 고려하여 추론하도록 안내한다. • 활동 내용 공유 및 피드백하도록 하기	• 추론적 읽기의 방법 이해하기 • 〈자료2〉 읽기 및 시범 보고 이해하기 – 시범을 보고 이해한다. – "접속 표현인 '그럼에도 불구하고'를 통해 영수가 자신의 의견에 대해 완강한 태도와 의지를 가지고 있음을 추론할 수 있어요." • 추론적 읽기 활동하기 • 활동 내용 공유하기 ㉡ – '차입' : 필자가 교도소에 있다는 것을 알 수 있음 – '한 달 동안' : 필자가 오랫 동안 갇혀 있었으며 어머니와 연락할 수 없었던 상황임을 짐작할 수 있음	
전개 3	〈활동3〉 추론하며 읽기	• 〈자료3〉 제시 및 활동 설명하기(모둠활동) – "〈자료3〉은 독립운동가 이봉창이 쓴 글입니다. 이봉창은 어떤 일을 했을까요?" – "맞아요. 여러분의 배경지식을 활용하면 추론적 읽기에 도움이 될 거예요." – 생략된 내용, 필자의 의도나 목적, 숨겨진 주제를 파악하도록 안내한다.	• 활동 안내 듣기(모둠활동) – "일왕에게 도시락 폭탄을 던졌어요." – 3가지로 나누어 추론적 읽기를 시작한다.	

		• 모둠별 활동 공유하도록 하기	• 모둠별 활동 공유하기(예시)			
전개 3	<활동3> 추론하며 읽기		생략된 내용	– 이상한 사상 : 당시 조선인은 무죄하더라도 이상한 사상, 즉 독립운동이라는 의심을 받았음을 짐작할 수 있음 – 2년간 일본인으로 속이고~ : 조선인으로서 불이익을 받았기 때문에 일본인으로 속였을 것임을 짐작할 수 있음		
			의도 · 목적	조선인으로서 부당한 대우와 차별을 받았던 것을 구체적으로 언급하며 자신의 행위(이번 거사)에 대한 정당성을 획득하고자 함		
			숨겨진 주제	조선인으로서 독립운동을 하는 것은 당연하며, 따라서 나의 행동은 정당하다.		
정리	형성평가 및 과제 부여	• 형성평가 부여 • 수준별 과제 제시	• 형성평가 진행 • 수준별 과제 확인			
	학습 내용 정리	• 학습 내용 정리	• 학습 내용 이해			
	차시 예고	• 차시 예고	• 차시 예고 인지			

판서 예시

<활동1> 사실적 내용 파악하며 읽기

(1) 사실적 읽기의 방법
  ① 중심 내용이나 주제 파악하기
    - 중요도 평정
  ② 글의 전개 방식과 구조 파악하기
    - 요소 간 관계 파악하기

(2) 활동하기

중심 내용 · 주제	[1문단] 문화의 상대성을~ [2문단] 따라서 다른 문화를 바라볼 때~ ↓ [주 제] 다른 문화를 대하는 바람직한 태도는 상대성을 인정하고 포용 및 존중하는 것이다.
전개 방식 · 구조	[전개 방식] - 비교/대조 : 자문화 중심주의 ↔ 사대주의 - 인과 : '~ 때문이다' [글의 구조] 문제-해결 구조

<활동2> 추론적 읽기의 방법 이해하기

㉠	담화 표지 및 배경지식 활용하기 - '또' : 이전에도 있었음 - '낳았다' : 암컷임을 알 수 있음 - '그럼에도 불구하고' : 완강한 태도와 의지
㉡	어휘나 문맥 고려하기 - '차입' : 필자 교도소 - '한 달 동안' : 오랫 동안 갇혀 있고 어머니와 연락 불가능

<활동3> 추론하며 읽기

생략된 내용	- 이상한 사상 : 무죄하더라도 조선인은 독립운동의 의심을 받음 - 2년간 일본인으로 속이고~ : 조선인으로서 불이익을 받았기 때문
의도 · 목적	조선인으로서 부당한 대우와 차별 → 자신의 행위(이번 거사)에 대한 정당성 획득
숨겨진 주제	조선인으로서 독립운동을 하는 것은 당연하며, 따라서 나의 행동은 정당하다.

2026학년도 중등학교교사신규임용후보자선정경쟁시험(2차)
제16회 국어과 교수·학습 실연 시험 문제지

관리 번호

지도안 세부 조건

1. 〈수험생 작성 조건1〉 동기유발
   가. 학습 목표와 관련하여 학생들의 경험을 이끌어낼 것
   나. 〈자료1〉에 나타난 문제 상황을 파악하고 이에 대한 해결 방안을 생각해 보도록 할 것
   다. 교사의 발문과 학생의 답변을 구체적으로 제시할 것

2. 〈수험생 작성 조건2〉 문제 상황과 해결 방안 찾기
   가. 〈자료2〉에서 문제 상황과 필자의 관점을 찾도록 할 것
   나. 〈자료2〉에서 문제 상황에 대한 해결 방안을 파악하도록 할 것
   다. 교사의 발문과 학생의 답변, 활동 결과를 구체적으로 제시할 것

3. 〈수험생 작성 조건3〉 해결 방안 평가하고 대안 찾기
   가. 〈자료2〉의 해결 방안에 대한 평가 기준을 두 가지 이상 세우도록 할 것
   나. 해결 방안에 대한 평가를 토대로 새로운 대안을 찾아보도록 할 것
   다. 모둠 활동으로 구성할 것

수업 조건

- 과목: 국어
- 학년: 고등학교 2학년
- 장소: 교실
- 시간: 블록타임제(100분)
- 단원명: 창의적으로 독서하기
- 해당 성취 기준: 글에서 자신과 사회의 문제를 해결하는 방법이나 필자의 생각에 대한 대안을 찾으며 창의적으로 읽는다.

단원명	차시	학습 내용
창의적으로 독서하기	1-2	○ 글에서 공감하거나 감동적인 부분을 찾으며 읽을 수 있다.
	3-4 (본시)	○ 글에 나타난 문제 상황과 필자의 생각 및 해결 방안을 찾으며 읽을 수 있다. ○ 필자의 해결 방안에 대해 평가하고 창의적으로 읽을 수 있다.

학생 수	장소	학습 형태	학습 기자재
24명	국어 교과교실	강의식, 모둠식	교사용 컴퓨터, 전자 칠판, 학생용 스마트 기기

※ 본 문제는 모의 평가용으로 제작되었으며, 실제 시험의 문항 유형 및 형식과 다를 수 있습니다.

〈자료1〉

아름다운 외모를 추구하는 것은 인간의 본능이자, 인류의 오랜 습성이다. 하지만 한국인의 외모 집착은 심각한 수준이다.

독일의 한 기관이 발표한 '세계 외모 만족도'에 따르면 한국은 조사 대상 22개국 중 최하위 수준인 21위를 차지했다. 이 자료에 따르면 한국인의 34퍼센트만이 자기의 외모에 긍정적인 답변을 보였으며, '상당히 불만족하다.'라는 답변도 17퍼센트에 달한다. 외모에 대한 불만족은 객관적인 외모 수준과는 별개로 스스로 '나는 못생겼어.'라고 여기는 것이다.

또한, 한국 청소년들이 자기의 신체를 왜곡하여 인지하는 비율도 높은 편이다. 2015년에 청소년들을 대상으로 비만율을 조사한 자료를 보면, 정상 체중인 여학생 중 34.7퍼센트가 자기가 살찐 편이라고 생각했다.

외모에 대한 집착과 열등감은 '외모가 곧 능력'으로 인식되는 사회적 풍토가 만들어 낸 현상이다. 우리 사회가 지금과 같이 외모에 가치를 많이 두게 된다면 '후천적 노력'이 아닌, '선천적 외모'를 중시하는 사회로 흘러갈 수밖에 없다.

― 「주간조선」(제2412호) ―

〈자료2〉

지구 온난화를 가속화하는 디지털 탄소 발자국

우리는 흔히 화석 연료를 사용하는 공장이나 자동차 등을 지구 온난화의 주범이라고 생각해 왔다. 지구 온난화를 가속화하는 이산화 탄소의 주요 배출원이 공장이나 자동차였기 때문이다. 그리고 지구 온난화 문제의 심각성을 알리기 위해 '탄소 발자국'이라는 지표를 사용해 왔는데, 탄소 발자국이란 인간의 활동이나 인간이 사용하는 상품의 생산과 소비 과정에서 발생하는 이산화 탄소의 양을 의미한다.

최근 '디지털 탄소 발자국'이 주목을 받고 있다. '디지털 탄소 발자국'은 컴퓨터, 스마트폰, 태블릿 PC와 같은 디지털 기기를 사용할 때 발생하는 이산화 탄소의 양을 의미한다. 국제 환경 단체의 연구 결과에 따르면 스마트폰의 보급 이후 디지털 탄소 발자국이 보급 이전에 비해 3배 이상 증가했다. 그리고 전체 탄소 발자국 중 디지털 탄소 발자국이 차지하는 비중이 현재 2퍼센트 정도에서 14퍼센트를 넘어설 것이라고 전망되고 있다.

그런데 디지털 기기 사용이 어떻게 이산화 탄소 배출을 늘리는 것일까. 일반적으로 디지털 기기는 와이파이나 LTE, 5G와 같은 네트워크를 사용하는데, 이때 사용되는 다양한 유형의 디지털 정보는 모두 데이터 센터라는 곳에 저장된다. 그리고 데이터 센터에 저장된 정보를 처리할 때 발생하는 열을 냉각하거나 네트워크를 통해 정보를 송수신할 때 많은 전력이 소비된다. 이때 데이터 센터에 필요한 전기를 생산하는 과정에서 이산화탄소가 배출되는 것이다.

그러면 우리가 디지털 탄소 발자국을 줄이기 위해 실천할 수 있는 방법은 무엇일까. 가장 핵심적인 방법은 데이터 센터에 저장되는 정보의 양과 데이터 센터를 통해 송수신되는 정보의 양을 줄이는 것이다. 이를 위해 이메일 계정이나 포털 사이트에 저장되어 있는 불필요한 이메일, 인터넷 게시물, 동영상 자료를 삭제하는 것이 바람직하다. 두 번째로는 네트워크 사용량을 감소하는 방법이다. 예를 들어 불필요한 전화 통화, 이메일이나 메시지의 송수신, 인터넷의 검색 등을 줄이는 것을 생각해 볼 수 있다. 그리고 이러한 방법들의 실천을 생활화하여 환경을 고려한 디지털 기기 이용 습관을 형성한다면 디지털 탄소 발자국으로 인한 지구 온난화 문제를 개선하는 데 기여할 수 있을 것이다.

― 2022년 3월 고2 전국연합학력평가 ―

2026학년도 중등학교교사신규임용후보자선정경쟁시험(2차)
제16회 국어과 교수·학습 실연 지도안 예상 답안

국어과 본시 교수·학습 지도안					
학습 목표	1. 글에 나타난 문제 상황과 필자의 생각 및 해결 방안을 찾으며 읽을 수 있다. 2. 필자의 해결 방안에 대해 평가하고 창의적으로 읽을 수 있다.				
학습 단계		교수·학습 활동		자료 및 유의점	시간 (분)
도입	인사	• 인사 및 학습 분위기 조성	• 인사 및 학습 준비		
	전시 학습 확인	• 전시 학습 확인하기	• 전시 학습 떠올리기		
	동기유발	• 학습 목표와 관련하여 학생들의 경험을 이끌어내기 – "혹시 책을 읽고 문제를 해결한 경험이 있나요?"	• 학습 목표와 관련하여 자신의 경험을 떠올리기 – "네/아니요." – "여행을 가기로 했는데 처음 가보는 지역이라 막막했어요. 그때 그곳과 관련된 여행 서적을 읽고 문제를 해결했어요.", "얼마 전에 강아지가 아팠는데 주말이라 병원에 갈 수가 없었어요. 증상을 토대로 관련 책을 살펴보면서 강아지가 왜 아픈지 알 수 있었고 간단한 조치로 해결했어요."		
		• 〈자료1〉을 읽고 나타난 문제 상황을 찾도록 하기 – "그렇다면 〈자료1〉의 필자가 이야기하고자 하는 문제 상황은 무엇일까요?"	• 〈자료1〉을 읽고 나타난 문제 상황을 찾기 – 외모지상주의의 사회 풍토		
		• 〈자료1〉에서 찾은 각각의 문제 상황을 해결할 수 있는 방법을 생각해 보도록 하기 – "외모지상주의의 사회 풍토는 어떻게 해결해 볼 수 있을까요?" – "우리는 이처럼 글을 통해 다양한 삶의 문제를 해결하는 열쇠를 찾을 수도 있고 혹은 문제 상황에 적합한 대안을 마련할 수도 있습니다."	• 〈자료1〉에서 찾은 각각의 문제 상황을 해결할 수 있는 방법을 생각하기 – "방송 프로그램에서 공인들이 외모와 같은 말을 할 때 조심할 수 있도록 해야 해요.", "외모지상주의에 대한 문제 의식을 갖도록 교육이 이루어져야 해요."		
	학습 내용 안내	• 학습 내용 안내	• 학습 내용 확인		
	학습 목표 제시	• 학습 목표 제시	• 학습 목표 확인		
전개 1	〈활동1〉 문제 상황과 해결 방안 찾기	• 〈자료2〉 함께 읽도록 하기 • 〈자료2〉의 문제 상황과 필자의 관점을 찾도록 할 것 – "〈자료2〉에 나타난 사회의 문제 상황은 무엇인가요?" – "그렇다면 이러한 문제 상황에 대한 필자의 관점은 무엇인가요?"	• 〈자료2〉 함께 읽기 • 〈자료2〉의 문제 상황과 필자의 관점을 찾기 – "디지털 탄소 발자국이 지구 온난화를 가속화한다는 것이에요." – "디지털 탄소 발자국이 지구 온난화를 가속화하기 때문에 줄일 수 있도록 노력해야 한다는 것이에요."		

전개 1	⟨활동1⟩ 문제 상황과 해결 방안 찾기	• ⟨자료2⟩에서 필자가 제시한 해결 방안을 파악하도록 하기	• ⟨자료2⟩에서 필자가 제시한 해결 방안을 파악하기 <table><tr><td>문제 상황</td><td>디지털 탄소 발자국이 지구 온난화를 가속화하고 있다.</td></tr><tr><td>관점</td><td>디지털 탄소 발자국을 줄여야 한다.</td></tr><tr><td>해결 방안</td><td>- 데이터 센터를 통해 송수신되는 정보의 양을 줄여야 한다. - 네트워크 사용량을 줄여야 한다. - 위의 방법들을 습관화할 수 있도록 노력해야 한다.</td></tr></table>
		• 활동 내용 공유 및 마무리하도록 하기	• 활동 내용 공유 및 마무리하기
전개 2	⟨활동2⟩ 해결 방안 평가하고 대안 찾기	• 모둠 활동을 통해 문제 해결 방안에 대한 평가 기준 마련하도록 하기 — 비판적인 태도로 타당성, 효과성, 실현 가능성 등을 고려하도록 할 것	• 모둠 활동을 통해 문제 해결 방안에 대한 평가 기준 만들기 예시)<table><tr><td>타당성</td><td>해결 방안은 구체적인가?</td></tr><tr><td>효과성</td><td>해결 방안은 실현 가능한가?</td></tr><tr><td>실현 가능성</td><td>해결 방안은 문제를 해결하는 데 효과적인가?</td></tr></table>
		• 모둠 간 평가 기준 공유하도록 하기	• 모둠 간 평가 기준 공유하기
		• 평가 기준에 따라 ⟨자료2⟩의 해결 방안을 평가하도록 하기	• 평가 기준에 따라 ⟨자료2⟩의 해결 방안을 평가하기 예시)<table><tr><td>모둠1</td><td>이메일, 인터넷 게시물, 동영상 자료 삭제 등 구체적인 예시들이 잘 나타나 있으므로 해결 방안은 구체적이라고 볼 수 있어요.</td></tr><tr><td>모둠2</td><td>모둠1의 말도 맞지만 전화 통화, 이메일 송수신, 검색 줄이기 등은 요즘과 같이 코로나로 인해 비대면 교류가 많아지는 시기에는 실현이 어려워요.</td></tr><tr><td>모둠3</td><td>저희 모둠에서도 개인들이 그렇게 노력하는 게 얼마나 효과적일지 모르겠어요. 사실상 데이터는 기업 및 단체 기관에서 많이 사용하니까요.</td></tr></table>
		• 평가 내용을 공유하고 추가적으로 새로운 대안 만들도록 하기 —"평가 내용을 바탕으로 어떤 대안을 추가해 볼 수 있을까요?" —"여러분들이 제시한 해결 방안을 들으니 개인적인 노력보다 사회적, 기술적 해결 방안이 필요하다고 보는군요."	• 평가 내용 공유하고 추가적으로 새로운 대안 만들기 —"국가적 차원에서 데이터 사용량을 제한하여 초과하여 사용할 경우 세금을 부과하는 방법이 있어요." —"불필요한 자료 등을 자동적으로 삭제해주는 기능을 휴대폰 등에 탑재하는 거예요."
정리	형성평가 및 과제 부여	• 형성평가 부여 • 수준별 과제 제시	• 형성평가 진행 • 수준별 과제 확인
	학습 내용 정리	• 학습 내용 정리	• 학습 내용 이해
	차시 예고	• 차시 예고	• 차시 예고 인지

판서 예시

단원명 : 창의적으로 독서하기

〈학습 목표〉

1. 글에 나타난 문제 상황과 필자의 생각 및 해결 방안을 찾으며 읽을 수 있다.

2. 해결 방안에 대해 평가하고 창의적으로 읽을 수 있다.

1. 문제 상황과 해결 방안 찾기

문제 상황	디지털 탄소 발자국이 지구 온난화를 가속화하고 있다.
관점	디지털 탄소 발자국을 줄여야 한다.
해결 방안	- 데이터 센터를 통해 송수신되는 정보의 양을 줄여야 한다. - 네트워크 사용량을 줄여야 한다. - 위의 방법들을 습관화할 수 있도록 노력해야 한다.

2. 해결 방안 평가하고 대안 찾기

1) 평가 기준 마련하기

기준1	해결 방안은 구체적인가?
기준2	해결 방안은 실현 가능한가?
기준3	해결 방안은 문제를 해결하는 데 효과적인가?

2) 해결 방안 평가하기

모둠1	구체적O : ~구체적 예시 제시
모둠2	실현 가능성↓ : 코로나로 인해 비대면 교류가 많아지는 시기에는 실현 어려움
모둠3	효과성↓ : 개인의 노력보다 데이터 사용량이 많은 기업 및 단체의 노력이 필요

3) 새로운 대안 마련하기
   - 사용량 초과 시 세금 부과
   - 자동 삭제 기능 탑재

2026학년도 중등학교교사신규임용후보자선정경쟁시험(2차)
제17회 국어과 교수·학습 실연 시험 문제지

| 관리 번호 | |

지도안 세부 조건

1. 〈수험생 작성 조건1〉 쓰기 맥락 분석하기
   가. 〈자료1〉의 주장과 근거를 정리하는 활동을 구성할 것
   나. 〈자료1〉의 쓰기 맥락을 분석하는 활동을 구성할 것

2. 〈수험생 작성 조건2〉 예상 독자 분석하여 주장과 근거 만들기
   가. 〈자료2〉의 회의 참여자를 예상 독자로 하여 설득하는 글을 쓰는 활동을 구성할 것(단, 글의 목적은 〈자료1〉과 같도록 할 것)
   나. 각 예상 독자의 입장을 분석하고 이를 설득할 수 있는 주제 선정 활동을 구성할 것
   다. 예상 독자에 각각 맞는 타당한 근거를 제시하는 활동을 구성할 것

3. 〈수험생 작성 조건3〉 설득하는 글 평가하기
   가. 〈자료3〉을 활용할 것
   나. 학습 기자재를 활용한 상호 평가의 방법을 구체적으로 제시할 것
   다. 쓰기 맥락을 고려하여 설득하는 글을 평가하는 기준을 제시할 것

수업 조건

○ 과목 : 국어
○ 학년 : 고등학교 1학년
○ 장소 : 국어 교과교실
○ 시간 : 블록타임제(90분)
○ 단원명 : 설득하는 글쓰기
○ 해당 성취 기준 : 주제, 독자에 대한 분석을 바탕으로 타당한 근거를 들어 설득하는 글을 쓴다.

단원명	차시	학습 내용
설득하는 글쓰기	1	○ 쓰기 맥락의 개념과 종류, 중요성을 이해할 수 있다.
	2-3 (본시)	○ 글을 읽고 쓰기 맥락을 중심으로 분석할 수 있다. ○ 쓰기 맥락을 고려하여 한 편의 설득하는 글을 쓸 수 있다. ○ 쓰기 맥락을 고려하여 설득하는 글을 읽고 평가할 수 있다.
	4	○ 쓰기 맥락을 고려하여 쓰기 과정을 점검·조정하며 글을 고쳐 쓴다.

학생 수	장소	학습 형태	학습 기자재
24명	국어 교과교실	강의식, 모둠식	교사용 컴퓨터, 전자 칠판, 학생용 스마트 기기

※ 본 문제는 모의 평가용으로 제작되었으며, 실제 시험의 문항 유형 및 형식과 다를 수 있습니다.

⟨자료1⟩

 안녕하세요, 학생 여러분! 오늘은 저와 함께 활기찬 모험과 성장의 기회를 만들어 줄 중학교 수련회에 대해 이야기하려고 합니다. 수련회는 학교 생활에서 가장 기억에 남는 순간 중 하나로, 누구에게나 많은 의미가 있는 특별한 여정입니다.

 일상에서 벗어나 자연 속에서 캠프를 즐기고, 도시 생활과는 다른 자연의 아름다움을 눈으로 확인할 수 있습니다. 산책로, 숲속 트래킹, 캠프파이어, 여러 가지 활동들을 통해 자연과 친해지며, 도전과 호기심으로 가득한 특별한 경험을 만날 수 있습니다.

 수련회는 다양한 학년과 반 친구들과 함께 시간을 보낼 수 있는 소중한 기회입니다. 서로가 서로에게 의지하고 협력하는 과정에서 우정과 신뢰가 깊어지며, 더욱 유대감 있는 동료들이 될 수 있습니다.

 새로운 활동을 시도하고 도전하는 과정에서 우리는 자신의 잠재력과 가능성을 발견하게 됩니다. 자신감을 갖게 되고, 새로운 취미나 관심사를 발견할 수도 있습니다. 또한, 수련회에서 경험한 여러 어려움과 문제를 해결하면서 더 강해지고 성장할 수 있습니다.

 마지막으로, 학교에서의 공부와 시험, 친구들과의 관계 등으로 인해 학창 시절은 힘든 시기일 수도 있지만, 수련회를 통해 잠시 일상에서 벗어나 여유를 즐기고, 스트레스를 해소할 수 있습니다.

 그러니 모두, 함께 수련회로 떠나는 이 여정에 큰 기대와 열정을 갖고 참여해봅시다!

− 20××년 4월 ○○중학교 학교 신문, 「수련회가 개최되어야 하는 이유」 −

⟨자료2⟩

학부모 회장 : 집단으로 이동하고 활동하는 수련회에서는 사고 발생 가능성이 높아집니다. 등산 중 다치거나 길을 잃는 경우, 해수욕 중 발생하는 익사 사고 등 위험한 상황이 발생할 수 있습니다. 또 수련회는 학교 교육을 일시적으로 중단시키는 요소가 될 수 있습니다. 일정 기간 동안 학교 활동이 멈추고 학생들은 수련회에 집중하게 되면, 학습 과정이 중단되고 학업적인 손실이 발생할 수 있습니다. 중요한 교육 시간을 사용하지 않고 수련회로 인해 학생들의 학업 능력에도 영향을 미칠 수 있습니다.

학　교　장 : 수련회는 대부분 추가 비용이 발생합니다. 학교는 수련회를 위한 예산을 마련해야 하고, 학부모들도 추가적인 비용을 납부해야 합니다. 경제적으로 어려운 가정의 경우, 수련회 참가가 어려울 수 있으며 학생 및 가정의 부담이 커집니다. 또 수련회에서는 학교 안에서 수업할 때보다 학생 관리가 어렵기 때문에 학생들의 무분별한 행동이 발생할 수 있습니다.

학생 대의원 : 일반적인 학교 생활과는 달리 수련회에서는 활동이 많아지고 체력적인 요구도 높아집니다. 하지만 모든 학생들이 체력적인 면에서 동일하지 않을 수 있습니다. 체력적으로 적응하지 못하면 다치거나 피로를 느끼게 될 수 있습니다. 그리고 친구가 없는 학생의 경우 평소보다 더 큰 소외감을 느낄 수 있습니다.

⟨자료3⟩

안전하고 배움이 있는 수련회!

 학부모님 안녕하십니까. ○○중학교 학생 이순정입니다.

 … 대부분의 수련회는 전문 감독과 안전 담당자들이 함께 참가하며 학생들을 지켜봅니다. 자연 환경에서의 활동이라고 하더라도, 안전을 최우선으로 생각하는 감독들이 항상 주변을 살피고 학생들에게 적절한 안전 지침을 제공합니다. 이로 인해 사고나 위험 상황을 최소화할 수 있습니다.

 수련회는 학생들에게 팀워크와 협력의 중요성을 배우게 해줍니다. 팀원들과 함께 활동을 수행하고, 서로를 돕고 지원하는 경험은 사고를 방지하고 위험 상황에서 더 빠르게 대응할 수 있는 능력을 키울 수 있으며, 이런 능력도 학업 못지않게 중요한 요소입니다.

 또한 많은 학생들이 수련회를 가고 싶어합니다. 수련회 관련 설문 조사를 하였을 때 수련회에 가고 싶다고 한 학생이 86%, 가고 싶지 않다고 한 학생이 14%였습니다…

− 출처 : ○○중학교 학생 블로그 게시물 −

2026학년도 중등학교교사신규임용후보자선정경쟁시험(2차)
제17회 국어과 교수·학습 실연 지도안 〔예상 답안〕

국어과 본시 교수·학습 지도안			
학습 목표	1. 글을 읽고 쓰기 맥락을 중심으로 분석할 수 있다. 2. 쓰기 맥락을 고려하여 한 편의 설득하는 글을 쓸 수 있다. 3. 쓰기 맥락을 고려하여 설득하는 글을 읽고 평가할 수 있다.			
학습 단계		교수·학습 활동	자료 및 유의점	시간 (분)
도입	인사	• 인사 및 학습 분위기 조성	• 인사 및 학습 준비		
	학습 목표 제시	• 학습 목표 제시	• 학습 목표 확인		
전개 1	〈활동1〉 쓰기 맥락 분석하기	〈수험생 작성 내용1〉 • 모둠을 구성하고 〈자료1〉을 읽으며 설득하는 글을 주장과 근거 중심으로 정리하도록 안내하기 • 〈자료1〉의 쓰기 맥락 – 주제, 목적, 독자, 매체를 분석하도록 안내하기	• 모둠을 구성하고 〈자료1〉을 읽으며 설득하는 글을 주장과 근거 중심으로 정리하기 | 주장	수련회는 학생에게 유익한 활동이다. | |---|---| | 근거 | – 특별한 경험을 할 수 있다. – 동료들과의 교류를 통해 친밀도를 높여준다. – 자기 성장과 발전에 큰 도움을 준다. – 스트레스를 해소할 수 있다. | • 〈자료1〉의 쓰기 맥락 – 주제, 목적, 독자, 매체를 분석하기 | 주제 | 수련회는 유익한 활동이다. | |---|---| | 목적 | 수련회 개최 설득 | | 독자 | 학교 학생 | | 매체 | 학교 신문 |		
전개 2	〈활동2〉 예상 독자 분석하여 주장과 근거 만들기	〈수험생 작성 내용2〉 • 모둠 활동 : 〈자료1〉의 예상 독자를 다르게 배정하여 쓰기 맥락을 분석하는 활동 안내하기 – 모둠별로 〈자료2〉의 학부모 회장, 학교장, 학생 대의원 중에서 예상 독자를 한 명 선정하게 한다. – 예상 독자의 입장을 분석하고 이를 바탕으로 글의 주제를 선정하게 한다.	• 모둠 활동 : 〈자료1〉의 예상 독자를 다르게 배정하여 쓰기 맥락을 분석하는 활동 수행하기 – 모둠별로 〈자료2〉의 학부모 회장, 학교장, 학생 대의원 중에서 예상 독자를 한 명 선정한다. – 예상 독자의 입장을 분석하고 이를 바탕으로 글의 주제를 선정한다. | 학부모 회장 | 입장 | 안전하지 않고 학업이 중단되므로 반대 | |---|---|---| | | 주제 | 수련회는 안전하고 새로운 배움이 있는 활동이다. | | 학교장 | 입장 | 추가 비용 부담되고 관리가 어려우므로 반대 | | | 주제 | 수련회는 비용이 드는 만큼 잊지 못할 기억을 제공한다. |		

단계	활동		
전개 2	<활동2> 예상 독자 분석하여 주장과 근거 만들기	• 선정한 주제를 뒷받침하기 위해 필요한 근거를 마련하게 하기	• 선정한 주제를 뒷받침하기 위해 필요한 근거를 마련하기

학생대의원 - 입장: 체력이 부족하거나 소외되는 학생이 있으므로 반대
학생대의원 - 주제: 수련회는 소외되는 학생들도 동참할 수 있는 행사이다.

학부모 회장: 수련회에서의 사고 발생률이 학교에서 일어나는 사고보다 낮다는 통계 자료
학교장: 추가 비용을 내더라도 수련회에 참여하겠다는 학생 비율이 높은 설문 조사
학생대의원: 수련회 개최하는 학교에서의 학생 간 상호작용이 활발하다는 통계 자료

단계	활동	교사	학생
전개 3	<활동3> 글쓰기	• 설득하는 글을 실을 매체 선정하기 • 쓰기 맥락을 고려하여 설득하는 글쓰기	
전개 4	<활동4> 설득하는 글 평가하기	<수험생 작성 내용3> • 온라인 플랫폼을 사용하여 모둠별 활동물을 게시한 후 댓글 등으로 상호 평가하도록 하기 • 상호 평가 기준 안내하기 　1. 쓰기 맥락을 고려하여 적절한 주제를 선정하였는가? 　2. 쓰기 맥락을 고려하여 타당한 근거를 선정하였는가? 　3. 쓰기 맥락을 고려하여 적절한 매체를 선정하였는가? • <자료3>을 활용하여 평가 시범 보이기 　– 교사가 먼저 시범을 보이고, 학생들이 평가 연습을 해보게 한다. 　1. 안전과 학업을 염려하는 학부모 회장의 입장을 고려하였을 때 안전과 새로운 배움이라는 주제 선정은 적절함	• 공유 앱을 사용하여 모둠별 활동물을 게시한 후 댓글 등으로 상호 평가하기 • 상호 평가 기준 이해하기 • <자료3>을 활용하여 평가 연습 　2. 3문단은 예상 독자의 입장 및 글의 주제와 관련성이 낮아 타당하지 않음 　3. 학생 블로그는 예상 독자가 볼 수 있는 매체가 아니므로 부적절함. 학교 신문이나 학부모 온라인 카페 게시물 등 독자가 접할 수 있는 매체 선정 필요
전개 5	상호 평가	• 평가 기준에 맞게 상호 평가하게 하기	• 평가 기준에 맞게 상호 평가하기
정리	형성평가 및 과제 부여	• 형성평가 부여 • 수준별 과제 제시	• 형성평가 진행 • 수준별 과제 확인
	학습 내용 정리	• 학습 내용 정리	• 학습 내용 이해
	차시 예고	• 차시 예고	• 차시 예고 인지

판서 예시

1) 〈자료1〉 내용 정리

주장	수련회는 유익한 활동
근거	- 특별한 경험 - 친밀도를 높임 - 자기 성장 및 발전 - 스트레스를 해소

주제	수련회는 유익한 활동
목적	수련회 개최 설득
독자	학교 학생
매체	학교 신문

2) 예상 독자 분석 → 주장과 근거 만들기

	입장	주제
학부모 회장	안전 X 학업 X ∴ 반대	수련회는 안전하고 새로운 배움
학교장	비용 ↑ 관리 X ∴ 반대	수련회는 잊지 못할 기억 제공
학생 대의원	체력 문제 소외 문제 ∴ 반대	수련회는 소외되는 학생들도 동참하는 행사

3) 상호 평가

〈자료3〉 평가

1. 학부모 회장 입장 고려 → '안전', '배움' 적절한 주제 선정
2. 3문단은 관련성 X → 타당 X 근거
3. 예상 독자가 볼 수 없는 매체 → 적절 X 매체
   학교 신문이나 학부모 온라인 카페 추천

2026학년도 중등학교교사신규임용후보자선정경쟁시험(2차)
제18회 국어과 교수·학습 실연 시험 문제지

관리 번호

지도안 세부 조건

1. 〈수험생 작성 조건1〉 질문 만들기
   가. 〈자료1〉을 활용하여 작품 감상과 관련된 질문을 만드는 활동을 구성할 것
   나. 학생이 만든 질문을 서로 공유하는 과정을 포함할 것
   다. 학생이 만든 질문을 2가지 이상 제시할 것

2. 〈수험생 작성 조건2〉 작가 및 사회·문화적 맥락 고려하여 작품 감상하기
   가. 〈자료2〉를 활용하여 질문에 대한 답을 찾아가는 활동을 구성할 것
   나. 작가 및 사회·문화적 맥락을 활용하여 답의 근거로 제시할 것
   다. 이전 활동에서 제시한 질문에 대한 답을 학생 활동으로 2가지 이상 제시할 것

3. 〈수험생 작성 조건3〉 상호 텍스트성 고려하기
   가. 상호 텍스트성을 고려한 읽기가 무엇인지 설명할 것
   나. 〈자료1〉과 〈자료3〉을 비교하며 읽는 활동을 구성할 것
   다. 활동에 대한 교사의 시범을 포함할 것

수업 조건

- 과목 : 국어
- 학년 : 고등학교 2학년
- 장소 : 국어 교과교실
- 시간 : 블록타임제(90분)
- 단원명 : 문학과 맥락
- 해당 성취 기준 : 작품을 작가, 사회·문화적 배경, 상호 텍스트성 등 다양한 맥락에서 이해하고 감상한다.

단원명	차시	학습 내용
문학과 맥락	1-3	○영화를 보고 작가의 생애와 당시 사회의 특징을 이해할 수 있다. ○작가, 사회·문화적 맥락, 상호 텍스트성에 대해 이해할 수 있다.
	4-5 (본시)	○작가의 생애를 고려하며 작품을 감상할 수 있다. ○사회·문화적 맥락을 고려하며 작품을 감상할 수 있다. ○상호 텍스트성을 고려하며 작품을 감상할 수 있다.
	6-7	○작품을 설명하는 글을 쓸 수 있다. ○설명하는 글을 읽고 평가할 수 있다. ○평가받은 내용을 고려하여 자신의 글을 고쳐쓸 수 있다.

학생 수	장소	학습 형태	학습 기자재
24명	국어 교과교실	강의식, 모둠식	교사용 컴퓨터, 전자 칠판, 학생용 스마트 기기

※ 본 문제는 모의 평가용으로 제작되었으며, 실제 시험의 문항 유형 및 형식과 다를 수 있습니다.

〈자료1〉

창밖에 밤비가 속살거려
육첩방(六疊房)은 남의 나라,

시인이란 슬픈 천명(天命)인 줄 알면서도
한 줄 시를 적어볼까,

땀내와 사랑내 포근히 품긴
보내주신 학비 봉투를 받아

대학 노트를 끼고
늙은 교수의 강의 들으러 간다.

생각해보면 어린 때 동무를
하나, 둘, 죄다 잃어버리고

나는 무얼 바라
나는 다만, 홀로 침전(沈澱)하는 것일까?

인생은 살기 어렵다는데
시가 이렇게 쉽게 씌어지는 것은
부끄러운 일이다.

육첩방은 남의 나라,
창밖에 밤비가 속살거리는데,

등불을 밝혀 어둠을 조금 내몰고,
시대처럼 올 아침을 기다리는 최후의 나,

나는 나에게 작은 손을 내밀어
눈물과 위안으로 잡는 최초의 악수

— 윤동주, 「쉽게 씌어진 시」 —

작품 감상과 관련된 질문 만들기 예시

1. '육첩방은 남의 나라'라는 게 무슨 뜻일까?
2. 화자는 왜 시인을 '슬픈 천명'이라고 하였을까?

〈자료2〉

윤동주의 생애	윤동주의 시 세계
(전략) 윤동주는 1941년 릿쿄 대학으로 유학을 떠난다. 하지만 군국주의 성향이 강한 학교의 분위기를 못 이겨 한 학기만에 도시샤 대학으로 편입한다. 어려움에 처해 있는 조국을 떠나 자신만 편안하게 공부하는 것을 자책하며 우울해하던 윤동주는, 요시찰인으로 주목을 받던 연희 전문학교 동창 송몽규와 함께 독립 운동을 했다는 혐의로 1943년 일제에 체포된다. 그는 이듬해 후쿠오카 형무소에서 옥사함으로써 짧은 생을 마감한다.	윤동주의 시는 생활에서 우러나오는 내용을 서정적으로 표현하였으며, 식민지 지식인의 고뇌와 진실한 자아 성찰의 의식이 담겨 있다고 평가된다. 그의 시는 현실과 이상의 괴리에 의해 분열된 자아를 성찰을 통해 통합한다. 그 통합의 과정은 시대적 상황을 극복하려는 의지와 맞닿아 있다.

〈자료3〉

고향에 돌아온 날 밤에
내 백골이 따라와 한방에 누웠다.

어두운 방은 우주로 향하고
하늘에선가 소리처럼 바람이 불어온다.

어둠 속에 곱게 풍화 작용하는
백골을 들여다보며
눈물짓는 것이 내가 우는 것이냐
백골이 우는 것이냐
아름다운 혼이 우는 것이냐

지조 높은 개는
밤을 새워 어둠을 짖는다.

어둠을 짖는 개는
나를 쫓는 것일 게다.

가자 가자
쫓기우는 사람처럼 가자

백골 몰래
아름다운 또 다른 고향에 가자.

— 윤동주, 「또 다른 고향」 —

2026학년도 중등학교교사신규임용후보자선정경쟁시험(2차)

제18회 국어과 교수·학습 실연 지도안 〔예상 답안〕

국어과 본시 교수·학습 지도안			
학습 목표	1. 작가의 생애를 고려하며 작품을 감상할 수 있다. 2. 사회·문화적 맥락을 고려하며 작품을 감상할 수 있다. 3. 상호 텍스트성을 고려하며 작품을 감상할 수 있다.			
학습 단계	교수·학습 활동	자료 및 유의점	시간 (분)
도입 / 인사	• 인사 및 학습 분위기 조성	• 인사 및 학습 준비		
도입 / 학습 목표 제시	• 학습 목표 제시	• 학습 목표 확인		
전개 1 / 〈활동1〉 질문 만들기	〈수험생 작성 내용1〉 • 질문 만들기 활동 안내하기 ① 〈자료1〉의 시를 감상한다. ② 〈자료1〉의 내용과 관련하여 궁금한 점을 질문으로 만든다(질문 예시 참조). ③ 만든 질문을 온라인 담벼락에 게시하고, 친구들이 만든 질문도 확인하며 함께 해결하고 싶은 질문에 ♡ 표시를 한다. ④ ♡ 표시가 많은 질문을 선별하여 교사가 소개한다.	• 질문 만들기 활동 수행하기 〈활동 예시〉 3. 화자는 왜 시가 쉽게 쓰이는 것을 '부끄럽다'고 표현하였을까? 4. '시대처럼 올 아침'이라는 것이 무슨 의미일까? 5. '나'가 '나'에게 악수를 한다는 것의 의미는 무엇일까?		
전개 2 / 〈활동2〉 작가 및 사회 문화적 맥락	〈수험생 작성 내용2〉 • 작가 및 사회·문화적 맥락을 고려하여 작품 감상 활동 안내하기 ① 모둠을 구성한 후 온라인 담벼락에서 논의하고 싶은 질문을 뽑는다. ② 〈자료2〉를 제시하고 이를 고려하여 질문에 대한 답을 찾도록 한다. ③ 모둠별로 질문에 대한 답을 온라인 담벼락에 게시하고 친구들의 답과 비교한다.	• 작가 및 사회·문화적 맥락을 고려하여 작품 감상 활동 수행하기 〈활동 예시〉 | 질문	답
---	---
1	검색 결과 '육첩방'은 일본식 다다미를 깐 좁은 방이라고 하고, 작가가 일본 유학을 갔다는 걸 고려하였을 때 화자가 일본에 머무르는 상황을 묘사한 것이다.
2	일제 강점기라는 식민지 시대에 무력할 수밖에 없는 시인의 숙명을 자조적으로 표현한 것이다.
3	어려움에 처해있는 조국을 떠나 편안하게 공부하는 자신의 상황을 부끄러워한다고 볼 수 있다.
4	식민지 시대라는 당시 사회·문화적 상황을 고려하였을 때 필연적으로 다가오는 조국의 독립을 의미한다.
5	작가의 시 세계를 고려하였을 때 손을 내미는 '나'는 이상적 목표를 추구하는 자아이고, 손을 잡는 '나'는 현실에 순응하는 자아야. 악수를 통해 분열된 두 자아를 통합해 어두운 현실을 극복하려는 의지를 보여주고 있다.			

전개 3	<활동3> 상호 텍스트성	<수험생 작성 내용3> • 상호 텍스트성을 고려한 읽기가 무엇인지 설명하기 문학 작품이 다른 작품과 내용과 형식 면에서 서로 영향을 주고받으면서 발생하는 연관성을 상호 텍스트성이라고 하는데, 이를 고려하여 둘 이상의 작품을 비교하면서 읽는 것을 상호 텍스트적 읽기라고 한다. • <자료1>, <자료3>을 비교하며 읽는 활동 안내하기 ① <자료3>을 제시하고 모둠별로 같은 작가의 다른 시를 비교하도록 한다. <교사 시범> 작가는 무기력하고 수동적인 자신의 모습을 <자료1>에서는 '홀로 침전'한다는 표현으로, <자료3>에서는 '백골이 풍화 작용'한다는 표현으로 나타내었다. ② 모둠별로 비교한 내용을 온라인 담벼락에 올려 친구들과 활동 내용을 공유한다.	• 상호 텍스트성을 고려한 읽기가 무엇인지 이해하기 • <자료1>, <자료3>을 비교하며 읽는 활동 수행하기 <활동 예시> – <자료1>의 화자는 낯선 타향인 일본에 있지만, <자료3>의 화자는 고향에 있으므로 공간은 다르지만, '밤'이라는 시간은 동일하다. – <자료1>과 <자료3>에서는 공통적으로 자아 분열이 나타난다. <자료3>에서는 현실적 자아인 '나'와 이상적 자아인 '나'로 자아가 둘로 분열하고, <자료3>에서는 현실적 자아인 '백골'과 이상적 자아인 '아름다운 혼', 그리고 그 사이에서 갈등하는 '나'까지 포함하여 자아가 셋으로 분열한다. – <자료1>에서는 현실적 자아와 이상적 자아의 '악수'를 통해, <자료3>에서는 '나'가 '아름다운 혼'과 함께 또 다른 고향으로 가는 모습을 통해 자아를 통합하여 현실을 극복하려는 의지를 보인다.
정리	형성평가 및 과제 부여	• 형성평가 부여 • 수준별 과제 제시	• 형성평가 진행 • 수준별 과제 확인
	학습 내용 정리	• 학습 내용 정리	• 학습 내용 이해
	차시 예고	• 차시 예고	• 차시 예고 인지

판서 예시

1) 질문 만들기

1. '육첩방은 남의 나라'의 의미는?
2. '시인이 슬픈 천명'인 이유는?
3. '부끄러움'을 느끼는 이유는?
4. 시대처럼 올 아침의 뜻은?
5. '나'와 '나'의 악수가 갖는 의미는?

2) 작가 및 사회·문화적 맥락으로 읽기

1. 화자가 일본에 머무르는 상황
2. 식민지 시대 무기력한 시인의 숙명
3. 식민지 시대 편하게 공부하는 상황
4. 조국의 독립
5. 현실 자아와 이상 자아의 화해

3) 상호 텍스트적 읽기

	쉽게 씌어진 시	또 다른 고향
시간	밤	밤
공간	육첩방(일본)	어두운 방(고향)
자아분열	'나'(현실), '나'(이상)	'백골', '나', '아름다운 혼'
현실극복	악수	또 다른 고향으로 감

2026학년도 중등학교교사신규임용후보자선정경쟁시험(2차)
제19회 국어과 교수·학습 실연 시험 문제지

관리 번호 [   ]

지도안 세부 조건

1. 〈수험생 작성 조건1〉 원작과 재구성된 작품 이해하기
   가. 〈자료1〉을 활용할 것
   나. (가)와 (나)의 차이점을 시어 중심으로 이해하는 활동을 구상할 것(단, 시어를 3가지 이상 제시할 것)
   다. ㉠과 ㉡의 의미를 중심으로 (가)와 (나)의 주제를 파악하도록 할 것

2. 〈수험생 작성 조건2〉 재구성 방법 및 효과 이해하기
   가. 〈자료1〉과 〈자료2〉를 활용할 것
   나. 〈자료1〉과 〈자료2〉를 활용하여 작품을 재구성하는 효과를 이해하는 활동을 구상할 것
   다. (가)와 (나)의 관계와 어떤 방법으로 재구성되었는지를 파악하는 활동을 구상할 것(단, 두 가지 측면에서 파악할 것)

3. 〈수험생 작성 조건3〉 다양한 방법으로 재구성하기
   가. 〈자료3〉을 활용할 것
   나. 〈자료3〉을 내용, 형식, 맥락, 매체 등 다양한 방법으로 재구성하는 계획을 학생의 발표로 제시할 것

수업 조건

- 과목 : 국어
- 학년 : 고등학교 2학년
- 장소 : 교실
- 시간 : 블록타임제(100분)
- 단원명 : 문학 작품의 재구성과 창작
- 해당 성취 기준 : 작품을 읽고 다양한 시각에서 재구성하거나 주체적인 관점에서 창작한다.

단원명	차시	학습 내용
문학 작품의 재구성과 창작	1	○ 시 「꽃」과 「라디오같이 사랑을 끄고 켤 수 있다면」의 내용을 이해할 수 있다. ○ 소설 「메밀꽃 필 무렵」의 줄거리를 이해할 수 있다.
	2-3 (본시)	○ 문학 작품을 내용, 형식, 맥락, 매체 등 다양한 시각에서 재구성하는 방법을 이해할 수 있다. ○ 문학 작품을 재구성하는 방법과 효과를 이해하고 다양한 방법으로 재구성할 수 있다.
	4	소설 「메밀꽃 필 무렵」을 다양한 방법으로 재구성할 수 있다.

학생 수	장소	학습 형태	학습 기자재
24명	국어 교과교실	강의식, 모둠식	교사용 컴퓨터, 전자 칠판, 학생용 스마트 기기

※ 본 문제는 모의 평가용으로 제작되었으며, 실제 시험의 문항 유형 및 형식과 다를 수 있습니다.

〈자료1〉

(가) 꽃
김춘수

〈내용 생략〉

2026학년도 모의문제 자료(지문)
* Daum 2순정 카페에서 자료(지문)을 확인하실 수 있습니다.

㉠ 잊혀지지 않는 하나의 눈짓이 되고 싶다.

(나) 라디오같이 사랑을 끄고 켤 수 있다면
- 김춘수의 꽃을 변주하여

장정일

〈내용 생략〉

2026학년도 모의문제 자료(지문)
* Daum 2순정 카페에서 자료(지문)을 확인하실 수 있습니다.

㉡ 끄고 싶을 때 끄고 켜고 싶을 때
켤 수 있는 라디오가 되고 싶다.

〈자료2〉

문학 작품의 재구성은 하나의 문학 작품을 읽고 작품의 내용, 형식, 갈래, 맥락, 매체 등을 바꾸어 쓰는 것을 말한다. 이는 어떤 작품을 읽고 하는 활동이므로 수용 활동이자, 다시 쓰는 활동이므로 창작 활동이다. 다시 쓰기 위해서는 작품을 비판적으로 읽을 필요가 있으므로 비판적 활동이고, 재구성의 대상이 되는 작품과는 다른 작품을 만드는 것이므로 창조적 활동이다. 재구성 활동을 통상 '비판적·창조적 재구성' 활동이라 말하는 이유는 이 때문이다.

내용	작품의 내용을 바꾸어 보는 것으로, 시에서는 시구의 내용에 변화를 주어 주제를 바꾸어 보거나 소설에서는 인물의 성격이나 결말 등을 바꾸어 볼 수 있다.
형식	작품의 형식이나 표현 방식을 바꾸어 보는 것으로, 시에서는 운율이나 어조에 변화를 줄 수 있고 소설에서는 시점을 바꾸어 볼 수 있다.
맥락	맥락이 작품에 미치는 영향을 고려하여, 작품에 나타난 사회·문화적 배경을 바꾸어 재구성해 볼 수 있다.
매체	작품이 소통되는 매체를 바꾸어 보는 것으로, 인쇄 매체로 감상한 원작을 영화, 드라마, 만화 등의 매체로 바꾸어 볼 수 있다.

〈자료3〉

"모친의 친정은 원래부터 제천이었던가?"
"웬걸요, 시원스리 말은 안 해주나, 봉평이라는 것만은 들었죠."
"봉평? 그래, 그 아비 성은 무엇이구?"
"알 수 있나요. 도무지 듣지를 못했으니까."
"그, 그렇겠지."
하고 중얼거리며 흐려지는 눈을 까물까물하다가 허 생원은 경망하게도 발을 빗디디었다.

(중략)

허 생원은 젖은 옷을 웬만큼 짜서 입었다. 이가 덜덜 갈리고 가슴이 떨리며 몹시도 추웠으나 마음은 알 수 없이 둥실둥실 가벼웠다.
"주막까지 부지런히들 가세나. 뜰에 불을 피우고 훗훗이 쉬어. 나귀에겐 더운 물을 끓여주고. 내일 대화장 보고는 제천이다."
"생원도 제천으로……?"
"오래간만에 가보고 싶어. 동행하려나, 동이?"
나귀가 걷기 시작하였을 때 동이의 채찍은 왼손에 있었다. 오랫동안 아둑시니같이 눈이 어둡던 허 생원도 요번만은 동이의 왼손잡이가 눈에 띄지 않을 수 없었다.
걸음도 해깝고 방울 소리가 밤 벌판에 한층 청청하게 울렸다.
달이 어지간히 기울어졌다.

- 이효석, 「메밀꽃 필 무렵」 -

2026학년도 중등학교교사신규임용후보자선정경쟁시험(2차)

제19회 국어과 교수·학습 실연 지도안 　예상 답안

국어과 본시 교수·학습 지도안

학습 목표	1. 문학 작품을 내용, 형식, 맥락, 매체 등 다양한 시각에서 재구성하는 방법을 이해할 수 있다. 2. 문학 작품을 재구성하는 방법과 효과를 이해하고 다양한 방법으로 재구성할 수 있다.		자료 및 유의점	시간 (분)
학습 단계	교수·학습 활동			
도입	인사	• 인사 및 학습 분위기 조성	• 인사 및 학습 준비		
	전시 학습 확인	• 전시 학습 확인하기	• 전시 학습 떠올리기		
	동기유발	• 동기유발하기	• 동기 가지기		
	학습 내용 안내	• 학습 내용 안내	• 학습 내용 확인		
	학습 목표 제시	• 학습 목표 제시	• 학습 목표 확인		
전개 1	〈활동1〉 원작과 재구성된 작품 이해하기	• 〈자료1〉 제시 및 활동 설명하기 　- "(가)와 (나)는 시상 전개 과정과 문장의 구조 면에서 서로 비슷한 작품입니다. 하지만 시어와 그 의미에서 차이가 나고 있습니다. 서로 대응하는 시구 및 시어를 중심으로 차이점을 파악해 보도록 합시다." 　- (가)의 시구 및 시어에 대응하는 부분을 (나)에서 찾도록 안내한다. | (가) | (나) | |---|---| | 몸짓 | | | 꽃 | | | 이름을 불러 준 것 | | | 무엇 | | • ㉠과 ㉡의 의미 파악하도록 하기 　- "'㉠ 잊혀지지 않는 하나의 눈짓'은 서로에게 의미 있는 존재가 되어 진정한 관계를 맺고 싶은 화자의 소망을 드러내고 있습니다. 그렇다면 ㉡은 어떠한 의미일까요? ㉡은 ㉠과 비슷한 의미인가요, 반대되는 의미인가요?" 　- 피드백하고 ㉡의 의미 설명하기 　- ㉡: 가볍고 편리한 사랑을 추구하는 현대인의 모습에 대한 풍자 • (가)와 (나) 작품의 주제 파악하도록 하기 　- ㉠과 ㉡을 중심으로 작품의 주제를 파악하도록 안내한다. • 활동 내용 공유 및 마무리하도록 하기	• 〈자료1〉 보고 이해하기 　- (가)와 (나)의 비슷한 점을 이해한다. 　- (가)에 대응하는 부분을 (나)에서 찾는다. | (가) | (나) | |---|---| | 몸짓 | 라디오 | | 꽃 | 전파 | | 이름을 불러 준 것 | 단추를 눌러 준 것 | | 무엇 | 사랑 | • ㉠과 ㉡의 의미 파악하기 　- "반대되는 의미에요. '㉡ 끄고 싶을 때 끄고 켜고 싶을 때 켤 수 있는 라디오'는 진정한 관계라기보다는 언제든 필요할 때 끊고 맺을 수 있는 편리한 관계를 의미하는 것 같아요." • (가)와 (나) 작품의 주제 파악하기 　- (가): 존재의 본질을 이해하고 진정한 관계를 맺기를 바라는 소망 　- (나): 쉽게 만나고 헤어지는 현대인들의 경박한 사랑에 대한 풍자 • 활동 내용 공유 및 마무리하기		

전개 2	<활동2> 재구성 방법 및 효과 이해하기	• <자료2> 제시 및 설명하기 – 내용, 매체, 형식, 맥락 등 다양한 방법으로 작품의 재구성이 가능하다는 것을 강조한다. – "이처럼 작품을 재구성하는 방법에는 여러 가지가 있습니다. 이렇게 작품을 재구성하면 어떤 효과가 있을까요?" – 재구성의 효과 제시하기(예시) ─ 원작을 치밀하고 깊게 이해할 수 있다. ─ 원작과 다른 새로운 작품을 만드는 과정에서 내용, 형식, 맥락, 매체 등에 대한 이해가 깊어진다. ─ 작품을 수용하고 생산하는 능력을 기를 수 있다. • 두 작품의 관계 및 재구성 방법 파악하는 활동 안내하기 – "두 작품의 제목에서도 알 수 있듯이, (가)와 (나)는 서로 원작과 패러디하여 재구성한 작품의 관계입니다." – (나)를 보고 내용, 매체, 형식, 맥락 중에서 (가)와 다르게 바뀐 점을 파악해 보도록 안내한다. |	내용	매체	형식	맥락 | |---|---|---|---|---| | 차이점 | ○ | × | × | ○ | • 활동 내용 공유 및 피드백하도록 하기	• <자료2> 읽고 이해하기 – 내용, 매체, 형식, 맥락 등 다양한 방법으로 작품의 재구성이 가능하다는 것을 이해한다. – "원작을 더 깊이 있게 이해할 수 있어요.", "처음부터 작품을 창작하기는 어렵지만 있는 작품을 재구성하면 조금 더 쉬울 것 같아요." – 재구성의 효과를 이해한다. • 두 작품의 관계 및 재구성 방법 파악하는 활동하기 – (가)가 원작이고 (나)가 (가)를 패러디한 작품임을 이해한다. – (가)와 (나)의 차이점을 파악한다. ① 내용 부분적으로 시어나 시구를 바꿈으로써 반대되는 주제를 전달하고 있다. (가)는 진정한 관계에 대한 소망을, (나)는 간편하게 만나고 헤어지는 가벼운 사랑의 모습을 풍자하고 있다. ② 맥락 (가)에는 사회·문화적 배경이 거의 드러나지 않지만, (나)는 '라디오', '전파' 등과 같이 현대 문명을 드러내는 시어를 사용하여 현대인의 사랑에 대한 풍자를 드러내고 있다. • 활동 내용 공유하기		
전개 3	<활동3> 다양한 방법으로 재구성 하기	• <자료3> 제시 및 활동 설명하기(모둠활동) – "<자료3>은 소설 '메밀꽃 필 무렵'의 결말 부분입니다. 모둠별로 어떻게 재구성하면 좋을지 계획을 짜보고 왜 그렇게 생각했는지 공유하도록 하겠습니다." – 각 모둠별로 재구성 방법을 안내한다. | 1조 | 내용 재구성하기 | |---|---| | 2조 | 매체 재구성하기 | | 3조 | 형식 재구성하기 | | 4조 | 맥락 재구성하기 |	• <자료3>을 보고 재구성 활동하기(모둠활동) – 설명을 듣고 모둠별로 소설의 결말부를 재구성하는 활동임을 이해한다. – 각 모둠별로 재구성하는 방법을 이해하고 계획을 수립한다.		

전개 3	〈활동3〉 다양한 방법으로 재구성 하기	• 모둠별 활동 공유하도록 하기 – 재구성 계획을 그 이유와 함께 발표하게 한다. – 다른 모둠의 재구성 계획을 듣고 다른 모둠에서 피드백을 제공하도록 격려한다.	• 모둠별 활동 공유하기(예시)		
			1조	내용	결말 이후 이어쓰기
					제천에서 동이의 어머니를 만나고 가족이 재회하는 장면을 그리고 싶어서
			2조	매체	웹툰화하기
					소설보다 실감나게 재구성할 수 있고 요즘 친구들도 친숙하게 느낄 수 있어서
			3조	형식	시점을 동이 1인칭 주인공 시점으로 바꾸기
					동이의 관점에서 다른 이야기가 펼쳐질 수 있어서
			4조	맥락	사회·문화적 배경을 2024년 현재로 바꾸기
					정확히 부자 관계를 확인하기 위해서 유전자 감식으로 바꾸기
정리	형성평가 및 과제 부여	• 형성평가 부여 • 수준별 과제 제시	• 형성평가 진행 • 수준별 과제 확인		
	학습 내용 정리	• 학습 내용 정리	• 학습 내용 이해		
	차시 예고	• 차시 예고	• 차시 예고 인지		

판서 예시

〈활동1〉 원작과 재구성된 작품 이해하기

① (가)와 (나)의 시어 파악하기

(가)	(나)
몸짓	라디오
꽃	전파
이름을 불러 준 것	단추를 눌러 준 것
무엇	사랑

② (가)와 (나) 작품의 주제 파악하기
- (가) : 존재의 본질을 이해하고 진정한 관계를 맺기를 바라는 소망
- (나) : 쉽게 만나고 헤어지는 현대인들의 경박한 사랑에 대한 풍자

〈활동2〉 재구성 방법 및 효과 이해하기

① 재구성의 효과
- 원작을 치밀하고 깊게 이해
- 내용, 형식, 맥락. 매체 등에 대한 이해↑
- 작품을 수용하고 생산하는 능력↑

② (나)의 재구성 방법 파악하기

내용	- 시어나 시구 바꾸기 → 반대되는 주제 전달 - 간편하게 만나고 헤어지는 가벼운 사랑의 모습 풍자
맥락	(가) 사회·문화적 배경 X (나) '라디오', '전파' → 현대 문명 현대인의 사랑에 대한 풍자

〈활동3〉 다양한 방법으로 재구성하기

1조	내용	결말 이후 이야기 이어쓰기
		가족이 재회하는 장면
2조	매체	웹툰화하기
		실감나고 친숙하게 느낄 수 있음
3조	형식	동이 1인칭 주인공 시점
		다른 이야기가 펼쳐질 수 있어서
4조	맥락	2024년 현재로 바꾸기
		부자 관계 확인 - 유전자 감식

2026학년도 중등학교교사신규임용후보자선정경쟁시험(2차)
제20회 국어과 교수·학습 실연 시험 문제지

관리 번호

지도안 세부 조건

1. 〈수험생 작성 조건1〉 동기유발
   가. 여러 관점을 가질 수 있는 화제를 제시하고 이를 매체를 생산하는 입장에서 다양하게 생각하도록 질문할 것
   나. 매체 자료를 비판적으로 수용하고 주체적으로 향유하는 태도의 필요성을 설명할 것

2. 〈수험생 작성 조건2〉 매체 자료의 비판적 수용
   가. 〈자료〉를 활용하여 매체 자료에 담겨 있는 다양한 관점과 가치를 파악하는 활동을 구성할 것
   나. 매체 자료의 비판적 수용의 중요성을 강조할 것
   다. 매체 자료의 비판적 수용을 위한 점검 기준을 제시할 것

3. 〈수험생 작성 조건3〉 대중 매체 주체적으로 향유하기
   가. 대중 매체와 관련된 긍정적 경험을 질문을 통해 유도할 것
   나. 대중 매체를 수용하는 태도를 성찰하도록 할 것(단, 학생의 사례 포함할 것)
   다. 대중 매체를 주체적으로 향유하기 위한 활동을 구상할 것(단, 활동 결과는 생략 가능)

수업 조건

- 과목: 국어
- 학년: 고등학교 2학년
- 장소: 교실
- 시간: 블록타임제(100분)
- 단원명: 매체의 수용
- 해당 성취 기준
  - 다양한 관점과 가치를 고려하여 매체 자료를 수용한다.
  - 매체를 바탕으로 하여 형성되는 문화에 대해 비판적으로 이해하고 주체적으로 향유한다.

단원명	차시	학습 내용
매체의 수용	1-2 (본시)	○다양한 관점과 가치를 고려하여 매체 자료를 비판적으로 수용할 수 있다. ○대중 매체를 비판적으로 이해하고 주체적으로 향유할 수 있다.

학생 수	장소	학습 형태	학습 기자재
24명	국어 교과교실	강의식, 모둠식	교사용 컴퓨터, 전자 칠판, 학생용 스마트 기기

※ 본 문제는 모의 평가용으로 제작되었으며, 실제 시험의 문항 유형 및 형식과 다를 수 있습니다.

〈자료〉

AI : 신문은 많은 정보를 심층적으로 전달할 수 있는 매체야. 이러한 특성 때문에 신문은 여론을 형성하고 창출하는 기능을 하기도 해. 그런데 특정한 사건이나 쟁점에 관심을 두고 그 문제를 집중적으로 보도하는 과정에서 매체 자료를 생산하는 주체의 관점과 가치가 작용하게 돼. 그래서 기사는 객관적이고 중립적인 사실만 포함하는 것은 아니야. 특정 집단의 이해를 반영하거나, 사건을 왜곡할 가능성도 있지. 그런데 대중은 신문을 객관적이고 중립적인 매체라고 여기기 때문에 기사의 내용을 정확한 정보로 여기고 받아들일 때가 많아. 신문에 담긴 이념적 주장이나 가치, 혹은 왜곡을 쉽게 알아채지 못하는 거야. 그래서 우리는 다양한 관점과 가치를 고려하여 매체 자료를 비판적으로 수용할 필요가 있어. 매체 자료의 목적, 의도, 관점, 주장이나 근거, 사실성과 타당성, 이해 관계 반영 정도 등을 자세히 살펴보아야 하는 것이지. 다음은 '인공 지능'으로 검색한 기사들의 표제야.

㉠ 인공 지능으로 미래 손 하나 까딱 안 하는 가정 ……
㉡ 맛있는 식당 찾기, 인공 지능이 더 잘한다.
㉢ 인공 지능 권력이 초양극화 사회 만든다.
㉣ 인공 지능이 인간 공격한다면? '윤리 이슈' 사회적 논의 서둘러야
㉤ 인간과 인공 지능, 협력으로 가야 미래 있다.
㉥ 인공 지능, 일자리 위협 등 난제 산적
㉦ 인공 지능 시대, 새로운 리더십 요구돼

2026학년도 중등학교교사신규임용후보자선정경쟁시험(2차)

제20회 국어과 교수·학습 실연 지도안 예상 답안

<table>
<tr><td colspan="5" align="center">국어과 본시 교수·학습 지도안</td></tr>
<tr><td colspan="2">학습 목표</td><td colspan="3">1. 다양한 관점과 가치를 고려하여 매체 자료를 비판적으로 수용할 수 있다.
2. 대중 매체를 비판적으로 이해하고 주체적으로 향유할 수 있다.</td></tr>
<tr><td colspan="2">학습 단계</td><td colspan="2" align="center">교수·학습 활동</td><td>자료 및 유의점</td><td>시간(분)</td></tr>
<tr><td rowspan="8">도입</td><td>인사</td><td>• 인사 및 학습 분위기 조성</td><td>• 인사 및 학습 준비</td><td></td><td></td></tr>
<tr><td>전시 학습 확인</td><td>• 전시 학습 확인</td><td>• 전시 학습 회상</td><td></td><td></td></tr>
<tr><td rowspan="3">동기유발</td><td>• 매체 자료의 생산자 입장에서 다양한 관점을 가질 수 있는 화제 제시하기
- "여러분은 CCTV 설치에 대해 어떻게 생각하나요?"</td><td>• 매체 자료의 생산자 입장에서 다양한 관점을 가질 수 있는 화제 생각하기
- "CCTV를 많이 설치해야 범죄도 줄어들고 어떤 사건의 증거도 되니까 많이 설치해야 한다고 생각해요.", "만약에 우리 교실에 CCTV가 설치된다면 누군가 감시하는 것 같고 제 사생활이 침해되는 기분이라 반대할 것 같아요."</td><td></td><td></td></tr>
<tr><td>- "네, CCTV 설치에 대해 다양한 관점들이 있네요. 그렇다면 여러분이 CCTV 설치와 관련된 기사를 쓴다고 할 때 어떤 점을 강조하고 싶나요?"</td><td>- "CCTV 설치의 유익한 점을 강조할래요.", "CCTV 설치의 사생활 침해 부분을 쓰고 싶어요."</td><td></td><td></td></tr>
<tr><td>• 매체 자료를 수용하는 태도 설명하기
- "여러분이 얘기한 것처럼 매체 자료를 생산할 때는 생산자의 관점과 의도가 반영되기 마련입니다. 신문 기사도 객관적이라고 생각하지만 예외가 아니지요. 그래서 매체 자료를 수용할 때는 반드시 비판적으로 수용하고 스스로 기준을 세워 주체적으로 향유할 필요가 있습니다."</td><td>• 매체 자료를 수용하는 태도 이해하기</td><td></td><td></td></tr>
<tr><td>학습 내용 안내</td><td>• 학습 내용 안내</td><td>• 학습 내용 확인</td><td></td><td></td></tr>
<tr><td>학습 목표 제시</td><td>• 학습 목표 제시</td><td>• 학습 목표 확인</td><td></td><td></td></tr>
<tr><td rowspan="2">전개 1</td><td rowspan="2">〈활동1〉
매체 자료의 비판적 수용</td><td>• 〈자료1〉 제시하고 활동 안내하기
- 〈자료1〉의 '인공 지능' 관련 기사의 제목을 보고 긍정적/중립적/부정적 관점으로 분류하도록 안내한다.
- 제목으로 기사의 내용을 추측하고 어떠한 관점 또는 가치가 드러나는지 정리하도록 한다.</td><td>• 〈자료1〉 읽고 활동하기
<table><tr><td>긍정적</td><td>중립적</td><td>부정적</td></tr><tr><td>㉠, ㉡</td><td>㉭, ㉯</td><td>㉢, ㉣, ㉮</td></tr><tr><td>인공 지능이 우리 생활에 편리함을 줄 수 있고 뛰어난 능력이 있어 유익하다는 관점</td><td>협력과 리더십 등 인공 지능 시대에 잘 대응하는 대책이 필요하다는 관점</td><td>인공 지능이 초양극화 사회, 윤리적 이슈, 일자리 위협 등 여러 가지 문제점들을 야기한다는 관점</td></tr></table></td><td></td><td></td></tr>
</table>

단계	활동	교사 활동	학생 활동
전개1	〈활동1〉 매체 자료의 비판적 수용	• 매체 자료의 비판적 수용의 중요성 강조하기 – "우리가 활동한 것처럼 동일한 대상을 다루고 있어도 매체를 생산하는 사람의 관점과 가치에 따라 글이 쓰여 진다는 것을 알 수 있어요. 따라서 매체 자료가 상업적 의도와 정치적 의도, 이념적 가치 등을 내포할 수 있다는 점을 이해하고 다양한 관점과 가치를 고려해서 비판적으로 수용해야 해요." • 매체 자료의 비판적 수용 점검 기준을 만들도록 안내하기 – "이처럼 비판적 수용을 위해서는 매체 자료의 목적, 의도, 관점, 주장이나 근거, 사실성과 타당성, 이해관계 반영 정도 등을 자세히 살펴보아야 해요."	• 매체 자료의 비판적 수용의 중요성 이해하기 • 매체 자료의 비판적 수용 점검 기준 만들기 (예시) – 매체 자료의 출처는 어디이며, 생산자는 누구인가? – 매체 자료의 내용은 객관적인 사실에 근거하고 있는가? – 생산자가 대상이나 사건을 바라보는 관점은 무엇인가? – 강조하거나 드러내려 하는 정보는 무엇이고, 누락된 정보는 무엇인가? – 매체 자료의 내용은 누구의 이해관계와 관련되어 있는가?
전개2	〈활동2〉 대중 매체 개념 이해하기	• 대중 매체의 개념 설명하기 – 대중 매체 : 텔레비전, 영화, 인터넷, 라디오 등 – 대중 매체는 많은 사람들에게 대량의 정보를 전달할 수 있기 때문에 대중문화 형성에 큰 영향을 끼침	• 대중 매체의 개념 이해하기
전개3	〈활동3〉 대중 매체 주체적으로 향유하기	• 대중 매체와 관련된 경험 유도하기 – "여러분의 경험을 통해 대중 매체의 장점을 얘기해 볼까요?" – "맞아요. 여러분들이 얘기한 것처럼 대중 매체는 많은 유익을 우리에게 주곤 해요." • 대중 매체를 수용하는 태도 성찰하도록 하기 – "여러분들이 평소에 대중 매체의 문제점을 인지하지 못한 채 무조건적으로 수용한 경험이 있나요?" – "그렇다면 우리가 앞으로 어떻게 대중 매체를 수용해야 할까요?" • 대중 매체 주체적으로 향유하기 활동 안내하기 – "그럼 각자의 경험에 근거하여 대중 매체를 주체적으로 향유할 수 있는 체크리스트(점검표)를 만들어 볼까요?"	• 대중 매체와 관련된 경험 말하기 – "친구와 영화를 보면서 즐거운 시간을 보냈어요.", "태풍이 왔을 때 긴급재난문자를 받아서 신속히 대피할 수 있었어요.", "패션디자이너가 꿈이어서 패션 잡지를 보면서 공부할 수 있어요." • 대중 매체를 수용하는 태도 성찰하기 – "네. 드라마에서 주인공이 좋다고 한 화장품을 저도 산 적이 있어요.", "요즘 연애 프로그램들이 많이 제작되는데, 너무 비슷한 콘텐츠라고 생각하면서도 재밌으니까 그냥 봤던 것 같아요.", "웹툰을 볼 때 폭력적이고 선정적이라고 생각하면서도 계속 봤어요." – "대중 매체의 장점은 잘 수용하고 문제점들은 유의해서 주체적으로 수용해야 해요." • 대중 매체 주체적으로 향유하기 체크리스트 만들기(예시) | 드라마	반복적으로 노출된 PPL 상품을 무조건적으로 수용하고 모방 소비를 하지 않았는가?	

전개 3	〈활동3〉 대중 매체 주체적으로 향유하기		예능	통속적이고 상투적인 내용의 프로그램은 아닌가?	
			웹툰	내용 전개와 무관하게 선정성과 폭력성이 높지는 않은가?	
			…	…	
정리	형성평가 및 과제 부여	• 형성평가 부여 • 수준별 과제 제시		• 형성평가 진행 • 수준별 과제 확인	
	학습 내용 정리	• 학습 내용 정리		• 학습 내용 이해	
	차시 예고	• 차시 예고		• 차시 예고 인지	

판서 예시

〈학습 목표〉

1. 다양한 관점과 가치를 고려하여 매체 자료를 비판적으로 수용할 수 있다.

2. 대중 매체를 비판적으로 이해하고 주체적으로 향유할 수 있다.

〈활동1〉 매체 자료 비판적으로 수용하기

1) 매체 자료의 다양한 관점 파악하기

긍정적	중립적	부정적
㉠, ㉡	㉢, ㉣	㉤, ㉥, ㉦
편리함, 뛰어남 ⇩ 유익하다는 관점	협력과 리더십 ⇩ 잘 대응하는 대책이 필요하다는 관점	초양극화 사회, 윤리적 이슈, 일자리 위협 ⇩ 여러 가지 문제점들을 야기한다는 관점

2) 점검표 만들기

• 매체 자료의 출처와 생산자
• 매체 자료 내용의 사실성
• 매체 자료 생산자의 관점
• 드러내려는 정보와 누락된 정보
• 매체 자료 내용과 관련된 이해관계

〈활동2〉 대중 매체 주체적으로 향유하기

1) 대중 매체를 수용하는 태도 성찰하기
 - 대중 매체의 문제점을 인식하여 주체적으로 향유하기

2) 대중 매체 주체적으로 향유하기 체크리스트

드라마	연예인이 광고 PPL → 모방 소비?
예능	통속적이고 상투적인 내용?
웹툰	선정성과 폭력성?
…	…

저자약력

김미정
- 서울 강북구 중학교 교사

김명찬
- 서울 강남구 중학교 교사

이지영
- 서울 강남구 중학교 교사

이하은
- 서울 도봉구 중학교 교사

국어 2순정
2차 수업실연 순식간에 정복하기

인 쇄 : 2025년 11월 13일
발 행 : 2025년 11월 20일
공편저 : 김미정 · 김명찬 · 이지영 · 이하은
발행인 : 강명임 · 박종윤
발행처 : (주) 도서출판 미래가치
등 록 : 제2011-000049호
주 소 : 서울시 영등포구 선유로130 에이스하이테크3 511호
전 화 : 02-6956-1510
팩 스 : 02-6956-2265

ⓒ 김미정 · 김명찬 · 이지영 · 이하은, 2025 / ISBN 979-11-6773-619-2 13710
- 낙장이나 파본은 교환해 드립니다.
- 이 책의 무단전재 또는 복제행위는 저작권법 제136조에 의거하여 처벌을 받게 됩니다.

정가 48,000 원